Pequeno dicionário de GASTRONOMIA

Pequeno dicionário de GASTRONOMIA

2ª edição revista e ampliada

Maria Lucia Gomensoro
Patrícia de Gomensoro

Editora Senac Rio – Rio de Janeiro – 2023

Pequeno dicionário de gastronomia © Maria Lucia Gomensoro e Patrícia de Gomensoro, 1999.

Direitos desta edição reservados ao Serviço Nacional de Aprendizagem Comercial – Administração Regional do Rio de Janeiro.

Vedada, nos termos da lei, a reprodução total ou parcial deste livro.

Senac RJ
Presidente do Conselho Regional
Antonio Florencio de Queiroz Junior

Diretor Regional
Sergio Arthur Ribeiro da Silva

Diretor de Operações Compartilhadas
Pedro Paulo Vieira de Mello Teixeira

Assessor de Inovação e Produtos
Claudio Tangari

Editora Senac Rio
Rua Pompeu Loureiro, 45/11° andar
Copacabana – Rio de Janeiro
CEP: 22061-000 – RJ
comercial.editora@rj.senac.br
editora@rj.senac.br
www.rj.senac.br/editora

Editora
Daniele Paraiso

Produção editorial
Cláudia Amorim (coordenação), Manuela Soares (prospecção), Andréa Regina Almeida e Gypsi Canetti (copidesque e revisão de textos), Camila Andrade, Julio Lapenne, Priscila Barboza, Roberta Silva e Vinícius Silva (design)

Ilustração de capa
Channarong Pherngjanda (Vecteezy.com)

Ilustrações de miolo
Dover Publications

Projeto gráfico de capa e miolo e diagramação
Aline Haluch

Impressão: Imos Gráfica e Editora Ltda.
2ª edição revista e ampliada: março de 2023

CIP-BRASIL. CATALOGAÇÃO NA PUBLICAÇÃO
SINDICATO NACIONAL DOS EDITORES DE LIVROS, RJ

G611p
2. ed.

 Gomensoro, Maria Lucia
  Pequeno dicionário de gastronomia / Maria Lucia Gomensoro, Patrícia de Gomensoro. - 2. ed., rev. e ampl. - Rio de Janeiro : Ed. SENAC Rio, 2023.
608 p. ; 23 cm.

 ISBN 978-65-86493-88-7

  1. Gastronomia - Dicionários. 2. Culinária - Dicionários. I. Gomensoro, Patrícia de. II. Título.

23-82627   CDD: 641.503
        CDU: 641.5(038)

Meri Gleice Rodrigues de Souza - Bibliotecária - CRB-7/6439

A todos os que percebem que, conhecendo mais, não só ampliam o prazer que a mesa pode lhes proporcionar como também abrem uma janela para olhar de outro modo o mundo.

"A cozinha tem sido equiparada à linguagem: como esta, possui vocábulos (os produtos, os ingredientes), que são organizados segundo regras de gramática (as receitas, que dão sentido aos ingredientes, transformando-os em alimentos), de sintaxe (o cardápio, isto é, a ordem dos pratos) e de retórica (os comportamentos do convívio). (...) Exatamente como a linguagem, a cozinha contém e expressa a cultura de quem a pratica, é depositária das tradições e das identidades de grupo. Constitui, assim, um extraordinário veículo de autorrepresentação e de comunicação: não apenas é instrumento de identidade cultural, mas talvez seja o primeiro modo para entrar em contato com culturas diversas, já que consumir o alimento alheio parece mais fácil – mesmo que apenas na aparência – do que decodificar-lhe a língua."

Massimo Montanari, *O mundo na cozinha: história, identidade, trocas.*

Alcachofra

Sumário

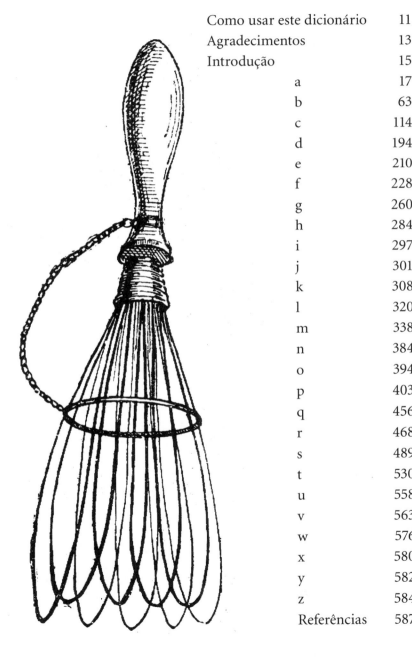

Como usar este dicionário	11
Agradecimentos	13
Introdução	15
a	17
b	63
c	114
d	194
e	210
f	228
g	260
h	284
i	297
j	301
k	308
l	320
m	338
n	384
o	394
p	403
q	456
r	468
s	489
t	530
u	558
v	563
w	576
x	580
y	582
z	584
Referências	587

Como usar este dicionário

Nas expressões francesas iniciadas por à, à la, au, que significam "à maneira de" e são seguidas pelo nome do criador do prato, do homenageado, do lugar de origem ou mesmo do ingrediente principal, o verbete é iniciado pelo termo principal. Por exemplo: **Provençale, à la**.

Quando há mais de uma acepção para uma palavra ou expressão, elas são numeradas. Por exemplo:

Caramelo 1. Calda de açúcar queimado, derretido em fogo brando até alcançar cor dourada. Ainda quente, pode envolver doces e frutas, forrar fôrmas para pudins e compor molhos para sobremesas. Depois de frio, adquire aspecto vítreo, enrijecendo. **2.** Bala feita com açúcar e leite, de consistência puxa-puxa, muito apreciada pelas crianças.

Em verbetes referentes a vegetais, antes da definição há o respectivo nome científico entre parênteses. No caso de mais de um nome científico, eles são separados por ponto e vírgula.

Quando para um termo não há versão em português e ele é conhecido no idioma de origem, o verbete apresentará a grafia original. Por exemplo *apfelstrudel*, cuja tradução não existe em português.

Em definições que contenham termos técnicos e/ou que remetam a outro verbete, são inseridas remissões no fim de cada acepção. Por exemplo:

Almofariz Ver **Pilão**.

Agradecimentos

Preparar um dicionário enciclopédico é uma empreitada de fôlego; em nosso caso, uma maratona de mais de oito anos de dedicação. Não se atravessa a linha de chegada sem o suporte de muitas outras pessoas ao longo de todo o caminho.

A começar, seria impossível trabalhar com um universo tão vasto de informações sem contar com a expertise de profissionais e amigos com intimidade maior em relação a um ou outro assunto. Nossa dívida de gratidão é enorme para com todos aqueles que leram trechos deste material e o enriqueceram com suas opiniões, sugestões e críticas.

Em particular, agradecemos a Bruno Moreira Leite, Ciça Roxo, Victor Villon, Giancarlo Pochettino, Virgílio Nogueiro Gomes, Paulina Mata e Lena Keiserman pela generosidade com que nos cederam parte de seu conhecimento. Quaisquer erros de entendimento, contudo, são de nossa inteira responsabilidade.

Gostaríamos de agradecer também a todos os profissionais do Senac RJ envolvidos neste projeto. A sugestão de reeditar o *Pequeno dicionário de gastronomia* foi do Osvaldo Gorski, entusiasta de muito tempo da 1ª edição do livro, que não se conformou em ver a obra desaparecer das livrarias. O resultado também não seria o mesmo sem o concurso da equipe da Editora Senac Rio, particularmente da Cláudia Amorim e da Andréa Almeida.

Aos nossos familiares, por fim, um muito obrigada especial: se pudemos nos dedicar à pesquisa e à escrita com a intensidade necessária, foi por contarmos com sua permanente compreensão e colaboração. Isso sem falar no fato de que não seríamos as amantes de gastronomia que somos sem a bagagem que nos deu a nossa vivência em família – quase sempre dentro de uma cozinha ou em volta de uma mesa ou conversando sobre comida. Por toda a paciência e incentivo, nosso agradecimento ao Marcelo e à Maria, ao Álvaro, à Thereza, à Christina e, sobretudo, às crianças, Pedro, Felipe e Maria Luisa, que ao longo desta jornada tiveram de se contentar em ver a vovó e a dinda menos do que nós gostaríamos.

Introdução

A obra que o leitor tem em mãos é uma versão atualizada e ampliada do *Pequeno dicionário de gastronomia*, lançado em 1999. A 1ª edição nasceu, despretensiosamente, do interesse pessoal da autora Maria Lucia Gomensoro em sistematizar informações sobre ingredientes, técnicas culinárias, pratos, bebidas e suas histórias. Naquela época, elas estavam dispersas em várias fontes, a maioria em língua estrangeira. A boa receptividade ao livro provou que a mesma paixão por textos gastronômicos era partilhada por muito mais gente.

De lá para cá, o interesse pelo tema no Brasil só cresceu e os meios de informação e de entretenimento se diversificaram. Há mais revistas especializadas e mais livros à disposição, tanto traduções de obras estrangeiras quanto publicações nacionais. Na televisão, parece não haver limite para a criatividade na formatação de novos programas que abordam a culinária em seus múltiplos aspectos. Profissionais de cozinha, cozinheiros amadores, gourmets, *foodies*, especialistas e curiosos em geral têm à disposição uma variedade de canais de comunicação na internet que era impensável há vinte anos. Redes sociais, websites, blogs, podcasts, videocasts e aplicativos possibilitam a qualquer um não apenas obter informações mas também produzi-las e compartilhá-las.

Em paralelo, a formalização do campo profissional da gastronomia em nosso país tem avançado. Do nível técnico à graduação, há uma oferta maior de cursos para subsidiar a qualificação dos trabalhadores, em diversas áreas. Nos programas de pós-graduação, a quantidade de linhas de pesquisa e de pesquisadores dedicados às dimensões social e cultural da alimentação também tem apresentado crescimento digno de nota, desde o início dos anos 2000.

Nesse período, o panorama gastronômico mundial transformou-se de modo significativo. A cozinha francesa, hegemônica como referencial de sofisticação e qualidade até bem pouco tempo, teve seu peso relativo equilibrado com o de outros sistemas culinários, uma vez que olhos, ouvidos e paladares de gastrônomos do mundo inteiro voltaram-se para novas direções. O momento atual é marcado pela pluralidade de modelos e de inspirações possíveis.

Reflexo de seu tempo, assim como a edição de 1999, esta obra também apresenta mudanças. A primeira delas é a coautoria com Patrícia de Gomensoro, em uma soma de esforços de duas autoras, mãe e filha, com formações, trajetórias profissionais e experiências diferentes e complementares.

Em muitos aspectos, buscou-se nesta edição assimilar as transformações citadas. O universo cultural em meio ao qual os verbetes foram definidos e pesquisados, por exemplo, ampliou-se. Assim como a variedade de fontes de pesquisa utilizadas. Em comparação com a obra anterior, foi concedido um espaço maior para as culturas alimentares não europeias. Isso vale, em especial, para a cozinha brasileira: o leitor encontrará uma boa quantidade de verbetes dedicados a ingredientes, práticas e pratos emblemáticos de diferentes localidades e regiões do país. Se, entretanto, a nossa alimentação ainda não se encontra aqui em toda a sua riqueza, é porque a sua diversidade extrapola os objetivos e as possibilidades deste livro.

Muitas das entradas presentes na edição original foram mantidas. Mas, em sua maioria, os textos sofreram alguma alteração, decorrente de atualização ou complementação. Também houve retificações, entendidas como necessárias com base em pesquisas mais recentes. E há verbetes inteiramente novos sobre técnicas, equipamentos e conceitos introduzidos ou consolidados no cenário gastronômico mundial nos últimos anos.

Da edição anterior, foram mantidos o formato geral, a abrangência de interesses e a leveza na escrita. Nas páginas seguintes, são apresentados ingredientes (alimentos *in natura*, produtos), técnicas culinárias, utensílios, equipamentos, pratos, bebidas, figuras históricas, regiões produtoras e expressões da linguagem gastronômica. O nosso objetivo foi oferecer um material com caráter informativo, mas de leitura fácil e agradável.

Como se pode imaginar, a quantidade de informações manejada foi enorme. E nem todos os cuidados tomados garantem a ausência de erros. Assim, gostaríamos de encorajar o leitor que identificar alguma falha a comunicá-la às autoras, para que possamos corrigi-la nas próximas tiragens.

Preparar este livro foi um gostoso desafio. Ao consultá-lo, esperamos que você tenha o mesmo prazer que tivemos ao produzi-lo.

Abacate (*Persea americana*) Fruta de formato ovalado, de casca verde resistente e com grande semente redonda. Sua polpa verde-clara, suculenta e de textura amanteigada, tem sabor muito delicado. A espécie é classificada em três raças, de acordo com sua origem geográfica e altitude em que é produzida: antilhana (até 800 m), guatemalense (de 800 m a 2.400 m) e mexicana (de 200 m a 2.800 m). Embora tenham características similares, existem hoje frutas com variação de textura, tamanho e tempo de maturação, em razão dos inúmeros cruzamentos feitos. A palavra abacate derivou de *ahuacatl*, termo na língua dos astecas que significa testículos, em uma clara referência a seu formato, embora não houvesse, então, qualquer associação a seus efeitos no desempenho sexual. No Brasil, foi promovido a afrodisíaco pelo significado de seu nome na língua tupi: *aba* = homem, *catu* = bom, forte. A primeira referência que se tem dele, aqui, é de 1787, quando o naturalista Alexandre Rodrigues Ferreira reporta tê-lo encontrado às margens do rio Negro. Em 1909, as primeiras sementes e mudas foram levadas para o Rio de Janeiro. Em geral, é utilizado em saladas salgadas e entradas frias ou como sobremesa, ao natural ou em creme. Não deve ser preparado com antecedência porque sua polpa escurece rapidamente em contato com o ar. Em pratos como guacamole, que contém creme de abacate, a adição de suco de limão ajuda a prevenir a oxidação. Ver **Guacamole**.

Abacaxi (*Ananas comosus*) Fruta cítrica, rica em sais minerais e vitaminas, também conhecida por ananás e encontrada em muitas regiões tropicais do mundo. Tem forma cilíndrica, alongada nas extremidades. Sua polpa é macia, doce e perfumada. Ao contrário da palavra ananás,

citada com frequência em textos antigos, a primeira referência ao vocábulo abacaxi no Brasil ocorreu em 1810, quando Arruda Câmara menciona as "três variedades de ananás no Maranhão, chamadas abacaxi" (apud CASCUDO, 2004, p. 630). A palavra abacaxi deriva do termo tupi *i'ba ká'ti* (*i'ba* = fruta + *ká'ti* = recendente, cheirosa). Pode ser consumido cru, em sucos e saladas de frutas; cozido, em doces, bolos, conservas; e, ainda, grelhado, acompanhando carnes.

Abacaxibirra Bebida muito encontrada em Minas Gerais e no Espírito Santo, preparada com as cascas do abacaxi fermentadas em potes de barro. Todo o processo de preparo é artesanal. É possível que seu nome seja uma derivação de *abacaxi beer* ou cerveja de abacaxi. Também conhecida por aluá em outros locais do Brasil. Ver **Aluá**.

Aba de filé Situada na parte central do boi, é um corte localizado sobre o contrafilé, bem menos nobre e macio que este. Tem textura desigual e grande quantidade de nervos, por isso deve ser utilizada depois de moída, para cozer ou assar. Indicada para hambúrgueres e croquetes.

Abafar Técnica de cocção lenta em panela untada com óleo, que permanece tampada ao longo de todo o processo. Isso possibilita o cozimento do alimento no próprio suco. No caso dos mais secos, como o cará e a mandioca, deve-se acrescentar um pouco de água.

Abalone (*Haliotis* spp.) Molusco gastrópode encontrado no Pacífico, em especial na costa da Califórnia (Estados Unidos), México, Austrália, Nova Zelândia e Japão. Tem concha oval e alongada, com ondulações em espiral e de cor castanha. Sua parte comestível é o músculo, que utiliza para se prender às pedras. Sua carne firme precisa ser batida antes do cozimento para amaciar. Deve ser cozido por pouco tempo para que a carne não fique dura. Pode ser encontrado fresco, seco, enlatado ou salgado. Quando fresco, é muito suscetível à deterioração e deve ser utilizado em 24 horas; o seco é o preferido dos chineses; o enlatado é o mais fácil de ser utilizado, pois já vem curado, pronto para um cozimento rápido ou para uso sem nenhum outro tratamento. Além de ser usado em saladas, é consumido também em sopas ou simplesmente salteado.

Abará Comida da cozinha baiana feita com massa de feijão-fradinho moído sem casca, temperado com cebola, sal, camarão seco e azeite de dendê. Essa massa é embrulhada em folhas verdes de bananeira e cozida no vapor. Seu aspecto assemelha-se ao da pamonha das regiões Sudeste e Centro-Oeste. É servido desembrulhado, acompanhado de molho de camarões secos, dendê, pimenta e cebolas. Ver **Pamonha**.

Abatumado Ver **Solado**.

Abbacchio Palavra italiana que significa cordeiro jovem.

Abbaye de Cîteaux É um dos grandes queijos franceses que pode ser associado às ordens religiosas. Embora fundada no século XI, a abadia de Saint-Nicolas-lès--Cîteaux, na Borgonha, começou a produzir esse queijo somente no século XX. Na produção, utiliza-se o leite não pasteurizado de vacas Montbéliard, que pastam em torno da comunidade religiosa. O queijo é produzido apenas em dois dias da semana e em um total de trezentas peças, vendidas no local. Tem perfume pungente, que se sobrepõe ao seu sabor suave e cremoso.

Sua massa é crua, não prensada e suave ao toque, e sua casca lavada é amarelo-acinzentada. Tem a forma de um disco chato, com cerca de 18 cm de diâmetro e 3 cm de altura, e pesa aproximadamente 700 g.

Aberdeen crulla Pequenos pães escoceses que lembram *doughnuts*. Sua massa é preparada com manteiga, açúcar, ovos e farinha. Depois de fritos em óleo, são polvilhados com açúcar. *Crulla* vem de *crule*, cujo significado é pão pequeno, que, por sua vez, vem de *krill*, palavra de origem norueguesa usada nas ilhas Shetland, na costa da Escócia (Reino Unido), para se referir não só aos pequenos invertebrados marinhos dos mares do Norte mas também a algo muito pequeno. Ver **Doughnut** e **Krill**.

Aberém Prato da culinária baiana feito com massa de milho demolhado temperada com sal e açúcar. Depois de modelada em formato e tamanho de bolas de bilhar, é embrulhada em folhas secas de bananeira, atadas com fibra de seu tronco, e cozida em vapor. Pode ser servido com mel ou como acompanhamento de pratos que levam azeite de dendê, como o caruru. É servido nas festas populares de Salvador (Bahia). Ver **Azeite de dendê** e **Caruru**.

Abernethy biscuits Pequenos e tradicionais biscoitos escoceses, crocantes e temperados com sementes de alcaravia, às quais são atribuídas qualidades digestivas. Devem seu nome a John Abernethy, brilhante cirurgião do Hospital de São Bartolomeu, em Londres (Reino Unido), que desenvolveu a receita em torno de 1829 com o propósito de auxiliar a digestão de seus pacientes. Ele sugeriu a um padeiro que juntasse açúcar e alcaravia à massa de um dos biscoitos que este fazia. Em razão do bom resultado, o padeiro passou a fazê-los de modo habitual e homenageou o médico dando-lhes seu nome. Ver **Alcaravia**.

Abiu (*Pouteria caimito*) Fruto do abieiro, da família das sapotáceas, tem polpa gelatinosa, amarela e doce. Pode ter de uma a quatro sementes. Cultivado sobretudo em pomares domésticos, seu habitat vai da Amazônia Central até o litoral de Pernambuco e segue, pela costa leste, até o Rio de Janeiro. O abieiro pode alcançar 20 m de altura e seu fruto é ótimo para ser consumido ao natural e para o preparo de refrescos.

Abóbora (*Cucurbita moschata*; *Cucurbita maxima*; *Cucurbita siceraria*) A palavra abóbora tem origem portuguesa e designa o fruto de três espécies principais da família das cucurbitáceas, todas nativas das Américas. Seu cultivo foi iniciado pelos indígenas cerca de 6 mil anos antes da chegada dos europeus e são muitas as suas variedades. As abóboras são colhidas maduras, apresentam casca seca e dura e polpa amidosa e adocicada, que varia do amarelo ao laranja forte. Para prepará-las, devem ser retirados os filamentos e caroços. Em sua maioria de consistência firme, prestam-se a pratos salgados e doces, podendo ser assadas, grelhadas, salteadas, transformadas em purês ou sopas. Suas flores, também comestíveis, podem ser consumidas refogadas ou à milanesa, assim como seus brotos, que recebem o nome de cambuquira. No Nordeste, a abóbora é chamada jerimum, termo eminentemente brasileiro. Ver **Cambuquira**.

Abóbora-d'água (*Benincasa hispida*) Planta originária do Sul e do Sudeste da Ásia, também chamada cabaça branca, cabaça de inverno, benincasa e melão de inverno (*winter melon*). Seus frutos, semelhantes a uma abóbora, de casca verde e polpa branca, são cilíndricos e medem

de 35 cm a 45 cm de comprimento. Devem ser colhidos quando ainda não amadurecidos, pois nesse período são mais doces e macios; quando mais velhos, tornam-se mais duros e apresentam muitas sementes. São utilizados da mesma maneira que a abóbora e podem ser cozidos em preparos salgados ou usados para fazer doce (como o *petha*). De acordo com as tradições dos tâmeis, civilização de 2.500 anos que habita o Tamil Nadu, estado do sul da Índia, esse legume deve ser cozido e servido no jantar de casamento, pois acredita-se que traga prosperidade ao casal. É também muito utilizado na medicina aiurvédica. Na China, é empregado no preparo de uma sopa muito tradicional, com caldo de ossos de boi e porco. Já nas Filipinas, sua utilização é comum em guisados, sopas e doces. Ver **Petha**.

Abóbora espaguete (*Cucurbita pepo* subs. *pepo*) Nome de diversos cultivares de abóbora cujo miolo, quando cozido inteiro, separa-se em filetes similares ao espaguete. Muito consumida nos Estados Unidos, onde denomina-se *spaghetti squash*, pode ser assada, fervida ou cozida no vapor.

Abobrinha (*Cucurbita pepo*; *Cucurbita moschata*) Assim são chamados os frutos de duas espécies do gênero *Cucurbita*. A primeira, grossa e alongada, é conhecida no Brasil por abobrinha italiana; a segunda, de corpo mais bojudo, é chamada de menina brasileira. A casca da abobrinha é verde e rajada, com tonalidade que varia do verde bem claro ao verde-escuro. É colhida antes de amadurecer. De sabor delicado, em geral é cozida com a casca. Presta-se a uma série de pratos, podendo ser servida como salada ou acompanhamento. Sua flor também é comestível. É encontrada o ano inteiro.

Abricó Ver **Damasco**.

Abrideira Aperitivo ingerido antes da refeição, em pequena quantidade, para abrir o apetite. Em geral, aguardente, cachaça.

Absinthe Licor perfumado composto de ervas aromáticas e com alta graduação de álcool. Por conter algumas essências perigosas – como o absinto –, seu consumo é proibido em muitos países. Foi inventado pelo médico francês Ordinaire, que vivia em Couvet, na Suíça. Ele vendeu a receita, em 1797, a Henry Louis Pernod, sobrenome que, mais tarde, tornou-se sinônimo da bebida em toda a Europa. O *absinthe* era a "fada verde" inspiradora do poeta francês Rimbaud. Ver **Absinto**.

Absinto (*Artemisia absinthium*) Também denominado losna, é uma planta que foi muito valorizada pelos egípcios por seu poder curativo. Era usado pelos romanos na preparação de um delicioso vinho, com o qual homenageavam os vencedores das corridas de bigas. O imperador Heliogábalo, que apreciava a popularidade, às vezes mandava distribuir essa bebida ao povo, conhecida por *absinthiatum* ou *pesintiton* (no Oriente Médio). Embora seja um bom remédio, o absinto é prejudicial ao organismo se usado em doses altas, pois afeta o sistema nervoso e pode causar náuseas, convulsões, alienação mental, aborto etc. Por isso, o *absinthe*, bebida alcoólica feita com essa planta e muito apreciada pelos boêmios do século XIX, foi proibida em muitos países. A planta pode ser encontrada fresca e, apesar de seu gosto amargo, é usada para temperar omeletes e saladas, assados e sopas. É também utilizada para perfumar o vermute e vinagres aromáticos.

Aburaage Preparo da cozinha japonesa, são fatias finas de tofu frito. Encontrado pronto no mercado, deve ser banhado em água quente para que seja retirada a gordura de sua superfície. É utilizado em pratos cozidos e no *inari*. Ver **Inari** e **Tofu**.

Acaçá Espécie de pudim salgado que acompanha alguns pratos típicos baianos, como o caruru e o efó. É preparado com milho amarelo ou branco, seco, moído e posto de molho de véspera para fermentar. Então, é cozido em água com pouco sal e embrulhado em folha de bananeira. Além de acompanhar pratos salgados, pode ser consumido com açúcar ou como refresco, dissolvido em água ou leite. Existe também o acaçá de leite, cujas principais características são ser cozido com leite grosso de coco e preparado sempre com milho branco. O acaçá é um dos alimentos mais importantes dos rituais de candomblé. Ver **Caruru** e **Efó**.

Açafrão (*Crocus sativus*) Condimento originário de uma ampla região que se estende da Europa até o Leste Asiático. Tempero de perfume e gosto delicados e característicos que funciona também como eficiente corante. Já conhecido por egípcios e judeus na Antiguidade, foi citado por Salomão no *Cântico dos cânticos*. Na Roma Antiga, misturado ao vinho, era bebido como afrodisíaco. Somente os estigmas secos são utilizados como condimento e são necessárias cerca de 150 mil flores para reunir 1 kg de açafrão, por isso seu preço é tão alto. É possível encontrar à venda o açafrão de baixa qualidade. O legítimo e puro é ótimo para temperar e dar colorido a pratos de arroz, como o pilaf, massas, sopas, carnes, pães e bolos. O açafrão é muito usado em pratos da cozinha espanhola, como a paella, em sopas de peixe, como a bouillabaisse francesa, e em alguns risotos italianos. Deve ser utilizado em pequena dosagem, pois pode ser tóxico em maior quantidade. Ver **Bouillabaisse**, **Paella**, **Pilaf** e **Risoto**.

Açafrão-da-terra Ver **Cúrcuma**.

Açafrão-de-raiz Ver **Cúrcuma**.

Açafrão-do-amazonas Ver **Cúrcuma**.

Açaí (*Euterpe oleracea*) Fruto do açaizeiro, palmeira nativa da Amazônia, da qual também se extrai o palmito. Seu suco é grosso e cremoso, de cor arroxeada, bem escura. Na região Norte, é misturado com farinha-d'água ou fermentado de um dia para o outro e misturado à farinha de mandioca, complementando, assim, o peixe seco (sobretudo o pirarucu) assado na brasa. Pode ser, ainda, consumido adoçado com açúcar, diluído como refresco ou grosso, misturado com farinha de tapioca. Com ele, também podem ser feitos sorvete, pudim, musse e outras sobremesas. No Maranhão, o açaizeiro denomina-se também juçara por sua semelhança com a palmeira-juçara, da espécie *Euterpe edulis*. Ver **Palmito**.

Acarajé Bolinho da culinária baiana feito com feijão-fradinho. Depois de lavado, descascado e moído, o feijão é transformado em uma massa, temperada com cebola ralada e sal, que é, então, frita às colheradas em azeite de dendê. É servido com molho de camarão seco e defumado e molho de pimenta-malagueta. De acordo com Guilherme Radel (2006, pp. 153 e 156), o acarajé é uma das duas únicas comidas da cozinha africana da Bahia que tem correspondentes na África, na Nigéria e no Benim, onde é conhecido por *akára*. Modificou-se no Brasil, com a adoção da técnica de fritura portuguesa e do uso de dendê como gordura. Ver **Azeite de dendê**.

Acelga (*Beta vulgaris*) Da família das amarantáceas, é verdura de folhas macias e grandes, encontrada durante o ano inteiro. Há diversas variedades: acelga-crespa, acelga-loura, acelga-de-cardo, acelga-japonesa, entre outras. Suas folhas verde-claras e seus talos largos e brancos podem ser empregados em refogados ou em saladas. De sabor levemente adocicado, muito suave, o talo tem textura bastante firme. A acelga é muito utilizada na culinária chinesa. Na cidade de Málaga, na Espanha, é tida como uma especialidade. Lá, em geral é cozida e servida com molho feito com alho frito, páprica, pimenta vermelha, azeite e migalha de pão, tudo moído em um almofariz e temperado com um pouco de vinagre.

Acém Carne do quarto dianteiro do boi, bastante saborosa. Corte adequado para bifes de panela ou ensopados.

Acepipe No Brasil, significa comida apetitosa, quitute, petisco. Em Portugal, corresponde ao que os franceses chamam *hors d'oeuvre*. Ver **Hors d'oeuvre**.

Acerola (*Malpighia emarginata*) Da família das malpighiáceas, é uma pequena fruta, redonda e vermelha, da árvore de mesmo nome originária da América Central e do norte da América do Sul. Também conhecida por cereja-das-antilhas e cereja-do-pará, é agridoce, suculenta e rica em vitamina C e minerais. Pode ser consumida ao natural ou como suco, sorvete, doce, geleia, compota, batida e licor. Também pode ser empregada para enriquecer o suco de outras frutas.

Acessulfame-K Adoçante artificial, não metabolizado pelo organismo, com poder adoçante 200 vezes superior ao do açúcar refinado. Apresenta alta estabilidade em baixas e altas temperaturas. Usado em muita quantidade, deixa um leve amargor, semelhante ao causado pela sacarina. Sua fórmula foi criada na Alemanha, na década de 1960. Ver **Sacarina**.

Aceto Palavra italiana que significa vinagre. Ver **Vinagre**.

Aceto dolce 1. Na Itália, é o vinagre adocicado produzido com frutas. **2.** Conserva de frutas ou vegetais, preservados em vinagre, mel, sementes de mostarda e vinho branco ou moscatel. É consumida na Itália como antepasto.

Acetomel Xarope agridoce feito com partes iguais de mel e vinagre. É muito usado na França (*acétomel*) para preservar peras e pêssegos. Na Espanha, *acetomiel*.

Achaar Conserva indiana preparada com vinagre e sumo de limão, temperada com mostarda, assafétida, cúrcuma e pimenta. Como ingredientes-base, são usados inúmeros legumes, frutas e inclusive folhas. Alguns dos mais utilizados são: couve-flor, cenoura, cebola, gomos tenros de bambu, couve, palmito, raiz de lótus, berinjela, pepino, pimentas e nabos. Muito popular tanto na Índia como no Paquistão, foi trazida para o Brasil no século XVI, pelos portugueses. Era servida como aperitivo ou acompanhamento de peixe ou carne. Considera-se que seu nome seja de origem persa, embora acredite-se também que possa ter derivado do vocábulo latino *acetaric*. Ver **Assafétida**, **Cúrcuma** e **Mostarda**.

Achiote Ver **Urucum**.

Acidez Um dos cinco sabores básicos, encontrado em substâncias como o vinagre e o suco do limão, em razão da presença de ácidos diversos nos alimentos.

É medida por uma escala de pH, que varia de 0 a 14. Substâncias com pH inferior a 7 são ácidas; com pH superior, são básicas (alcalinas). Nos vinhos, a acidez é responsável pela sensação de frescor, devendo aparecer em nível equilibrado, de acordo com o tipo (branco, tinto, rosé etc.).

Acidificantes Ver **Acidulantes**.

Ácido Palavra de origem latina, nomeia toda substância que provoca a sensação de acidez. Ácidos são encontrados em muitos ingredientes naturais, como vinagres (ácido acético), vinho (ácido tartárico), suco de limão (ácido cítrico), produtos à base de soro de leite (ácido lácteo), maçãs (ácido málico) e outros.

Ácido acético Ácido produzido por bactérias, transforma o vinho em vinagre. É comercializado diluído para conservar alimentos, como picles.

Ácido ascórbico Conhecido também por vitamina C. Frutas e hortaliças são suas principais fontes. A vitamina C é responsável pelo fortalecimento do tecido conjuntivo e pela sustentação da estrutura celular do organismo. Ela é solúvel em água e destruída pelo calor, pela oxidação e por substâncias alcalinas. Nem sempre um alimento rico em vitamina C, quando colhido, continua a manter essa propriedade ao chegar à mesa. Quanto mais fresco o produto, mais vitamina C ele conterá. Para evitar perda de vitamina, corte o alimento com faca de aço inoxidável e em pedaços não muito pequenos: quanto menores os pedaços, mais vitamina se perderá. O cozimento de alimentos que a contém deve ser no menor tempo possível e com uma quantidade mínima de água. Reaproveite o líquido do cozimento, pois este é rico em nutrientes. Dê preferência ao cozimento no vapor.

Ácido cítrico Está presente nos sucos de frutas, em especial nas cítricas. É também comercializado no formato de cristais. Empregado sobretudo para evitar que determinados alimentos escureçam depois de cortados.

Ácido málico Ácido cristalino, incolor, encontrado na uva antes da sua maturação e que subsiste no mosto e no vinho. Está presente também em outras frutas, como a maçã. Ver **Mosto** e **Vinho**.

Ácido tartárico Ingrediente culinário, é encontrado em pó no mercado e usado para a fermentação de massas. Está também presente em diversas frutas, como o abacaxi, o morango, a framboesa e a amora. Está presente em grande quantidade nos vinhos.

Acidulantes Substâncias usadas para intensificar o sabor ácido dos alimentos e para conservá-los. Ver **Aditivos**.

Acini di pepe Expressão italiana para "grãos de pimenta", é o nome de uma massa com esse mesmo formato.

Ackee (*Blighia sapida*) Fruta de tamanho médio, originária da África Oriental, muito difundida na Jamaica, para onde foi levada no século XIX por William Bligh, capitão do veleiro inglês Bounty. Embora esteja presente em outras ilhas do Caribe, somente na Jamaica é considerada alimento. Apresenta polpa branca e carnuda, sementes pretas e, quando madura, sua casca adquire coloração vermelha. Deve ser consumida apenas depois de aberta naturalmente e sempre cozida, pois crua contém substâncias intoxicantes. Pode ser encontrada ao natural ou em conserva.

Açorda Prato português à base de pão e, frequentemente, também de ovo, misturado com ingredientes como carne ou peixe. Temperada com azeite, alho e coentro, tem o aspecto e a textura de um creme grosso, não homogêneo, com pedaços do alimento-base. São famosas as açordas de bacalhau e as de camarão. É um prato tradicional das regiões de Trás-os-Montes, Alto Douro, Beira Baixa e Alentejo, em Portugal. Ver **Bacalhau** e **Camarão**.

Acorn Palavra em inglês que designa a bolota, noz do carvalho. Ver **Bolota**.

Acquacotta Ou "água cozida" em português, é uma sopa italiana originária da região costeira de Maremma. É preparada com vegetais, como cebola e tomate, azeite de oliva e pão amanhecido. Na hora de servir, pode receber um ovo escalfado por cima. Ver **Ovos pochés**.

Actina Proteína dos músculos que garante a contração muscular. Durante o cozimento da carne, a actina coagula.

Açúcar São cristais de sacarose extraídos da cana-de-açúcar e da beterraba-sacarina. Na Antiguidade, seu uso já era conhecido na Índia, primeiro país a fabricá-lo com caldo da cana. Os indianos acreditavam que Vishwamitra o criou para alimentar os deuses. As técnicas de produção se disseminaram entre os persas e, depois, entre os árabes. O açúcar tornou-se conhecido pelos europeus com a expansão muçulmana em torno do Mediterrâneo e, mais tarde, com as Cruzadas. Com a implantação da indústria açucareira nas Américas e o aumento da produção, de medicamento e luxuosa especiaria transformou-se, aos poucos, em um produto de consumo de massa. Entre os séculos XVI e XVII, o Brasil passou a ser o maior produtor mundial, ficando também entre os principais produtores hoje. Já o açúcar de beterraba só começou a ser produzido no século XIX, na Europa. Há vários tipos de açúcar, que resultam do processo de refino ao qual é submetido: o mais comum é o refinado, de cristais finos que se dissolvem com bastante facilidade, de larga utilização; o melado preto e o xarope também são classificados na categoria de açúcar. É grande fonte energética, além de ser agente conservador, que inibe o crescimento de germes. Se consumido em grande quantidade, pode trazer uma série de problemas ao organismo. Ver **Cana-de--açúcar**, **Melado** e o nome do açúcar.

Açúcar cristal Açúcar que não passa por algumas fases do refino, tem a aparência de pequenos cristais e pode ser encontrado também no formato de pequenos tabletes. Usado basicamente para decoração ou no preparo de caldas. Apresenta de 98% a 99% de sacarose. Por conter sais que absorvem água, umedece com facilidade, tornando-se viscoso e, portanto, de conservação mais difícil.

Açúcar de baunilha Açúcar refinado aromatizado com baunilha, muito utilizado na elaboração de doces. É o *sucre vanillé* francês. Para prepará-lo, adicionam-se extrato, essência ou as próprias favas de baunilha ao açúcar, mantendo-o em potes fechados por, pelo menos, uma semana.

Açúcar de confeiteiro De textura muito fina, é o açúcar obtido por meio de uma moagem maior, com o acréscimo de amido, que evita a agregação dos cristais. É indicado para glacês e para polvilhar sobre bolos, tortas, doces e pães.

Açúcar invertido Sacarose decomposta em glicose e frutose pela ação de ácido ou de levedura. Sua textura é a de um xarope

grosso e seu poder edulcorante é maior que o do açúcar comum.

Açúcar mascavo Açúcar não refinado, de sabor similar ao da rapadura e de cor amarelo-escura. É bastante úmido, feito com grande quantidade de melaço. Contém 94% de sacarose e mais impurezas que os outros tipos de açúcar. Usado sobretudo em bolos de frutas e no tradicional pudim de Natal britânico. Ver **Christmas pudding**, **Melaço** e **Rapadura**.

Açucarar É o que ocorre com a calda de açúcar que é mexida no fogo, tornando-se fosca, esbranquiçada e encaroçada. Esse é o ponto de calda usado para pés de moleque e cocadas. Para doces em calda e caramelados, é necessário que, durante o cozimento no fogo, ela não seja mexida.

Adafina Cozido judaico feito com pés e tutano de vitela, além de carne, batatas, grão-de-bico, cebolas e temperos. Sua preparação é similar à do cholent, que é cozido durante a noite para estar pronto para o Sabá. Ver **Cholent**.

Adamado Diz-se do vinho adocicado e de paladar suave, antigamente considerado o mais agradável para as damas.

Adega Local, geralmente subterrâneo, próprio para a guarda de bebidas alcoólicas. Sua principal característica é ter temperatura baixa e constante (a ideal deve estar entre 10 °C e 13 °C). Deve ser também um ambiente escuro, arejado, ligeiramente úmido (entre 60% e 70% de umidade) e limpo, de modo que não contribua para a formação de mofo, que pode contaminar as rolhas, causando mal irreparável ao vinho. Hoje em dia são muito comuns as adegas elétricas, de diversas capacidades, que podem ser instaladas em qualquer ambiente e nas quais os vinhos são armazenados com temperatura controlada.

Adirondack bread Tradicional pão feito na região das montanhas Adirondack, no estado de Nova York (Estados Unidos). É um pão rústico, feito com farinha moída grosseiramente, de trigo ou centeio. É servido bem quente, no café da manhã ou na ceia.

Aditivos Substâncias, naturais ou artificiais, intencionalmente acrescentadas aos alimentos durante sua preparação ou processo de industrialização para alcançar um ou mais dos seguintes objetivos: conservar o frescor e a qualidade do produto; ajudar no processamento ou na preparação; modificar características sensoriais, biológicas, físicas ou químicas. De acordo com a finalidade, podem ser divididos nas seguintes categorias: conservantes, antioxidantes, estabilizantes, corantes, flavorizantes, edulcorantes, umectantes, antiumectantes, espessantes, espumíferos e antiespumíferos. Em embalagens e rótulos, estão geralmente relacionados todos os ingredientes que compõem o produto, inclusive os aditivos, listados em ordem decrescente de proporção. O uso de aditivos é controlado pelas autoridades. No Brasil, a Agência Nacional de Vigilância Sanitária (Anvisa) efetua esse controle. Ver **Antiespumíferos, Antioxidantes, Antiumectantes, Conservante, Corante, Edulcorante, Espessantes, Espumíferos, Estabilizantes, Flavorizantes** e **Umectante**.

Ado Prato da cozinha baiana preparado com milho torrado em grão reduzido a farinha, temperado com azeite de dendê e, às vezes, mel de abelhas.

Adobo 1. Nome de tradicional prato filipino, elaborado com carnes de porco e de galinha cozidas abafadas em leite de coco depois de marinadas. 2. Tempero filipino composto de pimentas, vinagre e ervas. 3. Molho mexicano cozido, escuro e denso, à base de chipotle (pimenta seca e defumada), polpa ou suco de tomates, açúcar mascavo, orégano, cominho, canela, alho, pimenta-do-reino preta, sal, vinagre e azeite de oliva. Acompanha diversos pratos. 4. O mesmo que marinada, em espanhol. É geralmente feito com partes iguais de vinho branco e vinagre, pimenta, sal, louro e manjerona. É muito utilizado não apenas para dar sabor mas também para amaciar certas carnes. Ver **Marinada**.

Adoçantes artificiais Substâncias naturais ou artificiais de grande poder adoçante, substitutos do açúcar. Entre os não nutritivos, estão o aspartame, o ciclamato, a sucralose, o acessulfame-K e a sacarina. Ver **Acessulfame-K, Aspartame, Ciclamato** e **Sacarina**.

Adstringência Sensação tátil percebida na boca ao consumirmos alimentos dotados de tanino. Os taninos provocam a aglutinação das proteínas da saliva, impedindo que esta lubrifique a boca, o que ocasiona sensação de secura e aspereza. É característica importante a ser examinada na degustação dos vinhos tintos. Ver **Tanino**.

Advocaat Bebida holandesa, semelhante ao *eggnog*, elaborada com brandy, gemas de ovos e açúcar. Em vez de açúcar, também pode ser usado o mel. Às vezes outros ingredientes ou temperos são acrescentados, como baunilha e creme de leite. Esse drinque também é encontrado pronto, engarrafado. Ver **Brandy** e **Eggnog**.

Aeblekage Bolo de maçãs dinamarquês, tradicionalmente servido na ceia de Natal. Por seus ingredientes e consistência, lembra a charlote inglesa de maçãs, mas sua forma é redonda e achatada. É servido frio e acompanhado de creme batido. Ver **Charlote**.

Aeblesuppe Sopa de maçãs ácidas, muito apreciada pelos dinamarqueses em todas as estações. É feita com maçãs cozidas, sagu ou farinha de arroz para engrossar, canela e casca de limão para temperar e, eventualmente, gemas e creme de leite. É servida quente, morna ou fria, dependendo da época do ano, polvilhada com farelo de pão.

Aemono Palavra japonesa que significa comida revestida de molho, utilizada para identificar saladas feitas com legumes, vegetais ou frutos do mar, envolvidas em um molho denso, não cozido. Os ingredientes que compõem o molho podem variar, mas sua base é geralmente o tofu amassado. O *aemono* é servido como aperitivo, primeiro prato ou ao fim da refeição. Ver **Tofu**.

Aferventar Cozinhar ligeiramente o alimento, em água ou outro líquido em ponto de fervura. É um cozimento bem rápido.

Afogado Carne bovina cortada em cubos, refogada e cozida em água fervente com batatas e cheiro-verde. Em geral, é servido com farinha de mandioca e molho de pimenta. Prato típico de São Paulo, consumido, por exemplo, na Festa do Divino na região de Mogi das Cruzes.

Afogar Ver **Guisar**.

Afurá Espécie de bolo de massa fina, da culinária baiana, feito com arroz fermen-

tado. Depois de ralado, é diluído em água açucarada, transformando-se em refresco.

Ágar-ágar Agente gelificante obtido de algas marinhas vermelhas. Antigamente era conhecido por musgo do Ceilão ou cola da China. É muito empregado pela indústria alimentícia em geleias, sorvetes, balas de goma, sopas, temperos etc. Na restauração, é utilizado principalmente em gelatinas, em substituição a extratos animais. Encontrado em pó ou filamentos da alga desidratada. Depois de dissolvido em líquido, adquire consistência em menos tempo que a gelatina animal. Também suporta melhor as temperaturas altas (até 80 °C), possibilitando o preparo de gelatinas quentes. É, ainda, ótima alternativa para se usar com frutas como abacaxi e mamão, pois não é afetado por suas enzimas, como ocorre com a gelatina animal. Por não derreter com facilidade, dá à mistura uma textura elástica.

Agave (*Agave* spp.) Originário da América tropical, com distribuição do sul dos Estados Unidos ao Equador, é um vegetal de seiva abundante com a qual são produzidos a tequila, o mezcal e o pulque. Há mais de trezentas espécies do gênero *Agave*, 75% delas encontradas em solo mexicano. É também denominado *maguey*, termo utilizado pelos tainos do Caribe e adotado pelos colonizadores espanhóis. É venenoso quando cru, mas perde essa característica ao ser assado ou cozido em calda. Ver **Mezcal**, **Pulque** e **Tequila**.

Agedashi Prato japonês elaborado com tofu frito, *daikon*, *katsuobushi*, gengibre, molho de soja e mirin. Ver **Daikon**, **Katsuobushi**, **Mirin**, **Molho de soja** e **Tofu**.

Agemono Palavra japonesa que se refere à técnica de fritura dos alimentos e aos pratos fritos em geral, como o tempura. Eles são preparados com um instrumento específico, o *agemono-nabe*, espécie de panela semelhante à wok chinesa. Ver **Tempura** e **Wok**.

Agentes de endurecimento São aditivos químicos usados em alimentos industrializados, principalmente frutas e outros produtos agrícolas, com o objetivo de torná-los mais firmes. Ver **Aditivos**.

Agentes de revestimento São substâncias químicas aplicadas à superfície de um alimento para dar-lhe aparência mais brilhante ou para fazer um revestimento protetor.

Aglio e olio Expressão italiana que significa alho e óleo, molho elaborado com azeite de oliva e alho frito para guarnecer massas.

Agneau Palavra francesa para cordeiro. Ver **Carne de carneiro**.

Agneshka Sopa búlgara servida na Páscoa, feita com miúdos de cordeiro, cebolas, iogurte, macarrão, ovos e pimenta vermelha.

Agneshka churba Tradicional prato da Bulgária, consiste em um assado de cordeiro recheado com uma mistura de arroz, miúdos e passas. É servido nos festejos da Páscoa.

Agnolotti Tipo de massa italiana recheada com vegetais ou carne, com o formato de um capuz de monge. Depois de cozida em água quente e escorrida, é servida com molho e queijo parmesão ralado. A massa de tamanho menor, *agnolini*, é usada também em caldo ou sopa.

Agraço Antigo tempero da culinária europeia medieval, encontrado em toda parte e utilizado em muitos pratos. Bastante ácido, era preparado previamente com o suco da uva verde, eventualmente acrescido de outros elementos. Em francês, *verjus*. Ainda hoje, a uva verde de segunda floração da vinha, que não amadurece e conserva grande acidez, chama-se *verjus*.

Agras Bebida extremamente doce da Argélia, elaborada com suco de uva não fermentado, água, açúcar e amêndoas moídas.

Agrião (*Nasturtium officinale*) Da família das brassicáceas, é uma pequena planta de crescimento rápido que germina facilmente de sementes, mesmo em vasos dentro de casa. Tem folhas verde-escuras e brilhantes, quando fresco. Em geral, são aproveitados somente as folhas e os talos mais finos. Com sabor refrescante, é muito utilizado em saladas, na composição de pratos, em sanduíches ou molhos. Ingrediente fundamental da rabada com agrião. Ver **Rabada**.

Agrião-do-pará Ver **Jambu**.

Agridoce É a combinação do sabor ácido com o doce. Quando se refere a molho, significa que este contém açúcar, sal e vinagre. A cozinha oriental, principalmente a chinesa, tem inúmeros molhos agridoces.

Água acidulada Diz-se da água misturada com um pouco de vinagre ou limão. É usada para evitar que os alimentos escureçam durante o preparo, como ocorre com maçãs e beringelas quando são descascadas e suas polpas ficam em contato direto com o ar.

Aguacate Ver **Abacate**.

Água de flor O mesmo que água de flor de laranjeira. Essência obtida por processo de maceração das flores, é utilizada para aromatizar caldas, doces e bolos. Muito empregada na culinária sírio-libanesa, em árabe recebe o nome *maé zahar*.

Água de rosas Essência típica da culinária árabe, em que recebe o nome de *maé wared*, usada para aromatizar doces. Feita da destilação de pétalas de rosas, deve ser usada com moderação, pois tem perfume muito intenso.

Aguamiel Ver **Pulque**.

Aguardente Nome dado, nos países de língua portuguesa ou espanhola, à bebida de elevado teor alcoólico obtida pela destilação de cana-de-açúcar, frutas, raízes ou sementes.

Aguardente de maçã Aguardente feita com a destilação da cidra e o bagaço da maçã. Nos Estados Unidos, a produção local é conhecida por *applejack*, mas recebe ainda os nomes de *cider brandy*, *cider spirit*, *cider whisky* ou apenas *apple*. Começou a ser produzida no século XVI como alternativa à produção de cerveja, diante da dificuldade de cultivo do lúpulo e da cevada. Em razão de as macieiras, entre outras árvores frutíferas trazidas para a Nova Inglaterra, terem se aclimatado bem, iniciou-se o fabrico de cidra (já muito utilizada na Inglaterra) e, mais tarde, da aguardente de cidra, o *applejack*. Durante muito tempo, estas foram as bebidas mais consumidas nas áreas rurais dos Estados Unidos. Para produzir um bom *applejack*, deve-se usar cidra de boa qualidade e dupla destilação. Seu teor alcoólico varia entre 42% e 50%.

Na Europa, a utilização da aguardente de maçã sempre foi bastante difundida, produzida em praticamente todos os países. A mais conhecida e conceituada, entretanto, é a francesa, fabricada na Normandia e denominada *calvados*. Ver **Calvados**.

Água seltzer Água naturalmente efervescente, sem sabor, cujo nome provém da cidade de Niederselters, no estado de Hesse (Alemanha). No fim do século XVIII, com a descoberta do dióxido de carbono, iniciou-se a fabricação de água semelhante a esta, também chamada *Sodawasser*. Em 1840, sabores começaram a ser adicionados a ela. Ver **Soda**.

Agulha Termo utilizado em Portugal para se referir à efervescência de um vinho que "pica" o paladar. É tradicionalmente associado aos vinhos verdes (embora, na atualidade, nem todos apresentem essa característica). Ver **Vinho verde**.

Aïgo bouïllido Tradicional sopa provençal, é o primeiro prato da ceia de Natal. A tradução literal de seu nome é "água fervendo". É preparada com alho, azeite, sal, folhas de louro, água e ovos.

Aigre de cèdre Bebida preparada em Grasse e Nice (França) e em Sanremo e Gênova (Itália). De sabor extremamente refrescante, é à base de suco de laranja ou limão, mel e zesto de casca de cidra ou de tangerina. Ver **Zesto**.

Aigrette Massa francesa temperada, muito usada como antepasto. Utiliza-se como base a massa de carolinas, ou *pâte à choux*, que poderá ser misturada com queijo ou anchovas antes de ser dourada em gordura, em pequenas porções. Ver **Massa de carolina ou pâte à choux**.

Aiguebelle Licor francês fabricado com mais de cinquenta ervas e originário da Provença. De fórmula antiga, foi desenvolvido em um mosteiro de monges trapistas. Seu nome é uma homenagem às três fontes de água mineral situadas próximas ao mosteiro, denominadas *les belles eaux* ("as águas belas"). Hoje, é produzido industrialmente na cidade de Valaurie, sob o nome Elixir du Coiron. Há uma variedade mais forte, de cor verde, e outra mais suave, amarela.

Aïllada, l' Molho francês para escargot muito utilizado nas regiões da Gasconha e de Bordeaux. Cada uma delas utiliza um conjunto diferente de ingredientes para preparar a pasta que envolverá o escargot dentro da concha. Na Gasconha, esta é feita com azeite de oliva, salsa, cebolinha, alho-poró, echalotas e alho, tudo picado e temperado com sal, pimenta e noz-moscada. Em Bordeaux, é preparada uma mistura de miolo de pão com leite, farinha e gemas, à qual, depois de cozida, são acrescentadas as mesmas ervas e temperos listados. Eventualmente pode ser perfumada com cravo. Ver **Escargot**.

Aïoli Molho da culinária provençal (França) semelhante ao molho maionese. Dentes de alho amassados são misturados a gemas de ovos, e depois a azeite de oliva. Bate-se, então, até emulsionar. Temperado com suco de limão ou vinagre e sal, é utilizado frio como acompanhamento de legumes, peixes ou fatias de carne fria. É tradicionalmente preparado às sextas-feiras, acompanhando batatas, alcachofras, escargots ou bacalhau, feijões, cenouras e ovos, todos previamente cozidos. Parece ter origem no *alioli* espanhol, da região de Valência. Ver **Alioli**.

Aipim Variedade de mandioca. Ver **Mandioca**.

Aipo (*Apium graveolens*) Da família das apiáceas, o aipo ou salsão é uma planta de origem europeia. Tem folhas muito recortadas, sustentadas por hastes largas, carnosas, brilhantes e aromáticas. Suas flores são pequenas, esverdeadas e com formato de guarda-chuva. Existem muitas variedades, com sabor e aroma diferentes, das quais as mais comuns são: aipo-branco, aipo-tronchudo, aipo-rábano, aipo-gigante e aipo-de-cabeça. Todas as variedades hoje conhecidas são fruto de paciente seleção. Na Antiguidade, os povos do Mediterrâneo conheciam um aipo selvagem, origem de todos os atuais. Foram encontrados resíduos de aipo na tumba de Tutancâmon. Com suas folhas, os gregos faziam coroas de vitória, com as quais também enfeitavam os túmulos dos que morriam em batalha. Na Roma Antiga, era enfeite de mesa, com flores, e ração de animais comestíveis, para deixar sua carne mais saborosa, conforme receita de Mecenas, nobre romano patrocinador das artes. Hoje, suas folhas e seus talos frescos são utilizados em ensopados, molhos, sopas, saladas e carnes. Seus grãos servem para perfumar picles, queijos, legumes, carnes e peixes ao forno. O sal de aipo é delicioso em saladas, bifes e coquetéis de tomate.

Aish el saraya Prato doce egípcio feito com mel, pistaches, manteiga, açúcar, creme de leite e pão. É preparado para a festa muçulmana de Eid al-Fitr, que marca o fim do longo jejum do Ramadã. É muito consumido também na Turquia, como sobremesa.

Aisy cendré Queijo francês da região da Borgonha, feito com leite de vaca não pasteurizado, com massa semimole, não prensada e não cozida. O coração é branco, com textura mais cremosa em volta. É um queijo forte, de aroma pronunciado e com sabor mais salgado e agressivo quando jovem. Ele é lavado com *marc* da Borgonha e depois envolto em cinzas durante um mês, para amadurecer. Tem cerca de 10 cm de diâmetro, 3 cm de altura e pesa cerca de 250 g. Seu melhor período vai de outubro a julho. Ver **Marc**.

Ajada Molho espanhol preparado com pão encharcado de água, misturado com alho e temperado com sal. É chamado também *ajolio*.

Aji Nome genérico pelo qual são conhecidas, nos países hispano-americanos, diversas pimentas do gênero *Capsicum*. Ver **Pimenta Capsicum**.

Aji amarillo (*Capsicum baccatum*) Variedade de pimenta vulgarmente conhecida por esse nome em razão de seus frutos serem quase sempre amarelos (embora possam ser também vermelho-alaranjados). De origem peruana, o *aji amarillo* tem formato fino, com até 12 cm de comprimento, e alto grau de picância. É encontrado fresco, em conserva, em pó ou em pasta.

Aji-no-moto Nome japonês do glutamato monossódico. Ver **Glutamato monossódico**.

Ajolio Ver **Ajada**.

Akala (*Rubus hawaiensis*) Fruta havaiana, de suco doce, semelhante à framboesa. Sua cor varia do vermelho ao púrpura. É muito utilizada em geleias e tortas.

Akvavit Grafia dinamarquesa para *aquavit*. Ver **Aquavit**.

À la carte Em francês, significa "ao cardápio". Ver **Serviço à la carte**.

Alambique O mesmo que destilador. É um aparelho próprio para destilar, ou seja, passar uma substância do estado líquido para o gasoso e novamente para o líquido, por meio de um processo de condensação. O aparelho é constituído por caldeira, tubulação e condensador.

À la mode Expressão francesa que significa "à moda de".

Albert sauce Molho à base de raiz-forte, manteiga, farinha de trigo e creme de leite. Ver **Raiz-forte**.

Albóndiga Palavra espanhola que significa almôndega. Quando muito pequena, é chamada *albondiguilla*. Ver **Almôndega**.

Albumina Proteína solúvel em água, presente na clara de ovo e no leite. É utilizada na culinária como gelificante e emulsificante, em preparos como glacês e merengues, e como clarificante de vinhos, sucos e caldos. Encontrada com mais frequência em pó, deve ser misturada à água morna para sua reconstituição. Deve ser conservada em local fresco e em recipiente bem vedado.

Alcachofra (*Cynara cardunculus*) Planta da mesma espécie do cardo, cujo botão de cor verde é comestível. Sua safra, no Brasil, ocorre entre os meses de agosto e dezembro. Deve-se dar preferência aos botões de pétalas firmes, sem manchas e bem agrupadas. Em seu interior, há um fundo fibroso que deve ser retirado com cuidado para não danificar o coração da alcachofra, base polpuda e comestível. É cozida geralmente em água e sal e servida quente, com molho de manteiga; fria, com molho de azeite e vinagre; e recheada. Consumida desde a Antiguidade, já era muito utilizada na Grécia. Em Roma, tinha apreciadores e também críticos, como Plínio, que a comparou ao cardo e afirmou não entender como havia quem por ela gastasse um bom dinheiro. Na Europa do século XVII, passou a ter reputação de afrodisíaca. Ver **Cardo**.

Alcachofra-de-jerusalém (*Helianthus tuberosus*) É um tubérculo nodoso, da mesma família da alcachofra e dos girassóis, de casca marrom-clara e polpa branca. Cultivada principalmente nos Estados Unidos, é também conhecida por alcachofra-da-terra. Sua safra inicia-se no outono e estende-se até o início da primavera. Deve-se escolher as mais firmes e não muito nodosas, mais fáceis de descascar, mas também podem ser consumidas com a casca. Apresenta sabor delicado, que lembra um pouco o sabor da alcachofra. Pode ser assada ou fervida e servida inteira com diferentes tipos de molho, ou esmagada, como sopa ou purê. Não deve ser cozida em fogo muito alto, pois desmancha. No Brasil, é também chamada tupinambo.

Alcaçuz (*Glycyrrhiza glabra*) Erva de folhas lisas e cor de violeta, muito conhecida na Inglaterra, onde é chamada *liquorice* (também grafado *licorice*). Extraído das raízes, seu extrato já foi muito utilizado para colorir e dar sabor a preparos doces e gingerbreads, e, ainda hoje, pode ser adicionado às cervejas pretas. No Brasil, até a metade do século XX, eram muito encontradas as balas de alcaçuz. Ver **Gingerbread**.

Álcali hidróxido ou óxido dos metais alcalinos, contrabalança e neutraliza os ácidos. Na culinária, o mais utilizado é o bicarbonato de sódio. Ver **Bicarbonato de sódio**.

Alcaparra (*Capparis spinosa*) Planta originária da Ásia, a alcaparra aclimatou-se nas regiões temperadas de todo o mundo. Conhecida e consumida em toda a Antiguidade, seu uso foi documentado por Atenodoro, sábio e diretor da biblioteca de Pérgamo, na Ásia Menor, no primeiro século da Era Cristã, que registrou ser ela encontrada "nas mesas das classes mais altas e às vezes deixadas ao povo". Como tempero, são utilizados apenas seus botões florais ainda não abertos, os quais são colhidos manualmente e postos em conserva, no vinagre ou no sal. De gosto picante e acre, com perfume característico, as alcaparras temperam bem molhos, carnes, peixes e saladas. São indispensáveis ao molho tártaro. Ver **Tártaro**.

Alcaravia (*Carum carvi*) Da família das apiáceas, a alcaravia ou cariz é uma semente rajada com sabor forte, muitas vezes confundida com o cominho. Este, no entanto, tem grãos mais claros, formato e aroma um pouco diferentes. Vestígios de seu uso foram encontrados em primitivas palafitas na Suíça, em túmulos egípcios e em antigos locais de parada de caravanas ao longo da Rota da Seda, na Ásia. Cresce com facilidade em todos os continentes. Os antigos a utilizavam para preparar uma loção contra a queda de cabelos. Segundo uma curiosa superstição, bastante antiga, pôr alguns grãos de alcaravia nos bolsos dos maridos impede que eles sejam infiéis. Era usada também no fabrico de elixires do amor. Em *Henrique IV*, de Shakespeare, Falstaff é obsequiado com "uma maçã e um prato de alcaravia", o que se constituía no fim tradicional de um banquete inglês do século XVI. Com o óleo extraído dos grãos, é preparado o famoso licor kümmel, muito apreciado nos países frios. Como tempero, deve ser empregada com cuidado, pois seu sabor é bastante forte. Combina bem com carnes, salsicharia, sopas, principalmente de repolho e de beterraba, queijos, pães, biscoitos e maçãs assadas. Indispensável tanto para dar gosto ao chucrute dos alemães como ao *masala* indiano, é utilizada também para o tempero de licores. Suas folhas podem ser usadas em saladas. Seu nome em português e em espanhol deriva de seu nome árabe, *karawya*. Ver **Chucrute, Kümmel** e **Masala**.

Al cartoccio Ver **Papillote**.

Alcatra Corte nobre, é a melhor parte do traseiro bovino. É um corte macio, não muito gordo, com áreas de menos ou mais gordura e de ótimo sabor. Divide-se em ponta de alcatra, usada para bifes, e alcatra propriamente dita, boa para assados e grelhados.

Alchermes Licor italiano de cor escarlate, é feito da infusão de açúcar, canela, cravo, noz-moscada, baunilha, ervas e aromatizantes. Sua característica mais interessante é o uso de um inseto – *kermes* –, que lhe dá a cor e o nome. Sua receita é a evolução da fórmula de um tônico da região – *confectio alchermes* – preparado desde o século VIII, indicado para cardíacos.

Al dente Expressão italiana usada para indicar o grau de cozimento correto para massas e arroz de risotos. Ambos têm de estar cozidos e levemente resistentes à mordida, "ao dente", mas não macios demais. Os legumes também podem ser cozidos *al dente*.

Ale Tipo de cerveja de alta fermentação, obtida de malte e cereais, produzida em grande variedade de cores, sabores e teores alcoólicos. É mais encorpada e amarga que as outras. Sua cor varia do âmbar cla-

ro ao escuro. Inicialmente, *ale* era o nome genérico para cerveja na Europa, utilizado mesmo antes da palavra *beer* ou *bier*. Hoje em dia, o termo ainda é usado na Inglaterra e na Escandinávia, porém não é mais empregado na Alemanha e em outros países de língua germânica. No século XV, a *ale* era muito utilizada em molhos e diz-se que a rainha Elizabeth I não a dispensava na primeira refeição do dia, acompanhada de carne e pão.

Aleatico di Portoferraio Vinho de sobremesa, doce e de cor vermelha, produzido com a variedade de uva Aleatico, na ilha de Elba (Itália).

Aleatico di Puglia Vinho italiano doce, forte e escuro, produzido com a variedade de uva Aleatico, na província de Puglia.

Alecrim (*Rosmarinus officinalis*) Da família das lamiáceas e originário das regiões mediterrâneas, o alecrim, cujo nome vem do árabe *al-iklil*, é uma erva que sempre foi muito apreciada em razão de suas virtudes aromáticas e medicinais. De acordo com uma lenda do século XIII, Elizabeth, rainha da Hungria, curou-se do reumatismo e da gota ao usar uma solução de água com alecrim e outras ervas. A receita, segundo se dizia, foi-lhe dada por um anjo e ficou conhecida por "água da rainha da Hungria". Queimava-se o alecrim resinoso nos quartos dos doentes, para purificar o ar, e seus ramos eram espalhados nos tribunais, a fim de afastar a "febre das cadeias" (o tifo). Emblema do amor e símbolo da saudade, diz-se que é planta mágica contra feitiçaria e mau-olhado. Na Igreja Ortodoxa, até hoje, utiliza-se seu óleo para unção. Suas folhas são pontudas, duras e estreitas, verde-escuras por cima e esbranquiçadas por baixo. Seu arbusto alcança cerca de 1 m de altura. Cresce em solos rochosos, geralmente próximos do mar, daí provém seu nome botânico *Ros marinus*, orvalho do mar. Tempero para carnes e aves em geral, para molhos, caças, sopas e cozidos, pode ser usado fresco ou seco. Na Provença, região francesa, é usado ainda para temperar peixes. É, aliás, uma das três ervas básicas da culinária dessa região, com o tomilho e a segurelha. Também conhecido por rosmarinho ou rosmaninho.

Alemão Molho tradicional francês, é um *velouté* ligado com gemas de ovos. Definido pelo chef Antonin Carême como um dos molhos básicos da alta cozinha francesa. Ver **Velouté** e **Carême, Marie-Antoine (Antonin)**.

Alessandri Salame tipo italiano, feito nos Estados Unidos.

Aletria 1. Massa de fios muito finos, assim denominada na cozinha portuguesa. Aqui no Brasil é mais conhecida por cabelinho-de-anjo e fidelinho. É utilizada em sopas e doces. Em italiano, recebe os nomes de *capellini d'angelo* e *vermicelli*. **2.** Também conhecido por aletria de leite, tanto aqui como em Portugal, é um doce preparado à base de aletria, leite e açúcar. A aletria é cozida no leite temperado com açúcar e, em algumas receitas, recomenda-se acrescentar gemas e engrossar levemente no fogo. É servido frio, polvilhado com canela em pó. **3.** Em Portugal, a expressão "aletria de ovos" já foi empregada durante certo período para nomear o que conhecemos hoje por "fios de ovos". Ver **Fios de ovos**.

Alexander Coquetel clássico à base de licor de cacau, creme de leite e conhaque. É preparado na coqueteleira, batido com gelo picado. Ver **Conhaque**.

Alexandre-Balthazar-Laurent Grimod de La Reynière Ver **Grimod de La Reynière, Alexandre-Balthazar-Laurent**.

Alface (*Lactuca sativa*) Planta de horta, da família das asteráceas, cujas folhas verdes, inteiras ou picadas, são a base universal de saladas. Pode também ser refogada ou usada no preparo de sopas. Ao ser comprada, deve ter as folhas frescas, firmes e viçosas. Com uma infinidade de variedades, é cultivada no mundo todo, por isso é fácil encontrá-la em qualquer época do ano. As mais conhecidas são a romana, de folhas verde-claras, mais lisas, mais estreitas e com miolo macio; a americana, também verde-clara, mas de folhas mais fechadas, rijas e de textura firme; a crespa, verde-clara ou marrom-esverdeada, tem folhas abertas e frisadas na ponta; e a repolhuda, de folhas verde-escuras, mas com miolo firme e amarelado. Há também variedades cujas folhas apresentam tonalidade marrom-avermelhada. Se forem utilizadas cruas, devem antes passar por um processo de higienização.

Alface-de-cordeiro (*Valerianella locusta*) Planta originária da Europa, com folhas pequenas e arredondadas, rica em celulose e nutrientes. É mais característica dos climas frios, que intensificam seu sabor. De gosto tênue, suas folhas são muito apreciadas em saladas, cruas ou levemente aferventadas. Bastante cultivada na região do Loire (França), é a base da *salade nantaise*, complementada com atum em conserva, arroz cozido, tomates, cebolinha, azeite, vinagre, mostarda e pimenta-do-reino moída. Em português, é conhecida também por canônigos ou alface-da-terra.

Alfafa (*Medicago sativa*) Da família das fabáceas, a alfafa é uma planta rica em proteínas vegetais. Seu broto é muito utilizado em saladas. Originária da região mediterrânea, é de fácil cultivo. Sua textura é crocante e seu sabor, suave. Há diversas variedades, como alfafa-de-folhas-manchadas, alfafa-espinhosa e alfafa-gigante.

Alfajor 1. Nome espanhol de um pequeno doce feito com mel, amêndoas, farelo de pão, farinha de trigo e especiarias, muito popular em toda a Europa na Idade Média. Chegou à Península Ibérica com os árabes (*al-hasú*) e, ainda hoje, segue receita tradicional do século XVIII em Medina-Sidonia, na Andaluzia, onde é chamado *alajú* e tem Indicação Geográfica Protegida (IGP). Tem formato de um pequeno bastão envolto em açúcar e é embrulhado individualmente. **2.** Tradicional hoje em vários países da América Latina e encontrado também no Brasil, o alfajor chegou a nós pela Argentina, onde é extremamente popular e ícone da cultura portenha. Passou por várias modificações desde o original europeu e atualmente tem formato redondo, com mais ou menos 5 cm de diâmetro e cerca de 2 cm de altura. É composto de duas camadas de massa, tradicionalmente recheado com doce de leite e todo recoberto com uma camada de chocolate meio amargo. A massa é feita com farinha de trigo, açúcar, ovos, fermento, mel, baunilha e manteiga e não leva mais as amêndoas e especiarias originais.

Alfarroba (*Ceratonia siliqua*) Fruto da alfarrobeira, árvore da família das fabáceas. Originária da região mediterrânea e da Síria, cresce somente à beira d'água. É frequentemente mencionada na literatura antiga, ligada a atividades religiosas judaicas. Suas vagens, semelhantes a favas, são de cor marrom. Tem polpa açucarada e muito nutritiva. Depois de processada, é transformada em barras ou em pó, utilizados como substituto do chocolate. É

muito empregada na feitura de docinhos e sobremesas.

Alfavaca (*Ocimum gratissimum*) **1.** Vegetal da família das lamiáceas, é um arbusto nativo da Ásia e da África que alcança 40 cm de altura. Tem flores pequenas, brancas, rosa ou violeta. Suas folhas são normalmente usadas como tempero de sopas, ensopados e molhos. A alfavaca é bastante empregada na culinária catarinense, principalmente em ensopados de lagosta e caldos de camarão. No Norte, é ingrediente fundamental do pato no tucupi. No interior do Brasil, é usada também para perfumar a água de banho de recém-nascidos ou de crianças pequenas. Ver **Pato no tucupi**. **2.** O mesmo termo é usado vulgarmente, no Brasil, para designar também o manjericão. Ver **Manjericão**.

Alféloa Doce levado a Portugal pelos árabes durante a invasão moura (do século VIII ao XV), típico também na Espanha. É uma pasta de mel ou açúcar, em ponto grosso, fria, manipulada e puxada até clarear, depois torcida e vendida embrulhada em papel. No Brasil, é feito também de rapadura, de melaço ou de mel de engenho de cana. Seu nome é originário do árabe *al-helua* (nome genérico para doces). Conhecido também por puxa-puxa e felô ou alfelô. Ver **Melaço**, **Melado**, **Puxa-puxa** e **Rapadura**.

Alfenim Doce português de massa seca e muito alva, feita de açúcar, um pouco de clara em neve e água, que, depois de chegar ao ponto específico, é trabalhada em diferentes formatos (flores, animais, sapatos, cachimbos). De origem árabe, seu nome deriva de *alfenie*, que significa "cor branca". No passado, em Portugal, era servido em bandejas de prata e somente a nobres e pessoas importantes. Nos Açores, tinha também o formato de uma figura, levada na procissão do Espírito Santo, chamada fogaça de alfenim. Em Goiás, essa tradição subsiste de modo semelhante, com uma pomba moldada para distribuição na Festa do Divino. Existe inclusive um molde de metal com a efígie do Divino, para ajudar a modelagem. Nesse caso, essa figura, em vez de alfenim, é chamada verônica. O alfenim é encontrado, ainda, em cidades do litoral e do interior do Nordeste. Pode ser também enfeitado com desenhos em tinta vermelha e azul. Existe o alfenim de jumento, mais rijo, e o alfenim de velho, quebradiço.

Alfredo Ver **Fettuccine all'Alfredo**.

Algas (Domínio *Eukaryota*) As algas são um amplo conjunto de organismos, com enorme variação de forma, tamanho e cor. Existem algas marinhas, fluviais e palustres. Seu tamanho pode variar de milímetros a dezenas de metros. Sua cor pode ir do verde ao marrom, passando pelo vermelho. As mais utilizadas são as marinhas, como as japonesas *kombu*, *hijiki*, *wakame* e *nori* e a europeia musgo-da-irlanda. São comercializadas geralmente secas, em pacotes ou embalagens de plástico com várias unidades, quadradas ou em tiras. Acrescentadas à água de cozimento, servem para aromatizar e realçar o sabor do prato. Ver o nome de cada alga.

Alginatos São sais orgânicos, extraídos de algas marrons, utilizados como gelificante, estabilizante e espessante. Um dos mais comuns é o alginato sódico, presente em produtos industrializados, como *surimi*, sorvetes, geleias, compotas etc. Em restauração, é utilizado como gelificante, com sais de cálcio, na técnica de esferificação. Não apresenta sabor perceptível. Ver **Esferificação**.

Alguidar Recipiente de barro ou metal, baixo, com diversos usos domésticos. De origem árabe, é também conhecido por ababá.

Alheira Embutido de origem portuguesa, é preparada com carne de galinha ou porco, misturada a uma pasta de pão temperada com alho. Pode ser servida frita, acompanhada de batatas cozidas.

Alho (*Allium sativum*) Bulbo subterrâneo de uma planta herbácea de cerca de 30 cm de altura, com flores rosadas. Tem formato arredondado e é envolto por uma casca fina, de textura semelhante a do papel de arroz. Cada bulbo se subdivide em vários "dentes". É possivelmente originário da Ásia Central, mas na Antiguidade já era apreciado por gregos e romanos, particularmente por suas propriedades medicinais. Muito valorizado na culinária chinesa, seu nome nessa língua significa "joia entre os vegetais". Com aroma muito ativo, deixa um hálito considerado desagradável, por isso os sacerdotes da deusa Cibele, na Grécia Antiga, proibiam no templo pessoas que tivessem se alimentado de alho. O rei Afonso de Castela (atualmente uma região da Espanha), em 1368, também proibiu que comparecesse diante dele qualquer cortesão que tivesse consumido alho. Na Rússia, até o século XVIII, era usado como moeda de troca. Hoje, é condimento muito empregado em quase todo o mundo. No Brasil, é elemento fundamental nos refogados. Na França, é característico da cozinha da Provença. É comercializado fresco ou processado, em pasta ou em pó.

Alho-poró (*Allium porrum*) Da família das amarilidáceas, também é chamado alho-porro. Parente do alho e da cebolinha, suas folhas, no entanto, desenvolvem-se muito mais, formando talos mais ou menos grossos. É encontrado fresco durante todo o ano, embora seu período de safra concentre-se nos meses de inverno. Na Antiguidade, era considerado o "espargo do pobre", venerado pelos egípcios e usado pelos israelitas. Para Nero, imperador romano, a verdura melhorava sua voz. No século VII, os habitantes do atual País de Gales, depois de vencerem os saxões em uma batalha portando o alho-poró em seus elmos, fizeram dessa planta seu símbolo, convencidos de que ela os tornava mais fortes e invencíveis. Suas folhas têm tonalidade verde brilhante, a parte branca deve estar realmente branca, e não amarelada, e recomenda-se que não esteja mole nem enrugada. Com sabor delicado, bem mais suave que o do alho ou o da cebola, aromatiza sopas e ensopados, refogados, molhos, saladas e tortas.

Alicante Província do sudeste da Espanha, cuja capital é a cidade de Alicante, é região produtora de um vinho tinto também conhecido, desde a Renascença, por *tent*.

Alice 1. (*Engraulis encrasicolus*) Nome italiano de um pequeno peixe, conhecido no Brasil por anchova. Ver **Anchova**. 2. Conservado tradicionalmente em óleo, o peixe denomina-se *alici sott'olio* ou *acciughe sott'olio* na Itália. No Brasil, *alici* (plural de *alice*).

Aligot Prato tradicional do sudoeste da França, é um purê de batatas cozidas acrescido de creme de leite fresco, alho picado e queijo Cantal ou *tomme* fresco da região, em lascas. A mistura é cozida lentamente em fogo brando, até estar homogênea e cremosa. É servido como primeiro prato ou como acompanhamento. Ver **Cantal** e **Tomme**.

Alioli Molho espanhol à base de azeite, alho e gemas, semelhante ao *aïoli* francês. Aliás, é considerado seu precursor, pois já era mencionado em obras da literatura espanhola do século XI. Para os naturais de Valência, não há dúvidas de que este é o original. Ver **Aïoli**.

Allasch Licor originário da Letônia, da região perto de Riga, grande produtora de cominho, ingrediente essencial para sua produção. É muito apreciado também na Rússia, na Polônia e na Inglaterra.

Allemand Ver **Alemão**.

Allspice Ver **Pimenta-da-Jamaica**.

Allumette 1. De origem francesa, é um acompanhamento feito com batatas cortadas em formato de bastões curtos muito finos, fritas em gordura quente. Seu nome francês significa palito de fósforo. É o que conhecemos como batata-palha. **2.** Pequenas tiras de massa polvilhadas ou recheadas com diferentes temperos ou ingredientes, geralmente servidas como aperitivo. Se recheadas ou temperadas com substância doce, podem ser servidas na sobremesa.

Almeirão Ver **Chicória**.

Almoço No Brasil e em Portugal, é a segunda refeição do dia, geralmente a mais importante, realizada em torno das doze horas. É possível que a palavra tenha derivado do latim *admorsus*, "mordida", adotada na Europa em época antiga, não identificada, para designar a refeição matinal.

Almofariz Ver **Pilão**.

Almond Ver **Amêndoa**.

Almôndegas Bolinhos de carne moída e temperada, fritos na gordura ou cozidos em caldo, servidos, tradicionalmente, com molho à base de tomates. São muito consumidas como acompanhamento de macarrão ou aperitivo.

Alourar Dourar levemente o alimento, pela ação do calor. Em relação à manteiga, significa derretê-la no fogo até que fique com um tom dourado.

Alsácia Região do nordeste da França, junto à fronteira da Alemanha e da Suíça, é também uma importante região vinícola. Seus vinhos são, de modo geral, bastante frutados, de forte aroma, secos, com maior teor alcoólico e encorpados. Ali existem apenas três *appellations contrôlées*: Alsace, Alsace Grand Cru e Crémant d'Alsace. A *cépage* (variedade de uva utilizada) também aparece no rótulo, criando individualizações dentro da *appellation*. As cepas nobres da Alsácia são a Riesling, em primeiro lugar, a Pinot Gris, a Gewürztraminer e a Muscat. Também são encontrados dois tipos especiais de vinho: o *Vendange Tardive* (colheita tardia), feito com uvas muito maduras com grande concentração de açúcar, e o *Sélection de Grains Nobles* (seleção de bagos nobres), feito com uvas atacadas pela "podridão nobre" (degradação da uva, de características positivas, causada pelo fungo *Botrytis cinerea*), o que não ocorre todos os anos. A região, além de vinhos, produz diversas aguardentes, como o *kirsch*, de cerejas, a *mirabelle*, de ameixas-amarelas, e o *quetsche*, de ameixas-azuis, entre outras. Ver **Appellation d'Origine Contrôlée (AOC)** e **Botrytis cinerea**.

Alsacienne, à l' Nomenclatura usada para pratos preparados no estilo da co-

zinha da Alsácia, região do nordeste da França que faz fronteira com a Alemanha, à leste, e com a Suíça, ao sul. Dominada alternadamente por franceses e alemães no decorrer da história, sua cozinha reflete essas duas influências. Esses pratos são geralmente acompanhados de patê de fígado de ganso, uma especialidade da região, ou de embutidos, servidos com chucrute e batatas. Ver **Chucrute** e **Foie gras**.

Alta cozinha Ver **Haute cuisine**.

Alta gastronomia Ver **Haute cuisine**.

Altbier Nome da cerveja leve em alemão, com alto teor de lúpulo e alta fermentação. Altbier significa cerveja velha e, em geral, é cobre escura, límpida e frutada.

Aluá Bebida feita por meio da fermentação de cascas de abacaxi, milho ou arroz (esta última é mais conhecida em Pernambuco), denominada aruá na Bahia. O ingrediente principal é colocado em água com açúcar e deixado a fermentar por 48 horas. Diz-se que seu nome provém do banto ou do sudanês, trazido pelos africanos escravizados. No século XIX, o aluá era comum entre as classes pobres e de escravizados e já aparecia em livros de cozinha, grafado aloá. Por volta de 1900, ex-escravizadas vendiam-no nas ruas do Rio de Janeiro, em potes equilibrados na cabeça.

Alvarinho (*Vitis vinifera*) Variedade mais famosa de uva da província portuguesa do Minho, utilizada, entre outras, para a elaboração dos vinhos verdes. Ver **Vinho verde**.

Amaciar Processo culinário para tornar legumes, peixes e carnes mais tenros. Há métodos diferentes para cada tipo de alimento: para legumes, basta uma leve fervura; para peixes, usa-se suco de limão; já para carnes, existem processos químicos e mecânicos. Entre os químicos, está deixá-las em vinha-d'alhos por, pelo menos, 12 horas ou envolvê-las, por algum tempo, com fatias de mamão verde ou iogurte, pois a ação das enzimas deixa as fibras mais macias; o processo mecânico consiste em bater a carne, rompendo assim as suas fibras mais longas, responsáveis pela rigidez.

Amandine Palavra francesa que designa pratos cobertos ou decorados com amêndoas.

Amanteigado 1. Biscoito doce com grande teor de manteiga, originário da cozinha francesa. 2. Docinho feito de massa de gemas, açúcar e amêndoas, revestido de uma capa de *fondant*. É um dos chamados doces de Pelotas. Ver **Fondant** e **Doces de Pelotas**.

Amaranto (*Amaranthus* spp.) Planta herbácea da família das amarantáceas, que começou a ser mais difundida e consumida no Brasil somente nos últimos anos. É conhecida há mais de 6 mil anos na América Central, no México e nos Andes e fazia parte da dieta dos povos astecas, incas e maias. Suas sementes, muito nutritivas e ricas em proteínas, são utilizadas inteiras ou como farelo ou farinha. Suas folhas, de sabor suave e adocicado, também são aproveitadas cozidas ou em saladas. Tem cerca de 70 espécies.

Amarena Palavra italiana que designa uma espécie de cereja ácida. Ver **Cereja**.

Amaretti Biscoitos italianos crocantes feitos com pasta de amêndoas amargas, muito perfumados e saborosos. São encontrados em diversos tamanhos; os menores são especialidade de Salsomaggiore, na província

de Parma. São usados tanto como confeitos quanto picados, para compor recheios. Ver **Amêndoa**.

Amaretto Licor de origem italiana feito à base de damasco e aromatizado com amêndoas. Pode ser usado em coquetéis e doces em geral. O mais famoso é o Amaretto de Saronno, cidade próxima a Milão, na Lombardia (Itália). Tem entre 25% e 30% de teor alcoólico.

Amassar Misturar a massa com as mãos, pressionando-a até que fique uniforme.

Amatriciana, all' Molho para massas que tem como ingredientes principais o tomate, a pimenta vermelha e a carne de porco (*guanciale* ou *pancetta*). É típico de Amatrice, cidade da Itália. Ver **Guanciale** e **Pancetta**.

Amazu shoga Finas fatias de gengibre fresco, conservadas em marinada de vinagre doce. É muito utilizado na culinária japonesa para compor pratos ou temperá-los. Pode ser encontrado em sua cor amarelada natural ou rosada, por corante. Ver **Gengibre**.

Ambigu Palavra francesa que identifica um conjunto variado de comidinhas frias, servidas fora das refeições normais ou tarde da noite. É o que em inglês se chamaria *snack meal* e, em português, merenda. É composto de pratos de carnes variadas, preparados doces e frutas, acompanhados de bebidas diversas. Ver **Merenda**.

Ambrosia 1. Na Antiguidade, na Grécia, essa palavra se referia a uma bebida tomada pelos deuses do Olimpo que também imortalizava o humano que a tomasse. **2.** Doce muito comum em todo o Brasil, feito com leite e açúcar, cozido e talhado. **3.** Doce feito de ovos e calda de açúcar aromatizada com laranja, substituindo o leite da tradicional ambrosia. Essa variação é encontrada no Rio Grande do Sul. **4.** Fatias de laranja e outras frutas servidas como salada, salpicadas de açúcar ou coco ralado. **5.** Coquetel feito com conhaque, brandy, Cointreau® ou xarope de groselha e gelo picado. Depois de sacudida, a mistura é colocada em copo longo e completada com champanhe gelado. Segundo é sabido, esse drinque foi criado pelo barman do Arnaud's, restaurante famoso de Nova Orleans, assim que terminou a proibição da venda de bebidas alcoólicas nos Estados Unidos.

Amchoor Tempero muito utilizado na Índia, preparado com mangas verdes com casca, secas ao sol e depois moídas bem fino. De sabor frutado e ácido, individualiza os pratos em que entra. É usado para carnes, vegetais e cozidos, além de também ser empregado para amaciar carnes, aves e peixes. Conhecido ainda por *mango powder*, seu nome apresenta as seguintes variantes de grafia: *amchor*, *amchur* e *aamchur*. Ver **Manga**.

Amêijoa (Diversas famílias, especialmente *Lucinidae*, *Veneridae* e *Cardiidae*) Denominação dada, no Brasil e em Portugal, a vários moluscos bivalves, de diferentes famílias. É encontrada nas águas do Atlântico e do Mediterrâneo, tem conchas pequenas e arredondadas e carne muito saborosa. No Brasil, é também chamada berbigão ou vôngole. A imprecisão da denominação vernácula estende-se a outras línguas e corresponderia, grosso modo, ao vasto grupo de espécies denominadas, em inglês, *clam*; em espanhol, *almeja*; em italiano, *vongole*; em francês, *palourde*. Muito usada em sopas ou na composição de molhos para massas, este segundo caso é muito frequente na cozinha italiana.

Ameixa (*Prunus salicina*; *Prunus domestica*) Fruto de polpa suculenta e pele lustrosa. Há diversas cores (vermelha, roxa, amarela, verde), mas as duas espécies mais conhecidas no Brasil são a japonesa e a europeia. A primeira, redonda, roliça, de caroço grudado à polpa e casca vermelho-escura, é doce e mais indicada para ser utilizada ao natural; é a mais cultivada no Brasil e tem inúmeras variedades. A segunda, a europeia, roxa, oval, de polpa amarela, é tão saborosa ao natural quanto cozida; por exigir clima ameno, tem cultivo limitado no país. Algumas variedades são encontradas durante o ano todo, embora a melhor época seja dezembro. Podem ser usadas ao natural, em saladas de frutas, tortas ou na composição de sobremesas, e cozidas, em chutneys, geleias e purês, acompanhando carnes e aves. Seca, é vendida inteira, com ou sem caroço. Pode ser reidratada, ficando de molho por alguns minutos.

Ameixa de caju Também chamado caju-ameixa, é o caju curtido na calda de rapadura ou de açúcar e seco ao sol que adquire aparência semelhante a de uma ameixa seca. O processo é artesanal e moroso. Antes de ser curtido na calda, o caju é perfurado e prensado manualmente para a retirada do suco, depois é levado a um tacho, onde é arrumado em camadas intercaladas com açúcar ou rapadura. O cozimento deve ser bem lento, cerca de 10 a 12 horas. Se necessário, é acrescentado líquido durante esse período: o suco recolhido ou água. Estará pronto quando a calda estiver bem espessa, os frutos bem escuros e caramelizados. Depois disso é feita a secagem, em peneiras ao sol. Produto do Nordeste do Brasil, depende do sol e da pouca umidade do ar.

Ameixa de Elvas Ameixa preparada de maneira tradicional em Elvas (Portugal). É deixada ao sol até desidratar e tornar-se seca. Com isso, seu açúcar se concentra e a ameixa torna-se parecida a frutas cristalizadas, apenas um pouco menos doce. Muito apreciada em toda a Europa, é vendida em pequenas caixas redondas.

Amêndoa (*Prunus dulcis*) Parte comestível da noz da amendoeira, árvore da família das rosáceas. Originária da Ásia Menor, já era mencionada na Bíblia. Os romanos a conheciam como noz grega, o que sugere sua passagem anterior pelas ilhas. Há registros de seu cultivo na França a partir do século XIV, e na Inglaterra, a partir do século XVI. Veio para as Américas somente no século XIX. Existem duas variedades: a doce, mais usada por ser comestível ao natural; e a amarga, que contém traços de ácido prússico. Das amêndoas doces, retira-se o óleo; das amargas, produz-se um extrato que pode ser utilizado em culinária, pois o processo a quente a que são submetidas torna-as inócuas. As amêndoas doces podem ser encontradas com ou sem casca, com ou sem pele, divididas ao meio, em lascas ou moídas. Se forem compradas inteiras, com casca, devem ser branqueadas para que a pele saia facilmente antes de serem utilizadas. Há também as torradas, salgadas ou em pasta. Seu uso culinário é bastante amplo e difundido, empregadas tanto em pratos doces como salgados. Quando salgadas, servem também como aperitivo.

Amêndoa, extrato de Aromatizante elaborado com óleo de amêndoas amargas misturado com álcool etílico. Bastante forte, deve ser utilizado com cuidado.

Amêndoa, óleo de Obtido pela prensagem a frio das amêndoas doces, é substância bastante cara e de aroma delicioso. Dependendo da variedade de amêndoas utilizadas, o óleo é mais ou menos aromático. O produzido na França (*huile d'amande*) tem um dos aromas mais ativos.

Amêndoa, pasta de Muito utilizada na culinária, em especial na pastelaria francesa, a pasta de amêndoas é elaborada com amêndoas moídas, açúcar e glicerina. Para intensificar seu sabor, pode-se agregar extrato de amêndoas. Sua textura é macia e de fácil manuseio. Depois da embalagem aberta, deve ser utilizada de imediato, pois se altera com facilidade. Se estiver endurecida, torna-se mais maleável se aquecida por alguns segundos.

Amendoim (*Arachis hypogaea*) Nome comum de um tipo de noz com duas sementes juntas, em uma vagem de formato característico, seca como palha e de cor pálida. As sementes são envoltas por uma pele marrom-avermelhada. De sabor forte, sobressai quando misturado a outros frutos secos. Pode ser utilizado cru ou cozido, usualmente é assado e salgado. Bastante usado como ingrediente complementar da culinária baiana, pode-se empregá-lo ainda em bolos, sorvetes, cremes, tortas e como tira-gosto. Altamente oleoso, ele é a base da manteiga de amendoim. Hoje bastante comum e largamente encontrado, era tão valorizado pelos povos pré-colombianos do Peru que era o alimento escolhido para ser enterrado com os mortos, para alimentá-los em sua jornada. Ver **Manteiga de amendoim**.

Amer picon Bitter francês produzido com vinho e álcool de vinho, aos quais são acrescidos um pouco de quinino, casca de laranja e diversas ervas. Servido, na maioria das vezes, gelado como aperitivo, teve seu apogeu no início do século XX. Ver **Bitter**.

Américaine, à l' Ver **Armoricaine**.

American bar Bar tipicamente norte-americano, oferece bebidas e coquetéis internacionais e tem como principal atração o próprio barman.

American Viticultural Area (AVA) Denominação, nos Estados Unidos, de cada zona delimitada de produção vitivinícola. A instituição responsável pelo sistema de denominação de origem norte-americano – e, portanto, pela delimitação das AVAs – é o Alcohol and Tobacco Tax and Trade Bureau (TTB).

American whiskey Ver **Uísque americano**.

Amido É um polissacarídeo, isto é, uma cadeia longa de moléculas de glicose presente nos vegetais, encontrado essencialmente em raízes, tubérculos, bulbos e sementes. Pode apresentar duas configurações: cadeia linear (amilose) e cadeia ramificada (amilopectina). Ao serem cozidos em água, os grânulos de amido presentes no alimento a absorvem, incham e amolecem. Dependendo do alimento e do tipo de amido que ele contém, variam a quantidade de água, a temperatura e o tempo de cocção necessários.

Amido de milho Farinha branca muito fina, feita com o amido do milho, que confere ao preparo características típicas, como alta expansão e crocância. É utilizado em bolos e biscoitos, conferindo-lhes uma textura delicada. Empregado também para engrossar cremes, mingaus e molhos.

Por ser mais puro que a farinha de trigo, é um espessante mais eficiente que ela.

Amoda Doce brasileiro antigo, semelhante ao pé de moleque, preparado com rapadura em calda grossa, temperada com canela, à qual eram acrescentados farinha de mandioca e gengibre ralado. Estendido em superfície lisa, era cortado em quadradinhos. Era um doce encontrado nas ruas de Salvador (Bahia) até a primeira metade do século passado, oferecido no tabuleiro da baiana.

Amontillado Categoria de xerez. Ver **Xerez**.

Amora (*Rubus ulmifolius*) Fruto da amoreira, de sabor agridoce, tem a forma arredondada, com pequenas bolas púrpuras, quase negras, e seu tamanho chega a 2 cm de diâmetro. É muito usada em geleias, recheios, molhos, bolos, tortas de frutas e doces diversos. Constitui também guarnição deliciosa para assados, quando cozida em vinho com um pouco de açúcar. Por conter pouca pectina, para o preparo de geleias deve-se acrescentar maçãs. É muito saborosa também ao natural. Ao comprá-las frescas, verifique se estão inteiramente firmes, sem partes amolecidas. Como são altamente perecíveis, devem ser utilizadas de imediato.

Amori Ver **Latipá**.

Amoroso Tipo de xerez originalmente destinado ao mercado inglês, onde era assim denominado. É mais escuro e doce que o amontillado. Hoje, chama-se *medium* e enquadra-se na categoria dos *vinos generosos de licor*, na classificação oficial espanhola. Ver **Xerez**.

Amou Queijo francês feito com leite de ovelha, da região da Gasconha, fabricado exclusivamente em fazendas. De massa prensada e não cozida, tem formato de disco grosso e pesa cerca de 4,5 kg. Durante o processo de maturação, que dura de dois a seis meses, é constantemente lavado e tratado com óleo, o que confere à sua casca natural um tom dourado-claro. Mais novo, é firme e elástico, com aroma suave; mais maduro, sua textura passa a ser dura, quebradiça, com perfume mais ácido. Seus melhores períodos são a primavera e o verão.

Amphycles Cozinheiro afamado na antiga Grécia, introduziu novos ingredientes e procurou simplificar os pratos da cozinha da época. Foi o primeiro a utilizar as folhas de parreira, envolvendo carnes picadas e pássaros inteiros na hora do cozimento. Era contra o uso abusivo de temperos, prática de então. Optou pela utilização de poucos condimentos de cada vez e em pouca quantidade, para deixar transparecer todo o sabor da carne cozida.

Amygthalota Docinho grego à base de amêndoas, tradicional da ilha de Hidra. É preparada uma pasta com amêndoas moídas, açúcar, baunilha, claras de ovo batidas e farinha de rosca, à qual é dado o formato de pequenas peras em cujo topo é colocado um cravo, à guisa de haste. Cozidos no forno, são então banhados com água de flor de laranjeira e envoltos em açúcar de confeiteiro. Ver **Amêndoa**.

Anadama bread Pão fermentado da época da colonização norte-americana, à base de farinha de milho e melaço. Diz-se que teria sido criado na Nova Inglaterra por um marido que, cansado de comer mingau de farinha de milho com melaço todos os dias, virou sua tigela em uma mistura de farinha com fermento. Assada, essa mistura tornou-se um pão delicioso que se difundiu pela região na

época. Seu nome seria o resultado das imprecações ditas pelo homem: "Anna, *damn'er!*" (Anna, que se dane!) Ver **Farinha de milho** e **Melaço**.

Ananás Ver **Abacaxi**.

Anasazi (*Phaseolus vulgaris*) Cultivar de feijão desenvolvido nos Estados Unidos, por meio de pesquisas de alimento, com sementes antigas de uma variedade praticamente extinta, encontradas na região do Novo México. É vermelho e branco e muito aromático. Prepara-se geralmente com carne e pimenta *Capsicum*.

Ancho Ver **Poblano**.

Anchoïade Pasta provençal preparada com anchovas, tomates, amêndoas, alho e azeite de oliva, utilizada em canapés e sanduíches. A receita também é encontrada na Córsega, com o mesmo nome. Lá podem ser acrescentados figos e pimentões doces.

Anchova 1. (*Engraulis encrasicolus*) Pequeno peixe de água salgada, de mais ou menos 12 cm de comprimento e gosto forte. É encontrada no Mediterrâneo, no Mar Negro e no leste do Oceano Atlântico, e comercializada em conserva (em óleo, salmoura ou molho de tomate), seca e salgada, e fresca (inteira ou em filés). Muito apreciada na cobertura de pizzas, é essencial na *bagna cauda* italiana e em diversos molhos da culinária do sul da França. Em português, também grafa-se enchova. **2.** (*Pomatomus saltatrix*) O mesmo nome também é atribuído a um peixe de águas tropicais e subtropicais, que pode alcançar até 1 m de comprimento e é mais conhecido internacionalmente por *bluefish*.

Ancienne, à l' Expressão francesa que significa "ao estilo antigo". É usada para se referir a pratos feitos por meio de um método tradicional de preparar o ingrediente, seja este uma carne, cozida em molho, em fogo baixo por longo tempo, seja uma mostarda, preparada preservando-se seus grãos.

Andalouse, à l' Como é denominado na França um estilo de prato que tem como característica a presença de molho de tomates com pimentões e pimentas, ingredientes tradicionais de Andaluzia (Espanha).

Andouille 1. Salsicha francesa extremamente temperada, defumada, feita com tripa, gordura e miúdos de porco. Algumas são também temperadas com cebolas e especiarias. As mais conceituadas são as produzidas em Vire, na Normandia, e em Guémené-sur-Scorff, na Bretanha. É vendida já cozida e consumida fria, cortada em rodelas finas. **2.** A *andouille* é hoje um ingrediente tradicional da cozinha de Nova Orleans (Estados Unidos) e compõe pratos como o *jambalaya* e o *gumbo*. Lá, é também servida fria e em rodelas, como aperitivo e em canapés. Ver **Gumbo** e **Jambalaya**.

Andu Ver **Guando**.

Andouillette Versão menor e não defumada da *andouille,* é especialidade de diferentes localidades da França, como as cidades de Rouen (Normandia) e Lyon (Auvergne-Rhône-Alpes) e a região da Provença. É consumida grelhada ou frita.

Anelli Massa italiana com a forma de um pequeno anel. O formato menor recebe o nome de *anellini*.

Anesone Licor francês, forte e seco, com sabor de anis.

Aneto Ver **Endro**.

Angel cake De origem norte-americana, é um bolo de massa branca com textura fofa e delicada, feito em fôrma própria de base afunilada. Seus ingredientes são a farinha de trigo finamente peneirada, claras de ovos e açúcar.

Angélica (*Angelica archangelica*) É uma bonita erva que cresce bem, de fácil cultivo e com delicioso perfume. Chega a 3 m de altura. Seus talos são cristalizados e depois picados e misturados a frutas secas ou cortados em formas decorativas para enfeitar bolos e doces. Os caules mais tenros podem ser utilizados para conserva salgada, saladas e também como aromatizante de licores. Recebeu esse nome na Idade Média, por acreditarem em sua origem celestial, tantas eram suas virtudes. Também conhecida por erva-do-espírito-santo.

Angelot Queijo francês. Ver **Pont l'Évêque**.

Angels on horseback Antepasto da culinária inglesa, são ostras enroladas em fatias finas de bacon, fritas ou assadas até ficarem crocantes, e servidas sobre torradas amanteigadas.

Anglaise, à l' Expressão francesa que significa "ao estilo inglês". Refere-se, principalmente, a alimentos escaldados ou simplesmente cozidos, e também aos que são empanados com farinha de rosca e fritos.

Angostura® Bebida do tipo bitter utilizada na preparação de coquetéis, como o Negroni. É fabricada na Ilha da Trindade, à base de rum, ervas, plantas e casca de cuparia, árvore do local. Sua receita, ainda hoje desconhecida, pertence à família de Siegert, médico cirurgião do exército de Simón Bolívar, que a inventou no começo do século XIX como uma fórmula medicinal para aliviar o desconforto do clima tropical. Outra maneira menos conhecida de utilizá-la é como tempero de sopas e molhos e em algumas sobremesas. Ver **Bitter**.

Angu Espécie de papa de fubá de milho ou farinha de mandioca, feita em água e sal ou leite. Pode também ser preparado com caldo de peixe, de miúdos de boi ou de camarão, para servir de acompanhamento. Em Minas Gerais, onde o angu de milho é prato tradicional, costuma-se não usar sal no preparo, hábito herdado do período colonial, quando este era condimento raro e caro na região. Jean-Baptiste Debret, pintor e desenhista francês que viajou pelo Brasil no início do século XIX, já descrevia o prato detalhadamente, classificando-o como "iguaria suculenta e gostosa" (DEBRET, 1985, p. 277). A palavra "angu" tem origem angolana.

Angu do Gomes Prato popular, tradicional da paisagem carioca, é uma papa de farinha de milho servida com sarapatel. Ganhou nome graças ao português Manuel Gomes, que iniciou sua venda pelas ruas, em carrocinhas, em 1955. Nas décadas seguintes, sob o comando de João Gomes, filho do fundador, e do também português Basílio Moreira, o negócio se expandiu e o preparo se inseriu na cultura culinária da cidade. Hoje é vendido no restaurante que pertence ao neto de Basílio Moreira.

Anho Termo usado frequentemente em Portugal para o cordeiro de poucas semanas, em fase de amamentação.

Anilina Corante químico muito utilizado na cozinha e na indústria alimentícia para dar cor a alimentos.

Anis (*Pimpinella anisum*) Pequena semente escura, com sabor forte e característico, de uma planta herbácea de 70 cm de altura. Também chamado de erva-doce, é utilizado há mais de cinco mil anos. Há referências ao anis em "tabuinhas" de Nínive (placas quadradas de argila nas quais os mesopotâmios da Antiguidade registravam acontecimentos e informações importantes) e em papiros egípcios. Pitágoras, sábio e matemático do século VI a.C., ensinava que um ramo de anis segurado na mão evitava ataques epilépticos. Os romanos recomendavam que, pela manhã, fossem ingeridos grãos de anis socados, misturados com mel e mirra, em uma taça de vinho. Também o usavam para fazer o *mustaceus*, bolo especial condimentado, um dos pratos finais nos banquetes. O anis aparece, ainda, na lista das plantas cultivadas nos jardins do imperador francês Carlos Magno. Era também muito empregado como planta medicinal, para problemas de estômago e digestão. Mais encontrado em grãos inteiros, esse tempero é muito usado no preparo de bolos, biscoitos e pães. Pode também ser utilizado para temperar costeletas, peixes escalfados, mariscos, caldos, marinadas, molhos, sopas de peixes e sardinhas fritas. Suas folhas dão excelentes saladas. Em óleo, serve para perfumar doces e aperitivos. É a base de muitas bebidas, como o anisete francês, o áraque turco e o ouzo grego. Nas comidas, deve-se utilizá-lo de maneira moderada, apenas para perfumar ou realçar os demais temperos e ingredientes. Ver **Anisete, Áraque** e **Ouzo**.

Anis-estrelado (*Illicium verum*) Fruto da família das iliciáceas, cresce em uma bela árvore e tem o formato de uma estrela de oito pontas, com um grão castanho no centro. Originário da Ásia Oriental, foi o explorador inglês Sir Thomas Cavendish quem o levou, no século XVI, para a Europa. Também chamado badiana, é hoje cultivado em todas as regiões de clima quente ou temperado. Apresenta óleo aromatizante semelhante ao do anis, apesar de não fazerem parte da mesma família. Excelente digestivo, antigamente era empregado contra envenenamentos por frutos do mar. Deve ser utilizado seco e em pequena quantidade, pois é tóxico. De modo geral, aromatiza peixes e frutos do mar, pães, biscoitos, doces, geleias e gelatinas, além de ser também muito usado em licores, preferível ao anis, entrando na composição do *Absinthe* e do *Chartreuse*, entre outros. Ver **Absinthe** e **Chartreuse**.

Anisete Licor francês aromatizado com anis, feito à base de vinho branco e álcool fino. De origem mediterrânea, é produzido também na Espanha e em Portugal, onde é muito popular. O sabor predominante é o do anis. Transparente e esverdeado, ao ser diluído em água assume coloração branco-leitosa. Tem em torno de 25% de teor alcoólico.

Ankerstock Pão escocês de farinha de centeio, temperado com especiarias e groselha. No século XIX, era vendido como *gingerbread*, para ser consumido no Ano-novo. Presume-se que seu nome tenha se originado da palavra holandesa *anker*, uma unidade de medida. Ver **Gingerbread**.

Antepasto Palavra de origem italiana que significa "antes da refeição". Designa um ou vários preparos simples e atraentes, servidos em pequenas porções. Apresentado em travessas ou em pratos individuais, pode ser composto de frios, alimentos em conserva ou ao vinagrete, queijos, frutos do mar etc. Ver **Entrada**.

Antiaglomerantes Aditivos naturais ou artificiais agregados aos alimentos

para reduzir a tendência que partículas isoladas têm de se aglutinar. Ver **Aditivos**.

Antiespumíferos Substâncias naturais ou artificiais utilizadas para impedir a formação de espuma nos alimentos. Ver **Aditivos**.

Antioxidantes Aditivos alimentícios que evitam o processo de oxidação, o qual provoca, por exemplo, o ranço das gorduras. O ácido ascórbico (vitamina C), muito encontrado nas frutas cítricas, é um antioxidante natural, assim como a vitamina E, presente em nozes e sementes. Ver **Aditivos**.

Antiumectantes Substâncias que impedem a absorção de umidade nos produtos vendidos em pó. Ver **Aditivos**.

Antojito Palavra mexicana para designar aperitivo. Ver **Aperitivo**.

AOC Ver **Appellation d'Origine Contrôlée**.

Ao ponto Na cozinha, essa expressão significa o ponto médio de cozimento de qualquer alimento. Um filé ao ponto estará sempre entre bem e malpassado.

Aparelho de jantar Conjunto de recipientes para servir e consumir a comida à mesa. A quantidade e a diversidade de peças são variáveis. Em geral, inclui pratos para as diferentes etapas da refeição (entrada, sopa, principal, sobremesa): travessas, saladeira, sopeira, molheira, xícaras e pires de café e chá. Hoje mais encontrados em porcelana ou vidro, eram inteiramente de prata quando os primeiros aparelhos de jantar coordenados surgiram na França, entre o fim do século XVII e início do XVIII. Para os menos afortunados, havia conjuntos em estanho ou cerâmica esmaltados. Pouco tempo depois, entrou na moda a porcelana, importada da China. A primeira fábrica de porcelanas europeia foi fundada sob patrocínio real em 1710, em Meissen (Alemanha). Ver **Prato**.

Apelação de origem Ver **Denominação de Origem (DO)**.

Aperitivo 1. Pequenos preparos salgados, servidos com coquetéis ou para abrir o apetite antes da refeição. **2.** Bebida alcoólica, pura ou combinada, servida antes das refeições para estimular o apetite. Na Itália e na França, o aperitivo é, em geral, um vinho ou alguma bebida derivada, variando conforme a região. Em outros países, toma-se qualquer tipo de destilado, como vodca, uísque ou gim. No Brasil, o aperitivo mais comum é a pinga, a cachaça, pura ou como caipirinha.

Apfelstrudel Doce típico germânico, é uma torta de massa muito fina, com formato de rocambole. Seu recheio é feito com maçãs cortadas, açúcar, canela, nozes, passas brancas e suco de limão. Depois de assada no forno, sua superfície é salpicada com açúcar de confeiteiro. Ver **Açúcar de confeiteiro** e **Strudel**.

Apicius, Marcus Gavius Romano tido como grande apreciador da cozinha sofisticada da época, nasceu em torno de 25 a.C. É um dos diversos gastrônomos romanos de nome Apicius, e o mais famoso deles. De gosto extravagante e requintado, gastou sua enorme fortuna em banquetes espalhafatosos e surpreendentes. Conta Ateneu, escritor romano da mesma época, que, em certa ocasião, Apicius chegou a fretar um navio apenas para provar os lagostins da Líbia, de muita fama entre os crustáceos na culinária da época. Desapontado com o tamanho deles, voltou a Roma sem sequer ter desembarcado no

local. A ele foi creditada a autoria do livro *De re coquinaria*, um dos primeiros organizados sobre o assunto, que chegou até nós por meio de cópias elaboradas séculos mais tarde. Hoje essa autoria é considerada improvável, pois algumas das receitas são posteriores à sua época, possivelmente do século III, e outras foram retiradas de tratados de dietética. Os manuscritos, duas únicas cópias feitas no século IX, hoje na Biblioteca do Vaticano e na biblioteca da Academia de Medicina de Nova York, trazem receitas à base de língua de flamingo, joelho de camelo, fígado e tetas de leitoa, entre outras.

Aplati Palavra francesa que se refere à carne que foi delicadamente batida e achatada com a ajuda de um instrumento de cozinha cilíndrico, de metal, de maneira a não romper as fibras. O objetivo dessa técnica é tornar a carne mais fina. Além de carne bovina (filé-mignon ou contrafilé), o mesmo pode ser feito com o filé de frango.

Aponom Espécie de cocada de coco verde, temperada com cravo-da-índia e açúcar e misturada com farinha de trigo. É seca ao forno. Faz parte da culinária da Bahia.

Appam Espécie de pão indiano semelhante a uma panqueca, feito com farinha de arroz e seiva fermentada de palmeira. É frito com um pouco de óleo em panela própria até ficar com as bordas crocantes, mas mantendo o centro macio. É consumido com leite de coco, no desjejum, e acompanha ensopados de carne nas outras refeições.

Appellation d'Origine Contrôlée (AOC) Equivale à Denominação de Origem Controlada (DOC) brasileira. Certificação francesa concedida a produtos para atestar a presença das características, essenciais ou exclusivas, que um meio ambiente geográfico específico deve apresentar, considerando-se os aspectos naturais e humanos envolvidos. Pode referir-se a áreas geográficas de diferentes dimensões (regiões, sub-regiões, comunas etc.), com base no conceito de *terroir*. É concedida a vinhos, destilados, alguns queijos e outros produtos alimentícios especiais. Mais importante categoria do sistema de apelações francês, indica não só o local de origem dos produtos mas também sua qualidade, em função das regras de cultura e produção determinadas. No caso dos vinhos, restringe-se às áreas de produção mais tradicionais. Os produtores que a exibem em seus rótulos seguem leis quanto às castas que podem ser cultivadas, a produção máxima por hectare e o modo de cultivo das vinhas e de vinificação, entre outros fatores. Embora tenha raízes mais antigas, a legislação de denominação de origem, na França, desenvolveu-se sobretudo a partir do início do século XX. A categoria *Appellation d'Origine Contrôlée* foi criada em 1935. De início aplicada apenas a vinhos e destilados, a partir de 1990 foi estendida a outros produtos agrícolas e alimentares. O órgão responsável por definir, proteger e controlar as *appellations* é o Institut National de l'Origine et de la Qualité (INAO). Ver **Denominação de Origem** e **Terroir**.

Appenzeller Também conhecido por *bloderkäse*, é um queijo suíço feito com leite de vacas alpinas. A princípio preparado apenas no cantão de Appenzell, hoje é também elaborado no cantão de St. Gallen. Há dois tipos: o *common*, feito com leite desnatado e banhos de salmoura por doze meses; e o *festive*, de leite integral e banhos de uma infusão de cidra ou vinho branco, com ervas e especiarias, que é vendido em

três estágios de amadurecimento: *classic* (três a quatro meses), *surchoix* (de quatro a seis meses) e *extra* (mais de seis meses, podendo chegar a um ano). De casca muito lisa, sua massa é firme e suave.

Appert, Nicolas Inventor francês responsável pelo desenvolvimento de um novo método de conservação de alimentos. Nascido em Châlons-sur-Marne, atual Châlons-en-Champagne, em 1749, estabeleceu-se como produtor de conservas de frutas, em Paris. Com base na observação e na experimentação, descobriu que alimentos acondicionados em recipientes de vidro hermeticamente fechados e, em seguida, fervidos sofriam ação degenerativa muito mais lenta. Em 1804, fundou uma fábrica de conservas em Massy. Em 1810, recebeu o reconhecimento do governo francês por sua descoberta, embolsando os 12 mil francos oferecidos em concurso a quem propusesse solução para os problemas de abastecimento do Exército e da Marinha. No mesmo ano, publicou *Le livre de tous les ménages ou L'art de conserver pendant plusieurs années toutes les substances animales ou végétales* (em tradução livre, *Livro de todas as famílias ou A arte de preservar por muitos anos todas as substâncias animais ou vegetais*). Depois disso, seus inventos se universalizaram e a indústria de conservas expandiu-se. Posteriormente, passou a utilizar latas de folha de flandres em lugar dos recipientes de vidro. Sua descoberta foi feita sem nenhum conhecimento prévio de microbiologia. A comprovação científica de sua experiência ocorreu apenas cinquenta anos depois, com as pesquisas de Louis Pasteur sobre os micróbios. Ver **Enlatamento**.

Appetizer Aperitivo, em inglês. Ver **Aperitivo**.

Applejack Ver **Aguardente de maçã**.

Apurar Processo culinário que consiste na obtenção de um paladar novo por meio da adição de substâncias aromáticas ao ingrediente básico ou pela redução do caldo, com consequente concentração de sabor. Esse processo pode ocorrer a frio ou sob a ação de calor, brando ou forte. No caso de calda, é o mesmo que "apertar o ponto", ou seja, deixá-la engrossar até o ponto previsto na receita.

Aquavit Nome que designa a aguardente produzida nos países escandinavos, qualquer que seja a matéria-prima usada, aromatizada com alcaravia e/ou endro. Hoje é o resultado da destilação de cereais ou de um álcool retificado de batatas. Pela documentação encontrada a respeito, sabe-se que no século XV era fabricada pela destilação do vinho. Com o vinho importado, constituía-se em uma bebida extremamente cara, usada quase que somente para fins medicinais. Em suas andanças pela Europa, os mercenários suecos aprenderam a destilar grãos e levaram a técnica quando voltaram para seu país, barateando bastante o processo de produção da bebida. Nos períodos de escassez de cereais, entretanto, sua fabricação era suspensa pelas autoridades. Foram feitas inúmeras experiências com raízes e frutos, buscando-se uma alternativa aos cereais. Somente no século XVIII utilizou-se a batata, chegando-se à conclusão de que era adequada e muito mais barata. Desde então, esta é a principal fonte de *aquavit*. A Suécia é a maior produtora, seguida de perto pela Dinamarca. Na Suécia, essa bebida é muitas vezes chamada *snaps*; na Dinamarca, *schnapps*. O nome genérico escandinavo, *aquavit*, também encontrado com as grafias *akvavit* e *akevit*, é o resultado da contração das

palavras latinas *aqua vitae* (água da vida), que designavam, na Idade Média, aguardentes produzidas pela destilação do vinho. A Linie Aquavit, uma das marcas atualmente produzidas na Noruega, tem uma característica interessante: segundo antiga tradição escandinava, a bebida teria melhor qualidade se fizesse a "travessia da linha", em uma menção à linha do Equador, isso significava dizer que as bebidas se aprimorariam com viagens marítimas longas. Respeitando essa tradição, a Linie Aquavit é levada de navio até a Austrália e trazida de volta à Noruega, antes de ser posta à venda. Tem teor alcoólico de, pelo menos, 37,5%.

Aquecer Submeter receitas ou pratos a calor suave, sem deixar que fervam. O aquecimento pode ser feito em fornos, sobre fogo baixo ou em banho-maria.

Araçá Ver **Goiaba**.

Aram Sanduíche muito difundido no Oriente Médio, feito com pão *lavosh*, queijo cremoso e diversas camadas finas de carne, alface, queijo, picles e outros recheios. Enrolado como um cilindro e embrulhado em plástico, é então levado a gelar por algumas horas. Antes de ser servido, deve ser fatiado. Recebe também o nome de *levant*. Ver **Lavosh**.

Aranhola Ver **Cocada**.

Áraque Destilado produzido nos países do Oriente Médio, na Turquia e no Egito. Seu nome árabe original, *arak* ou *araq*, significa seiva, suco, suor. De sabor acre e forte, é intensamente aromatizado com anis e outras especiarias. Tem alto teor alcoólico, acima de 50%.

Araruta (*Maranta arundinacea*) Planta da família das marantáceas de cujas raízes se extrai o amido (fécula) branco de mesmo nome, usado como espessante. Seu nome latino homenageia o botânico italiano Bartolomeo Maranta, que viveu no século XVI. A palavra portuguesa deriva do termo aruaque *aru aru*, que significa "farinha de farinha". Para os indígenas, a fécula da araruta neutralizava o veneno das flechas dos inimigos. Em inglês, é denominada *arrowroot*. Para encorpar molhos ou caldas de frutas, deve ser primeiro misturada à água fria e, depois de diluída, misturada ao líquido quente. Ao alcançar temperatura entre 60 °C e 86 °C, a araruta gelifica e engrossa o líquido-base. Sem sabor, torna-se transparente à medida que engrossa. Deve-se evitar a fervura, pois ela deixa de engrossar depois do ponto de ebulição.

Araticum Ver **Graviola**.

Arbois Cidade da região do Jura, no leste da França, empresta seu nome à importante área delimitada de produção vinícola que a circunda.

Arca do Gosto Ver **Slow Food**.

Arenque (*Clupea harengus*) Peixe prateado de pequeno porte, que se move próximo da costa, encontrado em grande quantidade nas águas geladas do Mar do Norte. Há mais de cem variedades. Seu comprimento varia entre 18 cm e 25 cm. É vendido fresco, defumado ou salgado. Fresco, deve ser utilizado rapidamente, antes que sua carne delicada se torne excessivamente oleosa. Pode ser preparado grelhado, assado ou salteado. Quando curado ou defumado, é bastante usado como aperitivo, entrada ou em canapés.

Arepa Pão à base de milho, não levedado, muito comum na Venezuela e na Colômbia. No modo de preparo tradicional, grãos de milho fresco são retirados da espiga, encharcados em água e moídos na *metate* ou no pilão. Com essa massa, são feitos pãezinhos circulares, com 10 cm a 15 cm de diâmetro e cerca de 2 cm de altura. Em seguida, são cozidos sobre o fogo, em cima de uma chapa chamada *budare*. Hoje em dia, é comum o uso de farinha de milho pré-cozida. As *arepas* devem ser consumidas frescas e costumam ser recheadas com queijo, carne ensopada, frango, abacate ou feijão, entre outros alimentos. Ver **Budare** e **Metate**.

Argenteuil Nome de uma comuna da região de Île-de-France (França), de solo arenoso, onde são produzidos excelentes aspargos. Pratos cujo nome está associado a esse termo geralmente têm como acompanhamento pontas de aspargos.

Ariá (*Calathea allouia*) Planta nativa da América tropical, da família das marantáceas, semelhante ao rabanete, comestível apenas depois de cozida.

Arilo Ver **Noz-moscada**.

Arinto (*Vitis vinifera*) Uva branca largamente encontrada em Portugal, muito usada na elaboração de vinhos. É a principal casta da região de Bucelas.

Arjan Ver **Koumiss**.

Armanhaque Bebida considerada, assim como o conhaque, uma das melhores aguardentes vínicas do mundo. Produzida em Armagnac, na Gasconha, sudoeste da França, é um álcool forte, encorpado e de sabor muito característico. Seu limite de aprimoramento em barris de carvalho é de cinquenta anos. Escurecido, quase negro, o armanhaque mais velho tem aroma tão forte que pode perdurar por mais de uma semana, em um copo já esvaziado. Sua regulamentação de origem controlada data de 1909. Ao contrário do conhaque, é destilado apenas uma vez, não contém açúcar, é amadurecido em barris de carvalho e seus alambiques têm características próprias. No livro *Os três mosqueteiros*, de Alexandre Dumas, era a bebida favorita de D'Artagnan. Hoje, inúmeras empresas têm uma *réserve D'Artagnan*, mas o único que, por direito, poderia reivindicar esse nome de prestígio é seu descendente, o marquês de Montesquiou. D'Artagnan, antes de se tornar o herói de Alexandre Dumas, era um gascão, marechal do rei, que viveu no castelo de Castelmore, perto de Lupiac, no século XVII. O armanhaque é menos exportado e menos conhecido que o conhaque, em razão de sua baixa produção.

Armoricaine Molho clássico francês para lagostas ou camarões, à base de tomates, alho, cebolinha-verde, conhaque, vinho branco e estragão. Conta-se que teria sido criado por Pierre Fraisse, cozinheiro provençal originário de Sète, proprietário do restaurante Chez Peter's, em Paris, em meados do século XIX. Recebendo certo dia um grupo de americanos perto da hora de fechar o restaurante, ele teve de improvisar um prato com os frutos do mar de que ainda dispunha. Fraisse preparou, então, um prato com lagostas, ao qual denominou *homards à l'américaine*. Ao anotá-lo no menu de seu restaurante, entretanto, diz-se que escreveu incorretamente à *l'armoricaine*. Iniciou-se aí a controvérsia sobre seu nome: hoje, usa-se ambas as grafias para denominar o mesmo prato.

Arni Tradicional cordeiro grego feito na Páscoa e no Dia de São Jorge (23 de abril), assado inteiro no espeto, sobre carvão em brasa. Durante o cozimento, é temperado com sal, pimenta e suco de limão. Os miúdos, pés e rabo são temperados e aproveitados em uma tradicional sopa chamada *magiritsa*.

Aroma Perfume exalado por uma substância ou alimento. Em relação aos vinhos, classificam-se os seus aromas em três tipos: primários, provenientes da uva; secundários, formados durante a fermentação; e terciários, resultantes do processo de envelhecimento em garrafa. Ver **Buquê**.

Aromatizar Processo de alterar o perfume de um prato ou alimento, por meio da adição de substâncias que têm essa propriedade. São aromatizantes comuns: hortelã, anis, baunilha, louro, cravo, canela, noz-moscada, alecrim, raspas de laranja ou limão e algumas bebidas alcoólicas.

Arquestrato Filósofo siciliano do século IV a.C., é o autor de *Gastronomia* (também chamada *Hedypatheia*, isto é, "Tratado dos prazeres"), obra-prima da culinária da época, em que, além de registrar receitas, estabeleceu preceitos para o bem comer. Grande apreciador das delícias da mesa e muito viajado, saboreou, pesquisou e colecionou as receitas dos pratos mais afamados da Magna Grécia. O que mais ele lastimava era não poder comer o que queria o ano todo, já que era obrigado a se restringir ao que estava disponível em cada estação. O que o consolava, dizia, era poder lembrar, falar e escrever a respeito de todos os pratos a qualquer tempo. Algumas das receitas por ele documentadas ainda são encontradas na culinária grega de hoje. Ver **Gastronomia**.

Arraia (Ordem *Batidoidimorpha*) Peixe cartilaginoso com duas grandes asas carnosas, de carne muito saborosa. Para prepará-la, deve-se retirar a pele e cortar a carne em pequenos pedaços, que serão cozidos ou fritos. Pode-se consumir também seu fígado. É muito popular na França o prato *raie au beurre noir*.

Arrowroot Ver **Araruta**.

Arroz (*Oryza sativa*) É o grão de um vegetal da família das gramíneas, com grande diversidade de variedades, resultante de sua longa existência e difusão. Cultivado principalmente na Ásia, em regiões de clima subtropical, já estava domesticado há 7 mil anos. Ainda hoje, muitos povos alimentam-se quase que somente de arroz integral. Foi da língua árabe que herdamos o seu nome – *arruz*. De Cabo Verde, vieram as primeiras sementes no decorrer do século XVI. No Brasil, emprega-se uma classificação do arroz com base no percentual de grãos inteiros: o tipo 1 é considerado o melhor, com maior percentual de grãos inteiros; a seguir vem o tipo 2, com quantidade um pouco maior de grãos quebrados, e assim por diante. Os grãos de arroz passam também por beneficiamento, agregando o nome do processo a que foram submetidos: polidos, integrais, malequizados ou parboilizados. Há inúmeras variedades de arroz, cada uma delas indicada para um determinado tipo de prato. Frio, pode ser utilizado em saladas e entradas. Quente, compõe pratos mundialmente conhecidos, como risoto e *pilaf*. Depois de cozido, deve ser servido imediatamente, pois esporos de bactérias permanecem latentes, podendo germinar e se multiplicar se for conservado quente por longo tempo ou se for reaquecido diversas vezes. Com sua farinha, podem

ser preparados bolos, mingaus e doces. É também a matéria-prima do leite de arroz, bebida vegetariana, e do saquê, tradicional bebida alcoólica japonesa. Ver **Farinha de arroz, Leites vegetais, Pilaf, Risoto, Saquê** e o nome de cada arroz.

Arroz arbóreo (*Oryza sativa*) Tem grãos curtos, arredondados e brancos. É próprio para risotos, porque absorve quantidade maior de líquido, sem desintegrar-se.

Arroz basmati (*Oryza sativa*) Arroz indiano do sopé do Himalaia, é uma variedade de grãos longos, com aroma e sabor de nozes. Sua característica fundamental é ficar molhado, sem grudar. A tradução literal de seu nome é "rainha das fragrâncias".

Arroz carnaroli (*Oryza sativa*) Cultivar de arroz que, por suas características, é um dos melhores para risoto. Com grande quantidade de amido, sua camada externa dissolve-se muito bem durante o cozimento ao mesmo tempo que o restante do grão mantém consistência firme, assim consegue-se um risoto levemente cremoso. Foi criada em 1945, na região de Milão (Itália), pelo cruzamento do arroz vialone com uma variedade japonesa.

Arroz carolina (*Oryza sativa*) Variedade de arroz de grãos grossos e tamanho médio, ótima para cremes e pudins de leite.

Arroz con leche Doce espanhol semelhante ao arroz-doce. É elaborado com arroz cozido no leite e temperado com baunilha, limão e canela.

Arroz con pollo Tradicional prato espanhol e mexicano, é preparado com frango, pimentões, pimentas-verdes, temperos e, às vezes, açafrão.

Arroz de Braga Prato tradicional da culinária portuguesa, originário da região de Braga. É à base de arroz úmido, acrescido de cebolas, alho, louro, cenouras, repolho, ervilhas, linguiça, costeletas de porco defumadas e pedaços de galinha.

Arroz de carreteiro Prato característico da culinária gaúcha e nômade por excelência, surgiu no início do século XIX nas andanças dos carreteiros e dos tropeiros, que transportavam mercadorias no chamado "caminho do gado". Para o preparo de sua comida, o condutor da carreta, isto é, o carreteiro, precisava levar ingredientes duráveis e práticos, como o charque e o arroz. Cozinhando-os juntos, criou-se o "carreteiro". Nas fazendas da fronteira, usa-se o charque de vento, que é muito pouco salgado. Fora do Pampa, é denominado arroz de carreteiro e também era preparado por tropeiros. Conduzindo as boiadas do Rio Grande do Sul até as Minas Gerais, os tropeiros faziam o abastecimento de carne de toda a região Sudeste do Brasil e também utilizavam o charque como base de sua alimentação. Para o prato, utiliza-se charque novo, menos salgado e seco. Essa carne curtida à sombra, frita em pequenos pedaços, acrescida de cebola, tomates e temperos e misturada ao arroz cozido – prato forte e fácil de ser preparado –, era o preferido dos peões. Foi levado para a região Centro-Oeste pelos imigrantes saídos do Sul e tornou-se tradicional também na cozinha pantaneira. Ver **Charque**.

Arroz de capote São tradicionais na cozinha maranhense os pratos à base de arroz e o uso de capote, mais conhecido por galinha-d'angola. Esse preparo une os dois ingredientes e é elaborado com pedaços de galinha-d'angola refogados em óleo de urucum, acrescidos de caldo de

legumes e temperos. Depois de a ave cozinhar, acrescentam-se o arroz e o caldo de legumes, e o preparo é mantido em fogo brando até o fim do cozimento. Deve ficar úmido. Ver **Galinha-d'angola**.

Arroz de coco 1. Prato nordestino de origem indiana, é um arroz cozido no leite de coco, temperado com sal e servido como acompanhamento de peixes ou camarões. Na Bahia, é chamado arroz de viúva. Diz-se ter sido levado pelos árabes para a Península Ibérica, ainda antes das navegações portuguesas. Depois, os portugueses o conheceram em Goa (Índia) e na África. No século XVII, já havia sido registrado no Brasil por George Marcgrave, em Pernambuco, como prato facilmente encontrado. **2.** Presume-se que duas fontes sejam a base para o arroz de coco doce nordestino, que une o arroz ao leite de coco e ao açúcar: o arroz de coco salgado, trazido para o Brasil pelos portugueses no decorrer do século XVI, e o arroz de leite português, iguaria doce em que o arroz era cozido em leite de vaca ou de cabra e adoçado. Esse arroz de coco doce passou a ser servido no fim da refeição, como sobremesa. Ver **Arroz de leite**.

Arroz de cuxá Orgulho da culinária maranhense, é um prato de influência portuguesa, árabe e africana, da Guiné. Sua elaboração começa com o preparo de arroz branco à maranhense, feito sem tempero e com pouca água, cozido em fogo baixo. Sobre ele é servido o cuxá, angu à base de folhas de vinagreira, gergelim, camarão seco, farinha de mandioca e temperos. Ver **Cuxá e Vinagreira**.

Arroz de galpão Prato dos pampas gaúchos, é um preparo que aproveita as sobras do churrasco. Com o charque aferventado e cortado em pedaços, essas sobras são refogadas na panela com toucinho, tomates e cebolas. A água que aferventou o charque é usada para preparar o arroz e, ao fim do seu cozimento, acrescenta-se o preparado de carnes e cheiro-verde picado. Ver **Charque**.

Arroz de hauçá Prato da culinária baiana, consiste em arroz branco bem cozido, desmanchando, quase uma pasta, acrescido de farinha de arroz e temperado apenas com sal. É acompanhado de carne-seca frita, em pedaços, e de molho de camarões secos defumados, temperados com cebola, pimenta e azeite de dendê, "ralados na pedra", conforme registro de Manuel Quirino, que escreveu sobre a culinária baiana no início do século XX. Na atualidade, acrescentam-se também camarões frescos ao molho. Esse prato nos foi legado pelos hauçás, negros sudaneses e nigerianos muçulmanos, trazidos escravizados. Ver **Azeite de dendê** e **Camarão seco**.

Arroz de jaçanã Marreco silvestre do Maranhão, o jaçanã (*Jacana jacana*) é a base do prato de arroz que faz os maranhenses serem denominados papa-arroz. Similar ao arroz de capote, os pedaços da ave são cozidos em um refogado com temperos e, quando estão macios, são acrescentados arroz e caldo. Depois de cozer o arroz, o prato está pronto. Ver **Arroz de capote**.

Arroz de jambu Tradicional da culinária paraense, consiste em um aferventado de jambu, que, depois de escorrido, é picado e, então, misturado a arroz, já salteado com cebola e alho e cozido na água em que as folhas foram escaldadas. É usado como prato de acompanhamento. Ver **Jambu**.

Arroz de leite 1. Prato doce, também conhecido por arroz-doce, encontrado em todo o Brasil. Ver **Arroz-doce**. **2.** Prato

salgado de arroz, leite e natas, é acompanhamento para vários pratos da cozinha baiana.

Arroz de pequi Arroz preparado com cozido de pequi, cebola, alho, pimenta e outros temperos, prato típico da culinária goiana. O pequi é uma fruta de cor escura e sabor ácido, cuja noz libera uma cor amarela para o arroz por meio da água do cozimento. O arroz deve ficar macio e soltinho. Ver **Pequi**.

Arroz de puta rica Tradicional de Goiás era o "arroz de puta pobre", feito de sobras e que levava também carne e feijão. Hoje, incrementado, muito mais rico e saboroso, e com mais ingredientes, o prato mudou de nome. Entram no preparo arroz, frango, bacon, linguiça, costelinha de porco, carne-seca, milho-verde e ervilhas, além de uma variedade de temperos, incluindo a cúrcuma. Todos são preparados na mesma panela, em etapas, entrando o arroz por último. Ver **Cúrcuma**.

Arroz de sarrabulho Prato típico português, da região do norte do Rio Mondego, em que o arroz é feito no caldo do cozimento de carnes e miúdos de porco ou de cabrito, e ligado depois com sangue.

Arroz de suã Prato da cozinha caipira do Sudeste e do Centro-Oeste do Brasil, é feito com a suã, espinha dorsal do porco, preservados o tutano e a carne que a envolve, e com arroz. Depois de bem temperada e marinada, a suã é cozida com pouco líquido, somente o necessário para suar e, quando macia, adiciona-se o arroz e deixa-se frigir. Acrescenta-se água e, depois de tudo cozido, o preparo ainda descansa na panela por meia hora, para apurar o gosto.

Arroz de substância Prato tradicional da região de Portugal situada entre os rios Douro e Minho. É um arroz cozido no fogão e finalizado no forno. Refoga-se cebola no azeite e adicionam-se água, alho, louro e salsa. Deixa-se ferver e, em seguida, adiciona-se o arroz. Assim que a fervura for retomada, leva-se para terminar de cozinhar no forno bem quente. Retira-se, então, do forno e mantém-se abafado, com papel ou pano, por alguns minutos antes de servir.

Arroz de viúva Ver **Arroz de coco**.

Arroz-doce Sobremesa feita com arroz cozido em leite de vaca, adoçado com açúcar, às vezes acrescido de gemas de ovos e temperado com canela em pau. Foi trazido para o Brasil pelos portugueses, que usavam esse nome genericamente para as sobremesas feitas com arroz, açúcar, leite de vaca, de cabra ou de coco. Conta-se que todo ano, em 31 de julho, dia de Santo Inácio de Loyola, os jesuítas de Lisboa enviavam um prato de arroz-doce para cada príncipe ou princesa da Casa Real, até serem expulsos de Portugal, em 1759. No Oriente, doces com arroz existem desde a Antiguidade, principalmente na China, Japão, Índia, Paquistão e Sudoeste Asiático. Na culinária sírio-libanesa, há uma sobremesa semelhante, chamada *roz bi halib*, feita nos mesmos moldes, mas perfumada com água de rosas ou de flor de laranjeira, servida normalmente acompanhada de compota de damascos. Aliás, o arroz-doce chegou à Europa exatamente por intermédio dos árabes. No Sul do Brasil, chama-se arroz de leite.

Arroz, farinha de Ver **Farinha de arroz**.

Arroz integral Arroz com grão descascado, mas não polido, que conserva a pe-

lícula externa e mantém a maioria de seus nutrientes. No entanto, retém mais agrotóxicos que o polido.

Arroz jasmim (*Oryza sativa*) Variedade de arroz de grãos brancos e longos e baixo teor de amilose, também conhecido por arroz thai por sua origem no Sudeste Asiático e seu largo uso na cozinha tailandesa. Extremamente aromático, acompanha muito bem carnes e legumes.

Arroz java (*Oryza sativa*) Variedade de arroz de grãos curtos e grossos, própria para pudins de leite e risotos.

Arroz malequizado Arroz macerado com casca, em água fria, por alguns dias e, em seguida, submetido a vapor d'água em alta temperatura. Esse processo transfere as propriedades da cutícula para o interior do grão. Em outra fase, são retirados a cutícula e o germe.

Arroz parboilizado Arroz cujos grãos são tratados em água quente, sob pressão, a fim de que os nutrientes sejam transferidos da parte externa para a interna, em um processo semelhante ao do malequizado.

Arroz patna (*Oryza sativa*) Arroz de grão longo e fino, próprio para *pilafs* e para acompanhar ensopados indianos. Ver **Pilaf**.

Arroz polido Arroz descascado, branco, de grãos geralmente longos e finos, que passa por processo de polimento, durante o qual perde a maior parte de seus nutrientes. Por conter uma quantidade menor de lipídios, é menos propenso à rancidificação.

Arroz selvagem (*Zizania* spp.) Cereal dos Estados Unidos, que, apesar do nome, não pertence à família do arroz. Com grãos longos, finos e duros, de cor escura, seu sabor lembra a amêndoa. Pode ser cozido e misturado com arroz branco.

Arrufada Pequeno bolo português de massa bem macia, redondo, feito com farinha de trigo, fermento, ovos, açúcar, leite, manteiga e temperado com canela. São muito tradicionais os de Coimbra (Portugal).

Arrumadinho Especialidade paraibana, é um prato feito com feijão-verde, tomate, cebola, pimentão, coentro, carne-seca e farinha de mandioca. A arrumação do prato é fundamental, como o nome indica, e pode ser feita em camadas ou por alinhamento dos ingredientes lado a lado: primeiro, o feijão-verde cozido; depois, a farofa feita com farinha de mandioca, manteiga e alho; em seguida, a carne-seca em quadradinhos, refogada em óleo; e, por fim, um molho vinagrete de tomate, cebola e pimentão verde, temperado com coentro.

Artichoke Alcachofra, em inglês. Ver **Alcachofra**.

Aruá Ver **Aluá**.

Arubé Molho bastante condimentado usado no Norte do Brasil para temperar pratos. É elaborado com sumo de mandioca fervido, sal, pimenta, alho e outras substâncias aromáticas bem trituradas. Além desses ingredientes, o arubé em massa, também chamado arubé de sauvataia, contém tanajuras (içás) torradas, o que lhe confere sabor especial, e carimã. Ver **Carimã** e **Içá**.

Arugula Ver **Rúcula**.

Asadero Queijo branco mexicano semimole, tipo *pasta filata*, feito com leite de vaca. Seu nome significa "assador". Sua massa é levemente salgada e de sabor delicado. É encontrado em formato de bola ou disco achatado. Com excelente reação a altas temperaturas, é indicado para usos culinários. É bastante usado em *quesadillas*. Assemelha-se ao *monterey jack*. É também conhecido por *chihuahua* e *oaxaca*. Ver **Monterey Jack, Pasta filata** e **Quesadilla**.

Assado de tira Ver **Costela**.

Asiago Queijo italiano da região montanhosa do Vêneto, produzido em duas versões: o *asiago d'allevo* e o *asiago pressato*. O primeiro, da região de Vezzana, é feito com leite de vaca integral. Sua textura muda durante o processo de amadurecimento. É um queijo duro, que alcança sua melhor qualidade da metade do outono até a primavera. O segundo, de leite desnatado, tem textura granulosa. Com a forma de disco, seu peso varia entre 8 kg e 11 kg. De massa bege e lustrosa, tem casca cor de palha. Quando novo, é usado como queijo de mesa; maduro, é indicado para gratinar.

Às onze Ver **Merenda**.

Aspargo (*Asparagus officinalis*) Vegetal conhecido em todo o mundo, é encontrado fresco, congelado ou em conserva. Há três variedades: o violeta, levemente roxo, mais saboroso, porém de textura mais rija; o branco, em que se destaca o famoso francês de Argenteuil, mais delicado que o verde, com leve sabor que lembra a alcachofra; e o verde-dourado, que oxida com enorme rapidez. A planta vive de oito a dez anos e, quanto mais velha, mais firmes os aspargos. Na Roma Antiga, era alimento dos ricos. Vinha do norte da Europa e era muito caro. Começou a ser plantado na França somente no século XVIII, por imposição de Luís XVI. O modo de preparo mais clássico, em que seu sabor delicado aparece bem, é o *asperges à la crème*, criado por François de La Varenne no século XVII. Esse prato é elaborado com aspargos frescos, cozidos com salsa e cebolinha em manteiga, em fogo suave, acrescidos depois de creme de leite e temperados com sal e noz-moscada. É servido com fatias de pão torrado.

Aspartame Edulcorante artificial com poder adoçante duzentas vezes maior que o do açúcar. Não deixa gosto residual amargo e tem baixo teor calórico. Não deve ser levado ao fogo, pois perde suas propriedades adoçantes quando muito aquecido. Embora pesquisas científicas ainda inconclusivas sugiram que o aspartame pode ser prejudicial aos seres humanos, o uso do adoçante continua permitido.

Asperges à la crème Ver **Aspargo**.

Aspic Caldo bem cozido, temperado e clarificado, que pode ter como base carne, peixe ou ave. Em razão da adição de substâncias apropriadas, sua consistência torna-se gelatinosa e firme ao esfriar. É usado para recobrir pratos frios, enformados, feitos com antecedência. O prato recoberto deve ser mantido frio até a hora de servir, para preservar a consistência. O *aspic* pode ser feito com o auxílio de mocotó, claras de ovos, gelatina ou outra substância gelificante.

Assadeira Fôrma de alumínio ou outro metal, sem tampa, quadrada, retangular ou redonda, de tamanhos variados, que serve para levar alimentos ao forno. É também chamada de tabuleiro. Ver **Fôrma**.

Assado Peça de carne bovina, ovina, suína, de ave ou peixe que passou por processo de cozimento em calor seco, o qual pode ser feito em espeto, grelha ou forno. Os primeiros assados foram peças inteiras, ou seja, o próprio animal era cozido em grandes fogueiras ou em enormes fornos senhoriais. Em seguida, passou-se a dividi-lo ao meio, depois em quartos e, então, em partes, como a alcatra, o lombo, o acém, a chã de fora e a coxa do boi. Figurando quase sempre como prato de resistência, no Ocidente é considerado o ponto alto da refeição. Nas Cortes europeias dos séculos XV e XVI, o papel do mestre trinchador era essencial, e a sequência de entrega das fatias definia o grau hierárquico dos convidados. Nos banquetes formais de três serviços, nos séculos XVII e XVIII, o assado era o elemento central do segundo serviço, acompanhado por guarnições salgadas e doces. Nas refeições não formais, seguia como o prato principal, rodeado de acompanhamentos. Sempre tostado por fora, o ponto de cozimento interno, entretanto, pode variar: do pouco cozido ou malpassado ao totalmente cozido ou bem-passado. Nosso assado sangrento, ou malpassado, não é uma herança portuguesa, mas sim indígena. Ver **Assar** e **Serviço à francesa (antigo)**.

Assafétida (*Ferula foetida*) Aromatizante obtido de uma árvore gigante originária do Irã e da Índia, é um tempero muito usado na culinária oriental. Bastante forte, deve ser utilizada com cuidado.

Assam (*Camellia sinensis*) Chá indiano da região de Assam, alta planície ao norte cujo conjunto de plantações de chá é o maior do mundo. Seu cultivo foi iniciado nos anos 1830, sob patrocínio do governo britânico, interessado em quebrar o monopólio chinês sobre o produto. A primeira colheita (*first flush*) geralmente começa em fevereiro. Fornece um chá aromático, fresco, floral, com tom dourado-claro. Os mais caros e mais típicos são colhidos na *second flush* (segunda colheita), do fim de maio ao início de junho. É um chá preto, de sabor forte e maltado, que na xícara apresenta um tom avermelhado, acobreado. Sua produção é rica e ainda de qualidade no período das monções, fortes chuvas que caem de julho a outubro. Depois dessa época, perde seu sabor característico. Quase todos os *assam* podem ser bebidos com açúcar e também com uma colherzinha de creme de leite. Tornaram-se base para muitas misturas, especialmente as feitas na Frísia, região da Alemanha. Ver **Chá**.

Assar Processo de cozimento por calor radiante seco, em que o alimento é tostado até adquirir uma crosta externa, que impede a saída do suco, deixando-o úmido e cozido por dentro. No caso de carnes, é indicado apenas para as grandes e tenras. Para realizar esse processo, utiliza-se forno a gás ou elétrico, braseiro, ou mesmo fogo aberto no chão. A carne pode ser regada de maneira intermitente, com molho ou vinha-d'alhos, durante o processo de cozimento. No caso de massas ou pães, determinada quantidade de vapor é produzida ao longo do processo, em razão da umidade contida no alimento. Certas massas assadas sem cobertura formam crosta na superfície, mas colocar um pouco de água na fôrma refratária dentro do forno pode retardar essa formação, permitindo maior tempo de crescimento. Tortas, fechadas ou não, também podem ser cozidas por esse processo. Alguns preparos mais delicados, como o pudim, devem ser assados em banho-maria, pois

assim reduz-se um pouco o calor no exterior da fôrma.

Assemblage Palavra francesa que designa a técnica de misturar vinhos de diferentes safras ou cepas de uva, para a obtenção de um vinho de maior qualidade. Em português, o termo usado para essa técnica é "corte".

Assiette 1. Prato, em francês. Ver **Prato**. **2.** Conjunto de alimentos servidos em um prato ou tábua. Por exemplo: *assiette de fromages*, que significa "prato de queijos".

Asti Vinho espumante produzido na província de mesmo nome, no Piemonte, noroeste da Itália. Feito com uva moscato bianco, é doce e tem graduação alcoólica moderada, servido geralmente como vinho de sobremesa ou aperitivo.

Aszú Denominação dada às uvas atacadas por *Botrytis cinerea*, utilizadas na produção do vinho húngaro Tokaji.

Ata Ver **Pinha**.

Atar Amarrar carnes, aves ou qualquer outro alimento com um fio forte. Na culinária, os alimentos são atados para adquirir forma especial ou para que seus recheios não se espalhem durante o cozimento.

Atemoia (*Annona cherimola x Annona squamosa*) Planta nativa da América tropical e das Índias Ocidentais, é um cruzamento da chirimoia ou graviola com a ata ou pinha, muito encontrada na Flórida e na Califórnia. Sua fruta, de tamanho médio, tem casca verde áspera, com configuração em pétalas. Sua polpa macia e doce é cheia de caroços longos e negros. Deve ser servida ao natural.

Ateneu Escritor grego nascido no século II, viveu durante muitos anos em Roma (Itália). Autor do livro *Deipnosophistae* ("O banquete dos eruditos"), nele descreve diversos métodos de cozimento e de servir alimentos, ensina a espargir ervas sobre peixe ou carne grelhados, mostra o uso do molho feito com vinagre e azeite e descreve a elaboração dos *keftedes*, consumidos até hoje. Ver **Keftedes**.

Áter Espécie de calda feita com água, açúcar, suco de limão e água de rosas ou de flor de laranjeira. Entra no preparo de quase todos os doces libaneses.

Atole Bebida popular no México e em alguns pontos da costa oeste da América do Sul, é conhecida desde a época pré-colombiana. Prepara-se com *masa*, água ou leite, frutas amassadas, açúcar ou mel. Pode ser ingerida quente ou em temperatura ambiente. Ver **Masa**.

Attelette Também grafado *hâtelet*, é a palavra francesa que designa o espeto, geralmente de prata ou de outro metal, de diversos tamanhos e com variado grau de ornamentação, usado antigamente para decorar pratos frios de peixe, galantinas, presuntos e aves.

Atterau *Hors d'oeuvre* ou antepasto da culinária francesa feito em um pequeno espeto (este também conhecido por *atterau*), cujas características básicas são o molho encorpado que cobre os alimentos e o modo de preparo, que é sempre a fritura. Podem ser utilizados quadradinhos de presunto, cogumelos, fígado, frango ou marisco, entre outras alternativas, alternados no espeto. Depois de mergulhá-lo em ovo batido, rola-se o espeto em farinha de rosca para, então, fritá-lo em gordura. Deve ser servido bem quente,

recoberto por molho bechamel encorpado. Ver **Bechamel**.

Atum (Gênero *Thunnus* spp.) Com esse nome há um amplo grupo de peixes, do gênero *Thunnus*. São sete espécies, com peixes diferentes em cada uma. Os melhores atuns são chamados albacora (*T. alalunga*), *bluefin* (*T. thynnus*) e *yellowfin* (*T. albacares*). De maneira geral, sua carne é densa, vermelho-escura, de textura firme e moderadamente gordurosa. A albacora tem carne mais branca, leve e suave, embora mais gordurosa, e é um peixe grande, que pesa entre 5 kg e 35 kg. Os *yellowfin* são ainda maiores, chegando a pesar cerca de 100 kg. Sua carne é rosa, de sabor mais forte que a da albacora. Os maiores atuns, no entanto, são da espécie *bluefin*. Quando jovem, sua carne é clara e de sabor suave; já nos adultos, torna-se escura, com sabor bastante forte. O bonito – mais conhecido por atum – pertence à mesma família, mas a gênero diferente. O atum pode ser encontrado fresco ou congelado e há diversas maneiras de prepará-lo. É vendido também em lata, em peças grandes, pequenas ou ralado. Ver **Bonito**.

Aubergine Palavra francesa que significa berinjela. Ver **Berinjela**.

Au bleu Ver **Bleu, au**.

Au gratin Ver **Gratin, au**.

Auguste Escoffier Ver **Escoffier, Auguste**.

Au jus Expressão francesa que significa "preparado no próprio suco".

Aurore Molho clássico francês que tem por base bechamel, ao qual é adicionada polpa de tomate fresco. Em geral, é servido com ovos, carne ou vegetais. Ver **Bechamel**.

Auslese Classificação dada, na Alemanha, ao vinho feito com uvas em estado avançado de maturação e de cachos selecionados, em razão de sua maior concentração de açúcar. É o terceiro grau dos *Prädikatswein*. Podem ser utilizadas uvas com a "podridão nobre" (degradação positiva ocasionada pelo fungo *Botrytis cinerea*) e, em geral, apresenta açúcar residual. É de difícil produção e precisa de, pelo menos, quatro ou cinco anos de envelhecimento. Ver **Botrytis cinerea** e **Prädikatswein**.

Autoclave Aparelho para esterilizar utensílios e alimentos por meio de vapor de água em alta pressão. Utilizado, principalmente, pela indústria alimentícia.

Aveia (*Avena sativa*) Gramínea cultivada que produz grãos comestíveis, ricos em substâncias nutritivas. É comercializada em grãos, flocos, farinha ou farelo. O grão, que tem apenas a casca removida, deve ficar de molho e ser cozido por bastante tempo antes de ser utilizado. Os flocos são obtidos pela trituração, mais fina ou mais grossa, dos grãos. A farinha pode ser empregada em mingaus, pratos assados e para empanar alimentos antes da fritura. O farelo é a película que envolve o grão. A aveia pode ser estocada em lugar seco e frio, mas não por muito tempo, pois contém uma enzima que se mistura com a gordura do grão, tornando-o rançoso. É ingrediente indispensável do *haggis* escocês. Ver **Haggis**.

Avelã (*Corylus avellana*) Fruto da aveleira, é uma amêndoa originária de regiões temperadas. França, Itália, Espanha e Turquia são seus principais produtores.

Tem casca dura, formato redondo e uma membrana envolvendo seu miolo comestível. É comercializada com ou sem casca, inteira ou picada, crua ou torrada. Em geral, é levemente tostada ou assada para facilitar a retirada da pele. Muito empregada no preparo de doces, bolos e pães, empresta um sabor especial também a saladas.

Avental Peça usada para manter limpa a roupa de quem cozinha. Deve cobrir a frente do corpo, da base do pescoço até a altura dos joelhos, protegendo também a região da cintura e quadris. Dessa forma, o avental não apenas protege a roupa dos salpicos e respingos, como evita que felpas e pelos, com outras partículas microscópicas e bactérias, sejam transferidos da roupa para o alimento. Deve estar sempre limpo ao ser usado, e é necessário lavá-lo após cada uso, pois um avental guardado sujo, manchado ou úmido é um campo fértil para bactérias.

Aves Vertebrados cobertos de penas e com bico córneo. Em geral, têm carne mais tenra que os outros animais. A carne do frango e do peru deve ser servida completamente cozida; já a do peito de pato, ao ponto ou malpassada. A carne de ganso exige um longo cozimento para que fique macia e suculenta. Aves silvestres, como o faisão, o marreco selvagem e outras, têm carne mais rija e também devem passar por um longo processo de cozimento. As aves podem ser preparadas inteiras ou cortadas. Existem diversos tipos de cortes, que dependerão da ave e da receita escolhida. Ver **Avestruz**, **Faisão**, **Frango**, **Galinha** e **Pato**.

Avestruz (*Struthio camelus*) Ave de grande porte originária da África e do sudoeste da Ásia. Alcança cerca de 2 m de altura e seu peso gira em torno de 130 kg. É muito procurada em razão de suas plumas, pele e carne, a qual é macia e muito saborosa, considerada de alta qualidade. Aqui no Brasil, é encontrada em casas especializadas e em alguns restaurantes.

Avgolemono 1. Sopa de origem grega feita de caldo de galinha, ao qual são acrescentados arroz e ovos batidos, temperada com suco de limão. **2.** O termo refere-se também a um molho grego, com textura mais grossa que a sopa, preparado com os mesmos ingredientes, exceto o arroz.

Aviú (*Acetes americanus*) Pequeno camarão de água doce, muito encontrado na foz do rio Tocantins. Tem corpo fino e cerca de 3 cm de comprimento. É pescado com puçá de malha bem fina, chamado rapixé. É base para o preparo de um prato típico da região, a mojica de aviú, caldo engrossado com mandioca ou com farinha-d'água. Nas casas especializadas de Belém (Pará), ele é vendido seco. Ver **Farinha-d'água** e **Mojica**.

Avocado Nome do abacate em espanhol. Este mesmo vocábulo é usado nos países de língua inglesa. Ver **Abacate**.

Awabi Ver **Abalone**.

Ayran Bebida gelada da Turquia preparada com iogurte, gelo e sal, bem batidos. É servida decorada com um ramo de hortelã.

Azedinha (*Oxalis* spp.) Nome comum a várias espécies de folhas ácidas, do gênero *Oxalis*, usadas no tempero de saladas, sopas de legumes, carnes brancas e peixe cozido. São ricas em ácido oxálico.

Azeitão Queijo português cujo nome vem das antigas freguesias portuguesas situadas ao norte da Serra da Arrábida, ao sul de Lisboa. É produzido somente nos municípios de Setúbal, Palmela e Sesim-

bra, pois tem Denominação de Origem Protegida. Sua forma é cilíndrica, com 8 cm de diâmetro e 5 cm de altura, e pesa 100 g ou 250 g. É envolto em uma tira de tecido, o que lhe dá um aspecto de rusticidade. Seu período de maturação é de vinte dias no verão e 40 no inverno. Sua massa é branca, cremosa e suave. Tem um leve sabor salgado e acidulado. A maneira tradicional de saboreá-lo é retirando-se sua crosta superior e escavando seu miolo com o auxílio de uma colher. É feito com leite de ovelha não pasteurizado. Ver **Denominação de Origem Protegida (DOP)**.

Azeite de bambá Azeite espesso e muito saboroso retirado do fundo do tacho onde o óleo de dendê foi refinado, trazendo, por isso, grande parte da borra e coloração turva. Muito valorizado pelos conhecedores, praticamente só é encontrado na região do Recôncavo Baiano.

Azeite de dendê Azeite extraído do coco do dendê, palmeira de origem africana, comum na Bahia. É muito utilizado na cozinha baiana, item fundamental de seus pratos mais tradicionais. De cor avermelhada, textura mais grossa que a do azeite de oliva, tem perfume e sabor muito característicos. O dendê de alta qualidade, refinado, translúcido e livre de impurezas, é conhecido por flor de dendê, azeite de flor ou dendê de flor. É o preferido dos conhecedores para o preparo dos chamados "pratos de azeite", receitas da culinária baiana em que o azeite é um dos componentes principais. O dendezeiro foi introduzido no Brasil pelos portugueses, no século XVI, mas apenas para fazer vinho. Depois, seu azeite começou a ser extraído, mas não há menções de seu uso na culinária, apenas na pele e nos cabelos dos escravizados. Somente no decorrer do século XVIII e, principalmente, no século XIX, ele começou a ter participação expressiva na alimentação baiana. Imagina-se que essa utilização começou como alternativa ao azeite de oliva, importado e mais caro. Em seguida, passou a ser usado também em outros estados do Nordeste, mas sem a mesma força da Bahia. Não é muito empregado no Sul e no Centro-Oeste.

Azeite de oliva Óleo comestível extraído da azeitona madura, fruto da oliveira. Seu sabor, aroma e cor podem variar, dependendo das regiões de cultivo e da variedade de oliveira. É muito empregado para temperar e preparar saladas, vegetais, carnes, aves e peixes, e em refogados, escabeches e frituras. Utilizado desde a Antiguidade, era o símbolo maior da fartura para os hebreus e gregos. Considerado um líquido incomparável, e por isso reverenciado, passou a servir em ofícios litúrgicos e unções reais, a alimentar lâmpadas votivas para divindades, a aplacar a dor de homens por meio de bálsamos e unguentos. Sempre presente nos ritos de passagem, como no batismo e na extrema-unção, tornou-se imprescindível também no dia a dia. Em Portugal, diz-se: "A melhor cozinheira é a azeiteira". De acordo com as legislações europeia e brasileira, o azeite de oliva virgem é aquele obtido por meio de processos mecânicos ou outros meios físicos em condições, especialmente térmicas, que não acarretem sua alteração e sem ser submetido a outros tratamentos além de lavagem, decantação, centrifugação e filtração. Pode ser classificado como azeite de oliva extravirgem (acidez de até 0,8%) e azeite de oliva virgem (acidez entre 0,8% e 2%). Alguns cultivares mais utilizados na produção de azeite em todo o mundo são: Arbequina (originário da Catalunha, Espanha), Coratina (Puglia, Itália), Frantoio (Toscana, Itália), Galega (Portugal), Hojiblanca (Andaluzia, Espanha) e Picual (Andaluzia, Espanha). O

azeite de oliva extravirgem deve ser consumido o mais fresco possível (ele perde propriedades nutricionais e organolépticas com o tempo) e estocado em local seco e escuro. Guardado sob refrigeração, torna-se embaçado e mais denso. Voltando à temperatura ambiente, retoma seu aspecto normal. Na Bahia, o azeite de oliva é chamado azeite doce.

Azeitona (*Olea europaea*) Fruto da oliveira, do qual se extrai o azeite de oliva. Já era encontrada nas margens do Mediterrâneo 17 séculos antes de Cristo. Pode ser verde ou preta, de diversos tamanhos, mais ou menos carnuda, dependendo da variedade, do solo onde é cultivada e de seu grau de amadurecimento quando colhida. Antes de amadurecer, é verde. Nesse estágio, é colhida e colocada em salmoura, em um processo que pode durar até um ano. Pode ser utilizada como aperitivo com ou sem caroço, recheada ou não. Quando amadurece, a azeitona torna-se vermelha, roxa ou preta, aromática e mais saborosa. É da azeitona madura que se extrai o óleo. Alguns cultivares mais conhecidos de azeitona de mesa são o Kalamata, grego; o Picholine, francês; o Manzanillo, espanhol; e o Azapa, chileno. Verdes ou pretas, as azeitonas são um ótimo ingrediente para saladas, pastas, pães, molhos ou pratos quentes. São vendidas a granel, em vidros ou enlatadas.

Azevias de batata-doce Pasteizinhos doces da cozinha portuguesa, feitos com massa de farinha de trigo, manteiga, azeite e sal. Recheados com doce pastoso de batata-doce e fritos em óleo quente, são servidos polvilhados com canela e açúcar.

Azuki Ver **Feijão azuqui**.

Azul-marinho Prato tradicional da culinária caiçara, é elaborado com peixe fresco e bananas verdes com casca cozidos em panela de ferro. O caldo que resulta desse cozimento adquire tonalidade azulada quando pronto, em razão da reação química ocorrida pelo contato do tanino da banana com a posta do peixe e com o ferro da panela.

B & B® Bebida alcoólica preparada com partes iguais de brandy e Bénédictine, pelos mesmos fabricantes deste último. Ver **Bénédictine** e **Brandy**.

Baba ao rum Bolo de massa leve com passas, feito em fôrma cilíndrica, regado com calda à base de rum e servido com creme chantili. Foi criado por Stanislas Leszczynski, rei da Polônia por um curto período e sogro do rei francês Luís XV. Exilado em Lorena (França), ele gostava muito de bolos, principalmente do chamado *Kouglof* ou *Kugelhopf*. Por considerá-lo, entretanto, um pouco seco para seu paladar, pediu a seu pasteleiro Nicolas Stohrer que o embebesse em uma bebida alcoólica e o recheasse com creme chantili. Fanático por contos orientais, batizou-o Ali Baba. Com o tempo, passou a ser chamado apenas de Baba. O bolo tornou-se mais conhecido a partir de 1730, quando Stohrer, então pâtissier de Luís XV, fundou em Paris a confeitaria que ainda hoje leva seu nome. Quase sempre preparado em fôrma baixa e cilíndrica, pode também ter outros formatos. Quando feito em forma de anel e sem passas, recebe o nome de *savarin*. Ver **Creme chantili**, **Kouglof** e **Savarin**.

Babaçu (*Attalea speciosa*) Palmeira brasileira encontrada em grande parte do território nacional, em especial no Maranhão e na faixa que se estende da Bahia a Rondônia. Seu nome deriva do tupi *uaa çu* (*uaa* = fruto e *çu* = grande). Alcança cerca de 20 m de altura e tem cocos que medem de 8 cm a 15 cm, os quais contêm sementes oleaginosas que podem ser ingeridas cozidas ou cruas e que fornecem o óleo de babaçu. O palmito dessa palmeira, conhecido ainda por olho de palmeira, também é comestível.

Baba de moça Doce de influência portuguesa muito difundido no Brasil, feito de gemas de ovos passadas na peneira, misturadas a leite de coco e engrossadas com calda de açúcar, adquirindo textura leve e bem cremosa. É muito usado para acompanhar pudim de claras e rechear bolos. Segundo Luís da Câmara Cascudo, antropólogo e folclorista potiguar, era um dos doces favoritos do Segundo Império, sobremesa constante na mesa da princesa Isabel. José de Alencar também a apreciava muito.

Baba ganoush Pasta de berinjelas temperada com tahini, azeite de oliva, suco de limão e alho, tradicional na cozinha do Oriente Médio. Tem aroma ligeiramente defumado, pois a berinjela é tostada em uma grelha antes de ser descascada. Pode ser saboreada com pão árabe (pita). Seu nome também é grafado *baba ganouj*. Ver **Pita** e **Tahini**.

Babka De origem polonesa, é um pão fermentado, aromatizado com rum, cuja massa contém passas, amêndoas e tiras de casca de laranja. É preparado para as celebrações do domingo de Páscoa.

Bacaba (*Oenocarpus bacaba*) Palmeira amazônica da qual é extraído o palmito que recebe o mesmo nome. Seu tronco alcança até 20 m de altura. O fruto, arredondado, de 1,5 cm de diâmetro e de casca roxo-escura, fornece uma espécie de vinho muito apreciado no Norte do Brasil, e seu óleo é empregado na culinária da região.

Bacalhau (*Gadus macrocephalus; Gadus morhua*) Peixe do norte do Atlântico e do Pacífico, de carne branca e firme, considerado um dos que mais marcaram a história alimentar da Europa. Conhecido dos povos nórdicos desde, pelo menos, o século X, passou a ser comercializado salgado e seco pelos bascos. No século XV, já era valorizado no continente, em especial nos reinos católicos, em que a religião impunha inúmeros "dias magros" ao longo do ano (nos quais não era permitido comer carne, exceto a de peixe). Tradicional da culinária de Portugal, encontram-se referências à sua utilização no segundo tratado culinário português publicado, o *Cozinheiro moderno ou nova arte de cozinha*, de Lucas Rigaud (1780), são elas: "bacalhau à provençal", "bacalhau à bexamela" e "bacalhau assado nas grelhas e por outros modos". Chegou a nós pelas mãos portuguesas, que, mesmo com o enorme litoral brasileiro e suas riquezas, não podiam dispensar seu peixe seco. O *Gadus morhua*, do Atlântico Norte, é também conhecido por bacalhau do Porto ou Code, tido como "o legítimo". É o mais apreciado, saboroso e o mais caro. Sua coloração de pele pode variar do cinza ao esverdeado ou azulado, com uma listra clara na lateral. É o maior e mais largo e pode pesar de 750 g a 10 kg. Depois de cozida, sua carne se desfaz em lascas claras e tenras. O *Gadus macrocephalus*, do Pacífico Norte, é menor. Também conhecido por bacalhau do Alasca, sua pele é marrom-clara manchada, com uma listra na lateral. Sua carne é mais branca que a do *Gadus morhua*, mas não se desfaz em lascas como a daquele. O bacalhau é geralmente pescado entre maio e outubro, embora seja encontrado no mercado o ano todo. Pode ser comprado fresco, defumado, salgado e seco ou apenas salgado. O salgado e seco, que aqui no Brasil é o mais fácil de ser encontrado e com o qual se faz uma infinidade de pratos, deve ser muito bem lavado e demolhado antes de ser usado. Alguns peixes de outros gêneros ou famílias recebem tratamento semelhante de salga e secagem, mas, embora tam-

bém sejam popularmente conhecidos por bacalhau, legalmente não podem ser comercializados como tal. É o caso do *Ling* (*Ophiodon elongatus*), que é mais fino e menos carnudo, tem boa textura, sua cor é mais clara e seu sabor, menos ativo que o dos outros; do *Saithe* (*Pollachius virens*), que tem cauda em V e cor mais escura, sabor forte e marcante, tornando-o, por isso, o mais indicado para fazer bolinhos; e do *Zarbo* (*Brosmius brosme*), que é o menos semelhante ao verdadeiro bacalhau, adequado para caldos, bolinhos e outros pratos de carne desfiada.

Bacalhau à Brás Bacalhau cozido no azeite, com rodelas de cebola e alho. Colocado, então, em uma travessa, é acrescido de batata-palha e ovos batidos e levado ao forno para assar.

Bacalhau à Gomes de Sá Bacalhau aferventado em leite e, em seguida, desfeito em lascas, levado ao forno em uma travessa com cebolas, alho, batatas, ovos cozidos duros, salsa, azeitona preta, azeite e vinho branco. Foi criado por José Luís Gomes de Sá Júnior no fim do século XIX, quando trabalhava no Restaurante Lisbonense, no Porto.

Bacalhau à lagareiro Prato à base de bacalhau e azeite, traz no nome uma referência ao lagareiro português, homem que trabalha nos lagares – locais onde são trituradas e prensadas as azeitonas e extraído o azeite. Esse é o prato em que se aprecia melhor o sabor do bacalhau, já que sua estrutura é bastante simples. É preparado apenas com bacalhau cozido em água e leite, batatas cozidas inteiras nesse mesmo líquido, dentes de alho inteiros e muito azeite. Depois de cozidos, o bacalhau e as batatas são colocados em uma travessa com os dentes de alho e regados com azeite. Levados ao forno e deixados a ferver, são servidos na mesma travessa, salpicados com coentro fresco.

Bacalhau da Consoada Prato português típico da ceia de Natal, é preparado com bacalhau dessalgado e cozido, folhas de couve-manteiga, batatas, grão-de-bico, nabo e ovos cozidos, tudo servido em uma travessa, com molho de azeite, alho e vinagre. Também chamado bacalhau com todos.

Bacalhau espiritual Prato de bacalhau cozido e desfiado, misturado com cenouras raladas e cozidas, cebolas cozidas, miolo de pão desmanchado na água de cozimento do bacalhau e natas, e levado ao forno em travessa, para gratinar, depois de salpicado com pão ralado.

Bacardi® 1. Marca muito conhecida de rum, fundada pelo espanhol Facundo Bacardí Massó em Cuba, em 1862, com base em experimentos que permitiram refinar a qualidade da bebida então produzida. **2.** É também o nome de um coquetel cubano à base de rum claro, suco de limão, açúcar e gelo, do início do século XX. Mais tarde, por volta dos anos 1920, surgiu uma nova versão nos Estados Unidos, na qual havia também grenadine. Ver **Grenadine**.

Bacillus cereus (*Bacillus cereus*) Tipo de bactéria encontrada em diversos alimentos. Apesar de destruída pelo cozimento, ela produz esporos (corpúsculos reprodutivos) que são resistentes ao calor e podem sobreviver a esse processo. Entretanto, isso ocorre somente se o alimento permanecer quente por algum tempo, ou se for reaquecido ou esfriado de maneira inadequada. Se ingeridos, os alimentos assim contaminados podem causar distúrbios digestivos, nem sempre sérios, mas desagradáveis. Arroz, outros cereais e determinadas leguminosas são mais propensos a essas bactérias. Para evitá-las, quando servidos quentes, esses alimentos devem ficar tampados; no caso de alimentos frios, puros ou misturados, é necessário que fiquem na geladeira até a hora de servir e, depois disso, não devem permanecer por longo tempo em ambiente quente. As sobras da refeição devem ser guardadas na geladeira, em potes tampados e de tamanho compatível, para que não guardem muito ar.

Bäckerei Biscoito austríaco de massa básica, à qual é acrescentado um ingrediente que lhe dá o sabor. Este pode ser mel, especiarias, nozes, frutas secas, chocolate ou outros. Com o formato de bolachas redondas, são levados ao forno depois de pincelados com gemas. Para a noite de Natal, é sempre preparada uma fornada especial, os chamados *Weihnachtsbäckerei*.

Bacleua Ver **Baklava**.

Bacon Palavra inglesa que denomina o toucinho fatiado, curado e defumado ou não. É originária de *bekun*, vocábulo francês usado na Idade Média, que, por sua vez, deriva de *bakko*, termo germânico que designava o toucinho salgado e defumado. Àquela época, na Europa, o *bekun* era muito valorizado, por isso era doado pelos nobres às paróquias e bispados para a obtenção de indulgências. Os norte-americanos, grandes consumidores de bacon, tiveram seu primeiro contato com ele apenas no século XIX. Para prepará-lo, escolhe-se a melhor parte do toucinho, aquela entremeada por filetes de carne. A peça é, então, curada por meio de imersão em solução de água e sal e, em seguida, pode ser defumada ou não (esta última é conhecida por *green bacon*, em inglês). Encontrado em fatias, em pedaços ou em peças inteiras, deve ter gordura firme e branca, sem manchas amareladas, e a carne deve ser rosa-avermelhada, sem ressecamento nas bordas. É mais utilizado em recheios; enrolado na peça de carne ao assar, para emprestar-lhe seu perfume e sabor; frito, envolvendo petiscos em canapés; ou com ovos, como no típico prato de café da manhã americano. Ver **Toucinho**.

Bactérias São microrganismos ou células microscópicas vivas. Algumas delas provocam intoxicação alimentar quando presentes em grande número; outras, mesmo em pequenas quantidades, causam problemas mais graves. Embora a maioria seja destruída durante o cozimento do alimento, algumas produzem esporos que, resistentes ao calor, sobrevivem e se desenvolvem ao encontrar ambiente favorável. Existem bactérias que necessitam de ar para se desenvolver; outras, ao contrário, desenvolvem-se apenas em ambientes sem ar; há ainda as que precisam de água ou umidade. Determinados tipos se reproduzem melhor em temperaturas baixas, outros em temperaturas medianas e há aqueles que precisam de temperaturas altas, acima de 60 graus. Não são vistas a olho nu, mas estão ao nosso redor. Podemos evitá-las ou controlá-las utilizando refrigeração para alimentos frescos, esfriando rapidamente alimentos cozidos, eliminando o ar das embalagens e manipulando os alimentos com bastante higiene. Certas bactérias, entretanto, podem ser muito úteis, como aquelas presentes no fabrico de queijos e iogurtes.

Bacuri (*Platonia insignis*) Da família das clusiáceas, é o fruto da árvore de mesmo nome, nativa do Pará. Tem cerca de 12 cm de diâmetro e pode chegar a pesar 900 g.

De sabor agridoce e requintado, com polpa muito carnuda, branca, cremosa e de belo aspecto. É utilizado para fazer refrescos, doces, sorvetes e geleias ou pode ser consumido ao natural. No Norte do Brasil, é apreciado com farinha-d'água.

Badejo (*Mycteroperca* spp.) Peixe muito comum nas costas brasileiras. Suas diversas espécies apresentam coloração variada, do cinza-escuro ao chocolate-escuro. De carne muito delicada e que se deteriora facilmente, deve ser utilizado bem fresco. Pode ser consumido inteiro ou em postas, assado, frito ou ensopado. Entre as espécies mais encontradas no Brasil, estão o badejo-mira (*Mycteroperca rubra*) e o badejo-quadrado (*Mycteroperca bonaci*), este, entretanto, hoje é considerado vulnerável.

Badiana Ver **Anis-estrelado**.

Badofe Ensopado à base de fígado, coração e bofe de boi previamente fervidos, despelados e picados. É cozido em pouca água e em fogo brando, temperado com sal, alho, cebola, coentro, salsa, louro, hortelã, pimenta-do-reino, cominho, vinagre, linguiça e toucinho. Depois de cozido, o prato apresenta molho grosso e escuro e é servido com angu, farofa e arroz de hauçá. É um preparo no mesmo estilo do badulaque português. Ver **Arroz de hauçá** e **Badulaque**.

Badoise, à la Assim são chamados, na França, os pratos da região de Baden (Alemanha), famosa pela fartura da caça. Entre os mais característicos, estão: costeletas ou filés de veado, lebre ou coelho salteados, ou seja, levemente fritos na manteiga, e decorados com cerejas sem caroço. Como guarnição, são usados caldo de carne, creme, calda de cereja e molho de pimenta. No caso de grandes pedaços de pernil e lombo de veado, serve-se como guarnição o repolho roxo refogado, purê de batatas e bacon frito. Ver **Saltear**.

Badulaque Antigo cozido português, era um guisado de miúdos de cordeiro, toucinho, cebolas, azeite de oliva, vinagre, coentro e hortelã. No século XV, era o principal prato servido na ceia do Mosteiro de Alcobaça.

Baeckeoffe Tradicional prato da Alsácia (França), também grafado *baeckeofa*, é um cozido de fatias de carne e gordura de porco, boi e cordeiro, cebolas, batatas, cenouras, bagas de zimbro, alho-poró e diversos outros temperos, arrumados em camadas. Marinados com vinho branco na véspera e acrescidos de manteiga derretida, os ingredientes cozinham lentamente no forno, em panela de cerâmica tampada e selada por uma massa trançada por cerca de quatro horas. Ao fim, a tampa é retirada para que as batatas possam dourar. Conforme tradição, as mulheres preparavam o prato de sábado para domingo e o deixavam cozinhando enquanto frequentavam o serviço da igreja luterana local. Ao retornarem para casa, estava pronto.

Baga (*Vitis vinifera*) Principal variedade de uva usada na produção de vinhos da região da Bairrada (Portugal). Fornece vinhos tintos fortes e de qualidade.

Bagaceira Aguardente produzida da casca ou do bagaço da uva. Originária de Portugal, é hoje também fabricada no Brasil.

Bagel Pão fermentado de origem judaica, com formato de anel, textura densa e macia e crosta brilhante. É fervido em água antes de ser levado ao forno para assar e sua receita não contém ovos e gordura. Há, no entanto, uma variação feita com ovos,

que adquire textura diferente. Os tradicionais, antes de serem levados ao forno, são polvilhados com sementes de alcaravia ou de papoula. Hoje em dia, entretanto, são utilizadas coberturas variadas.

Bagna cauda No dialeto piemontês, falado no norte da Itália, *bagna* significa banho e *cauda*, quente. Típico da região, é um molho quente de azeite de oliva e manteiga, alho e anchova, temperado com sal e pimenta. Nele, são mergulhados vegetais (como cenoura, aipo, funcho) cortados em palito.

Bagoong Condimento filipino muito popular em todo o Pacífico Sul, feito com camarão salgado, curado e fermentado por diversas semanas. O líquido salgado resultante dessa fermentação é chamado *pastis* e, depois de separado do resíduo sólido, é utilizado como molho ou tempero. O resíduo sólido é o *bagoong*. Além de dar sabor aos alimentos, é um aromatizante bastante forte.

Baguete Pão branco de formato longo e fino, que mede cerca de 70 cm de comprimento, 6 cm de diâmetro e pesa em torno de 250 g. Sua casca é crocante, com cortes no topo, e seu miolo é alveolado. Embora seja mundialmente reconhecida como símbolo da culinária francesa, sua história é pouco documentada. É provável que tenha sido desenvolvida com base em outros pães de formato longo (*flûtes*) presentes na panificação francesa desde o século XVIII. O nome com o qual ganhou fama (grafado *baguette*, em francês) parece ter sido adotado somente no início do século XX.

Bahar Mistura de especiarias em pó muito usada na culinária árabe, que pode ser encontrada pronta no comércio ou preparada em casa segundo gosto pessoal. Pimenta-da-jamaica, pimenta-do-reino preta e branca, canela, noz-moscada, cravo e gengibre são os ingredientes dessa mistura. Também conhecida por pimenta síria.

Baião de dois Prato típico do Ceará, consiste em feijão-de-corda cozido com arroz, os quais devem ser bem temperados. À receita, também podem ser acrescentados toucinho e leite de coco. Em geral, é acompanhado de ensopado de maxixe e charque, ou queijo de coalho cortado em cubos. É semelhante ao rubacão da Paraíba. Ver **Charque**, **Queijo de coalho** e **Rubacão**.

Bain-marie Banho-maria, em francês. Ver **Banho-maria**.

Bairrada Região vinícola portuguesa, é Denominação de Origem Controlada (DOC). Produz bons vinhos brancos e espumantes e grandes vinhos tintos, com capacidade de envelhecimento. Suas principais uvas são a baga (tinta) e a bical (branca), ambas nativas, mas variedades não regionais também são permitidas.

Bake Palavra inglesa que significa assar em calor seco. É geralmente empregada em relação a pães e bolos. Ver **Assar**.

Baked Alaska Doce elaborado com massa de bolo esponjosa recoberta de sorvete, que, por sua vez, é encimado por merengue. No preparo tradicional, leva-se a fôrma ao forno quente dentro de um tabuleiro com gelo por cinco minutos, apenas para dourar o merengue. O gelo isola o sorvete, impedindo-o de derreter. É uma sobremesa muito interessante e saborosa. Consta ter sido inventada pelo físico norte-americano Benjamin Thompson, conde de Rumford, no fim do século XVIII. Na França, é chamado *omelette norvégienne* (omelete norueguesa).

Bakewell tart Torta inglesa de massa crocante revestida de geleia de frutas vermelhas, recoberta com *frangipane* e, por cima, lascas de amêndoas e açúcar. Depois de montada, é assada no forno. É considerada uma variação do *Bakewell pudding*, tradicional de Bakewell, no Derbyshire (Inglaterra), mas não é uma pastelaria dessa região. Ver **Frangipane**.

Baking powder Termo, em inglês, que designa o fermento em pó.

Baklava Doce da culinária do Oriente Médio, é também chamado *bacleua*. Sua origem é controversa e continua a ser disputada pela Grécia e Turquia. Neste país, inclusive, é tradicional no festival da primavera, o *Hidrellez*, no dia 1º de maio. É formado por 36 camadas de massa filo, pinceladas com manteiga. A segunda camada de cada grupo de cinco é polvilhada com canela e, sobre a quinta, é colocado o recheio de nozes ou amêndoas picadas. Isso se repete até a trigésima. As quatro camadas superiores são cortadas em formato de diamantes, quadrados ou losangos. Os doces são levados para assar em forno não muito quente e, depois de assados, são banhados em calda de açúcar e água de rosas ou de flor de laranjeira e deixados esfriar completamente. É bastante popular também na cozinha sírio-libanesa.

Balka Tradicional bolo polonês semelhante ao panetone italiano. Tem formato cônico e é preparado para as festividades de Natal e Ano-Novo. Ver **Panetone**.

Ballekes Prato belga muito difundido tanto entre os valões como entre os flamengos. São pequenos bolos feitos de carne de porco moída misturada com cebolas picadas, ovos crus e farinha de rosca. Depois de formatados, são fritos e fervidos em vinho branco ou cerveja, temperados com alho e ervas, e servidos com batatas.

Ballotine Prato clássico da culinária francesa, elaborado com uma pequena ave, ou com a perna dela (se for maior), desossada e recheada. É enrolado em formato de cilindro e cozido lentamente em caldo, em fogo baixo. Caracterizado por sua forma, seu nome deriva de *ballot*, que quer dizer pequeno fardo ou pacote, em francês. Pode ser servido inteiro ou fatiado, dependendo do tamanho. Quando servido frio, tradicionalmente é acompanhado de molho *chaud-froid*, decorado e recoberto por *aspic*; se quente, deve ser acompanhado por molho madeira e uma guarnição. Ver **Chaud-froid** e **Aspic**.

Balm Ver **Erva-cidreira**.

Bambá Sopa mineira geralmente feita com couve e linguiça, engrossada com fubá de milho e também conhecida por bambá de couve. Em Ouro Preto, era tradicionalmente servida depois das serenatas.

Bambá, azeite de Ver **Azeite de bambá**.

Bami Goreng Ver **Nasi Goreng**.

Bammy Pequeno pão de massa de aipim, circular e achatado, muito popular nas ilhas do Caribe. Encontrado pronto nos mercados, seco, é molhado no leite de vaca, no leite de coco ou em água e, então, frito em manteiga ou tostado no forno antes de ser servido. Herança do povo nativo Aruaque, é consumido naquela região desde a época pré-colombiana.

Banana (*Musa* spp.) Fruta pequena e alongada, de casca amarela (quando madura) e polpa firme, saborosa e perfumada. Quando verde, a polpa está ainda rija e pouco doce. Do ponto de vista botânico, sua árvore é muito interessante, pois tem caule subterrâneo. O "caule" aparente, na verdade, é o conjunto das bainhas das folhas enroladas umas às outras. Do gênero *Musa*, estima-se que tenha mais de quinhentos cultivares, e sua taxonomia é das mais complexas. Os principais cultivares plantados hoje, da espécie *Musa x paradisiaca*, são originários dos países do Sudeste da Ásia. As bananas mais conhecidas aqui são a prata, a ouro, a maçã, a nanica e a pacova. As primeiras a chegarem ao Brasil foram trazidas em 1516, vindas das Ilhas Canárias. No século seguinte, já estavam bastante difundidas em toda a região habitada. No início chamada pacova, somente no fim do século XVI começou a ser denominada banana, vocábulo congolês. No Brasil, é hoje uma das frutas mais populares. Bastante versátil em termos de utilização, algumas são próprias para serem ingeridas ao natural, outras assadas ou cozidas (como a banana-da-terra), com ou sem casca, outras ainda próprias para serem fritas. Podem ser usadas também como sobremesa, em tortas ou doces, ou como acompanhamento de carnes assadas ou grelhadas. No Mato Grosso, faz-se uma sopa com bananas verdes. Quando frescas, devem ser conservadas em temperatura ambiente. Não devem ser guardadas em freezer ou geladeira, pois ficam escuras e pastosas.

Banana split Doce elaborado com bananas fatiadas ao comprido, colocadas em recipiente individual, de preferência de formato alongado. Sobre as bananas fatiadas, são colocadas três bolas de sorvete, tradicionalmente de chocolate, baunilha e morango. O sorvete é regado, então, com xarope de chocolate e butterscotch. Por cima, coloca-se marshmallow, pequenas rosas de creme batido e cerejas ao marasquino. Ver **Butterscotch** e **Marshmallow**.

Banana Foster Criada no restaurante Brennan's, em Nova Orleans (Estados Unidos), nos anos 1950, é uma sobremesa feita com fatias de banana salteadas em uma mistura de rum, açúcar mascavo e licor de banana, servidas com sorvete de baunilha. Foi elaborada em homenagem a Richard Foster, cliente assíduo da casa.

Banbury cake Tradicional bolo oval da região de Oxfordshire (Inglaterra), tem massa flocada e é recheado com passas, canela, especiarias e *mincemeat*. Hoje não é fácil encontrá-lo, mas antigamente era vendido nas ruas, recém-feito, transportado em cestas e embrulhado em guardanapos brancos. Suas primeiras receitas datam de 1586, e só era encontrado naquela região. Era um pouco diferente do atual e somente a partir do século XIX passou a ter o padrão de hoje. Diz-se que, anualmente, a rainha Vitória era presenteada com um *banbury cake* quando passava pela região, em sua viagem para o Castelo de Balmoral, na Escócia. Ver **Mincemeat**.

Banchá (*Camellia sinensis*) Nome dado, no Japão, ao chá-verde, revigorante e fresco, levemente seco, digestivo, o qual contém tanino, vitaminas e sais minerais. É muito consumido no dia a dia dos japoneses. Ver **Chá**.

Bang-bang Prato da culinária chinesa, consiste em frango escaldado, desfiado e servido com tiras de pepino e molho picante.

Banger & mash Nome dado, coloquialmente, no Reino Unido, ao prato de salsichas cozidas, cujo tipo pode variar, servi-

das com batatas-inglesas amassadas com manteiga. Tradicional, é consumido com molho grosso e escuro de cebolas, cebolas fritas e ervilhas. É encontrado também com esse nome no Canadá, na Austrália e na Nova Zelândia.

Banha O termo refere-se, essencialmente, às gorduras animais. Entre elas, a mais utilizada é a do porco, obtida pelo derretimento da massa graxa do abdômen e da cobertura dos rins. Depois de liquefeita, ela é coada e deve ser mantida sob refrigeração. Até meados do século XX, era bastante usada na cozinha em geral e na pastelaria. A partir dos anos 1980, passou a ser menos utilizada em razão de campanhas sobre os malefícios que causaria à saúde, por ser uma gordura saturada. Hoje, embora já tenha sido constatado que a banha não é prejudicial, mas, sim, o uso em excesso, ela continua a ser menos empregada nas zonas urbanas do Brasil que no passado. Ver **Toucinho**.

Banho-maria Processo muito antigo de aquecimento ou cozimento de um alimento, já usado na época dos romanos, em que se evita o calor excessivo do contato direto com o fogo. Coloca-se a panela que contém o alimento em uma vasilha mais rasa, com água, e esta, sim, é posta sobre o fogo. O aquecimento, ou o cozimento, dá-se lentamente pela ebulição da água. O banho-maria evita que a parte externa do recipiente em que está o alimento aqueça em demasia. Uma alternativa que tem efeito semelhante é a utilização de duas panelas, mesmo sem a água. Quanto ao nome, a certeza de sua origem perdeu-se, e encontramos hoje diversas alternativas: seria derivado do nome da mãe de Jesus ou de uma irmã de Moisés, que era alquimista; derivaria da expressão latina *balneum maris*, "mergu-

lho no mar", em uma alusão à utilização das águas do mar Tirreno no preparo da culinária romana.

Banneton Espécie de cesta de linho francesa usada para deixar crescer a massa do pão antes de ser levada ao forno.

Bannock Pão escocês antigo e tradicional, achatado, com bordas chanfradas que se assemelham a um sol raiado. Em geral, é preparado com farinha de trigo, farinha de cevada e farinha de aveia, e levedura ou soda para o crescimento da massa, embora seus ingredientes possam variar em função do lugar e período do ano em que é preparado. Existe uma série de superstições associadas a ele e antigamente era peça importante em todas as festividades. Há o *Beltane bannock*, que, por tradição, é produzido por pastores de ovelhas e consumido no dia 1º de maio; os *Lammas bannock*, preparados e degustados no primeiro dia do outono; os *Hallowmas bannocks*, preparados no primeiro dia do inverno; e os *bannocks* de *Saint Bride*, no primeiro dia da primavera. Um dos tipos mais conhecidos, o *Selkirk bannock*, tem passas sultanas, passas de corinto e casca de fruta açucarada na massa da levedura. Os *Sauty bannock* levam calda dourada, além de aveia, leite e ovos. Hoje é mais consumido no café da manhã e no chá da tarde, chegando, em algumas regiões rurais, a substituir totalmente o pão branco de farinha de trigo.

Banon Queijo francês proveniente da cidade de mesmo nome, na região da Provença, feito com leite de cabra não pasteurizado. Bastante antigo na região, da época dos gauleses, atualmente tem status AOC. Em geral, seu período de maturação dura duas semanas, quando fica envolto em folhas de castanheira

(recolhidas, na maior parte das vezes, no outono, quando caem naturalmente) – previamente marinadas em vinagre ou aguardente (*marc* ou conhaque) e amarradas com barbante de ráfia – para que lhe acrescentem sabor. Com textura firme, apresenta casca natural pegajosa. Seu sabor é forte, semelhante ao de frutas secas. Quando ultrapassa as duas semanas, cria um mofo cinza-azulado sobre e sob a cobertura de folhas, e seu aroma torna-se ainda mais intenso. Tem teor de gordura em torno de 45% e os de melhor qualidade são os produzidos do fim da primavera ao início do outono. Existe uma variedade desse queijo conhecida por *Banon au Pebre d'Ai*, aromatizada com segurelha, e, também, uma especialidade local preparada com ele chamada *fromage fort du mont Ventoux*, a qual é produzida colocando-se o queijo jovem, sem o invólucro de folhas, em potes de terracota, depois de temperado com sal e pimenta e salpicado com vinagre ou *marc*, ficando assim em um porão frio para fermentar. Quanto mais tempo passar dessa maneira, mais fortes serão seu sabor e aroma. Ver **Appéllation d'Origine Contrôlée (AOC)**, **Conhaque** e **Marc**.

Baozi Ver **Nikuman**.

Bar (*Dicentrarchus labrax*) Peixe do Mediterrâneo e do Atlântico Norte, pouco abundante hoje por causa da intensa comercialização e, consequentemente, caro. É muito apreciado na França, onde também é chamado *loup, perche de mer* ou *loubine*. Predador voraz, mede entre 35 cm e 80 cm de comprimento e tem ótima carne branca. É conhecido por robalo ou robalete em Portugal.

Bara brith "Pãozinho salpicado" é a tradução literal desse pequeno pão à base de fermento, feito no País de Gales. Tradicional e muito popular, é comido geralmente com manteiga. Seus ingredientes são: farinha, açúcar, fermento, manteiga, ovos, sementes de alcaravia, passas, melaço, suco de limão e leitelho. Uma versão repleta de frutas cristalizadas e sem fermento é feita para o Natal. Ver **Leitelho**.

Barac De origem escocesa, é considerado o melhor queijo de ovelhas da Grã-Bretanha. De consistência macia e sabor doce, é levemente ácido quando novo. Depois de amadurecido por um período de seis a sete meses, adquire mais sabor e mais maciez, e do branco passa a amarelo suave. É produzido em pequena quantidade.

Barack Palinka Bebida alcoólica húngara, destilada do abricó ou damasco. No início do processo, as frutas são armazenadas em barril para fermentar e sua polpa passa pela primeira destilação. Esse primeiro destilado é recolhido e recebe, então, os caroços moídos das frutas. Em seguida, ocorre a segunda destilação. O caroço moído é o que lhe dá sabor tão característico. A última etapa da produção é o repouso em barris de carvalho por, no mínimo, um ano. A bebida é extremamente seca, pois contém apenas o açúcar da própria fruta. Esse produto original é produzido na região de Kecskemét, no sul da Hungria, desde 1884. É conhecido também por *Apry*. Ver **Damasco**.

Barbaresco A pequena comuna italiana de Barbaresco, no Piemonte, noroeste da Itália, empresta seu nome a uma das principais denominações de origem do país – mais especificamente uma *Denominazione di Origine Controllata e Garantita* (DOCG). Os vinhos tintos Barbaresco são tânicos e dotados de aroma marcante. A

principal uva da região é a Nebbiolo. Ver **Denominazione di Origine Controllata (DOC)**.

Barbatanas de tubarão Fina iguaria muito utilizada na culinária chinesa, são espinhas compridas de cartilagem seca retiradas das barbatanas dorsais, peitorais e da cauda do tubarão. Reputadas como alimento afrodisíaco, custam muito caro. Encontradas inteiras ou em pedaços, já sem pele, podem ser estocadas por longo tempo. Ricas em proteínas e gelatina, são também usadas para dar mais espessura às sopas, principalmente à clássica sopa chinesa de barbatanas de tubarão. Em 2013, o governo da China retirou esse prato dos jantares oficiais alegando contenção de despesas, mas a decisão muito alegrou os ambientalistas (que há muito batalhavam por uma proibição a fim de diminuir a pesca desses peixes), já que as decisões governamentais chinesas têm grandes e rápidas repercussões na vida do país.

Barbecue Termo inglês para designar a carne preparada em grelha sobre brasas, ao ar livre. Deriva do espanhol *barbacoa*, que, por sua vez, deve ser originário do termo usado pelos nativos de Yucatán (México) ou da América Central, à época da chegada dos europeus, para nomear a armação de madeira colocada sobre fogo baixo em um buraco no chão, a fim de secar a carne. No Brasil, seria equivalente ao churrasco. Ver **Churrasco**.

Barbecue sauce Tradicional molho americano para pincelar a carne durante seu cozimento na grelha ou para acompanhá-la à mesa. É feito basicamente com tomates, cebolas, mostarda, alho, açúcar mascavo, massa de tomate, fundo de carne, pimenta-do-reino, molho inglês, aromatizante de fumaça (*smoke sauce*) e vinagre branco; às vezes, cerveja ou vinho também entram na mistura. Deve cozinhar por longo tempo até encorpar.

Barbera (*Vitis vinifera*) Variedade de uva muito usada na elaboração dos vinhos do Piemonte (Itália). Já foi considerada uma casta demasiadamente comum, destinada a vinhos frutados e populares, mas ganhou respeito entre as uvas tintas da região, produzindo vinhos mais complexos e com capacidade de envelhecimento.

Barberey Queijo macio francês da região de Champagne-Ardennes, com casca natural e feito com leite de vaca desnatado. É fabricado nos pequenos laticínios da região e curado por um mês, recoberto de cinzas de madeira. Tem aroma ácido e sabor forte, formato de disco e pesa em torno de 125 g. Também denominado *fromage de Troyes* e *troyen cendré*.

Bardana (*Arctium lappa*) Erva de origem europeia, da família das asteráceas, de cujas folhas, raízes e sementes se faz uma infusão de propriedades diuréticas. É muito utilizada na culinária japonesa, na qual é chamada *gobo*. Sua raiz tem textura crocante e sabor adocicado e terroso. Deve ser bem lavada antes de empregada. Utiliza-se em sopas ou como guarnição de carnes.

Bardear Técnica que consiste em envolver carne magra com gordura ou toucinho, para mantê-la úmida e preservar seu formato. À medida que derrete, a gordura penetra na carne, tornando-a mais suculenta. O toucinho deve desaparecer durante o cozimento. Caso isso não ocorra, é preciso retirá-lo antes que a peça seja servida. Esse verbo é originário da palavra árabe *barda*, que designa uma armadura para proteger o peito dos cavalos, ou do romano *barda*, pranchão que servia

para cobrir as casas rústicas ou para proteger os muros. Ver **Toucinho**.

Bärentrank Bebida alcoólica produzida na Alemanha, é feita com álcool de batatas e mel. Seu nome significa bebida dos ursos. Começou a ser produzida no século XIX, na região da antiga Prússia Oriental, que pertencia ao Império Alemão. Hoje essa área faz parte da Polônia, Lituânia e Rússia e não produz mais a bebida.

Barfi Doce muito popular na Índia, tem a consistência de caramelo. Seu nome é derivado do termo *barf*, que significa neve, em razão de sua cor. Feito com leite e açúcar cozidos, a essa base sempre é acrescentado um aromatizante, que pode ser: farinha de pistache, de grão-de-bico, de castanha-de-caju, de amêndoas ou de amendoim. Acrescentam-se também especiarias, como o cardamomo e a água de rosas, ou frutas, como a manga e o coco. Deixando a cor branca para trás, um dos tipos mais populares é o chamado bandeira nacional, que tem três cores: verde, branco e cor de açafrão.

Barmbrack Pão irlandês feito com passas, uvas e frutas cristalizadas embebidas em chá com uísque. Em geral, é servido no chá da tarde, em especial durante o inverno, e, conforme tradição, também na noite de Halloween, ocasião em que, durante sua preparação, insere-se na massa um anel, que significa "casamento em breve" para quem o encontrar. A tradução de seu nome é "pão de levedo com frutas" (*barm* = levedo; *brac*, do gaélico *breac* = com frutas), embora nem sempre esse fermento seja incluído em sua massa. Quando feito com fermento em pó em vez do levedo, é denominado *tea brack*.

Barolo Pequena comuna da região italiana do Piemonte, cujo nome corresponde também a uma zona de produção vinícola com denominação de origem regulamentada – é uma *Denominazione di Origine Controllata e Garantita* (DOCG). O vinho Barolo é feito de uvas tintas da cepa Nebbiolo e é considerado um dos melhores da Itália. Pesado, austero e complexo, de sabor acentuado, envelhece lentamente e é um dos vinhos de mais longa vida que se conhece. Ver **Denominazione di Origine Controllata (DOC)**.

Barquete Forminha feita de massa de farinha de trigo, manteiga e ovos, de formato ovalado, semelhante a um barco. Pode ser recheada com ingrediente doce ou salgado.

Barreado Prato de elaboração trabalhosa, típico dos caboclos do litoral do Paraná. Originou-se na época do entrudo, o carnaval de antigamente. No decorrer dos três dias de festa, o caboclo largava seu trabalho para dançar o fandango e saborear o barreado. A base da receita é a carne, que deve ser cozida no próprio vapor por 12 horas, em panela de barro hermeticamente fechada. Também entram no preparo tomates, cebolas, salsão, cheiro-verde, bacon e temperos, como cominho, orégano, sal, louro, alho, noz-moscada e vinagre. Em alguns lugares, a panela é ainda vedada (barreada) por massa feita com farinha de mandioca, água e cinzas. De acordo com a tradição, a panela deve ser enterrada no chão e o fogo, aceso sobre ela. Hoje em dia, pelas dificuldades existentes, é aceita a utilização do fogão comum, com a chama baixa. Tradicionalmente é acompanhado apenas por cachaça, e diz-se que não se deve beber água até duas horas depois de consumi-lo.

Barriga-de-freira 1. Doce muito encontrado no Brasil e considerado "conventual português". É uma pasta à base de gemas e calda de açúcar envolta em massa de hóstia, com o formato de meia-lua ou de envelope. Seu formato e elaboração assemelham-se a um doce português denominado léria. Ver **Léria**. 2. Em Portugal, a barriga-de-freira é, no entanto, elaborada de modo bastante diferente do adotado no Brasil. É feita com arrufadas endurecidas picadas, misturadas com manteiga derretida e embebidas em calda de açúcar com casca de limão. Em seguida, são acrescentadas gemas de ovo e a mistura é levada ao fogo para tomar ponto, sem ferver. Colocada em taças individuais, é servida fria, polvilhada com canela. No lugar das arrufadas, também pode-se usar pão picado ou pão de ló em pedaços. Ver **Arrufada**.

Barsac Vinho branco doce francês produzido nos arredores da comuna de Barsac, na região de Bordeaux. Por suas vinhas estarem dentro da região de produção dos Sauternes e por apresentarem as mesmas características destes, cabe ao produtor optar pelo nome que dará a seu vinho. Ver **Sauternes**.

Bartender Palavra usada nos Estados Unidos para denominar o profissional que trabalha em bar. Equivale aos termos barman e barwoman, usados em toda a Europa.

Bartzch Bebida alcoólica forte produzida no norte da Ásia por meio da fermentação de ervas da família dos cardos e dos funchos. Seu nome significa cardo para porcos.

Basi Bebida alcoólica fabricada nas Filipinas, feita à base de cana-de-açúcar fermentada com frutas. Muito tradicional e produzida de modo artesanal pela população, foi causa de revolta no início do século XIX, quando os colonizadores espanhóis resolveram proibi-la. No início do século XX, começou a ser produzida também industrialmente e em seu rótulo passou a ser nomeada Ambaristo, como homenagem a Pedro Ambaristo, herói da revolta do século anterior.

Basilicão Ver **Manjericão**.

Basler leckerli Pequeno biscoito muito popular na região da Basileia (Suíça). Feito com mel, açúcar, farinha, frutas cristalizadas, amêndoas, zesto de limão, canela, cravo, noz-moscada e kirsch ou licor. A massa é manuseada e formatada morna. Depois de assados em forno baixo, os biscoitos são cobertos com a mistura de açúcar, suco de limão e clara de ovo. Ver **Kirsch** e **Zesto**.

Basmati Ver **Arroz basmati**.

Bastable oven Antigo caldeirão de ferro com tampa, alças e três pequenos pés, com cerca de 50 cm de diâmetro. É usado até hoje na Irlanda para o preparo de alimentos sobre fogo de turfa. Muito utilizado para cozidos e assados, também é empregado para assar pão ou bolo. Nesse caso, a turfa acesa é colocada também sobre a tampa. O pão ou o bolo assim cozido é chamado *bastable cake*.

Bastela Também conhecida por bastila ou *b'steeya*, é uma torta salgada marroquina. Ver **B'steeya**.

Bâtard Pão branco francês tradicional pouco mais largo que uma baguete (cerca de 8 cm a 10 cm) e com cerca de 30 cm de comprimento. Em português, o nome significa bastardo.

Batata (*Solanum tuberosum*) Da família das solanáceas, é um alimento comum, barato e facilmente produzido na maioria dos países. Nativa da América do Sul, provavelmente começou a ser cultivada há cerca de sete mil anos. Foi em território colombiano que os colonizadores espanhóis a conheceram. Nos anos 1550, foi introduzida na Europa. Apesar da facilidade de cultivo, o alimento não teve uma boa acolhida, de início. Foi considerada venenosa, causadora de lepra e sofreu desconfiança por não ser mencionada na bíblia. Pouco mais de dois séculos depois, Antoine Augustin Parmentier, agrônomo e farmacêutico francês, obteve sucesso em divulgar as qualidades nutricionais e ampliar o consumo da batata na França. As batatas são classificadas em dois grandes grupos: as especiais e as comuns. As primeiras têm baixo teor de água, o que as torna ideais para nhoque e frituras, principalmente. Nesse grupo, estão os cultivares Bintji, Baraka, Atlantic, Maraica, Araci, entre outros. Já as comuns são cultivares de maior teor de água e, por isso, mais apropriadas para cozimentos, massas, purês e tortas. Estão nesse grupo a Achat, Radosa, Elvira e Monalisa. São conhecidas também a Itararé, Cara, Desirée, Jersey, King Edward, Maris Piper, Pentland Crown, Pentland Dell, Pentland, Squire e Romano. Antes de ser utilizada, a batata deve ser lavada e escovada, em seguida pode ser preparada de diversas maneiras. Ver **Parmentier, Antoine Augustin**.

Batata-baroa (*Arracacia xanthorrhiza*) Raiz de cor amarela, originária da região andina. No Brasil, é conhecida também por mandioquinha, mandioquinha-salsa e batata-salsa. É consumida cozida, assada ou frita, e serve para o preparo de sopas, purês e cremes. Levemente adocicada, com sabor e perfume bastante característicos, tem consistência macia e cremosa, e é ótimo acompanhamento para carnes e aves.

Batata-doce (*Ipomoea batatas*) Nativa das Américas, é uma raiz de textura semelhante à da batata comum, mas de polpa doce. Entre suas muitas variedades, as duas mais conhecidas são a branca e a roxa. A branca tem casca creme ou rosada e massa de cor creme, macia e úmida depois de cozida ou assada, seca e quebradiça depois de frita. A roxa torna-se mais doce e macia depois de cozida, quando, então, sua polpa adquire também tom mais intenso. Essa variedade é muito empregada no preparo de doces.

Batatas allumette Ver **Allumette**.

Batatas Anna Prato de acompanhamento da culinária francesa. Consistem em rodelas fininhas de batatas comprimidas umas às outras e fritas em gordura, reviradas diversas vezes. Em seguida, são colocadas no forno com manteiga até ficarem douradas por igual. Esse prato foi criado por Adolphe Dugléré, chef bordalês do Café Anglais, em Paris (França), para um banquete extremamente importante e requintado ao qual compareceram, entre outros, o czar Alexandre II, da Rússia, seu filho Alexandre (futuro Alexandre III), o kaiser Guilherme I, da Prússia, e seu chanceler, Bismark. Ver **Dugléré, Adolphe**.

Batatas bayonne São batatas *dauphine* acrescidas de presunto moído. Ver **Batatas dauphine**.

Batatas berny São batatas duquesa acrescidas de trufas. Ver **Batatas duquesa**.

Batatas chips Cortadas em fatias finas e fritas até ficarem crocantes, são as batatas prediletas dos norte-americanos, comercializadas no mundo todo. Foram criadas no meio do século XIX pelo chef do Saratoga Springs, um hotel de Nova York, e batizadas de *Saratoga chips*. Hoje em dia, uma versão extremamente difundida é feita com polpa de batata amassada, moldada em rodelas perfeitas e iguais, vendida em embalagens totalmente seladas que preservam o crocante do alimento por um longo tempo. Há diversos aromas e sabores dessa versão.

Batatas dauphine Trata-se de um acompanhamento da culinária francesa feito com mistura de purê de batatas e massa de carolinas. Essa mistura é frita em óleo quente, em formato de bolinhas.

Batatas delmonico Criado pelo dono do famoso restaurante nova-iorquino Delmonico's, esse prato tem como base batatas cortadas em formato de pequenos cubos cozidas em leite, recobertas de creme de leite fresco temperado com sal, pimenta-do-reino e noz-moscada. Para a cobertura, é usado queijo gruyère ralado, miolo de pão esfarelado e bolinhas de manteiga. Deve ser gratinado até ficar marrom-dourado.

Batatas duquesa Variação francesa de preparo de batata, usada como acompanhamento de carnes. Consiste em uma massa de batatas, manteiga, sal, pimenta e gemas, à qual é dado formato de pitanga antes de ser levada a corar no forno.

Batatas gaufrette Corte de batatas feito em mandoline, com lâmina ondulada. A cada corte, gira-se a batata 90 graus. O resultado são fatias finas com a aparência de uma trama, que se assemelham ao desenho em baixo-relevo dos biscoitos *gaufrette*.

Batatas lorette São batatas *dauphine* acrescidas de queijo ralado. Ver **Batatas dauphine**.

Batatas noisette Modo de preparo de batata para acompanhamento que consiste em cortá-la em pequenas esferas, as quais serão, então, douradas na manteiga e servidas com salsa picada.

Batatas O'Brien Prato irlandês feito com fatias finas de batatas cozidas, que depois são fritas com cebolas e pimentões até ficarem coradas.

Batatas-palha Ver **Allumette**.

Batatas parisienne Guarnição para carnes e aves, são pequenas batatas redondas, salteadas em manteiga e recobertas com molho denso de caldo de vitela.

Batatas Parmentier Guarnição para carnes e aves, são batatas cortadas em pequenos pedaços quadrados de cerca de 1 cm de lado, cozidas na manteiga. Depois de douradas, são colocadas na travessa e salpicadas com salsinha picada.

Batatas rösti Prato típico da cozinha suíça, tem o formato de uma panqueca espessa. É feito com batatas cozidas, que ficam 12 horas descansando antes de serem raladas grosseiramente. Em seguida, são fritas em frigideira com manteiga e óleo, salsinha, queijo e pedaços de bacon, até ficarem coesas e douradas e com uma crosta nos dois lados. O termo *rösti* refere-se também a produtos que, uma vez preparados, ficam dourados e crocantes. Originário do cantão de Berna, no passa-

do era um prato camponês, usualmente consumido pela manhã. Hoje, normalmente é servido com salsichão e cebolas cozidas ou tiras grelhadas de vitela.

Batatas Saint-Florentin São batatas duquesa acrescidas de presunto picado. Ver **Batatas duquesa**.

Batatas suflê São batatas estufadas em gordura, no formato de um pequeno travesseiro com o interior oco. Obtém-se esse efeito fazendo uma dupla fritura: primeiro em óleo em temperatura média, a 150 °C, e, em seguida, em óleo a 180 °C. Há pelo menos duas versões para seu aparecimento: de acordo com a primeira, em 24 de agosto de 1837, enquanto era preparado um banquete oficial pela inauguração da primeira linha da estrada de ferro francesa dedicada ao transporte de passageiros, o trecho Paris-Saint-Germain-en-Laye, chegou a notícia de que o trem no qual estava a rainha Maria Amélia com seus convidados se atrasaria. O chef Jean-Louis Françoise-Collinet, então, pediu que as batatas que já estavam sendo fritas fossem retiradas da gordura, pois seriam o acompanhamento do assado. Mais tarde, ao voltarem ao fogo para fritar novamente, para surpresa do chef, estufaram como travesseirinhos. A segunda versão é contada por Alfred Velpeau, célebre cirurgião da época. Ao jantar, como lhe era habitual, no restaurante próximo ao Hospital Pitié-Salpêtrière, onde trabalhava, serviram-lhe filé acompanhado de batatas fritas cortadas em formato redondo e chato. Acostumado às batatas-palito, pediu que aquelas fossem substituídas. Ao fritá-las novamente para que fossem servidas a outro cliente, as batatas estufaram-se, para espanto do chef Pierre Bonivet, que correu para contar o acontecido ao médico.

Batedor Instrumento de cozinha feito de fios de arame, de aço inoxidável, de plástico ou recobertos de silicone, curvos e entrelaçados, que formam o desenho de uma grande gota presa a um cabo. Esse é o modelo mais comum hoje em dia. Antigamente havia outro, em formato de espiral aberta, com uma das pontas presa a um cabo. O batedor é usado para bater cremes, claras em neve, molhos e ovos. Em português, é chamado também de chicote e, em francês, *fouet*.

Bater Técnica culinária usada para misturar ou agregar ar aos alimentos. Estes devem ser misturados vigorosamente, em movimentos circulares, com o auxílio de uma colher, de um batedor ou batedeira, para que haja incorporação de ar. O tamanho da vasilha que contém o alimento é importante. Se for muito pequena, será difícil batê-lo corretamente; se muito grande, os ingredientes correm o risco de não ficar bem misturados.

Bateria de cozinha Expressão que define o conjunto de equipamentos e instrumentos essenciais à cozinha, como panelas, frigideiras, conchas, talheres, potes etc. Em francês, *batterie de cuisine*.

Bath bun Tradicional pãozinho doce inglês, que em sua origem continha massa de brioche e era enfeitado no topo com pasta de açúcar e alcaravia. Foi criado por William Oliver, médico da cidade de Bath (Inglaterra), no século XVIII. Jane Austen, escritora inglesa, mencionou o pãozinho em uma de suas cartas. Em 1851, sua receita foi alterada, quando passou a ser produzido em grande quantidade para abastecer a *Great Exhibition* de Londres (grande feira industrial internacional). Passou a ter, então, massa fermentada simples e doce, com açúcar no topo. Hoje em dia, sua receita leva farinha, manteiga, fermento, leite e açúcar, e, depois de pronto, o pão é recoberto com açúcar cristalizado. Existem também algumas variações às quais são acrescentadas passas sultanas e frutas cristalizadas.

Bath Oliver Biscoito de massa seca, fino e crocante, muito popular na Inglaterra. Feito de farinha de trigo, manteiga, leite e fermento, em geral acompanha o vinho ou o queijo. Foi inventado por William Oliver, médico que clinicava na cidade de Bath (Inglaterra), no século XVIII. Dizem que foi uma alternativa ao *Bath bun*, também inventado por ele, mas considerado de massa muito calórica para alguns de seus pacientes. Ao morrer, o médico deixou a receita para seu cocheiro, além de 100 libras e alguns sacos de farinha. Mudando de profissão e pondo mãos à obra, o cocheiro ficou rico. Mais tarde, passou a fábrica adiante. Apesar da "troca de mãos", o biscoito vem sendo produzido de maneira ininterrupta na Grã-Bretanha até hoje. É fabricado com o nome de *Fortt's Original Bath Oliver*.

Bâton 1. Pão francês de massa branca, um pouco menor que uma baguete. **2.** Nome dado a vegetais e preparos de pastelaria cortados em formato de pequenos bastões. **3.** Bastõezinhos de massa doces ou salgados e assados ou fritos, usados em diversos preparos.

Batter Assim é chamada, na Inglaterra, a massa crua feita de ovos, leite e farinha de trigo. Pode ter diversas consistências, dependendo de sua utilização final: mais líquida para panquecas, mais encorpada para o pudim *Yorkshire*, por exemplo. Ver **Yorkshire Pudding**.

Bauerwurst Tipo de salsicha alemã defumada e muito temperada. Em geral, é cozida no vapor ou salteada.

Baumé Escala de medida da densidade de líquidos. Recebeu o mesmo nome do seu criador, o cientista francês Antoine Baumé, que inventou o aparelho capaz de efetuar a medição. No caso da calda de açúcar, para se obter a densidade em graus *Baumé* (°Be), deve-se usar um sacarômetro em sua superfície.

Baunilha (*Vanilla planifolia*) Substância aromática obtida de uma orquídea de mesmo nome, originária do México. As hastes de baunilha são uma liana gigante, que pode alcançar mais de 100 m. A fava, parte perfumada, é alongada, com mais de 10 cm de comprimento, e fibrosa. Depois de colhida, é posta para secar, adquirindo, então, cor negra e brilhante. Somente depois de seca, exala o aroma que conhecemos. Descoberta em 1571 pelos conquistadores espanhóis, foi apresentada à Europa no decorrer do século XVI. Durante muito tempo, seu cultivo ficou restrito ao México, uma vez que a polinização só podia ser feita por uma pequena abelha mexicana. Em 1820, entretanto, por meio da polinização artificial, foi possível cultivá-la em outras regiões do globo. Os astecas a usavam para perfumar o chocolate. Comercializada em favas, em essência ou como açúcar vanilado, é utilizada para perfumar doces, bolos, cremes e mingaus, bebidas com leite, gemadas e licores, entre outros. Ver **Açúcar de baunilha** e **Vanilina**.

Bauru O sanduíche mais famoso do Brasil foi inventado no conhecidíssimo bar do centro de São Paulo chamado Ponto Chic, em 1933. Um de seus assíduos frequentadores era Casimiro Pinto Neto, o Bauru, um dos locutores mais prestigiados de

seu tempo, nascido na cidade de Bauru. Uma noite, ao chegar atrasado para uma partida de sinuca, quis comer algo que matasse a fome, mas que fosse preparado rapidamente. Chamou o garçom da casa e orientou: "Abra um pão francês e ponha dentro queijo derretido. (...) Está faltando proteína nisso. (...) Acrescente umas fatias de rosbife. (...) bota também umas fatias de tomate" (CHAVES, in *Revista Gula*, 1995, p. 108). A receita original do Bauru do Ponto Chic tem suas particularidades: o rosbife tem de ser de lagarto redondo, preparado lá mesmo, em chapa quente. "A alta temperatura assa a carne por fora, deixando o seu interior meio cru. O queijo fundido vem de uma mistura de queijo suíço, estepe, prato e provolone, fatiados e misturados em água quente, com manteiga. Além do tomate fresco, a receita passou a incluir, nas últimas décadas, "(...) fatias de pepino curtido por quatro dias no vinagre de vinho branco". Mesmo o pão francês "(...) é especialmente preparado para o Ponto Chic: vem em formato maior, de 55 g a 60 g (...) com a casca mais grossa". Todos esses requintes ajudam a explicar por que não se encontra um Bauru igual ao do Ponto Chic" (CHAVES, in *Revista Gula*, 1995, p. 108).

Bavarian cream Denominação em inglês da *bavaroise*. Ver **Bavaroise**.

Bavaroise De origem francesa, é uma sobremesa à base de gema de ovo, leite, açúcar, creme de leite batido e gelatina, acrescidos de purê de frutas ou chocolate. É perfumada com casca de limão ou laranja, especiarias, licores ou essências. Sua consistência é cremosa, entre a de um pudim firme e a de uma musse, e pode ser feita em fôrma grande ou em forminhas individuais.

Bavettine Tipo de massa alimentícia italiana em formato de linguini mais estreito. Ver **Linguini**.

Bay leaf Ver **Louro**.

Bean Ver **Feijão**.

Béarnaise Molho francês à base de gema de ovo, manteiga, vinho branco, vinagre e ervas frescas, feito em banho-maria. É indicado para filés de carne e, com menos frequência, filés de peixe ou aves. Sua origem é controversa: alguns dizem ser originário da região de Béarn, localizada nos Pirineus, entre a França e a Espanha; outros, que teria surgido em 1836, pelas mãos do chef Jean-Louis Françoise-Collinet, do restaurante Pavillion Henri IV, em Saint-Germain-en-Laye.

Beaten biscuit Biscoito duro e crocante tradicional do sul dos Estados Unidos, cuja receita remonta ao início do século XIX. Obtém-se sua textura clássica batendo-se a massa por bastante tempo, até que se torne elástica e leve. Em seguida, é, então, estendida e cortada em pequenos círculos, que são marcados com um garfo antes de serem levados ao forno. Uma receita com essas mesmas características também é encontrada em Nova Inglaterra, no nordeste dos Estados Unidos, onde os biscoitos são estampados com o desenho de um baleeiro e recebem o nome de *sea biscuit*.

Beaufort Queijo fino da região da Alta Savoia (França), de massa cozida e prensada. Sua fabricação no local é muito antiga, desde antes da Idade Média. Tem crosta úmida, o de inverno tem massa branca e o de verão, amarela. Quando jovem, tem um maravilhoso sabor doce e, com o tempo, adquire uma nota mais ácida e salgada. É obtido do leite de va-

cas criadas nos pastos da região. Há três tipos: *beaufort, beaufort d'été* (de verão) e *beaufort d'alpage* (feito nas montanhas). Seu tempo de maturação é de, no mínimo, quatro meses. Com o formato de um grande disco, de 35 cm a 74 cm, chega a pesar entre 40 kg e 60 kg.

Beaujolais Vinho tinto produzido na região de mesmo nome, ao sul da Borgonha (França), preparado com a cepa Gamay. Nessa região, são elaboradas três categorias de vinho, que recebem *Appellations d'Origine Contrôlées* (AOCs) diferentes: *Beaujolais, Beaujolais Villages* e *Crus de Beaujolais*. Os Beaujolais comuns são vinhos leves, de baixo teor alcoólico e que devem ser bebidos jovens. Os Beaujolais Villages são um pouco mais encorpados e de teor alcoólico um pouco mais elevado. Já os Crus de Beaujolais são os de mais classe e de produção mais limitada. Com teor alcoólico entre 12% e 14%, envelhecem melhor que os demais. Também têm o direito de exibir no rótulo os nomes mais específicos dos locais em que são produzidos, são eles: Brouilly, Chénas, Chiroubles, Côte de Brouilly, Fleurie, Juliénas, Morgon, Moulin-à-Vent, Régnié e Saint-Amour. Em pequena quantidade é encontrado, ainda, o *Beaujolais Blanc*, feito com uvas Chardonnay. Ver **Appellation d'Origine Contrôlée (AOC)**.

Beaumont Queijo francês da província de Savoia. Embora industrializado, é feito com leite de vaca não pasteurizado. Tem sabor brando, textura macia e cremosa e casca branca dourada. Sua maturação vai de 4 a 6 semanas, durante as quais sua casca é lavada. Tem embalagem tradicional em azul, vermelho e branco.

Beauvilliers 1. Guarnição francesa composta de tomates recheados com purê de miolos de boi e croquetes de espinafre. É acompanhamento para grandes assados. **2.** Bolo francês à base de amêndoas picadas, açúcar, manteiga, ovos e farinhas de trigo e de arroz. Foi criado em Paris, no início do século XIX, por M. Mounier, confeiteiro que havia sido aprendiz do chef Antoine Beauvilliers. Depois de assado, o bolo era envolto em folha de estanho para conservação.

Beauvilliers, Antoine Chef francês nascido em 1754 e falecido em 1817. Foi o fundador, em 1782, do La Grande Taverne de Londres, o mais famoso restaurante de Paris em sua época. De acordo com o que escreveu Brillat-Savarin em *A fisiologia do gosto*, este "foi o primeiro a ter um salão elegante, garçons eficientes, uma adega cuidadosa e uma cozinha superior" (BRILLAT-SAVARIN, 1995, p. 286). Beauvilliers escreveu um livro que se tornou clássico, *L'art du cuisinier* (1814). Ver **Brillat-Savarin, Jean Anthelme**.

Bechamel Também conhecido no Brasil por molho branco, é preparado com manteiga derretida, farinha de trigo e leite. Levemente picante, deve ser temperado com louro, arilo de noz-moscada e cebola. Pode ser preparado mais ou menos espesso, de acordo com o prato que vai compor. É utilizado em vários pratos salgados, em especial aqueles que têm por base peixes, ovos e vegetais. Segundo uma versão muito disseminada, seu inventor foi o marquês de Nointel, Louis de Béchameil, financista francês e assessor do rei Luís XIV. O molho, entretanto, já existia na Itália desde o século XIV, tradicional na região de Cesena, junto ao Mar Adriático, onde recebia o nome de *balsamella*. É provável que o chef do marquês de Nointel tenha apenas utilizado a receita já existente.

Beenleigh blue Queijo de leite de ovelhas do tipo blue, fabricado pela Ticklemore Cheese Dairy, em Devon (Inglaterra). Em geral, leva de seis a sete meses para maturar e é comercializado do meio do outono ao fim da primavera. De massa branca, macia e quebradiça, com riscos levemente azuis, suave e firme, torna-se mais cremoso e de perfume mais forte quando iniciado o processo de cura. É gorduroso e pesa em torno de 2,5 kg.

Beer Ver **Cerveja**.

Beerenauslese Na Alemanha, é a classificação dada ao vinho produzido com uvas em estado muito avançado de maturação, atacadas por *Botrytis cinerea*. Colhidas uma a uma, têm concentração de açúcar ainda maior que as da classificação *Auslese*. *Beerenauslese* é o quarto dos seis graus dos *Prädikatswein*. Próprios para sobremesa, são vinhos maravilhosos, com bom equilíbrio entre açúcar e acidez. Apesar do baixo teor alcoólico, envelhecem muito bem. Ver **Botrytis cinerea** e **Prädikatswein**.

Beetroot Ver **Beterraba**.

Beggar's purse Prato salgado de entrada, servido no restaurante nova-iorquino The Quilted Giraffe nos anos 1980. Como indica o nome (em tradução livre, bolsa do mendigo), tem formato de um pequeno saco atado na boca. Consiste em um minicrepe recheado com uma colher de caviar e creme fresco, cujas pontas são puxadas para cima e atadas com cebolinhas. É servido em temperatura ambiente. Os donos do restaurante, Barry e Susan Wine, depois de experimentarem o prato em Paris (França), no restaurante La Vieille Fontaine, preparado pelo chef François Clerc, e gostarem muito, passaram a servi-lo em Nova York, sem renegar sua origem. Desde então, foi copiado inúmeras vezes e seu recheio recebeu variações, mas seu nome foi mantido.

Beignet 1. Assim são denominados, em francês, de maneira geral, os alimentos doces ou salgados envoltos em massa muito fina e fritos em óleo. **2.** Doce francês feito com fruta pequena ou pedaço de fruta, envolto em massa muito fina, frito em gordura e polvilhado com açúcar. **3.** Pequena bola de massa de carolina frita em gordura quente e envolta em açúcar. É servida com calda feita com geleia ou com creme zabaione. Ver **Massa de carolina ou pâte à choux** e **Zabaione**. **4.** Preparo semelhante a este último é tradicionalmente consumido em Roma (Itália) no dia de São José, comemorado em 19 de março. Lá, é recheado com creme de confeiteiro e denominado *bignè di San Giuseppe*.

Beija-me depressa Ver **Kiss me quick**.

Beijinho de coco Docinho feito com coco ralado, açúcar e gemas. Depois de encorpado no fogo e modelado em formato de bolinha, é envolto em *fondant* e, para finalizar, é encoberto por confeitos. É um dos tradicionais doces de Pelotas. Ver **Doces de Pelotas** e **Fondant**.

Beiju Alimento muito comum, em especial no Norte e no Nordeste do país, feito com massa de mandioca úmida, ou fermentada (carimã), misturada com polvilho de mandioca também úmido em uma base de duas porções de massa para uma de fécula. De acordo com Pinto de Aguiar (1982, p. 152), "a variedade de processos na preparação dos beijus é quase infinita". Depois de bem misturados os dois ingredientes, temperados ou não, são espalhados em camada, com peneira, na chapa

ou frigideira quente, cozendo dos dois lados. De formatos variados pelo país afora, pode se assemelhar a uma panqueca ou a pequenos montinhos. O beiju pode ser consumido com manteiga, molhado em leite de coco, com coco ralado fresco misturado à massa de mandioca ou receber, ainda, recheios variados. Hoje, existem inúmeras alternativas doces e salgadas. É encontrado em feiras e mercados populares do Nordeste, pronto para comer, ou industrializado e embalado. Também existe o chamado beiju molhado, cuja preparação é um pouco diferente: é feito com a mesma massa do beiju, umedecida com leite de coco adoçado, mas, em vez de espalhada na chapa, é embrulhada em folha de bananeira e assada no forno. O beiju tem nomenclatura variada, a qual depende de como é feito, dos seus complementos ou do uso que terá. Essa terminologia tem origem indígena e, depois de o produto ter sido adotado e adaptado pelos portugueses, surgiram ainda novas maneiras de caracterizá-lo. Um prato similar ao beiju e muito popular é a tapioca ou tapioquinha, feita com polvilho, sem massa de mandioca. Ver **Carimã**, **Mandioca**, **Polvilho** e **Tapioca**.

Belacan Popular tempero da culinária malaia feito com camarões salgados e fermentados, que depois são moídos, secos ao sol e comprimidos em bloco. Tem sabor forte e picante e aroma de peixe salgado, amenizados quando o tempero é misturado ao alimento. Deve ser tostado antes de empregado. Pertence à família de condimentos à base de camarão fermentado encontrados por todo o Sudeste Asiático. É muito utilizado no preparo do *sambal*. Ver **Sambal**.

Beldroega (*Portulaca oleracea*) Erva comestível da família das portuláceas, de caule vermelho e folhas carnosas. Muito saborosa, é utilizada em saladas. Também conhecida por bredo-de-porco, beldroega-da-horta, entre outros nomes.

Belle Hélène De origem francesa e autoria desconhecida, é uma sobremesa criada supostamente em homenagem à heroína que dá nome a uma opereta de Offenbach, compositor romântico. Consiste em uma pera cozida em calda de açúcar e essência de baunilha, acompanhada de sorvete de creme e chantili, e regada com calda de chocolate quente na hora de servir. Na França, o prato é conhecido também por *Poires Hélène*.

Belle meunière, à la Expressão em francês que caracteriza uma variação dos pratos à la meunière, cujo ingrediente principal é o creme de leite fresco, sem tempero e rapidamente batido na hora de servir, para acompanhar o filé de peixe. Essa variação surgiu de uma brincadeira de Curnonsky, que considerava pobre e seca em demasia a "moleira tradicional", de acordo com o jornalista e gastrônomo brasileiro Sílvio Lancellotti. Ver **Curnonsky** e **Meunière, à la**.

Bellelay Também chamado *tête de moine* (cabeça de monge), é um queijo suíço criado no mosteiro de Bellelay, no cantão de Berna (Suíça). É semimacio, rico em gordura e de sabor semelhante ao do *gruyère*. Para sua produção, utiliza-se o leite integral de vaca. Seu período de cura dura cerca de 12 meses. É pequeno e pesa aproximadamente 7 kg.

Bellini Aperitivo feito com néctar de pêssego e champanhe.

Bel paese® De origem italiana (região da Lombardia), é um queijo processado feito com leite de vaca pasteurizado. Gordo, cremoso e de textura semimacia, é ligeiramente cinza por fora e amarelo pálido por dentro. De sabor delicado e amanteigado, é usado como aperitivo, em sanduíches, ou para acompanhar sobremesas.

Beluga Ver **Caviar**.

Bem-casados Bolinhos feitos com massa de fécula de batata ou amido de milho, farinha de trigo, ovos e açúcar. Depois de cozidos, são unidos dois a dois por um recheio de doce de leite ou creme de ovos. É muito comum nas festas de casamento, pois simboliza a união dos noivos. Os bem-casados de Pelotas (Rio Grande do Sul) são feitos com dois discos de massa de pão de ló, chamados "esquecidos", e recheados com ovos moles. Em seguida, são recobertos com uma camada fina de fondant e, então, enfeitados com confeitos prateados. Ver **Doces de Pelotas**, **Fondant**, **Ovos moles** e **Pão de ló**.

Bénédictine® Licor à base de aguardente de vinho, ervas, raízes, cascas de frutas e sementes, entre outros ingredientes, cuja fabricação e envelhecimento duram de seis a sete anos. Desenvolvido na segunda metade do século XIX pelo mercador de vinhos Alexandre Le Grand – supostamente com uma receita de elixir da abadia dos beneditinos em Fécamp, Normandia (França), datada do princípio do século XVI –, é produzido hoje pela empresa Bacardi. O processo ainda é mantido em segredo e supõe-se que apenas três pessoas conhecem a receita completa.

Bengala Ver **Bisnaga**.

Beni shoga Conserva japonesa de gengibre fresco, marinado em vinagre doce, também conhecida por *gari*. Pode ser colorido ou não de rosa. Usado desde a Antiguidade, seu sabor picante e adocicado chega a ser refrescante e estimula o apetite. No entanto, destaca-se principalmente por sua poderosa ação bactericida. É muito empregado como acompanhamento do sushi e em restaurantes que servem peixe cru, pois ajuda a evitar intoxicação por peixes e mariscos. Ativa o metabolismo geral e estimula a secreção gástrica. Ver **Gengibre**.

Benne wafer Biscoito fino e crocante tradicional da Carolina do Sul (Estados Unidos). É feito com farinha de trigo, manteiga, açúcar mascavo e sementes de gergelim, grão extensamente plantado naquela região a partir do século XVIII. Seu nome é originário do banto (*benne* = gergelim).

Bento Tradicional caixa japonesa de madeira, laqueada ou recoberta com fina lâmina de metal, dividida em diversos compartimentos. É utilizada para guardar, separadamente, diferentes alimentos de uma refeição individual e assemelha-se ao que no Brasil denominaríamos marmita. Sua origem data do século XVI, época em que os lavradores do Japão feudal recebiam caixas de alimentos de seus senhores como única refeição diária. Muito encontrada em todo o Japão, principalmente nas estações de trem, reflete a culinária da região onde é vendida. Não só as caixas podem ser de uma beleza ímpar mas também a própria comida é elaborada, colorida, saborosa e arrumada de modo artístico. São refeições frescas e balanceadas, preparadas para serem consumidas em poucas horas. Hoje, podem ser encontradas caixas de madeira, plástico

ou metal, das mais simples às mais elaboradas, nas quais são vendidas milhões de refeições diariamente.

Berbere Condimento resultante da mistura de temperos como alho, pimenta-vermelha, cardamomo, coentro, feno-grego e manjericão, entre outros. Utilizado em cozidos e sopas, é elemento fundamental das cozinhas da Etiópia e da Eritreia.

Berbigão Ver **Chumbinho**.

Berchoux, Joseph Advogado francês que, em 1801, escreveu o poema de quatro cantos e mil estrofes intitulado *La Gastronomie ou L'homme des champs à table*, de enorme sucesso. O poema não traz grandes ensinamentos sobre gastronomia e o advogado e poeta também não deveria ser considerado gourmet, mas seu nome ficou gravado na história gastronômica por ter sido o responsável pela reintrodução da palavra "gastronomia" na literatura, após um longo período. Em razão disso, inúmeros pratos lhe foram dedicados. Ver **Gastronomia**.

Bercy 1. Molho francês próprio para o acompanhamento de carnes grelhadas ou peixes. Seus ingredientes variam ligeiramente conforme o prato que acompanhará: no caso de peixes, utilizam-se pequenas echalotas, manteiga, vinho branco, fundo de peixe, molho *velouté* e salsinha; para ser servido com carne, é preparado com echalotas, manteiga, vinho branco, fundo de carne e pedacinhos de tutano. Pouco antes de ser servido, acrescenta-se *liaison* de *beurre manié*. Ver **Beurre manié**, **Echalota**, **Fundo** e **Velouté**. **2.** Quando o termo compõe o nome do prato (à la Bercy), caracteriza um preparo salgado em cuja composição o vinho tem papel importante. Deve seu nome a Bercy, um bairro de Paris cuja ligação com o comércio de vinhos é histórica.

Bergamota Nome pelo qual a tangerina é conhecida no Sul do Brasil. Ver **Tangerina**.

Bergkäse Nome genérico de um grupo de queijos dos Alpes (daí a denominação *berg* = montanha, *käse* = queijo), principalmente nos Alpes austríacos. Sua massa é firme, cheia de olhos e varia do amarelo pálido ao amarelo forte. Artesanal, seu tamanho é variável e pode pesar de 10 kg a 30 kg, dependendo da fazenda onde é feito. De sabor suave no início da maturação, maturado adquire paladar forte e picante. É conhecido também por queijo alpino (*alpkäse*).

Bergues Queijo francês do grupo de queijos com casca lavada, não muito diferente daqueles com casca esbranquiçada, de textura macia e lisa, aroma suave e leve traço de acidez. É originário da província de Flandres, no Norte da França, a 12 km da fronteira com a Bélgica. Feito com leite de vaca desnatado, tem somente de 15% a 20% de gordura, característica que favorece sua conservação, evitando, inclusive, que desidrate. Fabricado, de modo geral, por donas de casa em pequenas fazendas, é considerado um queijo doméstico. Tem a forma de disco, com 16,5 cm a 20 cm de diâmetro e 3,5 cm de altura. Lavado em salmoura e cerveja, sua maturação é feita em porões úmidos por um período médio de dois meses.

Berinjela (*Solanum melongena*) Vegetal originário da Índia, da família das solanáceas, com diversas variedades cultivadas. A mais comum tem casca roxo--escura, quase preta, é comprida, roliça

e ovalada, de polpa porosa e amarelo-esverdeada quando crua. Há também as variedades de cascas branca; violeta rajada; roxa alongada e fina; e amarela, redonda e pequena; entre outras. Hoje a berinjela é encontrada em diversos países. Ao comprá-la, deve-se escolher a de polpa firme e casca brilhante. Pode ser preparada de vários modos: recheada e assada, frita, empanada e cozida. É o ingrediente-base da famosa *ratatouille*. Em razão de seu sabor um pouco amargo, deve ser deixada de molho em água e sal, para amenizá-lo. Conta-se que chegou à Europa 500 anos atrás, inicialmente considerada venenosa. No decorrer do século XVI, passou a ser utilizada pelos frades carmelitas, que, encantados com seu sabor e com a variedade de preparos a que se prestava, começaram a divulgar seu consumo por toda a região. Ver **Ratatouille**.

Berlingot Bala francesa à base de caramelo firme aromatizado. De cores variadas, pode ter o formato de um cubo, de uma pequena pirâmide ou de um travesseirinho. Encontrada em toda a França, em cada região tem um aromatizante característico, dos quais o mais afamado é o de menta, feito em Carpentras.

Berner platte Prato tradicional de Berna (Suíça), é composto de fatias de carne de vaca, chucrute, pés de porco, fatias de bacon fritas e cebolas. Esses ingredientes são organizados em camadas em recipiente com tampa, regados com vinho branco e água e cozidos em fogo baixo por várias horas. Na última meia hora, são acrescentadas fatias de salsicha. Recebe como guarnição, ao ser servido, batatas cozidas. Ver **Chucrute**.

Bertalha (*Basella alba*) Trepadeira de folhas comestíveis, da família das baseláceas, originária da Índia e hoje muito usada no Sudeste do Brasil. Encontrada em diversas variedades, suas hastes podem ser verdes ou vermelhas e suas folhas, grandes ou pequenas.

Besan Farinha elaborada com grão-de-bico seco, também chamada de farinha gram. De cor amarelo-clara, é muito utilizada nas culinárias da Índia, Paquistão, Nepal e Bangladesh. Bastante nutritiva, é ingrediente de inúmeros pratos, como bolos, biscoitos, macarrão, molhos etc. Deve ser guardada no refrigerador por, no máximo, seis semanas. Ver **Grão-de-bico**.

Besuntar Passar gordura sobre o alimento a ser preparado ou enquanto este é assado no forno ou na grelha. Além de adicionar cor ou sabor, essa técnica previne o ressecamento externo. Em inglês, *baste*.

Beterraba (*Beta vulgaris*) Da família das quenopodiáceas, é um tubérculo de folhas verdes brilhantes e corpo vermelho, carnoso, em geral redondo. Já era conhecida na antiga Grécia e foi introduzida na França durante a Renascença. Ao ser cozida, deve-se evitar que tenha talhos, a fim de que sua coloração não seja perdida na água. Após o cozimento, sua casca pode ser extraída com facilidade. É muito utilizada crua, em sucos e saladas, ou cozida, em *chutneys*, conservas, sopas ou guarnições. É o ingrediente principal da sopa polonesa *borscht*. Entre os cultivares existentes, há o *Chioggia*, muito interessante por seus anéis concêntricos vermelhos e brancos alternados, e também a beterraba-branca, denominada beterraba-sacarina, base para o fabrico de um tipo de açúcar. Ver **Borscht** e **Chutney**.

Beurre Palavra francesa que significa manteiga. Ver **Manteiga**.

Beurre blanc Molho feito com vinho branco e cebolas picadas, reduzido em fogo médio, ao qual se acrescenta gradualmente manteiga sem sal até adquirir consistência cremosa. Em geral, acompanha peixes brancos, fritos ou cozidos, principalmente na região do Loire (França).

Beurre de Marseille Expressão usada pelos franceses para se referir ao azeite de oliva, ingrediente muito utilizado na região de Marselha.

Beurre maître d'hôtel Manteiga aromatizada com suco de limão, salsinha picada, sal e pimenta-do-reino. Acompanha carnes e peixes grelhados, peixes fritos, crustáceos e legumes cozidos.

Beurre manié Liga (*liaison*, em francês) elaborada com manteiga e farinha de trigo em porções iguais, misturadas até formar uma pasta clara, mole o suficiente para escorrer da colher quando batida com força. Tem como finalidade conferir textura mais encorpada a líquidos e, para isso, é acrescentada aos poucos, com mexidas vigorosas, em molhos e caldos cujas temperaturas devem estar abaixo do ponto de fervura. Em seguida, ferve-se o líquido em fogo brando por cerca de três minutos, para que a farinha seja cozida.

Beurre nantais Molho francês para peixes e aves, preparado com vinho branco, echalotas e manteiga.

Beurre noir Molho à base de manteiga derretida e corada, ao qual são acrescentados vinagre, salsinha picada e alcaparras. É usado como acompanhamento de peixes, miolos e outras carnes.

Beurre noisette Molho feito com manteiga, levemente dourada no fogo, acrescida de suco de limão, salsinha picada e condimentos. Deve ser vertido sobre filé de peixe frito (principal alimento com o qual é empregado) ainda espumando. Seu nome é uma referência à cor que a manteiga deve tomar, cor das nozes.

Bialy Pãozinho de textura esponjosa, redondo e chato, assado no forno e polvilhado com cebola em lascas. É muito apreciado entre os judeus dos Estados Unidos. Seu nome vem da cidade de Bialystok (Polônia).

Biaribi Técnica dos indígenas brasileiros para assar carne ou peixe. Cria-se um forno subterrâneo cavando-se um buraco no solo e forrando-o com folhas grandes, geralmente de bananeiras. Coloca-se ali o alimento que se quer assar recoberto por folhas e terra, e, por cima de tudo, acende-se uma fogueira, que assa o preparo ao irradiar calor. Há, ainda, descrições que reportam à colocação de pedras dentro do buraco, sobre as quais ateia-se fogo e, quando bem quentes, põe-se o alimento para cozinhar recoberto com folhas e terra, depois de retiradas as brasas. Técnicas similares podem ser encontradas também em outras regiões das Américas com outros nomes, como a *pachamanca*, no Peru.

Bicarbonato de sódio Também denominado hidrogenocarbonato de sódio, é um pó branco solúvel em água, bastante utilizado pela indústria alimentícia como regulador de acidez. Quando adicionado durante o cozimento de vegetais verdes, impede que ocorra degradação da clorofila, o que favorece a preservação da cor, mas ao mesmo tempo amolece sua textura e degrada a vitamina C. É o principal componente do fermento químico. Ver **Fermento**.

Bienmesabe 1. Pudim tradicional em Porto Rico, feito com coco ralado, leite

de coco, ovos e açúcar. **2.** Doce espanhol à base de gemas, amêndoas, calda de açúcar, biscoitos e canela. É preparado em camadas: a inferior é feita com biscoitos molhados em calda aromatizada com rum, já a superior, com amêndoas moídas misturadas à calda de açúcar e engrossada com gemas. Essa camada é recoberta com açúcar de confeiteiro, que, então, é enfeitado com canela usando-se um padrão de treliça. Deve ser servido frio e é muito encontrado nas Ilhas Canárias.

Bierkäse Queijo alemão macio feito com leite de vaca pasteurizado. Tem casca lavada, sabor marcante e pungente e perfume forte. Seu nome significa queijo de cerveja. Em geral, é servido com pão preto e cerveja.

Bierwurst Pequena salsicha alemã cozida e defumada, muito usada como aperitivo, acompanhando cerveja. De cor vermelho-escura e aroma de alho, é temperada com sementes de mostarda, pimenta-preta e páprica.

Bife Fatia de carne bovina, geralmente filé, alcatra ou contrafilé, com mais ou menos 1 cm de espessura. Na Alemanha, é denominada *rindersteak*; já nos países de língua inglesa, *steak*.

Bife à milanesa Escalope fino e largo recoberto com ovos batidos e farinha de pão, frito em seguida. É uma variação do tradicional *scaloppine alla milanese* dos italianos e do *wiener schnitzel* dos austríacos. O prato já era usado, no fim da Idade Média, na cozinha bizantina. Há registros do século XII que mostram como as carnes cortadas e empanadas em ovo e farinha e, depois, fritas eram apreciadas. Mais tarde, por meio de viajantes e caravanas, a técnica chegou à Europa: cartas do cardeal Mercurino Arborio, marquês de Gattinara (Itália) e chanceler do imperador Carlos V, relatam pratos que usavam a técnica na mesa da corte da Espanha, em 1529. Ver **Wiener schnitzel**.

Bife rolê Fatias de carne bovina recheadas com vegetais ou queijo e presunto, enroladas como um rocambole e presas com palitos ou linha. Os rolinhos são salteados e depois cozidos em rico molho de fundo de carne acrescido de tomates, vinho e temperos. Encontrado em vários países, o prato denomina-se *braciola* na Itália, *rouladen* na Alemanha e *roulade* na França.

Bigarade Molho escuro francês feito com laranjas-amargas bigarade, das quais provém o nome, em geral servido com pato. Sua elaboração tem como base o suco do cozimento da ave acrescido de vinho branco e demi-glace, ao qual são adicionados caramelo de vinagre, o suco e as tiras da casca da laranja. Ver **Demi-glace, Laranja** e **Pato com laranja**.

Bignè Ver **Beignet**.

Bigos Cozido do Sul do Brasil à base de linguiça e carne com chucrute. O prato tem origem polonesa e foi trazido pelos imigrantes. Na receita original, colocam-se em uma panela camadas de repolho avinagrado, cebolas, maçãs, carne cozida, frango, pato, presunto e salsichas. Depois de regados com manteiga derretida e um caldo básico, os ingredientes são levados ao fogo para serem cozidos lentamente. Por tradição, é feito com dias de antecedência, pois diz-se que, quanto mais requentado, melhor o sabor. Conservado em local fresco, pode render várias refeições acrescentando-se mais carne ao cozimento à medida que for necessário.

Biju Biscoito em formato de canudo, de massa fina e crocante, à base de farinha, açúcar e água, vendido nas ruas por vendedores ambulantes, que o anunciam com um chocalho característico. É assim conhecido no Sul e Sudeste do Brasil. No Nordeste, recebe o nome de taboca.

Billi bi Sopa francesa de mexilhões com cebolas, vinho, creme de leite e temperos. Na receita original, era leve e aveludada, muito requintada e servida sem os mexilhões. Hoje, entretanto, já se permite mantê-los. Conta-se que foi batizada pelo chef Louis Barthe, do restaurante Maxim's de Paris, em homenagem ao americano William B. (Billy B.) Leeds, que a adorava.

Biltong Espécie de carne-seca sul-africana que pode ser tanto de carne bovina como de caça. Depois de cortada em tiras, é curada com vinagre, sal e especiarias e seca ao ar. É servida em pedaços como aperitivo ou como complemento de pratos cozidos com caldo. Ver **Carne-seca**.

Bind Termo, em inglês, que significa ligar. Ver **Liaison** e **Ligar**.

Birch beer Bebida carbonatada não alcoólica dos Estados Unidos, aromatizada com extrato de casca de bétula, muito popular no início do século XIX.

Biscoito Massa à base de farinhas diversas, acrescida de gordura, com ovos ou não, não fermentada, doce ou salgada, de formato e sabor variados. Pode ser simples ou recheado, com ou sem cobertura. Também é conhecido por bolacha.

Biscoito da sorte De origem sino-americana, é uma espécie de biscoito com massa básica de farinha, açúcar e água muito encontrado em restaurantes de culinária chinesa. Por ser maleável quando quente, logo após sair do forno insere-se nele um pedaço de papel com uma previsão ou um conselho. Depois de frio, quando endurece e fica crocante, é embalado. O cliente o recebe com a refeição, quebra-o e tem acesso ao bilhete. Nos Estados Unidos, chama-se *fortune cookie*.

Biscoito de polvilho Uma das "quitandas" mineiras, é um preparado à base de polvilho azedo de mandioca, água, leite, gordura e ovos. O polvilho é misturado primeiro com água fria para que seus grânulos sejam desmanchados; depois, é escaldado com a gordura quente, que já contém sal, e novamente misturado; em seguida, dependendo da receita, acrescenta-se leite ou não; e, por fim, são adicionados os ovos. A massa é mexida até ficar bem macia e homogênea, quando, então, são feitas bolinhas, tirinhas ou argolinhas, as quais são assadas no forno. É item tradicional dos vendedores ambulantes das praias cariocas, que oferecem o biscoito doce ou salgado. No Rio Grande do Sul, seu formato é o de uma grande rosca e costuma ser servido com nata. Em alguns locais do Brasil, é denominado peta. Ver **Polvilho**.

Biscotins Nome francês para pequenos biscoitos, em geral servidos com sorvete.

Biscottes Termo usado na França para denominar rosquinhas ou fatias de pão-de-leite torradas e vendidas em pacote.

Biscotto Biscoito italiano com duplo cozimento, como indica seu nome (*bis* = duas vezes, *cotto* = cozido). A massa é cozida a primeira vez em fôrma; em seguida, é fatiada e retorna ao forno. O resultado são biscoitos crocantes, ótimos para serem saboreados com café ou vinho de sobre-

mesa. Pode ser aromatizado com amêndoas, sementes de erva-doce ou avelãs.

Biscuit 1. Palavra francesa que significa cozido duas vezes (*bis* = duas vezes, *cuit* = cozido). O termo nomeava o biscoito utilizado nos navios antigamente: para retirar toda a umidade e mantê-lo íntegro durante a viagem, era preciso que fosse ao forno mais de uma vez. Hoje, o termo nomeia uma ampla categoria de preparos que, em português, chamamos de biscoitos ou bolachas. **2.** Na Inglaterra, é um biscoito chato, fino e crocante. **3.** Nos Estados Unidos, consiste em um pãozinho de minuto, sem fermento, em geral temperado, macio e leve.

Bishop Drinque tradicional de inverno do norte da Europa, cuja base é o vinho do Porto. Depois de aquecido com especiarias, recebe tirinhas finas de casca de laranja. Deve ser servido quente. Ver **Porto**.

Bisnaga Pão comprido e cilíndrico afinado nas pontas, ao estilo da baguete francesa. Existe uma variação com menos miolo, denominada cacete. Ver **Cacete**.

Bisque Rica sopa à base de crustáceos (camarão, lagosta, caranguejo etc.) ou moluscos e, eventualmente, aves, como codorna, pombo ou rolinha. É preparada com fundo – feito com as carapaças, que algumas vezes podem ser reduzidas a pó, no caso de crustáceos; ossos e miúdos torrados, no caso de aves; ou simplesmente pedaços de peixe. Recebe *mirepoix* e arroz e, em seguida, é peneirado e servido com creme de leite (ou *crème fraîche*) e as carnes. A bisque é temperada com vinho branco e conhaque, além de condimentos, como pimenta e sal. O prato sofreu diversas transformações desde sua origem. No início, era a sopa de crustáceos dos pescadores do Golfo de Biscaia, situado entre a Espanha e a França, que usavam óleo e brandy para frigir e assim conservar melhor os frutos do mar até a hora do preparo. Nos séculos XVI e XVII, nomeava uma sopa de pombinhos enriquecida com champignon de Paris, timo, cristas de galo, fundo de alcachofras e suco de carneiro, todos cozidos separadamente e misturados depois de peneirados. Essa receita foi uma das preparadas, em agosto de 1690, por François Pierre La Varenne, célebre chef francês, em um jantar de comemoração do dia de São Luís, com a presença de Luís XIV. Já no século XIX, referia-se a uma sopa feita com lagostins. Hoje em dia, a versão mais encontrada é a de lagosta. Ver **Brandy**, **Champignon de Paris**, **Fundo**, **La Varenne, François Pierre de** e **Mirepoix**.

Bisteca Corte transversal do lombo do animal, com parte do osso. Engloba da quinta à décima terceira costela; a parte mais suculenta vai até a décima. Inclui o contrafilé com osso e gorduras. É um corte nobre, de carne macia e saborosa. Pode-se usar a peça inteira para assar ou dividi-la em bifes com osso, de cerca de 400 g, próprios para grelhar ou fritar. A bisteca de boi é um corte típico de São Paulo. O corte inteiro denomina-se também carré e o bife é conhecido por chuleta, quando de boi; costeleta, quando de porco; ou costelinha, se de cordeiro. Ver **Contrafilé**.

Bistrô Pequeno bar ou restaurante de ambiente despojado, que serve comida boa e despretensiosa e vinho local a preços razoáveis. Característico da França, Paris em particular, hoje é um modelo replicado em muitos lugares. Em francês, grafa-se *bistro* ou *bistrot*. Há dúvidas em relação à origem da palavra: de acordo com uma das histórias correntes, ela seria derivada do termo russo

bistro, que significa rápido, e teria sido usada por consumidores cossacos para apressar o serviço nos bares durante a ocupação de Paris, em 1815; no entanto, é mais provável que seja originária de *bistrouille*, uma mistura de café e *eau-de-vie*.

Bitter Palavra inglesa cujo significado é amargo, que designa bebida de alto teor alcoólico feita de ervas aromáticas, raízes, frutas e casca de árvore. Seus principais ingredientes são laranja, genciana e quinino. Os *bitters* são usados principalmente para dar sabor a coquetéis, aperitivos e comidas, além de auxiliar a digestão e estimular o apetite. Os mais conhecidos são: Angostura® (Trinidad e Tobago), Underberg® (Alemanha), Campari® (Itália) e Amer Picon (França).

Bitto Queijo italiano com Denominação de Origem Protegida (DOP), originário do vale de Valtellina, na região da Lombardia, e conhecido desde o século X. Pálido e cremoso quando novo, depois de maduro tem sabor e aroma fortes. É feito da mistura de leite de vaca integral e leite de cabra (20% do total). Ver **Denominação de Origem Protegida (DOP)**.

Bivalves Diz-se dos moluscos que têm duas conchas (valvas), como as amêijoas, as vieiras, os mexilhões e as ostras. Ver **Amêijoa**, **Mexilhão**, **Ostra** e **Vieira**.

Blackberry Ver **Amora**.

Black bottom pie Torta de origem norte-americana preparada em três camadas: a primeira é um consistente creme de chocolate; a segunda, creme temperado com rum; a terceira e última, creme batido adoçado e salpicado com raspas de chocolate. Deve ser servida fria.

Black bun Apesar do que o nome pode sugerir, não é um pãozinho negro, mas, sim, uma torta fechada. Feita com massa crocante e uma mistura de nozes e frutas cristalizadas, é tradicional na Escócia, no *Hogmanay*, comemoração conhecida também por Ano-Novo. Deve ser preparada com algumas semanas de antecedência, para que o recheio desenvolva todo o sabor.

Blackcock Ver **Galo silvestre**.

Blackcurrant Ver **Groselha**.

Blackened "Escurecido", em português, é o nome de uma técnica culinária inventada pelo chef Paul Prudhomme, de Nova Orleans (Estados Unidos). Consiste na utilização de uma frigideira de ferro extremamente aquecida, a ponto de ficar avermelhada, na qual é cozida carne ou peixe. Sua especialidade original foi o vermelho, peixe preparado dessa maneira depois de ser temperado com molho *cajun* de especiarias. A frigideira superquente, aliada ao molho de especiarias, dava ao peixe uma maravilhosa crosta crocante.

Black pudding Tipo de salsicha característica da Inglaterra e da Irlanda, feita com gordura e sangue de porco, cebolas, ervas, tudo picado bem fino, além de aveia ou migalhas de pão para ligar, envolta em tripa preparada. É fervida com as duas pontas amarradas, formando um círculo, e, antes de ser consumida, deve ser fervida novamente ou frita, inteira ou em fatias. De receita bastante antiga, relatada no livro de culinária *The english housewife* já no início do século XVII, esse embutido é usado em vários pratos regionais ingleses. Ver **White pudding**.

Black russian Coquetel preparado com duas partes de vodca e uma de licor de café, servido sobre gelo picado.

Black trumpet (*Craterellus cornucopioides*) Conforme o nome indica, é um cogumelo com o formato de trombeta escura, também conhecido por *black chanterelle* e *trumpet of the dead* (trombeta da morte). Mede de 5 cm a 12 cm de altura, tem carne delicada e quebradiça e é muito aromático. Sua cor varia entre o cinza-escuro, o marrom-escuro e o negro. Pode ser encontrado durante o verão e o outono nas florestas dos Estados Unidos, Europa, Japão e Coreia. Ver **Cogumelo**.

Blanc de blancs Denominação dada, tradicionalmente, ao champanhe elaborado apenas com a uva Chardonnay. Passou a ser adotada também fora da França para se referir a espumantes elaborados exclusivamente com uvas brancas.

Blanc de noirs Denominação dos vinhos brancos elaborados com uvas tintas. O champanhe *blanc de noirs* é aquele produzido apenas com as variedades Pinot Noir e Pinot Meunier.

Blancmanger Sobremesa clássica francesa feita com leite de amêndoas, açúcar e gelatina. Depois de cozido no fogo, o creme é enformado e refrigerado até estar firme. Tanto o nome – que significa comida branca – quanto a base desse preparo são antigos. Algumas fontes situam sua origem no Languedoc (França). No fim da Idade Média e durante o Renascimento, era encontrado em diversas cortes europeias. Havia muitas variações, mas, de modo geral, as receitas incluíam carne branca de capão ou de vitela, arroz, açúcar, amêndoas moídas, leite de amêndoas ou leite de vaca. Mais tarde, deixou de incluir as carnes e passou a conter, como gelificante, suco de carne, musgo-da-irlanda, cola de peixe e, por fim, a gelatina. Em português, é denominado manjar-branco, mas o modo de preparo hoje no Brasil dispensa o leite de amêndoas e inclui amido de milho e leite de coco. Ver **Cola de peixe**, **Manjar-branco** e **Musgo-da-irlanda**.

Blanquette Tradicional prato francês, cujo nome é uma referência a seu molho (*blanc* = branco), para o preparo de vitela ou cordeiro novo. A carne deve ser cortada em pequenos quadrados e cozida com cenoura, cravo, alho-poró, *bouquet garni*, sal e pimenta, em fundo claro, durante uma hora e meia. O caldo do cozimento é, em seguida, coado e engrossado com *roux blanc*, gemas e creme de leite, resultando em um molho com o qual a carne é servida, enfeitada com cebolas pequenas e champignons de Paris. Em substituição à vitela e ao cordeiro, podem ser usados aves, peixes ou legumes. Ver **Bouquet garni**, **Champignon de Paris**, **Fundo** e **Roux**.

Blend Mistura de dois ou mais sabores, combinados a fim de se obter uma característica ou qualidade especial. O termo é particularmente utilizado em relação a vinhos, chás e uísques, além de ser muito usado pela indústria do café. Refere-se, por exemplo, à combinação precisa de vários vinhos ou uísques do mesmo tipo, com o intuito de criar uma bebida com bom equilíbrio. Ver **Assemblage**.

Bleu Termo francês que qualifica a carne cozida apenas na superfície, cujo interior é somente aquecido, sem estar realmente cozido. Em português, malpassado.

Bleu, au Método da culinária francesa para o preparo de peixes, em que nor-

malmente são empregados truta, carpa ou lúcio. Frescos, recém-pescados, depois de limpos e eviscerados, eles são molhados com vinagre e levados a cozinhar em *court-bouillon* fervente, em uma panela de ferro. O vinagre faz com que o revestimento natural da pele do animal tome uma cor azulada (*bleu*). Ver **Court-bouillon**.

Bleu d'Auvergne Originário das pequenas fazendas da antiga província francesa de Auvergne (hoje parte da região de Auvergne-Rhône-Alpes), é um queijo feito de leite de vaca cru ou pasteurizado inspirado em uma receita semelhante à do roquefort. Sua massa é amarela pálida, com veios azuis-escuros, úmida e esfarelenta. Pouco gorduroso, de sabor picante, levemente salgado, amanteigado e de aroma forte. Tem a forma de tambor e pesa cerca de 2,5 kg. Ver **Roquefort**.

Bleu de Bresse Queijo produzido na Borgonha (França), também denominado *Bresse bleu*. É feito com leite de vaca pasteurizado, tem sabor rico e amanteigado, textura macia e cremosa com veios azuis e aroma semelhante ao de cogumelos. Pode ter tamanhos variados.

Bleu de Sassenage De textura macia e veios azuis bem distribuídos, é um queijo francês de montanha, tradicional de Dauphiné. Hoje já industrializado, a receita é antiga na região, que começou a fabricá-lo no século XII. Feito com leite de vaca pasteurizado, tem casca lisa natural e sabor forte. Seu teor de gordura é de 45% e seu período de maturação varia de dois a três meses. Tem de 6 cm a 10 cm de diâmetro e pesa entre 125 g e 500 g. É mais saboroso no verão e no outono.

Bleu des Causses Fabricado na mesma região francesa do *roquefort*, é um queijo feito com leite de vaca pasteurizado. Cremoso, de massa úmida, amarelo-marfim e raiado com veios azuis, em geral tem formato de tambor e pesa em torno de 2,5 kg. Sua melhor época de produção é do verão ao outono, quando o leite é mais rico por causa das pastagens naturais. Sua maturação dura cerca de 70 dias. Ver **Roquefort**.

Bleu du Haut-Jura Fabricado por pequenos fazendeiros e produtores de lácteos tradicionais da região do Jura (França), é considerado um dos queijos franceses mais interessantes. Também denominado *Bleu de Gex* ou *Bleu de Septmoncel*, tem casca natural, sabor delicado, é perfumado pelas flores alpinas e feito com leite de vacas que habitam pastagens altas (2.000 m). Sua massa é cremosa, com veios azuis e casca coberta de mofo, tem o formato de um disco chato, pesa cerca de 5 kg ou 6 kg e amadurece em porões por cerca de um mês. Para receber a chancela de *Appellation d'Origine Contrôlée* (AOC), precisa ser feito exclusivamente com leite de vacas Montbéliard. Ver **Appellation d'Origine Contrôlée (AOC)**.

Blind baking Técnica de preparo de tortas na qual a massa é assada, total ou parcialmente, antes de se adicionar o recheio. Depois de enformada, é necessário recobri-la com papel-manteiga e preenchê-la com feijões secos ou pequenos pesos de cerâmica próprios. Isso evita que o fundo da torta cresça ao assar e que as laterais desabem antes de endurecer. Ver **Assar** e **Torta**.

Blini Panqueca de origem russa feita com farinha de trigo-sarraceno, misturada com farinha de trigo, fermento, açúcar, sal, leite e ovos. Misturam-se o fermento, o açúcar e o leite e espera-se alguns minutos para que cresçam um pouco. Em seguida, são acres-

centados os outros ingredientes e, quando tudo estiver misturado, a massa é frita em manteiga. Acompanha *hors d'oeuvres* em geral e muitas vezes é servida com caviar e creme azedo. Pode também ser degustada com salmão defumado ou arenque, limão e ovos cozidos picados. Ver **Panqueca**.

Bloater Denominação, em inglês, do arenque salgado e defumado. O famoso *Great Yarmouth bloater* é um arenque levemente defumado, depois de salgado em água de mar ou salmoura e deixado secar pendurado pelas guelras, em varas de madeira. O método de preparo para degustá-lo, tradicional dessa região inglesa, é grelhá-lo inteiro. Muito popular no século XIX e início do XX, hoje em dia é mais difícil encontrá-lo. Vincent van Gogh retratou um par desse peixe no quadro "Arenques defumados em um pedaço de papel amarelo". Ver **Arenque**.

Blood pudding ou **Blood sausage** Ver **Black pudding**.

Bloody mary Coquetel clássico à base de suco de tomate, suco de limão e vodca, temperado com sal, tabasco e molho inglês. É servido com gelo.

Blue cheshire Variação do queijo cheshire comum, originada de modo acidental quando fungos se desenvolveram nele espontaneamente. Artesanal e bastante raro, era denominado *green fades*. Hoje, é uma variedade industrializada, embora utilize método artesanal em seu processamento, e os fungos passaram a ser introduzidos deliberadamente. Rico em gordura, com muitos e bem distribuídos veios azuis-esverdeados escuros, tem casca natural e massa amarela. Seu sabor, mais forte que o do cheshire comum, lembra cítricos. Ver **Cheshire**.

Blue Hawaii Coquetel doce e cremoso preparado com duas partes de rum, duas de creme, uma de Cointreau® e uma de curaçau azul.

Blue hawaiian Criado no Zanzibar Club de Londres, é um coquetel colorido e saboroso. Composto de curaçau azul, rum, suco de abacaxi e leite de coco, é agitado em coqueteleira e servido coado em copo específico para a bebida.

Blue vinny Tradicional e popular queijo inglês, da região de Dorset, que deixou de ser fabricado no início da década de 1970 em razão das dificuldades de sua produção. Para atrair a bactéria fornecedora de suas características exclusivas, era fundamental que fosse fabricado e maturado em um compartimento nos fundos de um estábulo. Desde 1980, depois de reencontrar e adaptar a receita original, uma fazenda da região voltou a produzi-lo com as garantias de segurança alimentar necessárias. Feito com leite desnatado, em peças com formato de tambor e peso variado, tem textura firme, sabor forte e veios escuros. Foi incluído na Arca do Gosto do Slow Food UK (Reino Unido). Ver **Slow Food**.

Blue Wensleydale Queijo inglês fabricado desde o século XII na região de mesmo nome, é semiduro, bastante semelhante ao *Stilton*, embora menos macio e esfarelento. Feito com leite de vaca e de ovelha, mas, em alguns momentos de sua longa história, foi produzido apenas com o segundo. Até o início do século XX, era quase todo azul, com massa tomada por veios; hoje contém menos bolor, que irradia do centro, e sua massa é amarelo-clara. Em 2012, foi premiado com o British Cheese Awards. É um dos cinco tipos produzidos em Wensleydale. Ver **Stilton** e **Wensleydale**.

Blush wines Assim são chamados, nos Estados Unidos, os vinhos tipo rosé doces. A expressão entrou em voga nos anos 1970 com o sucesso do Zinfandel californiano, o melhor exemplar do estilo. Devem ser consumidos jovens e gelados.

Bobó de camarão Prato da culinária baiana à base de mandioca cozida e amassada, camarões frescos, alho, azeite de dendê, cebola, coentro, leite de coco e sal. Com a textura de uma pasta grossa, é muito saboroso e deve ser acompanhado de arroz branco e farofa de dendê. Ver **Azeite de dendê**.

Bobotie Prato sul-africano muito popular feito com carne de carneiro ou de vaca misturada com pão, arroz ou batata amassada, cebolas, alho e condimentos. Antes de serem levados ao forno, os ingredientes são regados com uma mistura de leite e ovos, a qual também é acrescida ao prato durante o cozimento. Depois de cozido, adquire consistência firme e, em geral, é servido cortado em quadrados.

Bocartada Prato característico da Cantábria, região da Espanha, à base de anchovas frescas. Na *bocartada marinera*, esses peixes são passados no azeite e levados a assar rapidamente no forno. É temperada com alho, pimenta-vermelha, salsa e vinagre e acompanhada geralmente de rodelas de limão. Ver **Anchova**.

Bocconcini Muçarela fresca com formato de bolinhas, do tamanho de um ovo, em geral vendida imersa em soro. Criada na região de Nápoles (Itália), hoje é fabricada no mundo todo. Feita, em especial, com leite de búfala puro ou misturado com leite de vaca, tem textura extremamente macia. Branca, sem casca e sem maturação, é facilmente perecível e deve ser usada sempre bem fresca.

Bock Tipo de cerveja escura alemã, forte, levemente doce, de cor dourada ou marrom-escura. Em geral, é fermentada no outono, envelhecida durante o inverno e utilizada nos festivais tradicionais de cerveja da Baviera, na primavera. A bebida também é fabricada no Brasil, onde é mais encontrada no inverno, pois o brasileiro habituou-se a tomar uma cerveja mais leve no verão.

Bok choy (*Brassica rapa* subsp. *chinensis*) Verdura chinesa, assim conhecida nos Estados Unidos e em outros países, também denominada repolho-chinês e acelga chinesa. Tem pequenos talos verde-claros e crocantes e suas folhas são verdes e macias. Pode ser consumida crua em saladas, cozida ou frita, como acompanhamento.

Bockwurst Salsicha alemã de sabor suave, feita com carne de vitela delicadamente aromatizada com alho e cebolinhas. Em geral vendida crua, deve ser cozida antes de ser utilizada.

Bodega Palavra derivada do grego *apotheke*, que significava depósito, é hoje sinônimo de taverna ou bar onde se vende vinho. Na Espanha, denomina o depósito de vinhos construído acima da superfície do solo. O termo pode ser estendido à empresa vinícola.

Boeuf à la mode Prato clássico francês feito com uma peça redonda de carne lardeada, marinada por muitas horas em vinho tinto misturado a *eau-de-vie* e assada na panela. É servida com molho preparado com a própria marinada. Ver **Eau-de--vie** e **Lardear**.

Boeuf bourguignon Ver **Bourguignonne**.

Bofe Assim é denominado o pulmão do boi. Quando no plural – bofes –, identifica o conjunto de vísceras mais grossas do animal: pulmão, fígado e coração.

Boletus Ver **Fungo porcino**.

Bolinho de aipim Tradicional nos botequins cariocas, o bolinho de aipim, puro ou recheado com carne ou camarão, tem de ser bem quente, leve e sequinho. Preparado com a massa cozida do aipim, também conhecido por mandioca, ovos e manteiga, é amassado, recheado, envolto em farinha de rosca e, em seguida, frito em óleo quente. Ver **Botequim** e **Mandioca**.

Bolinho de bacalhau Herança portuguesa, é outro item tradicional dos botecos do Rio de Janeiro. O bacalhau desfiado, as batatas cozidas e amassadas, os ovos e a salsinha picada são misturados com um pouco de azeite. Quando prontos, os bolinhos são, então, fritos em azeite até dourar. Ver **Bacalhau** e **Botequim**.

Bolinho de chuva Proveniente da culinária simples do interior do Brasil, é feito de massa mole de farinha de trigo, ovos, açúcar e fermento. Quando a massa está pronta, é frito e servido, ainda quente, com açúcar misturado em canela.

Bolinho de estudante Encontrado no tabuleiro das baianas, é feito com massa de tapioca, leite de coco, açúcar e sal, moldada em bolinhos redondos, que, em seguida, são fritos em gordura e servidos polvilhados com açúcar e canela. Receberam esse nome por serem bem baratos e, assim, acessíveis aos estudantes.

Bolinho de tapioca Típico do Pará, é feito com a farinha de tapioca local, que tem características muito próprias. Esta é misturada ao leite, manteiga, ovo, fermento e sal, transformando-se em uma massa úmida. Depois de enrolados, os bolinhos são assados no forno. Ver **Farinha de tapioca do Pará**.

Bollito misto Cozido italiano típico da região do Piemonte, à base de carnes variadas de boi, frango e porco (entre as quais o *cotechino* e o *zampone*, dois embutidos) e um caldo aromático, cozidos em um caldeirão com hortaliças. Serve-se com legumes e molhos diversos, como o de raiz-forte e o de mostarda de Cremona. O termo significa mistura fervida. Ver **Cotechino**, **Mostarda de Cremona** e **Zampone**.

Bolo Mistura de farinha de qualquer tipo (trigo, milho etc.), gordura, açúcar e ovos, assada no forno. Pode-se bater a massa em batedeira elétrica ou misturá-la à mão. Os ingredientes podem ser adicionados e misturados em ordens diferentes, de acordo com o resultado almejado. Pode ser enriquecido com frutas, frescas ou cristalizadas, aromatizantes e outros temperos. Nesse caso, recomenda-se envolver os elementos sólidos em farinha para que não pesem e afundem. Nos bolos brasileiros, são muito usados goma de mandioca, leite de coco, amendoim, passas, castanha-de-caju e castanhas portuguesas, em geral picadas. Pode ser servido em chás, lanches ou como sobremesa, nesse caso acompanhado de calda ou creme. Herança dos portugueses, há uma infinidade de receitas com nomes diferentes ou engraçados: espera-marido, desmamados, come-e-cala, beijo de estudante, quero mais, bolo de sogra, brevidades, tutano celeste, mãe-benta, colchão de noiva, entre outros.

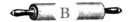

Bolo baeta Tradicional, sempre presente na corte brasileira no século XIX. Elaborado com ovos, manteiga, açúcar, farinha de trigo, leite de coco e suco de limão, pode receber ainda passas ou erva-doce. Leve e saboroso, é servido como sobremesa ou com chá.

Bolo de aipim Assim denominado no Sul, Sudeste e Centro-Oeste do país, também é tradicional no Nordeste, onde recebe o nome de bolo de mandioca. Bastante simples de fazer, é preparado com massa de mandioca crua, manteiga, ovos e açúcar. Por ser tão difundido, embora tenha como base os mesmos ingredientes, sua receita tem inúmeras variações. Dependendo do local, seu nome também pode variar.

Bolo de mandioca mole Bastante prestigiado na sociedade brasileira do século XIX, é um bolo muito saboroso, que exige certa técnica para ser preparado. É feito com massa de mandioca mole ou carimã, leite de coco, gemas e claras, açúcar, sal e manteiga. O desafio é conseguir uma crosta tostada e bem assada e um miolo ligado, enxuto, mas tenro. Foi um dos doces oferecidos nas bodas de prata da princesa Isabel e do conde d'Eu, em 1889. Ver **Carimã**.

Bolo de milho Apreciado em todo o Brasil, pode ser preparado tanto com fubá de milho como com farinha de milho ou, ainda, com grãos de milho-verde. Nesse último caso, é necessário usar também a farinha de trigo. Com ovos, coco ralado, manteiga e açúcar, é um bolo delicioso e típico da época de São João.

Bolo de rolo Típico de Pernambuco, é feito com massa fina semelhante à de rocambole. Elaborada com farinha de trigo, gemas, açúcar, manteiga e claras em neve, a massa é assada em tabuleiro baixo, ficando com espessura bem fina. Depois de pronta, é desenformada sobre um pano polvilhado com açúcar, recoberta com o recheio e enrolada com o auxílio do mesmo tecido, transformando-se em um rolo grosso. Seu recheio mais tradicional é a goiabada, derretida em água até adquirir a consistência de uma pasta, que, então, é pincelada sobre a massa. Hoje, entretanto, o bolo de rolo já é encontrado também com recheio de limão, chocolate, doce de leite e outros.

Bolo de São João Típico das festas juninas do interior de São Paulo, sua característica principal é ser feito com mel, já que, segundo a lenda, São João alimentava-se quase que exclusivamente de mel silvestre.

Bolo Floresta Negra Ver **Torta floresta negra**.

Bolo inglês Elaborado com ovos, açúcar, farinha de trigo, manteiga, vinho do Porto e gotas de limão, é muito apreciado no Brasil.

Bolo Luiz Felipe Bolo da culinária nordestina de engenho, recebeu esse nome em homenagem a Luiz Felipe de Souza Leão, senhor de engenho em Pernambuco, desembargador e senador do Império. A receita contém farinha de trigo, leite de vaca e leite de coco, ovos, manteiga, açúcar e queijo ralado. Sua massa é macia, de textura fina, assemelhando-se mais a um pudim que a um bolo, com superfície tostada e crocante.

Bolo pé de moleque Muito tradicional no Nordeste, não tem nada a ver com o doce de mesmo nome, o pé de moleque, a não ser o uso de amendoim. É preparado com massa de mandioca, mel, manteiga, açúcar mascavo, ovos, melado, leite de

coco, castanha-de-caju e amendoim triturados, erva-doce e cravo. Assado no forno por um longo tempo, é extremamente saboroso. Ver **Pé de moleque**.

Bolo Souza Leão Muito tradicional em Pernambuco, mas já bem conhecido em todo o país, é preparado com massa de mandioca-puba (carimã), muitas gemas, açúcar, leite de coco e manteiga e temperado com cravo, canela e erva-doce. A documentação a seu respeito é das mais contraditórias. É uma receita centenária e motivo de discórdia entre diversos ramos da tradicionalíssima família Souza Leão, de Pernambuco. Linhagem familiar formada por proprietários de engenhos espalhados pelos municípios de Jaboatão, Moreno e arredores, foi berço de quituteiras de talento refinado, que produziram essa joia da doçaria nacional. O modo de preparo original e a identidade de sua autora perderam-se entre dezenas de variantes defendidas por uma infinidade de descendentes. Apesar da aparência simples, uniformemente amarela, sua composição rebuscada tornava-o caro, inclusive para os padrões da opulência canavieira. Tem um admirável equilíbrio entre os sabores da mandioca, do coco e das gemas. De textura macia, lisa e amanteigada, assemelha-se a um pudim. Ver **Carimã** e **Leite de coco**.

Bolonhesa A expressão "à bolonhesa" indica preparo feito à moda de Bolonha, cidade do norte da Itália, de culinária bastante rica. Em italiano, a expressão *alla bolognese* geralmente se refere ao ragu, especialidade da cozinha local. No Brasil, é um molho à base de purê de tomates, carne bovina e suína moídas, cenouras, salsão, azeite de oliva, vinho branco seco e temperos. É indicado para acompanhar massas. Ver **Ragu**.

Bolota (*Quercus* spp.) Fruto do carvalho, é uma noz comestível muito utilizada no Sudeste da Europa. Fez parte da dieta do homem das cavernas e, mais tarde, do dia a dia dos gregos da Arcádia. Com o aumento da variedade de alimentos mais nutritivos e saborosos, foi pouco a pouco abandonada. Pode ser utilizada crua ou assada e é muito usada também moída, como um substituto inferior do café. Durante a II Guerra Mundial, com a natural dificuldade de obtenção de café, foi bastante empregada na Alemanha e em algumas áreas da Inglaterra. Comum na Península Ibérica, na Espanha é conhecida por *bellota* e trata-se de elemento essencial na alimentação dos porcos usados na produção do *jamón ibérico de bellota*. Ver **Jamón ibérico**.

Bomba Doce de origem francesa, de formato comprido como um charuto, feito de massa cozida e assada, recheada com creme. É recoberta com açúcar de confeiteiro, chocolate ou fondant. Na França, é denominado *éclair* (relâmpago, em francês). Ver **Carolina**, **Fondant** e **Massa de carolina ou pâte à choux**.

Bombay duck Diferentemente do que o nome em inglês indica (*duck* = pato), é um tempero indiano preparado com um peixe seco e salgado comum na região de Maharashtra. É muito utilizado no preparo de ensopados, para aromatizar. Quando tostado no forno, pode ser servido como aperitivo.

Bombe Sobremesa francesa feita com camadas de sorvete, de cores e sabores variados, moldadas em formato de cúpula. Cada uma delas é colocada na fôrma e levada a congelar, até ficar bem firme. Somente depois disso, é acrescentada a camada seguinte. Na hora de servir, todas ficam

bem visíveis nas fatias cortadas. É semelhante ao *spumone* italiano. Ver **Spumone**.

Bombinha Ver **Carolina**.

Bom-bocado Docinho à base de queijo do reino ralado, ovos, farinha de trigo, manteiga e açúcar. É assado no forno, em forminhas altas individuais. De origem portuguesa, lá pode ser feito com queijo ou amêndoas picadas.

Bombom Pequena peça de confeitaria, em geral de chocolate, recheada com frutas, fondant, nozes, licores etc. Ver **Fondant**.

Bonarda (*Vitis vinifera*) Denominação de três variedades de uvas de origem italiana. Uma delas é cultivada na Lombardia e também chamada Croatina; outra, muito plantada na Argentina e na Califórnia (Estados Unidos), é conhecida por Charbono; já a terceira é cultivada no Piemonte.

Bonchester Queijo semimacio, de crosta avermelhada recoberta de fungos brancos de *Penicillium*. Inspirado na receita do tradicional queijo francês *coulommiers*, foi desenvolvido em Bonchester Bridge, na Escócia, em 1980, mas a produção foi descontinuada em 1998. Feito de leite de vacas da raça Jersey, não pasteurizado, era produzido apenas no período em que o gado se alimentava com pastagem. Quando maduro, o *bonchester* apresentava cor interna amarelada, textura espessa, muito macia e amanteigada. Era elaborado no formato de disco chato, com peso entre 125 g e 350 g.

Bonito (*Sarda sarda*) Peixe da família do atum, um pouco mais tenro que este e com menor cotação no mercado. Comum na culinária japonesa, é base para o *katsuobushi*, o peixe processado em flocos, e pode ser comprado em conserva de óleo. É encontrado no Atlântico, no Pacífico e no Mediterrâneo. Ver **Atum** e **Katsuobushi**.

Bonne bouche Expressão francesa que nomeia canapés e salgadinhos.

Bonne femme, à Expressão em francês caracterizadora de um estilo de preparo de carne, peixe ou ave que pressupõe simplicidade e rusticidade. Logo, indica pratos domésticos, familiares, do cotidiano. Feitos em caçarolas, levam de modo geral cebolas, toucinho e cogumelos. Muitas vezes, são servidos nos próprios recipientes em que foram preparados.

Bonne femme, molho Proveniente da França e indicado para peixes, é feito à base de creme de leite, pão, cenoura, cebola, cogumelos, cheiro-verde e temperos.

Boquinha Ver **Merenda**.

Borboleta Técnica culinária que consiste em abrir o alimento ao meio, sem separá-lo totalmente. Empregada com frequência em perna de cordeiro, peito de frango e camarões, as metades ficam abertas, presas pela lateral, assemelhando-se a asas de borboleta.

Bordeaux Maior região vinícola francesa, produtora de muitos dos vinhos mais famosos do mundo, tais como: Château Mouton Rothschild, Château Lafite Rothschild, Château Latour e Château Margaux. Uma das principais características dessas bebidas é a longevidade incomum – algumas delas chegam aos 100 anos. Os vinhos da região que mais se destacam são os tintos (de várias sub-regiões) e os brancos de Sauternes. Suas uvas emblemáticas são

as tintas Cabernet Sauvignon, Merlot e Cabernet Franc; e as brancas Sauvignon Blanc, Sémillon e Muscadelle. São classificados em três tipos de denominação de origem: genérica/regional (Bordeaux, Bordeaux Supérieur e Crémant de Bordeaux), sob a qual ficam os vinhos menos distintos, produzidos em qualquer parte da região; sub-regional, como Médoc, Graves, Sauternes, Fronsac, entre outros; e comunal, que indica a comuna de onde provêm, como Pauillac, Moulis-en-Médoc, Margaux etc. Há, ainda, classificações de Châteaux que não seguem um padrão, a mais famosa é a que incide sobre os produtores do Médoc. Os chamados Châteaux nada mais são que pequenas ou grandes propriedades produtoras de vinho da região. Quando essa palavra aparece no rótulo de um vinho, indica que este foi produzido exclusivamente com uvas da propriedade. Ver **Médoc** e **Sauternes**.

Bordelaise, à la Pratos que contêm molho *bordelaise* em seu preparo. A expressão pode indicar também os que têm *mirepoix*, alcachofras e batatas cozidas como ingredientes. Ver **Mirepoix**.

Bordelaise, molho Ao estilo da região vinícola de Bordeaux (França), tem o vinho como ingrediente primordial, o qual pode ser branco ou tinto, dependendo do que o preparo acompanhará. Também leva molho espanhol e temperos, como limão, estragão, louro ou tomilho. Ver **Espanhol**.

Börek Pequena peça de pastelaria feita com massa muito fina, semelhante à filo, recheada com queijo, espinafre ou carne, assada no forno ou frita. É encontrado em todo o Oriente Médio, mas sua origem é turca. Pode ser servido como primeiro prato ou acompanhando saladas, como um prato principal da refeição. Ver **Massa filo**.

Borgonha Bourgogne, em francês, é uma região da França de gastronomia tradicionalmente rica e onde são produzidos grandes vinhos tintos e brancos. Cultivados pelos romanos, destroçados pelos invasores bárbaros, recuperados pelos burgúndios e desenvolvidos sobretudo pelas ordens religiosas e pequenos proprietários, seus vinhedos persistem há mais de dois mil anos. Em razão dos tipos de uva empregados e pelas características de suas técnicas de preparo, seus vinhos são fortes, mas finos e elegantes. As principais variedades da fruta são a Pinot Noir, a Chardonnay, a Gamay e a Aligoté. Para a classificação dos vinhos, há as denominações de origem genéricas/regionais (Bourgogne, Bourgogne Aligoté etc.), as sub-regionais (Hautes Côtes-de-Nuits, Côte Chalonnaise etc.) e as comunais (Meursault, Nuits-Saint-Georges etc.), como em Bordeaux. Além disso, seus vinhedos recebem uma classificação de qualidade em dois níveis: os *premiers crus*, mais numerosos; e os *grands crus*, menos numerosos, a "elite da elite". Os vinhos da Borgonha são elemento fundamental da cozinha da região, que conta também com muitos outros produtos de excelência, como a mostarda e o licor de cassis produzidos em Dijon, o gado charolês, as aves de Bresse e vários queijos.

Borra Sedimento acumulado no fundo da garrafa dos vinhos tintos envelhecidos. Ver **Sedimento**.

Borrachão Doce português da região do Alentejo, cuja massa contém aguardente e vinho branco, além de farinha de trigo, azeite e ovos. Depois de pronta, ela é cortada em formato de retângulo ou de ferradura, pincelada com ovo, salpicada com açúcar e canela e vai ao forno para assar. Dependendo do tempo de cozimento, fica

com a textura mais úmida e fofa ou mais seca, como um biscoito crocante.

Borracho Pombinho novo, que deve ser assado e servido com arroz, ou cozido com cebola, tomate, pimentão e vinho.

Borragem (*Borago officinalis*) Verdura da família das borragináceas, cujas folhas, muito utilizadas em saladas, têm sabor semelhante ao do pepino. De origem mediterrânea, alcança cerca de 50 cm de altura, é coberta de pelos e tem flores azuis ou róseas. Além das folhas, seus talos e flores também podem ser utilizados cozidos, em saladas ou em doces.

Borralho Braseiro, lareira e, por extensão, alimentos preparados em meio às cinzas, normalmente embrulhados em folhas ou outro material capaz de evitar que se queimem em contato direto com o calor.

Borscht Prato típico polonês, é uma espécie de sopa muito apreciada em todo o país. Feita à base de beterraba, caldo de carne, carne, toucinho, aipo, cebola, batatas, cenouras, vinagre, farinha de trigo e creme de leite, pode ser servida quente ou fria. É também muito comum em restaurantes judeus asquenazes e em todo o Leste europeu.

Boston baked beans Prato típico da culinária americana, à base de feijões brancos, carne de porco salgada, toucinho e açúcar mascavo. Deve ser preparado em panela de barro e cozido de seis a oito horas. Tem esse nome por ter sido preparado originalmente pelas mulheres puritanas de Boston, aos sábados, para ser comido no jantar. Fazia-se uma grande quantidade a fim de que sobrasse o bastante para ser consumido no café da manhã e no almoço de domingo, já que nesse dia era proibido cozinhar. Era servido com pão preto de centeio, o *Boston brown bread*. No século XVIII, já era encontrado nos acampamentos de madeireiros e sua receita foi registrada em livros de culinária do início do século XIX. Desde 1875, há uma versão em lata nos Estados Unidos.

Boston brown bread Ou "pão preto de Boston", era o acompanhamento tradicional dos *Boston baked beans*. Feito com centeio, farinha de trigo, farelo de milho e melaço, consistia em um pão adocicado que, às vezes, continha também passas e xarope de *maple*. Seu cozimento era feito no vapor, técnica aprendida com os indígenas americanos. Ver **Maple**.

Boteco Ver **Botequim**.

Botequim Casa pequena e simples que serve pratos a preços populares, surgiu no Brasil no século XIX e desenvolveu-se no princípio do século XX como alternativa à industrialização e suas consequências sociais. Localizava-se, então, sobretudo nos centros de cidade. No Rio de Janeiro, instalados na região da Lapa e do Centro, os botequins foram, aos poucos, no decorrer do século passado, alterando seus cardápios e moldando-se às características dos cariocas, de descontração, "papo" informal regado a cerveja depois do trabalho, almoço rápido em pé ou sentado, e tornaram-se uma instituição festejada, espalhando-se por toda a cidade. O mesmo aconteceu em São Paulo e Belo Horizonte, onde os botecos também viraram sinônimo de "jogar conversa fora" e petiscar. Seu cardápio tem clássicos como bolinho de aipim, bolinho de bacalhau, coxinha de frango, aipim frito, empadinhas, pastéis e sardinha frita, entre outras delícias. Ver **Bolinho de aipim**, **Bolinho de bacalhau**, **Coxinha** e **Frango marítimo**.

Botifarra Embutido aromatizado com canela e especiarias, típico da Catalunha (Espanha). Na massa, são utilizados pulmões, tendões, orelhas e sangue de porco, além de carne gorda; para envolvê-lo, usa-se tripa fina. Preparado na grelha ou frito, é servido com feijões-brancos, os chamados *mongetes*, em espanhol.

Botrytis cinerea (*Botrytis cinerea*) Fungo que ataca as uvas, tornando-as cinzentas e encolhidas. Em certos casos, ocorre a podridão cinzenta, que prejudica as vindimas; em outros, quando o fenômeno é cuidadosamente vigiado e controlado, tem-se a podridão nobre. Esta é ocasionada pela penetração do fungo na uva, sem machucar-lhe a pele, fazendo-a murchar e perder parte de seu líquido, o que concentra seu açúcar, seus ácidos e seu aroma. Para que a podridão nobre aconteça, é necessário contar com as condições climáticas certas. O fenômeno favorece a produção de vinhos de sobremesa muito doces e de alta qualidade, como os franceses Sauternes, Barsac, Monbazillac e alguns *crus* de Anjou e Touraine; os alemães Auslese, Beerenauslese e Trockenbeerenauslesen; e o húngaro Tokaji. Na Califórnia, os vinhos produzidos com essas uvas são chamados *late harvest wines* ou "de colheita tardia". A podridão nobre na França é denominada *pourriture noble*; na Alemanha, *edelfäule*.

Bottarga Ver **Butarga**.

Botulismo Envenenamento alimentar perigoso, embora raro, causado por ingestão de alimento contaminado pela bactéria anaeróbica *Clostridium botulinum*, que produz toxinas e está presente no solo, nos vegetais, em alguns peixes e carnes. Seus esporos podem desenvolver-se quando o cozimento do alimento não for perfeito e o ambiente for propício, produzindo uma toxina extremamente perigosa. Apesar de a indústria alimentícia utilizar técnicas aprimoradas que reduzem quase a zero a possibilidade de desenvolvimento desses microrganismos, falhas podem acontecer. Uma maneira de evitar riscos é verificar datas de validade e estado de conservação das embalagens ou do próprio alimento, se este estiver em um recipiente de vidro. Latas e embalagens estufadas indicam gases produzidos por bactérias.

Bouché Termo em francês que qualificava o vinho arrolhado (consequentemente, comprado em garrafa). Quando surgiu, era muito valorizado e considerado um luxo, pois, como o *vin bouché* era lacrado com cera, sua qualidade era garantida. Mais tarde, o lacre foi substituído por uma cápsula de metal com a marca impressa. Hoje essa qualificação já perdeu todo seu peso antigo, já que beber vinho de garrafa arrolhada se tornou comum.

Bouchée Pequeno preparo de massa folhada, de formato arredondado, semelhante a um *vol-au-vent*, porém menor. É recheada com um creme saboroso, que pode ser feito de mariscos, frango, cogumelos ou outro ingrediente, com molho branco ou *velouté*. É servido como antepasto.

Boudin blanc 1. Salsicha francesa branca muito delicada e de textura semelhante à de uma *quenelle*, feita com carne de porco, frango, gordura, ovos, creme, migalhas de pão e temperos. É tradicional no jantar de Natal e, em geral, servida quente. Ver **Quenelle. 2.** Salsicha da culinária *créole*, feita na Louisiana (Estados Unidos), à base de carne de porco, arroz, cebolas e condimentos.

Boudin noir Embutido de origem francesa à base de sangue de porco. É semelhante à morcela e ao chouriço de sangue. Tradicional nas festas de Natal, algumas receitas incluem, além dos ingredientes básicos, outros como castanhas, maçãs, espinafre e especiarias variadas. Em razão de tantas variações, sua descrição no *Larousse Gastronomique* (2017, p. 121) afirma, em tom de brincadeira, que há tantos tipos de boudin noir na França quanto de charcuteiros.

Bougon Queijo francês do Poitou, no centro-oeste da França, feito com leite de cabra. Sua textura é macia e cremosa, porém firme e maleável, com casca esbranquiçada, de mofo natural. Tem sabor semelhante a nozes e sua maturação dura de duas a três semanas. Seu formato é o de um disco chato, com 10 cm de diâmetro, e pesa cerca de 180 g.

Bouillabaisse Sopa de origem francesa, da cidade de Marselha, feita com peixes e, eventualmente, mariscos, além de outros frutos do mar. É muito temperada, sobretudo com tomate, cebola, alho, funcho, azeite de oliva e açafrão, e, em geral, é feita em caldeirão, já que por tradição é preparada para recepcionar amigos. Considerada uma refeição completa, é servida em dois pratos: um para os pedaços de peixe e outro para as fatias de pão mergulhadas no caldo e acompanhadas de *rouille*. Fontes indicam que a *bouillabaisse* surgiu como uma reação dos pescadores marselheses, no início do século XVI, aos preços irrisórios oferecidos pelos mercadores para alguns de seus produtos. Assim, eles prefeririam cozinhá-los, na praia mesmo, em grandes caldeirões, em vez de vendê-los por preços muito baixos. Com o decorrer do tempo, a receita foi enriquecida, passando a listar uma maior variedade de pescados em sua composição. Ver **Caldeirada** e **Rouille**.

Bouillon Ver **Caldo** e **Court-bouillon**.

Boulanger Palavra francesa que significa padeiro.

Boulangère, à la Prato francês composto de batatas e cebolas cozidas em caldo de carne no forno, junto ou separado do prato principal. Seu nome é uma referência à época em que as donas de casa precisavam levar tortas e assados até o padeiro local (*boulanger*), para serem feitos em seu forno.

Bounce Bebida muito popular nos Estados Unidos, na época em que ainda era colônia da Inglaterra. Feita com rum ou brandy, frutas, açúcar e especiarias, era deixada a fermentar por três semanas.

Bouquet Ver **Buquê**.

Bouquet garni Conjunto de temperos utilizados para aromatizar pratos cozidos. Nas receitas tradicionais, eram recomendados a salsa, o tomilho e o louro, mas podem ser usados outros ingredientes aromáticos, desde que formem um conjunto harmonioso e em consonância com o alimento que está sendo preparado. Os temperos frescos podem ser apenas bem amarrados em conjunto e retirados após o cozimento e, no caso de temperos secos, é indicado o uso de um pequeno saco de tecido fino, com a boca bem amarrada.

Bourbon Destilado norte-americano de grãos fermentados, cujo nome deve-se à região onde é produzido, o Condado de Bourbon, no Kentucky (Estados Unidos). Ver **Uísque americano**.

Bourgeoise, à la Expressão que se refere a pratos de carne que tenham como acompanhamento toucinho defumado frito e cortado em quadradinhos, cebolas brancas pequenas e cenouras com o formato de bolinhas.

Bourgogne Ver **Borgonha**.

Bourguignonne 1. Proveniente da França e indicado para carnes, é um molho à base de vinho tinto, fundo de carne, cebolas, cogumelos, toucinho e ervas frescas. **2.** A expressão "à la bourguignonne" refere-se a qualquer prato acompanhado do molho *bourguignonne* ou à carne elaborada à maneira da Borgonha (França), zona de grandes vinhos tintos. Essa preparação, cuja origem data do início do século XVII, pressupõe o cozimento lento de carne bovina cortada em cubos em um tinto da própria região, acrescida de echalotas fatiadas, alho, toucinho, fundo de carne e ervas frescas. Ver **Borgonha**.

Bourride de Sète Caldeirada típica da comuna de Sète, localizada na região francesa da Occitânia. Seu caldo é bastante condimentado e é preparada com um único tipo de peixe, o tamboril, que deve ser proveniente do Mediterrâneo, não do Atlântico. Cebolas, alho, tiras de casca de laranja e açafrão também fazem parte da receita, assim como gemas para engrossar o caldo. É servida, de modo tradicional, sobre uma fatia de pão tostado, salpicado com açafrão.

Bourride marselhesa Cozido da cidade de Marselha, sul da França, preparado com três espécies de peixe: tamboril, robalo e pescada. Sua característica principal é o *aïoli*, despejado sobre o caldo antes de servir.

Boursault® Pequeno queijo francês com formato de tambor, 7,5 cm de altura e cerca de 220 g, de sabor rico, amanteigado e encorpado. Pode ser preparado com leite pasteurizado ou não, diferença que será evidenciada em embalagens diversas. É enriquecido com creme de leite, tem em torno de 75% de teor de gordura, casca fina de cor creme e interior amarelo. Foi criado em 1951 por Henry Boursault, produtor de queijos da cidade de Perreux-sur-Marne, no Vale do Marne.

Boursin® Nome de um pequeno queijo cremoso francês, com temperos diversos, em especial alho e ervas, usado como aperitivo salgado. Criado em 1957 por François Boursin, é originário da Normandia e de Île-de-France, no norte da França. Feito com leite de vaca integral, é ainda enriquecido com creme de leite, o que eleva seu teor de gordura para 60%. Pode ser espalhado em biscoitos e torradas, salpicado em saladas e compor molhos.

Boxty Espécie de panqueca firme feita de batatas amassadas, farinha e fermento. Conta-se que foi criada na Irlanda durante a Grande Fome, no século XIX. Semelhante a um *scone*, sua massa é moldada em formato de círculo, depois cortada em quartos e assada em chapa sobre o fogo. É servida como acompanhamento de carne. Ver **Scone**.

Braciola Palavra italiana para o nosso bife rolê. Ver **Bife rolê**.

Braço Denominação da perna dianteira do boi, carne muito saborosa em ensopados.

Bradenham ham® De pele negra e carne rosada, trata-se de um presunto famoso produzido em Chippenham, no

Condado de Wiltshire (Inglaterra). Passa por processo suave de cura, por marinada de melaço, zimbro e coentro e, em seguida, por um período de amadurecimento de vários meses para alcançar seu sabor característico, delicado e adocicado. Sua receita data do século XVIII.

Bragenwurst Salsicha alemã de Vestfália, levemente defumada, preparada com carne e miolo de porco, aveia, carne de boi e de vitela.

Braise Palavra inglesa que significa cozer.

Bran Termo inglês que denomina o farelo de trigo.

Branco, molho Ver **Molho branco**.

Brandade Prato clássico francês que tem a textura de um purê, feito com bacalhau, azeite de oliva e leite. Em geral, é servido sobre torradas, às vezes com trufas negras picadas ou, ainda, frio, como antepasto. Tradicional nas regiões da Provença e do Languedoc, a brandade também é preparada em outras regiões mediterrâneas fora da França, nas quais pode incluir purê de batatas e alho.

Brandy Denominação usada em diversos países para bebidas alcoólicas destiladas de vinho ou frutas e, algumas vezes, grãos. São exemplos o conhaque, considerado o melhor deles, e o armanhaque. Quando destilado, o brandy é incolor. Sua cor é fruto do contato com a madeira ou material do recipiente onde matura, ou pode ser agregada artificialmente. Seu nome em inglês é proveniente do termo holandês *brandewijn*, que significa vinho tostado (destilado). Em francês, *eau-de-vie*.

Brandy butter Tradicional molho doce inglês conhecido também por *hard sauce*, feito com manteiga, açúcar e aromatizante batidos até se transformarem em creme macio. O açúcar utilizado pode ser o de confeiteiro, granulado ou mascavo; o aromatizante mais comum é o brandy, mas pode ser usado também o uísque ou o rum. Depois de pronta, a mistura é colocada em uma fôrma e levada ao refrigerador para endurecer. É desenformada antes de ser servida e, em geral, acompanha o *christmas pudding*. Ver **Christmas pudding**.

Brandy snap Doce de massa da culinária inglesa feito com farinha, manteiga, açúcar, xarope e gengibre. É assado em forno como um wafer e enrolado ainda quente em formato cilíndrico ou cônico. Depois de frio e crocante, é recheado com creme batido perfumado com brandy. Ver **Wafer**.

Branquear 1. Técnica culinária que consiste em mergulhar carnes ou legumes em água fervente por alguns minutos e, em seguida, em água fria, para interromper o cozimento. Esse procedimento tem vários objetivos: remover o cheiro forte de determinados alimentos, assim como destruir as enzimas responsáveis pela sua deterioração, antes do congelamento; facilitar a retirada da pele de tomates, amêndoas, castanhas etc.; e amaciar levemente legumes para saladas. 2. Técnica de horticultura pela qual alguns vegetais têm suas folhas embranquecidas ou impedidas de se tornarem verdes em razão de seu cultivo em completa escuridão. Em função desse processo, o preço da endívia belga é bastante alto.

Brasato Ver **Stracotto**.

Brasear Processo de cozimento lento em calor úmido, obtido pela fervura branda de pequena quantidade de líquido dentro da panela. É uma técnica indicada para carnes semiduras ou peixes firmes. O braseado clássico é feito em duas etapas: primeiro, a carne é dourada em um pouco de gordura; em seguida, o líquido (marinada, vinho branco ou tinto, ou fundo, dependendo do alimento a ser cozido) é adicionado com alguns vegetais, a panela é tampada e levada ao fogo ou forno, em baixa temperatura.

Brasserie Estabelecimento francês bastante informal, onde são servidos vinhos, cervejas e comidas simples.

Bratwurst Salsicha branca típica da cozinha alemã, feita com carne de porco e/ou de vitela, bacon, leite, cebolas picadas, gengibre, noz-moscada, alcaravia e coentro. Tem sabor muito delicado e textura lisa e fina. Deve ser mergulhada em água fervente por dez minutos antes de ser grelhada, frita ou cozida com outros alimentos. Em geral, é servida com batatas cozidas e chucrute.

Braunschweiger Salsicha alemã de fígado defumado, enriquecida com ovos e leite. Macia o suficiente para ser espalhada em torrada, é servida em temperatura ambiente.

Brazil nut Ver **Castanha-do-brasil**.

Brazo de gitano Doce da região da Catalunha (Espanha), é um rocambole elaborado com massa feita de ovos, açúcar e farinha de trigo, assada no forno. Pode ser recheado com creme de leite e gemas, creme de chocolate ou creme de café. Depois de enrolado, é recoberto com merengue ou, simplesmente, salpicado com açúcar.

Bread sauce Molho característico da culinária inglesa, leve, cremoso e perfeitamente adequado para acompanhar presunto ou aves domésticas e silvestres assadas. Para prepará-lo, são levados ao fogo leite, cebolas, cravos, migalhas de pão, alho e outros temperos, até ferver. Depois, acrescenta-se manteiga e mistura-se tudo.

Breakfast Palavra inglesa que equivale a desjejum.

Bredo Ver **Caruru**.

Bresaola Carne bovina originária da região da Lombardia (Itália), tratada com sal por, pelo menos, dois meses, de modo a ficar seca e curada. Pode ser utilizada como recheio de sanduíches ou como antepasto, cortada em fatias finas acompanhadas de azeite e limão. Ver **Antepasto**.

Bretonne, à la Refere-se a pratos preparados à maneira da Bretanha, região do noroeste da França. Tem como característica a utilização de feijões e vagens, em geral acompanhando carneiro.

Bretonne, molho Originário da França, é aveludado e cremoso, mais usado para acompanhar ovos ou peixes. É elaborado com vinho branco e creme de leite, além da mistura de cenouras, salsão, cebolas e alho-poró, picados e cozidos em manteiga. Para acompanhar carnes, há outra versão cuja base é um fundo acrescido de vinho branco, echalotas, purê de tomates, manteiga e salsinha.

Brevidade Bolinho doce feito em forminhas de papel frisado, tradicional e encontrado em padarias do Sudeste do Brasil. Os ingredientes de sua receita variam: pode ser feito com amido de milho, araruta ou polvilho de mandioca. Ver **Amido**, **Araruta** e **Polvilho**.

Brick Queijo feito nos Estados Unidos, em Wisconsin, em formato de tijolo (*brick*). Tem textura firme, cor que varia do amarelo pálido ao branco e sabor entre o doce e suave quando jovem e picante quando maduro. Seu período de cura é de, no mínimo, dois meses.

Brie Queijo mais antigo da França, criado na região situada entre o Sena e o Marne, ao sul de Paris, há mais de 1.200 anos. Conta a lenda que, no século VIII, o imperador Carlos Magno, de passagem por um convento de Reuil-en-Brie, experimentou um queijo que muito o agradou e, mais tarde, solicitou que sempre houvesse um deles em seu palácio de Aix-la-Chapelle. O alimento serviu, inclusive, como pagamento de imposto ao monarca durante um bom tempo e, no Congresso de Viena de 1814, foi considerado o "rei dos queijos", depois de participar de uma competição gastronômica contra 51 concorrentes, provenientes de outros países. De formato redondo, largo e chato e crosta branca, mede entre 32,5 cm e 40 cm de diâmetro. É feito com leite de vaca integral cru e sua massa tem textura semimacia, suave e cremosa, de leve sabor. Não maturado, a coloração da sua cobertura é branca e não alcança todo seu potencial de sabor; quando maturado, sua cor é amarelada, sua textura ainda mais macia e o sabor, mais forte e complexo. Os queijos de exportação são estabilizados, têm vida mais longa e não evoluem. Os *bries* artesanais, genuínos de fazendas da região, trazem impressa a marca dos lugares onde foram curados. Muitos *bries* são produzidos na região em torno de Paris, mas somente dois têm *Appéllation d'Origine Contrôlée* (AOC): o *brie de Melun*, de sabor frutado e com notas de cogumelos, e o *brie de Meaux*, com aroma de creme de leite, sabor muito suave e considerado o melhor deles. São encontradas também variações que incluem condimentos ou ervas. Ver **Appéllation d'Origine Contrôlée (AOC)**.

Brie au bleu Interessante variação de queijo *brie*, tem massa branca, semelhante à do *brie* tradicional, porém um pouco mais espessa e com alguns veios azuis. Feito de leite de vaca maturado, é perfurado e acrescido de fungos *penicillium* para estimular seu desenvolvimento. Tem sabor bastante suave.

Brigadeiro Docinho muito conhecido em todo o Brasil, é chamado negrinho na região Sul. Preparado com leite condensado e chocolate, recebe a forma de bolinhas, que são recobertas por chocolate granulado. Por seu tamanho, sabor e facilidade de elaboração, é muito utilizado em aniversários infantis. Nos últimos anos, passou por uma fase de glamorização, elaborado com inúmeros novos ingredientes em vez do, ou além do, chocolate. Mesmo o original, em alguns casos, tem sido usado em suas variações gourmet (chocolate de qualidade superior ou com maior teor de cacau, de sabor mais intenso). As novas coberturas são também variadas e mais sofisticadas.

Brill Ver **Garoupa**.

Brillat-Savarin Queijo normando criado por Henri Androuet por volta de 1930, em homenagem ao célebre gastrônomo francês. De textura muito macia, porém firme, seu teor de gordura é de 75%. Quando fresco, seu sabor é suave; maturado, com quatro ou cinco semanas, mais complexo. Tem aroma amanteigado que lembra nozes e formato de disco redondo, de cerca de 13 cm de diâmetro. Ver **Brillat-Savarin, Jean Anthelme**.

Brillat-Savarin, Jean Anthelme Político, além de apreciador da boa cozinha, nasceu em Belley (França), em 1755, e morreu em Saint-Denis, em 1826. É o autor de *A fisiologia do gosto*, obra fundamental da literatura gastronômica, considerada a "verdadeira certidão de nascimento da gastronomia". Filho de uma grande cozinheira, madame Aurore, desde pequeno interessou-se pela boa mesa. Magistrado e prefeito em sua cidade natal, lutou contra a pena de morte e, por isso, foi exilado pela Revolução Francesa, refugiando-se primeiro na Suíça e depois nos Estados Unidos. Reabilitado em 1797, voltou à França e, mesmo sem as propriedades de família e seu belo vinhedo, recuperou a disposição política e foi nomeado para a Suprema Corte por Napoleão. Em seu livro, Brillat-Savarin desliza com vivacidade por temas variados, mas sempre vinculados ao bem comer e beber. Ver **Gastronomia**.

Brine Ver **Salmoura**.

Brioche Pequeno pão de massa muito delicada, de origem francesa, preparado com farinha, manteiga, ovos e fermento. Pode ser feito em formato tradicional (*brioche à tête*), semelhante a um cogumelo com o topo mais largo e grosso e uma pequena bola de massa em cima, ou em formato de um pãozinho. Pode ser também preparado em fôrma alta e redonda, tal qual o chapéu de um chef, recebendo, nesse caso, o nome brioche mousseline. São encontradas inúmeras variações, dependendo da região onde é feito.

Brisée Nome em francês de um tipo de massa. Ver **Massa crocante ou brisée**.

Brix Escala de medida que indica a quantidade de açúcares presente em um líquido ou xarope com o uso de refratômetro, expressa em graus Brix (°Bx).

Broa Tradicional pão português de formato redondo e achatado, feito com fubá de milho, farinha de trigo, açúcar, fermento, ovos, gordura derretida e sal. As broas de milho são muito presentes no Sudeste do Brasil.

Brochete Palavra originária da França (*brochette*) que significa espeto. Tanto em português como em francês, denomina as carnes grelhadas no espeto.

Brócolis (*Brassica oleracea* var. *italica*) Pertencente à família das brassicáceas, é um vegetal verde da mesma espécie da couve-flor, do repolho e da couve-de-bruxelas. Considerado originário da península italiana, está presente na alimentação desde a época dos romanos. Para ser considerado saudável, deve ter talos brilhantes e flores firmes e bem verdes. São aproveitadas suas folhas, a parte tenra de seu caule, que deve ser descascado, e suas flores. Tem sabor característico e delicado e pode ser utilizado cozido em água e sal, com molhos variados, como suflê e recheio de tortas, misturado ao arroz, em sopas etc.

Brodo Termo usado na Itália para o caldo obtido pelo cozimento de carnes ou legumes. É base de muitos pratos da cozinha italiana.

Broinha de coco Um dos chamados doces de Pelotas (Rio Grande do Sul), sua receita não tem nada a ver com o que conhecemos como broa. Trata-se de um docinho redondo feito com gemas, açúcar e coco ralado engrossados no fogo, cuja superfície é brilhante em razão da aplicação de xarope de glicose. Sua textura é

macia, com sabor predominante de coco. Ver **Doces de Pelotas**.

Broken Palavra inglesa cujo significado é quebrado. Identifica uma classificação de folhas de chá. Ver **Chá**.

Brot Termo alemão para pão.

Brote Espécie de bolacha dura, de tamanho variado, vendida em Pernambuco. O nome deriva da palavra holandesa *brood*, que significa pão. Tanto o nome como a receita são herança da invasão da região pelos holandeses, entre 1630 e 1645.

Broto de bambu (*Bambusa vulgaris*; *Phyllostachys edulis*) Ingrediente muito utilizado na cozinha asiática tropical (China, Japão, Camboja e Vietnã), é a parte comestível de várias espécies de bambu. Há o broto de inverno, de cor creme e mais saboroso, além de mais caro; e o broto de primavera, mais escuro e duro, mais comum. De formato cônico e consistência levemente crocante, pode ser comprado cru, em conserva ou cozido. Se for adquirido cru, suas camadas externas devem ser removidas, pois são duras; depois de cortado, precisa ser afervenado antes da utilização.

Broto de feijão (*Vigna radiata*) Bastante utilizado pela cozinha oriental, seu uso foi introduzido no Brasil pelos japoneses, que o chamam de *moyashi*. Saborosos e nutritivos, os brotos têm cerca de 10 cm de comprimento e são obtidos de grãos de feijão-mungo colocados de molho para germinar. Vendidos sempre frescos, podem ser consumidos crus ou branqueados, como salada, ensopado, acompanhamento ou ingrediente de diversos pratos da culinária oriental.

Broto de samambaia (*Pteridium aquilinum*) Alimento muito consumido em Minas Gerais, no Espírito Santo e também na cozinha asiática. Servido, em geral, com costelinha de porco, angu e feijão, utiliza-se apenas a parte tenra do seu caule cozida, trocando-se a água do cozimento diversas vezes durante a fervura para retirar seu amargor. Estudos científicos, entretanto, identificaram uma grande toxicidade na planta, o que torna seu consumo desaconselhável. Também é conhecido por munheca.

Broto vegetal Obtido da germinação de grãos ou sementes de cereais, leguminosas e hortaliças, é uma rica fonte de nutrientes e vitaminas há muito tempo presente na alimentação humana. Entre os brotos mais comuns estão os de trigo, feijão, soja, alfafa, lentilha, beterraba e grão-de-bico. De acordo com algumas fontes, há registro de seu consumo no século III a.C., na China. Hoje, é valorizado em inúmeros lugares, inclusive no Brasil.

Brown sugar Açúcar resultante da mistura do açúcar refinado com melaço, o que lhe confere sabor e cor bastante característicos. Muito usado na Europa e nos Estados Unidos na feitura de pães, bolos e outros pratos doces.

Brownie Em geral, consumido cortado em quadrados, é um bolo típico americano, feito com chocolate, farinha de trigo, ovos e nozes picadas.

Brûlé Palavra francesa que significa queimado. Ver **Crème brûlée**.

Brunch Termo formado pela junção das palavras *breakfast* (café da manhã) e *lunch* (almoço), que denomina a refeição reforçada ingerida no fim da manhã ou início

da tarde (entre 11 e 15 horas), em substituição ao café da manhã e almoço. Inclui café, chá, torradas, pão, manteiga, geleias, omeletes ou ovos mexidos, panquecas, sucos, salsichas ou outro prato de embutido ou miúdo etc. Tradição inglesa, muito popular no início do século XIX, tornou-se prática aceita internacionalmente.

Brunello di Montalcino Vinho italiano produzido na Toscana, famoso no mundo inteiro, feito apenas com a uva Sangiovese, cultivada em torno da cidade de Montalcino. É uma *Denominazione di Origine Controllata e Garantita* (DOCG). Ver **Denominazione di Origine Controllata (DOC)**.

Brunoise De origem francesa, é um corte de vegetais no formato de pequenos cubos. O termo também é usado para se referir ao resultado da técnica, ou seja, ao conjunto de cubinhos de um ou mais vegetais misturados.

Bruschetta Especialidade da Toscana e da Úmbria (Itália) e usada como antepasto no país, seu nome provém de *bruscare*, cujo significado é grelhar sobre carvão. De coberturas variadas, sua base é feita com fatias de pão tostadas sobre a grelha, temperadas com alho, azeite, sal e pimenta.

Brussels sprout Ver **Couve-de-bruxelas**.

Brut Termo usado para definir vinhos espumantes e champanhes que sejam secos, isto é, contenham pouco açúcar. O teor máximo e mínimo dessa substância para obter tal classificação varia conforme a legislação do país produtor. Os champanhes *brut* devem conter entre 6 g e 12 g de açúcar residual por litro. Ver **Champanhe** e **Vinho espumante**.

Bruwurt Salsicha alemã defumada, pré-escaldada, que pode ser comida frita, cozida ou até mesmo crua.

B'steeya Torta marroquina feita com massa filo finíssima, que envolve uma mistura de carne de pombo ou frango cozido e desfiado, amêndoas picadas, ovos batidos, salsinha, gengibre, canela e outros temperos. É levada ao forno até ficar levemente castanha, quando então é retirada e polvilhada com açúcar e canela. Também é chamada de *pastella* ou *pastilla*.

Bucatini Massa italiana típica da região do Lazio, com formato de fios longos e grossos furados no centro. Sua espessura varia entre 2,5 mm e 3 mm, com paredes de 1 mm. Feita com trigo de grão duro e vendida seca, seu molho clássico é o *all'amatriciana*. Ver **Amatriciana, all'**.

Buchada Originário de Portugal, onde é denominado maranhos, é um prato típico do Ceará, mas encontrado também em todo o Nordeste brasileiro. Bastante pesado, consiste em um cozido de bucho (estômago) de bode ou carneiro, recheado com as diversas vísceras do animal e temperos, como vinagre, sal, cebolas, alho, salsa, louro, picados e misturados. Levado ao fogo em panela com água e toucinho, é cozido lentamente durante quatro ou cinco horas e servido com pirão feito com o próprio caldo do cozimento. Na Bahia, no Centro e no Sul do país, é chamado meninico de carneiro.

Bûche de Noël Doce natalino francês criado em Paris por volta de 1870, cujo formato assemelha-se ao tronco de uma árvore (*bûche* = tronco e *Noël* = Natal). É feito tradicionalmente com massa de *génoise* recheada e recoberta com creme de manteiga e chocolate, para alcançar a

cor e a textura de um tronco verdadeiro. É decorado ainda com nódulos e cogumelos, tudo com muito creme, açúcar, pistache e chantili. Hoje, entretanto, são produzidos também com diversos outros ingredientes e formatos. Ver **Creme chantili** e **Génoise**.

Bucheron Queijo francês elaborado com leite de cabra, conhecido também por *bûche de chèvre*. Com formato cilíndrico, semelhante a um tronco, sua casca é grossa, branca e canelada. Tem pouca gordura e sabor característico, diferente do paladar dos queijos feitos com leite de vaca. Em razão de ter consistência pastosa, pode ser espalhado e deve ser usado bem fresco.

Bucho Estômago de mamíferos ou peixes. Ver **Tripa**.

Buckwheat Ver **Trigo-sarraceno**.

Budare Utensílio das cozinhas venezuelana e colombiana herdado da culinária indígena. Trata-se de uma chapa redonda com cabo, usada para cozinhar ou tostar alimentos sobre o fogo, em especial os preparos à base de milho, como as *arepas* e as *humitas*. Era feito originalmente de argila cozida, hoje são produzidos de modo industrial em ferro fundido, aço ou alumínio. É conhecido também por *aripo*, na Venezuela, e *callana*, na Colômbia. Ver **Arepa** e **Humita**.

Bufê Mesa longa ou aparador com pratos frios e quentes servidos em um evento, disponibilizados de modo que os participantes se sirvam diretamente, escolhendo o que querem comer. Em geral, são oferecidos preparos variados de carne, peixe, frutos do mar, saladas, legumes e todos os molhos e acompanhamentos compatíveis. É comum que o bufê apresente apenas pratos frios ou variações de um único tema, por exemplo o tipo de alimento (massas, saladas), de ingrediente (camarão, salmão), a culinária regional ou nacional (pratos baianos, russos) etc. Na Idade Média, na Inglaterra, tratava-se apenas de um aparador, uma prancha de madeira, empregada como apoio na hora das refeições. Na Itália, consistia no local onde ficavam pousados os pratos frios antes de serem servidos. Na França, entretanto, o termo referia-se mais às bebidas que às comidas. No século XVIII, na corte francesa, montavam-se bufês de bebidas nos bailes para que os dançarinos pudessem se refrescar. As bebidas, com e sem álcool, eram arranjadas em grandes mesas, em vasilhas refrigeradas, acompanhadas apenas de biscoitos e pequenos salgados e doces. Somente no século XIX, por uma questão de praticidade, os franceses passaram a servir os alimentos de uma refeição dessa maneira.

Bulghur wheat Trigo-sarraceno, em inglês. Ver **Trigo-sarraceno**.

Bullshot Bebida preparada com caldo de carne, molhos inglês e tabasco, vodca e bitter. Ver **Bitter** e **Tabasco**.

Bun Pequeno pão doce da pastelaria inglesa. Tem massa leve e delicada, à base de fermento, ligeiramente doce e pode ser feito em diferentes formatos e variações. Assado, seu topo adquire cor dourada e brilhante. O *hot cross bun* é tradicional, mais temperado, e consumido apenas na Sexta-feira Santa. Era feito originalmente em homenagem à deusa anglo-saxã Eastre, cujo dia comemorativo era festejado na primavera. Com o início do cristianismo, esta foi abandonada aos poucos, mas os pães continuaram a ser preparados nessa época do ano, agora marcados com uma cruz em seu topo para manter o mal afastado.

Bündnerfleisch Carne-seca suíça, curada com sal e seca ao ar. É fatiada bem fina e deve ser degustada com pão, manteiga de qualidade, pimenta-do-reino moída na hora, cebolinhas e pepinos em conserva e uma boa cerveja. Especialidade da região de Grison, é também denominada *bündnerteller*, *bindenfleisch* ou *viande sechée de Grison*.

Buñuelo Bolinho de massa fina preparada com farinha de trigo, frito e que pode ter recheio ou cobertura, doce ou salgada. De formato esférico ou achatado, é originário da pastelaria mourisca da Península Ibérica e dali passou a ser conhecido em toda a América Latina espanhola. Outro com a mesma massa e elaboração é encontrado no Marrocos, na Grécia, na Turquia e no Oriente Médio. Está sempre presente no Ramadã e no Chanuca.

Buquê Termo aportuguesado derivado do francês *bouquet*, é o conjunto de aromas terciários dos vinhos, produzidos durante o processo de envelhecimento em garrafa. Predominante nos vinhos tintos, pode lembrar aromas reconhecidos também em outros alimentos ou substâncias, como na baunilha, na amêndoa, no cravo, em frutas secas, em certos tipos de madeira, no couro etc.

Buriti (*Mauritia flexuosa*) Espécie de palmeira encontrada no Brasil, do Pará a São Paulo. É também conhecida por buritizeiro, muriti ou muruti. Dela são aproveitados, para fins culinários, os frutos, o broto terminal e o caule. O fruto, conhecido pelo mesmo nome, tem polpa carnosa, amarela, oleosa e doce, usada para doces e refrescos, e sua amêndoa produz um óleo muito fino e comestível. Do broto terminal extrai-se um palmito muito gostoso e do caule pode ser retirada, por incisão, seiva de excelente sabor.

Burns night Tradicional comemoração escocesa na noite de 25 de janeiro, em que é homenageado o maior poeta do país, Robert Burns. As festividades, em geral conduzidas pelas *Burns Societies* (sociedades civis que cultuam a obra do escritor), têm um ritual variado, mas com alguns pontos fundamentais: serve-se *haggis*, tocam-se gaitas de fole e o gaiteiro recebe uma medida de uísque. O cardápio básico consiste em *cock-a-leekie soup*, *herring and tatties*, *haggis* com nabos, bolos de farinha de aveia e um pão escocês denominado *guidbread*. Ver **Cock-a-leekie** e **Haggis**.

Burrata Queijo originário da região da Puglia (Itália), fresco, artesanal e muito branco, feito da mistura de massa de muçarela e creme. Preparado com leite de búfala ou de vaca, sua parte externa, fina, é de *pasta filata* e seu interior contém coalhada com creme de leite. Antes de ser embalado, é envolto nas folhas da liliácea *Asphodelus ramosus*, cuja cor indicará o tempo de existência do queijo: quanto mais verde a planta, mais fresco o queijo. Quando cortado, seu interior cremoso e amanteigado escorre. Recomenda-se consumi-lo em até 48 horas após a fabricação. A *burrata* é usada, entre outras maneiras, com saladas, pães, presuntos, tomates e massas. Ver **Pasta filata**.

Burrino Ver **Butirro**.

Burrito Tortilha mexicana de farinha de trigo, enrolada e fechada para conter o recheio temperado, que pode ser de carne desfiada, feijões, queijo picado, creme azedo, alface, entre outros. Ver **Tortilha**.

Butarga Ova de peixe submetida a tratamento para conservação por meio de salga, prensagem e secagem. Produzida por egípcios e fenícios já na Antiguidade, tornou-se uma especialidade em diversos países em torno do Mediterrâneo. O método é aplicado tradicionalmente às ovas de tainha, mas também são produzidas butargas com atum e espadarte, entre outros. Cortada em fatias finas ou ralada, pode ser consumida em canapés, sobre torradas, com massas etc. Ver **Ovas**.

Butirro Também conhecido por *burrino*, é um queijo em formato de pera, feito na Calábria, Basilicata e em Molise, regiões do sul da Itália, de sabor amanteigado e adocicado. Trata-se de uma variação do *caciocavallo*, porém seu miolo é totalmente recheado com manteiga. Sua massa externa é semidura, firme e cor de palha. Ver **Caciocavallo**.

Butter Manteiga, em inglês. Ver **Manteiga**.

Butter curler Espécie de instrumento culinário. Ver **Ondulador de manteiga**.

Butterscotch 1. Preparo de confeitaria, consiste na mistura de manteiga com calda de açúcar marrom (*brown sugar*). É muito usado na elaboração de balas, calda para sorvetes e cobertura para bolos e biscoitos. Ver **Brown sugar**. **2.** Molho doce feito com creme de leite, manteiga, açúcar marrom ou mascavo e limão.

Buza Bebida alcoólica fabricada no Egito por meio da fermentação de tâmaras.

Byblin Vinho doce produzido na Fenícia na Antiguidade, citado em muitas obras da época. Era originário de Biblos.

Byrrh Aperitivo francês feito com vinho tinto misturado à água de quinino.

Cabelinho-de-anjo Ver **Aletria**.

Cabernet Franc (*Vitis vinifera*) Cepa de uva nobre originária da França, usada no corte bordalês – mistura de variedades da fruta, característica de Bordeaux. Menos tânica que a Cabernet Sauvignon, fornece vinhos frutados, agradáveis, que podem ser consumidos jovens. É uma das uvas finas para tintos que mais se adaptaram às terras e aos climas da América do Sul, também utilizada com bons resultados na Nova Zelândia e nos Estados Unidos.

Cabernet Sauvignon (*Vitis vinifera*) Cepa de uva com a qual são feitos os melhores vinhos tintos da região de Bordeaux (França). Lá, a potente Cabernet Sauvignon é combinada com outras variedades, em especial a Merlot e a Cabernet Franc. Quando amadurecida por completo, produz vinho intenso, de sabor acentuado, que deve envelhecer durante certo tempo para apresentar melhor suas qualidades. Uma das uvas mais conhecidas e plantadas fora de sua região original, é cultivada na Califórnia, considerada o segundo melhor local do mundo para seu plantio, na Itália, no Chile, na Argentina, na Austrália e no Brasil, entre outros lugares. Fornece à bebida aroma marcante de groselha preta.

Cabidela Prato da cozinha portuguesa que consiste em um ensopado de ave (pato, peru, galinha ou ganso) em cujo molho mistura-se o sangue do animal. Também conhecido por "ao molho pardo". Ver **Galinha ao molho pardo**.

Cabinet pudding Pudim tradicional da culinária inglesa, denominado também *chancellor's pudding*, muito popular em toda a Inglaterra. É feito com migalhas de pão (ou de bolo) e groselha cozida em

creme, e aromatizado com limão ou baunilha. Deve ser servido quente, em geral com creme inglês. Hoje, em vez da groselha cozida, já são usadas cerejas e outras frutas cristalizadas. Ver **Creme inglês**.

Caça O termo se refere a todo animal silvestre comestível, muitas vezes capturado em seu habitat natural. Hoje, alguns são criados em cativeiro, de modo a suprir a mesa e preservar a espécie. Com exceção do pato selvagem, a maioria das caças tem pouca gordura. O sabor das carnes é bastante acentuado e tem características distintas. Grande parte dos fornecedores já vende o animal pronto para ser cozido, ou seja, morto, sangrado, sem pelo ou penas e cortado em peças, se for o caso. No entanto, as aves geralmente são vendidas inteiras e devem ser amarradas para que suas pernas e asas não se separem do corpo durante o cozimento. As caças de carne mais seca devem ser lardeadas ou bardeadas, conforme o caso, antes de cozinhar. O modo de cozimento dependerá do tipo de caça: alguns são mais indicados para assar; outros, para grelhar; outros, ainda, para refogar ou ensopar. Entre os animais silvestres mais consumidos estão a perdiz, a codorna, o gamo, o javali, o galo silvestre, o marreco, o pato selvagem, o faisão, o veado, a lebre, o pombo selvagem etc. São acompanhamentos tradicionais as geleias de groselha ou maçã, molhos de mirtilo e de vinho, *croûtons*, batatas fritas em lâmina etc. Ver **Bardear**, **Croûton**, **Lardear** e **Mirtilo vermelho**.

Caçador, molho Ver **Chasseur**.

Cação-viola (*Rhinobatos percellens*) Tubarão pequeno muito encontrado no Atlântico, bastante consumido no Brasil. Da família dos rinobatídeos, trata-se de um peixe elasmobrânquio. Seu corpo tem forma alongada com fendas branquiais laterais, pele de coloração verde-oliva com faixas transversais escuras e comprimento que pode alcançar 1 m. Conhecido também por viola, seu nome deriva de seu formato, já que tem cabeça e nadadeiras largas e cauda longa, assemelhando-se ao instrumento musical. Sua carne firme é, de modo geral, vendida em filés ou em postas espessas, indicadas para moquecas ou empanados. Contudo, é uma espécie atualmente considerada vulnerável.

Caçarola 1. Utensílio culinário, é uma panela bojuda com alças e tampa, feita de metal, vidro, barro, cerâmica ou outro material à prova de calor. Seu formato é próprio para cozinhar alimentos no fogo lento. Ver **Casserole. 2.** Termo usado para identificar o que é cozido dentro do utensílio – ingredientes diversos como carnes, legumes, grãos e qualquer alimento que se julgue apropriado, em geral mais de um ao mesmo tempo, muitas vezes complementados por uma cobertura de queijo ou migalhas de pão. É comum levar-se o preparo à mesa na própria caçarola em que foi feito.

Cacau (*Theobroma cacao*) Da família das malváceas, é o fruto do cacaueiro, árvore nativa da América Latina, da região situada entre a Amazônia e o México, onde foi encontrado pelos espanhóis no século XVI. Contém sementes que, depois de fermentadas, secas, torradas, trituradas, prensadas e refinadas, transformam-se em uma massa, base para a elaboração do cacau em pó e do chocolate. Depois de moídas, elas podem ser usadas de imediato no preparo de bebidas, mas em geral é do chocolate já pronto que se faz a bebida mais aceita, a qual pode ser consumida quente ou fria. Sua gordura é denominada manteiga de cacau. No México, onde

utilizavam suas sementes como unidade monetária, tratava-se de um alimento essencial, registrado por Hernán Cortés em 1516. No período do Brasil Colônia, o cacau era consumido somente em parte da região amazônica, local em que foi encontrado em forma nativa. Os indígenas utilizavam os frutos triturados, peneirados com água, para acompanharem o alimento. A Bahia recebeu as primeiras mudas da planta entre o fim do século XVII e início do XVIII e tornou-se o principal polo de cultivo no Brasil, pois o fruto ambientou-se muito bem. Ver **Chocolate**.

Cacciatore Palavra italiana cujo significado é caçador, nomeia pratos que contêm cogumelos, cebolas, tomates, ervas variadas e, às vezes, vinho.

Caciocavallo Queijo italiano da região Sul da Itália, conhecido desde o século XIV, a princípio feito com leite de jumenta. Hoje é preparado com leite de vaca ou de ovelha e tem sabor suave, levemente salgado, e textura macia quando jovem. Pertence ao mesmo grupo da muçarela e do provolone, o da *pasta filata*, que significa ter sido esticado e formatado manualmente. O modo como é pendurado durante o período de amadurecimento explica seu formato alongado, com pescoço e uma pequena bola na parte superior. Quando está novo, é branco leitoso; após maturação de dois a quatro meses, passa a ter cor amarelada e está pronto para o consumo. Para ser utilizado na cozinha ou ralado, porém, deve maturar por 12 meses, período em que seu sabor se torna mais forte e salgado. Pode ser encontrado fresco ou defumado. Ver **Pasta filata**.

Cacciucco di Livorno Cozido marinho, da região Noroeste da Itália, feito com mexilhões, peixes e legumes. Ver **Caldeirada**.

Cacete Pão feito com farinha de trigo, longo e fino, muito semelhante à bisnaga ou à baguete. Recebe esse nome no Nordeste do Brasil e, em especial, na Bahia. No diminutivo, cacetinho, denomina, no Nordeste e no Sul, o pãozinho conhecido no resto do país como pão francês.

Cachaça Destilado genuíno brasileiro, com mais de quatro séculos de história. Pertencente à nobre família das aguardentes, é feito à base de cana-de-açúcar, leveduras e água. Seu processo de fabricação passa pelas etapas de moagem da cana, fermentação do mosto, decantação e destilação. Depois do envelhecimento em tonéis de madeira (carvalho, bálsamo, vinhático, jequitibá rosa ou outras), adquire sabor e cheiro. Para coquetéis, deve ser usada a cachaça pura, não aromatizada com ervas ou madeiras. Os drinques mais conhecidos em que é utilizada como base são a caipirinha e a batida de frutas. Tem teor alcoólico em torno de 39%.

Cacholeira Embutido português de inverno, da região do Alentejo, preparado com fígado e carne de porco, alho, colorau e vinho branco. Devem ser utilizadas tripas finas, que, em seguida, são secas no fumeiro. Antes de ser consumida, é assada no espeto.

Cachorro-quente Sanduíche feito de salsicha cozida quente colocada no meio de um pão de formato longo, com mostarda e ketchup ou, então, com molho de tomates, pimentões e cebolas. Algumas variações de acompanhamento são possíveis: pode ser servido com maionese,

purê de batatas, picles e batata frita, entre outros. A expressão que caracteriza esse alimento em inglês – *hot dog* – surgiu em 1900, no Polo Grounds, Nova York, à época o mais importante estádio de beisebol dos Estados Unidos. Harry M. Stevens, que explorava o bar do local, em um dia muito frio resolveu inovar e servir sanduíches de salsichas quentes. Então, Thomas A. Dorgan, cartunista do período, aproveitou para publicar uma charge a respeito: um cão bassê no Polo Grounds. Com isso, o nome ficou famoso. O registro da vinda do cachorro-quente para o Brasil aconteceu por acaso. Em 1928, ao encontrar o grande cinegrafista Francisco Serrador em Nova York, Luís da Câmara Cascudo perguntou-lhe o que levava de novidades para o Brasil daquela viagem. Ele respondeu: "Uma ideia fantástica, de seguro sucesso. Trata-se do hot dog, a que chamarei mesmo cachorro-quente e cujas máquinas já estão compradas. Garanto-lhe que será um tiro" (CASCUDO, 2011, p. 697).

Caecubien Vinho romano, afamado e conhecido pelo escritor romano Plínio, pelo poeta latino Horácio e pelo escritor grego Ateneu, o qual o descreveu como "de raça, generoso e capitoso". Ver **Ateneu**.

Caerphilly Queijo da região de Glastonbury Tor (Inglaterra). É branco, de perfume suave, textura macia mas firme, e com sabor doce ou ácido, ligeiramente picante. Considerado digestivo, é indicado, em especial, para ser servido como sobremesa, por exemplo com torta de frutas. É semelhante ao *cheshire*, ao *lancashire* jovem e ao *wensleydale*, e deve ser utilizado fresco. Embora hoje em dia seja produzido somente na Inglaterra, deve seu nome a uma cidade do País de Gales, de onde é originário. Ver **Cheshire**, **Lancashire** e **Wensleydale**.

Caesar salad Salada muito conhecida nos Estados Unidos, à base de alface-romana com molho composto de azeite, vinagre, alho, mostarda, pimenta-do-reino, gemas de ovos e anchovas. Sobre ela, colocam-se *croûtons* e queijo ralado. Conta-se que foi criada em 1924 pelo chef italiano Caesar Cardini, em seu restaurante em Tijuana (México). Ver **Croûton**.

Café 1. (*Coffea arabica*) Fruto do cafeeiro, da família das rubiáceas, é originário de Kaffa (Etiópia). Foi da Península Arábica, contudo, que seu cultivo expandiu-se. Chegou ao Pará em 1723, trazido da Guiné Francesa por Francisco de Mello Palheta. Mais tarde foi levado para o Maranhão e para o Rio de Janeiro, disseminando-se no Sudeste somente no século XIX. **2.** Bebida preparada com o grão do café seco, torrado e moído, a que se adiciona água quente. A variedade e origem do grão, o tipo de colheita, o processo de secagem e o tempo de torra definem o sabor e a qualidade do resultado. Para ser preparado, além do modo tradicional com chaleira e coador, pode-se usar cafeteira italiana, prensa francesa e máquina de café expresso, entre outras opções. O grau de moagem varia de acordo com o tipo de preparo a ser empregado. Para sua feitura, a água não deve ferver, caso contrário o sabor é alterado; depois de pronto, não deve ser reaquecido, pois se torna mais amargo. Outros ingredientes podem ser acrescentados para complementar o gosto da bebida, como no caso do cappuccino, do *irish coffee*, do café *macchiato* etc. Além de em grãos e moído, o café também é comercializado em pó solúvel instantâneo, que pode ser usado, tal qual a bebida, como ingrediente de bolos, doces, tortas e sorvetes. O preparo sob infusão é invenção árabe, em data incerta. A utilização do filtro para retenção do pó ocorreu em momento posterior,

atribuída aos venezianos; já a ingestão após a refeição foi criação brasileira. **3.** Nome dado ao estabelecimento comercial que serve, de preferência, café e outras bebidas não alcoólicas, denominado também, em português, cafeteria. Como acompanhamento, costuma oferecer comidas de consumo rápido, como sanduíches, bolos, tortas e doces. Em inglês, *coffee shop* e *coffee house*. As primeiras lojas a oferecerem o serviço localizavam-se na península arábica; no fim do século XV, já estavam presentes em Meca. Em torno de 1554, podiam ser encontradas também em Constantinopla, de onde provavelmente a bebida se difundiu para o Ocidente. Em 1686, abriu as portas em Paris o Café Procope, que se tornaria um dos mais importantes pontos de encontro de artistas e intelectuais no chamado "Século das Luzes". Voltaire, Rousseau e Diderot foram alguns dos que passaram por suas mesas. Ver **Café macchiato**, **Cappuccino** e **Irish coffee**.

Café brûlot Bebida tradicional de Nova Orleans (Estados Unidos), consiste na mistura de café com especiarias, casca de laranja, limão e brandy. Feito, em geral, em recipiente à prova de calor, ele é aceso e, então, vertido nas xícaras. Ver **Brandy**.

Café colonial Refeição característica do Sul do Brasil, trata-se de uma grande mesa com bolos, tortas, queijos, doces, geleias, pães, pequenos salgados, frios, além de bebidas como chá, café, leite e chocolate. É servida no fim da tarde em ocasiões especiais ou disponibilizada durante todo o dia em cafés da região serrana do Rio Grande do Sul.

Café com leite Tradicional no desjejum brasileiro – refeição mais conhecida por café da manhã –, trata-se de uma mistura em partes iguais de leite escaldado e café, adoçada com açúcar. Em 1822, passando pelo Rio de Janeiro e por São Paulo, o viajante francês Saint-Hilaire registrou em seu livro o contato com a bebida, que já era consumida pela Europa elegante desde o século anterior. Em francês, *café-au-lait*.

Café expresso Ver **Expresso**.

Café macchiato Variação italiana, é o café expresso combinado com uma boa quantidade de leite cremoso vaporizado, um pouco de chocolate e canela em pó. É servido em xícaras próprias para café expresso; quando em caneca alta, de vidro ou porcelana, é chamado *caffè latte*.

Café mocha Preparado com café expresso misturado a calda de chocolate e leite cremoso vaporizado. É servido, em geral, em caneca alta.

Café turco Também conhecido por café grego, é feito com pó de café misturado com açúcar e fervido com água. Depois de pronto, é colocado em xícara e aguarda-se alguns minutos até que o pó assente no fundo.

Café vienense Café preto, frio, coberto de creme chantili, servido em copos *long drink*. Ver **Creme chantili**.

Cafeína Composto orgânico encontrado em alimentos como chocolate, chá, café. Estimula o sistema nervoso, a liberação de insulina no organismo, os rins e o coração, além de dilatar os vasos sanguíneos.

Cafta Ver **Kafta**.

Cafuné Denominação, na Bahia, da polpa do coco do dendê, quando ainda novo. É muito apreciada por seu sabor.

Caiçuma 1. Bebida popular e tradicional do Pará cujo preparo dura três dias, feita com pupunhas fermentadas ou milho cozido, pouco pilado. Depois de cozido, o ingrediente básico é dissolvido em água e escumado. 2. Molho amazônico de origem indígena, elaborado com sumo de mandioca fervido, o tucupi, misturado com farinha de mandioca e engrossado. Os ticunas, que vivem perto do rio Solimões, preparam-no com aipim (massa de mandioca-doce). Ver **Tucupi**.

Caiena Ver **Pimenta-de-caiena**.

Caipirinha Coquetel bastante famoso, cujo nome evoca sua origem interiorana: nasceu no interior do estado de São Paulo como uma derivação dos remédios populares, caseiros, à base de cachaça combinada com limão, alho, mel e ervas. Seus ingredientes, cachaça, açúcar e limão taiti, fazem com que a bebida funcione como adstringente quando associada a pratos mais pesados, como feijoada e churrasco.

Cajá (*Spondias mombin*) Fruto do cajazeiro, da família das anacardiáceas, conhecido também por taperebá e cajá-mirim. Tem o tamanho de uma ameixa e casca amarelo-ouro, sua polpa é ácida e muito utilizada em sorvetes, refrescos, compotas e geleias. Quando fermentado e destilado, é usado, ainda, para a produção de um ótimo licor denominado vinho de taperebá, bastante usado na Amazônia.

Cajá-manga (*Spondias dulcis*) Do mesmo gênero do cajá, o cajá-manga é do tamanho de uma pequena manga, de casca fina, amarelo-esverdeada, com manchas em cinza-escuro. Sua polpa é suculenta, de coloração amarela brilhante. Também ácido, é mais utilizado na confecção de doces, refrescos e sorvetes. Suas sementes têm uma formação que as adere à polpa, como um gancho.

Cajeta Calda grossa ou pasta feita de açúcar caramelizado e leite. Por tradição, usava-se o leite de cabra, mas hoje o leite de vaca é o mais empregado. É muito utilizada como sobremesa, calda para sorvete ou salada de frutas no México e em outros países da América Latina.

Caju (*Anacardium occidentale*) Fruta brasileira do Nordeste, muito popular e peculiar. Bastante difundida, sua polpa era utilizada pelos indígenas como alimento, sua castanha para o preparo de vinho e sua floração para a contagem dos anos. Os portugueses levaram mudas para a África e a Ásia, onde seu cultivo se desenvolveu rapidamente, tornando Moçambique e Índia grandes exportadores de castanha. É composto de duas partes: uma carnosa, conhecida popularmente como fruta, mas que, na verdade, é apenas um pedúnculo hipertrofiado; a outra, denominada castanha, é a verdadeira fruta do cajueiro. Bastante saboroso, doce e rico em vitaminas, seu pedúnculo é utilizado para o preparo de sucos, mocororó, jeropiga, tumbança, sorvetes, doces cristalizados, em pasta e em compota. A castanha é usada quase sempre torrada: salgada, serve como aperitivo; moída, grossa ou fina, pode completar pratos doces e salgados, como biscoitos, sorvetes, tortas, saladas, farofas, frigideiras e risotos. Ver **Jeropiga**, **Mocororó** e **Tumbança**.

Cajuína Tradicional no Piauí, é uma bebida sem álcool muito popular no Nordeste, preparada com o suco do caju coado e cozido em banho-maria. Apresenta cor âmbar, resultado da caramelização dos açúcares do próprio suco, aparência transparente e sabor delicioso. Por ser produzida ainda de modo bastante artesanal, sua doçura e tonalidade podem variar. Seu preparo é bastante interessante e tem passos inusitados: o caju não deve ser lavado com água, mas com o próprio sumo; deve ser moído, espremido e filtrado; ao sumo extraído, adiciona-se gelatina em pó dissolvida previamente para a retirada do tanino; em seguida, é feito o processo de clarificação, em que o líquido repousa e a matéria sólida se deposita; o líquido resultante passa, então, por uma série de filtragens em saco de pano, até ficar cristalino; depois disso, é envasado em garrafas de vidro, que são hermeticamente fechadas, e vai para o cozimento e pasteurização por cerca de 30 minutos.

Cajun Estilo de cozinha característico da região de Nova Orleans que consiste na combinação da comida francesa com a utilizada no Sul dos Estados Unidos, mas de maneira simples, sem sofisticação. Essa associação teve início em 1784, quando franceses acadianos – primeiros colonos a se instalarem no Norte do continente americano, onde fundaram a Acádia, uma das colônias da Nova França, no território em que hoje é o Estado do Maine e o leste do Canadá –, foram expulsos de sua região pelos ingleses. Levados para a Louisiana, então território francês, passaram a mesclar e fundir suas receitas com as da terra. Os habitantes locais tomaram de empréstimo a palavra *acadians*, transformando-a em *cagians* e *cajuns*. Sua principal característica é o estilo campestre, forte, em que se usa muito o roux escuro, gordura de animais e especiarias, além de pimentas-verdes, cebolas, aipo e um tempero feito de sassafrás, denominado *filé powder*. Às vezes, é confundido com a cozinha *créole* ou crioula, mas, embora tenha algumas características bastante semelhantes, trata-se de uma culinária à parte, mais rústica, menos refinada que a outra. Alguns de seus pratos mais tradicionais são o jambalaia, o *dirty rice*, pratos com embutidos e o *coush-coush*. Ver **Créole**, **Dirty rice**, **Filé powder** e **Jambalaia**.

Cala É uma espécie de bolinho africano feito com arroz, fermento, açúcar e temperos.

Calamar Ver **Lulas**.

Cálamo (*Acorus calamus*) Da família das aráceas, também chamada cálamo-aromático, vacha ou ácoro, é uma planta herbácea originária do Mar Negro, hoje muito disseminada na Ásia e na Europa. Suas raízes, secas e transformadas em pó, são utilizadas para aromatizar doces em substituição à canela. Seu caule talhado era usado como instrumento de escrita em papiros e pergaminhos.

Calda Solução de açúcar em água obtida por meio de fervura que, dependendo da quantidade do primeiro em relação ao segundo componente, adquire consistência mais grossa ou mais rala. De acordo com o tempo de cozimento, perde mais ou menos água, tornando-se mais ou menos concentrada e desenvolvendo características diferentes, ao que chamamos ponto de calda, cuja verificação pode ser feita com o auxílio de termômetro próprio ou pelo comportamento da calda em contato com a água fria. Assim que alcançar o ponto adequado, a panela deve ser afastada do fogo e a calda empregada no preparo em seguida. Pontos de calda e suas características: (a) ponto de fio leve, 101 °C – quando puxada com garfo, forma longos fios finos à medida que vai esfriando no ar; usada para cremes e docinhos; (b) ponto de fio forte, 103 °C – escorre do garfo em fios grossos que custam a cair; usada para compotas; (c) ponto de cabelo, 106 °C – coloca-se uma porção de calda entre os dedos depois de molhá-los em água gelada, e, ao abri-los, forma-se um fio forte; usada para doces em pasta, geleias e recheios; (d) ponto de pérola, 108 °C – ao retirar um pouco de calda com uma colher, forma-se um fio ainda mais resistente que o do ponto anterior; (e) ponto de bala mole, 110 °C – o pingo da calda em água deve formar uma bala mole; para balas, rapaduras e doces em pasta; (f) ponto de voar, 112 °C – retira-se um pouco de calda com uma escumadeira e assopra-se o que escorre, formando-se bolhas que se separam; usada em glacês, fondants e merengues; (g) ponto de assoprado, 115 °C – retira-se um pouco de calda com uma escumadeira, formando bolas maiores e mais resistentes que as do ponto anterior; usada para fios de ovos; (h) ponto de espelho ou de pasta, 117 °C – a calda escorre do garfo em lâminas; usada para frutas cristalizadas, bom-bocado e baba de moça; (i) ponto de bala dura, 125 °C – o pingo da calda em água deve formar uma bala dura com consistência quebradiça; para espelhar doces e para balas de coco e de ovos; (j) ponto de caramelo, 145 °C – depois de fria, ela fica transparente, com aparência vítrea, perfume de caramelo e tonalidade dourada; usada para forrar fôrmas de pudim, como base para cremes, pavês e *praliné*.

Caldeirada 1. Prato de pescadores encontrado na maior parte das regiões marítimas, que consiste em cozinhar peixes variados em um caldeirão sobre o fogo, adicionando condimentos que variam de região para região. Os ingredientes mais comuns são pimentão, tomate, açafrão, vinho branco, cebola e alho. Em uma caldeirada bem-feita, há peixes que não serão ingeridos, úteis apenas para perfumar, e outros para degustar. O mérito do prato está mais ligado à natureza dos produtos e à sua proveniência do que propriamente à receita, que é simples e banal. Alguns exemplos de caldeiradas bem conhecidas são a *bouillabaisse*, a *calderada* espanhola, a *bourride de Sète*, o *cacciucco di Livorno* e a *bourride marselhesa*. Ver **Bouillabaisse, Bourride de Sète, Bourride marselhesa** e **Cacciucco di Livorno**. 2. Ensopado de frutos do mar famoso na culinária portuguesa, derivado de um prato de pescadores cujos ingredientes são, em especial, pequenos peixes e frutos do mar sem valor comercial. Hoje é um preparo popular em toda a orla marítima do país, feito com peixes, polvo, lula, lagostins, lagostas, camarões e mariscos fritos em azeite, arranjados no caldeirão em camadas, entre as quais são intercaladas cebolas, tomates, batata, cheiro-verde e louro. Rega-se com água e sal, para o cozimento.

Calderada Sopa espanhola da região da Galícia, feita com frutos do mar.

Caldereta asturiana Ensopado de peixes e frutos do mar semelhante à *bouillabaisse*, típico da região das Astúrias (Espanha). Acrescentam-se também em seu preparo azeite, cebola, pimentão, especiarias e vinho branco. Ver **Bouillabaisse**.

Caldereta de carnero Ensopado tradicional da culinária da região da Estremadura, no oeste da Espanha, feito com pedaços fritos de carneiro refogados em azeite, pimentão, cebola e tomate, ao qual são incorporados alho, pimenta, vinho branco, caldo de carne e pão frito. Prato semelhante já era preparado na região pelos árabes à época da ocupação, do século VIII ao XV. Ver **Carne de carneiro**.

Caldinho de feijão Tira-gosto dos mais apreciados, trata-se de quase uma síntese da feijoada. Feito com feijão cozido com carne-seca, muito bem temperado com refogado de alho, sal e gordura de torresmo. Depois de batido no liquidificador, é colocado em caneca de barro ou copinho de vidro, enfeitado com pedacinhos de torresmo crocante e salsinha picada. Ver **Feijão**, **Feijoada**, **Tira-gosto** e **Torresmo**.

Caldinho de mocotó Tira-gosto tradicional, cuja preparação consiste em bater no liquidificador a carne do mocotó, muito bem cozida, com um pouco da água do cozimento e um refogado bem temperado com cebola, alho, sal, linguiça picada, cúrcuma e temperos verdes picados. Para enfeitar o copinho no qual é servido, são usados desfiado de mocotó e salsinha picada. Ver **Mocotó** e **Tira-gosto**.

Caldinho de sururu Entrada muito encontrada em todo o litoral brasileiro, do Nordeste ao Sudeste, o prato é muito saboroso e ótima abertura para a refeição. Os sururus, ainda nas conchas, são fervidos em água com um bom refogado de alho, cebola, sal, pimenta, cabinhos de coentro e tomates. Depois de abertas as conchas, eles são retirados, uma parte é batida no liquidificador com o caldo do cozimento já peneirado e volta à panela. Para temperar, são usados azeite de dendê ou leite de coco, além de sal, seguidos de batata ou aipim, cozidos e amassados para alcançar a consistência final. Quando finalizado, o caldo é vertido no copo e enfeitado com sururu e coentro fresco picado. Ver **Mandioca** e **Sururu**.

Caldo 1. Na linguagem de cozinha profissional, é um fundo que, além dos ingredientes básicos, é fortificado pela adição de carne. Trata-se de um preparo já temperado e pronto para ser consumido – por exemplo, em consomê ou outro tipo de sopa fina. Ver **Consomê**. **2.** No Brasil, utiliza-se o termo "caldo" para se referir também aos fundos. Ver **Fundo**.

Caldo de cana Sumo procedente da cana-de-açúcar prensada, também denominado garapa. Muito comum nas feiras livres, é encontrado com facilidade nas regiões Nordeste e Sudeste do Brasil. Por se alterar e fermentar com facilidade, deve ser bebido logo após sua extração.

Caldo de piranha Prato saboroso e forte, muito apreciado no Pantanal mato-grossense. Preparado com carne de piranhas temperada com limão e sal, refogada em óleo, cebola, tomate e alho e cozida em caldo. Depois de pronta, as espinhas são eliminadas e a carne é batida no liquidificador com o caldo do cozimento. É temperado à mesa com pimenta-malagueta. Ver **Pimenta-malagueta** e **Piranha**.

Caldo de turu Muito apreciado na Amazônia, em especial na Ilha de Marajó, é preparado com turus sem cabeça e sem tripa, com o caldo arroxeado que liberam, além de um refogado de alho, cebola, pimentões e tomates em cubos. O cozimento deve ser rápido para que não fiquem borrachudos. Tempera-se com sal, pimenta, chicória do Pará, alfavaca, coentro e limão. Há quem goste de temperar também com leite de coco. Ver **Turu**.

Caldo verde Sopa tradicional portuguesa feita com batatas cozidas em água, que em seguida são amassadas e retornam ao caldo, couve cortada em tiras bem finas e rodelas de chouriço ou paio, além do tradicional azeite.

California jack Ver **Monterey jack**.

Calisson Ver **Treize desserts de Nöel**.

Callaloo 1. (*Amaranthus tricolor*) Planta caribenha de folhas comestíveis, verdes e largas. **2.** Sopa tradicional do Caribe feita com as folhas do *callaloo*. Dependendo de onde é preparada, pode conter diferentes ingredientes, como leite de coco, pimenta *Capsicum*, quiabo, inhame e carnes. Ver **Pimenta Capsicum**.

Calor residual Calor que persiste após sua fonte ter sido desligada ou afastada, como o do forno depois de desligado, o da panela depois de afastada da chama e o retido no alimento recém-aquecido.

Calvados É o mais fino destilado de maçãs, originário da Normandia (França), onde é conhecido por *eau-de-vie de cidre normande*. Protegido pela *Appellation d'Origine Contrôlée* (AOC), lá existem três zonas especialmente demarcadas para produzi-lo. Tem perfume delicado e sabor ao mesmo tempo seco e suave. É elaborado por processo de dupla destilação e envelhecimento em barris de carvalho. É costume, no local, ingeri-lo durante a refeição ou nos intervalos do trabalho. Diz-se que foi desenvolvido na Idade Média pelos vikings que lá se estabeleceram. Ver **Appellation d'Origine Contrôlée (AOC)**.

Calzone Prato de origem italiana, da região de Nápoles, feito com massa de pizza recheada e dobrada em formato de pastel grande. É assado no forno, pincelado com gemas de ovos.

Camafeu Pequeno doce feito com pasta de gemas, açúcar e nozes, recoberto com fondant branco e enfeitado com metade de uma noz. Sua aparência assemelha-se à de um camafeu, joia feita com duas pedras de cores diferentes, sobrepostas, em que se talha, na de cima, uma figura em relevo. Faz parte dos doces de Pelotas. Ver **Doces de Pelotas** e **Fondant**.

Camarão (Ordem *Decapoda*) Pequeno crustáceo decápode de água salgada, de espécies variadas, reconhecido como um dos mais deliciosos frutos do mar. Sua cor, quando cru, varia do branco ao cinza, passando pelo rosa ou alaranjado. Seu tamanho também varia do pequeno, de 2 cm a 3 cm de comprimento, ao grande, com cerca de 20 cm. É comercializado fresco ou congelado: quando fresco, deve ter carne firme, casca inteira e colada à carne, cheiro característico, mas não forte, e ser preparado no mesmo dia da compra por ter facilidade de deteriorar-se; já os congelados devem estar limpos, sem a cabeça e as cascas, em embalagem hermeticamente fechada, sem cheiro, e ser utilizados assim que descongelados. Pode ser preparado de várias maneiras: frito, grelhado, ensopado, em saladas, tortas, risotos e como complemento de pratos de peixe e outros frutos do mar.

Camarão com chuchu Prato muito tradicional no Rio de Janeiro, o camarão ensopado com chuchu já foi inclusive cantado em prosa e verso por Carmen Miranda. De preparo bastante simples, é um refogado de camarões frescos e chuchu cortado em quadradinhos, temperado com alho, cebola, tomates picados, salsinha e azeite. Em geral, é servido com arroz branco e molho de pimenta.

Camarão na moranga Delicioso cozido de camarões com molho cremoso, servido dentro de uma moranga. Consta que começou a ser preparado na região li-

torânea de São Paulo, na década de 1940. Saboroso, fácil de fazer e de bela apresentação, hoje é encontrado em várias cidades do litoral brasileiro, além de ser muito tradicional no Rio de Janeiro. É preparado com creme à base de requeijão misturado a um refogado de camarões. Esse recheio é colocado dentro de uma abóbora-moranga já cozida no vapor, sem o topo e sem sementes, a qual é levada ao forno pincelada de azeite, para aquecer. De modo geral, o prato é servido com arroz branco salpicado com castanhas-de-caju picadas e salsinha. Ver **Abóbora, Caju, Camarão** e **Requeijão**.

Camarão seco Na culinária do Norte e do Nordeste do Brasil, é o camarão que foi salgado. Na Bahia, em especial, é o que foi defumado. Em geral, utiliza-se o de tamanho pequeno, que no processo adquire cor avermelhada e sabor bastante acentuado. Pode ser usado inteiro ou moído e está presente na maioria dos pratos da culinária baiana.

Camarões à Newburg Ver **Crevettes à la Newburg**.

Cambica de murici Ver **Murici**.

Cambira Ver **Tainha**.

Cambozola® Queijo alemão semelhante ao *brie au bleu*, da região de Allgäu. Produzido industrialmente com leite de vaca pasteurizado, sua criação data de 1980. Tem massa branca, de textura macia e cremosa, com delicados veios azuis. É redondo, largo e chato. Ver **Brie au bleu**.

Cambucá Designação dada aos frutos de duas árvores da família das mirtáceas. **1.** (*Plinia edulis*) Frondosa, de caule retorcido, é encontrada na Mata Atlântica em trecho que vai do Rio de Janeiro ao Rio Grande do Sul. Seu fruto, carnudo e de sabor agridoce, denominado cambucá-verdadeiro, é uma baga amarela redonda, de casca fina, brilhante e lisa. Pode ser consumido ao natural ou como doces e compotas. **2.** (*Myrciaria pilosa*) Conhecida por cambucá do sertão, tem ramos esbranquiçados com frutos vermelho-escuros, grandes e com quatro sementes. Sua polpa é esbranquiçada e doce.

Cambuci 1. (*Campomanesia phaea*) Fruta ainda encontrada em pomares do Sudeste do Brasil e que hoje quase não existe mais em seu habitat natural, a Mata Atlântica da Serra do Mar. Sua árvore pode chegar a nove metros de altura, tem folhas simples e brilhantes e flores brancas. O fruto tem formato semelhante ao de disco voador, cor verde mesmo quando maduro e polpa carnuda e ácida. Saboroso, pode ser consumido ao natural, em sucos, sorvetes e geleias. **2.** (*Capsicum baccatum*) Variedade de pimenta do gênero *Capsicum*, é um fruto com cerca de 7 cm de largura por 4 cm de comprimento. De formato campanular, é parecido com a fruta de mesmo nome. Sua cor varia do verde ao vermelho, passando pelo laranja. Não tem pungência, assemelhando-se aos pimentões.

Cambuí (*Myrciaria delicatula*) Da família das mirtáceas, é o fruto da árvore silvestre de mesmo nome, proveniente das áreas litorâneas das regiões Sul e Sudeste do Brasil. Também conhecido por camboim, consiste em uma pequena baga esférica, amarela quando madura, de casca fina e lisa. É usado para o preparo de geleia de sabor levemente ácido e pode servir também, com suas folhas (verde-escuras e oblongas), como aromatizante de aguardente de cana.

Cambuquira Termo usado no Brasil para designar o broto comestível de abóbora. Tem hastes e folhas tenras, que surgem antes de a flor desabrochar, e, em geral, é usada cozida, como acompanhamento de carnes, ou em sopa de milho-verde. Ingrediente típico das cozinhas mineira e paulista.

Cameline Molho considerado o mais importante e mais usado na culinária europeia durante a Idade Média, cuja elaboração foi descrita no livro de cozinha francês *Le Viandier*, do século XIV. Era um dos ingredientes do *galimafrée*, espécie de ragu, prato de festa da época. Sua preparação continha canela, gengibre, cravo-da-índia, cardamomo, macis, pimenta-do-reino, vinho azedo (avinagrado), agraço e pão moído. Ver **Agraço**.

Camembert Queijo forte e complexo, um pouco picante, macio e cremoso. Redondo, baixo, de tamanho que varia do pequeno ao médio (em torno de 13 cm de diâmetro), tem crosta alaranjada recoberta de fungos brancos e interior amarelo pálido cremoso, de textura semimacia. É feito de leite integral de vaca (o da Normandia, cru, tem sabor único, levemente salgado), fermentado depois de inoculado com o fungo branco *Penicillium candidum*. Maturado, sua casca e seu interior apresentam tonalidade mais escura e adquire aroma marcante, semelhante ao cheiro de terra. Delicioso como aperitivo ou sobremesa, é servido só ou acompanhado. Hoje existem numerosas receitas similares produzidas na França e fora dela, mas somente o queijo produzido na Normandia, de acordo com o caderno de especificações, pode usar a denominação *camembert de Normandie*. Ver **Appellation d'Origine Contrôlée (AOC)**.

Campari® Bitter italiano dos mais conhecidos no mundo. De sabor ao mesmo tempo amargo e doce, coloração avermelhada e perfumado com ervas e casca de laranja, é um estimulante do apetite. Pode ser bebido puro com gelo, em copo *short drink*, ou com água tônica e limão, em copo *long drink*. Tem teor alcoólico entre 20% e 26%. Ver **Bitter**.

Campbeltown Cidade situada na Península de Kintyre (Escócia), considerada um dos principais centros de produção de uísque de malte nas West Highlands.

Camucim Ver **Igaçaba**.

Cana-de-açúcar (*Saccharum officinarum*) Planta originária da Ásia, da família das gramíneas, primeiro foi domesticada na Nova Guiné, de onde foi levada para a Índia e as Filipinas. Chegou à Europa por meio dos conquistadores muçulmanos, introduzida no sul da Espanha, na Sicília (Itália), no Chipre e em Malta. No século XV, portugueses e espanhóis levaram seu cultivo para a Ilha da Madeira, São Tomé, as Ilhas Canárias e, por fim, a América, expandindo de modo considerável a produção de açúcar. Há muitas variedades de cana, como a Crioula, a Caiana, a Bourbon, a POJ, as várias RB etc. Espremida, fornece a garapa, caldo de cor esverdeada e sabor doce, do qual obtém-se, por aquecimento e evaporação, o xarope ou melado, base dos diferentes tipos de açúcar. O resíduo da fabricação do açúcar é o melaço, que, pela fermentação seguida de destilação, transforma-se em rum. O resíduo final, o vinhoto, é empregado como adubo. Tanto a garapa como o melado e a rapadura, outro derivado da cana, têm grande percentagem de açúcar. Ver **Açúcar**, **Caldo de cana**, **Melado**, **Rapadura** e **Rum**.

Cana-do-brejo (*Arundo donax*) Conhecida também por cana-do-mato, cana-roxa, cana-de-macaco, periná, ubacaiá, paco-catinga e jacuacanga, é originária do Brasil. Seu suco misturado com água e açúcar torna-se uma bebida muito apreciada. É considerada tônica e vitalizante.

Canadian bacon Carne defumada, assim conhecida nos Estados Unidos, assemelha-se ao que no Canadá é denominado *back bacon*. É feita com a carne macia e sem gordura do lombo, localizada no meio das costas do suíno. Tem formato cilíndrico e é mais cara que o bacon. Encontrada já cozida e defumada, pode ser utilizada de várias maneiras: frita, assada, grelhada, em sanduíches e saladas.

Canadian whisky Ver **Uísque canadense**.

Canaiolo (*Vitis vinifera*) Uva tradicional da Toscana (Itália), com a qual é feito o Chianti Clássico. Ver **Chianti**.

Canapés Pequenos pedaços de pão, frescos ou torrados no forno, ou pequenos biscoitos temperados servidos com patês, caviar, ovos, pastas salgadas, presunto, maionese, picles e outras iguarias. Podem ser decorados em vários formatos, de maneira a torná-los tão agradáveis ao olhar quanto ao paladar. Seu nome provém do termo francês *canapé*, que designa um tipo de sofá.

Canard à l'orange Ver **Pato com laranja**.

Canasta Nome, na região de Jerez (Espanha), de uma grande cesta na qual são transportadas as uvas.

Candy 1. Açúcar cristalizado obtido em razão de repetidas fervuras e evaporação lenta. É encontrado à venda no formato de pequenos cristais, em lojas de confeitos. **2.** Nos Estados Unidos, é a denominação de caramelo ou confeito.

Canejas d'infundice Prato tradicional e característico do povoado de Ericeira (Portugal). Como o nome diz, é preparado com canejas, espécie de cação (*Mustelus mustelus*), e sua elaboração é bastante peculiar. Depois de retiradas as barbatanas e as vísceras, o peixe deve ser bem lavado em água do mar até não ter mais vestígios de sangue. Em seguida, é cortado em postas, que devem ficar ligadas pela região ventral. Depois de lavado novamente em água do mar, é colocado em banho de salmoura bem concentrada por meia hora para tomar sal. Com panos brancos de linho, as postas são isoladas umas das outras, embrulhadas em aniagem e, por fim, em papel. Devem descansar em quarto escuro e frio por uma semana e serem abertas apenas na metade desse tempo para que os panos sejam trocados e o sal completado. No fim desse período, abre-se o fardo e o peixe é exposto ao ar por um dia. Seu mau cheiro é forte, mas desaparecerá após o cozimento. Depois de bem lavado com água, é cozido e servido com batatas e cebolas.

Canela (*Cinnamomum verum*; *Cinnamomum aromaticum*) Da família das lauráceas, existem duas espécies: a canela-verdadeira, também chamada canela-do-ceilão ou cinamomo, e a canela-de-cássia, conhecida por canela-da-china ou canela-da-pérsia. Na Bíblia, é mencionada no Cântico dos cânticos. Na China, já era usada no ano de 1700 a.C. Em 1505, quando os portugueses tomaram o Ceilão, usaram a força para conseguir domínio sobre o comércio dessa especiaria. Passando ao jugo holandês, o Ceilão continuou sob opressão. Aos holandeses sucederam os ingleses. Durante esse tempo, o monopólio fez com que seu preço se tornasse muito caro, reduzindo somente quando a canela-de-cássia começou a ser comercializada também. Hoje, ambas são cultivadas no Brasil e vendidas em bastão ou moídas, em pó. De modo geral, a canela é utilizada em vinha-d'alhos, picles, doces de compotas, mingaus, quentões, pães doces e bolos, além de ser condimento básico do "peixe com canela" da culinária veneziana.

Canelone Massa alimentícia italiana feita com farinha de trigo, ovos e água. Tem a forma de um grande quadrado de massa fina de 8 cm de lado, que deve ser cozido em água fervente e passado, em seguida, em água fria. Depois disso, é recheado e enrolado como um canudo. Os recheios mais comuns são os de ricota, com salsa ou espinafre, e o de carne moída bem temperada.

Canestrato di Moliterno Produzido com regras específicas na comuna de Moliterno, região de Basilicata, no sudoeste da Itália, trata-se de um queijo *pecorino* protegido, feito com leite de ovelhas (de 70% a 90%) e de cabras (de 30% a 10%). Tem esse nome em razão de ser colocado em cestas de fibra (*canestro di giunco*) para drenagem e prensagem. Sua maturação dura, no mínimo, dois meses, tem formato cilíndrico e sua casca pode variar do amarelo ao palha escuro, dependendo do tempo de amadurecimento. Tem massa branco-amarelada e sabor delicado, que se intensifica com o tempo. Seu teor de gordura é cerca de 30%. Ótimo queijo de mesa, combina muito bem com saladas, frutas, massas e sopas. Ver **Denominação de Origem Protegida (DOP)** e **Pecorino**.

Caneton à l'orange Ver **Pato com laranja**.

Caneton Tour d'Argent Um dos mais afamados pratos do restaurante Tour d'Argent, em Paris, consiste em fatias de peito de pato assado no espeto, cujo cozimento é finalizado em consomê aveludado, acompanhadas de batatas suflê. As coxas da ave, depois de grelhadas, são servidas em separado com alface tenra. Sua receita é bastante complexa e trabalhosa e foi criada por Frédéric Delair, maître e depois proprietário do restaurante, no fim do século XIX. A preparação exige um ritual cheio de detalhes, que permanece igual desde sua criação: a idade do animal, em torno de oito semanas, sua alimentação nos últimos quinze dias, sua morte por asfixia para que conserve todo o sangue, o ponto de cozimento no espeto, a dosagem dos temperos, do vinho do Porto e do conhaque empregados no consomê, a técnica de espremer a carcaça do pato para retirar todo o sumo e o modo de incorporá-lo ao caldo para fazer um molho suave são pontos de importância capital do preparo. Antes da degustação do prato, é apresentado um cartão ao cliente com o pedigree e o número do animal, que é numerado desde 1890. O nome do cliente passa, então, a também fazer parte dos registros da casa, como o do príncipe de Gales (futuro Eduardo VII), os presidentes americanos Theodore e Franklin Roosevelt, a rainha Elizabeth II e outros. Ver **Batatas suflê**, **Consomê** e **Pato prensado**.

Canja De origem indiana, a princípio tratava-se de uma sopa rala de arroz e ervas. Levada de Goa, cidade indiana, para Portugal no século XVII, lá foram acrescentados os outros componentes (galinha ou frango, batatas, cebolinhas) que a caracterizam atualmente. Na Europa do século XIX, tornou-se um preparo

requintado, servido nas ceias literárias. Era o prato preferido de D. Pedro II, que a degustava diariamente, até mesmo nos intervalos das representações teatrais. Em relação a esse hábito, existe inclusive uma trova de Artur de Azevedo: "Sem banana, macaco se arranja / E bem passa o monarca sem canja..."

Canjica 1. Sopa de milho branco cozido, ao qual se misturam leites de vaca e de coco, açúcar, cravo e canela. Essa denominação é usada no Sul, Sudeste e Centro do Brasil; no Nordeste, é conhecida por mungunzá, termo trazido da África pelos escravizados. Quando engrossada com fubá de arroz, chama-se mungunzá de colher; quando tem consistência ainda mais firme, mungunzá-de-cortar. **2.** Assim é chamado, no Norte do país, o creme de milho amarelo cozido com leite de coco e açúcar que, no Sul e Sudeste do Brasil, é conhecido por curau. Ver **Curau**. **3.** Guisado de feijão de Angola, feito com milho esfarelado.

Canjiquinha 1. Canjiquinha ou quirera é o nome do milho quebrado, branco ou amarelo, sem a película. **2.** Prato da culinária mineira, consiste em um creme de milho acompanhado de costelinhas de porco fritas.

Cannaroni Tipo de massa italiana com o formato de largos tubos, também conhecida por *zitoni*.

Canned cream É o creme de leite em lata, em inglês. Ver **Creme de leite**.

Cannolo Delicioso doce italiano cuja massa tem formato de tubo ou corneta. Depois de frita, é recheada com creme doce, feito com ricota batida, ou creme batido, misturada a pedacinhos de chocolate, limão cristalizado e, às vezes, nozes.

Canoa Nome, na região Sudeste, do pão francês partido ao meio, no sentido do comprimento, que teve seu miolo retirado.

Cantal Enorme queijo prensado, não cozido, da região de Auvergne-Rhône-Alpes (França). Um dos mais antigos do país, existe desde a época dos romanos. Feito com leite de vaca integral, pasteurizado ou não, de gado cujas pastagens estão situadas nas terras altas de Cantal. Tem a forma de tambor, com cerca de 40 cm de diâmetro e 40 cm de altura, e pesa entre 35 kg e 45 kg. Há três tipos, classificados em função de textura e idade: o *cantal jeure*, com trinta a sessenta dias de fabricado, de casca cinza-claro e interior macio e amarelo-claro; o *cantal entre-deux*, de três a sete meses, com sabor de ervas e perfume amanteigado; e o *cantal vieux*, acima de oito meses, de casca grossa, aroma forte e massa firme e quebradiça, com nuances de frutas secas em seu sabor. É conhecido também por *fourme de cantal*.

Canteiro Um dos processos de maturação do vinho madeira. O vinho amadurece em barris colocados sobre traves de madeira, denominadas também canteiros, nos pisos mais elevados dos armazéns, onde as temperaturas são mais altas. Essa maturação dura, no mínimo, dois anos e diferencia-se do processo conhecido por estufagem. Ver **Estufagem** e **Madeira**.

Cantina Na Itália, a palavra significa adega. Segundo o jornalista Mino Carta (2012), quando os imigrantes italianos chegaram ao Brasil, mais precisamente a São Paulo, instalaram as *trattorie* (estabelecimentos com as características do que aqui chamamos cantina) em porões, denominando-as *cantine*, como na Itália, por sua localização. Quando passaram

ao nível da rua, a nomenclatura já estava consagrada e permaneceu. Ver **Trattoria**.

Canudinho Pequena fôrma com aparência de cone alongado, em torno da qual é enrolada massa para fritar. Depois de frita, esta é recheada com creme doce ou salgado. Ver **Cornucópia**.

Canutillos de crema Ver **Cornucópia**.

Capa de filé Corte de carne bovina de textura desigual e muitos nervos, que deve ser empregado somente para assados e refogados.

Capão Ver **Frango capão**.

Capelli d'angelo Massa italiana da região da Emilia-Romagna, longa e muito fina, como o nome indica. Por sua espessura, é servida quase sempre em caldos e sopas. Em português, cabelo-de-anjo.

Capellini d'angelo Massa ainda mais fina que a *capelli d'angelo*. Ver **Aletria**.

Capilé Antigo e tradicional refrigerante português feito com água, xarope de capilé – obtido pelo cozimento das folhas da avenca com açúcar – e casca de limão. Muito usado à mesa portuguesa, já era mencionado no livro de Lucas Rigaud, *Cozinheiro moderno ou Nova arte de cozinha*, de 1780. Era conhecido também por capilé de cavalinho por causa do canudo de lata arrematado pela figura de um cavaleiro, que sobressaía do gargalo do frasco em que era vendido.

Capitari Denominação, no Norte do Brasil, da tartaruga macho.

Capitoso Assim é qualificado o vinho de alto teor alcoólico.

Caponata 1. Prato característico da ilha da Sicília (Itália), preparado à base de berinjelas em cubos, abobrinhas em rodelas, pimentões em fatias e cebolas em oitavos, cozidos e amaciados em vinagre fervente com açúcar. Depois de macios, os legumes são escorridos e a eles são adicionadas azeitonas, nozes e alcaparras. Deve ser servido frio. No momento de servir, é temperado com orégano, azeite e enfeitado com gomos de laranja. Podem ser acrescentados também, no final do cozimento, alguns tomates sem sementes, cortados em oitavos. Deve ser acompanhado de pão levemente frito em azeite. É possível que o prato seja proveniente do Oriente, onde a berinjela já era cultivada há 4 mil anos. Foi levado para a Europa pelos navegantes mouros, no século XIII, com entrada pela Sicília. **2.** Totalmente diferente da versão siciliana, na ilha da Sardenha esse prato é feito com pão endurecido embebido em água e vinagre, sobre o qual são colocados atum e tomate em pedaços, regados com azeite de oliva. Em seguida, é levado ao forno e servido quente.

Cappelletti Massa alimentícia italiana recheada, cujo formato assemelha-se a um pequeno chapéu circular, como seu nome sugere. O recheio é, de modo geral, de carne bovina, de vitela, de frango ou presunto, mas também pode ser feito de vegetais ou ricota. É tradicional na região italiana da Emilia-Romagna, principalmente nas cidades de Ravenna, Forli e Rimini. Em Bolonha, esse mesmo formato é chamado *tortellini*. Ver **Tortellini**.

Cappuccino Café com leite à moda italiana. Sua cor marrom-escura remete aos hábitos dos capuchinhos, dos quais deriva seu nome. O leite ou creme de leite é derramado quente e espumante sobre o café expresso e temperado com chocolate em pó amargo e canela.

Capuchinha (*Tropaeolum majus*) Planta originária do Peru, da família das tropeoláceas, levada para a Europa pelo conquistador Pizarro. Suas flores vermelhas ou amarelas são muito utilizadas como enfeite ou condimento em culinária, graças a seu sabor picante. Seus frutos verdes são usados como alternativa à alcaparra. As folhas, de sabor semelhante ao do agrião, são muito empregadas em saladas.

Caque Ver **Mannequin**.

Caqui (*Diospyros kaki*) Fruto do caquizeiro, árvore originária do Japão, da família das ebenáceas, é redondo, do tamanho de uma laranja, de cor avermelhada. Muito doce e suculento, sua polpa pode ser macia ou mais firme. É utilizado ao natural ou em sucos e doces. Foi introduzido no Brasil pelos japoneses, de cujo país provém o termo *kaki*, que deu origem a seu nome e significa amarelo-escuro.

Cará (*Dioscorea alata*) Raiz de formato arredondado, casca marrom e polpa branca e granulosa. É rico em amido e muito energético. No Norte e no Nordeste do Brasil, é denominado inhame. De sabor delicado e fino, pode ser assado, ensopado, preparado como purê, sopa ou aproveitado em pães. É utilizado no preparo do pirão que acompanha o bobó de camarão. Ver **Inhame**.

Caracol Ver **Escargot**.

Caracu Bebida indígena brasileira, trata-se de um fermentado doce feito com farinhas de milho e de mandioca fervidas juntas em água. Tem o aspecto de caldo espesso, sabor picante e deve ser ingerido quente. Em 1612, no Maranhão, já era mencionado pelo francês Claude d'Abbeville.

Carambola (*Averrhoa carambola*) Fruta de uma árvore da família das oxalidáceas, originária da Ásia tropical. Foi trazida pelos portugueses, de Angola e Moçambique, para o Brasil no século XVIII. Tem forma estrelada, polpa suculenta e sabor agridoce. Sua casca é amarela e firme; sua polpa, amarela e translúcida. Pode ser consumida ao natural, em saladas ou sobremesas, ou como doce, em pasta ou compota. É também utilizada como recheio de tortas ou guarnição de pratos.

Caramelar Envolver em caramelo, isto é, em calda de açúcar dourada. Aplica-se sobre frutas e docinhos ou no interior de fôrmas de bolo e pudins. Esse termo pode também referir-se à transformação do açúcar quando polvilhado sobre um doce submetido à salamandra ou ao forno quente.

Caramelo 1. Calda de açúcar queimado, derretido em fogo brando até alcançar cor dourada. Ainda quente, pode envolver doces e frutas, forrar fôrmas para pudins e compor molhos para sobremesas. Depois de frio, adquire aspecto vítreo, enrijecendo. **2.** Bala feita com açúcar e leite, de consistência puxa-puxa, muito apreciada pelas crianças.

Caramujo Molusco gastrópode univalve que, dependendo da espécie, pode ser comido cozido. Ver **Escargot**.

Caranguejo (*Brachyura* spp.) Crustáceo com cinco pares de pernas que vive em mangues, também conhecido por uaçá, auçá ou guaiá. Sua carne é saborosa e muito apreciada. Pode ser comercializado inteiro, fresco, ou já limpo e fora da casca, congelado ou enlatado, nesse último caso a carne é geralmente mais escura e preparada com molho. É muito utilizado

para saladas, tortas, suflês, ensopados e outros pratos, como ingrediente principal ou acompanhamento. As fritadas de caranguejo e as caranguejadas são muito festejadas em todo o litoral do Brasil.

Carapau (*Decapterus* spp.) Peixe da família dos carangídeos, proveniente do Atlântico, também denominado cavalinha, chicharro ou chicharro-calabar. De porte pequeno, tem corpo alongado, cinza-prateado, com dorso azulado e uma mancha negra na entrada das guelras. Suas escamas têm a forma de escudo. Em nosso litoral, é servido frito, bem torrado, com farofa de dendê, como tira-gosto. Também pode ser preparado grelhado, assado, cozido com legumes ou frio, em salada. É muito utilizado em Portugal e na Espanha.

Caraway Alcaravia, em inglês. Ver **Alcaravia**.

Carbonara, molho alla Molho italiano à base de guanciale, queijo, ovos e temperos, indicado para massas. Ver **Guanciale**.

Carbonnade Palavra francesa que, por tradição, refere-se à carne cozida em panela sobre as brasas de carvão ou diretamente sobre as chamas. Também grafada *carbonade*. Entre os pratos mais conhecidos assim nomeados, está *carbonnade à la flamande*. Ver **Carbonnade à la flamande**.

Carbonnade à la flamande Prato de origem flamenga muito conhecido, feito de carne. É preparado com bifes, cerveja, bacon e cebolas, em recipiente de bordas altas. A superfície é recoberta de migalhas de pão, que absorvem a gordura e ficam douradas e crocantes depois de irem ao forno. Antes, era preparado sobre o carvão, razão de seu nome.

Carciofini Palavra italiana cujo significado é "pequenas alcachofras", referente a seu broto. Podem ser usados frescos ou em conserva com azeite, como antepasto.

Cardamomo (*Elettaria cardamomum*) Da família das zingiberáceas, também chamado cardamomo verde, é um tempero originário da Índia. Trata-se de um fruto de cor esverdeada, um pouco maior que uma passa, com pequenas sementes pretas muito aromáticas. Condimento muito antigo, já era comercializado por caldeus e semitas. Cultivado nos mosteiros da Idade Média, era empregado no preparo de uma massa doce que os monges mastigavam como se fosse chiclete. De sabor picante e quase adocicado, é muito utilizado nas cozinhas chinesa, indiana, árabe e dos países da América espanhola e indicado para sopas, carne de porco, fígado, peixes, picles, saladas de frutas e doces. Na Escandinávia, é bastante usado para temperar pães; no Oriente, para aromatizar o café.

Cardápio Ver **Menu**.

Cardinal 1. Recebem este nome pratos à base de crustáceos, especialmente lagosta, cujas carapaças tornam-se vermelhas com o cozimento, cor das vestes de um cardeal. Por analogia, certos preparos à base de crustáceos também são assim denominados, ainda que não tenham cor vermelha. **2.** Molho próprio para peixes, à base de *fumé*, *velouté*, creme de leite, manteiga de lagosta e pimenta-de-caiena. Pode também ser guarnecido com trufas.

Cardo (*Cynara cardunculus*) Variedade de alcachofra do mato muito encontrada na França, Itália e Espanha, países onde é ingrediente de inúmeros pratos. As nervuras das folhas verde-prateadas e a par-

te mais clara das hastes são comestíveis. Cheia de espinhos externos, sua flor tem um fundo carnoso e saboroso como o da alcachofra.

Carême, Marie-Antoine (Antonin) Chef de cozinha francês de enorme prestígio em sua época, foi chamado "o rei dos cozinheiros e o cozinheiro dos reis". Considerado um gênio da culinária, inventou ou aperfeiçoou os grandes nogados, merengues, bolos de amêndoas, bolos e biscoitos amanteigados e elevou ao supremo grau de delicadeza as massas folhadas. Trouxe brilho e inovações ao preparo dos *maigres*, pratos sem carne servidos às sextas-feiras da Quaresma, além de ter sido também o inovador dos "pratos frios" – galantinas, *aspics*, musses, gelatinas salgadas etc. Iniciou a classificação dos molhos na cozinha francesa, definindo como *grandes sauces* (grandes molhos) o *velouté*, o bechamel, o espanhol e o alemão. Sua cozinha não é para amadores. De preparo complexo, seus pratos são geralmente elaborados após realizações anteriores, como purês e essências. "Como a arte clássica, o resultado da arte caremiana é sempre muito simples e extraordinariamente legível. Complicado é o processo para chegar a ele, processo que, aliás, não tem por objetivo sobrepor os sabores, mas, ao contrário, isolá-los e realçá-los" (REVEL, 1996, página 300). Nascido em Paris em 1783, viveu apenas 50 anos, morrendo no auge de sua fama. Uma de suas características mais marcantes era a vontade de aprender e a facilidade e rapidez com que aprendia. "Entre os 12 e os 20 anos, Carême, ao mesmo tempo em que assimilava a gastronomia ocidental, passou do analfabetismo ao domínio literário." (REVEL, 1996, página 288-289) Trabalhou como chef de cozinha de George IV, da Inglaterra, do czar Alexandre I, da Rússia, e do barão de Rothschild, no castelo de Boulogne (França), entre outros, e deixou obra extensa e pessoal. Ver **Aspic**, **Galantina** e o nome de cada molho.

Caribé Ver **Chibé**.

Caribéu Ensopado da região Centro-Oeste do Brasil preparado com carne-seca e mandioca mansa, temperados com alho, cebola, tomates e pimentões. Servido com arroz branco, é considerado prato de inverno. Ver **Carne-seca** e **Mandioca**.

Carignan (*Vitis vinifera*) Variedade de uva vinífera tinta, originária provavelmente de Cariñena, na região de Aragão (Espanha). Suplantada em sua terra natal, tornou-se bastante comum na Catalunha e no Sul da França. *Carignan* é seu nome francês.

Caril Ver **Curry**.

Carimã Massa de mandioca hidratada em água corrente (pubada) e, em seguida, processada e seca. Conhecida também por massa puba, farinha de carimã e mandioca mole, é um dos subprodutos da mandioca. A massa de mandioca é deixada de molho por alguns dias em água corrente ou trocada com frequência, fermentada e posta a escorrer. Esse processo tanto pode ser feito com a mandioca brava quanto com a doce. Depois de descascada, amassada e peneirada, ela é enrolada com as mãos e posta a secar. Depois de seca, é peneirada mais uma vez. Não passa por torrefação. É encontrada nos mercados em formato de bolinhas secas, cujo cheiro é um pouco azedo, ou de farinha. Para ser usada, deve ser lavada antes. No caso de ser necessário usá-la fresca, basta deixá-la de molho de véspera para o dia seguinte. Por ter grande quantida-

de de amido, é utilizada para fazer bolos, pudins, papas, mingaus, alguns tipos de beijus, entre outros preparos. Em Sobral, no Ceará, prepara-se um bolo com essa massa fresca, denominado bolo de carimã fresca. Em Pernambuco, é base para o famoso bolo Souza Leão. Aliás, o Nordeste é o local onde mais são encontradas receitas de bolos e pudins feitos com a massa de mandioca puba. Ver **Bolo de mandioca mole**, **Bolo Souza Leão** e **Mandioca**.

Carimbé ou Carimé Ver **Chibé**.

Carmenère (*Vitis vinifera*) Variedade de uva vinífera originária de Bordeaux (França), onde quase não é mais encontrada. Foi introduzida no Chile antes da epidemia de filoxera, que quase dizimou as vinhas europeias, tornando-se sua uva mais emblemática. Também é cultivada no nordeste da Itália, em Friuli-Venezia Giulia. Ver **Filoxera**.

Carne bovina Carne do boi adulto, é encontrada fresca, resfriada ou congelada. Em qualquer desses casos, é vendida em pedaços, ou, como se diz, em cortes, os quais, dependendo da parte utilizada, definirão como serão mais bem empregados. Entre a infinidade de cortes existentes, estão o lagarto ou tatu, o coxão duro ou chã de fora, o coxão mole ou chã de dentro, o contrafilé, o patinho, a picanha, a alcatra, a aba de filé, o acém, o filé-mignon e a maminha de alcatra. Qualquer dessas peças, ao ser comprada, deve ter cor vermelha forte e gordura branca, sem cheiro acentuado. Pode ser guardada por até dois dias no refrigerador ou por mais tempo no freezer, sempre embalada em plástico ou em vasilha vedada. Carne moída ou miúdos são mais perecíveis. Ver também pelo nome do corte da carne.

Carne de cabrito Por sua rusticidade e adaptabilidade, os rebanhos caprinos nacionais adequaram-se muito bem no Nordeste brasileiro, onde estão mais de 90% deles. Até pouco tempo, somente sua carne era utilizada, hoje são usados inclusive seus derivados. A carne tem cor vermelha, semelhante à do carneiro, consistência firme e pouca gordura; seu sabor, levemente almiscarado, é marcante. Vendida inteira ou em cortes, é própria para assar, cozer ou grelhar. É usada no preparo de uma infinidade de pratos nordestinos, como sarapatel, buchada, cozido, bode assado, entre outros.

Carne de carneiro Embora conhecida, de modo geral, por carne de carneiro, as mais utilizadas são as carnes da ovelha e do cordeiro, pois o macho é usado sobretudo para reprodução. Saborosa, adocicada, de consistência firme e gordurosa, é mais indicada para assados, grelhados, cozidos ou ensopados. O cordeiro, também denominado borrego, é o carneiro jovem, com até oito meses, em período de aleitamento ou recém-desmamado. A carne do cordeiro tem cor rosa-avermelhada, textura lisa, consistência firme e pouca gordura; já a da ovelha é mais rija, mais avermelhada e mais gordurosa. Tanto um quanto o outro são vendidos inteiros, em metades ou em diversos cortes. Seus acompanhamentos tradicionais são molho de hortelã, geleia de groselha vermelha e molho de carne apurado. Hortelã, alecrim, manjerona, erva-doce e estragão são as ervas que mais combinam com essa carne. Algumas frutas, como pêssegos, maçãs e laranjas, também são empregadas tanto para o recheio como para o molho, já migalhas de pão, arroz cozido e linguiça são ingredientes muito usados para o recheio. Trata-se de ingrediente de

uso muito tradicional no Rio Grande do Sul. Ver o nome dos cortes.

Carne de fumeiro Carne de porco de sabor especial que, para ser conservada, é tratada em fumaça e no calor suave do fogão de lenha. No Brasil, é encontrada apenas na Bahia, na cidade de Maragogipe. Elaborada de maneira totalmente artesanal e não adequada à legislação sanitária brasileira vigente, não sai da região próxima ao local de produção e está em vias de extinção. Mantinhas, chouriças e linguiças são seus produtos finais. Antes da defumação lenta e longa, as peças de carne passam por salga e, com esse processo, perdem a umidade e resistem à temperatura ambiente por muito mais tempo. De excelente sabor e textura variada, pode compor diversos pratos. Ver **Fumeiro**.

Carne de Kobe Tipo especial de carne, de sabor único, bastante valorizada e de alto preço. É extraída da raça bovina Wagyu, criada em Kobe (Japão), sob tratamento especial que resulta em uma carne macia, suculenta e saborosa, muito rica em veios de gordura entre suas fibras, o marmoreio. Os animais são confinados e têm uma dieta muito específica, que inclui cerveja, grãos e maçã. São escovados e massageados com saquê todos os dias, dormem sobre tapetes aquecidos e ao som de música clássica. Evita-se o desenvolvimento de músculos rijos e o estresse ao máximo.

Carne de sol Alimento muito popular no Nordeste do Brasil, é uma carne salgada e desidratada à sombra e ao vento, que mantém a cor avermelhada. Por isso, é também conhecida por carne de vento, carne do sertão e carne serenada. Seu nome mais conhecido, carne de sol, deve-se ao fato de que antigamente ela secava sob o sol. Seu preparo somente é possível em regiões semiáridas, com reduzido nível de umidade, como no Nordeste. Tem salgação mais leve que a da carne-seca e do charque. Antes de ser utilizada, deve-se deixá-la de molho em água por algum tempo, trocando o líquido várias vezes. É usada em inúmeros pratos da culinária sertaneja do Nordeste do Brasil.

Carne de suíno Presente na mesa de ricos e pobres nos últimos milênios, a chamada carne de porco é muito nutritiva, tem sabor marcante, textura firme e úmida. Crua, tem cor rosada e uniforme, e, dependendo da parte, contém maior ou menor quantidade de gordura, que deve ser branca e firme, formando uma camada mais ou menos espessa. Com exceção do leitãozinho novo, que é vendido inteiro, em geral a carne de suíno é comercializada em cortes, dos quais os mais encontrados são o pernil, o lombo, o filezinho, o carré, a costelinha e o toucinho. Pode ser assada, grelhada ou cozida e seu cozimento deve ser completo. Ver o nome dos cortes.

Carne de vento Ver **Carne de sol**.

Carne de vitela Tenra e de sabor suave, é a carne do bovino novo. Desde seu nascimento, o bezerro é mantido confinado e com alimentação especial, líquida e bastante calórica para ganhar peso sem desenvolver músculos. Há dois tipos de vitela: a de leite, abatida com idade entre 15 e 20 dias; e a de confinamento, abatida entre os quatro e os 12 meses. A carne é rosada, úmida, pouco gordurosa. Quando de animais muito novos, pode ter um leve cheiro de leite. Assim como a carne bovina comum, é comercializada em diversos cortes e pode ser utilizada em grelhados, ensopados, assados etc.

Carne do sertão Ver **Carne de sol**.

Carne moqueada Ver **Moquear** e **Moquém**.

Carne-seca Conhecida por carne do Ceará ou jabá, tem salga mais forte que a da carne de sol e mais leve que a do charque. É seca ao sol e ao vento ou em estufas apropriadas. Contém apenas 10% de água. Colocada em água para dessalgar, perde grande parte de suas substâncias nutritivas. É muito utilizada no Nordeste do Brasil e, no Sudeste, é ingrediente da feijoada. Trata-se de uma das especialidades da cozinha do Mato Grosso do Sul, onde é feita com carnes gordas, com cortes considerados nobres, pouco sal e pouco sol, mais à sombra, sob a ação do vento, por isso não desidrata totalmente. Ver **Carne de sol** e **Charque**.

Carne vegetal Feita de glúten de trigo ou de farinha de soja, trata-se de um prato vegetariano semelhante ao bife. O glúten é uma substância formada pela mistura de proteínas, com aparência porosa como uma esponja, resultante da lavagem e secagem de uma massa preparada com farinha de trigo e água. A carne de soja é o resultado do processo de extrusão da farinha de soja, da qual foi retirada parte da gordura, e é chamada proteína vegetal texturizada. Garante-se que ela mantém os mesmos níveis de proteína da carne bovina, além de fibras e outros nutrientes. Para seu preparo, essa base é misturada com polpa de tomate, outros temperos sólidos e líquidos até que fique com textura de carne moída, quando, então, é cozida com molhos ou ensopada. Ver **Farinha de trigo**, **Glúten** e **Soja**.

Carne verde Assim é chamada, no Nordeste do Brasil, a carne fresca.

Carneiro Ver **Carne de carneiro**.

Carneiro no buraco Prato tradicional da culinária da cidade de Campo Mourão, no noroeste do Paraná, originado da mistura de hábitos indígenas e castelhanos ainda no século XVI. Os jesuítas espanhóis aproveitaram a técnica indígena de cozinhar carnes embrulhadas em folhas de bananeira, sobre brasas, dentro de um buraco aberto no chão. Dessa forma, reduzia-se o risco de incêndio e obtinha-se uma carne muito macia por meio de cozimento lento e abafado. Esquecida por muito tempo, essa técnica foi recuperada, por volta de 1960, quando habitantes da região, depois de uma série de tentativas com verduras e legumes variados, elaboraram uma receita que foi muito bem aceita e virou tradição. Seu preparo dura cerca de 12 horas e, além da carne do carneiro, contém diversos legumes, verduras e frutas.

Carnitas *Carninha*, em português, é um prato mexicano feito com pequenos pedaços de carne de porco cozidos em água até amaciar e, em seguida, fritos em gordura até dourar. Acompanhada sempre de molho, serve de recheio para *tacos* e *burritos*. Ver **Burrito** e **Taco**.

Carolinas Pequenas bolinhas, ocas por dentro, feitas com massa pastosa cozida e, depois de formatadas, assadas no forno. De origem francesa, são base para preparos doces ou salgados. Ver **Bomba** e **Profiteroles**.

Carpa (*Cyprinus carpio*) Peixe de água doce originário da Ásia e encontrado também na Europa, em rios de correnteza fraca e lagos. Criado em açudes e lagos, é muito comum na culinária chinesa. Por ter o hábito de se enterrar em lama, pode adquirir sabor desagradável, suprimido depois de a carpa ficar de molho em água

e vinagre por algumas horas antes de ser preparada. Das várias espécies existentes, a dourada é a mais delicada e pesa de um a dois quilos. Pode ser preparada cozida ou no vapor, com legumes. É o principal ingrediente do prato da cozinha judaica *gefilte fish*. Ver **Gefilte fish**.

Carpaccio Prato italiano servido como entrada ou refeição leve criado por Giuseppe Cipriani, dono do Harry's Bar, em Veneza. Segundo ele, a receita surgiu para que a condessa Amalia Nani Mocenigo, sua cliente, pudesse ingerir carne sem romper a severa dieta médica. Foi elaborado com fatias bem finas de carne crua, acompanhadas de molho à base de maionese, mostarda, azeite de oliva e molho inglês. Hoje é preparado com diversos tipos de carne, peixes, frutos do mar, alguns legumes e até queijo, e molhos diversos, dos quais o mais comum é o feito com azeite, limão, mostarda, alcaparras, salsinha, sal e pimenta.

Carpano® Vermute italiano, marca conhecida em todo o mundo. É um excelente aperitivo.

Carpetbag steak Considerado por muitos como de origem australiana e, por outros, americana, consiste em um grande bife de carne com um bolso cortado e recheado de ostras temperadas. Depois de costurado, é levado a grelhar.

Carrageen moss Ver **Musgo-da-irlanda**.

Carragenana Polissacarídeo extraído de algumas algas vermelhas, entre as quais o musgo-da-irlanda, utilizado pela indústria alimentícia e na restauração como agente gelificante, espessante e estabilizante. Comercializado em pó, há três tipos principais – kappa, iota e lambda –, com propriedades distintas. Ver **Musgo-da-irlanda**.

Carré Nome dado ao conjunto de costeletas de porco, cordeiro ou boi, situadas no início das costelas e que englobam parte do lombo. Ver **Bisteca**.

Carré de l'Est Queijo francês quadrado originário das regiões da Alsácia, Lorena e Champagne. Feito com leite de vaca pasteurizado, tem textura cremosa, aroma leve e sabor suave de bacon defumado. Sua casca varia do branco ao laranja-claro, dependendo do local onde é produzido. Seu período de maturação dura cerca de cinco semanas. Há dois tipos: *Carré de l'Est fleurie* e *Carré de l'Est lavé*.

Carreteiro Ver **Arroz de carreteiro**.

Carretilha Instrumento para cortar massas composto de uma pequena roda ondulada que gira em um eixo preso em cabo de metal ou madeira. De modo geral, é usado para cortar e arrematar massas de pastel, biscoitos, massas alimentícias e tortas.

Carottes Vichy Prato francês feito com pequenas cenouras fatiadas, cozidas aos poucos em água (de preferência de Vichy), açúcar e sal, até amaciar. Depois de macias, são adicionadas manteiga e salsinha picada.

Carta blanca Rum de Cuba ou Porto Rico. É seco, leve e pálido.

Carta oro Rum dourado pela adição de caramelo. Produzido em Porto Rico e Cuba, é mais pesado e doce que o *carta blanca*.

Cartoccio, Al Ver **Papillote**.

Cartola Sobremesa muito tradicional no Nordeste do Brasil, preparada com fatias longitudinais de banana fritas na manteiga, que, em seguida, são recobertas por fatias de queijo coalho ou queijo manteiga, derretidas na frigideira. Para finalizar, todo o conjunto é salpicado com uma mistura de açúcar e canela. Deve ser preparada e saboreada em seguida, quando ainda estiver bem quente. Ver **Queijo coalho e Queijo manteiga**.

Caruru 1. (*Amaranthus* spp.) Erva suculenta, originária da América tropical, da família das amarantáceas. Tem folhas carnosas e é usada em saladas ou cozida. É um dos ingredientes do efó, famoso prato baiano. Também denominada erva-de-deus, bredo, major gomes, joão-gomes, língua-de-vaca, maria-gorda, maria-gomes, entre outros. **2.** Ensopado de origem indígena feito com a planta de mesmo nome, à qual se adicionam camarões secos e defumados, peixes, cebolas, amendoim moído e pimenta a gosto. O pesquisador Von Martius, em suas viagens pelo interior do Brasil em 1820, encontrou o caruru em uma aldeia indígena próxima ao Rio Madeira e registrou: "Era um manjar de castanhas socadas, com uma erva que parecia o espinafre, o caruru-açu" (apud CASCUDO, 2011, página 501). **3.** Outro ensopado, este tradicional na culinária baiana, é o preparado com quiabos bem lavados e enxutos para não produzirem muita baba. Em seguida, são cortados em pedaços minúsculos e cozidos com azeite de dendê, camarões secos moídos e outros ingredientes e temperos, até se transformarem em uma pasta. Depois de pronto, o prato é servido com arroz de hauçá. Em algumas receitas, acrescenta-se também amendoim torrado e moído. O modo de preparo varia em certos locais, mas sempre com o uso do quiabo. **4.** O chamado caruru completo ou caruru de preceito está presente nas comemorações e festejos de São Cosme e São Damião, em 27 de setembro, no Candomblé. A elaboração do prato é como um ritual e compõe-se de 21 itens culinários: caruru, vatapá, farofa de dendê, xinxim de frango, arroz branco, feijão-fradinho, feijão-preto, feijão-branco, milho-branco, milho-vermelho, abará, acarajé, batata-doce, ovo cozido, rapadura com coco, cana-de-açúcar, abóbora, inhame, pipoca, banana-da-terra frita no óleo de dendê e balas de mel. Nesse dia, tradicionalmente, na Bahia, o caruru era servido às crianças dentro de uma bacia, colocada no chão sobre uma toalha.

Carvão vegetal Combustível ainda muito usado para cozinhar, em especial no preparo de churrascos, e aquecer, obtido da queima da madeira. Na indústria farmacêutica, é utilizado como desinfetante interno, além de ser muito popular no auxílio da digestão.

Casadinhos Biscoitinhos redondos, de massa leve, unidos dois a dois com goiabada, doce de leite ou geleia.

Caseína Proteína existente no leite. Quando tratada com ácido ou coalho, ela se separa, formando coágulos que são processados para produzir o queijo.

Cashel blue® Queijo azul criado por Jane e Louis Grubb em 1984, em sua fazenda no Condado de Tipperary (Irlanda), primeiro do tipo produzido no país. É preparado com leite de vaca pasteurizado. Seu tempo de maturação é de, no mínimo, seis semanas e, no máximo, seis meses; sua textura e sabor variam em função desse tempo. De casca fina e macia e massa de cor creme, apresenta veios cinza e azuis. Tem sabor suave mesmo quando mais amadurecido.

Casquinha de siri Prato encontrado em todo o litoral do Brasil, consiste em um saboroso refogado de carne de siri temperado com azeite, coentro e outros condimentos, servido dentro da casquinha do animal. Depois de arrumado e polvilhado com farinha de rosca e queijo ralado, é levado ao forno para gratinar. Ver **Siri**.

Casquinho de muçuã Comida de ribeirinhos, muito tradicional na culinária Amazônica até algum tempo atrás. Muçuãs são pequenos quelônios. Hoje não é mais permitida a captura desses animais silvestres, por isso o prato pode ser preparado somente com muçuãs de criadouros regulamentados. Primeiro eles são fervidos por um bom tempo e, em seguida, abertos para a retirada da carne. A pele e o fel são descartados e a carne é cortada em pequenos pedaços e refogada com gordura, limão, cheiro-verde, cebolas, pimentas e tomates. A parte superior da carapaça é lavada com sal e limão e raspada, para então ser recheada com o refogado. Recoberta por uma camada de farinha-d'água, vai ao forno para terminar de cozinhar e dourar. Ver **Muçuã**.

Cassareep Condimento originário da Índia, hoje também muito usado na cozinha caribenha. É preparado por meio do cozimento do suco da mandioca amarga misturado a açúcar mascavo e temperos. Essa mistura fica no fogo até transformar-se em um xarope agridoce. *Cassava* é o nome da mandioca em inglês.

Cassata Sorvete italiano típico da cidade de Nápoles, de vários sabores, feito em camadas alternadas com frutas cristalizadas picadas, nozes, biscoito e creme chantili. É servido como um bolo, em fatias. Seu nome significa "pequena caixa", já que adquire esse formato por ser feito geralmente em fôrmas para pão ou bolo inglês. A *cassata gelata* é uma variação, feita com camadas alternadas e contrastantes de sorvete, e seu miolo é recheado com creme de ricota batida com açúcar e frutas cristalizadas. Deve ser levada ao freezer para endurecer e ser servida em fatias. Ver **Creme chantili**.

Cassava Ver **Mandioca**.

Casserole Denominação francesa da caçarola e da comida nela preparada. Ver **Caçarola**.

Cassia Ver **Canela**.

Cassis Denominação francesa da groselha preta. Ver **Creme de cassis** e **Groselha preta**.

Cassolette Utensílio muito usado na cozinha francesa, é uma pequena frigideira individual, normalmente utilizada com mariscos, rins, ovos mexidos ou queijo.

Cassoulet Prato típico e popular de Languedoc, sudoeste da França, trata-se de uma feijoada cozida por longo período, feita de feijão-branco com carnes de boi, carneiro, ganso, pato ou galinha, pequenas linguiças, cebolas, tomates, *bouquet garni*, alho, molho de carne e temperos. É recoberta com uma camada de migalhas de pão ou farinha de rosca grossa que, depois de assada no forno em temperatura baixa, forma uma crosta consistente e dourada. Ao ser servida, a crosta deve ser quebrada para que caia dentro do prato. Ver **Bouquet garni** e **Feijoada**.

Castanha-de-água (*Trapa natans*) Planta encontrada nos pântanos da Europa e da Ásia, cujas sementes são muito nutritivas e de alto valor proteico. No Japão, é

utilizada para preparar uma farinha usada na elaboração de pães e bolos. Algumas de suas variedades têm sementes próprias para serem picadas em saladas ou fervidas em sopas. É da família das litráceas.

Castanha-de-caju Ver **Caju**.

Castanha-do-brasil (*Bertholletia excelsa*) Noz ou semente da castanheira, árvore nativa do Norte do Brasil, alta e frondosa, que pode alcançar cinquenta metros de altura e dois de diâmetro no tronco. Assim denominada recentemente, antes era conhecida por castanha-do-pará. Na Amazônia, é chamada nhá, iá, iniá, tocari e tucá. Seu habitat é a mata virgem alta e densa da região amazônica. Tem flores branco-amareladas e odoríficas. O fruto é denominado ouriço pelos ribeirinhos, tem diâmetro de cerca de 10 cm a 15 cm e pode chegar a pesar entre 500 g e 1,5 kg. Há, em média, de 14 a 24 castanhas em cada fruto, podendo chegar a 32. Sua polpa é amarelo-clara e recoberta por uma casca bastante rugosa e dura. Rica em óleo e de sabor suave e amanteigado, é excelente fonte de proteínas. A castanha é mais comercializada seca, salgada ou não. Fresca, é encontrada somente nas regiões produtoras. Pode ser usada ao natural ou em preparos doces ou salgados. Seu óleo serve como substituto de gorduras animais, além de ser muito usado para fins farmacêuticos; seu leite substitui o de vaca e é muito empregado no preparo de mingaus. É conhecida no exterior por *Brazil nut*. Uma única castanheira pode fornecer cerca de 500 kg de fruto por ano.

Castanha-do-pará Ver **Castanha-do--brasil**.

Castanha portuguesa (*Castanea sativa*) Assim é conhecida no Brasil a castanha europeia. Na Antiguidade, era abundante na Grécia, principalmente nas encostas do monte Olimpo, de onde se espalhou para o resto do continente. Na Idade Média, teve papel fundamental na alimentação das classes mais pobres. Em Portugal, o castanheiro era denominado árvore do pão. Farta na Europa no fim do outono, a castanha é pequena, achatada, com casca marrom e brilhante. Deve ficar de molho uma noite antes de ser utilizada. Pode ser cozida em água fervente ou assada e, em seguida, preparada como doce ou salgado. É a matéria-prima do conhecido doce francês marrom-glacê.

Castelão francês (*Vitis vinifera*) Cepa de uva portuguesa, uma das mais cultivadas no país. Conhecida também por Periquita por seu cultivo ter sido iniciado e difundido de uma quinta chamada Cova da Periquita.

Castle pudding Espécie de bolo muito popular na Inglaterra, cuja massa é feita com igual quantidade de farinha de trigo, manteiga, ovos e açúcar. É levado ao forno em fôrma específica para esse fim (a *castle pudding mould*) e servido com calda de geleia quente.

Catalônia Ver **Chicória**.

Cataplana Tradicional panela portuguesa feita com duas meias esferas que se fecham de modo hermético, para cozinhar os alimentos no fogo.

Catchup Ver **Ketchup**.

Catetê Nome dado à espuma que se forma na superfície da polpa do dendê, fruto do dendezeiro, quando é levado ao fogo para a extração do azeite. É utilizada no preparo de um torresmo que, temperado

com sal e pimenta, é servido como aperitivo, principalmente na Bahia. Ver **Azeite de dendê** e **Dendê**.

Caudle Muito comum na Inglaterra e na Escócia em outros tempos, é uma espécie de mingau revigorante, bastante usado para convalescentes. Feito à base de pão ou aveia, açúcar, às vezes ovos, vinho ou cerveja e especiarias.

Caul Ver **Coifa**.

Cavala (*Scomber scombrus*) Peixe da família dos escombrídeos muito encontrado em todo o Atlântico, cuja cabeça é azul-escura, dorso superior branco e mede de 50 cm a 60 cm. É mais utilizado em assados e ensopados.

Cavaquinha (*Scyllarides latus*) Crustáceo de água salgada, de captura difícil, encontrado em regiões rochosas. Os maiores estão no Mediterrâneo. É semelhante à lagosta, porém de menor tamanho e sem garras. Não tem antenas e suas patas são curtas. É chamada também cavaca, cigarra-do-mar, lagosta-sapateira e lagosta-da-pedra.

Cavatappi Massa alimentícia italiana pequena, de formato espiralado.

Cavatelli Massa alimentícia italiana estreita, semelhante a uma pequena concha de beiradas onduladas.

Cave Adega, lugar onde se guarda o vinho. Na França, também denomina o lugar onde este é produzido.

Caviar Ovas de algumas espécies de peixes conhecidas por esturjão, consideradas uma das mais finas iguarias gastronômicas. São obtidas pela retirada dos ovários da fêmea do peixe, liberação dos ovos das membranas, fibras e substâncias gordurosas com o auxílio de uma peneira e posterior adição de sal. As várias espécies de esturjão fornecem ovas com características distintas; as mais valorizadas são as selvagens do Mar Cáspio. Raras e caras, as ovas do Beluga (*Huso huso*) têm diâmetro superior a 3 mm, coloração que varia do cinza perolado ao cinza escuro e sabor prolongado; as do Ossetra ou esturjão russo (*Acipenser gueldenstaedtii*) apresentam diâmetro entre 2,7 mm e 3,2 mm, coloração que varia do marrom escuro ao âmbar e sabor suave e frutado; as do Sevruga (*Acipenser stellatus*) têm em torno de 2 mm, coloração de cinza claro a cinza escuro e sabor bastante iodado. Diferentes modos de processamento também resultam em caviares de qualidades diversas. Na técnica malossol, "pouco sal" em russo, são utilizadas apenas ovas inteiras, que recebem salga suave e, por isso, o resultado é um produto mais delicado e de sabor complexo. Existem ainda o caviar pasteurizado, com ovas parcialmente cozidas, o que lhe dá uma textura diferente e o torna menos perecível, e o caviar prensado, feito com ovas danificadas e que pode ser uma combinação de ovas de diferentes tipos tratadas, salgadas, prensadas e enlatadas. Nenhum desses dois tipos se iguala ao fresco. Como esse alimento é altamente perecível, deve ser guardado em baixas temperaturas e servido sobre gelo. Costuma ser degustado puro, sobre torrada ou blini, e em *hors d'oeuvres* frios, geralmente acompanhado de creme azedo, ovos ou batatas. Ver **Blini**, **Esturjão** e **Hors d'oeuvre**.

Cebola (*Allium cepa*) Da família das aliáceas, é um bulbo usado em todo o mundo para aromatizar pratos. Consumida desde a Antiguidade, não há certeza de sua origem. Por aparecer em inscrições em hieróglifos egípcios, em sânscrito, he-

braico, grego e latim, supõe-se que tenha sido cultivada em diferentes lugares. De muitas variedades, grandes, pequenas, brancas, amarelas, rosadas ou roxas, são comercializadas frescas, em pasta, em flocos e em pó. Sua utilização é muito abrangente e pode ser incluída em praticamente qualquer prato. De acordo com as características de cada tipo, são mais indicadas para saladas, conservas, molhos ou tempero. Frescas, podem ser estocadas por até três semanas, em lugar frio e seco.

Cebola confit Cebola refogada lentamente em gordura e açúcar.

Cebolinha (*Allium fistulosum* [cebolinha comum], *Allium schoenoprasum* [cebolinha francesa ou ciboulette]) Planta muito conhecida e usada na Europa Ocidental desde a Idade Média, quando era apregoada pelas ruas com o nome de *appetits*. Foi trazida para o Brasil pelos colonizadores portugueses, logo após o descobrimento. Embora semelhantes, há duas espécies diferentes: a cebolinha-verde ou comum, de origem asiática, e a cebolinha-francesa, chamada *ciboulette*, de origem europeia. Ambas têm porte de até 30 cm, folhagem ereta de talos verdes na parte superior e brancos perto da raiz. A segunda apresenta folhas mais finas e de um verde mais escuro. A cebolinha pode ser encontrada fresca ou seca e consumida crua ou em refogados. Condimenta bem as omeletes, sopas, molhos, legumes cozidos, bolinhos de carne ou de peixe e saladas. É indispensável no molho tártaro e no molho verde, além de ser ótima misturada ao queijo de minas ou à ricota, em pasta, para sanduíches ou canapés.

Celeriac Palavra inglesa para aipo-rábano. Ver **Aipo**.

Celery Palavra inglesa para aipo. Ver **Aipo**.

Cenoura (*Daucus carota*) Da família das umbelíferas, é uma das raízes vegetais mais usadas no mundo todo. De sabor muito característico e suave, a mais comum tem cor alaranjada e folhas verdes, embora existam também diversas outras cores. Ao ser comprada, deve estar firme, brilhante, sem nenhuma marca. Pode permanecer em bom estado por alguns dias se guardada em sacos plásticos em geladeira. É possível utilizá-la crua, assada ou cozida, e em uma enorme variedade de receitas, desde fundos e caldos, acompanhamentos, sopas e ensopados, até conservas. Já era conhecida e empregada na cozinha europeia da Grécia Antiga, com referências também em antigas anotações chinesas e japonesas. No livro atribuído a Apicius, há receitas de cenoura frita servida com orégano, cenoura temperada com sal, óleo e vinagre e cenouras cozidas em molho de cominho. Na corte de Carlos I, da Inglaterra, suas folhas eram usadas pelas damas como enfeite de seus penteados, em vez de plumas. Ver **Apicius, Marcus Gavius**.

Centeio (*Secale cereale*) Cereal da família das gramíneas muito importante e bastante usado em todo o mundo, cujos maiores produtores são a Rússia, a Polônia e a Alemanha. É rico em minerais, em especial o potássio, e muito usado em pães e na produção de uísque de centeio. Por conter pouco glúten, o pão produzido com esse grão é mais duro que o de trigo, embora mais fácil de ser digerido que este. Os pães de centeio macios encontrados no mercado são, geralmente, misturados com trigo.

Centolla (*Lithodes santolla*) Caranguejo gigante de longas patas, pescado no Ocea-

no Pacífico, do Estreito de Magalhães ao norte da costa do Chile, denominado também aranha-do-mar. Conhecido em inglês por *Southern king crab*, em referência ao *King crab*, pertence, contudo, a espécie diferente. Sua carne é farta e deliciosa e pode ser cozida apenas em água e sal ou acompanhada de molhos diversos.

Cepa Variedade de uva.

Cepagem O termo tem o mesmo significado de cepa, casta, ou seja, a variedade da uva, como Pinot Noir, Riesling, Chardonnay etc. Nomeia também a estaca que identifica, na frente de uma linha do vinhedo, a variedade de uva ali plantada.

Cèpe (*Boletus* spp.) Nome pelo qual são conhecidos na França vários cogumelos do gênero *Boletus*, entre os quais o *cèpe de Bordeaux*, denominado na Itália *fungo porcino*. Ver **Cogumelo** e **Fungo porcino**.

Cercefi (*Tragopogon porrifolius*) Raiz da família das compostas, semelhante à mandioquinha, carnuda e açucarada. Alimento muito apreciado nas mesas europeias, deve ser cozida em água acidulada (água misturada com vinagre) após ser descascada e lavada. Serve-se, geralmente, com manteiga, molho holandês ou bechamel. A variedade de casca preta é denominada *scorzonera*.

Cereais Da família das gramíneas, são vegetais que, em geral, apresentam-se sob a forma de espigas e cujos grãos são constituídos de três partes principais: o germe (rico em proteínas e gorduras), o grão propriamente dito (composto principalmente de hidrato de carbono), e a película (feita de diversas camadas e rica em vitaminas e minerais, sobretudo silício). O termo cereal provém do nome da deusa romana da agricultura, Ceres. O arroz, a aveia, a cevada, o centeio, o milho e o trigo são os mais conhecidos. Já o sorgo e o painço são menos usados. Se refinados, os cereais perdem a película e o germe, onde se concentram os nutrientes, preservados nos grãos integrais.

Cerefólio (*Anthriscus cerefolium*) Planta herbácea de pequeno porte, com cerca de 60 cm de altura, folhas verde-claras e pequenas flores brancas, originária do Sudeste da Europa. Seu nome, derivado de *cheiri y phyllum*, significa "folha da alegria ou que alegra o coração". Muito utilizada na cozinha europeia desde a época dos romanos, é a base das *fines herbes* (ervas finas). Semelhante à salsa, com folhas frisadas, tem sabor mais doce e é mais aromática. O anisado é uma interessante variedade de sabor açucarado, que remete à erva-doce. Fervido, o cerefólio perde todo o aroma, por isso deve ser usado fresco, picado sobre o prato já pronto, em molhos de saladas, maioneses, molhos quentes e cremosos, sopas e carne assada, quente ou fria. Ver **Ervas finas**.

Cereja (*Prunus avium*; *Prunus cerasus*) Fruto da cerejeira, tem formato redondo e pequeno, cor vermelho-escura e polpa suculenta. Bastante perecível, deve ser escolhido o firme e sem manchas, de preferência com os talos. Há duas espécies principais: as cerejas ácidas, como a Morello e a Ginja (Amarena), indicadas para doces e molhos cozidos, licores e brandys; e as doces, que podem ser empregadas em compotas, doces ou licores, mas são mais bem aproveitadas frescas, em saladas, sopas frias e como enfeite de doces, pois, ao serem cozidas, perdem todo o perfume. São ingredientes fundamentais na decoração da torta Floresta Negra, feita de chocolate, em camadas, recheada com creme chantili e cerejas, perfumada com kirch.

Cerveja Bebida fermentada mais popular e consumida no mundo, é também das mais antigas. De acordo com alguns historiadores, tem seis mil anos. Os sumérios já a conheciam. O Código de Hamurabi (1793-1759 a.C.) previa severas punições aos taberneiros que fossem desonestos ao servi-la. Do Egito passou à Grécia, à Península Ibérica, Gália e Germânia, estabelecendo-se como a bebida predileta dos povos do norte da Europa. Durante a Idade Média, as cervejas, na quase totalidade, eram produzidas nos mosteiros. Trazida para o Nordeste do Brasil pelos holandeses no século XVII, quando surgiu era consumida em família, apenas nas festas flamengas, o gosto se generalizou somente no meio do século XIX. Na virada do século XX, surgem as grandes fábricas. O método básico de fabricação produz uma bebida com 94% de água e 6% de ingredientes, como malte, lúpulo e levedura. Podem ser produzidas por fermentação alta (a levedura age em poucos dias e flutua na superfície) ou por fermentação baixa (a levedura sedimenta no fundo do tanque por vários dias e, em seguida, sofre um processo rápido de pasteurização). No primeiro caso, o resultado é a cerveja amarga, de cor acobreada e teor alcoólico entre 4% e 8%, como a Ale, a Porter e a Stout, todas com aroma bem intenso. As de baixa fermentação são menos amargas, mais leves e adocicadas, e a coloração varia da bem clara até a preta. Alguns tipos: Bock, Münchner, Pilsen. As cervejas conservam todas as propriedades do malte e da levedura. Na Bélgica, são comuns as frutadas. Os nomes cerveja, em português, e *cerveza*, em espanhol, derivam do latim *cervisia*, que significa grão de trigo. Já as palavras *bière*, francesa; *bier*, alemã; *beer*, inglesa; e *birra*, italiana, derivam de uma raiz única que é *bre*, cevada em hebraico. A cerveja é uma bebida pasteurizada, diferentemente do chope, por isso pode ser conservada por muito mais tempo.

Cervelas 1. Produto característico da região da Alsácia, é uma pequena salsicha francesa feita com carne de porco moída e gordura de porco, perfumada com ervas e especiarias. Hoje já se acrescenta um pouco de carne de gado também. Era feita originariamente com miolos de porco, daí seu nome (*cervelles* = miolos). Em inglês, chama-se *saveloy*, termo derivado de *cervelas*. É um pouco defumada e deve ser maturada por alguns dias. Em geral, é cozida em água ou vinho tinto antes de ser servida com molho consistente ou salada de batatas. Também é muito apreciada fria, fatiada, acompanhada de mostarda e molho vinagrete. **2.** Tipo de salsicha feita com carne de porco e carne bovina, especiarias e aromatizantes, como alho e mostarda. Não é cozida, mas curada, seca e defumada. Sua textura varia da mais seca à mais úmida e macia. Em alguns casos, a massa é tão macia que pode ser espalhada. É produzida em diversos países europeus; dois, entretanto, têm produtos mais conhecidos: a Alemanha, com sua salsicha *Thüringer*, e a Itália, com a *mortadella*. Pode ser servida fatiada, com pão, ou cortada em pequenos pedaços, como ingrediente de diversos pratos.

Cevada (*Hordeum vulgare*) Grão cultivado desde a Antiguidade. Além de ter sido sempre empregado para papas, mingaus e pães, é a matéria básica para a obtenção do malte, usado na fabricação da cerveja e do uísque. Existem dois tipos de cevada: a perolada, cujos grãos são polidos após a remoção da casca, e a pilada ou cevadinha, de grão socado no pilão, mas não polido. A primeira é mais usada em sopas e ensopados.

Ceviche Muito popular em toda a América hispânica, é um prato de peixe cru marinado em molho à base de suco de limão e temperos. O ácido do limão "cozinha", curte, a carne do peixe, tornando-a firme e opaca. Cebolas, tomates e pimentas *Capsicum* podem ser também agregados à marinada, que no Peru é chamada *leche de tigre*. Esse prato só deve ser preparado com peixe muito fresco. Os mais utilizados são o caranho-vermelho, o linguado e a palombeta.

Chá 1. *(Camellia sinensis)* A planta de chá é um arbusto de origem asiática, da família das teáceas. Sua árvore pode alcançar mais de dez metros de altura, mas as podas frequentes, em seu cultivo comercial, fazem com que não ultrapasse os dois metros. Tem folhas escuras e lustrosas, com margens denteadas e nervuras marcadas, e flores brancas e perfumadas. Seu cultivo foi iniciado na China, há cerca de cinco mil anos. Há duas variedades principais: a chinesa e a indiana. Hoje, os maiores cultivadores da planta e exportadores do chá processado são a China, a Índia, o Quênia e o Sri Lanka. **2.** Chá é também a infusão preparada com as folhas da *Camellia sinensis*. O processo de preparo percorre um longo caminho entre a plantação e sua utilização final, em que cada etapa é fundamental para sua qualidade. Logo após a colheita, as folhas são murchas a céu aberto ou em túneis de ar quente para lhes dar flexibilidade. Em seguida, são enroladas a fim de que suas células sejam rompidas e, assim, liberem seus líquidos, os quais, em contato com o ar, transformam-se em óleos, responsáveis por seu aroma. A etapa seguinte é a fermentação, que determinará a qualidade da bebida. Segue-se a secagem, que resulta em uma folha escura e com grau de umidade de cerca de 6%. Se forem secas sem a etapa de fermentação, resultam no chamado chá-verde. As folhas de chá passam, então, pelo processo de separação por meio de peneiras vibratórias, com crivos de tamanhos diferentes. Existem inúmeros tipos de chá, decorrentes do local e das técnicas de plantio, do comportamento climático durante o cultivo, do momento de colheita, do processo de produção e da graduação de suas folhas. Assim, *pekoe*, termo derivado do chinês que significa "lanugem branca", designa suas folhas inteiras, jovens e tenras colhidas próximo ao broto; *broken*, palavra inglesa cujo significado é "quebrado", indica o chá de folhas miúdas, amassadas ou quebradas; quando qualificado como *einwurf*, significa que as hastes das folhas e a parte lenhosa dos ramos também foram utilizadas. São feitas muitas misturas de folhas para a obtenção de diferentes sabores, isso explica o motivo de serem encontradas no mercado infinitas alternativas para um bom chá, mas o modo de preparo da bebida é sempre o mesmo: infusão em água quente. O sabor final, entretanto, embora usado um mesmo tipo de chá, poderá ter nuances de uma xícara para outra, dependendo da preparação e da água utilizada. A prática de beber chá iniciou-se na China, onde foram encontrados resíduos das folhas em ânforas, dentro de túmulos datados de 220 a.C. No século VI d.C., esse hábito foi levado para o Japão por monges budistas que haviam estudado na China, e dali chegou à Europa quase mil anos depois, por meio de navegadores e missionários portugueses, ainda de maneira incipiente. O envio comercial de folhas de chá da China para a Holanda começou de modo efetivo somente com a Companhia Holandesa das Índias Orientais, via Java, no início do século XVII, quando se tornou um modismo e foi levado a outros países próximos.

Seus primeiros registros na Inglaterra são de 1658, em um anúncio de jornal sobre a nova bebida chinesa chamada *tay* ou *tee*, servida em uma *coffee shop*, no centro de Londres. No entanto, somente na década seguinte, com o casamento de Charles II com Catarina de Bragança, aficionada da bebida em Portugal, o hábito de bebê-lo chegou à corte inglesa. A partir de então, a Companhia Britânica das Índias Orientais passou a trazê-lo regularmente da China. No século XIX, já bastante difundido e estabelecido nas Ilhas Britânicas, o comércio de chá pelos ingleses tomou novo impulso com o fim do monopólio estatal de compra e venda. Com grande oferta do produto e preços mais baixos, o chá passou a fazer parte do modo de viver dos britânicos. Ver o nome do chá.

Chá aromatizado Chá acrescido de substâncias aromáticas, cuja base, em geral, é o verde Oolong ou os pretos. São suaves, perfumados com frutas, flores ou especiarias. Muito na moda nos anos 1970, hoje em dia já estão naturalmente incorporados aos hábitos. Um dos mais clássicos é o Earl grey, chá-preto da China, aromatizado com óleo natural de bergamota. Os mais difundidos são os de maçã, abricó, laranja, frutas vermelhas, baunilha, anis, rosas, hibisco, amora, frutas secas, canela, gengibre, mel, cereja, limão, jasmim e manga. Há ainda o Asa-tsuyu, o Blackcurrant, o Grenoile e o Kashmir Khali-Kahwa.

Chá da China País com a mais antiga cultura do chá, onde existem vários tipos. Os principais são os das províncias de Yunan, Hunan e Schuan, cujo sabor é suave e adocicado. Além destes, encontramos também o Keemun, bastante difundido, e o Lapsang souchong, aromatizado com a queima de madeiras especiais e muito conceituado. O país é também o único produtor dos chás de rosas, de jasmim e de lichia. A qualidade da bebida é obtida por meio da junção de flores e folhas de chá. O chá-verde é a bebida nacional chinesa; revigorante, revitalizador e saudável, em geral é proveniente das províncias de Anhui, Zhejiang e Fujiang.

Chá da Frísia Nessa região da Alemanha, o chá é a bebida mais consumida. Para se ter ideia de sua importância, basta dizer que o consumo anual per capita, na região, é de 2,5 kg contra 250 g em toda a Alemanha. Os frísios fazem uma série de misturas com os chás de Sumatra, Java e Ceilão, mas sua base é sempre o Assam second flush. Seus dois tipos mais conhecidos são o Ostfriesische broken-mischung, de uso doméstico e mais forte, e o Ostfriesische blatt-mischung, forte e perfumado. Em qualquer dos casos, sugere-se o acompanhamento de uma colherinha de creme de leite fresco.

Chá da Indonésia De boa qualidade, os chás provenientes desse país estão entre os que chegaram à Europa no século XVII. Produzidos durante todo o ano, os melhores chás de Java são comparáveis aos do Ceilão, porém mais suaves. Os de qualidade média assemelham-se aos colhidos no final da temporada na Índia, já os de melhor qualidade são muito utilizados em misturas na Inglaterra e na Frísia (Alemanha).

Chá de ervas, flores ou raízes Elaborada com ervas variadas, juntas ou separadas, com flores ou raízes, essa infusão – pois, tecnicamente, não se trata de chá – pode ser tomada quente ou fria. As ervas mais apreciadas são a hortelã, a erva-cidreira, a camomila, as folhas de laranjeira, a de morango e a de amora. São utilizadas

também flores de alfazema, de salgueiro, de malva, de roseira-silvestre, de urze, de urtiga e de girassol, raízes de malva, de gengibre e de cúrcuma e casca de sândalo. Por terem consistências diferentes e graus também diferenciados de aroma e sabor, a dosagem de preparo varia de ingrediente para ingrediente.

Chá de Formosa Os chás verde e preto de Formosa, antigo nome de Taiwan, são produzidos desde o século XIX nas montanhas do Norte e do Nordeste. Sua fama deve-se, em especial, a um de seus tipos de chá, o Oolong, o "dragão negro", como é chamado pelos chineses, que é meio fermentado e de sabor excepcional. Por meio de um processo manual meticuloso, ocorre uma leve fermentação das bordas das folhas, que ficam um pouco enroladas e preservam seu miolo. De tonalidade clara, seu gosto é floral e também lembra o pêssego.

Chá de fruta As infusões de frutas são uma alternativa agradável no verão, pois podem ser ingeridas geladas. De sabores variados e refrescantes, são feitas com folhas e frutos desidratados, que contêm uma pequena percentagem de frutose e de vitaminas. As mais procuradas são as de acerola, maçã, groselha, hibisco, manga, laranja, pêssego e cereja. Há inúmeras misturas de frutas e flores variadas.

Chá de rooi O *rooi* (*Aspalathus linearis*) é um arbusto africano muito parecido com o do chá. A infusão produzida com essa planta é leve e de aroma suave, conhecida pelo nome de *rooitea* ou *rooibos tea* (chá de *rooi*). Ao contrário do chá-preto, tem baixo teor de tanino e não contém cafeína. Algumas de suas folhas comercializadas são aprimoradas com aromatizantes. O chá de *rooi* pode ser consumido frio ou quente.

Chá do Ceilão Um dos mais difundidos, o chá do Ceilão, hoje Sri Lanka, é um *black pekoe* cujas folhas são fermentadas antes de serem secas. Seu processo especial de secagem preserva os óleos essenciais que lhe dão aroma característico. É dividido em três categorias, dependendo da altura do terreno em que cresce: *lowgrowns*, *medium* e *highgrowns*. A intensidade das monções e dos ventos são fatores determinantes de sua qualidade. Seu nome internacional continua a ser Ceylon tea, apesar da troca do nome do país. Hoje também é plantado na Índia e na China.

Chabichou du Poitou Queijo francês feito de leite de cabra, com *Appellation d'Origine Contrôlée* (AOC). É preparado em zona delimitada na região histórica de Haut-Poitou, tem casca fina branca ou cinza azulada e sabor levemente salgado. Apresenta a forma de um cone cortado e seu período de maturação varia de duas a oito semanas.

Chablis Sub-região da Borgonha (França), grande produtora de vinhos brancos secos. Localiza-se bem ao norte, próxima às margens do rio Serein e perto de Auxerre. Sua melhor produção vem dos vinhedos em torno da cidade de Chablis. Os vinhos são sempre brancos secos, com sabor mineral e elaborados com uvas Chardonnay. São classificados em quatro categorias, com características diferentes entre si: Petit Chablis, ligeiro, seco, frutado; Chablis, de categoria um pouco acima do anterior; Chablis Premier Cru, muito mais complexo, de mais classe e concentração de sabor, permite envelhecimento de até sete anos; e Chablis Grand Cru, a elite, complexo e de grande classe. Ver **Borgonha**.

Chã de dentro Ver **Coxão mole**.

Chã de fora Ver **Coxão duro**.

Chafing dish Denominação nos países de língua inglesa da frigideira própria para preparar alimentos na mesa, com o auxílio de pequeno fogareiro. É côncava e funda e, em geral, usada para pratos rápidos do café da manhã, como ovos mexidos ou ragu de rins. É bastante usada na Inglaterra.

Chai Palavra francesa que nomeia o celeiro ou depósito construído acima do solo para guardar os tonéis de vinho. Em diversas regiões da França, não existem porões, mas *chais*. De modo geral, há dois em cada propriedade: um para o vinho novo, da produção do ano, e outro para a produção dos anos anteriores, ainda não engarrafada.

Chalá Tradicional pão judaico servido no Sabá, em ocasiões cerimoniais e mesmo no dia a dia. É fermentado e feito com ovos, com textura aerada. Embora preparado em diversos formatos, sua forma mais tradicional é a trança. No Ano-Novo judaico, é arredondado.

Chalota Ver **Echalota**.

Chalupa Tortilha no formato de um barco, frita até ficar crocante. Em geral, é recheada com carne bovina, de porco ou de frango desfiada, vegetais, queijo ou uma combinação de alguns desses ingredientes. É servida como aperitivo. Ver **Tortilha**.

Chalybon Vinho fabricado na Síria, na Antiguidade. Ver **Helbon**.

Chambaril Da culinária da Paraíba, no Nordeste do Brasil, é um prato feito com a perna da vaca cozida com legumes e temperos, acompanhado de pirão de farinha de mandioca. Não deve ser confundido com mão-de-vaca ou mocotó. Ver **Mocotó**.

Chambertin Vinhedo dos mais nobres da região da Borgonha (França), produtor de um vinho tinto estruturado que precisa de amadurecimento. Receitas que incluem a bebida também levam seu nome, como *Poulet chambertin*.

Chambrer Palavra francesa derivada de *chambre* (quarto, câmara), empregada no processo que adequa aos poucos a temperatura do vinho tinto à do ambiente em que será consumido, antes de ser servido. Na verdade, não é necessário que o vinho alcance a temperatura ambiente, mas deve ficar próximo dos 18 °C. Não é recomendada nenhuma mudança repentina de temperatura, sob o risco de transtornar o equilíbrio químico do vinho, o que pode destruir ou enfraquecer suas qualidades.

Champ Tradicional prato irlandês feito com batatas amassadas e cebolas verdes picadas, cheias de manteiga. No lugar das cebolas, pode ser utilizado também outro vegetal verde, previamente cozido em leite e picado.

Champanhe Vinho espumante de origem francesa, da região de mesmo nome. Pela lei, somente o vinho espumante dessa região, feito com uvas plantadas em área delimitada, pode ser assim denominado. Diz a lenda que foi produzido pela primeira vez quase ao acaso, por Dom Pérignon, culto monge beneditino, mestre de *chai* na abadia situada na bela região de Champagne, no fim do século XVII. Ao provar pela primeira vez o resultado de sua experiência, teria exclamado: "Venham, todos! Depressa! Venham ver! Estou bebendo estrelas!". Na verdade, não é o que deve ter acontecido, pois os vinhos espumantes já eram conhecidos. Além disso, percebia-se que certos vinhos que fermentavam novamente na primavera, se não pudessem deixar escapar sua efervescência, quebravam os recipientes que os continham. Coube, então, a Dom Pérignon a iniciativa de encomendar garrafas mais resistentes e substituir as tampas de pano por rolhas de cortiça presas com barbante. Em paralelo, iniciou um processo de mistura de vinhos (*assemblage*), que confere ao champanhe qualidades únicas. Ele não "inventou" a bebida, mas, por sua experiência e observação, aprimorou processos que resultaram na que conhecemos hoje. Devem ser lembrados também os trabalhos realizados na mesma época, na abadia de Saint-Pierre-aux-Monts, em Piery, por Dom Oudart, que também trouxeram grande progresso à vinificação em Champagne. O champanhe é elaborado com uvas Pinot Noir, Pinot Meunier e Chardonnay. Diferente dos outros vinhos, seu processo de fabricação inclui uma segunda fermentação, com o vinho já colocado na garrafa definitiva, por meio da adição de uma porção de açúcar e de levedura. Nos três meses seguintes, as garrafas são manipuladas, em posição inclinada, com o gargalo para baixo, em um processo de eliminação das impurezas resultantes dessa segunda fermentação chamado *remuage*. As impurezas são, então, retiradas mediante uma técnica de congelamento do gargalo (*dégorgement*). A garrafa é completada com o *liqueur d'expédition* e recebe sua rolha definitiva. Esse é o chamado método *champenoise* (no resto do mundo, método tradicional), que tem como resultado as bolhas características. Algumas marcas famosas: Möet & Chandon, Veuve Clicquot, Pommery, Taittinger, Louis Roederer e Lanson. Ver **Dégorgement**, **Remuage** e **Liqueur d'expédition**.

Champignon de Paris (*Agaricus bisporus*) Expressão francesa que nomeia um tipo de cogumelo cujo cultivo foi iniciado nos arredores da cidade de Paris (França). Hoje, é bastante difundido em outros países, inclusive no Brasil. É pequeno, branco, de copa arredondada. Delicado e facilmente perecível, deve ser usado logo após a colheita ou compra. Pode ser preparado de várias maneiras e é possível guardá-lo em conserva, depois de cozido em água, sal e limão. Ver **Cogumelo**, **Crimino** e **Portobello**.

Chamuscar Técnica culinária que consiste em dourar a superfície da carne em fogo alto, para selar a parte externa de modo a reter o suco e seus nutrientes.

Chanfana Ver **Sarapatel**.

Chanterelle (*Cantharellus cibarius*) Fungo comestível muito encontrado e utilizado na França, onde também é conhecido por *girolle*. É um pouco apimentado, mas de sabor delicioso, ligeiramente frutado ou similar a nozes. Sua textura assemelha-se à de uma borracha macia. Colorido e com a forma de uma corneta dourada ou negra, é muito encontrado nos bosques, no início do outono. Deve ser cozido lentamente, em um bom caldo, para ficar suave e macio. Não pode ser cultivado. Ver **Cogumelo**.

Chantili Ver **Creme chantili**.

Chaource Queijo francês produzido na cidade de mesmo nome, da região sul de Champagne, considerado de excelente

qualidade. Tem sabor amanteigado e frutado e é feito com leite de vaca. Sua altura pouco comum (7,5 cm) gera dúvidas a respeito da uniformidade de seu amadurecimento. Tem aroma muito agradável e textura cremosa e pouco quebradiça, semelhante à dos queijos de leite de cabra.

Chapa Prato grosso de ferro, às vezes com cabo, redondo ou retangular, usado em cima do fogão para assar pães, panquecas, bolos, pequenos cortes de carne e vegetais, entre outros. Em inglês, *griddle*.

Chapati Pão indiano sem fermento e de formato redondo e achatado. É feito com farinha de trigo integral e água, e cozido sobre uma chapa, sem gordura ou óleo. Seu tamanho varia de uma região para outra. Preparado todos os dias nos lares indianos, acompanha o tradicional ensopado ou sopa. É muito consumido também em outros países do sul da Ásia e em algumas ilhas do Caribe.

Chaptalização Procedimento criado pelo ministro da agricultura francês Jean-Antoine Chaptal, para assegurar ao vinho teor alcoólico adequado. Consiste na adição de açúcar ao mosto, antes ou durante o processo de fermentação. Ver **Sucrage**.

Charcoal Palavra inglesa cujo significado é carvão. Ver **Carvão vegetal**.

Charcuteria Ou charcutaria, é a arte de preparo de carnes curadas. Pode ter como matéria-prima a carne e miúdos de suínos, aves, bovinos, ovinos, caças ou até peixes. Abrange o processo de transformação, bem como o de comercialização. O nome é derivado do francês *charcuterie* (de *chair*, carne; e *cuit*, cozida), mas foi estruturada e regulamentada pelos antigos romanos. Muito desenvolvida por toda a Europa, ainda hoje quase toda cidade pequena tem seu mestre da transformação. São múltiplas as preparações: salsichas, salsichões, linguiças, patês, presuntos, morcelas; vendidas cruas, cozidas ou defumadas.

Chardonnay (*Vitis vinifera*) É a uva dos vinhos brancos da Borgonha (França). Combinada com a Pinot Noir e a Pinot Meunier, é usada para a produção do champanhe. Fácil de cultivar, disseminou-se por regiões vinícolas mundo afora; é provavelmente a variedade branca mais conhecida. Os vinhos produzidos com ela são de alta qualidade, além de serem versáteis o suficiente para se adequar a diferentes estilos. Também gera um dos poucos vinhos brancos que adquire qualidade com o envelhecimento. É utilizada, com ótimos resultados, na Califórnia (Estados Unidos), no Chile, na Argentina e na Austrália.

Charlote 1. Sobremesa que surgiu no final do século XVIII, cujo nome foi dado em homenagem à mulher do rei George III, da Inglaterra. Em sua preparação, utiliza-se fôrma redonda revestida de biscoitos Ladyfingers, na vertical, preenchida com camadas de recheio, em geral feito com açúcar, manteiga, gemas, chocolate, claras em neve e frutas cristalizadas. É servida fria, acompanhada de creme chantili. Ver **Creme chantili** e **Ladyfingers**. **2.** Existe também uma variação criada pelo chef Antonin Carême, chamada *charlotte à la parisienne*, cujos ingredientes são semelhantes, mas é assada no forno, embora seja também servida fria. **3.** Outra variação é a charlote quente, de maçã, cuja fôrma deve ser forrada com fatias de pão barradas de manteiga, e não com biscoitos. **4.** Um tipo diferente é a *charlotte russe*, criada também por Carême para o czar russo Alexandre I, elabora-

da com massa de Ladyfingers em formato de concha, recheada com *bavaroise* bem leve e enfeitada com rosinhas de creme chantili. Ver **Bavaroise**, **Creme chantili** e **Ladyfingers**.

Charque Dos produtos derivados da carne bovina, o charque é um dos mais difundidos e saborosos. Tem salga mais forte que a da carne de sol ou a da carne-seca. Assim como esta, é seco ao sol e ao vento ou por meio de estufas apropriadas. Logo após o abate do animal, a carne é cortada em mantas, esfregada com sal grosso e empilhada nas estufas, em seguida é estendida em varais ao sol para finalizar o processo. O preparo no Sul do Brasil é feito com mais sal e menos sol que no Nordeste, e a carne passa por uma ressalga. Esse processo de conservação, por sal e secagem, é anterior à colonização, pois já era utilizado pelos indígenas guarani, no Sul do país. No entanto, é também uma técnica portuguesa, a princípio empregada para peixes e depois estendida às carnes. O charque é matéria-prima para o preparo do arroz de carreteiro, da paçoca de charque e do roupa-velha ou desfiado de charque. De acordo com Luiz da Câmara Cascudo (2011), o nome é proveniente do quíchua (*ch'arqui*), embora alguns estudiosos ainda considerem sua origem controversa. Colocada em água para dessalgar, perde grande parte de suas substâncias nutritivas. Ver **Arroz de carreteiro**, **Paçoca**, **Roupa-velha** e **Ressalga**.

Chartreuse® **1.** Assim como o Bénédictine, é um dos licores mais famosos do mundo. Foi criado no início do século XVII por dois monges cartuxos do Mosteiro de Vauvert, em Paris (França), com base em um manuscrito recebido do Duque d'Estrées. Foi aperfeiçoado no século seguinte, no Mosteiro de la Grande-Chartreuse, perto de Grénoble, e passou a ser vendido nos anos 1840. Em 1903, perseguidos pelo governo francês, os monges fugiram para Tarragona (Espanha) e ali criaram uma grande destilaria. De volta à França, em 1932, continuaram a fabricá-lo em Saint Laurent du Pont, depois em Voiron e, a partir de novembro de 2017, em Entre-Deux-Guiers. A receita é ainda um segredo dos monges cartuxos. Feito com aguardente de vinho, raízes e ervas, é envelhecido em tonéis de carvalho. Em sua origem, tratava-se de um elixir branco, mais forte que o licor de hoje. Pode ser amarelo, mais suave e menos alcoolizado, com 43% de teor, ou verde, mais forte e com mais álcool, 55%. **2.** Prato salgado francês cuja característica é ser enformado e ter um ingrediente principal, além de um acompanhamento, com diversos outros em menor quantidade. Assim, uma chartreuse de vitela seria uma musse de vitela, feita em formato de anel, desenformada e com um salpicão de língua, presunto e cogumelos no centro.

Charuto de folha de uva Ver **Legumes e verduras recheados** e **Sarma**.

Chasselas (*Vitis vinifera*) Variedade de uva branca bastante difundida na Suíça e na Alsácia (França). Produz, em geral, vinhos medianos, sem grandes qualidades.

Chasseur Molho marrom francês, "ao estilo do caçador", preparado com vinho branco, echalotas, tomates e cogumelos. O termo também caracteriza os diversos pratos que o incluem.

Château Relacionada a vinho, essa palavra, em francês, não designa necessariamente o que em português entendemos por castelo, mas, sim, a propriedade em

que as uvas são cultivadas e os vinhos, fabricados. A denominação é muito usada na região de Bordeaux, e o vinho engarrafado nessas propriedades é assim rotulado, o que garante sua qualidade e autenticidade.

Chateaubriand Corte de carne de origem francesa que teria sido criado no século XIX, em homenagem ao estadista François-René de Chateaubriand. Consiste em generosa porção de filé-mignon, de mais ou menos 5 cm de altura e 300 g de peso, retirado do centro do filé. Grelhado na manteiga, malpassado por dentro, era, originalmente, servido com molho à base de vinho Madeira, fundo de carne, manteiga, cebolinhas picadas, estragão fresco picado, cogumelos, pimenta-do-reino e gotas de limão. Mais tarde, passou a ser servido com molho *béarnaise*. Ver **Béarnaise** e **Cogumelo**.

Châteauneuf-du-Pape Zona vinícola francesa situada no vale do Rhône (Ródano), perto de Avignon. É denominação de origem controlada (*Appellation d'Origine Contrôlée* – AOC) e produz, sobretudo, vinhos tintos muito conhecidos no mundo inteiro. Cada produtor prepara sua mistura (*assemblage*) especial por meio das 18 variedades de uvas clássicas permitidas para esse vinho. A Grenache merece destaque. O resultado final é, em geral, seco, consistente, de corpo robusto e qualidade que reflete a longa tradição vinícola da região. Seu ponto ideal de maturação é alcançado entre cinco e dez anos. Ver **Appellation d'Origine Contrôlée (AOC)** e **Rhône (Ródano)**.

Chaud-froid Molho francês, cuja tradução significa "quente-frio", que adquire consistência depois de frio, como todos os molhos com gelatina. É próprio para ser despejado sobre o alimento. Por extensão, alimentos cozidos, recobertos por ele e servidos frios são também assim nomeados. Pode ser claro ou escuro: o primeiro é feito à base de molho bechamel; o segundo, menos encontrado nos dias de hoje, tem por base o demi-glace. Acompanha peixes, aves ou ovos, em geral guarnecidos com pepinos, ervas e cenouras. Os pratos feitos com esse molho são bastante decorativos e devem ser refrigerados até o momento de serem servidos. De acordo com Philéas Gilbert, cozinheiro e erudito francês, essa receita surgiu por acaso. No final de 1758, ao iniciar um jantar com convidados em seu castelo de Montmorency, o duque de Luxemburgo foi chamado pelo rei a Versalhes. Voltando somente na manhã do dia seguinte, faminto, serviram-lhe rapidamente o que sobrara do jantar da véspera, uma fricassê de frango. Apesar de frio, o prato deu ao duque enorme prazer. Alguns dias depois, ele pediu que fosse servido da mesma maneira. Quando seu chef nomeou o preparo de *volaille refroidie*, o nobre retrucou: "Non! Appelez plutôt ce plat un chaud-froid" ("Não! Chame, antes, este prato de quente-frio"). Ver **Bechamel** e **Demi-glace**.

Chaumes® Queijo francês de casca lavada feito na cidade de Saint-Antoine-de-Breuilh, na base dos Pirineus, com leite de vaca pasteurizado. É semimacio, com massa cremosa de tonalidade clara e casca dourada. Seu sabor é suave e delicado, mas tem perfume rico e intenso. Seu tempo de maturação dura quatro semanas.

Chaumont Originário da antiga região de Champagne-Ardenne (França), é um pequeno queijo em forma de cone chapa-

do, com uma depressão na parte superior na qual se desenvolve uma poça de salmoura durante o período de maturação. A salmoura é responsável por seu sabor forte e condimentado e aroma característico. De textura macia, sem ser mole, casca colorida de vermelho, pesa cerca de 220 g. O período alto de produção, em que alcança sua melhor qualidade, é a primavera e o verão, quando a alimentação das vacas é de pastagens. Sua maturação, de dois meses, é feita em porões úmidos.

Cheddar Queijo dos mais conhecidos, é o mais famoso dos ingleses. Originário da região de Somerset, hoje é imitado em todo o mundo. Como não tem nome protegido, todos podem usá-lo. É elaborado com leite integral e pasteurizado de vacas. É macio, mas consistente, de textura firme e elástica, sabor pronunciado e cor que varia do marfim ao alaranjado, resultado da utilização de urucum. Aumentando-se o tempo de maturação (o mínimo são nove meses), sua textura se firma e seu sabor se intensifica. Seu processo de fabricação envolve cortar coágulos, drenar o soro e cortar a coalhada com facas. Na Inglaterra, há dois tipos: o *farmhouse* ("cheddar de fazenda"), mais fino e caro, de produção restrita, feito entre maio e outubro com leite de um único rebanho de vacas, amadurecimento de seis meses e com todo o processo supervisionado por um técnico; e o *factory* ("cheddar de fábrica"), preparado com leite misturado de diversos rebanhos e produzido durante todo o ano.

Cheesecake Sobremesa muito difundida nos Estados Unidos, trata-se de uma torta doce de queijo que pode ser elaborada de diversas maneiras, a começar pela massa, a qual pode ser incluída ou não. Optando-se pela torta com massa, esta pode ser preparada com farelo de biscoitos ou de pão, misturado com manteiga, ou com massa de pastelaria. O recheio também admite muitas variações: pode ser feito com queijo cremoso, ricota, cottage ou *fromage blanc* (ou uma combinação entre eles), misturado a ovos, açúcar, creme de leite e aromatizantes; e variar da textura leve e aerada à densa e cremosa. Depois de assado e frio, o cheesecake é enfeitado com creme batido, geleias, frutas ou vários outros elementos. Preparos assemelhados podiam ser encontrados na Grécia Antiga. Gregos famosos como Demóstenes, Aristófanes, Sócrates e Ateneu deixaram anotações sobre o assunto. O filósofo romano Cato escreveu uma receita em que recomenda o uso de sementes de papoula, além do queijo, do mel e dos ovos. Uma das variações, encontrada na Inglaterra, é chamada *Maids of honour*. Na Europa, além da Inglaterra, somente a Alemanha tem tradição nessa sobremesa. Ela é muito mais apreciada e consumida nos Estados Unidos. Ver **Cottage**, **Fromage blanc**, **Maids of Honour** e **Ricota**.

Chef de cozinha Profissional responsável pela brigada de cozinha do restaurante, para a qual escolhe os componentes e define o treinamento. Principal executivo, é o organizador e coordenador de todo o trabalho. Ele assegura o resultado final dos pratos, os quais devem estar de acordo com o que previamente concebeu no cardápio e nas fichas técnicas. Também é ele que comanda o ritmo e as relações entre a cozinha e outros serviços do restaurante. Em francês, *chef de cuisine*.

Cheiro-verde Combinação de salsa e cebolinha amarradas em um só maço e usadas para temperar alimentos. Em caldos e molhos, o cheiro-verde deve ser colocado em água fria e fervido por longo tempo para que o aroma passe para o caldo e, an-

tes de servir, ele é retirado. A denominação "cheiro" é portuguesa e muito antiga e antes referia-se a todas as ervas aromáticas. Gil Vicente já a empregava em 1512, na farsa *O velho hortelão*: "Vinha ao vosso hortelão / Por cheiros pera a panela". Ver **Cebolinha** e **Salsa**.

Chemisé Termo francês que significa encamisado, utilizado para caracterizar pratos em que o alimento é recoberto por *aspic*, molho denso ou massa. Ver **Aspic**.

Chenin blanc (*Vitis vinifera*) Cepa de uva branca muito utilizada no Vale do Loire (França), na Califórnia e na África do Sul. Seus melhores vinhos são produzidos no Loire e podem ser tanto tranquilos – secos ou meio secos – quanto doces, feitos de uvas botritizadas, ou, ainda, espumantes. Quando amadurecida o suficiente, transmite à bebida aromas característicos de palha úmida, flores e mel. Ver **Botrytis cinerea**.

Chhena Queijo indiano consumido em especial no leste do país, também grafado *chhana*. É feito principalmente com leite de búfala, embora possa ser encontrado também com leite de vaca. Seu processo de produção é semelhante ao da ricota e sua consistência remete à do cottage batido até ficar mais homogêneo. De sabor delicado, é consumido fresco, sem maturação. Ver **Cottage** e **Ricota**.

Cherimoya Ver **Graviola**.

Cherne Ver **Garoupa**.

Cherry Palavra inglesa que designa a cereja. Ver **Cereja**.

Cherry brandy Aguardente elaborada com a maceração de cerejas em brandy ou destilado neutro (sem cor ou aroma). Ver **Brandy**.

Cherry heering Ver **Heering**.

Cherry pepper (*Capsicum annuum*) Variedade de pimenta-vermelha pequena e redonda. Seu sabor é um pouco adocicado e pode variar do picante suave ao muito picante.

Chervil Palavra inglesa para cerefólio. Ver **Cerefólio**.

Cheshire Queijo inglês considerado o mais antigo produzido na Inglaterra (mencionado em documentos do século XI). Fabricado em Shropshire, tem consistência firme, quebradiça, esfarelenta e úmida. É feito com leite de vaca pasteurizado e não pasteurizado, e seu sabor é forte e marcante. O *cheshire* tradicional não pode ser imitado em nenhum lugar do mundo. Suas características devem-se à grande quantidade de depósitos de sal no solo da região, que confere alto grau de salinidade ao leite com o qual é feito. Há três variedades: o avermelhado, mais comum, colorido com o uso de urucum; o branco, que na verdade tem tom amarelo pálido tingido levemente; e o *blue cheshire*, com veios azuis. Tem forma de grande bloco ou de tambor e sua casca lisa parece encerada. Seu período de amadurecimento dura oito semanas e, à medida que amadurece, torna-se mais firme e parece mais seco na boca, com sabor mais complexo, mas sem amargor. Ver **Blue cheshire**.

Chester No Brasil, é o nome de uma ave híbrida, um frango geneticamente melhorado por meio de vários cruzamentos, que tem 70% de carne de peito e coxas. Sua alimentação é controlada para que obtenha cada vez mais peso, com menos gordura.

Chestnut Denominação em inglês da castanha. Ver **Castanha portuguesa**.

Chevianka Vinho branco de sobremesa da Bulgária. É muito saboroso, de cor dourada e tem todas as características da uva moscatel, com a qual é feito.

Chian Considerado um dos melhores vinhos da Antiguidade, era produzido na Ilha de Quios, cujos habitantes diziam que o próprio filho do deus Baco lhes havia ensinado a prepará-lo. Doce e espesso, segundo vários autores da época, "nunca dava dor de cabeça".

Chianti Zona vinícola italiana, na região da Toscana. Em seu traçado original, foi a primeira do mundo a ser demarcada – em 1716, Cosimo III de Medici, grão-duque da Toscana, estabeleceu a área em que se poderia produzir o vinho Chianti. A área delimitada de hoje é mais ampla e engloba zonas que produzem vinhos muito distintos. A mais nobre corresponde à DOCG Chianti Classico, que produz tintos de qualidade à base – principal ou exclusivamente – de uvas Sangiovese. Com envelhecimento em tonéis de carvalho, podem ser consumidos com dez anos ou mais. O rótulo de Chianti Classico traz estampado um selo com a efígie de um pequeno galo preto sobre fundo dourado. Ver **Denominazione di Origine Controllata (DOC)**.

Chiaretto Expressão italiana que designa os vinhos tintos de cor bem clara.

Chibé Bebida amazônica preparada com farinha de mandioca fina dissolvida em água fria e misturada a suco de frutas ou a gemas de ovos crus de tracajá (espécie de tartaruga), ou temperada com sal e chicória do norte. Em toda a Amazônia, também é conhecida por xibé, cimbé, cibé ou cimé, carimbé ou carimé. É uma bebida tão popular que chega a ser utilizada como substituto dos alimentos em geral. Também pode ser preparada como mingau, muito delicado e fino, feito de farinha-d'água ou seca (suruí), que fica de molho e, em seguida, é levada para ferver em água com sal ou açúcar. Em geral, é ingerido em jejum e recomendado para pessoas fracas ou convalescentes, caso em que é chamado também de caribé. De origem indígena, tornou-se também a bebida de remeiros, de caçadores e de seringueiros para ser consumida à sombra da floresta; usada como alimento pelos tropeiros, difundiu-se por grande parte do país. No Nordeste, é também chamada papa-xibé; no Maranhão e no Pará, é mais conhecida por tiquara ou zibé; em Alagoas e Pernambuco, sereba. No Rio Grande do Sul, refresco semelhante (mas não com os mesmos complementos) é chamado jacuba e pode ser completado com leite ou cachaça e adoçado com mel ou açúcar. Na região Centro-Oeste, além da farinha de mandioca, a bebida é feita com rapadura e água gelada e também é denominada jacuba.

Chiboust Ver **Crème Chiboust**.

Chicha Bebida indígena da América hispânica, em geral, e dos povos da Cordilheira dos Andes, em particular, preparada desde antes da colonização espanhola. Feita pela fermentação do milho, de outros grãos ou de frutos. Na Amazônia, também é preparada com frutos ou com raiz de mandioca.

Chicharro Peixe pequeno do Atlântico, cinza-prateado, com dorso azulado. Ver **Carapau**.

Chicharrón Nome que recebe o torresmo na América Latina. Ver **Torresmo**.

Chicken Palavra inglesa cujo significado é galinha. Ver **Galinha** e **Frango**.

Chicken pie Prato de origem inglesa feito de pedaços de frango fritos na manteiga, refogados no vinho e levados ao forno com molho grosso e cremoso acrescido de ervilhas, cogumelos e alho-poró, em terrina de cerâmica recoberta de massa folhada.

Chicória (*Cichorium endivia*; *Cichorium intybus*) Vegetal da família das asteráceas, tem folhas recortadas e macias, bem presas umas às outras, cuja coloração varia do branco-creme, passando pelo verde-amarelado até chegar ao verde-escuro. Tem sabor levemente amargo. Pode ser consumida crua ou cozida, usada em saladas e refogados ou como ornamentação. De suas inúmeras variedades, as mais conhecidas e usadas no Brasil são o almeirão, a escarola, a catalônia, a chicória-crespa e a endívia. Ver **Endívia** e **Escarola**.

Chicória do norte (*Eryngium foetidum*) Erva aromática típica da Amazônia, usada como tempero de pratos regionais. Tem folhas duras e firmes e sabor e perfume muito característicos, que não se perdem durante o cozimento. Faz parte do tempero do tucupi. É também chamada chicória do Pará, coentro de folhas largas, salsa-do-pará, coentrão, coentro de caboclo, coentro de pasto, coentro do Maranhão e nhambi. Seu nome em espanhol, *culantro*, usado também em inglês, é muito parecido com *cilantro*, denominação do coentro comum. Nativo das Américas, cresce de modo selvagem em muitos lugares. Ver **Tucupi**.

Chiffon cake Bolo norte-americano de textura aerada, fofa e esponjosa, criado na década de 1940. Essa consistência é decorrente do equilíbrio entre seus ingredientes e da sequência em que a massa é preparada. Farinha de trigo, açúcar, fermento e sal são misturados em uma vasilha; em outra, são batidas as gemas e depois acrescentados água, óleo e aromatizante, que pode ser gotas de baunilha ou zesto de limão. O conteúdo de ambas é, então, misturado e, por último, são acrescentadas as claras em neve, com delicadeza. A massa é, em seguida, levada ao forno.

Chiffonade Guarnição francesa de folhas cortadas em tiras bem finas ou fiapos. As mais utilizadas são as de diversos tipos de alface e as de endívia. A *chiffonade* pode ser utilizada crua ou cozida. Nesse último caso, adequado especificamente para sopas, ela é cozida primeiro em manteiga e depois em pequena porção de caldo ou leite.

Chili Nome vulgar de diversas variedades de pimenta do gênero *Capsicum*. Também grafado *chilli*, em inglês, e *chile*, em castelhano. Ver **Pimenta Capsicum**.

Chili con carne Um dos mais conhecidos pratos da cozinha mexicana, é um ensopado picante de carne bovina. Além do molho de pimenta (chili), ingrediente fundamental, seu preparo também contém cebola e outros temperos. Deve ser cozido por várias horas. Em algumas regiões do país, é acrescido de feijão-vermelho. Tornou-se popular nos Estados Unidos e é considerado prato típico no estado do Texas.

Chilindrón Molho espesso da culinária espanhola, característico da região de Aragão, à base de pimentões, cebolas, to-

mates, jamón serrano, alho, louro e vinho branco.

Chilis rellenos Especialidade mexicana que consiste em pimentas *Capsicum* suaves recheadas com queijo, envoltas em ovos e farinha de rosca e fritas. Devem ficar crocantes e douradas por fora e com o queijo derretido dentro.

Chimarrão Bebida tradicional do Sul do Brasil, é uma infusão de mate verde e amargo servido sem açúcar e com água muito quente em cuias denominadas porongo. É preparada com a erva fresca e sorvido por meio de um canudo de metal chamado bomba, cuja ponta inferior, que fica dentro da bebida, é um coador redondo. Segundo Luís da Câmara Cascudo, folclorista e antropólogo, o nome chimarrão vem do espanhol *cimarrón*, que significa xucro, bruto, "designando os animais domesticados que se tornaram selvagens". De acordo com Barbosa Lessa, em seu livro *História do chimarrão*, também citado por Cascudo no mesmo verbete de seu dicionário: "...assim, esta palavra foi empregada pelos colonizadores do Prata, para designar aquela rude e amarga bebida dos nativos, tomada sem nenhum outro ingrediente que suavizasse o gosto" (CASCUDO, 2001, p. 130).

Chimichanga Especialidade da cidade de Sonora (México), é um *burrito* frito que pode conter inúmeros recheios (frango, carne, porco, queijo, feijões etc.). De modo geral, é servido com guacamole, creme azedo ou algum molho. Ver **Burrito** e **Guacamole**.

Chimichurri Molho de ervas muito tradicional na Argentina. É uma mistura de azeite de oliva, vinagre, orégano, salsa, cebola e alho picados bem finos. Tempera-se tudo com sal, pimenta-de-caiena e pimenta-do-reino preta.

Chinchón Bebida alcoólica da Espanha, com gosto de anis, ingerida com água em copos grandes.

Chinois Palavra francesa que designa o passador ou coador de cozinha em formato de cone e dotado de alça. Existem dois modelos de chinois: em tecido, serve para filtrar molhos e cremes finos, xaropes e geleias; em metal perfurado, é utilizado para passar molhos densos com a ajuda de um pilão.

Chipolata Pequenas salsichas francesas temperadas com muito alho.

Chipotle Pimenta *Capsicum* seca e defumada, processo que lhe dá pele encrespada, marrom-escura, e sabor de fumaça, levemente adocicado. Em geral, é produzida com a variedade *jalapeño*. É comercializada inteira, em pó ou em pasta e utilizada para temperar cozidos e molhos. Ver **Adobo** e **Jalapeño**.

Chips Termo inglês que, nos Estados Unidos e no Brasil, nomeia um modo de preparo de batatas, em rodelas finas. Na Inglaterra, entretanto, a palavra é usada para batatas fritas em seu formato tradicional de bastão. Ver **Batatas chips**.

Chives Palavra em inglês que denomina a cebolinha. Ver **Cebolinha**.

Chlodnik Sopa de beterraba muito popular na Rússia e na Polônia. Entre seus ingredientes estão, além da beterraba cozida e amassada, caldo de carne, vinho branco, creme de leite, pimenta-do-reino e endro, para tempero. Tudo é batido jun-

to. Em geral, é servida enfeitada com ovos cozidos e pepinos picados, e acompanhada por fatias de carne de vitela ou carne de lagostim, cozidas e frias. A sopa tem uma suave cor rosada, sabor muito delicado e deve ser servida o mais fria possível. Ver **Beterraba**.

Chocolate Alimento apreciado em todo o mundo, é elaborado com a fruta do cacaueiro em processo bastante técnico. A palavra deriva do asteca *xocolatl*, que significava "água amarga". A bebida asteca era realmente amarga e considerada afrodisíaca. Por essa razão, Montezuma, rei asteca, bebia cerca de cinquenta xícaras por dia de uma mistura de cacau em pó, água, farinha de milho e mel. No entanto, o *xocolatl* podia ser também preparado com pimentão, urucum, milho-verde, frutas ou cogumelos alucinógenos, servindo não só como bebida mas como medicamento. O cacaueiro é uma árvore nativa da América Latina, da região entre a Amazônia e o México, onde foi encontrado pelos espanhóis no século XVI. Em algum momento daquele século, o pimentão e os demais ingredientes tradicionais foram substituídos por açúcar, então produzido no México (algumas fontes atribuem a inovação a religiosas do Convento de Oaxaca). Assim, a bebida tornou-se palatável ao gosto europeu. Levado para a Espanha, o chocolate começou a se difundir na Europa. No século seguinte, a corte espanhola já era considerada especialista no preparo da nova bebida. Avançando ao fim do século XVII, o chocolate estava presente em diversos países e era utilizado para compor pratos e no preparo de sorvetes, na Itália. No decorrer do século XVIII, passou a ser usado também na elaboração de docinhos e biscoitos na França. Em Londres, as *chocolate houses* eram o ponto alto da moda local. Entretanto, em toda parte, continuou sendo alimento de luxo para as classes mais favorecidas. No decorrer do século XIX, foram inúmeros os avanços em sua produção e distribuição, mas somente no século XX, depois das duas grandes guerras, tornou-se popular e acessível. Sua produção e seu consumo hoje nada têm a ver com os existentes até a colonização. As amêndoas do cacau são fermentadas, secas, limpas, torradas, em seguida trituradas, prensadas, para extração de parte da manteiga, e refinadas, transformando-se em uma massa (liquor de cacau) com a qual, por processos diferenciados, são produzidos o chocolate e o cacau em pó. Na produção de chocolate, essa massa é, então, misturada com outras pastas, de variedades e origens diferentes, além de receber açúcar, aromatizantes e leite em pó, de acordo com o sabor final desejado. Como as bagas não são doces, esses acréscimos são necessários. A etapa seguinte é denominada conchagem, em que a massa recebe uma adição controlada de manteiga de cacau e é mantida em movimento, para aperfeiçoar a textura e o sabor; passa, então, para a temperagem e, por fim, para a moldagem. Existem diversos tipos de chocolate: o amargo é o mais escuro e duro, de maior percentual de liquor de cacau; o meio amargo é ainda escuro, duro e amargo, mas tem alguma doçura; o ao leite é mais doce, mais macio e mais claro que os anteriores, seu percentual de liquor de cacau é, em geral, menor que os de manteiga de cacau e os de leite; o branco é feito apenas com manteiga de cacau, açúcar e leite, sem adição de quaisquer sólidos de cacau. O chocolate é mais vendido em tabletes, em pó e em gotas (para uso culinário), e, de modo geral, pode ser guardado por vários meses em lugar fresco, desde que esteja acondicionado de modo adequado. Os brancos têm

menor durabilidade. É utilizado no preparo de bombons, caldas, cremes, massas, recheios e diversas bebidas. Ver **Cacau** e **Temperagem**.

Choko Nome, no Japão, do recipiente em que se bebe saquê.

Cholent Originário da Europa Central, é uma tradicional comida judaica servida no Sabá, cujo preparo varia de família para família. A base, entretanto, é composta de carne, feijões-brancos, batatas, centeio, cebolas, alho e temperos. Esses ingredientes são misturados em um pote refratário, que é levado ao forno para cozinhar em fogo baixo por várias horas. A preparação é iniciada na véspera do Sabá. Após cozinhar por toda a noite, ele fica pronto no dia seguinte. Denomina-se também Hamin.

Chop Palavra inglesa para bisteca. Ver **Bisteca**.

Chop suey Prato de origem chinesa, é um refogado de ingredientes variáveis. Entre os mais comuns, estão tiras de carne de porco ou de galinha, brotos de feijão e de bambu, legumes picados e cogumelos. A expressão seria uma derivação do nome cantonês original, *tsap seui*, que indica sua principal característica, o aproveitamento de sobras. Hoje muito associado à culinária sino-americana de São Francisco (Califórnia), é provável que tenha sido levado ao país pelos imigrantes chineses.

Chope Cerveja fresca do barril.

Chopp Ver **Chope**.

Chorizo Embutido muito utilizado nas cozinhas mexicana e espanhola, feito com carne de porco e gordura picadas bem finas e temperadas com alho, pimenta vermelha, páprica (picante ou doce, dependendo da região, ou defumada, na Espanha) e outros condimentos. Depois de recheadas, as tripas podem ser secas ao ar ou no fumeiro. Versões mexicanas de *chorizo* podem usar também carne de gado. O *chorizo* espanhol, de modo geral, é mais seco que o mexicano, o qual pode ser vendido fresco, sem cura. É usado como ingrediente de caçarolas, sopas, cozidos e *enchiladas* ou em fatias, como *tapa*. Tem cor marrom-avermelhada e seu sabor pode ser mais ou menos suave, conforme o tipo de páprica usada. Ver **Enchilada** e **Páprica**.

Choron Molho francês cuja base é o *béarnaise*, acrescido de algumas colheradas de extrato de tomate. Foi criado por Alexandre Étienne Choron, natural de Caen e chef de cozinha do restaurante Voisin, na Rue Saint-Honoré, na Paris de meados do século XIX. Este era o restaurante mais inventivo da época e ganhou notoriedade ainda maior após um episódio curioso: durante o cerco da cidade feito pelos prussianos em 1870/1871, na guerra franco-prussiana, faltou carne de animais tradicionais em Paris, então o Voisin passou a servir pratos à base de animais selvagens, comprados do jardim zoológico da cidade. Seu menu mais famoso foi servido na noite de Natal de 1870: dele constavam consomê de elefante, guisado de canguru e terrina de antílope com trufas, entre outros pratos exóticos. Ver **Béarnaise**.

Chouriço Tradicional embutido português com carne de porco cortada em pedacinhos e curtida em vinha-d'alhos, com sal, alho, pimenta e vinho branco. Depois de escorrida e temperada com páprica, a carne é misturada com gordura, também em pequenos pedaços, e in-

serida nas tripas. Em seguida, é "seca ao fumo" por vários dias. Na Beira Alta, o tempo de fumeiro pode chegar a dez dias. Tem forma de ferradura, sabor suave e cor castanho-avermelhada. Seu comprimento é de cerca de 35 cm, com diâmetro de 3,5 cm. Pesa em torno de 250 g. Pode ser saboreado cru, em fatias, acompanhado de um bom pão e azeite, ou cozido, grelhado ou frito, compondo um prato. Em Portugal, chama-se também chouriça.

Chouriço de sangue Ver **Morcela**.

Chouriço doce Doce tradicional das fazendas nordestinas do sertão do Brasil, feito com o sangue fresco do porco abatido. Enquanto o sangue descansa depois de misturado com sal e vinagre, prepara-se o mel de rapadura, trituram-se as castanhas-de-caju e o amendoim, pisa-se e peneira-se a farinha de mandioca e derrete-se a gordura do porco. Como temperos, podem ser usados pimenta, cravo, erva-doce, canela e gengibre em pó, além do gergelim batido com líquido para extrair o leite. Cada um desses itens é adicionado ao sangue, formando uma pasta que vai ao fogo, de preferência em fogão à lenha. A massa avermelhada deve ser mexida constantemente pelas duas ou três horas seguintes, até transformar-se em uma pasta bem grossa. No ponto certo – quando começa a soltar a banha e o fundo do tacho aparece –, o doce é colocado em potes e enfeitado com castanhas-de-caju inteiras. Sua cor torna-se vermelho-escura e sua textura assemelha-se a de uma compota em ponto apertado.

Choux Palavra em francês que significa carolinas. Ver **Carolinas**.

Chowder Sopa cremosa, especialidade da costa leste dos Estados Unidos, preparada com moluscos, lagosta, peixes ou outros frutos do mar, além de cebolas, batatas e porco salgado. É feita de várias maneiras: a *New England-style chowder* contém também leite ou creme de leite grosso; na *Manhattan-style*, há tomates. No entanto, o prato deve ser sempre elaborado com peixe e frutos do mar muito frescos. Seu nome deriva do francês *chaudière*, caldeirão em que os pescadores faziam seu cozido após a pesca.

Chow mein Prato sino-americano elaborado com pequenos pedaços de frango ou camarões e vegetais, como broto de bambu, cebolas, cogumelos, entre outros. Os ingredientes são fritos em separado e servidos juntos sobre macarrão frito.

Chrein Prato de acompanhamento do *gefilte fish*, preparo da cozinha judaica para o período de Pessach. É feito com beterrabas cozidas e raladas e raiz-forte, também ralada. Como tempero, são usados o vinagre, o sal e o açúcar. Ver **Gefilte fish**.

Christmas cake Tradicional na Grã-Bretanha na época do Natal, é um bolo redondo e chato, com massa enriquecida por frutas cristalizadas, amêndoas, especiarias e álcool. Depois de pronto, pode ser recoberto com glacê e enfeitado com cerejas cristalizadas e galhos de azevinho.

Christmas pudding O mais tradicional dos pudins ingleses, coroamento do jantar de Natal. Tem massa sólida, substancial, elaborada com passas variadas, cascas de fruta cristalizadas, ovos, sebo de rim, migalhas de pão, açúcar mascavo (em algumas receitas), especiarias como canela, cravo, noz-moscada e pimenta-da-jamaica, e uma bebida alcoólica, como cerveja stout, rum ou brandy. A receita pode incluir eventualmente farinha, zesto de laranja ou limão, cenoura ou maçã ralada e amêndoas. Tem a forma de meia esfera. Reza a tradição que nenhum pudim pode ir para o forno sem uma moeda de prata, um anel, um dedal e um botão em sua massa. Encontrar a moeda em sua fatia significará futura riqueza; o anel, casamento próximo; o dedal, celibato para a mulher; e o botão, o mesmo para o homem. Depois de decorado com um ramo de azevinho e frutas vermelhas, é regado com brandy, aceso e levado à mesa envolto em chamas azuis. Deve ser preparado com bastante antecedência (recomenda-se até um ano), para que os sabores se intensifiquem antes de ser servido. Deve ser acompanhado de *brandy butter*. Sua criação e trajetória, como as de tantos outros preparos antigos, tem versões e suposições. Conta-se que, inicialmente, teria sido um cozido de carne com ervas, legumes e vinho criado por Robert Argylon, chef da cozinha de Guilherme, o Conquistador, para as festas de sua coroação, no Natal de 1066 (o que o habilitou a receber do monarca a herdade de Manor of Addington, no Surrey). Com alto status, passou a ser prato preparado nas festividades de Natal e Ano-Novo, todos os anos, e nas festas de coroação seguintes. Era servido no início da refeição. Na época elizabetana, com o acesso a especiarias e frutas desidratadas que vinham de fora (qualificadas genericamente de *plum* naquela época), estas passaram a ser acrescentadas no cozido para enriquecê-lo, o que o tornou mais consistente. Era, então, nomeado *Christmas pottage*. Aos poucos, a carne de boi foi substituída pela de aves, mas sempre manteve o sebo. Apenas no reinado da Rainha Anne, no século XVIII, sua consistência, composição e técnica de preparo começaram a mudar de maneira mais forte. Perdeu a carne de ave; dos legumes e ervas manteve apenas as cenouras raladas; e passou a ser cozido envolto em pano próprio para cozimento de pudins, perdendo a consistência líquida. Continuou a evoluir até alcançar as características de hoje e passou a ser servido no final da refeição. Ver **Brandy butter**.

Chuchu (*Sechium edule*) Vegetal da família das cucurbitáceas, cujo formato é o de uma pera grande, verde, de superfície rugosa e sulcada, é fruto de uma trepadeira. Contém alto teor de água e é importante fonte de minerais e fibras. Seu sabor é extremamente suave. Pode ser preparado ensopado, gratinado ou como suflê. É originário da América Central.

Chucrute Denominação, em português, do sauerkraut, prato alemão de repolho branco fermentado (*sauer* = azedo; *kraut* = repolho), muito tradicional na Alsácia (França). Seu nome em português derivou do francês *choucroute*. Depois de cortado bem fino, o repolho é lavado, escorrido e arrumado em camadas com sal grosso e sementes de zimbro em uma barrica. Recobre-se a última camada com um tecido e tampa-se o recipiente, pressionando-o com um peso. No dia seguinte, a barrica é levada para um local fresco, onde o repolho fermentará. Após três ou quatro semanas, remove-se qualquer resíduo que tenha subido e acrescenta-se água fresca. Hoje muito associado à cozinha alemã, o repolho fermentado também é encontrado em várias culinárias do Leste europeu e da Ásia e, segundo consta, era a ração fornecida aos trabalhadores na construção da Grande Muralha da China.

Chuleta Ver **Bisteca**.

Chumbinho (*Anomalocardia brasiliana*) Pequeno marisco de cor cinza da família

dos venerídeos, cujo preparo é muito tradicional nas praias da Ilha de Itaparica (Bahia), mas é encontrado em todo o litoral brasileiro. Conhecido também pelos nomes de: bergão, berbigão, burdigão, conchinha, fumino, maçunim, marisquinho, pimentinha, samanguaiá, sapinhoá e tumem. Ver **Amêijoa**.

Churrasco Processo de cocção sobre brasas utilizado pela maioria dos povos desde a Pré-história. A carne fica suspensa próxima ao carvão, do qual absorve o aroma, a superfície torna-se dourada e o interior pode alcançar diferentes graus de cozimento, conforme o desejo do assador. Técnica típica dos gaúchos do país, hoje é difundida por todo o Brasil. No Rio Grande do Sul, o espeto é colocado em pé ou deitado, conforme a região: na Campanha, é sempre de pé; e na Serra, inclusive nos municípios de Vacaria, São Francisco de Paula, Lagoa Vermelha, Bom Jesus e Campos de Cima da Serra, é deitado sobre duas forquilhas. Nas cidades, são usadas as churrasqueiras, de tijolos ou de metal. Diversos entendidos no assunto sugerem as raças precoces – Hereford, Angus, Shorthorn e Charolês – como as que fornecem as melhores carnes para o churrasco. Seu crescimento rápido impede o endurecimento das fibras musculares, o que preserva a maciez da carne. Essas raças têm também como característica a carne entremeada de gordura, importante para o resultado final. Deve ser dada preferência à carne de animais com 18 a 36 meses de idade, pois é mais tenra e suculenta. Para os gaúchos tradicionais, os melhores cortes de gado são as costelas, "principalmente a da *janela* – as do meio do *costilhar*" – ou a *minga*, a costela flutuante, que "já foi mais requisitada", segundo o especialista Carlos Castillo (2005), e o granito (carne do peito). Hoje, os cortes de traseiro do gado – a picanha, a alcatra (no Rio Grande do Sul é "o alcatre") e até o filé-mignon – são bastante valorizados, bem como o lombo de porco, os embutidos, o galeto e o coração de galinha. Na Campanha gaúcha, a carne de ovelha segue como a mais tradicional. Agora, inclusive no Rio Grande do Sul, além das carnes, também podem ser assim preparados frutas, vegetais e peixes. São utilizadas carnes sem tempero ou apenas temperadas com sal grosso. Em algumas regiões do Rio Grande do Sul, é comum passar salmoura forte sobre a peça com um ramo de carqueja. Para dar um sabor especial, podem ser incluídas no braseiro lenha ou ervas aromáticas. Ver **Parrillada**.

Churrasco grego Ver **Gyro**.

Churro Massa doce espanhola típica da região de Madri, em geral servida no café da manhã. É bastante encontrada também nos países latino-americanos, inclusive no Brasil. É feita com farinha de trigo e frita em gordura bem quente. Utiliza-se o *churrero*, utensílio especial, para dar à massa o formato de um canudo comprido. Servida geralmente polvilhada com açúcar e canela, às vezes recebe também recheio de doce de leite.

Chutney Nome em inglês de uma conserva condimentada de origem indiana (*chatni*), feita de uma ou mais frutas ou legumes misturados com vinagre, açúcar, gengibre, canela, cravo, cúrcuma e mostarda em grão. Esses ingredientes são cozidos aos poucos até alcançarem o ponto de geleia mole. Deve haver equilíbrio entre doçura e acidez, características que atuam como conservante. O chutney deve ser guardado em vidros esterilizados, com tampa revestida de plástico, com total vedação. Seu prazo médio de duração

é de 12 meses. Os mais comuns são os de manga, tomate, maçã, abacaxi, pimentão e cebola. De modo geral, acompanha carnes assadas, quentes ou frias, e charcutaria. Os ingleses o adotaram durante o período colonial e foram os responsáveis por sua divulgação fora da Índia.

Chuvisco Doce feito com massa de gemas, açúcar, farinha de arroz e farinha de trigo, formatada como uma gota e cozida em calda rala de açúcar aromatizada com baunilha. É também conhecido por pingo de ovos. Tradicional na cidade de Campos dos Goytacazes, no Estado do Rio de Janeiro.

Ciabatta Pão tradicional do Norte da Itália, cuja massa é hidratada e muito fermentada, densa, perfumada e de casca fina e lisa, polvilhada de farinha. Seu formato é retangular e chato, semelhante a um chinelo, como diz seu nome. É muito encontrado no Brasil, onde o termo é grafado com apenas um "t" – ciabata.

Ciambella Preparo da confeitaria italiana tradicional na região de Emilia-Romagna, é um bolo assado em formato de rosca. Sua receita contém farinha de trigo, açúcar, manteiga, leite e ovos, além de anis ou limão para aromatizar. Como tradição caseira, tem inúmeras versões. Depois de juntar os ingredientes, a massa deve ser trabalhada sobre uma mesa e moldada como uma linguiça grossa, que vai ao forno em tabuleiro depois de receber cortes em sua superfície e ser pincelada com gemas. Pode ficar mais saborosa se for guardada, depois de fria, embrulhada em papel-alumínio, para ser saboreada no dia seguinte.

Ciclamato Edulcorante artificial com poder adoçante trinta vezes maior que o do açúcar. Não metabolizado, não calórico e, se usado em excesso, deixa gosto residual amargo.

Cidra (*Citrus medica*) Fruto da cidreira, planta originária da Ásia, trazida para o Brasil pelos portugueses na primeira metade do século XVI. Tem a forma oblonga, casca amarela e espessa, e mede de 15 cm a 20 cm de comprimento. Impossível de ser comida ao natural por ser amarga e ácida, é muito apreciada em compota ou como doce. No interior de São Paulo, é usada no doce denominado furrundum. Ver **Furrundum**.

Cioppino Cozido de peixe e mariscos muito consumido em São Francisco (Estados Unidos), levado pelos imigrantes genoveses. Alimento tradicional em Gênova (Itália), onde é feito com qualquer tipo de peixe.

Cipolline (*Allium cepa*) Nome italiano de uma variedade de pequenas cebolas achatadas, cuja cor pode variar do branco ao amarelo-claro e ao rosa. Têm sabor mais suave que as cebolas comuns e, por não terem a mesma ardência, são agradáveis ao natural. Seu melhor período é o outono. Podem ser utilizadas frescas ou em conserva, cruas ou cozidas. Ver **Cebola**.

Civet Preparação clássica da lebre, que, entretanto, pode ser utilizada para outros tipos de caça, como javali ou capivara. Consiste em cortar a carne em pedaços e colocá-la para marinar em vinha-d'alhos por algum tempo. Ela é, então, levada a frigir e, em seguida, cozida em molho condimentado, com o próprio sangue do animal.

Clafoutis Doce da pastelaria francesa original da região de Limousin, na Provença. É feito com cerejas, vermelhas ou

pretas, cobertas com massa fina à base de ovos e levadas ao forno. Depois de assado, é servido quente, algumas vezes com creme. Em vez de cerejas, também pode ser feito com ameixas ou com peras.

Clairet Nome francês dado antigamente a uma mistura de vinhos brancos e tintos. Depois, passou a designar o vinho tinto muito leve.

Clam Nome, em inglês, da amêijoa. Ver **Amêijoa**.

Clamart, à la Expressão francesa que se refere a pratos guarnecidos com ervilhas. Pode referir-se também àqueles servidos com batatas em formato de bolinhas.

Claras em neve Claras de ovos batidas até ficarem aeradas, brancas e firmes, como flocos de neve.

Claret Nome genérico dado pelos ingleses ao vinho tinto de Bordeaux (França). Derivado da palavra francesa *clairet*, o termo foi adotado pelos britânicos com o início da importação do vinho daquela região (no século XII, quando Henrique II, da Inglaterra, casou-se com Eleonor, da Aquitânia), e então designava os rótulos mais leves, claros e frutados. Em português, clarete.

Clarificar 1. Tornar um caldo translúcido. Esse efeito é alcançado tradicionalmente com o auxílio de clara de ovo batida, mantida em fervura branda, no próprio caldo. Ao coagular, ela aglutina as partículas de proteína e outras impurezas presentes, arrastando-as para a superfície como espuma, que deve ser retirada com uma escumadeira. Em geral, a dupla fervura é suficiente para clarear o caldo. A mesma técnica pode ser aplicada com o uso de carne de frango crua bem picada, recurso comum na culinária chinesa. O uso da carne no lugar da clara tem a vantagem de não roubar do caldo parte de seu sabor. 2. Retirar da manteiga a água e os sólidos lácteos, mantendo apenas a gordura láctea. Essa separação é feita por meio do aquecimento da manteiga em fogo brando, até o ponto de ebulição da água. Esta evaporará, enquanto as proteínas do soro sobem à superfície como espuma. No fim do processo, a manteiga apresentará três fases claramente distintas: uma película de proteínas secas do soro, no topo; partículas de caseína, no fundo; e a gordura líquida purificada, que pode, então, ser separada do restante. Ver **Ghee**. 3. Limpar o vinho das partículas em suspensão, que o tornam turvo. Para isso, podem ser utilizados agentes orgânicos (caseína, albumina, gelatina) ou minerais (bentonita, gel de sílica etc.). Esse processo também é denominado, em português, colagem (do francês, *collage*). Como complemento, é possível fazer a filtragem do vinho, com filtro de celulose.

Cloche Cobertura convexa de metal usada sobre os pratos em serviço de restaurante, para manter a comida quente até chegar à mesa.

Clos Denominação encontrada nos rótulos dos vinhos franceses, identifica a área cultivada, delimitada por muros ou fossos, onde se plantam parreiras. Certos vinhos *Clos* merecem denominação particular.

Clotted cream Especialidade da região de Devonshire (Inglaterra), conhecida também por *Devon cream* é um creme de leite talhado feito com leite não pasteurizado. O leite deve ser aquecido aos poucos, até que uma camada grossa e semissólida se forme em sua superfície. Após esfriar, recolhe-se esse creme, que é espes-

so, de cor amarela e tem acentuado sabor de manteiga. Seu teor de gordura mínimo é 55%. Usa-se como cobertura de frutas e doces ou espalhado em pães e bolos que acompanham o chá. Não deve ser batido nem usado em molhos ou em culinária. Pode ser conservado sob refrigeração por até quatro dias. Ver **Creme de leite**.

Clove Nome, em inglês, do cravo. Ver **Cravo**.

Club sandwich Sanduíche de dois andares muito conhecido, preparado com três fatias de pão, torrado ou sem torrar, entre as quais são arrumadas camadas de peito de frango ou peru, alface, fatias de tomate e bacon. Pode ser complementado com um pouco de molho ou maionese. É cortado em quatro triângulos, fixados por pequenos espetos enfeitados com azeitonas recheadas.

Club soda Água gaseificada. Ver **Soda**.

Coador Utensílio culinário utilizado para coar caldos e outros alimentos líquidos. Existem diferentes formatos e tamanhos. Sua trama pode ser de plástico, de metal, de tecido (coador de pano) ou de papel (filtro descartável).

Coalhada Leite cru talhado que ficou abafado por 24 ou 48 horas. Em geral, esse ponto é alcançado com a adição de renina. Pode ser consumida pura ou utilizada como ingrediente de pratos. É muito apreciada na culinária sírio-libanesa, na qual recebe o nome de *lában* e é usada em um grande número de preparos, além de servir como acompanhamento para entradas, sopas e quibes. É encontrada fresca, cozida (*labanie*) e seca, misturada com azeite (*lában bi zait*). Coalhadas são também importantes no processo de elabora-ção dos queijos. A adição de um coalho de queijo em leite produz uma coalhada forte e consistente, que é a base de sua feitura. Queijos cremosos podem ser obtidos de coalhadas suaves de leite ácido. Ver **Queijo** e **Renina**.

Coalhar Processo natural ou artificial pelo qual se obtém a coalhada. O acúmulo de qualquer elemento ácido adicionado ao leite fresco faz com que a caseína se precipite, produzindo assim, naturalmente, a coalhada. Ao colocar no leite ácidos de vinagre ou de algumas frutas ou hortaliças, ou renina, ele talha, ou seja, coalha artificialmente. Ver **Renina** e **Talhar**.

Coar Passar o caldo ou alimento líquido por um utensílio com uma trama fina (coador), para que os sólidos sejam retidos.

Cobbler 1. Bebida preparada à base de vinhos ou destilados, com frutas, açúcar, limão, gelo e licor. Deve ser servida em copo *long drink* (alto, para refrescos e coquetéis). **2.** Sobremesa da culinária inglesa, é uma espécie de torta de frutas sem massa na base, recoberta com massa semelhante à do pão de minuto e levada para dourar no forno, sem picotar a cobertura, para reter todo o aroma.

Cobb salad Criada no restaurante Brown Derby, de Hollywood, consiste em frango ou peru, bacon, ovos duros, tomates, abacate, agrião, cebolinhas-verdes, queijo cheddar e alface, bem picados e misturados, regados com molho vinagrete e polvilhados com queijo roquefort esfarelado.

Cocada Doce feito com coco ralado cozido em calda de açúcar, colocado para secar às colheradas. Tradicional dos tabuleiros das baianas, mas encontrada pelo Brasil afora, a cocada é um dos do-

ces mais amados e uma das guloseimas mais antigas do Brasil, segundo Luís da Câmara Cascudo, antropólogo e autor do livro *História da alimentação no Brasil*. Faz parte do grupo de doces conhecidos por doces de tabuleiro, que, desde a época colonial, eram feitos pelas sinhazinhas ou pelas mulheres escravizadas e depois vendidos nas ruas por estas últimas, levados em um tabuleiro coberto, sobre a cabeça. Cocada branca, cocada dourada, cocada preta (que, na verdade, é marrom-escura), há inúmeras receitas para fazê-las. Podem ser preparadas com açúcar branco, açúcar mascavo ou com mel de rapadura. Quando é feita com o coco cortado em tiras finas, é chamada cocada de fita, cocada aranha ou aranhola. As cocadas postas a secar no sol passam a se chamar cocada de sol; e se sua consistência fica mais pastosa e menos seca, é conhecida por cocada-puxa ou cocada de colher. A base, entretanto, é sempre o coco cozido em água e açúcar, até chegar ao ponto desejado. Ver **Açúcar, Açúcar mascavo, Coco, Doces de tabuleiro** e **Rapadura**.

Cocido Termo espanhol cujo significado é cozido. Ver **Cozido**.

Cock-a-leekie Sopa escocesa feita com galinha, caldo de galinha, alho-poró e, às vezes, aveia ou creme.

Cockle Nome em inglês das amêijoas da família *Cardiidae*. Ver **Amêijoa**.

Cocktail 1. Termo em inglês para coquetel, mistura de bebidas alcoólicas servida como aperitivo. Ver **Coquetel**. **2.** Molho frio encontrado na Europa e nos Estados Unidos. Neste é feito da combinação de ketchup ou do molho mexicano chili (picante, à base de pimenta *Capsicum* e tomates) com raiz-forte, suco de limão e, às vezes, molho Tabasco® e outros condimentos. Na Europa, resulta da combinação de maionese com molho de tomate condimentado. Era preparado originalmente com maionese e uma receita de molho importada da China por meio do Sudeste Asiático, o ketsiap (molho de peixes fermentados). Em geral, é usado com frutos do mar, como no conhecido coquetel de camarões ou como complemento para entradas e aperitivos. Ver **Coquetel de camarões, Ketchup** e **Tabasco**.

Coco (*Cocos nucifera*) Fruto do coqueiro, muito encontrado em todo o litoral brasileiro, além de no Leste e Sudeste da Ásia, de onde é originário. Quando está verde, sua polpa é uma camada muito fina e delicada, sua casca consistente e recoberta de fibras e é geralmente repleto de água. Maduro, sua casca torna-se muito dura, a quantidade de água diminui ou seca e a polpa fica mais firme e grossa. A polpa madura é rica em gordura e é utilizada de diversas maneiras: fresca, ralada e espremida, fornece o leite do coco; fresca, ralada ou em lascas, é ingrediente para doces, bolos e comidas salgadas; ralada e desidratada, tem maior durabilidade; reconstituída, é empregada em diversos pratos; prensada, a polpa fornece ainda o óleo de coco, usado para frituras ou como ingrediente de muitos pratos. O coco é um ingrediente fundamental na culinária baiana e também nas culinárias da Indonésia e da Tailândia. Muito prolífico, o coqueiro produz milhares de cocos durante seus cerca de setenta anos de vida.

Cocotte Palavra francesa que se refere a uma caçarola com tampa, feita sempre de cerâmica. Ela pode ser pequena, para porções individuais, ou grande. Pratos *en cocotte* são, em geral, preparados nesse tipo de recipiente.

Cocuy Licor venezuelano feito com a planta *Agave cocui*.

Cod fish Ver **Bacalhau**.

Codorna (*Coturnix coturnix*; *Nothura maculosa*) Ave silvestre hoje em dia criada em cativeiro, é um pássaro pequeno, de plumagem marrom. Muito sociável, anda sempre em grupos. Sua carne branca e delicada é considerada um alimento requintado. Em geral, é preparada assada, grelhada ou refogada e rende de uma a duas porções. Pode ser comprada viva, abatida e fresca ou congelada.

Codorna-buraqueira (*Taoniscus nanus*) Ave pequena encontrada no Sudeste do Brasil. Tem o dorso preto com faixas transversais, cabeça e pescoço pardo-amarelados, penas escuras na maior parte do corpo, mas brancas na garganta e no abdômen. É a menor das codornas brasileiras e se esconde em buracos no chão. É preparada, de modo geral, ensopada. É também bastante conhecida por perdigão, apesar de não pertencer ao mesmo gênero.

Coelho (*Oryctolagus* spp.; *Sylvilagus* spp.) Roedor da família dos leporídeos. Embora ainda existam coelhos selvagens em muitas localidades, o animal não é mais considerado uma caça por ser criado em cativeiro há muito tempo e ter disponibilidade ampla. O selvagem deixou de ser utilizado pelo risco de doenças virais. Sua carne, quando bem preparada, torna-se excelente alimento. Vende-se abatido, inteiro ou em pedaços. Se comprada fresca, a carne deve estar firme, sem gordura (retirada para não lhe dar sabor desagradável) e de cor rosada. Pode ser encontrado também congelado e até desossado. Pesa, em média, 1,3 kg. Pode ser grelhado, frito, assado ou ensopado. Quando grelhado ou assado, é comum recobri-lo com fatias de bacon para que a carne não fique ressecada. Os temperos mais usados são alecrim, tomilho e sálvia. Ameixas secas e maçãs assadas são guarnições tradicionais, assim como molho de mostarda.

Coentro (*Coriandrum sativum*) Do latim *coriandrum*, significa "cheiro de percevejo", em referência ao aroma forte e característico exalado por todas as partes verdes da planta. Os grãos têm, porém, odor agradável, em especial depois de secos. Originário do Oriente Médio e de regiões em torno do Mar Mediterrâneo, já era mencionado na Antiguidade, em textos egípcios e em sânscrito. Foi levado para a Europa pelos romanos, que, para conservar a carne, esfregavam-na com uma mistura de coentro, vinagre e cominho. Os chineses acreditavam que o coentro conferia a imortalidade e, na Idade Média, era ingrediente dos elixires do amor, como afrodisíaco. Fresco, em folhas, pode ser usado em peixes, mariscos e camarões, e na América Latina é muito usado em molho para acompanhar carnes vermelhas grelhadas; em grãos inteiros, na preparação de salsichas e picles; já em grãos moídos ou socados, constitui condimento agradável para carnes, aves, sopas, pães e doces.

Coeur d'arras Queijo de consistência macia e bastante aromatizado, da região de Hauts-de-France (França), feito de modo artesanal. À base de leite de vaca integral, tem o formato de coração. Sua casca é marrom-avermelhada, por ser lavada com cerveja, e sua maturação dura de três a quatro semanas, durante as quais é feita a lavagem. Tem teor de gordura de 45% e pesa 200 g.

Coffee shop Ver **Café**.

Coffey Sobrenome de um inspetor-geral de impostos da Irlanda, inventor do aparelho de destilação contínua. Tratava-se de um alambique especial para produção de uísque em grande escala, que foi utilizado por muito tempo.

Cognac Ver **Conhaque**.

Cogumelo (Ordem *Fungi*) Fungo comestível muito usado como guarnição. Gregos e romanos estão entre os primeiros a cultivar e utilizar cogumelos em sua culinária. Seu nome, aliás, vem do latim *cucumellum*, diminutivo de *cucuma*, que significa "vaso de cozinha". Existem quase duas mil variedades conhecidas, que crescem em estado selvagem nos campos e florestas do mundo todo ou são cultivadas para comercialização. Por haver muitos tipos venenosos, é muito importante ter bastante conhecimento ao colhê-lo ou saber se sua procedência é garantida. As espécies mais conhecidas são o francês *champignon de Paris* e o *shiitake* japonês. De maneira geral, os cogumelos podem ser consumidos crus, temperados com suco de limão e sal, ou aferventados em água, sal e vinagre e passados na manteiga, azeite de oliva ou creme, servidos com torradas quentes ou pão. Os maiores podem ser grelhados ou até recheados. Quando estão secos, seu sabor é acentuado e devem ser bem lavados antes de utilizados, para que sejam eliminados os resíduos de terra. Depois de bem limpos, devem ficar de molho por algum tempo para reidratar. Os frescos não devem ser banhados em água, pois absorvem líquido com facilidade. O ideal é limpá-los com pano seco macio ou, se estiverem muito sujos de terra ou substrato, com pano úmido. Todos os tipos são ricos em sais minerais e vitaminas e dão sabor especial a sopas e ensopados. Algumas de suas espécies e variedades: *Black Trumpet, Cèpe, Chanterelle, Champignon de Paris, Hen-of--the-Woods, Nameko, Shimeji, Shiitake*. Ver o nome do cogumelo.

Coifa Membrana fina, gordurosa e rendilhada que reveste a cavidade abdominal dos animais, em geral retirada de porcos, de qualidade superior, e de ovelhas. É tradicionalmente usada como invólucro de patês, *crépinettes, forcemeat* e *faggots*. É necessário lavá-la bem, em água quente com sal, antes de ser usada. Não é encontrada à venda com facilidade. Ver **Crépinette**, **Faggot**, **Forcemeat** e **Patê**.

Cointreau® Licor de origem francesa feito de laranjas de Curaçao e ervas aromáticas. Antes era denominado Curaçao branco *triple sec*; mas, em razão de tantos outros fabricantes usarem essa denominação, a família produtora resolveu dar-lhe seu próprio nome. É famoso no mundo inteiro e tem teor alcoólico de 40%.

Cola 1. (*Cola acuminata*; *Cola nitida*) Árvore da África tropical de cuja noz é extraída uma substância rica em cafeína e teobromina, usada na elaboração de refrigerantes e outras bebidas. Os nativos da região dizem que mastigar a noz-de--cola diminui a fadiga e a sede. **2.** Bebida carbonatada, com extrato de noz-de-cola e outras substâncias aromatizantes.

Cola de peixe Preparação gelatinosa que pode ser utilizada como substituta de outros tipos de gelatina quando produtos derivados de leite e carne não devem ser usados juntos, por questões religiosas. É obtida da vesícula natatória de peixe, seca, em especial de esturjão. Foi particularmente popular há cem anos, para a elaboração de geleias e para a clarificação do

vinho. Hoje em dia, com as facilidades de obtenção da gelatina industrializada, a cola de peixe raramente é usada. Ver **Gelatina**.

Colares Vinho tinto português de grande fama, produzido na vila de mesmo nome e com peso histórico. Na segunda metade do século XIX, quando uma epidemia de filoxera devastou vinhas em boa parte da Europa, salvaram-se os vinhedos de Colares, que cresciam em solo arenoso e, por isso, não foram afetados. Sua principal uva tinta é a Ramisco. Tem sabor muito particular e amadurece em tonéis de mogno. Ver **Filoxera** e **Ramisco**.

Colbert Molho à base de caldo de carne, manteiga, vinho marsala, limão, pimenta-vermelha e noz-moscada, próprio para carnes grelhadas. Foi criado por Jean Audiger, mestre confeiteiro de Jean-Baptiste Colbert, ministro de Luís XIV, rei da França. Por volta de 1660, viajando pela Itália, Audiger conheceu o vinho marsala e, com essa experiência, criou o molho e deu-lhe esse nome em homenagem a seu protetor. Ver **Marsala**.

Colby Queijo norte-americano comparado ao cheddar, muito mais pela aparência que pelo sabor, que é bastante diferente. Foi criado por Joseph Steinwand, em 1874, em sua fábrica de queijos próxima à cidade de Colby, em Wisconsin. Ainda é fabricado nessa região do Meio-oeste, com leite de vaca pasteurizado. É mais suave e cremoso que o cheddar e deve ser consumido o mais jovem possível. É ótimo para ser degustado puro com vinhos californianos e presta-se a inúmeras utilizações.

Colcannon Prato dos camponeses irlandeses à base de batata amassada, batida com repolho picado e cozido, manteiga e leite, até que a mistura fique leve e fofa.

Coleslaw Prato da culinária norte-americana de origem holandesa, é uma salada feita com repolho cozido picado em tiras finas, esfriado e misturado com maionese ou creme de leite, e temperos. Pode ser preparado de várias maneiras e com acréscimos: pimentões verdes ou vermelhos, cenouras, maçãs, cebolas, aipo, ervas etc., sempre em tiras bem finas. Seu nome deriva de *koosla*, termo holandês cujo significado é repolho frio. Ver **Repolho**.

Colher Instrumento muito antigo utilizado para comer ou preparar a comida. Surgiu no período Neolítico, quando era feita de osso e de pedra. Hoje, é encontrada em vários formatos e inúmeros materiais, como plástico, madeira, aço inoxidável, alumínio e bambu.

Colher bailarina Colher de cabo fino e comprido utilizada no preparo de coquetéis, em copo longo.

Collage Nome francês dado à operação de clarificação do vinho antes de seu envasilhamento. Ver **Clarificar**.

Collins Tipo de coquetel feito com destilado, suco de limão, soda e açúcar. O mais popular do gênero é o Tom Collins. Ver **Tom Collins**.

Colorau No Brasil, é o mesmo que colorífico. Em Portugal, corresponde à páprica doce. Ver **Colorífico** e **Páprica**.

Colorífico Condimento em pó de cor vermelha, feito com a semente do urucum. Ver **Urucum**.

Comal Espécie de frigideira redonda e chata, própria para fazer tortilhas. No México, são encontradas em metal, mais indicadas para o uso direto na chama do

fogão, e em cerâmica. Permite o cozimento rápido das tortilhas, o que evita seu ressecamento. Ver **Tortilha**.

Comboieiro Semelhante à paçoca, mas não pilado, é um prato típico do interior do Nordeste. É feito com carne assada cortada em pequenos pedaços, que são refogados com cebola picada e, em seguida, misturados à farinha de mandioca. Recebeu esse nome por ser o principal alimento dos chefes de comboios de mulas que antigamente faziam o comércio de víveres pelo interior do Brasil. No Ceará, é denominado cafofa. Ver **Paçoca**.

Cominho (*Cuminum cyminum*) Planta herbácea que alcança cerca de 50 cm de altura, com raiz muito fina e ramificada, de folhas numerosas e também ramificadas em segmentos finos, além de flores brancas ou rosadas. Em seus frutos, são encontradas sementes aromáticas. Originário do Egito e do Mediterrâneo oriental, hoje ele é cultivado no mundo todo. Já era empregado antigamente pelos gregos e romanos como condimento e, nos dias de hoje, é muito utilizado pelos povos árabes. Em grãos inteiros ou moídos, pode ser usado em carnes, aves, sopas, queijos, pães e licores. Faz parte também de diversas misturas condimentares, como o *masala* e o *ras el hanout*. Ver **Masala** e **Ras el hanout**.

Cominho holandês Ver **Alcaravia**.

Commis de cuisine Denominação, em francês, do aprendiz de chef de cozinha. Primeiro cargo dos aprendizes na cozinha. É encarregado de passar por todos os tipos de trabalho, sempre supervisionado por um responsável: auxiliar na *mise en place*, receber as provisões, auxiliar na elaboração das refeições do pessoal do restaurante, descascar legumes, lavar as folhas da salada, auxiliar na limpeza da cozinha, entre outras atividades. No Brasil, é chamado cumim. Ver **Chef de cozinha** e **Mise en place**.

Commis de salle ou de restaurant Na França, é o aprendiz e ajudante do garçom. Suas atividades são a arrumação das mesas, serviços de preparação das salas, pequenos serviços de leva e traz entre a cozinha e o salão, como transportar pão e manteiga e demais tarefas de suporte, sempre sob a supervisão de um responsável. No Brasil, esse profissional é chamado cumim.

Compota Doce feito com frutas, frescas ou secas, inteiras ou em pedaços, cozidas em calda de água e açúcar, de ponto grosso. Pode ser aromatizada com especiarias ou bebida alcoólica, como brandy ou licor. Ver **Doces de tacho**.

Conchiglie Palavra italiana que significa conchas. Refere-se ao formato de massa alimentícia. *Conchigliette*, quando são bem pequenas; *conchiglioni*, quando maiores.

Condessa (*Annona reticulata*) Da mesma família da fruta-do-conde (anonáceas), a condessa também é conhecida por coração-de-boi. Originária da Jamaica, foi para o Pará em 1750, levada pelos portugueses. É uma árvore pequena, de folhas ásperas e avermelhadas, com flores amarelas ou brancas. Com bagos brancos e doces, cheios de perfume, caroços arredondados e pretos, pode ser consumida ao natural, em sucos e sorvetes.

Condimento Ver **Tempero**.

Confit Trata-se de uma das técnicas mais antigas de conservação de carnes, tradicional na França, de onde vem o nome. É utilizada para a carne de porco e de algumas aves, em especial a de pato. Consiste em cozinhar a peça e depois guardá-la imersa na própria gordura, em recipiente de cerâmica ou porcelana. Na hora de servir, deve-se retirar a gordura do cozimento, frigi-la um pouco e, em seguida, aquecer o *confit* em fogo lento. Na culinária francesa, a carne assim conservada é usada como guarnição ou prato principal.

Congelado Alimento conservado em temperaturas excepcionalmente baixas (em torno de –18 °C). Diferentemente dos supergelados, nos congelados a água se transforma em cristais de gelo, que, ao descongelar, perfuram as células dos alimentos, fazendo-os perder parte de suas substâncias nutritivas, além de o sabor e a textura serem alterados. Deve-se ter sempre especial atenção a seus prazos de conservação. Alimentos crus congelados precisam ser descongelados por inteiro antes de serem cozidos, não só para que o cozimento seja processado por igual, não deixando partes cruas, mas também para evitar a proliferação de bactérias nas áreas mornas, não cozidas. Uma vez descongelados, não devem ser congelados novamente. Ver **Supergelado**.

Conhaque É um dos mais antigos e conhecidos destilados. Nasceu no século XVII, derivado do vinho Charente, que não era muito apreciado por se estragar no transporte; para aproveitá-lo, os vitiviniculores transformavam-no em vinagre. Começou, então, a ser destilado, com ótimos resultados. Por longos períodos sem mercado, a bebida envelheceu nos tonéis e por essa razão descobriu-se o magnífico sabor da aguardente de vinho envelhecida. O melhor tempo de envelhecimento parece ser 40 anos. O conhaque é uma bebida duplamente destilada e seu teor alcoólico é cerca de 70%. É depositado em grandes pipas para ser amenizado, depois descansa em barris de carvalho, onde adquire cor, sabor e buquê. Em vários locais, destila-se *eau-de-vie*, mas somente a produzida na região de Cognac, no Sudoeste da França, próximo ao Rio Charente, pode ser assim nomeada. Por sua longevidade, ganhou apelações de envelhecimento: o rótulo com três estrelas e/ou as iniciais V.S. (*very special*) informa que o mais novo de sua composição deve ter, pelo menos, três anos de barril; as letras V.S.O.P. (*very superior old pale*) indicam que o conhaque mais novo da composição (*blend*) tem, pelo menos, dez anos; a sigla X.O. (*extra old*) é colocada apenas pelas melhores casas, nos casos em que o mais novo já tem mais de vinte anos. É servido quase sempre em copos bojudos, de boca estreita, para minimizar a evaporação. O copo geralmente é aquecido, para manter a bebida quente. Além de bebido, o conhaque é utilizado também como ingrediente culinário, tanto em pratos doces como em salgados. Ver **Eau-de-vie**.

Conservantes Aditivos culinários que evitam a deterioração do alimento e impedem o desenvolvimento de fungos e bactérias. Ver **Aditivos**.

Consoada Festa portuguesa íntima e caseira, da véspera do Natal, que celebra a confraternização da família, o aconchego do lar, com mesa farta e a lembrança dos parentes mortos. Nas províncias do Norte, são encontradas as manifestações mais tradicionais. Mexidos, rabanadas, coscorões, migas doces, sonhos, doce de aletria, bolinhos de jerimu, arroz-doce, leite-creme, nozes, pinhões, amêndoas, passas de uva e de figo, arroz-de-polvo,

bolinhos de bacalhau e, o mais importante de todos, o "bacalhau com todos" ou "bacalhau da Consoada", são as iguarias de praxe. Sem carnes vermelhas, porque ocorre antes da meia-noite. Cumprida a Missa do Galo e de volta para casa, continua-se com os doces, acompanhados de "vinho quente", vinho verde aquecido com mel e gemas e temperado com canela e pinhões. Ao se recolher, a família não retira a mesa para que os mortos, noite alta, possam também fazer sua ceia. Já nas províncias do Sul, a reunião ocorre depois da meia-noite e com carne de porco, frita ou assada, torresmos, morcelas, peru assado, cabrito e amêijoas, além dos mesmos doces servidos no Norte.

Consomê De origem francesa (*consommé*), é um caldo fino, concentrado, de carne, aves, peixes ou legumes, clarificado, servido em especial no início da refeição. Em geral, é apresentado quente, mas pode também ser consumido frio. É servido em recipientes especiais, semelhantes a xícaras com duas asas. É base para sopas claras. Pode também ser acrescido de creme de leite fresco, gemas ou amido, para alcançar consistência um pouco mais espessa.

Contaminação cruzada Transferência de bactérias de um alimento para outro. A expressão é mais usada em relação à transferência de germes de alimentos crus (que contêm potencialmente mais bactérias) para pratos já cozidos. Ela ocorre, principalmente, pelo manuseio de utensílios usados de modo indiscriminado entre os alimentos. Algumas regras básicas podem ser seguidas para evitá-la: não usar, no preparo de alimentos que já estão para ser servidos, os mesmos utensílios utilizados em alimentos crus; lavar os utensílios usados e a superfície de trabalho após cada tarefa; lavar também as mãos depois do contato com alimentos crus. Ver **Bactérias** e **Microrganismos**.

Comté Queijo francês fabricado na região histórica de Franche-Comté, desde o século XII. Tem status AOC e é feito exclusivamente com leite de vaca Montbéliarde ou Simmental francesa, das pastagens das montanhas. É maturado em cavernas da região por, no mínimo, quatro meses, mas seu período de amadurecimento pode chegar a 24 meses. Seu sabor é forte e marcado, um pouco ácido e salgado, com um toque de manteiga queimada e nozes tostadas. Apresenta casca úmida e rija de cor ocre e massa amarelo-pálida, com textura sedosa. Muito consumido na França, é considerado um dos melhores queijos do mundo e utilizado em inúmeros pratos, como suflês, gratinados e fondues. Pode também ser consumido puro, com um bom vinho. Ver **Appellation d'Origine Contrôlée (AOC)** e **Fondue**.

Conti, à la Expressão francesa referente a pratos cuja guarnição é feita de lentilhas (em especial, em purê) e bacon.

Contrafilé Carne proveniente do lombo do boi, situada ao longo da parte externa da coluna vertebral, macia, redonda, firme e de paladar bem acentuado. Dela podem ser feitos excelentes grelhados e assados. Tem capa de gordura não entremeada. É também chamada filé do lombo; na França, é denominada *entrecôte*. Com osso, é conhecida por bisteca. Ver **Bisteca**.

Coobação Técnica que consiste em destilar novamente um produto já destilado para aumentar-lhe o teor alcoólico. Ver **Destilação**.

Cookie Tipo de biscoito doce, ao mesmo tempo crocante e macio. A palavra vem do holandês *koekje*, que significa pequeno bolo. Nos Estados Unidos, onde são muito difundidos, há muitos tipos de *cookies*, que variam do mais macio ao mais crocante; podem ser de aveia, de passas, de chocolate, entre outros. Na Inglaterra, são chamados *biscuits*; *galletas*, na Espanha; na Alemanha, *keks*; *biscotti*, na Itália; no Brasil, mantêm o nome *cookie*.

Coolers 1. Bebidas refrescantes servidas em copos *long drink*. **2.** Refrigerante com pequena dose de vinho ou suco de frutas.

Copa Embutido de carne de porco defumado muito saboroso, no qual a gordura tem formato de veios. Seu aspecto é semelhante ao do salaminho, embora sem os pequenos olhos de gordura salpicados pela carne.

Copioba Farinha de mandioca muito fina produzida na Serra da Copioba, no interior da Bahia. Ver **Farinha de mandioca**.

Coppa 1. Em Roma (Itália), é uma gelatina feita de cabeça de porco. **2.** Bolo de fatias de presunto cozido, língua, salsicha e mortadela, característico da região do Vêneto (Itália). **3.** Salsicha feita na Córsega (França), com carne de porco e especiarias.

Coq au vin Prato clássico da culinária francesa, é um frango (e não um galo, como o nome indica) em pedaços, refogado em toucinho e manteiga, preparado com molho espesso, demi-glace acrescido de vinho tinto e aromatizado com estragão, louro e tomilho. Deve ser servido com cogumelos frescos, pequenas cebolas e *croûtons* fritos em azeite e alho. Sua origem não é comprovada, nem quanto à época, nem quanto ao local, mas presume-se que tenha surgido na região de Auvergne, no centro-sul da França. Ver **Croûton** e **Demi-glace**.

Coquetel Mistura de bebidas, com pelo menos uma alcoólica, servida gelada como aperitivo. De origem controversa, existe uma infinidade de combinações. A fórmula mais antiga de que se encontrou registro é francesa e do início do século XVIII: trata-se de uma mistura de champanhe seco com um torrão de açúcar embebido em *eau-de-vie*. É possível que seja originário de Bordeaux (França), pois vários filólogos creem que a palavra francesa *coquetel* venha dessa região. Ver **Eau-de-vie**.

Coquetel de camarões *Hors d'oeuvre* criado no começo do século XX. É um prato de camarões médios cozidos no vapor, acompanhados de molho cocktail, servido frio, em taças. Teve enorme sucesso na Europa e nos Estados Unidos entre os anos 1950 e 1970. Muito em voga no Brasil até os anos 1980, onde passou a ser servido com molho rosé – mistura de maionese ou creme de leite com molho de tomate condimentado ou ketchup, provável simplificação do molho cocktail –, depois disso perdeu seu glamour. Ver **Cocktail** e **Hors d'oeuvre**.

Coqueteleira Utensílio utilizado em bares para misturar bebidas, em especial os coquetéis. Os diversos componentes do drinque são colocados no recipiente, que, então, é sacudido para misturá-los. Em seguida, a mistura é vertida no copo ou taça e complementada, se necessário. Acrescentar gelo, antes de sacudir, é uma maneira rápida de resfriar a bebida. Há diversos modelos e de vários materiais. Em inglês, denomina-se *shaker*.

Coquillage Nome genérico, em francês, dos mariscos colhidos na costa.

Coquille St. Jacques Ver **Vieiras**.

Coração Constituído quase todo de músculo, trata-se de uma carne dura. Por isso, deve-se dar preferência ao coração do animal jovem, que tende a ser mais macio. Quando fresco, é vermelho, liso, com pouco odor e não deve ser conservado, mesmo no refrigerador, por mais de dois dias. Os mais encontrados são os de vaca, de vitela, de carneiro e de frango. Pode ser preparado de inúmeras maneiras – grelhado, cozido, frito, salteado –, sozinho ou como ingrediente secundário de outro prato.

Coral Chamam-se coral as ovas de crustáceos, como as da lagosta e do lagostim. São, em geral, usadas para compor molho ou manteiga aromatizada. Quando cozidas, adquirem tonalidade vermelha, semelhante à dos corais marinhos. Também recebem o mesmo nome as gônadas femininas das vieiras, de cor laranja e igualmente comestíveis.

Corallo Tipo de massa alimentícia italiana com formato de pequenos tubos, usada em especial em sopas.

Corante Elemento natural ou artificial agregado ao alimento com o objetivo de realçar a cor ou criar uma cor nova. Entre os corantes mais usados, encontramos a beterraba, o açafrão, o índigo, o cacau, os carotenoides, a páprica, o urucum, a clorofila, o carvão e a cochonilha. O índigo, também chamado anil, é muito usado para colorir balas; a cochonilha, inseto da família dos coccídeos, segrega uma substância especial conhecida por carmim da cochonilha, utilizada para dar um tom vermelho a iogurtes e a alguns doces; o ouro e a prata são usados como pigmentos em confeitos e drágeas. Ver **Aditivos**.

Corar Método culinário utilizado para dar cor dourada e aparência apetitosa aos alimentos. Consegue-se alcançar esse efeito submetendo-se o alimento ao calor forte, tanto do forno como do fogão, com o auxílio de gordura, gema de ovo, café forte, molho de soja, entre outros. A escolha do ingrediente auxiliar dependerá do alimento e do tipo de calor utilizados.

Corcovado Ver **Uru-corcovado**.

Cordeiro Ver **Carne de carneiro**.

Cordial Bebida alcoólica adocicada e aromatizada. Espécie de fortificante cujo objetivo é estimular o coração, *cor* em latim. Seu nome é definido pelo ingrediente que lhe dá sabor: cordial de hortelã, cordial de amoras etc.

Cordon bleu 1. Termo de origem francesa que em português significa fita azul. No início, era um prêmio dado por excelência culinária a chefs mulheres. Hoje em dia, é aplicado a chefs, homens ou mulheres, de notável expertise. Nomeia também importante escola de cozinha francesa. **2.** Prato elaborado com dois escalopes de vitela ou de frango entremeados por uma fatia de presunto e outra de queijo *gruyère* e, em seguida, recobertos com migalhas de pão e salteados até ficarem dourados.

Coriandro Ver **Coentro**.

Corn Milho, em inglês. Ver **Milho**.

Corned beef *Corns* são cristais de sal grosso usados para salmoura; o *corned beef* é a carne, em geral fervida, preserva-

da em salmoura, que, às vezes, é bombeada por sistema arterial. O nome deriva de *corn* (hoje, milho), palavra que, na Europa, nomeava qualquer pequena partícula, de cereais ou de sal. Existem dois tipos de *corned beef*: o mais salgado, acinzentado, e o menos salgado, um pouco rosado.

Cornichon Palavra francesa que denomina um tipo de pepino pequeno, em geral preparado em conserva. É tradicional acompanhamento para patês, carnes e peixes defumados.

Cornish pasty Ou pastel da Cornualha, em português, é um pastel recheado com carne de vaca, fígado de vitela, batatas, nabos e cenouras, tudo picado e temperado com sal e pimenta e envolto em massa. Depois de bem fechado e pincelado com gemas, é levado ao forno brando até que o recheio esteja cozido e a massa dourada e crocante. Pode ter formato de pastel ou de pastelão. Tradicional na região da Cornualha, no Sudoeste da Inglaterra, nos séculos XVIII e XIX era a refeição-padrão dos mineiros locais. Costumava-se rechear um lado com carne e o outro com uma mistura de maçãs, de modo que o prato principal e a sobremesa fossem feitos na mesma pastelaria.

Cornucópia Doce português de massa folhada em forma de cone, de modo geral recheado com doce de ovos ou ovos moles. Para dar à massa esse formato, ela é envolvida em um cone de metal (canudo) e frita em óleo bem quente. Na Espanha, onde também é popular, é denominada *canutillo de crema* e recheada com creme de ovos. Na França, é recheada de creme e chamada *cornet*. Na Inglaterra Vitoriana, já eram conhecidas por esse nome e recheadas com creme doce. Hoje, o recheio é sorvete e, por isso, seu nome passou a ser *ice-cream cone*, o mesmo que "cone de sorvete".

Corn whiskey Ver **Uísque americano**.

Coroa assada Denominação do assado de costelas de porco ou de cordeiro, arrumado no formato de uma coroa antes de assar. É um prato muito saboroso e vistoso, embora não seja difícil de fazer. Em geral, pelo seu aspecto e como é enfeitado, é servido em ocasiões especiais. Depois de assadas, as pontas dos ossos são recobertas por enfeites de papel picotado e o interior da coroa recebe uma mistura de vegetais picados e salteados.

Coronel Sopa de legumes, arroz e carne picada, típica da culinária nordestina.

Corpo É a sensação de peso que todo grande vinho provoca na boca; é a impressão de enchê-la. Essa característica é conferida principalmente pelo álcool, mas também pelos sólidos contidos nele, como açúcares, minerais, glicerol etc. Em francês, o vinho que tem corpo é denominado *corsé*.

Cortador de ovos Instrumento de cozinha cuja base é escavada em formato de ovo e a parte superior é formada por fios metálicos presos em uma armação. As duas partes são ligadas por uma dobradiça. Quando a parte superior é abaixada sobre o ovo cozido aninhado na base, os fios metálicos cortam-no em diversas fatias.

Cortar Técnica culinária que consiste em dividir o alimento em pedaços menores com o auxílio de instrumento cortante. Existe uma variedade enorme de formas que podem ser dadas ao alimento por meio do corte, as quais serão definidas pela receita em função do tipo de in-

grediente empregado e do prato que será preparado. O corte em cubos é, em geral, utilizado em carnes e legumes; o corte em lascas, em frutos secos, em especial amêndoas; o corte em tiras é empregado para carnes e vegetais diversos. Além dessas possibilidades, existem inúmeras outras, nomeadas de acordo com cada tradição culinária.

Corvina (*Vitis vinifera*) Uva italiana do Vêneto que serve de base para a elaboração do Valpolicella, o tinto mais conhecido da região. Dá origem a vinhos leves e agradáveis.

Coscorão 1. Doce português tradicional muito consumido na época de Natal e, em especial, no Carnaval do Alentejo. São tiras de massa que se enroscam ao serem fritas, servidas polvilhadas com canela e açúcar ou regadas com calda de açúcar ou mel. **2.** No Brasil é um doce de massa crocante e quebradiça, preparada com farinha, leite, ovos e açúcar. Em seguida, com o auxílio de um instrumento próprio, é levada a fritar. Esse utensílio tem um fino cabo de metal em cuja ponta é fixada uma pequena fôrma vazada com formatos diversos (flor, estrela, coração etc.), que é mergulhada na massa e depois em gordura quente. Quando está frita, a massa torna-se crocante e dourada. Removida da fôrma, escorre-se a gordura em papel absorvente. Polvilhado com canela e açúcar, o coscorão é servido ainda quente. Sua massa e seu modo de preparo assemelham-se mais aos das filhós de fôrma portuguesas. Ver **Filhó**.

Cosecha Colheita, em castelhano.

Costela Também chamada costelão, ponta de agulha e pandorga, é uma peça grande do quarto traseiro bovino, com muito osso, muita gordura e tipos variados de carne em camada. Isso confere texturas, sabor e aromas diversos em uma mesma peça. A mais utilizada é a de vitela. Muito apreciada pelos conhecedores, é ponto alto do churrasco gaúcho. Sua carne mais rija exige tempo de cozimento prolongado. Em castelhano, *asado de tira* e em inglês, *rib*.

Costeleta Ver **Bisteca**.

Costelinha Nome dado ao corte de carne retirado do lombo, acompanhado do osso. Tem menos carne e mais osso que as bistecas. A costelinha pode ser de porco, cordeiro, cabrito ou vitelo e deve ser grelhada, assada ou frita.

Cotechino Embutido italiano elaborado com a mistura de carne de porco, toucinho, pele de porco, especiarias e, se feito de modo industrial, salitre. É originário da região da Emilia-Romagna, mas existe uma versão de Friuli-Venezia Giulia denominada *musetto*. Apresenta espessura grossa, cerca de 7 cm, e deve ser cozido para o consumo. O melhor *cotechino*, delicadamente aromático, tem textura suave, quase cremosa. É ingrediente tradicional do *bollito misto*. O termo é derivado de *cotica*, palavra usada no passado para denominar a pele de porco. Ver **Bollito misto**.

Côte d'Or Sub-região vinícola da Borgonha (França) que se estende das proximidades de Dijon a Santenay. Seu nome é proveniente da cor das folhas das vinhas no outono. É subdividida em duas zonas: Côte de Nuits e Côte de Beaune. Ali é possível encontrar tintos importantes, austeros e complexos, que precisam envelhecer para que suas qualidades sejam mais bem apresentadas, e brancos elegantes, complexos, encorpados, considerados os me-

lhores do mundo. Alguns deles: Le Chambertin, Le Musigny, Bonnes Mares, La Romanée-Conti, La Tâche, Richebourg, Corton-Charlemagne, Le Montrachet, Bâtard-Montrachet, Chevalier-Montrachet e Criots-Bâtard-Montrachet.

Côtes du Rhone Ver **Rhône (Ródano)**.

Cotherstone Queijo tradicional inglês da região de Dale (Reino Unido), criado por Joan e Alvin Cross em sua fazenda de Teesdale. É preparado com a mistura de leite integral não pasteurizado de vacas Jersey. Com alto teor de gordura, amadurece rápido. Se amadurecer por mais de quatro semanas, pode adquirir veios azuis naturalmente. Tem a forma de mó (pedra de moinho) e pesa cerca de 2,5 kg. Semiduro, de massa amarelo-pálida suave, apresenta casca natural de cor creme.

Cotonada Antigo nome português dado à marmelada. Ver **Marmelada**.

Cotriade Sopa de peixe e batatas originária da região da Bretanha (França). Feita com peixes variados, diz-se que quanto maior a variedade, melhor. Consumida usualmente sobre fatias de pão.

Cottage Tipo de queijo inglês fresco, de textura macia. Seu teor de gordura varia de acordo com o leite utilizado na produção. De modo geral, é preparado com leite pasteurizado desnatado, a que se adiciona o coalho antes de ser posto para sorar. Formados os coágulos, o queijo é, então, lavado e drenado. Quando está pronto, adquire textura levemente líquida e granulosa, suave, branca, de sabor um pouco ácido e com baixo teor de gordura. Algumas marcas acrescentam creme e sal para temperar. É utilizado em saladas, pratos doces e salgados, tortas de queijo e pastas para sanduíches e canapés.

Coulibiac Prato salgado de origem russa, da região próxima ao Mar Negro, onde é conhecido por *kulibiaka*, mas cuja fama começou na França. Consiste em uma massa de brioche recheada com uma rica mistura de arroz, cogumelos e escalopes de salmão cozidos em vinho branco e especiarias, ovos batidos e manteiga, levada para assar em assadeira até a crosta ficar dourada. Em geral, é apresentado em formato oval.

Coulis Creme quase líquido preparado com vegetais, especialmente frutas cruas ou pouco cozidas. Já os legumes são normalmente cozidos, exceto o tomate, que é empregado cru. O *coulis* é utilizado como reforço de algum molho e como fundo ou decoração para pratos salgados ou sobremesas. Conhecido na França desde o século XVII, aparece em velhos livros de culinária inglesa com a denominação de *cullis*. Foi pouco utilizado na cozinha francesa do século XIX e redescoberto na segunda metade do século XX pela *Nouvelle cuisine*, como uma solução adequada para a composição de pratos de acordo com suas bases. Em geral, é feito sem a adição de gordura ou elemento engrossante. Ver **Nouvelle cuisine**.

Coulommiers Menos macio que o brie e mais suave que o camembert, porém aparentado com os dois, o coulommiers é um queijo francês cremoso, de sabor agradável, com fundo de frutas secas. É fabricado com leite não pasteurizado de vaca e feito em moldes que hoje recebem seu nome. Tem a forma de disco de 13 cm de diâmetro.

Country captain Cozido de frango preparado com cebolas, tomates, pimen-

ta-verde, aipo, salsinhas, *masala* e especiarias. Hoje um clássico sulista norte-americano, foi na verdade levado da Índia para os Estados Unidos por um oficial do exército britânico que lá serviu em meados do século XIX. Prato do dia a dia da culinária indiana, recebeu esse nome jocoso porque era servido aos oficiais do exército britânico que viajavam pelo país a serviço. Deve ser cozido em panela coberta, em fogo baixo e por longo tempo. Serve-se acompanhado de arroz e salpicado com amêndoas picadas.

Coupage Técnica de misturar diversos vinhos ou bebidas alcoólicas destiladas com o intuito de obter um produto final de qualidade superior à dos componentes isolados. Esse é método-padrão da elaboração do xerez, do champanhe, do vinho do Porto, do conhaque e do uísque, com resultados sempre positivos. Entretanto, em alguns casos, o *coupage* pode ser utilizado para aumentar a quantidade, e não a qualidade da bebida. Em português, denomina-se lotação; em inglês, *blending*. Ver **Assemblage** e **Blend**.

Coupe Sobremesa composta de sorvete encimado por frutas, creme batido e marrom-glacê. Em geral, é servida em uma taça – como já diz seu nome em francês – de pé alto e cavidade larga e redonda. Ver **Marrom-glacê** e **Sorvete**.

Coupi Ver **Guéret**.

Courgette Abobrinha, em francês. Ver **Abobrinha**.

Court-bouillon Caldo de cozimento de carnes e, em especial, de legumes, em vinho ou vinagre e água, coado e com a gordura retirada (no caso da carne). Um pouco acidulado, utiliza-se como base no preparo de molhos ou no cozimento de outros ingredientes e pode ser servido também como consomê. Seu nome provém da palavra francesa *bouillir*, que significa ferver. Ver **Consomê**.

Couve (*Brassica oleracea*) Hortaliça de folhas grandes e verdes muito saborosa, da família das crucíferas. Há diversas variedades: a galega, de qualidade inferior; a manteiga, de folhas grossas e tenras; a crespa, de folhas frisadas; a couve-tronchuda portuguesa, de folhas largas, carnudas, tenras e fechadas; a couve-de-todo-o-ano, que chega a 1 m de altura; e a lombarda, de folhas grandes e violáceas. É ingrediente fundamental da culinária mineira. Pode ser preparada em tiras bem finas ou simplesmente rasgada em pequenos pedaços, que devem ser refogados e cozidos. Tem sido cultivada nos últimos dois mil anos em regiões de clima temperado e frio.

Couve à mineira Receita muito simples, mas ao mesmo tempo muito tradicional, da culinária mineira. É preparada com folhas de couve cortadas em tiras bem finas, temperadas com sal, refogadas em gordura de porco com alho picado e servidas salpicadas de torresmo. Em geral, acompanha pratos de feijão e de carne de porco.

Couve-de-bruxelas (*Brassica oleracea* var. *gemmifera*) Variedade de couve cuja aparência assemelha-se a de um repolho em miniatura. De tamanho uniforme, é compacta, firme e com tonalidade verde. Apresenta sabor similar ao do repolho, ainda que mais suave. Serve-se cozida, como acompanhamento de peças de carne assada ou grelhada, ou ao vinagrete, como aperitivo. Não deve ser cozida em demasia, pois perde o sabor e se torna

muito mole. É encontrada, principalmente, nos meses de outono e de inverno.

Couve-flor (*Brassica oleracea* var. *botrytis*) Vegetal cujas flores, em geral brancas, são envoltas em folhas verdes, fortes e brilhantes. Existem, entretanto, outras duas variedades mais difíceis de serem encontradas: a púrpura, que se torna verde-clara depois de cozida, e a verde. É empregada de maneiras variadas, em especial pré-cozida. Pode ser servida como suflê ou sopa; gratinada com molho bechamel e queijo ralado ou com farelo de pão e manteiga; com molho de manteiga ou de tomates; à milanesa; como salada, com maionese ou com molho vinagrete; e diversas outras formas. Ao ser comprada, deve estar firme e com folhas sem manchas. Em boas condições, pode durar de dois a quatro dias. Foi descrita pelo escritor americano Mark Twain como "nothing but cabbage with a college education" (nada mais que um repolho educado).

Couve-nabo (*Brassica napus*) Também conhecida por rutabaga, trata-se de uma raiz grande de polpa amarelo-alaranjada e pele grossa, originária da Europa. Firme ao toque e com formato regular, sua pele é marrom na extremidade superior, clareando em direção à base. Estocada em boas condições, dura até duas semanas. Deve ser bem lavada antes do uso. Depois de descascada, precisa ser fatiada ou picada e cozida. Emprega-se, tradicionalmente, em sopas, gratinada com outros legumes, em tortas de vegetais, como purê com *haggis*, recheio de pastéis ou com pratos de curry. Ver **Curry** e **Haggis**.

Couve-rábano (*Brassica oleracea* var. *acephala*) Pertencente à família das couves, tem o caule bem desenvolvido, semelhante a um nabo pequeno, verde ou roxo, com alguns caules salientes nas laterais. Apresenta consistência firme quando fresca, mas é bastante perecível e não dura mais que três dias. É utilizada, de modo geral, cozida e esmagada como purê, acompanhada de creme azedo, cebolinhas e queijo ralado.

Couvert Conjunto de aperitivos salgados servidos geralmente assim que nos acomodamos no restaurante. Tem a finalidade de estimular o apetite e acompanhar as bebidas enquanto o prato pedido não chega. Consiste, de modo geral, em patês, pães, torradas, manteiga e outras iguarias. Em francês, significa coberto e talher. O *couvert* nasceu no século XV, quando as estalagens estabeleceram o hábito higiênico de levarem seus pratos à mesa cobertos por um guardanapo, cobrando por essa proteção. Um ou dois séculos depois, quando os albergues e comedouros passaram a apresentar talheres (faca e colher) com o prato de comida, estabeleceram também um preço por esse privilégio, principalmente porque, por eles serem muito raros nas casas e no mercado, eram roubados pelos clientes. Hoje essa taxa subsiste em alguns restaurantes, justificada pela presença dos aperitivos.

Coxão duro Corte de carne bovina também denominado chã de fora. É um músculo grande e um pouco fibroso, indicado para caldos e ensopados.

Coxão mole Corte de carne bovina também conhecido por chã de dentro, consiste em um músculo do interior da perna, arredondado, com fibras curtas e consistência macia. É uma carne magra, indicada para assar, refogar ou para fazer bifes enrolados ou à milanesa.

Coxinha Existente desde o final do século XIX, é um salgadinho outrora muito apreciado em reuniões e coquetéis, assim nomeado por assemelhar-se a uma coxa de ave. No início, era feito com a coxa de frango inteira, empanada. Seu tamanho diminuiu aos poucos para que fosse mais fácil servi-la nos coquetéis, por isso passou a ser feita com carne de ave desfiada, envolta em massa cozida, moldada no formato e, em seguida, empanada e frita. Hoje em dia é tira-gosto muito apreciado nos bares e botecos, para acompanhar a cerveja.

Cozer Submeter o alimento à ação do fogo ou calor. O cozimento destrói as bactérias, proporcionando ingestão segura, facilita a digestão, torna o sabor mais agradável ao paladar, além de criar um produto completamente diferente por meio da mistura de ingredientes. No processo, três princípios da física estão envolvidos na transmissão de calor: a condutividade (transmissão de calor mediante um objeto sólido), a convecção (transmissão de calor pela movimentação de líquido ou gás) e a radiação (transporte de energia por um meio, eventualmente o vácuo, sem a necessidade do transporte macroscópico concomitante de matéria). Na realidade, esses princípios funcionam de maneira conjugada. Um alimento grelhado, por exemplo, recebe calor pela radiação. Esse calor é, então, transmitido de fora para dentro, pela condutividade. Já no micro-ondas, o cozimento ocorre pela agitação das moléculas em seu interior, a qual produz calor em determinadas áreas e este é transmitido para outras partes do alimento por condutividade. As mudanças provocadas no decorrer do processo variam de acordo com o método utilizado e o tipo de comida, já que esta reage de diferentes modos. Alimentos que contêm amido se avolumam com calor úmido ou se tornam secos e quebradiços com calor seco. Gorduras derretem no calor, perdem água, seus elementos sólidos se desagregam e, se aquecidas em excesso, queimam; açúcares derretem, caramelizam ou queimam, dependendo da intensidade do calor; a proteína coagula ou adquire consistência quando aquecida; carnes ficam firmes; e ovos coagulam. O cozimento também pode afetar as substâncias nutritivas dos alimentos, que, com o excesso de calor, podem ser reduzidas ou anuladas.

Cozido No Brasil, é o prato à base de carnes e embutidos, legumes, verduras, ovos cozidos e, às vezes, banana, cozidos juntos e com temperos, na mesma panela. Em geral, o prato é único na refeição e é acompanhado por pirão feito com o próprio molho do cozimento. O cozido é um tipo de preparo muito antigo e bastante disseminado se considerarmos seus procedimentos básicos. É possível que o primeiro "cozinhado" tenha fervido em vaso de barro, no Neolítico ou nos finais do período anterior. Em Portugal, os primeiros registros dele estão no livro de Domingos Rodrigues, *Arte de cozinha* (1680), quando então ainda era denominado *olha*. Comida dos cristãos-novos, o cozido era uma variação da *adafina* (cozido judaico) acrescida de carne de porco e toucinho para, na Inquisição, fazer prova pública de sua conversão. Hoje, o cozido à portuguesa é preparado com carne de vaca, presunto, carne de porco salgada, salsicha, arroz, repolho picado, molho de tomate e grão-de-bico e servido em três etapas: primeiro, caldo com arroz; depois, repolho, grão-de-bico e molho de tomate; e por último, as carnes com batatas cozidas. O caldo restante é usado para preparar sopa ou cozinhar arroz. De inúmeras variações regionais, o cozido foi trazido de Portugal para o Brasil e aqui

recebeu a adição de novos ingredientes. No início do século XIX, foi comentado com entusiasmo por Debret em seus escritos sobre o Rio de Janeiro. Na Bahia, há o cozido de peru previamente assado, cujos ingredientes são legumes, verduras e linguiça. Na França, também há diferentes tipos, nomeados de modo genérico *pot-au-feu*: a *potée* do Franche-Comté, espécie de cozido com toucinhos e linguiças de Morteau perfumadas com cominho; a panelada lorena, cozida durante três horas em panela de barro forrada com couro de toucinho, legumes, toucinho de peito e um pequeno presunto; o cozido da Île-de-France, de osso com tutano; o *cassoulet* de feijões-brancos de Toulouse; o cozido albigense, que, além de jarrete de vitela e carne de vaca, contém presunto e, sua principal característica, ganso em conserva. Na Espanha, é chamado *puchero* ou *cocido*, porém o mais conhecido é o *cocido madrileño*, preparado com carne de boi ou vitela, chorizo, morcilla, toucinho, frango, paio e hortaliças. Na Espanha, também encontramos a *olla podrida*, o *pringá andaluz*, a *pilota* e a *escudella i carn d'olla* catalãs, a *fabada* valenciana e o *pote* galego. O cozido irlandês *irish stew* também é famoso, feito com carne de carneiro e molho rico de vegetais.

Cozimento a vácuo Em francês, *sous vide*. Método de cozimento em que o alimento é embalado em saco plástico próprio selado, do qual retira-se o ar, e cozido em banho-maria, em termocirculador ou forno combinado. A técnica possibilita o estrito controle da temperatura de cocção, facilitando o cozimento em baixa temperatura, a distribuição perfeitamente uniforme do calor pelo alimento, além de evitar que ele perca sua umidade. É um método adequado em especial para carnes vermelhas, peixes e frutos do mar. Ver **Termocirculador**.

Cozimento em vapor Técnica de cozimento que consiste em levar a carne, o peixe, o legume ou a verdura ao fogo, em panela especial tampada, com furos no fundo e colocada sobre outra com água fervente, submetendo, assim, os alimentos à ação do vapor. Esse conjunto de panelas pode ser feito de aço, alumínio, ferro, barro ou bambu. Este último é extremamente eficaz e muito comum nas cozinhas chinesa e japonesa. É possível também fazer o cozimento por meio de vapor indireto: nesse caso, o alimento é cozido no próprio suco em prato tampado posto sobre uma panela com água fervente. O cozimento em vapor é um método indicado em especial para vegetais, pois preserva melhor a textura, cor, além dos nutrientes. Para carnes, peixes e aves, é uma excelente opção e esses alimentos já devem ir para o vapor temperados. Pudins, massas e bolinhos também podem ser assim preparados. Esse tipo de cozimento dispensa gordura e evita que o alimento perca muitos nutrientes, portanto é mais saudável.

Cozinha molecular Área da culinária praticada sobretudo em ambiente profissional, em que a inovação em técnicas e pratos é buscada por meio de experimentos e conhecimentos de base científica. Passou a ser assim denominada em referência à gastronomia molecular, com a qual não deve, contudo, ser confundida. A cozinha molecular pode se servir dos conhecimentos gerados tanto pela investigação dos cientistas da gastronomia molecular quanto pela dos chefs, cozinheiros e colaboradores em suas cozinhas de teste. Ela nasce, por assim dizer, de uma necessidade

criativa do chef de cozinha e tem por objetivo a aplicação prática. Alguns chefs preferem o nome cozinha experimental. Ver **Gastronomia molecular**.

Cozinha tecnoemocional Termo cunhado pelo jornalista espanhol Pau Arenós para definir a linha de trabalho de um grupo de cozinheiros e chefs de cozinha, encabeçados pelo catalão Ferran Adriá, que ganhou visibilidade no início dos anos 2000. Trata-se de uma cozinha cujo principal objetivo é provocar emoções no comensal por meio do uso de novas técnicas e tecnologias. Para isso, recorre-se com frequência à colaboração de profissionais de outras áreas, como cientistas, artistas plásticos, historiadores, antropólogos etc. Embora o trabalho de Ferran Adriá tenha sido muitas vezes definido como "cozinha molecular", em mais de uma ocasião o chef declarou sua preferência pelo conceito de cozinha tecnoemocional.

Crab Caranguejo, em inglês. Ver **Caranguejo**.

Crackling Palavra em inglês que identifica a pele crocante do porco assado. Ver **Pururuca**.

Cranberry Ver **Mirtilo vermelho**.

Cravo-da-índia (*Syzygium aromaticum*) Originário das Filipinas e das Ilhas Molucas, o cravo-da-índia era utilizado há milênios, na Índia, na preparação de perfumes e como tempero. Há uma referência a essa especiaria na obra de Plínio, naturalista romano, que conta ter visto alguns cravos "semelhantes a grãos de pimenta, só que mais compridos". Na Europa, entretanto, sempre foi uma raridade até que Vasco da Gama descobrisse o caminho marítimo para as Índias, quando então passou a ser regularmente importado. Monopólio português no início, seu cultivo se expandiu depois que, em 1769, o francês Poivre levou algumas mudas para as Ilhas Maurício e Bourbon. Os cravos são comercializados inteiros ou moídos e podem ser usados em doces de compota, pudins, bolos, pães, vinha-d'alhos, peixes, quentões, molhos, chutneys etc.

Crawfish Palavra em inglês que significa lagostim. Ver **Lagostim**.

Cream cheese Queijo fresco macio, de sabor um pouco salgado e aroma suave de leite. Por ser feito com uma combinação de leite de vaca integral e creme de leite, tem alto teor de gordura: nos Estados Unidos, o mínimo é 33%; na Inglaterra, entre 45% e 60%; e no Brasil varia entre 21% e 25%. Deve ser consumido fresco e sua vida útil, mesmo que em refrigeração, é muito curta. O sabor, a textura e a produção são similares ao do *boursin* e do *mascarpone*. De largo uso culinário, é fácil de ser espalhado e pode ser encontrado com inúmeros sabores. Ver **Boursin** e **Mascarpone**.

Cream cracker Biscoito que surgiu na Irlanda em 1885, hoje conhecido em todo o mundo. É quadrado, fino, feito com farinha de trigo, sal e pouca gordura.

Cream sherry Xerez pesado e doce muito popular nos Estados Unidos e na Inglaterra. Ver **Xerez**.

Crécy, à la Expressão francesa que designa pratos cujo ingrediente ou acompanhamento é a cenoura. O nome deve-se ao fato de Crécy-en-Ponthieu, cidade francesa, e a região que a circunda serem renomadas produtoras de cenouras.

Crema catalana Doce espanhol típico da região da Catalunha, sempre presente no final das refeições. É elaborado com

leite aromatizado com casca de limão e canela, adoçado com açúcar e engrossado no fogo com gemas e amido de milho. Depois que o creme está pronto, sua superfície é polvilhada com açúcar e, então, queimada com ferro quente, maçarico ou salamandra, criando uma crosta caramelizada. Ver **Maçarico** e **Salamandra**.

Crema pasticcera Ver **Creme de confeiteiro**.

Creme Nome genérico dado às preparações doces de consistência lisa, delicada e macia. É, em geral, composto de leite engrossado com gemas, às vezes também com farinha fina ou fécula. Existe uma considerável variedade de cremes, dos semilíquidos aos mais consistentes. É comum agregar-se à receita básica outros ingredientes ou mesmo utilizar outros elementos no preparo. Ver também o nome do creme.

Crème anglaise Ver **Creme inglês**.

Creme azedo Ver **Sour cream**.

Creme batido Denominação do creme de leite integral, fresco e grosso, depois de batido para tornar-se mais aerado. Tem teor mínimo de gordura em torno de 35%. Acrescido de açúcar e bem batido, torna-se o famoso creme chantili. Ver **Creme chantili**.

Crème brûlée Em tradução literal, "creme queimado". Sobremesa de origem francesa, feita à base de leite, gemas e açúcar, cuja superfície polvilhada de açúcar é queimada rapidamente em uma salamandra ou com o uso de maçarico de cozinha pouco antes de ser servida. A cobertura caramelizada torna-se quebradiça, criando um belo contraste com o creme suave e macio.

Crème caramel Ver **Pudim de leite**.

Creme chantili Creme aerado feito de creme de leite fresco batido com açúcar. De acordo com uma história muito difundida, teria sido criado pelo parisiense de origem suíça Fritz Karl (François) Vatel, maître d'hôtel do príncipe de Condé, no castelo de Chantilly, em 1671. O creme de leite batido (*crème fouettée*), entretanto, já era um preparo conhecido pelo menos desde meados do século XVII e não se sabe quando ele passou a ser adoçado. Apenas no final do século XVIII aparecem os primeiros registros, feitos pela baronesa Marie Féodorovna, que relacionam o creme ao nome *chantilly*.

Crème chiboust Creme de confeitaria francês à base de gemas, açúcar, farinha de trigo ou amido de milho, leite, gelatina e claras em neve. Acompanha tradicionalmente o Saint-Honoré. Ver **Saint-Honoré**.

Crème d'abricots Licor doce francês elaborado com abricós.

Crème d'amande Licor francês, rosado, de amêndoas.

Crème d'ananas Licor francês de abacaxi.

Crème de cacao Licor francês com sabor de chocolate e nota de baunilha.

Creme de cassis Licor cremoso feito de groselhas pretas da França, vermelho-escuro e de sabor forte e característico. Muito usado em cremes doces ou em coquetéis, é insubstituível no Kir e no Kir Royal. O mais famoso é produzido em Dijon (França). Ver **Kir** e **Kir Royal**.

Crème de cerise Licor francês de cerejas.

Creme de confeiteiro Um dos cremes básicos da confeitaria francesa, em francês é chamado *crème pâtissière*. É elaborado com farinha de trigo ou amido de milho, açúcar, leite e gemas. Tem consistência espessa e é usado como recheio de tortas, bombas, bolos e outros doces. Na Itália, é denominado *crema pasticcera*; nos países de língua inglesa, *pastry cream*.

Creme de leite Parte mais gordurosa do leite, pode ser obtido de modo artesanal, deixando-se o leite integral descansar várias horas em local fresco, ou no mercado, fresco ou enlatado, já separado do leite por processo industrial, o qual interfere em seu grau de gordura. No Brasil, entretanto, não existem tantas variedades como nos Estados Unidos e na Europa. Aqui o encontramos com as seguintes características: (a) *creme de leite fresco* – com 35% de gordura, é esterilizado e vendido em garrafinhas plásticas ou de vidro; é usado no preparo de molhos, recheios e pode ser batido para se obter creme chantili; tem prazo de validade curto; (b) *creme de leite padrão* – apresenta teor mínimo de gordura em torno de 15% (o chamado *light*) e chega a 22% (o normal); vendido em embalagem longa-vida (submetido ao processo UHT – *ultra-high temperature* ou *ultra-heat treatment* –, que significa "tratamento por ultra-aquecimento") ou em lata (submetido a pasteurização); é utilizado no preparo de pratos doces e salgados, mas não é próprio para ser batido; pode ser estocado por longo tempo; (c) *creme de leite em aerossol* – adoçado e com consistência de espuma, que derrete com facilidade; usado apenas para cobertura de sobremesas, sorvetes e bebidas. No exterior, são encontrados diversos outros tipos, tais como: *frozen cream*, *half cream*, *single cream*, *spooning cream*, *sour cream* ou *crème fraîche*, *clotted cream*, *double cream*, *whipping cream*, cada um com nível diferente de gordura e características específicas. Além dos inúmeros pratos doces em que é utilizado, pode ser adicionado também a preparos salgados, como sopas, molhos e pratos de forno, para enriquecê-los ou engrossá-los. Nesse caso, deve ser acrescentado um pouco antes do momento de servir. Se for excessivamente aquecido ou se chegar a ferver, corre o risco de talhar. Por seu alto teor de gordura, não é indicado para consumo frequente. Há também os similares, chamados creme de leite vegetal, feitos de um elemento vegetal, como soja, arroz, coco e outros, e cuja quantidade de gordura é bem menor que a dos cremes de leite comuns. Pode ser utilizado tanto em pratos doces como salgados. Ver o nome do creme e **UHT**.

Crème de menthe Licor francês aromatizado e flavorizado com menta.

Crème de noyaux *Noyaux* é a palavra francesa cujo significado em português é caroço de frutas. É um licor preparado com caroços de frutas diversas, daí seu sabor de amêndoas.

Crème de rose Licor francês de sabor exótico, de pétalas de rosas e especiarias.

Crème de violette Licor francês da cor da ametista, perfumado e flavorizado com essência de violetas.

Crème fraîche Ver **Sour cream**.

Creme inglês Rico creme doce à base de leite, açúcar e gemas, que pode ser servido quente ou frio sobre bolos, frutas ou doces diversos. Em francês, *crème anglaise*.

Crème pâtissière Ver **Creme de confeiteiro**.

Crème pralinée Creme de confeiteiro acrescido de pralin, utilizado como re-

cheio de diversas pastelarias francesas. Ver **Pralin**.

Crème renversée Ver **Pudim de leite**.

Crémet Especialidade francesa do Dauphinois, trata-se de uma coalhada quase sem acidez, batida com claras de ovos e creme de leite, depois adoçada e drenada em pote especial.

Cremor tártaro Bitartarato de potássio que, misturado com bicarbonato de sódio e umedecido, libera gás carbônico ácido. Consiste em um pó branco usado como agente fermentador em pães e bolos. Pode ser adicionado à calda fervente para prevenir a cristalização. Ver **Fermento**.

Créole Expressão que designa os pratos à moda dos descendentes de franceses nascidos nas Américas. No século XVIII, os espanhóis governadores da província de Nova Orleans (Estados Unidos) nomearam todos os residentes de origem europeia como *criollo*. Esse nome, que mais tarde foi transformado em *créole*, tornou-se logo sinônimo de refinamento cultural e estilo de vida elegante. Hoje, a expressão designa o resultado da combinação das cozinhas francesa, espanhola e africana. Apresenta estilo mais sofisticado que o da cozinha *cajun*, com mais ênfase em pratos que contêm manteiga, creme e tomate, além do trio tradicional dessa região: pimentas-verdes, cebola e aipo. Com pratos à base de carne ou frango, peixes e frutos do mar, o acompanhamento de arroz cozido com tomates e temperos está sempre presente. Alguns de seus preparos mais conhecidos são *gumbo*, ostras *bienville* e ostras *rockfeller*, *bisque* de camarões, ovos *sardou* e bananas *foster*. Ver **Bananas foster, Bisque, Cajun, Gumbo, Ostras Bienville, Ostras Rockfeller** e **Ovos Sardou**.

Créole cream cheese Queijo cremoso muito leve, firme e pouco ácido, especialidade de Nova Orleans (Estados Unidos). É bastante utilizado em toda a Louisiana no café da manhã, com pão, sal e pimenta ou frutas e açúcar. É difícil de ser encontrado fora dessa região.

Créole mustard Mostarda elaborada com sementes marrons, marinadas em vinagre com uma pitada de raiz-forte, outra especialidade da região de Louisiana (Estados Unidos), com forte influência de imigrantes alemães, além de franceses e africanos. Bastante temperada e de sabor forte e picante, é difícil de ser encontrada fora dessa região.

Crêpe Panqueca, em francês. Ver **Panqueca**.

Crêpes Suzette Sobremesa francesa muito conhecida, trata-se de panquecas doces feitas com manteiga batida, açúcar, lascas de casca e suco de tangerina, cobertas com licor Curaçao e tradicionalmente preparadas em réchaud, diante do cliente. Elas são flambadas e servidas bem quentes. Ver **Curaçao, Panqueca, Réchaud** e **Tangerina**.

Crêperie Palavra de origem francesa que nomeia o estabelecimento especializado em preparar e servir panquecas (*crêpes*) doces e salgadas.

Crépine Ver **Coifa**.

Crépinette Pequena salsicha francesa feita de carne de porco moída com carne de carneiro, de vitela, de frango e, algumas vezes, trufas. Deve seu nome à membrana na qual é envolta, a *crépine*, o mesmo que coifa. Deve ser fervida, cozida

ou salteada antes de ser consumida. Em geral, é recoberta com manteiga e farinha de rosca para ser salteada. Ver **Coifa**.

Crescenza Queijo italiano cremoso, fresco e rico, muito encontrado nas regiões do Piemonte, do Vêneto e da Lombardia. Sua textura é similar à de outros queijos cremosos suaves e se torna bem pastoso em temperatura ambiente. É elaborado com leite de vaca não pasteurizado e uma mistura de ervas.

Crespelle Ver **Panqueca**.

Cress Agrião, em inglês. Ver **Agrião**.

Creste di galli Nome italiano da massa alimentícia de tamanho médio, em formato de crista de galo.

Creusois Ver **Guéret**.

Crevettes à la Newburg Saboroso prato à base de camarões salteados em manteiga, acrescidos de *fumet*, creme de leite fresco e um cálice de xerez. Considerado um clássico norte-americano, foi criado no restaurante Delmonico's, de Nova York, no final do século XIX. Durante muito tempo, circulou um lenda culinária segundo a qual a receita teria sido levada da França para o restaurante por um cliente, Thomas Wenburg, e batizada com seu sobrenome. Émile Prunier, filho do chef parisiense Alfred Prunier, em viagem aos Estados Unidos teria reconhecido o prato e protestado contra a troca de nome. O prato teria sido, então, renomeado "à la Newburg". De acordo com o *Larousse Gastronomique* (2017, p. 569), entretanto, a autoria da receita cabe a Alessandro Filippini, chef do Delmonico's à época. Ver **Armoricaine**, **Fumet** e **Xerez**.

Crimino (*Agaricus bisporus*) Cogumelo cultivado de cor marrom-escura, trata-se de outro estágio de amadurecimento do cogumelo branco, o mais comum, chamado *champignon de Paris*. Tem a parte superior redonda e macia, com diâmetro em torno de 4 cm. Seu sabor é suave, como o do branco, e também é denominado cogumelo romano, cogumelo castanho e cogumelo italiano. Quando mais maturado e maior, recebe o nome de *portobello*. Ver **Champignon de Paris** e **Portobello**.

Croissant Pequeno pão com o formato de meia-lua. Em francês, *croissant* significa crescente. De modo geral muito leve, feito com massa semifolhada, pode ser servido com manteiga ou geleias, no café da manhã ou em lanches. É um componente tradicional do café da manhã francês. Sua história não é tão antiga quanto se pensava. Alguns pesquisadores o consideram um desdobramento do *kipfel*, pãozinho de origem austríaca, semicircular, que ganhou fama em Paris no fim dos anos 1830. Os primeiros registros da palavra *croissant* em textos franceses foram feitos um pouco depois, entre 1850 e 1853. Ele era qualificado, então, como um pão "de fantasia ou de luxo", em oposição aos pães ordinários. No entanto, os primeiros *croissants* não se pareciam ainda com os atuais, exceto no formato. A utilização da massa semifolhada, que o caracteriza hoje, ocorreu apenas no início do século XX. Ver **Kipfel**.

Croque-en-bouche Expressão francesa, cujo significado é "crocante na boca", que denomina um doce muito elaborado, preparado com carolinas recobertas com calda de açúcar em ponto de espelho (transparente e quebradiça). As bolinhas são empilhadas em pirâmide e os intervalos entre elas são preenchidos com chan-

tili. O prato é, então, finalizado com fios de açúcar, feitos também com a calda em ponto de espelho. Ver **Calda**, **Carolinas** e **Creme Chantili**.

Croque-madame Sanduíche francês semelhante ao *croque-monsieur*, acrescido de um ovo frito. Nos países de língua inglesa, o sanduíche com esse nome não contém ovo e, em vez de presunto, utilizam-se fatias de peito de frango. Ver **Croque-monsieur**.

Croque-monsieur Sanduíche francês com recheio de queijo e presunto, passado no ovo antes de ser dourado na manteiga. Existe um equipamento especial para fritá-lo, composto de duas chapas côncavas de metal, redondas ou quadradas, presas por uma dobradiça, com cabos longos que mantêm o sanduíche firme durante a fritura. Pode também receber cobertura de molho bechamel e queijo gruyère ralado e ser gratinado.

Croquete Bolinho pequeno moldado em formato oval ou cilíndrico, feito de carne de boi, peixe ou galinha, moída e temperada. Sua massa pode ser enriquecida com molho de tomate, molho branco, arroz, semolina ou queijo. Depois de moldado, deve ser deixado por algum tempo na geladeira para adquirir firmeza. Passado no ovo e na farinha de rosca, é frito em óleo quente. O nome vem do francês *croquette*.

Crosta Depósito que se forma no interior das garrafas do vinho do Porto velho. Um Porto crostado (*crusted Port* ou *Porto crouté*) é mais forte e encorpado que um *tawny* ou um *ruby*. Ver **Porto**.

Crostata Torta italiana recheada com frutas e feita com massa quebradiça e macia, preparada com farinha de trigo, manteiga, gemas e açúcar. Em geral, é recoberta com geleia de frutas.

Crostino Antepasto italiano, é uma fatia de pão dourada no forno ou frita na manteiga ou no azeite. É recoberta com tomate em rodelas ou picado, filés de anchovas e folhas de manjericão. Serve-se também como aperitivo.

Croustade Prato francês que consiste em uma massa com recheio. Sua base pode ser uma massa de farinha de trigo, consistente ou folhada, pão já pronto, do qual foi retirado o miolo, ou purê de batatas. Em quaisquer dos casos, pincela-se o interior com manteiga ou azeite de oliva. O recheio é sempre cremoso, à base de leite ou creme de leite e ovos, molho branco ou *velouté*, com carne, peixe, aves, crustáceos ou legumes. Deve ser assado ou grelhado para dourar a parte externa.

Croûte 1. Palavra francesa que designa um pequeno pedaço de pão, tostado ou frito, usado como base para uma mistura saborosa. É a base do canapé, por exemplo. Seu formato pode ser redondo, triangular ou retangular. **2.** Pedaço de pão, também tostado ou frito, que guarnece o prato que tenha um rico molho, como o *boeuf à la bourguignonne*. Ver **Bourguignonne**.

Croûte, en Termo francês que designa os alimentos (crus ou já parcialmente cozidos) embrulhados em massa e assados.

Croûton Palavra francesa que denomina pequenos cubos de pão dourados na manteiga, no azeite ou em uma mistura de manteiga e óleo, ou simplesmente colocados no forno até ficarem crocantes. São usados para decorar ou acompanhar sopas, caldos, pratos de caça, purês de legumes, vitela e algumas saladas.

Crowdie Queijo escocês feito de coalhada de leite de vaca, pasteurizado e azedo, às vezes acrescido de ervas. Diz-se que foi levado para o local pelos vikings no século VIII. Tem sabor ácido, semelhante ao do cottage, e deve ser usado fresco. É preparado em diversas versões: *Black Crowdie*, *Gruth Dhu*, *Crannog* e *Hramsa*. Ver **Cottage**.

Crown roast Ver **Coroa assada**.

Cru Palavra francesa muito usada na vitivinicultura, atividade referente ao cultivo das vinhas e fabrico de vinhos. Particípio passado do verbo *croître*, crescer, significava, em sua origem, "o que cresceu em um local ou superfície indeterminada". Hoje, *cru* indica um pedaço de terreno delimitado, com qualidades especiais. Em regiões vinícolas, como Bordeaux e Borgonha, os melhores vinhedos são classificados como *cru*. Ver **Grand cru** e **Premier cru**.

Crudités Aperitivo da culinária francesa composto de vários vegetais, como cenoura, aipo, pepino, rabanete, buquês de couve-flor, entre outros, crus e cortados em bastões. Podem ser servidos com vinagrete ou com molhos frios.

Cruller Petisco feito de massa torcida, frito e recoberto com açúcar granulado ou de confeiteiro. Seu nome deriva da palavra holandesa *krulle*, que significa torcido. É muito encontrado na Nova Inglaterra, nos estados da faixa central e na Califórnia (Estados Unidos), no Canadá, além de em diversos países da Europa, com nomes semelhantes. Por ser tão difundido, seu formato e a densidade de sua massa podem variar.

Crumble Sobremesa inglesa feita com frutas frescas recobertas com massa semelhante a uma farofa e, em seguida, assadas no forno. A massa pode ser preparada com farinha, açúcar e manteiga ou com biscoito picado e manteiga. Depois de assada, fica crocante.

Crumpet Tipo de panqueca inglesa feita com massa fermentada, assada em forno de cozimento rápido. Apresenta maior espessura que as panquecas comuns, e o método de cozimento faz com que um dos lados fique liso e suave; e o outro, cheio de orifícios. Em geral, é servida com chá, tostada, com bastante manteiga; no inverno, com bacon. Em algumas regiões da Inglaterra, é conhecida por *pikelet*. Até o início do século XX, o vendedor de *crumpet* era tão tradicional nas ruas de Londres e em outras cidades inglesas quanto o vendedor de *muffins*, que, com um tabuleiro sobre a cabeça, anunciava sua presença com um sino.

Crustáceos (Subfilo *Crustacea*) Invertebrados artrópodes, animais predominantemente aquáticos, marinhos ou fluviais, cujo esqueleto externo é do tipo crosta, segmentado, com um par de antenas e diversas patas. Ricos em proteínas, são considerados alimentos finos e saborosos. Entre eles, destacam-se: lagosta, lagostim, camarão, caranguejo, pitu etc. Ver o nome do crustáceo.

Cuarenta y tres® Licor espanhol muito conhecido, feito de brandy e aromatizado com baunilha. Tem esse nome por conter em sua composição 43 ingredientes diferentes. Seu teor alcoólico é de 31%. Ver **Brandy**.

Cuba libre Coquetel gelado para ser servido em copos altos, feito com rum, suco de limão e Coca-cola®.

Cuca Pão de origem alemã, muito comum no Sul do Brasil. É preparado com massa

fermentada de pão com cobertura de farofa doce crocante, e pode ter também a adição de frutas. Em geral servido no café da manhã, no chá ou no café colonial, foi trazido pelos imigrantes alemães. Seu nome é uma derivação da palavra alemã *streuselkuchen*.

Cucumber Pepino, em inglês. Ver **Pepino**.

Cuês Pequenas pastilhas de massa fermentada misturada com passas, fritas na manteiga e polvilhadas com açúcar e canela.

Cuisine bourgeoise Expressão francesa que significa "cozinha ao estilo burguês". Refere-se à cozinha farta, tradicional, familiar, sem requintes.

Cuisine maigre Expressão francesa que hoje indica a cozinha sem carne, pouco calórica, vegetariana. A expressão remonta à Idade Média, quando, durante muitos períodos do ano, em função do calendário religioso cristão, era obrigatório que a alimentação se restringisse a legumes e verduras. Tratava-se dos chamados *jours maigres*, ou "dias magros", em que o jejum total ou parcial era regra e seus transgressores sofriam severas punições.

Cuisine minceur Criada em 1970 pelo chef Michel Guérard, a *cuisine minceur* foi uma ruptura brusca com a cozinha francesa clássica. Tinha como características principais o estilo leve e saudável de preparar e apresentar os alimentos (com a eliminação de gorduras e cremes) e a pequena quantidade servida. Surgiu de experiências do chef Guérard com uma alimentação que lhe possibilitasse reduzir o próprio peso, sem perder o sabor e a bela apresentação. Aos poucos, ele incluiu os pratos mais bem-sucedidos no cardápio de seu restaurante, em Eugénie-les-Bains. Essa linha de cozinha possibilitava a apreciação do melhor em técnica e excelência gastronômica, sem o nível de calorias e gorduras da culinária francesa clássica. Algum tempo depois de sua experiência radical com a *cuisine minceur*, Guérard recuperou valores da culinária francesa tradicional, sem voltar totalmente ao estilo clássico, mas amenizando as drásticas regras anteriores.

Culatello Presunto cru italiano de cor avermelhada, curado e mergulhado em vinho durante a maturação. Considerado de qualidade superior, tem sabor delicado e é utilizado como antepasto.

Cumari-do-pará (*Capsicum chinense*) Variedade de pimenta também conhecida por cumari amarela e pimenta-de-cheiro. Tem frutos pequenos, com 1 cm de largura por 3 cm de comprimento e formato oval. De cor amarela quando madura, é aromática e muito picante. Não deve ser confundida com a pimenta-cumari. Ver **Pimenta-cumari**.

Cumberland De origem inglesa, é um molho feito com geleia de groselha, cebolinha picada, suco e casca de laranja ralada, mostarda e gengibre em pó. É indicado como acompanhamentos de carnes em geral e, em particular, para a carne de veado fria. Bastante apreciado pelos ingleses, é conhecido também por molho Oxford.

Cumim Ver **Commis de cuisine** e **Commis de salle ou de restaurant**.

Cupuaçu (*Theobroma grandiflorum*) Fruto de palmeira natural da Amazônia, da família das esterculiáceas. Em tupi-guarani, seu nome significa cupu grande. A árvore tem caule forte e casca quebradiça e pode alcançar 10 m de altura. Seus ramos são flexíveis, com folhas longas cor de ferrugem. As flores são grandes e vermelho-escuras e prendem-se diretamente ao tronco. O fruto tem cerca de 15 cm de comprimento por 10 cm de diâmetro, de forma ovoide, casca escura, lenhosa e rugosa. A polpa do fruto é branca, carnuda e aromática e seu cheiro pode ser enjoativo quando maduro. A frutificação se dá no primeiro semestre do ano, em especial entre os meses de fevereiro e abril. Seu cultivo hoje estende-se da Amazônia ao Maranhão. Depois de removida e lavada, sua polpa é congelada para ser preservada e pode ser usada no preparo de doces, tortas, bolos, cremes, musses, pudins, refrescos, sorvetes, recheios de bombons, compotas e licores. Não costuma ser ingerido ao natural. Da polpa fermentada obtém-se um tipo de vinagre. De suas sementes, similares às do cacau, pode-se fazer uma pasta semelhante ao chocolate, o cupulate.

Cura Método de preservação de carnes e peixes por meio da aplicação do sal (cloreto de sódio). Ao desidratar as células, o sal priva bactérias e fungos de água, matando-os ou reduzindo drasticamente sua atividade. A cura pode ser a seco, com a aplicação direta do sal sobre a peça, ou a úmido. No primeiro caso, o percentual de sal adicionado em relação ao peso da carne varia segundo a duração do processo e as condições de temperatura e umidade no ambiente em que é feito. Presuntos crus e toucinho são exemplos de produtos cárneos submetidos a esse procedimento; entre os peixes, o bacalhau é o mais utilizado. À exceção dos presuntos mais tradicionais curados a seco (como o presunto de Parma), usualmente são também adicionados à carne vermelha nitrato ou nitrito de sódio, que retardam a rancificação da gordura, suprimem o crescimento de bactérias e contribuem para o sabor e a cor. Na cura a úmido, utilizam-se banho ou injeção de salmoura. Esse método costuma ser aplicado a toucinhos industriais, presuntos cozidos e peixes como o arenque. No caso da cura de embutidos, o processo conta com um fenômeno adicional: a fermentação. Dentro da massa compacta de carne salgada – à qual também se adiciona um pouco de açúcar – desenvolvem-se bactérias inofensivas capazes de produzir ácido lático, ácido acético, aldeídos e ésteres. Esses compostos são responsáveis por conferir uma maior complexidade de sabor ao resultado final.

Curaçao Licor alcoólico holandês feito de aguardente de cana-de-açúcar e casca de laranjas amargas, comuns nas ilhas das Antilhas holandesas, ao largo da Venezuela. Elaborado inicialmente na Holanda, o de Amsterdam foi muito prestigiado durante o século XIX, mas depois sua produção foi toda transferida para a ilha de Curaçao; hoje é produzido em diversos países. É comercializado incolor ou nas cores azul, laranja, vermelho e verde, e em versões aromatizadas com tamarindo, passas ao rum, café e chocolate. Trata-se de uma bebida muito popular.

Curau Espécie de pudim feito com milho-verde ralado passado no coador, misturado com água ou leite de coco, adoçado e levado ao fogo para engrossar. Depois de frio, torna-se mais firme, quando então é servido polvilhado com canela. O prato é típico nas comemorações de Santo Antônio, de São Pedro e de São João, as chamadas festas juninas. Curau é o nome mais usado na região Sudeste do Brasil. No Norte, Nordeste e Sul, é denominado canjica ou canjiquinha de milho-verde. Ver **Milho.**

Cúrcuma (*Curcuma longa*) Raiz originária da Índia usada como condimento para dar coloração amarela aos alimentos. É conhecida também por açafrão-do-amazonas, açafrão-da-terra,

açafrão-de-raiz, açafroa, tumérico ou gengibre dourado. A palavra cúrcuma é proveniente do árabe e foi esse povo que levou a especiaria para a Europa. É vendida fresca, seca ou em pó e tem odor almiscarado. Pode ser usada em ensopados, sopas, peixes, molhos e arroz. É ingrediente de grande quantidade dos diversos tipos de *masala*. Ver **Masala**.

Curimã Ver **Tainha**.

Curnonsky Maurice Edmond Sailland, seu verdadeiro nome, nasceu em Angers (França) em 1872 e morreu em Paris, em 1956. Seu interesse pela gastronomia foi despertado por Marie Chevalier, cozinheira da família por quatro décadas. Jornalista, seguindo um hábito nobre daquela época, optou pelo apelido *Cur Non*, em latim "por que não", seguido do sufixo *sky*. Depois da Primeira Guerra, com Marcel Rouff, iniciou uma publicação em fascículos, *La France gastronomique*, inédita então e muito conceituada, que chegou ao número 28. Foi eleito o "príncipe dos gastrônomos" pelos principais chefs e por críticos gastronômicos. Com outros cultuadores da boa comida, fundou uma academia de especialistas em gastronomia. A revista *Cuisine et vins de France*, fundada em 1947 e existente até hoje, foi ideia sua e de sua amiga Madeleine Decure.

Currant Groselha, em inglês. Ver **Groselha**.

Curry No Ocidente, a palavra curry é usada em dois casos distintos: para a mistura de condimentos pronta encontrada em pó, pasta ou tablete; e para o molho cremoso preparado com essa mistura e que pode compor ensopados de carne, frango, frutos do mar ou vegetais, em geral guarnecido de arroz. Embora os dois sentidos tenham alguma relação com a culinária indiana – à qual nós ocidentais associamos diretamente o curry –, nenhum dos dois reflete com exatidão os preparos indianos originais. Durante a ocupação britânica da Índia, as variadas misturas de temperos (denominadas *masala*) encontradas nos pratos indianos caíram no gosto dos colonizadores, que começaram a reproduzi-las comercialmente ao retornar para a Inglaterra. Ao contrário dos *masala* indianos, entretanto, a novidade britânica era um produto pré-pronto e padronizado, que ganhou o nome de *curry*. A palavra inglesa *curry*, assim como a portuguesa *caril*, derivam do *tamil kari*, nome de um molho temperado que acompanha o arroz. A primeira menção a *curry* na literatura culinária inglesa apareceu em *The art of cookery made plain and easy*, de 1747. Hannah Glasse, a autora, descrevia o *curry* como um ensopado de galinha temperado com cúrcuma, gengibre e pimenta-do-reino moídos. Com o tempo, preparos temperados com a mistura de *curry* passaram a receber o mesmo nome. O *curry* industrializado comum pode conter: cúrcuma, cominho, coentro, cravo, gengibre e pimenta *Capsicum* seca, entre outros condimentos. Dependendo da quantidade de pimenta incluída, pode ser classificado como: *mild*, pouco apimentado, suave; *hot*, mais apimentado; e *very hot*, muitíssimo apimentado. Ver **Masala**.

Curtir Fazer com que o alimento seja bastante impregnado pelo sabor do líquido no qual está imerso. Carnes podem ser curtidas em vinha-d'alhos; cebolinhas e pimentas, em vinagre e azeite; e frutas, em bebidas alcoólicas. É um método aplicado tanto para tempero como para maior conservação do alimento.

Curumã Ver **Tainha**.

Cuscos de Trás-os-Montes Pouco conhecidos fora dali, mas tradicionais na região portuguesa de Trás-os-Montes, os cuscos são preparos antigos que ali sobreviveram por séculos. Chegaram à Península Ibérica levados pelos muçulmanos do Magreb, depois da invasão do século VIII, e a Trás-os-Montes, possivelmente pelos refugiados judeus fugidos da Andaluzia. São pequenas massas feitas com a farinha do trigo Barbela, plantado na região, salpicada com água morna salgada e trabalhada com as mãos até se formarem pequenas bolinhas. Trabalhadas e peneiradas, as bolinhas que ficam presas no crivo são separadas e o que cai volta a ser salpicado, trabalhado e peneirado até nada restar. Os pequenos cuscos são, então, levados a secar sobre pano, à sombra, arejados, por duas horas no verão. Depois disso, envoltos em pano, são cozidos em vapor em panela própria. Nesse estágio, passam a chamar-se carola e as bolinhas que se juntaram com o cozimento são mais uma vez separadas com o movimento leve das mãos. Podem ser usados frescos ou colocados para secar por dois dias, para então serem guardados e, assim, serem conservados por um bom tempo. Podem ser consumidos no café da manhã, com açúcar e mel, como prato salgado (preparado como arroz) servido com embutidos ou cogumelos frescos, ou como sobremesa, cozidos em leite adoçado e polvilhados com canela.

Cuscuz 1. O *kesksou* ou *couscous* é um preparado bérbere das zonas islâmicas da África Setentrional. São pequenos grânulos produzidos com a semolina do trigo *durum*. No modo de preparo tradicional, semolinas de tamanhos diferentes são esfregadas e esmagadas juntas, e aspergidas com água salgada e farinha de trigo para que se unam. Em seguida, os grânulos formados são secos, novamente triturados, peneirados várias vezes e, então, levados a secar ao sol por alguns dias. Hoje, todo esse processo é feito de modo industrial. O cuscuz tradicional deve ser umedecido e cozido no vapor; o industrializado instantâneo (mais encontrado) é pré-cozido e precisa apenas ser fervido rapidamente ou escaldado. **2.** O mesmo nome (*couscous*) é também atribuído ao prato completo cujos ingredientes são grânulos de semolina e ensopado de carne de carneiro ou de aves e legumes. É sempre preparado em cuscuzeira, recipiente próprio dividido em duas partes: na de baixo, elabora-se o cozido de carnes e legumes; e na de cima, perfurada, a semolina é cozida pela ação do vapor. O cuscuz é servido, de preferência, em prato de madeira, com a semolina no centro regada por manteiga e o ensopado em volta. Acompanha, em separado, molho bem temperado com pimenta. É um alimento do dia a dia na Tunísia, Argélia, Mauritânia, Líbia e no Marrocos.

Cuscuz de milho 1. De características similares ao cuscuz magrebino (do Norte da África), do qual provém seu nome e alguns aspectos de seu preparo, o cuscuz nacional é feito com farinha de milho flocada. Ela deve ser temperada com sal, borrifada com água até ficar com consistência de farofa meio úmida e, em seguida, cozida no vapor, na cuscuzeira, panela própria para sua preparação. Cozido e desenformado, o cuscuz pode ser servido salgado, apenas acrescido de manteiga, no desjejum; sem outro tempero, pode acompanhar ensopados nas refeições; ou, ainda, doce, acrescido de uma mistura de leite de vaca, de coco e açúcar. **2.** No Rio Grande do Sul, o preparo tem ingredientes e elaboração diferentes. A mistura para o cuscuz leva um pouco de farinha de man-

dioca, além da base de farinha de milho. Se for um cuscuz doce, será temperado com sal, açúcar e erva-doce e salpicado de água; se for um preparo salgado, recebe um pouco de caldo de galinha, além de folha de louro, pimenta e sal. Chamado de cuscuz de tampa, é cozido dentro de uma tampa de panela ou de um prato fundo, envolto em pano úmido, amarrado e invertido sobre uma panela de água fervente durante cerca de trinta minutos.

Cuscuz de tapioca Tipo de cuscuz popular preparado, como o nome diz, com a farinha de tapioca granulada, além de leite de vaca, leite de coco, açúcar e coco fresco ralado. É encontrado no Sudeste do país, em especial no Rio de Janeiro, e em Salvador, onde é vendido em tabuleiros nas ruas e nas praias.

Cuscuz paulista Cuscuz salgado considerado uma instituição da culinária paulista, diferente do de milho, de tapioca e do magrebino. Consiste em um bolo salgado preparado com uma mistura de farinha de milho flocada e de farinha de mandioca escaldada com água, sal, azeite e temperos, montada em fôrma com ovos cozidos, azeitonas, palmito, ervilha, sardinhas, camarões, tomates e temperos verdes. Os elementos são arrumados no recipiente de modo artístico, para criar um bonito desenho ao ser desenformado. Pode ser preparado tanto em panela como em cuscuzeira, com pequena variação de procedimentos.

Custard Creme feito com ovos ou gemas e leite, creme de leite ou uma mistura de ambos, cozido suavemente em panela sobre o fogo ou no forno. Pode ser engrossado com farinha de trigo ou amido de milho, ou receber a adição de alguma substância gelificante, como a gelatina. É utilizado em inúmeros preparos, tanto na cozinha salgada quanto na confeitaria. Seu nome derivou de *crustade* ou *croustade*, tipo de torta muito apreciada desde a Idade Média, na Europa, em que é utilizado como recheio. Ver **Croustade**.

Cutelo Tipo de faca de lâmina larga, retangular e achatada, em geral de cabo grosso de madeira ou plástico rijo. É ideal para cortar aves e carnes com osso ou nas juntas.

Cutlet bat Termo em inglês que nomeia o instrumento de cozinha em formato de bastão, feito de metal pesado, com a ponta redonda e chata. É usado para bater carnes, com o objetivo de tornar os bifes mais finos, sem romper-lhes as fibras.

Cuve Palavra francesa que denomina a grande tina ou cuba onde as uvas são despejadas durante a vindima, para a fermentação. Pode ser de madeira, de cimento ou de aço inoxidável.

Cuvée Termo em francês para designar o conteúdo da tina ou cuba (*cuve*). Tinada, em português. Em vinicultura, é usado tanto para indicar todo o vinho feito em um mesmo momento, sob as mesmas condições, como também parte de uma vinha em certas regiões da França. Na região de Champagne, pode indicar o vinho proveniente da primeira prensagem e certa mistura no preparo do champanhe. A *cuvée anglaise*, por exemplo, é um champanhe seco obtido de uma mistura específica exportada para a Inglaterra.

Cuxá Parte fundamental de prato tradicional da culinária do Maranhão – o arroz de cuxá –, trata-se de papa ou angu. É preparado com folhas de vinagreira (opcionalmente, pode-se utilizar também

folhas de caruru) cozidas em água, escorridas e depois picadas, batendo-se com a lâmina da faca; gergelim torrado e socado no pilão; camarões secos, sem casca e moídos; cebola, alho e coentro picados; sal e farinha de mandioca. Frige-se a cebola e o alho em gordura, acrescenta-se o coentro, o gergelim e o camarão. Mistura-se a farinha de mandioca com água do cozimento da vinagreira e junta-se aos poucos à mistura anterior, levando-se ao fogo, sem parar de mexer. Adiciona-se, então, a vinagreira e mistura-se tudo até transformar-se em angu. Essa papa, depois de pronta, é colocada sobre o arroz, ou misturada a ele, já na travessa de servir e preparado ao estilo maranhense: sem tempero. Seu nome seria um vocábulo mandinga, e a vinagreira é planta oriunda da África. Seu preparo conta ainda com influências árabe (o uso do gergelim torrado) e portuguesa (a maceração das folhas, tão comum nos esparregados). Já era um prato enaltecido em estudos sobre alimentação do final do século XIX. Ver **Arroz de cuxá**, **Caruru**, **Esparregado** e **Vinagreira**.

Cynar® Aperitivo bitter à base de alcachofra, muito popular na Itália. Tem teor alcoólico entre 15% e 20%. Ver **Bitter**.

D

Dacquoise Doce francês em camadas elaborado com discos de merengue recobertos de chantili ou creme de manteiga. Os discos são preparados com claras batidas em neve firme, adoçadas, acrescidas de farinha de amêndoas e aromatizadas com baunilha. Em seguida, são assados até ficarem crocantes. O primeiro e o segundo são recobertos com o creme escolhido e o terceiro, o do topo, é apenas enfeitado com amêndoas picadas e açúcar polvilhado. A dacquoise é servida fria, com frutas frescas. Ver **Creme chantili** e **Merengue**.

Dahi Nome indiano da coalhada. Ver **Coalhada**.

Daikon (*Raphanus sativus*) Rabanete japonês de sabor fresco e suave, cujo nome significa "raiz larga" (*dai* = largo, *kon* = raiz). Longo e com diâmetro de até 8 cm, tem textura ao mesmo tempo crocante e suculenta. É mais saboroso no outono e no inverno; colhido na primavera e no verão, torna-se mais ardido. É usado principalmente cozido, mas também em picles, ralado e cru, marinado em molho de vinagre ou ao natural, em fios, como acompanhamento de sashimi. Ver **Sashimi**.

Daiquiri Coquetel clássico à base de rum branco, suco de limão, açúcar e gotas de grenadine (xarope à base de romã), preparado na coqueteleira. Essa fórmula é atualmente a mais utilizada e foi criada por Constantino Ribalaigua, chamado pai do daiquiri, no bar e restaurante El Floridita. Ele, entretanto, usava cerejas ao Maraschino, que depois foram substituídas pelas gotas de grenadine, por ser muito mais barato e fácil de encontrar. Trata-se de um dos mais conhecidos coquetéis de Cuba, cujo nome provém de uma praia próxima a Santiago de Cuba, local onde dizem que foi criado no início do sécu-

lo XX. Antes era servido em copo alto e a mistura era feita no próprio recipiente com o auxílio de uma colher longa, mas sua preparação evoluiu e a bebida, então, passou a ser misturada em coqueteleira e hoje é servida em taça de bordas abertas. Entre as muitas variações em seu preparo, existe uma feita com sucos de frutas supergelados. Ver **Grenadine** e **Maraschino**.

Dal Ver **Dhal**.

Dalle Expressão de origem bretã que define a fatia fina de qualquer peixe, cortada no sentido do comprimento. É um corte mais fino que o do filé e equivale, em relação aos cortes de carne, ao escalopinho. É o oposto de *darne*. Ver **Darne**.

Damasco (*Prunus armeniaca*) Fruta arredondada, também conhecida por abricó, de cor amarelo-alaranjada, com uma leve penugem na casca, muito semelhante ao pêssego. É pequena, doce e suculenta. A cor de sua casca pode variar do amarelo pálido ao laranja forte; a de sua polpa, do amarelo-dourado ao laranja-brilhante. Tem baga arredondada e um pouco amarga, além de sementes claras e lisas. Originário da China e do Oriente Médio, o damasco já era conhecido dois mil anos antes de Cristo. Foi levado para a Índia, Pérsia, Armênia e, depois, para a Europa. A variedade da Armênia, *al-birkut*, deu nome à fruta em francês, de onde provém a palavra em português, abricó. Chegou ao Brasil no início do século XIX, aclimatando-se muito bem no Amazonas. Mais recentemente, passou a ser cultivado no sul do país. Por ser muito delicado, deteriora-se facilmente. É mais encontrado seco, com aroma ativo e cor forte. Para utilizá-lo em culinária, é necessário apenas hidratá-lo em água, suco ou brandy. Muito usado em compotas, geleias ou tortas, com sua polpa também são preparados xaropes e licores. O caroço do damasco é tão venenoso quanto o das amêndoas amargas e, assim como estas, perde suas propriedades tóxicas ao ser torrado. Em razão de sua polpa manchar-se em contato com o ar, quando fresco, após ser descascado, deve ser borrifado com limão.

Dampfnudel Pão típico do Sul da Alemanha, encontrado também na Alsácia (França) e na Áustria. É preparado no formato de bolinhas de massa leve, recheadas com frutas em calda, geleias, creme de baunilha ou compotas, e assadas no forno, juntas em uma assadeira. Depois de pronto, é polvilhado com canela e açúcar e servido como sobremesa. Pode ser feito sem o recheio e sem a cobertura doce, servido, nesse caso, como prato na refeição, em geral acompanhado de cogumelos no molho bechamel, chucrute, sopa de lentilhas ou de batatas e salada verde. Ver **Bechamel** e **Chucrute**.

Danablu Queijo dinamarquês de textura semimacia, cremosa e quebradiça, com massa branca e veios azuis. Foi criado por Marius Boel no início do século XIX, quando ele introduziu um fungo de pão em um queijo com alto teor de gordura. Seu sabor é forte, levemente ácido e semelhante ao do gorgonzola. É feito com leite de vaca pasteurizado e tem um período de maturação de 8 a 12 meses. Ver **Gorgonzola**.

Dandá de camarão Preparo da cozinha baiana de textura semelhante à do bobó de camarão, cujos ingredientes, entretanto, são diferentes. É um prato cremoso que contém tanto o camarão fresco como o seco, mandioca e palmitos frescos cozidos, além de maturi, castanha-de-caju

ainda verde. Como temperos, são usados leite de coco, cebolas, salsinha e azeite de dendê. Ver **Maturi**.

Danziger goldwasser Licor inicialmente feito na região do antigo porto livre de Danzig, hoje Gdansk (Polônia), elaborado com uma bebida alcoólica de grãos, casca de laranja e ervas. Seu nome se deve às partículas de folha de ouro que flutuam no líquido transparente, depois de a bebida ser vertida no copo. Conta-se que foi criado por Ambrosius Vermeulen, holandês que vivia na cidade, em 1598. No século XVIII, seu neto abriu uma nova fábrica em Breitgasse (Alemanha) e, no início do século XX, outra foi aberta em Berlim. Depois de 1945, quando Gdansk passou a fazer parte da Polônia, a genuína Danziger goldwasser passou a ser produzida apenas na Alemanha.

Dão Região vinícola portuguesa cujo nome provém do rio que a atravessa, é uma Denominação de Origem Controlada (DOC). Produz tintos e brancos, varietais ou de corte, com grande variedade de uvas, como a Touriga Nacional, a Tinta Roriz, a Jaen, a Alfrocheiro e a Encruzado. Ver **Denominação de Origem Controlada (DOC)**.

Dariole 1. Fôrma francesa metálica, pequena e de formato cilíndrico, com o diâmetro da borda um pouco maior que o da base, utilizada para assar preparos individuais. **2.** O mesmo nome define as preparações feitas nessa fôrma. Para a *dariole* doce, forra-se a fôrma com uma massa que, em seguida, é recheada com creme de amêndoas e levada ao forno até dourar. As *darioles* salgadas recebem recheio de creme de vegetais. **3.** Na Inglaterra do século XVII, o termo nomeava uma torta salgada de carne. Depois, tornou-se uma massa de pastelaria que recebe recheios doces.

Darjeeling Chá forte, escuro e encorpado originário da província de Darjeeling, no Nordeste da Índia, ao pé do Himalaia. É um dos mais conhecidos e apreciados, muito saboroso e cheio de nuances. Nessa região, o chá é cultivado em níveis que variam de 700 a 2 mil metros de altura. De novembro a março, toda a produção de chá repousa. Em março, começa o primeiro período de colheita (*first flush*), cujo chá tem sabor suave, fresco, floral e aroma delicado. Em maio, depois das chuvas de abril, inicia-se o segundo período de safra, quando são colhidos os *second flush*, de sabor forte, muito aromático e com cheiro de nozes, ponto alto dos chás da região. Em seguida, há o período de monções, e até setembro as safras são grandes, mas de menor qualidade. Em outubro, depois das chuvas, pode ser colhido ainda um chá típico, de sabor e aroma adocicados. Os darjeeling geralmente são apreciados sem açúcar. Ver **Chá**.

Darne Expressão de origem bretã que define a fatia espessa de qualquer peixe de tamanho grande, como o salmão ou o atum, cortada no sentido do comprimento. É um corte mais grosso que o do filé. É o oposto de *dalle*. Em analogia com os cortes de carne, o *darne* é equivalente ao steak. Ver **Dalle**.

Dartois Da pastelaria francesa, pode ser uma entrada salgada ou uma sobremesa doce, dependendo do recheio. É feita com duas peças de massa folhada cortadas no formato de um quadrado ou retângulo, de tamanho e espessuras iguais. Depois de a primeira peça ser recoberta com uma camada de recheio, ela é superposta pela

segunda e, em seguida, as bordas são fechadas para o recheio não escorrer. Sua superfície é, então, desenhada com lâmina de faca e, depois, levada a assar no forno. Quando já está assada, se for sobremesa, é polvilhada de açúcar, que será derretido com salamandra ou maçarico, e fatiada.

Dashi Caldo básico da cozinha japonesa feito com *katsuobushi* e alga *kombu*. É responsável pelo sabor e aroma característicos de grande número de pratos da culinária japonesa. Pode ser comprado pronto ou feito em casa. Ver **Katsuobushi** e **Kombu**.

Date Tâmara, em inglês. Ver **Tâmara**.

Daube 1. Método francês de refogar carne bovina, aves ou caça, temperando-as com vinho tinto e ervas. O termo tem raízes mediterrâneas, possivelmente no espanhol *dobar*, que significa "cozinhar algo em pouco caldo, em panela bem tampada". **2.** No cardápio, essa palavra caracteriza um prato de carne cozida lentamente, por quatro ou cinco horas, com toucinho, cebola, cenoura, presunto e outros temperos, em panela bem fechada e com vinho. Esse preparo é servido frio, depois de seu molho adquirir consistência gelatinosa. É encontrado em diversas regiões da França.

Dauphin Queijo francês de casca lavada, aromatizado com pimenta-do-reino preta, salsa, cravo e estragão, da família do *maroilles*. Pesa entre 220 g e 560 g, mede entre 3,5 cm e 5 cm de altura e tem forma de coração ou retângulo. Diz-se que seu nome foi uma homenagem ao filho de Luís XIV, que, em visita à província francesa de Hainaut, experimentou um saboroso *maroilles* que muito o agradou. Uma variação, então, começou a ser feita na região, recebendo esse nome. Tem textura firme e suave, sabor forte e condimentado e massa de cor dourada. Na primavera e no verão, alcança sua melhor qualidade. Ver **Maroilles**.

Dauphine 1. *Pommes dauphine* é uma guarnição para carnes feita com massa de batatas. Ver **Batatas dauphine**. **2.** *Sole dauphine* é uma preparação elaborada, composta de filé de linguado frito guarnecido com cogumelos, lagostins, trufas e *quenelles*. Ver **Cogumelo**, **Quenelle** e **Trufa**.

Dauphinoise, à la Expressão francesa que, quando consta do nome do prato, indica que sua composição inclui batatas gratinadas com creme fresco.

Debulhar Processo de destacar o grão de cereais. Essa operação pode ser feita de modo mecânico ou manual e é aplicada a cereais e leguminosas, como o trigo, o milho, o arroz, a vagem, entre outros.

Decantar Processo de retirada de resíduos de um líquido. Consiste em deixar o líquido em um recipiente por algum tempo, para que seus ingredientes mais pesados se assentem no fundo. Em seguida, ele é transferido para um segundo recipiente, com cuidado para que os resíduos permaneçam no primeiro. Em relação a vinhos, já houve tempo em que, com processos de clarificação não tão controlados como os de hoje, a maioria deles continha depósitos residuais e, por isso, não era adequado servi-los sem antes fazer a decantação. Apesar de hoje a situação ser diferente, a formação de depósitos é um fenômeno natural, principalmente nos tintos. Ver **Clarificação**.

Decorar Significa acrescentar ingredientes decorativos ao prato, seja ele doce, seja salgado, de modo a torná-lo mais atraente.

Dedo-de-moça (*Capsicum baccatum*) Variedade de pimenta muito consumida no Brasil. Tem formato alongado e frutos vermelhos de 6 cm a 8 cm de comprimento. De picância mediana, é apreciada especialmente no Sul e Sudeste do nosso país, onde é facilmente encontrada fresca.

Defrutum Suco de uva ou vinho reduzido, pela evaporação, a ½ ou a ⅓ de seu volume. Na Antiguidade, era muito usado na cozinha romana, de onde o termo é originário. Vinhos, sucos ou frutas eram fervidos em panelas por longo tempo, transformando-se em xarope, que servia como adoçante. Esse resíduo era também chamado sapa.

Defumar Processo de conservação de alimentos que consiste na exposição destes à ação do calor e da fumaça para desidratá-los. O calor e a fumaça podem ser produzidos pela queima de serragem ou madeira. Existem métodos caseiros e industriais de defumação. A técnica é usada em carne bovina, suína, em aves, peixes, embutidos e queijos.

Deglaçar Termo proveniente do francês *déglacer*, que significa dissolver em um líquido. Refere-se à técnica de desprender do fundo do recipiente (assadeira ou panela), com a ajuda de um caldo, vinho ou simplesmente água, as substâncias solidificadas resultantes da cocção. É a base para o preparo do molho.

Dégorgement Operação, na elaboração do champanhe ou de outro vinho espumante, que consiste em eliminar os depósitos resultantes da segunda fermentação existentes dentro da garrafa. Depois do processo de *remuage*, as leveduras concentram-se no gargalo, próximas à rolha. Para retirá-las, o gargalo é mergulhado em uma solução a –20 °C para que apenas o líquido perto da rolha congele. A garrafa é, então, colocada em uma máquina própria para a extração da parte congelada com os levedos. O vinho estará livre de impurezas. Ver **Champanhe** e **Remuage**.

Dégorger Processo culinário cujo objetivo, assim como o branqueamento, é remover qualquer sabor forte ou impureza de um alimento, além de ajudar a eliminar o excesso de líquido. Vegetais, como pepinos e berinjelas, são fatiados, levemente salgados e colocados à parte por algum tempo antes de serem utilizados, ou o alimento é deixado em água fria (acidulada ou não), renovada várias vezes. O termo é francês e significa escoar, limpar. Ver **Branquear**.

Degustação Ato de provar alimentos e bebidas para avaliar suas propriedades organolépticas.

De la Reynière Ver **Grimod de la Reynière, Alexandre Balthasar Laurent**.

Délice de St. Cyr Queijo francês igual ao brillat-savarin, exceto pelo sabor mais suave, com leve toque de frutas secas. É enriquecido com creme de leite, com alto teor de gordura. Com aproximadamente 9 cm de diâmetro e cerca de 5 cm de espessura, é produzido em pequenas fábricas da Île-de-France e encontrado o ano todo. Ver **Brillat-savarin**.

Delmonico steak Especialidade do conhecido restaurante de Nova York Delmonico's, é um corte de carne bovina bem macio e farto, retirado da parte mais redonda do filé-mignon. Deve ser grelha-

do na frigideira, ao ponto, e, em seguida, salpicado com sal e pimenta. É também conhecido por *New York steak*.

Demerara Cristais grandes de açúcar com melaço, confere textura crocante aos alimentos. É indicado para pães, bolos, biscoitos e coberturas. Ver **Açúcar**.

Demi-deuil 1. Expressão francesa cujo significado literal é "meio luto". Refere-se a preparos caracterizados pela associação de ingredientes brancos e negros. Os brancos seriam o ovo poché, alguns crustáceos, batatas, frango poché etc., já os negros, as trufas negras, em lâminas ou em juliana, em geral sobre molho suprême. **2.** Trata-se também de uma técnica culinária utilizada em um reputado prato da cozinha lionesa – o *poularde demi-deuil* – na qual a galinha é aromatizada com trufas. Cortam-se fatias bem finas de trufas negras, que são colocadas embaixo da pele, perto da carne do peito, e ali são deixadas por algumas horas, antes de a ave ser assada. O aroma das trufas penetra na carne. Essa técnica também pode ser aplicada a outras aves. Ver **Trufas**.

Demi-glace Molho básico francês que serve de suporte para o preparo de outros. Trata-se do molho espanhol elevado à perfeição: é obtido por meio da redução deste, acrescida de fundo claro. A condimentação e a aromatização (vinho do Porto, vinho Madeira etc.) variarão conforme sua posterior utilização. Ver **Espanhol** e **Fundo**.

Demi-sec Termo francês que, embora signifique "meio seco", refere-se a vinhos com certo grau de doçura. As quantidades mínima e máxima de gramas de açúcar por litro que classificam a bebida nessa categoria variam conforme a legislação do país.

Demolhar Palavra muito empregada na culinária de Portugal, principalmente em relação ao bacalhau. Significa reidratar ou amaciar algum alimento seco, deixando-o de molho em água fria. O processo também é usado para retirar impurezas ou excesso de sal dos ingredientes. Ver **Bacalhau**.

Dendê (*Elaeis guineensis*) Palmeira de origem africana, da família das arecáceas, também denominada dendezeiro, de cujo coco se extrai o azeite de dendê, muito usado na cozinha baiana e conhecido por azeite de palma ou azeite de cheiro. Do resíduo da extração do óleo, faz-se o catetê e a farofa de bambá, pratos tradicionais da culinária baiana. A palmeira do dendê foi trazida de Angola, onde é chamada *dem dem*, pelos portugueses nas primeiras décadas do século XVI. Nessa época, era usada somente para fazer vinho de palma. No final do século XVI, já se fazia a extração do óleo, embora os registros indiquem seu emprego apenas para untar a pele e os cabelos. Somente no fim do século XVIII começou a ser utilizado de maneira mais expressiva, para temperar e colorir os alimentos. Ver **Azeite de bambá**, **Azeite de dendê**, **Cafuné** e **Catetê**.

Denguê Da culinária baiana, é o milho branco cozido e servido adoçado.

Denominação de Origem Certificação concedida a produtos e serviços que os vincula a uma área geográfica delimitada, a que se atribuem suas características especiais. O conceito de denominação de origem surgiu na Europa e, atualmente, está presente em diversos países do mundo, e cada um tem o próprio sistema de classificação, regido pela legislação. No Brasil, a categoria Denominação de Origem (DO) é uma das modalidades de Indicação Geográfica (a outra é a Indicação

de Procedência) e está a cargo do Instituto Nacional da Propriedade Industrial (INPI). De acordo com a Lei 9.279, de 14 de maio de 1996, considera-se Denominação de Origem "o nome geográfico de país, cidade, região ou localidade de seu território que designe produto ou serviço cujas qualidades ou características se devam exclusiva ou essencialmente ao meio geográfico, incluídos fatores naturais e humanos". Ver **American Viticultural Area (AVA)**, **Appellation d'Origine Contrôlée (AOC)**, **Denominação de Origem Controlada (DOC)**, **Denominação de Origem Protegida (DOP)**, **Denominación de Origen (DO)**, **Denominazione di Origine Controllata (DOC)** e **Indicação de procedência**.

Denominação de Origem Controlada (DOC) Certificação de origem concedida a produtos agrícolas e gêneros alimentícios em Portugal. Equivalente à *Appellation d'Origine Contrôlée (AOC)* francesa e à Denominação de Origem Protegida (DOP) da União Europeia, é a certificação de procedência relativa às áreas mais restritas, mais tradicionais e onde aplicam-se regras mais rígidas quanto à produção. A região do Douro é uma das mais antigas áreas vinícolas demarcadas e regulamentadas em todo o mundo, desde 1756. O processo de regulamentação oficial das denominações de origem no país ganhou impulso a partir de 1907/1908.

Denominação de Origem Protegida (DOP) Certificação regulamentada pela União Europeia concedida a produtos agrícolas e gêneros alimentícios de seus países-membros. É equivalente, em termos continentais, a certificações em nível nacional, como a *Appellation d'Origine Contrôlée* (AOC) francesa e a Denominação de Origem Controlada (DOC) portuguesa, por exemplo. Em francês, *Appellation d'Origine Protégée*; em espanhol, *Denominación de Origen Protegida*; em italiano, *Denominazione di Origine Protetta*.

Denominación de Origen (DO) Em espanhol, denominação de origem. É uma certificação de procedência concedida a vinhos na Espanha. A legislação espanhola prevê, ainda, duas outras categorias de certificação mais exclusivas: a Denominación de Origen Calificada (DOCa), a maior distinção do vinho espanhol, restrita às regiões de Rioja e Priotat; e a Denominación de Origen Pago (DO Pago), concedida a propriedades vinícolas. Em 1925, os vinhos da região de Rioja foram os primeiros a receber uma denominação de origem oficial.

Denominazione di Origine Controllata (DOC) Em italiano, denominação de origem controlada. Trata-se da certificação de procedência concedida a vinhos na Itália. No sistema de denominações de origem italiano, há outra categoria ainda mais exclusiva e prestigiosa, concedida aos melhores rótulos do país: a *Denominazione di Origine Controllata e Garantita* (DOCG), denominação de origem controlada e garantida. Ambas são equivalentes à Denominação de Origem Protegida (DOP) concedida na Europa.

Densímetro Instrumento para medir a densidade de uma substância líquida, composto de um cilindro oco, graduado e com lastro. É utilizado em particular para medir a densidade do mosto da uva no processo de elaboração do vinho.

Dente-de-leão (*Taraxacum officinale*) Erva de folhas compridas e bordas recortadas, da família das asteráceas, de sabor

agradável (se ainda jovem e tenra), embora um pouco amarga. Utiliza-se crua para compor saladas, com outras verduras, ou cozida, como o espinafre. Suas raízes também são comestíveis.

Denver sandwich Clássico sanduíche americano, também conhecido por *Western sandwich*, composto de duas fatias de pão branco barradas de manteiga, folhas de alface, presunto defumado picado, cebolas picadas, pimentas-verdes e ovo mexido temperado com sal e pimenta. Sua origem é controversa: para alguns, teria nascido em lanchonetes de Denver (Colorado, Estados Unidos) no início do século XX; para outros, seria mais antigo, criado por cozinheiros chineses e servido aos trabalhadores de construção das estradas de ferro do Oeste, no século anterior.

Deoch Denominação, na Irlanda, de um pequeno copo de aguardente usualmente bebida pelo trabalhador de madrugada, ao acordar, para espantar o frio, ou antes de tratar de negócios nas feiras. O termo provém do gaélico *deoch-an-doruis*, que significa "bebida à porta" (*drink at the door*, em inglês).

Depenar Operação para remover as penas de aves. Deve ser feita logo após a morte do animal e precedida de uma escaldada com água fervente. Aves pequenas podem ser escaldadas apenas no vapor, e não na água.

Dépouiller Verbo francês cujo significado literal é despelar, despojar. O termo é empregado em relação ao molho que passou por processo de "limpeza". Ao fazer o demi-glace, espuma e gordura são forçadas a subir à superfície por meio da adição de um pouco de molho frio ao molho fervente, que, então, é escumado, *dépouillé*, retirando-se as impurezas e gorduras até que fique "limpo". Ver **Demi-glace**.

Derby Queijo inglês tradicional semelhante ao cheddar e ao cheshire, produzido na região de Derbyshire desde o século XVI, cujo período de amadurecimento é de nove meses. Macio e de textura delicada, é feito com leite de vaca, tem massa de cor creme, além de sabor doce e amanteigado. Seu formato original era o de um tambor de mais ou menos 38 cm de diâmetro e 13 cm de altura; hoje é menor. Entre suas variações, as mais apreciadas são o *sage derby*, que recebe uma injeção de ervas e sálvia moída, formando os veios esverdeados que o caracterizam, e o *port wine*. Ver **Cheddar** e **Cheshire**.

Derresol Doce nordestino preparado com coco ralado, açúcar, melado e água, levados ao fogo até o ponto de bala dura. Depois de estendido, é cortado em quadradinhos.

Derreter Transformar uma substância sólida em líquida por meio da ação do calor. Esse processo pode ser aplicado a gorduras, como a manteiga e a banha, ou ao chocolate. Algumas substâncias já líquidas, como o mel e a glicose, tornam-se ainda mais finas depois de aquecidas.

Desarrolhar Retirar a rolha de uma garrafa usando saca-rolhas.

Descaroçar Retirar o caroço de frutos para servi-los recheados ou não.

Descascar Retirar a casca de um alimento. Para preservar os nutrientes, a operação deve ser feita com cuidado e com uma faca afiada, já que estes se encontram em grande quantidade sob a casca.

Descascador de vegetais Instrumento de lâmina móvel utilizado para descascar frutas e legumes. A lâmina pode estar presa por uma haste no centro do cabo ou em posição transversal a ele, possibilitando um movimento sem esforço e a retirada de cascas muito finas.

Descongelar Fazer com que a temperatura do alimento congelado seja elevada e este possa ser preparado ou consumido. Existem diversos métodos de descongelamento, inclusive com o auxílio de equipamentos, como o forno de micro-ondas, e cada tipo de ingrediente requer tratamento diferenciado. Os microrganismos e enzimas permanecem latentes no congelamento, já que esse processo não os destrói, e voltam a agir assim que o alimento é descongelado; por isso, ao alcançar a temperatura de geladeira, este torna-se novamente perecível, ou seja, deve ser consumido em 24 horas. Nunca se deve voltar a congelar um alimento descongelado, porque o número de bactérias, que já haviam começado a se multiplicar no primeiro descongelamento, será ainda maior, podendo causar intoxicação alimentar.

Desenformar Retirar o alimento da fôrma em que foi assado ou esfriado. Bolos e pudins devem ser desenformados depois de frios; gelatinas e musses, quando estiverem bem geladas. Tortas devem ser feitas em fôrmas desmontáveis para facilitar a retirada.

Desfiar Subdividir os pedaços de carne cozida, respeitando o sentido longitudinal das fibras, reduzindo-a a fios.

Desidratar Processo de conservação de alimentos em que a maior parte da água que os compõe é retirada. Pode ser feito a vácuo, por meio de raios infravermelhos, ou mesmo pelo tradicional processo de secagem ao sol. Se necessário, é possível reidratar o alimento quase totalmente.

Desossar Processo de retirar os ossos de aves, carnes ou peixes, antes ou depois de cozidos. Existe uma técnica especial para desossar aves, por meio da qual estas permanecem inteiras e com sua forma original, indicada para recheá-las.

Dessert Palavra francesa que significa sobremesa. Nas refeições modernas, informais, é um prato doce, mas nos banquetes ou refeições formais é o último serviço. Em geral, é servida somente depois que todos os pratos salgados e condimentos foram retirados da mesa. Oferece-se, além de doces, frutas frescas e secas, acompanhadas de vinho de sobremesa, como o Porto. Ver **Porto**.

Destemperar Reduzir o grau de concentração de tempero do alimento com o acréscimo de líquido.

Destilação Processo de separação de componentes solúveis entre si, com base em suas diferentes volatilidades. Um exemplo comum é a eliminação, total ou parcial, de um líquido alcoolizado da água. O álcool, mais leve e cuja temperatura de ebulição é mais baixa que a da água, exposto ao calor adequado se transforma em vapor. Este, por sua vez, é recolhido na cabeça do alambique e, após o resfriamento por meio da serpentina, transforma-se em líquido. Ver **Alambique**.

Devil Palavra em inglês cujo significado é diabo. Quando se refere à comida, passa a indicar alimento condimentado, apimentado, de sabor "quente". Obtém-se esse resultado tanto pela adição de pimenta ou tempero forte como marinando-se o

ingrediente com um molho temperado e avinagrado, antes do preparo. O processo pode ser aplicado a aves, caça, carnes e peixes. O termo *devil* é usado também para referir-se a um molho bem temperado, possivelmente apimentado, servido como acompanhamento de um prato de carne.

Devils on horseback Aperitivo da cozinha inglesa preparado com ameixas escaldadas em vinho, recheadas com amêndoas inteiras e *mango chutney*. Em seguida, são enroladas em bacon e grelhadas, recobertas de queijo e sobre torradas. Ver **Chutney**.

Devonshire cream Ver **Clotted cream**.

Dextrose Ver **Glicose**.

Dhal 1. Na Índia, o termo *dhal* se refere a qualquer um dos sessenta tipos de grãos partidos comestíveis ali encontrados. **2.** No Nepal, Sri Lanka, Índia, Paquistão e Bangladesh, nomeia um purê ou sopa grossa preparados com esses grãos cozidos, temperados com *masala* ou com gengibre verde e misturados a manteiga clarificada (conhecida no Oriente por ghee). É servido com rodelas de cebolas douradas e, em geral, acompanha ensopados. Muito rico em proteínas, é um prato importante na cozinha desses países. Ver **Ghee** e **Masala**.

Diable Molho francês marrom-escuro preparado com fundo acrescido de vinho tinto, vinagre, cebolas e pimentas vermelha ou preta. É utilizado para acompanhar carnes ou aves. Ver **Fundo**.

Diable, à la Método francês de preparação de aves, em geral pequenos pássaros. Depois de abertas nas costas e achatadas, estas são temperadas, grelhadas e, em seguida, envoltas em farinha de rosca e fritas até ficarem marrom-escuras. A ave é servida com molho diable.

Digestivo Bebida alcoólica ingerida depois da refeição para ajudar na digestão. Entre as mais utilizadas, estão o vinho do Porto, o conhaque, o brandy etc. Ver **Brandy, Conhaque** e **Porto**.

Dill Endro, em inglês. Ver **Endro**.

Diluir Diminuir a concentração de substâncias por meio da adição de líquido.

Dim sum Expressão cantonesa que significa "delícias do coração", consistem em pequenos aperitivos, fritos ou preparados no vapor. Podem ser miúdos, bolinhas de camarão, pãezinhos, bolinhos variados e pastelaria chinesa. É o acompanhamento tradicional servido nas casas de chá e existem estabelecimentos especializados nesse tipo de comida.

Diner, Dîner Com grafias semelhantes e pronúncias diferentes, as palavras, em inglês e francês, significam jantar.

Dióspiro Nome do caqui em Portugal e em algumas de suas antigas colônias. Ver **Caqui**.

Dip Pasta cremosa à base de queijo ou maionese acrescidos de purê de legumes ou de frutos do mar, além de temperos como cebola, alho, molho tabasco, suco de limão, entre outros. É servida com biscoitos, torradinhas ou legumes crus em forma de palito.

Diplomate Molho francês cuja base é o *velouté* de peixe enriquecido com creme de leite, brandy, manteiga de lagosta e trufas. Em geral, acompanha peixes e mariscos. Ver **Velouté**.

Diplomate pudding Ver **Pudim diplomata**.

Dirty rice Saborosa especialidade da cozinha *cajun*, da região de Nova Orleans (Estados Unidos), trata-se de arroz combinado com fígado e moela de galinha ou de peru picados, cebolas, caldo de galinha, pimenta-verde, salsinha, pedacinhos de bacon e alho. Seu nome, que significa "arroz sujo", deve-se ao aspecto do prato: arroz claro salpicado de pequenos pedaços escuros. Ver **Cajun**.

Dissolver Desagregar as partes de um alimento sólido, ou mesmo líquido, integrando-o a outro mais líquido. O açúcar e o sal podem ser facilmente dissolvidos em água.

Ditalini Tipo de massa alimentícia italiana, com formato de um tubo bem pequeno.

DO Ver **Denominação de Origem** e **Denominación de Origen (DO)**.

Dobos torte Torta conhecida em todo o mundo, criada pelo pasteleiro húngaro József Dobos. É feita com nove camadas extrafinas de *génoise* recobertas com creme de manteiga e chocolate e, em seguida, uma camada de calda de açúcar em ponto de espelho. A camada superior tem de ser marcada e cortada ainda quente, antes de solidificar, e a lateral é recoberta de frutas secas picadas. Apresentada na Feira Internacional de Budapeste em 1885, logo se espalhou pela Europa por suas características não usuais e simplicidade inusitada para o período. Seu nome húngaro é *dobosh*, mas Viena, capital do Império Austro-Húngaro na época, definiu o nome pelo qual seria conhecida. Ver **Calda** e **Génoise**.

Dobradinha Guisado de estômago de boi, vaca ou vitela cortado em pedacinhos, complementado de lombo salgado, linguiça ou carne-seca, cenouras ou batatas e feijão-branco no cozimento, além de salsa, pimenta-do-reino, cebola e polpa de tomate. É considerado prato de resistência, sempre acompanhado de arroz branco. Um dos preparos mais apreciados da cozinha regional portuguesa, de onde o recebemos, é denominado tripa no Porto e dobrada no resto do país. Ver **Tripa** e **Tripas à moda do Porto**.

DOC Ver **Denominação de Origem Controlada (DOC)** e **Denominazione di Origine Controllata (DOC)**.

DOCa Denominación de Origen Calificada. Ver **Denominación de Origen (DO)**.

Doce cristalizado de fruta Ver **Fruta cristalizada**.

Doce de espécie Doce tradicional da cidade de Alcântara, na baía de São Marcos, no Maranhão, que foi trazido pelos imigrantes açorianos, no século XVIII, e é peça importante na Festa do Divino Espírito Santo (festa móvel realizada cinquenta dias após a Páscoa), quando é distribuído entre os participantes. Seu formato é semelhante ao de uma pequena tartaruga. É composto de massa de farinha de trigo, água, manteiga, sal e recheio de coco ralado grosso e calda de açúcar, engrossado no fogo. A massa, depois de aberta, é cortada em círculo, colocada em tabuleiro e coberta com doce de coco, sobre o qual é posto um laço de massa. De um dos lados do doce, modela-se a cabeça de uma tartaruga e este é levado ao forno para assar e dourar. Tem textura similar à do bombocado. Ver **Bombocado**.

Doce de leite Doce dos mais antigos e tradicionais em toda a América Latina, feito com leite e açúcar cozidos lentamen-

te no fogo até alcançar a cor e o ponto desejados. Sua cor varia do creme claro ao caramelo escuro e sua consistência, de um creme pastoso para comer de colher a um quadradinho crocante que se esfarela na boca. É ícone na Argentina, no Uruguai e no Chile. No Brasil, era um dos doces de tacho feito nas antigas fazendas da região Sudeste. Ver **Doces de tacho**.

Doce seco Tradicional das festas natalinas e muito comum no século XIX no Brasil, tratava-se de um pastel de massa finíssima e recheio feito de goma seca de mandioca cozida com mel de rapadura escura e temperada com gengibre, gergelim, castanha-de-caju, pimenta-do-reino, cravo e erva-doce. O recheio fica com sabor ao mesmo tempo doce e picante. Depois de fechado, secava ao calor do forno brando ou ao vento. De acordo com o historiador e antropólogo Luís da Câmara Cascudo (2011, p. 615), "de sabor ardente, açucarado, picante... é gostoso, tradicional, indigesto, indispensável". Hoje ainda é encontrado em alguns poucos locais do Nordeste, mas sua técnica tradicional de preparo está em vias de desaparecer.

Doces de Pelotas No fim do século XVIII e, em especial, na primeira metade do XIX, na cidade de Pelotas (RS), desenvolveu-se uma sociedade recém-enriquecida pela produção e comercialização do charque. Segundo o historiador Mário Osório Magalhães (2003, p. 25), "acabaram por atingir uma importância inestimável, nesta sociedade, o comportamento educado, as boas maneiras, os hábitos e costumes europeus, tendo por palco o interior dos sobrados, dos casarões suntuosos, por ocasião das festas, das comemorações, dos saraus, dos banquetes". Os doces de ovos da tradição portuguesa eram o ponto alto das festas e saraus dessa comunidade e sua produção mantém-se na cidade até hoje. Os que atualmente recebem a Indicação de Procedência (IP) são o amanteigado, o beijinho de coco, o bem-casado, a broinha de coco, o camafeu, os doces cristalizados de frutas, as fatias de Braga, o ninho, o olho de sogra, a panelinha de coco, o papo-de-anjo, o pastel de Santa Clara, a queijadinha, o quindim e a trouxa de amêndoa. Ver **Indicação de Procedência (IP)** e o nome de cada docinho.

Doces de tabuleiro Pequenos petiscos, como sequilhos, alfenins, cocadas, suspiros e outros, da época do Brasil Império, que serviam para "enganar" a fome e cujas receitas, em sua maioria, tinham origem portuguesa. No século XIX, eram preparados pelas sinhás ou pelas mulheres escravizadas e vendidos nas ruas das cidades, por estas últimas, em tabuleiros cobertos levados sobre a cabeça, motivo de seu nome. A figura da escravizada vendendo doces foi retratada por diversos pintores da época, principalmente os interessados em documentar a vida cotidiana do país, como Jean-Baptiste Debret e Johann Moritz Rugendas. Ver o nome do petisco.

Doces de tacho Nas antigas fazendas de café e de cana-de-açúcar da região Sudeste do Brasil ou nas fazendas canavieiras do Nordeste, os doces eram de fruta e feitos em grandes tachos de cobre. Conhecidos por doces de tacho, incluíam os de laranja-da-terra, goiabada cascão, de cidra, de mamão verde, de limãozinho, de abóbora, de batata-branca ou roxa, de carambola, entre outros. Eram servidos como sobremesa, saboreados com fatias de queijo fresco. Havia também os preparados com leite de vaca, como o doce de leite e a ambrosia. Embora hoje alguns – como a goiabada e o doce de leite – sejam pro-

duzidos em indústrias, eles ainda podem ser encontrados em pequenas produções caseiras, nas cidades do interior do país. Ver **Ambrosia, Doce de leite** e **Goiabada**.

DOCG Ver **Denominazione di Origine Controllata (DOC)**.

Dodine O molho dodine é atribuído a Taillevent, chef francês do fim da Idade Média. Havia três variações, o branco, o de agraço e o vermelho, preparadas embaixo do assado enquanto este girava no espeto para que, sobre elas, caíssem gotas de sumo de carne. O dodine branco era feito com leite, gengibre, gemas de ovos e açúcar. A segunda variação era à base de agraço, gemas de ovos duros, fígado de aves, caldo de carne, ervas e um pouco de açúcar. O dodine vermelho era elaborado com pão torrado (denominado pão tisnado, o qual servia para dar corpo a diversos molhos de acompanhamento, em uma época na qual ainda não haviam sido inventados molhos engrossados com farinha e manteiga) embebido em vinho tinto, cebolas fritas em toucinho, canela, noz-moscada, cravos-da-índia, açúcar, sal e gordura de pato. Ver **Agraço**.

Dolce forte Denominação dada na Toscana (Itália) a preparações agridoces de pratos salgados que, além de sal e outros condimentos, tenham ingredientes como açúcar, vinagre, passas, chocolate etc.

Dolcelatte Queijo italiano suave, de veios azuis, que pode ser servido como aperitivo ou sobremesa, desenvolvido para o mercado inglês. É conhecido também por *gorgonzola dolce*. Segue processo similar ao do gorgonzola, diferenciando-se apenas pelo uso de coalhada de uma única ordenha. De sabor suave e doce, seu período de maturação é de dois a três meses. Ver **Gorgonzola**.

Dolcetto Variedade de uva da região do Piemonte (Itália), com a qual são produzidos vinhos secos, agradáveis, para consumo quando ainda jovens.

Dolma Prato turco elaborado com alguns tipos de alimentos recheados de arroz (principalmente) ou triguilho e vegetais; podem também conter carne. Pimentão, berinjela, abobrinha e abóbora estão entre os legumes mais usados para receber o recheio, mas aves, animais inteiros ou em cortes e peixes também podem ser recheados e receber o mesmo nome. Trata-se de uma categoria de preparo diferente da sarma, em que são utilizadas folhas como ingrediente externo. Ver **Legumes e verduras recheados** e **Sarma**.

Domaine Palavra francesa cujo significado é "propriedade particular". Associada aos vinhos, indica a propriedade vinícola onde eles foram elaborados.

Donburi 1. Nome de um recipiente japonês para servir alimento, redondo, retangular ou quadrado, mais largo que o usado geralmente para o arroz. **2.** Como é chamado o preparo da culinária japonesa servido no *donburi*, composto de uma camada de arroz cozido recoberta com outra de carne, peixe, vegetais e/ou ovos, e completado por condimentos. Às vezes, acrescenta-se a especialidade do que está sendo servido ao nome do prato, como em *tonkatsu donburi*, que significa "costeletas de porco com arroz". Em paralelo, pode-se também abreviar o nome – *katsudon*, por exemplo –, para se referir ao mesmo prato anterior. É considerado uma *comfort-food* (que remete ao simples, ao confortável, caseira, que traz a sensação de bem-estar)

e vale por uma refeição. Por ser uma alternativa muito rápida e prática, é encontrado em lanchonetes de shoppings e estações de ônibus e trem em todo o Japão.

Döner kebab Ver **Gyro**.

Donut Ver **Doughnut**.

DOP Ver **Denominação de Origem Protegida (DOP)**.

Doré, a Expressão francesa que significa dourado. Para preparar um alimento *a doré*, deve-se passá-lo em farinha de trigo e ovos batidos e fritá-lo, imediatamente, em gordura bem quente.

Dormido de Bragança Espécie de pãozinho doce da culinária portuguesa. De massa semelhante à dos *folares*, contém farinha de trigo, fermento de pão, ovos, manteiga, açúcar e aguardente. Sua característica – que lhe deu o nome – é que a massa, depois de enrolada em formato de bolinhas, deve repousar sobre um tecido fino, ser recoberta por outro tecido, individualizando as bolas para que não grudem, e aquecida com um cobertor, de uma noite para o outro dia. No dia seguinte, depois de pincelada com ovo e salpicada com açúcar, vai ao forno em tabuleiros. Ver **Folar**.

Dorset blue Queijo inglês típico de Dorset. Ver **Blue Vinny**.

Dosage Processo que consiste em misturar uma quantidade de açúcar, vinho pronto e conhaque ao champanhe, depois do *dégorgement* e antes do arrolhamento final. Essa mistura é denominada *liqueur d'expédition*. A porcentagem de açúcar determina o tipo de champanhe a ser produzido: *brut nature*, *extra brut*, *brut*, *extra*, *sec*, *demi-sec* ou *doux*. O mesmo processo é aplicado a outros espumantes produzidos pelo método tradicional (antigamente chamado método *champenoise*). Ver **Champanhe**, **Dégorgement** e **Liqueur d'expédition**.

Double cream Tipo de creme de leite encontrado nos Estados Unidos e na Europa, é um "creme em dobro", ou seja, tem o dobro de teor de gordura, que nesse caso é de 48%, no mínimo. Pode ser utilizado espalhado ou batido. Depois de batido, mantém a consistência e é ótimo para decorar bolos.

Double gloucester Ver **Gloucester**.

Dough Termo em inglês para massa de pão ou bolo. É basicamente uma mistura de farinha de trigo, algum líquido (em geral, água ou leite) e gordura. Trata-se de uma massa leve.

Doughnut Muito tradicional nos Estados Unidos, mas encontrado no mundo inteiro, é uma massa fermentada de farinha de trigo no formato de uma pequena bola (nut = noz) ou anel, frita em gordura e rolada em açúcar. Recheado tradicionalmente com uma colher de geleia, o doughnut hoje tem uma infinidade de recheios. Sua decoração também é bastante variada: podem ser usados o creme de leite fresco batido ou outro tipo de creme, pasta de açúcar, chocolate, açúcar polvilhado, entre outros, acrescidos de confeitos coloridos diversos. Também grafado donut.

Dourado (*Salminus brasiliensis*) Peixe de água doce, de grande porte, comum nos rios da bacia do Rio Paraná, bacia do Prata e em alguns rios do Peru. De cor ouro-avermelhada, tem carnadura espessa e extremamente saborosa. Seu peso alcança cerca de 20 kg. É também denominado piraju.

Douro Patrimônio mundial da Unesco, o vale do Rio Douro, em Portugal, é a região onde se produz o famoso vinho do Porto, uma das primeiras áreas vinícolas em todo o mundo a ser demarcada, em 1756. Hoje, Douro é uma Denominação de Origem Controlada (DOC) – assim como o Porto – e ali são produzidos outros estilos de vinho de alta categoria além dos fortificados. As principais variedades de uva cultivadas são Touriga Franca, Touriga Nacional, Tinta Roriz, Tinta Barroca, Tinta Amarela, Viosinho, Gouveio, Malvasia e Rabigato. Ver **Denominação de Origem Controlada (DOC)** e **Porto**.

Douzico Bebida alcoólica muito apreciada na Grécia e na Turquia, com sabor de anis. Ver **Ouzo**.

Dragée Pequenos docinhos da confeitaria francesa, recobertos de açúcar. O mais conhecido é a amêndoa *dragée*, elaborada com amêndoa recoberta por uma pasta dura de açúcar, branca ou em colorido muito suave.

Drambuie® Licor de uísque produzido na Escócia, feito com *malt whisky* e mel silvestre, além de ervas e especiarias. O nome seria derivado da expressão gaélica *an dram buidheach*, cujo significado é "licor que satisfaz". Ver **Uísque**.

Dredge Polvilhar, em inglês. Ver **Polvilhar**.

Dressing Palavra em inglês para molho. Ver **Molho**.

Dripping Denominação, em inglês, da gordura derretida proveniente da carne assada. Muito utilizada na culinária inglesa, ela é recolhida e reaproveitada para fritar ou molhar a carne durante o cozimento no forno, ou como ingrediente para bolos e tortas salgadas.

Drugstores Lojas de conveniência nos Estados Unidos. Estabelecimentos onde se vende praticamente de tudo, de cigarros e livros a comida e bebida, perfumaria, presentes. Dispõem de pequenas mesas nas quais são servidos lanches e bebidas com serviço muito rápido. Funcionam 24 horas por dia.

Dry martini Coquetel clássico à base de gim e vermute, enfeitado com casca de limão torcida e azeitona. Há inúmeras histórias sobre sua origem, no início do século XX. A mais aceita é a de que o drinque nasceu das mãos do bartender Martini di Arma Tiggia, do Knickerbocker Hotel, em Nova York, em 1910. Teria sido preparado para John D. Rockfeller e tornou-se o coquetel mais famoso do mundo na primeira metade do século XX. Ver **Gim** e **Vermute**.

Du Barry, à la Pratos cujo acompanhamento é couve-flor cozida recoberta de queijo. O nome foi uma homenagem à Madame Du Barry, amante do rei Luís XV, da França. O molho à base de couve-flor é chamado *Crème Du Barry*.

Dubois, Urban Chef francês do século XIX considerado o introdutor do serviço à russa (em que os pratos são trazidos à mesa de maneira individual e sucessiva) na Europa, depois de ter trabalhado, por anos, para o príncipe Alexei Orloff. Foi chef dos conceituados restaurantes Tortoni e Rocher de Cancale, de Paris, e autor dos livros *La cuisine classique* (1856), com Émile Bernard, obra considerada "a suma mais acabada e mais realista do século" (REVEL, 1996, pp. 274-275), e *Cuisine de tous les pays* (1868), entre outros. Ver **Serviço à russa**.

Dubonnet® Nome comercial de aperitivo francês vermelho-escuro, muito popular, feito com vinho fortificado, bitter e quinino. Ver **Bitter** e **Quinquina**.

Duchesse, à la Nome dado ao prato cujo acompanhamento são batatas duquesa (*pommes duchesse*) e molho à base de vinho Madeira ou manteiga e creme. Ver **Batatas duquesa**.

Dugléré, Adolphe Chef francês do século XIX, foi aluno de Carême (um dos nomes mais importantes da história da alta gastronomia francesa), trabalhou para a família Rothschild e chefiou a cozinha do mais famoso restaurante de Paris daquela época, o Café Anglais. Acredita-se que lá ele tenha criado as famosas *Pommes Anna* e inúmeros outros pratos, além de ter preparado, em 1867, o que ficou conhecido por "o jantar dos três imperadores", ocasião em que estiveram presentes o czar da Rússia, Alexandre II, seu filho, o futuro Czar Alexandre III, e Guilherme I da Prússia acompanhado do Príncipe Bismarck, todos em Paris para a Exposição Universal. Pratos à Dugléré são, em geral, guarnecidos de echalotas e tomates *concassé*, acompanhamento que caracteriza uma de suas mais conhecidas criações, a *Sole Dugléré*. Ver **Batatas Anna**, **Carême, Marie-Antoine (Antonin)** e **Sole Dugléré**.

Dulse (*Palmaria palmata*) Algas marinhas comestíveis, naturais das Ilhas Britânicas e do Atlântico Norte, vermelhas e de sabor forte e picante. São ricas em fibras, vitaminas e minerais, bastante perecíveis e encontradas quase sempre secas, com textura semelhante à de borracha. Utilizadas em sopas e condimentos, podem ser usadas em saladas se reidratadas. Ver **Algas**.

Dumplings Pequenos bolinhos muito populares na Inglaterra, feitos com massa de farinha de trigo, água e sal, recheados ou não, cozidos em caldo e servidos como acompanhamento de carnes. Na Alemanha (chamados knödel), Itália (gnocchi) e Polônia (pierogi), são feitos com massa de batatas, ficando leves e muito saborosos. *Dumplings* recheados são muito encontrados nas culinárias polonesa e chinesa. Podem ser usados como sobremesa quando polvilhados com açúcar de confeiteiro e servidos com creme azedo ou queijo fundido. Ver **Gnocchi**, **Knödel** e **Pierogi**.

Dundee cake Bolo de frutas clássico na Escócia em cuja preparação há limão cristalizado, tiras de casca de limão e laranja, amêndoas e vários temperos. Depois de pronto, é recoberto de amêndoas peladas inteiras.

Duxelle 1. Preparo muito utilizado na cozinha francesa, à base de echalotas, cogumelos e cebolas. Depois de picados bem finos, eles são dourados na manteiga. Emprega-se como recheio, guarnição ou complemento de molhos. Ver **Cogumelo** e **Echalota**. **2.** Molho criado no século XVII por La Varenne, quando ele era cozinheiro-chefe do Marquês d'Uxelles. A receita está registrada em seu livro *Le cuisinier françois*. É elaborado com cogumelos fervidos em demi-glace, molho de tomate, vinho branco seco e temperado apenas com sal. Deve ser utilizado com ovos, carnes brancas e peixes grelhados. Ver **Demi-glace** e **La Varenne, François Pierre de**.

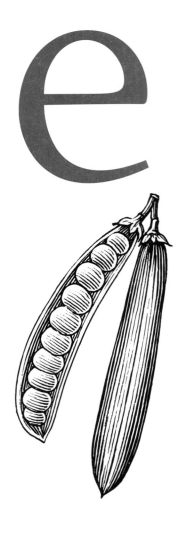

Earl grey tea Bastante conhecido, esse tipo de chá-preto aromatizado deve o nome ao Conde Charles Grey, primeiro-ministro do Rei William IV da Inglaterra no início do século XIX. É um chá-preto chinês, *keemun*, aromatizado com óleo natural de bergamota. O conde teria recebido o chá de presente de um mandarim do império chinês. Por ter apreciado muito a bebida, ao voltar à Inglaterra, em 1831, pediu a Richard Twining, da renomada casa de chás Twinings, em Londres, que recriasse a mistura. Em razão de sua fundamental participação, o chá recebeu seu nome. Ver **Chá**.

Eau-de-vie Termo de origem francesa usado hoje para designar aguardentes destiladas de líquidos fermentados. Podem ser usados como base frutas, vinhos e resíduos da prensagem da uva. Uma das mais conhecidas é o conhaque. A *eau-de-vie* é usada também na elaboração de muitos licores. Ver **Armanhaque**, **Calvados**, **Conhaque** e **Destilar**.

Ebô Comida baiana feita de farinha de milho-branco cozida no azeite de dendê, sem sal. Algumas vezes, contém também feijão-fradinho. Quando preparada para os rituais de candomblé, o dendê e o feijão-fradinho não são usados. Ver **Azeite de dendê**, **Feijão** e **Milho**.

Ebulição Diz-se do líquido que está fervendo. A fermentação de um alimento também pode ser assim nomeada. É igual a efervescência.

Eccles cake Pastelaria inglesa feita de dois discos de massa folhada leve, com cerca de oito centímetros de diâmetro, recheados com uma rica mistura de frutas secas. Deve ter sua superfície riscada com uma ponta de faca e, depois de pincelada

com clara de ovo e polvilhada com açúcar, é levada ao forno para assar. Por ter o formato de bolo, a palavra *cake* é agregada a seu nome. Foi criada no século XVII pela família Bradburn, da cidade de Eccles, em Lancashire, e passou a ser usada nos Eccles Wakes, festivais celebrados na igreja da paróquia, nos quais era vendida para os peregrinos.

Echalota (*Allium cepa*) Planta muito próxima, em termos botânicos, da cebola e do alho. Difere-se, porém, pelo modo como se desenvolve: plantada na terra, divide-se em um grande número de bulbos que se prendem a um apoio comum e, em poucos meses, crescem até o tamanho daquele que lhes originou. Seu nome é proveniente de Ascalom, antiga cidade Palestina de onde ela pode ser originária. É tempero comum nas cozinhas francesa e portuguesa e usada também em muitos pratos das cozinhas hispano-americanas e orientais. De sabor mais suave que a cebola, é, além disso, mais bem tolerada pelos que sofrem do estômago. Há vários tipos de echalotas: a cinza, de gosto mais pronunciado; a avermelhada; a pera, menos perfumada; e a Simiane, adocicada. Os conhecedores preferem a cinza. É vendida *in natura* ou em conserva e serve para temperar quase tudo. É base, por exemplo, para o molho *beurre nantais*. Foi introduzida na Europa na época das Cruzadas, levada do Oriente. É também denominada, em português, chalota. Ver **Beurre nantais**.

Éclair Palavra em francês que significa bomba. Ver **Bomba**.

Écrevisse Lagostim, em francês. Ver **Lagostim**.

Ecuru Prato da culinária baiana, é uma massa de feijão-fradinho com mel ou azeite de dendê embrulhada em folha de bananeira e cozida no vapor. Ver **Azeite de dendê** e **Feijão**.

Edam Queijo originário da cidade de Edam, próxima a Amsterdã (Países Baixos), feito com leite de vaca, prensado, semiduro e de cor amarela. Tem o formato redondo, com diâmetro em torno de 14 cm, pesa de 1,5 kg a 2 kg e sua casca tem acabamento de cera vermelha. Com sabor agradável, acentuado e característico, apresenta textura macia, saborosa e forte. Assemelha-se um pouco ao queijo *gouda*. Depois de derretido, fica viscoso. Entre os de sua categoria, é o que tem mais baixo teor de gordura. Alguns são temperados com ervas e especiarias e, nesse caso, passam a ter casca tingida de marrom. Em 30 g desse queijo, encontram-se cerca de 105 calorias (Kcal), 8,5 g de gordura e 25 mg de colesterol. Ver **Gouda**.

Edelweiss Licor italiano elaborado com extratos de flores alpinas.

Edulcorante Tipo de aditivo alimentar, é uma substância usada para adoçar artificialmente um alimento (o açúcar não é considerado aditivo). Ver **Aditivos**.

Eel Palavra inglesa para enguia. Ver **Enguia**.

Efó Prato típico da culinária baiana composto de folhas de caruru afervantadas, camarão seco moído, cebola ralada, coentro, pimenta-malagueta, sal e um pedaço de peixe seco, que pode ser garoupa ou bacalhau, além de amendoim e castanha-de-caju moídos. Cozinha-se abafado, para suar, e adiciona-se um fio de azeite de dendê depois que os ingredientes esti-

verem cozidos. Ver **Azeite de dendê**, **Caruru** e **Pimenta-malagueta**.

Efun-oguêde Farinha tipicamente baiana feita com banana São Tomé não muito madura, seca, pilada e passada em peneira fina.

Egg Palavra em inglês que significa ovo. Ver **Ovo**.

Eggah Tradicional prato do Oriente Médio, é uma espécie de omelete, grossa e firme, que, além dos ovos, contém outros ingredientes. Pode ser feita com espinafre, cebola, alho, pimentão ou outros legumes e verduras, sempre bem picados e incorporados à massa de ovos. É conhecida também por omelete egípcia.

Eggnog Termo, em inglês, cujo significado é gemada. Trata-se de uma bebida feita com leite, açúcar, um ovo inteiro e temperada com noz-moscada e um pouco de conhaque, rum ou uísque. O *eggnog* preparado sem a bebida alcoólica foi, por muito tempo, considerado um fortificante para convalescentes e crianças. Na Alemanha, encontra-se a *beer eggnog*, feita de cerveja fervida com açúcar, uma pitada de sal, casca de limão, canela e gemas misturadas ao leite frio. Essa bebida deve ser servida coada e gelada, acompanhada de pão preto, passas e groselhas. Nos Estados Unidos e no Canadá, o *eggnog* é muito consumido no período das festas de fim de ano.

Eggplant Ver **Berinjela**.

Egg roll Ver **Rolinhos primavera**.

Eggs Benedict Ver **Ovos Benedict**.

Eggs Sardou Ver **Ovos Sardou**.

Égrappage Nome dado pelos franceses à operação de separação das uvas de seus cabinhos antes da prensagem, para evitar que os óleos e taninos se misturem ao mosto, o que tornaria o vinho áspero e adstringente. Essa operação pode ser feita de modo manual ou por meio de uma máquina apropriada chamada égrappoir (em português, desengaçadeira). Ver **Engaço**.

Eisbein Termo alemão que designa o joelho de porco, usualmente cozido em água, temperado com especiarias e ervas aromáticas. Prato muito característico da cozinha alemã, é tradicionalmente acompanhado de batatas e chucrute. No Brasil, é muito encontrado nas regiões de colonização alemã. Ver **Chucrute**.

Eiswein Na Alemanha, classificação dada ao vinho de categoria muito rara e bastante especial. É o quinto dos seis graus dos *Prädikatswein*. A bebida assim qualificada deve ser elaborada com uvas maduras, não necessariamente atacadas pela "podridão nobre", colhidas uma a uma e prensadas congeladas em pleno inverno. Isso faz com que a água contida nelas, em formato de cristais, não escorra, resultando em um mosto com acidez e açúcar concentrados. Ver **Botrytis cinerea** e **Prädikatswein**.

Elefantenwein "Vinho do elefante", em português. Trata-se do apelido de um vinho da região de Tübingen (Alemanha), elaborado com uvas muito firmes e resistentes. Diz-se, de brincadeira, que elas são tão duras que somente os elefantes podem espremer-lhes o suco.

Elixir Líquido resultante da dissolução de várias substâncias em vinho ou álcool de alta graduação. É utilizado como aromatizante de alimentos.

Embeber Fazer absorver líquido, ensopar ou impregnar de líquido. Ação que, em culinária, normalmente é direcionada a pães e bolos.

Embutidos Produtos feitos com carne de diversos tipos, condimentada e acondicionada em membranas resistentes ou tripas. Já existiam na época dos romanos, na Antiguidade, e estão presentes em várias receitas da obra atribuída a Apicius. A arte de produzir embutidos começou com o objetivo de preservar por mais tempo carne e miúdos de animais. Além de carne picada, continham também gorduras, pimenta-do-reino, cominho, salsinha, pinhões, sálvia e até uvas-secas. Em geral, eram defumados por várias horas. Havia também os de moluscos marinhos. Hoje, normalmente são elaborados com uma mistura de carnes, gordura, temperos e elementos conservantes, colocada em um invólucro. Existem inúmeras variedades que diferem entre si em razão dos ingredientes, dos temperos, da forma, dos aditivos, do processo de cura, do nível de umidade ou ressecamento e do nível de cozimento. O processo de cura pode ser feito com sal, com fumaça ou com ambos. Os mais secos são os mais duráveis. Podem ser previamente cozidos, não cozidos ou meio cozidos. As culinárias alemã, austríaca e polonesa são imbatíveis na elaboração de embutidos, apresentando rica variedade. É fundamental conhecer a procedência do produto que será comprado para ter certeza de que sua produção atende aos requisitos de higiene exigidos. Os tipos mais comuns, no Brasil, são a linguiça, a salsicha, a mortadela, o salame e a morcela. Ver **Apicius, Marcus Gavius** e o nome específico de cada tipo de embutido.

Ementa Ver **Menu**.

Émincé Prato francês que pode ser feito com carne bovina, de vitela, de frango ou de porco, cuja característica principal é o corte em fatias finas. A carne é servida imersa em molho grosso, que pode ser o *bordelaise*, o *chasseur*, o de cogumelos ou o *poivrade*. Ver **Bordelaise, molho; Chasseur;** e **Poivrade**.

Émincer Técnica culinária caracterizada pelo corte da carne em fatias finas.

Emmenthal Queijo de origem suíça, do Vale Emmenthal, do cantão de Berna. Também grafa-se emmental. É gorduroso, firme, mas macio, de massa espessa, com sabor suave e peculiar, de cor amarelo-clara e buracos que variam de tamanho. Tem a chamada massa "cozida" e casca dura, formato de cilindro largo e achatado, além de ser grande. Exige período de maturação em torno de quatro meses e pode durar muito tempo. Para ser exportado, deve pesar, no mínimo, 72 kg, mas pode chegar a 100 kg. Muito usado na culinária, é indispensável na sopa gratinada de cebolas e no preparo de fondue de queijo. É servido também como sobremesa, acompanhado de frutas. Trata-se de um excelente queijo de mesa. Queijos do tipo emmenthal são fabricados em muitos lugares do mundo, mas apenas os da Suíça têm sua origem estampada em vermelho, na casca. Fora de seu país de origem, é genericamente conhecido por queijo suíço. Ver **Fondue**.

Empada Torta salgada com recheio e cobertura muito tradicional na região Sudeste do Brasil, montada em forminha própria e assada em forno. As mais procuradas são as de camarão, as de palmito e as de queijo, estas, geralmente, sem cobertura. Fazem parte da tradicional "comida de botequim". Quando feitas em

fôrma ou tigela grande, são denominadas empadão. Ver **Botequim**.

Empadão Ver **Empada**.

Empadão goiano Preparo da culinária tradicional de Goiás, é uma torta feita com carne de porco, linguiça, frango, queijo e um ingrediente inexistente em outros recantos do Brasil, a guariroba – broto de um coqueiro regional, de sabor ligeiramente amargo, parecido com o palmito, seu substituto natural. Acredita-se que o prato seja originário da cidade de Goiás, ex-Vila Boa, antiga capital do estado, situada a cerca de 144 quilômetros de Goiânia. É uma das receitas mais características da cozinha goiana. Antigamente, era obrigatório que a torta fosse à mesa com um desenho trabalhado na beirada da massa, chamado repolego, o que hoje já não é tão importante e o arremate pode ser liso. É servido como prato único, acompanhado apenas de arroz branco. Ver **Guariroba**.

Empanada 1. Prato apreciado em toda a Espanha e no México, trata-se de uma torta recheada com carne de porco, peixe (em geral, sardinha), frutos do mar ou frango. **2.** A *empanada de batallón*, receita espanhola, é uma massa pequena recheada com presunto picado ou mariscos, pimentões vermelhos e temperada com cebola. Deve ser frita em azeite de oliva bem quente. **3.** A *empanada gallega*, tradicional na região da Galícia, é feita com massa de pão recheada com uma mistura de cebola, pimentões e carne de frango. Em geral, serve-se fria. **4.** Pastel recheado com carne moída, uvas-passas, azeitonas e cebolas, temperado com especiarias, muito comum no Chile, no Uruguai e na Argentina.

Empanar Técnica culinária que consiste em envolver o alimento em uma massa de farinha de trigo ou de rosca, leite e ovos batidos, ou massa semilíquida, antes de fritá-lo ou de levá-lo ao forno. Essa camada o protege durante o cozimento, concentrando o aroma e a umidade, além de evitar que se fragmente ou absorva óleo enquanto está sendo frito. A espessura da camada varia de acordo com o tipo de alimento e a técnica de cozimento que será empregada.

Emulsionar Significa combinar, de modo temporário ou permanente, dois ou mais líquidos que não se dissolvem um no outro. Em uma emulsão, um dos líquidos sempre se fragmenta em gotículas, que se dispersam no outro líquido. Para alcançar esse fim, é preciso seguir algumas regras: adicionar o líquido a ser dispersado sobre o que formará a fase contínua (e não o contrário); efetuar a adição aos poucos, batendo a mistura com vigor; respeitar a proporção adequada entre os dois líquidos. A maionese e o molho holandês são exemplos de emulsões. Ver **Holandês** e **Maionese**.

Encharcada Especialidade portuguesa da região do Alentejo, é um doce feito com a mistura de claras e gemas, cozida em calda de açúcar até ficar consistente. Em seguida, é colocada em refratário com a calda que restou, polvilhada com canela e levada ao forno bem quente, apenas para tostar a superfície.

Enchilada Prato mexicano composto de panqueca feita de milho (*tortilla*), recheada de carne, peixe, frutos do mar, legumes ou queijo e temperada com molho forte de pimenta *Capsicum*. Em geral, recebe cobertura de molho de tomate com queijo ralado, que pode ser substituída por guacamole ou creme azedo. Pode ser acompa-

nhada também de um ovo frito. Ver **Guacamole**, **Pimenta Capsicum** e **Tortilha**.

Enchova Ver **Anchova**.

En Croûte Ver **Croûte, en**.

Endívia (*Chicorium endivia*) Conhecida também por endívia belga e endívia francesa, é uma hortaliça com o formato de charuto, folhas brancas orladas de amarelo tênue e sabor levemente amargo. Foi criada pelo homem, obtida pelo cultivo da chicória em ambiente escuro. Em 1846, foi vendida pela primeira vez em mercados. Torna-se amarga se exposta ao sol. Ver **Chicória**.

Endro (*Anethum graveolens*) Planta originária da Ásia, espalhou-se pela região que margeia o Mediterrâneo tornando-se selvagem e espontânea em muitos países da Europa. Quando adulta, alcança cerca de 90 cm de altura. Tem folhas divididas em segmentos bem finos, presos a talos verdes, e flores amarelas pequenas. Os gregos já apreciavam essa erva e, para os romanos, ela simbolizava a alegria e o prazer. Plínio, o naturalista, escreve que o endro "condimenta pratos finos para o deleite dos entendidos". Na Idade Média, não há referência a ele, e os cronistas só voltaram a mencioná-lo depois do século XVI, quando ocorreu a renovação total da comida europeia em razão do retorno de condimentos esquecidos. Denominado pelos armênios erva-de-deus, no Brasil é conhecido também por aneto. É encontrado fresco, em ramos, ou em grãos, inteiros ou moídos. As folhas frescas podem ser usadas em peixes, batatas cozidas, ensopados, repolho, molhos de salada e maionese; os grãos moídos temperam bem torta de maçã, biscoitos e folhados; e os grãos inteiros são utilizados em conservas. É um tempero muito empregado na cozinha escandinava.

Enfarinhar Recobrir um alimento ou utensílio com farinha de trigo ou de rosca. A técnica é usada para evitar que massas, ainda cruas, grudem nas mãos ao serem trabalhadas ou nas fôrmas untadas em que vão assar.

Enformar Dar forma ao alimento por meio de sua colocação em uma fôrma, o que é possível somente com alimentos flexíveis. No caso de presunto, por exemplo, utiliza-se uma fôrma com molas na tampa para prender os pedaços de carne enquanto cozinham, de maneira a transformá-los em um bloco coeso.

Engaço Ramo e haste do cacho de uva. Hoje em dia é quase sempre separado dos frutos antes do processo de esmagamento e fermentação para a produção do vinho, a fim de evitar que seus óleos e resinas sejam agregados ao mosto e, em consequência, confiram adstringência à bebida.

English breakfast tea Mistura bem-sucedida de diversos tipos de chás-pretos, entre eles o do Ceilão, o Java, o Darjeeling e o Assam, é mais encorpado e perfumado que o chá-preto comum. Considerado de qualidade média, sua tonalidade é escura. É um *broken* (como são chamadas as folhas de chá miúdas) de paladar seco, em geral bebido na Inglaterra com leite e açúcar, embora ali não seja conhecido por esse nome. *English breakfast tea* é uma denominação criada nos Estados Unidos no início do século XX, em razão de esse tipo de chá ser muito popular entre os ingleses para o café da manhã. Ver **Blend** e **Chá**.

English five o'clock tea Mistura de chás elaborada na Inglaterra, cujos com-

ponentes são o Assam, o Ceilão e o Java. De qualidade média, é muito aromático e combina bem com biscoitos e bolos doces. Preparado, adquire tom marrom-avermelhado. Ver **Blend** e **Chá**.

English Westminster Chá inglês de qualidade média elevada, trata-se da mistura do Ceilão, do Assam e do Java. É forte e aromático, tem tonalidade escura quando pronto. Ver **Blend** e **Chá**.

Engodo Ver **Merenda**.

Engrossar Dar consistência a uma mistura pela adição de farinha de trigo, amido de milho, araruta, fécula de batata ou qualquer outra farinha espessante.

Enguia (*Anguilla anguilla*) Peixe longo e fino muito popular na Europa e no Japão, de carne rica e delicada e peso, em geral, em torno de 1 kg. Existe uma variedade de água doce e outra de água salgada. Pode ser utilizada fresca ou defumada, neste último caso transforma-se em um delicioso *hors d'oeuvre* se fatiada bem fina. É consumida em sopas, assada ou grelhada. Na Itália, a sopa de enguias é tradicional na noite de 2 de Novembro, a "noite das almas". Em Nápoles (Itália), assim como na Provença (França), elas são comidas na véspera de Natal. Em diversas partes do mundo, existem lendas que as envolvem: nas Filipinas, por exemplo, acredita-se que as enguias são as almas dos mortos; já na Europa, dizia-se que a pessoa conseguiria ver fadas se esfregasse um pouco do óleo desse peixe na pele. Ver **Hors d'oeuvre**.

Enlatamento Técnica de conservação de alimentos em lata de metal, patenteada na Inglaterra, em 1810, por Peter Durand. O método de conservar alimentos em recipientes hermeticamente fechados, submetidos a fervura, havia sido desenvolvido pouco tempo antes pelo francês Nicolas Appert, que, no entanto, utilizava recipientes de vidro. O também inglês Bryan Donkin deu continuidade ao invento de Durand e, em 1812, começou a produzir em indústria as conservas enlatadas. As primeiras latas eram de folha de flandres. Conta-se que, em 1824, duas latas foram enviadas ao Ártico na expedição comandada pelo explorador inglês Sir William E. Parry. Mais de um século depois, elas foram encontradas e abertas – os alimentos ainda estavam em condições de consumo. Em 1897, já eram difundidas no Brasil, tendo sido usadas como provisão dos militares na Guerra de Canudos. Com o tempo, as latas foram aperfeiçoadas com a utilização de novos materiais. O tipo mais usado hoje é à base de alumínio, que, além de não enferrujar, é totalmente reciclável. Outras técnicas, como a pasteurização, também colaboraram com a indústria de conservação. O processo de enlatamento exige elevação da temperatura do alimento acima de 100 °C (a temperatura exata varia conforme o tipo de alimento); o ar da lata é forçado para fora e o vácuo é criado quando a comida esfria e se contrai. Um bom processo de selamento da lata é primordial para a não contaminação por microrganismos. Essa técnica de conservação atualmente é comum e utilizada em todo o mundo; na França, é denominada *appertisation*. Ver **Appert, Nicolas**.

Enófilo Do grego *eno* = vinho e *filo* = amigo, significa "apreciador e conhecedor de vinhos".

Enokitake (*Flammulina velutipes*) Espécie de cogumelo branco-amarelado, de haste longa e fina. Sua textura é crocante e macia e tem leve sabor frutado. Emprega-se em sopas e cozidos, mas deve ser agregado

somente no último minuto antes de ser servido, pois o calor o enrijece. É indicado também para saladas cruas. Originário do Leste da Ásia, é bastante usado na China, Coreia, no Japão e Vietnã. *Enokitake* ou *enokidake* é seu nome japonês. Em chinês, é denominado *jinzhengu*, cujo significado é agulha dourada. Ver **Cogumelo**.

Enologia Palavra de origem grega (*eno* = vinho e *logos* = conhecimento), é a ciência da produção e conservação do vinho.

Enólogo Palavra de origem grega (*eno* = vinho e *logos* = conhecimento), denomina o profissional especializado na produção de vinhos.

En papillote Ver **Papillote**.

Ensopado Ver **Ensopar**.

Ensopar Cozinhar, lentamente, carnes, peixes, crustáceos ou aves cortados, temperados e refogados, em molho ou caldo, com a adição ou não de legumes, até que fiquem bem macios. O molho é o ponto-chave do prato. Ao término do cozimento, deve haver ainda bastante caldo, mais grosso que no início. Carnes, peixes, crustáceos e moluscos oferecem uma série de ensopados maravilhosos. Moqueca e galinha ao molho pardo são exemplos de ensopado. Ver **Galinha ao molho pardo** e **Moqueca**.

Entalar Termo usado em Portugal para o processo de submeter o alimento a uma fritura bem rápida e forte, com o objetivo de prolongar o tempo de conservação.

Entrada Termo derivado do francês *entrée*, que no Brasil se refere ao prato de pequena porção servido antes do principal. Ver **Entrée**.

Entrecôte Denominação francesa do corte de carne de boi, saboroso e tenro, conhecido por contrafilé. Ver **Contrafilé**.

Entrée Termo em francês cuja tradução literal é entrada. No antigo serviço à francesa, tratava-se de uma categoria bastante variada de pratos oferecidos no primeiro serviço do banquete, consumidos após a sopa. Em um cardápio francês completo, o termo refere-se, atualmente, ao terceiro prato servido, após o *hors d'oeuvre* (ou a sopa) e o peixe e antes do assado. Pode incluir peixes, mariscos, *foie gras*, caviar, massas alimentícias, preparos à base de ovos ou de vegetais, entre outros. De modo geral, entretanto, quando o serviço é reduzido, consiste no primeiro prato da refeição. Ver **Entrada** e **Serviço à francesa (antigo)**.

Entremets Palavra francesa que significa, literalmente, "entre pratos". Sua história é longa e confusa, com diversas mudanças de significado. No fim da Idade Média, indicava uma categoria heterogênea de pratos oferecidos entre os serviços de um banquete, acompanhados de apresentações de música, dança e malabarismo. Eram preparos extravagantes – variavam de uma ave inteira montada com as próprias penas a elementos culinários e não culinários moldados, como um grande castelo, por exemplo –, produzidos mais para encantar os olhos que o paladar. No antigo serviço à francesa, eram guarnições salgadas ou doces. Na atualidade, na França, são pratos doces servidos após os queijos e antes da sobremesa, ou o próprio serviço da sobremesa. Em restaurantes, os entremets podem ser preparos salgados – à base de vegetais ou de ovos, principalmente – ou doces – como pudins, cremes, frutas flambadas, musses, sorvetes etc. Ver **Serviço à francesa (antigo)**.

Entrevero de pinhão Comida de inverno de Santa Catarina, é um cozido substancioso cujos ingredientes são carne bovina e de porco, toucinho e linguiça, além de verduras, como cenoura, cebola, salsão, tomates e pimentões. Como tempero, há vinho branco, salsinha, cebolinha e manjerona, além do ingrediente da época, o pinhão cozido. Existem receitas que incluem também o quiabo. O cozido deve ser servido bem quente, acompanhado de arroz branco. Ver **Pinhão**.

Enzian Licor elaborado nos Alpes por meio da destilação de raízes da genciana. Na região, essas raízes chegam a alcançar 1 m de comprimento.

Enzimas São proteínas com propriedades catalíticas que têm como função favorecer ou acelerar reações químicas e decompor moléculas. Elas atuam nos processos de fermentação em geral e são importantes, por exemplo, na produção de pães, além de serem responsáveis pela deterioração dos alimentos. É fundamental que, antes de serem congelados, os alimentos sejam submetidos ao branqueamento para que as enzimas sejam desnaturadas e desativadas, caso contrário continuarão a atuar aos poucos, mesmo no alimento congelado. Ver **Branquear**.

Epigramme Prato da culinária francesa elaborado com o corte de cordeiro retirado do peito, desossado. A carne é pouco espessa, de pouca gordura, mas muito saborosa. A peça é temperada com cebola, limão, azeite e ervas e frita ou grelhada. Serve-se com molho feito com o próprio resíduo do cozimento da carne, bem temperado.

Epoisses Queijo originário da Borgonha (França), de casca lavada com os resíduos do vinho da região e forma de disco chapado. Tem sabor ao mesmo tempo doce, salgado e condimentado, aroma forte e pungente e textura úmida e macia. Em geral, seu amadurecimento dura três meses, período em que ele é lavado com *marc*. Ver **Marc**.

Erampaterê Também denominado arampaterê, é um prato da culinária baiana feito com carne fresca temperada com sal e frita em azeite de dendê.

Erva-cidreira (*Melissa officinalis*) Erva também conhecida por melissa e cidrilha, apresenta arbusto com cerca de 1 m de altura, folhas em forma de coração, flores brancas e pequenas. Cultivada em quase todo o mundo, é originária da região que circunda o Mediterrâneo. Os gregos a consideravam um ótimo tônico para o coração e o cérebro, além de calmante para dores físicas e morais. Melona (em grego, *Mellona*), de cuja palavra derivam mel e melissa, era a deusa protetora das abelhas. É adocicada, tem leve sabor de limão e deve ser usada fresca. Acreditava-se que ela era capaz de rejuvenescer as pessoas. Perfuma de modo agradável sopas, ensopados e saladas. Como infusão, ajuda a regular o sono.

Erva-doce Ver **Anis**.

Erva-mate Ver **Mate**.

Ervas aromáticas Palavra que define um amplo grupo de plantas utilizadas como aromatizantes. Devem ser usadas com cautela, pois, embora às vezes não pareça, algumas são fortes, de sabor acentuado e mais indicadas para determinados alimentos. Por isso, é preciso saber empregá-las, usá-las com parcimônia e sem grandes misturas para complementar o sabor do alimento, e não sobrepô-

-lo. Algumas das ervas mais conhecidas e utilizadas são: manjericão, manjerona, funcho, endro, sálvia, estragão, salsinha, hortelã, alecrim, erva-doce ou anis, louro, entre outras. Ver o nome da erva.

Ervas da Provença Mistura de ervas frescas ou secas usada para aromatizar grelhados e outros preparos, constituída de tomilho, alecrim, louro, manjericão e segurelha. Como o nome indica, esse conjunto de ervas é muito utilizado pela cozinha provençal (França). Em francês, *herbes de Provence*.

Ervas finas De origem francesa, é uma mistura de ervas picadas, frescas ou secas, que inclui salsa, cebolinha, cerefólio e estragão. Utiliza-se para aromatizar omeletes, molhos, refogados, carnes, legumes, cremes e massas. Frescas, elas perdem seu sabor se forem muito aquecidas; por isso, nesse caso, devem ser acrescentadas à comida pouco antes de servir. Em francês, *fines herbes*.

Ervilha (*Pisum sativum*) Vagem ou semente comestível de uma trepadeira com inúmeras variedades, da família das fabáceas. Da maior parte de seus tipos, aproveita-se apenas a semente, desprezando-se a vagem antes do cozimento. Em algumas variedades, entretanto, por exemplo a *mange-tout* francesa, como o próprio nome indica, tanto uma como a outra podem ser aproveitadas. As sementes da ervilha devem ser roliças, brilhantes e firmes, e sua vagem, pequena, firme e lisa, sem manchas. Emprega-se cozida, inteira, como acompanhamento de carnes, aves e peixes, em ensopados, saladas e caldos, ou amassada, em sopas cremosas e purês.

Ervilha-torta (*Pisum sativum*) Variedade de ervilha com vagem macia e delicada. Em geral desprovida de grãos, é utilizada inteira. As vagens são firmes e brilhantes e devem ser cozidas *al dente*. Ela é própria também para ser frita em manteiga, com salsa e cebolinhas picadas. Ver **Al dente**.

Escabeche Preparado à base de vinagre e outros temperos, no qual são conservados os alimentos a serem servidos em momento posterior. Para elaborá-lo, doura-se, levemente, com azeite o alimento limpo, ao qual, depois de frio e mantendo o óleo, acrescentam-se cebola, alho, louro, tomate e pimentão, além de vinagre e especiarias. Esta é a base para o molho que acompanhará o prato. O termo, de origem espanhola, nasceu do procedimento antigo de eliminar a cabeça do pescado antes de sua preparação. Depois, esse tratamento foi estendido a outros animais e a legumes.

Escaldado 1. Nome de um prato do Norte e do Nordeste do Brasil, é uma espécie de ensopado. Cozinha-se carne bovina ou de ave, peixe ou camarão com verduras e temperos em bastante água com azeite, cebola, tomate, coentro, maxixe, jiló, ovos inteiros e sal. Com uma parte do caldo, depois do cozimento, faz-se um pirão com farinha de mandioca, que acompanhará as carnes. É tradicional o escaldado de peru, servido no dia seguinte à ceia de Natal, preparado com as sobras da véspera. Ver **Jiló** e **Maxixe**. **2.** Diferente do escaldado do Norte/Nordeste, o do Sudeste é preparado com ovos estalados em refogado com pimenta ardida, servidos com farinha de mandioca frita na gordura em que os ovos foram feitos. Ver **Ovos estrelados**.

Escaldar Mergulhar, por alguns minutos, um utensílio ou alimento em água fervente, processo que tem vários objetivos diferentes. No caso de utensílios,

pretende-se a esterilização; com carnes e peixes salgados, o que se quer é eliminar o sal excessivo. Certos alimentos também podem ser escaldados e, em seguida, mergulhados em água fria para provocar choque térmico, método conhecido por branqueamento. Ver **Branquear**.

Escalfar Termo usado no Brasil e em Portugal, significa cozinhar os alimentos em água fervente. O processo é usado para fazer ovos escalfados ou pochés. Ver **Ovos pochés** e **Pocher**.

Escalivada Prato da culinária espanhola feito com diversas hortaliças, como pimentões, berinjelas, cebolas e tomates, primeiro grelhadas, depois cortadas em fatias finas e temperadas com azeite e sal. Em geral, é utilizada como primeiro prato e pode ser servida quente ou fria.

Escalope É, tradicionalmente, o filé-mignon ou a carne de vitela cortados em fatias finas, no sentido transversal das fibras, borrifados com suco de limão, passados na farinha de trigo e fritos na manteiga. A palavra é proveniente do gaulês antigo *eschalope*, que significava "casca de noz", provavelmente porque, ao serem fritas, as lascas finas de carne enrodilhavam-se, assemelhando-se ao fruto. Mais tarde, passou-se a adotar o verbo *escaloper* para caracterizar uma técnica culinária. Hoje, o termo é também empregado para o mesmo corte de aves ou peixe e até de legumes. Em italiano, denomina-se *scaloppa* ou *piccata*; já *scallopina* é o nome do filé ou da vitela cortados em tamanho ainda menor. Em inglês, *scallop*.

Escamar Remover as escamas do peixe. Essa operação pode ser feita com uma simples faca ou com instrumento próprio, qualquer dos dois sempre passado no sentido contrário às escamas.

Escanção Ver **Sommelier**.

Escargot (*Helix pomatia*) Espécie de caracol comestível, hoje em dia criado em especial para a mesa. De acordo com diversos indícios encontrados em sítios arqueológicos, foi um dos primeiros alimentos não vegetais do ser humano, já que era bastante fácil de ser encontrado e capturado. Os silvestres, que eram muito numerosos, hoje rareiam. Desde a época dos romanos, entretanto, passaram a ser criados em cativeiro, com excelentes resultados. Os franceses da Borgonha, alimentados com as folhas de vinhas, são os mais saborosos, principalmente se frescos. Os pré-cozidos, em conserva ou ensacados, perdem um pouco do sabor e da textura originais. Uma variedade muito cultivada no Brasil é o *petit-gris*, menor e acinzentado, que precisa ficar no mínimo uma hora de molho em água avinagrada para eliminar suas secreções. A receita mais conhecida de escargots é à *la bourguignonne*, em que os caracóis são cozidos em água e sal e recolocados em suas conchas, preenchendo-se os espaços que existem nelas com a mistura de manteiga, cebola e alho bem picados, salsinha, sal e pimenta. Leva-se, então, ao forno forte, por alguns minutos, para que fervam. São servidos, em geral, em pratos especiais, com cavidades para a colocação dos caracóis, e comidos com o auxílio de instrumentos também específicos: uma pinça para segurar a casca e um garfo fino de dois dentes para retirar o animal de dentro dela. Em inglês, *snail*.

Escarola (*Chicorium endivia*) Verdura de folhas franzidas, muito utilizada em saladas ou cozida. É da mesma espécie

da endívia e da chicória-crespa e muito confundida com esta. Na Europa, serve-se como salada de inverno. Ver **Chicória**.

Escoffier, Auguste Importante chef francês, prolífico inventor de pratos, considerado o criador da moderna cozinha francesa. Nasceu em Villeneuve-Loubet, em 1846, e morreu em Monte-Carlo, em 1935. Iniciou-se na cozinha ainda muito jovem e, em Monte-Carlo, ficou amigo de Charles Ritz, que viria a se tornar um dos maiores hoteleiros do mundo. Juntos, abriram o Savoy Hotel, em Londres, onde começou a destacar-se. Mais tarde, no Carlton, aumentou ainda mais sua fama como chef. Escreveu oito livros – o principal foi *Le guide culinaire* – e criou mais de 100 receitas em honra a personalidades famosas. Suas receitas eram cuidadosamente pesadas e calculadas, refletindo sua preocupação com a precisão. Também foi o responsável pela reorganização do trabalho na cozinha profissional, com a introdução do sistema de brigada. O Imperador Guilherme II, da Alemanha, concedeu-lhe o título honorário de "Imperador das Cozinhas do Mundo". Em 1921, aposentou-se, com 74 anos, e ainda viveu até os 89, sendo sempre lembrado e consultado por outros chefs.

Escorrer Eliminar o líquido em que o alimento estava mergulhado.

Escumadeira Colher grande, de metal, toda perfurada, utilizada para separar alimentos sólidos de líquidos e retirar espuma. É também chamada espumadeira.

Escumar Processo de retirar a espuma da superfície de um líquido fervente. É aplicado à calda de açúcar, à manteiga e a caldos.

Esferificação Técnica culinária criada no restaurante espanhol El Bulli, pela qual são formadas esferas encapsulando-se o líquido dentro de uma fina capa de gel. Há dois modos fundamentais para fazer a esferificação. Na técnica básica, prepara-se uma solução com alginato sódico no sabor e na cor desejados, da qual é necessário, às vezes, corrigir o pH, dada a sensibilidade do alginato à acidez do meio. Em seguida, essa solução é gotejada ou injetada em outra, à base de sais de cálcio, o que provoca a imediata gelificação da camada externa das gotas. Antes de serem consumidas, as esferas resultantes devem passar por banho de água. Na segunda técnica, denominada esferificação inversa, o líquido a ser esferificado já deve conter cálcio naturalmente (pode ser usado iogurte, por exemplo) ou adiciona-se gluconolactato de cálcio ao preparo. O líquido é, então, inserido em uma solução de alginato diluído em água para realizar o encapsulamento. A esferificação básica é mais utilizada para obter esferas de tamanho pequeno, chamadas caviares; a esferificação inversa, para produzir esferas maiores. A grande vantagem da segunda em relação à primeira é que aquela possibilita fazer os preparos com certa antecedência. A capa de gel formada é sempre fina, o suficiente para que se rompa com facilidade quando as esferas são colocadas na boca, liberando o líquido sápido. Ver **Alginatos**.

Esfiha Especialidade da cozinha árabe feita com massa leve e fina, recheada com carne, vegetais, queijo ou ricota. A massa é preparada com farinha de trigo, leite, gordura e, às vezes, coalhada. Existe a esfiha aberta, denominada maftuha, em que um pequeno disco de massa recebe a cobertura, e a fechada, conhecida por messakara, cuja massa é dobrada sobre o recheio, to-

mando a forma de um triângulo. Em ambos os casos, o cozimento é feito no forno.

Esfriar Eliminar o calor do alimento por meio de um processo natural ou artificial.

Esmallye Massa de fios muito finos, por exemplo a aletria, utilizada como ingrediente para doces libaneses. Depois de assada, fica leve e crocante. Ver **Aletria**.

Espaguete Talvez a mais conhecida entre as massas alimentícias italianas, consiste em varetas grossas e longas, de 25 cm a 30 cm de comprimento. Feito com farinha de trigo branca ou integral, assim como as outras massas, precisa ser cozido por alguns minutos em água quente e escorrido. O espaguete deve ser acompanhado de um molho que o envolva, um dos mais tradicionais é o molho à bolonhesa. Ver **Bolonhesa**.

Espanhol Molho clássico de origem francesa ainda muito utilizado, criado pelo chef francês Vincent La Chapelle, no século XVIII. É preparado com roux, fundo escuro, mirepoix e purê de tomates. Depois de várias horas de cozimento, é passado na étamine (tecido usado para coar líquidos). Trata-se da base para uma série de molhos derivados, como o demi-glace, o madeira e o bordelaise. Ver **Étamine**, **Fundo**, **Mirepoix**, **Roux** e o nome de cada molho.

Esparregado Denominação, em Portugal, do prato de vegetais (geralmente nabiças, as ramas de nabo, ou espinafre) picados e cozidos em água e sal, depois espremidos e refogados no azeite com alho, vinagre e um pouco de farinha ou molho branco. É um guisado de vegetais. O nome origina-se de espargo, como é chamado lá o aspargo. Esparregar é cozinhar vegetais como se cozia o espargo. No Brasil, os tipos mais encontrados de esparregado são o de quiabo, também conhecido por caruru, o de bredo, o de taioba e o de mostarda. Ver **Caruru**.

Espátula Peça chata de madeira, plástico, borracha, silicone ou metal, semelhante a uma colher, mas sem a curvatura côncava. É utilizada para mexer cremes e molhos, sustentar ou virar alimentos. A espátula de borracha flexível ou de silicone é usada também para raspar o fundo de tigelas e panelas. Em confeitaria, são empregadas espátulas retangulares ou triangulares, longas e estreitas, de metal, para sustentar e mover preparos diversos (como fatias de bolo ou de torta) e espalhar recheios e coberturas.

Especiarias Temperos e condimentos usados em culinária para dar sabor ou perfume aos alimentos. Devem ser utilizadas com parcimônia, apenas para completar o sabor do alimento-base. Consideradas verdadeiros tesouros nas cozinhas medievais, eram extremamente caras e usadas somente pelos mais ricos. Em sua maior parte originárias do Oriente, foram levadas para a Europa pelos mercadores nômades e exploradores. Os árabes monopolizaram seu comércio por muito tempo, mas foram desbancados, no fim da Idade Média, pelos venezianos. A busca por novas rotas para o Oriente foi um catalisador que culminou com a descoberta do Novo Mundo. Nessa época, portugueses, espanhóis, ingleses e holandeses lutavam entre si para obter supremacia nesse comércio, que significava milhões em ouro. Ainda nos dias de hoje, algumas especiarias têm alta cotação no mercado e são muito apreciadas pelos mais exigentes. Uma das mais caras é o açafrão; outras, como o cravo, a canela, a pimenta-

-do-reino e a noz-moscada, são bastante utilizadas. Se estocadas por muito tempo, elas perdem o perfume e o sabor. Devem ser guardadas, de preferência, em vidros escuros e bem vedados. Sempre que possível, é preferível obtê-las inteiras para moer apenas na hora de usar e na quantidade necessária, pois assim seu aroma e sabor são mais bem conservados, além de não haver risco de tê-las misturadas a outro produto. Ver o nome da especiaria.

Espessantes Substâncias alimentícias, naturais ou artificiais, que proporcionam consistência mais espessa aos alimentos líquidos, dando-lhes mais volume e viscosidade. Por exemplo, o roux. Ver **Aditivos** e **Roux**.

Espessar Tornar mais grosso um líquido pelo acréscimo de substâncias espessantes, como farinhas ou amidos.

Espeto Haste longa e fina, de metal ou bambu, para sustentar a carne sobre o braseiro. É peça fundamental do churrasco. Há uma variedade enorme de tamanhos e formatos para atender a todos os tipos de carne, das peças maiores às menores e mais delicadas. Os espetos pequenos são muito usados para fazer churrasquinho em frigideira. Garfos finos e longos, usados para fondue, são também assim denominados. Ver **Churrasco** e **Fondue**.

Espinafre (*Spinacea oleracea*) Verdura de folhas pequenas e levemente carnudas, de cor verde-escura brilhante, da família das amarantáceas. Originária do Oriente Médio, foi levada pelos árabes para a Península Ibérica no século VIII e, mais tarde, para as Américas pelos espanhóis. De sabor muito delicado, tem mais de uma variedade. Pode ser utilizada crua, em saladas, cozida, refogada ou em tortas e suflês, entre outras possibilidades. Emprega-se também como base no prato, sobre a qual são arrumados peixes e ovos pochés. Por conter muita água, seu volume reduz-se à metade depois de cozida. Ver **Ovos pochés**.

Espinhaço Denominação gaúcha da suã da ovelha, peça formada pelo lombo, um pedaço das costelas e pelas vértebras.

Espirituosos Toda bebida alcoólica obtida pela destilação, ou mesmo um licor com forte proporção de álcool. Em inglês, *spirits*.

Espremedor de alho Instrumento de cozinha usado para espremer o dente de alho por meio de seus pequenos furos, extraindo polpa e suco e retendo a casca. Alguns têm um dispositivo cheio de pequenas pontas, com espaçamento e tamanho adequados para se encaixarem nos furos, auxiliando na limpeza do instrumento.

Espuma Para a ciência, trata-se da dispersão de bolhas de ar em uma fase líquida. Na restauração, é um tipo de preparo culinário de textura variável, mas sempre leve, obtido de um líquido, creme ou ingrediente semissólido à base de água (purê), ao qual é incorporado ar ou outro gás. O zabaglione, o creme chantili e as claras em neve podem ser considerados espumas clássicas, mas o universo das espumas preparadas em restaurante vai muito além disso. Com base no trabalho pioneiro do chef de cozinha catalão Ferran Adriá, no restaurante El Bulli, diversos outros ingredientes tornaram-se alicerce para o preparo de espumas (como polpas de frutas, aspargos, batata, bacalhau e foie gras), quase sempre com o uso do sifão. Para obter uma espuma com certa durabilidade, é necessário, entretanto,

que a base utilizada contenha algum tipo de molécula que estabilize sua estrutura, e isso pode ser alcançado pela adição de féculas, gorduras, clara de ovo ou gelatina. As espumas podem ter consistência líquida, fluida ou espessa e ser frias ou quentes. Ver **Creme chantili, Sifão** e **Zabaglione**.

Espuma baiana Sobremesa cremosa da culinária baiana feita com leite de vaca, leite de coco, gemas e açúcar engrossados no fogo, recoberta de suspiro. É levada ao forno para dourar e servida fria.

Espumante Ver **Vinho Espumante**.

Espumíferos Substâncias naturais ou artificiais utilizadas nos alimentos para produzir espuma ou para estabilizá-la.

Esrom Queijo dinamarquês de massa amarelada, com orifícios e talhos irregulares e textura semimacia. Tem sabor forte, rico e aromático, quase doce quando novo, e torna-se condimentado e forte quando maduro. É conhecido também por *port salut* dinamarquês. Tem o mesmo nome da abadia cisterciense onde foi feito pela primeira vez, ainda no século XII. Depois, a receita perdeu-se e foi redescoberta somente em 1930, quando então voltou a ser produzido. Ver **Port Salut**.

Essência Substância concentrada obtida por destilação ou cozimento prolongado. É usada para dar sabor ou aroma aos alimentos.

Estabilizantes Substâncias naturais ou artificiais que dão liga ou cremosidade ao alimento, impedindo que gordura e óleo se separem. Ver **Aditivos**.

Esteirinha para sushi Ver **Makisu**.

Esterilizar Eliminar bactérias, micróbios ou fungos por meio de água fervente ou produtos químicos. O metabissulfito de sódio e o hipoclorito de sódio são duas soluções químicas muito usadas para esse fim, ambos encontrados em farmácia. Os produtos químicos destinam-se, principalmente, a purificar a água, higienizar os alimentos e desinfetar objetos e equipamentos.

Estévia (*Stevia rebaudiana*) Edulcorante natural com poder adoçante trezentas vezes maior que o do açúcar refinado, não metabolizado pelo organismo e, portanto, não calórico. Deixa leve gosto residual.

Estouffade 1. Molho francês, escuro e forte, mas fino, usado para diluir outros molhos escuros ou adicionado a ragus e braseados. **2.** Nome dado ao cozido de carne com diversos legumes, em que a peça é cozida em fogo baixo, por bastante tempo, quase sem líquidos, apenas com a adição de vinho para perfumar. Ver **Estufar**.

Estragão (*Artemisia dracunculus*) Denominado língua de dragão pelos turcos (talvez em alusão a suas raízes enroladas em espiral), é uma das ervas mais interessantes da cozinha internacional. Transforma um prato simples em iguaria requintada, emprestando-lhe sabor semelhante ao do anis. Para os que não podem comer sal, o estragão é indispensável, pois tira a insipidez do regime. Originário da Rússia e da Ásia, tornou-se conhecido na Europa no século XVI. Além de tempero, era considerado estimulante do cérebro, do coração e do fígado. De acordo com Ibn al-Baitar, botânico árabe do século XIII, pode ser usado para suavizar o hálito e também como soporífero. Seu nome, aliás, é proveniente do árabe *tarkhon*, por

meio de sua derivação para o francês, primeiro *targon*, depois *estragon*. Somente suas folhas, pequenas e estreitas, são utilizadas. Encontrado fresco, em buquês ou em conserva, quando seco perde bastante do seu aroma. Emprega-se em sopas de verdura, carnes e aves, peixes, vagens ou favas, saladas, suco de tomate, mostarda em pasta, em diversos molhos ou para aromatizar vinagre branco. Como seu sabor é muito acentuado, é importante utilizá-lo com cautela.

Estrelar Fritar ovo em gordura, em frigideira, de maneira que a clara fique cozida e a gema semicrua. Ver **Ovos estrelados**.

Estrogonofe Prato de origem russa, hoje conhecido internacionalmente. É feito com iscas de carne, creme de leite, páprica, mostarda, polpa de tomates, fundo escuro de carne, molho inglês, cogumelos, cebolas e conhaque. Em geral, é acompanhado de arroz ou batatas salteadas. Em sua origem, entretanto, era bem mais simples. No século XVI, na Rússia, os soldados transportavam sua ração de carne cortada em nacos em grandes barris, debaixo de uma mistura de sal grosso e aguardente, para preservar. Na hora de preparar, a carne era frita em gordura, acompanhada de cebolas e um pouco de creme azedo. Coube a um cozinheiro do czar Pedro, o Grande, que era protegido do general Stroganov, refinar a receita. Existem registros de um prato de carne com esse nome servido na corte russa no fim do século XVIII. No final do século seguinte, Thierry Costet, cozinheiro francês, trabalhando para nobres em Novogorod, introduziu requintes europeus: cogumelos franceses, mostarda alemã, pepino em conserva da Europa Oriental e páprica húngara. Com a Revolução de 1917 e a emigração dos russos brancos, a receita chegou à França, onde passou a ter a forma atual. No Brasil, seu nome tem inúmeras grafias: estrogonofe, strogonoff, strogonof.

Estrugir Termo português que significa refogar em fogo brando temperos como a cebola, o alho, o pimentão e o tomate, até começarem a cozinhar.

Estufagem Processo de maturação do vinho Madeira em estufas por meio do aumento de sua temperatura. A bebida é colocada em recipientes de aço inox, que são aquecidos por um sistema de serpentina com água quente a temperatura entre 45 °C e 50 °C, por um período de, pelo menos, três meses. Depois disso, fica, no mínimo, mais 90 dias a temperatura ambiente. Esse processo começou a ser implementado no início do século XIX em razão das guerras napoleônicas. Até então, o Madeira tinha de fazer uma viagem de ida e volta às Índias para completar seu amadurecimento no balanço das ondas, ao calor dos trópicos. Com o frete difícil, caro e arriscado por causa da guerra, buscou-se reproduzir, em terra, as condições por que passava o vinho durante a viagem. Com a estufagem, obteve-se resultado positivo. Há, ainda, outro processo de maturação do Madeira conhecido por canteiro. Ver **Canteiro**.

Estufar Termo derivado do francês *étouffer*, trata-se de uma técnica culinária milenar que ainda subsiste. Consiste em cozinhar o alimento no próprio suco, em fogo baixo e em panela hermeticamente fechada. Os romanos já a reportavam e a chamavam *sufocatio*. No Brasil Imperial, existiam vasilhas apropriadas para preparar o estufado, com tampas que cobriam e fechavam totalmente a panela. Ver **Barreado**.

Esturjão (Família *Acipenseridae*) Sob esse nome são conhecidas mais de 25 espécies de peixes, encontradas nas costas litorâneas da Eurásia e América do Norte, nos Grandes Lagos, no Mar Cáspio, no Mar Negro e no Mar de Azov. São peixes do mar que, como o salmão, retornam aos rios para a reprodução. Com longo focinho e aparência de dragão, chegam a medir 3 m. Sua carne é mais semelhante a de mamífero que a de peixe. As ovas de algumas dessas espécies fornecem o verdadeiro caviar, e as nadadeiras gelatinosas, a cola de peixe. A sobrepesca colocou sob ameaça o esturjão selvagem do Mar Cáspio e fez com que hoje parte da demanda por caviar seja suprida por espécies criadas em cativeiro. Ver **Caviar** e **Cola de peixe**.

Esturricar Significa torrar, queimar. O alimento que ficou no fogo por mais tempo do que devia é chamado esturricado.

Étamine Tipo de tecido muito comum, utilizado para coar caldos, molhos e sopas.

Evaporar Retirar água ou umidade do alimento por meio de calor ou fervura.

Evxinograd Vinho búlgaro feito com uvas Riesling, Cherven, Misket e Dimyat, a qual é denominada a pérola do Mar Negro. Bastante delicado, sua cor é esverdeada. Os vinhedos ficam a oito quilômetros da cidade de Varna, próximos à costa do Mar Negro, nos terrenos do palácio de verão de Evxinograd.

Excelsior® Queijo muito cremoso do tipo *triple crème*, clássico da Normandia. Fabricado desde o século XIX, contém creme de leite e seu teor de gordura chega a 72%. De forma cilíndrica irregular, casca branca com pontos amarelados, tem textura suave e firme, além de sabor semelhante ao de amêndoas. As melhores épocas para produzi-lo são o verão e o outono.

Exmoor Blue Queijo inglês da região de Somerset, preparado com leite de vacas Jersey. Obtém-se o de melhor qualidade no inverno. É macio, cremoso, bastante gorduroso, de veios azuis, sabor doce, levemente ácido, com aroma forte e casca fina.

Expedicionário Ver **Pé de moleque**.

Explorateur® Famoso queijo francês enriquecido, fabricado na região de Ile-de-France. Do mesmo tipo do brillat-savarin, embora mais firme e suave, contém cerca de 75% de gordura. Quando maduro, seu interior é marfim, tem sabor delicado e levemente picante e aroma suave. Seu formato é cilíndrico. Foi criado em 1950, para homenagear o primeiro satélite norte-americano, o Explorer. Ver **Brillat-Savarin**.

Expresso Café preparado em máquina especial por meio de processo de pressão de vapor d'água sobre o grão moído, o que ocasiona a formação de uma camada de espuma na superfície do líquido. De origem italiana, a técnica foi adotada no Brasil com o mesmo nome, mas com pequena alteração na grafia: em italiano, *espresso*. Ver **Café**.

Extra brut Expressão francesa que designa vinhos espumantes e champanhes totalmente secos, isto é, com teor de açúcar por litro muito baixo. A proporção máxima desse ingrediente para obter essa classificação varia conforme a legislação do país produtor. Os champanhes *extra brut* devem conter até 6 g de açúcar residual por litro. Ver **Champanhe**.

Extra thick double cream Creme de leite encontrado nos Estados Unidos, duas vezes mais espesso e cujo teor mínimo de gordura é 48%. Homogeneizado e denso, é excelente para ser espalhado, mas não deve ser batido. Ver **Creme de leite**.

Extrato Concentrado de um alimento obtido por evaporação. Os mais conhecidos são o extrato de tomate e o extrato de carne. O resíduo deixado depois do cozimento de carnes, aves ou peixes também recebe esse nome. O extrato é usado para enriquecer o sabor de pratos quentes e sopas.

Ezerjó Vinho húngaro de cor dourada, elaborado perto de Mór, região de Budapeste. Nele são usadas uvas brancas, também assim denominadas.

f

Fabada Cozido espanhol feito com fabas, feijões de grãos grandes e brancos. A fabada da região das Astúrias é uma das mais conhecidas: é preparada com fabas cozidas com toucinho, chorizo, morcilla, linguiça, joelho, costelas de porco e temperadas com açafrão. Após terminar o cozimento, o prato deve descansar por algumas horas antes de ser servido, para acentuar o sabor dos ingredientes. Ver **Açafrão**, **Chorizo** e **Morcela**.

Faca Instrumento fundamental da cozinha existente desde o Paleolítico, evoluiu das lascas de pedra aos objetos de aço inoxidável de hoje. Segue certo padrão e formato, deve ser de boa qualidade e ser mantida limpa e afiada. Atualmente há uma enorme variedade de modelos.

Faca de aço inoxidável para frutas Usada para evitar oxidação em determinadas frutas e vegetais, eventualmente pode ser serrilhada.

Faca de descaroçar frutas Faca com lâmina serrilhada, pontuda e cilíndrica, que serve para retirar o miolo de frutas.

Faca de desossar Tem lâmina estreita, afilada e com comprimentos variados.

Faca de pão De lâmina serrilhada cujo comprimento varia de 20 cm a 25 cm, às vezes apresenta ponta dupla para espetar o pedaço de pão.

Faca de picar De uso variado e tamanho médio ou grande, tem lâmina balanceada de mais ou menos 20 cm, ligeiramente pesada.

Faca de trinchar Com lâmina de cerca de 20 cm de comprimento, estreita e pontuda, é própria para o corte de fatias ou filés de peixes, aves, carnes etc.

Faca do chef Faca com lâmina triangular mais larga, de 15 cm a 30 cm de comprimento, cuja ponta é levemente curvada para cima a fim de facilitar a ação de picar. Tem boa empunhadura e bom peso na mão. É de uso geral.

Faca para vegetais Pequena e com lâmina de vários tamanhos para o corte de vegetais. Há versões serrilhadas indicadas para o corte de alimentos que podem ser esmagados com facilidade.

Faggot Prato da culinária inglesa, trata-se de um picadinho de fígado de porco, migalhas de pão, cebolas, extremamente temperado e assado envolvido em coifa (fina membrana gordurosa que reveste a cavidade abdominal de porcos e ovelhas). É vendido em quadrados. Deve-se aquecer mais uma vez antes de servir. É acompanhado tradicionalmente de molho substancioso, purê de batatas e ervilhas, mas pode ser degustado também frio, com salada. Prato barato e consistente, era consumido em especial pelas camadas mais pobres nas Midlands (região central da Inglaterra) e no País de Gales, por força da industrialização no decorrer do século XIX. Ver **Coifa**.

Fagioli al fiasco Pratos com feijões (*fagioli*, em italiano) são tradicionais e muito característicos da Toscana (Itália). "Feijões na garrafa" (*fagioli al fiasco*) era um modo de preparo usado nas fazendas da região, que tornava os grãos particularmente macios e saborosos. Eles eram colocados em um garrafão de vinho esvaziado até preencher ¾ de seu espaço interno, o qual era, então, completado com água e suspenso sobre um braseiro contínuo e suave, de modo a ficar um pouco inclinado. Depois de algumas horas de cozimento e evaporação lenta, os feijões continuavam inteiros e firmes, porém macios e aveludados. Hoje há alternativas mais simples para obter o mesmo resultado.

Faisandage Palavra francesa derivada de *faisan* (faisão), nomeia uma técnica de tratamento para carnes de caça. Consiste em deixar o animal abatido pendurado por tempo variável, em local fresco, seco e protegido, com o objetivo de amaciar sua carne e conferir-lhe mais sabor. O resultado deve-se à ação dos germes do intestino do animal não eviscerado, que invadem os tecidos e decompõem as proteínas da carne. Também denominada *mortification* (mortificação), esse método foi muito empregado na Europa até o século XIX e se caracterizava pela longa duração, por vezes estendida quase até a putrefação. Caiu em desuso no século XX.

Faisão (*Phasianus colchicus*) Ave galinácea de bela plumagem, nativa da Ásia e levada para a Europa na Idade Média. A fêmea é sempre mais gorda e tem a carne mais tenra e saborosa que a do macho, o qual se distingue também pelas esporas redondas e plumagem mais colorida. Além de assado, inteiro e recheado, em pedaços ou desossado, pode ser preparado cozido ou ensopado. Se assado, deve-se prestar atenção ao tempo de cozimento para que a carne não fique ressecada. Hoje em dia, com as criações desse animal, tornou-se um alimento menos caro e de carne menos rija (e menos saborosa, dizem os especialistas) que a do faisão silvestre. Na Europa, em séculos passados, utilizava-se um processo curioso para tornar a carne do faisão selvagem menos dura: depois de morto, deixavam-no suspenso pelo pescoço, ainda com vísceras, por alguns dias, e só era considerado pronto para temperar e assar quando uma pena de sua cauda pudesse ser retirada facilmente, ao ser pu-

xada. Na culinária francesa, esse processo denomina-se *faisandage*. Ver **Faisandage**.

Faisão Suvarov Receita clássica francesa para preparo de faisão, criada em homenagem a Aleksandr Suvarov, grande general russo e gastrônomo que esteve na França várias vezes no século XVIII. É preparada com faisão sem pele e desossado, cujas formas são preservadas, temperado com sal e pimenta-do-reino, acrescido de trufas, manteiga, um pouco de demi-glace e *foie gras*, lardeado e assado em forno para um primeiro cozimento. Depois de retirado o lardo, é então depositado em uma terrina refratária forrada com massa de brioche e, a seguir, é também recoberto por esta. Após a massa ser pincelada com gemas, a terrina é levada ao forno e aberta somente à mesa, para manter guardados todos os aromas combinados. Ver **Demi-glace** e **Foie gras**.

Fajitas Da culinária mexicana, é a carne fatiada e marinada, por pelo menos 24 horas, em uma mistura de óleo, suco de limão, pimenta-vermelha e alho, que depois é grelhada. Cortada em tirinhas, é usada como recheio de burritos. Ver **Burritos**.

Faláfel Bolinho de origem palestina bastante consumido no Oriente Médio. É preparado com fava e grão-de-bico moídos, temperado com coentro, salsinha, cebolinha-verde, cebola, alho, pimenta-do-reino, pimenta-síria, cominho e sal, além de uma pequena quantidade de fermento. É frito e servido em pão sírio, acompanhado de conserva de nabos e beterraba, tahini, molho taratur, coalhada e saladas diversas. Ver **Tahini** e **Taratur**.

Falerno O mais famoso dos vinhos romanos da Antiguidade, apreciado por Horácio e Plínio, importantes pensadores da época. Descrito como áspero, forte e escuro, tornava-se mais suave com o envelhecimento. Supõe-se que, pelas características de fabricação, seria semelhante ao Lacryma Christi de hoje. Ver **Lacryma Christi**.

Fandenqueca Tipo de panqueca típica da culinária do Sul do Brasil. É preparada com ovos, leite, farinha de trigo e frita em manteiga. Deve ficar com espessura bem fina e ser servida polvilhada com canela e açúcar.

Farelo Película que reveste o grão de cereal. Pode ser retirada durante o processo de moagem ou moída com o grão. Para fazer a farinha branca, o farelo é retirado; para a farinha integral, é deixado e moído junto. Ver **Centeio**, **Cevada**, **Milho** e **Trigo**.

Farfalle Massa alimentícia italiana seca, com formato de borboleta ou gravatinha. Em tamanho bem pequeno, é denominada *farfallini*; em tamanho grande, *farfalloni*.

Farinha Grão de cereal ou raiz que foi moído e transformado em pó. As farinhas mais usadas são as feitas de trigo, de cevada, de mandioca, de milho, de centeio e de arroz. Elas são encontradas, também, com diferentes graus de moagem. Ver o tipo de farinha.

Farinha-d'água Farinha grossa muito encontrada na região Norte do Brasil, produzida com raízes da mandioca brava, que ficam de molho em água por alguns dias antes do preparo, tornando-se levemente fermentadas. É mais hidratada e mais nutritiva que as farinhas de mandioca comuns. Seu preparo, depois da hidratação, é similar ao de outras farinhas de mandioca: a mandioca fermentada e

amolecida é lavada, descascada, triturada e prensada para a retirada da manipueira; os torrões de massa são, então, desfeitos e peneirados para a retirada de resíduos; em seguida, a massa é preparada para a torra – levada ao primeiro forno da casa de farinha para que perca a umidade; depois dessa etapa, é colocada no segundo forno, para a torra propriamente dita, até que fique crocante, processo que dura algumas horas. Depois de seco, o grão fica bem resistente e é novamente peneirado, para a separação por tamanho. Algumas farinhas podem ser aromatizadas durante esse processo (com coco, por exemplo). As farinhas-d'água que mais se destacam por sua textura, sabor e qualidade são as de Uarini, no Amazonas, de Bragança e da Ilha de Marajó (marajoara), no Pará. É denominada também farinha puba.
Ver **Farinha de Uarini**, **Farinha ovinha**, **Mandioca** e **Manipueira**.

Farinha de arroz Farinha muito fina feita com grãos de arroz branco moídos. Bastante utilizada na culinária asiática, é também frequente na culinária baiana, em pratos como o vatapá. Pode ser usada ainda no preparo de rosquinhas e biscoitos.

Farinha de Bragança Ver **Farinha-d'água**.

Farinha de copioba Ver **Farinha de mandioca**.

Farinha de grão-de-bico Ver **Besan**.

Farinha de Jacupiranga Ver **Farinha de mandioca**.

Farinha de mandioca Feita com a raiz da mandioca moída e torrada. É conhecida também por farinha-da-terra, farinha-seca ou farinha de pau. A roça normalmente é plantada em janeiro e colhida em agosto do ano seguinte; por isso, agosto é conhecido como o "mês da farinhada" ou "do desmanche", no sertão nordestino. Seu preparo continua artesanal em muitas regiões do país. Depois de raspada para retirar a casca, a raiz de mandioca é lavada com água, escorrida e ralada ou triturada. Essa massa úmida é ensacada e colocada na prensa, a fim de que toda a sua água saia, líquido denominado manipueira. A polpa seca volta ao triturador para ficar mais fina. A massa é, então, peneirada e levada ao fogo, em tacho baixo e largo, onde é mexida com rodo, em pouco calor, até ficar torrada e sem umidade. Por ainda ser muito artesanal, seu fabrico varia de acordo com o lugar, originando as farinhas regionais: a farinha de copioba (fina e amarelada), da cidade de Nazaré das Farinhas, no Recôncavo Baiano; a farinha pernambucana (branca e fina); a farinha do Pará (grossa e de tonalidade amarelo forte), a farinha de Santa Catarina (também muito branca e fina, com alto teor de amido), a farinha de Jacupiranga (paulista, fina e branca, bem seca e crocante), a farinha suruí (branca e fina) etc.
Ver **Mandioca** e **Manipueira**.

Farinha de mandioca bijusada Feita da massa da raiz da mandioca, é laminada e com flocos irregulares. Seu processo de fabricação é igual ao da farinha de mandioca comum, até ir para o forno. Na secagem e torra, forma uma película fina que, depois, é fragmentada parcialmente. O resultado é uma granulação heterogênea.
Ver **Farinha de mandioca** e **Mandioca**.

Farinha de milho Farinha granulosa, em flocos, feita com o grão de milho previamente macerado, socado e peneirado. O milho é colocado em um tacho, no fogo e, ao ser aquecido, começa a grudar, for-

mando placas que depois são esfareladas. É utilizada no preparo do cuscuz paulista, em farofas, broas de milho e outros pratos. Ver **Cuscuz paulista**.

Farinha de rosca Farinha feita com pão amanhecido, torrado e moído. Para que sua textura seja uniforme e delicada, deve ser peneirada. É muito empregada em empanados. Terá maior durabilidade se guardada em saco plástico, sem ar, em freezer.

Farinha de tapioca Fécula de mandioca hidratada, própria para fazer a tapioca ou tapioquinha. É muito fina e tem características diferentes da chamada farinha de tapioca do Pará. Ver **Farinha de tapioca do Pará**, **Mandioca**, **Polvilho** e **Tapioca**.

Farinha de tapioca do Pará Muito apreciada no Pará e também conhecida por tapioca expandida, é preparada com a fécula da mandioca em um processo artesanal muito característico. A fécula de mandioca, já decantada e recolhida, é quebrada e peneirada. Em seguida, inicia-se o encaroçamento, fase em que a goma é trabalhada com as palmas das mãos, em movimentos giratórios, para fazer surgir os grânulos. Quando estes alcançam o tamanho adequado, são selecionados por peneira e levados para a etapa seguinte: o escaldamento. Nesse estágio, os grânulos são mexidos em tachos de ferro quentes, primeiro com vassouras de fibra e depois com rodos de madeira, por cerca de 20 minutos para perder a umidade e gelificarem. Descansam até o dia seguinte, quando, então, começa a fase denominada espocagem, passo em que voltam ao tacho de ferro, dessa vez com calor mais intenso, para se expandirem. O tamanho dos grânulos dobra, eles ficam brancos e opacos, crocantes e sem sabor. Estão prontos para serem classificados por tamanho e embalados para venda. Em alguns casos, podem ainda receber coco ralado. Essa farinha de tapioca é usada principalmente no Pará, como acompanhamento da tigela de açaí ou como cuscuz de tapioca, preparado com leite de vaca, de coco e açúcar. Pode ser utilizada também em bolos, pudins, sorvetes, mingaus, pães, roscas, entre outros preparos. Ver **Fécula** e **Mandioca**.

Farinha de trigo Farinha obtida pela moagem dos grãos de trigo. Existem dois tipos básicos: a farinha de trigo integral e a farinha branca. A primeira é resultado da moagem do grão inteiro e conhecida por farinha com 100% de aproveitamento; a segunda, a mais utilizada, tem cerca de 75% de aproveitamento, e a maior parte do farelo e do germe de trigo é retirada. Há diversas variedades de farinha branca no mercado, cuja composição é alterada de acordo com o uso a que se destina: a multiuso, mais comum e sem finalidade especificada; a que contém fermento, para elaboração de bolos; a de maior teor de glúten, para ser usada em panificação; a com menor teor de glúten, para confeitaria; semolina de trigo *durum*, para massas; a farinha de trigo mole 0 ou 00; ou simplesmente farinha branca com adição de vitaminas e sais minerais. A farinha de trigo é um produto deteriorável que pode ser conservado, em condições ideais, no máximo por seis meses.

Farinha de Uarini Farinha-d'água diferenciada produzida pelos ribeirinhos do interior da Amazônia, com formato de pequenas bolinhas amarelo-douradas, muito regulares em tamanho. De qualidade superior, é muito procurada e, por isso, tem alto preço de venda. Mais afamada da região, recebeu selo de Indicação Geográfica (IG) do Instituto Nacional de Propriedade Industrial (INPI), na categoria de Indicação de Procedência (IP), em 27 de agosto de 2019. O selo abrange quatro cidades da região do Alto Solimões, que dista 560 km de Manaus: Uarini, Tefé, Alvarães e Maraã. Sua produção segue regras rígidas, que vão desde o plantio até a embalagem final, é agroecológica e livre de agrotóxicos. É uma farinha ovinha feita de raízes de cultivares de mandioca específicos, de cor amarela. Depois de pubada, descascada, amassada, espremida e peneirada, a massa passa pelo processo de embola, em embolador mecânico. A etapa seguinte, de escaldamento e torra, exige expertise para atingir o ponto certo, que lhe garante a fama. Depois de resfriadas e sopradas, as bolinhas ainda passam por peneiras para determinação de seu tipo: filé (até 1 mm de diâmetro), ovinha (entre 1 mm e 1,5 mm) e ova (entre 1,5 mm e 2 mm). Ver **Farinha-d'água**, **Farinha ovinha** e **Indicação de Procedência (IP)**.

Farinha marajoara Ver **Farinha-d'água**.

Farinha ovinha Farinha de mandioca amarela feita com massa puba, ou seja, mandioca previamente hidratada. De preparo similar ao da farinha-d'água comum, trata-se de uma farinha-d'água cuja elaboração tem uma etapa a mais. Depois de hidratada e fermentada (em rios, igarapés ou tanques de água limpa), lavada, descascada, triturada, prensada e peneirada para retirar as impurezas, ela passa pelo boleador ou embolador, processo que pode ser artesanal (rede de pano) ou mecânico (cilindro de metal furado, girado repetidamente para obtenção do formato esférico correto). Nessa fase, é formatada em bolinhas de vários tamanhos, que, em seguida, são levadas para secar em forno aberto ou tacho de ferro. Essa etapa exige experiência no manejo do tarubá (remo para mexer as bolinhas), na temperatura e no tempo empregado. Quando está seca e torrada, é novamente peneirada e soprada para que permaneçam apenas as bolinhas, as quais, então, são separadas por tamanho antes de serem vendidas. É denominada ova, quando maior, ou ovinha, quando menor. Depois de torrada, fica muito dura. As farinhas mais conhecidas desse tipo são as da cidade de Uarini, no Amazonas, por sua alta qualidade. Na região, são usadas para tudo: fazer farofa, como recheio, salada ou acompanhamento. Em alguns preparos, ela deve ser reidratada antes. Ver **Farinha-d'água**, **Farinha de Uarini** e **Mandioca**.

Farinha suruí Tipo de farinha de mandioca. Ver **Farinha de mandioca**.

Farinheira Enchido feito com gordura de porco misturada com farinha de trigo ou miolo de pão e temperada com alho, sal, colorau, suco de laranja e vinho branco. Serve-se cozida ou frita.

Farl Bolo ou pão escocês com formato triangular. O nome tem mais a ver com a forma que propriamente com o tipo de bolo ou pão. É uma derivação da palavra *fardel*, que significa "a quarta parte", em analogia a seu formato. A massa, redonda e chata, é cortada em quatro quartos, que são assados separados. Embora hoje essa denominação seja menos usada, ainda são encontrados *scones*, *oatcakes* e *bannocks* cortados e assados em quartos que usam esse nome. Ver **Bannock**, **Oatcakes** e **Scone**.

Farofa Prato de acompanhamento muito tradicional em todo o Brasil, cuja base é sempre a farinha de mandioca dourada no fogo. Em seguida, é temperada com sal e misturada a algum ingrediente que a caracteriza e lhe empresta o nome: azeite

de dendê, manteiga, gordura do casco da tartaruga, ovos, miúdos, ameixas, bananas, içás etc. A farofa de azeite de dendê também é conhecida por farofa amarela. Deve ficar com consistência seca e torradinha. Ver **Farinha de mandioca**.

Farófia Ver **Ovos nevados**.

Fartes Doce clássico português, era preparado pelas freiras nos conventos e presenteado à família real e aos nobres; prato típico de festas e comemorações. É feito com calda de açúcar em ponto de fio, amêndoas picadas, cidra em tirinhas, cravo, canela, erva-doce e pão ralado. No ponto e já frio, é moldado em formato de bolas, com manteiga e açúcar, e levado ao forno para secar. Foi o primeiro doce trazido para o Brasil, preparado a bordo dos navios, ao gosto de Pedro Álvares Cabral.

Fast-food 1. Comida preparada e servida rapidamente, em especial em restaurantes e lanchonetes que ofereçem cardápio limitado. Pode-se consumir o alimento no local, no balcão, em mesinhas, ou então levá-lo em embalagens próprias. Hambúrgueres, pizzas, cachorros-quentes, pequenos empanados, frituras, sanduíches de modo geral, com sucos e refrigerantes são exemplos de fast-food. **2.** Comida pré--processada e pré-cozida, que requer um mínimo de preparação para ser servida.

Fat bloom Fenômeno pelo qual a manteiga de cacau presente no chocolate se separa e migra para a superfície, dando-lhe aspecto esbranquiçado. Ocorre ao longo do tempo, mas pode ser precipitado pela exposição do chocolate a variações de temperatura. A correta temperagem previne o fenômeno, que pode também ser retardado pelos fabricantes pela adição de emulsionantes (ésteres de sorbitano, de sacarose etc.). Ver **Chocolate** e **Temperagem**.

Fatia Sinônimo de talhada, é um pedaço chato, delgado e mais ou menos comprido de um alimento. Sua espessura e tamanho podem variar.

Fatias da China Doce típico da culinária de Portugal, da região do Ribatejo, trata-se de um bolo feito à base de gemas bem batidas, cozido em fôrma fechada em banho-maria por cerca de uma hora. A água não pode perder a fervura, sob pena de a massa não ficar adequada. Depois de frio e desenformado, é cortado em fatias, que são mergulhadas em calda de açúcar, em seguida arrumadas em uma travessa e novamente regadas com calda de açúcar, perfumada ou não com laranja ou canela. Serve-se frio. Esse doce é conhecido também por fatias de Tomar, por ser característico dessa cidade portuguesa. Lá, inclusive, fabricam-se panelas com características especiais para sua feitura.

Fatias de Braga Doce da culinária portuguesa, da região entre o Douro e o Minho. As fatias são preparadas com amêndoas trituradas e gemas, misturadas a calda de açúcar, que em seguida vão ao forno para assar em tabuleiro forrado com papel vegetal. Depois de assadas, são desenformadas, cortadas em quadrados e polvilhadas com açúcar. Sua textura é macia e seu sabor, bastante suave, é de amêndoas. Fazem parte, também, dos doces de Pelotas. Ver **Doces de Pelotas**.

Fatias reais Sobremesa portuguesa feita de fatias de pão de fôrma sem a casca, embebidas em gemas e, em seguida, cozidas em calda quente de açúcar. Tradicionais da região da Estremadura, são servidas polvilhadas com canela em pó e enfeita-

das com fios de doce de chila, uma espécie de abóbora muito comum em Portugal.

Fatuche Salada da cozinha árabe preparada com tomate, pepino, hortelã e cebola, em pequenos pedaços, a que são misturados quadradinhos de pão árabe previamente tostados. O prato é, então, temperado com sal, suco de limão e azeite. Também grafado *fattoush*.

Fava (*Vicia faba*) Planta comestível da família das fabáceas. Produz vagens grossas com grãos (as favas propriamente ditas), que são grandes, ovalados e achatados, de cor verde-clara. Vagens pequenas, antes de produzir favas, podem ser cozidas inteiras; as maiores devem ser descartadas depois de recolhidas as favas. Cozida até amaciar, vai bem em saladas, acompanhando arroz e massas, ou salteada com cebola e presunto. É originária do norte da África e da região do Mar Cáspio. Foi levada para a Europa ainda na Pré-história e trazida para as Américas pelos navegadores europeus.

Fécula Amido que pode ser obtido da batata, da araruta ou da mandioca, transformado em pó. É usada para engrossar molhos, cremes, mingaus e também na elaboração de bolos e biscoitos.

Fegatelli alla Toscana Prato característico da região italiana de mesmo nome, preparado com fígado de porco em quadrados, temperado com sal e folhas de louro, misturado a farelos de pão e enrolado em coifa. Depois de grelhados ou assados no forno, os pedaços de fígado apresentam uma bela cor dourada e um sabor delicioso por causa da gordura da coifa. É um prato similar ao faggot, da Inglaterra e do País de Gales. Ver **Faggot**.

Feijão (*Phaseolus vulgaris*; *Vigna unguiculata*) Da família das fabáceas, é um dos ingredientes mais presentes na mesa dos brasileiros. Existem diversas espécies, originárias das Américas, da Ásia ou da África. As duas mais cultivadas em nosso país são a *Phaseolus vulgaris* e a *Vigna unguiculata*. Também há muitas variedades, das quais as mais conhecidas por aqui são: feijão-preto (miúdo, de cor preta, tradicional na feijoada), feijão-mulatinho, roxinho e rosinha (todos miúdos, que recebem o nome segundo a cor dos grãos), feijão-carioca (miúdo, de cor creme, com estrias marrons), feijão bico-de-ouro (miúdo, de cor creme, com olhinho amarelo), feijão jalo (graúdo, de cor bege), feijão-branco (semelhante ao jalo, com tonalidade mais clara, próprio para ser servido frio em saladas), feijão-fradinho (de grãos miúdos e de cor bege clara, com olhinhos pretos), feijão-manteiga (de grãos graúdos e de cor bege clara, pode também ser usado em salada ou como purê), feijão-da-praia etc. De acordo com o modo de colheita, pode ter denominação diferenciada: feijão de arrancar, se toda a planta é retirada do solo quando madura; feijão-de-corda ou de apanhar, quando as vagens são colhidas uma a uma, como se faz com o macassar ou caupi.

Feijão assado à americana Ver **Boston baked beans**.

Feijão-azuqui (*Vigna angularis*) Espécie de feijão de grãos miúdos, de cor marrom-avermelhada e sabor levemente adocicado. É usado, em geral, em salada, com arroz ou como pasta doce. Bastante utilizado na culinária oriental, é a base do *yokan*, doce japonês muito comum. Ver **Yokan**.

Feijão-de-corda Ver **Feijão**.

Feijão-de-leite Prato da culinária baiana feito com feijão-preto, leite de coco, sal e açúcar. Depois de cozido, o feijão é triturado de modo grosseiro com um pouco do próprio caldo, mas sem se transformar em purê. É, então, temperado com os ingredientes restantes e servido, em geral como acompanhamento de bacalhau e outros peixes.

Feijão-mexido Prato da culinária gaúcha que consiste em feijão-preto "mexido" – ou seja, misturado – com farinha de mandioca, até engrossar. Em geral, são aproveitados os restos do feijão ou da feijoada. Se houver charque ou outras carnes, estas devem ser desfiadas ou cortadas em pedaços miúdos previamente, para serem acrescentadas. Antes de o feijão engrossar, mistura-se a ele um bom refogado de cebola, pimentão, pimenta, temperos verdes e gordura.

Feijão-tropeiro Prato típico da cozinha mineira, feito com feijão-mulatinho. Depois de cozido, escorrido e refogado em banha de porco e temperos, é misturado a um pouco de farinha de mandioca e guarnecido com pedaços de linguiça e torresmo. Na maior parte das vezes, acompanha carne com couve à mineira.

Feijão-verde Feijão novo, ainda na vagem.

Feijoada Um dos mais famosos pratos do Brasil – considerado nacional por excelência –, trata-se de um ensopado de feijão e carnes originário da cidade do Rio de Janeiro. Com pouco mais de cem anos de existência, até o fim do século XIX não apresentava as características que tem hoje. Antes era mais simples e rudimentar, feito com grãos e partes do porco. Hoje, é um cozido de feijão-preto e carnes (lombo, carne-seca, toucinho, linguiça, pé de porco, orelha, rabo de porco etc.) bastante temperado com refogado de cebola, alho, louro e gordura, acrescido de sal e pimenta-do-reino. Serve-se com arroz branco, fatias de laranja, couve cortada fina e refogada, farofa e molho de pimenta. Na Bahia, a feijoada é preparada com feijão-mulatinho, e não com o feijão-preto usado no Sul e Sudeste. A feijoada pernambucana também é preparada com o feijão-mulatinho, além de ser refogada com cebolas, tomates, pimentão, louro, cheiro-verde, alho, vinagre, pimenta-do-reino e cachaça.

Fennel Funcho, em inglês. Ver **Funcho**.

Feno-grego (*Trigonella phoenum-graecum*) Planta originária da Ásia e levada para a Europa, onde é conhecida por alfarva ou alforva e usada também como forragem. Especiaria de sabor forte, sua semente inteira assemelha-se a um pequeno grão de mostarda, muito duro e de cor bege. Costuma ser comercializado já moído. Seu sabor é doce e amargo ao mesmo tempo. Em sementes inteiras, é ótimo para temperar saladas.

Feouse Ver **Quiche lorraine**.

Fermentação Transformação controlada em alimentos, provocada por um elemento vivo (levedo ou bactéria) ou por uma reação entre os compostos presentes no fermento químico. Existem diferentes tipos de fermentação: a alcoólica, essencial na fabricação de vinhos, cervejas e na fermentação da massa de pães, é produzida pela ação de levedos, fungos capazes de produzir álcool e dióxido de carbono por meio da metabolização do açúcar; a acética, responsável pela produção de vinagre, é ocasionada pelas bactérias dos gêneros *Acetobacter* ou *Gluconobacter*, que metabolizam o álcool, gerando ácido acético e água; a láctica ocorre no leite e é provocada por bactérias especializadas, capazes de digerir a lactose e transformá-la em ácido láctico, que produz iogurtes e cremes azedos; há, ainda, a fermentação gerada por misturas de compostos químicos, conhecidas por fermento químico, usadas para dar expansão a massas líquidas e bolos pela produção rápida de gás carbônico. Ver **Fermento** e **Levedo**.

Fermentação nociva Fermentação indesejável que ataca certos alimentos e bebidas. É o caso de geleias e compotas que, por insuficiência de açúcar, deterioram-se e de sucos de frutas frescas que, em embalagens abertas por muito tempo, tornam-se espumantes pela ação de agentes fermentativos.

Fermento Componente capaz de provocar trocas químicas que dão leveza às massas de pães e bolos, conferindo-lhes textura leve e esponjosa. Há dois tipos principais de fermento que podem ser utilizados em culinária: o químico e o biológico. O primeiro, conhecido por fermento em pó ou instantâneo, é composto de bicarbonato de sódio somado a um elemento ácido (ácido tartárico, fosfato monocálcico ou outros), geralmente acrescidos de farinha de arroz ou fécula de batata. É usado para fazer crescer e tornar fofas massas de bolos e massas líquidas e deve ser conservado em lugar seco, em recipiente bem fechado. O segundo, mais direcionado a pães e massas de pizza, é uma levedura, isto é, um fungo vivo (*Saccharomyces cerevisiae*) que se alimenta dos açúcares da massa e libera gás carbônico, responsável por dar volume e estrutura à massa quando se associa ao vapor gerado pelos componentes líquidos. O fermento biológico é comercializado fresco, seco ou na versão seca instantânea. Fresco, é vendido em tabletes pequenos de 15 g, tem cor bege, cheiro agradável e textura firme que se esfarela com facilidade. Deve ser guardado por pouco tempo e sob refrigeração. O seco, em forma granulada, de textura grossa ou fina, é vendido em potinhos e deve ficar estocado em ambiente seco. Antes de ser adicionado à massa, deve ser dissolvido em água ou leite morno. Já o fermento biológico seco instantâneo tem a forma de pequenos bastões cor de creme. Prescinde da necessidade de pré-hidratação e não precisa ser armazenado sob refrigeração.

Fernet Bitter feito com 27 ervas e especiarias, como o ruibarbo, a quina, a genciana, a camomila, o cardamomo, o agárico, entre outras, e álcool neutro, produzido em Turim e Milão (Itália) e na Argentina. Foi criado em Milão, em 1845, por Bernardino Branca. É usado como digestivo, acompanhando o expresso ou mesmo misturado a ele, além de ser ingrediente de diversos coquetéis. Ver **Bitter**.

Ferver Aquecer um líquido até o ponto de ebulição, ou seja, até o momento que começa a evaporar. Dependendo do objetivo e do alimento, a fervura a ser utilizada deverá ser lenta ou rápida. Consegue-se a fervura lenta (branda) abaixando-se o fogo logo após ter alcançado o ponto de ebulição; na rápida, ao contrário, o fogo deve ser mantido alto. Café e chá não devem ferver. Leite exige fervura rápida para não perder os nutrientes. Algumas misturas, sobretudo as que contêm amido, podem criar grumos durante o cozimento, por isso é necessário mexê-las enquanto fervem. De maneira geral, vegetais, massas e ovos devem ser colocados já na água fervendo. Alguns alimentos, entretanto, para obter melhor resultado,

devem ser postos na água ainda fria, que aquecerá progressivamente até o ponto de fervura. Estão nessa categoria a batata, a cenoura, as leguminosas secas e alguns cereais. Alimentos cozidos em água não necessitam da adição de gordura.

Fervido Ensopado de carne e legumes da cozinha gaúcha, cozido em fogo brando por longo tempo. Nas fazendas, onde geralmente é feito para aproveitar restos de carne e legumes, é chamado de soquetero ou fervidão. Ver **Soquetero**.

Feta Produzido na Grécia, é o mais popular (70% do consumo nacional) e antigo queijo doméstico grego. Por ser protegido pela legislação da União Europeia, somente os produzidos nas regiões gregas da Tessália, Macedônia, Trácia, Peloponeso, Lesbos e Central podem ostentar esse nome. Semelhante à ricota, embora mais salgado e curado, é muito branco, firme, macio e esfarelento. Sua textura e sabor podem variar de região para região. Os da Macedônia e da Trácia são mais suaves, macios, cremosos e com menos sal e menos orifícios. Os da Tessália e da região Central têm perfume mais intenso. Os do Peloponeso têm sabor mais forte e massa mais seca. De maneira geral, percebe-se bem seu sal em razão do banho de salmoura. Fabricado tradicionalmente com leite de ovelha não pasteurizado, pode ser feito também com leite de cabra ou com a mistura dos dois. Em algumas variedades comerciais, emprega-se o leite de vaca. Muitas vezes conservado em salmoura, é bastante utilizado em saladas, recheios de pastéis, de tortas, além de servir como base para pastas e fabricação de outros queijos. Seu percentual de gordura é cerca de 20%. Ver **Denominação de Origem Protegida (DOP)**.

Fettuccine Massa alimentícia italiana à base de farinha de trigo e ovos, com formato de tiras longas, largas (1 cm) e chatas (5 mm). Quando há espinafre em sua composição, é denominada *fettuccine verde*. É conhecida também por *tagliatelle*. O fettuccine mais largo é chamado *fettucce* e o mais estreito, *fettuccelle*.

Fettuccine all'Alfredo O fettuccine mais famoso foi o criado em 1908 pelo chef italiano Alfredo di Lelio, que envolveu a massa em um rico molho de manteiga e queijo parmigiano fresco. A receita teria sido criada para sua esposa, que, após ter dado à luz ao primeiro filho do casal, encontrava-se prostrada. O prato foi aprovado e entrou no cardápio do restaurante do chef em Roma (Itália), também chamado Alfredo, tornando-se famoso no mundo. É o familiar *fettuccine al burro* (fettuccine na manteiga) das *mamme* italianas, mas com molho mais rico e untuoso. Fora da Itália, a receita original foi adaptada, com a usual adição de creme de leite.

Feuille de dreux Queijo cremoso francês também conhecido por *Dreux a la Feuille*. Originário de Eure-et-Loire, é produzido com leite de vaca cru ou pasteurizado. É cremoso, suave e maturado em folhas de castanheira, que lhe empresta sabor terroso, de cogumelos. Com casca branca azulada ou acinzentada recoberta por fungos, seu interior é amarelo. Tem 40% de teor de gordura.

Feuilletée Termo, em francês, que designa a massa folhada. Ver **Massa folhada ou feuilletée**.

Fiambre 1. O mesmo que presunto. **2.** Pode ser também outro tipo de peça de carne, preparada para ser degustada fria.

3. No Sul do Brasil, nomeia a provisão de alimentos frios para viagem.

Fiasco Denominação, na Itália, da garrafa de vinho envolta em palhas, principalmente a usada para o Chianti. Ver **Chianti**.

Fibra Substância proveniente de alimentos que têm origem vegetal. Origina-se das paredes celulares dos vegetais e compõe-se de um conjunto de partículas de carboidratos que não podem ser completamente digeridas. A maior parte das fibras passa, simplesmente, pelo organismo e é eliminada, facilitando a movimentação dos alimentos pelo intestino. Elas estão presentes em todos os vegetais, embora variem em quantidade de um para outro, e suas maiores fontes são cereais integrais, leguminosas secas e frescas, além de sementes.

Ficelle Pão francês, longo e fino, de massa branca, com a metade do tamanho de uma baguete. Ver **Baguete**.

Fideline Ver **Aletria**.

Fideos Massa muito fina, do tipo vermicelli, muito usada na Espanha com vegetais e, no México e no Peru, na sopa seca. Ver **Sopa seca** e **Vermicelli**.

Fígado Carne forte e rica em nutrientes, maior glândula do organismo. O óleo que dele se extrai é riquíssimo nas vitaminas A, D, em proteínas e minerais. Trata-se de um alimento saboroso utilizado em muitos pratos, como o "iscas à lisboeta", um dos mais conhecidos da culinária portuguesa. Ver **Iscas**.

Figo (*Ficus carica*) Da família das moráceas, é o fruto da figueira. Tem casca fina e delicada, verde ou roxa, e polpa rosa ou vermelha cheia de minúsculas sementes comestíveis. Quando está fresco, é um tradicional acompanhamento para o presunto cru; grelhado, salteado ou em calda, na maioria das vezes é servido como guarnição para assados. Pode ainda ser consumido como sobremesa: fresco, em calda, cristalizado, como geleia, compota ou em cremes e tortas. Também é comercializado seco. Originário da Ásia Menor e conhecido desde a Antiguidade, o figo já estava presente nos desenhos da grande pirâmide de Guizé, construída há 55 séculos, além de aparecer nas mitologias grega e romana. Começou a ser plantado no Brasil pelos portugueses, ainda no século XVI.

Filão Pão pequeno e alongado, roliço, com peso e tamanho variados. De elaboração artesanal, é rústico e feito com fermento natural. Bastante comum no Sul do Brasil, é semelhante ao pão francês.

Filbert Palavra inglesa que designa a avelã. Ver **Avelã**.

Filé a cavalo Prato bastante comum em restaurantes brasileiros que servem comida de preparo rápido. É composto de um bife de filé-mignon, alcatra ou contrafilé frito ou grelhado na chapa, sobre o qual é colocado um ovo frito na hora e acompanhado de arroz branco. É conhecido também por bife a cavalo.

Filé à Oswaldo Aranha Prato muito tradicional na cidade do Rio de Janeiro, é um filé recoberto com alho frito em manteiga e acompanhado de farofa, arroz branco e batatas portuguesas (batata frita cortada em rodelas). Diz-se que existe desde 1926, quando começou a ser servido no restaurante Cosmopolita, na Lapa,

bairro boêmio da cidade. Homenageia Oswaldo Aranha, político gaúcho e chanceler do Brasil de projeção internacional, que inaugurou, por meio de discurso, a primeira sessão da ONU, em 1947.

Filé à Wellington Ver **Filé Wellington**.

Filé de costela Corte de carne bovina próprio para ensopados.

Filé de frango Corte de frango no formato de um bife fino, sem osso, retirado do peito. Possibilita variados tipos de preparo.

Filé de peixe Corte feito no sentido do comprimento do peixe, com 1 cm ou 2 cm de espessura, de pura carne, sem espinha. Peixes como o linguado, o cação-viola e a pescada dão bons filés.

Filé-mignon Carne bovina muito macia, magra, localizada no dorso do animal e que pesa aproximadamente 2 kg. Considerado um dos cortes mais caros, não tem nervos, gordura ou osso. Próprio para bifes, *châteaubriands*, *tournedos* e picados. Por ter sabor delicado, deve ser servido com molho. Ver **Châteaubriand** e **Tournedos**.

Filé powder Tempero de origem indígena. Supõe-se que a tribo dos Choctaw, na Louisiana (Estados Unidos), tenha sido o primeiro grupo humano a utilizá-lo para dar sabor à comida. É preparado com folhas secas e moídas de sassafrás, árvore típica da região. Hoje fundamental na cozinha créole, de Nova Orleans, é tempero básico do gumbo. Seu nome, filé, foi dado pelos descendentes de franceses nascidos nas Américas, na província de Nova Orleans, ainda no século XVIII: trata-se de uma variação da palavra francesa *filet*, que significa "pequeno fio" se usada em relação a um líquido. Foi assim nomeado porque, quando usado em um alimento líquido quente, liga-o, engrossando-o e deixando-o com a aparência de um fio contínuo quando vertido de um recipiente para outro. Ver **Créole**, **Gumbo** e **Sassafrás**.

Filé Wellington Prato de carne bastante conhecido, preparado com uma peça de filé-mignon malpassada, selada na manteiga. Em seguida, ela é recoberta de foie gras e duxelle e envolta em massa folhada. É levada, então, para assar no forno até que a massa esteja dourada e a carne, no ponto. Há muitas versões para a origem de seu nome. De acordo com uma delas, seria uma homenagem ao duque de Wellington, vencedor da batalha de Waterloo sobre Napoleão e apreciador de pratos empanados. Na época, já existia na França um prato similar denominado *filet de boeuf en croûte*, mas o novo nome o consagrou. É muito apreciado nos Estados Unidos e na Inglaterra, onde chama-se *beef Wellington*. Ver **Duxelle** e **Foie gras**.

Filet de boeuf en croûte Ver **Filé Wellington**.

Filet de poisson Waleska Prato requintado, criado no século XIX para homenagear Jean Waleski, embaixador e ministro de Napoleão III. Filho natural de Marie Waleska com Napoleão Bonaparte, Jean Waleski, sob a constante proteção do pai, não enfrentou dificuldades para se educar, fazer carreira e enriquecer. Ao receber a homenagem, preferiu transferi-la à mãe: de Waleski passou a Waleska. É constituído de um filé de linguado cozido em fumet por poucos minutos, recoberto de fatias de carne de lagosta ou lagostim e lâminas de trufas, envolto em molho mor-

nay e finalizado com manteiga de crustáceos antes de ser levado à salamandra para gratinar. Ver **Fumet, Mornay** e **Trufa**.

Filete Em Portugal, significa filé. É uma fatia fina retirada de certos tipos de peixe ou um quadrado alto de carne de peixe, sem pele ou espinhas, geralmente servido frito.

Filezinho de porco Corte mais nobre do porco, tem formato roliço e alongado como o do filé-mignon do boi, porém bem menor e mais fino. É mais suculento que o lombinho e não tem gordura. Um animal de 90 kg tem dois filezinhos de aproximadamente 200 g cada um.

Filhó Tradicional bolinho português de massa, frito em azeite e servido especialmente na época de Natal. Pode ser preparado de várias maneiras: com massa fermentada, com ou sem abóbora, com massa moldada em fôrmas e até mesmo com massa aberta bem fina e cortada. Depois de frito, é polvilhado com açúcar e canela ou regado com calda de açúcar e mel.

Filhote (*Brachyplathystoma filamentosum*) Peixe de rio, de carne branca e firme, muito saboroso. Encontrado na Amazônia, é bastante usado na cozinha paraense. Pode alcançar 3 m de comprimento e pesar acima de 150 kg. É conhecido também por piraíba, piratinga e piranambu (todos termos indígenas). Denomina-se filhote apenas quando é jovem, fase em que apresenta as melhores características para uso na cozinha.

Filloas con crema Típicas da Galícia, região da Espanha, consistem em panquecas doces recheadas com creme de gemas aromatizado com canela, laranja e limão. São fritas em azeite e servidas polvilhadas com açúcar e canela.

Filo Tipo de massa folhada laminada. Ver **Massa filo**.

Filoxera Doença que ataca as vinhas, causada pelo parasita *Daktulosphaira vitifoliae*, piolho perfurador da família dos afídeos, cuja ação ocorre principalmente nas raízes. Originário do Leste dos Estados Unidos, onde causava apenas um problema característico, na segunda metade do século XIX começou a atacar os vinhedos da Califórnia com grande violência. Por meio da exportação de cepas americanas, alcançou a Europa e causou um estrago sem precedente, dizimando vinhedos em todos os países. No início do século XX, os vinhedos restantes foram salvos pela técnica de enxertar as cepas locais em raízes de uvas americanas não viníferas, resistentes à praga. O enxerto não prejudicou as vinhas, apenas diminuiu seu tempo de vida.

Filtrar Técnica que tem como objetivo eliminar impurezas ou bactérias contidas em um líquido. Consiste em passá-lo por um filtro, que pode ser feito de diversos materiais: cerâmica, algodão, feltro, elementos petroquímicos, entre outros.

Financier Bolinho de origem francesa feito com farinha de trigo, farinha de amêndoas, manteiga e claras de ovos. Pode ser servido sem cobertura ou glaçado com fondant. De pequeno formato, é ótimo acompanhamento para café ou chá. Ver **Fondant**.

Financière Guarnição francesa que, como o próprio nome indica, é preparada com ingredientes caros. Inclui quenelles de ave, cogumelos, trufas, crista-de-galo e molho madeira com essência de trufas. Em geral, acompanha carne ou aves ou guarnece *vol-au-vent*, *timbales* e pequenas

entradas individuais. Ver **Quenelle**, **Timbale** e **Vol-au-vent**.

Fine champagne Ao contrário do que parece, não se trata de champanhe, mas de um tipo especial de conhaque, uma aguardente proveniente dos melhores setores (terrenos) da região. Por associação de ideias, em outras regiões da França o conhaque é pedido como *une fine*, independentemente de sua origem, o que não é correto.

Fines herbes Ver **Ervas finas**.

Fining Termo em inglês cujo significado é clarificação. Ver **Clarificar**.

Finnan haddie Hadoque eviscerado e sem ossos, um pouco salgado e defumado, originalmente fixado em varas sobre fogo de madeira verde e turfa. A proveniência de seu nome é controversa: há uma corrente que o associa a Findon ou Finnan (do gaélico *Fionndan*), aldeia de pescadores escocesa que hoje faz parte do Distrito de Aberdeen, e outra, da qual é adepto o escritor inglês do século XIX Sir Walter Scott, que o vincula à aldeia de Findhorn, às margens do rio de mesmo nome, no Condado de Moray. Chegou a Londres na primeira metade do século XIX e hoje, nas Ilhas Britânicas, é um dos pratos prediletos no desjejum, cozido em leite, grelhado ou como recheio de omelete. É base também de uma tradicional sopa escocesa, a *cullen skink*, e do *kedgeree*. Encontrado inteiro e em filés, sua produção é quase exclusiva de Findon, de onde é distribuído para o resto do país pelo porto de Aberdeen. Ver **Hadoque** e **Kedgeree**.

Fino Ver **Xerez**.

Finocchio Ver **Funcho**.

Fio, ponto de Ver **Calda**.

Fiore d'Alpi Licor italiano dourado e bastante doce. Como indica seu nome, que traduzido significa flor dos Alpes, é feito com o extrato de flores da região. Sua garrafa, alta e estreita, contém um pequeno ramo recoberto por cristais de açúcar.

Fiore sardo Queijo originário da Sardenha (Itália), como o próprio nome sugere, onde a produção é muito antiga. Por ser feito cem por cento com leite de ovelhas, também é conhecido por *pecorino sardo*. Trata-se de um dos quatro tipos de *pecorino* protegidos pela denominação de origem. Bastante oleoso, tem casca natural que varia do amarelo-ouro ao marrom e massa compacta, densa, que vai do branco ao amarelado. Seu período de maturação ideal é de seis meses. De sabor fresco quando novo e mais ácido depois de amadurecido, com a idade torna-se mais duro, devendo ser utilizado para ralar. É muito empregado para polvilhar sobre massas. Na província de Abruzzo, é servido com peras quando menos maturado. Ver **Denominação de Origem Protegida (DOP)** e **Pecorino**.

Fiorentina 1. Na Itália, a denominação *alla fiorentina* é dada aos pratos tradicionais da cidade de Florença, como a *bistecca alla fiorentina* (corte de carne bovina com osso, da raça Chianina, assado na brasa e servido mal passado) e a *trippa alla fiorentina* (tripa salteada, cozida em molho de tomate e polvilhada com queijo parmesão). 2. No Brasil, são nomeados "à fiorentina" certos pratos guarnecidos com espinafre, usualmente à base de peixes ou ovos.

Fios-de-ovos Doce português muito conhecido, à base de gemas de ovos. Para prepará-lo, utiliza-se um funil próprio, que pode ter de três a seis bicos bem finos, por onde são passadas as gemas, previamente peneiradas, para caírem em forma de fios em calda rala de açúcar fervente. Depois de cozidos, os fios são retirados da calda e postos a escorrer em uma peneira. São utilizados puros, como acompanhamento, em entradas e sobremesas, ou ainda como elemento-base de outros doces, por exemplo os ninhos. Os fios-de-ovos também fazem parte dos chamados doces de Pelotas. Em Portugal, sua história é longa e já foi denominado letria de ovos, ovos reais, ovos de fio ou ovos em fio. Consta do livro *Arte de cozinha*, de Domingos Rodrigues, cuja primeira edição data de 1680. No século XVIII, era encontrado em várias cidades de Portugal já como item de pastelaria, compondo outros doces. No século XIX, era item das mesas requintadas do Brasil. Ver **Doces de Pelotas** e **Ninhos**.

Fisális (*Physalis pubescens*) Encontrado em quase todo o território brasileiro, é um arbusto de pequeno porte muito ramificado, de folhas simples e ovaladas e flores amarelas com miolo escuro. Seu fruto é pequeno e redondo, de casca fina e lisa, de cor amarelo-alaranjada, envolto em casulo feito de folha fina. Tem polpa amarela, doce e suculenta, consumida *in natura* e usada na elaboração de geleia e doces. É conhecido também por camapum, saco-de-bode, mulaca, joá e joá-de-capote.

Fischietti Massa alimentícia italiana, é a menor das massas tubulares. Seu nome significa "pequenos assobios".

Fish and chips Tradicional prato da cozinha inglesa, constituído de pequenos filés de peixe fritos acompanhados de batatas também fritas e molho avinagrado.

Fizz Bebida refrescante feita com um destilado, geralmente gim, suco de limão, água gasosa e gelo picado. Quando é utilizado o gim como destilado-base, denomina-se Gim Fizz. É servido em copo *long drink*. Em alguns casos, acrescenta-se uma clara de ovo batida ao drinque, que passa a receber o nome Silver Fizz.

Flaky pastry Massa bastante gordurosa, de textura delicada, que fica com várias camadas depois de assada. Muito usada na culinária inglesa, é composta de dois tipos de gordura: toucinho e manteiga. Para prepará-la, usa-se a proporção de três partes de gordura para quatro de farinha. Pode ser empregada em coberturas de tortas doces e salgadas, pastéis, enroladinhos de salsicha, entre outras.

Flamande, à la Expressão francesa que significa "ao estilo flamengo", refere-se a pratos no estilo dos Países Baixos, guarnecidos com repolho, cenouras, batatas, nabos e, algumas vezes, linguiça de porco. É um acompanhamento clássico para carne ou aves.

Flambar Significa "passar pela chama". Aplica-se a pratos a que se adiciona certa quantidade de bebida alcoólica, como conhaque, Calvados, armanhaque, cachaça ou rum, ateando-se fogo em seguida. O álcool é então queimado, deixando o alimento com acentuado aroma e sabor da bebida. Pode-se flambar o prato durante o cozimento ou somente no momento de servir. A palavra vem do francês *flamber*.

Flamber Ver **Flambar**.

Flan 1. Torta aberta doce ou salgada, cuja massa é quebradiça. As duas versões contêm ovos batidos, mas a doce em geral é recheada de frutas; já a salgada, de carne,

peixe ou uma mistura de queijos. A massa pode ser assada antes ou depois de ser recheada. Prato muito antigo, é conhecido em toda a Europa pelo mesmo nome há mais de 1.500 anos. Um exemplo salgado de flan é a quiche lorraine. **2.** Na França, Espanha e em Andorra, o termo denomina um creme à base de leite, ovos e açúcar, cozido, resfriado e servido desenformado ou não. Pode receber ainda calda de caramelo. **3.** No Brasil, com a grafia *flã*, é utilizado como sinônimo de pudim. Ver **Pudim de leite**.

Flapjack Denominação das barrinhas de cereal, geralmente aveia, feitas com receita caseira na Grã-Bretanha. São preparadas com aveia, açúcar mascavo, golden syrup (xarope refinado de açúcar de cana) e manteiga. Depois de misturar os ingredientes, é assada em fôrma rasa. A massa é cortada, então, em tirinhas quando ainda quente.

Flatbröd Pão norueguês não fermentado, crocante e fino, feito com cevada, água e sal. É usado como acompanhamento de sopas, peixes, carnes salgadas, queijos e saladas. O nome significa pão chato. No início, era alimento fundamental na dieta de camponeses e pastores.

Flauta Da cozinha mexicana, é uma tortilha enrolada, recheada com ave ou carne e frita até ficar crocante. Ver **Tortilha**.

Flavorizantes Substâncias naturais ou artificiais utilizadas para intensificar o sabor e o aroma dos alimentos. Ver **Aditivos**.

Fleuron Pastelaria de acompanhamento da culinária francesa, é uma meia-lua, uma folha ou um peixinho de massa bem fina, pincelada com ovos batidos e assada no forno. Serve-se como acompanhamento de pratos de peixe, que contêm rico molho. Pode também guarnecer sopas.

Flor Nome da película branca que se forma na superfície de alguns vinhos ou vinagres quando entram em contato com o ar. É composta de um levedo denominado micodermo. Na superfície do xerez, quando aparece, indica que o vinho será um *fino*; se não, será um *oloroso*. Certos vinhos da região do Jura (França), também apresentam a *fleur* (flor, em francês). Ver **Xerez**.

Floral Diz-se do vinho com aroma de flores. Alguns têm essa característica na juventude, e são raros os grandes vinhos, mais amadurecidos, que a apresentam.

Flor do dendê Ver **Azeite de dendê**.

Florentine 1. Denominação na culinária francesa de diversos pratos cuja característica em comum é a utilização de espinafre. Pode referir-se, por exemplo, a uma guarnição cremosa à base de espinafre, muito utilizada com peixes ou miúdos; ou a um prato de peixe cozido com folhas de espinafre e molho mornay. Ver **Mornay**. **2.** Biscoito de massa muito fina, de manteiga, açúcar, creme e mel, que contém frutas secas e nozes. A massa é cozida no fogo para depois ser pingada em tabuleiro e, então, assada no forno. Depois de prontos, os biscoitos recebem cobertura ondulada de chocolate. Ao contrário do que sugere o nome, a receita é atribuída a pasteleiros austríacos.

Flores de coco Cocadas feitas em Goiás, muito tradicionais, com formato de pequenas flores. São preparadas com fitas de polpa de coco cozidas em calda de açúcar grossa até ficarem macias e, em seguida, enroladas como pequenas flores e postas a secar. Podem ser encontradas ao natural ou coloridas com corante alimentício.

Floresta Negra Ver **Torta Floresta Negra**.

Flummery 1. Até o século XIX, na Inglaterra, o flummery era um creme de aveia ou outro amido cozido até ficar macio, mas firme. **2.** Hoje em dia, na Inglaterra, é um pudim doce feito com frutas cozidas e amido de milho. **3.** Na Austrália, é um doce feito à base de leite evaporado e açúcar, engrossado com gelatina e aromatizado.

Focaccia Pão rústico característico da costa mediterrânea da Itália e da França. Esse é seu nome em italiano, na França é chamado *fougasse*. Surgiu na época dos romanos, quando era um pão chato assado em cinzas (*panis focacius* – derivado do latim *focus*, que significa "coração da fogueira"). A massa, de consistência mole, é preparada com fermento, farinha de trigo, leite, água e temperada com azeite e sal. São usadas as mãos para estendê-la em uma assadeira, e ela deve ficar com espessura grossa. Levada ao forno depois de pincelada com azeite e salpicada de sal, torna-se um pão grande, largo e muito saboroso. Pode ser servido recoberto com ervas frescas ou secas, além de ser um ótimo pão para sanduíches. Ver **Fougasse**.

Fogareiro Ver **Réchaud**.

Foie gras Fígado de ganso (ou de pato) gordo. Na Europa, esses animais são engordados especialmente para fins culinários. A técnica tradicional é a *gavage*, que faz seu fígado chegar a pesar 1,5 kg. Métodos alternativos de engorda, que não implicam superalimentação forçada, têm sido testados e praticados nos dias atuais. Tanto no Egito como na Roma Antiga já havia preocupação com o peso das aves. Na época dos romanos, os gansos eram alimentados com figos e, depois que o animal era abatido, seu fígado era depositado em uma mistura de leite com mel, o que tornava a textura da carne mais delicada e perfumada. O fígado dos patos tem tonalidade mais escura, o dos gansos varia do marfim ao rosado. São considerados os melhores foie gras os franceses da Alsácia e da região de Toulouse. Podem ser servidos em preparos clássicos da cozinha francesa, frios (como terrines e patês), quentes (como o faisão Suvarov ou o Tournedos Rossini) ou, como atualmente, grelhado, acompanhado de pão rústico tostado e de vinho licoroso, como o Sauternes. Ver **Faisão Suvarov**, **Gavage**, **Sauternes**, **Terrine** e **Tournedos Rossini**.

Folar 1. Pão português típico da época da Páscoa, encontrado em quase todo o país. Preparado em fôrma redonda e temperado com sal, erva-doce e canela, sua massa contém farinha de trigo, fermento de pão, açúcar, leite, ovos e manteiga. Antes de ser levada ao forno, são colocados sobre ela ovos cozidos, fixados com tirinhas da mesma massa e pincelados com ovos batidos. **2.** Outro tipo de folar, típico da região de Trás-os-Montes, é um pão de massa levedada, com muitos ovos, gordura e manteiga, cujo recheio contém vários tipos de carnes defumadas (presunto, vitela, toucinho, chouriço, coelho, porco) previamente salteadas, picadas e misturadas. Pode ser feito em formato retangular ou redondo. Antes de ir ao forno, a superfície é toda pincelada com ovos.

Folha de alumínio Ver **Alumínio, folha de**.

Folha de parreira Ingrediente que, em geral, envolve recheio de carnes temperadas e arroz cozido, no formato de um charutinho, como os pratos *Sarma*. Esse preparado pode ser cozido no vapor ou em molho. A folha de parreira é encontrada fresca ou em conserva e é muito utilizada na culinária de todo o Oriente Médio,

sudeste da Europa e em algumas cozinhas do sul da Ásia. Ver **Sarma**.

Fondant Cobertura açucarada para bolos, biscoitos e docinhos. É feito com calda de açúcar e glicose fervida até o ponto de bala mole. Em seguida, a calda é trabalhada sobre uma superfície refratária com o auxílio de uma espátula, até ficar branca, lisa e macia. Para ser aplicado, deve ser aquecido um pouco novamente. Pode ser comprado já pronto em supermercados e lojas de produtos para confeitaria.

Fond de cuisine Ver **Fundo**.

Fondue 1. Prato típico dos Alpes franceses e suíços muito conhecido no mundo inteiro, geralmente consumido no inverno. É preparado em panela própria (*coquelon*), em que é derretida uma combinação de queijos com *kirsch*, vinho branco, sal, pimenta e noz-moscada. Vai à mesa sobre um fogareiro (*réchaud*) a álcool. Os convivas utilizam pedaços de pão picado presos na ponta de um garfo de dois dentes, de cabo comprido, que são, então, mergulhados na massa de queijo borbulhante. O *emmenthal* e o *gruyère* são os queijos mais tradicionalmente empregados na Suíça; o *comté* ou o *cantal* são mais usados nos Alpes franceses. Em outras partes da França, o mesmo preparo é feito com variação dos queijos e das bebidas alcoólicas, como na Normandia, onde utilizam o *camembert*, o *pont l'évêque* e o *livarot*, além de creme de leite e *calvados*. Na Itália, há um prato similar chamado *fonduta*, feito com queijo *fontina*; nos Países Baixos, o mesmo tipo de preparo é denominado *kaasdoop*. A primeira receita de fondue de queijo conhecida é de um caderno de receitas encontrado em Zurique (Suíça), de 1699. Hoje, existem inúmeras variações, que utilizam ingredientes-base diferentes: a de chocolate, com pedaços de frutas e de biscoitos, é bem recente; a *bourguignonne*, à base de pequenos pedaços de carne, mergulhados em gordura fervente e complementados com diversos molhos, é de origem francesa; há também a fondue chinesa, em que pequenos pedaços de carnes variadas são cozidos em caldo substancioso em uma panela – que, tradicionalmente, fica sobre um braseiro de carvão –, acompanhados de legumes, macarrão de arroz e molhos, e, depois de cozidos, o caldo é servido aos participantes. Fondue é uma palavra francesa que significa fundido, derretido. Ver **Kaasdoop** e o nome de cada queijo. **2.** É também chamado *fondue de légumes* um preparo feito com alho-poró, cenoura, cebolas, aipo, tomate ou outros legumes cortados bem finos, cozidos lentamente em manteiga ou óleo, utilizado como base de diversos pratos ou como acompanhamento.

Fonduta Ver **Fondue**.

Fontal Queijo produzido tanto na França como na Itália com leite de vaca integral e feito exclusivamente por laticínios comerciais. Tem a forma de uma roda cilíndrica de 41 cm de diâmetro e pesa cerca de 11 kg. De casca lisa, massa branca e homogênea, tem leve sabor ácido e é muito empregado em fondues e gratinados.

Fontes de vinho Eram muito importantes na França e em outros países europeus, tanto nas festas da vindima como em qualquer outro grande festejo, no período entre o fim da Idade Média e o início da Idade Moderna. Em Paris, na comemoração da investidura real, uma fonte de vinho jorrava continuamente. Havia uma delas também em Urach (Alemanha), no século XV, da qual jorrou vinho branco e tinto, de modo alternado, durante três dias, nas festividades de casamento do senhor local. Em Londres (Inglaterra), no palácio de Hampton Court, o favorito de Henrique VIII, foi descoberta recentemente a estrutura básica de uma fonte de vinho do século XVI. Egípcios e romanos também as utilizavam, na Antiguidade. Nos dias atuais, algumas regiões ainda conservam esse costume na época da colheita das uvas.

Fontina Val d'Aosta Queijo do Piemonte (Itália) produzido desde o século XII. É fabricado, exclusivamente, em fazendas da região, com leite cru de vacas criadas no local. Sua textura e sabor variam conforme a maturação, cujo tempo ideal é de noventa dias. Com massa amarelada salpicada de pequenos orifícios, tem sabor muito suave e textura elástica quando bem jovem, período em que é utilizado na fonduta. Quando maduro, adquire maior firmeza, sua textura torna-se mais seca e seu sabor mais marcante, fase em que é mais bem aproveitado ralado. O original é o único a receber o carimbo do *Conzorcio*. Existem numerosos queijos semelhantes, com nomes parecidos: fontal, fontinella, fontella. Ver **Fondue**.

Fool Sobremesa da culinária inglesa feita com a mistura de duas partes de creme doce e uma de purê cozido de ruibarbo e groselha, coado em pano fino e resfriado. É servido em taça, acompanhado de biscoito doce. Embora preparado tradicionalmente com ruibarbo e groselha, também pode ser elaborado com qualquer outra fruta que possibilite o cozimento e possa ser transformada em purê. Hoje em dia, é comum usar na mistura o creme de leite batido no lugar do creme doce.

Forcemeat Antiga palavra inglesa, derivada do francês *farce* (recheio), que nomeia o preparo feito com carne crua moída, gorduras (de preferência as de porco), temperos e migalhas de pão. É usado como base para patês, terrinas, galantinas ou como recheio. Sua textura pode variar em consistência. Ver **Galantina**, **Patê** e **Terrine**.

Forestière, à la Expressão francesa que significa "da floresta". Refere-se a pratos à base de carne, caça ou aves, guarnecidos com batatas salteadas ou croquetes de batata, cogumelos silvestres e bacon.

Fôrma Recipiente em que o alimento é colocado para endurecer, cozer ou congelar que lhe confere forma determinada e aparência decorativa. Pode ser feita de diversos materiais, entre os mais comuns estão o alumínio, a folha de flandres, o aço inoxidável, o metal esmaltado ou recoberto com camadas antiaderentes, o silicone e o vidro. Existem fôrmas com formato específico para determinada receita culinária, como as indicadas para o yorkshire pudding, muffins, empadas, tortas e bolos. Há também as de formatos genéricos, que servem para diversos tipos de receitas e são denominadas assadeiras. Estas podem ser redondas, retangulares ou quadradas, rasas ou fundas. De acordo com a receita, a fôrma ou assadeira deverá ser utilizada depois de untada, enfarinhada ou forrada. De maneira geral, não deve ser submetida a mudança súbita de temperatura. Ver **Muffin** e **Yorkshire pudding**.

Formaggio Queijo em italiano. Ver **Queijo**.

Formigos Doce de origem portuguesa, da região do Minho, próprio para a época do Natal. Para prepará-lo, ferve-se água com casca de limão, pau de canela, açúcar e mel. Em seguida, acrescenta-se o pão dormido esfarelado e, depois de retirado do fogo, adicionam-se as gemas misturadas ao vinho do Porto, amêndoas, nozes, uvas-passas, manteiga, mexendo sempre. O preparo volta ao fogo até alcançar o ponto. Serve-se em compoteira, polvilhado de canela e enfeitado com amêndoas inteiras.

Formosa oolong tea Considerado um dos melhores chás do mundo, é cultivado em Taiwan (antiga Formosa). Depois de pronto, adquire um leve sabor de pêssego e uma suave cor amarela.

Forno de micro-ondas Tipo de forno que funciona por meio da radiação de micro-ondas para aquecer e cozinhar alimentos. As micro-ondas agitam as moléculas de água, movimento que é transmitido às outras moléculas e faz com que o atrito entre elas produza o calor necessário para cozinhar. Dessa maneira, os alimentos são cozidos em calor úmido, em processo semelhante ao do vapor. As micro-ondas viajam muito rápido e, em consequência, cozinham a comida com mais rapidez porque são bastante curtas. Os recipientes de vidro e de cerâmica são ideais para o cozimento de alimentos em fornos desse tipo, pois elas passam através deles sem afetá-los.

Fortaia Preparo de ovos muito encontrado na Serra Gaúcha. Aos ovos batidos acrescentam-se queijo colonial ralado grosso ou cortado em pequenos pedaços e salame artesanal local, também em pequenos pedaços. Podem ser adicionadas algumas ervas, frescas ou secas, para aromatizar. A mistura é levada ao fogo até o ovo coagular. O prato é muito bem acompanhado com pão e vinho.

Fortune cookie Ver **Biscoito da sorte**.

Fouace Preparo dos mais antigos da França, antes tratava-se de uma *galette*, massa fina e redonda de trigo moído bem fino, não fermentada e cozida sobre cinzas. Feita na maioria das regiões francesas, hoje em dia a massa assemelha-se a de um brioche rústico, é adocicada e assada em forno, com diversas alternativas de tempero e aroma. É tradicional no Natal e no Dia de Reis (6 de janeiro). A especialidade de Nice, conhecida por *fougassette*, é pequena, achatada e parece uma folha ou trançado, além de ser perfumada com flor de laranjeira, entremeada com pequenas lascas de cidra cristalizada e colorida ou não com açafrão. A do Auvergne é entremeada de frutas cristalizadas. No Languedoc, é preparada com torresmo e degustada com fatias do queijo local *frontignan*. Na Provença, a fouace faz parte do que é conhecido por "os treze doces de Noel" (*lei tretze dessèrts de Nöel*, em provençal). Às vezes, é chamada também de *fougasse*, embora esse preparo tenha massa diferente e seja quase sempre salgado. Ver **Fougasse** e **Treize desserts de Nöel**.

Fouet Ver **Batedor**.

Fougasse Um dos tipos de pão mais antigos da França, cuja receita varia de acordo com a região. Sua origem é romana, a mesma da focaccia italiana. Tem massa salgada, levemente doce e perfumada com azeite, além de ser recheada ou recoberta de azeitonas, ervas, cebolas e bacon. Trata-se de uma especialidade provençal. Ver **Focaccia**.

Fougerus® Queijo francês produzido desde os anos 1960, fabricado exclusivamente pela queijaria artesanal Rouzaire, na região de Île-de-France. Semelhante ao *coulommiers*, tem textura suave e cremosa e casca recoberta de fungos brancos. É

maturado em fôrmas, envolto em folhas de samambaia, por quatro semanas. Pesa cerca de 0,6 kg e tem 13 cm de diâmetro. Ver **Coulommiers**.

Fourme d'Ambert Queijo francês bastante antigo, fabricado desde o século VII na região de Auvergne, cujo nome provém da palavra latina "forma", que define seu formato cilíndrico. É feito com leite de vaca com alto teor de gordura, em pequenas fazendas e laticínios do interior da França. O fourme d'Ambert apresenta crosta grossa, tem massa cremosa, cheia de veios azuis e sabor com um toque de frutas secas. Seu tempo de maturação é de quarenta a sessenta dias, período em que é injetado nele um vinho macio e suave, o Vouvray, além do fungo *Penicillium roqueforti*. É conhecido também apenas por *Ambert*. Ver **Roquefort**.

Fourme de Cantal Queijo produzido em Auvergne, no centro-sul da França, mais conhecido por Cantal. Ver **Cantal**.

Fourme de Montbrison Queijo idêntico ao fourme d'Ambert em aparência e sabor, originário da antiga província de Forez (França) e produzido em Auvergne. Feito com leite não pasteurizado de vacas Montbéliard, com alto teor de gordura, tem casca marrom-alaranjada e pasta cremosa com veios azuis, ocasionados pela injeção do fungo *Penicillium roqueforti*. As melhores épocas para sua fabricação são o verão e o outono. Amadurece em prateleiras de abeto, o que lhe confere aroma de madeira. Seu sabor é de leite, com traços amadeirados, e muito suave se comparado a outros queijos de veios azuis. Ver **Fourme d'Ambert** e **Roquefort**.

Fowl Termo em inglês empregado geralmente para designar todo tipo de aves comestíveis, de pássaros a galinhas, de qualquer idade, embora seja mais usado em relação aos pássaros mais velhos, próprios para cozimento em caldos ou vapor.

Foxado Do inglês *foxed*. Diz-se do vinho de mesa elaborado com uvas não viníferas, cujo aroma lembraria o de pelo de raposa (*fox*).

Fraldinha Corte pequeno de carne bovina, de fibras longas, retirado da parede que forra o abdômen. Entremeada com gordura, é mais indicada para bifes, assados e churrasco.

Framboesa (*Rubus idaeus*) Da família das rosáceas, é a fruta da framboeseira, um arbusto espinhoso. É pequena, vermelha, brilhante, de sabor característico e suculenta. Existe também uma variedade branca, menos comum, que não é tão saborosa. Pode ser consumida fresca ou como doces e geleias. Fresca, deve ser utilizada de imediato, pois perece com facilidade. É originária da América do Norte, Europa e Ásia.

Framboise Aguardente francesa da região da Alsácia. Por ser necessário grande quantidade de framboesas, cerca de 30 kg, para produzir uma única garrafa da bebida, tem preço bastante elevado e há muita falsificação. A autêntica, entretanto, é considerada excepcional.

François Pierre de la Varenne Ver **La Varenne, François Pierre de**.

Francônia Região vinícola da Alemanha, cujos vinhos têm características bem diferentes dos de outras regiões do país. São mais secos, encorpados e, por isso, combinam muito bem com as refeições. Os melhores são feitos com a uva Silva-

ner. São produzidos com uvas colhidas no tempo certo, o que resulta em muitos *Kabbinett* e alguns *Spätlese* (designações de qualidade dos vinhos alemães). Ver **Prädikatswein**.

Frangelico® Marca muito conhecida de licor italiano produzido no Piemonte, leve, à base de avelãs, vendido em garrafas cujo formato estilizado remete à roupa de um frade.

Frangipane 1. Creme cozido feito de farinha de trigo, ovos, manteiga, leite, farinha de amêndoas e açúcar, aromatizado com extrato de amêndoas amargas, usado na preparação de bolos e doces. É utilizado, em geral, para forrar massas de torta ou bases de massa folhada, além de servir como recheio de crepes. Seu nome foi inspirado no perfumista italiano Frangipane, residente em Paris (França), no século XVII, que desenvolveu um perfume para luvas à base de amêndoas amargas. **2.** Mistura cozida preparada com farinha de trigo, manteiga, gemas e leite, usado pela cozinha clássica francesa como recheio de aves ou peixes.

Frango (*Gallus gallus domesticus*) Hoje em dia, é a ave mais utilizada em culinária. Já houve uma época, porém, que era muito valorizada por seu uso ser incomum, tornando-se objeto inclusive de testamento, como o de D. Maria Manuel da Silva, em 1694. Conta-se que era o prato predileto de D. João VI, que os comia assados em tal quantidade que seus servidores da Real Ucharia precisavam "desviar" alguns a caminho do mercado. Seu neto, D. Pedro II, tinha grande predileção pela canja. Há atualmente dois tipos de frango: o de granja e o caipira. O primeiro cresce confinado e com ração balanceada, para que engorde em pouco tempo. O segundo cresce solto e alimenta-se de restos de cultura, grãos e minhocas, e pode receber também um percentual em ração. O frango pode ser encontrado no mercado vivo ou morto, inteiro ou em pedaços, fresco, resfriado ou congelado. Vendido em pedaços, os principais cortes são: peito, coxa, sobrecoxa, asa, miúdos (fígado, coração e moela) e sassami (o filezinho do peito). Inteiro, encontramos frangos em diferentes estágios de evolução. O mais comum é o que tem entre três e sete meses, e pesa pouco mais de 1 kg. De carne saborosa e pouca gordura, tem ossos firmes e cartilagens mais duras. Pode ser grelhado, assado, frito ou ensopado. Galo ou galinha é a ave já adulta, com mais de sete meses e peso em torno de 1,5 kg. Sua carne, mais rija, é adequada para canja ou recheios de tortas. Existe também o frango de leite, o mais novinho, e o frango capão, o castrado. Qualquer um deles, ao ser adquirido, deve ter a carne rosada e a pele elástica e clara, de consistência firme, mas macia. Bastante versátil, existe uma infinidade de receitas para seu preparo. Seus acompanhamentos também são muito variados, pois combina com praticamente tudo. É uma carne nutritiva e de fácil digestão. Ver **Frango capão** e **Galeto**.

Frango à la Kiev Tipo de preparo do peito de frango em que a carne desossada é enrolada em volta de um bastão congelado de manteiga com ervas. As pontas devem ficar bem fechadas para a manteiga não vazar no cozimento. Depois de passados no ovo, os peitos são envoltos em farinha de rosca e fritos até ficarem dourados e crocantes. São servidos imediatamente com acompanhamento.

Frango à la king Prato da cozinha internacional que consiste em pequenos pedaços de frango desossados, cozidos em

caldo com cogumelos frescos fatiados e salteados em manteiga, pimenta-do-reino e sal. É servido com molho bechamel.

Frango à la Marengo Ver **Poulet sauté à la Marengo**.

Frango capão Frango novo, castrado, tratado especialmente para ser engordado e levado à mesa. É abatido com cerca de sete meses, como o frango comum, mas pesa bem mais que ele, em torno de 2,5 kg. Tem carne muito delicada, saborosa e mais gordurosa, ideal para assar no forno. Pode ser recheado como o peru, e servido quente ou frio. Sua origem é curiosa e remonta ao período áureo da Roma Antiga. Com a promulgação de uma lei (a *Lex Fannia*) que proibia a engorda e consumo de galos e galinhas na cidade, os apreciadores da ave procuraram uma alternativa para não abrir mão do petisco e, ao mesmo tempo, não serem punidos. A solução foi dada por um cirurgião, que, fazendo analogia com os eunucos, sugeriu a castração dos galos. Com isso, os capões passaram a engordar naturalmente, sua carne tornou-se mais macia e suculenta e seu tamanho aumentou. Não eram nem galo, nem galinha. Contornaram a lei e descobriram um novo elemento culinário. O porquê da existência dessa norma, entretanto, continua controverso. Uma das versões é a de que o cônsul romano, Caius Fannius, com um grupo de senadores, preocupados com os excessos de consumo dos cidadãos romanos, conseguiu sua aprovação. Em outra versão, a causa seria o barulho feito por galos e galinhas de madrugada. O mesmo Cônsul Fannius teria se sentido incomodado com o ruído e, por isso, propôs e conseguiu a proibição desses animais na cidade.

Frango com quiabo Prato tradicional da culinária mineira, é invenção bem brasileira. Reúne a ave, unanimidade nacional; o quiabo, que, trazido da África, aqui se ambientou muito bem; e o milho, que, transformado em fubá, é base do angu que acompanha o prato. O frango é salteado até dourar e depois cozido em caldo até ficar macio; os quiabos são cortados e bem fritos em óleo quente; e o fubá, depois de dissolvido em água fria, é cozido em água quente, sem sal. Frango e quiabo, misturados e com um pouco de caldo, são acompanhados do angu e de arroz branco. O prato foi decantado por Guimarães Rosa: "...nossos, bem nossos, são o doce de leite e o desfiado de carne-seca. Meu – perdoem-me – é aquele prato mineiro verdadeiramente principal: guisado de frango com quiabo e abóbora-d'água (*ad libitum* o jiló) e angu, prato em aquarela, deslizando viscoso como a vida mesma, mas pingante de pimenta" (citado pelo antropólogo Tião Rocha, 1998, p. 33). No entanto, não foi muito apreciado por alguns naturalistas europeus do século XIX, entre eles Auguste de Saint-Hilaire: "Um dos pratos favoritos dos mineiros é a galinha cozida com os frutos do quiabo (*Hibiscus esculentus*), de que se desprende uma mucilagem espessa semelhante à cola; mas os quiabos não se comem com prazer senão acompanhados de angu, espécie de polenta sem sabor, de que tratarei adiante" (Saint-Hilaire, 1975, p. 96).

Frango-d'água Ver **Galinhola**.

Frango de leite Ver **Galeto**.

Frango marítimo Denominação dada às sardinhas abertas, empanadas em fubá e fritas, nos cinco bares do Beco das Sardinhas, no centro antigo do Rio de Janeiro. São vendidas por unidade e consideradas tradição local, crocantes e sequinhas. O lugar enche a partir do final do expe-

diente dos escritórios. Essa especialidade é servida acompanhada de molho de limão, também preparado pelas casas, em geral com chope bem gelado, em mesas e cadeiras de plástico colocadas na própria rua para servirem de apoio. Até os idos da década de 1990, em vez de mesas de plástico, eram usados barris com tampo suplementar, redondo, de madeira, e comia-se de pé. Ver **Sardinha**.

Frango paprikash Ver **Paprikash csirke**.

Frango tetrazzini Prato cujo nome foi uma homenagem à cantora de ópera Luisa Tetrazzini. É uma rica combinação de espaguete cozido, frango desfiado e molho cremoso à base de queijo *parmigiano* com xerez. Polvilhado com farinha de rosca, é levado a gratinar até borbulhar e ficar com a cobertura dourada. Ver **Espaguete**, **Xerez** e **Parmigiano**.

Frankfurter Salsicha alemã temperada, defumada e pré-cozida. Pode ser feita de carne de vitela, de vaca, de porco, de frango ou de peru. Apresenta ou não invólucro e contém cerca de 30% de gordura. Seu tamanho varia da pequena, para coquetel, até a mais longa. A medida mais encontrada é a de cerca de 10 cm. Pode ser preparada em uma enorme variedade de pratos e é o tipo de salsicha alemã mais difundido em outros países, inclusive no Brasil.

Frappé 1. Verbo francês que significa gelado e é empregado, principalmente, em relação a cremes e líquidos. **2.** No Brasil, utiliza-se o termo para designar a mistura de leite com sorvete, de um único sabor, batida na coqueteleira e servida em copo alto.

Frascati Vinho branco italiano produzido na comuna de Frascati, no Lácio, a sudeste de Roma. É o mais popular do local, onde é consumido no dia a dia. De uvas malvasia bianca di candia e trebbiano, é branco seco, leve e frutado, com Denominação de Origem Controlada (DOC). Bastante frágil, deve ser bebido em seu primeiro ano.

Frascati, à la Nome dado a uma guarnição francesa composta de fatias de *foie gras* salteadas, pontas de aspargos, cogumelos, trufas e batatas duquesa. É usada como acompanhamento de aves e de peças grandes de carne. A guarnição foi assim denominada em razão do nome de uma casa de divertimentos e jogos, da Paris do início do século XIX, situada na esquina da rua de Richelieu com o Boulevard des Italiens, onde os parisienses elegantes iam para apostar, jantar e degustar sorvete. Ver **Batatas duquesa**, **Foie gras** e **Trufa**.

Free-run Ver **Vin de coule**.

Freezer 1. Gabinete para congelamento e preservação de alimentos frescos ou cozidos, cuja temperatura média é cerca de –2 °C. O termo tem origem inglesa, mas já é aceito em todo o mundo como nome desse aparelho. **2.** Denominação de uma máquina para feitura de sorvetes, antiga e em desuso. Era composta de uma espécie de balde de madeira com um recipiente de metal com tampa e um batedor. O espaço entre o balde de madeira e o recipiente de metal era enchido com gelo e sal. Colocava-se no recipiente a mistura que seria transformada em sorvete e ela era batida até alcançar a consistência adequada.

French dressing 1. Molho clássico para salada geralmente feito com três partes de azeite, uma parte de vinagre (ou suco de limão), sal, mostarda e pimenta em grão. Deve ser misturado logo antes de ser usado. **2.** Hoje em dia, denomina-se *french*

dressing uma derivação desse clássico, cujos ingredientes são azeite de oliva, vinagre, echalotas picadas, pasta de tomates, mostarda Dijon, sal e pimenta. Algumas variações acrescentam açúcar mascavo e páprica. É produzido industrialmente.

French toasts Ver **Poor knights of Windsor**.

Friandise Palavra francesa que se refere a pequenas confecções doces, finas e delicadas, tipo petit-fours, trufas de chocolate e outras, servidas após a sobremesa, com as bebidas, ou nas mesas de chá.

Fricadelle Pequena bola de carne crua temperada que pode ser frita ou cozida, servida com molho de tomate. Em geral, é acompanhada de massa alimentícia ou arroz, ou ainda legumes cozidos. Assemelha-se às almôndegas e à *polpetta*. É também encontrada nas cozinhas alemã e belga, onde por vezes é cozida na cerveja. Ver **Almôndega** e **Polpetta**.

Fricandeau 1. Da cozinha clássica francesa, é uma peça de vitela lardeada, na maior parte das vezes braseada e glaçada com seu próprio caldo, guarnecida tradicionalmente de espinafres, purê de azedinha e ervilhas ou jardineira de legumes. Ver **Azedinha, Brasear, Glacear, Jardineira** e **Lardear. 2.** Embutido francês cozido em forno, feito de pedaços picados e temperados de carne de porco enrolados em coifa. Ver **Coifa**.

Fricassê Método de preparar aves, cordeiro ou vitela cuja base é a carne cortada em pequenos pedaços e um molho branco. Cozinha-se a carne com temperos em fogo brando, para mantê-la clara. Depois de enfarinhada e molhada com caldo, mantém-se o cozimento até o líquido engrossar levemente. Para finalizar, são acrescentados creme de leite, cebolinhas-brancas glaceadas e cogumelos claros cozidos. Em tempos antigos, o fricassê era um ragu claro de pedaços de carne, de aves ou de peixe e legumes, cozidos juntos no caldo. Já era mencionado no século XVII por François de La Varenne, em seu livro de culinária *Le cuisinier françois*. Ver **La Varenne, François Pierre de**.

Frigideira 1. Em algumas regiões do Brasil, é o mesmo que fritada. Ver **Fritada. 2.** Utensílio culinário de metal (alumínio, inox, cobre ou ferro) para saltear ou fritar alimentos. Pode ter ou não revestimento antiaderente, ser redonda ou quadrada e ter bordas inclinadas (*sauteuse*, em francês) ou retas (em francês, *sautoir*). A escolha das características da frigideira a ser usada deverá levar em consideração, sempre, o alimento e a técnica que serão utilizados.

Frigideirada de umbigo Prato do Centro-Oeste do Brasil preparado com a ponta roxa onde termina o cacho da bananeira, denominada umbigo. Depois de lavado e cortado em rodelas, como uma cebola, o umbigo deve ser aferventado. Em seguida, é misturado com ovos batidos com sal e frito em frigideira com azeite.

Frigir Sinônimo de saltear. Ver **Saltear**.

Friggitello (*Capsicum annuun*) Conhecida por pimenta da Toscana, é uma pequena pimenta de cor vermelha brilhante e pele lisa. Tem sabor levemente adocicado e grau de ardência que varia de médio a forte. É mais encontrada em conserva em azeite, embora na Itália seja vendida também fresca, além de ser muito usada

para antepasto e para realçar o sabor de molhos, carnes e vegetais.

Frijoles refritos Prato mexicano feito com feijões-vermelhos cozidos, amassados e, então, fritos.

Frinault® Queijo fabricado em Orléans (França), elaborado com leite de vaca integral, não pasteurizado. Tem textura suave e macia, mas firme, e sabor forte, condimentado. Sua casca é delicadamente colorida de cinza-azulado, em razão de maturar envolto em cinzas de madeira. Com a forma de um pequeno disco achatado e peso de cerca de 125 g, leva apenas três semanas para amadurecer. É muito parecido com o *olivet bleu*. Ver **Olivet bleu**.

Frisante Vinho com um pouco de gás carbônico, acrescentado de modo artificial. É levemente espumante.

Fritada 1. Prato à base de ovos batidos acrescidos de ingrediente picado ou desfiado – carne, frutos do mar ou legumes –, levados ao fogo em frigideira. Na Bahia e no Nordeste, a fritada é chamada frigideira seguida do nome do alimento-base, como "frigideira de camarão", "frigideira de siri", "frigideira de maturi". **2.** Na Bahia, fritada também é um prato em camadas, de camarão ou bacalhau, com temperos verdes, leite de coco e ovos batidos. É assada em forno, em recipiente refratário.

Fritar Técnica culinária que consiste em cozinhar um alimento em gordura, em temperatura elevada. Pode-se cozinhar assim alimentos crus ou já cozidos. O método é muito empregado para fazer bifes, croquetes, ovos, batatas, bolinhos doces e salgados etc. Existem tipos diferentes de fritura, dependendo da quantidade de gordura empregada em relação à quantidade de alimento: chama-se *sautée* ou salteado, por exemplo, fritar algo em pouca gordura, somente para lhe dar cor; quando o alimento é totalmente encoberto pela gordura, tem-se a fritura por imersão. Os utensílios utilizados podem variar, entretanto é essencial que a gordura esteja quente quando o alimento for colocado na panela, caso contrário ficará encharcado. Ver **Saltear**.

Frito marajoara Preparo encontrado na Ilha de Marajó, resultado das lidas incessantes dos boiadeiros locais. Similar à paçoca dos tropeiros do Sul, trata-se de uma mistura de carne gordurosa cortada em quadrados e cozida até secar, preparada previamente. Depois, é misturada com farinha de mandioca, pimenta e sal. É o alimento para o intervalo do trabalho, levado em saco de couro, sob a sela ou sob a perna. Ver **Paçoca**.

Frittata Palavra italiana para fritada. É uma omelete grossa, cozida parcialmente em frigideira e levada ao forno em seguida para completar o cozimento. Pode receber diversos legumes, verduras, carnes e temperos, sempre bem picados e incorporados aos ovos batidos.

Fritto misto Prato de origem italiana elaborado com diversos ingredientes em pequenos pedaços ou fatias, passados em massa feita com farinha, água e às vezes ovo (*pastella*) e fritos em azeite de oliva. Podem ser utilizados filés finos, fígado, miolos, frutos do mar, pequenos pedaços de frango, buquês de couve-flor, fundos de alcachofra, berinjelas, cogumelos e outros. É servido com limão.

Frizzes Embutido italiano feito com carne suína ou bovina, aromatizado com alho e anis. Há uma versão mais apimen-

tada e outra mais suave. Em geral, é usado como guarnição em pizzas ou em molhos para massa alimentícia.

Fromage blanc Queijo coalhado francês cuja textura assemelha-se mais a de iogurte que a de queijo, originário do Norte da França e do Sul da Bélgica. Em geral, é feito com leite de vaca desnatado ou integral batido até alcançar consistência espessa e lisa. Seu teor de gordura varia de 0% a 10%. Pode ser utilizado como pasta doce ou salgada, como substituto do iogurte, misturado com frutas ou com ervas e de muitas outras maneiras, pois é bastante versátil. As características essenciais que o diferenciam do *fromage frais* na legislação francesa são: ter a fermentação interrompida e não conter culturas vivas. Ver **Fromage frais**.

Fromage de tête Ao contrário do que o nome sugere, não se trata de um queijo, mas de um tipo de embutido europeu feito com pedacinhos de carne da cabeça do novilho ou do porco. Na preparação, os miolos são descartados. Depois de temperada, a carne é misturada a um fundo gelatinoso de carne e cozida em uma fôrma. Fria e desenformada, é fatiada e servida. Na França, é chamada ainda de *fromage de cochon* e de *pâté de tête*; na Inglaterra, denomina-se *brawn*; nos outros países de língua inglesa, *head cheese*; nos Países Baixos, *hoofdkaas*.

Fromage frais Queijo jovem francês moldado em fôrmas, depois de passar apenas pela fermentação láctea. Preparado com leite de vaca, tem textura lisa, sabor levemente ácido com toque adocicado. É feito de maneira artesanal em diversas localidades francesas do interior. Diferente do *fromage blanc*, ainda contém culturas vivas. Ver **Fromage blanc**.

Frozen cream Tipo de creme de leite encontrado nos Estados Unidos, é um "creme congelado" feito com o *whipping*, o *double* ou o *whipped cream*. Pode ser encontrado em caixinha, palito ou lasca. Ver **Creme de leite**.

Fruité Ver **Frutado**.

Frumento 1. O mesmo que trigo. O nome é derivado do latim *frumentum*, que significa grão. Por extensão, também é sinônimo de cereal. Ver **Trigo. 2.** Mingau à base de cereal, receita muito antiga da cozinha europeia. É preparado com grãos deixados de molho em água fria e, em seguida, cozidos em fogo baixo até que sua consistência seja a de um mingau gelatinoso. É, então, enriquecido com leite, creme de leite e gemas de ovos e temperado com especiarias, açúcar ou mel. Em francês, denomina-se *fromentée* e foi citado no livro de receitas *Le ménagier de Paris*, de 1393. *Frumenty* em inglês, também já foi chamado *Lord Mayor's Dish* (prato do prefeito de Londres), em referência à sua composição substanciosa.

Fruta cristalizada Tipo de doce tradicional no Sudeste e no Nordeste brasileiro. A técnica de cristalizar frutas foi levada à Europa pelos árabes e introduzida no Brasil pelos portugueses. Trata-se de um método de conservação que aqui encontrou largo espaço para se desenvolver. Em razão da variedade e fartura das frutas aqui cultivadas e a facilidade de acesso ao açúcar, logo evoluiu para uma enorme diversidade de doces. A fruta é cozida e, em seguida, imersa em calda de açúcar até o ponto de saturação. As etapas seguintes variam – a fruta pode ser escorrida e deixada a secar ou ser colocada em nova calda, por exemplo –, mas é um processo sempre longo, que pode durar vários dias. As frutas cristalizadas são utilizadas para sobremesa, acompanhadas de queijo ou para enriquecer pudins, bolos e até mesmo assados. As mais empregadas são figo, cidra, laranja, limão, goiaba, caju e pêssego. Podem ser vendidas inteiras, em pedaços ou picadas. Para melhor preservação, as secas devem ser mantidas em vidro ou caixa, em lugar limpo e seco. Assim, podem durar vários meses. Algumas delas, hoje, têm indicação de procedência registrada, como as produzidas em Pelotas. Ver **Denominação de Origem** e **Doces de Pelotas**.

Fruta-da-condessa Ver **Condessa**.

Frutado Característica encontrada em alguns vinhos jovens que contêm aroma ou sabor de frutas frescas. *Fruité* é a palavra francesa equivalente.

Fruta-do-conde (*Annona squamosa*) Fruta de polpa branca, carnosa e doce, trazida das Antilhas e da América Central para o Brasil ainda no século XVI. Foi difundida na Bahia no século seguinte, por ação do governador Diogo Luís de Oliveira, conde de Miranda, de quem herdou o nome. Na região Norte do Brasil, é conhecida por pinha e, no Sul, ata. Pode ser comida ao natural, mas é também consumida como suco ou sorvete.

Fruta-pão (*Artocarpus altilis*) Grande fruta redonda, de mais ou menos 18 cm de diâmetro, com casca verde rugosa. Originária do Pacífico, foi levada para a Guiana pelos franceses. No início do século XIX, começou a ser cultivada pelos portugueses no Brasil. Pode ser cozida, assada, grelhada ou fervida e servida como prato salgado ou doce.

Fruta seca Resultado de um processo para conservação de frutas pelo qual elas são desidratadas por meios naturais ou artificiais. As frutas mais usadas são maçã, damasco, uva, groselha, pêssego, pera, mamão, tangerina, maracujá, abacaxi e ameixa. São vendidas prontas para serem consumidas ou, em alguns casos, podem precisar ser deixadas de molho para reidratar. Devem ser mantidas em recipiente hermético para melhor conservação e, em geral, podem ser estocadas por seis meses. São empregadas misturadas a cereais, mel e aveia no desjejum ou como ingrediente de pães, bolos e pudins. Algumas podem compor também molhos salgados, recheios e pratos de forno.

Frutos do mar Denominação genérica de moluscos e crustáceos marinhos. Na categoria, estão incluídos mexilhões, amêijoas, vieiras, ostras, mariscos, caranguejos, lagostas, camarões, lulas, polvos e inclusive caramujos. Frescos, são mais abundantes nos meses de clima frio ou ameno e devem ser bem lavados antes de serem empregados, mas em conserva (salmoura ou vinagre) é possível encontrá-los o ano todo. No caso das conchas, além de lavadas, devem também ser escovadas para a retirada de limo, areia e algas. Devem ser descartadas as que estiverem quebradas ou abertas parcial ou totalmente – o molusco provavelmente está morto e pode causar intoxicação alimentar. Depois de cozidas, a ação é contrária: devem ser excluídas as que continuarem fechadas. É necessário atentar também ao tempo de cozimento: quando longo demais, a carne torna-se "borrachuda". Se as conchas forem utilizadas para compor o prato, devem ser escovadas, fervidas e, se for o caso, secas antes de empregadas. Ver o nome dos frutos do mar.

Frutose Açúcar natural encontrado em frutas e no mel. Um dos açúcares mais

doces da natureza, é vendido em finos grânulos.

Fubá Farinha obtida pela moagem fina do milho cru, seco e debulhado. É empregada em bolos, cremes, sopas, polentas e mingaus. O termo "fubá" é um vocábulo quimbundo, trazido pelos escravizados angolanos. Há registros da palavra já em documentos do início do século XIX.

Fudge 1. Calda grossa, na maioria das vezes servida quente com sorvetes, tortas ou frutas. Pode ser de chocolate, *maple*, *butterscotch* ou outros ingredientes. Ver **Butterscotch** e **Maple. 2.** Docinhos feitos à base de massa de açúcar, leite, manteiga, vinagre e um aromatizante, fervidos até alcançarem o ponto de bala macia. A massa é, então, retirada do fogo e batida até que engrosse e se torne opaca. Para finalizar, é aberta sobre superfície untada e cortada em pequenos quadrados.

Fufu Quitute africano que consiste em uma pasta feita com mandioca ou inhame e banana, cozidos e pilados juntos. Acompanha, em geral, ensopado de peixe ou carne. Na América Central, recebe o mesmo nome.

Fumarium Espécie de celeiro onde os antigos romanos aperfeiçoavam seus vinhos, expondo-os à fumaça.

Fumeiro Espaço por onde sobe o fumo, a fumaça, acima da fogueira ou da lareira, usado para a execução de uma técnica de conservação de alimentos que também adotou o nome. Nele são colocadas as carnes, os toucinhos, os embutidos, os queijos, que recebem calor brando e fumaça. Trata-se de um processo lento de saturação por calor que elimina o excesso de água do alimento, ao mesmo tempo que cria uma capa protetora. A técnica é bastante antiga e foram encontrados vestígios dela já na era paleolítica. Muito usada em Roma, na Antiguidade, e depois em toda a Europa, era, e ainda é, um dos principais processos de conservação de alimentos. Em Portugal e na Espanha, é uma tradição preservada e importante nas comunidades onde é feita. No Brasil, a prática resiste em Maragogipe, no Recôncavo Baiano. Ver **Carne de fumeiro**.

Fumet Em francês, *fumet* significa aroma. Na culinária francesa, é um fundo à base de peixe ou cogumelos acrescido de um elemento ácido – em geral, vinho. É utilizado em molhos e cozimentos, como o escalfado e o braseado. O *fumet* de peixe é preparado com espinha e aparas de peixe e enriquecido com vinho, legumes e condimentos; o *fumet* de cogumelos é obtido pela fervura destes em água com manteiga, limão ou vinho. Ver **Brasear**, **Escalfar** e **Fundo**.

Funcho (*Foeniculum vulgare*) Vegetal originário do sul da Europa, mas cultivado, atualmente, em todo o mundo. Segundo a mitologia grega, Prometeu apanhou o fogo dos deuses e o trouxe para a Terra dentro de um gigantesco funcho. Para os gregos, a planta proporcionava força, coragem, vida longa. Eles acreditavam também que seu suco restaurava a acuidade visual. Os antigos a consideravam o símbolo da juventude. Era uma das "nove ervas sagradas" dos anglo-saxões, em razão de seus supostos poderes contra o mal. O imperador Carlos Magno, em 812, declarou que o funcho era essencial em qualquer jardim imperial. Tudo nessa planta é aproveitado: raízes, talos, folhas e grãos. Há diversas variedades: o amargo é mais empregado como condimento; o doce é próprio para saladas. Os grãos fazem parte da composição de diversos

licores e são usados ainda para temperar pães e bolos, molhos para macarrão, tortas de carne, feijões etc. As folhas e os talos são excelentes para saladas, peixes, assados, sopas, molhos, costeletas. O talo pode ser consumido cru, cortado em juliana e temperado com maionese, ou cozido, gratinado ou com molho de manteiga.

Funcho-marítimo (*Crithmum maritimum*) Planta de folhagem longa e verde brilhante, encontrada nas dunas e nos rochedos costeiros da Europa. Embora seja da mesma família, não pertence ao mesmo gênero botânico do funcho. As folhas frescas podem ser branqueadas e servidas com frutos do mar ou picadas e misturadas a um molho. Podem ainda ser acrescidas a saladas. É também denominado salicórnia.

Fundo Líquido concentrado obtido do cozimento prolongado, em fogo baixo, de ossos de boi ou vitela, carcaça de aves ou aparas de peixe, em bastante água, acompanhados de legumes e temperos. Pode ser feito também apenas com os legumes e temperos. A água absorve as partes solúveis dos ingredientes que foram cozidos. Os fundos podem ser claros ou escuros: os claros são feitos com a adição direta dos ingredientes à água; nos escuros, os itens devem ser dourados primeiro em panela ou no forno. Na maior parte das vezes, são empregados para dar sabor a vegetais como aipo, cebola, cenoura, alho-poró, folha de louro, salsa, cebolinha. Dependendo do resultado planejado, podem ser utilizados ainda pedaços de carne, tutano, toucinho. Depois de coados, os fundos devem ser desengordurados e clarificados. O líquido resultante pode ser usado na elaboração de molhos, sopas, ensopados etc. Em inglês, é chamado *stock*; em francês, *fond de cuisine*. Fundos de peixe ou de cogumelo, em francês, são chamados de *fumet*. Ver **Fumet**.

Fundo de alcachofra Principal parte comestível da alcachofra, é a base que fica protegida pelas folhas. Redondo e carnudo, depois de cozido pode ser servido com molho vinagrete, molho de manteiga ou como guarnição de um prato.

Funghi, molho Molho cremoso italiano à base de cogumelos secos, creme, manteiga e condimentos. É indicado para massas e carnes.

Funghi secchi Os *funghi secchi* ou cogumelos secos são ingrediente indispensável da cozinha italiana, pelo sabor e perfume que proporcionam aos molhos. Uma das espécies mais submetidas a esse tratamento é a *Boletus edulis*, cujo nome vulgar é *fungo porcino*. Os cogumelos secos são usados em risotos, tortas, quiches e molhos para massas. Ver **Cogumelo**, **Fungo porcino** e **Risoto**.

Fungo porcino (*Boletus edulis*) Cogumelo selvagem que se desenvolve nos bosques, em regiões montanhosas da Itália, na França e no Sul do Brasil. É marrom, de tamanho e peso variáveis, e pode chegar a quase meio quilo. Sua cobertura circular varia de 3 cm a 20 cm. Tem textura macia, firme como carne, e sabor pungente, similar à madeira. É vendido fresco ou desidratado. *Fungo porcino* é seu nome italiano; no plural, *funghi porcini*.

Fungos O amplo reino dos fungos (*Fungi*) inclui os cogumelos e muitos microrganismos, de que trata o verbete. Assim como as bactérias, os fungos estão presentes no ar e precisam de oxigênio para se desenvolver, mas suportam a falta de umidade. Certas espécies cumprem função importante na produção de alimentos, como no caso do *Penicillium roqueforti*, do *Penicillium glaucum* e do *Penicillium*

camemberti, utilizados na produção de diversos tipos de queijo. Do mesmo modo, o fungo *Saccharomyces cerevisiae*, do grupo das leveduras, é essencial na fermentação de pães e na produção de cerveja. Outros, entretanto, causam a deterioração de alimentos e produzem microtoxinas causadoras de doenças, como o *Penicillium expansum*. Embora prefiram ambientes com temperatura entre 20 °C e 30 °C, muitos deles desenvolvem-se mesmo sob refrigeração. Ver **Cogumelo**.

Funil Instrumento de forma cônica, com boca inferior estreita, que serve para passar ingredientes de um recipiente para outro. Pode ser de aço, alumínio, cobre ou plástico.

Funil de três bicos Utensílio próprio para a preparação de fios-de-ovos, doce de gemas em fio cozidas em calda. Como diz o nome, trata-se de um funil com três bicos, em vez de um. Ver **Fios-de-ovos**.

Furador de ovos Instrumento de cozinha composto de um pequeno e fino pino de metal protegido, quando fora de uso, por uma cobertura plástica que abaixa quando pressionada. Tem a finalidade de fazer um pequeno furo na base do ovo para deixar o ar interno sair no cozimento, prevenindo rachaduras na casca. Em geral, quando o ovo não é furado antes, na fervura o ar interno se expande pelo calor e força a saída, rachando a casca e deixando a água penetrar em seu interior.

Furrundum Doce de cidra ou de mamão verde ralado, feito com gengibre e rapadura ou açúcar mascavo. É típico da culinária do Mato Grosso e do interior de São Paulo.

Fusilli Massa alimentícia italiana seca, com o formato de espiral.

Futomaki Tipo de sushi enrolado, elaborado com folhas de algas, arroz, omelete japonesa, pepinos, processado de peixe e temperos. Ver **Sushi**.

Gado-gado Prato muito popular na Indonésia feito com a mistura de vegetais crus ou levemente cozidos, ovos cozidos, regados com molho temperado de amendoim, pimenta *Capsicum* e leite de coco. Às vezes, o termo *gado-gado* é usado para referir-se somente ao molho, que é utilizado como tempero para arroz e vegetais. Em algumas ilhas locais, é conhecido também por *lotek*.

Gaeng Ver **Kaeng**.

Galangal (*Alpinia spp.*) Planta da família das zingiberáceas, cujas raízes são avermelhadas, pequenas e nodosas, utilizadas como tempero, tal como o gengibre, mas com sabor mais suave. É proveniente do Sudeste Asiático, tem sabor picante e pungente, e é usada seca, fresca, crua ou assada. Recebe também o nome de *galingale* e *leuquas*. Trata-se de um tempero muito utilizado na cozinha tailandesa e na maior parte do Sudeste Asiático. Ver **Gengibre**.

Galantina Preparo clássico da cozinha francesa, mas pouco usado hoje em dia. Era originalmente um prato frio feito com carne magra de galinha desossada e desfiada, cozida em caldo temperado e depois enformada com o caldo gelatinoso da própria ave. A partir do século XVII, passa a utilizar também outras aves, além de carne de vitela, coelho e peixe. Para dar mais consistência ao preparo, atualmente acrescenta-se um pouco de gelatina sem sabor. Deve ser servido frio. Como complemento, o prato pode ser recoberto com *chaud-froid*. Ver **Chaud-froid**.

Galeto Frango de leite grelhado no espeto. O termo galeto é a versão aportuguesada da palavra italiana *galletto*, cujo significado é galinho ou franguinho.

Apesar da origem do nome, o prato foi criado no Brasil, no Rio Grande do Sul, nos anos 1950. A ave não deve ter mais de 25 dias de idade nem pesar mais de seiscentos gramas. São utilizados franguinhos de crescimento rápido, corpo roliço, peito bem desenvolvido e coxas carnudas. Assados obrigatoriamente no espeto, em geral são servidos com polenta frita e radiche – variedade de chicória assim denominada no Rio Grande do Sul –, como o legítimo *galletto al primo canto*, criado pelo ítalo-brasileiro Pedro Brum e aperfeiçoado pelo luso-brasileiro João de Deus Ferreira. Brum era grande apreciador de passarinhadas, comida rural dos tempos em que ainda nem se cogitava dar importância à preservação da fauna e do meio ambiente. Grandes espetos de passarinhos caçados nas matas da serra gaúcha eram assados e consumidos com vinho, polenta e radiche. Ferreira chegou ao Brasil mais ou menos nessa época e acompanhou o gradual desaparecimento dessas aves, o que fez Brum passar a servir franguinhos assados em seu restaurante em Porto Alegre. Como fornecedor exclusivo do galeto ali consumido, Ferreira enfrentava dificuldades para conseguir frangos com as características necessárias e em grande quantidade. Após pesquisar o assunto e estagiar em uma granja no Rio de Janeiro, sentiu-se em condições de iniciar as primeiras experiências de inseminação artificial em galinhas. No período o Brasil era o único país a experimentar a técnica com êxito. Deu tão certo que pôde gozar o sucesso acadêmico antes do comercial. Suas experiências foram publicadas em revistas especializadas dos Estados Unidos. A popularidade da galeteria da família Brum levou ao aparecimento de outras em Porto Alegre. Com o passar dos anos, esse gênero de estabelecimento se espalhou por todo o Brasil.

Galette 1. Massa seca, salgada ou doce, redonda, mais ou menos crocante, aromatizada, recoberta ou guarnecida com itens dos mais variados. Trata-se de um preparo muito antigo da França, que inicialmente era uma massa de cereais cozida sobre pedras quentes. Hoje em dia ainda são encontradas galettes de batata, aveia ou milho. **2.** Na França, o termo nomeia também, por extensão, bolos redondos, baixos e doces. Podem ter diversos tamanhos, tipos de massa, recheios e coberturas, e há inúmeras variações regionais. Uma das galettes mais apreciadas pelos franceses é a galette des Rois, feita de massa folhada e servida tradicionalmente no Dia de Reis. Ver **Galette des Rois. 3.** Nas regiões francesas da Bretanha e Normandia e no departamento de Vendeia, as galettes são panquecas finas de trigo-sarraceno recobertas com queijo, ovos, frios, entre outros ingredientes. **4.** Também na Bretanha, a mesma palavra denomina um biscoito amanteigado.

Galette des Rois Bolo redondo, baixo e em camadas, feito na França, particularmente na metade norte, para comemoração do Dia de Reis, em 6 de janeiro. É preparado com dois círculos de massa folhada. O primeiro, que é a base, recebe uma camada de frangipane ou creme de amêndoas. Em algumas regiões, são colocadas ainda fatias finas de pera ou de maçã cozida. Em seguida, acrescenta-se uma prenda, em geral uma semente ou uma pequena figura. Sobrepõe-se, então, o segundo círculo, cujas bordas são pressionadas contra as do primeiro, vedando o bolo completamente. Depois de um período na geladeira para firmar, sua superfície é pincelada com gemas misturadas a creme de leite, e são feitos desenhos com objeto pontudo. Depois de assada, a galette é recoberta com uma coroa de pa-

pel dourado. Quem encontrar a prenda, transforma-se no rei da noite.

Galheteiro Suporte de pequenos recipientes, as galhetas, tradicionalmente em porcelana ou cristal, que contém os principais temperos usados à mesa: azeite, vinagre, sal e pimenta-do-reino. Desde a Antiguidade, é utilizado em rituais religiosos com água e vinho. Hoje galheteiro nomeia todo o conjunto.

Galimaufré Termo francês que nomeava um preparo popular na Idade Média, nos dias de festa. Era, ao mesmo tempo, sopa e guisado, feito com carne picada, frango, toucinho, vinho, especiarias, agraço (tempero ácido) e molho cameline. Constava do livro de culinária medieval francês *Le viandier*, publicado no século XIV. Ver **Agraço** e **Cameline**.

Galinha (*Gallus gallus domesticus*) Ave doméstica usada como alimento ou para a obtenção de ovos. Descendente das aves selvagens que viviam nas densas florestas da Ásia nos tempos primitivos, somente depois da Segunda Guerra Mundial seu consumo foi difundido. Antes restringia-se aos fazendeiros e aos que podiam pagar seu preço relativamente alto; mas com a evolução dos métodos de criação e produção, tornou-se um alimento barato e hoje é acessível a todos. No Brasil, sabe-se praticamente o dia, o mês, o ano e a hora em que o primeiro nativo da terra conheceu um galináceo: foi em uma sexta-feira, 24 de abril de 1500, já à noite, de acordo com carta de Pero Vaz de Caminha. Existem inúmeras raças e muitos tipos de preparo. Em geral, é vendida no mercado já morta e limpa, inteira ou em pedaços, resfriada ou congelada. Dependendo de seu tempo de vida e peso, recebe denominação diferente: galeto ou frango de leite, frango, galinha etc. Ver **Frango** e **Galeto**.

Galinha ao molho pardo Prato de molho rico e saboroso, preparado com a galinha cortada em pedaços e guisada com temperos. Quando a carne está macia, acrescenta-se ao refogado seu sangue, que foi previamente batido com vinagre, e mantém-se o cozimento um pouco mais. É servida com arroz e batatas na manteiga. Trata-se de um preparo antigo de origem portuguesa, mencionado inúmeras vezes em textos literários do século XVI. Em Portugal, é denominada galinha de cabidela, mesmo nome adotado na região Nordeste do Brasil. Galinha ao molho pardo é a denominação do prato nas regiões Sul e Sudeste.

Galinhada Prato tradicional da cozinha mineira, típico do almoço de domingo. É um preparo à base de arroz, cozido com pedaços de frango guisado com tomate, cebola, cúrcuma e pimentões em pedaços. Completam a receita ervilhas, galhos de alecrim e pimentas-vermelhas para decorar. Na cozinha goiana, que acrescenta o tradicional pequi, é muito apreciado e motivo de reunião social. É frequente também na mesa gaúcha, no Sul do Brasil, onde é conhecido por galinha com arroz e cujos temperos principais são a manjerona e a sálvia. Ver **Pequi**.

Galinha-d'angola (*Numida meleagris*) Pássaro africano originário da Guiné, levado para a Europa primeiro pelos gregos e depois pelos romanos, na Idade Antiga. Após esse período, voltou a aparecer nos registros somente na primeira metade do século XVI, com os portugueses. Parente da galinha e da codorna, era denominado inicialmente galinha

turca. Tem penugem cinza com pequenas pintas brancas e carne escura e seca. Com tamanho parecido ao do faisão, sua carne também tem sabor similar à dele, entretanto a galinha-d'angola é uma ave doméstica. Foi trazida diretamente da África para o Brasil, e não por Portugal. É muito apreciada no Nordeste brasileiro, onde é conhecida por capote e pintada.

Galinha de cabidela Ver **Galinha ao molho pardo**.

Galinhola 1. (*Gallinula chloropus galeata*) Chamada também frango-d'água, é uma ave silvestre pequena, bastante rara hoje em dia. Tem a garganta e a cabeça pretas, dorso oliva-escuro e bico longo. Pode ser assada ou refogada. **2.** Palavra usada eventualmente no Nordeste do Brasil para nomear a galinha-d'angola.

Galliano® Licor italiano amarelo-dourado com sabor doce de anis e baunilha, cuja composição contém mais de trinta ervas e aromatizantes. É usado como digestivo ou como componente de coquetéis. Sua fórmula foi criada em 1896 por Arturo Vaccari e seu nome foi uma homenagem a Giuseppe Galliano, oficial do Exército Real Italiano e herói na guerra contra a Etiópia, morto em batalha naquele mesmo ano. Hoje, além do L'Autentico, é vendido em quatro outras versões: o Vanilla, mais suave e com sabor predominante de baunilha; o L'Aperitif amaro bitter, com notas de bergamota, tangerina e laranja, mais amargo; o Amaretto, que equilibra baunilha, cerejas e amêndoas; e o Ristretto, com sabor concentrado de café.

Galopeado Guisado nordestino de carne picada, geralmente servido com pirão de mandioca preparado com o próprio caldo.

Galo silvestre (*Gallus gallus*) Grande e bela ave, com carne saborosa semelhante à da galinha e modo de preparo igual ao desta. Tem bela cauda de penas verde-escuras, listras azul-escuras em cima das asas e pesa em torno de 2 kg. A fêmea, de plumagem marrom-avermelhada, é menor. Não é um animal muito fácil de ser encontrado. Os mais novos são mais tenros; os mais velhos têm carne mais rija e são mais apropriados para refogar que para assar.

Galuska Pequena massa da culinária húngara, no mesmo estilo do *spätzle* alemão, preparada com farinha de trigo, ovos, sal, azeite e água. A massa crua pode ser mais ou menos encorpada e, dependendo de sua textura, poderá ser trabalhada com as mãos e cortada ou espremida com instrumento próprio, caindo diretamente dentro da panela de caldo fervente. Depois de cozidas, as massinhas são servidas como acompanhamento de pratos de carne ou frango com molho substancioso de páprica. São também denominadas *nokedli*. Ver **Spätzle**.

Gamay (*Vitis vinifera*) Variedade de uva da região de Beaujolais (França), utilizada na produção do vinho de mesmo nome. Ver **Beaujolais**.

Game Palavra inglesa cujo significado é caça. Ver **Caça**.

Gamela Espécie de vasilha, em geral de madeira, usada para o preparo de alimentos que não precisam ir ao fogo ou para levar à mesa o que já está cozido. É originária da África e foi adotada no Brasil por influência dos escravizados. Ainda é muito utilizada no Norte e no Nordeste do país.

Ganache Mistura cremosa elaborada com chocolate e creme de leite fresco, utilizada para recobrir ou rechear bolos, bombons e *petit fours*. A proporção entre os dois ingredientes-base varia de acordo com a utilização a que será destinada: quanto maior o percentual de chocolate, mais encorpada sua textura. Pode-se adicionar também manteiga e aromatizar com especiarias, frutas, bebidas alcoólicas ou café. Existe uma variação denominada *ganache soufflé*, feita com a mesma base acrescida de rum ou conhaque, que são batidos até dobrarem de volume. Foi criado em Paris (França) por volta de 1850, para a *pâtisserie* Siraudin. Ver **Petit four**.

Ganso (*Anser anser*) Pertence à mesma família dos patos, mas tem patas mais compridas e é maior. Seu peso varia de 3 kg a 6,5 kg, entretanto os que têm em torno de 4,5 kg são os mais indicados para culinária, pois a proporção entre carne e carcaça é mais equilibrada. Deve-se conservar o ganso recém-abatido em geladeira por três dias antes de utilizá-lo. No preparo, lava-se bem, retira-se o máximo possível de gordura e só então ele é levado ao forno. Como é geralmente bastante gordo, mesmo que o excesso de gordura seja retirado antes do cozimento, o calor do forno derreterá a que sobrar e ela permanecerá na assadeira. Para evitar isso, o ganso deve ser assado sobre uma grelha, colocada em cima da assadeira. No cozimento, essa gordura deverá ser escorrida sempre que for necessário, para eliminá-la totalmente. A ave deve ser assada até ficar bem tenra e com a pele marrom dourada. É uma carne rica e saborosa, muito apreciada na Inglaterra. Antes da introdução do peru, era o prato mais preparado nas grandes ocasiões. O ganso assado é tradicionalmente servido com molho de maçãs e recheado com sálvia e cebolas.

Garam masala Mistura indiana de, em geral, 8 a 12 tipos de especiarias diferentes moídas. Há enorme variação na composição, que muda de acordo com a região e o tipo de prato a ser temperado e pode ir da mais doce à mais picante. Podem fazer parte de seu preparo cardamomo, cravo, canela, cominho, coentro, gengibre, cúrcuma, pimenta *Capsicum* seca, *mace*, noz-moscada, grãos de mostarda, feno-grego, folhas de curry, folhas de louro e pimenta-do-reino preta. Além de ser ingrediente do prato, é também polvilhado sobre ele depois de pronto. *Garam* é uma palavra indiana que significa morno ou quente e *masala* é um conjunto de condimentos. *Garam masala* significa, portanto, uma mistura de condimentos picantes. Ver **Masala** e o nome de cada tempero.

Garçom Profissional que faz o atendimento no salão do bar ou do restaurante. Suas atividades compreendem o preparo do salão, o atendimento do cliente à mesa durante toda a refeição, o registro e envio dos pedidos à cozinha e o fechamento da conta. Em muitos países é comum o pagamento de uma gratificação pelo serviço, que varia em torno de 15% do total da conta.

Garapa 1. Sumo resultante da prensagem da cana-de-açúcar, também denominado caldo de cana. Puro, é tomado como refresco. Ver **Caldo de cana**. **2.** Sucos de frutas ácidas adoçadas com açúcar ou mel também recebem esse nome no Nordeste do Brasil.

Garbure Sopa grossa tradicional na região francesa de Béarn e também muito popular entre os bascos espanhóis. Há diversas variações, mas é preparada, de modo geral, com repolho, feijões, batatas, cenouras e pedaços de porco salgado, bacon ou ganso em *confit*.

Garfo Instrumento de mesa próprio para servir alimentos ou levá-los à boca. Utensílio muito antigo, já mencionado na Bíblia na movimentação de carne nos sacrifícios. Começou a ser utilizado na cozinha, no preparo de alimentos, e à mesa, para servi-los, bem antes de se tornar um utensílio para o consumo individual da comida, em substituição aos dedos. No século XI, a noiva bizantina do filho do Doge de Veneza levou em seu enxoval um pequeno garfo. Seu uso se impôs muito lentamente, primeiro na Itália e depois no restante da Europa. A pintura do banquete de casamento da série *Storia di Nastagio degli Onesti* (1483), de Botticelli, mostra duas damas usando garfos de sobremesa. Mas, no final do século XVII, o rei francês Luís XIV ainda preferia comer com as mãos. Os primeiros garfos chegaram ao Brasil com a colonização portuguesa, mas aqui também demoraram a se popularizar. Eles podem ser feitos de alumínio, aço comum ou inoxidável, ferro, prata, ouro, madeira, bambu ou plástico. Os mais comuns, hoje, são os de aço. Sua forma também varia: os que têm dois dentes, se pequenos, são usados para espetar petiscos e tira-gostos; se grandes, são utilizados, com uma faca longa, para trinchar peças de carne; os de três dentes, menos comuns, são usados para comer frutas e milho cozido; os de quatro dentes, finos e longos, são os mais comuns. Existem ainda os próprios para peixe, com dentes chatos e curtos; os de salada, com dois dentes largos; os de doce, com uma pequena alavanca acoplada ao cabo, que, pressionada, empurra o doce dos dentes do garfo; e os para fondue, de cabo bem longo e dentes serrilhados e curtos.

Garganega (*Vitis vinifera*) Principal uva da região vinícola de Soave, no Vêneto (Itália).

Gari Ver **Beni shoga**.

Garlic Alho, em inglês. Ver **Alho**.

Garnish Guarnição, em inglês. Ver **Guarnição**.

Garniture Guarnição, em francês. Ver **Guarnição**.

Garoupa (Família *Serranidae*, diversos gêneros e espécies) Peixe de água salgada de grande importância culinária, denominado também cherne. É encontrado no Atlântico e no Mediterrâneo, tem pele de coloração chocolate e tamanho bastante variável, de acordo com a espécie. A carne, muito delicada e considerada de alta qualidade, é própria para assados e ensopados. Como qualquer outro peixe, deve ser utilizada muito fresca. No litoral do Sudeste do Brasil, a garoupa é preparada cozida com banana-da-terra e servida com arroz, pirão e molho de pimenta.

Garrafeira Termo encontrado em algumas garrafas de vinho português para indicar que este foi envelhecido por algum tempo depois de engarrafado. Equivale ao "reserva especial". Os tintos devem ter, no mínimo, dois anos em barril e um em garrafa; os brancos, no mínimo seis meses no barril e outros seis meses em garrafa.

Garum Condimento líquido muito apreciado pelos romanos na Antiguidade. Bastante forte e picante, era preparado com vísceras de peixe fermentadas em solução salina, exposta ao sol por vários dias. Em seguida, essa solução era acrescida de diversos outros temperos, como óleo, pimenta-do-reino, especiarias e vinho, antes de ser filtrada. O resíduo sólido remanescente denominava-se *allec* ou *allex* e era usado também na cozinha romana. De acordo com inúmeros registros da época – como os de Caio Plínio, naturalista do século I, entre outros –, a preparação variava: às vezes empregavam-se somente as vísceras; outras, peixes pequenos inteiros. O tempo de exposição ao sol também mudava, assim como as ervas e os grãos aromáticos usados. De todo modo, arqueólogos identificaram que seu preparo era comercial, não doméstico, e a produção se estendia por toda a costa do Mediterrâneo. Seu uso foi intensivo até o início da Idade Média, quando começou a declinar. O garum é similar ao vietnamita *nuoc mam* e ao tailandês *nam pla*, muito presentes hoje na culinária do Sudeste Asiático. Ver **Nam pla** e **Nuoc mam**.

Gaspacho Palavra de origem árabe cujo significado é pão ensopado. Tem suas raízes vinculadas a um preparo mouro da época da dominação da Península Ibérica, feito com pão, alhos, azeite de oliva, vinagre, sal e água. É mais conhecida como uma sopa típica da região espanhola da Andaluzia, mas pode variar de acordo com a região da Espanha onde é preparada. De maneira geral, é elaborada com miolo de pão, polpa de tomates crus, vinagre, azeite, alho e cominho, e servido com as seguintes guarnições em pequenos pedaços: pimentões verdes e vermelhos, cebolas, pepinos, ovos cozidos e pão cortado em cubinhos fritos no azeite com alho. Deve ser servida fria. O tomate foi acrescentado somente depois do século XVIII, quando passou a ser consumido com mais frequência na Europa. O pepino e a cebola foram adicionados mais recentemente. Em Granada, é temperada com pimentas vermelhas e cominho; em Antequera, leva amêndoas.

Gastronomia De origem grega, *gaster* (estômago) + *nomos* (lei ou regra), a palavra tem longa história e significados variados. O *Larousse Gastronomique* a define como *art de faire bonne chère* (2017, p. 412, "arte de bem comer" em tradução livre); já no *Pequeno Dicionário Houaiss da Língua Portuguesa*, o termo significa tanto "o prazer de apreciar pratos finos" quanto a "prática e conhecimentos da arte culinária" (2015, p. 483). O vocábulo surgiu na Antiguidade. No século IV a.C., deu nome à obra do siciliano Arquestrato, *Gastronomia* ou *Hedypatheia*, cuja referência encontramos somente na obra de Ateneu, escrita vários séculos mais tarde. Abandonada por longo período pela literatura, a palavra foi resgatada em textos franceses, no início do século XIX. Em 1801, Joseph Berchoux publicou um poema intitulado *La gastronomie*. O termo passou a ser usado por diversos outros autores (essencialmente na França) e deu origem a conceitos derivados, como *gastrônomo* e *gourmand*. Grimod de la Reynière, primeiro jornalista e crítico de gastronomia, utilizou-os bastante em suas obras sobre o bem comer e a etiqueta à mesa. No *Manual dos anfitriões*, publicado em 1808, ele destaca que "A ciência gastronômica entrou na moda e todos queriam segui-la. Ela passou das cozinhas e das lojas aos salões, às bibliotecas e até aos teatros, e não perdemos a esperança de ver estabelecer-se nos liceus uma cátedra de gastronomia..." (2005, p. XVI). Em 1814, apareceu em inglês – *gastronomy* – no glossário da obra anônima *The school for good living* (1814), quando então foi definida como *precepts for eating* ("preceitos para comer", em tradução livre). Mas foi Brillat-Savarin quem elaborou o conceito de gastronomia mais abrangente. No aclamado *A fisiologia do gosto*, de 1826, ele a definiu como "o conhecimento fundamentado de tudo o que se refere ao homem, na medida em

que ele se alimenta" (1995, p. 57). O magistrado francês também acreditava que o domínio da gastronomia tinha ainda muito a crescer e que seria "impossível que, dentro de poucos anos, a gastronomia não conte com seus acadêmicos, seus cursos, seus professores e suas indicações de prêmios" (idem, p. 61). Ver **Arquestrato; Ateneu; Berchoux, Joseph; Brillat-Savarin, Jean Anthelme** e **Grimod de la Reynière, Alexandre Balthazar Laurent.**

Gastronomia molecular Disciplina científica dedicada ao estudo das transformações físico-químicas que ocorrem na culinária. Por meio de experimentos controlados e do uso de equipamentos laboratoriais, os pesquisadores examinam ingredientes, técnicas culinárias e receitas tradicionais com o objetivo de compreender os fenômenos envolvidos no preparo ou na execução. Já foram objeto de estudo da disciplina, por exemplo, as emulsões, a coagulação da clara de ovo e a maciez da carne bovina. Esse campo de estudos ganhou impulso em 1992, com a realização do *Workshop Internacional de Gastronomia Física e Molecular* – proposto pela professora americana Elizabeth Cawdry Thomas e organizado pelo físico húngaro Nicholas Kurti, pelo pesquisador americano Harold McGee e pelo químico francês Hervé This –, na cidade italiana de Erice. Não deve ser confundida com "cozinha molecular". Ver **Cozinha molecular.**

Gastrônomo Conhecedor ou apreciador de gastronomia.

Gâteau 1. Palavra francesa que designa, de modo genérico, preparos doces de pastelaria. Cada gâteau tem características próprias e seus ingredientes, técnicas, forma, tamanho e decoração podem variar. Na França, de acordo com os registros, os primeiros eram simples massas de farinha e água, à qual acrescentava-se um pouco de mel. Na Idade Média, embora ainda rústicos, já haviam incorporado novos ingredientes e modos de preparação. Entretanto, somente a partir do Renascimento os preparos se tornaram mais sofisticados e surgiram os brioches, os merengues, as massas folhadas e os doces decorados. Hoje, as variações são inúmeras, e sabor e apresentação são pontos fundamentais. **2.** A palavra também é usada, na França, genericamente, para bolos frios com várias camadas de creme.

Gattinara Vinho tinto italiano com Denominação de Origem Controlada e Garantida (DOCG), produzido na comuna de mesmo nome, no Piemonte. Sua principal uva é a Nebbiolo, conhecida na região por Spanna.

Gaufre Nome francês do *waffle*. Ver **Waffle.**

Gaufrette Nome francês do *wafer*. Ver **Wafer.**

Gavage Técnica de engorda animal em que a alimentação é introduzida à força, por meio de um tubo, diretamente no estômago. A prática foi iniciada pelos antigos egípcios, os quais descobriram que aves poderiam engordar mais rápido com superalimentação forçada. Primeiro foi aplicada em patos e gansos, alimentados com pequenas bolas de comida, conforme mostra um baixo-relevo de Saqqara (Egito). A técnica espalhou-se depois pelo Mediterrâneo e os romanos encarregaram-se de difundi-la ainda mais. Em Roma, os gansos eram alimentados com figos. O método de engorda perdeu-se no início da Idade Média e só voltou a ser praticado por volta do século XVI, durante o Renascimento, na Europa. Hoje é uma técnica controversa, ainda presente na produção do *foie gras* em alguns países, mas proibida em outros. Pesquisas científicas e novas práticas de criação em curso têm apontado métodos alternativos para a engorda do fígado de aves, sem causar-lhes sofrimento.

Gefilte fish Tradicional prato da culinária judaica, hoje consiste em peixe moído (em geral, a carpa) misturado com ovos, matzá ou pão moído e temperos. Com essa massa, preparam-se bolas que, então, são cozidas em caldo de peixe ou podem, ainda, ser levadas ao forno, o que lhes confere cobertura mais crocante. Em seguida, são servidas enfeitadas com rodelas de cenoura cozida. O nome Gefilte fish deriva do iídiche *gefüllte*, cujo significado é "recheado" e que descreve o prato em seus primórdios. No início, o peixe, mais usual o lucio ou a carpa, era cozido cuidadosamente com a pele; depois todo o conteúdo era removido, mantendo a pele íntegra; retiravam-se e descartavam-se os ossos, a carne do peixe era picada, temperada e voltava a encher a pele. Preparado na véspera, era comido no Sabá, dispensando, então, qualquer trabalho maior. É originário do Leste Europeu. Ver **Matzá**.

Gelatina Proteína obtida do cozimento prolongado de ossos e tecidos fibrosos de animais, principalmente boi e porco. Sem cor, sem sabor e sem odor, ao ser misturada a um líquido, sua consistência muda, processo denominado gelificação. Preparada industrialmente, pode ser encontrada em pó ou em folha. Deve ser guardada em ambiente fresco e seco, em recipiente bem vedado. É ingrediente usado tanto em pratos doces como em salgados. Frutas como o abacaxi e o mamão têm uma enzima natural, encontrada apenas na fruta fresca ou em seu suco, que atua sobre a composição química da gelatina, impedindo-a de gelificar. Até o final do século XIX, antes do advento da industrialização da gelatina, a preparação de pratos gelatinosos era possível somente pela fervura dos ossos, com a utilização de cola de peixe ou, ainda, do musgo-da-irlanda, uma alga europeia. Ver **Cola de peixe** e **Musgo-da-irlanda**.

Geleia Conserva de consistência gelatinosa e aparência translúcida, em geral feita de frutas frescas cozidas em açúcar. Sua textura inconfundível deve-se à presença de três ingredientes fundamentais: pectina, substância ácida e açúcar. Tanto a pectina como a substância ácida são encontradas nas próprias frutas, em maior ou menor dosagem. A textura final da geleia depende do equilíbrio da dosagem entre esses ingredientes e a quantidade de frutas. É comum usar uma parte de açúcar para uma de fruta. Em alguns casos, quando a fruta tem baixo teor de substâncias ácidas ou de pectina, é necessário fazer uma complementação com a agregação de frutas cítricas, mais ricas nessas substâncias. As geleias podem ser usadas no desjejum, em pão branco ou preto; como acompanhamento de chás e de assados; com queijo; como complemento de tortas e sobremesas etc. É uma técnica muito antiga de preservação de frutas. Já era encontrada entre os gregos e romanos, com função diferente: medicamento para a digestão. No século I a.C., o médico e filósofo grego Pedanius Dioscórides redigiu um tratado sobre o assunto, em que mencionava, principalmente, as propriedades da geleia de marmelo. Naquela época, o mel era usado em lugar do açúcar. Somente depois do século XV a Europa retomou a feitura de geleias e, em 1725, o termo *marmelet* passou a ser comum

em Londres. Em inglês, chama-se *jam* e *marmalade*; em francês, *marmelade* e *confiture*. Ver **Marmelade** e **Pectina**.

Geleia de mocotó 1. Geleia doce à base de mocotó fervido até a extração total de sua geleia natural e açúcar. Muito usada no Brasil como alimento infantil até a década de 1980. **2.** Pode ser preparada salgada, acrescida de um pouco de vinho, suco de limão e especiarias. Esfriada até firmar, era tradicionalmente utilizada no preparo do *aspic*. Antigamente a consideravam um restaurador de força para inválidos.

Gelificantes Aditivos alimentares, naturais ou artificiais, que dão textura ao alimento pela formação de gel. São exemplos de gelificantes a pectina, os alginatos, o ágar-ágar e a gelatina. Ver **Aditivos** e o nome de cada um deles.

Gemada Bebida feita de gemas de ovos batidas com açúcar e leite quente, servida com canela em pó e gotas de conhaque. Antigamente, como ainda hoje no interior, era usada como fortificante.

Gemelli Palavra italiana que significa gêmeos, é uma massa alimentícia com o formato de dois pequenos pedaços de espaguete torcidos juntos. Ver **Espaguete**.

Genebra Aguardente de cereais e zimbro fabricada no Brasil, denominada também zinebra. Seu nome e sua receita original, de acordo com os fabricantes, são provenientes de Genever, gim fabricado nos Países Baixos.

Genever Ver **Gim**.

Genevoise 1. Molho clássico francês para peixes que reúne mirepoix, vinho tinto e fumet de peixe. Deve ser cozido, reduzido e coado antes de receber essência de anchovas e manteiga. Ver **Fumet** e **Mirepoix**. **2.** Variação do molho exclusiva para enguias usada na cozinha clássica francesa, que substituía a manteiga simples pela manteiga de lagosta e acrescentava lascas de lagosta como acompanhamento. Nesse caso, a palavra *gourmet* era acrescentada ao nome do prato. **3.** Pode ser, também, um purê de ervas, pistache e amêndoas, temperado com azeite e limão e engrossado com gemas, para acompanhar peixes servidos frios.

Gengibirra Bebida muito refrescante feita, basicamente, com extrato de gengibre, limão, farinha de milho, água e açúcar mascavo. A receita tem inúmeras versões, das caseiras (suco de limão, suco de gengibre, mel e água gaseificada), sem fermentação, semelhantes ao *ginger ale*; às mais completas e tradicionais, que levam mais de uma semana em fermentação e são similares à *ginger beer* inglesa, de onde, presume-se, provém o nome. Algumas receitas contêm também suco de frutas, cachaça e levedura para acelerar a fermentação. Em 1820, já era anunciada em *O Cruzeiro*, no Recife. Muito popular em bailes e festas de províncias, era vendida nas ruas de diversas cidades brasileiras. No início do século XX, começou a ser produzida industrialmente no Paraná, em São Paulo e no Nordeste. No Sul, seu preparo era caseiro, nos festejos natalinos. Hoje, a produção e a distribuição são pequenas, pois perdeu espaço para os refrigerantes. Do *Vocabulário Ortográfico da Língua Portuguesa* (2021-2022), da Academia Brasileira de Letras, constam duas grafias: gengibirra e jinjibirra. Ver **Ginger beer**.

Gengibre (*Zingiber officinale*) Planta tropical semelhante ao junco, cuja raiz é usada como especiaria. Originária da

Índia e da Malásia, seu uso foi documentado por Plínio, o naturalista romano, assim como por diversos manuscritos do Japão e da China. Sua raiz fresca é nodosa e coberta por uma casca bege. Quando nova, tem a casca fina e clara e consistência suculenta e tenra. De sabor forte, adstringente e picante, oferece poderosa ação bactericida e desintoxicante contra toxinas de peixe. Seus apreciadores a consideram também possuidora de virtudes afrodisíacas. A raiz fresca pode ser usada em pequenos pedaços, em fatias ou ralada. É encontrada em pó, em conserva doce ou salgada, ou em formato de cristais. Pode ser empregada em picles, molhos, chucrute, chutneys, doces, bolos, pães, bebidas quentes ou frias, com salada ou como acompanhamento de peixe cru. Ver **Chutney** e **Picles**.

Gengibre dourado Ver **Cúrcuma**.

Genmaicha Variedade de chá-verde japonês, trata-se de um banchá de qualidade média, ao qual foi misturado arroz integral torrado para amenizar o gosto seco. Na xícara, tem cor amarelo-esverdeada. Seu sabor é semelhante ao de ferrugem. Ver **Banchá** e **Chá**.

Génoise Massa de confeitaria leve e úmida, criada em Gênova (Itália) e depois adaptada e divulgada pelos franceses. É feita com farinha, ovos, manteiga e, eventualmente, aromatizada com baunilha, amêndoas moídas, raspas de limão etc. Não contém fermento químico. De textura leve e esponjosa, assemelha-se à massa de pão de ló, batida em banho-maria e enriquecida com manteiga derretida, que é incorporada no final do preparo antes de ela ser levada ao forno. Pode ser usada como base para bolo, torta ou gâteau. É chamada também de pão de ló genovês e genovesa. Ver **Gâteau** e **Pão de ló**.

Genovese, alla Expressão italiana que significa "ao estilo de Gênova", cidade da costa do Mediterrâneo. Refere-se a pratos acompanhados de molho pesto, tradicional da região. Ver **Pesto**.

Gergelim (*Sesamum indicum*) Planta originária do sul da Ásia, conhecida também por sésamo. Pesquisas arqueobotânicas situam o início de seu cultivo naquela região entre 2500 e 2000 a.C. Tem sementes bem pequenas, com 3 mm de comprimento, e cor que varia do branco ao preto. Depois de tostadas, têm gosto semelhante ao das amêndoas. São comercializadas com casca ou descascadas, inteiras, moídas ou em pasta, quando então é denominada manteiga de gergelim ou tahine (no Oriente Médio). Das sementes também extrai-se o óleo, ingrediente fundamental nas culinárias orientais. O uso do gergelim é comum em cremes salgados, pães, bolos, biscoitos e doces. Ver **Tahine**.

Germe de trigo Embrião do grão do trigo, elemento nutritivo de grande importância. Tem alto teor de vitamina E e proteína, presentes na farinha integral, mas eliminadas no tratamento que o transforma em farinha de trigo comum. Pode ser usado cru, em sopas e cozidos.

Gersal Tempero preparado com sementes de gergelim branco, assadas e trituradas com sal marinho. É elemento básico da cozinha macrobiótica e pode ser utilizado no preparo de qualquer alimento.

Gewürztraminer (*Vitis vinifera*) Cepa de uva possivelmente originária de Termeno, na região do Trentino-Alto Ádige, no norte da Itália. É hoje tradicional na Alsácia (França), mas também pode ser encontrada na Alemanha, na Itália, nos Estados Unidos, no Chile e na Nova Ze-

lândia, entre outros lugares. Os vinhos produzidos com ela têm aroma extremamente marcante.

Gex, bleu de Queijo de leite de vaca pasteurizado, da região de Jura (França). Ver **Bleu du Haut-Jura**.

Ghee Gordura muito utilizada na culinária indiana, assemelha-se a um óleo, mas é manteiga de leite de vaca ou búfala clarificada, ou seja, cozida vagarosamente até que a água evapore e os sólidos lácteos se separem da gordura. A manteiga é inicialmente aquecida a 90 °C; depois, a temperatura é elevada a 120 °C para que as partes sólidas se tornem marrons e alcancem o sabor e aroma que lhe são peculiares. Os sólidos são, então, filtrados. Esse processo também faz com que o ghee prescinda de refrigeração e sua validade seja maior. Ver **Clarificar**.

Gherkin 1. Nome, em inglês, de pepinos (*Cucumis sativus*) em miniatura, em geral usados para conservas, *hors d'oeuvres* e guarnições. *Gherkin* deriva do nome do pepino em holandês. Em francês, é chamado *cornichon*. Não há um nome específico para eles em português. **2.** Variedade de pequenos pepinos (*Cucumis anguria*) encontrada no Caribe, denominada *West Indian Gherkin*. De acordo com seus apreciadores, tem textura e sabor bem diferentes do *gherkin* comum. É usado também em conservas e, em grande parte das vezes, temperado com aneto.

Gianduia Mistura de chocolate com pasta de avelãs, de textura sedosa e macia. Sua elaboração é variada: pode ser usada pasta de chocolate com maior ou menor teor de cacau e uma proporção maior ou menor de avelãs. É ingrediente de bombons, puro ou com *pralin* e pastas de frutas. Também pode ser grafado *gianduja*. Ver **Pralin**.

Gianduiotto Chocolate italiano recheado de avelãs. É também conhecido por alba.

Gibelotte 1. Cozido da culinária francesa preparado com coelho, caldo temperado de ervas, vinho tinto, cebolas e bacon. No final do cozimento, são acrescentados cogumelos frescos fatiados e fígado de coelho esmagado em pasta. **2.** Em Québec (Canadá), gibelotte é um ragu de legumes e peixe, preparado com filé de peixe, caldo concentrado de carne, batatas, cebolas, tomates, milho, ervilhas, cenouras, folhas de louro, tomilho, salsa e manjericão. Em algumas receitas, adiciona-se também um pedaço de bacon.

Gibier Termo francês que designa animais e aves silvestres, caçados para alimentação. Ver **Caça**.

Gigot Palavra francesa que designa o corte da coxa de carneiro ou de porco, muito usado no século XVIII. A carne deve ser magra e, em geral, é assada ou cozida, pois não é macia o suficiente para ser frita ou grelhada. O prato mais conhecido feito com essa peça é o *gigot d'agneau*, assado de cordeiro temperado com especiarias e servido com feijão-branco e bacon.

Gim Aguardente de cereais (milho e cevada) e outras substâncias aromáticas, tais como coentro, casca de árvore (cássia e canela), casca de laranja e de limão, raiz de angélica, amêndoas e, principalmente, uma fruta chamada zimbro. Trata-se de um bidestilado criado na Holanda, no século XVI, cujo processo de refinamento foi desenvolvido pelos ingleses. Isso aconteceu como uma reação de destiladores ingleses à proibição de importação da be-

bida no século XVII, fato que ocasionou a fabricação de gim de péssima qualidade por cidadãos da Inglaterra. Com o novo processo de destilação feito em alambique de tipo contínuo, eles tornaram a bebida mais pura e neutra, além de eliminarem os aromatizantes fortes e doces, que antes eram utilizados para neutralizar o gosto dos cereais. O London dry gin é considerado o melhor do mundo. O Jenever ou Genever, destilado de um *blend* de partes iguais de centeio, cevada e milho, é a bebida nacional holandesa, produzida também na Bélgica e em regiões da Alemanha e da França. O gim é base de vários coquetéis, como o mais famoso Dry Martini. Seu nome em inglês, *gin*, é uma abreviação de *geneva* ou de *genever*, derivadas de *genièvre* e de *jeneverbes*, zimbro em francês e holandês. Tem teor alcoólico de 40% a 50%. Ver **Zimbro**.

Ginger Gengibre, em inglês. Ver **Gengibre**.

Ginger ale Água mineral gaseificada, colorida artificialmente de laranja, à qual são acrescentadas gotas de essência de gengibre e de glicose. Há uma versão mais doce e de cor mais forte, chamada Golden Ginger Ale, cuja criação é atribuída ao boticário americano Thomas Cantrell. A Canada Dry Ginger Ale, versão posterior e a mais encontrada hoje em dia, é menos doce, com sabor mais suave de gengibre e de cor mais clara, criada pelo químico e farmacêutico canadense John McLaughlin, em 1907.

Ginger beer Bebida muito consumida na Inglaterra, produzida pela fermentação de açúcar e gengibre em água, com o uso de um composto de bactéria e levedura. Clara e espumante, pode ser alcoólica ou não alcoólica. Bem aceita na Inglaterra, espalhou-se por toda a Europa a partir do século XVIII. No Brasil, no século seguinte, começou a ser feita com ou sem gengibre, ou com alguma fruta que o substituísse, sob o nome de gengibirra. Ver **Gengibirra**.

Gingerbread 1. Bolo inglês de massa fermentada e adoçada, com receitas variadas, cuja característica principal é ser condimentado e ter sabor de gengibre. É servido quente, acompanhado de creme de leite batido. Muito antigo, surgiu de um preparo medieval popular que misturava migalhas de pão com mel, gengibre e especiarias. Diz-se que as jovens o preparavam para ser dado, como um favor, aos cavaleiros participantes dos torneios, ocasiões em que era feito em diversos formatos e enfeitado com folhas douradas. Evoluiu e sofreu variações. No século XVII, o farelo de pão foi substituído pela farinha de trigo e os ovos e a manteiga foram adicionados, enriquecendo a massa. Em seguida, fermentos foram acrescentados. No século XIX, praticamente toda cidade do interior da Inglaterra tinha seu gingerbread, cada um com sua característica: alguns com massa semelhante à do pão, outros que pareciam um bolo, alguns de massa clara, outros mais escura, alguns quadrados, outros retangulares. Mas sempre adoçados, condimentados e com sabor de gengibre. Muito apreciado hoje nos Estados Unidos, onde é um bolo úmido, escuro, feito com melaço, gengibre e outras especiarias. É cozido em fôrma quadrada e, depois de frio, recoberto com molho de limão ou creme batido. 2. Biscoito à base de gengibre, melaço ou mel e especiarias, recortado em formatos variados e engraçados. Gingerbread é seu nome em inglês; preparos similares, com outros nomes, são encontrados em diversos países do norte europeu. É muito consumido no Natal.

Ginger snap Ver **Brandy snap**.

Ginger wine Bebida muito difundida na Inglaterra, feita com a mistura de raízes de gengibre moídas, levedo, açúcar, rodelas de limão, uvas e água. Depois de o líquido fermentar e ser filtrado, pode ser acrescentado brandy. Esse vinho fortificado é bebido puro ou misturado à limonada, ao ginger ale ou, simplesmente, à água. É industrializado desde o século XVIII e suas vendas tiveram grande impulso no século XIX, quando passou a ser prescrito como fortificante e considerado benéfico para a digestão.

Ginja (*Prunus cerasus*) Em Portugal, é uma espécie de cereja ácida. Ver **Cereja**.

Ginjinha Famoso licor português feito com uma espécie de cereja ácida, a ginja, macerada. Trata-se de uma bebida tradicional em Lisboa, Óbidos, Alcobaça e no Algarve, servida com ou sem a fruta no fundo do copo. Uma das marcas mais antigas é a Ginjinha Espinheira, do Largo de São Domingos, em Lisboa, criada em 1840.

Girolle Ver **Chanterelle**.

Glace Palavra francesa que designa o sorvete cremoso elaborado com leite e gemas, além do ingrediente-base. É um tipo de sorvete diferente do sorbet, em consistência e utilização. Denominado também *crème glacée*. Ver **Sorbet** e **Sorvete**.

Glace de cuisine Xarope grosso e brilhante obtido pela redução dos fundos de carne, ave ou peixe. É usado para dar sabor a molhos ou para recobrir peças de carne, ave ou peixe que serão assadas. Ver **Fundo**.

Glacê Cobertura para doces, bolos e biscoitos, à base de açúcar misturado com outros ingredientes, como claras de ovos batidas, água, manteiga. Pode ser preparado de várias maneiras. O tipo de glacê a ser utilizado vai depender do tipo de massa que ele recobrirá. Em francês, grafa-se *glacé*; em inglês, *icing* ou *frosting*. Ver o nome do glacê.

Glacê de manteiga Glacê com textura cremosa e macia, feito de claras, calda de açúcar e manteiga. É indicado para rocamboles.

Glacê fino Feito apenas com açúcar de confeiteiro e água, deve ser espalhado com uma colher. É utilizado em bolos leves e pequenos, como rocamboles, pães de ló, biscoitos e massas folhadas.

Glacê mármore Glacê cuja textura é mais suave que a da pasta americana, porém mais sólida e densa que a do glacê real. Pode ser preparado apenas com claras em neve, açúcar de confeiteiro peneirado e aromatizante ou incluir também gordura vegetal hidrogenada. Em razão da consistência sólida, encobre qualquer imperfeição e é usado como cobertura de bolos festivos. Ver **Glacê real** e **Pasta americana**.

Glacê real Cobertura à base de claras e açúcar de confeiteiro. Tem consistência macia para espalhar e, depois de seco, endurece. É muito utilizado para decorar bolos festivos.

Glacear 1. Recobrir o alimento com um líquido, doce ou salgado, para deixar sua superfície lisa e brilhante. Em pratos salgados, podem ser usados fundos de carne, ave ou peixe engrossados (*glace de cuisine*); em doces, geleia afinada e peneirada, calda de açúcar ou chocolate derretido; em massas que serão assadas, ovo batido, gemas ou leite. Em francês, *glacer*; em inglês,

to glaze. **2.** Recobrir bolos e doces com glacê. Em francês, *glacer*; em inglês, *to frost*.

Glayva® Licor escocês de fórmula não divulgada, feito com uma seleção de uísques escoceses envelhecidos, mel, tangerina e diversas especiarias. Foi criado em 1947, por um mercador de bebidas da cidade de Edimburgo (Escócia).

Glicerina Substância líquida, incolor, adocicada, feita de várias gorduras. É muito utilizada na confeitaria industrial e em alimentos dietéticos.

Glicose Conhecida também por dextrose, é o açúcar natural de frutas e encontrado ainda no sangue humano ou animal. O açúcar comum, assim como o amido, depois da digestão é decomposto em glicose e frutose. Xarope de glicose e glicose líquida são obtidos industrialmente pelo aquecimento de amido de plantas, em especial o milho. Eles contêm maltose e outros carboidratos e são utilizados para evitar a cristalização dos xaropes de açúcar ou manter a cremosidade dos sorvetes.

Gloucester Queijo tradicional inglês de fazenda, preparado com o primeiro leite extraído pela manhã, com baixo teor de gordura. Começou a ser fabricado no século XVI, quando não era ainda considerado fino. O genuíno Gloucester, hoje, utiliza somente leite de vacas Old Gloucester e é fabricado, comercialmente, com leite não pasteurizado de vacas de pastagem de verão. Sua massa, colorida com urucum, tem tom laranja pálido e seu sabor, que depende do ponto de maturação, pode variar do marcante ao forte. Há duas versões: o Single Gloucester, mais suave e quebradiço, é feito com menos gordura, pois mistura leite desnatado com leite gordo; e o Double Gloucester, de sabor mais forte, elaborado exclusivamente com leite gordo. Produzidos em fôrmas redondas, o Double é um pouco maior que o Single e alcança seu melhor ponto de maturação em cerca de dez semanas. Classificados como DOC (Denominação de Origem Controlada), recebem o nome apenas os produzidos em Gloucestershire. Ver **Denominação de Origem Controlada (DOC)**.

Glutamato monossódico Aditivo alimentar obtido de proteínas animais ou vegetais. Trata-se de um derivado concentrado do ácido glutâmico, fonte de umami. Pode ser utilizado para realçar o sabor e o tempero, sem salgar, de alguns alimentos, como cozidos de carne ou o suco de carne, e para reduzir alguns sabores, como o amargor ou a acidez do purê de tomates. É usado também como conservante pelas indústrias de embutidos e enlatados. Seu nome japonês, aji-no-moto, significa essência do gosto. Ver **Umami**.

Glúten Substância proteica encontrada na farinha de trigo, em maior ou menor quantidade, essencial na produção de pães e massas. Quando a massa de pão, que de modo geral contém glúten, é sovada, desenvolve-se e retém o dióxido de carbono produzido pela ação do fermento, por isso o pão cresce e a massa torna-se mais elástica. Há pessoas, entretanto, que têm intolerância a esse componente e devem se abster de alimentos que o contenham. Ver **Farinha de trigo**.

Gnocchi Prato típico da culinária italiana, preparado com batatas cozidas e amassadas com um pouco de farinha de trigo, manteiga e ovos. A massa, depois de pronta, é cortada em pequenos cilindros que, então, são cozidos em água e sal. Considerada uma das primeiras massas

caseiras italianas, era inicialmente feita com semolina de trigo; a partir do século XVII passou a ser preparada com batatas. A massa possibilita uma série de variações pela adição de outros ingredientes: pão, polenta, espinafre, ameixa, abóbora, castanha, ricota, cenoura etc. Existem dois outros pratos tradicionais de gnocchi: o gnocchi alla romana, elaborado com semolina; e o da Toscana, feito com polenta cozida em água e sal e aromatizada com queijo. Há uma crença popular que recomenda tradicionalmente comer gnocchi no dia 29 de cada mês e pôr uma cédula de dinheiro embaixo do prato, pois isso traria riqueza.

Gobo Bardana, em japonês. Ver **Bardana**.

Gohan Palavra japonesa cujo significado é arroz cozido.

Goiaba (*Psidium guajava*) Fruto da goiabeira, árvore da família das mirtáceas, originária da América do Sul. Denominada também guaiaba ou guaiava, na Bahia é conhecida ainda por araçá. Tem diversas variedades, que diferem em cor de polpa (branca, amarela, vermelha) e tamanho. De formato oval, é carnuda, saborosa e doce. Pode ser consumida ao natural ou como sucos, geleias e doces. Encontrada principalmente nos trópicos, foi levada pelos portugueses para a África, onde se ambientou bem. Lá, porém, sua fruta é menos doce que no Brasil.

Goiabada Doce feito com goiaba, um dos tradicionais doces de tacho dos engenhos nordestinos ou do interior do Sudeste brasileiro. É preparado com a fruta fresca madura e açúcar. O tacho de cobre é importante para a cor do doce. Tem vários pontos, podendo ficar mais pastoso ou mais encorpado, quando então pode ser cortado. Se a casca da goiaba for usada no preparo, a massa torna-se mais consistente e passa a receber o nome de goiabada cascão, que é também deliciosa. Em Minas Gerais, em geral é servida com queijo fresco, prato denominado Romeu e Julieta por combinarem tão bem. Ver **Doces de tacho** e **Romeu e Julieta**.

Goma Denominação usada no Norte e no Nordeste do Brasil para designar o polvilho ou o amido da mandioca. É a base da farinha de tapioca, de biscoitos e beijus. Ver **Polvilho**.

Gordura Fonte de energia e veículo de vitaminas, é elemento indispensável ao organismo humano. De origem animal ou vegetal, muito importante no preparo dos alimentos por conferir textura e sabor, é imprescindível para a aplicação de técnicas como a fritura. Algumas gorduras são facilmente identificáveis nos alimentos; outras, entretanto, podem não ser percebidas, por exemplo as contidas em alimentos industrializados, caso em que é muito importante ler o rótulo para identificar o percentual e o tipo de gordura neles empregados. Ver **Banha**, **Manteiga**, **Margarina** e **Óleo**.

Gorgonzola Queijo italiano criado no século X na planície do rio Pó, região da Lombardia, perto de Milão. A cidade de Gorgonzola era um ponto de descanso para o gado vindo das pastagens alpinas para os estábulos de inverno. A abundância do leite e a riqueza de fungos das cavernas da região foram fundamentais para a produção do excelente queijo. Quando maturado, apresenta veios azulados, muito concentrados no meio. De sabor marcante, levemente salgado e picante, tem aroma similar ao de nozes, além de textura semimacia e quebradiça. No processo de maturação, que dura de três a quatro meses, o contato de um fio de cobre com sua massa cremosa abre canais para a penetração do *Penicillium glaucum*. É um queijo semelhante ao francês Roquefort. O sabor será menos ou mais forte e marcante, de acordo com o estágio de maturação. Costuma ser servido com torradas ou pães, ou usado em recheios de sanduíches, massas alimentícias, saladas e molhos. Ver **Roquefort**.

Gouda Queijo originário da cidade de Gouda (Países Baixos), próxima a Rotterdam, fabricado há mais de duzentos anos. É o verdadeiro queijo holandês, de sabor suave, macio, levemente salgado e com pequenas olhaduras (buracos). Como o nome não é protegido, ele é usado no mundo inteiro para queijos similares. Feito de leite de vaca pasteurizado ou não, tem alto teor de gordura. Há sete tipos de queijo gouda, conforme o tempo de amadurecimento: o mais jovem é o Graskaas, pronto para ser consumido com apenas algumas semanas de maturação; na outra ponta está o Ovejarig, extramaturado com interior dourado e firme, superperfumado e de sabor salgado; entre os dois estão Jong, Jong belegen, Belegen, Extra belegen e Oud, com variações de firmeza na textura e complexidade no sabor. Sua cobertura de cera também varia em cada tipo: amarela, laranja, vermelha e preta. Em geral, o exportado matura em apenas seis semanas e recebe cobertura de cera amarela. O gouda maduro é um queijo superior, de sabor mais acentuado e suculento e coberto de cera preta. Com formato de roda chata, pesa em torno de 4 kg.

Gougère Pequenas carolinas salgadas, cuja massa é acrescida de queijo. Servida em geral como aperitivo ou entrada, a gougère pode ser recheada ou não com pastas salgadas. É comum na região da Borgonha (França), onde é preparada em formato de coroa com o uso de assadeira circular, na qual as bolinhas de massa são inseridas coladas umas às outras. Ver **Carolinas**.

Goujonnettes Palavra francesa que designa pequenas tiras de peixe, cortadas obliquamente, empanadas e fritas. O nome é uma derivação de *goujon*, pequeno peixe francês de rio, de modo geral servido frito, inteiro.

Goulash Tradicional ensopado húngaro, assim denominado fora da Hungria, feito de carne bovina, suína ou de frango cozida com cebola e páprica. Prato semelhante já era preparado há pelo menos três séculos, quando os *gulyás* (vaqueiros) habitavam a região e se referiam ao cozido como *gulyás hus* (carne de vaqueiro). Na época, os vaqueiros alimentavam-se de acordo com seus recursos escassos, e o prato era elaborado em um caldeirão, o *bogracs*, com carne bovina, cebolas, gordura (toucinho ou banha de porco) e temperos. A páprica, que hoje caracteriza a receita, foi adicionada apenas depois do século XIX, quando chegou à cozinha húngara. O nome húngaro do cozido de carne é *pörkölt* ou, quando a este acrescenta-se creme de leite azedo (*sour cream*), *paprikás*. Assim como todo prato bastante difundido, existem variações em sua elaboração, mas o preparo tradicional não admite o uso de farinha de trigo ou de vinho. Para acompanhar, são servidos bolinhos de massa (*galuska*) ou batatas. Ver **Galuska**, **Páprica** e **Sour cream**.

Gourmand Palavra francesa usada para definir a pessoa que gosta de comer muito, sinônimo de glutão, ou que simplesmente gosta de comer. Diferencia-se do

gourmet, por não ter o mesmo conhecimento ou refinamento para escolher e apreciar o que consome.

Gourmet Palavra francesa que define o conhecedor e apreciador de boas comidas e bebidas. Seu sentido já foi mais restrito. Em 1679, o *Dictionnaire de Richelet* definia o gourmet como "aquele que prova o vinho no porto de Paris e verifica se [este] é legal e adequado para o comércio" (citado em Flandrin, 2009, p. 289). Alguns anos depois, em outros dicionários franceses, o termo passou a designar não apenas uma categoria profissional, mas todas as pessoas que sabiam fazer a distinção entre vinhos bons e ruins. Hoje em dia, é palavra de uso comum em português.

Grana padano Queijo italiano com Denominação de Origem Protegida, produzido em 27 províncias da planície Padana, no norte da Itália. Feito desde o século XII por monges cistercienses de Chiaravalle, há muitas referências interessantes sobre ele: tanto em *Il Decameron*, de Boccaccio, do século XV, como em registros de que era muito apreciado pelo escritor francês Molière e praticamente seu único alimento no final da vida. O nome, Grana, em português significa granulado e refere-se a sua textura. É elaborado com leite não pasteurizado e semidesnatado de vaca, de duas ordenhas, em processo controlado que mudou pouco nos últimos oito séculos. A dieta dos animais é uniforme e invariável o ano todo e a etapa de salga ainda é o molho em salmoura. Passa por um período de maturação que varia de nove a dezesseis meses, quando recebe a denominação Grana padano; acima de 16 meses, é chamado Grana padano oltre 16 mesi; e acima de 20 meses, Grana padano riserva. No período de maturação, é virado com frequência na prateleira e escovado.

Sua casca é firme, dura e dourada, e protege a massa interna granulada e intensamente doce. Tem forma cilíndrica, com 35 cm a 45 cm de diâmetro e 15 cm a 18 cm de altura. Ver **Denominação de Origem Protegida (DOP)**.

Grand cru Qualificação concedida a vinhedos – e, por extensão, aos vinhos ali produzidos –, na França. Na Borgonha, o título é conferido aos melhores vinhedos. Em Saint-Émilion (Bordeaux), os vinhos são classificados em Grand Cru Classé e Premier Grand Cru Classé.

Grand Marnier® Marca de licor francês feito de essência de cascas de laranjas amargas cultivadas nas Antilhas e em Cognac (França). A receita do principal licor da casa foi desenvolvida em 1880, por Louis-Alexandre Marnier Lapostolle. O nome da marca teria sido sugerido pelo famoso hoteleiro César Ritz, seu amigo. Tem teor alcoólico de 40%.

Granita Sorvete italiano, não cremoso e muito refrescante. Trata-se da mistura congelada de água, açúcar e um suco de fruta ou vinho ligeiramente adoçado. No processo de congelamento, o sorvete é batido várias vezes para produzir a textura granulada.

Granola Mistura de grãos – principalmente trigo, aveia, flocos de arroz, linhaça –, frutas secas e oleaginosas – nozes, castanha-do-pará, castanha-de-caju –, em geral consumida no desjejum. Algumas misturas têm, ainda, um tipo de gordura para ligar, açúcar mascavo e mel, por isso são mais crocantes, mais doces e mais calóricas. A granola é servida geralmente com leite ou iogurte. Desenvolvida na década de 1890 nos Estados Unidos, é similar ao müesli. Ver **Müesli**.

Grão-de-bico (*Cicer arietinum*) Leguminosa da família das fabáceas, de flores brancas e com uma pequena bainha que contém dois ou três pequenos grãos, redondos e bicudos, cor de areia. É muito utilizado na culinária do Oriente Médio. Pode ser cozido ou assado e consumido inteiro, ou amassado em pastas. Na forma de farinha, entra em inúmeros pratos da região. Ingrediente básico na pasta conhecida por *hummus bi tahine*. Ver **Besan** e **Homus**.

Grape Uva, em inglês. Ver **Uva**.

Grapefruit (*Citrus x paradisi*) Fruta cítrica grande, parecida com a laranja. Existem três variedades: a de casca amarelo-limão, a de casca rosada e a de casca avermelhada. Muito suculenta, a cor de sua polpa varia do amarelo ao vermelho. A variedade de casca amarela tem sabor ácido e amargo, já a vermelha é mais doce. Cresce em cachos e é originária de Barbados, onde surgiu por acaso, depois de um cruzamento acidental entre a laranja e o pomelo. O primeiro registro de sua existência é de 1750, no qual a fruta era localizada justamente naquela ilha. Setenta anos depois, o botânico francês Chevalier de Tussac fez um relato mais acurado sobre ela, na Jamaica. No final do século XIX, já havia se espalhado por diversos países do mundo. É utilizada da mesma maneira que a laranja. Tem suco saboroso, muito adequado para coquetel de frutas e, quando usado em um molho, é excelente acompanhamento de carnes grelhadas. A fruta é ótima, também, como sorvete e musse.

Grappa Aguardente rústica italiana feita de bagaço de uvas. É semelhante ao *marc* francês ou à bagaceira portuguesa, mas menos refinada. Comercializada desde o século XVIII, tem teor alcoólico de 40% a 42%. Ver **Bagaceira** e **Marc**.

Gratin, au Gratinado, em francês. Ver **Gratinar**.

Gratinar Termo de origem francesa que significa tostar, corar a superfície superior de um alimento. A técnica é originária da província histórica do Dauphiné, na fronteira da França com a Suíça. Usa-se cobertura à base de creme, manteiga e queijo ralado, ou farinha de rosca, e um equipamento especial denominado salamandra, que esquenta somente a parte superior do preparo. Após ser gratinado, ou seja, tostado sob o calor, a cobertura do prato adquire uma crosta de cor dourada e o alimento mantém o interior macio. Esse método pode ser aplicado a legumes, carnes, peixes e massas. Ver **Salamandra**.

Graviola (*Annona muricata*) Fruto de árvore da família das anonáceas, originário do Peru e da Colômbia, trazido para o Brasil no decorrer do século XVII. A árvore é de pequeno porte, com folhas verdes brilhantes e flores amareladas. O fruto tem forma ovalada, casca verde-escura e espinhenta, polpa branca e pode pesar até 2 kg. De sabor delicado, a graviola é mais consumida como suco e sorvete. Bastante encontrada no Nordeste do Brasil, é conhecida também por araticum, araticum de comer, araticum manso, jaca de pobre, coração, coração de rainha.

Gravlax Prato escandinavo feito de salmão curado. Após lavá-lo, abri-lo, retirar as espinhas e escamas, mas manter a pele, o salmão fresco e cru é temperado com sal, açúcar, pimenta-do-reino e endro e deixado curar por alguns dias, prensado. Depois de drenado e limpo, é servido em fatias muito finas com pão preto e mostarda, em sanduíche fechado ou aberto, ou como parte de um *smörgasbord*. A preparação do gravlax é feita tradicionalmente pelo dono da casa.

A técnica de preservação é antiga e foi usada por muitos povos vizinhos do Círculo Polar Ártico. Assim como o salmão, outros peixes de carne oleosa eram colocados em buracos escavados diretamente no solo ou em barris, em camadas, com ervas, em seguida cobertos por tempo variável para servirem como reserva de alimento nos difíceis períodos de inverno. Ver **Salmão** e **Smörgasbord**.

Grega, à Termo em geral associado, no Brasil, ao arroz misturado com ervilhas, pedaços pequenos de cenoura e cogumelos, salsinha picada e passas. É possível que tenha sido inspirado nos pratos leves de arroz e legumes, da borda do Mediterrâneo.

Grelhado Carnes, aves ou peixes preparados na grelha.

Grelhar Uma das mais antigas e mais importantes técnicas culinárias de cozimento. O método consiste em submeter o alimento ao calor irradiado de grelhas elétricas ou a gás, lareiras ou churrasqueira a carvão. É apropriado para carnes tenras, aves, peixes e vegetais que necessitem de pouco tempo de cozimento. Não é recomendado para alimentos rijos. Pequenas porções são mais fáceis de grelhar, pois tostam por fora e cozinham por dentro. Para obter o melhor resultado, deve-se ter cuidado com o corte do alimento, a posição dele em relação ao calor, a temperatura, a rega do alimento e sua rotação periódica para cozinhar por igual. A técnica comporta diversos graus de cozimento: ao ponto significa o melhor ponto possível ou o ponto ideal de cozimento para o tipo de alimento; bem passado significa um pouco além do ponto ideal; malpassado, um pouco aquém do ponto ideal de cozimento.

Gremolata Mistura de ingredientes da culinária italiana composta de salsa e alho picados, pedacinhos de *alici* e raspas de casca de limão (zesto). Deve ser adicionada fresca aos pratos, no momento de servi-los. Utilizada tradicionalmente com ossobuco. Ver **Ossobuco**.

Grenache Noir (*Vitis vinifera*) Uva escura muito utilizada na Espanha, onde é denominada garnacha, e nas zonas vinícolas francesas de Côtes du Rhône, Châteauneuf-du-Pape e Languedoc. Com ela, são produzidos vinhos fortes, mais alcoolizados, porém com pouca cor.

Grenadine Xarope de romã, doce e quase sem álcool, muito utilizado como ingrediente em ponches, sucos e coquetéis. É componente do daiquiri, no qual é depositado no fundo da taça e não se mistura aos outros ingredientes, o que proporciona um belo aspecto e delicioso sabor. O grenadine é utilizado ainda como cobertura e adoçante de sobremesas de frutas, sorvetes e iogurtes. Por muito tempo, o xarope foi fabricado exclusivamente com romãs cultivadas na ilha de Granada, no Caribe. Hoje, outros sucos concentrados são também usados. Ver **Daiquiri**.

Griddle Palavra em inglês cujo significado é chapa. Ver **Chapa**.

Grignolino (*Vitis vinifera*) Cepa de uva vinífera italiana, de modo geral cultivada no Piemonte. Produz tintos leves.

Grill-room Expressão da língua inglesa que significa "sala de grelhados ou assados", churrascaria. Em geral, essas salas têm grelhas para o preparo das carnes à vista de todos.

Grimod de La Reynière, Alexandre-Balthazar-Laurent Jornalista e gastrônomo francês do final do século XVIII e início do século XIX. Foi, entre outras coisas, o introdutor da ideia de um "júri degustador", precursor das academias gastronômicas que surgiriam mais tarde. Esse júri reunia-se no famoso restaurante Le Rocher de Cancale ou na própria casa de Grimod de la Reynière, para onde eram enviados produtos que, depois de degustados, recebiam certificados de aprovação ou desaprovação. Foi também o iniciador da "imprensa gastronômica" e dos guias sobre o tema. De 1803 a 1812, dirigiu o *Almanach des gourmands*, publicação periódica que atribuía cotações a restaurantes e lojas de alimentação de Paris. Incentivou, ainda, a adoção do serviço à russa, em detrimento do adotado até então, à francesa. Ele escreve: "...o método de servir um prato por vez é o refinamento da arte de bem viver. É o meio de comer quente, demoradamente e muito, cada prato, sendo então um centro único para o qual convergem todos os apetites." (citado por Revel, 1996, pp. 283-284) Ver **Serviço à francesa (antigo)** e **Serviço à russa**.

Gris Vinho rosado de Lorena, região do nordeste da França.

Grissini Palitos italianos feitos de massa de pão, finos e crocantes, temperados com sal grosso. A massa contém manteiga ou óleo e, às vezes, ovos. Originários de Turim, são servidos geralmente como aperitivo ou acompanhamento de sopas, fondues ou *bagna cauda*. Ver **Bagna cauda** e **Fondue**.

Grog Bebida quente à base de rum, brandy ou uísque, acrescida de água e limão e adoçada com açúcar ou mel. Pode ser servida em chamas, em copos especiais. Sua história remonta ao século XVII, quando o almirante Vernon (1684-1757) decidiu diluir em água quente, com algumas ervas, o rum que já então fazia parte da ração dos marujos. Tratava-se de uma medida profilática para fazer com que os marinheiros consumissem água potável fervida, em melhores condições, o mais livre possível de impurezas e para aumentar a resistência deles ao frio. Com os resultados obtidos, a prática difundiu-se por todos os navios da armada britânica. Por usar sempre um capote de gorgurão (*grogram*, em inglês), o almirante foi apelidado de Old Grog, e *grog* passou a ser o nome da mistura por ele inventada, que deu origem ao famoso e incandescente coquetel. Ver **Brandy**, **Rum** e **Uísque**.

Groselha branca (*Ribes* spp.) Conhecida na Europa por *white currant*, é a variedade albina das groselhas vermelhas e a menos comum. Pode ser utilizada em sobremesas e xaropes, mas não é indicada para geleias.

Groselha espinhosa (*Ribes* spp.) Fruta de verão muito apreciada na Europa, é pequena, verde e ácida no início da safra, e maior, rosada e doce no final. As ácidas são próprias para a elaboração de doces e sobremesas; as doces são consumidas ao natural. Podem ser empregadas também em chutneys, recheios de carnes ou molho para pratos salgados. Ver **Chutney**.

Groselha preta (*Ribes* spp.) Fruta pequena de sabor bastante acentuado, colhida no verão europeu. Conhecida também por *cassis giant goliath*, *cassis noir de Napoli*, *blackcurrant* e *quincy berry*, é delicada, aromática e digestiva. É a base do creme de cassis, licor francês muito conhecido e apreciado. Rica em vitamina C e em pectina, dizem que tem propriedades terapêuticas nos casos de artrite. Pode ser consumida ao natural ou em xaropes, geleias, doces, tortas e licores. Ver **Creme de cassis**.

Groselha vermelha (*Ribes* spp.) Fruta de sabor doce e levemente ácido. Trazida para o Brasil pelos imigrantes, é originária do norte da Europa. Em inglês, denomina-se *red currant* e é a mais difundida das groselhas. Tem grande quantidade de pectina e é usada para xaropes, doces em calda, geleias ou desidratada. É muito utilizada na Inglaterra para acompanhar assados e caça.

Gruel Mais consistente que o *porridge*, trata-se de um antigo mingau da culinária inglesa feito com aveia, cevada ou outro cereal. Na época vitoriana, era a comida servida nos asilos de pobres e para convalescentes. Ver **Porridge**.

Gruyère Queijo criado em Gruyère, aldeia suíça do cantão de Freibourg, chamado pelos suíços de "o rei dos queijos". Quando maturado (o que leva cerca de um ano), apresenta olhaduras oleosas do tamanho de ervilhas. De massa amarela, consistente e levemente picante, tem sabor doce e agradável. Sua casca é grosseira e avermelhada, com pequenos cortes conhecidos por *becs*. Muito utilizado em fondues e outros pratos, é magnífico também degustado com um bom vinho. Enquanto não for cortado, pode ser conservado por bastante tempo. Depois de aberto, os suíços costumam cobri-lo com panos embebidos em salmoura ou em vinho branco para realçar o sabor. Ver **Fondue**.

Guabiroba (*Campomanesia xantocarpa*; *Campomanesia guaviroba*) Fruta pequena da família das mirtáceas, proveniente de árvores de copa densa e tronco alongado. É conhecida também por gabiroba ou guabiraba, tem casca verde-clara ou amarelada e polpa amarela, transparente, aromática e suculenta.

Guacamole Molho cremoso e consistente, especialidade da cozinha mexicana. É elaborado com abacates maduros amassados, temperados com alho, suco de limão, cebola e sal. Pode conter também alguma pimenta *Capsicum*, tomate e coentro. Indicado para acompanhar burritos, tacos e tortilhas. Ver **Burrito**, **Taco** e **Tortilha**.

Guaiamum (*Cardisoma guanhumi*) Caranguejo azulado, muito saboroso. Seus nomes, guaiamu, guaiamum, goiamu ou goiamum, derivam do termo tupi *waia'mu* ou *guaiá-m-u*, que significa "caranguejo escuro azulado". Tem cerca de 10 cm e pinças desiguais. Vive em buracos de mangues e pode ser encontrado em todo o litoral brasileiro até São Paulo. No preparo, deve-se lavá-lo e escová-lo muito bem antes de ser aferventado em água e sal.

Guaiava Ver **Goiaba**.

Guanciale Carne curada italiana preparada com um corte retirado da cabeça do porco – as bochechas. De aspecto semelhante ao bacon ou à pancetta, seu processamento e resultado final são diferentes. Sua superfície é esfregada com uma camada de sal, pimenta, sálvia, alho e alecrim, moídos e misturados. Como o preparo segue as tradições locais, a composição de temperos pode variar de região para região. Depois de temperado, o corte entra em processo de cura, pendurado, por cerca de três meses, para que a carne desidrate e concentre os sabores. Trata-se de uma carne gorda e suculenta que deve ser usada com parcimônia nas receitas, pois seu sabor torna-se forte e presente após o processamento. A textura, entretanto, é mais delicada. É ingrediente fundamental da massa à carbonara ou all'amatriciana. Por não ser de fácil aqui-

sição, muitas vezes é substituída nessas receitas pela pancetta, mas o resultado é inferior em sabor. Ver **Amatriciana, all'**; **Carbonara, molho alla** e **Pancetta**.

Guando (*Cajanus cajan*) Feijão de grãos miúdos, conhecido também por andu ou guandu, bastante utilizado na culinária baiana. Cozido em água e sal e temperado com carne de porco, cebola, alho e coentro, é usado como prato principal da refeição.

Guaraná 1. (*Paullinia cupana*) Fruto de cipó amazônico, da família das sapindáceas, cujas sementes são ricas em xantinas, substâncias excitantes. Essas sementes são reduzidas a pasta e enformadas em bastão, que em geral é ralado com a língua seca do pirarucu. O pó resultante é dissolvido em água para garantir vigor e energia. É muito utilizado também na feitura de xaropes, refrigerantes e medicamentos. **2.** Na Bahia, guaraná é sinônimo de refrigerante, por isso é comum pedir "guaraná de laranja", "guaraná de limão". **3.** No Maranhão, o guaraná encontrado é o guaraná Jesus, feito de extrato de guaraná, mas temperado com cravo e canela. Sua cor é rosa e foi criado pelo farmacêutico Jesus Norberto Gomes, em 1920. É chamado também de sonho cor-de-rosa ou alegria cor-de-rosa.

Guariroba (*Syagrus oleracea*) Conhecido também por coqueiro amargoso, coco babão, catolé, gueiroba e pati amargoso, é um tipo de palmeira encontrada na região central do Brasil que chega a alcançar 20 m de altura. O palmito produzido por ela tem sabor um pouco amargo e recebe o mesmo nome. É um dos ingredientes mais apreciados do Centro-Oeste e de Minas Gerais. O arroz de guariroba é tradicional na culinária mato-grossense.

Guarnecer Complementar pratos e alimentos salgados com outros preparos.

Guarnição Preparo que acompanha o prato principal da refeição, agregando-lhe sabor. Ela pode dar nome ao prato: o termo *parisienne*, por exemplo, identifica os preparos guarnecidos de molho cremoso, com pequenos cogumelos conhecidos por champignons de Paris. Existe uma infinidade de tipos de guarnição. No Brasil, entre os mais comuns há os preparos à base de arroz, as massas, as farofas, os pirões e os legumes salteados ou como purê.

Guererê Ensopado popular considerado fortificante, muito consumido na região Norte do Brasil. É feito com as vértebras e os miúdos, inclusive guelras e vesícula de ar, do pirarucu ou do tambaqui. Ver **Pirarucu** e **Tambaqui**.

Guéret Queijo originário da região francesa de Limousin, feito com leite de vaca pasteurizado e desnatado, por isso tem apenas 10% de gordura. Sua pasta é prensada, elástica e não cozida. Em forma de disco de 13 cm de diâmetro, matura por seis meses em potes de terracota selados. Quando está pronto, sua casca fica macia e pegajosa, o aroma torna-se forte e o sabor, brando. É servido com batatas fritas ou cozidas e pode ser usado como sobremesa ou ralado. É excelente recheio para omeletes, pois suporta muito bem o calor. Na região, é tradicional usá-lo em fondues – como a *fondue cresoise* – seguindo a receita local, que reúne, além do queijo em lascas, leite, manteiga e pimenta. Encontrado somente na região de produção, é conhecido também por *creusois* ou *coupi*. Ver **Fondue**.

Guéridon Pequena mesa auxiliar usada no serviço de restaurante.

Gugelhupf Ver **Kouglof**.

Guillaume Tirel Ver **Taillevent**.

Guinea fowl Expressão inglesa para galinha-d'angola. Ver **Galinha-d'angola**.

Guisar Método culinário que consiste em dourar previamente os alimentos em gordura, cortados sempre em pequenos pedaços, e depois cozinhá-los em um pouco de líquido, com a panela tampada. Diferencia-se de ensopar por utilizar menos líquido. Na cozinha mineira, o processo chama-se afogar. Para os portugueses do século XV, era alimento de preparo rápido ou iguarias que estavam "sempre prontas e dispostas para serem comidas sem demora" (Cascudo, 2011, p. 522).

Gumbo Prato clássico da cozinha da Louisiana (Estados Unidos). É uma espécie de cozido ou sopa apimentada e aromática, preparada com caldo de galinha, quiabo, cebola, aipo, pimentão verde e sassafrás, que o caracterizam, além de outros temperos. Em geral, é acompanhado de peru, coelho, galinha, siri ou camarão. Existem diversas variações e combinações dos alimentos-base, entretanto começa sempre com o roux e, tradicionalmente, contém sete verduras para "dar sorte". O termo gumbo deriva do nome africano do quiabo. Ver **Créole**, **Cajun** e **Roux**.

Gumpoldskirchner Vinho branco muito delicado, um dos melhores da Áustria. Produzido na cidade de mesmo nome, na zona vinícola de *Thermenregion* (Baixa Áustria).

Gunpowder tea Denominação inglesa de um chá clássico chinês considerado o melhor chá-verde por seu perfume e sabor. De cor clara e esverdeada quando preparado, tem pequenas folhas que, enroladas em minúsculas bolas, proporcionam à bebida aparência granulosa. Ver **Chá**.

Gyokuro Chá japonês de alta qualidade conhecido também por gotas de orvalho. Cultivado no distrito de Uji, próximo a Kyoto, é o famoso chá do imperador, o mais caro chá-verde japonês. De sabor fresco e floral, tem aroma forte e tom verde-claro. Com seus brotos cultivados à sombra, suas folhas são verde-escuras, quase pretas. Ver **Chá**.

Gyro Especialidade grega que consiste em peças de carne moldadas em volta de um espeto vertical, no qual são grelhadas. É servido em pão pita com molho de cebolas, tomates e pimentões picados, depois de fatiado. Esse modo de servir a carne grelhada sobre o pão é do século XIX, do período do domínio otomano. Mas a técnica de grelhar carnes na vertical tem raízes muito mais antigas, tanto na Grécia quanto na Turquia (onde o preparo é denominado *döner kebap*) e no Oriente Médio. No Brasil, é conhecido por churrasco grego. Surgiu no centro do Rio de Janeiro na década de 1990, quando era vendido, geralmente, por ambulantes que percorriam as ruas centrais da cidade empurrando o carrinho com o "churrasco". Ver **Pita**.

Habanero (*Capsicum chinense*) Muito difundida no México, é uma das pimentas *Capsicum* mais pungentes entre as variedades cultivadas. Tem cerca de 5 cm de comprimento por 3 cm de largura e sua cor varia do verde-escuro ao vermelho, passando pelo alaranjado. Muito usada em marinadas, molhos e picles. Ver **Pimenta Capsicum**.

Hadoque (*Melanogrammus aeglefinus*) Peixe da família do bacalhau, embora menor. É pescado nas duas bordas do Atlântico Norte, no Mar do Norte, na costa da Alemanha, da Grã-Bretanha e dos Países Baixos. Usado quase sempre defumado, quando fresco tem carne branca, de sabor leve e delicado. Em razão da carne firme, pode ser preparado de inúmeras maneiras. Seu processo de defumação mais tradicional e antigo é o da aldeia escocesa Findon, perto de Aberdeen, em que o peixe eviscerado, com salga leve, é colocado sobre fogo de turfa e madeira verde por tempo curto e resulta no chamado *Finnan Haddie*. Outro método também muito interessante é o dos *Arbroath smokies*, no qual os haddocks limpos, sem cabeça, eviscerados, salgados, amarrados em pares são, então, defumados por bastante tempo até alcançarem tom cor de cobre. No Brasil, é encontrado com mais frequência já defumado. Serve-se, tradicionalmente, com molho branco ou de manteiga. Muito apreciado no mundo todo, é considerado um ingrediente refinado. Ver **Finnan Haddie**.

Haggis Prato tão típico da Escócia quanto as gaitas de fole, o *haggis* é excelente para os dias frios. Prepara-se com uma rica mistura de fígado, coração e pulmões de carneiro picados e acrescidos de aveia, gordura, sal, pimenta-do-reino e noz-moscada. Essa mistura recheia pequenos sacos feitos de estômago de carneiro, que são, então, fervidos em caldo, lentamente, durante três horas. Como eles incham bastante, devem ser perfurados por uma agulha para não estourarem, depois disso estão prontos para serem vendidos. Antes de servir, devem ser fervidos ainda por mais uma hora. Após esse novo cozimento, são retirados do líquido e têm o envoltório cortado em cruz. Serve-se sobre um guardanapo, com a pele rompida, o recheio à vista, com batatas cozidas e purê de nabos. O molho usado tradicionalmente para acompanhá-lo é feito de caldo de galinha engrossado, temperado com uísque e salpicado com salsinha picada. Prato semelhante já era conhecido na Grécia do século IV a.C., o qual foi mencionado por Aristófanes em um de seus livros. Os romanos também costumavam fazer cozidos do tipo. Em ambos os casos, a ideia inicial era preservar as partes mais perecíveis do animal. Os primeiros registros em língua inglesa são do século XV, de lá para cá sua receita pouco mudou. Apenas mais temperos foram acrescentados e hoje é mais usado o sebo de boi que a gordura de carneiro. No século XVIII, esse prato fez o poeta escocês Robert Burns compor "Address to a Haggis", chamando-o "the great chieftain of the pudding race" – em tradução literal, "o grande chefe da raça dos pudins". Tornou-se, por isso, elemento fundamental das Burns Night Celebrations, comemoração anual de todas as Burns Societies. Ver **Burns Night**.

Hakusai (*Brassica rapa* subsp. *pekinensis*) Nome japonês de uma hortaliça originária da região de Beijing (China), muito utilizada nas culinárias asiáticas. Tem sabor suave, fibras macias, nervuras brancas e folhas grandes de cor verde-clara, que formam um feixe largo e compacto. Com a hakusai, prepara-se o *kimchi*, fermentado de vegetais coreano. Em inglês, é conhecida por *napa cabbage*; em português, acelga ou couve chinesa, denominações vulgares também atribuídas a algumas hortaliças de outras espécies.

Half and half 1. Expressão da língua inglesa muito usada pelos amantes de bebidas alcoólicas, em diversas épocas e em vários países, que pode ser traduzida como "meio a meio". Tem sido empregada para designar diferentes misturas de bebidas. No século XVIII, na Inglaterra, tratava-se de uma mistura de cerveja Porter, mais forte, com a do tipo Ale, mais fraca. Hoje, é empregada na mistura uísque-água ou cerveja amarga (*bitter ale*)-cerveja suave (*mild ale*), ou ainda *old ale-mild ale*. Essa última é chamada *mother-in-law* pelos *cockneys*, como são tradicionalmente conhecidos os operários de baixa renda do Nordeste de Londres, cujo linguajar tem pronúncia e vocabulário característicos. Na Bélgica atual, a *half en half* é uma mistura de champanhe e vinho branco, mas antigamente eram usados dois tipos de cervejas locais, *lambic* e *faro*. No Uruguai, o *medio y medio* era a mistura de espumante doce com vinho branco seco. Hoje em dia, é um vinho adoçado artificialmente e gaseificado antes de engarrafado, ainda nas vinícolas. **2.** Nos Estados Unidos, caracteriza um creme muito leve, mistura de creme de leite com leite, conhecido também por *half cream*. Ver **Half cream**.

Half cream Tipo de creme de leite encontrado na Europa e nos Estados Unidos, que consiste na mistura de creme de leite e leite, com teor de gordura mínimo que não ultrapassa 12%. É indicado para ser usado com café, sobre doces, em substituição ao leite ou em cremes e molhos. É denominado também *half and half*. Ver **Creme de leite**.

Haliote Molusco gastrópode. Ver **Abalone**.

Hallaca Salgado encontrado em diversos países da América Central e do Sul, semelhante aos tamales mexicanos. É preparado com carne (bovina, suína ou de ave), moída ou picada, temperada e cozida, misturada a outros ingredientes como queijo, alho-poró, cebola, cebolinha, açúcar mascavo, amêndoas, diversos tipos de pimentas e pimentões, azeitonas, alcaparras e passas (estes três últimos são considerados ingredientes fundamentais). Porções desse guisado são, então, envoltas por uma massa feita com farinha de milho, gordura de porco e caldo temperado com urucum. Depois de embrulhada em folhas de bananeira e bem amarrada, a hallaca é cozida em água fervente. Como é bastante conhecida, a receita varia. Pode ser servida como entrada ou prato principal. É muito popular na Colômbia, em Porto Rico, na República Dominicana, no Equador e na Venezuela. Nesta última, inclusive, é considerada prato nacional e não pode faltar nas festas de Natal. Denomina-se também *ayaca*, *hayaca* ou *pasteles de hojas* em outros países latino-americanos. Ver **Tamales**.

Haloumi Queijo de leite de cabra e ovelha produzido em Chipre, similar a um feta mais seco ou à muçarela fresca. Macio, salgado, deve ser consumido jovem. Seu período de cura não deve ultrapassar um mês. Tem textura de borracha e, se aquecido, fica mais macio. Por derreter com facilidade, é um queijo muito usado em culinária. A escrita de seu nome tem muitas variações e é uma das poucas palavras da língua copta, do Antigo Egito, em uso ainda hoje.

Halva Nome de uma infinidade de confecções doces – embora em alguns poucos locais existam receitas salgadas – encontradas no Oriente Médio e na Ásia. O termo deriva do árabe antigo *hulw*, que significa doce. Pode ser grafado também como halvah. **1.** Nos países do Oriente Médio e em alguns do sul da Ásia, é elaborado com sementes de gergelim moídas, mel, água e amêndoas. Pode também ser perfumado com água de rosas. Quando feito na Índia, o açafrão substitui a água de rosas. **2.** Um modo de preparo encontrado na Índia e no Paquistão mistura semolina, manteiga, passas, pistache, calda de açúcar, cardamomo e amêndoas. Depois de aquecida e engrossada, a massa é colocada em forminhas e posta a esfriar. Ao ser desenformado, o doce é polvilhado com canela. Na Síria, essa receita é chamada também de *ma'mounia* e é especialidade da cidade de Alepo. **3.** Na Índia, outra forma de fazer a iguaria é substituir a semolina por vegetais em pasta, como cenouras, batatas, inhame, beterraba ou abóbora. Há ainda halvas de frutas, em que podem ser usadas bananas, mamões ou laranjas, bem açucarados. São servidas com biscoitos fritos. **4.** No Nepal, embora a halva doce preparada com semolina ou com pasta de fruta seja muito difundida, existe outro tipo muito comum, salgado, feito somente com cevada, água, ghee e sal. **5.** Receita grega e turca com o mesmo nome que não contém grãos, mas ovos cozidos, calda grossa e amêndoas picadas.

Ham Presunto, em inglês. Ver **Presunto**.

Hamantasch Pequeno produto de pastelaria da culinária judaica, triangular, que imita o formato de um chapéu de três bicos ou de um bolso. Sua forma tem diversas interpretações, mas o preparo serve para relembrar a derrota de Haman, cruel primeiro-ministro da Pérsia que, na Antiguidade, planejou o extermínio dos judeus persas. Seus planos foram frustrados no último minuto por Ester e Mordecai e, para celebrar esse fato, foi criado o alegre festival de Purim. O hamantasch é preparado com massa de farinha de trigo, manteiga, ovo e açúcar, que, quando pronta, é recortada e recheada com grande variedade de elementos. Podem ser usadas frutas cristalizadas, doces de frutas (abricós ou ameixas), doce de leite, passas, porém o mais tradicional é um creme com sementes de papoula. Assado no forno, é servido quente ou frio, com açúcar ou mel.

Hambúrguer Bife pequeno, redondo, com cerca de 2 cm de altura, feito com carne bovina moída e temperada com sal e pimenta. É usado, de modo geral, em sanduíches, mas pode ser servido no prato, com bacon, queijo, ovos, alface e batatas fritas. Trata-se de um modo bastante difundido e antigo de preparar carne, tanto na Europa como na Ásia. Os marinheiros alemães que faziam o trajeto Rússia/Hamburgo foram os responsáveis por levar esse tipo de preparo para a Alemanha, onde no século XVIII o bife de carne picada grelhado era servido nas refeições, acompanhado de cebolas e batatas. Por influência dos imigrantes alemães, os *hamburgers beefs* – bifes ao estilo hamburguês – chegaram à América, na segunda metade do século XIX. Existem controvérsias com relação ao início de sua difusão nos Estados Unidos. Uma das versões indica que seu uso começou a ser ampliado na última década do século XIX, quando Louis Lassen, americano dono de uma lanchonete em Connecticut, passou a servi-lo como novidade para atrair fregueses. Em outra história, o hambúrguer foi apresentado ao paladar dos americanos em 1904 na Feira Mundial de Saint Louis, no Missouri. A versão entre duas fatias de pão tomou impulso nos jogos de beisebol da década de 1920, como alternativa ao cachorro-quente. Na época, surgiu a primeira cadeia de lanchonetes voltada para esse tipo de alimento: a White Castle. Diz-se que o hambúrguer ali preparado era sem sabor, cozido no vapor, tinha muita cebola e efeito laxativo. Em 1948, os irmãos Dick e Maurice McDonald resolveram investir em um novo conceito de lanchonete, cujo ponto alto era a organização, o atendimento ágil e a eficiência. A fórmula foi um sucesso e, em 1955, Ray Kroc comprou a licença da lanchonete e criou a rede McDonald's. A partir daí, o hambúrguer tornou-se cada vez mais difundido pelas redes de fastfood e transformou-se em símbolo da cultura americana. Ver **Fast-food**.

Hamin Rico ensopado judaico, preparado na véspera do Sabá. Ver **Cholent**.

Hamindas Ovos cozidos durante doze horas, preparados para o Sabá judaico. O cozimento é feito em caçarola, no forno, com temperatura baixa e água temperada com óleo, pimenta e cebola inteira. Os ovos passam a ter cor marrom e ficam com sabor suave.

Handkäse Queijo feito de leite talhado de vaca, o que lhe dá sabor ácido e bastante forte, especialidade regional alemã. É pequeno, amarelo, de aroma pungente. Tem esse nome (*hand* significa mão e *käse*, queijo) por não ser enformado, mas formatado manualmente para apresentar diversos aspectos. Encontrado com mais facilidade nas regiões de Frankfurt am Main, Offenbach am Main, Darmstadt e Langen, é muito usado como aperitivo, temperado com condimentos.

Hangtown fry Prato criado na Califórnia, em plena Corrida do Ouro, no século XIX, em um lugarejo chamado Hangtown (a partir de 1854, passou a ser denominado Placerville, Condado de Eldorado) em consequência dos constantes enforcamentos que ali aconteciam. É composto de ostras recobertas de farinha de rosca e fritas com bacon e ovos, muito parecido com omelete ou ovos mexidos. Há 170 anos mantém-se como um dos pratos servidos no restaurante Tadich Grill, em São Francisco (Estados Unidos), aberto em 1849. É uma das especialidades da casa e permanece com o mesmo nome.

Happy hour Nome das comemorações ou reuniões informais feitas no fim da tarde e no começo da noite em bares e restaurantes por colegas de trabalho, estudo ou grupos de amigos. O ponto de encontro é marcado com antecedência e são consumidos, geralmente, petiscos e bebidas alcoólicas, com muita conversa e algazarra.

Harbourne blue Queijo inglês do tipo blue produzido pelo mesmo fabricante do Beenleigh blue. Preparado ainda de modo artesanal, com leite de cabra e maturado nas proximidades do rio Devon, tem forma de tambor e pesa cerca de 2,5 kg. Sua textura é firme, densa e granulosa depois das dez semanas usuais de maturação. Tem sabor condimentado e é muito aromático. Seu teor de gordura é de 48%. Ver **Beenleigh blue**.

Hard sauce Ver **Brandy butter**.

Hardtack Denominado também *ship biscuit*, *pilot bread* e *sea bread*, entre diversos outros nomes, era um biscoito de farinha e água, não levedado e sem sal. Depois de assado em forno pelo menos duas vezes, era deixado a secar para aumentar sua vida útil. A fim de ser usado em longas viagens marítimas, era assado até seis vezes e preparado com seis meses de antecedência para secar bem. No início do século XIX, usava-se como ração para marinheiros ingleses. Diz-se que *hardtack* deriva da gíria usada pelos marinheiros para comida – tack. O termo designava também a ração dos soldados na Guerra Civil Americana. Com outro nome – water crackers –, mas preparado da mesma maneira, era vendido aos marinheiros do porto de Boston (Estados Unidos) ou aos que se aventuravam na viagem para o Oeste americano na chamada Corrida do Ouro. De acordo com os registros, foram utilizados até pouco depois da Primeira Guerra Mundial, quando deixaram de ser necessários em razão das novas alternativas de conservação para os alimentos.

Hare Palavra em inglês que significa lebre. Ver **Lebre**.

Harissa 1. Molho muito condimentado encontrado na cozinha magrebina do norte da África, feito com diversas variedades de pimentas vermelhas, alho, cominho, coentro, alcaravia e azeite de oliva. Os ingredientes podem variar de acordo com o local. Na região do Saara, existe uma versão de sabor defumado. Na Tunísia, é considerado o principal condimento. Acompanhamento tradicional do cuscuz, é usado também como tempero para sopas, cozidos e outros pratos. Ver **Cuscuz**. **2.** Mingau de consistência grossa encontrado na Armênia e no Líbano, preparado com trigo seco ou torrado e carne gorda de frango ou cordeiro. Exige cozimento longo e segue um ritual. Como prato vinculado a preceitos religiosos, em períodos específicos as carnes são substituídas por vegetais. Na Armênia, é associado à época da Páscoa.

Harusame Ingrediente da cozinha japonesa que consiste em fios de macarrão

transparentes e finos, de aparência similar a celofane. Seu nome japonês pode ser traduzido como "chuvas de primavera". É também muito consumido na China, onde recebe o nome de *fensi* ou *saifun*. Feito de vários amidos, principalmente de feijão-mungo, soja e arroz, é comercializado seco e enrolado como um novelo. Antes de ser empregado, deve ser amaciado em água fervente. Compõe pratos avinagrados, como o *nabemono*, entre outros. Ver **Nabemono**.

Harvey Wallbanger Coquetel moderno e doce feito com vodca, suco de laranja e *Galliano*, um licor de anis. É servido em copo alto, enfeitado com meia fatia de laranja. Ver **Galliano**.

Hasenpfeffer "Lebre apimentada", em português, é um cozido alemão de carne de lebre ou coelho, bastante temperado. A carne é marinada por três dias em vinho, vinagre de vinho, cebolas e ervas, antes de ser cozida. Serve-se com macarrão e creme de leite azedo. Ver **Coelho** e **Lebre**.

Hashi Nome japonês dos palitos utilizados pelos orientais para levar o alimento à boca, cozinhar ou servir o prato. Têm a mesma função dos talheres ocidentais. Os utilizados à mesa são curtos, com mais ou menos 25 cm de comprimento, e são chamados também *o-hashi*. Os longos, usados para cozinhar, recebem o nome *sai-hashi*. Os hashis são feitos de diversos materiais: há os de bambu, os de madeira natural ou laqueada, estes decorados e coloridos, e ainda os de algum tipo de plástico.

Hasty pudding 1. Mingau muito consumido na Inglaterra, com registros desde o século XVI, preparado com farinha de trigo e leite, e cozido até adquirir a consistência desejada. Alguns registros mostram a utilização de aveia com farinha de trigo e, às vezes, água em vez de leite. Era servido na ceia. **2.** Creme de amido de milho e leite quente adoçado com melaço, xarope de maple ou mel. Muito consumido nos Estados Unidos na época da colonização, sobretudo na hora do desjejum ou como sobremesa, após o jantar. Ver **Maple** e **Melaço**.

Haute cuisine Expressão francesa que qualifica a culinária praticada em determinado segmento de restaurantes, caracterizada pela seleção criteriosa de ingredientes, pelo alto nível técnico demandado em sua preparação e pela apresentação investida de preocupações artísticas. Deve sua origem à cozinha de corte francesa, desenvolvida na segunda metade do século XVII, que ganhou contornos mais nítidos nas mansões particulares de nobres e financistas no século XVIII. Opunha-se, em seu nascimento, à cozinha familiar e regionalizada dos demais estratos sociais. No século XIX, associou-se em definitivo ao ambiente profissional dos restaurantes em Paris e de modo gradual no restante do mundo. Com o tempo, o conceito expandiu-se e passou a ser aplicado não somente a restaurantes de culinária francesa mas também a estabelecimentos de alto nível praticantes de vertentes culinárias diversas e instalados em qualquer lugar do mundo. Em português, a tradução literal é "alta cozinha", no entanto é mais comum o uso da expressão "alta gastronomia".

Hazelnut Avelã, em inglês. Ver **Avelã**.

Hedgehog (*Hydnum repandum*) Espécie de cogumelo com pequenos espinhos nas lamelas. De cor creme e bastante carnudo, é encontrado na Inglaterra e na França, onde recebe o nome de *pied-de-mouton*.

Heering® Licor dinamarquês destilado de cerejas, bastante conceituado em todo o mundo e também conhecido por *cherry heering*. É produzido com cerejas Steven, cuja polpa é macerada com o caroço, o que lhe confere sabor característico de amêndoas. Recebe a adição de ervas e especiarias, e amadurece em barril de carvalho por, no mínimo, três anos. Não é muito doce. Começou a ser fabricado artesanalmente e vendido por Peter Heering há duzentos anos.

Heiltz-le-Maurupt Queijo rústico da cidade de mesmo nome, do departamento de Marne, na região de Champagne-Ardenne, muito consumido pelos trabalhadores na colheita da uva e do feno. É preparado com leite desnatado de vaca e, para maturar, é recoberto de cinzas e mantido, por dois a três meses, em ambiente seco. Tem a forma de disco, com diâmetro de 12 cm e 3 cm a 4 cm de altura, além de pesar cerca de 375 g. De casca natural e aroma suave, sua massa é firme e seu sabor, intenso. Assemelha-se ao Olivet cendré. Ver **Olivet cendré**.

Helbon Vinho produzido na Síria, na Antiguidade, na cidade de mesmo nome, citado como o preferido dos reis da Pérsia. Trata-se provavelmente do mesmo vinho conhecido por Chalybon.

Hen of the woods (*Grifola frondosa*) Espécie de cogumelo originário da China, do nordeste do Japão e do nordeste da América do Norte. É marrom-escuro, com formato semelhante ao de crista de galinha, tem cobertura toda ondulada e sabor bastante acentuado. Em inglês, é conhecido também por *ram's head* ou *sheep's head*. No Japão, denomina-se *maitake*, que significa "cogumelo dançante" em português. É mais encontrado junto a troncos de carvalho, no fim do verão ou começo do outono.

Herbes de Provence Ver **Ervas da Provença**.

Her Majesty's pudding Muito popular no reinado da Rainha Vitória, na Inglaterra, é um creme substancioso feito com leite, baunilha, creme de leite, açúcar e muitas gemas. Depois de cozido, passa a ter consistência de pudim e deve ser servido acompanhado de frutas em compota. Sua receita já constava do livro de Eliza Acton, *Modern cookery for private families*, de 1857.

Hermit Bolinho temperado com açúcar mascavo, canela e baunilha, recheado com frutas secas e nozes picadas. Era muito consumido no século XIX, na região da Nova Inglaterra (Estados Unidos). Recebeu esse nome, que em português significa ermitão, porque era recomendável que ficasse guardado fechado, por alguns dias, depois de feito para apurar o sabor. Antes eram redondos, mas depois passaram a ser feitos também em fôrma quadrada.

Herrgårdsost Um dos mais conhecidos queijos suecos, criado no século XVIII e chamado também vadenost ou manorhause. Feito com leite de vaca pasteurizado, a massa é firme e flexível, com pequenos olhos redondos, e o sabor, suave e doce, que remete a frutas secas. No preparo, é salgado em salmoura e, em seguida, recebe uma camada de cera para que possa ser conservado por mais tempo. Quando é feito com leite integral, deve maturar por seis meses; se for preparado com leite semidesnatado, a maturação estende-se a um ano. Pode durar até dois anos sem sinais de deterioração. Pela textura que apresenta quando aquecido, presta-se a

inúmeros usos culinários. A versão elaborada com leite semidesnatado tem sabor semelhante ao do gouda; já a que contém leite integral, o herrgard elite, parece um emmenthal mais amadurecido. Tem formato cilíndrico baixo e pesa 14 kg.

Herring Arenque, em inglês. Ver **Arenque**.

Hickory Palavra inglesa cujo significado é nogueira. Ver **Noz** e **Noz-pecã**.

Hidromel Bebida apreciada desde a Antiguidade, feita de uma mistura-base de mel com bastante água e levedura, e deixada a fermentar. Depois de fermentada, torna-se forte e permanece inalterada por muito tempo. Podem ser acrescentadas também inúmeras especiarias ou flavorizantes, como frutas, o que ocasiona uma infinidade de variações. Essa bebida era muito apreciada pela maioria dos povos da Antiguidade (egípcios, gregos, romanos, eslavos, celtas, francos, vikings, anglo-saxões etc.). Receita similar foi encontrada na América Central, usada pelos maias. Mais caseiro que industrializado, seu preparo subsiste, ainda hoje, em inúmeros países, sobretudo na Europa.

Hidroponia Técnica de cultura vegetal surgida nos anos 1930 que utiliza uma solução líquida com nutrientes e dispensa o uso do solo. O nome significa "água trabalhando". A hidroponia pode ser aplicada com combinações variadas das alternativas básicas: nenhum meio (substrato) para sustentar a planta ou um meio estéril e inerte, como o cascalho ou turfa; rega com solução nutriente, por gotejamento, sem reciclagem ou reaproveitamento da solução nutriente; ambiente controlado. Nessa cultura, encontra-se maior volume de vegetais em espaço físico menor, se comparada à cultura comum, pois é possível plantar com espaçamento reduzido entre eles. Com menos riscos de pragas, há menor incidência ou quase ausência de pesticidas. A técnica tornou possível o cultivo de vegetais em regiões de solo e clima inóspitos, já que ela não depende de ambiente externo ou solo rico. Existem inúmeros tipos de cultura testados nesse método, porém as de maior preferência comercial são as hortaliças de variedades diversas (como alface, rúcula, agrião etc.), os tomates e as flores. Os países que mais se destacam nesse cultivo são Estados Unidos, Índia e Países Baixos, entre outros.

Highball Drinque de fórmula variada, em geral composto de uma parte menor de bebida alcoólica e outra maior de bebida não alcoólica. Antes, era feito de uísque e água seltzer (ou outra água carbonatada), conhecido também por *scotch and soda*. Depois, apareceram o *gin and tonic* (gim e água tônica), o *7 and 7* (Seven Crown com 7 Up), o campari soda (campari com soda limonada) e o cuba libre (coca-cola e rum). É mais preparado em copo longo, com as bebidas vertidas sobre as pedras de gelo. Trata-se de um drinque muito popular no Japão. Ver **Água seltzer**, **Campari**, **Gim**, **Rum** e **Uísque**.

High tea Refeição tradicional nas Ilhas Britânicas, geralmente substancial, realizada no fim da tarde. Originou-se no século XIX como uma pré-refeição noturna do trabalhador tão logo voltasse da jornada de trabalho, para esperar o jantar que seria servido apenas depois das 20 h. Pode ser servido em bufê ou na mesa. Inclui diversos pratos de carne, como o scotch woodcock (galinhola à moda escocesa), pratos de peixe, bolos, biscoitos, torradas, presuntos, o Welsh rarebit (preparação gratinada à base de pão, queijo e molho), geleias, tortas doces e bules de chá quente. Essa refeição ainda existe, em especial no norte da Inglaterra e na Escócia. Não deve ser confundida com o Afternoon tea ou Five o'clock tea, cujo menu é diferente, mais delicado e sofisticado, por ter sido direcionado às classes mais abastadas desde o início. Ver **Welsh rarebit**.

Hijiki (*Sargassum fusiforme*) Espécie de alga negra, seca, que, reconstituída, é utilizada na culinária japonesa em sopas, saladas e caldos. Tem leve sabor de anis. Ela cresce naturalmente nas regiões costeiras pedregosas da China, do Japão e da Coreia. Rica em fibras e minerais, há séculos faz parte da dieta tradicional japonesa. Estudos descobriram há pouco tempo que a espécie contém substâncias bastante tóxicas, como o arsênico, e países como Canadá, Estados Unidos e Grã-Bretanha emitiram alerta para o consumo. O Japão contra-argumentou que o volume de ingestão diária necessária para alcançar um grau potencialmente tóxico seria difícil de ser atingido e, por isso, continua a utilizá-la dentro dos parâmetros históricos normais (0,9 g).

Hindle Wakes Prato clássico da região de Lancashire (Inglaterra), em que o frango é pincelado com vinagre e mostarda, e recheado com ameixas. É assado no forno, aos poucos, por uma noite inteira. Pode ser servido quente ou frio, com o molho marrom do cozimento, temperado com limão.

Hipocrás Vinho aromático semelhante ao vermute, muito consumido na Idade Média. Grafado também ypocras ou ipocras, seu nome é a forma medieval de Hipócrates e refere-se ao coador de Hipócrates, utensílio muito utilizado por vinhateiros e químicos para coar líquidos. Era elaborado com vinho avinagrado, mel, ervas e especiarias e filtrado com lã. Algumas versões da bebida ganharam a reputação de serem afrodisíacas e tornou-se praxe, nos Países Baixos, dar uma garrafa de hipocrás branco para a noiva e uma de hipocrás vermelho para o noivo, após o casamento, antes de o casal ir para o quarto.

Hissopo (*Hyssopus officinalis*) Planta medicinal, da família das lamiáceas, utilizada na destilação de diversos licores, inclusive os famosos Bénédictine e Chartreuse. Tem folhas verde-escuras, perfume forte e adocicado, sabor um pouco amargo similar ao de hortelã. Suas folhas picadas dão sabor a saladas e pratos de frutas frescas, sopas e cozidos; quando secas, compõem o tempero zaatar. Ver **Bénédictine**, **Chartreuse** e **Zaatar**.

Hock Antigo nome dado aos vinhos brancos alemães pelos britânicos. Derivado de Hochheim am Main, tradicional área produtora de vinhos na Alemanha, era usado no século XVII apenas para os vinhos brancos produzidos naquela área. No século XVIII, entretanto, passou a ser usado na Inglaterra para qualquer vinho branco alemão lá comercializado. Hoje em dia, em desuso, o termo é encontrado apenas em poucos rótulos de vinhos baratos.

Hoisin Molho da culinária chinesa, de sabor adocicado, consistência pastosa e cor marrom-escura. À base de soja, farinha de trigo, açúcar, água e especiarias, em sua elaboração há também alho, pimentas vermelhas e outros temperos. Em geral, é utilizado como condimento de mesa ou para glacear carnes e aves, por exemplo o pato de Pequim, de que é ingrediente fundamental. Denomina-se também *peking sauce* ou molho de Pequim. Ver **Pato de Pequim**.

Holandês Clássico molho da culinária francesa, cuja origem é incerta. É elaborado com manteiga clarificada, gema de ovo, suco de limão, sal e pimenta-do-reino. Deve ser preparado em banho-maria, lentamente, até emulsionar. É utilizado sobretudo com ovos escalfados, vegetais ou peixes.

Hollandaise, à la Maneira francesa de servir peixe e ovos pochés, ou legumes cozidos em água, envoltos ou acompanhados de molho holandês.

Hollands Tipo de gim encontrado nos Países Baixos. Ver **Gim**.

Holyrood pudding Tradicional pudim doce da cidade de Edimburgo (Escócia), elaborado com semolina, leite, manteiga, açúcar, biscoitos, ovos, marmelada de laranja e uísque. Depois de desenformado, é servido com calda de amêndoas.

Homard Ver **Lavagante**.

Homeburn Nome genérico dado pelos noruegueses aos destilados feitos em casa.

Homogeneizar Transformar um preparo de textura desigual em outro de textura uniforme. Termo aplicado geralmente à elaboração de massas, purês, patês, emulsões ou molhos de consistência cremosa.

Homus Denominação, no Brasil, da tradicional pasta da culinária árabe elaborada com grão-de-bico cozido e amassado, suco de limão e alho esmigalhado. Em árabe, *hummus* significa grão-de-bico. Quando o tahini (pasta de sementes de gergelim) é acrescentado, passa a ser chamada de *hummus bi tahini*. Depois de pronta, adiciona-se azeite de oliva por cima e é servida como entrada fria, acompanhada de pão sírio (pita). Ver **Pita** e **Tahini**.

Hondashi Concentrado de peixe, geralmente o bonito, em pó ou flocos, industrializado e muito utilizado em pratos orientais. Bastante comum na culinária japonesa, é ingrediente do caldo básico denominado dashi, assim como de diversos outros pratos. É base para o *missoshiru*, conhecido consomê japonês. Ver **Dashi** e **Missoshiru**.

Honey Mel, em inglês. Ver **Mel**.

Honey brandy Aguardente proveniente da destilação de hidromel. Hoje é encontrada engarrafada e preparada com a mistura de brandy e mel. Ver **Brandy** e **Hidromel**.

Hongroise Nome de diversos preparos, na França, temperados com páprica, ao estilo da cozinha húngara.

Hopfenkäse Queijo alemão com sabor de lúpulo, feito com leite azedo de vaca. Produzido na Westphalia, tem textura macia, porém firme, e sabor levemente amargo em razão da maturação entre folhas de lúpulo. Às vezes, é também aromatizado com sementes de cominho ou de alcaravia. Na Alemanha, é considerado o acompanhamento mais indicado para a cerveja forte.

Hoppin' John Alimento dos escravizados que trabalhavam nas plantações no sul dos Estados Unidos, no século XIX, era um prato de feijões cozidos com carne de porco, bastante temperado e servido com arroz branco. Hoje, é muito usado o feijão claro black-eyed pea, da espécie *Vigna unguiculata*, a carne de porco pode ser substituída por bacon, presunto, linguiça ou peru defumado, além de serem acrescentadas cebolas picadas. Os americanos o consideram um preparo portador de boa sorte, desde que você receba pelo menos três grãos de feijão em seu prato no dia de Ano-Novo. É um prato consumido também nas Bahamas, onde todos os ingredientes são cozidos juntos; nos Estados Unidos, são cozidos separadamente.

Horchata Bebida muito popular na Espanha e no México feita com a infusão em água de grãos, nozes ou chufa (*Cyperus esculentus*, planta de origem africana, cujos grãos são muito populares nesses países). Às vezes temperada com canela, é sempre adoçada com açúcar. Encontrada facilmente nos mercados latinos, recebe o nome do ingrediente básico com o qual foi feita: horchata de arroz, horchata de almendras, horchata de chufa.

Hors d'oeuvre Expressão francesa que designa uma série de pequenos pratos, quentes ou frios, servidos de modo geral como introdução às refeições. Canapés de peixe, caviar, carnes, salames, legumes frescos ou em conservas, patês, maionese, ovos cozidos, entre outros, constituem o hors d'oeuvre. Nos Estados Unidos e na Inglaterra, além desses pratos, são servidos também crustáceos, salsichas pequenas ou em pedaços, azeitonas, para serem comidos com o auxílio de pequenos garfos ou de palitos, acompanhando bebidas.

Horseradish Termo em inglês cujo significado é raiz-forte. Ver **Raiz-forte**.

Horses' Neck Coquetel clássico à base de uísque americano ou canadense, Angostura, espiral de limão e gelo. Preparado em *long drink* – copo alto para refrescos e coquetéis –, é completado com ginger ale.

Hortelã (*Mentha* spp.) Existem muitas espécies e variedades de hortelã, cada uma com características próprias. Conhecida também por menta, suas folhas são arredondadas com bordas serrilhadas e suas flores, violáceas e muito perfumadas. Já diziam os antigos que conhecê-las todas era tão difícil quanto contar as centelhas que saíam do vulcão do Monte Etna. No Brasil, as mais usadas são: hortelã-das--cozinhas, hortelã-das-hortas, hortelã-pimenta e poejo. De acordo com a mitologia grega, a ninfa Menta foi amada por Plutão, por isso despertou os ciúmes da esposa dele, Perséfone. Esta a transformou em uma planta de perfume e sabor adocicados, que cresce nas entradas das cavernas úmidas, passagem para os domínios do deus dos infernos. Esse condimento era muito usado pelos antigos gregos na cozinha do dia a dia, costume que persiste até hoje em todo o Oriente Próximo. A água de menta era sagrada e oferecida à deusa Afrodite. A hortelã é encontrada fresca, em buquês. Conforme a variedade, é mais empregada em pastilhas, balas, bombons, licores, chás, saladas, porco assado ou grelhado, carneiro assado, molhos, sangria, entre outros.

Hotch-potch Sopa repleta de ingredientes, denominada também hodge podge, que se assemelha a um cozido, mas com bastante caldo. É o oposto do hot-pot. O escritor inglês Thackeray nomeou, em um de seus livros, a bouillabaisse de hotch--potch. Os irlandeses usam com frequência esse nome para se referir ao irish stew. O hotch-potch é prato único na refeição, acompanhado apenas de pão. Na Escócia, quando é elaborado com carne, esta é separada depois de cozida e mantida quente no forno, para ser usada em um segundo serviço, acompanhada de batatas com ervas. Considerado um prato tradicional pelos escoceses, é por eles também denominado hairst bree, ou "sopa da colheita". Ver **Bouillabaisse**, **Hot-pot** e **Irish stew**.

Hot dog Ver **Cachorro-quente**.

Hot-pot Antigo e tradicional prato das Midlands e do Norte da Inglaterra, feito originalmente em potes de barro especiais que hoje em dia quase não são mais encontrados. Trata-se de um cozido cuja elaboração varia bastante, de acordo com a região onde é preparado. Mas a característica básica de todos os preparos é a utilização de pouco líquido no cozimento e a finalização com quase nenhum molho. É o oposto do hotch-potch. Na Escócia, é elaborado com carne de carneiro e cevada. O famoso hot-pot de Lancashire é composto de camadas de carne, cogumelos, ostras, sob uma camada superior de batatas. O prato é cozido em forno sem a tampa, de modo a permitir que as batatas fiquem amorenadas. É encontrado também nos Países Baixos, na Bélgica e na França, com ingredientes variados que vão da carne de vaca ao pé e à orelha de suíno. Ver **Cozido** e **Hotch-potch**.

Hot water crust Massa da culinária inglesa própria para tortas salgadas. Preparada com farinha, gordura e água bem quente, deve ser trabalhada ainda quente, depois moldada na fôrma e envolta em papel-manteiga, até esfriar e endurecer. É, então, recheada e recoberta, para descansar por um tempo antes de ser levada ao forno e dourar. Embora um pouco pesada, não é gordurosa. Sua textura deve ser compacta, crocante e dourada por fora, depois de cozida. No interior, a massa absorve os sucos do recheio, tornando-se úmida.

Houx Extraordinária aguardente da Alsácia, produzida pela destilação do fruto vermelho do azevinho misturado com açúcar. Como esses frutos ou bagas são encontrados em pequena quantidade, o preparo da bebida é muito oneroso. São produzidas apenas quinhentas garrafas por ano, com preço muito alto. Tem teor alcoólico de 45%.

Huevos rancheros Prato mexicano bastante simples, que consiste em um ovo estrelado sobre uma tortilha pincelada previamente com azeite quente, complementado com molho especial (salsa) feito com tomate, cebola, alho, sal e pimenta. Pode ser servido com arroz, feijões fritos e guacamole ou fatias de abacate. Ver **Ranchero** e **Tortilha**.

Huile Óleo, em francês. Ver Óleo.

Humble pie Prato da culinária inglesa preparado após as caçadas de cervo, para aproveitamento dos órgãos internos do animal. É um cozido feito com os miúdos misturados a maçãs, passas, temperos e açúcar, servido como torta. Na Idade Média, desprezados pelos caçadores, coração, fígado e rins eram destinados aos criados que os acompanhavam. O nome *humble pie* ("torta humilde", em tradução livre) é considerado por alguns um trocadilho, um jogo de palavras com o termo *numbles* ou *umbles*, do inglês antigo, que designava o conjunto das partes internas do cervo.

Humita Preparo pré-hispânico encontrado nas cozinhas peruana, equatoriana, boliviana e chilena. Em essência, é muito semelhante ao tamale mexicano e à pamonha brasileira: consiste em uma massa à base de milho, embrulhada na palha de milho e, então, fervida ou cozida no vapor. Tal como a pamonha, e diferente do tamale, é feita com os grãos de milho frescos. A palavra *humita* é uma derivação do termo quíchua *huminta*, também utilizado hoje. No Peru, em regiões como Arequipa e Cusco, *humita* e *huminta* podem denominar preparos um pouco diferentes. Grafa-se ainda umita ou uminta. Ver **Tamale** e **Pamonha**.

Hummus Ver **Homus**.

Humulucu Prato da cozinha baiana conhecido também por feijão de azeite. É preparado com feijão-fradinho cozido com cebola, sal e camarões secos ralados, misturados e temperados com azeite de dendê.

Huntsman® Processado de queijo inglês preparado na região de Leicestershire. É feito com os queijos stilton blue e double gloucester, juntos, em camadas: uma de stilton entre duas de gloucester. Embora não seja comum misturar dois queijos em uma peça, o mestre queijeiro conseguiu uma combinação de sabor muito marcante. Bonito visualmente, é servido quase sempre com cerveja. Ver **Gloucester** e **Stilton**.

Hurstone Queijo inglês rico e cremoso da região de Somerset, feito com leite integral de vacas Jersey. Tem textura lisa e é levemente prensado. Alcança sua melhor qualidade no outono, com maturação de três meses, quando adquire um sabor impregnado de flores e ervas. Queijos de verão têm a cor mais escura e grande quantidade de caroteno. Com formato de tambor, pesa entre 2,5 kg e 4,5 kg.

I

Iapuna Utensílio indígena brasileiro que consiste em um grande tacho de barro com suporte montado sobre fogo, usado para torrar farinha de mandioca. Nele, a massa de mandioca era mexida com uma pá de madeira até secar e torrar. Era chamado por muitos estudiosos e alguns viajantes da época colonial de "forno indígena", embora, diferentemente do europeu, fosse aberto. A elaboração do utensílio era trabalho das mulheres da tribo. De formato redondo, tanto os menores (com cerca de dois palmos e próprios para fazer beiju) como os maiores (com mais de um metro de diâmetro) eram estruturados sobre armação de barro, de modo que fosse possível acender o fogo por baixo. Os pequenos eram modelados no barro, deixados a secar e, em seguida, cozidos em fogo. A feitura dos grandes exigia uma técnica mais apurada, pois o tamanho e o peso da peça impossibilitavam a locomoção, por isso eram construídos no local em que seriam utilizados. A parte inferior, a fornalha, devia ter uma altura que chegasse ao quadril e seu formato era o de um cone de topo cortado, com abertura no rés do chão para colocar a lenha e furos no alto para a saída da fumaça. Depois de terminada essa parte, colocava-se sobre ela um estrado de varas recoberto de terra, e sobre este modelava-se a parte superior como um grande tacho, com massa de terra e água, iniciando-se pelo centro, em espiral, até alcançar o diâmetro requerido, que era finalizado por uma borda vertical. Alisada toda a superfície, ficava a secar e somente depois disso era queimado. Hoje em dia, pelo Brasil afora, nas chamadas casas de farinha, onde é processada a mandioca artesanalmente, o forno para fazer a torra ainda guarda esse formato.

Iberico Queijo espanhol feito da mistura de leite de vaca, de ovelha e de cabra. A

quantidade de cada um é permanentemente alterada em função de disponibilidades sazonais. Trata-se de um queijo de massa clara, dura, de textura firme e oleosa, sabor amanteigado e forte, e muito aromático. É feito de modo artesanal e industrial, e seu período de maturação varia de dois meses a um ano.

Içá (Gênero *Atta* spp.) Formiga fêmea, da família dos formicídeos, que surge em grande quantidade com a chegada das chuvas de setembro ou outubro, no Vale do Paraíba, entre São Paulo e Rio de Janeiro. Aparece também em outros lugares do Brasil, mas neste é iguaria apreciada até hoje. Muito rica em proteínas e sais minerais, o escritor Monteiro Lobato, de Taubaté, era um de seus entusiastas. Depois de limpar e retirar pernas, cabeças e asas, os abdomens das içás são colocados em água e sal para temperar. Em seguida, são escorridos, torrados em banha em panela de ferro e, depois, misturados com um pouco de farinha de mandioca. Essa formiga é conhecida também por saúva e tanajura.

Ice cream Ver **Sorvete**.

Ice cream soda Bebida refrescante preparada com sorvete de sabor variado e soda (água carbonatada). A mistura é sempre identificada pelo nome do sorvete que a compõe: ice cream soda de morango, de chocolate e outros. Típico americano, teve sua fase áurea nas décadas de 1950 e 1960.

Ichimi togarashi Ver **Togarashi**.

Ierê Semente aromática muito semelhante ao coentro, utilizada na culinária baiana como tempero do caruru, peixes e aves. É também chamada ieré ou lelecum.

Igaçaba Depósito indígena de bebidas fermentadas.

Île flottante Ver **Ovos nevados**.

Imbu Fruto do Norte e do Nordeste do Brasil. Ver **Umbu**.

Imbuzada Sobremesa feita com imbu ou umbu. Ver **Umbuzada**.

Imperial Guarnição da culinária clássica francesa, era composta de quenelles, escalopes de foie gras, trufas e champignons de Paris. Quando servida com ave (em consomê ou partes dela), poderia ser acrescida de rins e cristas de galo. No caso de ser um acompanhamento de peixes (truta ou linguado), recebia caudas de lagostim e esperma com ovas de peixe (*laitances*) escalfados. Ver **Champignon de Paris**, **Foie gras** e **Trufas**.

Inari Prato japonês feito com fatias de tofu frito, abertas e recheadas com arroz temperado. Ver **Tofu**.

Incanestrato Queijo italiano produzido de modo artesanal na Sicília, forte, de massa branca, enriquecido com especiarias. Feito com leite de vaca ordenhado pela manhã ou à noite, é redondo e pesa de 7 kg a 10 kg. A coalhada é espremida à mão e, às vezes, deixada a fermentar por dois a três dias, antes do cozimento. Depois de cozido em soro e espremido, é salgado e temperado com especiarias.

Inchar Processo de absorção de líquido pelo qual alguns alimentos têm de passar. Consiste em deixá-los imersos até que alcancem seu volume máximo. É muito usado no preparo de arroz, feijão e grão-de-bico.

Indian pudding Antigo doce da Nova Inglaterra à época da colonização dos Estados Unidos. É um pudim de fubá de milho, leite, melaço e fatias finas de maçã, aromatizado com canela e gengibre. Serve-se geralmente com creme batido ou sorvete. Hoje é um dos itens da refeição principal do Dia de Ação de Graças (*Thanksgiving*).

Indicação de Procedência (IP) No Brasil, a Indicação de Procedência é uma chancela que vincula determinado produto ou serviço ao nome de um local (cidade, região etc.) tornado famoso por produzi-lo ou oferecê-lo. O registro de nomes geográficos no Brasil está a cargo do Instituto Nacional de Propriedade Industrial (INPI) e as áreas registradas podem ter diferentes dimensões. Algumas Indicações de Procedência já reconhecidas: Vale dos Vinhedos, no Rio Grande do Sul (produção de vinhos); região do Cerrado Mineiro, em Minas Gerais (produção de café); Paraty, no Rio de Janeiro (produção de aguardentes); Goiabeiras, no Espírito Santo (produção de panelas de barro); Pelotas, no Rio Grande do Sul (produção de doces finos tradicionais); Canastra e Serro, em Minas Gerais (produção de queijos); Uarini, no Amazonas (produção de farinha ovinha).

Infusão Processo que consiste em deixar ingredientes aromáticos de molho em um líquido. Usado, por exemplo, no preparo de chá, o método é aplicável a ervas, sementes, raízes, frutos ou outros. Na infusão de ervas, as folhas podem estar verdes, secas, inteiras, em pó ou em pedaços, já a raiz deve estar descascada. As infusões podem ser consumidas quentes ou frias, como bebida, usadas como tempero ou parte de outros preparos. Ver **Chá**.

Inglês, molho Ver **Worcestershire sauce**.

Inhame (*Colocasia* spp.; *Dioscorea* spp.) Tubérculo rico em amido, de casca grossa e polpa branca, com inúmeros cultivares. No Nordeste brasileiro, é consumido no café da manhã cozido em água e sal, e temperado com manteiga e açúcar ou mel de engenho (melado), em substituição ao pão. O inhame não deve ser comido cru, pois tem compostos que lhe dão sabor acre. Chegou ao Brasil no século XVI, trazido da Ilha de São Tomé e, mais tarde, da Gâmbia e de Angola. Seu nome deriva da palavra africana *yam*, que na língua dos escravizados provenientes da costa da Guiné significava comer.

Inquitaia Condimento indígena denominado também jiquitaia. Ver **Jiquitaia**.

Insalata Salada, em italiano. Ver **Salada**.

Intensificadores de sabor Ver **Flavorizantes**.

Iogurte Leite não pasteurizado tratado com uma cultura especial de bactérias para fermentar e ficar consistente. Preparado em casa ou comprado pronto, há inúmeras variedades de textura e sabor. Deve ser mantido sob refrigeração e pode ser consumido de várias maneiras. Adoçado e acompanhado de frutas frescas ou secas, é um tradicional prato de café da manhã em muitas cozinhas ocidentais; é usado também como base para molhos salgados frios e em sopas. Na Ásia, é consumido como bebida, empregado em marinadas para carnes e em molhos para grelhados, entre outros.

Ipetê Prato baiano muito saboroso, feito com inhame cozido. Depois de ficar bem macio, o tubérculo é amassado e tempera-

do com azeite de dendê, cebolas raladas, camarões secos e defumados, gengibre ralado, sal e pimenta vermelha. Prato do candomblé, as porções são servidas sobre pequenas folhas chamadas conchinhas de Oxum (*Polyscias scutellaria*).

Irish breakfast tea Mistura forte de chás-pretos, inclusive o *broken orange pekoe* do Ceilão. Ver **Chá** e **Chá do Ceilão**.

Irish coffee Bebida quente e forte feita de café e uísque irlandês, adoçada com uma porção de açúcar. É geralmente servida em copo alto, com cobertura de creme batido.

Irish mist Licor que tem como base o uísque irlandês envelhecido e mel de urze, além de outras ervas aromáticas. Seu teor alcoólico é de 35%.

Irish soda bread Clássico pão irlandês de fermentação rápida, em que, como o nome indica, usa-se soda como fermento. É preparado com leitelho e enriquecido com passas e sementes de alcaravia. Antes de ser colocado no forno para cozer, uma cruz é feita em sua superfície, com lâmina afiada, segundo a lenda, a fim de manter o diabo afastado. Ver **Leitelho** e **Soda**.

Irish stew Tradicional ensopado de carneiro à moda irlandesa, feito com salsa, batatas e cebola, além de carne. Cozido lentamente, seu caldo adquire textura grossa porque as batatas se desmancham no cozimento. Deve ser preparado um dia antes de ser consumido, para dar tempo de os sabores se misturarem.

Iscas 1. Prato de origem portuguesa que quase não sofreu modificações, muito encontrado nos restaurantes do Rio de Janeiro. São tirinhas de fígado bovino fritas com cebolas e acompanhadas de batatas salteadas na mesma gordura. **2.** Na Amazônia, existem as iscas de pirarucu, petisco muito apreciado preparado tanto com o peixe seco reidratado quanto com o fresco. As lascas do peixe, temperadas com sal e limão, são empanadas com farinha de trigo e fritas em gordura. De modo geral, são servidas com o molho floresta, feito com pimenta murupi, pimenta-de-cheiro, limão, cebola, pimentão, cheiro-verde, vinagre, azeite e água, tudo triturado, formando uma pasta verde. Ver **Fígado** e **Pirarucu**.

Isinglass Ver **Cola de peixe**.

Isomalte Produto artificial obtido da sacarose da beterraba, utilizado como edulcorante e umectante. Com metade da doçura relativa do açúcar comum, apresenta algumas vantagens culinárias: absorve menos umidade que a sacarose, é mais resistente à cristalização, além de ser estável em altas temperaturas e, por isso, não apresentar a coloração dourada do caramelo produzido com açúcar.

Itacurua Nome indígena da trempe. Ver **Trempe**.

Izarra® Licor originário do País Basco francês, feito de armanhaque e ervas. Hoje é produzido em Angers, no Pays de la Loire. Ver **Armanhaque**.

J

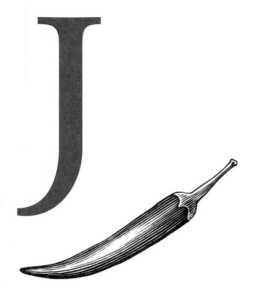

Jabá com jerimum Nome do popular prato de carne-seca com abóbora no Nordeste do Brasil, cuja combinação é um dos preparos mais antigos dos sertões nordestinos. Depois de demolhada para retirar o excesso de sal, a carne-seca é cozida, cortada em cubos e salteada em gordura com cebolas. Enquanto isso, em separado, a abóbora recebe o mesmo tratamento, temperada com sal e pimenta-do-reino. Regada com um pouco de caldo de carne, é transferida para uma travessa e sobre ela é colocada a carne pronta. O prato é servido com salsinha picada.

Jabuticaba (*Plinia cauliflora*) Fruta pequena e redonda, de casca negra, lisa e brilhante, com polpa esbranquiçada, muito saborosa. Nasce no tronco da árvore, a jabuticabeira, que é nativa da Mata Atlântica. Pode ser consumida ao natural ou em sucos, doces, geleias e licores. Abundante e popular já na época da colonização do Brasil, foi muito elogiada pelos cronistas do período. A jabuticabeira tem uma característica interessante: plantada sozinha, desenvolve-se pouco e sem frutos; plantada ao lado de outras jabuticabeiras, cresce e produz frutos em abundância.

Jaca (*Artocarpus heterophyllus*) Fruto da jaqueira, de formato ovoide e casca cheia de pequenos bicos. Tem polpa amarelada, bastante aromática e saborosa. Nativa da Índia, de onde foi trazida para o Brasil pelos portugueses, no século XVIII, a árvore pode alcançar até 12 m de altura. Seu nome vem do malaio *chakka*. Existem três variedades de jaca: mole, dura e manteiga. Pode ser consumida ao natural ou como doce em calda.

Jacaré (*Caiman latirostris, Caiman crocodilus, Caiman yacare* e *Melanosuchus niger*) Réptil da família dos aligatorídeos, cujo nome é originário do tupi *yaka're*. Tem carne muito apreciada e que pode ser quase toda aproveitada. São comercializados os filés do lombo, do dorso, da cauda, o filé-mignon, a coxa e a sobrecoxa, entre outros cortes. No Brasil, é permitida a criação em cativeiro com fins comerciais das espécies conhecidas por jacaré-de-papo-amarelo, jacaretinga, jacaré-do-pantanal e jacaré-açu.

Jack Daniel's® Uísque americano mais famoso do mundo, cuja produção e venda são as maiores entre os fabricados nos Estados Unidos. Elaborado no Tennessee, tem teor alcoólico de 40% a 45%. É feito de milho, centeio, cevada maltada e água pura da fonte, que fermentam por seis dias antes de serem destilados em alambiques de cobre. A limpeza do líquido é feita por filtros de carvão de *sugar maple* (bordo) preparados na própria destilaria, os quais, além de removerem quaisquer impurezas, eliminam o gosto de milho da bebida, que repousa, então, em barris novos de carvalho até ser engarrafada. O processo chama-se Lincoln County Process e é um de seus diferenciais. Criado por Jasper Newton "Jack" Daniels na segunda metade do século XIX, tornou-se logo muito popular e recebeu sua primeira medalha de ouro em 1904, na Feira Mundial de Saint Louis. Em 1972, a destilaria, em Moore County, entrou para os registros do National Register of Historic Places dos Estados Unidos. O curioso é que Moore County é um dos chamados *dry county*, ou seja, trata-se de um condado onde a venda de bebidas alcoólicas é proibida. Por isso, o uísque é legalmente produzido no local, mas não pode ser vendido lá.

Jacuba Nome de um refresco feito de farinha de mandioca, água e mel ou açúcar, no Rio Grande do Sul. Ver **Chibé**.

Jacutinga (*Pipile jacutinga*) Ave silvestre da família dos cracídeos, encontrada no Centro-Oeste e no Sudeste brasileiro. De carne muito delicada, tem plumagem negra com reflexos azuis, mas peito e pescoço brancos. O desmatamento e a caça predatória contribuíram para seu quase desaparecimento. Quando o consumo ainda era permitido, algumas regras de preparo precisavam ser seguidas: a jacutinga devia ficar pendurada pelos pés nas 24 horas seguintes à sua morte, para que a carne enrijecesse de modo uniforme. Depois disso, era preparada como qualquer outra ave silvestre.

Jägermeister® Destilado alemão da Saxônia, de sabor bastante complexo, feito com cerca de 56 ervas, frutas, raízes e especiarias. *Jägermeister* significa mestre da caça. É considerado um digestivo e deve ser tomado puro e bem gelado. Outra maneira de consumi-lo é misturar um shot da bebida com um copo de cerveja, drinque denominado Jäguerbomb.

Jaggery Tipo de açúcar não refinado, similar à rapadura. Tradicional na Índia e muito consumido na Ásia e na África, é preparado com o sumo da cana-de-açúcar, da tamareira, de palmas de coqueiro ou de sagueiro, que é obtido de suas moagens. Depois de fervido em panela de ferro até reduzir a $1/3$ de seu volume, o líquido é retirado do fogo e agitado continuamente para alcançar a consistência adequada. Em seguida, é enformado até endurecer. A cor do jaggery pode variar do dourado ao marrom-escuro e determina sua qualidade: quanto mais escuro, mais impurezas e menos qualidade.

Jalapeño (*Capsicum annuum*) Pimenta verde-escura de sabor forte, que recebeu esse nome em razão da cidade de Jalapa, capital de Vera Cruz (México). Tem de 5 cm a 8 cm de comprimento e pungência mediana, por isso é muito popular. É encontrada fresca ou em conserva e usada em uma enorme variedade de molhos. Quando está seca, é conhecida por chipotle. Ver **Chipotle**.

Jalebi Docinho indiano cuja massa é de farinha de trigo colorida com açafrão, no formato de vários anéis juntos, frita em gordura quente. Depois de retirada da gordura e escorrida, a massa é mergulhada por alguns minutos em calda quente aromatizada com água de rosas ou limão. Pode ser servido quente ou frio. No Irã, chama-se zulbia.

Jalousie Pequeno doce da culinária francesa com duas camadas de massa folhada, quebradiça e crocante. É tradicionalmente recheado com pasta de amêndoas, compota de maçãs, marmelada de abricós ou geleia. A camada de cima de massa folhada recebe diversos talhos paralelos, para simular a grade de ripas de uma janela, que em português é denominada gelosia.

Jambalaia Um dos pratos mais tradicionais da cozinha cajun, da Louisiana (Estados Unidos), combina arroz cozido com tomates, cebolas, salsão, pimentas-verdes e variados tipos de carne, de aves e de frutos do mar, além de embutidos tradicionais, como a andouille. O preparo varia bastante de cozinheiro para cozinheiro. Seu nome é derivado, possivelmente, de *jambon* (presunto), principal ingrediente dos primeiros jambalaias. Ver **Cajun**.

Jambo (*Syzygium malaccense*; *Syzygium jambos*) Fruta originária da Península Malaia, denominada *djamum* em Goa, *jámbul* em Mumbai e *jambos* no Malabar. Sua árvore é bastante alta, com cerca de 15 m, tem copa cônica e frondosa. Existem diversas variedades: jambo-amarelo, jambo-rosa, jambo-vermelho e jambo-branco, que é mais raro por aqui. A forma do fruto pode ser ovoide ou similar a um sino. De polpa aquosa e doce, pode ser saboreada ao natural ou como doce ou suco. Trazida pelos portugueses para o Brasil, ambientou-se bem e tornou-se muito popular.

Jambon de Bayonne Presunto suave, adocicado e pouco salgado, feito tradicionalmente na região dos Pays de l'Adour, no sudoeste da França. Produto com *Indication Géographique Protégée* – IGP (em português, "indicação geográfica protegida"), é regulamentado e sua fabricação segue diversas especificações, desde a raça dos porcos utilizados até a sequência e condições de produção. A peça é massageada com sal das salinas de Béarn e seca ao ar em ambiente controlado. O período de cura e maturação dura de sete a dez meses. Quando está pronto, é marcado com a tradicional cruz basca e a palavra Bayonne. Deve ser servido em fatias finíssimas.

Jambon persillé Prato moldado francês, da cozinha da Borgonha, preparado com tiras ou cubos de presunto e aspic de salsa picada com estragão. O presunto deve ser de meia cura e defumação suave. Cortado em pedaços grandes, ele é cozido lentamente em caldo de carne temperado com ervas, especiarias e vinho. Em seguida, são retiradas todas as gorduras e peles, e então o presunto é cortado em pedaços menores. Depois de coado e desengordurado, o caldo é base para o aspic, com a salsinha, o estragão e a gelatina. A fôrma é arrumada com camadas alternadas de presunto e aspic e levada para gelar. Desenformado, é servido frio, cortado em fatias que parecem um mosaico verde e vermelho, acompanhado de alface-frisada, molho de mostarda, pepinos em conserva e fatias de pão rústico. Ver **Aspic**.

Jambu (*Acmella oleracea*) Planta da família das asteráceas, com folhas ovais, espessas e denteadas, de flores amarelo-pálidas. A infusão de suas flores e folhas é medicinal. Na culinária, é utilizada em pratos típicos do Norte do Brasil, como o tacacá e o pato no tucupi. Ao ser mastigada, anestesia ligeiramente a língua. É conhecida também por agrião-do-brasil, agrião-do--pará, agrião-bravo, nhambu e pimenta--d'água. É encontrada na América do Sul, em Madagascar e em todo o sudoeste asiático. Ver **Pato no tucupi** e **Tacacá**.

Jamón ibérico Presunto curado conhecido também por pata negra, preparado com o pernil de porcos pata negra (de raça Alentejana) e que segue regras estritas de Denominação de Origem Protegida. É considerado o presunto espanhol de maior qualidade. Com alimentação em pastagens livres, acrescida de centeio e milho, antes do abate os porcos são alimentados exclusivamente com bolotas de carvalho, para conferir à carne sabor especial. Os pernis são salgados e deixados a secar por duas semanas e, em seguida, são lavados e colocados para secar mais uma vez, por algumas semanas. O período mínimo de maturação é de três meses e pode chegar a 48 meses, conforme o produtor. De acordo com a estirpe do porco, a alimentação recebida (percentual de bolotas) e o tempo de cura e maturação, os presuntos recebem denominações específicas que determinam seu grau de qualidade: jamón ibérico de bellota, jamón ibérico de recebo, jamón iberico cebo de campo e jamón ibérico de cebo. Ver **Denominação de Origem Protegida (DOP)**.

Jamón serrano Presunto curado nas pequenas cidades das montanhas de Huelva, iguaria tradicional da Andaluzia, região do sul da Espanha. É feito com o pernil de um tipo específico de porco claro, o landrace, de patas finas. Curado e maturado por seis meses, é menos caro que o jamón ibérico. É considerado um dos melhores presuntos da Espanha e perde apenas para o ibérico. O jamón serrano é servido em fatias bem finas, acompanhado tradicionalmente de azeite, azeitonas, pão e vinho.

Jam roly-poly Sobremesa da culinária inglesa feita tradicionalmente para crianças, com formato de rocambole. A massa é preparada com farinha de trigo, sebo, água, sal e açúcar, e o recheio é uma geleia. Depois de recoberta com o recheio, a massa é enrolada e suas pontas são fechadas. Pode ser assado no calor seco ou com vapor, no forno, caso em que deve ser envolto em papel vegetal. É servido com creme ou molho doce.

Jantar Palavra oriunda de Portugal e derivada do termo latino *jentaculum*, no Brasil é a terceira refeição do dia. Denominação das últimas décadas do século XVIII, indicava então a refeição feita no final da tarde. No resto da Europa, entretanto, o jantar era a alimentação do meio do dia, comparável ao nosso almoço. *Jentaculum*, em latim, significa almoço. No século XX, com as modificações ditadas pelos horários de trabalho, o jantar foi "empurrado" para mais tarde, entre 19 h e 21 h.

Jardineira Guarnição para carnes e aves composta de legumes variados, sobretudo cenouras, nabos e vagens, picados em pequenos bastões e cozidos separadamente. Pequenos buquês de brócolis e couve-flor também podem compor a jardineira, assim como pontas de aspargos. Como o

nome sugere, deve ser servida de modo a formar um "canteiro" de cores variadas.

Jarlsberg® Queijo norueguês amarelo, de textura semidura, lisa e com olhaduras bem distribuídas. De sabor suave, com leve toque de nozes, é feito com leite de vaca integral. É do mesmo tipo do edam. Ver **Edam**.

Jasmim (*Jasminum* spp.) Planta da família das oleáceas, cuja flor, muito perfumada, é usada como aromatizante em chás e produtos de confeitaria.

Java Ver **Chá da Indonésia**.

Jelly roll Ver **Rocambole**.

Jenipapo (*Genipa americana*) Fruto do jenipapeiro, de casca marrom e enrugada e polpa clara, amarelada. Os indígenas usam a fruta verde para extrair a genipina, corante utilizado para fazer desenhos que resistem aos banhos e permanecem por vários dias no corpo. Muito saboroso, com o jenipapo são preparados doces em calda, cristalizados ou refrescos. O vinho de jenipapo, servido tradicionalmente nas festas de São João, é considerado fortificante e depurativo do sangue. É encontrado sobretudo em algumas cidades da Bahia, de Pernambuco e de Goiás, onde ainda é produzido de modo artesanal.

Jerimum Ou jerimu, é o nome da abóbora no Nordeste brasileiro. Ver **Abóbora**.

Jerky Carne em tiras, seca ao sol, muito usada pelos caçadores americanos no período da colonização em razão da durabilidade e facilidade para transportar. Denominada também *jerked meat*, era saborosa e ótima fonte de proteína. Hoje, é facilmente encontrada em supermercados, embalada em pedaços. Ver **Biltong**.

Jeropiga 1. Bebida portuguesa da região de Trás-os-Montes, feita com mosto, aguardente e açúcar. Alguns substituem o açúcar por canela em pau. A mistura, cuja proporção é duas partes de mosto para uma de bebida alcoólica, é feita logo no início da fermentação das uvas, interrompendo-a. Depois de descansar por alguns dias, é engarrafada. Bebida caseira e muito popular, é consumida o ano inteiro. 2. Bebida alcoólica à base de sumo de uvas e álcool, produzida artesanalmente no Rio Grande do Sul, onde é mais conhecida por jurupiga. Ver **Jurupiga**. 3. Suco de caju filtrado, cozido e, depois de misturado com álcool, engarrafado, muito comum no Nordeste brasileiro. Também chamado vinho de pasto. Ver **Caju**.

Jersey wonder Especialidade da ilha de Jersey (Inglaterra), feita de farinha de trigo, ovos e manteiga, misturados até transformarem-se em uma massa homogênea. Depois de trabalhada para apresentar a forma de pequenos nós, a massa é frita em gordura até adquirir cor marrom-dourada. Os petiscos são servidos quentes, com molho de fruta.

Jicama (*Pachyrhizus erosus*) Raiz mexicana, da família das fabáceas, de forma arredondada semelhante à da beterraba. De casca cinza, sua polpa é branca, crocante e doce. Utiliza-se geralmente em saladas, com *dips* (pasta cremosa usada como aperitivo), ou cozida, como acompanhamento de pratos de carne. Pode ser grafado com acento: jícama. É bastante similar à yakon, outra raiz comestível, dos Andes, que pertence a família botânica diversa. Ver **Dip** e **Yakon**.

Jigger Nome dado a um pequeno copo para destilados, com capacidade para 4,25 cl (nos Estados Unidos). É usado

pelos *barmen* para dosar quantidades de bebidas alcoólicas em coquetéis. Surgiu no início do século XIX, época em que foi criado e patenteado, em Chicago, o jigger de duas pontas (*double-ended jigger*) usado até hoje, com duas concavidades de tamanhos diferentes. Uma delas tem a medida-padrão e a outra, uma fração ou um múltiplo desta. De maneira geral, hoje empregam-se três medidas: a padrão (*single*), uma um pouco menor (chamada *small*) e outra que representa o dobro da padrão (*double*). A cubagem desses medidores, entretanto, varia de país para país.

Jiló (*Solanum aethiopicum*) Planta herbácea da família das solanáceas, cujos frutos são ovoides e devem ser colhidos verdes. Quando maduro, o jiló torna-se amarelo-esverdeado. Tem polpa macia e porosa, com pequenas sementes brancas. Seu sabor, embora bastante amargo, é muito apreciado. Pode ser consumido frito, ensopado, cozido ou, então, frio, depois de cozido, temperado como salada. É chamado também berinjela-branca.

Jinjibirra Ver **Gengibirra**.

Jiquitaia Condimento indígena da região amazônica feito com várias pimentas do gênero *Capsicum*, secas e piladas com sal até virarem pó. De acordo com os relatos dos viajantes estrangeiros que registraram sua produção e seu consumo no início da colonização do Brasil, a jiquitaia era misturada com farinha de mandioca e polvilhada sobre a comida. A combinação também podia ser acrescida de formigas torradas, inseridas antes de os elementos serem pilados. Nome de uma formiga local, o condimento era conhecido ainda por iquitaia, iaquitaia, ijuqui, inquitaia, ionquet, iuquitaia e juquitaia. Hoje, a jiquitaia produzida pelo povo baniwa, do Alto Rio Negro, é também comercializada. Tem alta picância.

Johnnycake Considerado um precursor da panqueca, o *johnnycake* já era encontrado no início do século XVIII, nos Estados Unidos. Consistia em uma espécie de bolo de massa leve, fino e baixo, feito com fubá, sal, água ou leite. Hoje é também preparado com ovos, fermento e óleo ou manteiga derretida.

Joinville, à Prato da culinária francesa bastante sofisticado e complexo, feito com filé de linguado enrolado e escalfado. O peixe é rodeado de pedaços cozidos de lagostim e recoberto com molho aveludado, feito de fumet de linguado e essência de cogumelos (molho *normande*), acrescido de gemas, creme de leite e purê de lagostim e camarão. Sobre o molho, são salpicadas lascas de trufas. Ver **Fumet**.

Jugged hare Preparo clássico inglês, é uma caçarola de lebre. Depois de limpá-la e cortá-la em pedaços, a lebre deve marinar por 24 horas em vinho com zimbro e outros temperos. A carne é, então, salteada até ficar marrom e colocada em uma caçarola com verduras, legumes e um caldo. Depois de cozido, o caldo é retirado e misturado a creme de leite e ao sangue da lebre previamente reservado e volta ao fogo para engrossar. O molho cremoso é vertido sobre a carne e os vegetais antes de servir.

Julep Bebida alcoólica gelada, servida em copos *long drink*. É elaborada com um destilado, açúcar, folhas de menta e gelo picado.

Juliana Denominação dada ao corte de legumes ou carnes em tiras bem finas e longas, com mais ou menos 5 cm de com-

primento. A sopa que contém legumes assim cortados também recebe esse nome. Vem do francês, *julienne*.

Junípero Ver **Zimbro**.

Jurupiga Bebida alcoólica típica da Ilha dos Marinheiros, em Rio Grande, no sul do Rio Grande do Sul. É produzida com o sumo de uvas e álcool e envelhece em madeira por três meses. Começou a ser feita de modo artesanal pelos portugueses, açorianos e madeirenses que chegaram ao local por volta do século XVIII. Sua produção continua artesanal e caseira. Denomina-se também jeropiga.

K

Kaasdoop Especialidade holandesa, é um tipo de fondue feito com queijo gouda jovem, de massa bem macia, e queijo gouda maturado, mais forte, para aromatizar. Batatas assadas ou cozidas e pedaços de pão de centeio, espetados em um garfo de cabo longo, são mergulhados no creme de queijos derretidos, cuja panela é mantida sobre fogareiro. Outra maneira de servir é cobrir as batatas, previamente cozidas e arrumadas em travessa, com o creme. Para finalizar o prato, salpica-se farelo de pão de centeio. Ver **Fondue** e **Gouda**.

Kabanos Tipo de linguiça fina e enrugada, seca, de origem polonesa, feita de carne de porco moída. Seu comprimento pode chegar a 60 cm e sua espessura é de cerca de 1 cm. É produzida desde a Idade Média e os condimentos utilizados variavam de acordo com a localidade. Hoje é, de modo geral, temperada apenas com pimenta-do-reino e cominho.

Kabees Conservas da culinária libanesa, em especial servidas como entrada ou acompanhamento. Muito comuns e com diversas variedades, as mais apreciadas são a de berinjela com nozes (*batinjan makdous*) e a de beterraba com nabo (*kabees el lift*).

Kabinett Classificação de um tipo de vinho de qualidade superior, na Alemanha. É o mais leve, delicado e menos açucarado dos seis Prädikatswein. Tem pouco álcool e não deve envelhecer. A palavra kabinett designava originalmente a reserva especial do proprietário do vinhedo. O nome deve ser originário de um pequeno porão chamado *kabinett*, onde eram conservados os melhores vinhos da safra. Ver **Prädikatswein**.

Kaeng Preparo tailandês que pode ser definido como um molho, de sabor bastante ativo e muito condimentado. Equivale ao *kari* indiano e do Sudeste Asiático. Sua consistência é bastante variável, depende dos ingredientes usados nas diversas receitas (regionais ou sazonais): vai do caldo mais ralo a um molho grosso. A picância também não é padrão e varia conforme os tipos e a quantidade de pimentas utilizadas. A palavra *kaeng* (ou *gaeng*) pode referir-se também ao conjunto de temperos para o preparo do prato, frescos ou secos, picados e pilados até formar uma pasta. Os ingredientes básicos são a pasta de camarão, echalotas, pimentas *Capsicum* (frescas ou secas, vermelhas ou verdes) e alho. De acordo com o preparo, podem ser adicionados: folhas e raízes de coentro, capim-limão, folhas frescas ou desidratadas de limão kaffir, cardamomo, cominho, suco de limão, açúcar de palma, molhos fermentados de peixe, galangal, cúrcuma etc. Pode incluir, ainda, carne bovina, suína, aves, carne de caça, peixes, frutos do mar, vegetais ou frutas, e seu uso é ditado pela disponibilidade. Os líquidos podem variar da água pura ao leite de coco, passando por caldos diversos e sucos cítricos (tamarindo, lima etc.). Para o preparo do prato, o conjunto de temperos, depois de pilado, é sempre tostado em óleo vegetal para despertar os sabores antes de os outros ingredientes sólidos e líquidos serem agregados. É, em geral, servido com arroz ou massa de arroz. Ver **Cardamomo, Coentro, Cominho, Galangal, Kari** e **Nam pla**.

Kafta Prato muito conhecido da culinária do Oriente Médio, dos países do Cáucaso e dos Bálcãs, além do norte da África. Trata-se da combinação de carne de carneiro ou de boi bem moída e temperada com cebola, salsa, especiarias e suco de limão. Na Grécia, usa-se também a carne de porco. A mistura é modelada como pequenos bolos achatados ou preparada no espeto, quando recebe a forma de um croquete comprido. Em ambos os casos, é levada a dourar em uma grelha sobre brasas, mas pode ser cozida no forno. Nesse caso, é colocada em uma fôrma refratária, recoberta com rodelas de tomate e cebola e regada com azeite.

Kahlúa® Licor de café cuja formulação contém rum, açúcar, baunilha e café do tipo Arábica produzido no México. Criado em 1936, em Veracruz, tem teor alcoólico de 20% a 35%. É usado puro, com gelo, em coquetéis, como tempero de doces ou cobertura de sorvetes.

Kakavia Sopa grega muito antiga feita com peixes e frutos do mar, além de azeite de oliva, açafrão, suco de limão, cebolas, alho-poró, louro e salsa. Hoje em dia, acrescentam-se tomates e batatas. Na Antiguidade, os gregos introduziram o preparo na colônia de Marselha (França) e com essa base desenvolveu-se a bouillabaisse. Seu nome grego vem de *kakavia*, tipo de panela comunal de cerâmica em que os pescadores preparavam a refeição dentro dos barcos. É também similar à caldeirada portuguesa, ao *cacciucco* italiano e à *zarzuela* espanhola. Ver **Bouillabaisse, Cacciucco, Caldeirada** e **Zarzuela de mariscos**.

Kale Couve, em inglês. Ver **Couve**.

Kamaboko Tipo de surimi, processado de peixe e frutos do mar muito comum na culinária asiática. O kani-kama (kani no kamaboko), encontrado na maioria dos países, inclusive no Brasil, é um tipo de kamaboko. Diversas variedades de carne de peixe e de crustáceos são batidas até desmancharem e, depois de combinadas com glutamato monossódico e outros ingredientes, são formatadas e cozidas em vapor. O formato mais comum é o de meio cilindro, com a camada interna na cor natural, branca, e a externa, em geral, colorida de vermelho, verde, amarelo ou marrom. O kamaboko pode ser encontrado também em forma de pequeno cilindro inteiro ou de cubo. Existe no Japão desde o século XIV e é bastante usado no preparo de pratos da culinária japonesa, como sopas, macarrão, maki, entre outros. Ver **Glutamato monossódico**, **Surimi** e **Sushi**.

Kampyo Tiras secas de cabaça (*Lagenaria siceraria*), ingrediente muito comum na cozinha japonesa. Brancas e finas, exalam aroma adocicado característico. Antes de utilizá-las, deve-se lavá-las em água, esfregá-las com sal e aferventá-las. O kampyo é empregado na elaboração de maki e em pratos cozidos. Produzido inicialmente na região de Osaka, é um ingrediente muito associado à cozinha japonesa do período Edo (séculos XVII-XIX). Ver **Sushi**.

Kamut® Ver **Khorasan**.

Kangaroo soup Sopa preparada com a cauda do canguru, especialidade australiana. A carne é cortada em pequenos pedaços, salteada com cebolas, alho-poró, cenouras, louro, sal, pimenta-do-reino, tomilho, orégano e cravo, e cozida com caldo de carne. É servida com bolinhos de batatas.

Kani Ver **Kamaboko**.

Karaage Técnica japonesa de fritura. Primeiro o alimento (frango ou carne) é marinado em molho de soja temperado com alho e gengibre e, em seguida, é levemente empanado em farinha de trigo misturada a amido de batata. Depois, é frito em óleo bem quente até alcançar cor dourada e ficar crocante. Trata-se de uma técnica similar à do tempura, porém o tempo de fritura é maior. Ver **Tempura**.

Karawanen Ou "chá das caravanas", é uma mistura alemã de chás chineses muito aromática e com sabor de fumaça. Ver **Chá**.

Kari Preparo encontrado em todo o Sul e Sudeste Asiático. Consiste em um molho feito com especiarias e temperos diversos, cuja textura, picância e sabor variam de acordo com os componentes. Pode ser acrescido, ou não, de carnes, peixes, legumes e verduras, além de caldos, sucos, leites ou cremes. Existe uma infinidade de receitas e regras de inclusão ou exclusão de ingredientes, em razão de sua forte ligação com tradições culturais e religiosas regionais. O elemento comum, entretanto, é a incorporação de um complexo conjunto de condimentos, frescos ou secos, em geral pilados juntos. Na maioria das vezes, o molho é servido com arroz branco. Ver **Curry** e **Kaeng**.

Kartoffel Batata, em alemão. Ver **Batata**.

Kashkaval Queijo dos Bálcãs, de massa elástica, que pode ser feito com leite não pasteurizado de vacas – denominado *kashkaval vitosha* – ou de ovelhas – conhecido por *kashkaval balkan*. Quando elaborado com a mistura dos dois tipos de leite, passa a chamar-se *kashkaval preslav*. É um queijo amarelo, de sabor picante e salgado, que matura durante seis meses. Pertence à família dos *pasta filata*. Seu nome vem provavelmente de *caciocavallo*, queijo italiano do mesmo tipo. É encontrado na Hungria, na Bulgária, na Macedônia e na Croácia com o mesmo nome. Na Romê-

nia, grafa-se *cascaval*. Ver **Caciocavallo** e **Pasta filata**.

Kasseri Queijo tradicional encontrado tanto na Grécia como na Turquia, feito com leite não pasteurizado de ovelha (80%) e de cabra (20%). De textura semelhante à do provolone, é picante, levemente salgado, tem odor pungente, massa branco-amarelada e casca branca. Deixa um gosto adocicado na boca e pertence ao grupo dos *pasta filata*. Para obter sua melhor textura e sabor, deve maturar por, no mínimo, quatro meses. Trata-se de um queijo sofisticado, preferido pelos conhecedores do assunto e excelente para gratinar. É chamado também *kaser* ou *kasar*. Na Turquia, é conhecido por ksara. Ver **Pasta filata** e **Provolone**.

Kassler Prato típico da cozinha germânica, trata-se de um corte de carne suína deixado em salmoura e, depois, defumado. É preparado com carré, pescoço, ombro ou barriga de porco. Antes de ser servido, deve passar por algum tipo de cozimento: pode ser grelhado, assado, frito ou guisado. Muito saboroso e perfumado, em geral é acompanhado de chucrute e batatas. Ver **Chucrute**.

Katsuobushi Flocos de peixe desidratado, de modo geral o bonito (da mesma família do atum), ingrediente básico da culinária japonesa. É vendido em embalagem a vácuo, pois se deteriora com muita facilidade. Deve apresentar coloração marrom-escura e brilhante. Pode ser usado como base para caldos de peixe ou como tempero de sopas e pratos cozidos. Ver **Bonito**.

Kava 1. (*Piper methysticum*) Planta nativa da Polinésia, chamada também *arva*, *yava*, *yaqona* ou ainda *malok*, dependendo da ilha. Tem propriedades sedativas, anestésicas e eufóricas. **2.** Bebida tradicional em toda a Polinésia, elaborada com as raízes da kava, que são lavadas, secas ao sol e depois transformadas em pó. Seu preparo é cerimonial, feito geralmente em uma roda de amigos, com música e conversa. O pó é envolto em um pano, mergulhado em água em tigela grande específica, e mexido até que o líquido se torne da cor de lama clara. A bebida é servida em uma concha feita com casca de coco, e os convivas batem palma antes e depois de tomarem cada dose. A kava não é alcoólica, mas depois de ingeridas algumas doses, entorpece a boca e a língua, além de ter efeito relaxante. É preparada também pelos maoris, na Nova Zelândia.

Kaymak Tipo de creme de leite espesso, cozido e pouco fermentado. O nome é turco, mas ele é encontrado em toda a região dos Bálcãs, no Oriente Médio e na Ásia Central. Semelhante ao *clotted cream* inglês, é consumido no pão, em torradas ou biscoitos, no café da manhã ou em refeições rápidas. O kaymak é cozido lentamente em fogo brando por várias horas, até que uma camada grossa, semissólida e rica de creme se forme na superfície. Depois, deve esfriar e repousar por alguns dias. O mais comum é ele ser preparado com leite de ovelha, mas podem ser usados também os de vaca, de cabra ou até de búfala. Um kaymak maduro é picante, bem espesso, tem cheiro de queijo e textura de manteiga; o não tão maduro é cremoso e delicado, de perfume bem suave. Seu teor de gordura chega a 60%. Ver **Clotted cream**.

Kebab Termo que nomeia, de maneira geral, na culinária do Oriente Médio, pratos de carne grelhada que comportam inúmeras variações. A palavra *kebab* é árabe e tornou-se mais difundida apenas a partir da importação do termo, durante o período do Império Otomano. Preparos assemelhados que têm por base a carne grelhada são comuns também na maioria das culinárias do Leste do Mediterrâneo e mesmo do Centro-Leste europeu. Uma das variações mais disseminadas hoje – o *shish kebab* – é feita de pequenos pedaços de carne (geralmente de carneiro) no espeto, grelhados sobre carvão em brasa. Antes de ser colocada no espeto, a carne já foi marinada. Preparo similar é o *shashlik* (do Cáucaso e do Centro-Leste Europeu), que aceita misturas de carne e verdura no mesmo espeto. No *döner kebap* (na Turquia) e no *gyro* (na Grécia), longas tiras de carne são enroladas em um espeto vertical, que é girado continuamente sobre carvão em brasa até cozer e dourar. A carne é retirada aos poucos e servida em fatias finas. Outra receita turca prevê o corte da carne em quadradinhos, que são grelhados em panela ou chapa e servidos sobre uma fatia de pão pita, com marinada de verduras e camada quente de iogurte. Há ainda os *tas kebab* (ou "kebab de combuca"), em forma de cozido, com molho. Embora a carne preferencial seja a de carneiro, são usadas também nos diversos preparos carnes bovina, de aves e até peixe. Ver **Gyro**, **Pita**, **Shashlik** e **Shish kebab**.

Kecap manis Molho indonésio grosso, marrom-escuro, semelhante a um xarope, cuja base é a soja fermentada. Tem sabor adocicado, mais complexo que o do molho de soja comum, é adoçado com açúcar de palmeira e temperado com diversos ingredientes, entre eles o alho e o anis-estrelado. É utilizado em marinadas ou como tempero de diversos pratos da culinária indonésia. Guardado em lugar frio e escuro, dura indefinidamente. Ver **Molho de soja**.

Kedgeree Prato originário da Índia que, no século XVIII, foi levado para a Inglaterra pelos ingleses, onde seu preparo foi ligeiramente modificado. Hoje é feito com peixe e arroz misturados, ligados com creme de leite e ovos. Na receita original (*kichari*), havia apenas arroz, grãos e legumes. Ver **Kichari**.

Keemun Chá chinês de folhas fermentadas, suave, fino, levemente aromático e adocicado. É considerado um chá de alta qualidade. Depois de pronto, apresenta cor marrom avermelhada clara. Ver **Chá**.

Kefir 1. Colônia de microrganismos simbióticos, formada por bactérias e leveduras cultivadas em leite ou água. Tem o aspecto de um aglomerado branco. Seu nome é grafado de diversas maneiras. Em turco, chama-se *keif*, que significa bem-estar. **2.** Bebida fermentada, probiótica, semelhante em textura e sabor ao iogurte, obtida pela submersão temporária de grãos de kefir em leite. Feito originalmente com leite de camela, o kefir chegou à Europa pelo Cáucaso. Hoje é preparado com leite de vaca.

Keftedes Nome grego de pequenas bolas de carne, similares à almôndega, muito populares na Grécia desde a Antiguidade, no Oriente Médio e nos Bálcãs. São elaboradas com carne moída, pão ralado, cebolas e ovos, e temperadas com ouzo ou suco de limão, salsinha, orégano ou hortelã. Em alguns casos, usa-se também o cominho. São fritas em óleo até ficarem douradas. Podem ser consumidas como petisco, acompanhadas de pão pita e de molho cremoso de iogurte e pepinos, como prato principal, servido com molho de tomates, ou ainda na sopa. Ver **Almôndegas**.

Kentucky ham Presunto norte-americano que leva cerca de um ano para ficar pronto, preparado com a carne de porcos Hampshire. Os animais são alimentados com bolotas, feijões e cravos. Próximo à época do abate, eles são confinados e alimentados somente com grãos. Depois de tratado com sal durante um mês, o presunto é defumado com fumaça de madeira de macieira e nogueira por outro mês. Em seguida, deve curtir por cerca de doze meses. É um presunto de alta qualidade, muito saboroso, de sabor levemente salgado e defumado. Ver **Bolota**.

Ketchup Molho das culinárias inglesa e norte-americana, hoje muito conhecido e usado em todo o mundo. Caracteriza-se pela durabilidade e pelo sabor agridoce concentrado, que predomina sobre os diversos temperos agregados. Das muitas versões já desenvolvidas, a mais conhecida é a de tomates, preparada com purê de tomates, vinagre e diversas especiarias. Na Inglaterra, há também o de cogumelos, feito com o suco de cogumelos deixados de molho em vinagre, acrescido de temperos. O ketchup é usado como tempero de carnes frias, salsichas, pratos de queijo e saladas. Grafado também *catsup* ou *catchup*, desenvolveu-se dos molhos de peixe fermentado do Sudeste Asiático e seu nome seria derivado do chinês *ketsiap* ou do malaio *kechap*. Pressupõe-se que os ingleses tenham descoberto o preparo na Indonésia, entre o final do século XVII e início do XVIII. A primeira receita conhecida em língua inglesa data de 1727 e inclui anchovas, echalotas, vinho branco, vinagre de vinho branco e especiarias como gengibre, cravo e noz-moscada. A receita foi alterada aos poucos e excluiu as anchovas e o processo de fermentação. Apenas no final do século XVIII, na Nova Inglaterra (Estados Unidos), foram acrescentados tomates; e no século seguinte, o vinagre e o açúcar ganharam importância na composição, aproximando-a da fórmula conhecida hoje.

Khachapuri Especialidade da Geórgia, semelhante a uma pizza ou a um calzone. É uma massa de pão fermentada cuja superfície é recoberta de duas ou três variedades de queijo. A base pode ter diversas formas: redonda, em formato de barco ou oval, simples ou rebuscada, mas as bordas são sempre mais grossas, para conter a mistura de queijos. É assada até a massa dourar e a cobertura derreter. Poucos minutos antes de ser retirada do forno, coloca-se um ovo sobre ela, o qual é mexido com um garfo, ainda semicru, quando a massa é levada para a mesa, a fim de misturá-lo levemente com os queijos derretidos e terminar seu cozimento. É servida quente ou em temperatura ambiente. O recheio e a forma variam, dependendo da região em que é feita. Ver **Calzone** e **Pizza**.

Khorasan (*Triticum turanicum* ou *Triticum turgidum* subsp. *turanicum*) Espécie ou subespécie ancestral de trigo, provavelmente resultado de hibridização natural, tem espiga de duas a três vezes maior que a do trigo comum e maior teor de proteína. É originária da região de mesmo nome, no nordeste do atual Irã. Plantada em Montana (Estados Unidos), no final dos anos 1940, de exemplares levados do Egito, caiu novamente na obscuridade até voltar a ser cultivada no local em 1977 e ter divulgação internacional. É também conhecida por trigo kamut, marca registrada pela empresa homônima responsável por sua difusão. Ver **Trigo**.

Kibbeh Ver **Quibe**.

Kichari Preparo indiano muito suave e delicado, cujos ingredientes podem variar muito. A base do kichari é o arroz, cozido com algum grão (como feijões e lentilhas) e legumes. Pouco temperado, não contém as misturas tradicionais de masala. De acordo com a medicina ayurvédica, é um prato completo e equilibrado. Foi adotado pelos ingleses no período colonial e levado para a Europa sob o nome de kedgeree, com modificações na receita. Ver **Kedgeree** e **Masala**.

Kielbasa Denominação genérica de linguiça na Polônia, a especialidade do país. A elaboração varia de região para região, tanto na carne (de porco, de boi, de ave, sangue) e temperos usados (alcaravia, pimenta, alho, cebolas, manjerona, entre outros) como no formato (mais longo, mais curto, mais grosso, mais fino), ou ainda na finalização (defumada ou não, cozida ou não). Apenas a *kielbasa lisiecka*, preparada na província de Malopolskie, sul do país, tem selo de certificação de origem e segue um padrão de produção. Em geral, as linguiças de cada tipo ou de cada localidade tem o respectivo nome próprio. São servidas puras, como aperitivo, ou como parte de um prato, dentro de uma refeição. Ver **Linguiça**.

Kimchi Também grafado *kimchee*, é um prato de acompanhamento utilizado no dia a dia da culinária coreana. Prepara-se com vegetais fermentados – como nabos e repolhos, entre muitos outros –, que foram avinagrados antes de serem estocados em potes herméticos, em ambientes frios e sem luz. Depois de alguns meses, estão prontos e duram indefinidamente. Antes eram colocados em potes de cerâmica vidrada e enterrados no solo nos meses de inverno, hoje existem refrigeradores especiais para o período de estocagem.

King, à la Expressão que designa qualquer tipo de ave (principalmente frango), carne, ovos ou peixe servido com molho bechamel, cogumelos salteados, pimentões picados e, às vezes, temperado com xerez. Ver **Bechamel**, **Champignon de Paris** e **Xerez**.

King crab (*Paralithodes camtschaticus*; *Paralithodes platypus*; *Lithodes aequispinus*; *Paralithodes brevipes*) Caranguejo gigante encontrado no nordeste do Oceano Pacífico e no Mar de Bering. Ele pode chegar a medir 3 m, de uma ponta a outra de suas garras, e pesar até 7 kg. Tem três pares de pernas para locomoção e duas garras. O conhecido por *Red* (vermelho) é da espécie *Paralithodes camtschaticus*. Sua carne deliciosa é muito branca, cortada por veios vermelhos brilhantes. Pode ser preparado de inúmeras maneiras, mas a melhor alternativa para alcançar seu sabor inigualável é simplesmente cozê-lo em água salgada e servi-lo com molho de manteiga. Caranguejos gigantes de outras espécies também são comercializados como king crab, e os mais conhecidos são: *Blue* (azul – *P. platypus*), *Golden* (dourado – *Lithodes aequispinus*) e *Hanasaki* (*P. brevipes*). Ver **Centolla**.

Kinkan (*Fortunella margarita*; *Fortunella japonica*) Nome japonês de uma fruta semelhante a uma pequena laranja, proveniente de árvore ornamental de origem asiática. No Brasil, chama-se kinkan, laranja-kinkan ou laranja-jabuticaba; nos países de língua inglesa, é mais conhecida pelo seu nome chinês, *kumquat*. Há várias espécies pertencentes a um mesmo gênero e a mais comum é a *Fortunella margarita*, que fornece a variedade Nagami, de formato oval. As kinkans são amarelo-alaranjadas, têm cerca de 2,5 cm de diâmetro, casca espessa, polpa mais ou menos

ácida e sabor delicado. Podem ser consumidas ao natural, como doce ou conserva.

Kinome (*Zanthoxylum piperitum*) Folha nova, fresca e aromática de uma pequena árvore conhecida por pimenta-do-japão, muito usada na cozinha japonesa para guarnecer pratos. É levemente picante e tem sabor e perfume cítricos.

Kipfel Pequeno pão austríaco em forma de meia-lua e, por isso, chamado também crescente austríaco. Tradicional nas festividades natalinas, é preparado com farinha de trigo, açúcar de confeiteiro, amêndoas moídas, extrato de baunilha, extrato de amêndoas, ovos, *sour cream* e manteiga. Depois de preparada, a massa descansa na geladeira. O pãozinho é, então, enrolado, formatado em meia-lua e assado no forno. Ainda quente, é salpicado com açúcar de baunilha e, quando já está frio, é novamente envolvido no mesmo açúcar. Seu registro mais antigo data do século XIII, quando ainda grafava-se *chipfen*.

Kir Coquetel clássico elaborado com creme de cassis e vinho branco, tradicionalmente da Borgonha. Foi batizado pelo herói de guerra e cônego francês Félix Kir, ex-prefeito de Dijon (França), onde é fabricado o mais tradicional creme de cassis. Também é conhecido por *blanc-cassis*. Ver **Creme de cassis**.

Kir Royal Coquetel clássico composto de creme de cassis e champanhe. Servido em taça flute, é o primo efervescente do Kir.

Kirsch Famosa aguardente produzida na França (regiões da Alsácia e do Franche-Comté), na Suíça (fronteira com a França) e na Alemanha (Floresta Negra). É feita de cerejas com caroço postas para fermentar e depois destiladas. São necessários 30 kg de fruta para produzir um litro de bebida. Além de ser bebida como digestivo após as refeições, serve também como ingrediente para doces, sobremesas e flambados.

Kislav Aguardente russa preparada com suco de melancia fermentado.

Kissel Doce muito popular na Polônia, Ucrânia, Rússia, Lituânia e Belarus, semelhante ao rødgrød dinamarquês. É feito com suco de groselha, cerejas negras e outras frutas vermelhas, engrossado com araruta ou amido de milho ou de batatas. Com a textura de um creme, pode ser servido quente ou gelado, acompanhado de molho cremoso, pudim de semolina ou queijo quark, como sobremesa. Ver **Quark**, **Rødgrød med fløde** e **Sêmola e semolina**.

Kisses Pequenos merengues de diversas formas e sabores, muito populares nos Estados Unidos. Os *aunt rosa's kisses*, feitos de tâmaras e noz-pecã, e os *creole kisses*, aromatizados com açúcar mascavo, são duas dessas variedades. Em formato de meia esfera, podem conter ainda pedacinhos de nozes, cerejas ou coco. Sua textura é leve e puxa-puxa. Ver **Merengue**.

Kiss me quick Docinho pastoso à base de gemas, muito em moda no Rio de Janeiro nas décadas de 1930 a 1960. Era feito com calda de açúcar, à qual eram incorporadas manteiga e gemas já peneiradas. A mistura era engrossada no fogo e, depois de fria, moldada em bolinhas, envoltas em açúcar de confeiteiro e servidas em forminhas. Era o ponto alto nos chás da tarde e aniversários. Em certo momento, passou a ser conhecido apenas por *kiss me*; hoje em dia não é mais encontrado nos livros de receita brasileiros. Na cidade

portuguesa de Tomar, há um doce tradicional muito semelhante denominado beija-me depressa.

Kiwi (*Actinidia deliciosa*; *Actinidia chinensis*) Fruta originária da China e levada à Nova Zelândia, de onde recebeu seu nome em razão da ave nacional e espalhou-se pelo mundo. Tem casca peluda, de cor marrom-esverdeada, e formato redondo, cilíndrico ou ovalado. Sua polpa é suculenta, perfumada e pontilhada por pequenas sementes pretas comestíveis. As de polpa verde-clara e amarelo-dourada são as variedades mais encontradas no Brasil. O kiwi é utilizado ao natural, para acompanhar pratos doces e salgados, e no preparo de licor.

Klösse Ver **Knödel**.

Knackwurst Salsicha cozida tipicamente alemã, com 50% de carne de porco, 30% de carne de boi e 20% de gordura de porco, todas bem moídas e temperadas com alho, salsa e cominho. Tem cor rosada em razão do salitre e sua pele estala quando mordida, por isso foi assim denominada (*knack* = estalar, quebrar; *wurst* = salsicha).

Kneidel 1. Bolinho cozido feito com *matze-meil* (farinha de matzá) e ovos. Da culinária judaica, é servido com sopa, principalmente nos dias de Pessach, quando comemora-se a saída dos judeus do Egito. Ver **Matzá**. **2.** Bolinho de massa de semolina trazido para a culinária do Sul do Brasil pelos imigrantes poloneses. É cozido no vapor e acompanha carnes e aves. Grafa-se também knedel.

Knödel Bolinho recheado de massa leve, muito apreciado na Áustria e na Alemanha, além de ser bastante comum em outras cozinhas do centro e do leste da Europa. É feito com farinha de trigo, pão picado, batata ou semolina, além de ovo, leite e manteiga, e depois recheado ou não. Cozido em água, é acompanhamento para pratos com molho ou ensopados. Denomina-se também *klösse*.

Kobati Xícara japonesa usada para beber chá. Pode ser utilizada tanto para o chá-verde como para o chá tradicional.

Kobe beef Ver **Carne de Kobe**.

Kochujang Molho pastoso coreano feito com soja fermentada, arroz, pimenta vermelha seca, alho e outros temperos. É ingrediente fundamental de muitos pratos das cozinhas coreana e chinesa, usado para aromatizar e temperar. Pode-se grafar também *gochujang*.

Kolacky Típico da Polônia e da República Tcheca, é um biscoitinho doce recheado com geleia, nozes, sementes de papoula ou pasta de frutas. A massa é feita de cream cheese, manteiga e farinha e, depois de recheada, é polvilhada com açúcar de confeiteiro. Em geral, tem a forma de um pequeno quadrado chato, com duas pontas unidas no centro envolvendo o recheio. O kolacky é bastante encontrado também nos Estados Unidos, nas regiões em que há concentração de imigrantes dos dois países. Seu nome também pode ser grafado kolachky, kolaczki, kolache ou kolace.

Koldtbord Bufê frio completo típico da Noruega, rico em alimentos. Os comensais devem seguir à risca uma regra ao se servirem: não misturar no mesmo prato carnes com peixes ou frutos do mar. É similar ao *smörgasbord* sueco. Ver **Smörgasbord**.

Kombu (*Laminaria japonica*) Alga marinha japonesa própria para o preparo de caldos, marinados e cozidos. É de qualidade quando está brilhante, preta ou avermelhada, e sua superfície é recoberta de pó branco. Não deve ser lavada, basta passar um pano para remover a areia. Depois de retiradas do mar e limpas, colocam-se as algas para secar ao sol e, então, elas são formatadas em folhas. Duram indefinidamente se guardadas em pacotes lacrados e até seis meses se estes forem abertos, mas guardados em local seco. É também chamada *dashima*. Noventa por cento dessas algas japonesas são cultivadas na ilha de Hokkaido ou no Mar Interior de Seto.

Kome Nome do arroz cru em japonês.

Konnyaku Bolo translúcido e gelatinoso feito com o amido da raiz de uma planta japonesa chamada *konnyaku-imo* (*Amorphophallus konjac*), ou "língua do diabo", semelhante à raiz de inhame. É comprado pronto e deve ser cozido antes da utilização, para eliminar o gosto amargo decorrente do processo de industrialização. Tem baixo teor calórico e pouco valor nutritivo. Existem dois tipos: *shiru-konnyaku*, versão refinada, branco-perolada, e *kuro-konnyaku*, não refinado, com pontinhos negros.

Koresht Palavra da língua persa que significa ensopado. A culinária iraniana apresenta inúmeros desses pratos, com características diversas. De modo geral, incluem grãos (como grão-de-bico ou ervilha amarela partida) e outros vegetais (como berinjela, tomate, batata, abobrinha e cebola), ervas aromáticas (salsa, coentro, hortelã) e temperos (como suco de lima ou lima seca, açafrão, cominho, cúrcuma, canela e semente de coentro). Podem ou não conter carnes (especialmente de carneiro, bovina ou de galinha) e frutas secas.

Korma Prato encontrado no norte da Índia, em Bangladesh e no Paquistão. Trata-se de um cozido de carne de carneiro muito temperado com especiarias, semelhante ao ragu, mas quase sem molho, que contém iogurte ou natas. Grafa-se também qoorma, qorma, kurma, khorma e kormaa. Há uma versão vegetariana, o *navratan korma*, preparado com vegetais e queijo paneer em vez de carne. Ver **Ragu** e **Paneer**.

Kornbrand Destilado de cereais fermentados, elaborado na Alemanha. Tem o centeio como base e é muito semelhante ao *rye whisky* europeu. São também permitidos o trigo, a cevada, o trigo-sarraceno ou a aveia, estes três últimos de uso mais raro. Uma de suas características é a ausência de cor. É muito consumido puro em shots, mas também bastante usado em coquetéis.

Kosher Alimento tratado/preparado de acordo com os preceitos da religião judaica, que se referem não só ao tipo de comida como também à maneira de preparo e à combinação entre os diversos alimentos da refeição. Para seguir estritamente as normas e receber o selo Kosher, os alimentos precisam ser preparados sob a supervisão de um rabino. Além de existirem restrições quanto a muitos tipos de animais (porcos e coelhos, por exemplo, são considerados não Kosher), as leis também definem a ração e o abate. No caso da carne, ela deve ser vendida e consumida antes de se completarem 48 horas do abate. A palavra "kosher" deriva de kasher, cujo significado em hebraico é próprio ou puro. Por suas características e qualidade,

a comida Kosher torna-se cada vez mais popular entre não judeus interessados em boa alimentação.

Kouglof Pão de origem centro-europeia encontrado na Alemanha, Áustria, Polônia e muito característico, hoje em dia, na Alsácia (França). É feito com fermento, leite, farinha de trigo, ovos, açúcar, uvas-passas, rum, amêndoas e manteiga. É preparado em fôrma especial, semelhante a uma grande coroa, alta e redonda, vazada no centro, de exterior trabalhado e feita tradicionalmente em terracota. A textura do kouglof assemelha-se à de um brioche. Há inúmeras histórias para explicar o seu enorme sucesso: alguns dizem que se tornou popular por ser muito apreciado por Maria Antonieta; outros, porque foi bastante divulgado em Paris por Carême, famoso chef francês. Por tradição, é elaborado na noite de sábado para ser consumido no café da manhã de domingo, pois diz-se que a massa fica melhor de um dia para o outro. Também é grafado kougelhopf, kugelhopf e gugelhupf. Ver **Carême, Marie Antoine (Antonin)**.

Koulibiak ou koulibiac Ver **Coulibiac**.

Koumiss Bebida alcoólica característica do povo tártaro da Sibéria, produzida com o leite fermentado de jumenta, o qual às vezes pode ser substituído pelo de égua ou de camela. É chamada *airag* na Mongólia. Sua origem é pré-cristã e já era mencionada pelo grego Xenofontes e o romano Plínio. Marco Polo também elogiou a bebida e, inclusive, afirmou tratar-se de uma das preferidas de Genghis Khan, que mantinha dez mil muares brancos em seus estábulos para prepará-la. Hoje é difícil de ser encontrada fora das regiões do Uzbequistão, do Bascortostão e do Quirguistão, a leste do Rio Volga.

Kourabiedes Pequenos biscoitinhos gregos que derretem na boca, servidos em festividades como batizados, casamentos e outras celebrações. São amanteigados e seu ingrediente principal são as amêndoas. Temperados com açúcar e baunilha, depois de prontos são envolvidos em açúcar de confeiteiro. Com diversas formas, os preparados para o Natal são tradicionalmente enfeitados com um cravo, para simbolizar as especiarias trazidas pelos reis magos.

Kreplach Massa de origem judaica à base de farinha de trigo, água e ovos, recheada com carne moída ou batatas amassadas e cozida em água quente, antes de ser servida em caldo de galinha ou sopa. É similar ao ravióli italiano e pode ser servido frito, como um petisco. Ver **Ravióli**.

Krill (Ordem *Euphausiacea*) Nome de um conjunto de pequenos animais invertebrados, semelhantes ao camarão, com mais ou menos 3 cm de comprimento. Habitam em todos os mares, a cerca de 200 m de profundidade, e alimentam-se de fitoplâncton e zooplâncton. São base da cadeia alimentar e parte da dieta da maioria dos animais maiores, como lulas, focas, peixes, pinguins e baleias. Sua pesca comercial é feita no Japão, onde é usado na alimentação humana, assim como na Rússia, e denomina-se *okiami*. Em todos os outros países, são utilizados apenas para a alimentação de peixes ou na indústria farmacêutica.

Kromeski Preparo polonês feito com carne de frango, caça ou vitela, moída e misturada a farinha de rosca, ovos e temperos, moldada em forma arredondada e envolta em fatias finas de bacon. É, então, mergulhada em massa fina de empanar e frita em óleo quente. O kromeski pode ser servido como prato principal ou aperiti-

vo, caso em que é acompanhado de maionese temperada.

Kuchen Pão ou bolo alemão de massa fermentada, alto, recheado de frutas ou de queijo, servido geralmente no desjejum. Hoje em dia, é bastante difundido em toda a Europa. Deu origem às nossas cucas, tradicionais no Rio Grande do Sul, por causa dos imigrantes alemães. Ver **Cuca**.

Kugel Pudim salgado feito com batatas ou macarrão, e às vezes legumes, preparado tradicionalmente no Sabá judaico. Os ingredientes são ligados com ovos batidos, *sour cream* e queijo cremoso. Assado no forno, é servido como prato de acompanhamento. Existe também uma versão doce, com macarrão, ricota, passas ou outra fruta seca e especiarias.

Kugelhopf Ver **Kouglof**.

Kukicha Chá japonês de alta qualidade, em cujo preparo são utilizadas, além das folhas, suas hastes e nervuras. Fresco, leve e aromático, tem cor amarela, suave. Suas folhas não são fermentadas. É também muito saboroso frio. Ver **Chá**.

Kulich Pão da confeitaria russa e ucraniana muito semelhante ao panetone, em geral recoberto com glacê e enfeitado com bolinhas coloridas. A massa contém passas e podem ser usados como aromatizantes o cardamomo, a noz-moscada e a baunilha. É assado em fôrma alta e cilíndrica, e suas fatias são cortadas na horizontal quando servido; o topo é preservado até o final do bolo e recolocado sobre o pedaço ainda não comido, até que ele termine. É preparado, tradicionalmente, para o jantar da Páscoa da Igreja Cristã Ortodoxa e servido com o prato pashka. Ver **Panetone**.

Kümmel 1. Palavra em alemão para alcaravia. Ver **Alcaravia**. **2.** Fino licor originário dos Países Baixos, feito de alcaravia, erva-doce e álcool de cereais. Doce e perfeitamente incolor, sua fórmula foi desenvolvida no século XVI pelo famoso destilador Lucas Bols. O kümmel deve ser servido *on the rocks* (com pedras de gelo). Seu uso na culinária é bem limitado, pois tem sabor muito forte. Entretanto, nos países de língua inglesa, o licor é colocado no tradicional bolo de sementes de alcaravia. Quando o açúcar cristaliza na garrafa, recebe o nome de kümmel de cristal.

Kumquat Ver **Kinkan**.

Kumys Ver **Koumiss**.

Kutia Doce de origem ucraniana, encontrado também na Rússia e na Polônia. É feito tradicionalmente com grãos de trigo cozido, passas umedecidas em rum, nozes picadas, sementes de papoula, canela e mel. É acompanhado de creme de leite. Pode ser consumido morno ou frio, mas sugere-se que seja preparado com antecedência para melhor desenvolver o sabor. Foi trazido para o Brasil pelos imigrantes. Na Europa, é servido no dia de Natal. No Paraná, na colônia ucraniana, é também consumido no Natal, ou como sobremesa em qualquer época. Grafa-se também *kutya*.

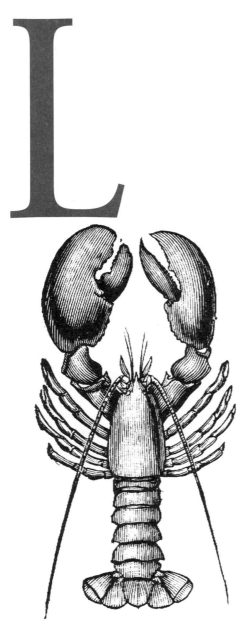

Lában Ver **Coalhada**.

Labskaus Prato encontrado principalmente nas cidades de Hamburgo, Bremen e Lübeck, especialidade do norte da Alemanha. Prepara-se com carne moída, carne salgada picada ou, ainda, corned beef, batatas cozidas e cebolas, temperados com noz-moscada, pimenta-do-reino e refogados em gordura. É servido, em geral, com ovo cozido ou estrelado e conserva de beterraba, de pepino e de arenque. Prato semelhante é também encontrado na Escandinávia. Na Suécia (onde chama-se *lapskojs*) e na Noruega (*lapskaus*), entretanto, seu preparo é mais parecido ao de um cozido de carne, batatas e outros vegetais, com caldo, nos quais não há conservas.

Lacryma Christi Vinho italiano da Campânia, seco e aveludado, elaborado com uvas cultivadas nas encostas do Vesúvio. O branco é produzido em grande parte com uvas *Caprettone* ou *Coda di Volpe*; o rosé e o tinto, com uvas *Piedirosso*.

Lactose Açúcar natural do leite, encontrado também em seus derivados. Formada por dois açúcares simples, a glicose e a galactose, a lactose é muito utilizada na indústria de alimentos. A digestão da lactose é feita graças à produção da enzima lactase no revestimento interno do intestino humano. A deficiência dessa produção ocasiona a intolerância à lactose.

Lady Baltimore cake Bolo de massa fofa, em três camadas, recheado com passas e nozes, e recoberto de merengue branco. Foi registrado pela primeira vez pelo escritor norte-americano Owen Wister, em seu romance *Lady Baltimore*, de 1906. Em uma passagem famosa, ele louva as características do bolo, qualificando-o como delicioso. Mas há dúvidas sobre a autoria da receita e como o escritor teria conhecido o doce. Algumas fontes sustentam que este teria sido criado no final do século XIX por Florence e Nina Ottelengui, responsáveis pelo Lady Baltimore Tea Room, na cidade de Charleston, na Carolina do Sul. Outra versão afirma que o bolo, de receita local, mas sem nome, teria sido oferecido ao escritor por uma jovem da sociedade da cidade de Charleston, Alicia Rhett Mayberry, que serviu de inspiração para a personagem título do romance.

Ladyfingers Biscoito de massa leve e delicada, com a forma de um grosso dedo. Tradicional acompanhamento de sorvetes, pudins e outras sobremesas, é utilizado também como ingrediente para o preparo de diversos doces, como a charlote, sobremesa inglesa elaborada com biscoitos e camadas de recheio, servida gelada. No Brasil, denomina-se biscoito champanhe. Ver **Charlote**.

Lagarto Peça de carne bovina de primeira qualidade, retirada da coxa da rês, entre a chã de dentro e a chã de fora. Esse é o nome usado na região Sudeste do Brasil; no Norte e no Nordeste, chama-se paulista; no Sul, tatu. Carne magra e de fibras longas, é própria para assados, rosbife de panela e, cru em fatias finas, para carpaccio. Ver **Carpaccio**.

Lagosta (Famílias *Homaridae*; *Palinuridae*; *Scyllaridae*; *Polychelidae*) Nome dado a inúmeras espécies de crustáceos decápodes marinhos, de várias famílias. Houve tempo em que eram encontradas com tanta facilidade que serviam de isca em pescarias. Pesam em torno de 800 g, mas podem, entretanto, chegar a 1,5 kg. Sua carapaça é esverdeada-escura quando crua e torna-se vermelha-brilhante depois de cozida. Tem grandes garras e cinco pares de pernas. Sua carne branca, levemente rosada, apresenta sabor delicado. Lagostas muito grandes ou com cracas na carapaça devem ser evitadas. A fêmea vem com um prêmio, o coral (as ovas), usado para dar sabor e cor à manteiga de lagosta ou a molhos, já o macho tem uma carne deliciosa e firme.

Lagosta à Thermidor Prato clássico da culinária francesa (em francês, *langouste Thermidor*), com inúmeras versões conflitantes sobre sua autoria. Uma delas situa a criação do prato em 1894, no restaurante Maire, no Boulevard St. Denis, em Paris. Seria uma homenagem à peça teatral Thermidor, de Victorien Sardou. Outra apresenta como autor o chef Antoine Girod, do Café de Paris, e localiza a criação no período em que ele ali trabalhou (entre 1897 e 1923). A receita varia, mas a base é sempre a carne de lagosta cortada em cubos, misturada a uma redução de molho bercy temperado com mostarda. Ela pode, então, ser recoberta com molho cremoso, em geral o mornay, ou simplesmente com queijo, antes de ser levada ao forno para gratinar dentro da carapaça aberta na longitudinal. Ver **Bercy** e **Mornay**.

Lagostim (Famílias *Astacidae*; *Parastacidae*; *Austroastracidae*) Nome de pequenos crustáceos do tamanho de um camarão grande, porém mais semelhantes a uma lagosta, pertencentes a diversas famílias. O lagostim tem duas pinças compridas e carapaça marrom-avermelhada. Sua carne tem sabor muito delicado e está praticamente toda na cauda. Em francês, é chamado *langoustine* ou *écrevisses*; em inglês, *crawfish*. É muito usado na culinária francesa, na Nova Zelândia, na Escandinávia e na cozinha da Louisiana (Estados Unidos).

Lahen michwi Espetinhos da culinária do norte da África e do Oriente Médio, feitos de cubos de carne de carneiro ou de filé-mignon, alternados com pedaços de pimentão, cebola e tomate, temperados com suco de limão, sal, pimenta síria e azeite. Depois de grelhados em churrasqueira, são servidos com mujadarah (arroz com lentilhas) e fatuche (salada de pão sírio). Ver **Fatuche** e **Mujadarah**.

Lait de poule Bebida francesa revigorante (cordial), feita de gema batida com leite e rum ou aguardente, adoçada e temperada com canela, noz-moscada e outras especiarias. Engrossada no fogo, depois de temperada deve esfriar para, então, ser bebida. *Lait de poule* significa "leite de galinha". Trata-se de uma receita similar ao eggnog inglês. Ver **Cordial** e **Eggnog**.

Lamb Cordeiro, em inglês. Ver **Carne de carneiro**.

Lambreta (*Phacoides pectinatus*) Na Bahia, é o nome de um tipo de molusco da família dos lucinídeos, bastante parecido com as amêijoas. Trata-se de um animal bivalve, pequeno e de concha com pontas arredondadas, muito comum em toda a região Nordeste. Utiliza-se em ensopados e moquecas, como tira-gosto ou cozido com arroz, e é bastante apreciado como aperitivo nos mercados populares de Salvador. No Sul e no Sudeste, é conhecido por sernambi. Ver **Amêijoa**.

Lambrusco Vinho tinto espumante italiano da região da Emilia-Romagna, de grande aceitação também fora da Itália a partir dos anos 1980. Produzido com a uva de mesmo nome, apesar de ser tradicionalmente seco, a versão doce foi a que mais agradou o mercado externo. Seu processo de elaboração antigo seguia um método semelhante ao do champanhe, embora os resíduos da segunda fermentação não fossem retirados da garrafa. Hoje, emprega-se a segunda fermentação em cubas fechadas, com engarrafamento posterior.

Lámen 1. Macarrão asiático de tipo longo, de origem chinesa, feito de farinha de trigo, com ou sem ovos. Suas tiras são redondas e a cor pode ser branca ou amarela. É vendido fresco ou seco. **2.** Prato japonês de macarrão lámen (*ramen*) com pequenos pedaços de carne de porco e vegetais (como cebolinha e broto de bambu) mergulhados em caldo fervente, condimentado com molho de soja, mirin, dashi e outros temperos. É de origem chinesa e passou a ser feito no Japão somente no início do século XX. Hoje em dia, existem inúmeros restaurantes especializados em lámen, tanto no Japão como no Brasil. Ver **Dashi**.

Lampreia (*Petromyzon marinus*) Peixe do mar semelhante a uma enguia, que, como o salmão, desova em alguns rios. Costuma fixar-se em troncos, pedras ou qualquer outra coisa debaixo d'água, inclusive outro peixe. Pode ser preparada cozida, assada ou como torta. Na Idade Média, na Europa, considerava-se a lampreia iguaria ímpar e esta era muito procurada nos rios, no início de cada ano. Era costume na cidade de Gloucester (Inglaterra) preparar uma torta desse peixe todo ano para presentear o monarca reinante. Conta-se que, no século XII, uma indigestão com lampreias matou Henry I. Isso pode ter ocorrido porque a carne do animal, embora suave e delicada, não é facilmente digerível. Hoje em dia, elas ainda são muito apreciadas na França e em algumas regiões da Europa Oriental.

Lanark blue Queijo escocês artesanal e sazonal feito de leite de ovelha pela

Errington Cheese, cuja receita é muito semelhante à do roquefort. Trata-se de um queijo cilíndrico, de sabor levemente adocicado, com veios verde-azulados espalhados pela massa. De textura cremosa e casca natural, é amarelado e tem aroma forte. É moldado à mão e amadurece durante três meses.

Lancashire Queijo inglês branco e duro, com textura esfarelenta e sabor bastante suave. É semelhante ao cheshire e ao caerphilly. Feito com leite de vaca sem pasteurização, antes era tradicionalmente produzido em fazendas inglesas, hoje em dia é também fabricado por laticínios comerciais. O processo de fabricação do autêntico lancashire era longo e trabalhoso. Misturava-se o leite da manhã ao da tarde, colocava-se para coalhar e, em seguida, os coágulos eram partidos à mão, prensados e cortados diversas vezes. Depois, eram acrescentados à coalhada do dia anterior, salgados e moídos, e transferidos para as fôrmas, para então maturar. Ao alcançarem o ponto de amadurecimento adequado, hoje os queijos são encerados para evitar a perda de umidade, o que torna sua textura mais úmida, esfarelenta, e seu sabor levemente ácido. Quando mais maduro, é o acompanhamento indicado para bolos de frutas. É também encontrado sob o nome de New Lancashire. Ver **Caerphylli** e **Cheshire**.

Lancashire hot-pot Ver **Hot-pot**.

Lanche Ver **Merenda**.

Langouste Lagosta, em francês. Ver **Lagosta**.

Langoustine Lagostim, em francês. Ver **Lagostim**.

Langres Queijo fabricado no platô de Langres, na região de Champagne-Ardenne (França), com denominação de origem controlada desde 1919. Tem massa de cor creme macia, mas quebradiça, sabor levemente salgado, além de aroma forte e condimentado. Seu formato é similar ao de um pequeno cone com uma concavidade na superfície superior. É lavado com salmoura e amadurece em cinco meses, despertando sabor rico. O langres tem casca alaranjada, recoberta com áreas de *Penicillium candidum* branco, e pesa cerca de 180 g. Ver **Appellation d'Origine Contrôlée (AOC)**.

Langue de chat Expressão em francês usada para nomear um biscoito. Ver **Língua de gato**.

Láparo Filhote macho de lebre, muito apreciado por sua carne particularmente tenra. Ver **Lebre**.

Lap cheong Nome genérico, em cantonês, de inúmeros tipos de linguiça chinesa elaboradas com carne de porco e boa quantidade de gordura. Bastante temperadas, são defumadas, secas, de carne rija e têm sabor levemente adocicado.

Lapin Coelho, em francês. Ver **Coelho**.

Lapsang Souchong Chá-preto da província chinesa de Fukian, com perfume defumado característico.

Laranja (*Citrus sinensis*; *Citrus aurantium*) Uma das frutas cítricas mais comuns, da família das rutáceas. Originária da Ásia, difundiu-se e hoje é cultivada no mundo todo. Seu nome vem do sânscrito *naranga*, por meio do persa *narrang* e do árabe *naranja*. O registro mais antigo da laranja é chinês e remonta ao século II a.C. Foi trazida para o Brasil no século XVI e aqui são conhecidas principalmente duas espécies: a laranja-doce (*Citrus sinensis*) e a laranja-amarga ou laranja-da-terra (*Citrus aurantium*). Existem inúmeras variedades e cultivares, com maior ou menor teor de açúcar e acidez, próprias para sucos, para comer ao natural ou para doces e conservas.

Laranjinha Aguardente de cana-de-açúcar feita em Pernambuco, cuja característica principal é ser aromatizada com casca de laranja.

Lardeadeira Instrumento utilizado na técnica de lardear, próprio para perfurar carnes. É uma agulha longa, de aço inoxidável, pontuda em uma extremidade e com um dispositivo, na parte de trás, para prender o lardo a ser usado. Ver **Lardear**.

Lardear Técnica culinária usada, de modo geral, em grandes peças de carne antes do cozimento. Consiste em introduzir tiras de toucinho temperado ou defumado (lardo), para que elas não ressequem na cozedura. O termo é usado também quando são introduzidas tiras de cenoura, de pimentão, de presunto ou de outro alimento, de modo a recheá-las e acrescentar-lhes mais sabor. Utiliza-se uma agulha grande e longa, específica para o processo, chamada lardeadeira, ou uma faca de lâmina fina. As peças próprias para o preparo são o lagarto redondo, a alcatra, o coxão duro e o lombo de porco, que, depois de recheados, são cozidos em panela ou assados no forno. Em carnes mais secas, o lardo pode ser colocado em volta delas, método conhecido por bardear. Ver **Bardear**.

Lardo Gordura branca do porco encontrada logo abaixo da pele. Conhecido também por toucinho, pode ter mais ou menos camadas de carne entremeada. Antes de ser empregado, pode ser temperado com sal e ervas ou ser defumado, mas é usado também ao natural. É cortado em forma de bastões ou de tiras para rechear ou envolver carnes, em especial peças que demandem cozimento prolongado, a fim de não as ressecar. Na Inglaterra, o lardo é usado também na elaboração de pães, massas e tortas, depois de derretido e clarificado. Ver **Bardear** e **Lardear**.

Laruns Queijo de ovelhas produzido em Laruns, na região sudoeste dos Pirineus franceses. Antigamente, os fazendeiros da região o produziam apenas com leite de ovelha. Hoje em dia, entretanto, há também versões com leite de cabra ou de vaca. É semicozido e prensado e tem a forma de um pão chato de 30 cm de diâmetro com 9 cm de altura, além de pesar mais ou menos 5,5 kg. Seu período de cura é de dois a seis meses, quando fica em porões úmidos. Tem uma crosta fina, amarelo-clara, sabor suave similar ao de frutas secas quando jovem. Queijos mais velhos passam a ter sabor mais ácido e tornam-se duros e esfarelentos.

Lasanha Tipo de massa alimentícia salgada, de origem italiana, com formato de folhas ou tiras largas usadas para montar pratos em camadas. As massas são intercaladas com presunto, queijo ou outros ingredientes e molho. Depois de polvilhada com queijo ralado, a lasanha é gratinada no forno. A massa pode ser preparada em casa ou comprada pronta; é comercializada fresca ou seca. Feita com farinha de trigo branca ou com farinha integral, ao adicionar alguns legumes ou verduras, obtém-se uma massa colorida.

Lassi Iogurte gelado diluído com um pouco de leite, água ou gelo, muito popular na Índia. É uma bebida fresca e saudável, e sua consistência varia com a quantidade de líquido misturada ao creme. O lassi mais grosso é feito com quatro partes de iogurte para uma de leite ou de gelo picado. Pode ser temperado com uma infinidade de ingredientes: hortelã, açúcar, suco de frutas, pimenta-do-reino, pimenta *Capsicum*, cardamomo, açafrão, gengibre ou cominho em pó, entre outros. Os temperos escolhidos são misturados e processados com o iogurte, até obter uma mistura leve e saborosa. Em geral, é bebido fora das refeições.

Latipá Comida baiana feita com folhas de mostarda fervidas e temperadas com camarões defumados, cebola, sal e pimenta-malagueta seca e, em seguida, salteadas no azeite de dendê. Conhecida também por amori, é muito usada como acompanhamento de peixes ou de comidas brancas não temperadas, como o acaçá, as bolas de inhame ou o arroz. Ver **Acaçá**.

Latke Espécie de panqueca da cozinha judaica, tradicional no Chanuca, feita com batatas raladas misturadas com ovos, cebolas, farinha de trigo ou matzá (pão judaico não levedado), de acordo com a ocasião, e temperos. É frita e servida como prato de acompanhamento. Ver **Matzá**.

Lavagante (*Homarus gammarus*; *Nephrops norvegicus*; *Homarus americanus*) Crustáceo decápode conhecido também por lagosta verdadeira, embora seja de família diferente. É menor que outras lagostas, tem garras nos primeiros três pares de pernas, mas as do primeiro par são maiores, além de casca com menos protuberâncias. Há três espécies com valor comercial: a europeia (*Homarus gammarus*), a norueguesa (*Nephrops norvegicus*) e a americana (*Homarus americanus*). Sua carne é branca, firme e de sabor mais intenso que a da lagosta. São muito apreciadas as carnes das pinças e da cauda, esta levemente adocicada. Ver **Lagosta**.

Lavanda Água morna aromatizada com rodelas de limão, oferecida em pequenas tigelas para lavar as pontas dos dedos. Seu uso era tradicional sempre que alimentos consumidos com as mãos eram servidos. Hoje em dia, é pouco utilizada.

La Varenne, François Pierre de Chef francês do século XVII, nascido em Dijon, em 1618, e morto na mesma cidade, em 1678. Escreveu, em 1651, o livro *Le cuisinier françois*, no qual sistematizou a operação culinária e marcou o nascimento da cozinha francesa moderna. Começou a difundir a cozinha fundamentada no preparo dos pratos em etapas, em combinações com ênfase nas nuanças de perfumes e sabores, e no emprego delicado de ervas finas. Nesse título, encontra-se, pela primeira vez, a definição de uma série de preparos básicos, inclusive certos molhos; o uso de um elemento espessante à base de gordura e farinha (o roux); e a clarificação de caldo com claras. Sua obra consolidou os métodos e procedimentos culinários que, até então, eram conflitantes ou estavam dispersos. A ele é atribuída também a autoria de outros livros, embora haja dúvidas quanto a alguns deles: *Le patissier françois* (1653), *Le confiturier françois* (1664) e *L'école des ragoûts* (1668). Ver **Clarificar** e **Roux**.

La Varenne, molho Molho francês do século XVII, à base de maionese acrescida de duxelle, salsinha e cerefólio. Ver **Duxelle**.

Laver (*Porphyra umbilicalis*; *Porphyra leucosticta*) Nome galês de várias espécies de algas comestíveis, em especial a *P. umbilicalis* e a *P. leucosticta*, do gênero *Porphyra*. Consumida no País de Gales, na Escócia e na Irlanda, deve-se lavá-la antes de usá-la e pode ser preparada cozida, quando adquire a consistência de polpa. Como tempero, recebe tradicionalmente suco de limão, sal, pimenta-do-reino e um pouco de manteiga e, depois de aquecida novamente, é servida como acompanhamento de carnes ou como um aperitivo sobre torradas quentes. É encontrada pronta no comércio das cidades da costa britânica.

Lavosh Pão chato, redondo ou retangular, crocante, conhecido também por pão armênio. É muito encontrado nos países do sul do Cáucaso, do oeste da Ásia e das bordas do Mar Cáspio. A massa é feita com farinha de trigo, água e sal, e às vezes pode incluir sementes de papoula ou gergelim. Depois de pronta e formatada, ela é assada nas paredes de um forno de argila similar ao tandoor. É o pão utilizado no popular sanduíche *aram*, muito difundido no Oriente Médio, feito com diversas camadas de recheios. Grafa-se também *lavash*. Ver **Aram** e **Forno tandoor**.

Leberkäse Em português, "queijo de fígado", é um patê alemão, leve e macio, feito com cebolas, alhos e ovos. De formato tubular, é cortado em fatias e salteado ou cozido no vapor. Serve-se quente, com pão preto de centeio e mostarda.

Lebkuchen Biscoito cuja massa é semelhante à de um bolinho, especialidade da cidade de Nuremberg e muito popular em toda a Alemanha. Adoçado com mel e temperado com raspas de limão, amêndoas e outras especiarias, é recoberto com glacê de açúcar. A receita é bastante antiga, conhecida desde o século XIII e sempre associada ao Natal. O lebkuchen é feito em diversos formatos, simples ou bem trabalhados, e serve também como enfeite na decoração natalina. Seu nome é derivado da palavra latina *libum*, que denominava um bolo chato.

Lebre (*Lepus* spp.) Mamífero roedor da família dos leporídeos, a mesma do coelho, caça de carne saborosa e delicada. Existem diversas espécies, de diferentes cores e tamanhos. Na França, as lebres de dois a quatro meses são chamadas *levraut*; as de um ano, *trois-quarts*; e as de mais de um ano, *capucin*. Lebres jovens podem ser preparadas salteadas ou assadas, no entanto as mais velhas precisam de cozimento lento e longo, em caldo básico ou vinho.

Lechiguana (*Brachygastra lecheguana*) Tipo de vespa muito comum no Rio Grande do Sul, cuja característica é fazer sua colmeia próxima ao solo, presa em erva ou arbusto. O mel que produz é de excelente qualidade e recebe o mesmo nome. Denomina-se também lecheguana ou lichiguana, nomes que derivam do quíchua *lachiuana*.

Lecitina Emulsionante natural presente nos ovos e em vegetais, como a soja. Extraída das gemas e dos óleos vegetais é vendida em pó, granulada ou líquida e em cápsulas para suplementação alimentar. Na indústria, é usada como preservante, emulsificante e umectante em alimentos. Nos chocolates, evita a ocorrência de *fat bloom*. Ver **Fat bloom**.

Leckerli Biscoitinho suíço tradicional no Cantão de Basel, preparado com farinha de trigo, mel, amêndoas, avelãs, frutas cristalizadas, canela, cravo, noz-moscada, pimenta-do-reino e perfumado com kirsch, a famosa aguardente de cerejas. São tradicionalmente feitos em moldes retangulares ou fôrmas de madeira, que imprimem desenhos em sua superfície. Depois de prontos, são pincelados com calda de açúcar e kirsch. Grafa-se também *läckerli* e *läggerli*. Ver **Kirsch**.

Le Curé Nantais® Queijo da região de Nantes (França), também conhecido por *fromage de Nantes*, *fromage du curé* e *fromage à curé*. É preparado com leite de vaca cru, de massa não cozida e prensada. Seu formato mais tradicional é quadrado, com cantos arredondados, 8 cm de lado e 5 cm de espessura. Tem casca lavada com salmoura, cor que varia do amarelo-palha ao ocre, textura elástica, além de sabor forte de especiarias e de defumado. Há a versão de formato redondo, pequena, maturada com vinho Muscadet. A receita original teria sido criada por um padre e transmitida a Pierre Hivert, que fundou a fábrica em 1880, na cidade de Saint Julien-de-Concelles. A produção artesanal permaneceu com a família até 1980, quando foi vendida e levada para a cidade de Pornic. Hoje, trata-se de uma marca do grupo Triballat Noyal.

Leek Alho-poró, em inglês. Ver **Alho-poró**.

Legumes e verduras recheados São muito apreciados no Oriente Médio e aparecem, com diversas variações, nas culinárias locais. Na Síria, no Egito e no Líbano, chamam-se *mahshi*; na Turquia, *dolma* ou *sarma*; na Grécia, *dolmade*; no Irã, *dolmeh*. De modo geral, o recheio é uma mistura de carne e arroz, que pode ser complementada com tomate, grão-de-bico, cebola, especiarias etc. Entre os principais legumes e hortaliças usados, estão abobrinha, repolho, folha de uva, acelga, tomate, pimentão e berinjela. Depois de recheadas, as hortaliças são cozidas em fogo brando e servidas com pão sírio, saladas e, às vezes, coalhada. São famosos os charutinhos de folha de uva. Ver **Dolma** e **Sarma**.

Leicester Queijo tradicional inglês conhecido também por *leicestershire cheese*, feito de leite de vaca não pasteurizado. Sua história inicia-se no século XVII, quando os fazendeiros da região se reuniram e decidiram fazer um produto que se destacasse dos outros queijos do país. Definiram que teria uma cor forte, para representar a riqueza de sabor e cremosidade. A fim de diferenciá-lo do cheddar, optaram pelo uso de urucum. Hoje, poucas fazendas da região seguem os processos iniciais. A casca do leicester tem coloração avermelhada, textura firme, mas macia e quebradiça, e sabor suave. Apresenta formato de tambor, com 51 cm de diâmetro, e pesa entre 9 kg e 18 kg. Evolui rápido e pode ser vendido como "jovem" com cerca de dois meses. Quando está maduro, com idade entre seis e nove meses, seu sabor assemelha-se ao de frutas secas. Ver **Cheddar**.

Leitão Ver **Carne de suíno**.

Leitão pururuca Ver **Pururuca**.

Leite Líquido produzido pelas glândulas mamárias das fêmeas de animais. Os mais utilizados pelo homem são o de vaca, o de cabra e o de ovelha. Entretanto, também são bastante consumidos o de lhama, o de búfala e o de camela, dependendo do local. O de vaca, mais usado, é muito encontrado. Pela legislação sanitária brasileira, para que o leite seja comercializado, deve preencher uma série de requisitos de qualidade e passar por processo de fiscalização ainda antes do procedimento de ordenha. É submetido a tratamento térmico por pasteurização rápida (*High Temperature Short Time* (HTST) – que garante sua validade por cinco a dez dias) ou pasteurização UHT (*Ultra High Temperature* – empregada nos leites longa vida, garante sua validade por quatro meses), para eliminar microrganismos. Há diversos tipos do chamado leite fluido: (a) integral – é o leite completo, com no mínimo 3% de gordura; (b) semidesnatado – com 0,6% a 2,9% de gordura; (c) desnatado – com até 0,5% de gordura; (d) leite com adição de ferro, de cálcio e de vitaminas sintéticas; (e) leite sem lactose; (f) leite com lactobacilos. Além desses, encontram-se ainda leites com sabor adicionado, como o achocolatado (com adição de açúcar e chocolate), ou com adição de frutas. Há também os que passam por novos processamentos e perdem a forma fluida, como o leite em pó, o evaporado (do qual retiram-se 40% de água, por evaporação) e o condensado (que perdeu 40% de sua água por evaporação e foi acrescido de açúcar). Base para outros produtos, como a manteiga, o creme de leite, o queijo, a coalhada, é também ingrediente bastante usado na culinária, tanto para pratos doces como para salgados.

Leite-creme Sobremesa portuguesa com a consistência de um creme leve, feita com leite, açúcar, farinha de trigo e gemas de ovos. Sua superfície é polvilhada com açúcar, que é queimado com um utensílio de ferro próprio para isso (método mais antigo) ou com o uso de maçarico de cozinha.

Leite de coco Sumo obtido do coco por meio da prensagem da polpa ralada. É o chamado leite grosso. O leite fino, ou ralo, é obtido pela adição de água quente ao bagaço do coco, resultado da primeira prensagem, o qual volta a ser espremido. Trata-se de um dos mais populares condimentos brasileiros, em especial nas culinárias do Norte e do Nordeste, empregado tanto em receitas salgadas como em doces e bebidas. Caracteriza pratos como a moqueca, o peixe de coco, o arroz de coco; umedece e completa outros como o cuscuz, o mungunzá, a canjica. É usado ainda em pudins, bolos e doces cremosos.

Leite de soja Subproduto da soja, com alto teor de proteína. Obtém-se dos grãos de soja cozidos e prensados e é um excelente substituto do leite de vaca, sobretudo para os alérgicos. O leite de soja tem tendência a coalhar se misturado a substâncias ácidas como o limão. É intencionalmente coalhado para o preparo do tofu. Ver **Tofu**.

Leitelho Conhecido por leite ácido, ou *buttermilk* em inglês, é o resíduo da fabricação da manteiga. Hoje, o que é vendido não é o leitelho real, mas um produto obtido por meio de cultura de bactérias adicionadas ao leite magro para azedá-lo, acrescido de aditivos. Em locais de produção artesanal de manteiga, entretanto, ainda pode ser encontrado. É utilizado em algumas massas a serem assadas, como pães, panquecas e bolos, para que sua acidez atue como agente fermentativo. Em molhos, ele acrescenta sabor característico e textura mais aveludada.

Leites vegetais Bebidas preparadas com grãos de cereais, sementes oleaginosas e frutos, têm aspecto similar ao do leite animal. Sua principal vantagem sobre o leite animal é a ausência de lactose, açúcar natural do leite prejudicial a quem sofre de intolerância. Para produzir esse tipo de bebida, podem ser usadas inúmeras alternativas: aveia, soja, amêndoas, nozes, amendoim, arroz, castanha-de-caju, castanha-do-pará, coco, entre outras. Cada leite tem características próprias de sabor, valor nutricional e textura. Alguns são facilmente preparados de forma caseira: cozinham-se os grãos, depois eles são batidos com água em liquidificador e, para finalizar, coa-se o líquido. Outros não precisam ser cozidos, mas apenas triturados, demolhados, batidos e coados. No caso do coco, a polpa deve ser ralada e espremida com água morna para extrair o leite. A maioria deles já é industrializada. Muito nutritivos, pouco calóricos e de baixo índice glicêmico, são também ricos em fibras.

Leitoa na manilha Prato da culinária sulina do Brasil, trata-se de uma leitoa recheada, assada inteira no fundo de um braseiro escavado no chão, dentro de uma manilha de barro.

Lekvar Creme grosso de frutas amassadas e cozidas com açúcar, até alcançarem a textura de geleia. É especialidade húngara, mas encontrada também em diversos outros países da Europa Central e Oriental. Feita principalmente com abricós, cerejas, morangos e ameixas, emprega-se como recheio de massas variadas, tortas, blinis, pierogis, strudel e biscoitos. Ver **Blini**, **Pierogi** e **Strudel**.

Lentilha (*Lens culinaris*) Grão da família das fabáceas usado desde a Antiguidade e ainda hoje muito apreciado, sobretudo na Europa, no Oriente Médio e na Índia. A lentilha é miúda e de formato achatado. Em geral, é vendida seca e precisa ficar de molho por um bom tempo antes de ser cozida. Apresenta três grupos principais de variedades: o das marrons, o das verdes e o das vermelhas e amarelas. As primeiras cozinham facilmente e são ótimas para serem servidas quentes ou frias, em saladas, com arroz ou com molho sobre massas; as lentilhas verdes assemelham-se às marrons e podem ser consumidas quentes ou frias; as vermelhas cozinham rapidamente e tornam-se macias e de consistência mais cremosa. Muito ricas em proteína, podem também ser utilizadas em cremes, sopas e ensopados.

Léria Doce português bastante parecido com as barrigas-de-freira brasileiras, feito de calda de açúcar com casca de limão, à qual são acrescentadas uma pequena porção de farinha de amêndoas e outra pequena porção de farinha de trigo. Depois de misturadas, ainda fora do fogo, são adicionadas gemas levemente batidas. A mistura volta ao fogo para dar o ponto e, quando esfria, uma colher da pasta é colocada em cima de uma rodela de hóstia, que, então, é fechada em meia-lua. Ver **Barriga-de-freira**.

Lettuce Alface, em inglês. Ver **Alface**.

Leuquas Ver **Galangal**.

Levant Ver **Aram**.

Levedo (*Saccharomyces cerevisiae*) Fungos vivos microscópicos, responsáveis pela fermentação alcoólica e pelo crescimento de pães, conhecidos também por levedura. É o tipo mais antigo de agente de fermentação e precisa de ambiente aquoso e morno para crescer. O levedo mais usado em culinária é o *Saccharomyces cerevisiae*. Drenado e prensado, é vendido em pó ou tabletes e tem período de vida útil muito curto, pois se deteriora rapidamente. Depois de fazer seu trabalho, fermentando a massa, o levedo é morto pelo calor do cozimento. Ver **Fermentação** e **Fermento**.

Levedura Ver **Levedo**.

Levístico (*Levisticum officinale*) Erva de folhas verde-acinzentadas e serrilhadas citada em antigos tratados de culinária, mas hoje quase não utilizada. Na Grécia Antiga e em Roma, empregava-se como tempero e medicação. Suas folhas são semelhantes às do aipo e seu sabor é uma mistura dos sabores do aipo e da salsinha, e pode ser perfeitamente substituído pela mistura dos dois. Utilizam-se tanto as folhas como o talo em saladas, cozidos e outros pratos. Ver **Aipo** e **Salsa**.

Leyden Queijo holandês conhecido também por *leidse kaas*, feito com leite de vaca, prensado e com casca encerada, temperado com sementes de cominho. É produzido tanto de modo artesanal como industrial. Preparado com leite de vaca desnatado, pasteurizado, assemelha-se ao gouda, mas é menos gorduroso. Com a forma de um cilindro chato, sua textura é elástica e seu sabor, suave, embora seco e condimentado por causa do cominho. Há variações temperadas com cravo ou com alcarávia. Esse tipo de queijo passa por duas curas: uma em porões úmidos e outra em local mais seco. Ver **Gouda**.

Liaison Nome da mistura, em francês, que serve para engrossar ou ligar molhos, caldos ou sopas. Ela pode ser feita com tipos variados de farinha ou fécula dissolvidas em leite ou água, ou gemas misturadas a um creme, manteiga com farinha ou, ainda, sangue. A temperatura máxima do cozimento varia conforme os ingredientes empregados.

Lichia (*Litchi chinensis*) Fruta originária das regiões quentes da China e da Índia, com formato semelhante ao de uma cereja, casca vermelho-escura, grossa e rugosa, e polpa branca. Cresce em cachos. Depois de cortar a casca, a polpa e o caroço soltam-se com facilidade. A textura da polpa é parecida com a da uva moscatel e tem sabor muito delicado. Pode ser encontrada fresca, em conserva ou seca, similar a uma passa. Sua árvore, que pode chegar a 12 metros de altura e tem copa densa, foi trazida para o Brasil pelo Jardim Botânico do Rio de Janeiro no século XIX, logo após sua fundação. Desenvolveu-se bem em pomares caseiros e sua comercialização intensificou-se apenas no final do século passado. É também denominada lechia ou lichi.

Licor Bebida alcoólica doce feita da infusão de ingredientes com sabor acentuado (como sementes, frutas, ervas, flores, nozes e especiarias) em líquido alcoólico destilado. Óleos essenciais e extratos são adicionados para aromatizar muitos licores hoje em dia. Alguns são feitos com fórmulas secretas. Em geral, o licor tem teor alcoólico muito alto. Era originalmente usado como digestivo. Hoje, além de ser servido após o jantar, é bastante utilizado para o preparo de coquetéis e para temperar doces e sobremesas. Chama-se também cordial ou ratafia. Ver o nome do licor.

Licoroso No Brasil, é o vinho doce ou seco com teor alcoólico de 14% a 18%, acrescido ou não de álcool etílico, mosto concentrado, caramelo e sacarose.

Liebfraumilch Vinho branco alemão muito leve elaborado com a mistura de uvas Riesling, Silvaner ou Müller-Thurgau, entre outras. Sua qualidade pode variar muito. O nome, "leite de Nossa Senhora", foi dado em razão de a bebida ser feita com uvas de vinhedos existentes em torno da Igreja de Nossa Senhora, *Liebfrauenkirch*,

na cidade de Worms (Alemanha). Nas últimas décadas do século XX, a exportação de grande quantidade de rótulos de baixa qualidade prejudicou a imagem internacional dos vinhos alemães. Hoje, contudo, já são produzidos alguns vinhos sérios na região.

Liederkranz Queijo norte-americano criado em 1881 por Emil Frey, suíço fabricante de queijos de Nova York. Recebeu esse nome por ter se tornado o queijo predileto de uma sociedade de canto coral homônima. Após cem anos, passou a ser industrializado. É uma recriação do limburger, mas com cultura bacteriana diferente. Feito de leite de vaca, tem casca amarelo-pálida, é semimacio, de massa cor de marfim, sabor levemente pungente e aroma característico. Ao amadurecer, além de a casca tornar-se dourada-escura e a massa, cor de mel escuro, seu sabor e aroma intensificam-se. É particularmente apreciado com pão preto e cerveja escura. Ver **Limburger**.

Lièvre à la royale Prato de lebre criado pelo chef Menon, no século XVIII, e descrito em seu livro *Les soupers de la Cour*. Era preparado com carne de lebre desossada misturada a carnes de porco e de vitela, trufas e foie gras, tudo umedecido com vinho branco seco e aromatizado com alhos e echalotas. Levava-se, então, para cozinhar em fogo brando por várias horas, até desmanchar-se completamente e apresentar textura de purê denso. A receita foi objeto de discussão no início do século XX e reivindicada por duas correntes, com diferentes finalizações: a do senador Aristide Couteaux, de Orléans, *en compotée*, mais similar à ideia original de Menon; e a de Henry Babinski, do Périgord, *en roulade*, com foie gras. Mais adiante, Paul Bocuse fez uma magistral releitura da receita de Aristide Couteaux, trabalhosa e com requisitos detalhados, que vale a leitura do livro *La Cuisine du marché* ou *A Cozinha de Paul Bocuse*, em português (Bocuse, 2002, p. 368). Ver **Foie gras**, **Roulade** e **Trufa**.

Ligar Técnica culinária que consiste em engrossar molhos ou sopas, com o auxílio de uma *liaison*. Ver **Liaison**.

Lillet® Marca de bebida alcoólica para aperitivo fabricada na França, na cidade de Podensac, desde 1872. É produzida com a mistura de vinho de Bordeaux e macerações de frutas. Há três variedades: *lillet blanc*, feita com vinho branco; *lillet rosé*, com vinho rosé; e *lillet rouge*, com vinho tinto. Serve-se gelada, com uma tira de casca de laranja ou em coquetéis variados.

Lima (*Citrus aurantiifolia*; *Citrus limetta*) Da família das rutáceas e do mesmo gênero do limão, é o fruto da limeira. Originária da Ásia, foi trazida para o Brasil pelos portugueses no século XVI. Tem forma redonda, com cerca de 6 cm de diâmetro, além de várias espécies. As mais encontradas no Brasil são a lima-da-pérsia (*Citrus aurantiifolia*, também conhecida em certas regiões por limão-galego) e a lima-de-umbigo (*Citrus limetta*). A primeira tem casca muito lisa, amarelada, suco branco e adocicado, e gomos envoltos em películas amargas. A lima-de-umbigo, um pouco menos comum, tem casca rugosa, amarela, e bico saliente na parte de baixo. Bastante doce, sem nenhuma acidez, é uma excelente fonte de vitamina C. Cresce em regiões tropicais e subtropicais.

Limão (*Citrus latifolia*; *Citrus limonia*; *Citrus limon*) Fruto do limoeiro, da família das rutáceas. Há três espécies bem conhecidas no mercado brasileiro: o

limão-taiti (*Citrus latifolia*), o limão-cravo (*Citrus limonia*) e o limão-verdadeiro (*Citrus limon*). O limão-taiti tem casca grossa e verde, além de ser o mais encontrado. Conhecido também por limão-galego em certas regiões do Brasil, o limão-cravo tem formato similar ao da tangerina, porém é mais avermelhado. Por ser mais ácido, é mais empregado na limpeza e tempero de carnes e peixes que em sucos e doces. Cultivar do limão-verdadeiro, o limão-siciliano é originário do sul da Itália, amarelo, pontudo e maior que os outros dois. Tem muito suco, que é mais delicado que o do taiti, além de ser bastante perfumado. O limão apresenta inúmeras utilidades. Sua casca ralada é aproveitada em bolos e cremes; seu suco é imprescindível na cozinha para o tempero dos pratos; com água e açúcar faz um delicioso refresco. É ingrediente essencial na caipirinha. Ver **Caipirinha**.

Limburger Queijo artesanal feito em fazendas orgânicas com leite de vaca pasteurizado. Foi criado na Idade Média, época em que Limburg era um ducado com área hoje dividida em três países – Bélgica, Países Baixos e Alemanha. Tem textura macia e gordurosa, massa cor de creme, além de casca amarelo-avermelhada, levemente recoberta de mofo branco. De sabor picante e condimentado, seu aroma é forte e marcante e muitos não o apreciam. É consumido, em geral, apenas depois de maturar por dois ou três meses. É servido com alimentos de sabor forte, como cebolas, pão preto e cerveja escura, capazes de fazer frente ao seu perfume e sabor.

Limpa Pão sueco muito perfumado feito com centeio, anis, cominho e casca de laranja, além de melaço e açúcar mascavo. Na hora de servir, é pincelado com manteiga.

Limu (*Asparagopsis taxiformis*; *Codium edule*; *Grateloupia filicina*) Palavra genérica usada no Havaí para alga marinha. Lá são encontradas inúmeras espécies, com quase cem diferentes nomes vulgares, bastante utilizadas na culinária local. Variam em forma, sabor e cor, que vai do verde-escuro ao marrom-avermelhado, passando pelo creme, amarelo e magenta. São usadas como guarnição ou como condimento. Ver **Algas**.

Lincolnshire sausage Embutido da culinária inglesa feito com carne de porco temperada com sálvia, pimenta e sal, além de farinha de rosca. Como invólucro, são usados intestinos naturais, de porco ou ovelha. A sálvia plantada no condado de Lincolnshire dá o gosto característico do embutido.

Língua Línguas de vaca, vitela, carneiro ou porco são variedades de carne nutritivas e saborosas. Podem ser encontradas frescas, salgadas, defumadas ou enlatadas, e são usadas em uma enorme variedade de preparos. De consistência rija, requer cozimento longo, até amaciar.

Língua de gato Biscoito seco, achatado e estreito, cuja forma assemelha-se à língua de um gato. Aromatizado geralmente com baunilha, é usado para acompanhar sorvetes ou chás, ou substituir o biscoito ladyfingers na elaboração da charlote. Em francês, *langues de chats*. Ver **Charlote** e **Ladyfingers**.

Língua-de-vaca Ver **Caruru**.

Linguado (Família *Soleidae*) Nome de várias espécies de peixe, muito valorizadas na culinária. Há, por exemplo, o *dover sole*, da costa da Dinamarca e do Mediterrâneo; o negro, de pele marrom-escura e formato mais fino, muito procurado e caro; o *lemon sole*, mais pálido e largo, da cor da areia; o *petrale*, entre outros. Sua fama data da época dos romanos, que o chamavam *solea Jovi* (sandália de Júpiter), sem dúvida pelo formato chato e oval, e a cabeça assimétrica. Pesa entre 500 g e 4 kg e mede de 30 cm a 40 cm. Sua cor vai do areia-pálido ao marrom fechado. De carne delicada e firme, pode ser preparado grelhado, assado, cozido, e servido com diversos acompanhamentos e molhos. Denomina-se também solha.

Linguiça Embutido feito com carne de porco, de boi, de frango ou de cordeiro, ou mais de um tipo de carne, além de condimentos e toucinho. O sabor varia de acordo com os ingredientes usados na composição e o processo de elaboração. Pode ser fresca, seca ou defumada. Serve-se frita, assada, grelhada ou cozida. Foi introduzida na culinária brasileira pelos portugueses e tornou-se fundamental, por exemplo, na cozinha mineira e na feijoada carioca. Ver **Feijoada**.

Linguiça calabresa Linguiça preparada com carne magra de suíno acrescida de toucinho, temperada com pimenta calabresa e embutida em tripa de suíno, bovino ou sintética. Depois de pronta, passa por processo de defumação de aproximadamente três horas.

Linguiça frescal Linguiça de carne fresca, não defumada e não cozida. Pode ser feita com carne moída de porco, bovina ou outro tipo, toucinho e condimentos diversos, embutida em tripa suína, bovina ou ovina, ou em tripa sintética, fina ou grossa.

Linguine Palavra italiana que significa "pequenas línguas" e designa a massa alimentícia em formato de tiras longas, estreitas e finas. Por sua forma, o linguine é muitas vezes comparado a um espaguete chato. Ver **Espaguete**.

Linzertorte Torta originária de Linz (Áustria), hoje conhecida em todo o mundo. É elaborada com amêndoas moídas, casca de limão ralada e especiarias misturadas à sua massa arenosa ou *sablée*, que então é recoberta de geleia de framboesa e de uma treliça feita da mesma massa. Depois de assada, a torta é servida em temperatura ambiente. Ver **Massa arenosa ou sablée**.

Liofilização Processo de conservação que mantém inalteradas as substâncias nutritivas e o sabor dos alimentos. Em inglês, chama-se *freeze drying*. O método é feito em equipamento próprio – o liofilizador –, responsável pela desidratação do alimento por sublimação, ou seja, faz com que a água contida nele passe direto do estado sólido ao gasoso. Primeiro o alimento é congelado a uma temperatura entre –50 °C e –80 °C; em seguida, é colocado no liofilizador, que efetua a sublimação em baixa pressão. O aparelho pode ser utilizado também para extrair parcialmente a água. Trata-se de uma técnica ancestral dos povos andinos, adaptada pela Nasa para a confecção de comidas para astronautas. Aplica-se, hoje, a frutas, legumes, carnes e ovos utilizados como base para o preparo industrial de sopas e farinhas enriquecidas, além de estar presente na produção de café solúvel. O alimento assim tratado tem longa vida útil. Embora mais usado pela indústria alimentícia, também tem sido aplicado em restaurantes de vanguarda.

Liptauer Nome alemão dado a uma pasta típica da província de Liptov, na atual Eslováquia, ainda na época do Império

Austro-Húngaro. É encontrada, com variações, nas culinárias húngara, austríaca e sérvia, além da eslovaca. Antes feita apenas com queijo fresco, páprica e cebola, hoje são admitidas alcaparras, pepinos e anchovas picadas. O queijo usado tradicionalmente no preparo é o *bryndza*, de leite de ovelha, acrescido de outros queijos macios, creme azedo e manteiga. A pasta tem textura cremosa e sabor levemente picante. É usada em sanduíches abertos, em canapés e em pratos frios, como recheio de tomates, de ovos cozidos e de pimentões.

Liquamen Ver **Garum**.

Liqueur d'expédition Mistura de açúcar, vinho pronto e conhaque acrescentada ao champanhe antes do arrolhamento final. Quanto maior a quantidade de açúcar residual no champanhe, menos seco ele é. Com até 6 g por litro, é classificado como extra brut; entre 6 g e 12 g, brut; entre 12 g e 17 g, extra; entre 17 g e 32 g, sec; entre 32 g e 50 g, demi-sec; e com mais de 50 g, doux (doce). Os champanhes cujo *liqueur d'expédition* não contém açúcar são qualificados como brut nature ou zero dosage. Ver **Champanhe** e **Dosage**.

Liquorice Ver **Alcaçuz**.

Lisbon Port Tipo de Porto fabricado em Lisboa até o início do século XX, quando sua produção foi proibida. O objetivo era conquistar uma parte do mercado estrangeiro do verdadeiro vinho do Porto. Ver **Porto**.

Listofka Aperitivo russo à base de cassis. Ver **Cassis**.

Livarot Queijo originário da cidade de mesmo nome, na Normandia (França), conhecido também por *livarot colonel* ou cinco faixas. As duas nomenclaturas são uma alusão às cinco faixas de uma planta usada para conservar seu formato e remetem ao uniforme de um coronel do exército francês, com cinco faixas para marcar a patente. É um queijo forte, de sabor condimentado e salgado e aroma muito marcante. Tem massa macia, elástica e dourada, casca lavada com salmoura e tingida com urucum. Apresenta a forma de um pequeno cilindro de 13 cm de diâmetro e 5 cm de altura. Amadurece por dois meses em porões úmidos e mornos. Presume-se que seja derivado dos antigos queijos *angelots*, denominação dada ao Pont l'Évêque na Idade Média, e que tenha sido inventado pelos monges da região. Ver **Pont l'Évêque**.

Lobster Lagosta, em inglês. Ver **Lagosta**.

Loin Lombo, em inglês. Ver **Lombo**.

Lollo rosso (*Lactuca sativa*) Variedade de alface de textura macia e muito agradável, cujas folhas têm formato de dedos e cor avermelhada. É muito vistosa e compõe bonitas saladas.

Lombo Corte de carne retirado da região lombar do animal, que vai do ombro até a perna do porco, ou das costelas até a perna do boi, do carneiro ou da vitela. O lombo é encontrado inteiro e pode ser vendido também com as costelas. Dele são retirados os medalhões. É um corte muito macio, em geral usado para grelhados e assados.

Lombo canadense Carne processada muito empregada em sanduíches e canapés, bastante saborosa. É um lombo de suíno que ficou em salmoura e passou por processo de defumação.

Lo mein Prato da culinária chinesa feito com macarrão cozido em caldo, combinado com diversos alimentos fritos, como frango, porco e vegetais. O macarrão e os alimentos fritos são misturados nos minutos finais do cozimento, apenas para serem retirados do caldo e servidos em seguida.

London buns Pãezinhos quadrados típicos da cidade de Londres, enriquecidos com passas e com uma cobertura de glacê de açúcar no topo. Bastante antigos, sua origem é desconhecida. Em geral, são servidos na hora do chá.

London docks Denominação do rum envelhecido nos entrepostos alfandegários de Londres. O registro confiável, feito pela Alfândega, atestava seu período de amadurecimento.

Longan (*Dimocarpus longan*) Fruta do Sudoeste Asiático, conhecida também por olho de dragão, pequena e redonda, de pele marrom. Sua carne branca e translúcida circunda um caroço negro. De perfume e sabor delicados, pode ser encontrada fresca ou em conserva. É consumida pura ou como ingrediente de sopas e pratos agridoces da região.

Long drink Bebidas servidas em copo alto, refrescantes, feitas com dose de destilado, suco de frutas ou refrigerante e muito gelo. São desse tipo o cuba libre, o campari com tônica, entre outros. O termo é usado também para caracterizar o tipo de copo.

Longhorn Queijo similar ao cheddar, feito com leite de vacas Longhorn, do Texas (Estados Unidos). Apresenta a forma de longos cilindros, no mesmo estilo dos queijos *colby*. Tem massa amarelo-alaranjada, firme e elástica, sabor suave e adocicado, além de casca encerada e brilhante. Existem diversas variedades de sabor e, para venda, é cortado em formato de meia-lua. Ver **Cheddar** e **Colby**.

Long island tea Mistura de gim, vodca, cola e limão, bebida alcoólica bastante forte. Às vezes, acrescenta-se também tequila. Serve-se em copos altos, com muito gelo.

Lonza Especialidade italiana feita com filé de porco temperado com pimenta preta e funcho. O filé é curado ao ar, na sombra. É preparado, de modo geral, no final do outono ou no começo do inverno e está pronto para o consumo na primavera. Deve ser servido em fatias muito finas, regadas com azeite de oliva.

Loquat Ver **Nêspera**.

Lord Baltimore cake Bolo em camadas, variação do *Lady Baltimore cake*, clássico da cozinha sulista norte-americana. Em vez das claras, que tornam a massa do bolo original fofa, este contém apenas gemas. É recheado com nozes-pecãs ou amêndoas picadas, cerejas cristalizadas e biscoitos *macaroon* esfarelados. Como o *Lady Baltimore*, é recoberto com merengue. Ver **Lady Baltimore cake** e **Macaroon**.

Lorraine 1. Guarnição francesa característica da região histórica de Lorena, constituída de repolho refogado em vinho tinto e batatas fatiadas, cozidas lentamente em manteiga (*pommes de terre fondantes*). Acompanha, de modo geral, grandes peças de carne. **2.** Sopa escocesa à base de frango, vitela, amêndoas e gemas, pão, leite, caldo de carne, gotas de limão, sal e pimenta.

Losna Ver **Absinto**.

Lotte Ver **Tamboril**.

Lótus (*Nelumbo nucifera*) Planta aquática cujas flores, folhas, raiz e sementes são utilizadas com frequência na cozinha asiática. Suas flores são usadas, frescas ou secas, para chá e suas folhas, frescas, servem para envolver carnes ou legumes antes de serem cozidos. Sua raiz é branca, comprida, com orifícios na polpa e tem a textura de uma batata crua. Antes de ser empregada, ela deve ficar de molho em água com vinagre para eliminar o sabor amargo. Mais usada em doces e pastelarias, pode ser encontrada fresca, seca ou em conserva. Suas delicadas sementes ovais, de sabor suave, são comidas frescas ou secas.

Louisiane, à la Guarnição francesa para o acompanhamento de aves. É feita com creme de milho com molho branco, arroz enformado, fatias de batata-doce e banana fritas na manteiga, e molho preparado com o caldo do cozimento da ave.

Loukániko 1. Nome genérico, em grego, de linguiças ou salsichas. Faz referência a Lucânia, região no sul da atual Itália que, na época da Roma Antiga, era afamada pelos embutidos que produzia. **2.** Fora da Grécia, o termo denomina especificamente uma linguiça grega muito tradicional, feita com carne de porco e temperada com casca de laranja. Pode receber também outros condimentos, como semente de funcho e alho-poró. É fresca e deve ser cozida antes de consumida. Em geral, é grelhada e seus ingredientes podem variar de acordo com a região em que é feita.

Loureiro (*Vitis vinifera*) Uva vinífera portuguesa muito afamada na Região do Vinho Verde. Ver **Vinho verde**.

Louro (*Laurus nobilis*) Erva aromática que pertence à mesma família da cânfora e da canela, cuja árvore chega a alcançar 10 m de altura. Tem flores amarelas e pequenos frutos de coloração azul-escura. De acordo com a mitologia grega, para salvar a ninfa Dafne da perseguição de Apolo, os deuses a transformaram em um loureiro. Frustrado, Apolo teceu uma coroa para si mesmo com as folhas da árvore. Com significado de "honraria nobre" em latim, desde a Antiguidade coroas de louros eram oferecidas aos vencedores. Por ter propriedades narcóticas, suas folhas eram mastigadas pelas sacerdotisas para facilitar o estado de transe e as visões, daí a fama de conferir o dom da profecia. Existem diversas variedades de louro, algumas muito tóxicas. É encontrado fresco, seco e em pó. Usado com moderação, é ótimo tempero para feijões, ensopados, assados e carnes grelhadas.

Lovage Levístico, em inglês. Ver **Levístico**.

Lucullus Queijo cremoso francês de casca florida, à base de leite de vaca cru acrescido de creme de leite, de criação recente. Tem de 8 cm a 12 cm de diâmetro, 4 cm a 5 cm de espessura e peso que varia entre 225 g e 450 g. É produzido principalmente em torno da comuna de Évreux, na Normandia. Recebeu esse nome em homenagem ao cônsul romano Lucius Licinius Lucullus, sinônimo de luxo e refinamento à mesa.

Lula (Ordem *Teuthoidea*) Nome de inúmeras espécies de moluscos marinhos comestíveis. A maioria delas tem uma cartilagem interna, ao longo do corpo, denominada pena. Depois de limpa, a lula pode ser utilizada inteira, para ser recheada, ou cortada em anéis. Tem carne de textura firme, sabor marcante e está pre-

sente nas cozinhas de diversos países. É ingrediente fundamental em dois pratos famosos da culinária espanhola: *paella* e *calamares en su tinta* (lulas cozidas em sua própria tinta). No Brasil, é comum servi-la frita, em moquecas, ao vinagrete ou em risotos. É encontrada com facilidade fresca ou congelada. Como qualquer molusco, é bastante perecível e deve ser empregada, se fresca, imediatamente após a compra. Ver **Moqueca**, **Paella** e **Risoto**.

Lumaca Palavra em italiano cujo significado é caracol, usada para designar um tipo de massa alimentícia com o formato desse molusco, própria para rechear.

Lumpia Versão filipina e indonésia dos rolinhos primavera, feita com massa de farinha de trigo, ovos e água, recheada com vegetais e carnes picados, cozidos e temperados com cebola, alho, sal, pimenta e molho de soja. O enrolado é, então, frito. Às vezes, em vez da massa, utiliza-se folha de alface e, nesse caso, a *lumpia* não é frita, mas cozida. Serve-se como entrada, aperitivo ou acompanhamento. Ver **Rolinho primavera**.

Lúpulo (*Humulus lupulus*) Planta trepadeira, espécie de liana europeia, com flores em formato de corneta. Suas flores secas são usadas para dar um sabor levemente amargo a cervejas. Ver **Cerveja**.

Lychee Lichia, em inglês. Ver **Lichia**.

Lymeswold® Queijo inglês que começou a ser produzido em 1982, em Somerset, para aproveitar a abundância de leite. Com formato igual ao do brie, tinha casca comestível esbranquiçada, alguns veios azuis e textura macia. Seu sabor, bastante delicado, tornava-se mais intenso quando ele estava mais maduro. As peças para exportação eram denominadas *Westminster Blue*. Depois de perder uma acirrada disputa de mercado com o alemão *cambozola*, deixou de ser fabricado em 1992. Ver **Cambozola**.

Lyonnaise 1. Molho clássico francês elaborado com fatias finas de cebola douradas em manteiga, vinho branco e vinagre, fervidos até reduzir. Após acrescentar o demi-glace, deve ser passado por coador fino. 2. A expressão *à la Lyonnaise* identifica preparos ao estilo da cidade de Lyon (França), caracterizados pela presença de cebolas amaciadas em manteiga, em geral deglaçadas com vinagre e adicionadas de salsa picada.

Maçã (*Malus domestica*) Fruta de origem europeia e asiática, hoje bastante cultivada por seu sabor e valor nutritivo. Existem diversos cultivares. A maçã Gala é doce, tem formato redondo e alongado, tamanho médio e cor vermelho-clara. A Golden também é doce, de cor verde-amarelada, redonda, de sabor suave e casca rija. A Fuji é mais ácida que as anteriores, redonda, de casca vermelha rajada, polpa dura, textura média, muito suculenta e com alto teor de açúcar. A maçã Granny Smith é ácida, de casca verde-brilhante e formato arredondado, polpa branca e suculenta. A Mutsu é ácida, de formato oval e grande, cor verde-amarelada ou amarela e muito saborosa. As mais amareladas apresentam, em geral, textura mais farinhenta. As doces podem ser consumidas ao natural ou como recheio de torta. As ácidas, que amolecem com mais facilidade no cozimento, são indicadas para purês, molhos e chutneys. Depois de cortadas, tendem a escurecer em contato com o ar. Para evitar isso, devem ser colocadas dentro de água com suco de limão, até serem utilizadas.

Macadâmia (*Macadamia integrifolia*; *Macadamia tetraphylla*) Fruto da árvore de mesmo nome, cujo cultivo inicial era direcionado à ornamentação. Natural da Austrália, foi descrita e nomeada pelo botânico Ferdinand von Mueller, em 1858. O nome do gênero foi escolhido em homenagem ao químico australiano John Macadam. No final do século XIX, sua cultura foi levada da Tasmânia para o Havaí, e depois para a América do Norte. O fruto seco, de casca extremamente rija e cor marrom-dourada, em geral é vendido descascado, cru ou já torrado. Tem um delicioso sabor amanteigado. Muito rica em gordura, a macadâmia deve ser conservada sob refrigeração para não ficar

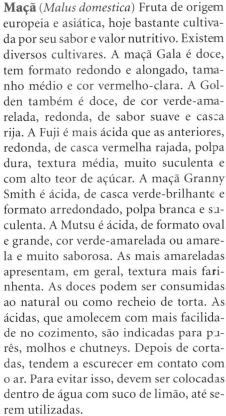

rançosa. É usada em pratos doces ou, salgada, como aperitivo.

Maçapão Nome do marzipã em Portugal. Ver **Marzipã**.

Maçarico Equipamento para a produção de chama forte, utilizado na cozinha para conseguir um rápido efeito de gratinado ou para caramelizar o açúcar em sobremesas como o *crème brûlée*. Ver **Crème brulée**.

Macaron Biscoito clássico francês tradicional na cidade de Nancy, feito com farinha de amêndoas, açúcar e claras em neve batidas. Tem o formato de um pequeno disco. Depois de assado, apresenta textura crocante por fora, mas úmida e macia no interior. De receita muito antiga, já existia em Veneza (Itália) na época do Renascimento e algumas fontes defendem que era preparado na França mesmo antes disso. De início um biscoito simples, somente a partir do meio do século XX começou a ser servido recheado, quando Pierre Desfontaines, da Maison Ladurée, em Paris, colou dois discos com ganache. Pode ser recheado com ganache, geleias ou cremes, e aromatizado com inúmeros ingredientes, como laranja, café, chocolate, amora, rosa, pistache e avelã. Ver **Ganache**.

Macaroon Biscoito à base de coco ralado, claras de ovos, açúcar e farinha de amêndoas, muito associado à Páscoa judaica norte-americana. Especula-se que tenha a mesma origem do *macaron* francês, adaptado e disseminado pelos judeus italianos. O preparo foi levado pela imigração judaica aos Estados Unidos, onde, no final do século XIX, o coco ralado e seco foi adicionado à receita. Hoje, podem ser encontrados *macaroons* com chocolate, caramelo ou café, entre outros ingredientes.

Macarrão Nome genérico de diversos tipos de massa alimentícia. É derivado da palavra italiana *maccherone*. Ver **Maccherone** e **Massa alimentícia**.

Macaxeira Ver **Mandioca**.

Maccherone Tipo de massa alimentícia em formato de cilindros finos e ocos no centro. É uma palavra italiana da qual derivou o termo "macarrão", usado no Brasil para qualquer tipo de massa alimentícia. Os *maccheroni* podem ter diversos tamanhos e são usualmente servidos com grande variedade de molhos ou acompanhamentos.

Mace Macis, em inglês. Ver **Macis**.

Macedônia Salada ou guarnição de frutas ou de legumes caracterizada pelos ingredientes cortados em cubinhos e misturados. A salada de frutas é temperada com açúcar, sucos ou licores. Na guarnição de legumes, os componentes são cozidos previamente em separado e, depois de misturados, acrescentam-se maionese, para servir fria, suco de carnes assadas ou molho bechamel, para servir quente. Ver **Bechamel** e **Maionese**.

Macerar Colocar um alimento sólido, por algum tempo, em meio líquido aromático para que absorva os princípios solúveis dessa substância. Carnes são maceradas em vinha-d'alhos e frutas, em aguardente ou outra bebida alcoólica.

Machacota Docinho artesanal encontrado no Espírito Santo, feito com farinha de mandioca, rapadura e gengibre. A rapadura é dissolvida em água e a ela acrescentam-se a farinha de mandioca e o gengibre ralado. Em seguida, adiciona-se um pouco de manteiga e a mistura é

mexida sem parar, no fogo, até alcançar o ponto. Espalhada em tábua ou pedra, é cortada em quadrados. Sua consistência é de puxa-puxa.

Mâche Alface-de-cordeiro, em francês. Ver **Alface-de-cordeiro**.

Macis Especiaria seca feita da pele que cobre o caroço da noz-moscada, com formato de rede e cor amarelo-alaranjada. Apresenta sabor forte, embora mais delicado que a própria noz-moscada. O macis moído é muito utilizado em misturas de especiarias. A pele inteira também é usada em molhos. Em pedaços, serve para pratos doces ou salgados, principalmente para patês e linguiças. É muito consumida nas cozinhas do sul e sudeste da Ásia. Ver **Noz-moscada**.

Macuco (*Tinamus solitarius*) Ave silvestre da família dos tinamídeos, da qual é a maior representante na Mata Atlântica. Vive na área florestal da costa brasileira, de Pernambuco até o Rio Grande do Sul, e em alguns pontos de Minas Gerais, Goiás e Mato Grosso. Mede cerca de 48 centímetros, sua cor é cinza com reflexos verdes e não tem cauda. Assemelha-se a uma galinha, entretanto deve ser cozida por mais tempo em razão de ter carne mais rija.

Madalenas Ver **Madeleine**.

Madeira Vinho fortificado produzido na Ilha da Madeira (Portugal), com Denominação de Origem Protegida (DOP). É elaborado com a junção de aguardente de cana ao vinho comum e, em seguida, envelhece pelos processos de canteiro ou estufagem. Há cinco tipos tradicionais, com indicação de casta: Sercial (denominada "esgana-cão", no continente), considerado o melhor vinho Madeira, é levemente dourado, seco e com aroma de frutos secos e madeira; Verdelho, mais doce que o anterior, encorpado, com aroma de frutos secos, madeira e especiarias; Bual ou Boal, de cor âmbar com reflexos dourados, é mais forte e mais doce que os outros e tem um buquê com aromas de frutos secos, caramelo e baunilha; Malvasia (ou Malmsey), de cor âmbar, extremamente açucarado, aveludado, com aromas de uvas-passas, madeira, especiarias e melaço; e Terrantez, variedade histórica que tem sido retomada, cujos vinhos podem ser secos, meio secos, meio doces ou doces, e apresentam notas de frutos secos, madeira e especiarias. Os Madeira não tradicionais são elaborados sobretudo com a uva Tinta Negra. O vinho Madeira é muito utilizado também na culinária e enriquece molhos e pratos. Seu teor alcoólico varia de 18% a 20%. Ver **Canteiro** e **Estufagem**.

Madeira, molho Molho francês feito com molho espanhol, cogumelos e vinho Madeira. Ver **Espanhol**.

Madeirização Oxidação do vinho branco, resultante da idade ou de rolha defeituosa, que dá ao vinho o sabor chamado *rancio*, pelo qual é possível perceber a perda do frescor e do frutado, e altera sua cor. Para os vinhos Madeira, Marsala e Xerez, a madeirização é um processo que realça suas melhores características. Para outros, como os Montrachet, os Meursault, os Graves, é um defeito. A utilização de anidrido sulfuroso e caseína preserva os vinhos da oxidação. Já o ácido sulfuroso elimina o sabor desagradável.

Madeleine 1. Pequeno bolo francês com formato de concha de vieira, de massa bastante leve, muito em moda no início do século XX. Elaborado com farinha de trigo,

açúcar de confeiteiro, manteiga derretida e água de flor de laranjeira, é servido em chás e lanches. Tem origem controvertida: uma das versões indica Avice, *pâtissier* do príncipe Talleyrand, como seu criador e, outra, Stanislas Leszczynski, como seu descobridor, em 1755, na cidade de Commercy. A responsável por sua divulgação na corte de Versalhes teria sido a filha de Leszczynski, esposa do rei Luís XV e rainha consorte da França. O delicado bolinho foi também celebrado na literatura francesa por Marcel Proust: o sabor de uma madeleine molhada de chá fez sua memória dar um "mergulho no passado", o que resultou no famoso livro *Em busca do tempo perdido*. São muito populares na Espanha, onde recebem o nome de *madalenas*. **2.** Bolo inglês coberto de glacê de cereja e coco ralado, cuja massa é uma mistura vitoriana esponjosa, assada em fôrma redonda de pudim.

Madeleine, à la Guarnição francesa para carnes composta de fundos de alcachofras recheados com molho soubise (purê de cebolas misturado com molho bechamel), encimados de purê enformado de feijão-branco e gemas. Ver **Soubise**.

Madrilène Consomê claro de ave com polpa de tomate e servido gelado, de origem francesa e inspiração espanhola.

Mãe-benta Bolinho muito apreciado no Rio de Janeiro, desde o século XIX. É feito com farinha de arroz ou farinha de trigo, sal, claras de ovos batidas, gemas, açúcar branco e moreno, coco ralado e leite de coco. Assado no forno em pequenas forminhas de papel, degusta-se com café, no desjejum ou no lanche.

Mafalda Massa alimentícia italiana estreita (da largura de um dedo) e chata, com as bordas de ambos os lados bem onduladas. Pode ser curta (cerca de 3 cm) ou longa (cerca de 25 cm).

Maggi, Julius Michael Johannes Empreendedor suíço do século XIX, criador de diversas técnicas para a produção industrial de alimentos, sobretudo concentrados de preparação rápida. Em 1884, ele pôs no mercado sua primeira inovação: a farinha de leguminosas, cujo propósito era fornecer uma alternativa alimentar nutritiva e facilitada para a classe trabalhadora suíça, em acordo com a ideologia nutricionista da época. Ao longo do século XX, a empresa fundada por Julius tornou-se conhecida mundialmente pela produção de cubos de caldos concentrados e de sopas instantâneas. Hoje a marca Maggi® é parte do grupo transnacional Nestlé®.

Magliette Massa alimentícia com formato de pequenos tubos curvos. Grafa-se também *maglietta*.

Magnum Garrafa de vinho com capacidade de 1,5 litro.

Magret Palavra francesa que designa o filé de peito do pato engordado para a produção de foie gras. A carne é grelhada e servida sangrenta ou rosé, com a pele crocante. Por muito tempo, na França, o pato gordo foi preparado *en confit*. Em 1959, André Daguin, chef do restaurante do Hôtel de France, em Auch (França), rompeu esse estilo tradicional e campestre ao retirar os filés de peito e grelhá-los, conferindo-lhes um viés mais moderno. No dialeto gascão, *magret* é o diminutivo de magro; mas o termo escolhido por Daguin para caracterizar a parte magra de um pato gordo foi *maigret*. Com o passar dos anos, entretanto, o termo gascão se impôs. Ver **Confit**, **Foie gras** e **Pato**.

Maguey Ver **Agave**.

Mahlab Tempero muito usado no Oriente Médio, feito com caroços moídos de cerejas negras da espécie *Prunus mahaleb*. Depois de quebrar os caroços, deve-se extrair e moer as sementes, que são macias. Tem sabor de amêndoas amargas e cerejas, além de retrogosto amargo. Como seus óleos dissipam-se muito rápido, o que contribui para a perda de perfume e de sabor, o ideal é comprar os caroços inteiros e moê-los na hora do preparo. É usado, sempre em pequena quantidade, em doces. Na Grécia, chama-se *mahlep* e é usado no bolo *vasilopita*, servido nas festas de Ano-Novo. Ver **Vasilopita**.

Mahshi Ver **Legumes e verduras recheados**.

Maids of honor Pastelaria inglesa de Richmond upon Thames, no Surrey, qualificado em inglês tanto como *tart* quanto como *cake*. Consiste em um pudim de amêndoas cozido sobre uma base de massa e polvilhado com açúcar de confeiteiro depois de assado. O pudim é feito com coalhada, ovos, amêndoas, açúcar, sal, brandy, manteiga e limão. De acordo com a tradição, o nome foi uma homenagem às damas de companhia da Rainha Elizabeth I, que viveu no Castelo de Richmond por um período. Outras versões mencionam, genericamente, as damas de companhia de Catarina de Aragão, na corte de Henrique VIII, ou, de modo específico, Ana Bolena, que viria também a se tornar Rainha Consorte da Inglaterra.

Maillard Ver **Reações de Maillard**.

Maionese Molho francês clássico feito com gemas, vinagre ou limão, óleo vegetal, mostarda e sal, batidos até alcançar a consistência de emulsão. É fundamental na culinária francesa e deve ser usada fria, para acompanhar peixes e saladas, entre outros pratos. A origem, tanto do preparo quanto do nome, é controversa. De acordo com uma das versões, teria surgido no século XVIII, criada para o Duque de Richelieu. No cerco de Port-Mahon, em 28 de junho de 1756, ele teria batizado de *mahonnaise* um molho preparado sem o auxílio do fogo, para não denunciar sua posição ao inimigo. Há muitas outras versões: teria sido criada em setembro de 1589 pelo cozinheiro de Henrique IV, também em um campo de batalha, às vésperas da Batalha de Arques, que derrotou o Duque de Mayenne; teria surgido na cidade de Bayonne e seu nome seria uma derivação de *bayonnaise*; Antonin Carême sugeria que o nome seria proveniente do verbo gaulês *manier*, cujo significado é misturar; ou, segundo Prosper Montagné, viria de *moyeu*, gema de ovo em francês arcaico. No Brasil, também é muito utilizada, especialmente em saladas e em sanduíches.

Maisena No Brasil, o termo é sinônimo de amido de milho, farinha fina e branca. Ver **Amido de milho**.

Mai tai Coquetel criado por Victor Bergeron, dono de um restaurante em Oakland, na Califórnia, para um casal de amigos taitianos que teriam exclamado "Maia i roa ae" ("muito bom" ou "o melhor"). É elaborado com rum claro e rum escuro, curaçao, xarope de amêndoas e laranja (chamado Orgeat) e suco de lima. Ver **Curaçao** e **Rum**.

Maître d'hôtel Nome dado, em francês, ao gerente do salão, que chefia os garçons e dirige o serviço do restaurante. Deve ter bons conhecimentos de bar, adega e cozinha, falar mais de um idioma, ter capacidade de liderança e diplomacia. Na França do século XIV, o *maître d'hôtel* era o encarregado de coordenar e supervisionar os diferentes ofícios dos palácios da realeza e da aristocracia, inclusive aqueles relacionados à produção e serviço de alimentos e bebidas. No século XVII, ainda em grandes residências, tinha sob sua responsabilidade o pessoal da alimentação e cabia a ele escolher os funcionários, fazer encomendas aos fornecedores e supervisionar os gastos. Com a evolução dos espaços públicos de alimentação no final do século XVIII, o cargo e parte de suas antigas atribuições migraram progressivamente para os restaurantes. O Brasil assimilou a expressão francesa, abreviando-a para *maître*.

Maître trancheur Nome do profissional encarregado da tarefa de trinchar, em francês. Ver **Trinchar**.

Maize Ver **Milho**.

Majocchino Queijo italiano da província de Messina, na Sicília. Feito de modo artesanal, há três tipos de leite em sua massa: de vaca, de cabra e de ovelha. No processo de produção, que é similar ao do *incanestrato*, é enriquecido com azeite de oliva e especiarias. Tem sabor forte e textura dura. Depois de maduro, é usado como alternativa ao parmigiano, ralado, para polvilhar massas. Ver **Incanestrato** e **Parmigiano**.

Maki Ver **Sushi**.

Makisu Nome japonês de uma pequena esteira de bambu usada para fazer sushi enrolado (*maki*), enformar outros preparos delicados ou retirar o excesso de líquido de alguns ingredientes. É feita de tiras (finas ou grossas) ou palitos de bambu, amarrados com um cordão forte de algodão. A mais utilizada no preparo do *maki* é a de palitos. É encontrada em tamanhos variados, embora o mais usual seja em torno de 27 cm x 25 cm. Após o uso, deve ser bem limpa e seca para evitar o aparecimento de fungos. Ver **Sushi**.

Málaga *Denominación de Origen* concedida a vinhos produzidos na província espanhola de mesmo nome, na Andaluzia. Três categorias podem recebê-la: vinhos doces, elaborados com uvas supermaduras ou passificadas; vinhos secos com graduação alcoólica de mais de 15%; e vinhos fortificados, aos quais foi adicionada aguardente vínica na fermentação. Estes últimos podem resultar secos, semissecos, semidoces ou doces. Os vinhos dessa zona delimitada são elaborados principalmente com as uvas brancas Pedro Ximenez e Moscatel. Ver **Denominación de Origen (DO)**.

Malagueta (*Capsicum frutescens*) Pimenta muito consumida no Brasil, de formato alongado, com comprimento de 1,5 cm a 3 cm. Pode ser consumida ainda imatura, verde, ou madura, vermelha. Tem alto grau de picância.

Mal-assada Prato baiano bastante simples feito com uma peça de alcatra temperada com sal, pimenta-do-reino, cebola, alho, tomates, pimentões e salsinha picados. A carne é frita em óleo bem quente e virada apenas quando o lado já está tostado. Depois de toda selada, é cozida até o miolo, que deve ficar vermelho, alcançar o ponto. O molho é preparado com o resto do tempero.

Malbec (*Vitis vinifera*) Cepa de uva vinífera originária de Bordeaux (França). Predomina na região de Cahors, mais ao sul, onde é também conhecida por *Côt*. Levada para a Argentina, tornou-se sua mais emblemática uva tinta.

Malossol Ver **Caviar**.

Malpassada Carne cujo cozimento é interrompido logo no início. Seu interior é somente aquecido e mantém-se vermelho. O termo tem o mesmo significado de *bleu*, em francês, e *rare*, em inglês.

Malte Grão da cevada germinado, seco em forno e moído até se transformar em um pó macio e adocicado, o qual tem diversas utilidades, inclusive na elaboração de vinagre e como complemento alimentar. A base para o uísque é feita com a cevada fermentada, quando o amido transforma-se em açúcar. Além de ser utilizado na destilação e no tratamento da bebida fermentada, emprega-se também para fazer o pão de malte. Com esse ingrediente, prepara-se também um adoçante natural em xarope, que pode substituir outros adoçantes.

Maltose Dissacarídeo de papel importante na fermentação do álcool, pois converte o amido em açúcar. É conhecido também por açúcar de malte.

Mamão (*Carica papaya*) Fruto do mamoeiro, da família das caricáceas. De polpa avermelhada e carnuda, é doce, saboroso e considerado digestivo. Existe o mamão-macho, de forma alongada, e o mamão-fêmea, arredondado, mais saboroso. No Nordeste, o mamão quase maduro é chamado mamão inchado. George Marcgrave comenta em seu livro *História natural do Brasil*, escrito no período em que morou em Pernambuco, entre 1638 e 1644: "Papay (...) é um fruto chamado mamão pelos portugueses porque se assemelha a mamas, pendentes do tronco (...) não é tido em muita estima por causa de sua abundância" (Cascudo, 2004, p. 641). Quando maduro, o fruto costuma ser utilizado ao natural; quando verde, pode ser ensopado ou cozido, com sal, substituindo o chuchu e a abóbora, ou consumido como doce, ralado e cozido.

Mamertino Vinho produzido perto de Messina, na Sicília, desde a Antiguidade, e que hoje corresponde a uma Denominação de Origem Controlada (DOC) também chamada Mamertino di Milazzo. Conta-se que teria sido um dos escolhidos por Júlio Cesar, em 46 a.C., para festejar seu terceiro mandato como cônsul. Hoje, a região produz brancos e tintos com uvas Grillo, Inzolia, Catarratto, Nocera e Nero d'Avola.

Maminha de alcatra Corte de carne bovina que pesa em torno de 2 kg. É a parte mais macia da alcatra e muito utilizada para assados, grelhados ou bifes. Tem sabor mais suave que o da picanha.

Manchego Queijo espanhol da região de La Mancha, elaborado com leite de ovelha não pasteurizado (o que é feito nas fazendas) e pasteurizado (feito pelas indústrias). Era preparado originalmente apenas com o leite das ovelhas Manchego, o que ainda vale para os autênticos. Trata-se de um queijo com denominação de origem e, por isso, é produzido sob regulamentação específica. Mas existem versões que utilizam leite de outras raças de ovelha. Tem formato cilíndrico e casca com interessante padrão em zigue-zague, ou melhor, "espinha de peixe", em razão das tradicionais fôrmas de grama trançada, o que o individualiza e identifica. Há

três tipos, conforme o tempo de maturação: o semicurado, manchego jovem, com cerca de três meses de maturação, de cor creme, textura macia e úmida, além de sabor frutado com toque picante; o curado, com maturação de três a quatro meses, que já adquiriu sabor de frutas secas e caramelo, e certa acidez; e o manchego *viejo*, com maturação maior, de cerca de um ano, mais gorduroso, cuja massa tem consistência firme e cor de caramelo claro, textura crocante, sabor adocicado e aroma acentuado e persistente. Ver **Denominação de Origem Protegida (DOP)**.

Mandarina Ver **Tangerina**.

Mandarine Napoléon® Tradicional marca de licor belga, dourado e com sabor de tangerina, à base de conhaque. Tem teor alcoólico de 38%. Ver **Conhaque**.

Mandelbrot Pão da culinária judaica elaborado com amêndoas, como o próprio nome indica (em alemão, *mandel* = amêndoa, *brot* = pão). Tem a casca exterior crocante, parecida com a de um biscoito, pois é cozido duas vezes. Seu interior, entretanto, é macio.

Mandioca (*Manihot esculenta*) Raiz comestível, do gênero *Manihot*. Trata-se de uma planta da família das euforbiáceas, a mesma da seringueira. É um arbusto cuja altura varia de um a cinco metros, de folhas tripartidas ou heptapartidas, com flores agrupadas e frutos globosos, com três sementes por cápsula. Suas raízes (do tipo tubérculo) têm a casca fibrosa marrom, são grossas (até 15 cm de diâmetro) e alongadas (podem chegar a 2,5 m) e sua polpa de cor clara apresenta textura firme. As inúmeras variedades são derivadas de um cipó selvagem chamado *guazúmandió*, "mandioca inicial" que não tinha raízes desenvolvidas e cujo caule estendia-se entrelaçado com outros vegetais. Sua evolução acelerou-se em razão de as plantas existentes em locais onde os indígenas abriam clareiras passarem a receber mais sol e, por isso, rebrotarem com características diferentes. As raízes engrossaram e ela transformou-se em arbusto; antes muito duras, abrandaram-se e retiveram mais água. Domesticada pelos povos originários, dependendo do contexto que a cercava, desenvolveu-se com características diferentes e gerou as variedades de hoje (450 já catalogadas). As mais utilizadas são a mandioca-brava, amarga, venenosa, branca ou amarela, muito encontrada e utilizada no Norte do Brasil; e a mandioca-doce, denominada também mansa, aipim ou macaxeira, branca e doce, sem veneno, bastante usada em todo o país. Da planta pode-se aproveitar tudo: raízes, talo e folhas. A raiz pode ser cozida, frita, assada, ralada para utilização em bolos, pudins e cremes, ou transformada em farinha, torrada ou não, ou imersa em água para hidratar e fermentar (puba, mandioca-puba, massa puba ou carimã), ou decantada para obtenção da fécula (polvilho, goma ou farinha de tapioca). A mandioca-doce ou mansa – conhecida, ainda, por mandioca de mesa – deve ser colhida entre sete e doze meses após o plantio. Ela descasca facilmente, cozinha muito rápido e é mais rica em amido. Já a mandioca-brava ou amarga, que é colhida tarde, tem a casca dura, demora a cozinhar, sem nunca ficar macia, e tem gosto amargo por causa do alto teor de ácido cianídrico; se não for bem cozida, pode provocar intoxicação. Seu caldo, a manipueira, é base para o tucupi. No Nordeste e na Amazônia, as folhas recém-colhidas são utilizadas no preparo de um cozido que reúne toucinho, carnes e temperos. O prato chama-se maniçoba e deve cozinhar por longo tempo até ficar pronto. A palavra *mandioca* vem do tupi *madi'og*; aipim, termo muito usado no Rio de Janeiro, deriva do tupi *ai'pi*; e *macaxeira*, também de origem tupi, *maka'xera*, é muito usado no Norte e no Nordeste. Suas inúmeras variedades recebem diversas denominações vernáculas: maniba, cassava, janiva, manduba, mandi, tartaruga, mulatinha, jurará, miriti, mandioca-doce, mandioca-amarela, mandiocaba, piavô, apitiúba, aipicaba etc. Luís da Câmara Cascudo registrou, em 1963, que o uso da mandioca já era muito difundido no período colonial, por ser de fácil cultivo e propagação. Os indígenas a usavam como farinha, beijus ou bebida (pelo caldo espremido). O preparo da mandioca era tarefa feminina, vedada aos homens. Portugueses e africanos logo a incorporaram à dieta. Ver **Beiju**, **Carimã**, **Farinha de mandioca**, **Goma**, **Maniçoba**, **Manipueira**, **Polvilho**, **Tapioca** e **Tucupi**.

Mandioquinha Ver **Batata-baroa**.

Mandoline Instrumento culinário, compacto e manual, é um fatiador de vegetais. Constitui-se de um retângulo de madeira, plástico ou metal e de diversas lâminas ajustáveis. É utilizado para cortar vegetais firmes, com uniformidade e precisão. A maioria tem uma peça para firmar o alimento, a fim de evitar ferimentos nos dedos do usuário. Chama-se também mandolim e mandolina.

Mandorlato Ver **Torrone**.

Maneco com jaleco Ensopado da cozinha mineira feito com carne bovina ou de porco cortada em cubos, alho, cebola, toucinho, couve e fubá. Depois de temperada, a carne é refogada em óleo até dourar e cozida com um pouco de água, em fogo baixo. A ela são, então, acrescentados a couve rasgada e o fubá. O resultado é um ensopado de molho denso.

Manga (*Mangifera indica*) Fruto tropical cuja árvore é sagrada na Índia, de onde é originária, assim como do sul e do leste da Ásia. Tem tamanho variado, é ligeiramente ovalada, com um lado mais pontudo. Sua casca é grossa, em geral de um verde desigual, com nuances de amarelo, marrom ou vermelho. A polpa é sempre de tom amarelo vivo. Começou a ser cultivada no Brasil na segunda metade do século XVIII. Tem muitos cultivares, dos quais os mais encontrados aqui são: Espada, Rosa, Carlota, Tommy Atkins, Palmer, Haden. Muito saborosa e doce, pode ser usada ao natural, em sucos, sorvetes, pudins, compotas, chutneys, em saladas e saladas de frutas ou para acompanhar um prato salgado. Emprega-se tanto a fruta madura quanto a verde, de acordo com a receita. Ver **Mango chutney**.

Mangaba (*Hancornia speciosa*) Fruto da mangabeira, arredondado e com cerca de 6 cm. É amarelo, carnudo, de polpa branca muito doce e perfumada. Pode ser consumido ao natural, em refrescos ou como doce ou sorvete. É bastante comum no litoral nordeste do Brasil e seus principais produtores são Paraíba e Sergipe.

Mangará Ver **Taioba**.

Mangarito Ver **Taioba**.

Mango chutney Conserva de manga, agridoce, de origem indiana, muito usada na Inglaterra. É preparada com mangas maduras ou verdes, vinagre, açúcar e condimentos como gengibre, cravo, canela, mostarda em grão, entre outros, além de uvas-passas brancas. Quando pronta,

apresenta consistência pastosa. É excelente para acompanhar carnes.

Manhattan Coquetel clássico à base de vermute seco, uísque, vermute vermelho e Angostura. Deve ser preparado na coqueteleira e servido em copo baixo, decorado com meia fatia de limão ou uma cereja.

Maniçoba Prato típico do Norte do Brasil, é um ensopado feito com folhas novas de mandioca-brava, toucinho, charque, bucho, mocotó, orelha de porco, costela salgada, linguiça, paio e outras carnes. Por isso, é conhecido por feijoada do Pará. Seu nome, de origem tupi – *mani so nba* –, significa "folha de mandioca cortada". A primeira referência à maniçoba foi encontrada na *Relação anual das coisas que fizeram os padres da Companhia de Jesus*, de 1605, escrita pelo padre Fernão Guerreiro, na qual ele menciona que os indígenas passavam tempos sem comer outra coisa que não fosse "alguma fruta, como nêsperas, e maniçoba brava, que são umas folhas peçonhentas, a que pisam e depois secam ao sol para se comerem" (Guerreiro, 1605). Apenas no século XIX passou-se a mencionar as carnes que acompanham o prato, talvez em razão de mais uma adaptação feita nas comidas da terra. O cozimento da maniçoba dura, no mínimo, cinco dias, para que as folhas de mandioca moídas (manivas) percam o veneno (ácido cianídrico), essa era a crença de antigamente. Hoje, entretanto, já está provado que a ação do calor não elimina o veneno, mas, sim, a trituração das folhas, que expõe ao ar as substâncias tóxicas, decompondo-as e tornando-as inócuas. Somente depois disso as carnes são colocadas na panela e cozinham por mais dois ou três dias. Quanto mais tempo as folhas ficarem no fogo com os componentes do preparo, mais escuras elas vão se tornando. O aspecto final é o de um cozido negro, de sabor muito característico. A maniçoba é servida com porções de arroz branco, farinha-d'água, grelos de mandioca e pimenta-de-cheiro. Por ser trabalhoso e de alto custo, é prato para ocasiões festivas e para grandes mesas. No interior da Bahia, no Recôncavo, também existe o hábito de preparar a iguaria. Encontrada somente nas cidades de Cachoeira e Santo Amaro, lá também é considerada uma comida de festa. Ver **Charque**, **Farinha-d'água**, **Mandioca** e **Pimenta-de-cheiro**.

Manicotti Massa italiana em formato de tubo largo, espécie de rigatoni caseiro recheado com pasta de carne ou de queijo. Depois de recheado, é levado ao forno para gratinar, recoberto com molho. Ver **Rigatoni**.

Manipoi Espécie de papa indígena da Amazônia, preparada com o sumo leitoso da mandioca, cozido, já sem o veneno, engrossado com farinha de mandioca ou farinha de milho e polpa de frutas, em geral o bacuri. Diz-se que o tacacá seria derivado dessa mistura. No Nordeste do Brasil, o manipoi é conhecido por caldo de manipueira. No Maranhão, o fruto agregado pelos indígenas para fazer a iguaria era o do jacarandá. Relatos das viagens de Claude D'Abbeville pelo estado, em 1612, descrevem seu preparo. Ver **Manipueira** e **Tacacá**.

Manipueira Líquido branco leitoso obtido pela compressão da polpa ralada de mandioca. Manipueira é a forma derivada de manicuera (do tupi *mani ku' era*), variedade de mandioca. Chama-se também manipuera, manicuera, água-brava, água de goma, esta em razão do alto grau de amido contido no líquido. Quando de-

cantado, o resíduo é a goma, matéria-prima para o polvilho e a tapioca. Depois de extrair a goma, o líquido é a base do tucupi. Venenoso logo que é retirado da massa da mandioca por sua alta concentração de ácido cianídrico, o líquido perde o veneno pela ação do calor (do fogo ou do sol) e do ar. Ver **Polvilho, Tapioca** e **Tucupi**.

Maniva Folha da mandioca-brava. Ver **Mandioca** e **Maniçoba**.

Manjangome Ver **Caruru**.

Manjar-branco 1. Pudim muito popular em todo o Brasil, feito com leite de vaca, leite de coco, amido de milho, açúcar e uma pitada de sal. É servido tradicionalmente com ameixas-pretas em calda. 2. Na cozinha portuguesa do Renascimento, tratava-se de um pudim doce preparado com peito de frango cozido e desfiado, leite de vaca, açúcar, creme de arroz e água de flor. Depois de cozida e engrossada, a mistura era servida fria, cortada em quadrados. Ao que parece, era uma das inúmeras versões do *blancmanger* encontradas em várias Cortes europeias desde o fim da Idade Média. Em 1570, el--Rei D. Sebastião listava o manjar-branco como um alimento proibido, considerando-o excessivamente suntuoso e acima do padrão da economia fidalga e popular. Nos séculos seguintes, manteve-se como o doce dos conventos ricos e das festas religiosas nas abadias e outeiros. O prato é citado por Gil Vicente em uma de suas peças: "... Pera nan enfraquecer, / E un poco de manjar branco" (citado em Cascudo, 2004, p. 315). A receita foi trazida de Portugal para o Brasil e adaptada aos ingredientes e gosto da terra, onde tornou-se uma sobremesa mais simples. Ver **Blancmanger**.

Manjar-real Nascido do manjar-branco, dominou todo o século XVIII português. Doce dos fidalgos e exclusivo de cidades, era o preferido das festas até as primeiras décadas do século XIX. Era elaborado com peito de frango cozido e desfiado, caldo do cozimento do frango, coado e sem gordura, amêndoas, miolo de pão, calda de açúcar em ponto de espadana, e cozido em fogo brando até ficar na consistência correta. No convento de Santa Clara, no Porto, depois de alcançar firmeza no fogo, era colocado em tabuleiros com formato de cones e levado ao forno para dourar a ponta. Ver **Manjar-branco**.

Manjericão (*Ocimum basilicum*) Planta dos trópicos, mas também cultivada nas regiões temperadas. Pertence à família das lamiáceas e tem inúmeras variedades. Por suas qualidades, entre elas o inigualável sabor quente e balsâmico, denomina-se erva-real. É também conhecido vulgarmente por manjerico, alfavaca e basilicão, este último de origem grega (*basilikós* = real). De grande importância na Índia e consagrado ao deus Vishnu, sobre seus ramos eram feitos os juramentos nos tribunais. Considerado erva mágica pelos romanos na Antiguidade, sua colheita seguia um ritual específico: a mão direita tinha de ser purificada com folhas de carvalho e a esquerda precisava ser lavada em três fontes diferentes, para que fosse possível tocá-lo. É encontrado fresco ou seco, porém o processo de secagem retira bastante de seu aroma. Combina bem com saladas, massas, molho de tomate, carnes, ovos e aves, além de dar sabor especial a vinagres e óleos aromáticos. Trata-se de ingrediente fundamental para o famoso molho pesto genovês. Ver **Pesto**.

Manjerona (*Origanum majorana*) Arbusto da família das lamiáceas, cuja al-

tura alcança 30 cm, de folhas aromáticas e flores de cheiro adocicado. Originária do Oriente, símbolo da felicidade para os gregos, era plantada em frente a suas casas como saudação de boas-vindas. O nome em grego significa "alegria das montanhas". De acordo com a mitologia, Amaracus, príncipe cipriota grande fabricante de perfumes, criou um aroma inigualável e acabou por embriagar-se. Para penalizá-lo, os deuses transformaram-no em uma planta de perfume extremamente suave: a manjerona. Introduzida na Europa na Idade Média, era muito procurada pelas senhoras "para fazer ramos e saquinhos de cheiro e para perfumar as águas das lavagens". No Sul do Brasil, tem sua importância e já deu nome à rivalidade entre gaúchos e catarinenses, a chamada "Guerra do Alecrim e da Manjerona", no século XVIII. Comercializada fresca ou seca, tem sabor quente e levemente apimentado. Hoje é bastante usada na cozinha, às vezes em lugar do orégano, além de também substituir o tomilho. É excelente para assados, molhos para carnes, costeletas, pizzas e molhos de tomates. Ver **Orégano** e **Tomilho**.

Manjogomes Ver **Caruru**.

Manjuba (*Anchoviella lepidentostole*) Peixe pequeno, da família dos engraulídeos, que forma grandes cardumes e é parecido com a sardinha, mas de sabor mais delicado. É mais preparado frito, passado previamente na farinha de trigo e servido como tira-gosto.

Mannequin Espécie de cesta grande utilizada nas vindimas em Champagne (França) para armazenar as uvas trazidas em cestas menores. Colocadas na extremidade de cada aleia do vinhedo, as *mannequins* têm capacidade para cerca de 80 kg de frutas. São conhecidas também por caque.

Manta Carne das costelas ou do peito da rês, seca ao sol.

Manteca Queijo de origem italiana produzido no Sul do país, com o formato de uma pequena garrafa. Sua parte externa é a de um caciocavallo, mas recheada com manteiga. É certificado como Produto Agroalimentar Tradicional (PAT). Ver **Caciocavallo**.

Manteiga Tipo de gordura obtida pelo batimento de creme de leite em determinadas condições de temperatura, processo em que os glóbulos de gordura são quebrados. Contém em torno de 80% de gordura e 20% de água e partículas de leite. É uma das melhores gorduras para uso culinário, de preferência a sem sal. O soro que sobra depois da solidificação da manteiga, o leitelho, tem sabor bastante acentuado e ácido, e é empregado em algumas receitas de pão e de biscoito. A manteiga pode ser aromatizada com alho, conhaque, ervas ou outros ingredientes. Sob refrigeração, é possível estocá-la por três semanas; em freezer, de três a seis meses. Trata-se de uma gordura saturada. A manteiga preparada no Brasil tem pouco mais de cem anos, apesar do leite saboroso encontrado aqui antes disso. De início, utilizava-se apenas a banha de porco para fritar e refogar, e a manteiga vermelha, rançosa e salgada, importada da Irlanda, para outros fins. Esta última era de uso restrito aos mais ricos. Ver **Beurre blanc**, **Beurre manié**, **Beurre noir**, **Beurre noisette**, **Ghee**, **Leitelho** e o nome da manteiga.

Manteiga clarificada Manteiga cuja água e sólidos lácteos foram removidos

por um processo de fervura branda e decantação chamado clarificação. A manteiga clarificada queima à temperatura mais alta (200 °C), além de ter maior durabilidade. Ver **Clarificação** e **Ghee**.

Manteiga composta Ver **Manteiga temperada**.

Manteiga de alho Manteiga misturada com alho fresco amassado ou fatiado. A intensidade do sabor é definida pela quantidade de alho empregada e o tempo de espera da mistura antes do uso. A manteiga de alho é usada na complementação de diversas preparações, como o pão de alho e pratos de escargots, carnes, aves e vegetais. Ver **Escargot** e **Pão de alho**.

Manteiga de amendoim Desenvolvida no fim do século XIX nos Estados Unidos e promovida como alimento muito saudável na Feira Mundial de St. Louis, em 1904, tornou-se desde então tradicional e imprescindível para a alimentação dos americanos. É uma mistura de amendoins descascados e moídos, óleo vegetal e pequena quantidade de sal. Algumas contêm, ainda, açúcar e aditivos para aumentar a cremosidade ou para manter a mistura homogênea. Pode ser encontrada como pasta fina e macia ou entremeada com pedacinhos de amendoim. Deve-se guardar sob refrigeração depois de aberta, ou por seis meses, se fechada e em ambiente seco. Ver **Amendoim**.

Manteiga de garrafa Manteiga capaz de se manter líquida em temperatura ambiente, vendida em garrafas e muito utilizada no Nordeste do Brasil. É obtida pelo longo cozimento do creme de leite até toda a água evaporar e restarem apenas a gordura e as partículas sólidas da nata. Esfriada no próprio tacho do cozimento, é então retirada e engarrafada. As partículas sólidas que sobram no fundo do recipiente são a borra da manteiga, também aproveitada, em geral temperada com açúcar e canela. A manteiga de garrafa é usada para temperar e é mais durável que a manteiga comum.

Manteiga noisette Ver **Beurre noisette**.

Manteiga temperada Conhecida também por manteiga composta, é a manteiga fresca gelada, previamente temperada com alguma erva, frutas secas ou outro elemento aromatizante e flavorizante. Os temperos mais usados são: alho, amêndoas, anchovas, caviar, estragão, echalotas, salsinha, trufas, arenque, lagostim, páprica, raiz-forte e salmão. A manteiga recebe o nome do ingrediente que a compõe e serve de guarnição para peixes e carnes.

Manuê Doce nordestino feito com massa de fubá de milho, mel, sal, manteiga, açúcar mascavo, canela e leite de coco, assado no forno após ser enrolado em folhas de bananeira. Denominado também manauê, é uma comida de substância, típico "engana fome", como se costumava dizer. Com registros no Brasil desde o século XVIII, era encontrado na época em todo lugar, tanto nas cidades como nos sertões. Apresentava inúmeras variações, todas defendidas como a receita verdadeira, que utilizavam massa de cará, de arroz, de aipim, de queijo.

Manzanilla Xerez produzido em Sanlúcar de Barrameda, na Andaluzia, com *Denominación de Origen* (DO) própria. Submetida ao microclima local, a bebida amadurece sob uma camada de levedo chamada flor, que lhe confere características especiais. É mais leve e seca que o xerez fino produzido em outras áreas

e apresenta uma nota salgada. Quando amadurecido, chama-se *manzanilla pasada*. Ver **Xerez**.

Mão de pilão Ver **Pilão**.

Mapará (*Hypophthalmus edentatus*; *Hypophthalmus marginatus*; *Hypophthalmus fimbriatus*) Peixe de coloração cinza-azulada com três espécies diferentes, encontrados nos rios Amazonas e Solimões. É muito utilizado na dieta dos ribeirinhos. Trata-se de um peixe de couro, com carne saborosa.

Maple (*Acer saccharum*) Xarope natural obtido da seiva do bordo (*sugar maple*, em inglês), árvore nativa do Canadá e dos Estados Unidos. A época de colheita da seiva começa no meio de fevereiro e dura de quatro a seis semanas. Depois de sustada a fermentação por fervura e feito o refino, a seiva é transformada em xarope. O maple é o acompanhamento tradicional, sobretudo nos Estados Unidos e no Canadá, de panquecas e waffles, assim como complementa muito bem os alimentos grelhados. Além do xarope, com a seiva pode-se produzir ainda outros produtos, como o açúcar de maple, mais doce que o de cana refinado; o mel de maple, mais grosso que o xarope; o creme de maple (ou manteiga de maple), grosso e próprio para espalhar. É comercializado também um xarope feito com materiais mais baratos e flavorizado/aromatizado com uma pequena quantidade de xarope de maple puro ou extrato artificial. O original deve ser conservado sob refrigeração, para não azedar. Ver **Panqueca** e **Waffle**.

Maracujá (*Passiflora edulis* var. *flavicarpa*; *Passiflora alata*) Fruto do maracujazeiro, da família das passifloráceas e originário da América do Sul. Tem belíssimas flores roxas, arroxeadas ou rosas, conhecidas por flores-da-paixão, nome dado pelos colonizadores e jesuítas que as relacionaram, pela cor, à paixão de Cristo. A palavra "maracujá" tem origem indígena e significa "comida de cuia". Há diversas espécies e variedades no Brasil. As duas mais cultivadas e conhecidas são o maracujá azedo ou maracujá-amarelo e o maracujá doce. O primeiro é arredondado, de cor amarela e casca enrugada quando maduro. Seu suco tem sabor ácido, forte e característico. Pode ser utilizado como ingrediente de musses, tortas e outros doces. Já o segundo tem formato ovalado, casca amarela lisa e polpa doce e agradável. É consumido especialmente *in natura*.

Maraschino Licor feito na Dalmácia (Croácia) com cerejas marasca (*Prunus cerasus* var. *marasca*) fermentadas. No processo, utiliza-se tanto a polpa quanto o caroço, o qual proporciona um leve sabor de nozes. É incolor e pode ser empregado em receitas doces e coquetéis. Tem teor alcoólico de 30%.

Marc 1. Na França, é o resíduo da prensagem da uva ou de outros frutos, como a maçã. **2.** Aguardente francesa feita por meio da destilação dos resíduos sólidos das uvas esmagadas (bagaço), cujo suco já foi retirado para o fabrico do vinho. Sua referência completa é *Eau-de-Vie de Marc*. É mantido de dez a vinte anos em barrica, para amadurecimento. Com forte teor alcoólico (pode chegar a 70%), o *marc* é produzido na maioria das regiões vinícolas da França. Os mais leves e finos são os fabricados em Champagne e Borgonha. De modo geral, é usado no fechamento da refeição, como digestivo, depois da sobremesa ou como acompanhamento do café, além de servir para flambar carnes em lugar do conhaque ou complementar preparos culinários.

Marchands de vin Molho francês cujo nome em português significa "mercadores de vinho". É elaborado com vinho tinto, echalotas, pimenta-do-reino e *glace de viande*, caldo grosso e brilhante obtido pela redução dos sucos de carne. A mistura é levada a reduzir e, no último minuto, acrescentam-se manteiga, suco de limão e salsinha picada. Trata-se de um acompanhamento próprio para carnes grelhadas ou assadas. Ver **Echalota**.

Marengo Ver **Poulet sauté à la marengo**.

Margarina Gordura vegetal modificada que pode ser feita com o óleo de várias sementes, como as de girassol, de soja, de canola e de milho. De aspecto semelhante ao da manteiga, há três tipos: cremosa, líquida ou em tabletes, todos utilizados em refogados, grelhados, assados, salteados, frituras, bolos, massas em geral, doces, sobremesas. A margarina surgiu na metade do século XIX, em 1869, criada pelo francês Hippolyte Mège-Mouriès, a pedido de Napoleão III. O objetivo era encontrar uma gordura barata, que não estragasse com tanta facilidade, para alimentar a crescente população das cidades. À gordura criada, elaborada com banha derretida e multifiltrada, deu-se o nome de margarina, em razão de seu aspecto perolado (em grego, a cor pérola denomina-se *margaron*). O processo de produção da margarina foi aperfeiçoado posteriormente e obteve-se uma composição de elementos vegetais, com menor chance de tornar-se rançosa.

Margarita Coquetel mexicano clássico à base de tequila, Cointreau® e suco de lima. É preparado na coqueteleira e servido gelado em taça de coquetel crostada de sal com bastante gelo picado, ou frozen, praticamente congelado. Há inúmeras versões para sua origem, em geral situada nos estados de fronteira do México com os Estados Unidos, entre os anos 1930 e 1950. O coquetel popularizou-se e ganhou o mundo, sobretudo após a Copa do Mundo de Futebol de 1970, realizada no México. Ver **Cointreau** e **Tequila**.

Margherite Tipo de massa alimentícia italiana estreita, longa e com uma das bordas ondulada. É típica de Palermo.

Marguery Criado pelo chef francês Nicolas Marguery no fim do século XIX, é um molho feito com vinho branco e fundo de peixe com caudas de camarão, misturados a gemas e manteiga. Os filés de peixe devem cozinhar no fumet, que depois é reduzido e engrossado com as gemas. É indicado para acompanhar peixes de sabor suave, como o linguado.

Maria-Gomes Ver **Caruru**.

Maria-gorda Ver **Caruru**.

Maria Isabel Prato tipicamente goiano, porém de origem gaúcha, cuja base é o arroz de carreteiro. No Centro-Oeste, passou a ser feito com carne-seca de primeira, cortada bem fininha e refogada até a carne avermelhar. O arroz é, então, refogado junto e acrescentam-se tomates maduros e açafrão-da-terra. Diz-se que os gaúchos levaram a receita do Rio Grande do Sul para a região Centro-Oeste ao escaparem da Revolução Federalista de 1893. Aclimatado e adequado aos ingredientes da nova terra, o prato recebeu um novo nome: Maria Isabel. No Nordeste, encontra-se o preparo com o mesmo nome, mas elaborado com carne de sol, em vez da carne-seca. Ver **Arroz de carreteiro** e **Cúrcuma**.

Maria-mole Doce mole, de textura macia e esponjosa. É feito com gelatina sem sabor, água quente e açúcar. A mistura é batida com batedeira até dobrar de volume e colocada na geladeira, em recipiente untado e recoberto com filme. Depois de firme, a maria-mole é cortada com faca untada e passada em coco ralado.

Maribo Queijo artesanal feito na cidade de Maribo, ilha de Lolland (Dinamarca). Apresenta massa firme, de textura macia, com grande quantidade de orifícios de tamanhos variados. Tem aroma picante e sabor forte. Com alto teor de gordura (30% a 45%) e peso entre 13 kg e 15 kg, é envolto em cera amarela.

Marinada Líquido composto, basicamente, de vinho e temperos. Nele são colocados de molho, por certo tempo, carnes, peixes ou aves antes de serem cozidos, para ficarem mais temperados e macios. Os ingredientes da marinada podem variar, conforme o alimento a ser preparado. É comum, entretanto, o uso de cebola, alho, óleo, vinho, cenouras, ervas, sal e especiarias. Em Portugal, antigamente, havia uma distinção entre a marinada e a vinha-d'alhos. A primeira continha obrigatoriamente vinho; a segunda, não. Na França, a marinada fervida e esfriada antes do uso é chamada *marinade cuite*; a mais usual, sem fervura, é a *marinade crue*. Os alimentos são marinados por vários dias ou apenas algumas horas, dependendo da receita. Ver **Vinha-d'alhos**.

Marinar Imergir carnes, aves ou peixes em marinada ou vinha-d'alhos. Ver **Marinada** e **Vinha-d'alhos**.

Marinara, alla Pratos servidos com molho feito com tomates, vinho, alho e azeite.

Marinière, à la 1. Método de cozimento de peixes, crustáceos, mexilhões ou outras conchas com vinho branco e cebolas ou echalotas. Depois de cozido, o caldo é decantado e, em seguida, engrossado, para servir como molho de acompanhamento. Ver **Echalota**. **2.** Pratos em que os mexilhões são a guarnição principal. Ver **Mexilhão**.

Mariola Docinho de banana bastante conhecido, de consistência firme, preparado com banana amassada e açúcar em ponto de bala, espalhado no mármore e cortado em quadradinhos ou tabletes. Em geral vendido envolto em papel-celofane, é encontrado em todo o Brasil. No Nordeste, é mais conhecido por tijolinho.

Marisco Designação comum a todos os moluscos e crustáceos comestíveis, como amêijoas, mexilhões, vieiras etc. Ver **Amêijoa**, **Mexilhão** e **Vieira**.

Marjolaine Sobremesa elegante e trabalhosa criada por Fernand Point, precursor da *nouvelle cuisine* francesa, em meados do século XX. Ela é preparada em diversas camadas superpostas, como uma *dacquoise*. A base é retangular, de merengue cozido, com amêndoas e avelãs moídas, claras em neve e açúcar. Em seguida, coloca-se uma camada de creme de confeiteiro, outra de merengue, uma de ganache de chocolate misturada com chantili e mais uma de merengue. Sobre esta, adiciona-se uma camada de creme de confeiteiro com raspas de casca de laranja e uma última de merengue. Todo o topo e as laterais são, então, recobertos com ganache. Recobre-se estas últimas cuidadosamente com lascas de amêndoas um pouco tostadas e salpica-se pralin de amêndoas sobre o topo. Usa-se um bico de confeiteiro para finalizar as bordas su-

periores com uma guirlanda de ganache. Ver **Creme chantili**, **Creme de confeiteiro**, **Dacquoise** e **Ganache**.

Marlborough pie Torta típica de Massachusetts (Estados Unidos) composta de uma base de massa crocante recoberta com recheio de creme de leite, ovos, maçãs cruas ou em compota, açúcar, suco de limão e *sherry* (o mesmo que xerez). Depois de assada, é salpicada com canela e noz-moscada. É geralmente preparada para as comemorações do Dia de Ação de Graças (*Thanksgiving Day*). Em receitas mais antigas, do século XVII, ovos e creme de leite não entravam no recheio. Ver **Xerez**.

Marmelada 1. De origem portuguesa, é um doce de polpa de marmelo cozida em calda de açúcar. Pode ser mais ou menos firme e de cor mais clara ou mais escura, dependendo do tempo de cozimento. Derivou de um processo de conservação que remonta à Grécia Antiga, quando marmelos e outras frutas eram armazenados em mel. No fim da Idade Média, conservas de marmelos já eram preparadas em Portugal, com a substituição do mel pelo açúcar, método possivelmente assimilado dos mouros do norte da África. **2.** Em Portugal, o mesmo nome é atribuído a doces de outras frutas, preparados da mesma maneira. De *marmelada* derivaram as palavras *marmelade*, em francês e alemão, e *marmalade*, em inglês. Ver **Marmelade**.

Marmelade 1. Na França, é um purê de frutas resultante de sua maceração em açúcar, seguida de longo cozimento. **2.** Na Alemanha e na Áustria, é sinônimo de geleia e pode ser preparada – como a *marmelade* francesa – com qualquer fruta. **3.** No Reino Unido, grafa-se *marmalade* e denomina uma tradicional geleia de laranja-azeda ou, mais genericamente, geleias à base de frutas cítricas que, como aquela, contêm pedaços da casca da fruta.

Marmelo (*Cydonia oblonga*) Fruta grande, de forma semelhante à de uma pera, casca amarelo-dourada e perfume exótico. Tem a polpa branco-amarelada, ácida e firme, e flores cinza. É muito picante e adstringente para ser ingerida crua, por isso é mais usada como compota ou geleia. Por conter bastante pectina, rende geleias com excelente consistência. Trazida para o Brasil por Martim Afonso de Souza, primeiro governador-geral, foi a primeira experiência portuguesa em termos de cultura de frutas no Brasil, com grandes plantações em São Paulo, na Bahia e no Rio de Janeiro. O doce de marmelo era o mais popular nos séculos XVI e XVII, mas seu uso decaiu no século seguinte com o aumento da variedade de frutas utilizadas no Brasil. Nessa época, "marmelada" era o termo genérico que denominava qualquer doce de fruta em pasta.

Marmite Recipiente francês baixo, redondo, largo e com tampa, geralmente de cerâmica, usado para longos cozimentos. Nele são preparados os cozidos e pratos como o *cassoulet* e o *pot-au-feu*. Ver **Cassoulet** e **Pot-au-feu**.

Maroilles Queijo francês tradicional feito de leite de vaca, com odor bastante característico. É produzido na região de Hauts-de-France, no nordeste da França. Tem casca lavada compacta, vermelho-amarelada, além de interior macio e gorduroso, de textura úmida e com poucas fendas na massa. É um queijo sólido, em forma de bloco. Quando jovem, chama-se *maroille blanc*, pois ainda não desenvolveu a característica casca avermelhada. Deve maturar durante quatro meses, período em que é lavado com salmoura.

Depois disso, seu aroma complexo e pungente de frutas fermentadas está presente e seu sabor assemelha-se ao de bacon defumado. Criado pelos monges da Abadia de Maroilles, é considerado o queijo mais antigo e conhecido entre os habitantes do Norte da França. Começou a ser fabricado no ano de 960 e seu milésimo aniversário foi comemorado com muita festa na vila francesa de mesmo nome.

Marreco recheado Prato delicioso e tradicional de Pomerode, mas encontrado também em outras cidades de Santa Catarina cuja população tem origem germânica, no Vale do Itajaí. O marreco (*Anas querquedula*) é assado lentamente em forno de lenha depois de ter sido recheado com farofa molhada, preparada com o fígado da ave e os outros miúdos refogados com cebola e temperos, misturados com farinha de mandioca. Quando está pronto, seu exterior fica dourado e crocante, e a carne macia e saborosa. Em geral, é servido com repolho-roxo, purê de batatas e maçãs cozidas.

Marrom-glacê Doce francês muito difundido em todo o mundo, produzido com a castanha-europeia, conhecida no Brasil por castanha portuguesa. É preparado com castanhas inteiras peladas e cozidas por dias em temperatura constante, em calda de açúcar com baunilha. Trata-se de um processo longo e trabalhoso, cujo resultado é bastante saboroso e delicado. Por analogia, no Brasil, o mesmo nome é dado ao doce de castanha em pasta ou compota, ou ao doce feito com batata-doce. Ver **Castanha portuguesa**.

Marron Ver **Castanha portuguesa**.

Marrow Tutano, em inglês. Ver **Tutano**.

Marsala Vinho fortificado italiano com Denominação de Origem Controlada (DOC), produzido no noroeste da Sicília. Há diferentes categorias de Marsala. As duas mais valorizadas são Marsala *Vergine*, vinho seco elaborado somente com um conjunto de uvas brancas permitidas e envelhecido por, pelo menos, cinco anos; e Marsala *Vergine Riserva* ou *Stravecchio*, vinho envelhecido por, no mínimo, dez anos. Considerados inferiores, há também Marsalas envelhecidos por apenas um ou dois anos. Podem ser produzidos, ainda, Marsalas semissecos ou doces e com uvas tintas. É muito usado em receitas de sobremesa, sobretudo o *zabaglione*, além de ser ingrediente do Marsala *all'uovo*, bebida para o inverno composta da bebida alcoólica e ovo. Ver **Zabaglione**.

Marshmallow Criado com o extrato doce das raízes do malvavisco (*Althaea officinalis* ou o vulgar *marshmallow plant*), esse doce é hoje elaborado comercialmente com xarope, gelatina, goma arábica e flavorizantes. Tem consistência firme, formas variadas e pode ser de diversas cores. Existe também o marshmallow cremoso, usado em sorvetes e como recheio e cobertura de bolos. O caseiro é preparado com calda de açúcar, glicose de milho e claras em neve.

Martini® Famoso vermute italiano produzido também no Brasil, cujo teor alcoólico varia de 16% a 18%. Pode ser tinto ou branco, doce ou seco. Consumido em diversos coquetéis, entre eles o dry martini. Ver **Dry martini**.

Marzipã Pasta de amêndoas moídas e açúcar ou calda de açúcar, de origem incerta e bastante antiga. Pode ser aromatizada com essências e colorida com corantes. É espessa e maleável, usada para cobrir bolos em ocasiões especiais e fazer docinhos de diversos formatos. Trata-se de um doce caro e finíssimo. Na Idade Média, era preparo comum nos mosteiros europeus. Por não poderem comer carne, que era proibida nos "dias magros", as monjas completavam a alimentação com doces. Existe uma frase de Santa Teresa d'Ávila a respeito: "As amêndoas fazem muito bem às mulheres que não podem comer carne." A receita, como é conhecida hoje, data do início do século XVIII, quando era preparada em um mosteiro de freiras ursulinas, em Issoudun (França). Com a Revolução Francesa e a perseguição aos religiosos, a elaboração foi reduzida, restringindo-se a uma pequena loja na mesma cidade. Mas seu prestígio foi mantido, e inclusive cresceu quando o escritor Balzac demonstrou interesse pelo doce e inaugurou uma loja para vender, com exclusividade, o marzipã das irmãs de Issoudun. No século XIX, chegou às cortes francesa e russa. Ver **Amêndoa**.

Masa Termo em espanhol para massa, *masa* é a tradicional base de milho usada para fazer tortilha e tamales. Prepara-se com grãos de milho nixtamalizados, lavados, moídos e sovados. O resultado é uma massa homogênea. Quando produzida industrialmente, passa ainda por processo de secagem e é denominada *masa harina*. Ver **Nixtamalização**, **Tamales** e **Tortilha**.

Masala Mistura de condimentos originária da Índia, sem fórmula fixa, que varia de acordo com a região, o cozinheiro e o prato. Os ingredientes mais usados são: coentro, cominho, cúrcuma, gengibre, pimenta-do-reino, cravo, feno-grego, cardamomo, noz-moscada, tamarindo, canela, mostarda, manjericão e pimentas *Capsicum*. Os componentes podem ser frescos ou secos, inteiros ou moídos e a mistura final pode ser em pó ou pasta (com a adição de água, leite de coco, suco de lima ou vinagre). Na ocupação da Índia, o *masala* caiu no gosto dos ingleses e passou, então, a ser produzido comercialmente na Inglaterra sob o nome de curry. Ver **Curry**.

Mascarpone Queijo italiano da região da Lombardia elaborado com a adição de ácido cítrico ao creme de leite, que, depois de separado do soro, resulta em uma massa alva, cremosa, muito saborosa, sem sal e levemente ácida. Assemelha-se mais à coalhada que a um queijo e tem consistência de manteiga amolecida. Contém 75% de gordura. Deve ser guardado em refrigeração e consumido rapidamente. Alcança sua melhor qualidade quando preparado nos meses de inverno. É ingrediente de doces e salgados, muito utilizado em pastelaria. Sua aplicação mais conhecida é no famoso pavê italiano tiramisu. Ver **Tiramisu**.

Máslás Ver **Tokaji**.

Massa alimentícia As primeiras massas alimentícias teriam sido produzidas no norte da China, antes de 200 a.C. No Oriente Médio, há indícios da feitura de massas no século VI d.C. Por muito tempo, acreditou-se que o veneziano Marco Polo tivesse sido o responsável por levar o preparo de massa da China para a Itália. Mas hoje sabe-se que, no século XII, os sicilianos já preparavam um tipo de massa seca de fios finos chamada *itriyya*. Quase todos os países têm um tipo de massa: a dos alemães é o *spätzle*; dos poloneses, o *pierogi*; no Oriente, existem dezenas de massas, de diferentes ingredientes e formas. Na Itália, chama-se *pasta* e é uma instituição nacional. Lá a massa é feita com farinha de trigo de grão duro ou semolina, água, ovos e sal. Pode ter uma variedade enorme de formas, tamanhos e cores, o que determinará o modo de preparo e a apresentação final. O mesmo formato pode ter nomes diferentes, conforme a região italiana. As mais conhecidas são: *spaghetti, canellone, farfalle, fettuccine* (ou *tagliatelle*), *lasagna, cappelletti, capellini, penne, gnocchi, ravioli, panzotti, pappardelle*. É encontrada fresca ou seca, com ou sem recheio. As massas secas devem ser guardadas em local também seco, fresco e arejado, e têm validade indefinida. As frescas precisam ser conservadas no refrigerador e consumidas em menos de cinco dias, ou podem ser congeladas por mais ou menos um mês. O ponto de cozimento deverá ser sempre *al dente*. Antes ou depois de cozida, dependendo do formato, pode ser recheada. Serve-se com diversos tipos de molho, mas deve-se optar por aquele mais adequado às características da *pasta*. Devem ser consideradas algumas informações: se a massa é industrializada ou caseira com ovos, se o formato é fino, grosso, recheado ou oco. Massas industrializadas têm maior firmeza e textura compacta, sustentam bem o molho, aceitam bem o azeite, mas com manteiga o resultado será mais pesado. As finas combinam bastante com azeite e frutos do mar, já as mais grossas, com tomates e com manteiga. As ocas e as recheadas aceitam bem tomate, manteiga, carnes e molhos cremosos e densos. As massas caseiras, frescas e com ovos, absorvem o molho; o azeite suprime a textura leve e a torna escorregadia; sabores fortes colocam o da massa em segundo plano; a melhor combinação é com molhos delicados (frutos do mar, carnes, legumes e vegetais) à base de manteiga e enriquecidos com creme de leite. As massas finíssimas, industrializadas ou caseiras, devem ser usadas apenas em caldos. Ver o nome das massas.

Massa arenosa ou sablée Massa quebradiça de confeitaria que desmancha na boca, feita com farinha de trigo, manteiga, uma pitada de sal, ovo e açúcar. A proporção entre gordura e farinha é de um para dois. Sua manipulação deve ser restrita, apenas o necessário para dar forma à massa, sem desenvolver o glúten. É muito empregada em *tartelettes*. Ver **Tartelette**.

Massa crocante ou brisée Massa de confeitaria fácil de fazer e versátil, conhecida por *shortcrust pastry*, em inglês. Contém farinha de trigo, manteiga, uma pitada de sal, ovo e água gelada. A proporção entre gordura e farinha é de um para dois. É importante que a água seja adicionada em quantidade apenas suficiente para ligar a massa, pois em excesso a deixará dura. Ela é empregada em tortas abertas e fechadas, empadinhas doces ou salgadas. Pode-se acrescentar aos ingredientes açúcar de confeiteiro e aromatizá-la com raspas de limão ou de laranja, ervas picadas, frutos secos, queijo etc.

Massa de carolina ou pâte à choux Massa básica da pastelaria francesa, similar a uma pasta. Deve ser preparada em etapas e é feita com farinha de trigo, manteiga, água (ou leite e água em igual proporção) e ovos. Primeiro, o líquido e a gordura são levados à fervura. Em seguida, adiciona-se toda a farinha e a panela é recolocada no fogo. Para finalizar, a mistura é posta na batedeira e acrescentam-se os ovos, aos poucos. A massa deve ser assada em forno bem quente, de início, para que se forme bastante vapor e ela ganhe volume, ficando oca por dentro. Depois a temperatura deve ser reduzida, a fim de

que seu interior seque. Com ela, são preparados profiteroles, bombas, gougère, saint-honoré, entre outros. A massa crua, se não for empregada imediatamente, deve ser congelada. Ver **Bomba**, **Gougère**, **Profiterole**, **Saint-Honoré**.

Massa filo Massa finíssima de farinha de trigo, ovo, pouca gordura e água, originária da Grécia e conhecida também por massa laminada. Semelhante à do strudel, depois de assada apresenta textura quebradiça. A tradução literal da palavra grega *phyllo* é folha. É uma massa usada em doces ou salgados, não só na Grécia mas também em todos os países do Oriente Médio. Entra no preparo de baklava e spanakopita. Pode ser encontrada fresca ou congelada e dura até um mês se guardada no refrigerador ou um ano, no freezer. Ver **Baklava**, **Spanakopita** e **Strudel**.

Massa folhada ou feuilletée Massa composta de farinha de trigo, gordura e água. A quantidade de gordura em relação à de farinha dependerá do tipo de prato. De elaboração trabalhosa, a criação das diversas camadas de massa e gordura exige prática para que o resultado seja satisfatório. Deve ser manipulada com delicadeza e o mínimo possível. Para trabalhá-la, é necessário combinar uma série de movimentos: abri-la, pressioná-la e amassá-la sem sovar, com rapidez para não a aquecer com as mãos e ressecar sua superfície. É importante que, depois de modelada, descanse por algum tempo, a fim de evitar que encolha durante o cozimento. Depois de assada, o folhado aparece. Conhecida também por *puff pastry*, em inglês, é utilizada na cobertura de tortas, em pastéis, *vol-au-vents* e *palmiers*. É encontrada pronta e congelada no mercado. Ver **Palmier** e **Vol-au-vent**.

Massa podre Massa bastante comum na cozinha caseira brasileira, feita tradicionalmente com farinha de trigo, manteiga ou banha, ovos ou gemas e sal. Pode ou não conter leite. É usada sobretudo em empadas e empadões. Ver **Empada**.

Massa puba Massa de mandioca hidratada em água e fermentada. Ver **Carimã**.

Massa semilíquida Massa à base de farinha de trigo e algum líquido, misturados até apresentar uma consistência que possibilite ser despejada com a colher. Mais rala ou mais espessa, é utilizada, principalmente, para empanar alimentos. Pode ser temperada ou aromatizada com ervas e condimentos. Um exemplo é a massa utilizada em panquecas e blinis, feita com farinha de trigo, leite e ovo. Na massa para empanar, pode ser usada cerveja em vez de água, para deixá-la mais leve e crocante. Ver **Blini**, **Panqueca** e **Tempura**.

Massapê Espécie de pirão escaldado feito com farinha de mandioca e água fervente. É acompanhado de molho de pimentas. Comida dos escravizados dos engenhos do Nordeste, ainda hoje é alimento muito difundido no meio rural. Recebeu o nome da terra argilosa local, com a qual eram feitas as vasilhas de barro cozido em que era preparado o pirão.

Mástique Resina aromática produzida por uma variedade de árvore conhecida por lentisco ou alfostigueiro (*Pistacia lentiscus* var. *chia*). Essa substância é obtida por meio de incisões feitas no tronco da árvore, pelas quais a seiva escorre e, então, é recolhida. Fabricada na ilha de Quios (Grécia), a mástique tem Denominação de Origem Protegida. É comercializada sob a forma de torrões, de cor clara e consistência flexível, que devem ser

amassados antes de serem acrescentados ao preparo ou à bebida.

Mastiha Bebida grega muito usada como aperitivo, elaborada com aguardente misturada à resina do lentisco ou mástique. Ver **Mástique**.

Matambre 1. Carne magra situada entre o couro e as costelas da rês. Para ser comida, é necessário cozinhá-la bem, para amaciar. Seu nome vem da expressão espanhola *mata-hambre*, que significa "mata a fome". Foi assim denominada por ser a segunda carne retirada do boi depois de ele ser abatido; a primeira é a língua. No Rio Grande do Sul, o matambre é preparado enrolado, com a parte gordurosa para fora, depois de recheado com uma mistura de cebola, alho, pimenta vermelha picada, salsa, cebolinha e linguiça calabresa grossa. É assado no espeto ou, na falta dele, no forno, por um bom tempo. **2.** Nome de um rocambole de carne, na Argentina.

Matcha Chá-verde, brilhante, em pó, servido na cerimônia japonesa do chá. Chama-se também *hiki-cha*. Trata-se de uma bebida de primeira qualidade, levemente amarga. Seu preparo encerra todo um ritual: são necessários locais e utensílios específicos, quantidade de pó em torno de 5 g de chá por xícara para 400 ml de água, a uma temperatura de 60 °C.

Mate 1. (*Ilex paraguariensis*) Originário da América do Sul, o mate é uma árvore da família das aquifoliáceas que pode alcançar até doze metros de altura. Os frutos são pequenos e avermelhados e as folhas são ovaladas e ricas em cafeína. Já era utilizado em épocas remotas pelos indígenas, que as mascavam cruas. Colhidas do pé o ano inteiro, são usadas para o preparo de infusões, frias ou quentes. Muito utilizada pelos jesuítas na época colonial, sua infusão passou a ser conhecida também pelo nome chá-dos-jesuítas ou chá das missões. **2.** Bebida muito característica do Sul do Brasil e bastante apreciada pelos gaúchos. É uma infusão preparada com a erva-mate fresca, conhecida também por chimarrão. Ver **Chimarrão**. **3.** Nos estados do Centro-Oeste do Brasil, mais quentes, toma-se uma infusão similar à dos gaúchos, também em cuia e feita com erva fresca, mas preparada com água gelada, como refresco. Ver **Tereré**. **4.** Já no Rio de Janeiro, usa-se o mate tostado, e a infusão é feita com água fervente. Depois de gelada, é coada e temperada com limão e açúcar. É servida em copos e muito tradicional nas praias cariocas.

Mateiro Ver **Veado**.

Matelote Preparo francês de peixe cozido em vinho tinto, vinho branco ou sidra. Derivado de *plat de matelots* (prato de marinheiros), o nome recebe como complemento a denominação do lugar em que é preparado e a receita varia de acordo com ele. Assim, o *matelote bourguignone* é preparado com peixe de águas frias e cozido em vinho tinto da Borgonha; o *matelote normand* é elaborado com peixe do mar, flambado em Calvados, cozido com sidra e creme de leite fresco. Tem também outros nomes, dependendo da região: *meurette*, *catigot*, *pochouse*, entre outros.

Matsutake (*Tricholoma matsutake*) Espécie de cogumelo marrom-escuro, silvestre, de textura densa e aromática, com cheiro de noz e um toque de picante, características que o tornam bastante valorizado. É encontrado na parte norte da Ásia, da Europa e dos Estados Unidos. Bastante comum no Japão, lá é vendido

fresco ou em conserva. Pode ser preparado frito, grelhado, cozido ou no vapor.

Maturação 1. Processo de modificação química lenta que ocorre naturalmente nas carnes depois do abate do animal. Tem por base a atividade enzimática que sobrevém certo tempo após o *rigor mortis* e é responsável pela decomposição das moléculas dos músculos em unidades menores e sápidas. Hoje esse processo é aplicado de maneira controlada em diversos cortes de carne bovina, com o objetivo de torná-la mais macia e saborosa. Há duas técnicas principais: a maturação úmida e a maturação a seco (*dry-aging*). Na primeira, a carne é embalada a vácuo e descansa na câmara fria a 0 °C, por um período que pode variar de alguns dias a um mês. Na segunda, a carne descansa sem estar embalada, em temperatura entre 1 °C e 3 °C, com rígido controle de umidade e sob ventilação. A maturação a seco é usualmente aplicada por 15 a 45 dias, mas pode ultrapassar os sessenta dias em restaurantes especializados. A carne perde líquido aos poucos e tem seus sabores concentrados. **2.** A maturação de queijos corresponde à fase final de sua fabricação. Trata-se de uma evolução controlada, em que os processos químicos, microbiológicos e físicos por que passam são acompanhados de perto por técnicos experimentados. O ambiente de maturação, a temperatura e umidade do local, os microrganismos, o manuseio das peças, os cuidados com a formação da casca e o tempo necessário de processo são itens que, além de depender do tipo de queijo, variam de acordo com o resultado que se quer obter no final. Na maioria dos casos, a maturação ocorre da casca para o interior; em alguns (queijos com veios azuis, por exemplo), do interior para a casca. No final do processo, são formadas a massa e a casca do queijo e estabelecidos a textura, o sabor e o perfume. Em francês, a maturação de queijos é denominada *affinage* e o profissional especializado no processo, *affineur*.

Maturi Castanha-de-caju ainda verde, não torrada, utilizada no preparo de ensopados, tortas salgadas, frigideiras, entre outras receitas. É muito usada no Nordeste. A retirada do maturi da casca exige técnica e cuidados, pois parte dela é esponjosa, com alvéolos preenchidos com líquido cáustico e facilmente inflamável.

Matzá Pequeno pão não levedado, consumido tradicionalmente pelos judeus nas comemorações da Páscoa. É feito com farinha, água e, às vezes, um aromatizante. Sua receita é muito antiga e remonta à saída do povo hebreu do Egito, quando o pão era feito apenas com farinha e água, sem pausa para fermentar. De acordo com a lei rabínica, o matzá deve ser preparado em dezoito minutos, depois de misturada a farinha com a água. Grafa-se também matzah, matzo ou matzoh.

Matze-meil Farinha obtida por meio da moagem do pão ázimo (pão sem fermento – matzá). É ingrediente básico na culinária judaica e entra no preparo de pratos como o *gefilte fish* e o *kneidel*. Ver **Gefilte fish** e **Kneidel**.

Maurice Edmond Sailland Ver **Curnonsky**.

Maxixe (*Cucumis anguria*) Fruto de uma erva rasteira ou trepadeira repleta de ramos, denominado também galinha-arrepiada. O maxixe tem formato ovalado e é cheio de espinhos moles, não pontiagudos. Em geral, é preparado refogado ou ensopado. No Norte do Brasil, é muito

usado como ingrediente do cozido e do escaldado. Suas folhas também são comestíveis e, quanto mais jovens, mais tenras. Podem ser refogadas e têm sabor similar ao do espinafre. Ver **Cozido** e **Escaldado**.

Mead Bebida inglesa muito antiga, bastante comum na Idade Média, hoje raramente preparada. Era feita com favos de mel já esvaziados ou com o próprio mel, além de especiarias, grãos e ervas. Denominava-se ainda *honey-wine*. Com pequenas variações na elaboração, era feita também em muitos outros países europeus. Similar à ambrosia grega, era consumida no dia a dia, antes da produção dos vinhos de uva, e em inúmeras cerimônias pagãs, além de ser utilizada como medicamento, caso em que a erva variava. Na Inglaterra, seu uso demorou mais a diminuir, em razão de ela ser mais acessível que o vinho de uvas.

Medalhão Nome do tournedos, no Brasil. Ver **Tournedos**.

Medlar Nêspera, em inglês. Ver **Nêspera**.

Médoc Sub-região de Bordeaux (França) produtora dos mais afamados, caros e finos vinhos do mundo. Château Lafite Rothschild, Château Latour, Château Margaux e Château Mouton Rothschild são alguns exemplos. É uma faixa estreita de terra (12 km) que se estende por 80 km, à esquerda do estuário do Gironda. Os melhores vinhos são os produzidos nas terras altas. O Médoc abriga seis comunas com *Appellations d'Origine Contrôlées* (Denominações de Origem Controladas) próprias: Margaux, Saint-Julien, Pauillac, Saint-Estèphe, Moulis-en-Médoc e Listrac-Médoc. Há, ainda, uma classificação de qualidade dos châteaux (propriedades produtoras) e de seus vinhos com base na categorização dos vinhedos: premier cru, deuxième cru, troisième cru, quatrième cru ou cinquième cru. Finalizada em 1855, essa classificação é famosa entre os apreciadores de vinho. Ver **Bordeaux**.

Meia-desfeita Receita originária de Lisboa, à base de bacalhau cozido com algum tipo de grão, refogado no azeite com alho e cebola, e temperado com vinagre. Pode ser ou não levado ao forno.

Meias-luas de Viana do Castelo Doce português, é um pequeno pastel recheado com creme feito de calda de açúcar, amêndoas raladas, farinha de mandioca e gemas. Depois de frito, é polvilhado com açúcar.

Mel Líquido dourado e doce com consistência de xarope e perfume característico, produzido pelas abelhas com o néctar das flores. É utilizado desde a Pré-história, de início retirado diretamente das colmeias silvestres, depois por meio do cultivo regular. Presume-se que tenha sido o primeiro edulcorante utilizado. Já era cultivado pelas civilizações pré-colombianas nas Américas e, na Europa, a cultura greco-romana deixou inúmeros estudos, comentários e poemas a seu respeito. Uma das mais populares bebidas romanas, o *mulsum*, era um tônico à base de vinho e mel. Na Grécia, era o *melicraton*. No sertão brasileiro, hoje em dia, é muito encontrada a meladinha, mistura de cachaça e mel. Os árabes foram os grandes divulgadores do mel na Europa, principalmente no que tange à doçaria. Esse uso foi tão aceito que o mel taxado pelos reis portugueses tinha peso acentuado na arrecadação, maior que o do pescado, das hortaliças e até mesmo do vinho. O mel pode tanto ser produzido com a mistura

de néctares de diferentes flores (polifloral) quanto provir do néctar de flores de uma mesma família, gênero ou espécie (monofloral). A espécie de abelha mais utilizada hoje na produção de mel em todo o mundo é a *Apis mellifera*, cuja origem é europeia e foi introduzida no Brasil no século XIX. Abelhas nativas daqui, do gênero *Melipona*, produzem um mel com características distintas: maior proporção de água e, geralmente, maior acidez. Sua produção e comercialização ainda são restritas. O mel guardado em local seco e fresco mantém-se por até um ano. Às vezes, pode açucarar, mas basta colocar o vidro em panela com água quente para que ele volte a se liquefazer. É bastante utilizado ao natural e como ingrediente para molhos, biscoitos, bolos, pães, doces e sobremesas, legumes caramelizados, bebidas etc.

Melaço Resíduo da fabricação do açúcar. Por meio de fermentação seguida de destilação, dá origem ao rum. Ver **Açúcar** e **Rum**.

Meladinha Aperitivo bem brasileiro, à base de cachaça e mel.

Melado Mel ou xarope obtido da cana-de-açúcar por aquecimento e evaporação do caldo de cana ou garapa. De consistência espessa e cor escura, é empregado na elaboração de bolos, pudins, docinhos ou consumido com queijo de coalho. Conhecido desde os tempos coloniais, bastante comum no Nordeste, denomina-se também mel de engenho. Ver **Açúcar**.

Melancia (*Citrullus lanatus*) Fruta nativa da África, trazida para o Brasil no século XVI. Os portugueses chamavam-na de balancia. Nessa mesma época, denominava-se *jaeé* no Nordeste, nome que mais tarde foi registrado pelo viajante Carl Friedrich von Martius. Doce, suculenta, aquosa, sua polpa é vermelha e sua casca, verde. É consumida principalmente ao natural, como suco e em saladas de frutas.

Melão (*Cucumis melo*) Fruto aquoso e doce, de forma ovalada, da mesma família do pepino. Nativo da Ásia, hoje é cultivado em muitas regiões do mundo. Existem diversas variedades e cultivares, cujas cascas têm cores que variam do amarelo ao verde-escuro e a polpa, do verde pálido ao abóbora forte. O Cantaloupe tem origem norte-americana, casca cor de palha e verde com aparência rendilhada, e polpa de coloração salmão. Seu sabor é excelente. O Valenciano, de origem espanhola, é o cultivar mais produzido no Brasil. Redondo, levemente alongado, tem casca amarela e rugas longitudinais, além de interior verde-claro. O Casca de Carvalho é originário de Portugal, tem casca fina amarelo-clara e verde, e polpa amarelo-avermelhada. Grande, chega a pesar 4 kg. Os melões têm consistência semelhante à da melancia ou do pepino, e suco saboroso e refrescante. São consumidos ao natural, em saladas de frutas e como entrada, com presunto, ou em coquetéis. A dobradinha melão/presunto é uma combinação bastante antiga, já encontrada na Grécia há mais de dois mil anos. Os romanos importavam a fruta da Armênia. No resto da Europa, sua primeira menção é encontrada em um livro de Jacques Pons, em 1538. Foi trazido de Portugal para o Brasil no século XVI.

Melba Ver **Pêche melba**.

Mel de engenho Nome do melado no Nordeste do Brasil. Ver **Melado**.

Mel-de-pau Denominação do mel da abelha silvestre, que fez sua colmeia em um oco de árvore. Ver **Mel**.

Melie beer Bebida feita pelos nativos da África do Sul com a fermentação de cereais.

Melissa Ver **Erva-cidreira**.

Mendiant Ver **Quatre mendiants**.

Mendip goat Um dos modernos queijos de cabra ingleses, fabricado na região oeste do país. Tem a forma de uma bola um pouco achatada, sabor doce e complexo, muito saboroso, principalmente quando preparado com o leite de cabra das pastagens da primavera. Sua casca acinzentada apresenta rugas e recortes em razão do coador em que é moldado. Seu período de maturação é de cinco meses.

Mendoza Principal região vinícola da Argentina, situada na província de mesmo nome. Apresenta sub-regiões com características distintas. Entre suas uvas mais importantes na produção de vinhos finos estão a Malbec (também a mais importante do país), a Cabernet Sauvignon e a Chardonnay.

Meninico Ver **Buchada**.

Menta Ver **Hortelã**.

Menu Denominação internacional da lista que contém a sequência de pratos servidos em uma refeição ou, em um restaurante, a relação dos pratos disponíveis. É o mesmo que cardápio. *Menu* é uma palavra de origem francesa, que data do século XVIII. Na França, entretanto, é utilizada apenas no primeiro caso. Em restaurantes, são assim denominadas as sequências de pratos predefinidas e oferecidas a preço fixo; o conjunto de opções de preparos é apresentado aos clientes na *carte*. Em Portugal, chama-se ementa.

Menudo Sopa condimentada muito popular no México no dia de Ano-Novo. É elaborada com mocotó e tripa, cozidos com temperos. Serve-se com vasilhas de pimentas *Capsicum*, cebolas picadas e tortilhas. Ver **Tortilha**.

Merenda Refeição leve e sem hora marcada, geralmente feita algum tempo antes do almoço ou do jantar, para esperar com mais tranquilidade a refeição principal. De origem romana, era servida à hora nona, ou três da tarde, e composta de carnes frias e comidas doces. No Brasil colonial, seguindo os hábitos portugueses, em que o almoço era às sete da manhã e o jantar às quatro da tarde, servia-se a merenda nesse intervalo para diminuir a longa espera. Existiam, na época, diversas modalidades de merenda: o "engodo" era comido na rua e consistia apenas em um bolo ou doce; "as onze" era composta de alimentos mais substanciais, como caldos engrossados; a "boquinha" podia contar com um pastel, uma empada, uma perna de galinha, ou mesmo uma torrada de pão com manteiga; a merenda propriamente dita já era uma pequena refeição. O nome, termo legitimamente português, foi usado até o século XIX, quando, por influência europeia no Primeiro Império, foi trocado para lanche (de *luncheon*, em inglês; e *lunch*, em francês).

Merengue 1. Mistura leve e aerada feita de claras de ovos batidas com açúcar. É utilizada para a finalização de doces e tortas ou como parte de outros preparos, como musses e sorbets. Há duas versões sobre sua criação. De acordo com a primeira, o merengue teria sido criado no início do século XVIII por Gasparini, pasteleiro suíço que trabalhava na cidade de Meiringen. Já a segunda afirma que teria sido desenvolvido pelo chef a serviço de

Stanislas Leszczynski, sogro de Luís XV. Há três tipos de merengue, com diferentes modos de preparo: o francês (claras batidas com açúcar), o italiano (claras batidas com calda de açúcar despejada em fio) e o suíço (claras batidas com açúcar sobre banho-maria). Em francês e inglês, chama-se *meringue*. **2.** Denominam-se também merengues os doces preparados com a mistura de claras e açúcar, assados em forno até ficarem firmes e crocantes. Ver **Suspiro**.

Merguez Linguiça de origem magrebina, fresca, condimentada, de calibre fino e textura grossa, feita com carne de cordeiro. É temperada com harissa (mistura de pimentas vermelhas, alho, cominho, coentro, alcaravia e azeite de oliva), alho, *ras el hanout* (combinação de temperos de composição variável), páprica, canela e sal. Frita ou grelhada, combina muito bem com cuscuz, feijões, favas e ovos. Pode ser usada em refogados e cozidos, como recheio de sanduíches e de pastéis. Também grafada *meguez*.

Merlot (*Vitis vinifera*) Cepa de uva vinífera, uma das variedades tintas características da região francesa de Bordeaux, com a Cabernet Franc e a Cabernet Sauvignon. Amadurece mais cedo que esta última e produz um vinho menos tânico. É cultivada em diversos outros países além da França, como Itália, Estados Unidos e Chile.

Merluza (*Merluccius* spp.) Parente do bacalhau e do haddock, a merluza é um peixe de água salgada, do norte do Atlântico e do Pacífico, mais encontrado nos Estados Unidos e na Europa. Tem carne delicada, branca e de baixo percentual de gordura, muito saborosa. É vendida fresca, congelada, defumada ou salgada. Usa-se da mesma maneira que o bacalhau se for comprada salgada. Portugal e Espanha são grandes consumidores desse peixe. É bastante consumida também no Brasil, importada da Argentina.

Metate Utensílio para moer alimentos encontrado em diversas culinárias da América hispânica, sobretudo no México. É uma prancha retangular com três pequenos pés, ligeiramente côncava e com um dos lados um pouco mais alto. O metate é usado sempre em conjunto com um cilindro, chamado *mano* (mão), de diâmetro um pouco maior no centro, que deve ser rolado sobre a prancha. O instrumento já era utilizado em território mexicano em torno de 4000 a.C. O nome é de origem *nahuatl*. Era feito tradicionalmente de pedra vulcânica, mas hoje é produzido também com outros tipos de pedra ou com barro cozido.

Metaxa® Bebida alcoólica grega de sabor doce e cor acastanhada. Criada por Spyros Metaxa, em 1888, é um blend de brandy, Muscat envelhecido produzido na ilha de Samos e plantas mediterrâneas. De modo geral, serve-se pura, *on the rocks* ou, ainda, com água tônica. É usada também no preparo do coquetel Greek Mojito, em substituição ao rum.

Mettwurst Linguiça alemã de carne suína e bovina bem picadas. É vermelha, gordurosa, temperada com coentro, alho e pimenta-branca. Não é cozida, mas apenas curada e defumada. As preparadas no Sul da Alemanha têm textura macia o suficiente para serem espalhadas em pães de centeio e biscoitos. Já as do Norte do país, que são defumadas por mais tempo, têm textura firme, mais similar à do salame. As duas variedades podem ser saboreadas cruas, fritas ou cozidas.

Meunière, à la Expressão francesa que caracteriza pratos à base de peixe (filés, postas e pescados inteiros) passado na farinha de trigo (a farinha da "moleira"), antes de ser dourado em manteiga. Prepara-se, geralmente, com filé de linguado (*sole*), que, depois de frito na manteiga, é temperado com suco de limão e salsinha. É possível servir também com molho de manteiga noisette, limão, ervas e salsa. Ver **Beurre noisette**.

Meurette Ver **Matelote**.

Mexerica Ver **Tangerina**.

Mexido Modo de preparo da culinária brasileira feito com um ingrediente sólido e molho, a que se mistura farinha de mandioca ou de milho. Há mexidos de feijão, de legumes, de carne moída ou picadinha etc. Prepara-se, em geral, com sobras de outra refeição, mas o resultado é saboroso e deve ter boa apresentação.

Mexilhão (*Mytilus edulis*) Molusco lamelibrânquio, da família dos mitilídeos. Vive nas rochas costeiras e sua concha é negro azulada, lisa. Por ser bastante perecível, deve ser consumido bem fresco e manipulado com muito cuidado. É tradicionalmente servido cozido e frio ao vinagrete, cozido com vinho branco e echalotas ou cebolas (à la marinière) ou como ingrediente de outros pratos, por exemplo paella, torta capixaba e caldeirada de frutos do mar. Ver **Caldeirada**, **Paella** e **Torta capixaba**.

Mezcal Aguardente mexicana feita de agave. É obtida da mesma planta e por processo semelhante ao da tequila, mas é destilada apenas uma vez. Não há certeza sobre quando começou a ser produzida, se antes ou depois da chegada dos colonizadores espanhóis. Tem sabor tostado, similar ao de amêndoas. Ver **Agave** e **Tequila**.

Mezzaluna Tipo de faca utilizada para picar temperos ou outros alimentos em pequenos pedaços. É composta de uma ou mais lâminas curvas em formato de meia-lua, com dois cabos verticais, um em cada extremidade, pelos quais o instrumento é segurado. Denominada também crescente, na hora de usá-la, deve-se fazer movimentos a fim de mexê-la de um lado para o outro sobre uma tábua.

Mezzé Antepastos das culinárias do Leste do Mediterrâneo e do Oriente Médio. O nome é uma derivação do verbo *mazza*, que significa saborear. Estão presentes nas cozinhas turca, grega, síria, libanesa, armênia, curda e iraniana, entre outras. São quibes, pastas (*homus* e *baba ganoush*), tabule, conservas diversas, azeitonas, frutos secos, fatuche, *tzatziki* e queijos locais, entre outros preparos, consumidos com pão pita e áraque. São servidos sempre em grande variedade, para que os comensais tenham opções diversificadas. Ver **Áraque**, **Baba ganoush**, **Homus**, **Quibe**, **Tabule** e **Tzatziki**.

Micro-ondas Ver **Forno de micro-ondas**.

Microrganismos Animais microscópicos, como bactérias e fungos, que existem em toda parte e com os quais, de modo geral, o organismo humano está habituado a conviver e lidar, se em quantidade razoável. Em maior concentração, provocam alterações nocivas nos alimentos, iniciando ou acelerando seu processo de deterioração, o que pode causar intoxicação alimentar. Alguns microrganismos, quando utilizados de maneira controlada, possibilitam uma alteração positiva dos alimentos, como no caso da fabricação de

queijos e iogurtes, entre outros. Ver **Bacillus cereus**, **Bactérias**, **Contaminação cruzada** e **Fungos**.

Migas 1. Antigo prato rural espanhol, conhecido também por migas de pastor, feito de cubinhos de pão molhados no leite e fritos no óleo, consumido no café da manhã. Quando acrescido de carne frita, é servido em outras refeições. Em Aragão (Espanha), é frito em alho e óleo e servido com molho de tomate e presunto. Trata-se de um preparo conhecido desde a Idade Média. 2. Sopa de pão de Andaluzia, feita de alho, pão picado umedecido, farinha de rosca, bacon e azeite de oliva. Às vezes, acrescenta-se um ovo poché. 3. Prato típico do Alentejo, Trás-os-Montes e Beiras, em geral preparado com o pão ensopado em água ou caldo. A pasta resultante é frita com gordura de porco ou azeite e a ela acrescenta-se carne ou peixe, principalmente bacalhau, e temperos.

Mignonette 1. Pequena peça redonda de carne, em especial de carneiro ou cordeiro. Ver **Noisette**. 2. Antigo saquinho de tecido com temperos como dentes de alho, pimenta-do-reino e cravo, utilizado para aromatizar sopas e cozidos, no mesmo estilo do bouquet garni usado hoje. Ver **Bouquet garni**.

Mignot De casca natural vermelha e oleosa, consistência firme e interior macio cor de marfim, é um queijo de leite de vaca da Normandia (França). Tem aroma penetrante e forte, sabor frutado e é curado em porões úmidos por um mês. Com a forma de disco, mede 4 cm de altura e 12 cm de diâmetro. É fabricado somente nas fazendas da região.

Milanesa, à O termo significa "ao estilo de Milão" e refere-se à comida mergulhada em ovos batidos, passada em farinha de rosca e, em seguida, frita em manteiga ou azeite. Ver **Bife à milanesa**.

Mil-folhas Doce francês criado no século XIX, feito com camadas de massa folhada entremeadas com creme de confeiteiro, chantili ou geleia e recoberto com açúcar de confeiteiro ou *fondant*. Em francês, *mille-feuilles*, conhecido também por *napoléon*. Ver **Creme chantili**, **Creme de confeiteiro**, **Fondant** e **Massa folhada ou feuilletée**.

Milho (*Zea mays*) Vegetal de folhas longas e verdes, cuja parte aproveitável para a alimentação é a espiga. Esta é composta de um sabugo fino e cilíndrico, de mais ou menos 20 cm de comprimento, no qual ficam presos os grãos de milho, tenros e com alto teor de umidade quando verdes. Nas variedades mais comuns, eles são amarelos ou brancos, mas há outras com grãos vermelhos, azulados e pretos. Os grãos são revestidos de uma camada de fios sedosos, os "cabelos", e de uma camada de folhas claras e resistentes. Seu nome em inglês, *corn*, era uma palavra muito usada na Europa do Renascimento para nomear qualquer partícula de cereal ou sal. Originário das Américas, antes da chegada dos europeus o milho era totalmente desconhecido no resto do mundo. Ao chegar à Europa, foi nomeado *maize*, termo derivado de *mahiz*, como era conhecido pelos indígenas americanos. Quando está maduro, o milho apresenta cor mais forte e seca no pé, além de perder parte da umidade. As espigas frescas duram cerca de três dias sob refrigeração, as maduras podem ser estocadas por mais tempo, em local seco e protegido. O fresco, "verde", deve ser cozido para então ser utilizado, inteiro ou apenas os grãos da espiga. É usado em deliciosos pratos salgados e doces, como sorvete, curau, pamo-

nha. Com o milho maduro, transformado em fubá, preparam-se cuscuz, polenta, bolos, pães. Além de sua utilização direta como alimento, é base para uma série de subprodutos, como o óleo de milho, a farinha de milho, o amido de milho, o xarope de milho, bebidas destiladas etc.

Milleens Queijo irlandês de casca lavada amarelo-alaranjada, produzido apenas em Eyries Farm, na Península de Beara, no sudoeste da Irlanda. É um queijo recente, criado em 1976 pela filósofa Verônica Steele, feito com leite integral pasteurizado de vacas Holstein-Frísia. Existem dois tipos, com características e pesos diferentes: o *Milleens O* e o *Milleens Dote*. O primeiro é o mais tradicional e original, tem sabor terroso e picante, além de textura cremosa e úmida, apenas com o centro da massa levemente crocante. O sabor e a textura são devidos a uma bactéria natural da região, que se desenvolve em razão do ar costeiro, rico em ozônio. A melhor época para seu desenvolvimento é o inverno, quando amadurece de maneira mais uniforme. O segundo é mais suave e perfumado, com casca alaranjada, textura cremosa e úmida, e sabor semelhante ao de ervas.

Mille-feuilles Ver **Mil-folhas**.

Millefiori Licor feito nos Alpes italianos com flores da região. Tem perfume de laranjas e angélicas. É vendido em garrafas finas e longas com um galho dentro, em torno do qual o açúcar cristaliza.

Millésime Nome francês dado ao ano da vindima da qual provém o vinho. Tem o mesmo significado de *vintage*, em inglês. Nos bons vinhos, o termo está sempre presente no rótulo. No caso do champanhe, que é produzido com a *assemblage* (mistura) de diferentes safras, um exemplar *millésimé* é o produzido excepcionalmente com as uvas de um mesmo ano.

Mimolette Também conhecido por edam francês, é uma versão do queijo famoso dos Países Baixos. Tem forma esférica e pesa cerca de 2,5 kg. Sua casca é rústica, lisa e amarela, protegida por parafina. De massa semimacia, densa, alaranjada e com sabor de frutas secas, é feito com leite de vaca não pasteurizado. Ver **Edam**.

Mincemeat Tradicional recheio da culinária inglesa para a torta de Natal, a chamada *mince pie*. Era originalmente um preparo feito com diversos tipos de carnes picadas. A primeira receita conhecida, datada de 1486, era elaborada com "uma galinha, um faisão, duas perdizes, dois pombos e uma lebre, fortemente temperados, cozidos, misturados e recobertos com massa" (Simon; Howe, 1970, p. 265). Com o tempo, os ingredientes foram alterados e hoje é preparado com sebo de boi cortado em pedacinhos, frutas secas, maçãs, amêndoas, frutas cristalizadas, especiarias, uma boa dose de brandy ou rum e, às vezes, um pouco de carne picada e cozida. O recheio é colocado em pequenas bases de massa, que são, então, fechadas com outra camada de massa, com uma abertura no centro para liberar o vapor. Depois de as superfícies serem pinceladas com um pouco de leite, são levadas para assar até dourar. Devem ser preparadas com antecedência, a fim de maturar e aprimorar seu perfume.

Mineiro de botas Sobremesa caseira típica da culinária mineira, muito saborosa e apreciada, que deve ser feita na hora de servir. É preparada com banana-da-terra cortada em fatias longitudinais, polvilhadas com canela e açúcar e fritas na manteiga, em frigideira. Depois de frita,

a banana é recoberta com fatias de queijo de minas meia cura, que também são polvilhadas com canela e açúcar. A frigideira deve ficar tampada até o queijo derreter. Ver **Banana** e **Queijo de minas**.

Minestra Sopa de origem italiana feita de tubérculos e cogumelos ou lentilhas, cozidos em água ou caldo. Em Veneza, a receita contém ainda um pé de vitela ou um pouco de fígado ou presunto. Sua origem remonta à Idade Média, quando as pousadas eram poucas e muito afastadas entre si, e os viajantes procuravam abrigo nos mosteiros. Acostumados a receber pessoas a qualquer hora, os monges mantinham em suas cozinhas um fogo sempre aceso, com um caldeirão de sopa de carnes e vegetais. A sopa era conhecida por *minestra*, derivada do latim *ministrare*, que significa servir.

Minestrone Sopa de origem italiana muito conhecida no mundo todo. É preparada à base de caldo, feijão, legumes cortados (cenoura, nabo, salsão, batata, abobrinha, alho-poró, tomate, ervilha, vagem e repolho), alho amassado e algum tipo de massa alimentícia miúda, recheada ou não. Em algumas versões, a massa pode ser substituída por arroz. Também pode conter algum tipo de carne. Preparada desde sempre na Península Italiana, não tem uma receita única.

Mingau Mistura de líquido com cereais ou vegetais amiláceos, é um dos mais antigos tipos de alimento. Bastante difundido, salgado ou doce, é consumido por todos os povos desde a Antiguidade. Muito utilizado pelos indígenas brasileiros já antes da chegada dos europeus, era uma papa feita com farinha de mandioca ou de milho e caldo de peixe ou de carne. Popular no café da manhã no Nordeste do Brasil, é hoje uma papa cremosa que pode ser feita com leite misturado a tapioca, goma de mandioca, aveia, carimã, farinha de cevada ou de milho, servida muito quente, adoçada com açúcar e polvilhada com canela.

Mingau pitinga Prato salgado, de festa, do litoral do Nordeste. Os principais ingredientes são a massa de mandioca fermentada (carimã), o leite de coco, o bacalhau e o camarão, aos quais adiciona-se uma infinidade de temperos. Primeiro, prepara-se um bom refogado de azeite, alho, cebola, tomates e pimentão verde, acrescentam-se o bacalhau em lascas, o camarão fresco limpo e um caldo feito com suas cabeças e cascas. Em paralelo, a massa de mandioca, hidratada e escorrida, é refogada na manteiga com cebolas, leite de coco e leite de vaca. As duas misturas são, então, reunidas e complementadas com cheiro-verde, um pouco de jerimum cozido e amassado, claras cozidas picadas e azeitonas. O resultado é um creme claro, muito saboroso e aveludado, bem de acordo com o nome: pitinga é um termo proveniente do tupi *pi'tig* – de casca branca –, cujo significado em português é branco ou claro. Ver **Abóbora**, **Bacalhau**, **Camarão** e **Carimã**.

Miolos Cérebro de vaca, porco ou carneiro. Quando comprados, devem apresentar cor branco-rosada e consistência bastante firme. Por serem altamente perecíveis, precisam ser utilizados no mesmo dia da compra. É necessário lavá-los com água acidulada antes do uso. Existem inúmeras maneiras de prepará-los.

Mirabelle 1. (*Prunus domestica,* subespécie *syriaca*) Nome dado a um grupo de cultivares de ameixa de cor amarela,

tamanho pequeno, polpa firme e sabor doce. Característica da região histórica francesa de Lorena, a mirabelle lá cultivada tem Indicação Geográfica Protegida (IGP). Ver **Ameixa**. 2. Aguardente forte produzida com ameixas mirabelle. A mais famosa é a fabricada em Lorena (França), com Apelação de Origem Controlada (AOC). Mas há também produção similar na Alemanha e na Suíça. Seu teor alcoólico é de 45%.

Mirepoix Denominação clássica, na França, da mistura de alguns legumes (cenoura, aipo e cebola) picados em cubinhos. Pode-se adicionar eventualmente presunto ou toucinho. É usada no cozimento de carnes e peixes, na redução de molhos e para guarnecer pratos. Foi criada no século XVIII pelo cozinheiro do duque de Lévis-Mirepoix, embaixador de Luís XV.

Mirin Vinho de arroz adoçado, produzido no Japão, denominado também *hon-mirin* (mirin verdadeiro). Não é usado como bebida, mas apenas para dar sabor especial a cozidos e grelhados. Elemento essencial da cozinha japonesa, é elaborado com arroz miúdo glutinoso e adoçado (*motigome*). Tem percentual alcoólico de cerca de 14% e teor de açúcar que varia de 25% a 38%. Há também dois outros tipos de mirin, de qualidade inferior – o *shio-mirin* e o *shin-mirin* –, ambos com menor porcentagem de álcool, embora de sabor similar.

Mirtilo (*Vaccinium myrtillus*; *Vaccinium corymbosum*) Fruto de um arbusto conhecido desde a Antiguidade, originário do Mediterrâneo, que se desenvolve espontaneamente nos bosques e pastagens úmidas das regiões montanhosas. Formado de pequenos bagos pretos, semelhantes a uma miniatura de jabuticaba, com polpa sumarenta e sabor peculiar, meio ácido, meio doce, é consumido ao natural e usado no preparo de sucos, molhos, bebidas, doces etc. Acompanha muito bem pratos de caça. Existe também o mirtilo cultivado, de bagos maiores e cor azul, de origem americana e introduzido no Brasil nos anos 1980. Em Portugal, as bagas são usadas como corante de vinho. Denomina-se também oxicoco, uva-do-monte ou arando.

Mirtilo vermelho (*Vaccinium macrocarpon*; *Vaccinium oxycoccos*) Pequena baga de cor vermelho-escura brilhante e aroma bastante agradável. Em português, chama-se também oxicoco vermelho, airela ou arando vermelho. Tem sabor levemente ácido. O mirtilo vermelho é encontrado na Europa, nos Estados Unidos e no norte da Ásia, locais em que é comercializado fresco, em novembro e dezembro. Pode ser utilizado ao natural ou cozido, como molho, em conserva ou preparado como sobremesa.

Mise en place Expressão francesa que define o conjunto de operações feitas antes da preparação propriamente dita dos pratos, no restaurante. Engloba o preparo de elementos de base (fundos, molhos e massas), o pré-preparo de alguns ingredientes frescos (o corte de carnes, a limpeza de peixes, a lavagem de verduras), a organização dos utensílios e a verificação dos instrumentos e equipamentos necessários ao bom funcionamento da cozinha.

Missô Pasta à base de soja fermentada, muito usada na culinária japonesa. É empregada para temperar molhos, conservas, frituras, grelhados, pratos preparados à mesa e o *missoshiru*. Deve ser guardada em lugar fresco e escuro, pois deteriora-se com muita rapidez.

Missoshiru Caldo leve e claro feito de peixe e de pasta de soja fermentada, prato tradicional da cozinha japonesa. Pode ter frutos do mar, vegetais ou queijo de soja como complementos. Faz parte do cardápio básico japonês. Ver **Dashi**, **Missô** e **Tofu**.

Misturar Combinar diversos ingredientes até transformá-los em uma mistura homogênea.

Miúdo Nome dado aos órgãos internos comestíveis de bovinos, suínos, aves e ovinos, ou mesmo a alguma parte da carcaça depois de retirada a maior parte da carne. No caso de bovinos, os mais utilizados são o rim, o fígado, o coração, os pés, o rabo, a moleja, a língua e o bucho; de suínos e ovinos incluem-se as tripas; de aves utilizam-se o fígado, a moela, o coração e o pescoço, geralmente em caldos.

Mixira Conserva feita com carne de peixe-boi, tartaruga ou tambaqui, cozida no fogo e depois conservada com a gordura do próprio animal ou com banha de porco. O azeite retirado do peixe-boi recebe o mesmo nome. É um prato da culinária amazônica, de origem indígena.

Mizutake Preparo da culinária japonesa feito com frango e vegetais cozidos em água e temperos. O nome japonês significa "água fervendo". É um prato de inverno. De modo geral, contém acelga, cogumelos, cebolas japonesas *naganegi*, folhas comestíveis de crisântemo (*shungiku*), macarrão de arroz, algas *kombu* e pequenos pedaços de frango. O alimento é servido à mesa no próprio recipiente em que foi cozido, acompanhado de molho ponzu e *ichimi orochi*, mistura de nabo ralado com pimenta vermelha, para temperar. Ver **Kombu** e **Ponzu**.

Moca 1. Cidade do Iêmen junto ao Mar Vermelho, no Oriente Médio. Em árabe, *Al-Mukhā*; grafa-se também *Mocka*, *Mokha* ou *Mukha*. Já foi o principal centro exportador de café da península arábica, por isso seu nome era bastante associado aos grãos de *Coffea arabica*. O porto de Moca teve seu auge no século XVII – quando o Iêmen era praticamente o único produtor mundial da planta –, mas entrou em declínio no século seguinte, com a difusão do cultivo para outros continentes. **2.** Denominação de uma variedade de café geneticamente similar ao cultivar Bourbon, que teria sido plantado primeiro no Iêmen. **3.** São classificados como moca ou moka grãos de café que crescem sozinhos dentro do fruto, em vez de em par. Tradicionalmente considerados uma anomalia, os grãos moca têm recebido a atenção de especialistas por seu potencial na produção de cafés com características especiais. **4.** Em geral grafado com "k" ou "ch", o termo é acrescentado ao nome de diversas bebidas e pratos aromatizados ou flavorizados com café – por exemplo, o *gâteau moka* francês e o bolo moka brasileiro.

Mocororó Suco de caju fermentado. Ver **Caju**.

Mocotó Pata de bovinos, sem o casco. Utiliza-se tanto em pratos salgados como em doces. Em preparos salgados, é feito um cozido lento com as patas escaldadas, temperadas com sal, pimenta-do-reino, salsa, louro, toucinho, limão, mostarda e vinagre, ao qual pode-se acrescentar ou não alguma verdura. Sua aplicação doce mais conhecida é a geleia de mocotó. Nos dois casos, é muito saboroso e nutritivo. Ver **Geleia de mocotó**.

Moedor Qualquer um dos vários instrumentos, manuais ou elétricos, usados para reduzir os alimentos a pedaços pequenos ou partículas. O formato e o material dos moedores podem variar, para melhor se adequarem ao tipo de alimento a que se destinam. Moedores de café, por exemplo, são diferentes dos de carne, que, por sua vez, também se diferenciam do moedor de queijo. Alguns têm dispositivos para graduar a moagem, de modo que seja possível obter frações de alimento de diferentes tamanhos.

Mogango Nome da abóbora no Sul do Brasil, em especial a de variedade Kabocha (de gomos, casca rugosa verde e interior amarelo-alaranjado). Pode ser consumida cozida, acompanhada de carne; assada no forno com leite; ou, ainda, pré-cozida e depois caramelada no forno. Esta última é receita gaúcha muito tradicional, que serve de acompanhamento para carnes. Ver **Abóbora**.

Mojica Tipo de preparo encontrado em diversas partes do Brasil, cujas principais características são: cozimento lento, bastante caldo com féculas para engrossá-lo. No Norte e no Centro-Oeste, as mojicas mais encontradas são sempre de peixes de rio, de carnes firmes e lombos grossos ou de pequenos crustáceos. Os temperos são os locais, os mais tradicionais de cada região; podem ser usadas como fécula a mandioca cozida e sua água, a farinha de mandioca ou, ainda, o milho cozido. As mais afamadas são de pintado, de tambaqui, de aviú e de surubim. O peixe, em pedaços regulares, é refogado em azeite e temperos. Em seguida, a mandioca é cortada do mesmo tamanho do peixe e cozida em água até ficar bem macia. A água é usada para cozinhar o peixe e a mandioca cozida é reservada. Depois de cozimento lento, quando o peixe estiver pronto, inclui-se a mandioca no preparo.

O acompanhamento tradicional é um pirão ou uma farofa, embora, hoje em dia, a mojica já seja servida com arroz branco. Seu nome vem do tupi *mu'yica*, que significa "fazer duro, consistente". Ver **Aviú**, **Pintado**, **Surubim** e **Tambaqui**.

Mole poblano Molho da cozinha mexicana, da cidade de Puebla. À base de chocolate, pimenta *Capsicum* seca e muitos outros condimentos, é tradicionalmente servido com peru. Sua origem é incerta. Algumas fontes afirmam que deriva de um preparo pré-colombiano, dos astecas, que empregavam carne de pavão com cacau tostado e moído. Outras atribuem sua criação a uma freira dominicana do convento de Santa Rosa, em Puebla, no final do século XVII. A quantidade de ingredientes é indeterminada. Além do chocolate e da pimenta *Capsicum* seca (*ancho*, por exemplo), podem ser usados cebola, alho, tomate, amendoim ou amêndoa, semente de abóbora ou de gergelim, pimenta-do-reino, cravo, canela, cominho, semente de anis e passa, entre outros. Hoje em dia, admite-se servi-lo com outras aves além do peru. Ver **Poblano**.

Molho Líquido saboroso, fino ou espesso que acompanha um alimento com a finalidade de complementar seu sabor. Nascido da necessidade de salgar (*sauce*, *salsa*) e temperar o alimento por igual, passou a apenas "molhá-lo" e completá-lo. Trata-se de um complemento essencial do prato, corroborado pelo axioma francês *la sauce fait manger*, que em tradução livre significa "o molho abre o apetite". Pode até mesmo ser mais importante que o resto do preparo, como sugere um dito popular nordestino: "Faça molho e bote pedras." Os franceses foram os responsáveis por refinar a arte de fazer molhos. O chef francês Antonin Carême, no século XIX,

criou um sistema de classificação que define quatro deles como básicos (*grandes sauces*): espanhol, velouté, bechamel e alemão. O papel central dos molhos na cozinha francesa foi endossado, décadas mais tarde, por Auguste Escoffier e, nos anos 1960 e 1970, pelos chefs da *Nouvelle Cuisine*. Nesse último caso, os antigos "grandes molhos" foram substituídos por preparos com menos amido e mais uso de reduções, emprego de manteiga, creme de leite ou purês de hortaliças. Além da francesa, outras cozinhas têm seus molhos fundamentais, como os *moles* mexicanos, os cremes à base de *masala* da cozinha indiana ou os inúmeros molhos servidos com massas alimentícias da culinária italiana. Ver **Carême, Marie Antoine (Antonin)**, **Nouvelle Cuisine** e o nome de cada um.

Molho branco Ver **Bechamel**.

Molho de acarajé Molho popular e muito usado na cozinha baiana, feito com pimenta-malagueta seca, cebola, sal, camarões secos e moídos, tudo salteado em azeite de dendê. Ver **Azeite de dendê**.

Molho de ostras Molho marrom-escuro elaborado com ostras, salmoura e molho de soja, cozidos até engrossar e concentrar. É um condimento asiático muito usado para preparar uma enorme variedade de pratos ou para temperá-los à mesa.

Molho de Pequim Ver **Hoisin**.

Molho de pimenta 1. Existem diferentes molhos à base de pimenta, artesanais ou industrializados, genericamente chamados de molho de pimenta. Um dos industrializados mais conhecidos no mundo é o molho Tabasco®. Ver **Tabasco**. **2.** Molho típico da culinária baiana, feito com cascas e cabeças de camarão torradas e moídas, cebola, azeite de dendê e pimenta-malagueta. Ver **Malagueta**.

Molho de soja Tempero líquido usado nas cozinhas japonesa e chinesa, conhecido também pelo seu nome japonês *shoyu*, muito difundido no Ocidente. Produzido há mais de dois mil anos na China, de lá seu preparo foi levado para o Japão. No século XVI, os portugueses o levaram para a Europa e, no século seguinte, foi empregado na corte de Luís XIV, na França. Hoje é obtido pela fermentação (química ou natural) da soja, de modo controlado. Existem diversas variedades, com sabor e tonalidades diferentes. Em geral, o claro é mais fino e salgado; o escuro é mais grosso e doce. É utilizado para dar sabor a sopas, outros molhos, marinadas, no cozimento de carnes, peixes e vegetais, além de ser um ótimo tempero de mesa.

Molho inglês Ver **Worcestershire sauce**.

Molho italiano Molho usado sobretudo em saladas, feito com azeite, vinagre de vinho ou suco de limão, alho, orégano, endro e erva-doce.

Molho nagô Ver **Nagô**.

Molho tártaro Ver **Tártaro**.

Molho Worcestershire Ver **Worcestershire sauce**.

Moluscos Invertebrados de corpo mole encontrados nos oceanos, em lagos e lagoas, em rios e na terra. Em sua maioria, podem ser bivalves ou univalves, ou seja, ter uma ou duas conchas calcárias, rijas, dentro das quais escondem-se completamente. Fazem parte dessa categoria as ostras, os mexilhões, as vieiras, os caracóis (escargots), entre outros. A minoria não

tem conchas, como a lula e o polvo. Muitos moluscos são utilizados na alimentação humana. Ver o nome de cada um.

Monsieur fromage Queijo francês de rápida maturação, feito de leite de vaca. Criado na Normandia no século XIX, deixou de ser produzido de modo artesanal na segunda década do século XX, quando passou a ser feito pela indústria. Tem textura pastosa e leve, é gorduroso, adocicado e recoberto de uma crosta parecida com veludo branco. Denomina-se também *fromage de monsieur*.

Montaditos Ver **Tapas**.

Montañas de nieve Ver **Natillas**.

Montasio Queijo artesanal com denominação de origem, proveniente do nordeste da Itália, das províncias de Friuli-Venezia Giulia e do Vêneto. Era feito por monges em monastérios e os métodos tradicionais de produção foram mantidos. Produzido com leite de vaca não pasteurizado parcialmente desnatado, seu período de maturação varia de dois meses a mais de um ano, o que o caracteriza em três diferentes tipos: Montasio Fresco, Montasio Mezzano e Montasio Vecchio. O Montasio Fresco matura de 60 a 120 dias, tem massa amarelo-clara com poucos olhos bem espalhados, macia, suave e elástica e perfume de creme. O Mezzano deve maturar de 150 a 365 dias, tem aroma mais cheio e complexo, massa mais firme e quebradiça, de tom amarelo mais forte. Já o Vecchio matura por mais de um ano, é mais seco e granuloso, com perfume mais penetrante, tem casca marrom clara e mais dura, massa quebradiça, além de sabor marcante. Ver **Denominação de Origem Protegida (DOP)**.

Mont Blanc Sobremesa clássica francesa elaborada com castanhas europeias cozidas em calda de açúcar e baunilha, escorridas e espremidas diretamente no prato em que serão servidas, no formato de um monte. Em seguida, são recobertas no topo com chantili. O nome é uma referência à montanha Mont Blanc, situada nos Alpes, entre a França e a Itália. Na Itália, o doce chama-se Monte Bianco. Ver **Castanha portuguesa** e **Creme chantili**.

Monte Cristo Sanduíche feito com fatias de pão entremeadas de peito de peru ou presunto cozido, queijo, temperado ou não com uma camada de mostarda ou maionese, passado em ovos batidos e frito em manteiga, até ficar dourado. É semelhante ao croque-monsieur. Ver **Croque-monsieur**.

Monteiro Lopes Biscoito tradicional do Pará, com formato de cilindro e pontas afiladas. Tem massa crocante e delicada, feita com farinha de trigo, manteiga e açúcar. Depois de assado no forno, é mergulhado até a metade em calda de achocolatado e água. Em seguida, é envolto em açúcar cristal para apresentar uma metade de cada cor. Há uma história peculiar sobre sua criação. Duas padarias rivais, em Belém do Pará, ambas próximas ao Mercado Ver-o-Peso, produziam um tipo de biscoito similar, mas com cor e paladar diferentes. Uma pertencia a Antonio Lopes e a outra, a Manuel Monteiro. Depois que os dois morreram, seus filhos se casaram e deixaram de ser concorrentes, e passaram a fazer um único tipo de biscoito, com duas cores: o Monteiro Lopes. É muito encontrado também no Maranhão.

Monterey jack Queijo originário de Monterey (Estados Unidos), criado no século XVIII em um mosteiro de freis

franciscanos, quando a área ainda estava sob o domínio espanhol. David Jack, um americano empreendedor, passou a vendê-lo por toda a Califórnia, onde teve boa aceitação e ficou conhecido por *Monterey jack's* ou *Jack's monterey*, mais tarde simplificado para Monterey jack. Trata-se de um queijo feito com leite integral pasteurizado, com 74% de gordura. Fresco, tem cor creme, textura semimacia, além de aroma e sabor leves e delicados, ótimo para sanduíches e pratos quentes por sua facilidade de fusão. O Monterey jack é muito usado nas cozinhas mexicana, espanhola e americana. Algumas variedades são temperadas com pimenta jalapeño, alho e endro. Quando amadurecido, é muito similar ao cheddar em razão da cor, textura firme, sabor rico e picante. O Sonoma jack, queijo da cidade de Sonoma, também na Califórnia, tem as mesmas características do Monterey jack. Ver **Cheddar** e **Jalapeño**.

Montilla-Moriles Vinho espanhol produzido no sul da província de Córdoba, na Andaluzia, com denominação de origem regulamentada. É parente próximo do xerez, mas feito somente com uvas Pedro Ximenes. Sua fermentação ocorre em pequenas cubas, que são trocadas por outras diversas vezes para favorecer o aparecimento da camada de levedura chamada *flor*. Em seguida, é transferido para os tonéis, os quais também são substituídos por outros no sistema conhecido por *solera*. Se for fino e seco, é melhor consumi-lo ainda jovem. Depois de aberta a garrafa, deve ser degustado em pouco tempo. Ver **Denominación de Origen (DO)**, **Solera** e **Xerez**.

Montmorency (*Prunus cerasus*) Variedade de cereja bastante difundida e geralmente vendida fresca. É ácida, tem pele vermelha, muito suco e carne bege. Quando cozida, perde o perfume. É própria para sopas frias, tortas, molhos e decoração de doces. Ver **Cereja**.

Montmorency, à la Expressão francesa que designa pratos feitos com cerejas Montmorency ou dos quais elas sejam acompanhamento principal. Por exemplo, o *caneton à la Montmorency*, pato assado com molho de cerejas.

Montrachet 1. Vinhedo da sub-região de Côte de Beaune, na Borgonha (França). Qualificado como *Grand Cru*, produz o vinho branco considerado o melhor da França, com *Appellation d'Origine Contrôlée* (AOC). Feita com a uva Chardonnay e avaliada como perfeita pelos conhecedores, a bebida é encorpada, rica em sabor, tem aroma marcante e pode durar dez anos ou mais com qualidade. Ver **Appellation d'Origine Contrôlée (AOC)**. **2.** Queijo de cabra da Borgonha (França), com formato de cilindro longo bem característico. Tem consistência macia, cremosa e úmida, além de aroma marcante, sabor suave e praticamente ausência de casca. Matura por não mais que dez dias em vinho ou recoberto de folhas de castanha, cinzas ou ervas picadas. Em geral, pesa cerca de 90 g.

Moo shu Preparo da cozinha chinesa, do nordeste do país, composto da mistura de carne de porco, cebolinhas verdes, brotos de *tiger lily* (*Hemerocallis citrina*, tipo de lírio comestível), cogumelos chineses variados, pepinos, brotos de bambu – todos previamente cortados em tirinhas e salteados em óleo de gergelim ou de amendoim – e ovos mexidos. Os ingredientes são temperados com gengibre e alho fatiados, pequenas cebolas, molho de soja e huangjiu, vinho de cereais de uso culinário. De modo geral, o prato é servido com arroz branco ou macarrão. Em vez de car-

ne de porco, pode ser preparado com camarões, frango ou apenas vegetais. Sofreu variações ao ser trazido para o Ocidente, tanto na composição quanto na maneira de ser servido: no lugar dos brotos de *tiger lily*, dos cogumelos usados na China e do vinho huangjiu, passou a ser feito com repolho em tirinhas, cogumelos mais fáceis de serem encontrados e vinho. É servido com pequenas panquecas de farinha de trigo, água e temperos, além de molho hoisin. Ver **Hoisin**.

Moquear Método de conservação por meio de cocção suave e lenta, em que o alimento é colocado sobre brasas por longo tempo. Utilizada em carnes, peixes e frutas, é técnica muito empregada pelos povos originários brasileiros. Ver **Moquém**.

Moqueca Ensopado brasileiro, típico das culinárias baiana e potiguar. Na Bahia, a moqueca é preparada com peixes ou crustáceos e temperada com coentro, salsa, tomate, cebola, pimentão, azeite de dendê, pimenta-do-reino, pimenta-malagueta e leite de coco. No Espírito Santo, é conhecida por moqueca capixaba e também é feita com peixe, mas substitui o azeite de dendê e o leite de coco por azeite doce e urucum. No Pará, o prato é elaborado com filhote, patinhas de caranguejo, jambu, tucupi, ervas e tomate. De origem indígena (*pokeka*), não era feita com molho. Tratava-se de um "embrulhado" de peixes pequenos envoltos em folhas de bananeira, de palmas ou de ervas, assado ao calor das cinzas quentes. A receita evoluiu e perdeu alguns atributos, mas ganhou outros. Na Bahia, hoje ainda existe a moqueca de folha e uma enorme variedade de moquecas de molho. Ver **Azeite de dendê**, **Azeite de oliva**, **Filhote**, **Jambu**, **Tucupi** e **Urucum**.

Moquém Grelha de varas altas utilizada para preparar assados sobre brasas em calor brando por longo tempo, antiga técnica para conservar alimentos. Os indígenas brasileiros empregavam equipamento semelhante para secar o peixe, que, depois de reduzido a farinha, era levado como farnel em suas viagens. A palavra deu origem, posteriormente, ao verbo usado para especificar o método de preparo. Ver **Moquear**.

Morango (*Fragaria* x *ananassa*) "Fruto" do morangueiro, planta da família das rosáceas, com formato característico de um pequeno cone. É vermelho vivo e brilhante, coberto de sementinhas, com pequenas folhas verdes. Embora seja comum classificá-lo como fruto, o morango é apenas um receptáculo para os verdadeiros frutos, que são as pequenas sementes escuras sobre sua superfície. É encontrado sobretudo na primavera. Quando está fresco, deve ser consumido em dois ou três dias. Pode-se consumi-lo ao natural, com açúcar ou creme, como geleia ou em doces e sobremesas. Os romanos já o apreciavam não só pelo sabor, mas por suas características curativas. No entanto, somente a partir do século XIII passou a ser sistematicamente cultivado.

Moravske Vano ni kukyse Biscoito tradicional da região de Morávia, leste da República Tcheca. É feito com gengibre, brown sugar, canela, sal, fermento e farinha de trigo. Trata-se de um biscoito fino, cortado em diferentes formas e decorado com glacê colorido, em padrões geométricos ou de figuras. Começa a ser feito no Natal e continua a ser preparado e saboreado no inverno. Ver **Brown sugar**.

Morcela Embutido feito com sangue e gordura de porco, pão e temperos variados.

1. Em algumas regiões de Portugal, utiliza-se o arroz em vez do pão; em outras, usa-se farinha para dar consistência. Os temperos básicos são cebola, salsa picada e grãos de cominho moídos, mas também podem ser empregados vinho e pimenta, de acordo com o local, além de carne de porco picada. Depois de encher as tripas, as duas pontas são amarradas juntas e elas são, então, cozidas em água fervente, suspensas em vara sobre a borda da panela. Em seguida, são colocadas no fumeiro por um dia. Antes de utilizá-las, deve-se aferventá-las para, posteriormente, fritá-las ou cozê-las em algum preparo. A morcela é complemento indispensável do cozido e das favas com chouriço, pratos muito tradicionais de Portugal. Na Estremadura, denominam-se chouriços de sangue ou negrinhos. **2.** De aspecto semelhante a uma linguiça preta grossa, no Brasil a morcela também é feita com sangue de porco temperado com diversos condimentos, inclusive açúcar, além de banha de rama e miúdos. É embutida em tripa grossa e cozida a 70 °C. Serve-se em fatias fritas dos dois lados, para que se torne levemente crocante. É conhecida por chouriço de sangue e morcilha, aportuguesamento do nome em espanhol. **3.** No Rio Grande do Sul, há uma diferença no preparo. Lá existe a chamada morcilha branca, sem o sangue do porco, apenas seus miúdos cozidos e moídos, e temperos tradicionais, como alho, manjerona, sálvia, cebolinha, salsa e sal. Depois de misturar a massa e embutir as tripas, é fervida em água. Na morcilha vermelha, usa-se o sangue, além da carne da cabeça do porco e dos miúdos. As carnes e o sangue são previamente cozidos separados e, em seguida, moídos e temperados. Depois de receber toucinho picado, a mistura é embutida em tripas e fervida por uma hora em água. **4.** Na Espanha e em diversos países da América Latina, chama-se *morcilla*. É preparada com sangue fresco de porco e arroz, temperados com cebola, alho, páprica, orégano e, às vezes, cravo. A *morcilla* espanhola é ingrediente de muitos pratos regionais, como a *fabada asturiana* e o *cocido madrileño*. Ver **Cozido** e **Fabada**. **5.** Esse tipo de embutido também é feito na Irlanda, o *black pudding*, e em outros países de língua inglesa, com o nome de *blood pudding* ou *blood sausage*. Ver **Black pudding**. **6.** Na França, é conhecida por *boudin noir*. Ver **Boudin Noir**. **7.** Mencionado por Petrônio, na Roma imperial existia um chouriço de sangue de porco chamado *botulus*.

Morcela doce 1. Em Portugal, trata-se do enchido feito com carnes cozidas de frango, porco e presunto, desfiadas ou trituradas, calda de açúcar em ponto de espadana, miolo de pão esfarelado, amêndoas moídas, manteiga e canela. A morcela é envolta em tripas de porco secas. As mais afamadas são de Arouca, no norte do país. **2.** Denominada *morcilla dulce*, em Sevilha (Espanha), há uma versão preparada com sangue de porco fresco e arroz, temperada com açúcar. No Uruguai, contém também passas, zestos de laranja e nozes e, em geral, é servida frita, em fatias, acompanhada de batatas.

Morcilha Ver **Morcela**.

Morcilla Ver **Morcela**.

Morello (*Prunus cerasus*) Variedade de cereja com casca e polpa vermelho-escuras e muito suco. Bastante ácida, é usada preferencialmente em licores, brandys, doces e molhos cozidos. Ver **Brandy** e **Cereja**.

Morgado Bolo português tradicional de Silves, no Algarve, cuja massa é feita com

farinha de amêndoas, gemas e calda de açúcar, e o recheio, com ovos moles, doce de chila (espécie de abóbora pequena) e fios-de-ovos em camadas alternadas. O glacê real é sempre usado como cobertura em uma decoração trabalhada, feita com pérolas e figuras de maçapão, finalizada com fios-de-ovos. O morgado é servido em prato enfeitado com folhas de papel recortado. Ver **Fios-de-ovos**, **Glacê real**, **Marzipã** e **Ovos moles**.

Morilles (*Morchella esculenta*) Cogumelo comestível encontrado em diversos países da Europa. Tem cor cinza-amarelada ou marrom-acinzentada, além de chapéu em formato cônico, repleto de alvéolos. Não é fácil encontrá-lo, mas em geral localiza-se em trilhas ou clareiras de florestas, na primavera. Prepara-se como outros cogumelos, mas deve-se ter mais atenção ao limpá-lo, pois seus orifícios podem conter terra, e ao cozê-lo, em razão de conter substâncias tóxicas quando cru. Seu sabor levemente defumado e terroso assemelha-se ao da noz; quanto mais escuro, mais forte o sabor. Pode ser comprado fresco, seco ou em conserva. Os secos são mais aromáticos e de sabor mais acentuado que os frescos.

Mornay Clássico molho francês elaborado com bechamel encorpado com gemas e queijo gruyère. Não é servido em molheira, mas como cobertura de legumes, ovos e peixes, que, quase sempre, são gratinados no forno. Houve um período em que sua criação foi atribuída a Joseph Voiron, chef do restaurante Durand, em Paris, no fim do século XIX. O molho seria uma homenagem a seu filho mais velho, Mornay. Preparo muito semelhante, entretanto, já era usado em Bolonha (Itália) desde o século XVII. Voiron apenas acrescentou gemas de ovos à receita original, de modo a torná-la mais consistente. Ver **Bechamel** e **Gruyère**.

Mortadela Embutido de origem italiana, da região de Bolonha. No Brasil, é feito com carne de vaca, porco ou vitela temperada com noz-moscada, pimenta em grão e toucinho, introduzida em bexiga ou garganta de boi. Tem textura fina e sabor marcante, além de diversos tamanhos e formatos. É muito usada como recheio de sanduíches, cortada em fatias bem finas.

Mortar and pestle Ver **Pilão**.

Mortification Ver **Faisandage**.

Morue Bacalhau, em francês. Ver **Bacalhau**.

Moscatel (*Vitis vinifera*) Família de uvas cuja espécie inclui variedades brancas e tintas, cultivadas em diversas regiões do mundo. Denomina-se moscatel, em português e espanhol; *moscato*, em italiano; e *muscat*, em francês. As variedades Moscatel de Setúbal e Moscatel Roxo, por exemplo, são importantes na península portuguesa de Setúbal, já a Moscatel de Alexandria predomina na Argentina. Na Itália, a sofisticada Moscato Bianco é característica do Piemonte, onde é base do espumante doce Asti e do Moscato d'Asti. Na ilha grega de Samos, é usada na produção do Moscatel de Samos. No sul da França, é conhecida por *muscat blanc à petits grains* e utilizada na elaboração de grandes vinhos doces.

Mosel Região vinícola alemã situada no vale do rio Mosel e de seus afluentes, o Saar e o Ruwer. Seus vinhedos espalham-se por encostas quase verticais, com acesso, muitas vezes, apenas por meio de teleféricos. Na época da vindima, em

razão dessa característica, ainda hoje o trabalho é feito apenas pelos homens, sem auxílio de máquinas. A principal uva da região é a Riesling. Um dos maiores êxitos da vinicultura alemã provém dessa área: o Trockenbeerenauslese, vinho admirável, dourado e de sabor rico e concentrado. Os vinhos de alta qualidade da região vêm do Médio Mosel, do Saar e do Ruwer. Ver **Trockenbeerauslese**.

Mostaccioli Pequena massa alimentícia italiana com formato de tubo, cortada na diagonal.

Mostarda (*Sinapis alba*; *Brassica juncea*) Planta da família das crucíferas, a mesma do agrião e dos brócolis, com cerca de duzentos gêneros e mais de duas mil espécies, algumas picantes, outras suaves. Hoje, há duas mais importantes: a mostarda-branca (*Sinapis alba*), originária da região do Mediterrâneo; e a marrom (*Brassica juncea*), da Ásia, que tem substituído a mostarda-negra (*Brassica nigra*), mais usada antes. As mostardas já eram conhecidas pelos egípcios, na Antiguidade. No século I, o escritor romano Plínio listou quarenta remédios em que ela era usada como ingrediente principal. No século V, elaboravam-se pastas e molhos de acompanhamento aromatizados com esse ingrediente. No entanto, apenas no século XII surgiram as primeiras mostardas de preparo mais complexo, com a mistura de diversos temperos e ervas. Conta-se que o papa João XXII, no exílio em Avignon (França), apreciava-as tanto que cumulava de honrarias quem inventasse novas combinações, com ervas e outros condimentos. Daí originou-se o cargo de "mostardeiro do papa". Uma das primeiras preparações foi a de mostarda com mosto (ou suco) de uvas frescas, que deu origem ao nome do condimento – *mustum ardens*, em latim, que significa "mosto ardido" –, transformado em *moutarde*, em francês, *mustard*, em inglês, e mostarda, em português. Em 1390, sua preparação ideal foi regulamentada por um édito. Em 1630, em Dijon (França), implantou-se a primeira linha efetiva de industrialização da mostarda em potes de argila. Hoje, é vendida em grãos inteiros, cuja cor varia do amarelo ao marrom-escuro, em pó ou "preparada", em pasta. Na Inglaterra, a mostarda em pó é muito utilizada, desenvolvida no século XIX por Jeremiah Colman. Entre as disponíveis em pasta, as mais conhecidas são a alemã (escura), a inglesa (mais clara, resultado da mistura da escura e da clara com um pouco de cúrcuma), e a francesa de Dijon (bem clara, picante e avinagrada). Claras ou escuras, elas podem ser aromatizadas ou compostas, como no caso da mostarda de Dijon, preparada com ervas da Provença. Produto delicado e frágil, em grãos pode ser conservada por algum tempo, mas em pasta, inicialmente, entrava em decomposição com bastante rapidez. Somente no século XIX, Jeremiah Colman encontrou uma fórmula que proporcionava durabilidade à preparação – a adição de amido de trigo. Com o método, surgiram novas composições. Em grãos, é usada em conservas, pães, assados, *samosas* (pastéis indianos de forma triangular) e chucrute. Em pó ou pasta, acompanha bem carnes gordas, carne de porco, salames, linguiças, salsichas, carnes frias, peixes, maionese etc.

Mostarda di Cremona Acompanhamento clássico da cozinha italiana para assados e grelhados. É uma mistura de frutas em calda doce e tempero picante, com mostarda. Pode-se utilizar a calda das próprias frutas da receita.

Mosto Suco de uva esmagada no período de pré-fermentação, primeiro passo para a produção do vinho.

Mothais a la feuille Queijo de leite de cabra não pasteurizado, artesanal, da região de Poitou-Charentes, no oeste da França. Denomina-se também *Mothe--saint-heray*. Por ser produzido no mesmo local e da mesma maneira desde o século XIX, em 2002 recebeu status AOC. Feito com leite de cabra fresco, é maturado envolto em folhas de castanheira, sicômoro ou plátano. Tem textura macia e tenra, que se torna mais densa com o tempo, casca delicada e enrugada, com mofo azul esverdeado sob a cobertura de folhas. Seu sabor é uma mistura de cítrico e madeira, cuja intensidade pode evoluir. É preparado em dois formatos: pequeno disco achatado ou pirâmide. Pesa em torno de 250 g. Ver **Appéllation d'Origine Contrôlée (AOC)**.

Moussaka Um dos pratos mais marcantes da cozinha do Leste do Mediterrâneo, de origem grega. É feito, basicamente, de camadas intercaladas de vegetais, carne de cordeiro e molho, assadas no forno. Os vegetais, o tipo de carne e o molho empregados variam nas versões libanesa, grega, turca e hebraica. A moussaka mais difundida é a preparada com fatias de berinjela, carne de cordeiro e molho de tomates.

Mousse Ver **Musse**.

Mousseline 1. Nome genérico dado a qualquer molho ou prato cuja consistência aerada é alcançada por meio de adição de creme ou ovos batidos, como no caso das musses doces e salgadas. Ver **Musse**. **2.** Molho clássico da culinária francesa, tem como base o molho holandês enriquecido com metade de sua quantidade em creme de leite batido firme.

Mouton Carneiro, em francês. Ver **Carne de carneiro**.

Moyashi Ver **Broto de feijão**.

Mozzarella Ver **Muçarela**.

Muçarela Queijo coalhado de origem italiana, da região da Campânia, hoje produzido no mundo inteiro. Tem textura firme, sabor suave semelhante ao do leite e aroma lático. Feito com leite de vaca (em toda a Itália) ou de búfala (na região da Campânia e do Lázio, onde denomina-se *provatura*), é consumido fresco poucas horas após ter sido feito. É fabricado pelo método da pasta filata, ou seja, de "esticar o queijo", técnica em que a coalhada é aquecida em água quente até se tornar elástica e formar cordões, os quais são, então, enrolados em bola, para depois as peças serem cortadas e moldadas. Em geral, a muçarela de búfala tem a forma de bolinhas, maiores ou menores, e deve ser conservada em salmoura ou no soro do leite. A de leite de vaca, mais vendida em formato retangular, é a mais utilizada em culinária. Principal cobertura da pizza, é usada também no recheio da lasanha e em outros tipos de massas, além de poder ser empregada com legumes. Trata-se de um queijo próprio para cozimento e bastante apreciado. Em italiano, grafa-se *mozzarella*. Ver **Pasta filata**.

Muçuã (*Kinosternon scorpioides*) Tartaruga de água doce da Amazônia, mais encontrada na Ilha de Marajó, que vive em pântanos e várzeas. Pequena, com cerca de 20 cm, tem casco ovalado de cor escura e focinho pontudo. Sua carne é ingrediente básico de um tradicional prato paraense, o casquinho de muçuã. Silvestre, hoje sua captura é proibida, mas é permitido o uso de animais de criadouros certifica-

dos. É conhecida no Maranhão por jurará. Ver **Casquinho de muçuã**.

Müesli Mistura de grãos, como aveia, cevada e trigo, crus e tostados, com quadradinhos secos de frutas, por exemplo maçãs, abricós e passas, além de nozes e germe de trigo. É similar à granola. Desenvolvido pelo nutricionista suíço Maximilian Bircher-Benner no início do século XX como alternativa de comida saudável para o hospital onde trabalhava, logo se difundiu e hoje é usado no desjejum em muitos países. É servido frio, puro ou com leite, iogurte ou polpa de frutas frescas. Ver **Granola**.

Muffin 1. Antigo e tradicional pãozinho inglês vendido por ambulantes em toda a cidade de Londres no século XIX, quando fornos domésticos ainda não eram comuns. Pequeno, redondo e achatado, era comido aberto ao meio com recheios salgados, como ovos, salsichas ou queijo. É muito consumido atualmente no café da manhã e no chá da tarde, quente com manteiga. Denomina-se também *flatbread* e *english muffin*. **2.** Pequeno bolo com cerca de 5 cm de diâmetro e 5 cm de altura, feito com massa de fermento, doce ou não, levado ao forno em tabuleiro com cavidades, próprio para o preparo. Hoje, os ingredientes variam muito e podem ser utilizadas diversas farinhas, além de pequenos pedaços de queijo, chocolate, banana, mirtilo e frutas secas, entre outros. É muito apreciado no café da manhã ou em lanches rápidos. Surgiu nos Estados Unidos, no século XIX, e é conhecido ainda por *quickbread* e *american muffin*.

Muffuletta Sanduíche tradicional de Nova Orleans (Estados Unidos), criado no início do século XX na Central Grocery, ainda hoje considerado o lugar que prepara a melhor muffuletta em toda a Louisiana. É elaborado com pão italiano redondo recheado com fatias de queijo provolone, salame e presunto, acrescidos do molho *olive salad*, feito com temperos verdes, azeitona, pimentão, aipo, alho, cebola, alcaparra, orégano, azeite de oliva, vinagre de vinho tinto, sal e pimenta. Esse rico molho é responsável por diferenciar o sanduíche e tornar seu sabor único.

Mujadarah Prato muito conhecido da cozinha do Oriente Médio, encontrado em vários países da borda do Mediterrâneo. Trata-se da mistura de arroz com pequenas lentilhas marrons, acompanhada de cebolas fritas bem crocantes e escuras. É temperado apenas com sal e pimenta, para que o sabor das cebolas sobressaia. O arroz deve ficar úmido e pode ser servido como acompanhamento de pratos de carne. Grafa-se também *mujaddara* ou *mjadara*.

Müller-thurgau (*Vitis vinifera*) Cepa de uva resultante do cruzamento da Riesling com a Madeleine-Royale. O objetivo era criar um fruto que apresentasse as mesmas características da primeira, para aumentar a produção e agilizar o amadurecimento. De acordo com os especialistas, a Müller-thurgau não tem a classe da Riesling e produz vinhos, em geral, suaves e grosseiros. Muito plantada na Alemanha, tem, contudo, perdido espaço.

Mulligan stew Cozido preparado com todos os ingredientes que estiverem disponíveis, carnes, verduras, legumes etc. Pode ser feito com qualquer combinação de elementos. Muito saboroso, sua origem remonta aos abrigos de desempregados e sem-tetos, em grande parte imigrantes irlandeses do início do século XX, nos Estados Unidos. *Mulligan* era o termo

genérico empregado para designar esses imigrantes.

Mulligatawni Prato de origem indiana incorporado à culinária inglesa colonial. É uma espécie de sopa picante feita com frango ou cordeiro, cebola, óleo, legumes, manteiga ou ghee e temperada com masala. O frango ou cordeiro é cozido e servido no próprio caldo. Às vezes, pode-se acrescentar arroz, ovos e leite de coco para obter consistência mais espessa. Seu nome provém do tâmil *milagu tanni*, que significa "água apimentada". A receita original foi alterada inúmeras vezes, desde a época colonial, pelas donas de casa inglesas que viveram ou não na Índia, mas sabe-se que nesse país era um caldo temperado sem carne. Ver **Ghee** e **Masala**.

Muma Prato da cozinha capixaba elaborado com carne de siri ou de lagostim, cozida com tomates, cebolas, limão, temperos verdes, inclusive coentro fresco, e urucum em panela de barro tradicional. Quando cozida, adiciona-se farinha de mandioca umedecida, aos poucos, até formar um pirão mole. O preparo é, geralmente, acompanhado de molho de pimentas maduras socadas, misturadas com cebola picada, suco de limão e sal.

Münchner Cerveja escura e forte desenvolvida inicialmente em Munique (Alemanha), produzida por meio de um processo de baixa fermentação. Ver **Cerveja**.

Mundico e Zefinha É o Romeu e Julieta da Amazônia. Sobremesa feita com queijo marajoara gratinado e doce de cupuaçu. Ver **Cupuaçu**, **Queijo marajoara** e **Romeu e Julieta**.

Mungunzá Ver **Canjica**.

Mungunzá goiano Prato feito com feijão-roxinho, milho branco e carne-seca cozidos juntos.

Mungunzá salgado Prato de substância do Nordeste, no estilo de uma feijoada. É preparado com milho (branco ou amarelo) de mungunzá, feijão-verde ou feijão-mulatinho, carnes de porco salgadas, linguiça, toucinho, cheiro-verde, coentro, colorau, sal e um bom refogado de cebola e alho. O milho é cozido em separado e o feijão, com as carnes. Em seguida, reúne-se tudo em uma panela e acrescentam-se os temperos e o refogado. Na hora de servir, adiciona-se o cheiro-verde picado.

Munheca Ver **Broto de samambaia**.

Munster Queijo tradicional das regiões históricas da Alsácia, Lorena e Franche-Comté, na França, cuja elaboração é controlada (AOC). É conhecido também por *Munster Géromé*. Feito com leite de vaca com grande teor de gordura, tem formato de disco, com 20 cm de diâmetro e 5 cm de altura, e uma de suas características é a casca alaranjada. Desde a Idade Média, são produzidas variedades francesas e alemãs. Sua massa é semimacia, suave e cremosa, com cor de palha clara. Às vezes, é temperado com cominho ou alcaravia. Lavado com salmoura, seu sabor e aroma são fortes. O período de maturação varia de três a quatro meses e há dois tipos principais: o *munster fermier* e o *munster laitier*. O primeiro é fabricado em fazendas apenas no verão e no outono, com leite não pasteurizado; o segundo, em laticínios, com leite pasteurizado e é encontrado o ano todo. Ver **Appellation d'Origine Contrôlée (AOC)**.

Murici (*Byrsonima crassifolia*) Fruto pequeno denominado também murici-da-

-praia e murici-do-brejo, muito nutritivo e apreciado pela população praieira do Nordeste brasileiro. É usado no preparo da cambica de murici, mistura do fruto com água, açúcar e farinha de mandioca. Pode ser utilizado ainda em refrescos e sorvetes.

Murol Queijo francês artesanal de casca lavada, fabricado com leite de vaca pasteurizado na região histórica de Auvergne (França). É produzido apenas no verão e no outono, quando o gado se alimenta das pastagens das montanhas. De textura macia, tem sabor leve e suculento, além de aroma suave. Suas principais características são a cor laranja da casca, que é lavada com cerveja e pimenta, e o formato de anel. A retirada do centro do murol agiliza a maturação e essa parte é vendida separadamente com o nome de *murolait* ou *trou du murol*, envolta em parafina vermelha.

Muscadet Vinho branco seco produzido com a uva Melon de Bourgogne, na região do Vale do Loire (França).

Músculo Conhecido também por ossobuco quando acompanhado de osso, é um corte de carne bovina magra próprio para cozimento prolongado em caldos, sopas e cozidos. Ver **Ossobuco**.

Muselet Armação metálica que fixa a rolha nas garrafas de champanhe.

Musetto Ver **Cotechino**.

Musgo-da-irlanda (*Chondrus crispus*) Espécie comestível de alga marinha encontrada no norte do Oceano Atlântico, no Mar de Bering, no Mediterrâneo e na costa oeste da África, entre outros locais. Apresenta textura cartilaginosa, cor rosa avermelhada ou marrom brilhante quando fresco e pode alcançar até 15 cm de comprimento. Tem sido tradicionalmente colhido e consumido nas zonas costeiras da Inglaterra, na Irlanda, na Escócia e na Islândia e, mais recentemente, nos Estados Unidos e no Canadá. Em inglês, é denominado *Irish moss* e *carrageen moss*. Outrora um medicamento caseiro comum e um alimento recomendado para convalescentes, era também ingrediente indispensável do *blancmanger* por sua capacidade de gelificar o leite. Pode ser consumido fresco ou seco, em bebidas, ensopados, refogados, recheios e pudins. Dela é extraída a carragenana, polissacarídeo usado como aditivo alimentar. Ver **Blancmanger** e **Carragenana**.

Mushimono Termo japonês referente a comidas cozidas em vapor.

Mushroom Cogumelo, em inglês. Ver **Cogumelo**.

Mussaka Ver **Moussaka**.

Musse Prato de origem francesa, doce ou salgado, de textura leve, cremosa, similar a espuma, termo que significa *mousse*, em francês. Consiste em um creme ou purê a que se acrescentam claras em neve, para torná-lo mais delicado. As musses mais comuns são à base de peixe, frango, queijo, legumes, chocolate ou frutas e são servidas sempre frias. Quando feitas com gelatina, apresentam textura mais firme.

Muxá Prato doce encontrado no Espírito Santo e na Bahia, à base de canjiquinha de milho (quirera), leite de vaca, leite de coco e açúcar, e geralmente temperado com cravo. Depois de engrossado no fogo, é colocado em assadeira até esfriar. Já frio e firme, é desenformado, cortado em qua-

dradinhos e passado no coco ralado. Na Bahia, chama-se lelê.

Mycella Queijo dinamarquês da região de Bornholm, praticamente sem casca e com perfume semelhante ao do gorgonzola, inoculado pelo fungo *mycelium*. De massa amarelo-pálida e veios verdes, é feito com leite de vaca pasteurizado. Tem textura macia e úmida, além de sabor levemente salgado.

Naan Pão de farinha branca levemente fermentado com fermentos naturais, originário da Índia e da Ásia Central, mas utilizado hoje em dia em todo o Oriente Médio. Em geral, tem formato redondo e assemelha-se ao pão pita, exceto quanto ao uso de fermento químico. Na Índia, é tradicionalmente cozido em forno tandoor por sessenta segundos, por isso torna-se inchado e tostado. É servido quente, pincelado ou não com ghee, como acompanhamento de variados pratos. Ver **Forno tandoor**, **Ghee** e **Pita**.

Nabemono O termo significa "coisas no pote" e designa um preparo japonês elaborado em uma única vasilha. Denominada *donabe*, é feita tradicionalmente de cerâmica e colocada sobre um fogareiro. O preparo deve ser consumido em grupo, em especial no inverno. Os ingredientes são empregados em pequenas porções e dispostos em vasilhas separadas; os mais firmes são pré-cozidos. De modo geral, contém alho-poró, cenoura, cogumelos, macarrões variados, espinafre, nabo, acelga, broto de feijão, além de carnes de ave, gado e frutos do mar. No *donabe*, coloca-se um caldo fervente de dashi, molho de soja e saquê, para que os participantes da refeição cozinhem os ingredientes em diversas rodadas. Temperos variados e molhos ficam disponíveis na mesa para uso individual. No final, o caldo restante é transformado em sopa com a adição de arroz e ovos, a qual é repartida por todos. Ver **Dashi** e **Saquê**.

Nabo (*Brassica rapa* var. *rapa*) Raiz vegetal de inverno, de casca branca, lisa e polpa ainda mais branca. Suas folhas verdes, quando jovens, podem ser cozidas e regadas com manteiga. O nabo pode ser consumido cozido, em sopa, ou cru, ralado.

Nacho Tortilha crocante conhecida também por pizza mexicana, coberta de queijo cheddar derretido, salpicado de pimentas *Capsicum* picadas ou molho picante. É servida geralmente em lanches ou como aperitivo. Às vezes, acrescentam-se pedaços de linguiça frita, cebolas e azeitonas. Ver **Cheddar** e **Tortilha**.

Nagô Trata-se de um dos molhos básicos da culinária baiana, preparado com camarões secos, sal, cebolas e pimentas-malaguetas secas. Depois de pilados juntos, os ingredientes são fritos em azeite de dendê. É um molho grosso e picante. Ver **Azeite de dendê** e **Malagueta**.

Nameko (*Pholiota nameko*) Pequeno cogumelo japonês, cuja cor varia do laranja ao âmbar-dourado. Tem textura gelatinosa, além de sabor e aroma ricos e terrosos. Assim como o shiitake, é um dos cogumelos mais utilizados no Japão. É usado, em especial, em sopas (*missoshiru*) ou em *nabemono*. Ver **Missoshiru**, **Nabemono** e **Shiitake**.

Namorado (*Pseudopercis numida*) Peixe da família dos pinguipedídeos, encontrado no Atlântico, em todo o litoral brasileiro, em águas de fundo arenoso. Tem coloração escura com pintas brancas. Pela carne de ótima qualidade, é bastante procurado no mercado, onde é vendido inteiro ou em postas. Seu sabor fica excelente se assado inteiro no forno, em razão da carne gordurosa.

Nam pla Molho de peixe bastante aromático, muito utilizado na cozinha tailandesa. É resultante da fermentação de anchovas com sal. Apesar de hoje ser industrializado, no Oriente o costume de prepará-lo de acordo com receitas pessoais foi mantido, por isso varia conforme o gosto de cada um, com sabor mais ou menos forte. Pode ser usado como tempero na cozinha ou consumido à mesa. Equivalente ao *nuoc mam* vietnamita e ao *shottsuru* japonês, assemelha-se também ao *garum*, antigo tempero dos romanos. Ver **Garum** e **Nuoc mam**.

Nam prik Nome tailandês de vários molhos, em geral usados para acompanhar pratos de peixe, arroz ou vegetais. Os ingredientes variam conforme a região; os mais empregados são pimentas do gênero *Capsicum*, alho, peixe seco, pasta de camarão, tamarindo concentrado e frutas frescas, como a manga verde e o limão, entre outros.

Nantua 1. Molho à base de lagostins, tradicional da comuna francesa de mesmo nome, em geral servido com quenelles. Há duas versões usuais da receita. A primeira, mais simples, é preparada com bechamel, ao qual adicionam-se suco do cozimento dos crustáceos, manteiga de lagostins, creme de leite, conhaque e pimenta-de-caiena. A segunda é composta de mirepoix salteado com lagostins, flambado em conhaque e acrescido de vinho branco, purê de tomates frescos e *crème fraîche* para finalizar. Ver **Bechamel** e **Quenelle**. **2.** A expressão "à la Nantua" é empregada para preparos com lagostins, inteiros ou como ingredientes de musse, purê, coulis ou manteiga aromatizada. Ver **Manteiga temperada**.

Napa Valley Região vinícola mais famosa e importante dos Estados Unidos, situada no Condado de Napa, na Califórnia. Tem mais de quatrocentas vinícolas, cujas principais variedades de uva são Cabernet Sauvignon – sua cepa mais característica –, Merlot, Chardonnay e Zinfandel. Napa Valley é a denominação de

origem que cobre a área mais ampla; nela há American Viticultural Areas (AVAs) menores, como Santa Helena, Yountville e Oak Knoll District. Ver **American Viticultural Area (AVA)**.

Napoléon Ver **Mil-folhas**.

Napolitano 1. Termo que designa pratos considerados "ao estilo da cozinha de Nápoles", cidade do sul da Itália. Em geral, eles têm como ingredientes tomate, orégano, azeite de oliva e, eventualmente, queijo. **2.** Sorvete em camadas, de cores e sabores diferentes – baunilha, morango e chocolate –, com formato similar ao de tijolo e servido fatiado. Outras sobremesas feitas em três camadas de cores diferentes são nomeadas também como napolitanas.

Narceja (*Gallinago* spp.) Pássaro migratório, de bico longo e dorso escuro, com estrias amarelas e cabeça preta. Sua carne é muito valorizada na França, onde é caçado na maior parte do ano e mais saboroso no outono. No Brasil, as narcejas são encontradas em pequena quantidade em quase todo o país, porém estão mais concentradas próximo do litoral, na região Sul e na parte sul da região Sudeste. Quando nova, pode ser frita; depois de adulta, deve ser ensopada ou assada.

Nasi goreng Expressão malaia cujo significado é "arroz frito". Trata-se de um prato com inúmeras variações, muito difundido em todo o Sudeste Asiático. O arroz previamente cozido é frito em óleo e ao preparo podem ser agregados ingredientes como camarão, marisco, frango, ovo, cebola, pimentas do gênero *Capsicum*, alho, além de molho de soja doce e pasta de camarão. O *bami goreng* é um preparo similar, em que o arroz é substituído pelo macarrão.

Nata Creme de leite padronizado e pasteurizado, com teor de gordura mínimo de 45%. É uma emulsão de gordura em água, de textura firme e cor branca ou amarelada. De acordo com a legislação brasileira, a nata comercializada pode ser homogeneizada ou não, e conter ou não sal, além de espessantes e estabilizantes. É muito consumida no Rio Grande do Sul com rosca de polvilho, *apfelstrudel* e em molhos para filés. Em outras regiões do país, é mais usada como ingrediente de tortas e biscoitos. Ver **Biscoito de polvilho**, **Rosca** e **Strudel**.

Natillas Creme espesso e doce da culinária espanhola, feito com leite, gemas, açúcar e amido de milho. É aromatizado com baunilha, canela em pó ou raspas de casca de limão. Serve-se frio, em compoteira ou em pequenas tigelas individuais. Quando guarnecidas de merengue e douradas no forno, denominam-se *montañas de nieve*.

Natto Alimento diário da dieta japonesa no desjejum, muito popular no país. Feito de grãos de soja fermentada, tem sabor e aroma fortes, consistência viscosa e, em geral, é acompanhado de arroz e alguns temperos, como molho de soja e cebolinha. O preparo é usado também como condimento de mesa nas outras refeições ou como aperitivo, servido com bebidas alcoólicas. Era originalmente uma pasta de grãos de soja cozida no vapor, envolta em palha de arroz e colocada para fermentar em ambiente escuro e úmido, que apresentava textura gelatinosa quando pronta. Hoje é industrializado e pode ser comercializado também seco. Ver **Soja**.

Navarin Ensopado de carneiro da culinária francesa, feito com cebolas, batatas ou outros legumes da estação. De acordo com uma história sobre sua origem, não

endossada pelo *Larousse Gastronomique*, o preparo foi assim denominado em razão da comemoração da vitória dos franceses, ingleses e russos sobre os egípcios e turcos na Batalha de Navarino, em 20 de outubro de 1827, na guerra de independência da Grécia. O prato servido foi um ensopado de carneiro com muitos vegetais picados, receita bem antiga e comum na região. O *Larousse*, entretanto, credita o nome a uma deturpação de *navet* (nabo), legume que antes era a base do acompanhamento do ensopado. Por correlação, outros ensopados guarnecidos de nabos receberam a mesma denominação.

Navy bean Variedade de feijões-brancos pequenos, que ficaram assim conhecidos nos Estados Unidos por terem servido como ração na Marinha desde a metade do século XIX. São largamente comercializados enlatados e consumidos em cozidos com carne de porco e em sopas.

Nebbiolo (*Vitis vinifera*) Cepa de videira italiana originária do Piemonte, produtora de grandes vinhos tintos. É usada na elaboração do Barolo, do Barbaresco e do Gattinara, entre outros. Quando está totalmente madura, é utilizada na produção de vinhos ricos em tanino e acidez. Deve seu nome à névoa que cobre a região com frequência.

Nectarina (*Prunus persica* var. *nucipersica*) Variedade de pêssego de casca fina, lisa, sem pelos, semelhante à ameixa e de polpa amarela com laivos vermelhos. Muito saborosa e perfumada, utiliza-se fresca, como sobremesa, ou para fazer geleias, sucos e gelatinas.

Nega maluca Bolo de receita simples, cuja massa é feita com chocolate ou achocolatado em pó. Depois de pronto, ainda quente, é recoberto de uma pasta cozida preparada com leite, açúcar, manteiga e achocolatado em pó ou chocolate. É muito popular no Rio Grande do Sul.

Negrinho Nome do brigadeiro no Rio Grande do Sul. Ver **Brigadeiro**.

Negroni Coquetel clássico à base de vermute vermelho, Campari® e gim. Deve ser preparado em copo *old-fashioned*, com gelo, decorado com uma fatia de laranja.

Negi (*Allium fistulosum*) Cebolinha-verde japonesa com diversas variedades, entre elas a *ha-negui*, de folhas verdes longas e finas, e a *nebuka-negi*, com bainha foliar branca e folhas mais rijas. É ingrediente de muitos pratos, como o *sukiyaki* e o *missoshiru*. Ver **Sukiyaki** e **Missoshiru**.

Negus Drinque criado na Inglaterra no reinado da rainha Anne (século XVIII). A bebida consistia na mistura de vinho do Porto, açúcar, limão, noz-moscada e água quente. Com o mesmo nome de seu criador, coronel Francis Negus, era considerado um fortificante para noites frias e servido em bailes. Sua utilização decaiu posteriormente e, no reinado da rainha Vitória (século XIX), passou a ser qualificado como bebida para crianças em razão da suavidade, de acordo com o livro de administração doméstica de Isabella Beeton, de 1861. O *negus* era equivalente aos atuais vinhos quentes e temperados, como o quentão. Ver **Quentão**.

Neige de Florence Prato da cozinha francesa do século XIX, composto de massa à base de trigo-sarraceno, muito leve e fina, em formato de pequenos flocos. Era servida crua para que o comensal a aspergisse no consomê fervente que a cozinhava. Ver **Consomê**.

Nepal Chá produzido no Nepal, no sopé do Himalaia, em uma região próxima a Darjeeling (Índia). Tem folhas bem trabalhadas e sabor fresco, intenso e adocicado. Sua tonalidade é clara, quase verde. Sem grande representatividade no mercado mundial, é praticamente consumido apenas no país de origem. Ver **Chá**.

Nero di seppia Expressão utilizada na Itália para nomear o líquido escuro expelido como defesa por vários moluscos marinhos cefalópodes. A tinta é utilizada como ingrediente culinário, não só pela cor mas também pelo sabor que acrescenta aos pratos. No Brasil, é popularmente conhecida por tinta de lula.

Nêspera (*Eriobotrya japonica*) Fruto da nespereira, também chamado ameixa-amarela, da família das rosáceas. Originária da China, tem formato oval, além de tamanho e cor parecidos com os do abricó. Seu suco é amarelo pálido, de sabor suave. A fruta é encontrada no Japão, na Índia, na América do Sul, em parte do sul dos Estados Unidos e no Mediterrâneo. Pode ser consumida ao natural, em geleias, saladas ou pratos quentes de patos e frangos, mas deve estar bem madura.

Nesselrode 1. Requintado pudim gelado da cozinha francesa do início do século XIX, cuja base é o creme inglês acrescido de frutas secas e passas, ao qual mistura-se purê gelado de castanhas portuguesas, previamente cozidas em calda de açúcar, e creme de leite batido. Diz-se que foi criado em homenagem ao diplomata russo conde Nesselrode. **2.** Preparo gelado francês à base de creme de ovos batidos com calda de açúcar, adicionado de purê de castanhas, perfumado com kirsch e recoberto com sorvete de baunilha. **3.** Hoje em dia, por analogia, pratos salgados ou doces guarnecidos ou cuja base seja o purê de castanhas também recebem o nome. Ver **Castanha portuguesa**.

Neufchâtel Queijo francês tradicional e antigo da cidade de Neufchâtel-en-Bray, na região nordeste da Normandia, com status AOC. É encontrado em diversos formatos – quadrado, cilíndrico ou em forma de coração –, por isso o tamanho e o peso variam. De produção artesanal, feita em pequenas fazendas, e industrializada, é fabricado o ano todo, mas a melhor época é o verão e o outono. Matura de oito a dez semanas, tem crosta coberta de fungos brancos, textura macia, além de sabor semelhante ao de frutas secas e cogumelos. É levemente salgado e tem aroma de fermento. Ver **Appellation d'Origine Contrôlée (AOC)**.

Newburg Molho cremoso usado como acompanhamento de lagostas, camarões e outros frutos do mar. É feito com o fumet em que o elemento principal foi cozido, acrescido de creme fresco e temperado com vinho madeira ou xerez. O Newburg foi criado por Alessandro Filippini, chef do famoso restaurante nova-iorquino Delmonico's, no final do século XIX.

New York steak Ver **Delmonico steak**.

Nhambu Ver **Jambu**.

Niboshi Pequenas sardinhas secas, ingrediente muito utilizado na culinária japonesa tanto como aperitivo quanto no preparo de caldos e sopas. Pode ser usado também como tempero em diversos pratos.

Niçoise 1. Salada originária da região de Nice, no sul da França, preparada com tomates, pepinos, favas frescas, peque-

nas alcachofras, cebolas, pimentões, ovos cozidos, filés de anchova em conserva ou atum cozido e azeitonas pretas, temperados com molho de azeite de oliva, manjericão, sal e pimenta-do-reino. **2.** Termo empregado para caracterizar pratos ao estilo de Nice e arredores, feitos com produtos característicos da região, como tomates, favas, alho, azeitonas pretas e anchovas.

Nigella (*Nigella sativa*) Semente negra, fina, pequena e angular, usada na Índia e no Oriente Médio como condimento. Tempera vegetais, pães e legumes. Da família das ranunculáceas, denomina-se também kalonji e cominho negro, embora não tenha parentesco botânico com o cominho.

Nigiri sushi Ver **Sushi**.

Nikuman Pequeno pão japonês recheado com uma mistura de carne de porco e vegetais temperados, assado no vapor. De massa branca e formato redondo, é fácil encontrá-lo em lojas de conveniência em todo o Japão, inclusive com diferentes tipos de recheio. É vendido também em São Paulo, nas lojas da colônia japonesa. Seu nome é uma combinação das palavras *niku*, que significa carne, e *manju*, "preparo doce". É originário, entretanto, da China, onde denomina-se *baozi*.

Nilgiri Chá cultivado nas colinas das terras altas do sul da Índia, no Distrito de Nilgiris, em elevações que variam de 1.000 a 2.500 metros acima do nível do mar. A região é a menos conhecida entre as três áreas produtoras oficiais do país, as outras duas são Assam e Darjeeling. Produz uma bebida bastante aromática, de tonalidade amarelo-dourada e sabor fresco e suave, levemente frutado e mentolado. Ver **Assam**, **Chá** e **Darjeeling**.

Nimono Estilo de pratos da culinária japonesa em que peixes, carnes ou vegetais são cozidos em caldo temperado com dashi, missô, gengibre, pimentas vermelhas ou, simplesmente, sal. Ver **Dashi** e **Missô**.

Ninho Fios-de-ovos enrolados manualmente no formato de ninho alto, que pode ser recheado ou não com ovos moles. Coloca-se no forno para tostar a parte superior e serve-se tradicionalmente em forminhas de papel. Da doçaria portuguesa à base de ovos, o preparo veio para o Brasil com os imigrantes. Trata-se de um dos tradicionais doces de Pelotas. Ver **Doces de Pelotas**, **Fios de ovos** e **Ovos moles**.

Ninho de andorinhão Iguaria da culinária chinesa produzida por algumas espécies de pássaros do gênero *Aerodramus*, que fazem o ninho em cavernas no sudeste da Ásia com o uso de uma secreção gelatinosa. É difícil recolhê-lo, por isso seu preço é tão alto. Existem dois tipos: os brancos e os negros. Os primeiros são mais solicitados por serem mais puros, recobertos quase que somente com a saliva do animal; os negros contêm mais resíduos estranhos, como penas, insetos e outras partículas. Nos dois casos, devem ser limpos antes de serem empregados, mas o segundo tipo exige esforço maior. São encontrados em mercados chineses de comida sofisticada ou em restaurantes especializados. Com eles, prepara-se um prato clássico, a sopa de ninho de andorinhão. Em razão do preço extremamente alto, cidades do Sudeste Asiático têm se especializado na produção dos ninhos, reproduzindo em edifícios construídos para esse fim as cavernas escuras e úmidas das regiões tropicais. O desenvolvimento dessas "fábricas de ninhos" trouxe um benefício ambiental: ajudam espécies

que estavam ameaçadas de extinção a se recuperarem e as protegem de caçadores.

Niolo Queijo de leite não pasteurizado de ovelhas, originário da Córsega (França), do vilarejo de Casamaccioli. Em geral, é feito de modo artesanal, em fazendas. Considerado um queijo moderno, é quadrado, com cantos arredondados, e mantém a marca da cesta na qual foi moldado. Pesa cerca de 725 g, tem casca branca, limpa e lisa, além de cheiro forte. Quando está fresco, é suave e cremoso; maduro, sua massa torna-se mais amanteigada e aromatizada.

Nitrogênio líquido Elemento utilizado para efetuar congelamentos rápidos na indústria alimentícia e em alguns restaurantes. Mantido entre $-196\ °C$ e $-210\ °C$, o nitrogênio permanece em estado líquido e pode ser usado no preparo de sorvetes, sorbets, musses, gelatinas etc. Deve ser acondicionado em recipiente isolante.

Nivernaise, à la Guarnição de origem francesa composta de cenouras e nabos torneados e dourados, alface refogada, cebolinhas douradas na manteiga e pequenas batatas cozidas. Em geral, é acompanhamento de peças de carne assada ou cozida, de gado ou de pato.

Nixtamalização Antigo tratamento para facilitar a remoção da casca dos grãos de milho por meio de seu cozimento em água alcalinizada, que a amolece e a separa parcialmente. Em seguida, o milho é lavado para que a casca seja retirada por completo. Ainda empregada atualmente no México, a técnica é herança dos maias e astecas, que utilizavam cinzas ou cal. Hoje, usa-se uma solução de hidróxido de cálcio ou lixívia. A nixtamalização é a parte inicial do processo de produção da *masa*, com a qual são feitos tamales e tortilhas. Ver **Masa**, **Tamale** e **Tortilha**.

Noilly Prat® Marca de vermute seco feito em Marseillan (França) desde 1850. Hoje são produzidas quatro variedades, todas à base de blends de vinhos brancos fabricados no local, macerados com diversos elementos aromáticos: no *extra dry*, há camomila, casca de laranja-amarga e noz-moscada; o *original dry* é semelhante ao anterior, mas contém vinhos envelhecidos; o *rouge* é aromatizado com açafrão, lavanda, cravo e cacau; e o *ambré*, com botão de rosa, canela e cardamomo. Todos têm graduação alcoólica que varia entre 16% e 18%. São consumidos puros como aperitivo, em coquetéis ou como ingredientes de receitas.

Noisette 1. Avelã, em francês. Ver **Avelã**. **2.** Em razão do formato, recebe essa denominação um pedaço redondo de carne de carneiro ou cordeiro retirado do lombo, com cerca de 3 cm de altura. Denomina-se também *mignonette* ou *médaillon*. **3.** Modo de preparo de batatas, cortadas em pequenas esferas. Ver **Batatas noisette**.

Noiva Biscoito feito com polvilho doce, açúcar, claras de ovo e raspas de limão, em forma de argola, muito comum em Goiás. É cozido no forno, mas deve-se ter atenção para que não fique corado, e sim branco, de acordo com a receita. Ver **Polvilho**.

Nonpareil 1. (*Capparis spinosa*) Expressão francesa cuja tradução livre é "sem igual", usada para designar um tipo pequeno de alcaparra, preservada em vinagre. **2.** Pequenos grãos de açúcar coloridos utilizados para enfeitar bolos, biscoitos e doces. **3.** Docinho composto de um disco de chocolate recoberto com esses peque-

nos grãos de açúcar coloridos. **4.** (*Prunus dulcis*) Variedade de amêndoa bastante versátil, desenvolvida e muito cultivada na Califórnia (Estados Unidos).

Noodle Termo genérico da língua inglesa para massas alimentícias de tipo longo, provável derivação da palavra germânica *nudeln*. Pode referir-se a massas longas tanto de origem europeia, como o fettuccine, quanto oriental, como o lámen, o udon ou o soba. Ver **Fettuccine**, **Lámen**, **Soba** e **Udon**.

Nopal (*Opuntia ficus-indica*) Nome pelo qual é conhecido, no México, o cacto dessa espécie, de cor que varia do verde-claro ao verde-escuro. Sua folha tem perfume delicado e é comestível. No México, é encontrada fresca o ano inteiro, embora a melhor época seja a primavera. Pode ser guardada sob refrigeração por até cinco dias e, antes de utilizá-la, deve-se remover a casca e os espinhos. Sua polpa é, então, cortada em tirinhas, que são cozidas no vapor até amaciarem. Emprega-se em diversos pratos, desde ovos mexidos a saladas e cozidos. *Nopalitos* são *nopales* em tiras, vendidos enlatados, e *acitrónes* são *nopales* em calda de açúcar. A planta existe também no Brasil, no sertão nordestino, onde denomina-se palma.

Nori 1. (*Pyropia tenera*; *Pyropia yezoensis*) Nome japonês de várias espécies de algas comestíveis do gênero *Pyropia*, em especial a *P. tenera* e a *P. yezoensis*, encontradas no Leste da Ásia. **2.** A folha processada dessas algas recebe a mesma denominação e é muito utilizada na culinária japonesa. Sua cor varia do verde-escuro ao negro. Ingrediente básico do *maki sushi*, é utilizada depois de tostada direto na chama, quando então fica levemente crocante e desprende um aroma especial. Quando tostada, denomina-se *yakinori*; se banhada ou pincelada com molho de soja, passa a chamar-se *ajijsuke-nori*. É comercializada seca em invólucro plástico ou em lata. Ver **Sushi**.

Normande 1. "À la normande" é a denominação dada a preparos ao estilo da cozinha da Normandia (França) ou àqueles em que sejam utilizados seus produtos tradicionais. Situada no norte do país, a região é famosa pelos frutos do mar, produtos lácteos (manteiga, creme de leite) e pela produção de maças e Calvados. Ver **Calvados**. **2.** Molho para peixes composto de velouté de linguado e caldo de cozimento de cogumelos, acrescidos de gemas de ovos e creme de leite. Depois de reduzido, recebe manteiga, mais creme de leite e um pouco de molho de cozimento de ostras. Ver **Velouté**.

Normandy pippin 1. Na Inglaterra, eram maçãs desidratadas sob o sol e preservadas para o inverno, mantidas inteiras, sem casca e miolo. **2.** Sobremesa muito antiga da culinária inglesa, feita com maçãs *normandy pippin* reidratadas por uma noite e cozidas em calda de açúcar perfumada com limão, gengibre em pedaços e pau de canela. Depois de cozidas, as maçãs são retiradas da calda e arrumadas em travessa. Pouco antes de servir, deve-se regá-las com um pouco de calda e recheá-las com creme de leite fresco, batido com açúcar e baunilha.

Nougat Ver **Torrone**.

Nouvelle cuisine "Nova cozinha", em português, é o estilo culinário francês iniciado na década de 1960, cuja influência predominou até o fim do século XX. Foi introduzido e seguido por chefs como Paul Bocuse, os irmãos Jean e Pierre

Troisgros, Roger Vergé, Michel Guérard, Alain Chapel, entre outros. O movimento não foi propriamente organizado pelos chefs; tanto a sistematização das premissas do estilo quanto o nome atribuído a ele foram obra dos jornalistas Henri Gault e Christian Millau, em artigo-manifesto publicado em 1973. Caracteriza-se pela comida leve, fresca e servida em pequenas porções. Os legumes são ligeiramente cozidos e mantêm ainda um pouco de firmeza na textura. Os molhos também são mais leves, reduzidos, em vez de engrossados. Apresentam sabores marcantes e contrastes, sem perder a delicadeza e a harmonia. Levado à mesa já em pratos individuais, o alimento principal é arrumado de modo requintado, com inequívoco apelo visual. O acompanhamento pode ser servido em pequena porção, em prato separado, ou compor o principal, por isso é usual utilizar louças um pouco maiores que as tradicionais e bem decoradas, pois equivalem a uma moldura. Entre os anos 1970 e 1980, a *nouvelle cuisine* difundiu-se por todo o mundo, inclusive no Brasil, com maior ou menor grau de adesão, de compreensão e de permanência.

Noyers le val Queijo de colheita da região da Lorena (França), similar ao mignot. É utilizado pelos trabalhadores como sustento na colheita da uva. De textura firme e maleável, seu sabor é forte e condimentado. É preparado com leite semidesnatado de vaca e tem teor de gordura que varia de 30% a 35%. Seu período de cura dura três meses, em porões secos. Apresenta casca irregular recoberta de cinzas, 13 cm de diâmetro e pesa cerca de 375 g. Ver **Mignot**.

Noz 1. (*Juglans regia*) Nome dos frutos comestíveis de diversas espécies de árvores do gênero *Juglans*, inclusive os da muito disseminada nogueira-comum. Sua noz é um dos frutos secos mais usados em culinária. De casca dura, que protege o núcleo carnoso, é bastante encontrada na Europa e nas Américas do Norte e do Sul. Além de ser utilizada inteira, como enfeite e petisco, ou picada, incorporada a doces, pães e bolos, é muito empregada também em pratos salgados. É comercializada com ou sem casca. **2.** Denominação genérica de frutos secos como a avelã, a amêndoa, a castanha, a noz da nogueira e outros.

Noz-moscada (*Myristica fragrans*) Semente de uma árvore da família das miristicáceas, com a qual é produzido um condimento de mesmo nome. É nativa do arquipélago das Molucas (Indonésia), onde foi encontrada pelos portugueses em 1512. Para garantir o monopólio da especiaria, eles ordenaram que todos os pés de moscadeira das outras ilhas do arquipélago fossem extraídos, mantendo apenas os das ilhas Banda. Os holandeses, que depois conquistaram as Molucas, foram além: passaram a mergulhar as nozes em água e cal para que não germinassem, antes de exportá-las. Isso ainda é feito hoje, embora não mais com essa finalidade. A noz-moscada já era utilizada na Europa no fim da Idade Média. A parte mais apreciada não era exatamente a noz, mas o arilo, parte carnosa que envolve o caroço, muito aromática e vendida com o nome de macis. Dentro do caroço lenhoso, encontra-se a noz-moscada que conhecemos. É vendida ao natural, para ser ralada na hora de usar. Pode ser usada tanto em doces como em comida salgada. Tempera peixes, pratos à base de queijo, molhos brancos, omeletes, purês, ponches, conservas, bebidas quentes, bolos,

biscoitos, pudins etc. No Norte do Brasil, é conhecida por namuscaba. Ver **Macis**.

Noz-pecã (*Carya illinoinensis*) Fruto de uma nogueira norte-americana muito comum no Sudeste dos Estados Unidos. Não pertence ao mesmo gênero da nogueira-comum, embora seja da mesma família. Tem formato oval, casca lisa e vermelha coberta de uma película vermelho-escura. Bastante gordurosa, seu sabor é bem característico. Em razão do alto teor de gordura (70%), é facilmente perecível. De grande versatilidade de uso, pode ser consumida como petisco ou utilizada como ingrediente de receitas salgadas ou doces. É usada no preparo da *pecan pie*, torta muito tradicional nos Estados Unidos feita com massa de farinha de trigo e gordura, além de recheio de noz-pecã, açúcar e glicose de milho. Emprega-se também como acompanhamento de assados e em saladas.

Nuoc mam Molho vietnamita feito com peixe, em geral anchova ou cavala, fermentado sem sal. De sabor agridoce, levemente picante, pode ser usado como tempero na cozinha ou consumido direto à mesa. Denomina-se também *nuoc cham* e tem as mesmas características do *nam pla* tailandês. Ver **Nam pla**.

Nutmeg Noz-moscada, em inglês. Ver **Noz-moscada**.

Nuts Nome genérico, em inglês, de frutas secas como a noz, a avelã, a amêndoa, o amendoim e a macadâmia, entre outras. Ver o nome da noz.

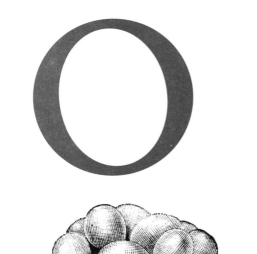

Oat Aveia, em inglês. Ver **Aveia**.

Oatcakes Ampla categoria de preparos feitos com farinha de aveia, água e sal, muito comuns no País de Gales, na Escócia e na Inglaterra. As receitas tradicionais mudam de acordo com a região e o resultado varia bastante: alguns assemelham-se mais a pães; outros a biscoitos; e outros, ainda, a panquecas. Podem ou não conter também algum tipo de gordura, farinha de trigo, leite ou fermento. Na Escócia, *oatcakes* são encontrados desde a época dos romanos, há quase dois mil anos. Hoje em dia, são pequenos biscoitos redondos, cuja massa contém gordura e bicarbonato de sódio. Costumavam ser cozidos em chapa de metal sobre o fogo, mas agora é mais comum assá-los no forno.

O'Brien potatos Ver **Batatas O'Brien**.

Oeuf Ovos, em francês. Ver **Ovos**.

Oeufs à la neige Ver **Ovos nevados**.

Oguedê Prato baiano feito com banana-da-terra madura cortada em tiras, fritas em azeite de dendê. As tiras devem ficar douradas dos dois lados. Acompanha o acarajé e o arroz de hauçá, mas também pode ser servido apenas com canela e açúcar. Ver **Acarajé**, **Arroz de hauçá** e **Azeite de dendê**.

O-hashi Ver **Hashi**.

Oignon Cebola, em francês. Ver **Cebola**.

Okashi Palavra japonesa para doces e confeitaria.

Okolehao Forte bebida alcoólica havaiana feita com as raízes da planta *ti* (*Cordyline fruticosa*). Sua história remonta

a 1780, quando pela primeira vez as raízes foram assadas e colocadas para fermentar, produzindo uma bebida bastante rústica. O responsável teria sido o capitão inglês Nathaniel Portlock, que buscava um meio de prevenir o escorbuto na tripulação durante sua incursão pelo arquipélago. Cerca de dez anos depois, o fugitivo da Austrália William Stevenson introduziu a destilação no processo de produção da bebida. Ao longo dos dois séculos que se seguiram, o *okolehao* caiu nas graças de havaianos e visitantes, foi aperfeiçoado, passou por períodos de proibição, contrafações e queda de qualidade, até praticamente desaparecer nos anos 1990. Nas últimas duas décadas, a produção artesanal foi retomada, com iniciativas para o resgate de suas características mais tradicionais.

Okra Quiabo, em inglês. Ver **Quiabo**.

Old Fashioned 1. Coquetel clássico à base de bourbon, angostura, açúcar e gelo. É servido no copo *old fashioned* e decorado com meia fatia de laranja e cereja. Diz-se que era feito originalmente, no início do século XIX, com um bourbon do Kentucky denominado Old 1776. Ver **Angostura e Bourbon**. **2.** Tipo de copo baixo, próprio para aperitivos.

Óleo Líquido gorduroso extraído de fontes vegetais, como amêndoas, azeitonas, milho, soja, coco, dendê, entre outros, ou animais, por exemplo carne de baleia, fígado de bacalhau etc. Na culinária, utilizam-se os óleos vegetais. Em temperatura ambiente, são translúcidos. Há os prensados e extraídos a frio, sem a adição de outros componentes, como o azeite de oliva virgem e o óleo de gergelim. Outros, como o óleo de soja, o de girassol, o de milho, precisam passar por um processo industrial de refinamento. Alguns são adequados para frituras, como o azeite de oliva, o óleo de girassol, o de soja, o de milho e o de amendoim. O de sementes de uva, o de avelãs, o de açafroa e o azeite de oliva são excelentes para aromatizar saladas. Há óleos típicos da culinária de uma região: o de mostarda é muito usado na culinária indiana; o de gergelim, nas culinárias árabe e asiática; o de dendê, na culinária baiana; e o azeite de oliva, em todo o sul da Europa. Ver **Azeite de dendê** e **Azeite de oliva**.

Olha Cozido de costelas de vaca, mandioca, batata-doce, cenoura, cebola, carne, banana-da-terra e tomate, prato da cozinha do interior do Brasil. Serve-se, em geral, com pirão de mandioca feito com o caldo do cozimento. Pelo nome e características, é possível que seja originário da *olla podrida* espanhola. Ver **Olla podrida**.

Olho de sogra Docinho muito conhecido em todo o Brasil e bastante presente em festas e aniversários. É feito com ameixa ou tâmara sem caroço, recheada com doce de ovos ou doce de coco e recoberta de açúcar cristal. No Rio Grande do Sul, preparado com ameixa e pasta de ovos com coco, compõe a lista dos tradicionais doces de Pelotas. Ver **Doces de Pelotas**.

Olio tartufato Azeite de oliva aromatizado com a trufa italiana.

Olive Azeitona, em inglês. Ver **Azeitona**.

Olivet au foin Queijo artesanal da cidade de Olivet, na região de Orléans (França), feito com leite de vaca não pasteurizado. Similar ao Camembert, matura por cerca de três meses, tem uma camada branca de mofo, perfume fresco e herbáceo, massa amarela suave e macia, além de

sabor delicado e levemente salgado. Seu teor de gordura é de 45%. Com formato de cilindro baixo, é produzido apenas nos meses de maio e junho, para aproveitar o leite das vacas na pastagem de verão.

Olivet bleu Queijo tradicional de Orléans (França), fabricado com leite integral de vaca não pasteurizado. Depois de maturado por um mês nas cavernas de pedra-sabão da região, está pronto para ser consumido. Tem massa lisa e uniforme de cor amarelo-palha, e sabor suave. De casca natural azul e toda coberta de cinzas, pesa cerca de 345 g e tem a forma de um pequeno disco.

Olivet cendré Da mesma região e com características quase iguais às do *olivet bleu*, o *cendré* é um queijo com teor de gordura e processo de maturação diferentes. Apresenta em torno de 40% de gordura e matura envolto em cinzas por aproximadamente três meses, em vez de um mês, como o *bleu*. Por isso, sua estação estende-se da primavera até os meses de inverno. Conhecido também por *cendré d'olivet*, tem textura mais firme e encorpada, e sabor mais acentuado que o do *bleu*. Os dois têm forma e tamanho iguais. Ver **Olivet bleu**.

Olla podrida Antigo nome espanhol de uma sopa-ensopado de legumes e carne, hoje chamada *cocido* ou *puchero*, tradicional na região da Andaluzia. Foi introduzida na França no século XVII, onde recebeu o nome de *ouille* ou *grand-ouille*. Ver **Cozido**.

Oloroso Tipo de xerez com sabor de nozes, muito perfumado e rico. Ver **Xerez**.

Olubó Pirão de mandioca da cozinha baiana, preparado com fatias de mandioca secas ao sol, trituradas, peneiradas e cozidas em água fervente. É prato de acompanhamento para carnes e peixes.

Omelete Preparo de ovos com claras e gemas batidas juntas ou separadas, depois misturadas, temperadas com sal e cozidas na manteiga quente, em frigideira. Quando batidas em separado, deixam a massa mais aerada. Os recheios salgados mais utilizados são queijos, vegetais ou algum tipo de carne ou frios, agregados antes de a omelete ser dobrada e servida. Nas omeletes espanholas, mistura-se o recheio à massa de ovos batidos ainda crua, e depois ela é levada à frigideira para cozer. Algumas omeletes são preparadas sem recheio ou sem dobras, mas, quando dobradas, não devem partir, para ficarem perfeitas. O nome vem do francês *omelette*, no entanto a origem do prato é incerta. Sabe-se que já existia entre os romanos, na Antiguidade, o preparo de claras e gemas batidas com mel, cozidas em travessa de argila, prato denominado *ova mellita*. Os franceses afirmam que a palavra atual provém de *lamelle*, derivada do latim *lamella*, que significava "prato pequeno e fino". Apenas no século XVII, passou a se chamar *omelette*. Várias receitas aparecem no livro *Le patissier françois*, de 1653.

Ondulador de manteiga Pequeno instrumento de cozinha com uma espécie de curvatura ondulada em uma das pontas. É utilizado para fazer pequenas porções de manteiga ondulada, cujo formato é preservado pela água gelada.

Onion Cebola, em inglês. Ver **Cebola**.

On the rocks Expressão em inglês utilizada para designar a bebida alcoólica vertida sobre pedras de gelo e servida em copos baixos.

Oolong Chá fino e semifermentado de elevada qualidade, cujo nome significa "dragão negro". É produzido na China, na província de Fujian, e em Taiwan. Por meio de processos meticulosos e diferentes em cada lugar, ocorre uma leve fermentação nas bordas das folhas, mas preserva-se o miolo. De modo geral, o *oolong* feito com o uso do método chinês é mais leve e floral; o de Taiwan apresenta sabores mais terrosos. Há diversas subvariedades. Ver **Chá**.

Opimiano Um dos grandes vinhos da Antiguidade, cujo nome, diferente dos outros, diz respeito ao período de uma grande vindima, e não ao lugar de origem. Diz-se que no ano de 121 a.C., no consulado de Lucius Opimius, conseguiu-se uma safra inigualável na região de Falerna. Os vinhos opimianos, de acordo com vários relatos, conservavam suas qualidades por mais de cem anos.

Orange Laranja, em inglês. Ver **Laranja**.

Ora-pro-nóbis (*Pereskia aculeata*) Trepadeira da família das cactáceas, cujas folhas assemelham-se às das roseiras, são suculentas e de grande valor nutritivo. É muito utilizada em Minas Gerais, em ensopados, refogados, sopas, angus, omeletes e saladas.

Orecchiette Massa alimentícia italiana seca, de grão duro e formato similar ao de pequenas orelhas ou conchas. É típica da Puglia.

Orégano (*Origanum vulgare*) A palavra latina *origanun* significa "enfeite ou alegria da montanha" e designa uma planta condimentar, conhecida também por orégão, que se desenvolve em qualquer clima, em lugares secos e ensolarados. Bastante confundida com a manjerona, distingue-se pelo tamanho (cerca de 40 cm), aroma e pela cor das flores (púrpura ou rósea). Encontrado fresco ou seco, é tempero típico de pizzas e molhos italianos para massas, além de ser ótimo também para ensopados, espetinhos de carneiro e porco, sopas, peixes ao forno e molhos para carne. Com o nome de *rigani*, é o tempero dos pratos gregos, indispensável para o cordeiro grelhado.

Orelha-de-pau (*Pycnoporus sanguineus*) Cogumelo conhecido também por urupê, que cresce nas cascas dos troncos de árvore. Tem textura macia e cor marrom escura. As espécies existentes no mato não devem ser utilizadas, pois podem ser tóxicas. Os comestíveis são comercializados secos e devem ser deixados em água quente para hidratar e aumentar em quatro ou cinco vezes seu tamanho.

Orgânico De acordo com a definição da Federação Internacional dos Movimentos da Agricultura Orgânica (IFOAM), produto alimentar orgânico é aquele resultante de um sistema de produção que tem por preocupação básica a saúde dos solos, dos ecossistemas e das pessoas. Ele depende de processos ecológicos, biodiversidade e ciclos adaptados às condições locais, em detrimento do uso de insumos com efeitos adversos. A legislação brasileira de 2003 segue linha semelhante e estabelece como produto orgânico o oriundo de processo extrativista sustentável ou obtido por meio de um sistema de produção agropecuário cuja base seja a otimização do uso dos recursos naturais e socioeconômicos disponíveis, além do respeito às comunidades rurais locais, "empregando, sempre que possível, métodos culturais, biológicos e mecânicos, em contraposição ao uso de materiais sintéticos", entre

outros fatores. O sistema produtivo orgânico abrange os sistemas denominados ecológico, natural, biodinâmico, biológico, regenerativo, agroecológico e permacultura.

Organoléptica Denomina-se propriedade organoléptica cada uma das características de um alimento – cor, textura, forma, aroma, sabor etc. – capazes de produzir um efeito em nossos sentidos. Uma análise organoléptica, por sua vez, é o exame dessas propriedades.

Orientale Nome usado na cozinha francesa para caracterizar pratos de inspiração turca e balcânica que utilizam ingredientes da região leste do Mediterrâneo, tais como arroz, cebola, açafrão, tomate, pimentão, louro, salsa, erva-doce e berinjela.

Origone Origons ou origones são pêssegos secos ao sol e prensados, preparados no Rio Grande do Sul. São usados em sobremesas e picados em tiras, misturados ao arroz. O nome deriva do castelhano *orejón*, que nomeia o mesmo pêssego seco ao sol. Ver **Pêssego**.

Orloff, à Acompanhamento da cozinha francesa do século XIX criado pelo chef Urbain Dubois. Composto de aipo e alface refogados com batatas, era usado para guarnecer peças de carne assada ou grelhada.

Orly, à Método francês para preparar filés de peixe que consiste em mergulhá-los, já sem pele, em uma massa de ovos, leite e farinha de trigo para, em seguida, fritá-los em óleo quente. Ao serem servidos, os filés deverão ser acompanhados de molho de tomate.

Orzo 1. Cevada, em italiano. Ver **Cevada**. **2.** Massa alimentícia pequena à base de farinha de trigo e ovos, com formato de grão de arroz, muito utilizada em sopas ou como substituta do próprio arroz, na cozinha italiana. É bastante popular também na culinária de diversos países do Oriente Médio e na Espanha.

Oshibori Denominação japonesa da pequena toalha quente e úmida usada para limpar as mãos dos participantes da mesa, antes da refeição.

Ossobuco Corte transversal do músculo da perna traseira (canela) da vitela, com o osso. Deve ser dividido em pedaços de mais ou menos 5 cm. Pode ser preparado à milanesa, ensopado ou dourado na manteiga e levado ao forno para assar. Serve-se, tradicionalmente, com massa ou risoto. Trata-se de um prato muito conhecido e apreciado em Milão, no norte da Itália.

Osteria Era originalmente uma pequena hospedaria italiana administrada por uma família, que oferecia também comida e bebida. Hoje, denomina um pequeno restaurante familiar, com poucos lugares e cardápio restrito e tradicional.

Ostra (Família *Ostreidae*) Molusco bivalve marinho de diversas espécies, muito apreciado e de grande valor nutritivo. Sua concha é dura, grossa e cinza-escura; a carne varia do bege cremoso ao cinza pálido; o sabor, do suave e adocicado ao salgado; e a textura, do macio ao firme. São degustadas cruas, cozidas em ensopado, fritas, grelhadas, gratinadas ou defumadas. Podem ser temperadas apenas com suco de limão ou com grande variedade de ingredientes: ervas, pimentas, alho, cebola, azeite de oliva etc. Eram muito apreciadas e importantes na alimentação na Antiguidade. Na Grécia, inclusive, depois de ter a casca recoberta com uma camada de cera, eram utilizadas para escrever o voto quanto ao desterro temporário de cidadãos considerados perigosos para a liberdade da democracia da época. Deriva daí o termo ostracismo. Muito valorizadas também entre os romanos, diz-se que o imperador Vitélio comia cerca de mil e duzentas por dia e Sêneca, quase cem dúzias por semana. Nesse período (século I a.C.), surgiram os viveiros artificiais no lago Lucrino, criados por Sergius Aurata e difundidos pelos romanos. Já os hebreus consideravam-nas alimento impuro por serem desprovidas de escamas. Desaparecidas da mesa europeia na Idade Média, voltaram com força no século XVII.

Ostras Bienville Prato criado nos anos 1930, em homenagem ao fundador de Nova Orleans (Estados Unidos), Jean-Baptiste Le Moyne, *Sieur* de Bienville. Há fontes que atribuem sua criação ao famoso restaurante Antoine's e outras, ao restaurante Arnaud, ambos na mesma cidade. É elaborado com ostras em meia concha recobertas de molho bechamel aromatizado com xerez e pimenta-de-caiena, misturado com alhos, cebolas, cogumelos e camarões, fatiados e salteados. Salpica-se queijo ralado com farinha de rosca por cima, antes de elas serem assadas no forno. Hoje, outros restaurantes locais apresentam a receita com pequenas variações.

Ostras Rockfeller Uma das receitas clássicas com ostra, criada em 1899 por Jules Alciatore, chef do restaurante Antoine's de Nova Orleans (Estados Unidos). O prato foi uma homenagem a John D. Rockfeller, homem mais rico da América na ocasião, preparado em uma época em que os escargots eram escassos em razão das dificuldades de importação da França pelos Estados Unidos. Trata-se de ostras sobre metade da concha, recobertas por uma mistura à base de folhas ou ervas mantida em segredo pelo criador e seus sucessores no restaurante. Por isso, muitas versões foram desenvolvidas por cozinheiros profissionais, amadores e críticos de gastronomia, com o uso de salsa, cebolinha, aipo, funcho, agrião ou espinafre picados, além de manteiga, farinha de rosca e temperos. Depois de assadas em forno, as ostras são colocadas sobre uma base de sal grosso.

Otsumani Nome japonês dos petiscos usados como acompanhamento de cerveja e outras bebidas alcoólicas. Ervilhas crocantes, tempura de lula, anéis de lula secos, edamame temperado, natto temperado com arroz são alguns exemplos desses *snacks*.

Ouriço-do-mar (Classe *Echinoidea*) Animal invertebrado marinho de corpo globoso e espinhoso, com mais de novecentas espécies espalhadas em todos os mares. É muito apreciado como alimento no Norte do Brasil, onde denomina-se pinaúma e é comido cru, temperado apenas com suco de limão ou cozido em água e sal. Ingrediente bastante usado na culinária japonesa, em Kumamoto, no Sul do Japão, uma das especialidades locais são os bolinhos de ouriço. Suas ovas douradas, conhecidas por uni, são muito empregadas no *maki sushi*. Ver **Sushi**.

Ouzo Aguardente aromatizada com anis, produzida na Grécia e no Chipre. Grafa-se também uzo. Pertence a uma ampla família de destilados caracterizados pela presença do composto aromático anetol, que inclui o pastis francês e o áraque do Oriente Médio. É consumido com um pouco de água, que o turva ligeiramente, deixando-o esbranquiçado, ou *on the* *rocks*. Apresenta teor alcoólico de 40% a 45%. O ouzo produzido nas regiões de Mitilene, Plomari, Kalamata, Trácia e Macedônia tem Indicação Geográfica Protegida (IGP). É muito apreciado também na Turquia.

Ovas Iguaria dividida em duas categorias: ovos de peixes fêmeas e vesícula seminal de peixes machos. As ovas de crustáceos denominam-se coral. Variam muito de tamanho e pesam de alguns gramas a 1,5 kg, dependendo do peixe. Grande parte é comestível, embora algumas sejam tóxicas. A maioria das ovas é proveniente de peixes médios, como o arenque, a carpa, a perca, o haddock, o salmão, entre outros. As de esturjão são salgadas e transformadas em caviar, já as de outros peixes são comercializadas frescas, congeladas, enlatadas ou salgadas e secas (butarga). Frescas, são muito delicadas e de fácil deterioração. Podem ser preparadas empanadas e fritas, salteadas, cozidas ou para enriquecer um molho. Na região amazônica, as ovas de tainha são abundantes. Assadas ou fritas, depois de secarem ao sol, são um quitute muito apreciado. Ver **Butarga**, **Caviar** e **Coral**.

Ovo Um dos ingredientes culinários mais utilizados, valiosos e versáteis, com baixo custo e alto teor proteico que o tornam um alimento econômico e bem balanceado. Em razão da importância de seu papel para a perpetuação das espécies, muitas lendas foram criadas ao longo do tempo. Para os fenícios, o universo teria sido criado pela ruptura da casca de um ovo primevo; os egípcios atribuíam a criação do primeiro ovo ao deus Ptah, por meio do Sol e da Lua; para os nativos americanos, todo o universo surgira de um enorme ovo dourado. Os ovos mais utilizados hoje em dia são os de galinha, mas os de pato e de ganso, de tamanho maior, são também bastante usados. Os primeiros podem ter casca de cores variadas e pesam cerca de 50 g. Não existe relação entre a cor da casca do ovo e sua qualidade, já que a tonalidade depende da raça da ave. No comércio, o ovo é classificado em função do peso. Para saber se o produto é fresco, basta mergulhá-lo em água: se afundar, está adequado para consumo; se boiar, está velho. À medida que envelhecem, absorvem ar pela casca porosa. Fresco, tem a clara firme e coesa em torno da gema. Quanto mais líquidas a clara e a gema, menos fresco é o ovo. É elemento essencial em inúmeros pratos, como cremes, molhos, bolos, recheios e pudins, mas pode ser empregado sozinho de inúmeras maneiras: quente, meio cozido, cozido, mexido, poché, frito, assado, em omelete etc.

Ovos à flamenca Receita à base de ovos, cuja origem remonta ao século XVIII, na Espanha. É preparada da seguinte maneira: primeiro, bacon em pedaços, rodelas de chorizo e presunto em cubinhos são frigidos; acrescentam-se, aos poucos e frigindo cada um, cebolas e alhos fatiados, tomates, ervilhas, aspargos, cenouras cozidas e picadas, tiras de pimentão; depois de tudo estar refogado, são arrumados em travessa refratária e sobre eles quebram-se os ovos. A travessa, então, é levada ao forno, até os ovos estarem firmes e cozidos. Ver **Chorizo**.

Ovos ao chá Iguaria chinesa em que os ovos são cozidos com a casca furada, mas não aberta, por cerca de uma hora em infusão de chá bem forte. No cozimento, o chá penetra a casca e aromatiza o ovo, além de dar-lhe aparência marmorizada. São servidos como entrada ou aperitivo.

Ovos Benedict Entrada quente à base de ovos pochés, duas fatias de pão de fôrma ou de muffins douradas em manteiga, fatias de presunto ou do chamado *canadian bacon*, salsinha e molho holandês. Foi criada em 1920 no restaurante Delmonico's, em Nova York. Cliente tradicional, a Sra. Le Grand Benedict reclamou, certa noite, da imutabilidade do menu da casa. Como resposta, foi-lhe oferecido esse prato. Ver **Canadian bacon**, **Holandês**, **Muffin** e **Ovos pochés**.

Ovos cozidos Ovos cozidos dentro da casca em água fervente por cerca de dez minutos. Depois desse tempo, são deixados em água fria até perderem todo o calor, quando então a casca deve ser retirada. São conhecidos também por ovos duros.

Ovos dos mil anos Considerados iguaria fina e cara da culinária chinesa, são conhecidos também por ovos da dinastia Ming. Trata-se de ovos que passaram por um processo de preservação em que são enterrados por cem dias, depois de terem sido recobertos com limão, cinzas, argila, cal e sal. O limão petrifica o ovo, que passa a apresentar aparência de, "no mínimo, um século". Ao remover a casca negra, encontra-se uma clara firme, marrom, ao redor da gema cremosa de tom verde-escuro. O sabor assemelha-se ao do ovo cozido e ao do queijo. Nessa receita, empregam-se em especial ovos de galinha, de pato ou ganso. São consumidos sem qualquer tipo de cozimento, geralmente como aperitivo, acompanhados de molho e de fatias de gengibre.

Ovos en cocotte Ovos cozidos em pequenas fôrmas de cerâmica, denominadas *cocottes*, cobertas e colocadas em banho-maria, no forno. Podem ser guarnecidos de creme e molhos diversos, ervas, vegetais, cogumelos, presunto ou queijo. Em francês, *oeufs en cocotte*. Nos Estados Unidos, chama-se *shirred eggs*.

Ovos estrelados Ovos fritos em manteiga, com a gema inteira, que fica crua ou cozida no meio da clara. Depois de pronto, é salpicado com sal. O prato é conhecido também por ovo estalado ou ovo frito.

Ovos mexidos Modo de preparar o ovo em que clara e gemas são misturadas, temperadas com sal e depois cozidas em frigideira untada com manteiga, em fogo baixo. A mistura deve ser mexida até coagular e apresentar textura macia. Antes de colocá-la na frigideira, podem ser acrescentados, às vezes, um pouco de leite ou de creme de leite, que proporciona um resultado mais cremoso, ervas frescas ou secas, ou queijo ralado. Há uma receita de ovos mexidos da Serra Gaúcha, trazida pelos imigrantes italianos e muito tradicional, denominada fortaia, na qual adicionam-se queijo colonial e salame. Ver **Fortaia**.

Ovos Mirabeau Prato francês criado por Honoré Gabriel Riqueti de Mirabeau, orador impetuoso do início da Revolução Francesa e amante de anchovas, azeitonas e estragão. Consiste em uma pasta de anchovas e manteiga sobre a qual colocam-se dois ovos e, em seguida, leva-se ao forno. O preparo é servido enfeitado com tirinhas de anchovas, folhas de estragão e azeitonas pretas sem caroço. Em francês, *oeufs Mirabeau*. Ver **Anchova** e **Estragão**.

Ovos moles Doce português, da região de Aveiro, à base de gemas e calda de açúcar. Depois de pronto, tem consistência de creme e pode ser comercializado envolto em hóstia ou em potes de madeira ou porcelana. No Brasil, é muito usado como recheio de bolos e doces.

Ovos mollets Ovos moles, em francês (*oeufs mollets*). São cozidos em água fervente dentro da própria casca, de cinco a seis minutos. A clara deve ficar cozida o suficiente para que seja possível descascar o ovo e manter a gema semilíquida.

Ovos nevados Doce de origem portuguesa feito com claras batidas em neve e cozidas, às colheradas, em leite fervente. São servidas regadas com creme de gemas. Em Portugal, denomina-se faróﬁa; na França, *île flottante*.

Ovos pochés Ovos cozidos fora da casca em água quase em ponto de fervura, com um pouco de vinagre. A clara deve ser dobrada delicadamente em torno da gema, envolvendo-a enquanto coagula. A gema deve permanecer semilíquida. Ver **Pocher**.

Ovos quentes Ovos levemente cozidos, dentro da própria casca, em água fervente. Quando cozidos por apenas dois ou três minutos, apresentam textura semilíquida e denominam-se, em francês, *oeufs à la coque*. Se cozidos de três a cinco minutos, a clara mantém-se parcialmente sólida e a gema, semilíquida. Na hora de consumi-los, mantém-se parte da casca e tempera-se com sal, pimenta-do-reino e vinho do Porto.

Ovos Sardou Especialidade do restaurante Antoine's, em Nova Orleans (Estados Unidos), é um prato da cozinha créole composto de ovos pochés, coração de alcachofra, presunto, anchovas, trufas e molho holandês. O nome é uma homenagem ao grande dramaturgo francês Victorien Sardou. Ver **Holandês**, **Ovos pochés** e **Trufa**.

Oxicoco Ver **Mirtilo**.

Oxidação Reação química em que os elétrons de um elemento são capturados por outro, sobretudo o oxigênio. Em relação ao vinho, o contato com o oxigênio provoca diferentes alterações, com resultados negativos ou positivos. No caso dos vinhos brancos, de modo geral, a oxidação é prejudicial e ocorre depois de a bebida permanecer por longo tempo em tonéis ou garrafas. Já para outros vinhos, como o madeira e o xerez, a reação é a base do desenvolvimento de suas qualidades e características. As substâncias do vinho sujeitas a esse processo químico são, principalmente, os taninos e as matérias corantes. Ver **Xerez**, **Madeira** e **Madeirização**.

Oyster Ostra, em inglês. Ver **Ostra**.

Oyster mushroom Tipo de cogumelo conhecido também por shimeji. Ver **Shimeji**.

Oznei haman Pastelaria judaica tradicional nas festividades do Purim. *Oznei haman* é o nome usado em Israel. Ver **Hamantasch**.

Ozoni Sopa japonesa servida tradicionalmente nas festividades de Ano-Novo. É elaborada com pedaços de frango, dashi, além de vegetais como daikon, alga kombu, broto de bambu e kamaboko, pasta de peixe cozida. É servida sobre bolos de arroz (*mochi*), em tigelas fundas. Ver **Daikon**, **Dashi**, **Kamaboko** e **Kombu**.

Pá Ver **Paleta**.

Paça çorbasi Sopa à base de carne de carneiro, prato da culinária turca. São usados pés ou cabeça de carneiro ensopados com alho, vinagre e limão, cozidos até soltarem dos ossos. Depois de desfiada grosseiramente, a carne é recolocada no caldo, que, então, é engrossado com um espessante feito de farinha de trigo, manteiga, um pouco do caldo e gemas. Para finalizar, verifica-se o tempero e acrescenta-se mais uma vez suco de limão, se necessário.

Paçoca 1. Amendoim torrado, triturado com canela e açúcar e, em seguida, enformado. Existem paçocas de vários formatos. Esse nome é usado no Sul e no Sudeste do Brasil. Em São Paulo, é um docinho bastante comum. **2.** Prato salgado de carne-seca frita ou carne assada, pilada com farinha de mandioca. De acordo com Câmara Cascudo, foi "o mantimento histórico no movimento bandeirante no Sul" (2004, p. 742); o "farnel dos bandeirantes", para Teodoro Sampaio (citado em Cascudo, 2004, p. 742). De tempos em tempos, detinha-se a "bandeira" para o plantio da roça de mandioca, na qual a farinha era improvisada e guardada em fardos, onde ficava pouco tempo, à espera da carne de caça, para então ser transformada em paçoca. Com o tempo, evoluiu e passou a ser preparada com carne bovina, absorvendo características dos diversos locais em que era consumida. É encontrada em todo o país. **3.** No Sul do Brasil, existe uma variação do "farnel dos bandeirantes", usado para aproveitar as sobras do churrasco: chama-se "paçoca de churrasco". **4.** Em Santa Catarina, a paçoca é feita com pinhão, prato tradicional que não usa o pilão. É preparado com carnes de boi, de porco e linguiças moídas, refogadas em

gordura com cebolas e alho, temperado com sal e cheiro-verde picado e finalizado com pinhão moído. É elaborado no fim do outono e nos meses de inverno. 5. No Pantanal Mato-Grossense, existe outro tipo de paçoca feito também com o pilão, mas que usa banana-da-terra em vez de carne. Assada no forno e depois refogada com manteiga, sal e cebola, a banana-da--terra é picada de modo grosseiro e levada para o pilão com farinha de mandioca. É socada até que os ingredientes se integrem e formem uma pasta coesa. Serve como acompanhamento de peixe ou de carne.

Pacova (*Musa* x *paradisiaca*) Palavra proveniente do tupi *pa'kowa* (folha de enrolar), que, até o fim do século XVI, foi usada para designar a banana, no Brasil. Hoje, nomeia um cultivar de banana grande, mais encontrado no Norte e no Nordeste e conhecido popularmente por banana-da-terra. Quando está crua, é travosa pelo excesso de tanino. É própria para ser consumida cozida, assada ou frita. No período colonial, por ser um alimento barato, era muito usada pelos escravizados; assada, substituía o pão na alimentação dos mais pobres.

Pacu (Família *Characidae*) Nome de muitas espécies de peixes de água doce, da mesma família das piranhas. No geral, têm forma arredondada ou ovalada e escamas pequenas. Seu habitat é o Pantanal Mato-Grossense, os rios amazônicos e a Bacia do Prata.

Pad thai Um dos mais conhecidos pratos de macarrão da Tailândia, considerado "comida de rua". Combina massa de arroz, tofu, polpa de tamarindo, camarões secos, amendoim picado, nam pla, broto de feijão, alho, pimenta *Capsicum*, açúcar de palma, suco de lima e ovos, tudo salteado na *wok*. Ver **Nam pla**, **Tamarindo**, **Tofu** e **Wok**.

Paella Prato típico espanhol, conhecido e apreciado no mundo todo. Trata-se de uma receita feita com arroz, com diversas versões. A *paella valenciana*, a mais conhecida, é preparada com arroz, pimentões, açafrão, frango, carne de porco, linguiça, frutos do mar, vagens, coelho, azeite, cebola, alho, entre outros ingredientes. A *paella marinera* é uma versão com frutos do mar, que, além do arroz, acrescenta peixes, lagostas e mexilhões. As *paellas* são consideradas uma refeição completa e são preparadas em uma frigideira especial, com duas alças, bordas altas, em geral de ferro, denominada *paellera*. Para elaborá-las, utiliza-se com mais frequência uma variedade específica de arroz conhecida por arroz bomba ou arroz de Valência, de grãos redondos. O arroz foi introduzido na Espanha pelos mouros durante a ocupação e tornou-se um alimento muito usual nos séculos seguintes. Como alternativa à carne, era acrescido de verduras, legumes e peixes nos chamados "dias magros" (dias de abstinência de carne) e na quaresma, em razão de o país ser de maioria católica.

Pagão Feijão cozido sem tempero, no Sudeste do Brasil.

Paillard Restaurante muito em voga no fim do século XIX, situado em uma esquina do Boulevard des Italiens, em Paris. Devia seu nome ao proprietário, dono também de outros restaurantes na cidade. Era frequentado por toda a alta classe europeia.

Paillarde Escalope de vitela ou bife de carne bovina bem fino, sem osso, levemente grelhado ou salteado. O nome faz referência a um preparo criado pelo chef

do restaurante Paillard, cuja base eram escalopes de vitela. Ainda utilizado em outros locais, o termo está, no entanto, obsoleto na culinária francesa. Fora da França, adota-se também a grafia *paillard*.

Paillon Antigo forro de palha que acolchoava as garrafas de vinho em seu transporte. Hoje em dia, por facilitar a disseminação de insetos e micróbios, foi substituído por invólucros de papelão ou de plástico. O nome original é francês.

Pain Pão, em francês. Ver **Pão**.

Pain d'épices Antigo preparo francês de massa leve à base de farinha de centeio ou de trigo e mel, frutas cristalizadas, além de aromatizantes como badiana, anis ou canela e raspas de casca de laranja ou de limão. É tradicionalmente moldado em diversos formatos, para representar objetos do cotidiano ou de mitologia. De origem asiática, foi levado para a Europa na época das Cruzadas. Bem aceito em todas as regiões, no fim do século XVI já existia uma corporação que o fabricava em Reims (França), oficialmente reconhecida pelo rei. Em Paris, era uma merenda encontrada nas feiras e produzida e vendida em abadias. Hoje, os mais afamados são os de Dijon, que os considera uma de suas especialidades e mantém sua elaboração com fermentação natural. É conhecido por *gingerbread* na Inglaterra e *pfeferkuchen* na Alemanha. Ver **Gingerbread**.

Pain perdu Ver **Poor knights of Windsor**.

Paio 1. Embutido de carne de porco temperada com alho, sal e pimenta, e ensacada em tripa grossa. Pode ser encontrado seco ou imerso em banha. No Brasil, é ingrediente essencial da feijoada, da canjica salgada ou, ainda, do feijão-tropeiro.

Em Portugal, onde o paio é cortado em rodelas para compor o caldo verde, um dos usos mais conhecidos, além dos temperos citados, usa-se pasta de pimentão. **2.** Filé de porco magro temperado apenas com sal, ensacado com a pele do unto, não defumado e curado ao ar em ambiente protegido, especialidade do Alentejo (Portugal). Denomina-se *paio branco* e não precisa ser cozido antes da utilização.

Pakora Fritura muito antiga e popular na Índia, no Paquistão, no Nepal e em Bangladesh, feita com massa à base de grão-de-bico moído, acrescida de vegetais em tirinhas, arroz, peixe ou carne desfiados. De tamanho pequeno, as *pakoras*, depois de fritas em ghee, são servidas como aperitivo. O termo *pakora* provém do sânscrito. São conhecidas também por *pakoda*, *fakkura* ou *pakodi*. Ver **Ghee** e **Grão-de-bico**.

Palacsinta Fina panqueca muito encontrada na região Centro-oriental da Europa. A massa é feita com farinha de trigo, ovos, leite e sal e não precisa repousar antes de ser utilizada. Em geral, é servida em pilhas de seis ou sete, intercaladas com recheio salgado (presunto, vitela, cogumelos ou vegetais picados e misturados a um molho cremoso ou a um creme azedo) ou doce (pasta de frutas semelhante a uma geleia, acompanhada de queijo cremoso ou creme azedo). Hoje em dia, as pastas de chocolate e avelãs também são muito usadas. *Palacsinta* é o nome adotado na Hungria; *palatschinke*, na Alemanha e na Áustria; e *palacinka*, nos outros países da Europa centro-oriental, como Croácia, Eslováquia e Sérvia. Ver **Panqueca** e **Sour cream**.

Palak panir Pratos indianos feitos com espinafre e queijo (*palak* = espinafre; *pa-*

nir = tipo de queijo fresco). Podem ter inúmeros componentes diferentes e ser preparados de diversas maneiras, mas devem manter os ingredientes básicos. Ver **Panir**.

Palatinado Ver **Pfalz (Palatinado)**.

Palestine Creme da cozinha francesa usado como primeiro prato, preparado com purê de tupinambo acrescido de creme fresco ou de velouté. O tupinambo é um tubérculo conhecido também por alcachofra-de-jerusalém. Ver **Alcachofra-de-jerusalém** e **Velouté**.

Paleta Corte da perna dianteira da rês, formado por músculos com muitos nervos e gorduras. Denomina-se também braço ou pá. Muito saboroso, é próprio para moer, ensopar ou fazer molhos. A paleta do cordeiro é uma peça especial que, depois de desossada, pode ser recheada ou assada. Suas aparas são a base para um excelente picadinho.

Palinka Aguardente de origem húngara, feita de abricós. Ver **Barack Palinka**.

Palma Ver **Nopal**.

Palmier Especialidade francesa criada em Paris na década de 1930, é um biscoitinho feito com massa folhada e polvilhado com açúcar de confeiteiro, depois enrolado pelas duas pontas e cortado, em formato de palma. Deve ser assado em forno quente.

Palmito (*Euterpe edulis*; *Euterpe oleracea*; *Bactris gasipaes*) Coração comestível de palmeira, árvore que cresce em regiões de clima tropical. Da cor do marfim, o palmito tem textura delicada e macia, semelhante à do aspargo branco, além de sabor suave e característico. No Brasil, há grande produção e exportação do broto. É possível encontrá-lo fresco ou em conserva, mergulhado em salmoura. De forma cilíndrica, mede em torno de 10 cm de comprimento por 1 cm ou 2 cm de diâmetro, depois de processado e preparado em conserva. Alguns tipos não devem ser consumidos crus, pois são travosos e contêm muito tanino. O palmito fresco deve ser consumido em quatro ou cinco dias, de preferência. É próprio para saladas ou como acompanhamento, salteado, assado ou em creme. Em razão de a extração do palmito implicar a morte da palmeira, a Juçara (*Euterpe edulis*), de regiões de Mata Atlântica e a mais tradicional, está ameaçada de extinção e hoje sua remoção é ilegal. Outras palmeiras, como o açaizeiro (*Euterpe oleracea*) e a pupunheira (*Bactris gasipaes*), ambas muito encontradas em toda a bacia amazônica, tornaram-se alternativas à retirada do Juçara pelas características de perfilhação, que possibilitam uma reprodução maior e mais rápida. Embora com características diferentes do palmito Juçara, a pupunheira tem despertado cada vez mais o interesse da gastronomia: seu palmito tem textura macia, doce e não escurece depois de cortado, por isso pode ser comercializado fresco. Ver **Açaí** e **Pupunha**.

Palo cortado Ver **Xerez**.

Palometa (*Chloroscombrus chrysurus*) Peixe de água doce, que mede em torno de 25 cm. É muito comum no Rio Grande do Sul, onde é preparado ensopado ou frito. Denomina-se também carapau, palombeta e pilombeta.

Pamid (*Vitis vinifera*) Uva tinta nativa da Bulgária, usada na produção de vinhos com fraca acidez, cor clara e que devem ser degustados jovens.

Pamonha 1. Doce pastoso feito com milho ralado grosso, sem peneirar, manteiga, erva-doce, açúcar e canela. Às vezes, tempera-se com leite de coco. A pamonha é cozida em água fervente, envolta em saquinhos feitos com a própria palha de milho. Muito apreciada em todo o Brasil e tradicional em Minas Gerais e São Paulo, é receita imprescindível das festas juninas no Nordeste. **2.** A pamonha feita em Goiás é preparada de maneira um pouco diferente: contém sal em vez de açúcar, o que proporciona textura e sabor bem característicos. Na região, o prato é feito tradicionalmente em família e para um grande número de pessoas na época da safra do milho, por isso a reunião é denominada pamonhada. Para a ocasião, prepara-se, em geral, a pamonha de sal, cozida. No dia seguinte à pamonhada, as sobras de pamonha são cortadas em fatias e fritas para o café da manhã e o lanche da tarde. No local, existe, ainda, a pamonha assada, cuja massa contém leite de coco ou queijo e é assada no forno. Ao ser servida, podem ser escolhidos recheios de requeijão, linguiça, frango, guariroba, pequi e outros. De acordo com o geógrafo e historiador do século XIX Teodoro Sampaio, a palavra "pamonha" provém do tupi *pamuna*, comida indígena preparada com milho ralado. Ver **Milho**.

Panade Pasta básica de origem francesa, empregada como liga em receitas. Pode ser feita com vários ingredientes, de acordo com a finalidade do prato: miolo de pão amassado com sal e leite; farinha de trigo, gemas, manteiga, leite e sal; arroz cozido amassado e temperado com manteiga; batatas cozidas e amassadas com leite, noz-moscada, pimenta-do-reino e sal; ou molho bechamel grosso. Depois de preparada, deve esfriar antes de ser utilizada.

Pan bagnat Sanduíche muito popular no sul da França, especialidade de Nice, feito com pão de campanha (pão branco rústico) aspergido com azeite de oliva e recheado com tiras de pimentões verdes, azeitonas pretas, fatias de cebola, anchovas, tomates e ovos cozidos, tudo regado com vinagrete.

Pancetta Toucinho italiano curado apenas em sal, ervas e especiarias e, quase sempre, não defumado. Assim como o bacon, é feito com a carne e a gordura retiradas da barriga do porco, mas o produto final é bem diferente. É enrolada (*arrolata*) sobre si mesma em formato de cilindro grosso e seu processo de cura dura de vinte dias a quatro meses. Deve ser cozida antes de ser consumida. Seu fatiamento pode ser bastante fino para a utilização em antepastos. Muito versátil, é empregada também na elaboração de ragus, em lascas para compor pratos de massa e em sopas.

Paneer Ver **Panir**.

Panela Utensílio culinário básico, é um recipiente com tampa e cabo ou duas alças, de diversos materiais, como ferro, cobre, alumínio, ágate, cerâmica, aço inoxidável, vidro à prova de fogo, entre outros. Pode receber acabamento antiaderente ou esmaltado e ser usada para refogar, fritar, ferver, saltear, ensopar e aquecer os alimentos. Há panelas de formatos e tamanhos diferentes, adequadas a diversas técnicas.

Panelada Receita rural do Nordeste do Brasil elaborada com pés e miúdos de boi, de cabra ou de carneiro, temperados com toucinho, morcela e linguiça. Considerado um prato de substância, pesado, é preparado, em geral, para o almoço e servido com pirão escaldado, feito com

farinha de mandioca e o próprio caldo do cozimento. A panelada já era mencionada em documentos do século XVI, quando era elaborada de um dia para o outro, em fogo lento. O professor Virgílio Gomes, gastrônomo e pesquisador em Portugal, encontrou relevante ligação entre o prato e as tripas à moda do Porto. Ver **Tripas à moda do Porto**.

Panela de pedra-sabão Panela feita com a pedra esteatita, é durável, não interfere no sabor dos alimentos e conserva o calor por mais tempo. Deve-se ter cuidado durante o uso, pois mudanças bruscas de temperatura podem parti-la. Antes de ser utilizada, deve-se prepará-la: primeiro, é curada no forno com gordura e, em seguida, acostumada ao fogo com água. O Estado de Minas Gerais é um grande produtor.

Panela de pressão O cozimento por pressão baseia-se no princípio de que a água ferve a uma temperatura mais alta quando submetida à pressão. Ao nível do mar, o ponto de fervura da água é de 100 °C. Em locais mais altos, com menor pressão atmosférica, ela ferve a uma temperatura inferior a 100 °C e os alimentos demoram mais para cozinhar. Com pressão mais alta, ao contrário, o ponto de fervura ocorre a uma temperatura mais alta e o cozimento é acelerado. A panela de pressão é um recipiente fechado hermeticamente, com uma válvula de segurança cujo peso libera aos poucos o excesso de vapor. Nesse tipo de panela, o ponto de ebulição fica em torno de 120 °C e o tempo de cozimento é reduzido, o que diminui o consumo de combustível. As panelas de pressão são seguras, mas as instruções do fabricante devem ser seguidas rigorosamente para evitar acidentes.

Panelinha de coco Espécie de pequena torta feita com massa fina à base de farinha, moldada em forminha de metal, depois recheada com pasta de gemas, açúcar e coco ralado. É cozida em forno até o recheio firmar e a superfície dourar. Trata-se de um dos doces de Pelotas. Ver **Doces de Pelotas**.

Panetone Pão feito de farinha de trigo, sal, ovos, açúcar, manteiga, leite, passas e frutas cristalizadas, com fermentação natural, especialidade de Milão (Itália). Sua forma tradicional é a de uma base cilíndrica terminada em cúpula, com cerca de 15 cm de altura. Hoje, a composição varia e podem ser usadas gotas de chocolate, além de outros ingredientes. Trazido ao Brasil pelos imigrantes italianos, tornou-se bastante comum nas festas natalinas

Panforte Doce natalino típico da cidade de Siena (Itália), com Indicação Geográfica Protegida (IGP). É preparado com farinha de trigo, mel, açúcar, amêndoas, frutas cristalizadas e especiarias. Tem a forma de disco ou retângulo chato e compacto, além de textura e consistência semelhantes às do torrone. Pode ser recoberto de açúcar (versão denominada *bianca* = branca) ou especiarias (versão *nera* = negra).

Panier Nome francês da cesta usada para repousar a garrafa de vinho e tornar mais fácil servi-lo. Ela é alongada e a garrafa fica ligeiramente inclinada, posição que possibilita menor movimentação da bebida ao ser servida.

Panir Queijo tradicional do sul da Ásia, não cozido e não coalhado. É feito com leite de vaca fresco talhado com suco de limão ou vinagre. Depois de coagular, os grumos são coados e prensados em pequenos blocos. Não é consumido ao natural, mas, sim, utilizado no preparo de doces e em ensopados de vegetais, tem-

perado com masala ou frito. É usado no *Palak panir*. Ver **Masala** e **Palak panir**.

Panko Farelo de pão muito utilizado na culinária japonesa para recobrir alimentos antes da fritura. Em razão dos pedaços graúdos, cria uma grossa crosta. É similar à farinha de rosca. Ver **Farinha de rosca**.

Panna cotta Prato doce da culinária italiana muito conhecido, elaborado com creme de leite cozido com açúcar e baunilha e firmado com gelatina. É servido acompanhado de coulis de frutas, molho de caramelo ou de chocolate.

Pannes cendré Queijo francês do mesmo tipo e da mesma região do *olivet cendré*, fabricado, entretanto, com leite desnatado. Seu diferencial é ser mais espesso e ter textura maleável. Apresenta fungo natural na casca e leve sabor de mofo. Ver **Olivet cendré**.

Panqueca Massa de espessura fina, em geral redonda. É feita com farinha de trigo, mais usual, ou trigo-sarraceno, ovos, leite ou água, sal, manteiga ou óleo e pode ser acrescida de açúcar e temperos. A panqueca é preparada em frigideira ou chapa levemente untadas. Pode ser recheada com cremes doces ou salgados, geleias, doces em pasta, carnes, frutos do mar etc., além de ser servida aberta, enrolada ou dobrada, com ou sem molho. É encontrada em diversos lugares do mundo, com variações locais no modo de preparo, nos acompanhamentos e nas ocasiões de consumo. Na França, chamam-se *crêpes* e, em geral, são elaboradas com massa muito leve, de espessura bem fina. Nas regiões da Alsácia e da Lorena, elas são mais grossas, crocantes e denominadas *eierkuchen*. Nos Estados Unidos, as *pancakes* têm diâmetro menor e espessura mais grossa, são consumidas abertas com manteiga e mel ou maple, e servidas no café da manhã. Nos Países Baixos, existem as *pannekoeken*, mais grossas, e as *flensjes*, pequenas e servidas com molho de açúcar e manteiga; na Itália, a *crespelle*; na Hungria, *palacsinta*; na Suécia, *fläskpannkaka* ou panqueca de bacon, assada no forno; *racuszki*, na Polônia e, na Rússia, *blinis*, feitas com trigo-sarraceno para acompanhar o caviar. Ver **Blini**, **Crespelle**, **Maple** e **Palacsinta**.

Panqueca mandarim Panqueca pequena e fina, um dos acompanhamentos tradicionais do pato de Pequim. É preparada com farinha de trigo e água fervente. A massa é trabalhada com as mãos até ficar homogênea. Depois de um período de descanso, em que a massa deve ficar coberta com um pano úmido, as panquecas são formatadas em círculos finos de 10 cm, pinceladas em um dos lados com óleo de gergelim e unidas duas a duas. São fritas em frigideira sem óleo e depois destacadas uma da outra. Ficam embrulhadas em pano para não ressecarem e são reaquecidas em vapor, logo antes de serem servidas. À mesa, são pinceladas com molho hoisin, recebem cebolinhas frescas e pepinos em tiras, além da carne do pato. O recheio é, então, envelopado para ser degustado. Ver **Hoisin** e **Pato de Pequim**.

Pansotti "Barrigudo" em italiano, o termo designa uma massa alimentícia triangular, recheada, com bordas reviradas. Tradicional receita da Ligúria, é recheada em especial com ricota e folhas, como espinafre, endívia, radicchio, folhas de aspargos, entre outras, e servida com molho de azeite e nozes.

Panzanella Salada italiana à base de pão, cebola, tomate, manjericão, azeite de oliva, vinagre e temperos. Algumas versões não ortodoxas incluem ainda anchovas, abacate e pimentas. O pão é cor-

tado em pedaços que, então, são pincelados com óleo e tostados no forno antes de serem misturados à salada. Cebolas e tomates são cortados e salpicados de sal pouco antes de a salada ser preparada, não só para absorver o tempero mas também para soltar o caldo que umedecerá os componentes. A panzanella é consumida em diversas regiões da Itália, no verão.

Panzerotto 1. Pastel feito com massa de pizza e frito em óleo quente, especialidade da Puglia (Itália). É recheado tradicionalmente com muçarela e tomate, mas pode-se empregar outros ingredientes, como presunto cru, salame e ricota. Denomina-se também *panzarotto*. Assemelha-se ao calzone tanto na forma como na massa, este, porém, é assado no forno. **2.** Em Nápoles, o *panzerotto* é um croquete com massa à base de batata, recheado com muçarela, empanado e frito.

Pão Principal gênero alimentício da maioria dos povos desde a Pré-história. É feito, em geral, com uma farinha, um líquido e um fermento, mas há também os pães não fermentados. No primeiro caso, podem ser utilizados o fermento biológico (fresco ou seco) ou uma porção de massa já fermentada, conhecida por fermento natural. Existem, ainda, pães de fermentação rápida, produzidos com fermentos químicos, como o fermento em pó e o bicarbonato de sódio. À massa básica, pode-se adicionar uma infinidade de outros elementos para conferir sabor, aroma e textura, como grãos, frutos secos, frutas cristalizadas e especiarias. O processo de cozimento pode ocorrer no forno, na chapa, no vapor ou por meio de fritura. A enorme variedade de tipos de pão decorre das inúmeras alternativas de combinação de ingredientes, dos formatos adotados e das técnicas de elaboração, por exemplo pão francês, pão pita, brioche, bisnaga, cacete, filão, *naan*, baguete, broa, *paratha*, *chapati*, pão de minuto, entre outros. No Brasil, o pão foi pouco consumido até o século XIX, pois o trigo importado tornava-o caro e artigo de luxo. Alimentos nativos, de maior disponibilidade e que já faziam parte da dieta dos povos originários, como a mandioca e o milho, foram adotados pelos colonizadores como alternativa, em diversos modos de preparo. O pão preparado com farinha de trigo popularizou-se apenas no século XX. Ver o nome do pão.

Pão de alho Criado na década de 1940 nos Estados Unidos, época em que houve grande disseminação de restaurantes italianos de imigrantes. No Brasil, o pão de alho é feito, em geral, com fatias de pão francês ou italiano untadas dos dois lados com manteiga de alho com ervas e assadas em forno bem quente. Existem outros modos de preparo, com diferentes tipos de pão (em fatias ou não), azeite, alho picado e temperos variados.

Pão delícia Pão muito comum no Nordeste do Brasil, feito com massa fermentada de farinha de trigo, água, ovos, leite, açúcar ou leite condensado, manteiga ou óleo e sal. Tem a forma de um pequeno pão de hambúrguer. De massa clara, consistência macia e sabor adocicado, é fácil encontrá-lo em lanchonetes. É tradicional em Salvador, onde é pincelado com manteiga, salpicado de queijo ralado e recheado com requeijão.

Pão de ló Considerado um dos principais doces portugueses por sua tradição e popularidade. Úmido ou seco, puro, recheado ou acompanhado de cremes, é presença fundamental em todo tipo de comemoração, em todas as festas religio-

sas e mencionado em textos portugueses desde o século XVII. Trazido para o Brasil, manteve fielmente os ingredientes básicos: ovos, farinha de trigo e açúcar. Sua massa é leve e aerada. Pode ser servido recheado, polvilhado com açúcar ou acompanhado de molho doce.

Pão de ló genovês Ver **Génoise**.

Pão de minuto Pãozinho de massa não levedada, fermentada com fermento químico, de sabor levemente adocicado. Seu preparo é mais rápido que o do pão comum e sua estrutura é menos aerada. A massa pode ser usada também como cobertura de pratos doces, à base de frutas cozidas com molho, conhecidos por *cobblers* na culinária inglesa. Ver **Cobbler**.

Pão de queijo Tradicional preparo de Minas Gerais, tem como base o polvilho e o queijo de minas curado, além de ovos, leite, água e manteiga ou óleo. A massa é sovada e modelada em bolinhas, que são assadas no forno. Criação do século XIX, o pão de queijo nasceu como exclusividade das mesas dos senhores. Acompanhava a merenda da tarde, nas fazendas. Hoje é preparado e consumido em quase todo o Brasil. Ver **Polvilho** e **Queijo de minas**.

Pão de soda Pão fermentado com bicarbonato de sódio (soda), combinado com um ingrediente ácido, geralmente *sour cream* (creme de leite azedo). Trata-se de um preparo rápido. O mais conhecido é o *Irish soda bread*, tradicional pão irlandês feito com leitelho. Ver **Irish soda bread**.

Pão de soda irlandês Ver **Irish soda bread**.

Pão de vapor Categoria de pães caracterizada pelo tipo de cozimento. Depois de pronta, coloca-se a massa em uma tigela e esta é posta dentro de um suporte para cozimento com vapor. Quando está cozida, apresenta consistência macia e suave. Um dos pães de vapor mais conhecidos é o norte-americano *Boston brown bread*; outro é o *nikuman* japonês, com massa bem clara, recheada de carne de porco e vegetais temperados. Ver **Boston brown bread** e **Nikuman**.

Pão-duro Instrumento de culinária, é uma espécie de espátula flexível, em geral de borracha, silicone ou plástico. É utilizada para raspar, misturar e retirar os resíduos de alimento das vasilhas em que foram preparados.

Pão italiano No Brasil, trata-se de um pão em geral redondo, de 15 cm a 20 cm de diâmetro e 10 cm de altura. Tem casca riscada, grossa e crocante, e miolo denso.

Pão preto Pão de massa escura e firme, de influência europeia. Pode conter grande variedade de ingredientes: farinha escura de centeio, migalhas de pão escuro torradas, melaço, cacau em pó, cerveja preta e café. É um pão muito perfumado.

Papa 1. Pasta de farinha de mandioca cozida em água, no Nordeste do Brasil. **2.** Purê ou sopa de batata-inglesa, no Sul do país. **3.** Sinônimo de mingau. Ver **Mingau**.

Papadam Pão indiano de massa muito fina e crocante feita com a farinha *urad*, proveniente da espécie de feijão *Vigna mungo*. A massa pode ser temperada com pimenta, alho e outros condimentos, conforme a preferência no Sul da Índia. O tamanho é variável, mas a forma é geralmente redonda. Se tostado ao fogo, desprende delicioso perfume, porém pode ser assado em forno ou frito. É possível substituir a *urad* pela farinha de lentilha,

de grão de bico, de arroz ou de tapioca. Denomina-se também *papadum*, *appadam*, *appalan* e *papad*.

Papas arrugadas Batatas (*papas*, em espanhol) cozidas com casca em água e sal grosso até amaciarem, prato típico das Ilhas Canárias. Escorrida a água, voltam ao fogo apenas para secarem. As cascas, recobertas com uma camada de sal, ficam enrugadas. Podem ser servidas como acompanhamento ou sozinhas, com molho tradicional de alho e pimenta. Acompanham todos os pratos da região.

Papas de sarrabulho Receita típica portuguesa, da região do Minho. É feita com partes menos nobres de porco e frango, banha e fígado de porco, além de pão ou farinha de milho, cozidos no sangue coagulado de porco (o sarrabulho) com cominho e outros temperos. As papas são servidas como sopa ou como acompanhamento dos rojões à moda do Minho. São tradicionalmente preparadas apenas no inverno, época em que ocorrem as matanças de porco na região. Ver **Rojões à moda do Minho**.

Papa-xizé Ver **Chibé**.

Papaia Ver **Mamão**.

Papel absorvente Papel de textura porosa utilizado para absorver o excesso de gordura de frituras, a umidade das ervas e de outros alimentos lavados, além de servir como cobertura de alimentos que desprendem umidade no micro-ondas.

Papel-alumínio Folha de alumínio bastante fina, vendida em rolos. É própria para proteger alimentos ao assar ou envolvê-los para estocar. Não deve ser utilizada em freezer, pois rasga com facilidade e não protege os alimentos contra a perda de umidade de modo adequado.

Papel-manteiga Ver **Papel vegetal**.

Papel vegetal Próprio para forrar assadeiras ou cobrir alimentos. É utilizado também para embrulhar alimentos que serão assados no forno, na técnica conhecida por *en papillote* ou *al cartoccio*. Não é totalmente impermeável nem hermético, mas pode ser usado para proteger os alimentos por ser resistente a gordura. Ver **Papillote**.

Papillote 1. Pedacinho enfeitado de papel que protege e ornamenta a ponta do osso de um assado. **2.** Processo de cozimento (*en papillote*) em que o alimento é embrulhado em papel vegetal ou papel-alumínio antes de ser levado ao forno. A técnica proporciona um cozimento com menor perda de umidade ou dispersão de aroma e pode ser usada em carnes, peixes, vegetais e frutas. Em italiano, chama-se *al cartoccio*, em tradução literal "no cartucho", cujo sentido seria "pequeno embrulho de papel". Após o cozimento, o alimento pode ser servido embrulhado ou não.

Papo-de-anjo Doce português muito conhecido e bastante encontrado no Brasil. Consiste em um bolinho feito com gemas batidas, assado no forno em forminhas untadas e, depois, mergulhado em calda rala de açúcar. Faz parte dos doces de Pelotas. No Nordeste, denomina-se também quinho. Ver **Doces de Pelotas**.

Papoula (*Papaver somniferum*) Planta ornamental da família das papaveráceas, com grandes flores coloridas. Suas sementes minúsculas e pretas, de sabor sutil com leve toque de nozes, são muito apreciadas na culinária. Em geral, são

usadas em pães, bolos, biscoitos e tortas, misturadas à massa ou polvilhadas sobre a superfície.

Pappardelle Massa alimentícia originária da Toscana (Itália). É longa e fina, tem cerca de 3 cm de largura, formato de fita e assemelha-se à do fettuccine. Em geral, é feita de trigo de grão duro, mas pode ser elaborada com farinha de trigo comum e ovos.

Páprica Condimento à base de frutos da espécie *Capsicum annuum* (pimentões ou pimentas) secos e moídos. Sua criação é atribuída aos turcos, mas ganhou relevância e alcançou seu mais alto grau de sofisticação na Hungria, onde é tempero essencial do *pörkölt* (*goulash*) e de diversos outros pratos. Entre as categorias existentes de pápricas húngaras, a mais valorizada é a *különleges*, de cor vermelho vibrante e pungência suave. Hoje a páprica é conhecida em todo o mundo e há condimentos de diferentes procedências e níveis de qualidade comercializados com o mesmo nome. Em Portugal, a versão mais suave (ou "doce"), à base de pimentão, chama-se colorau. Na Espanha, há um condimento parecido com o húngaro, denominado *pimentón*. Assim como a páprica húngara, o *pimentón* de certas regiões tem Denominação de Origem Protegida (DOP). A páprica costuma ser utilizada em batatas, ovos, pratos de peixes, frutos do mar, carnes ou aves, em molhos e embutidos. Ver **Goulash**.

Paprikash csirke Frango cortado em pedaços, cozido em molho de tomates com muita páprica doce, prato clássico da culinária húngara. Em geral, é finalizado com *sour cream*, na hora de servir, e acompanhado de *galuska* e salada de pepino. Pode ser preparado também com vitela. Ver **Galuska**, **Páprica** e **Sour cream**.

Paraquedista Ver **Pé de moleque**.

Paratha Pão laminado indiano não levedado, feito com trigo integral e frito em frigideira com o mínimo de gordura. Em seguida, é arrumado em camadas, pincelado com ghee (manteiga clarificada), dobrado e desdobrado até ficar com aparência de massa folhada. Pode ser servido com vegetais, frutas, ervas e temperos entre as camadas, ou alguns desses ingredientes podem ser acrescidos à massa antes de ser frita. Ver **Ghee**.

Parfait 1. Sobremesa gelada de consistência semelhante à da musse, feita com calda de açúcar e ovos batidos acrescidos, depois de frios, de creme de leite batido e purê de frutas. **2.** Sobremesa preparada com camadas de frutas, xarope, sorvete e creme batido, arrumada em taça alta e estreita.

Parfait amour Licor de origem holandesa, criado no século XVIII. Bebida em moda nas décadas de 1920 e 1930, em sua composição há limão, cravo, canela e coentro, macerados em álcool e acrescidos de xarope, com aroma de violeta.

Paris-Brest Deliciosa sobremesa francesa criada no fim do século XIX para homenagear uma competição de bicicleta entre as cidades de Paris e Brest. É elaborada com massa de carolinas em forma de círculo (como uma roda de bicicleta) assada, com recheio de creme de manteiga e pralin, e cobertura de amêndoas e açúcar. Ver **Massa de carolina ou pâte à choux** e **Pralin**.

Parisienne 1. Molho cremoso usado tradicionalmente para recobrir aspargos frios. É preparado com a mistura de queijo cremoso, azeite, suco de limão, páprica

e cebolinhas. **2.** Prato de carne ou frango ao estilo parisiense, guarnecido com pequenas batatas redondas (*noisette*) salteadas em manteiga com ervas frescas, e fundos de alcachofra ou alface braseada.

Parker House Roll Pão de massa fermentada que ficou famoso no fim do século XIX no Parker House Hotel, da cidade de Boston (Estados Unidos). Antes redondo e baixo, ganhou novo formato quando passou a ser pincelado com manteiga e dobrado sobre si mesmo antes de ser levado ao forno. O resultado é um pãozinho alto e fofo, similar a uma boca meio aberta. Em abril de 1874, a receita foi divulgada no jornal *New Hampshire Sentinel*, teve enorme aceitação popular e tornou-se um clássico da região.

Parkin Bolo condimentado tradicional de Yorkshire (Inglaterra), feito com farinha de aveia, farinha de trigo, açúcar, frutas cristalizadas, gordura, gengibre em pó e outros condimentos. É fino e achatado e cortado em quadrados depois de frio. É recomendável guardá-lo por sete dias antes de consumi-lo, pois fica mais saboroso.

Parmentier Palavra francesa que designa pratos feitos à base de batata ou guarnecidos de batata. Um dos mais populares, na França, é o *hachis Parmentier*, carne moída recoberta de purê de batatas. O termo é empregado em homenagem a Antoine Augustin Parmentier, agrônomo francês do século XVIII cujo papel foi fundamental para o estabelecimento da batata como vegetal popular no país. Ver **Parmentier, Antoine Augustin**.

Parmentier, Antoine Augustin Agrônomo e farmacêutico francês, responsável pela divulgação da batata na França. Nativo da América do Sul, o vegetal foi levado para a Europa no século XVI, mas, dois séculos depois, ainda despertava a desconfiança da população francesa. Na Guerra dos Sete Anos, Parmentier tornou-se prisioneiro na Prússia, onde, sob patrocínio oficial, eram maiores o cultivo e o consumo da batata. De volta à França, ele passou a divulgá-la. Em 1773, ganhou o prêmio da Academia de Besançon pela descoberta de plantas úteis ao combate à fome, por recomendar o consumo do tubérculo. Em 1778, publicou um livro em que exaltava as qualidades nutricionais da batata. Mas foi um estratagema colocado em prática alguns anos depois que rendeu a história mais "saborosa" acerca da cruzada de Parmentier em defesa do vegetal. Ele recebeu do rei um pedaço de terra para cultivo no atual Campo de Marte, em Paris, e colocou guardas armados para proteger a plantação de batatas. Na época da colheita, garantiu que estes não estivessem presentes à noite para que ladrões curiosos roubassem o precioso alimento e, assim, contribuíssem para sua disseminação. Ver **Batata**.

Parmesão Ver **Parmigiano**.

Parmegiana, à Pratos em que o queijo parmigiano é um ingrediente básico.

Parmigiano Queijo originário de Parma, um dos mais conhecidos da Itália. O autêntico, considerado de melhor qualidade, chama-se *parmigiano reggiano*, com fabricação extremamente controlada (somente entre 15 de abril e 11 de novembro). Existem, entretanto, diversos queijos tipo parmigiano, fabricados em diferentes países. O verdadeiro tem o formato de um enorme tambor amarelo-escuro e brilhante, pesa cerca de 40 kg e seu nome é estampado na lateral. É feito de leite de vaca desnatado e não pasteuri-

zado, misturado a coalhada e cozido por trinta minutos até que os coágulos se separem. Depois de preparado, é guardado por, pelo menos, um ano para maturar. Por ter casca impermeável, pode ser armazenado por anos sem deteriorar-se e, inclusive, melhora com a idade. Quando classificado como *vecchio*, significa que tem cerca de dois anos de maturação; já o *stravecchione*, pelo menos quatro anos de amadurecimento. É macio quando novo e deve ser utilizado à mesa, puro ou com pão. Mais amadurecido, seu sabor torna-se mais apurado e sua textura, mais firme e pode inclusive ficar dura. De sabor rico e picante, depois de maturado e endurecido pode ser consumido puro ou ralado, sobretudo para complementar pratos. É excelente em massas, sopas e suflês, além de ser indispensável em gratinados por não se tornar elástico nem formar fios quando aquecido.

Parellada (*Vitis vinifera*) Uva branca espanhola, típica da Catalunha. É plantada nas zonas mais altas e produz um vinho frutado, aromático e fresco.

Parrilla Espécie de grelha montada sobre um braseiro, usada no preparo dos churrascos argentino e uruguaio. A *parrilla* tem formas variadas: pode ser grande ou pequena, inclinada ou na horizontal, redonda, quadrada ou retangular. O desenho da grelha também é variável: traves retas, trançado, chapa vazada etc. Pode ser sustentada sobre elementos de metal, sobre blocos de cimento, tijolos à prova de fogo ou base de alvenaria. De acordo com Francis Mallmann (2010, p. 14), uma *parrilla* média deverá ter uns 90 cm de comprimento por 75 cm de largura e deve ser instalada a cerca de 22 cm da base. O leito de carvão não deverá ultrapassar os 12 cm. Ver **Churrasco** e **Parrillada**.

Parrillada Churrasco da Argentina e do Uruguai feito em uma grelha denominada *parrilla*. É preparado sempre com diversos tipos de carne fresca, em cortes variados, os miúdos, além de linguiças de vários tipos e tamanhos, legumes (os mais usados são batata-inglesa, batata-doce, cenoura, tomate, pimentão e cebola) e provoleta. O tempero é o sal grosso. Desde o século XVI, era a técnica empregada em época de abate, após o gado ter sido trazido para o continente. Hoje, é acontecimento especial de fim de semana para famílias e amigos, tanto na Argentina como no Uruguai. Ver **Churrasco**, **Parrilla** e **Provoleta**.

Parsley Salsa, em inglês. Ver **Salsa**.

Parsnip Pastinaca, em inglês. Ver **Pastinaca**.

Partridge Perdiz, em inglês. Ver **Perdiz**.

Paskha Prato tradicional na Páscoa da Igreja Ortodoxa, feito com queijo fresco (*tvorog*), creme de leite, manteiga, açúcar, passas e lascas de amêndoas. Depois de misturar todos os ingredientes, eles são colocados em uma fôrma de madeira ou de cerâmica em formato de pirâmide sem o topo, com furos na base para que a parte líquida escoe. Quando está pronto, o preparo é desenformado e decorado com nozes e docinhos, formando as letras XB, que significam "Cristo subiu aos céus". É o acompanhamento para o tradicional pão doce *kulich*. Ver **Kulich**.

Passa Ver **Uva-passa**.

Passarinha Preparo da culinária baiana feito com o baço de rês cozido em água e sal, e cortado em fatias para ser consumido com farinha e pimenta vermelha.

Passion fruit Maracujá, em inglês. Ver **Maracujá**.

Passito Categoria de vinho italiano feito com uvas desidratadas. Brancas ou tintas, são bebidas concentradas, fortes e, geralmente, doces.

Pasta Ver **Massa alimentícia**.

Pasta americana Glacê de confeitaria usado em bolos festivos, é uma pasta consistente, homogênea e moldável. É feita com gelatina, xarope de glicose, gordura vegetal, açúcar de confeiteiro, água e amido de milho e pode receber essências aromatizantes e corantes. Proporciona cobertura uniforme e bem lisa.

Pasta de amêndoas Ver **Marzipã**.

Pasta de arubé Ver **Arubé**.

Pasta de frutas Conserva doce à base de frutas esmagadas, com consistência de purê espesso, que pode ser espalhada como manteiga.

Pasta filata Expressão italiana que significa "massa esticada", usada para designar queijos de massa elástica como a muçarela, o provolone e o *caciocavallo*. Eles são produzidos por meio de uma técnica especial, em que a coalhada é banhada em soro quente e, em seguida, trabalhada e esticada até alcançar a consistência adequada.

Pasta in brodo Entre as massas alimentícias italianas (*pasta*), há uma categorização por modo de preparo e de servir. A *pasta in brodo* é uma delas e caracteriza pequenas massas, frescas ou secas, cozidas e servidas diretamente no caldo ou na sopa, por exemplo *agnolini*, *conchigliette*, *gnocchette*, *taglioline*, *orechiette* e *cappelletti*.

Pastasciutta Uma das categorias de modo de preparo e de servir das massas alimentícias italianas (*pasta*). A palavra *asciutta*, em italiano, significa seca e qualifica as massas, frescas ou secas, cozidas em água e sal, empratadas e servidas com acompanhamento não líquido, como molho grosso com legumes, carnes, aves, peixes ou frutos do mar. A categoria "seca" opõe-se à "molhada" – *pasta in brodo* ou *in minestra*, cujos significados são "massa no caldo", "na sopa".

Pastasciutta alla marchiegiana Massa alimentícia interessante e diferente, preparada com massa para pão ou para pizza, especialidade italiana da província de Marche. Depois de pronta, deve ser cortada em tiras, como para fettuccine. É cozida da maneira habitual e servida com molho grosso de carne. Ver **Fettuccine**.

Pastel 1. Petisco tradicional e muito apreciado em todo o Brasil. O pastel é preparado com massa de farinha de trigo recheada com ingredientes doces ou salgados, fechada em formato de meia-lua, retangular ou quadrado, e pode ser frita ou assada no forno. Há uma variedade grande de recheios, cuja renovação é constante. Os salgados mais tradicionais são de carne moída, picadinho, estrogonofe, queijo, frango ao catupiry, bacalhau, linguiça calabresa, milho, presunto e queijo, e quatro queijos. Já entre os doces, há o romeu e julieta (goiabada com queijo), banana com canela, chocolate e maçã com canela. Em São Paulo, os pastéis são vendidos tradicionalmente nas feiras livres. **2.** Em Portugal, pastel designa pequenos doces feitos com massa, mas assados no forno em forminhas de metal. O formato é similar ao de uma empadinha sem tampa e com recheio, como os famosos pastéis de nata de Lisboa. Ver **Pastel de nata**.

Pastel de nata Tradicionais no cenário lisboeta e conhecidos inclusive fora de Portugal, são pequenos docinhos assados no forno em forminhas de metal, feitos com camada de massa folhada finíssima e recheados com creme de natas, açúcar e gemas. Ao ser servido, é polvilhado com canela.

Pastel de Santa Clara Um dos mais afamados doces de ovos portugueses, são pequenos pastéis de massa de farinha de trigo, manteiga e água, bem fina, recheados com creme feito com calda de açúcar, gemas e amêndoas piladas. Convencionalmente associados à tradição conventual, as receitas mais antigas de que se tem notícia constam de receituários laicos que datam do final do século XIX. Trazidos para o Sul do Brasil pelos imigrantes portugueses em meados do século XVIII, com o advento das charqueadas no Rio Grande do Sul e consequente enriquecimento da região no século seguinte, passam a ser preparados no país como na matriz, assim como outros doces de tradição portuguesa, para compor as mesas elegantes, nos chás e saraus. Hoje, faz parte dos tradicionais doces de Pelotas, que já têm certificado de procedência. Ver **Doces de Pelotas** e **Indicação de Procedência (IP)**.

Pastelaria Conjunto bastante variado de massas feitas de farinha de trigo, gordura e água, misturadas e trabalhadas, às quais podem ser agregados temperos doces ou salgados, conforme a finalidade do prato. Em algumas, utilizam-se também ovos e o leite pode substituir a água. Podem ser assadas ou cozidas. A textura varia de acordo com a proporção entre os ingredientes e as técnicas de preparo empregadas. Os principais tipos de massa são: folhada (para *vol-au-vent*, mil-folhas, *bouchés*), *brisée* (para tortas doces e salgadas), *sucrée* (para *tartelettes* e outros docinhos que tenham massa), frola (para doces), podre (para empadas), entre outras. Ver o nome específico da massa.

Pastelinho Docinho goiano servido em forminhas de papel caneladas, conhecido também por pastelim. Tem por base massa salgada feita com farinha de trigo, manteiga, água, sal e gemas, assada em forminhas de empada, com a borda trabalhada em formato de ondas. Depois de assadas, as massas são retiradas do forno, recheadas com doce de leite e recolocadas no forno apenas para derreter o doce. É polvilhado com canela em pó, depois de pronto. Ver **Doce de leite**.

Pastella 1. Massa italiana à base de farinha de trigo, água morna, sal e, às vezes, ovo. Depois de misturar os ingredientes, ela é usada para empanar alimentos em pedaços, antes de serem fritos. É similar ao tempura japonês. Ver **Tempura**. **2.** Espécie de torta marroquina, de massa bastante fina, em camadas e com recheio salgado de carne bem temperada. Ver **B'steeya**.

Pasteurizar Processo de preservação de alimentos criado pelo químico e microbiologista francês Louis Pasteur. A conservação ocorre em razão da eliminação de microrganismos por meio de choque térmico, primeiro com altas temperaturas e, em seguida, baixas. O leite, por exemplo, é aquecido a 70 °C por trinta minutos e depois é submetido a um rápido resfriamento. A temperatura pode variar em função do produto alimentício, mas o princípio é sempre o mesmo. A pasteurização purifica e livra o alimento de microrganismos, além de prolongar seu

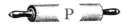

tempo de conservação. O processo deve ser controlado para não causar perda de sabor e de nutrientes.

Pasticcio Espécie de torta feita com massa alimentícia intercalada com diversos ingredientes, recoberta com molho denso e assada no forno. É comum a diversos países mediterrâneos, como Itália, Grécia, Turquia, países dos Bálcãs e do Oriente Médio. *Pasticcio* é o nome italiano; em grego, chama-se *pastitsio*. São usadas quase sempre massas curtas com furo no meio, tipo penne ou rigatoni, além de recheio, em geral, de carne em pequenos pedaços com molho, embora possam ser empregados legumes. A cobertura é molho branco com queijo, gratinada no forno. Em alguns lugares da Itália, entretanto, utiliza-se como base e cobertura uma massa de torta ou de empada.

Pasticcio d'Anzio Torta italiana à base de espaguete, com base e cobertura de massa podre. Colocam-se camadas de espaguete e de carne bovina ou de vitela sobre a massa, com casca de laranja moída. As camadas são regadas com caldo de carne temperado com canela, sal e pimenta-do-reino e finalizadas com a cobertura. Depois de assado no forno, o prato é servido quente, regado com molho grosso de carne. Ver **Espaguete** e **Massa podre**.

Pastiera di grano Torta doce italiana, típica de Nápoles e característica da Páscoa. A massa é feita com farinha de trigo, ovos, baunilha, gordura, açúcar e licor italiano Strega. O recheio é composto de grãos de trigo cozidos, ricota esfarelada, frutas cristalizadas, ovos, canela, água de flor de laranjeira, raspas de casca de limão e baunilha. Depois de cozida lentamente no forno em temperatura baixa, é polvilhada com açúcar de confeiteiro. Ver **Strega**.

Pastilha Pequena bala, originalmente redonda, feita com açúcar, água e um aromatizante. Do francês *pastille*, são chamadas *drops* em inglês, assim como no Brasil.

Pastilhagem Arte ou técnica de trabalhar uma massa à base de açúcar de confeiteiro e gelatina. Outros ingredientes podem ser agregados de acordo com a receita, como glucose, claras de ovos, amido ou CMC (carboximetilcelulose). De endurecimento rápido, é modelada à mão, enquanto maleável. Por se tornar extremamente dura depois de seca, não é usada em cobertura de bolos. É utilizada na elaboração de figuras de decoração de pratos, de bolos e de doces, e pode receber cor para realçar seu efeito. Em francês *pastillage*.

Pastina Nome genérico de pequenas massas alimentícias italianas, de diversos formatos, em geral usadas em sopas.

Pastinaca (*Pastinaca sativa*) Raiz conhecida também por cenoura-branca. Tem forma alongada, cor branca, sabor adocicado e apresenta aroma característico e penetrante. Nativa da Eurásia, sabe-se que era utilizada pelos romanos no século I d.C., sobretudo por suas propriedades terapêuticas. Foi trazida pelos europeus para as Américas, no século XVII. Pode ser utilizada cozida, em sopas, ou cortada em rodelas ou tirinhas, fervida e depois frita em manteiga. Denomina-se cherovia em Portugal.

Pastis Aperitivo anisado, aromatizado com alcaçuz, muito popular no Sudeste da França. Surgiu em 1938, em Marselha, e consolidou-se ao substituir o de absinto, proibido pelo governo por suas propriedades alucinógenas. É usualmente consumido com água. Seu teor alcoólico varia de 40% a 45%. Ver **Absinthe**, **Absinto**, **Alcaçuz** e **Anis**.

Pastitsio Ver **Pasticcio**.

Pastrami Carne bovina salgada e temperada com alho, pimenta em grão, canela, pimenta vermelha, cravo, coentro e outros temperos, curada a seco, defumada e cozida. Depois de todo esse processo, apresenta aparência de carne-seca, compacta, sem gorduras e bastante aromática. Serve-se frio. Originou-se na Turquia asiática e disseminou-se pela Grécia, Romênia e Bulgária. Foi para os Estados Unidos com a imigração de judeus romenos e tornou-se mais conhecido a partir daí. Seu nome é uma derivação de *pastrama*, denominação romena.

Patanisca Iguaria típica da cozinha de Lisboa (Portugal). É feita com lascas de bacalhau já dessalgado e afervenetado, envolvidas em polme – massa quase líquida –, temperado com salsa e cebola picadas, pimenta-do-reino e um pouco de azeite. Cada lasca, então, é frita em azeite aromatizado com alho. Ver **Bacalhau** e **Polme**.

Pâte Palavra francesa para massa de confeitaria. A palavra pode ser acompanhada de outro termo para caracterizar o tipo de massa: *pâte brisée*, *pâte sablé*, *pâte feuilletée*, *pâte à choux* etc. Ver os diferentes tipos em **Massa**.

Patê Derivação do termo francês *pâté*, que denominava originalmente uma torta de peixe, de carne ou de fruta, servida quente ou fria. Hoje, designa uma pasta de carne, peixe, ave ou fruta cozida *en terrine* ou *en croûte* e servida fria, em geral acompanhada de torradas, como aperitivo ou entrada. Sua textura pode variar do suave e aveludado ao rústico, este mais presente nos patês campestres, com pedaços não uniformes. Servida dentro da própria terrina, passa a receber esse nome; desenformada, chama-se patê (em francês, *pâté*).

Existente desde a Roma Antiga, a partir da Idade Média, na França, multiplicaram-se os ingredientes, temperos e misturas para seu preparo. Várias fontes atribuem seu aperfeiçoamento a Jean-Pierre Clause, cozinheiro do Duque de Contades, Marechal de França estacionado em Estrasburgo, na Alsácia. No fim do século XVIII, por volta de 1780, ele elaborou o prato para um dos jantares do Duque, que era um gourmet. O preparo consistia em foie gras cortado em fatias e envolto em massa, cujos espaços entre as fatias e ao redor delas eram preenchidos com pasta de fígado amassado e tiras de toucinho gordo. Recoberto também com uma tampa da mesma massa furada no centro, o patê foi cozido em forno brando e, de vez em quando, recebia pelo orifício da massa um pouco de molho de carne muito delicado. O sucesso do prato, batizado de *Pâtés à la Contades*, foi tão grande que um correio especial levou a notícia para Luiz XVI, em Versalhes. Em mais ou menos 1790, um de seus discípulos, Nicolas Doyen, sugeriu uma variação e introduziu a trufa no *pâté* – surgia o patê trufado. Ver **Croûte, en**, **Terrine** e **Trufa**.

Patinhas de caranguejo Um dos petiscos praianos brasileiros, as patinhas de caranguejo são muito apreciadas, em especial no Nordeste do país. Cozidas em água temperada ou caldo, são servidas com molhos variados. Ver **Caranguejo**.

Patinho Corte de carne bovina da parte inferior do animal, é uma carne magra, de fibras macias, com pouca gordura e bastante sabor. Menos macia que a alcatra, pode ser usada em escalopes, picadinhos ou em preparos que utilizem carne moída.

Pâtisserie Palavra francesa que denomina a área da confeitaria, ou seja, da elaboração de massas, bolos e tortas assados em forno, além de preparos doces, como cremes e molhos, gelados e sorvetes, docinhos, petit-fours, entre outros. Inclui ainda preparos salgados como quiches, vol-au-vents, pasteizinhos etc. Recebe esse nome também a loja que os vende.

Pato (*Anas platyrhynchos*; *Cairina moschata*) Ave aquática da família dos anatídeos, cuja domesticação é atribuída à China, há mais de dois mil anos. Diversas espécies de patos selvagens, de tamanhos e características diferentes, são caçados e consumidos em todo o mundo, sobretudo o Mallard (*Anas platyrhynchos*). A maioria das raças criadas para consumo, em especial as encontradas na Europa e nos Estados Unidos, são descendentes dessa espécie. O pato doméstico é geralmente preparado assado, braseado ou ensopado, e seus acompanhamentos mais tradicionais, na Europa, são nabo, cebola, ervilha, batata, molho de maçã, laranja ou groselha. Já o pato conhecido por Muscovy pertence à espécie *Cairina moschata*, nativa das Américas. No Brasil, é a base de um prato tradicional do Norte do país, o pato no tucupi. Ver **Pato no tucupi**.

Pato com laranja Prato originalmente da cozinha francesa, hoje servido em vários países. Na receita tradicional, o pato é cozido com manteiga em frigideira e reservado. O molho tem por base o suco resultante do cozimento, adicionado de vinho branco e de caldo de frango, de vitela ou demi-glace, além de caramelo de vinagre, suco e zestos de laranjas-amargas (bigarade). A ave é servida recoberta com o molho.

Pato de Pequim Especialidade da cozinha chinesa, denominada pato laqueado no Brasil. É um pato assado, cujo preparo é trabalhoso e requintado. Na China, são utilizados patos pequenos (*Anas platyrhynchos*), criados especificamente para isso e com alimentação controlada. Depois de morto, eviscerado e lavado, ar é bombeado pela cavidade do pescoço da ave para descolar a pele da gordura e da carne. O pato é banhado em água fervente e pendurado para secar. Quando está seco, a parte interna é esfregada com uma mistura de molho de soja, mel e especiarias e a pele externa, exclusivamente com mel ou maltose. É deixado a secar novamente, por um período que vai de 24 horas a alguns dias para que a pele fique crocante ao assar. Existem duas técnicas para assar, ambas com o uso de madeiras aromáticas: em forno fechado, a mais antiga, a pele fica crocante e a carne interna, mais úmida e macia combinada com a gordura; e suspenso em forno aberto, em que a gordura derrete e escorre, deixando a pele ainda mais crocante. No segundo caso, durante o cozimento verte-se líquido internamente pela cavidade do pescoço para que a carne não resseque. Em geral, a ave é trinchada à mesa e servida em fatias, com alguns acompanhamentos. A pele deve ser degustada primeiro, acompanhada de molho de alho adocicado; a carne, com cebolinhas frescas, pepinos em tiras e molho hoisin, é embrulhada em pequenas e finas panquecas mandarim para ser consumida em seguida. Ferve-se o que sobra da carcaça em caldo, que, depois de coado, é servido no final da refeição. Referências à receita foram encontradas em registros do século XIV da corte imperial. No século XVIII, estava presente nas mesas da alta classe chinesa. No século XIX, o dono de um restaurante em Pequim – Chuan Chu Te ou Quanjude – utilizou um forno aberto para assar o pato suspenso e obteve ótimo resultado. Logo o restaurante tornou-se conhecido e sua fama espalhou-se por toda a China. No século XX, o prato tornou-se símbolo nacional. Ver **Hoisin**, **Pato** e **Panqueca mandarim**.

Pato laqueado Ver **Pato de Pequim**.

Pato no tucupi Especialidade da cozinha paraense, de preparo elaborado. Além do pato, a receita contém folhas de jambu e tucupi, o qual combina bastante com carne de pato, embora também acompanhe bem outras carnes e peixes. A ave deve ficar em temperos de um dia para o outro para adquirir gosto e, no dia seguinte, é assada em forno por uma hora e meia até ficar macia e dourada. Depois de assado, o pato é cortado em pedaços. O tucupi é fervido com alho, pimenta-de-cheiro, alfavaca e chicória do norte. Os pedaços de pato são levados mais uma vez ao fogo, para aumentar sua maciez, no tucupi. Em seguida, são arrumados em travessa com as folhas de jambu, previamente aferventadas em água e sal, e o caldo de tucupi. Prato delicioso, de sabor ímpar, é servido com arroz branco, farinha de mandioca e molho de pimenta *Capsicum*. De modo geral consumido em ocasiões festivas como a festa do Círio de Nazaré, não é encontrado nas barracas de venda de comidas típicas em razão de seu alto custo. Ver **Alfavaca**, **Chicória do norte**, **Farinha de mandioca**, **Jambu** e **Tucupi**.

Pato prensado Pato fatiado acompanhado de rico molho, especialidade francesa. Grelha-se o pato e retiram-se as pernas e o peito. O resto é levado a uma prensa especial, que extrai todos os sucos da carne. O líquido é adicionado a uma mistura de vinho, conhaque e manteiga, reduzidos em fogo baixo. O peito e as pernas fatiados são servidos com esse molho. Ver **Caneton Tour D'Argent**.

Pau a pique Broinha típica de São Paulo, encontrada também em Minas Gerais, servida com café ou em festas juninas. É feita com fubá de milho, leite, gordura, açúcar, sal, farinha de trigo, fermento, ovos, manteiga e erva-doce. Depois de pronta, a massa deve ser envolvida em folha de bananeira e assada no forno. A receita mineira é elaborada com mandioca ralada e cozida, melado, ovos, leite e banha até alcançar o ponto. Em Goiás, também é preparada com mandioca, mas usa-se manteiga, açúcar, leite de coco e queijo ralado para dar o ponto da massa. O formato do pau a pique é sempre o mesmo, cilíndrico, similar ao órgão sexual masculino.

Paulista Em alguns locais do Brasil, é o nome do corte de carne conhecido no Sudeste por lagarto. Ver **Lagarto**.

Paupiette Prato da culinária francesa cuja base são fatias finas de carne recheadas e enroladas, presas com palitos ou barbante e, assim, cozidas em pouco líquido ou fritas. Podem ter, às vezes, uma fatia de bacon em volta. É mais usual seu preparo com carne de vitela, de cordeiro, de porco, de peru ou de galinha d'angola, embora filés de peixe também possam ser utilizados. Tem como guarnição, em geral, legumes cozidos e molho.

Pavê Forma aportuguesada da palavra francesa *pavé*, que significa "pavimento de pedra" redondo ou quadrado. Na culinária, designa a torta doce ou salgada, fria e em camadas. O pavê doce é composto de camadas intercaladas de bolo esponjoso ou biscoitos, além de creme; o salgado é feito tradicionalmente com salmão, linguado ou faisão e apresenta textura de musse; a fôrma usada é geralmente retangular. Usa-se aspic para cobri-lo. Ver **Aspic**.

Pavesa Sopa simples à base de caldo de carne, com fatias finas de pão, um ovo por cima e bastante queijo parmesão salpicado. Típica de Pavia (Itália), há uma história interessante sobre como tornou-se conhecida fora da região. Em 1525, derrotado em uma batalha pelo domínio da Lombardia contra Carlos V, da Espanha, Francisco I, rei da França, teria se exilado em uma pequena propriedade nos arredores de Pavia, onde lhe serviram a sopa. Em italiano, é denominada *zuppa pavese*.

Pavlova Originária da Austrália ou da Nova Zelândia – os dois países disputam sua autoria –, trata-se de uma sobremesa em homenagem à grande bailarina russa Anna Pavlova. É composta de uma base de merengue crocante encimada de creme fresco e frutas, como morango, kiwi e maracujá.

Paxicá Prato tradicional do Norte do Brasil, feito com fígado e tripa de tartaruga. É temperado com pimenta murupi, refogado e, em seguida, cozido no próprio casco. A captura da tartaruga silvestre é proibida, mas é liberado o uso do animal criado em cativeiro para o preparo do prato.

Paysanne 1. Camponês, em francês. Em culinária, o termo é usado para caracterizar pratos "ao estilo camponês" (à la paysanne), isto é, nos quais os vegetais picados utilizados são um elemento importante. **2.** A palavra nomeia também um conjunto de vegetais cortados em finas fatias, como cenoura, batata, nabo, alho-poró e repolho. O modo de cortar e a medida padrão variam para cada um deles.

Pecã Ver **Noz-pecã**.

Pecan Nome da noz-pecã em inglês. Ver **Noz-pecã**.

Pêche Melba Sobremesa à base de sorvete de baunilha, pêssego (*pêche*, em francês) e coulis de framboesas, finalizada com uma camada de algodão-doce. Foi criada em Londres por Auguste Escoffier em homenagem à *Dame* Nellie Melba, soprano australiana a quem muito admirava. A iguaria foi apresentada na inauguração do Hotel Carlton, em 25 de julho de 1889. Ao saber da presença da soprano na festa e por já ter criado para ela, anteriormente, uma sobremesa com itens de que ela gostava – *Pêches au cygne*, pêssegos e sorvete de baunilha sobre um cisne de gelo –, Escoffier inspirou-se nesta receita e na antiga e tradicional *Pêche cardinal* – pêssego com coulis de framboesas. Retirou o cisne de gelo e acrescentou o purê de framboesas para recobrir os pêssegos, logo abaixo da névoa tênue do algodão de açúcar. A sobremesa simples e lindamente apresentada tornou-se um sucesso de imediato. Ver **Escoffier, Auguste**.

Pecorino Termo italiano que caracteriza queijos feitos com 100% de leite de ovelha. Pecorino deriva de *pecora*, ovelha em italiano. Existem quatro queijos tradicionais desse tipo na Itália, com denominação de origem protegida: pecorino romano, pecorino sardo (mais conhecido por *fiore sardo*), pecorino siciliano e pecorino toscano. Dos quatro tipos, o mais conhecido fora da Itália é o pecorino romano. De maneira geral, os queijos pecorino são firmes, de textura quebradiça, sabor delicioso e marcante e formato de tambor. Alguns são disponibilizados para venda mais jovens (*fresco* ou *semi-stagionato*, com textura mais suave e perfume de creme), outros com maturação completa (*stagionato*). Além dos tradicionais de origem protegida, existem vários outros tipos acrescidos de temperos e condimentos. Ver **Denominação de Origem Protegida (DOP)** e o nome do queijo.

Pecorino romano Queijo feito com leite de ovelhas, não pasteurizado, cuja origem remonta aos tempos antigos, das legiões romanas, em que era usado como parte da dieta alimentar. Seu método de produção foi descrito, há dois mil anos, por Marcus Varro e Plínio, o Velho, escritores da época. Tem teor de gordura de cerca de 36%, menor que o de outros queijos do mesmo tipo; massa dura; textura densa e quebradiça; cor branco-acinzentada que pode chegar ao amarelo-claro; casca negra; além de sabor salgado e picante. Pode ser consumido ainda jovem ou maturado (depois de oito meses), quando seu sabor é mais forte e picante. Apresenta forma de cilindro, tamanho médio e peso que varia de 6 kg a 12 kg. Com regras definidas de produção e certificado de origem, hoje o pecorino romano pode ser produzido com esse nome apenas na Sardenha, na região do Lazio, em torno de Roma, e na Toscana, na cidade de Grosseto. É um dos ingredientes fundamentais do molho pesto. Ver **Pecorino** e **Pesto**.

Pecorino sardo Queijo de leite de ovelha originário da Sardenha, um dos quatro tipos de pecorino. Mais conhecido por *fiore sardo*. Ver **Fiore sardo**.

Pecorino siciliano Produzido na Sicília, ao sul da península italiana, trata-se de um queijo feito com leite de ovelhas e um dos quatro tipos principais de pecorino. Tem teor de gordura mais alto que o do pecorino romano e é conhecido também por *canestrato*, em razão de ser colocado em cestas de fibra (*canestro di giunco*) para drenagem e prensagem. Quase do mesmo tamanho do pecorino romano, matura na metade do tempo deste. Apresenta massa branca e densa, casca branco-amarelada, além de sabor forte e ácido. Protegido por legislação, somente o produzido na Sicília pode usar esse nome. Ver **Pecorino**.

Pecorino toscano Queijo de leite de ovelha produzido na região italiana da Toscana e em comunas da Úmbria e do Lazio, é um dos quatro tipos de pecorino. Antes também conhecido por *toscanello*, é hoje produzido sob rígidas normas, com Denominação de Origem Protegida (DOP). O leite provém de animais alimentados nas pastagens naturais da região e pode ser utilizado cru ou pasteurizado. A maturação deve durar pelo menos vinte dias para o tipo macio e quatro meses para o tipo semiduro. Menos maturado, ele é cremoso, com sabor que remete a folhas. Após a maturação ser completada, torna-se quebradiço e bem equilibrado em doçura, amargor e sal, com notas de frutas secas. Sua massa varia do branco ao amarelo-palha, tem casca natural amarela e perfume amanteigado. De formato cilíndrico, tem de 15 cm a 22 cm de diâmetro e pesa de 0,75 kg a 3,5 kg. Ver **Denominação de Origem Protegida (DOP)** e **Pecorino**.

Pectina Substância viscosa encontrada em grande número de frutas, sobretudo na casca, nas sementes e nas partes brancas. Sua principal característica é dar consistência de gel a alimentos que a contém; para isso é necessário fervê-los com uma alta proporção de açúcar e em meio ácido. É indispensável na elaboração de geleias. Maçãs, frutas cítricas e groselhas são boas fontes de pectina. Nas ameixas, ameixas rainha-cláudia, framboesas e abricós, há uma quantidade média da substância. Já no ruibarbo, no morango, na pera, na cereja e na amora, sua presença é escassa.

Pé de moleque 1. Doce muito popular no interior de São Paulo, onde é encontrado em cafés e mercearias, feito com melado, amendoim, glicose de milho e bicarbonato de sódio. Conhecido também por expedicionário e paraquedista, é tradicional nas

festas juninas. **2.** No Ceará, é um bolo elaborado com rapadura, ovos, leite de coco, castanhas-de-caju e massa de mandioca, cozido no forno e decorado com metades de castanhas-de-caju. **3.** No Maranhão, consiste em um bolinho frito preparado com farinha de mandioca, leite de coco, manteiga, açúcar e coco ralado. Na hora de servir, é polvilhado com canela e açúcar.

Pedra para assar Prato de pedra pesado e consistente, redondo ou retangular, usado para replicar as qualidades dos fornos de cerâmica, em especial para assar pães e pizzas. Deve ser colocado na grade mais baixa do forno e preaquecido. Depois de quente, o alimento é colocado diretamente sobre ele.

Peito Peça de carne retirada da parte dianteira do boi, do cabrito ou da ave, que recobre a região intestinal e a caixa torácica do animal. No boi, é constituído de músculos com fibras duras e, por seu sabor, é indicado para caldos. O peito do cabrito é excelente para cozidos ou pode ser desossado, recheado, enrolado e levado para assar. Aproveita-se a carne moída para molhos e bifes. O peito de ave é considerado carne nobre. Menos úmido que as outras partes, contém boa quantidade de carne, sem entremeios, e pode ser cozido, frito, grelhado ou assado, inteiro, em bifes ou picado em pedaços. Cozido e desfiado, utiliza-se também frio para compor saladas e sanduíches.

Peixe Animal aquático que por muito tempo não teve a consideração merecida, em razão de sua imagem estar bastante ligada à ideia de jejum, sacrifício e penitência. É, entretanto, uma excelente fonte nutritiva e sua carne, de qualidade, pode ser utilizada em muitos pratos deliciosos. Os peixes podem ser divididos em gordos ou magros, de acordo com o teor de gordura de sua carne. Entre os gordos, há o salmão, o atum, a cavala, o arenque e algumas sardinhas; entre os magros, o bacalhau, a pescada, o linguado, o badejo, o tucunaré e outros. De fácil digestão, sua carne pode ser preparada assada, grelhada, frita, escalfada ou ensopada. Bastante perecível, deve ser utilizado apenas quando muito fresco ou quando congelado de modo adequado. Ver o nome do peixe.

Peking sauce Ver **Hoisin**.

Pekoe Classificação de folhas de chá. Ver **Chá**.

Pelar Retirar a pele de alimentos. Existem diversos processos para soltar a pele: mergulhar o alimento rapidamente em água fervente, passá-lo pelo fogo, assá-lo em forno etc. Pelam-se pimentões, tomates, amêndoas, entre outros.

Pemmican Alimento dos povos originários norte-americanos feito com carne-seca ou peixe seco em pó, misturado a frutas secas e gordura quente. A mistura, transformada em pasta firme, é moldada no formato de pequenos bolos ou de um pão maior. De fácil transporte, com alto grau de conservação e muito nutritiva, era utilizada nas viagens tanto pelos indígenas como, depois, pelos pioneiros e caçadores.

Penne Massa alimentícia italiana com formato de tubos de tamanho médio, cujas pontas são cortadas na diagonal, chanfradas.

Peneira Utensílio culinário fundamental, de fios entrelaçados. Hoje, é uma peça feita com diversos materiais, como plástico, metal, fibras vegetais etc. É encontrada também em diferentes tamanhos e formatos, com tramas mais ou menos abertas.

Peneirar Técnica culinária que consiste em passar uma mistura ou um alimento na peneira, com diversos objetivos. No caso de ingredientes secos ou em pó, serve para separar as partículas grossas das finas, bem como para deixar os grãos menores mais soltos. Já em relação a alimentos crus ou previamente cozidos e macios (como purês), ajuda a desmanchá-los finamente, de maneira a transformá-los em uma pasta.

Pepato Tipo de pecorino feito na Sicília (Itália), cuja massa contém grãos de pimenta-do-reino preta. É preparado com leite de ovelhas não pasteurizado e tem um período de maturação de dois a quatro meses. Os grãos de pimenta são acrescentados na produção depois de o soro do leite ser retirado. Após a maturação, apresenta consistência macia e quebradiça, aroma de especiarias e sabor picante e salgado. Uma versão jovem, com maturação de apenas dez dias, é também muito utilizada na alimentação local. Ver **Pecorino**.

Peperonata Guarnição italiana para carnes feita com pimentão vermelho, cebolas, tomates, pasta de anchovas e azeite de oliva. Pode ser usada também sobre uma fatia de pão rústico, como recheio para omeletes ou como antepasto.

Peperone Pimentão, em italiano. Ver **Pimentão**.

Peperoncino Denominação de pimentas do gênero *Capsicum*, na Itália. Ver **Pimenta Capsicum**.

Pepperoni Salame ítalo-americano seco e apimentado, feito com carnes de porco e de boi picadas de modo grosseiro, temperadas com pimentão vermelho moído e outras especiarias. Costuma ser servido fatiado em pizzas ou como aperitivo. Ver **Salame**.

Pepperpot 1. Sopa grossa de dobradinha, carne bovina, vegetais, pimenta e outros temperos. É também conhecida por *philadelphia pepper pot*. Diz-se que teria sido criada no terrível inverno de 1777-1778, quando a ração das tropas do presidente George Washington, estacionadas em Valley Forge, na Pensilvânia, resumiu-se a dobradinha, pimenta e restos de comida. É improvável, contudo, que esta tenha sido a origem do prato. **2.** Cozido de carne temperado com suco de raiz de mandioca, canela e pimentas, prato tradicional na Guiana. Pode ser preparado com carne de boi, porco ou cordeiro. De cozimento longo, é considerado prato de festa. É servido com um pão artesanal típico da região ou com arroz.

Pepino (*Cucumis sativus*) Fruto do pepineiro, originário do Peru, embora hoje em dia seja encontrado em diferentes locais das zonas tropicais e subtropicais. Tem casca verde-escura, brilhante e firme. Seu miolo é verde-claro, repleto de sementes. É ingrediente muito utilizado em saladas, musses, sopas frias ou conservas.

Pepitas No México, é o nome das sementes de abóbora, ingrediente muito usado na culinária do país. Depois de retirar sua casca branca, é possível visualizar uma semente de cor verde-escura. São comercializadas cruas, torradas ou salgadas, com ou sem a pele branca.

Pequi (*Caryocar brasiliense*) Fruto oleaginoso da árvore de mesmo nome, da família das cariocaráceas. Tem forma redonda, casca verde-escura e dura e de uma a quatro sementes grandes. Sua polpa amarela, que pode ser consumida crua

ou cozida, tem sabor bastante marcante e é utilizada para dar cor e sabor a cozidos e pratos de arroz, como o famoso preparo goiano arroz de pequi. Com sua amêndoa, produz-se um óleo semelhante ao de fígado de bacalhau. O pequi é base para a elaboração de um licor que recebe seu nome. A polpa deve ser raspada com cuidado, pois suas sementes têm inúmeros espinhos. A palavra deriva do tupi *py ki* (*py* = casca; *ki* = espinho).

Pera (*Pyrus communis*; *Pyrus pyrifolia*) Fruto da pereira, árvore da família das rosáceas. As variedades e cultivares mais conhecidos pertencem às espécies *Pyrus communis*, de provável origem europeia, e *Pyrus pyrifolia*, de origem asiática. Pode variar em formato, tamanho, cor da casca, textura e sabor. É possível consumi-la ao natural ou em compota, geleia, musse, coulis, tortas, assada, recheada etc.

Perca (*Perca fluviatilis*; *Perca flavescens*) Nome vulgar que corresponde a duas espécies de peixes de água doce, da família dos percídeos: a perca comum e a perca-amarela. A primeira é bastante encontrada na Eurásia; a segunda, na América do Norte. A pele da perca comum tem coloração variada: verde-oliva no dorso, amarela nas laterais, com extremidades avermelhadas. A perca norte-americana, embora semelhante, tem pele mais amarelada. Seu peso pode chegar a 1,5 kg. Sua carne é muito firme e saborosa. Prepara-se grelhada, cozida no vapor, assada ou ensopada.

Perciatelli Conhecida também por *bucatini*, é uma massa alimentícia italiana com furo no centro, duas vezes mais grossa que o espaguete. Ver **Espaguete**.

Perdigão 1. Nome brasileiro do macho da perdiz sul-americana. Ver **Perdiz**. **2.** Denominação da codorna buraqueira, encontrada no Sudeste do Brasil. Ver **Codorna buraqueira**.

Perdiz 1. (*Rhynchotus rufescens*) Ave nativa da América do Sul, cujo macho é conhecido popularmente no Brasil por perdigão. Pertence à família dos tinamídeos, a mesma das codornas, nhambus e macucos, e habita o pampa, o cerrado e a caatinga, nas regiões Sul e Nordeste. Tem porte elegante, bico forte e um pouco curvo, e as penas do peito e pescoço são cor de ferrugem. De carne bastante apreciada, alimenta-se de raízes, sementes, frutos e insetos. Por ser um animal silvestre, sua criação comercial deve ser autorizada pelo Ibama. **2.** (*Perdix perdix*; *Alectoris rufa*) Pequena ave silvestre da família dos fasianídeos. Entre as diversas espécies, as duas mais encontradas são a perdiz-cinzenta, de tamanho pequeno; e a perdiz-vermelha, maior e de pernas vermelhas. A primeira habita um vasto território que vai das Ilhas Britânicas ao Mar Cáspio. No Norte de Portugal, onde denomina-se charrela, é considerada extinta. Conhecida pelo sabor delicado, pode ser assada quando jovem. Já a perdiz-vermelha é encontrada na Europa, sobretudo na Península Ibérica e no sul e sudoeste da França. É mais saborosa quando madura e deve ser braseada ou ensopada. Ambas têm carne branca. Uma das mais antigas receitas portuguesas com essa ave foi difundida por caminhos intrincados. Era preparada no século XVII, no Convento do Sacramento, em Alcântara, pelas freiras dominicanas. Depois de limpa e desossada, a perdiz era recheada com foie gras e trufas e deixada em infusão em vinho do Porto por 48 horas. Cozida em caçarola em fogo baixo até a infusão virar xarope, era levada ao forno untada com manteiga sobre uma

camada de trufas regadas com o molho em panela tampada, por mais algum tempo. O prato era servido com purê de maçãs e fatias de pão fritas em manteiga. Pilhado o convento nas guerras napoleônicas, em 1807, a receita, achada pelo coronel de Restac, foi oferecida a madame Junot, duquesa de Abrantes e mulher do marechal francês, que mais tarde a fez estampar em seu livro de memórias. De acordo com José Quitério (1987, p. 215), ao conhecer a receita, Auguste Escoffier a transcreveu em seu livro *Le guide culinaire* (1903) e a divulgou por toda a Europa, classificando-a como a única coisa proveitosa que os franceses obtiveram com a campanha. Ver **Escoffier, Auguste**.

Périgord Região da França famosa por suas trufas negras. Ver **Trufa**.

Périgourdine 1. Guarnição francesa para pequenas peças de carne, feita com pequenas trufas cozidas em vinho Madeira e molho *périgueux*. Ver **Madeira**. 2. Molho clássico francês elaborado com molho périgueux, pedaços maiores de trufas e purê de foie gras. Ver **Foie gras**, **Périgueux** e **Trufa**.

Périgueux Molho escuro da culinária francesa, muito saboroso e perfumado. É feito com molho Madeira acrescido de trufas. Ver **Madeira, molho**.

Pernil Considerado uma das partes nobres do cordeiro e do porco, é o corte retirado da perna traseira do animal. Com essa peça, prepara-se o presunto. Fresco, pode ser ensopado, grelhado na brasa ou assado. Ver **Presunto**.

Pernod® Bebida alcoólica muito popular na França. É um licor amarelo dourado, similar ao pastis, com sabor de anis, preparado com diversas ervas, entre elas a camomila e o alcaçuz. Misturado com água, como é bebido preferencialmente, apresenta cor branco-leitosa.

Perry Suco fermentado de peras transformado em uma bebida alcoólica equivalente à sidra, que é feita com maçãs. Já era mencionado como uma das melhores bebidas para o clima da Inglaterra no livro *Vinetum britannicum*, escrito no século XVII por John Worlidge, estudioso inglês da agricultura, viajado e conhecedor de vinhos. É produzido há bastante tempo, sobretudo nos condados de Gloucestershire, Herefordshire e Worcestershire. É similar à aguardente de pera, da Normandia (França). Ver **Poire**.

Persil Salsa, em francês. Ver **Salsa**.

Persillade Palavra francesa derivada de *persil*, que nomeia a mistura de salsa e alho picados juntos. Pode ser usada no fim do cozimento de um prato para perfumá-lo ou salpicada sobre ele no momento de servir.

Persillé Palavra francesa derivada de *persil*, que designa pratos temperados ou finalizados com salsa fresca picada ou adicionados de *persillade*. Ver **Persillade**.

Peru (*Meleagris gallopavo*; *Meleagris ocellata*) Ave grande originária das Américas, levada do México para a Europa por Hernán Cortez, em 1519. Depois da aclimatação feita pelos jesuítas, a "galinha-das-índias" (como era conhecida então) começou a ser mais valorizada, principalmente após ter sido servida no casamento de Carlos IX, da França, com Isabel, da Áustria, em 1667. Hoje em dia, o peru é criado em diversas partes do mundo. Tem carne macia e saborosa, que pode ser mais escura e úmida ou mais clara e seca, de-

pendendo da parte da ave de onde é retirada. É comercializado inteiro ou em cortes, dos quais os mais usuais são o peito, a coxa e a sobrecoxa. Em geral, é preparado assado no forno e recheado. Combina com uma infinidade de acompanhamentos, salgados e doces. É prato tradicional do Dia de Ação de Graças nos Estados Unidos e muito consumido nas festividades de Natal e Ano-Novo na Inglaterra, em Portugal e no Brasil. Foi considerado por Brillat-Savarin "um dos mais belos presentes que o novo mundo ofereceu ao antigo" (1995, p. 81). Ver **Brillat-Savarin, Jean Anthelme**.

Peru assado à maneira americana Ver **Roasted turkey**.

Pescada (*Cynoscion* spp.) Nome de diversas espécies de peixe da família dos cianídeos, em especial as do gênero *Cynoscion*. Muito encontradas na costa brasileira, têm coloração geralmente prateada e escurecida no dorso, além de escamas estriadas. É comercializada inteira ou em filés. Sua carne é branca e delicada, de sabor muito suave, e pode ser consumida empanada e frita, assada no forno ou ensopada. É conhecida também por corumbeba, perna-de-moça, pescada-de-rede, pescada-perna-de-moça e pescadinha.

Pêssego (*Prunus persica*) Fruto do pessegueiro, da família das rosáceas. Nativo da China, foi levado para a Europa pela Pérsia, por isso é conhecido também por maçã persa. Chegou ao Brasil com Martim Afonso de Souza, primeiro governador-geral. Existem diversas variedades: uma delas é conhecida por nectarina; outra, maracotão. O pêssego é macio, meio doce, meio ácido, aromático, de casca lisa, recoberta com uma penugem. A cor de sua casca varia do amarelo ao vermelho, tem polpa firme, carnuda, que vai do branco amarelado ao amarelo-dourado. Costuma ser consumido ao natural, como sobremesa e em saladas, ou cozido, em doces, tortas, geleias ou gelatinas. A variedade "salta-caroço", como diz o nome, tem o caroço mais solto, o que facilita sua remoção. Tem suco delicioso e, em conserva, é excelente acompanhamento para carnes.

Pesto Especialidade da cidade de Gênova (Itália), é um molho cru feito com manjericão, alho, sal grosso e pinoli, pilados juntos com azeite de oliva e queijos parmesão e pecorino ralados. É um ótimo acompanhamento para massas. Ver **Manjericão, Parmigiano, Pecorino** e **Pinoli**.

Peta Ver **Biscoito de polvilho**.

Petha Doce do norte da Índia preparado com abóbora-d'água, legume semelhante à abóbora. É feito com a polpa branca e doce e, depois de pronto, é cortado em pequenos cubos translúcidos. De receita muito antiga e tradicional, hoje já recebe algumas inovações, como coco ralado e nozes. Ver **Abóbora-d'água**.

Pétillant Vinho ligeiramente espumante, em francês.

Petit déjeuner Expressão francesa que significa café da manhã ou desjejum.

Petite marmite Do mesmo tipo do *pot--au-feu*, clássico cozido francês, é um prato feito com carne, aves, tutano, vegetais e temperos, cozidos lentamente em água. Depois de pronto, apresenta caldo rico e espesso, que é servido como entrada em pequenos potes individuais, com torradas e salpicado de queijo ralado. Carnes e legumes são servidos como prato principal. Ver **Pot-au-feu**.

Petit-four Denominação, em francês, de docinhos, bolinhos e biscoitos, simples ou recheados, bem pequenos para serem levados à boca de uma só vez. Em geral, são acompanhamento para chá e café.

Petit-pois Denominação francesa da ervilha pequena e fresca. Ver **Ervilha**.

Petit-suisse Queijo francês cremoso e fresco, de consistência muito macia, quase líquida. É elaborado com leite de vaca integral pasteurizado e enriquecido com creme de leite fresco. Seu teor de gordura varia entre 60% e 70%. Não contém sal. É embalado em porções individuais, em embalagem geralmente plástica. Pode ser utilizado da mesma maneira que o *fromage frais*: doce, misturado com frutas ou mel, ou salgado, combinado com ervas. Ver **Fromage frais**.

Pfalz (Palatinado) Região vinícola mais importante da Alemanha e também uma de suas províncias mais bonitas. Riesling é a uva mais plantada, mas a zona não produz apenas vinhos brancos. Há uma grande variedade de estilos, com predominância dos vinhos secos.

Pfeffernüsse Biscoitinho alemão tradicionalmente servido no Natal. É feito com massa de biscoito (farinha de trigo, manteiga, melaço e mel) temperada com diversos condimentos, como canela, gengibre, cardamomo, anis, zesto de limão e laranja, noz-moscada e, como indica o nome, pimenta. Muito popular também em outros países do norte da Europa, na Dinamarca denomina-se *pebernødder*; na Noruega, *pepperkaker*; e na Suécia, *pepparnötter*.

Phyllo Ver **Massa filo**.

Physalis Ver **Fisális**.

Piaba (Família *Characidae*) Nome comum a diversas espécies de peixes de água doce encontrados no Brasil, em especial os da família dos caracídeos. Denominam-se também piava ou piau.

Picadillo Palavra em espanhol que denomina a carne moída ou um picadinho de carne e legumes, bem temperado. No México, o prato é utilizado como recheio em diversas receitas. Em Cuba, é geralmente servido com arroz branco e feijão-preto.

Picadinho Trata-se de um dos pratos cariocas mais tradicionais, feito com filé em pedaços pequenos, picados na ponta da faca, dourados na gordura com alho e cebola. Em seguida, são guisados com salsinha, tomates, pimenta-do-reino, sal e um pouco de água, formando um molho. Serve-se com arroz branco, farofa, ovo frito ou escalfado e fatias de bananas fritas. Ver **Escalfar**.

Picanha Carne muito procurada para churrasco, é parte da alcatra, tem forma triangular e uma boa camada de gordura. A peça é retirada da parte traseira ou lateral da rês, da região lombar, entre as últimas vértebras do animal. É uma carne muito saborosa, ótima também para assados.

Picar 1. Ação de cortar alimentos em pedaços pequenos e regulares. 2. Ação de furar uma carne rígida em vários lugares, para que os temperos penetrem melhor. 3. Ação de perfurar, com garfo, a massa da torta antes de ela ser levada ao forno, para que não se formem bolhas de ar.

Picarones Anéis de massa à base de abóbora, batata-doce e farinha, temperados com erva-doce e fritos em gordura quente

até dourarem. São servidos com melado de cana. Característicos da culinária peruana, existem desde a época colonial.

Piccalilli Preparo da culinária inglesa feito com pepinos, couve-flor, cebolas, pimentas vermelhas e gengibre, picados e cozidos com mostarda, vinagre, folhas de louro, coentro em grãos, cúrcuma e açúcar. Apresenta consistência de uma compota com pedaços e é usado como acompanhamento de carnes, embutidos, ovos, queijos ou como recheio de sanduíches.

Piccata Ver **Escalope**.

Picea Massa de farinha de trigo e água muito antiga, assada inicialmente ao calor do sol sobre uma pedra chata. Na época dos hebreus, já era encontrada. Os romanos a levaram para a Itália, onde recebeu este nome, e era comida de manhã ou nas diversas refeições do dia com um copo de vinho e temperada com azeite, sal e especiarias. Alimento popular, a receita foi mantida até depois da Idade Média, quando então outros ingredientes foram acrescentados. Pode ser considerada uma precursora da pizza. Ver **Pizza**.

Picles Legumes, frutas e outros alimentos conservados em vinagre e temperados com condimentos diversos, como sal, açúcar e ervas. Os picles mais encontrados são feitos com cebola, couve-flor, pepinos, repolho, beterraba, pêssegos ou ovos, entre outros ingredientes. Outra versão de picles é o chutney, conserva agridoce inglesa de origem indiana. Em inglês, o verbo *to pickle* significava preservar comida em vinagre ou salmoura. Ver **Chutney**.

Pico de gallo Preparo condimentado mexicano feito com diversos ingredientes picados, como jicama, tomates, cebolas, pimentas *Capsicum* variadas, pepinos, folhas de coentro, suco de limão e outros temperos. Pedaços de abacate também podem ser acrescentados. É usado como outros molhos crus, para acompanhamento, ou como recheio de tortilhas. Denomina-se também *salsa cruda*, *salsa mexicana* ou *salsa bandera*, em razão de suas cores. Ver **Jicama** e **Pimenta Capsicum**.

Picolé Variedade de sorvete congelado em torno de um palito. Pode ser feito de suco de frutas ou de creme firme, como baunilha ou chocolate. Seu formato mais comum é o de um retângulo, mas é possível encontrá-lo quadrado e cilíndrico. Conta-se que foi inventado por um menino de 11 anos, Frank Epperson, no inverno de 1905, em São Francisco (Estados Unidos). Apenas em 1923, ele patenteou a descoberta e nomeou-a *Popsicle*. Em 1925, vendeu a patente para uma empresa de Nova York, que teve sucesso em difundi-lo.

Pied-de-mouton Ver **Hedgehog**.

Piémontaise, à la 1. Diz-se dos pratos de carnes ou aves guarnecidos de risoto de trufas brancas do Piemonte (Itália), acrescido de creme de leite. **2.** Com o nome aportuguesado para "à piemontesa", no Brasil, é uma guarnição de arroz com cogumelos, creme de leite e queijo parmesão.

Piemonte Região no Noroeste da Itália que produz vinhos de qualidade excepcional. São de lá dois dos mais respeitados vinhos italianos, o Barolo e o Barbaresco, ambos com *Denominazione di Origine Controllata e Garantita* (DOCG). Embora se destaque pelos tintos, o Piemonte tem também ótimos brancos e espumantes, como o célebre Asti. A região apresenta, ainda, uma

cozinha de excelência com base em produtos regionais, como o arroz (o risoto é especialidade piemontesa), as carnes, os queijos (como o Grana Padano) e a trufa branca. Ver **Denominazione di Origine Controllata (DOC)**, **Grana Padano**, o nome dos vinhos, **Risoto** e **Trufa**.

Pierogi Especialidade polonesa, é uma massa recheada em formato de meia-lua ou retângulo. Em geral, seus recheios são feitos de carne de porco, batatas amassadas, queijo ou creme de cogumelos. Pode ser cozida em água e sal e salteada em manteiga ou, então, frita. É servida tradicionalmente com molho de creme azedo e cebolas glaceadas.

Pierre-Robert® Queijo francês de casca florida, com alto teor de gordura, semelhante ao brillat-savarin. É uma criação da família Rouzaire, tradicionais fabricantes de laticínios de Tournan-en-Brie, em Île-de-France, região norte da França. Tem 13 cm de diâmetro, 5 cm de altura e pesa cerca de 500 g. De pouco aroma, seu sabor, entretanto, é muito agradável, levemente ácido. Ver **Brillat-savarin**.

Pilaf Prato originário da Índia, difundido pela Pérsia para toda a região do Mediterrâneo e da Europa, hoje encontrado em países de todo o mundo. Consiste em arroz frito em óleo e cozido em caldo de carne com temperos. Durante o cozimento, adicionam-se pimentões verdes e cebolas finamente picados, passas, ervilhas, sal e pimenta ou outros vegetais. Hoje em dia, cada culinária tem uma variação. Na Índia, prepara-se com arroz basmati cozido com especiarias doces, como canela e cardamomo, além de cominho e folha de louro. Ao ser servido, é enfeitado com cebolas fritas e salpicado com açafrão, que tanto complementa o sabor quanto proporciona aspecto atraente. Ver **Arroz basmati**.

Pilão Utensílio de cozinha muito antigo, ainda hoje bastante usado. É composto de uma peça escavada (de madeira, pedra etc.), côncava, em que são colocados cereais ou outros alimentos, e uma peça roliça denominada mão de pilão (de madeira ou pedra), usada para triturá-los. A mão de pilão é pressionada diversas vezes, com ritmo, deslizando dentro da peça escavada, de modo a amassar e pulverizar o que foi ali colocado. É conhecido também por almofariz.

Pilar Ato de moer, pisar, triturar alimentos com o auxílio de um pilão.

Pilau Ver **Pilaf**.

Pilsen Pilsener, Pils ou Pilsen são cervejas leves e claras, ligeiramente amargas e secas, com baixo teor alcoólico. Desenvolvidas em 1842 por uma cervejaria da cidade de Pilsen (República Tcheca), a maioria das cervejas brasileiras é desse tipo.

Pimenta No Brasil, a palavra é utilizada para nomear plantas muito diversas botanicamente: desde as bagas da espécie *Piper nigrum* (popularmente conhecida por pimenta-do-reino), passando pelas sementes de *Aframomum melegueta* (pimenta-da-guiné), até os vários frutos do gênero *Capsicum*, inclusive os produtos derivados destes, como a pimenta calabresa. Para facilitar a compreensão, cada produto será tratado em verbete separado. Ver o nome da pimenta.

Pimenta biquinho (*Capsicum chinense*) Fruto vermelho e arredondado, com cerca de 3 cm de diâmetro e uma espécie de bico na ponta. É conhecida também por biquinho. De picância muito suave, é comercializada fresca e em conservas.

Pimenta calabresa Não se trata de uma variedade de pimenta, e sim do nome genérico da pimenta *Capsicum* comercializada seca e em flocos. No Brasil, é geralmente feita com a pimenta dedo-de-moça. Na Itália, é produzida com a friggitello.

Pimenta Capsicum (*Capsicum annuum*; *Capsicum baccatum*; *Capsicum chinense*; *Capsicum frutescens*; *Capsicum pubescens*) As pimentas do gênero *Capsicum* são frutos de arbustos nativos da América do Sul. Dotadas de pungência característica em razão da presença da capsaicina, são hoje consumidas e apreciadas em quase todo o mundo. Não têm qualquer parentesco botânico com a pimenta-do-reino, a pimenta-da-guiné ou a pimenta-da-jamaica, embora sejam também usadas como condimento. Há cinco espécies do gênero domesticadas e boa parte das variedades mais conhecidas pertencem à *Capsicum annuum*, como a jalapeño, a poblano, a friggitello e a pimenta-de-caiena. Os pimentões – que, em essência, são pimentas maiores e sem ardência – também pertencem a essa espécie. A habanero, a cumari-do-pará e a pimenta biquinho pertencem à espécie *Capsicum chinense*; o *aji amarillo*, a cambuci e a dedo-de-moça, à *Capsicum baccatum*; a pimenta-malagueta e a tabasco, à *Capsicum frutescens*; a *rocoto* é da espécie *Capsicum pubescens*. Cada variedade apresenta um grau de pungência, medido em unidades Scoville, sistema criado em 1912 pelo químico farmacêutico Wilbur Scoville. As pimentas *Capsicum* já eram cultivadas no México cinco mil anos a.C. A palavra asteca *chilli* deu origem ao nome em castelhano, *chile*, e em inglês, *chilli* ou *chili*. No Brasil, eram o principal condimento da culinária indígena na época da chegada dos portugueses. Hoje, são essenciais em pratos das culinárias mexicana (provavelmente é onde se faz mais uso delas), indiana, chinesa, tailandesa, indonésia, espanhola, italiana, entre outras. No Brasil, são consumidas, em especial, no Norte e no Nordeste. As partes mais ardidas das pimentas são o tecido interno (placenta) e as sementes. Quando maduras, em geral são vermelhas, mas também podem ser encontradas pimentas amarelas, alaranjadas ou mesmo roxas. São vendidas frescas, secas ou em conserva, inteiras, em pó, em flocos, em pasta ou, ainda, em molhos prontos. Ver o nome da pimenta.

Pimenta-cumari (*Capsicum baccatum*) Pimenta-verde pequena, de pouca picância, geralmente vendida fresca. Conhecida também por cumari verdadeira, cumbari e comari, não deve ser confundida com a cumari-do-pará. Ver **Cumari-do-pará**.

Pimenta-da-costa (*Xylopia aethiopica*) Fruto originário da Etiópia disseminado em vários países africanos, entre eles Serra Leoa, de onde foi trazido para o Brasil. Denomina-se ainda pimenta-da-áfrica. É muito semelhante à pimenta-do-reino e pode substituí-la na cozinha. Bastante utilizada também no Marrocos, na Argélia e no Egito, quase não é empregada na Europa.

Pimenta-da-guiné (*Aframomum melegueta*) Pequena semente, de mais ou menos 3 mm de espessura, de cor marrom-avermelhada. Nativa da costa oeste da África, ganhou o apreço dos europeus no final da Idade Média, quando ficou conhecida por grão-do-paraíso. Da mesma família do cardamomo, tem picância mediana. Conhecida também por mala-

gueta em espanhol, não deve ser confundida com a pimenta vermelha da espécie *Capsicum frutescens*, que recebeu o mesmo nome vulgar. Ver **Malagueta**.

Pimenta-da-jamaica (*Pimenta dioica*) Tradução literal de *Jamaica pepper*, é um fruto pequeno e arredondado, consumido seco. Tem o sabor e o perfume de cravo, canela e noz-moscada ao mesmo tempo, por isso os norte-americanos a chamam também de *allspice*, que significa "todas as especiarias". Nativa da América Central, foi levada para a Inglaterra, no século XVI, com o nome de *new spice* (especiaria nova), e tornou-se muito apreciada e valorizada pelos europeus. Pode ser encontrada em grãos ou em pó. Bastante saborosa, tempera tanto salgados como doces. É utilizada em salsicharia, picles, bolinhos de carne, molhos de tomate, bolos de frutas, pudins, cremes e tortas.

Pimenta de bode (*Capsicum chinense*) Fruto redondo ou achatado, de cerca de 1 cm de diâmetro, amarelo ou vermelho quando maduro. Com alto grau de picância, é comercializada em conserva de azeite, vinagre ou salmoura.

Pimenta-de-caiena (*Capsicum annuum*) Pimenta de origem incerta, conhecida também por pimenta caiena ou *cayenne*. De formato alongado, comprimento entre 13 cm e 25 cm e coloração vermelha quando madura. Mais consumida desidratada e moída, emprestou seu nome a outras pimentas vermelhas fortes, comercializadas da mesma maneira. De pungência alta, deve ser empregada com moderação. É indicada para molhos, mariscos, frutos do mar, sopas de peixe, alguns tipos de legumes, misturas de queijos, além de aves e charcutaria em geral.

Pimenta-de-cheiro No Brasil, diversas variedades de pimenta *Capsicum* recebem esse nome, entre elas a cumari-do-pará. Ver **Cumari-do-pará**.

Pimenta-do-reino (*Piper nigrum*) Baga seca de uma trepadeira do gênero *Piper*. Nativa da Índia, foi uma das primeiras e mais importantes especiarias levadas do Oriente para o Ocidente, tornando-se altamente valorizada entre gregos e romanos da Antiguidade e nas cozinhas mais abastadas da Europa Medieval. Trazida para o Brasil de Timor e Macau ainda no século XVI pelos jesuítas, não se popularizou de imediato em razão da variedade de pimentas (do gênero *Capsicum*) nativas. Hoje, a produção se estende por diversos países de clima tropical, inclusive o Brasil, e a pimenta-do-reino é tempero básico na maioria das cozinhas ocidentais. É usada em diferentes estágios de amadurecimento: a verde, colhida antes de amadurecer, bem tenra, e conservada no óleo ou no vinagre, é a mais perfumada; a preta, colhida antes de as bagas estarem completamente maduras, ao secar conserva a polpa, que escurece; e a branca, colhida madura e seca sem a polpa que a envolve, é mais fina e mais suave que a negra. A preta e a branca são comercializadas em grãos inteiros ou moídos. Ver **Especiarias**.

Pimenta-dos-negros (*Xylopia aromatica*) Semente escura e rugosa, com baixo teor de picância. Pertencente à família das anonáceas, sua árvore cresce naturalmente em Minas Gerais, Goiás, Mato Grosso, São Paulo e Mato Grosso do Sul. Condimento ainda pouco conhecido fora de sua região de incidência.

Pimenta-longa (*Piper longum*) Do mesmo gênero da pimenta-do-reino e nativa da Índia, é mais picante que esta. De for-

mato alongado, seu tamanho médio é de 4,5 cm. Compõe algumas misturas de especiarias em cozinhas do Norte da África.

Pimenta-malagueta Ver **Malagueta**.

Pimentão (*Capsicum annuum*) Vegetal da família das solanáceas e do gênero *Capsicum*, cultivado como hortaliça e cujos frutos alcançam até 20 cm de comprimento. São comercializados nas cores verde, vermelha, amarela (mais comuns no Brasil), branca, roxa e laranja, que se devem à variedade e ao grau de maturidade do fruto. Sua casca deve ser firme e brilhante. Pode ser empregado ao natural, em saladas, recheado, frito com carne, em ratatouille, chutneys, pastas para canapé, entre outros preparos. Com ele, são feitos o colorau e algumas categorias de páprica. Ver **Chutney**, **Colorau**, **Páprica** e **Ratatouille**.

Pimenta-rosa (*Schinus terebinthifolius*) De cor rosa forte, ardência muito suave e adocicada, é o fruto da aroeira. Muito utilizada na França, foi bastante valorizada pela *nouvelle cuisine*. Não pertence à família da pimenta-do-reino, como muitos acreditam. Ver **Nouvelle Cuisine**.

Pimenta Sichuan (*Zanthoxylum simulans*; *Zanthoxylum schinifolium*) Condimento originário da província chinesa de Sichuan, denominado também pimenta-chinesa. É feito com a baga seca das sementes de várias espécies do gênero *Zanthoxylum*. Aromático e picante, compõe a mistura de temperos conhecida por cinco perfumes chineses.

Pimenta síria Ver **Bahar**.

Pimenta vermelha Nome popular de diversas variedades de pimenta do gênero *Capsicum*. Ver **Pimenta Capsicum**.

Pimentón Ver **Páprica**.

Pimiento (*Capsicum annuum*) Conhecido também por pimento, é um pimentão-doce vermelho, pequeno e de formato arredondado, mais vendido em conserva.

Pimm's® cup Coquetel criado em 1823 pelo proprietário do Pimm's de Londres, *oyster bar* da região central. De receita secreta, sua base era o gim acrescido de ervas e licores. Tratava-se de um digestivo e foi nomeado como *Pimm's nº 1 cup*. No decorrer do século XIX, foram criados novos drinques, com uísque e brandy no lugar do gim, consumidos com o acréscimo de frutas e temperos. Além disso, montou-se uma destilaria para ampliar a fabricação do produto-base. Hoje, é produzido em larga escala comercial ainda com o nome *Pimm's nº 1 cup*, acrescido de suco e pedaços de fruta.

Piña colada Coquetel clássico de origem mexicana, à base de rum branco, suco de abacaxi, leite de coco e muito gelo moído. É servido em copo alto (*long drink*), enfeitado com fatia de abacaxi e cereja.

Pinaúma Nome do ouriço-do-mar no Norte do Brasil. Ver **Ouriço-do-mar**.

Pincelar Ação de espalhar um elemento líquido ou viscoso sobre outro alimento, com o uso de um pincel de cozinha. Alimentos salgados, em geral, são pincelados para dourarem sob o calor, evitar o ressecamento ou para que conservem o brilho por mais tempo. Pincelam-se massas com gemas ou com a mistura de gemas, óleo e açúcar, ou ainda leite, antes de serem levadas ao forno; para pincelar carnes, usa-se o *glace de cuisine* antes de assá-las; batatas e carnes são pinceladas com óleo antes de serem guardadas na geladeira, para não perderem a cor e o brilho. Tor-

tas, pães doces ou frutas podem ser pincelados com mel, geleia ou calda de açúcar, a fim de que suas superfícies fiquem mais brilhantes e para auxiliar na conservação. Ver **Glace de cuisine**.

Pinchos Ver **Tapas**.

Pindá Nome genérico do ouriço-do-mar comestível, no Brasil. Ver **Ouriço-do-mar**.

Pingos de ovos Doce de ovos em forma de gota. Ver **Chuvisco**.

Pinha (*Annona squamosa*) Fruta da família das anonáceas, assim nomeada no Norte do Brasil. No Sul, é conhecida por ata. Foi trazida para o Brasil da América Central. Tem os mesmos bagos carnosos da fruta-do-conde, mas é menos delicada. Ver **Fruta-do-conde**.

Pinhão (*Araucaria angustifolia*) Semente comestível da pinha, fruto do pinheiro-do-paraná. Típico do inverno no Sul do Brasil, costuma ser consumido cozido em água e sal, assado na brasa ou na chapa, pilado ou picado misturado ao arroz ou, ainda, como doce em pasta. Nos estados de Santa Catarina e do Rio Grande do Sul, é base para pratos como a paçoca de pinhão e o entrevero. O pinhão já era considerado uma iguaria saborosa pelos indígenas. Auguste de Saint-Hilaire, após passagem pelo rio Jaguariaíva, no Paraná, em 1820, escreveu: "Longas, mais ou menos metade do dedo, suas sementes não são, é verdade, feculentas como a castanha, mas elas lembram o sabor desse fruto, sendo mesmo mais delicadas. Desde tempos imemoriais elas têm contribuído à subsistência dos indígenas que as chamam ibá, o fruto ou o fruto por excelência..." (citado por Zeron, 2000, p. 167). Ver **Entrevero de pinhão** e **Paçoca**.

Pink Lady Coquetel elaborado com gim, limão, grenadine e clara de ovo. Outros ingredientes podem ser adicionados, de acordo com o local em que ele é feito. Batido com gelo picado, serve-se em taça. Ver **Grenadine**.

Pinolo (*Pinus pinea*) Palavra italiana que denomina a semente de um pinheiro nativo da região mediterrânea. No plural, *pinoli*. Denomina-se *snubar* em árabe. De aspecto semelhante ao de uma amêndoa, porém menor, seu formato é oval, sua cor bege-clara e não tem pele. É oleoso e de sabor suave, levemente picante. Muito usado na Itália em risotos, molhos e bolos, é ingrediente fundamental do molho pesto. É também bastante difundido nas culinárias árabe, indiana e turca. Ver **Pesto**.

Pinotage (*Vitis vinifera*) Uva vinífera tinta desenvolvida na África do Sul, cruzamento da Pinot Noir com a Cinsault. De difícil cultivo, pode produzir vinhos de diferentes estilos.

Pinot Blanc (*Vitis vinifera*) Mutação da Pinot Noir, é uma das uvas importantes da Alsácia (França), onde são produzidos vinhos frescos, agradáveis e com boa acidez. É cultivada também na Alemanha, na Áustria e nos Estados Unidos, entre outros lugares.

Pinot Gris (*Vitis vinifera*) Uva rosada vinífera, mutação da Pinot Noir. Tem grande importância na Alsácia (França), no Oregon (Estados Unidos), na Austrália e na Nova Zelândia. Denomina-se Pinot Grigio na Itália e Tokay d'Alsace na Alsácia.

Pinot Meunier (*Vitis vinifera*) Uva vinífera tinta, conhecida sobretudo por fazer parte da *assemblage* do champanhe com a Pinot Noir e a Chardonnay.

Pinot Noir (*Vitis vinifera*) Única uva tinta da Côte D'Or, na Borgonha (França), onde são feitos alguns dos melhores vinhos do mundo. Seu cultivo é bastante difícil e, em geral, suas fantásticas características não são conservadas quando plantada fora dessa região. É uma das cepas básicas da fabricação do champanhe, além de ser usada nos tintos e rosés da Alsácia (França), do Oregon e da Califórnia (Estados Unidos), entre outros lugares.

Pintado (*Pseudoplatystoma corruscans*) Peixe de água doce, da família dos pimelodídeos, cuja carne é gordurosa e muito saborosa, própria para grelhar. Era bastante consumido pelos indígenas da Amazônia, pois era fácil capturá-lo com lanças ou flechas em razão de sua movimentação lenta. É encontrado em diversos rios pelo interior do Brasil. Com ele, são preparados pratos que levam as características de cada região em que é encontrado.

Pintado na telha Prato tradicional da cidade de Guaíra, no Paraná, antiga Ciudad Real del Guahyra. Bastante antiga, foi fundada em 1557 por um capitão espanhol, na época das missões jesuíticas. O preparo surgiu de um movimento da cidade para recuperar seu passado. No peixe, muito encontrado na região e ali muito utilizado, usou-se a técnica de cozimento em telhas de barro – manufatura indígena que apresenta a forma de sua coxa, na qual é moldada –, temperos da culinária espanhola, dos primeiros habitantes, e um toque de temperos brasileiros. Além de saborosa, diz-se na região que a receita é afrodisíaca. O pintado na telha é servido geralmente com arroz branco e pirão.

Pipérade Semelhante à caponata siciliana, é um prato originário da região cultural do País Basco, localizada entre o extremo sudoeste da França e o norte da Espanha. É elaborado com tiras de pimentões vermelhos, verdes e amarelos, cebolas, alho em lâminas e tomates em pequenos cubos, todos refogados em azeite e acrescidos de ovos batidos. Temperado com pimenta-verde ou vermelha, é servido sobre uma fatia de presunto ou frio, sem o ovo, como antepasto. *Pipérade* é seu nome em francês; em espanhol, *piperrada*. Ver **Caponata**.

Pipeta Instrumento usado para retirar uma pequena quantidade de vinho ou licor de um tonel, para inspeção. A pipeta, em geral, é de vidro. Em inglês, curiosamente, chama-se *thief*, que significa ladrão.

Pipoca Conhecida há mais de seis mil anos, a pipoca é o grão de milho seco estourado, que se abre como uma flor branca quando aquecido. Essa transformação ocorre em razão da grande quantidade de umidade aprisionada dentro dele. O aquecimento cria uma enorme pressão, que rompe a pele externa, liberando o miolo. Os indígenas brasileiros jogavam o milho no borralho e, depois de estourados, sopravam as cinzas. No século XIX, em suas andanças pelo Brasil, o pintor Debret experimentou esta receita da terra e considerou-a, então, a maior contribuição dos brasileiros à cozinha mundial. O grão não estourado pode ficar estocado por até um ano, à temperatura ambiente ou na geladeira, onde preserva melhor a umidade. À pipoca podem ser acrescentados ingredientes diversos, como manteiga, queijo, caramelo, chocolate, açúcar, canela etc., que determinarão o sabor final. Ver **Milho**.

Piracuí Farinha de peixe de origem indígena, encontrada no Norte do Brasil. Era usada para conservar o peixe. *Pirá*, em tupi, significa peixe e *ku'i*, farinha. Pode

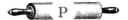

ser elaborada com diferentes espécies de peixe, porém os mais utilizados, hoje em dia, são o tamuatá e o acari, este considerado o melhor para o preparo. A maior produção é de Manaus, no Amazonas, e Santarém, no Pará. Os peixes, depois de limpos, são assados em forno à lenha até quase secarem; em seguida são desfiados e levados a um forno aberto (como os de processamento de farinha de mandioca) para serem torrados. A farinha de peixe resultante tem longa duração e muita proteína, e é utilizada para fazer bolinhos muito apreciados na Amazônia, similares ao bolinho de bacalhau, com massa de mandioca em vez de batatas. De modo geral, é empregada também em farofas e como tempero.

Pirá mirim (*Conorhynchos conirostris*) Peixe pequeno da Amazônia muito utilizado em moquecas, temperado com pimenta *Capsicum* fresca, tucupi ou pasta de arubé. Ver **Arubé**, **Moqueca** e **Tucupi**.

Piramutaba (*Brachyplatystoma vaillantii*) Peixe carnívoro da Amazônia que pode alcançar até um metro de comprimento. Trata-se de um peixe de couro, sem escamas, que vive na calha do Solimões e do Amazonas. É preparado, principalmente, cozido em caldo de tucupi. Ver **Tucupi**.

Piranha (*Pygocentrus nattereri*; *Serrasalmus rhombeus*) Peixe dos rios da Amazônia, do Pantanal e de outras regiões brasileiras, muito feroz e voraz, com especial predileção por animais com sangramento. Vive em cardumes. Em geral pequeno, tem entre 20 cm e 45 cm, mas alguns podem pesar três quilos. Sua carne é extremamente saborosa. No interior, a piranha é muito consumida em sopas ou recheada. Na região do Pantanal Mato-grossense, o caldo de piranha é um dos pratos mais conhecidos e apreciados. Ver **Caldo de piranha**.

Pirão Papa consistente típica da alimentação nacional, feita com a mistura de farinha de mandioca e o caldo da carne, ave ou peixe do qual será acompanhamento. O pirão pode ser preparado também apenas com a combinação de farinha, água e sal. Há dois tipos clássicos: o escaldado e o cozido ou mexido. O primeiro é feito com uma porção de caldo derramado sobre a farinha de mandioca, tem origem indígena e é assim preparado desde antes da chegada dos europeus. No segundo, mais elaborado, a farinha é lançada aos poucos no caldo quente, até apresentar a consistência desejada. O pirão é elemento muito usado na culinária do Brasil.

Pirão cuiabano Prato da região Centro-oeste, em geral feito com peixe grande, matrinxã, pintado ou corvina. Uma parte do peixe é cozida em água com temperos até soltar das espinhas, que são retiradas. Com esse caldo, faz-se um pirão com farinha de mandioca. O resto do peixe é cortado em postas, que são colocadas na panela em camadas alternadas com cebolas, tomates e outros temperos, em fogo bem baixo. Depois de cozido, é levado à mesa para acompanhar o pirão.

Pirão de leite Preparo feito de farinha de mandioca e leite, temperado com caldo de carne, normalmente servido como acompanhamento de carne de sol, frita ou assada. Ver **Carne de sol** e **Pirão**.

Pirarucu (*Arapaima gigas*) Um dos maiores peixes da Amazônia, encontrado também nos rios da bacia Araguaia-Tocantins. Mede de 2 m a 3 m e pode pesar mais de 150 kg. É um bonito animal de coloração avermelhada, com escamas

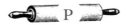

prateadas de borda vermelha. Sua língua, depois de seca, é utilizada para ralar o bastão de guaraná. De carne bastante saborosa, rica em proteínas e sais minerais, é a base para uma das especialidades culinárias do Norte do Brasil, o "pirarucu de casaca". Nessa receita, ele é frito, separado em lascas e misturado com batatas cozidas cortadas em quadradinhos e ovos cozidos em pedaços, além de molho feito com ervilhas, pimentões, cebolas, tomates, salsa, cebolinha e coentro picados. É servido em travessa, em camadas alternadas com bananas pacova maduras, cortadas ao comprido e fritas, e farofa de farinha de Uarini ao leite de coco. Espécie em risco de extinção em razão da pesca predatória, hoje é também criado em cativeiro. Pode ser comprado fresco, seco ou salgado. Ver **Farinha de Uarini** e **Pacova**.

Piripiri (*Capsicum frutescens*) Nome de um cultivar de pimenta da espécie *Capsicum frutescens*, pequena e muito picante, em Portugal e em ex-colônias portuguesas (exceto no Brasil). Pode referir-se também à mesma pimenta seca e em pó ou ao molho feito com ela.

Piroshki Preparo da pastelaria russa e ucraniana elaborado com massa fermentada semelhante à do brioche, recheada com carne, peixe, vegetais ou queijo. É enrolado como um pequeno pão e assado no forno. Acompanha sopa ou é servido como aperitivo. Existe também uma versão doce, recheada com pasta de fruta e servida em lanches.

Piruá Nome do grão de milho de pipoca que não arrebenta. Ver **Pipoca**.

Pisco Bebida feita por meio da destilação do mosto de uvas, que pode ser envelhecida em barricas de carvalho. É um produto originário do Peru, da cidade de Pisco. É também bastante produzida no Chile, que disputa a exclusividade de uso do nome. As variedades de uvas usadas e o teor alcoólico são diferentes nos dois locais.

Pissaladière Prato da culinária francesa, da região da Provença, que consiste em uma torta salgada preparada com massa de pão. Estendida em forma de disco, é recoberta com purê de cebolas douradas em azeite de oliva e temperadas com alho, tomilho, louro, pimenta-do-reino e sal. Sobre o purê, colocam-se azeitonas pretas picadas e filés de anchovas, criando o desenho de uma grade. Seu nome no dialeto da região é *pissaladiero*, derivado de *pissala*, ou *pissalat*, que significa peixe salgado e é um antigo condimento à base de pequenas anchovas em salmoura, cravo e azeite, muito utilizado nos pratos locais. Ver **Anchova**.

Pistache (*Pistacia vera*) Pequeno fruto da pistácia, árvore miúda encontrada no sul da Europa e na Ásia Menor. É uma noz verde-clara recoberta com pele avermelhada. Tem o tamanho de uma azeitona pequena e sua casca abre-se facilmente. De sabor característico, delicado e delicioso, pode ser empregado em pratos doces ou salgados, confeitos, sorvetes, como aperitivo ou acompanhamento de pratos de carne.

Pisto Preparo espanhol à base de hortaliças, originário da região histórica de La Mancha, ao sul de Madri. Consiste em um refogado de cebolas, abobrinhas, berinjelas, pimentões e tomates em azeite, servido sobre uma fatia de pão encimado de um ovo estrelado. Batatas, presunto e toucinho também podem ser acrescidos. O pisto derivou da *alboronía*, antigo refogado de origem moura e assimilado pelos caste-

lhanos após a conquista da cidade de Toledo, no século XI. É servido como entrada ou acompanhamento de pratos e bebidas.

Pistou 1. Condimento francês semelhante ao pesto italiano, composto de alho, manjericão e azeite de oliva amassados e misturados. Ver **Pesto** e **Manjericão**. 2. Sopa francesa de vegetais, feijões e macarrão, com o condimento de mesmo nome. Assemelha-se ao *minestrone* italiano. Ver **Minestrone**.

Pita Pão tradicional do Oriente Médio, conhecido também, no Brasil, por boina ou pão árabe. Feito com farinha de trigo comum ou integral, tem formato redondo, é chato e oco. Pode ser recheado com uma infinidade de iguarias, tornando-se um saboroso sanduíche. No Oriente Médio, acompanha a comida ou pastas, como as de berinjela (*baba ganoush*) e de grão-de-bico (*homus*). Ver **Baba ganoush** e **Homus**.

Pitada Significa pequena porção. É a medida do que cabe entre os dedos polegar e indicador, normalmente para referir-se a um ingrediente em pó. Nas receitas culinárias, o termo é geralmente usado em relação a temperos.

Pitanga (*Eugenia uniflora*) Fruto de uma árvore silvestre brasileira, a pitangueira, nativa da Mata Atlântica e encontrada de Minas Gerais ao Rio Grande do Sul. A pitanga é vermelha, tem sabor agridoce acentuado, tamanho pequeno e caroço achatado. Apresenta o formato de uma baga com oito sulcos longitudinais de cerca de 2 cm de comprimento e pode ser utilizada ao natural, em sucos, em batidas ou em geleias.

Pithiviers Clássica sobremesa francesa, cujo nome foi retirado de uma pequena cidade próxima a Paris. Constitui-se de duas massas folhadas circulares recheadas com creme de amêndoas (*frangipane*) e polvilhadas com açúcar. É preparada para festejar o Dia de Reis, no início de janeiro. Ver **Frangipane**.

Pithos Jarra de cerâmica em que, na Antiguidade, colocavam-se os vinhos para fermentar. Com o interior recoberto de piche, ela era enterrada para melhor conservar o vinho. Era utilizada também para o armazenamento de grãos e para o transporte comercial. Este é o nome grego do utensílio, mas ela era usada pelos diversos povos da borda do Mediterrâneo desde o Período Neolítico. De exterior ornamentado em baixo-relevo, era bojuda e com boca larga, selada para o armazenamento ou transporte.

Pitomba (*Talisia esculenta*) Fruto da pitombeira, árvore da família das sapindáceas, muito comum em Pernambuco. É encontrada desde a Região Amazônica até o Rio de Janeiro. Tem casca dura, amarelo-acinzentada, caroço oval, além de polpa transparente e carnuda. É consumida apenas ao natural e não é apropriada para a preparação de geleias, doces ou refrescos.

Pitu (*Macrobrachium carcinus*) Camarão de água doce, um dos maiores entre os nativos do Brasil. Tem duas pinças bastante longas e alguns chegam a medir 40 cm. Muito encontrado em todo o litoral do Nordeste, é usado na pituzada, preparo com leite de coco, e na moqueca de pitu. Ver **Moqueca**.

Pizza Tradicional prato salgado da Itália, evolução da *picea*. É composta de massa feita com fermento de pão e cobertura de ingredientes variados, como molho de tomates, queijo muçarela, frutos do mar, rodelas de tomate, presunto picado, cogumelos, azeitonas, rodelas de linguiça frita, manjericão, orégano, alho frito, entre outros. Novas combinações de ingredientes de cobertura são experimentados todos os dias. Em geral, é redonda e assada em fôrma baixa em forno bem quente, à lenha ou a gás. Seu nome varia de acordo com os ingredientes da cobertura, como as clássicas italianas: margherita, com tomates, muçarela e manjericão; pizza *bianca* ou *alla romana*, como é chamada em Nápoles, ou *napoletana*, em Roma, com muçarela, anchovas e manjericão, sem tomates; pizza *alla franciscana*, com cogumelos, presunto cru ou cozido, tomate e queijo; e a pizza *alla liguria*, denominada também *sardenara*, com anchovas ou sardinhas salgadas, tomates, cebolas cozidas, alho, azeite, manjerona e azeitonas pretas. No Brasil, há inúmeras variações, com nomenclaturas quase sempre diferentes das originais italianas. As mais conhecidas são a muçarela; a margherita, com a mesma cobertura da italiana; a calabresa, com linguiça calabresa, cebolas e azeitonas; a portuguesa, com presunto, queijo, ovos, cebolas, pimentão e azeitonas; a quatro queijos, com muçarela, parmesão, provolone e gorgonzola; a de alho e óleo; a de rúcula com tomates secos; entre muitas outras. No Rio Grande do Sul, existem muitas com cobertura de carne, inclusive de coração de galinha. Variadas são também as coberturas doces, à base de chocolate puro ou com frutas, banana com açúcar e canela e de frutas diversas. Hoje, a pizza é um preparo apreciado (e adaptado) em praticamente todo o mundo. Ver **Picea**.

Pizzetta Pequena pizza servida como acompanhamento de coquetéis ou como antepasto. De modo geral, tem cobertura de tomate, queijo, anchovas, azeite e orégano, mas pode receber outros ingredientes.

Pizzoccheri Macarrão italiano chato como fettuccine ou tagliatelle, feito com trigo-sarraceno. Na Lombardia, é cozido com verduras e batatas. Para servir, a mistura já escorrida é colocada em uma travessa, em camadas alternadas com queijo local, e finalizada com molho de alho frito com manteiga. Ver **Fettuccine**.

Plancha, à la Expressão espanhola que designa os pratos preparados na chapa.

Planter's Punch Coquetel clássico à base de angostura, grenadine, suco de limão, de abacaxi e de laranja, rum escuro e xarope de açúcar. É servido em copos longos (*long drink*), com gelo e decorado com abacaxi e cereja. Ver **Angostura** e **Grenadine**.

Plat du jour Expressão francesa que significa prato do dia.

Plockwurst Salsicha alemã feita de carne de boi e de porco. É levemente defumada e seca ao ar, sem cozimento. Assemelha-se ao salame.

Plum pudding Embora o nome indique um pudim de ameixas, *plum pudding*, na Inglaterra da era Elisabetana, nomeava todo um grupo de preparos feitos com frutas desidratadas. *Plum* era a denominação genérica adotada para essas frutas, que abrangia desde ameixas secas a cerejas, passando por todos os tipos de passas. Tratava-se de pratos mais similares a um cozido que a um pudim, com caldo e à base de carnes, sebo, legumes, ervas e frutas desidratadas. Apenas no século XVIII passaram a ter consistência mais sólida – em paralelo à outra, mais líquida,

que continuava a ser servida como primeiro prato –, época em que a técnica de preparo evoluiu e o pano para cozimento de pudins (*pudding cloth*) começou a ser usado. O tradicional pudim de Natal inglês – *Christmas pudding* – pertenceria ao grupo dos *plum puddings*, apesar de, já naquela época, destacar-se dos demais por suas características mais suntuosas. Ver **Christmas pudding**.

Poach Verbo inglês cujo significado é escalfar. Ver **Escalfar**.

Poblano (*Capsicum annuum*) Variedade de pimenta de origem mexicana e pungência suave. Cada fruto mede cerca de 12 cm de comprimento por 8 cm de largura e pode ser recheado. Quando consumida seca, chama-se *ancho*.

Pocher Verbo francês cujo significado é escalfar, isto é, cozinhar um alimento em líquido fervente. Na cozinha francesa, a técnica aplica-se a carnes, aves, peixes, ovos, frutas, embutidos e preparos como *quenelles*. É um cozimento suave em fervura branda, com o uso de água, *court-bouillon* ou fundo; no caso das frutas, utiliza-se calda de açúcar. De acordo com o ingrediente e o corte empregados (peça inteira, posta, filé mais ou menos espesso), o processo pode começar com o líquido frio ou quente, é possível usar mais ou menos líquido e o cozimento pode ser no fogo ou no forno. Ver **Court-bouillon**, **Escalfar**, **Ovos pochés** e **Quenelle**.

Podridão nobre Degradação controlada da uva, ocasionada pelo fungo *Botrytis cinerea*. Ver **Botrytis cinerea**.

Poejo (*Mentha pulegium*) Erva originária da Europa e da Ásia Ocidental, conhecida também por poejo-das-hortas e poejo real. É uma planta rasteira, com pequenas folhas verdes cobertas de uma fina penugem e flores arroxeadas ou rosadas. Denominado ainda hortelã dos pulmões por suas propriedades medicinais, o poejo é um tempero pouco utilizado, de sabor semelhante ao da hortelã. Emprega-se geralmente para temperar saladas de verduras e de frutas, ou para aromatizar drinques e sucos.

Poire 1. Pera, em francês. 2. Aguardente de peras feita na França e na Suíça, elaborada por meio da fermentação da polpa e do suco da fruta, seguida da destilação do mosto. A bebida é envelhecida em tanques de aço, até suavizar e alcançar seu sabor final. Alguns produtores colocam uma pera dentro da garrafa. No cantão suíço do Valais, a aguardente é produzida exclusivamente com peras da variedade Bon Chrétien Williams cultivadas no local e tem Denominação de Origem Protegida (DOP).

Poireau Alho-poró, em francês. Ver **Alho-poró**.

Poire Belle Hélène Sobremesa francesa criada em 1865, no rastro do sucesso que a opereta de Jacques Offenbach, *La belle Hélène*, fez em Paris. Seu criador não foi registrado. Consiste em uma pera, sem a casca e sem os caroços, cozida em calda de açúcar e baunilha, servida com sorvete de baunilha. Mais tarde, o chef Auguste Escoffier incluiu pedacinhos de violetas cristalizadas no sorvete e calda quente de chocolate, servida à parte, denominando-a, então, *poire Hélène*. Ver **Escoffier, Auguste**.

Poissonier Palavra de origem francesa que nomeia o cozinheiro profissional encarregado de preparar os peixes.

Poivrade Molho francês picante à base de pimenta-do-reino. Possibilita diversas composições e uma das mais conhecidas é a que usa mirepoix, vinho branco, vinagre, demi-glace e grãos de pimenta.

Poivre, au Expressão francesa que significa apimentado, com pimenta ou ao molho de pimenta. Ver **Steak au poivre**.

Poivre rose Ver **Pimenta-rosa**.

Pojarski Prato clássico da culinária russa apreciado até hoje, consiste em bolinhos em formato de costeleta, preparados com carne de frango ou de vitela moída ou picada bem fina, miolo de pão ou de brioche umedecido em leite, creme de leite, noz-moscada, sal e pimenta. Depois de formatados e passados em farinha de trigo, ovos e farinha de rosca, são fritos. São servidos com molho escuro de manteiga e cogumelos. Diz-se que era o prato predileto da realeza russa no início do século XIX. Mais tarde, foi assimilado pela culinária francesa, que adotou a grafia.

Polenta Mingau salgado e espesso da Itália, feito com farinha de milho bem moída, água quente e sal. Para o preparo tradicional, são necessários dois instrumentos: o *paiolo* de cobre, panelão hemisférico sem cantos vivos, e uma colher de pau. A farinha de milho é vertida aos poucos sobre a água salgada fervente e é mexida sem parar até alcançar o ponto de cozimento correto. Seu grau de consistência pode variar da papa mais mole até o ponto duro para cortar. Depois de pronta, se consistente, é fatiada em pequenos pedaços com o auxílio de um barbante, jamais de uma faca. A polenta pode ser consumida quente ou fria. Pode ser frita, assada no forno ou tostada na chapa (*polenta abbrustolita*, que se tornou muito apreciada nas regiões de colonização italiana no Brasil). Serve-se também combinada com queijos, como o gorgonzola derretido e o mascarpone, acrescidos de lascas de trufas ou de cogumelos, e regada com azeite de oliva. A polenta pode ser servida no café da manhã, como um prato de entrada ou acompanhamento de carnes ou aves, ensopadas ou ao forno. Na Itália, o termo é empregado ainda para designar o milho moído grosso ou a própria farinha de milho. A polenta nasceu, entretanto, na Grécia, no século V a.C., e denominava-se *poltos* ou *kykheón*. Era feita com cevada ou trigo-sarraceno, já que na época o milho não era conhecido na Europa. Tinha consistência mais mole, rala, como uma sopa ou papa. Os romanos a adotaram, chamando-a *pulmentum* ou *puls*, e a enriqueceram com mel, gema de ovo e queijo (*puls Julia*) ou com pedaços de carneiro (*puls punica*). Tornou-se a ração das tropas de César. Na Idade Média, era a base da comida popular na Alemanha (com aveia) e na Itália, assim como de pratos mais sofisticados (a *puls Juliana* era feita com miolos de animais e vinho). Depois de ser levado do continente americano para a Europa, no início da Idade Moderna, o milho ainda demorou algum tempo para ser aceito como ingrediente culinário. Apenas nos últimos trezentos anos, com uma nova variedade de grão já cultivada no Norte da Itália, o prato passou a ter a forma conhecida atualmente. A polenta à base de trigo-sarraceno ainda é preparada em algumas localidades, sobretudo no Trentino, onde denomina-se *polenta nera* (polenta negra). Ver **Milho** e **Trigo-sarraceno**.

Pollo al chilindrón Prato característico de Aragão e La Rioja, no Nordeste da Espanha. É elaborado com pedaços de

frango dourados em azeite, em seguida cozidos em molho *chilindrón*, à base de pimentões, tomates, cebolas e presunto. Ver **Chilindrón**.

Polme Massa da cozinha portuguesa usada para empanar alimentos. É preparada com farinha de trigo, água, leite ou cerveja e ovo, e tem consistência bem líquida. Os alimentos são mergulhados nessa massa e, em seguida, fritos.

Polonaise, à la Guarnição francesa feita com croûtons fritos em manteiga, salpicados com salsinha, claras e gemas de ovos cozidas e picadas. Em geral, é usada em pratos de aspargos ou couve-flor. Ver **Croûton**.

Polow Prato básico da culinária iraniana, feito de arroz parcialmente cozido em água e, em seguida, cozido por longo tempo com óleo ou manteiga e um pouco de líquido, em panela bem vedada, até ficar com uma crosta firme e dourada no fundo. De modo geral, mistura-se o arroz a um vegetal ou uma carne, que acrescenta seu nome ao preparo: por exemplo, *lubia polow* (arroz com vagem).

Polpetta Bolinho de carne, peixe ou verdura preparado com diferentes receitas regionais na Itália. São as almôndegas brasileiras. Pode ter ingredientes crus ou já cozidos, geralmente ligados com ovo, e é frita, assada ou cozida. Algumas fontes afirmam que as *polpette* (no plural) teriam sido o ponto de partida das *paupiettes* francesas. Ver **Almôndega** e **Paupiette**.

Polpettine São *polpette* menores.

Polpettone Prato italiano que consiste em um bolo de carne no formato de uma grande *polpetta*. Pode ser recheado com queijo ou não e é servido, em geral, com um suculento molho de tomates.

Polvilhar Ato de espalhar, de maneira delicada, um ingrediente em pó de acordo com as indicações da receita. O termo é empregado normalmente em relação ao açúcar e à farinha, que devem ser espalhados sobre massas, bolos, fôrmas, tabuleiros etc.

Polvilho Pó branco, muito fino, é o amido, fécula, da mandioca, conhecido também por goma seca no Norte do Brasil. O polvilho pode ser fermentado – polvilho azedo – ou não fermentado – polvilho doce. O processo de produção do polvilho doce começa com a lavagem e prensagem da massa da mandioca. Após extrair todo o sumo, este é posto a decantar. O resíduo branco obtido, depois de desprezado o líquido, é então levado para secar. O polvilho azedo é a fécula de mandioca modificada por processo de fermentação, em que ela permanece, depois de decantada, de quinze a quarenta dias recoberta de uma lâmina de água, pois o contato com o ar altera sua coloração e, em consequência, sua qualidade. A fécula adquire características bem diversas do polvilho doce. A principal propriedade dela é a expansão, sem necessidade de fermentos químicos ou biológicos. Minas Gerais é o principal produtor de polvilho no Brasil, produto muito utilizado na culinária brasileira, sobretudo no preparo de biscoitos, bolos, pães de queijo, sequilhos, tapiocas, pudins e molhos. Para cada tipo de polvilho, existem receitas específicas. Ver **Biscoito de polvilho**, **Mandioca**, **Pão de queijo** e **Tapioca**.

Polvo (*Octopus* spp.) Molusco marinho comestível com oito longos tentáculos, que mede cerca de meio metro. Por sua dieta rica em conchas, tem carne ex-

tremamente saborosa. Os mais jovens e menores são mais macios. Precisa de cozimento apropriado para que a carne não fique borrachuda. É comercializado fresco, congelado ou em conserva. Base de inúmeros preparos, o polvo é um alimento muito apreciado.

Pombo (Família *Columbidae*) Designação de diversas espécies de aves de pequeno porte. Há o pombo criado especificamente para a culinária e o selvagem, tanto um quanto outro dão um bom resultado na cozinha. Podem ser preparados assados ou cozidos. O pombo selvagem tem a carne escura e sabor acentuado. É muito empregado em patês e conservas.

Pomelo Ver **Grapefruit**.

Pommes Batatas, em francês. Ver **Batatas**.

Pommes de terre fondantes 1. Guarnição francesa para acompanhamento de carnes ou aves, feita com batatas em formato oval, cozidas por bastante tempo em fogo brando, com manteiga e consomê claro. **2.** Guarnição francesa preparada com batatas cozidas e espremidas, acrescidas de manteiga, em seguida modeladas, colocadas em tabuleiro e levadas ao forno para corar. Ver **Batatas**.

Pomodoro A tradução literal do termo italiano é "maçã de ouro", mas a palavra denomina o tomate. A razão do nome deve-se ao fato de os primeiros tomates lá cultivados terem a cor amarela. Pratos servidos com molho de tomates são chamados *al pomodoro*. Ver **Tomate**.

Ponche Do inglês *punch*, do francês *ponche* e do hindustâni *pânch* (que significa cinco), trata-se de uma bebida que já era mencionada em documentos do final do século XVII. O nome em hindustâni revela o número original de ingredientes: o chá, o açúcar, a canela, o limão e uma aguardente. Ao ser servido, queimava-se o ponche, pois era interessante sua coroa de chamas. Popularizado na Europa dos séculos XVIII e XIX, foi trazido para o Brasil em 1821, de acordo com registros no diário de Auguste de Saint-Hilaire, viajante francês. Adaptou-se aos trópicos com a modificação de ingredientes, passando a ser servido frio. Mantiveram-se bebida alcoólica e o açúcar, mas a mistura foi acrescida de gelo, suco e pedaços de frutas. Hoje é muito adequado a festas e pode ser preparado mais ou menos forte, como for conveniente. A bebida alcoólica utilizada pode ser o rum, a sidra ou o vinho branco; já as frutas mais comuns são a maçã e o abacaxi.

Ponta de agulha Extremidade das costelas flutuantes do peito do boi, a ponta de agulha é uma peça de carne localizada na parte inferior da barriga, com músculos duros e fibras grossas e compridas. Excelente para ser cozida, é também empregada na carne-seca ponta de agulha.

Pont l'Évêque Um dos mais antigos queijos da Normandia (França), feito com leite gordo e salgado, e mencionado pela primeira vez no século XII. Denominado originalmente *Angelot*, hoje é conhecido também por *moyaux*. Elaborado com leite de vaca cru e pasteurizado, é produzido o ano todo. É quadrado, pequeno e baixo, tem massa amarelo-clara, casca natural branca com laivos alaranjados, além de textura sempre macia. Seu sabor é o de um rico creme e, para senti-lo, deve estar à temperatura ambiente. É um ótimo queijo para sobremesa.

Ponto de calda Ver **Calda**.

Ponzu Molho tradicional da culinária japonesa, preparado com suco de limão, molho de soja, *mirin*, vinagre de arroz, *kombu* e *katsuobushi*. Deve ser feito na véspera, coado e servido frio. Ver **Katsuobushi**, **Kombu** e **Mirin**.

Poori Pão redondo, chato e não levedado, similar ao chapati, porém frito e servido no desjejum. Prepara-se com farinha de trigo integral, ghee e água. É muito consumido no Norte da Índia e no Paquistão. Ver **Chapati** e **Ghee**.

Poor knights of Windsor Prato de desjejum muito conhecido e consumido na Inglaterra, feito com fatias de pão mergulhadas em ovos batidos e, então, fritas até dourarem de ambos os lados. Em geral, é servido com geleia, xarope ou açúcar polvilhado. Na França, onde já era conhecido no século XIV, chama-se *pain perdu* (pão perdido), pois é uma maneira de reaproveitar o pão ressecado de um ou dois dias. Nos Estados Unidos, é conhecido por *french toast*; na Áustria, *arme ritter* ("cavaleiros pobres"). Assemelha-se às rabanadas brasileiras e portuguesas, embora seja menos trabalhado que estas. Os verdadeiros *Poor knights* eram um regimento criado pelo rei Eduardo III, em 1346, que sempre esteve nas cercanias do Castelo de Windsor, no condado de Berkshire. Hoje denominam-se *military knights*. Ver **Rabanada**.

Porcino Ver **Fungo porcino**.

Porco (Família *Suidae*) Mamífero suíno apreciado desde a Antiguidade. Uma das mais valiosas fontes alimentícias na maioria dos lugares, dele aproveita-se quase tudo: carne, gordura, pele etc. Sua carne, extremamente saborosa, em geral é muito macia, rosada, de aparência úmida, e alguns cortes exigem que a gordura seja retirada. As peças mais comuns são: o lombo, considerada a parte mais nobre, própria para assar ou grelhar; o filezinho, parte nobre do lombo, roliço e macio; o carré, lombo com o osso, incluindo o dorso e as costelas, próprio para fritar, assar ou grelhar; a costela, também conhecida por entrecosto, que tem dois subcortes, a costelinha e a costela do vazio, e é própria para ser grelhada ou assada; o pernil, composto de toda a perna traseira do porco, exceto o pé, geralmente assado ou empregado para fabricação de presunto; o joelho, utilizado em prato alemão típico, o *eisbein*; a paleta, corte conhecido também por pá, cuja carne é cheia de nervos e tendões e mais escura; o pé, utilizado na feijoada; e a barriga, da qual é extraída a banha. A gordura deve ser firme e branca. Inteiro, é assado em forno, recheado com sálvia e cebolas, ou farofa com linguiça e frutas secas. Seus acompanhamentos mais usuais são frutas cozidas, como maçãs, pêssegos, ameixas, abacaxis. Ver **Banha**, **Eisbein**, **Feijoada** e **Presunto**.

Porco à paraguaia Característico do Paraguai e encontrado também em algumas localidades do interior do Brasil, é um modo de preparo do porco em que sua carcaça é aberta em corte longitudinal, sem a separação das bandas. Depois de temperado, o animal é estendido sobre uma grelha a um metro do braseiro, com a pele para baixo, para conter os sucos. Recoberta também com papel-alumínio, a carcaça assa lentamente por 6 a 8 horas. Na metade do tempo, a carne já assada de um lado é virada no braseiro.

Porco no rolete Denominação do porco de seis meses, preparado inteiro, assado em espeto rotativo sobre braseiro. No oeste do Paraná, esse tipo de preparo é feito em uma festa, que atrai gente de toda a parte. O porco mais indicado para o prato é o resultante do cruzamento das raças Landrace e Large white, por ter maior quantidade de carne. Um mês antes do abate, a alimentação do animal começa a ser modificada com o objetivo de reduzir a quantidade de gordura, sem diminuir a carne. Depois de limpo, o porco deve pesar em torno de 30 kg. O preparo começa no dia anterior, pelo tempero da carne e o recheio. Do tempero fazem parte a sálvia, a manjerona, o orégano, a canela, a noz-moscada e o alho. No recheio, há em geral bacon, paio, cenoura, ovos, ervilha, milho-verde, azeitonas, cogumelos, linguiça calabresa e palmito, colocados no interior do porco, que, então, é costurado. O animal é assado por vinte horas e o churrasqueiro deve ficar atento para não ultrapassar a temperatura, o que ocasionaria rachadura do couro e soltura do recheio. O modo de fazer o fogo também é importante, para que o porco asse por igual. Perto da churrasqueira, o calor é de cerca de 50 °C. Quando a carne está quase no ponto, o fogo deve ser aumentado um pouco para deixar o couro crocante. A pururuca conta pontos no concurso que elege o melhor porco da festa. A cidade de Toledo é a maior produtora de suínos do Paraná e onde, em setembro, ocorre a Festa Nacional do Porco no Rolete. Ver **Pururuca**.

Porridge 1. Papa ou mingau, em inglês. **2.** Alimentação básica na Escócia e na Irlanda originalmente, era um mingau popular feito com aveia, sal e água. De preparo muito trabalhoso, a aveia era cozida por bastante tempo antes de o porridge estar pronto para ser ingerido. Hoje em dia, é consumido no café da manhã e o prato pode ser feito rapidamente, em razão das novas técnicas de tratamento da aveia. Na Escócia, prepara-se com leite frio e sal; em outros lugares, com leite, creme e açúcar. Ver **Aveia**.

Port salut® Queijo produzido pelos monges trapistas da Abadia de Notre-Dame du Port-du-Salut (França) do início do século XIX até 1959, quando passou a ser industrializado. É elaborado com leite de vaca pasteurizado, tem sabor e aroma fortes, intensificados quando curado. De textura macia e suave, sua massa é amarelo-pálida.

Porter Cerveja inglesa escura, quase preta, espessa, forte e doce. A Porter é feita com malte crestado e por fermentação alta. Ver **Cerveja**.

Porto Vinho fortificado português produzido em vinhedos da região do Douro e depois transferido para os entrepostos de Vila Nova de Gaia, próxima à cidade do Porto. Nesses armazéns, ele é beneficiado e conservado em barris de carvalho durante seu longo período de maturação. São diversas as variedades de uvas usadas na fabricação, como a Touriga Nacional, Touriga Franca, Tinta Roriz, Tinta Barroca e Tinta Cão. Diferentemente dos outros vinhos do Douro, a fermentação do Porto é interrompida com a colocação de aguardente vínica, o que aumenta seu percentual alcoólico para 19% a 22%. Pode ser tinto ou branco (em diversas tonalidades), muito doce, doce, meio seco ou extrasseco. É um dos vinhos portugueses mais nobres e de maior fama internacional. Degustado como aperitivo, quando seco, ou como digestivo, quando doce, é muito usado também na cozinha, na preparação de molhos, assados e doces. Recebe diversas classificações, de acordo com características de produção e envelhecimento. O Ruby é um tinto feito com a mistura de

vinhos jovens de diferentes safras, envelhecido por pouco tempo. Apresenta cor mais ou menos intensa e aroma frutado. O Tawny é um tinto elaborado também com uma mistura de vinhos, envelhecido em barril por mais tempo – de dez a quarenta anos, no caso dos Tawny com Indicação de Idade –, com aromas semelhantes aos de frutos secos e madeira. O Porto Branco é preparado com uvas brancas, apresenta diferentes estilos, períodos de envelhecimento e graus de doçura. O Rosé é muito aromático, deve ser bebido jovem e pode ser servido em coquetéis. O Porto rotulado como Colheita é um Tawny produzido com uma única safra e envelhecido no barril por, no mínimo, sete anos. O Late Bottled Vintage (LBV) é um Ruby elaborado com uma safra e envelhecido no barril de quatro a seis anos. Porto Vintage – categoria mais valorizada – é a designação dos vinhos de colheita muito especial, produzidos apenas excepcionalmente, engarrafados após dois ou três anos, sem filtragem e maturados em garrafa. O depósito ou a borra existentes em algumas garrafas de Porto mais velho denomina-se crosta. Porto é Denominação de Origem Controlada (DOC).

Portobello (*Agaricus bisporus*) Cogumelo grande, largo, marrom-escuro, forma mais madura do champignon-de-paris e do crimino. O nome começou a ser usado em 1980, como uma jogada de marketing para popularizar um cogumelo que não despertava o interesse do público e cujas vendas estavam encalhadas. Por ser muito amadurecido, o portobello tem as lamelas bastante expostas, o que causa a evaporação da umidade, ocasiona a concentração de sabor e de aroma e proporciona textura densa, carnosa. Suas hastes são, de modo geral, empregadas em sopas e cozidos, e sua cobertura pode ser grelhada ou cozida, e fatiada em saladas. Ver **Champignon de Paris**, **Cogumelo** e **Crimino**.

Postas Fatias grossas de peixe, cortadas perpendiculares ao comprimento.

Potage Palavra francesa que identifica preparações líquidas à base de alimentos fervidos, com consistência fina ou cremosa; em português, denomina-se sopa. Antes, eram considerados *potage* todos os alimentos cozidos em panela (*pot*). Apenas no século XVIII, o termo adquiriu o sentido atual. Na culinária francesa, existem dois tipos de *potage*: os *potages clairs* (claros), como os *bouillons* e os consomês; e os *potages liés* (ligados), que incluem as sopas cremosas (engrossadas com molho bechamel ou roux e enriquecidas com leite ou creme de leite), as sopas à base de purês de vegetais e as *bisques*. Ver **Bechamel**, **Bisque**, **Caldo**, **Consomê**, **Court-bouillon** e **Roux**.

Potage à la Colbert Sopa criada no século XVII, na França, com os ingredientes e temperos mais populares e simples que fossem encontrados. Recebeu este nome justamente pela simplicidade, em homenagem a Jean-Baptiste Colbert, ministro de Luís XIV, que, para fazer frente aos gastos reais, "apertou o cinto" do reino inteiro.

Potage Crécy Sopa francesa feita com diversos legumes, sobretudo cenouras. É caracterizada pelos legumes "bem cortados em pedaços". Sua denominação pode estar ligada à Batalha de Crécy, ocorrida próximo à cidade de Crécy-en-Ponthieu, em 26 de agosto de 1346, ou à afamada produção de cenouras da mesma região.

Pot-au-feu Expressão francesa cujo significado é "panela no fogo", que designa

um prato emblemático da cozinha popular da França registrado já no século XII: um cozido feito com diferentes tipos de carne (carnes de segunda e ossobuco, tradicionalmente) e legumes, como cebola, alho-poró, cenoura, nabo, aipo, além de água e bouquet garni. O pot-au-feu é cozido lentamente em fogo baixo e servido em duas etapas: primeiro o caldo com o tutano acompanhados de pão e, em seguida, a carne com os legumes. Picles e mostarda são os acompanhamentos usuais. Para servir, utiliza-se a mesma panela onde foi cozido. Ver **Bouquet garni** e **Ossobuco**.

Pot de crème Sobremesa francesa cujo nome significa "pote de creme". Trata-se de um creme de baunilha servido em pequenas vasilhas individuais, que pode ser preparado também com chocolate, café ou outro aromatizante.

Poularde Palavra francesa que designa a galinha especialmente engordada, própria para assar.

Poule au pot Galinha cozida inteira em uma caçarola com legumes, prato clássico da cozinha francesa. No imaginário francês, o preparo está ligado a uma passagem descrita no livro *Histoire du roy Henri le grand*, de Hardouin de Péréfixe, bispo de Rodez, publicado em 1661. Na obra, Henrique IV, de Navarra, rei da França, teria prometido que não haveria nenhum lavrador em seu reino que não pudesse ter uma galinha na panela (*une poule dans son pot*).

Poulet Palavra francesa que denomina o frango novo e de carne macia.

Poulet sauté à la Marengo Prato francês clássico de frango dourado em azeite, com tomates em quartos, vinho branco e fatias de alho. Até os anos 1960, era guarnecido de croûtons, lagostins cozidos em caldo e pequenos ovos fritos. De acordo com a história mais difundida sobre sua origem, presente no *Dictionnaire universel de cuisine pratique* (Favre, 1883-1902), o preparo teria sido criado na noite de 14 de junho de 1800, apressadamente, depois da batalha de Marengo (cidade no Norte da Itália), quando Napoleão venceu os austríacos e ordenou que Denis Dunand, protegido do príncipe de Condé e responsável por sua alimentação, preparasse um jantar de comemoração. Entretanto, em razão do local em que estavam, o chef conseguiu apenas frango e alguns lagostins, ovos, tomates, alhos, óleo e uma frigideira. Com o material, ele elaborou um frango salteado que, acrescido de um conhaque do imperador, teria arrancado deste as seguintes palavras: "Você deve alimentar-me desta maneira após cada batalha." Outra versão do evento, narrada no livro de memórias de Constant Wairy, primeiro valete do imperador, indica que o prato seria a adaptação de uma receita piemontesa, experimentada antes da batalha. Há dúvidas, porém, quanto à real presença de Dunand na campanha em questão, uma vez que ele iniciou os serviços para Napoleão somente alguns anos mais tarde. Ver **Croûton** e **Lagostim**.

Pozole Sopa grossa e nutritiva originária de Jalisco (México), preparada tradicionalmente na época das festas natalinas. É feita com milho nixtamalizado, carne de porco, caldo de carne, cebolas, alho e pimentas *Capsicum* variadas. É servida com alface, rabanete, cebola, queijo e coentro, entre outros ingredientes, todos picados e arrumados em vasilhas separadas, para que cada pessoa se sirva como preferir. Ver **Nixtamalização**.

Prädikatswein Grau máximo dos vinhos alemães, que identifica a bebida feita com uvas naturalmente mais maduras e de predicados especiais. Tem seis categorias de qualidade, em ordem crescente de maturação: Kabinett, Spätlese, Auslese, Beerenauslese, Eiswein e Trockenbeerenauslese. Esses vinhos não podem ser chaptalizados, devem ser produzidos apenas com o açúcar natural da uva. Ver **Auslese, Beerenauslese, Chaptalização, Eiswein, Kabinett, Spätlese** e **Trockenbeerenauslese**.

Pralin Preparo básico de confeitaria produzido com açúcar caramelizado e amêndoas ou avelãs, espalhado sobre uma superfície antiaderente até formar uma camada fina. Depois de frio, endurece e, então, é cortado ou processado. Costuma ser agregado a uma variedade de doces, como bombons de chocolate, suflês, cremes e sorvetes. O recheio de bombons ou doces à base de pralin é denominado praliné. Ver **Amêndoa** e **Avelã**.

Pralina Confeito de amêndoas, em português. Ver **Praline**.

Praline 1. Confeito francês criado no século XVII, em Montargis, preparado com amêndoa inteira tostada e revestida de açúcar caramelizado. Em português, é denominado pralina. Ver **Amêndoa**. 2. Na região francesa de Auvergne--Rhône-Alpes, são muito populares as *pralines roses*, coloridas tradicionalmente com extrato de cochonilha. São comercializadas inteiras ou trituradas e utilizadas de várias maneiras, em especial adicionadas à massa de brioches e como recheio da *tarte aux pralines*. O modo de preparo da praline rosa e de outras cores já aparecia no livro *Nouvelle instruction pour les confitures, les liqueurs et les fruits*, de François Massialot, publicado em 1692. Ver **Brioche** e **Tarte aux pralines**. 3. Docinho tradicional de Nova Orleans (Estados Unidos), derivado do praline francês, é um pequeno disco preparado com nozes-pecãs, leite ou creme de leite, manteiga, açúcar refinado e açúcar mascavo. 4. Na Bélgica, praline é sinônimo de bombom de chocolate.

Praliné Recheio de bombons ou doces à base de pralin. Ver **Pralin**.

Pramniano Considerado o melhor vinho da Antiguidade, foi cantado por Homero. Diz a lenda que era a bebida usada por Circe no preparo de suas poções. Foi descrito pelo escritor grego Ateneu como um vinho seco e forte.

Prato Recipiente de cerâmica, vidro, madeira, metal ou plástico, em geral de formato circular, em que a comida é servida. Até o século XV, na Europa, eram utilizadas pequenas fatias retangulares de pão como prato individual. A partir daí, estas começaram a ser reproduzidas em prata ou ouro para os banquetes nas cortes. Em meados do século XVI, entraram na moda os serviços em faiança, ainda mais caros que os de prata. Ao longo do século XVIII, destacaram-se os conjuntos em porcelana, na mesma época em que os aparelhos de jantar coordenados se consolidaram. Foi somente então que surgiram pratos no formato conhecido hoje, redondos e sem bordas largas. O valor do material empregado e a assinatura do artista responsável tornavam pratos e demais utensílios de mesa verdadeiros objetos de luxo nas Cortes da Era Moderna. Sua função principal muitas vezes restringia-se à ostentação. Conta-se que, no banquete de casamento de Maria de Médici com Henrique IV, em 1600, um amplo aparador

em formato de lírio e adornado de joias mantinha em exibição cerca de dois mil pratos de ouro, prata e prata dourada. Ver **Aparelho de jantar**.

Pré-cozer Cozer parcialmente um alimento, antes de iniciar seu preparo.

Premier cru Qualificação concedida a vinhedos – e, por extensão, aos vinhos ali produzidos – na França. Na Borgonha, trata-se de um grau abaixo da categoria *Grand Cru*, a mais importante. No Médoc (sub-região de Bordeaux), enquadra os *châteaux* de maior prestígio.

Prescinsêua Palavra do dialeto genovês que nomeia uma coalhada coada, ingrediente básico para a elaboração da torta pasqualina, que contém também acelga, cebola, ovos e queijo parmesão. Tem consistência entre a da ricota e a do iogurte e sabor levemente ácido. É um produto típico de Gênova (Itália).

Presunto Pernil curado do porco, é o corte de carne retirado da perna traseira, geralmente do meio da canela até a articulação entre o fêmur e o ílio. A extensão do corte varia de acordo com o produtor. Existem diversos tipos de presunto. O preparo e, em consequência, a aparência, o sabor e o perfume final do produto variam conforme a região e o país. Alguns são defumados, outros curados (por meio do uso de sal grosso sobre a carne, de sua imersão em solução salgada, da injeção de uma solução salgada ou de uma combinação das alternativas), alguns apenas cozidos. Além do processo de preparo, outros fatores contribuem para o sabor que a carne apresenta quando pronta, como a idade do animal, sua alimentação e sua estirpe. O presunto é vendido em diversos formatos e variedades: com osso, sem osso, com osso parcial, inteiro ou fatiado, cru, cozido ou parcialmente cozido. Há inúmeras variedades nas culinárias ocidentais, algumas bastante difundidas: nos Estados Unidos, o mais conceituado e conhecido é o *Smithfield ham*, presunto curado ao estilo do interior, feito na Virgínia; outro dos mais conhecidos é o *prosciutto* italiano, que pode ser *cotto* (cozido) ou *crudo* (cru), típico de Parma; existem ainda o *Westfälischer Schinken*, da Alemanha, o *jamón serrano* e o *jamón ibérico* espanhóis, o *bayonne* francês e o presunto inglês da cidade de York. Fresuntos apenas cozidos são mais perecíveis, por isso devem ser mantidos sob refrigeração e consumidos em até cinco dias. Os curados ou defumados podem resistir por mais tempo, em local fresco; devem ser seguidas as instruções do produtor para cada tipo. Pode ser utilizado de inúmeras maneiras, como na composição de sanduíches ou em pratos extremamente elaborados. Ver **Culatello**, **Jambon de Bayonne**, **Jamón iberico**, **Jamón serrano**, **Prosciutto di Parma**, **Smithfield ham**, **Westfälischer schinken** e **York ham**.

Presunto da Virgínia Ver **Smithfield ham**.

Presunto da Westfalia Ver **Westfälischer schinken**.

Presunto de Parma Ver **Prosciutto di Parma**.

Presunto de York Ver **York ham**.

Presunto espanhol Ver **Jamón ibérico** e **Jamón serrano**.

Pretzel Biscoitinho alemão usado como aperitivo, geralmente servido com cerveja. Tem a forma tradicional de um nó aberto. Sua história pode ser traçada até os romanos, na Idade Antiga. O formato de nó, entretanto, teria surgido somente por volta do século VII. Sobre a origem de seu nome existem várias versões, nenhuma delas conclusiva. Seria derivado de uma palavra latina que significa "pequena recompensa" ou de outro termo latino cujo significado é prece. Parece ter estado sempre ligado a superstições. Era usado antigamente pendurado em volta do pescoço para afastar mau-olhado e depois era comido. Ainda hoje acredita-se que, se duas pessoas o segurarem em cada um dos lados e fizerem um pedido, a que ficar com a parte maior quando ele se partir terá o desejo realizado. Há dois tipos de pretzels: o macio e elástico, mais antigo, e o duro e crocante. Sua massa é feita com farinha e água e assada em forno bem quente. Depois de cozidos, são untados e salpicados de sal grosso ou sementes de alcaravia. Em alguns lugares, são servidos com uma mistura de canela e açúcar.

Primavera, alla Guarnição italiana composta de vegetais frescos, crus ou branqueados, utilizada em diversos tipos de prato, desde carnes e aves até massas. Pode ser envolta em creme.

Printanier Guarnição francesa feita com a mistura de vegetais cortados de modo idêntico e passados na manteiga. O corte pode ser em cubos, bolinhas, losangos, palitos etc.

Prise de mousse Nome francês do processo de transformação do vinho tranquilo em vinho espumante. Após ter sofrido uma primeira fermentação completa, o vinho-base recebe a mistura de açúcar com leveduras para forçar a segunda fermentação, que produzirá as borbulhas. Esta pode ocorrer dentro da garrafa (método *champenoise* ou tradicional) ou em grandes recipientes fechados (método *charmat*).

Profiterole Da culinária francesa, são pequenas carolinas recheadas, mais usualmente com sorvete, chantili ou creme de confeiteiro, e cobertas com caramelo ou calda de chocolate quente. Podem receber também recheios salgados. Nome já mencionado no século XVI, é derivado da palavra *profit*, com sentido de gratificação, e era então *pâte cuite sous la cendre* ("massa cozida sob as cinzas", em tradução livre), de acordo com o *Dictionnaire de Robert Estienne* (1549). A forma que tem hoje surgiu somente por volta de 1935.

Prosciutto di Parma O mais tradicional *prosciutto* (presunto) italiano é originário de Parma, cidade já famosa pelo queijo parmigiano. A dieta especial dos porcos, à base de castanhas e soro de leite (resultante do processo de fabricação do queijo), é responsável pela alta qualidade da carne e seu sabor excepcional. Temperada, curada com sal, seca ao ar e protegida com uma camada de banha para não ressecar, quando maturada apresenta tonalidade vermelho-escura, além de textura firme e densa. O melhor de todos os presuntos provém de uma pequena vila ao sul de Parma, chamada Langhirano. Serve-se cru, em fatias bem finas, com melão ou figos frescos, como entrada. Pode também ser saboreado com pão, pimenta-do-reino moída, berinjelas, pimentões, como antepasto ou em um lanche. Os italianos também costumam usá-lo para perfumar a sopa. Ver **Presunto** e **Cura**.

Prosecco Vinho espumante produzido na região italiana do Vêneto, leve e fácil de beber. O termo era originalmen-

te o nome da uva com a qual era feito, que passou a se chamar Glera. Prosecco é, hoje, uma *Denominazione di Origine Controlatta* (DOC).

Proteína Nutriente contido nos alimentos formado por aminoácidos, em menor ou maior quantidade, fundamental para o corpo humano. A qualidade de uma proteína depende do tipo e do número de aminoácidos nela contidos. Existem aminoácidos de dois tipos: os essenciais, que não são produzidos pelo organismo, e os não essenciais, produzidos pelo organismo. A alimentação de uma pessoa deve incluir os aminoácidos essenciais. Eles estão presentes em todas as proteínas animais, no entanto nem todas as proteínas vegetais fornecem todos os aminoácidos essenciais. Daí a necessidade de combinar diversas fontes para obter o básico necessário.

Proteína vegetal texturizada Subproduto da soja, é encontrada desidratada, moída ou em grânulos, aromatizada ou não. Depois de reconstituída com água ou caldo, apresenta textura macia. É empregada em pratos vegetais, geralmente misturada a molhos, em substituição às carnes.

Provatura Nome de um queijo de *pasta filata* (de massa elástica) feito com leite de búfala. É fabricada artesanalmente na Itália, na região da Campânia e do Lazio. Ver **Muçarela** e **Pasta filata**.

Provençale, à la Expressão francesa que designa os pratos preparados "à moda" da Provença, região do Sul da França. Tem como característica a utilização do azeite de oliva e do alho, e pode incluir também o tomate, a cebola e a berinjela.

Provola Nome do queijo provolone fresco e de pouco peso.

Provoleta 1. No Brasil e no Uruguai, são petiscos servidos antes ou com o churrasco. Trata-se de pequenos pedaços de queijo tipo provolone, assados na grelha ou na chapa. **2.** Na Argentina, é a marca registrada de um queijo tipo provolone, de fabricação local, criado na década de 1940 por Natalio Alba. Foi desenvolvido com características específicas – amolecer sem derreter nem pingar, para atender ao costume local de grelhar queijo com a carne na *parrilla*. De formato cilíndrico, com cerca de 10 cm a 15 cm de diâmetro, é servido como antepasto, antes ou com o *asado*. Ver **Antepasto** e **Provolone**.

Provolone Queijo italiano forte, semiduro, feito tradicionalmente com leite de vaca não pasteurizado. Originário do Sul da Itália, hoje tem sua maior produção em toda a região do Vale do Pó, sobretudo na Lombardia e no Vêneto. Dois tipos de provolone têm Denominação de Origem Protegida: Provolone Valpadana e Provolone del Monaco. Trata-se de um queijo da família dos *pasta filata*. Muito perfumado e de sabor característico, tem textura macia, firme, compacta e cor amarelo-clara. De casca lisa e brilhante, seu formato geralmente é o de um grande cilindro. Amadurece por, no mínimo, trinta dias. Quando está com dois ou três meses de maturação, chama-se *provolone dolce*; com mais de quatro meses, denomina-se *provolone piccante*. Pode ser defumado. É fabricado também no Brasil, com leite pasteurizado. Ver **Denominação de Origem Protegida (DOP)** e **Pasta filata**.

Pub Do inglês *public house*, é um tipo de bar tradicional e muito comum na Inglaterra, que atende a todas as classes sociais. Além de bebidas, serve, também, alguns pratos.

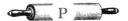

Púcara Termo usado, em Portugal, para um tipo de vasilha em que são cozidos alimentos.

Puchero Ver **Cozido**.

Pudim Prato doce ou salgado, com consistência entre o creme e o suflê, em geral cozido em vapor ou no forno, em banho-maria. Os mais conhecidos são os doces, de leite, de chocolate, de pão e de café, e os salgados, de carne, de rins e o de Yorkshire. Ver **Yorkshire pudding**.

Pudim de leite Assim chamado no Brasil e em Portugal, é semelhante ao *crème caramel* francês. Na França, também recebe outro nome, *crème renversée*. Prepara-se um creme com ovos, leite e açúcar, que é levado a assar em fôrma previamente caramelizada. No Brasil, é mais utilizado o leite condensado em vez de leite e açúcar. Trata-se de uma sobremesa comum a vários países, com diversas variações locais. É o *flan* espanhol e o *crema caramella* italiano.

Pudim de pão Deliciosa sobremesa encontrada em diversos países, inclusive o Brasil, com algumas variações. É feita com pão embebido em leite, ovos batidos, açúcar, baunilha e outros temperos. Pode ser acrescida de passas, frutas secas e cristalizadas, e aromatizada com uma bebida alcoólica, como rum, vinho do Porto ou Madeira. Serve-se quente ou à temperatura ambiente. Ver **Madeira**, **Porto** e **Rum**.

Pudim de tapioca Muito apreciado em todo o Norte e o Nordeste do Brasil, o pudim de tapioca é bem simples de fazer e leva farinha de tapioca, leite, coco, ovos e açúcar. É assado em forno, em fôrma caramelada. Ver **Farinha de tapioca**.

Pudim diplomata Sobremesa inglesa fria, que pode ser preparada de duas maneiras diferentes: uma crua, outra cozida. A versão crua é preparada em uma fôrma com camadas alternadas de biscoito embebido em licor, geleia, frutas cristalizadas e creme de ovos. Depois de gelada, é desenformada e servida recoberta com creme inglês ou coulis de frutas. A versão cozida também é elaborada em fôrma, mas com camadas alternadas de fatias de brioche embebidas em leite adoçado, compota de damasco e creme inglês. É cozida em banho-maria e, depois de esfriar, é desenformada e servida com creme inglês, coulis de frutas ou molho de chocolate. Ver **Coulis** e **Creme inglês**.

Pudim do abade de Priscos Maravilhoso pudim à base de gemas, calda de açúcar, toucinho fresco, casca de limão, canela e vinho do Porto, um dos doces famosos de Portugal. Foi criado no século XIX pelo padre Manuel Joaquim Machado Rebelo, o abade de Priscos (pequena cidade da província de Braga, em Portugal). Cozinheiro de mão cheia, viveu 96 anos muito mais dedicados à cozinha que à igreja. Mas esta é a única de suas receitas devidamente registrada.

Pudim Yorkshire Ver **Yorkshire pudding**.

Pueblo adobe bread Pão das tribos de indígenas *pueblo* norte-americanas, em geral cozido em forno de adobe (argila crua misturada a palha, moldada e seca ao sol). A massa contém farinha de trigo, sal, fermento, água e, às vezes, ovos. O sabor pode variar conforme o povoado, com a inclusão de outros ingredientes e temperos. O fogo é aceso no forno e controlado até que alcance a temperatura adequada. Depois, retiram-se as cinzas e coloca-se o pão para assar.

Puff pastry Massa folhada, em inglês. Ver **Massa folhada ou feuillétée**.

Pulque Bebida alcoólica mexicana bastante rústica, à base da seiva da planta agave. Denominada *aguamiel*, a seiva é retirada após o corte do talo da flor do agave e é colocada para fermentar por um período. O líquido torna-se opaco, esbranquiçado e exala odor forte. O *pulque* tem teor alcoólico muito variável, de cerca de 2% a 8%, em razão de sua fermentação não cessar mesmo depois de pronto. É muito refrescante e um pouco acidulado. Do agave, obtém-se também o mezcal e a tequila. Ver **Agave**, **Mezcal** e **Tequila**.

Pumpernickel Nome do pão preto da Westphalia (Alemanha), feito tradicionalmente apenas com farinha de centeio integral e água, com fermentação natural. Em geral, é consumido com fiambres e salsichas.

Pupitre Estantes de madeira utilizadas para suportar garrafas de vinho espumante, no processo de *remuage*. Essa técnica prepara a bebida para a operação final de limpeza do depósito ou desobstrução do gargalo (*dégorgement*), acumulado na segunda fermentação. A estante é formada de tábuas com buracos ou aberturas, em que são acomodadas as garrafas pelo gargalo, reclinadas com a boca para baixo, deixando livre a parte inferior. Ver **Champanhe**, **Dégorgement** e **Remuage**.

Pupunha (*Bactris gasipaes*) Fruto de uma palmeira da Amazônia, a pupunheira, da família das arecáceas, também denominado pupunha-marajá ou pirajá-pupunha. A pupunha é grande, tem casca amarela ou vermelha, com polpa amarela e doce. De alto valor nutritivo, é consumida sempre cozida e pode ser preparada doce (em pasta ou apenas envolvida em mel) ou salgada (como acompanhamento de carnes), além de ser utilizada na elaboração de bebidas fermentadas, como a chicha e a caiçuma, muito consumidas pelas comunidades da região. É bastante empregada como farinha: a polpa é cozida, triturada, seca e moída, e em seguida usada na elaboração de cremes, molhos, pastelarias, refrescos, bolos, panquecas, bolachas e macarrão. Pode também ser cozida em água e sal e saboreada com farinha de mandioca, modo de preparo comum na região amazônica. Do interior carnudo do caule da pupunheira, aproveita-se o palmito, localizado em apenas um trecho do tronco e hoje em dia colhido da árvore cultivada – que tem se mostrado uma ótima alternativa à palmeira juçara –, e não mais da silvestre. Depois de descascado, o palmito é cortado em roletes grandes ou pequenos, em pedaços picados ou em rodelas finas. É possível vendê-lo fresco, pois sua polpa não escurece. Pode ser utilizado cozido no forno, temperado com azeite e ervas, ou cru, desfiado, em saladas, como recheio de tortas ou acompanhamento de carnes. Ver **Caiçuma**, **Chicha** e **Palmito**.

Purê Pasta consistente feita com legumes cozidos e esmagados, temperados com sal, leite, manteiga e, às vezes, ovos. Também pode ser preparado com frutas, adoçado ou não. Em quaisquer dos casos, deve ser passado em peneira para homogeneizar e eliminar fibras e sementes.

Pururuca Consistência crocante da pele do leitão, obtida depois de assá-lo no forno ou no braseiro e, em seguida, banhá-la já dourada com óleo fervente, para "pururucar".

Puttanesca, alla Molho italiano à base de tomates, anchovas, alcaparras, alho, azeitonas, azeite de oliva e pimenta vermelha. É geralmente usado para massas alimentícias. O termo *puttanesca* é uma derivação de *puttana*, prostituta em italiano. Diz-se que o molho recebeu esse nome em razão de seu intenso perfume, que era um atrativo tão forte para os homens quanto o chamado das "damas do prazer".

Puttonyos Unidade de medida da doçura dos vinhos produzidos em Tokaj (Hungria). Varia de 3 a 6 puttonyos. O nome provém das cestas tradicionais, com capacidade de 20 kg, em que são colocadas as uvas *aszú*. Uma quantidade de cestas era adicionada a um barril de 136 litros de vinho-base e, desse modo, puttonyos tornou-se a unidade de medida do grau de açúcar contido no vinho Tokaji. Embora hoje sejam empregados barris de tamanhos variados ou cubas de aço inoxidável, e a doçura seja medida em gramas por litro, a indicação permaneceu. Um vinho com 3-puttonyos no rótulo, por exemplo, deve ter, pelo menos, 60 g de açúcar por litro. Ver **Aszú** e **Tokaji**.

Puxa-puxa 1. Nome nacional de um antigo e popular doce português (alféloa) feito com mel, substituído no Brasil por rapadura derretida e coada, em seguida trabalhada e esticada com as mãos até clarear e alcançar o ponto. **2.** Por extensão, denominou-se assim também a consistência de outros doces, semelhante à do puxa-puxa.

Qoorma Ver **Korma**.

Quadrucci Massa alimentícia italiana quadrada e de diversos tamanhos. A preparada com fettuccine é pequena e consumida em caldos (*in brodo*). Já os quadrucci maiores têm tradicionalmente folhas de salsa pressionadas contra a massa enquanto esta é aberta. Como resultado, cada quadrado exibe um delicado desenho em verde, que muito contribui para a beleza do prato. Ver **Fettuccine**.

Quail Codorna, em inglês. Ver **Codorna**.

Qualitätswein Classificação usada na Alemanha para definir vinhos de qualidade, procedentes de uma das regiões especificadas. É uma categoria intermediária, com qualidade variável, mas inferior à Prädikatswein. A chaptalização é permitida. Ver **Chaptalização** e **Prädikatswein**.

Quark Queijo com pouca gordura, não maturado e branco. Originário dos países de língua germânica e do Leste europeu, hoje é fabricado em vários locais, inclusive no Brasil, com nome diferente em cada um deles. *Quark* significa coalhada. Na Alemanha, sua produção equivale a quase metade de todo o queijo fabricado no país e seu consumo médio anual por habitante é de cerca de 4,5 kg. A consistência do quark está entre a do iogurte e a do queijo cottage. É preparado com leite de vaca pasteurizado acrescido de coalho, para obter uma coalhada firme. Úmido, de sabor e aroma suaves, tem textura macia mais molhada e irregular que a da ricota e a do cream cheese. Seu teor de gordura pode variar de 10% a 60%. Ver **Cottage**, **Cream cheese** e **Ricota**.

Quartirolo Lombardo Queijo italiano cremoso, macio e de sabor marcante.

Por ter Denominação de Origem Protegida (DOP), recebe o nome apenas o queijo produzido nas províncias de Bérgamo, Brescia, Como, Cremona, Lecco, Lodi, Milão, Pavia e Varese, na região da Lombardia. O Quartirolo Lombardo é elaborado no outono, com leite de vaca não pasteurizado. Apresenta sabor forte, tem formato quadrado e casca fina, cor branco-rosada (quando bem jovem) ou cinza-avermelhada (quando maturado), com interior marfim. Mede 20 cm de lado por 5 cm de altura. O Quartirolo Lombardo amadurece de cinco a trinta dias, já o Quartirolo Lombardo Maturato, por mais de trinta dias. Trata-se de um típico queijo de mesa, que combina com saladas, pratos frios, frutas e mel. Ver **Denominação de Origem Protegida (DOP)**.

Quatre épices Nome da mistura picante de condimentos moídos, composta de pimenta-do-reino branca ou preta, cravo, gengibre e noz-moscada, na França. Em geral, a proporção de pimenta é maior que a dos outros ingredientes e pode-se usar canela em vez de gengibre. A quatre épices é empregada em pratos variados, sobretudo sopas, ensopados, patês e terrinas. A mesma combinação também é muito utilizada nas cozinhas do Oriente Médio.

Quatre mendiants 1. Na França, quatre mendiants são as quatro ordens religiosas mendicantes fundadas no século III: dominicanos, franciscanos, carmelitas e agostinianos. O mesmo nome é atribuído a um conjunto de quatro frutos secos – amêndoas, figos, avelãs e passas –, cujas cores são iguais às dos hábitos dos frades e freiras daquelas ordens: branco, cinza, marrom e roxo, respectivamente. A combinação é servida como sobremesa tradicional no Natal, no Sul do país, e faz parte dos chamados *Treize desserts de Noël* da Provença. Outra curiosidade: Rossini, o grande compositor de óperas e gastrônomo, intitulou uma de suas peças para piano *Quatre mendiants*, feita em quatro partes e cada uma leva o nome de um fruto seco. Ver **Treize desserts de Noël**. **2.** Docinho francês com uma base redonda de chocolate, sobre a qual são colocados pequenos pedaços de amêndoa, figo seco, avelã e passas. É conhecido também por *mendiant au chocolat* ou, simplesmente, *mendiant*.

Quatre quarts Bolo caseiro francês feito com a mesma quantidade de farinha de trigo, açúcar, manteiga e ovos, por isso recebe esse nome. O bolo padrão é geralmente elaborado com quatro ovos, cujo peso estabelece a medida dos outros ingredientes. Típico da Bretanha, hoje é difundido por toda a França. Costuma ser aromatizado com limão, laranja ou licor.

Quebra-queixo Doce nordestino muito comum em Pernambuco, feito com coco e açúcar ou rapadura. Tem esse nome em razão de sua consistência elástica e grudenta, que força a mastigação. Preparado com rapadura, apresenta coloração dourada; com açúcar, fica mais claro. Diz-se que usar a película marrom da polpa do coco é o segredo para o quebra-queixo perfeito. Ver **Coco** e **Rapadura**.

Quebra-torto Café da manhã tradicional no Pantanal Mato-grossense, encontrado nas fazendas de Mato Grosso do Sul e em alguns hotéis da região como atração para os visitantes. Podem fazer parte do desjejum arroz de carreteiro, ovos fritos, mandioca frita, peixe frito, revirado (denominado virado na região Sudeste), picadinho de miúdos e farofa, além de biscoitos doces, bolo de fubá, bolo de mandioca, jacuba e sopa paraguaia. Há ainda suco de frutas nativas, café, leite com açúcar queimado, chás de capim-santo e erva-cidreira, e caldo de cana. É refeição forte para o pantaneiro, servida bem cedo, entre quatro e cinco horas da manhã, para começar o dia. Em razão dos componentes, denomina-se também almocinho. Ver **Arroz de carreteiro, Bolo de aipim, Bolo de milho, Chibé, Sopa paraguaia** e **Virado**.

Queen cake Bolinho da culinária inglesa de textura esponjosa, da época vitoriana. Seus ingredientes são bastante comuns: farinha de trigo, ovos, açúcar, manteiga e fermento. Naquela época, era aromatizado com água de flor de laranjeira ou macis; hoje em dia, é mais usada a baunilha. Pode ou não conter passas. O queen cake é assado em pequenas fôrmas com desenhos, em diversos formatos. Depois de pronto, é polvilhado com açúcar de confeiteiro e servido com o chá da tarde.

Queen of puddings Popular pudim da Inglaterra vitoriana. É elaborado com uma base de massa feita com leite, manteiga, açúcar, gemas, raspas de casca de limão e pão em migalhas, cozida no forno em banho-maria. Depois de esfriar, recebe uma camada de doce de morango, ruibarbo ou outro, de acordo com a preferência. O preparo é recoberto, então, com merengue e recolocado no forno para dourar.

Queijada 1. Da doçaria portuguesa, o termo nomeava inicialmente um tipo de pastel baixo, enformado, preparado com leite, ovos inteiros ou gemas, açúcar e queijo e uma massa externa à base de farinha. Depois, passou a designar, genericamente, doces sem queijo, com outros ingredientes principais, como amêndoas e laranja, mas de textura e formato iguais ou similares. As queijadas mais tradicionais, que mantêm o queijo como um de seus ingredientes ainda hoje em Portugal, são as de Sintra e as de Évora. 2. Queijadinha feita em Pelotas com a mesma receita original portuguesa – gemas, açúcar e queijo ralado – e também assada no forno em forminhas, sem a massa externa. Tem a textura fina e macia de um pequeno pudim, além de sabor acentuado de queijo. Ver **Doces de Pelotas**. 3. Doce comum no Nordeste do Brasil, que, apesar do nome emprestado das queijadas e queijadinhas portuguesas, não contém queijo. Trata-se de uma cocada branca ou escura colocada sobre uma massa enformada. A massa contém farinha de trigo, manteiga, gemas e açúcar; e a cocada, coco ralado, calda de açúcar clara ou escura, gemas, além dos temperos cravo e canela.

Queijadinha de amêndoas Um dos doces mais característicos e populares de Portugal e uma variação das queijadas iniciais (feitas efetivamente com queijo). É preparada com calda de açúcar em ponto de fio, acrescida de amêndoas picadas, gemas de ovos e poucas claras, mexida no fogo até alcançar o ponto correto. Depois de temperada com canela e já fria, a queijada é enformada e levada ao forno para secar. Doce de abadias e conventos, indispensável nos presentes aos seus protetores e à Casa Real, era considerado aristocrático nos séculos XVII e XVIII. A queijadinha de amêndoas foi cantada em versos por Edmond Rostand, em *Cyrano de Bergerac*.

Queijo Alimento preparado com leite, criado na Antiguidade. Já era elaborado por sumérios, egípcios e caldeus há quatro mil anos. As cestas de vime usadas pelos antigos gregos no processo de drenagem eram chamadas formos, que se tornou forma em latim. Desse radical, surgiu *formaggio*, em italiano, e *fromage*, em francês. A palavra latina para queijo, *caseus*, originou *käse* (queijo, em alemão), *kaas* (em holandês), *cáis* (em irlandês), *caws* (em galês), *queso* (em espanhol) e o português, queijo. Os romanos produziam diversas variedades e os defumados eram muito apreciados. Por sua composição nutricional, fazia parte da ração dos soldados de César e era a base da alimentação dos guerreiros de Genghis Khan. Os leites mais utilizados para o fabrico de queijo são os de vaca, de ovelha e de cabra, aos quais adiciona-se renina ou outro agente (bactérias específicas) para provocar a coagulação e fazer com que a caseína se separe em coalho e soro. A gordura do leite também coagula com o coalho, o qual, então, é espremido para a retirada do soro. Tratado com sal, que atua como conservante, é moldado e levado a maturar. O processo, em todas as etapas, é controlado, bem como o ambiente de fabrico e maturação. Em razão dos vários modos de preparo, da interferência do meio ambiente e dos diversos tipos de leite, existe uma variedade enorme de queijos. Na França, por exemplo, há mais de mil. O queijo pode ser classificado de acordo com vários critérios, o primeiro deles é a textura. Há os macios, os semimacios, os semiduros, os duros e os de veios azuis. O segundo critério considera as características do processo de fabricação, que os subdivide em queijos tipo blue, enriquecidos, de casca lavada, de casca natural, de casca florida, prensados não cozidos, duros cozidos e processados. Há ainda o critério que os classifica conforme o leite utilizado, como os queijos de leite de vaca, de leite de cabra, de leite de búfala, de leite de ovelha, entre outros. Existem também queijos vegetais, cuja base é diferente do coalho animal, como o tofu, à base de soja, e queijos de soro, em vez de coalho, como a *ricotta* italiana. Ao comprar qualquer tipo, é importante estar atento ao prazo de validade, ao estado da embalagem, ao odor, à textura e ao ponto de maturação, pois ele pode deteriorar-se com facilidade em condições adversas. Ver o nome do queijo e **Renina**.

Queijo canastra Queijo de leite de vaca cru, encorpado, amanteigado, de sabor acentuado. Com mais de duzentos anos de produção, deve suas características especiais à zona em que é produzido, a Serra da Canastra, em Minas Gerais. Curado ou meia cura, é redondo, tem casca amarelo-dourada e pesa cerca de um quilo. Produzido de modo artesanal, o processo começa pela ordenha da manhã, cujo leite é colocado em tanques, onde recebe o coalho e o pingo (fermento láctico natural, extraído da produção do dia anterior), e, depois de algum tempo, talha. A massa é, então, retirada em porções, espremida manualmente e colocada em moldes, sobre os quais aplica-se sal grosso. Depois de 24 horas, o queijo é retirado e posto em prateleiras para maturar por cerca de uma semana, em local arejado. Em 2012, o canastra recebeu o selo de Indicação de Procedência do Instituto Nacional da Propriedade Industrial (INPI). Ver **Indicação de Procedência (IP)** e **Queijo de minas**.

Queijo coalhado Conhecido também por queijo láctico ou queijo coalhado ácido, é uma categoria de queijos preparados com leite integral, sem sal e pobres em gordura. Sua consistência pode variar da semilíquida à granulada, de acordo com a drenagem. São muito utilizados em tortas, doces, recheios e como base para patê. Podem ser cozidos, sem prejuízo.

Queijo cremoso Categoria de queijos gordos, com cerca de 45% de gordura, em geral elaborados com o creme do leite. De textura lisa e cor branca, são mais usados com bolachas ou como recheio. Não devem, entretanto, ser cozidos, pois tendem a separar-se.

Queijo da Serra do Salitre Queijo de minas artesanal, do Município de Serra do Salitre, no interior de Minas Gerais, a 400 km de Belo Horizonte. Como diz o nome, o solo da região tem alta concentração de nitrato de potássio, o salitre. O Serra do Salitre é feito com leite de vaca cru recém-ordenhado, que talha depois de colocado em tanques onde recebe o coalho e o pingo (fermento láctico natural, extraído da produção do dia anterior). Em seguida, a massa é espremida manualmente e colocada em moldes, sobre os quais aplica-se sal grosso. Depois de seis horas, o queijo é virado e recebe sal do outro lado. Após 24 horas nos moldes, o queijo é retirado e posto em prateleiras para maturar, em local arejado. Há o fresco, o meia cura (quinze dias de maturação) e o imperial (trinta dias de maturação). Fresco, tem massa branca, sabor suave e textura macia e cremosa. Maturado, de massa mais amarelada, adquire sabor mais marcante. Ver **Queijo de minas**.

Queijo de Araxá Queijo preparado com leite de vaca cru recém-ordenhado, coalho, pingo (fermento láctico natural, extraído da produção do dia anterior) e sal. Uma das áreas de Minas Gerais que produz queijo de minas artesanal, Araxá tem um queijo mais picante, porém segue receita similar à dos produtores das outras regiões. O tipo frescal é o mais produzido. Ver **Queijo Canastra**, **Queijo da Serra do Salitre** e **Queijo de minas**.

Queijo de cabra Os queijos fabricados com leite de cabra têm uma gama enorme de sabores, texturas e tipos, como o *chabichou*, o *montrachet*, o *mendip goat*, o *ribblesdale*, o *tomme d'Ardèche meridionale* e o *tymsboro*. São geralmente macios, não curados, drenados e deixados a secar. Os maturados têm casca azulada moldada ou casca grossa branca, gerada de modo artificial pelo fungo *Penicillium*. Podem ser embrulhados em folhas, cinzas ou aromatizados com ervas. Ver o nome do queijo.

Queijo de casca florida Queijo de massa semimacia com casca de textura aveludada, recoberta de mofo branco gerado pelos fungos *Penicillium candidum* ou *Geotrichum candidum*. Em francês, essa cobertura é denominada *croûte fleurie*. Estão nessa categoria o brie, o camembert, o coulommiers e o chaource, entre outros. Ver o nome do queijo.

Queijo de casca lavada Os queijos de casca lavada assemelham-se aos de casca florida em termos de textura. Suas cascas naturais são lavadas ou mergulhadas em solução de salmoura ou algum tipo de bebida alcoólica para adicionar sabor e facilitar a maturação, feita em porões. Embora não sustentem o crescimento de bolor, as cascas úmidas atraem culturas (*Brevibacterium linens*) que auxiliam seu desenvolvimento. Em geral bastante ácidos e de casca com cheiro bem forte, são dessa categoria o *bergues*, o *chaumont*, o *coeur d'arras*, o *dauphin*, o *limburger*, o *livarot*, o *maroilles*, o *milleens*, o *reblochon*, o *saint-paulin*, entre outros. Ver o nome do queijo.

Queijo de casca natural Categoria de queijos situada entre o grupo de casca lavada e o de casca florida, em geral sem a maciez destes últimos nem a acidez dos

primeiros. Têm boa textura, uniforme, e alguns são cobertos de cinza (*cendre*) no período de cura, não só para aumentar o sabor como também para dar-lhes aspecto atraente. Alguns deles: *barberey*, *guéret*, *mignot*, *olivet cendré*, *pannes cendré* e *saint--marcellin*. Ver o nome do queijo.

Queijo de coalho Queijo láctico conhecido também por queijo nordestino, preparado com leite de vaca integral coalhado, solidificado com o auxílio de coalho (antes usava-se o coalho do estômago de pequenos roedores, hoje em dia utiliza-se o industrial). Fabricado inicialmente de modo artesanal e em casa, agora é também industrializado. Depois de despedaçada com pás, a coalhada afunda e o soro sobe à superfície. Ela, então, é salgada, amassada, colocada em fôrmas e prensada. O queijo de coalho tem pouca gordura e sua consistência pode variar de acordo com a drenagem. É curado, apresenta casca amarelada e interior mais claro. O teor de sal também pode variar. Muito utilizado em todo o Nordeste, acompanha doces ou melado e pode ser cozido, frito, assado na brasa ou usado ao natural.

Queijo de minas Denominação genérica de queijos produzidos no Estado de Minas Gerais, que passou a ser usada também para queijos similares, produzidos industrialmente em todo o país. A tradição mineira começou no final do século XVIII com a colonização dos portugueses, que, oriundos da região central de Portugal, trouxeram a experiência de produzir queijos como o Serra da Estrela, lá feito com leite de cabra e de ovelha. No Brasil, por ser o único ingrediente disponível, usou--se o leite de vaca. Minas Gerais tem hoje demarcação específica para a produção artesanal de queijo, dividida em sete regiões: Cerrado, Canastra, Serra do Salitre, Serro, Araxá, Campo das Vertentes e Triângulo Mineiro. Em 2008, o modo de preparo artesanal do queijo mineiro foi registrado como patrimônio cultural brasileiro pelo Instituto do Patrimônio Histórico e Artístico Nacional (Iphan). Há aspectos comuns na produção das diversas localidades, como o uso do leite cru e a adição do pingo (fermento láctico natural), mas o sabor e a textura variam em razão dos terrenos das pastagens, do capim e dos microrganismos de cada região, assim como do tempo de maturação adotado. Quanto mais fresco, mais branco e úmido é o queijo. Denominado queijo verde pelos mineiros, tem textura lisa e sabor suave. À medida que matura, a cor adquire tom amarelado, a consistência fica mais firme, o sabor, mais marcante, e recebe o nome de padrão ou colônia. Fresco, é usado em lanches ou servido com sobremesas e deve ser mantido sob refrigeração. O minas frescal light é feito com leite desnatado e tem menor teor calórico. Curado e ralado, é empregado como ingrediente de pratos salgados e doces. Ver **Queijo canastra**, **Queijo da Serra do Salitre**, **Queijo de Araxá** e **Queijo do Serro**.

Queijo de ovelha Os queijos de leite de ovelha são ricos e saborosos. Mais concentrados que os de leite de cabra ou de vaca, amadurecem mais rápido e muitos não estão disponíveis no inverno, pois a lactação das ovelhas ocorre apenas entre a primavera e o outono. São desse tipo o *amou*, o *barac*, o *fiore sardo*, o *laruns*, o *pecorino romano*, o *pecorino siciliano*, o *niolo* e o *sheviock*. Ver o nome do queijo.

Queijo de porco Não é um queijo propriamente dito, mas um produto preparado com a mistura de carnes em pedaços de diversas partes da cabeça do porco, como orelha, focinho, couro e bochechas.

A combinação é bastante condimentada, embutida em estômago de suíno e enformada em fôrmas retangulares de aço inoxidável. É cozida lentamente, até que todos os tecidos cartilaginosos amoleçam.

Queijo de soja Resultado do processamento da soja, é pouco gorduroso e tem baixo teor calórico. Bastante usado tanto na culinária chinesa como na japonesa, é também conhecido pelo seu nome japonês, tofu. Ver **Tofu**.

Queijo do Serro A cidade do Serro é uma das regiões de Minas Gerais demarcadas para a produção artesanal de queijo de minas. Em 2012, recebeu o selo de Indicação de Procedência do Instituto Nacional da Propriedade Industrial (INPI). Todos os produtores seguem a receita tradicional: leite de vaca cru recém-ordenhado, coalho, pingo (fermento láctico natural) e sal. O queijo do Serro tem massa branca, fina, úmida e homogênea, sabor delicado e levemente ácido, casca lisa e esbranquiçada, com maturação média de sete dias. Com cerca de 1 kg e 14 cm de diâmetro, é mais consumido fresco. Ver **Indicação de Procedência (IP)** e **Queijo de minas**.

Queijo dos Campos de Cima da Serra Queijo artesanal conhecido também por queijo serrano, produzido nos Campos de Cima da Serra, região que abrange 16 cidades do nordeste do Rio Grande do Sul e 18 cidades do Planalto Sul-Catarinense. É elaborado com leite de vaca *in natura*, por processos artesanais próprios. A fabricação ocorre de setembro a abril, período em que os campos fornecem alimentação farta ao rebanho, que não é leiteiro, mas de corte, rústico e com baixa produção de leite. A ordenha geralmente é manual e feita logo pela manhã. Na sequência, o leite é filtrado, recebe o coalho e, em alguns locais, o sal. Alguns produtores fazem a etapa de salga mais tarde. Em seguida, a massa é desmanchada com as mãos, a fim de que o soro se separe, e acondicionada em fôrmas chamadas cinchos, para então ser prensada. O queijo pode ser redondo, retangular ou quadrado e pesa entre um e dois quilos. Em 2020, o Instituto Nacional da Propriedade Industrial (INPI) concedeu o registro de Denominação de Origem aos Campos de Cima da Serra.

Queijo duro cozido Os queijos duros cozidos são mais firmes que propriamente duros. Denominam-se cozidos em razão de a coalhada, depois de partida, ser aquecida no soro antes de ser embalada em tecido e transferida para as fôrmas. Ela é, então, prensada ao máximo para que sua umidade seja reduzida ao menor grau possível. Esse tipo de queijo amadurece em porões quentes e, geralmente, é repleto de "olhos". Tem casca escovada e lavada, é grande e pesa cerca de 45 kg. Pertencem ao grupo o emmenthal, o beaufort, o gruyère, o parmigiano e outros. Ver o nome do queijo.

Queijo enriquecido Os queijos enriquecidos são feitos com leite integral acrescido de creme de leite, a fim de aumentar seu teor de gordura para 70%. Macios e de intenso sabor, são desse tipo o *boursault*, o *boursin*, o *brillat-savarin*, o *excelsior*, o *lucullus*. Ver o nome do queijo.

Queijo fundido Criado no início do século XX com a fusão dos queijos gruyère e emmenthal, acrescidos de citrato de sódio a fim de favorecer a fusão, como uma solução encontrada pela Suíça e pela Alemanha que viabilizava a exportação de queijos para países de clima quente. Hoje, é uma mistura balanceada de diversos tipos

de queijo – no Brasil, o estepe e o cheddar são mais usados como base –, que são triturados, emulsionados por meio de calor e agentes emulsionantes e depois acrescidos de manteiga, creme, condimentos e componentes flavorizantes. Pode ser produzido em bloco ou como queijo cremoso e seu sabor varia.

Queijo macio Queijos novos, conhecidos por não maturados, que dependem exclusivamente da fermentação láctea para obterem suas características. Não passam por processo de envelhecimento e sua textura é, em geral, úmida e delicada. São dessa categoria o queijo de minas frescal, o cottage, o feta, o queijo cremoso, entre outros.

Queijo manteiga Queijo muito apreciado em toda a região Nordeste do Brasil, feito com a gordura do leite cru. Depois de coalhada, a massa é cozida com o soro por algumas horas em tacho e, em seguida, adiciona-se manteiga da terra, feita previamente no local. Depois de misturar tudo, o preparo é enformado e transforma-se em um queijo gorduroso, de massa amarela. O queijo manteiga deve amadurecer por três dias. É conhecido também por queijo de manteiga, requeijão do sertão ou requeijão do norte.

Queijo marajoara Queijo fresco produzido de modo artesanal na Ilha de Marajó, no Pará. É feito com leite cru de búfala e não passa por processo de amadurecimento. Depois da ordenha, o leite é centrifugado para extração do creme de leite e, em 24 horas, fermenta naturalmente. A massa da coalhada é lavada várias vezes para retirar o soro e diminuir a acidez, em seguida é prensada, moída e levada ao fogo com o creme de leite retirado antes e sal. Depois de cozinhar por meia hora, ela torna-se elástica e é enformada. O queijo deve ser mantido em temperatura ambiente, para não perder suas características. De massa branca, firme, mas macia e de sabor delicado, é encontrado em formato retangular ou redondo.

Queijo prato Queijo de massa meio cozida compacta, semimacia e de consistência elástica. É encontrado em formato retangular, cilíndrico ou esférico. De casca lisa, fina e amarela, amadurece por cerca de vinte dias. É bastante utilizado no preparo de sanduíches ou cortado em cubos, como aperitivo.

Queijo prensado não cozido O grupo dos queijos prensados não cozidos é vasto. No processo de fabricação, a coalhada pode ser transferida diretamente para moldes de prensagem – quando adquire textura macia – ou os coágulos podem ser cortados e moídos, para que apresentem densidade mais firme. Todos têm casca natural, que, em alguns casos, é raspada e recoberta de cera para evitar a perda de umidade. O período de maturação é feito em porões frios e úmidos. Pertencem ao grupo o *asiago*, o *caerphilly*, o *cantal*, o *cheddar*, o *cheshire*, o *edam*, o *gloucester*, o *gouda*, o *leicester*, o *mimolette* e o *wensleydale*. Ver o nome do queijo.

Queijo processado São queijos fabricados por meio de fórmulas industriais, e não com receitas tradicionais. Pasteurizados, não são comparáveis aos queijos feitos com o leite cru das fazendas e de pequenos laticínios.

Queijo semiduro Os queijos semiduros são firmes e de textura levemente rija, como o provolone, o gouda, o *edam* e o *jarlsberg*. Ver o nome do queijo.

Queijo semimacio Conhecidos também por queijos frescos ou pouco maturados, fazem parte da categoria os queijos cremosos de casca esbranquiçada, coberta de fungos *Penicillium*. Incluem-se aí o *camembert*, o *brie* e outros similares. Ver o nome do queijo.

Queijo Serpa Assim como o Serra da Estrela, o Serpa é considerado um dos melhores queijos portugueses. Produzido no Alentejo com leite de ovelha integral coagulado com o cardo e sem mistura, tem sabor acentuado, é levemente salgado e picante. O período de amadurecimento é superior a trinta dias, em ambiente de temperatura e umidade controladas, sem vento, para não "baixar" o queijo. Sua melhor época é de janeiro a abril, pois a estação mais úmida o deixa amanteigado; os elaborados depois desse tempo ficam mais duros. Ver **Queijo Serra da Estrela**.

Queijo Serra Nome genérico de uma categoria de queijos tradicionais portugueses feitos com leite de ovelha integral, cru e sem mistura, cujo melhor representante é o elaborado na Serra da Estrela (Portugal). De massa amarela e macia com o centro cremoso, tem sabor agradável e muito marcante. Ver **Azeitão**, **Queijo Serra da Estrela** e **Queijo Serpa**.

Queijo Serra da Estrela Queijo de leite de ovelha conhecido no mundo todo, elaborado em Portugal de modo artesanal com as mesmas características desde o século XII. É produzido exclusivamente com o leite das raças autóctones Bordaleira Serra da Estrela e/ou Churra Mondegueira. O leite coalha quando entra em contato com o sal e a flor do cardo, planta nativa da região, e então retira-se o soro com a prensa. O tempo de maturação varia de 60 a 120 dias em câmaras com temperatura e umidade controladas. O Serra da Estrela é redondo, tem diâmetro de 9 cm a 20 cm e pesa de 0,5 kg a 1,7 kg. Trata-se de um queijo de pasta mole, amanteigada e de cor branca ou amarelo-clara. De sabor muito agradável e marcante, tem Denominação de Origem Protegida (DOP). Ver **Denominação de Origem Protegida (DOP)**.

Queijo suíço Ver **Emmenthal**.

Queijo tipo azul Os queijos com veios azuis são decorrentes da utilização do fungo *Penicillium* e de um processo de maturação controlado, em porões úmidos e ricos em bactérias naturais. Têm textura macia, sabor forte, complexo e picante. Podem ser fabricados com leite de vaca, de ovelha ou de cabra, como o *gorgonzola*, o *roquefort*, o *stilton*, o *blue cheshire*, o *danablu*, o *dolcelatte*, entre outros bastante conhecidos. Ver o nome do queijo.

Queijo valaisan Denominação de diversos queijos – como *conshes*, *bagnes*, *anniviers* e outros – produzidos no cantão suíço de Valais, próprios para a preparação da *raclette*. São feitos com leite não pasteurizado de gado bovino dos pastos alpinos. Têm casca marrom-alaranjada e massa prensada amarelo-clara, com poucos orifícios, muito aromática e de textura cremosa. Podem ser redondos ou quadrados. Ver **Raclette**.

Quenelle Bolinho de massa leve, de formato oval, alongado, composto de um ingrediente principal moído, como peixe, ave ou carne de vitela, ligado com ovos e gordura. É cozido por imersão em caldo. Pode ser servido como entrada ou guarnição do prato principal, acompanhado de molho denso ou mergulhado em sopas. O nome é derivado do alemão *knödel* (boli-

nho de massa), que provém do anglo-saxão *knyll*, cujo significado é moído. Porções de purês, musses ou mesmo sorvetes servidas com o mesmo formato passaram também a ser chamadas de *quenelles* por analogia.

Quentão Bebida típica das festas juninas, originária do interior de São Paulo e de Minas Gerais. Nas festas e bailes do Nordeste, é bebida consagrada. Preparada com cachaça ou vinho, açúcar caramelizado, canela, casca de laranja, casca de limão, cravo e gengibre, deve ser servida bem quente em canequinhas. No Sul, na época do inverno, é degustada ao lado da lareira, com o pinhão na chapa. O quentão feito de vinho denomina-se vinho quente.

Quesadilla Preparo da culinária mexicana, é uma tortilha de farinha de trigo recheada com queijo e dobrada ao meio. Pode receber outros ingredientes, como cebola, abacate, pimenta *Capsicum* etc. Depois de recheada e dobrada, a *quesadilla* é tostada em chapa quente, grelha ou frigideira, e cortada em pedaços antes de ser servida.

Quetsch Aguardente feita nas regiões históricas da Alsácia e da Lorena (França), cuja base é uma espécie de ameixa-azul, da família das rosáceas, de mesmo nome e bastante comum no local. Trata-se de uma bebida de uso popular.

Queue de boeuf Rabada, em francês. Ver **Rabada**.

Quiabo (*Abelmoschus esculentus*) Fruto do quiabeiro, da família das malváceas. Nativo da África, já era utilizado como alimento cozido dois mil anos atrás, no Egito. Muito empregado nas aldeias africanas e levado para a Europa pelos árabes, o quiabo chegou ao Brasil com a colonização portuguesa. Encontrada em regiões quentes, a planta, com suas vagens cilíndricas, contém uma substância gelatinosa que serve para engrossar o gumbo, espécie de sopa típica da cozinha *créole* da Louisiana (Estados Unidos). Os quiabos são muito usados em pratos da cozinha baiana tradicional, sobretudo no famoso caruru. Pode ser também consumido puro, cozido em água e sal, com molho de manteiga, em ensopados ou em saladas. Ver **Caruru** e **Gumbo**.

Quibabá Prato da culinária baiana, cuja base é o milho e o feijão-verde. O milho é esmagado e cozido com o feijão, temperado com torresmo, cebola, sal, cominho e pimenta. É servido com linguiça assada e farinha de mandioca.

Quibe Especialidade da cozinha sírio-libanesa já incorporada à alimentação do brasileiro. É um bolinho de carne moída (de carneiro ou bovina) misturada com trigo-sarraceno e temperada com cebola picada, condimentos diversos e hortelã. Depois de moldado em uma esfera com duas pontas, é frito em gordura quente. Pode ser consumido cru, nesse caso é formatado em cubos e regado com azeite. Trata-se de um prato popular, encontrado não só no Oriente Médio, e pode sofrer algumas variações nos locais onde é preparado.

Quibebe 1. Purê feito de abóbora, temperado com cebola e salsinha picada, muito comum em todo o Brasil. **2.** No Nordeste, recebe este nome o prato que, além do purê de abóbora, contém carne-seca desfiada, alho, cebola, salsa e pimenta-do-reino. É servido com farinha de mandioca. **3.** Sopa fina de abóbora com leite de vaca ou de coco, tempera-

da com pimenta, azeite doce e camarões secos. **4.** No Rio Grande do Norte, é o caldo de carne engrossado com abóbora (jerimum), farinha de mandioca, cebola e alho. **5.** No Maranhão, é um bobó de abóbora, maxixe, quiabo e vinagreira, temperado e refogado na banha de porco.

Quiche lorraine Torta salgada com recheio feito de ovos, creme de leite fresco, cebolas e toucinho fresco, e temperada com sal, pimenta-do-reino e noz-moscada, prato típico francês originário da região de Lorena. Surgiu no século XVI e seu nome é derivado de *küchen*, bolo em alemão. Especialidade da cidade de Nancy, onde denomina-se *féouse*. Hoje, é conhecida em todo o mundo e o termo "quiche" passou a ser utilizado para a maioria das tortas salgadas com características semelhantes.

Quimana Farofa de gergelim pilado com farinha de mandioca e sal, muito apreciada nos sertões e no litoral baiano.

Quimbembê Cerveja de milho fermentado originária de Angola, muito encontrada no sertão de Pernambuco.

Quimbombô 1. Vocábulo de origem africana (*quimbundo*), grafado também quibombô, que nomeia o quiabo. **2.** Nomeado em razão de seu ingrediente principal, é um preparo da culinária baiana composto de pasta de quiabos frita no azeite de dendê e amassada com farinha de mandioca. **3.** Nome do quiabo em vários países da América Central.

Quince Marmelo, em inglês. Ver **Marmelo**.

Quindim Pudim feito de gemas, açúcar e manteiga, assemelhado a doces portugueses como o pudim das Clarissas, de Coimbra. Diferencia-se pelo preparo e pela inclusão de coco ralado. Assado no forno em fôrma untada com bastante manteiga, tem consistência macia e sua rica mistura é extremamente saborosa. Na época colonial, já aparecia na mesa das casas senhoriais. Popularizou-se e, hoje, é encontrado em todo o Brasil. No Nordeste, existe uma variação chamada quindim de iaiá, que, de acordo com Gilberto Freyre (1997), difere-se apenas por conter também um pouco de farinha de trigo e alguns temperos, como cravo, canela e água de flor de laranjeira. No Sul do país, faz parte dos tradicionais doces de Pelotas, onde é preparado em pequenas fôrmas individuais e servido em forminhas de papel. Ver **Doces de Pelotas**.

Quinhos Ver **Papo-de-anjo**.

Quinquina Aperitivo resultante de uma infusão preparada com casca de quina ou quinquina (*Cinchona officinalis*) e um destilado de vinho ou álcool. A quina é uma árvore originária dos Andes que contém quinino, substância usada no tratamento da malária capaz de conferir à bebida sabor levemente amargo. É comercializado por diversas marcas.

Quirera Canjiquinha ou quirera é o nome do milho quebrado, branco ou amarelo, sem a película. A palavra "quirera" é derivada do tupi *ki'rera*. É usada em alguns preparos tradicionais, tanto em Minas Gerais como no Paraná e no Rio Grande do Sul. O prato mineiro e o gaúcho são feitos com milho pilado e cozido, acompanhado de costelinhas de porco fritas. A receita gaúcha pode conter, ainda, charque. No preparo paranaense, conhecido por quirera lapeana (da cidade de Lapa, local de passagem dos tropeiros), além da quirera e da costelinha de porco

fresca, há costelinha defumada, especiarias e manjerona.

Quissamã Mingau de origem africana, feito na Bahia com polvilho de mandioca.

Quitanda Nome usado para pastelaria caseira (bolos, biscoitos, doces e sequilhos) no interior dos estados de São Paulo, Goiás, Mato Grosso e Minas Gerais.

Quitute Termo de origem africana muito usado em todo o Brasil, cujo significado é comida refinada ou petisco, de acordo com o dicionário *Houaiss* (2009).

Quizibu Cozido de milho-verde, quiabo e torresmo bem desmanchados, quase uma papa. É consumido com carne de sol tostada na brasa.

R

Rã (Família *Ranidae*) Batráquio da família das ranídeas, com uma infinidade de espécies e bastante apreciado na culinária francesa. Suas pernas são um alimento muito nutritivo e de carne bem delicada. Pode ser grelhada, frita ou preparada em fricassê, temperada com cebolas e alho, entre outros ingredientes. No Brasil, é comercializada fresca ou congelada. Ver **Fricassê**.

Rabaçal Queijo artesanal português cujo nome vem da antiga povoação do Rabaçal, no centro do país. É considerado um queijo excelente, com Denominação de Origem Protegida (DOP). Feito com leite de ovelha e pequena porcentagem de leite de cabra, é coalhado com o uso da coalheira dos cabritos – estômago cheio de leite seco ao fumeiro, conhecida também por mezinha – embrulhada em pano. O rabaçal amadurece por, no mínimo, vinte dias, tem massa semimole ou dura e pode ter ou não alguns orifícios irregulares. De sabor levemente picante, tem teor de gordura de 50% a 60%, casca natural e cor branca. Redondo e baixo, pesa cerca de 400 g.

Rabada Prato elaborado com o rabo de boi em pedaços, muito bem cozido e temperado com alho, cebola, salsinha, sal e tomate. Em geral, é servido com agrião, adicionado à panela da rabada no fim do cozimento, e arroz branco. Na França, o preparo é bastante temperado, cozido em caldo acrescido, às vezes, de vinho tinto, e recebe o nome de *queue de boeuf*.

Rabanada Doce de origem portuguesa feito com fatias de pão dormido embebidas em leite adoçado ou em calda de açúcar, passadas em ovos batidos, fritas em manteiga e polvilhadas com açúcar e canela. Denominam-se ainda fatias de parida. É típica da época da Consoada, banquete familiar português na noite de Natal. Presente em algumas regiões do Brasil, no Sudeste as fatias são umedecidas no leite adoçado e também fazem parte da ceia natalina; no Nordeste, são embebidas em leite de coco. Ver **Consoada**.

Rabanete (*Raphanus sativus*) Raiz alongada ou arredondada, de miolo branco, com textura rija e, geralmente, sabor picante. É muito usada para saladas e conservas. A variedade mais comum no Brasil é pequena, redonda e de casca vermelha. Há outra maior, de casca branca e formato semelhante ao de uma cenoura, conhecida por rabanete branco (*white radish*) ou *daikon*. Mais rara, há a variedade de casca negra. Seu nome em inglês, *radish*, deriva do latim *radix* (raiz). Ver **Daikon**.

Rabbit Coelho, em inglês. Ver **Coelho**.

Raclette 1. Queijo suíço de Valais, cantão a oeste dos Alpes, produzido da mesma maneira no lado francês dos Alpes. Conhecido também por *valais raclette* e *fromage à raclette*, é usado no prato suíço de mesmo nome. Trata-se de um queijo firme, feito com leite de vaca não pasteurizado. É feito de modo artesanal, tem textura macia e cremosa, massa de cor amarelo pálido e casca natural alaranjada. Tem aroma agradável e doce sabor de leite, que pode lembrar nozes. Ao derreter, mantém a maciez. **2.** Prato suíço elaborado com o queijo de mesmo nome. Este é aproximado de uma fonte de calor – tradicionalmente, o fogo da lareira; hoje em dia, aparelhos elétricos para este fim – e, à medida que derrete, é raspado no prato dos participantes da mesa. Em outro método, fatias do queijo são derretidas em pequenas frigideiras individuais, em uma máquina elétrica específica. O processo é repetido tantas vezes quantas forem necessárias, até os convidados ficarem satisfeitos. O queijo é servido com cebolas e pepinos em conserva e batatas cozidas com casca. O nome é um diminutivo de *racle*, derivado de *racler*, verbo francês que significa raspar.

Racuszki Preparo doce polonês, é semelhante a uma panqueca pequena e alta, como as pancakes americanas, feita com farinha de trigo, leite, ovos, fermento e açúcar. Depois de frita em manteiga, é servida polvilhada com açúcar de confeiteiro, acompanhada ou não de creme de leite azedo e geleia. Ver **Panqueca**.

Radiatore Massa alimentícia italiana em formato de pequenos radiadores.

Radicchio (*Cichorium intybus*) Chicória de folhas vermelhas com veios brancos, muito utilizada no norte da Itália, de onde provém, caracterizada por um método particular de cultura. Embora conhecida e cultivada desde o século XV, passou a ter as características atuais apenas após as experiências do belga Van den Borre, em 1860, com a técnica de clareamento forçado. As plantas, em determinado estágio, são retiradas da terra e levadas para galpões escuros, onde terminam seu desenvolvimento. Hoje, existem variedades com várias cores e formatos, conforme o procedimento de cultivo adotado. A tradição gastronômica italiana fez do radicchio o protagonista de muitas e diferentes preparações. Ele tem sabor levemente amargo e picante, que diminui com o cozimento. Suas folhas em formato de taça são decorativas e bastante usadas em saladas, cruas, ou em pratos quentes, grelhadas ou cozidas. É também conhecido por chicória italiana.

Radish Rabanete, em inglês. Ver **Rabanete**.

Ragu 1. Na França, o termo *ragoût* refere-se a um ensopado cuja carne (bovina, de cordeiro, de caça, de peixe ou de ave) é cozida lentamente em caldo com legumes e temperos. Pode ser claro ou escuro, dependendo do tempo de fritura da carne e do uso ou não de farinha nessa etapa. É servido com seu molho denso e guarnições variadas, e pode ser usado para rechear diferentes tipos de tortas e de *vol-au-vents*, entre outros preparos. Ver **Vol-au-vent**. **2.** Na Itália, *ragu* denomina, de preferência, o cozido de carne bolonhês, ou molho bolonhês, como também é chamado. É elaborado com carne moída ou picada, fígado de frango, bacon ou presunto, cenouras, aipos, tomates e cebolas, manteiga, caldo de carne e vinho, além de especiarias. O cozimento é lento, em fogo brando. O resultado final, diferente das versões encontradas em vários países com o mesmo nome, é um ensopado de molho marrom, rico e denso, em que o tomate aparece apenas como mais um ingrediente flavorizante. Em Bolonha, o preparo é mais usado em lasanhas verdes e como acompanhamento de tagliatelle caseiros, rigatoni ou fusilli. Na região de Nápoles, existe outra versão de preparo de ragu, em que a carne é cozida em uma única peça envolta em fatias de bacon, com legumes e temperos, também por longo tempo. É servida fatiada com seu molho grosso e saboroso, como acompanhamento de massas ou de arroz. **3.** No Brasil, é um preparo de carne picada cozida em rico molho acrescido ou não de vinho, servido, de modo geral, com massa, polenta ou sêmola. O nome, entretanto, também é empregado para cozidos de aves, peixes ou vegetais.

Ragusano Queijo italiano feito nas províncias de Ragusa e Siracusa, na Sicília, com Denominação de Origem Protegida (DOP). Dos mais antigos da região, já era encontrado na época do Renascimento. Denominava-se originalmente *caciocavallo*, mas perdeu esse nome quando recebeu a DOP. Produzido com leite não pasteurizado de vacas Modicana, alimentadas com pastagem nativa. Se for preparado com leite de outro tipo de vaca, no caso de a quantidade de leite das Modicana ser insuficiente, seu nome no rótulo muda para *Cosacavaddu rausanu*. Da família *pasta filata*, tem formato retangular e é vendido com diversos níveis de maturação. Quando jovem (dois meses de maturação), é adocicado, agradável e delicado; amadurecido por mais de seis meses, torna-se mais perfumado e picante. Às vezes, é encontrado também defumado (*affumicato*), por processo artesanal. É usado à mesa ou na cozinha, para gratinar pratos. Ver **Denominação de Origem Protegida (DOP)**.

Rahat lokum Doce turco à base de calda de açúcar, amido de milho, água de rosas e pistaches. A água de rosas pode ser substituída por suco de laranja, limão ou tangerina e é possível acrescentar ainda avelãs, nozes e tâmaras. É cozido no fogo até o ponto certo, despejado em uma fôrma e, depois de esfriar, é cortado em cubos e polvilhado com açúcar de confeiteiro. *Rahat lokum* significa "descanso para a garganta". Muito apreciado em todo o Oriente Médio, é encontrado também no Brasil, onde é conhecido por manjar turco.

Raisin Uva-passa, em inglês. Ver **Uva-passa**.

Raita Preparo indiano à base de iogurte temperado e vegetais. Utiliza-se iogurte feito com leite integral e vegetais variados, como pepino, cebola, tomate, cenoura, entre outros. É muito comum também o uso de frutas, como banana, manga ou abacaxi. No Norte da Índia, são empregadas, ainda, bolinhas de massa de farinha de grão de bico fritas, chamadas *boondi*. A mistura pode ser temperada com hortelã, coentro, cominho, mostarda escura, pimenta-do-reino preta, pimenta-de-caiena etc. Em razão da presença do iogurte, é um prato considerado refrescante, que acompanha bem muitos outros preparos indianos.

Raiz de lótus Ver **Lótus**.

Raiz-forte (*Armoracia rusticana*) Raiz da família das brássicas, de uso culinário variado. De sabor forte e adstringente, é comercializada fresca, em pasta, em pó e em conserva. Utiliza-se para temperar caldos, sopas, ensopados, molhos, salsichas e saladas, nos pratos de peixe cru ao estilo japonês e para acompanhar carnes. É condimento tradicional das cozinhas escandinava, alsaciana, russa e alemã. Embora seja confundida com o *wasabi* japonês por ter propriedades similares, é um vegetal de outra espécie. Conhecida desde a Antiguidade no Sudeste da Europa e no Oeste da Ásia, não era muito apreciada pelos gregos, que a consideravam muito amarga e de difícil digestão. Apesar de ser abundante na Grécia e em Roma, até os mais pobres a desprezavam. Entretanto, atribuíam-lhe a qualidade de contraveneno, além de aconselharem que as mãos fossem lavadas em seu suco antes do contato com aranhas, cobras e outros animais peçonhentos. Ver **Wasabi**.

Rakkyo (*Allium chinense*) Nome japonês de uma espécie de cebola de origem chinesa, muito branca e miúda, usada geralmente crua, em conserva de vinagre agridoce. Tem sabor semelhante ao da echalota. É consumida como complemento de pratos de peixe grelhado ou de arroz. Ver **Echalota**.

Ralar Reduzir uma substância a pedaços menores com o auxílio de um instrumento próprio, o ralador. De acordo com o tipo de alimento, o utensílio utilizado e o modo de ralar, é possível obter pedaços grossos ou finos. No coco, por exemplo, aplica-se um método característico denominado ralar de costa, em que a ação é iniciada pela parte mais próxima da casca, após ser descascada. Dessa maneira, o resultado fica mais fino.

Ramekin 1. Torta francesa feita de pão, queijo, cebolas, creme de leite e ovos, assada em forno até dourar. A origem do nome é incerta, mas considera-se como alternativas o holandês *rammeken*, "pão grelhado", e o alemão *rahm*, "creme". A fórmula, entretanto, já constava do livro de La Varenne, *Le Cuisinier françois*, de 1651. Ver **La Varenne, François Pierre de**. **2.** Pequeno prato refratário de cerâmica, vidro ou porcelana, redondo e de laterais retas, utilizado para assar suflês e outros pratos salgados ou doces no forno, servidos de modo individual.

Ramen Ver **Lámen**.

Ramisco (*Vitis vinifera*) Cepa de uva portuguesa encontrada praticamente apenas na região de Colares, entre a serra de Sintra e o oceano. São vinhedos muito antigos, plantados em buracos profundos na areia, que resistiram à epidemia de filoxera no século XIX. A videira é rasteira, similar a uma plantação de abóboras. Produz um vinho com baixo teor alcoólico, de bastante tanino e elevada acidez,

que precisa de tempo para se aprimorar. Há, contudo, poucas plantações novas na região. Tem sido cultivada em caráter experimental em outras áreas, com o uso de porta-enxerto americano. Ver **Filoxera**.

Ranchero Molho picante mexicano à base de tomates, pimentas do gênero *Capsicum* verdes e temperos. É geralmente associado a um prato chamado *huevos rancheros*. Ver **Huevos rancheros**.

Rancidificar Processo que altera a estrutura da gordura, em razão da auto-oxidação. As moléculas de oxigênio do ar misturam-se às de gordura, produzindo odor forte – conhecido por ranço –, mudanças na textura e na cor. A presença de sal acelera a rancificação; já o congelamento a retarda, mas não a interrompe.

Rapadura Produto feito por meio da fervura do caldo da cana-de-açúcar, que é batido até alcançar o ponto e despejado em moldes tradicionalmente no formato de tijolos, para esfriar. De consistência dura ou pastosa firme, a rapadura é utilizada sobretudo para a feitura de doces. No Sertão brasileiro, emprega-se também para temperar alimentos como a coalhada, o café e o queijo fresco. Ver **Cana-de-açúcar**.

Rare Palavra em inglês que identifica um grau de cozimento da carne grelhada. Em português, equivale a malpassada. Ver **Malpassada**.

Ras el hanout Tempero encontrado no Marrocos, na Argélia e na Tunísia, que consiste na mistura de diversas especiarias, não menos que uma dúzia, em diferentes proporções. Contém gengibre, anis, canela, noz-moscada, cravo, cardamomo, flores secas, macis, nigella e outros. Preparado tradicionalmente com os melhores condimentos disponíveis no fornecedor, não existe uma composição específica. Ver **Macis** e **Nigella**.

Rasher Palavra em inglês que designa uma fatia fina de presunto ou de toucinho.

Raspberry Framboesa, em inglês. Ver **Framboesa**.

Ratafia 1. Biscoito doce redondo, de massa leve e crocante com sabor de amêndoas. É usado para decorar ou forrar fôrmas de pudins ou cremes. 2. Licor aromatizado com a amêndoa de frutas, como o pêssego, o damasco ou a cereja, além de ervas e especiarias. Pouco encontrado hoje em dia, era muito popular na Inglaterra do século XIX. Em antigos livros de culinária, podem ser encontradas receitas com variações.

Ratatouille Refogado típico do Sul da França feito com berinjela, abobrinha, tomate, cebola e pimentão vermelho cortados em cubos ou rodelas, temperados com alho e ervas frescas, e refogados no azeite. Em seguida, a panela é tampada e os vegetais terminam de cozinhar em fogo baixo. O ratatouille pode ser servido quente ou frio. Supõe-se que o nome, de origem obscura, seja derivado do verbo *touiller*, "misturar". O primeiro registro encontrado do termo data de 1778, definido então, de modo genérico, como *ragoût* (ragu). Apenas na década de 1930, foi publicada uma definição do prato tal como é conhecido hoje.

Raviggiolo Queijo italiano da Emilia-Romagna, classificado como Produto Agroalimentar Tradicional (PAT). Elaborado com leite de vaca, é fresco e sem maturação. No preparo, adiciona-se o coalho ao leite, que coagula em pouco tempo.

Sem quebrar o coalho, a massa é levada para drenar em cestos revestidos de folhas de samambaia. O raviggiolo é arredondado, tem massa muito branca e sabor delicado. Em geral, é produzido de abril a setembro. Na Toscana e em Marche, produzem-se também queijos frescos com o mesmo nome, *raviggiolo del Mugello*, *raviggiolo di pecora pistoiese*, *raviggiolo delle Marche*, à base de leite de vaca, de ovelha e/ou de cabra, com características um pouco diferentes.

Ravigote Molho clássico francês elaborado com gemas cozidas misturadas com azeite e vinagre, acrescidas de cebola, estragão, salsinha, cerefólio, alcaparras e pepinos em conserva, todos picados. Acompanha, em geral, vitela fria ou peixe. Existe outra versão para pratos quentes feita com *velouté*, ao qual são adicionados vinho branco, vinagre ou suco de limão e echalotas picadas, além de salsinha, cerefólio e estragão. O nome do molho deriva do verbo francês *ravigoter*, que significa reconfortar. Ver **Velouté**.

Ravióli Também denominada *tortelli*, é uma massa italiana recheada, em geral quadrada, servida com molho ou em caldo. Tanto o molho como o recheio podem variar. Hoje em dia, pode-se encontrá-la também em formato de meia-lua ou redondo.

Raya en pimentón Prato da culinária espanhola feito com carne de arraia, cozida em molho espesso elaborado com caldo de peixe, alho, migalhas de pão, cominho, salsa, pimentão vermelho seco e moído, e azeite. Ver **Arraia**.

Reações de Maillard Conjunto de reações químicas entre aminoácidos e carboidratos produzido quando determinados alimentos são submetidos a alta temperatura. Obtidas por meio de cozimento em calor seco (em grelhados, assados, frituras), salvo poucas exceções, essas reações resultam em coloração marrom na superfície e sabores mais complexos. Foram nomeadas em homenagem a Louis Camille Maillard, físico francês que as identificou em torno de 1910.

Realçador de sabor Aditivo utilizado para aumentar as propriedades organolépticas relacionadas ao gosto de um alimento. Por exemplo, o sal (cloreto de sódio), o glutamato monossódico e o guanilato dissódico. Ver **Glutamato monossódico** e **Sal**.

Reblochon Queijo francês artesanal preparado com leite de vaca não pasteurizado nas regiões de Haute-Savoie e Le Grand St. Bernard. Por ter *Appellation d'Origine Contrôlée* (AOC), sua produção segue regras estritas. Trata-se de um queijo semimacio, tem casca fina e lavada, massa não cozida e levemente prensada. Amadurece por, pelo menos, duas semanas, período em que desenvolve casca dourada comestível e massa amanteigada. É suculento, tem textura cremosa levemente aerada e sabor muito agradável, com notas de frutas secas. Sua cor varia do dourado pálido ao laranja forte. Quanto mais escura a casca, mais forte é o queijo. Alcança maior qualidade no verão. Ver **Appellation d'Origine Contrôlée (AOC)**.

Réchaud Pequeno fogareiro com funcionamento a álcool, à vela, elétrico ou à base de água quente. É usado pelos maîtres para preparar pratos e sobremesas à mesa na presença do cliente ou para mantê-los aquecidos, quando servidos em bufê. Trata-se de uma prática muito antiga, cujos vestígios foram encontrados inclusive entre as ruínas de Pompeia. Ver **Bufê**.

Recheio Preparo doce ou salgado para aromatizar o alimento principal ou complementar seu sabor. É colocado dentro da cavidade, natural ou não, da ave, do peixe, de peças bovinas, suínas ou ovinas, de vegetal, ou em meio a uma massa, antes do cozimento. De receita variável, comporta uma infinidade de ingredientes.

Récollet Queijo francês de Lorena, feito com leite de vaca não pasteurizado. Tem massa mole, amarelada, casca alaranjada e assemelha-se ao *carré de l'Est*, também produzido na região. Seu período de maturação é de três a quatro semanas. Ver **Carré de l'Est**.

Reconstituir Em culinária, significa fazer um alimento desidratado retornar à consistência original, por meio da adição de líquido.

Redenho ou redanho Ver **Coifa**.

Reduzir Técnica culinária que consiste em dispersar parte da água contida em um elemento líquido por evaporação. A fervura provoca o engrossamento e a concentração de sabor. O método é usado sobretudo para intensificar o sabor de molhos, caldos e sucos. No caso de molhos avinagrados, diminui um pouco a acidez do vinagre.

Red Windsor® Queijo tipo cheddar branco, aromatizado e colorido com uma mistura de vinho do Porto e brandy, que produz veios vermelhos em sua massa clara. O Red Windsor é elaborado com leite de vaca pasteurizado, tem consistência semidura e textura quebradiça, além de sabor cremoso e frutado. De casca natural envolta em cobertura preta parafinada, começou a ser produzido recentemente. Ver **Brandy**, **Cheddar** e **Porto**.

Refogar Método de cozimento do alimento com um pouco de gordura, sem líquidos, em panela destampada e fogo médio, de modo a dourá-lo levemente e amaciá-lo. É a etapa inicial da preparação do guisado ou do ensopado. Na cozinha brasileira, costuma-se refogar carnes com cebola e alho picados. Ver **Ensopar** e **Guisar**.

Réforme Nome de uma série de pratos criados pelo chef francês Alexis Soyer para o Reform Club, em Londres, na década de 1830, época vitoriana. O mais conhecido é o *Lamb Cutlets Reform*, costeletas de carneiro empanadas com ovo e farinha de rosca, fritas e servidas com molho Reform, à base de molho espanhol ou *poivrade* e demi-glace, adicionados de língua de boi, claras de ovos, trufas, cogumelos e *cornichons* em conserva cortados em tiras. O preparo é um dos que continuam no menu do Club até hoje. Ver **Cornichon**, **Espanhol**, **Poivrade** e **Trufa**.

Regar Molhar o alimento com o próprio caldo, manteiga, óleo ou outro líquido indicado pela receita, enquanto este é assado. A ação evita que ele resseque e, ao mesmo tempo, promove coloração dourada e favorece cozimento uniforme.

Régence 1. Estilo de cozinha francês que predominou no início do século XVIII, durante a minoridade de Luís XV. Seus preparos eram elementos leves e delicados, de execução e apresentação refinadas. As quenelles (de peixe, aves ou vitela, conforme o item principal) com champignons de paris cozidos e lâminas de trufas eram os acompanhamentos preferenciais. Ostras pochés envoltas em molho normande (no caso de peixes) ou fatias de foie gras com molho suprême (no caso de ave ou vitela) apareciam com frequência, secundando os três primeiros. Ver **Cham-**

pignon de Paris, **Foie gras**, **Normande**, **Ostra**, **Quenelle**, **Suprême** e **Trufa**. **2.** Molho para guarnecer aves ou vitela, feito com mirepoix e lascas de trufas cozidos suavemente em vinho do Reno acrescido de demi-glace e passado na étamine antes de ser servido. Ver **Demi-glace**, **Étamine**, **Mirepoix** e **Trufa**.

Rei Alberto Doce à base de espuma de gelatina vermelha, abacaxi em calda, doce de ovos, doce de ameixa e merengue, preparo tradicional no Rio Grande do Sul. O nome, assim como as cores, parece indicar uma homenagem ao rei Alberto da Bélgica, que visitou o Brasil em 1920. O navio encouraçado "São Paulo", comandado por Tancredo de Gomensoro, avô/bisavô das autoras deste livro e na época almirante da Marinha do Brasil, serviu de transporte ao rei e à sua comitiva, na ida e na volta da viagem. Hoje, cem anos depois, o doce é curiosamente mais conhecido no Rio Grande do Sul – apesar de o rei Alberto ter visitado apenas Rio de Janeiro, São Paulo e Minas Gerais e o preparo ter sido servido somente na recepção de Belo Horizonte. Denominada creme rei Alberto, a sobremesa foi divulgada ao público gaúcho no livro *400 receitas de doces*, de Yayá Ribeiro, publicado em 1934. Na receita, o doce de ameixa não é mencionado.

Reine, à la Denominação francesa de diversos pratos elegantes e delicados – como define a enciclopédia *Larousse Gastronomique* (2017, p. 732) – à base de ave, acrescidos usualmente de timo de vitelo, trufas e cogumelos e ligados com molho *suprême*. O prato original é do século XVII, criado em homenagem a Margarida de Valois, a "rainha Margot". Entre os diversos preparos, os mais conhecidos são o *bouchée à la reine* e o *potage à la reine*, servidos à mesa real às quintas-feiras, de acordo com registro de François Marin, em 1739. Ver **Bouchée**, **Champignon**, **Potage**, **Suprême** e **Trufa**.

Reino No Brasil colonial, ao ser associado a algum alimento, o termo indicava sua origem portuguesa. Eram identificados assim inclusive os não originados propriamente em Portugal, mas que chegavam à colônia vindos de lá. Por exemplo, a pimenta-do-reino, o queijo do reino, a farinha do reino etc. No caso da aguardente do reino, esta era feita no Minho (Portugal), com a borra do vinho, e embarcada para o Brasil nos dois primeiros séculos da colonização, período em que o alambique foi introduzido no país, mas com resultados ainda de baixa qualidade.

Relâcher Termo francês que significa acrescentar líquido a um molho ou purê, para que este apresente consistência mais fina.

Relevé Categoria de prato que fazia parte do antigo serviço à francesa. Eram pratos adicionais que ocupavam o espaço vazio à mesa depois da retirada de outros já consumidos, após cada serviço. Depois da sopa (*potage*), por exemplo, trazia-se o *relevé de potage*; após o peixe (*poisson*), era oferecido o *relevé de poisson*. Não se tratava de um serviço obrigatório, mas, sim, de uma complementação quando necessário. O termo praticamente não é mais usado. Ver **Serviço à francesa (antigo)**.

Réligieuse 1. Sobremesa francesa que consiste em uma pequena carolina recheada com creme de confeiteiro ou *chiboust*, aromatizado com chocolate, café ou baunilha, recoberta de fondant e empilhada sobre uma carolina maior, também recheada. Pode ser decorada

com chantili ou creme de manteiga. Ver **Carolina**, **Crème chiboust** e **Creme de confeiteiro**. **2.** Nome da crosta de queijo que fica no fundo da panela de fondue. Ver **Fondue**.

Relish 1. Palavra inglesa que denomina qualquer preparo condimentado, picante, avinagrado, à base de frutas ou legumes, usado como guarnição de um alimento simples para enriquecer seu sabor. **2.** Nos Estados Unidos, refere-se a um molho agridoce utilizado para acompanhar carnes, aves e cachorros-quentes. Ver **Cachorro-quente**.

Remate Caldo grosso da culinária do Nordeste do Brasil, feito com carne picada bem cozida e farinha de mandioca ou de milho.

Remoudou Queijo belga dos arredores de Liège, feito com leite de vaca em laticínios comerciais. O nome deriva da palavra *remoud*, vocábulo valão que denomina o leite rico e gorduroso do período final de ordenha. O *remoudou* apresenta casca lavada, brilhante e de cor marrom-avermelhada. Tem formato de cubo com 7,5 cm, pesa cerca de 750 g e amadurece por longo período. De aroma forte e picante, contém uma bactéria que lhe dá sabor condimentado.

Remoulade Molho tradicional francês elaborado com maionese, mostarda, cerefólio, estragão, salsinha, cebolinha, pepino em conserva e alcaparra. Às vezes, pode ser acrescido de essência de anchovas. É uma guarnição usada para pratos frios de peixes, ovos, carne bovina e de frango ou saladas.

Remuage Primeira parte do processo de limpeza ou clarificação dos vinhos espumantes, para a retirada das leveduras. Consiste em movimentar as garrafas, girando-as um quarto de volta de cada vez, duas a duas, sem retirar seu gargalo das *pupitres*. O movimento faz com que elas passem da posição inclinada à posição quase vertical em, mais ou menos, quatro meses, período da operação. Aos poucos, as leveduras descolam-se do fundo e das paredes da garrafa e concentram-se no gargalo, perto da rolha. O *remueur* experimentado, técnico que processa a remuage, movimenta cerca de 32 mil garrafas por dia. Grandes produtores de espumante já empregam atualmente a remuage mecanizada. Ver **Champanhe** e **Pupitre**.

Rénaissance, à la Guarnição francesa utilizada como acompanhamento de peças de carne. Consiste em legumes cozidos e passados na manteiga – fundos de alcachofras, cenouras, ervilhas, pontas de aspargos e couve-flor –, arrumados em torno da carne de modo que as cores sejam alternadas. Em seguida, são regados com molho holandês e acompanhados de pequenas batatas cozidas, molhadas com o caldo claro do cozimento da carne. Ver **Holandês**.

Renga 1. Nome do arenque salgado e defumado na Grécia. **2.** Preparo da culinária grega feito com quantidades iguais de azeite e limão, batidos com pedaços de arenque salgado e defumado. Serve-se com torradas, como entrada. Ver **Arenque**.

Renina Substância ácida utilizada no processo de coagulação do leite, obtida do estômago da rês em período de amamentação. Esse coalho é comercializado em supermercados ou casas especializadas.

Renkon Nome japonês da raiz de lótus, planta aquática rica em vitamina C e amido. Ver **Lótus**.

Rennet Coalho, em inglês. Ver **Renina**.

Repolho (*Brassica oleracea*) Vegetal da família das brássicas, como a couve-flor, a couve-de-bruxelas e os brócolis. Muito difundido em todo o mundo, apresenta inúmeras variedades, por exemplo o repolho redondo, o chato, o pontudo ou coração de boi, o crespo de Milão e o roxo. A cor, o tamanho, a forma e a textura das folhas mudam de acordo com o tipo. Pode ser empregado de diversas maneiras: as folhas inteiras são usadas para embrulhar a mistura de arroz e carne temperada e cozida em molho; pode ser picado em tiras, cozido, fermentado ou não; ou utilizado em saladas, cozido ou cru e frio.

Requeijão 1. Assim chamado no Brasil, é um queijo com textura de pasta feito com leite de vaca integral. Industrializado, é vendido em copos de vidro ou de plástico. É muito cremoso, fácil de espalhar e apresenta massa de cor marfim. Tem sabor bastante suave. **2.** Queijo de massa amarela e firme próprio para cortar, típico do Norte e do Nordeste do Brasil. É elaborado com leite integral e coalhado pela ação do calor. Servido ao natural ou frito, com açúcar e canela, é também ingrediente de pratos doces e salgados.

Resfriar Técnica culinária que consiste em molhar o alimento em água fria corrente e, em seguida, escorrê-la totalmente; ou colocá-lo em recipiente sobre gelo. Vegetais cozidos são submetidos a esse processo para interromper o cozimento, em razão do calor residual. Ver **Branquear**.

Ressalga 1. Salgar duas vezes. **2.** No Rio Grande do Sul, o termo designa a salmoura em que é mergulhada a carne para o preparo do charque, depois da primeira etapa de salga. Ver **Charque**.

Restaurant Nome francês do caldo fortificante ou "restaurador", feito de carne de boi, carneiro, vitela, galo, capão, pombo, perdiz, cebolas, alguma raiz e cheiro-verde, servido em um pão. A receita encontra-se no livro *Le cuisinier royal et bourgeois*, de François Massialot, chef francês do século XVII. Depois de cozinhar os ingredientes em banho-maria, em recipiente hermeticamente fechado, por cinco ou seis horas, peneira-se o caldo. Retira-se o miolo do pão para recheá-lo, então, com os pedaços das carnes cozidas. O pão é colocado sobre o caldo e servido enfeitado com cristas de galo e miúdos refogados no toucinho. No século XVIII, essa denominação tornou-se genérica para qualquer caldo restaurador. Ver **Restaurante**.

Restaurante Até cerca de 1770, a palavra *restaurant*, em francês, significava especificamente restaurador. O termo aplicava-se a caldos destinados a reparar as forças de pessoas enfraquecidas ou debilitadas. Poucos anos antes, já eram vendidos em estabelecimentos especializados em comidas consideradas salutares, cujos donos denominavam-se *restaurateurs*. Havia então, em Paris, vários outros estabelecimentos que serviam ou vendiam algum tipo de comida, como as tavernas, as hospedarias, os cafés e as lojas dos *traiteurs* (fornecedores de alimentos prontos). As casas que vendiam os caldos restauradores diferenciavam-se destes, inicialmente, pelo tipo de comida ofertada e também pelo maior refinamento de seu preparo. Ao longo das duas décadas seguintes, os estabelecimentos dos *restaurateurs* ampliaram o leque de preparos. Ao mesmo tempo, passaram a caracterizar-se por oferecer atendimento personalizado em mesas individuais ou para pequenos grupos, pelo uso do cardápio (*carte*), em que os pratos eram apresentados com preços já fixados, e pelo horário de serviço estendido. Esse novo modelo de negócio ficou conhecido por restaurante, consolidou-se em Paris e espalhou-se por outros países no século XIX. Sobre as vantagens do restaurante, Brillat-Savarin escreveu: "Por esse meio, todo homem pode fazer sua refeição à hora que lhe convém, conforme as circunstâncias em que se vê colocado por seus negócios ou seus prazeres. (...) Estando a conta de acordo com seu bolso, o consumidor pode, à vontade, fazer uma refeição sólida, leve ou exótica, regá-la com os melhores vinhos franceses ou estrangeiros, aromatizá-la com café moca e licores dos dois mundos, sem outros limites a não ser o vigor de seu apetite ou a capacidade de seu estômago. O salão de um restaurante é o Éden dos gastrônomos" (1995, p. 281). Ver **Brillat-Savarin, Jean-Anthelme**.

Restaurateur Palavra francesa que designa o proprietário ou dirigente de restaurante. Ver **Restaurante**.

Retificar Aprimorar o sabor de uma receita pela correção de tempero.

Retrogosto Gosto deixado na boca após a ingestão de vinho ou de qualquer outro alimento. Pode ser bom ou ruim.

Retsina Tradicional vinho da Grécia produzido há mais de três mil anos, bastante consumido pelos camponeses gregos. Tratado com resina de pinheiro, tem sabor muito característico. Antes, usava-se a resina como conservante, já que o vinho era guardado em sacos de pele de cabra. Mesmo depois de ela não ser mais necessária, continuou a ser ingrediente da bebida, pois seu sabor já estava entranhado nas tradições locais. Branco ou rose, o vinho deve ser servido sempre frio.

Reuben sandwich Sanduíche norte-americano composto de fatias generosas de *corned beef*, queijo suíço, chucrute e molho temperado à base de maionese, em pão de centeio. Serve-se quente ou frio. Há várias histórias sobre sua origem, duas delas relatadas pelo jornalista e crítico de restaurantes Craig Claiborne. A primeira versão – feita com fatias de presunto da Virgínia e peru assado no lugar do *corned beef*, e *coleslaw* em vez de chucrute – teria sido criada por Arthur Reuben, dono da Reuben Delicatessen, em Nova York, em 1914. O prato com as características conhecidas hoje, no entanto, teria surgido somente anos depois, na cidade de Omaha, Nebraska, inventado em um jogo de pôquer pelo comerciante Reuben Kay. Pelas mãos de um colega de jogatina, foi incluído no cardápio do Blackstone Hotel. Inscrita no Concurso Nacional de Sanduíches de 1956 por uma ex-funcionária do hotel, a receita venceu e difundiu-se pelo país nas décadas seguintes. Ver **Chucrute**, **Coleslaw** e **Corned beef**.

Reverdir Nome francês do processo culinário que consiste em devolver a cor verde a vegetais que a perderam, em geral durante a conservação, por meio da adição de água de espinafre ou de uma pitada de bicarbonato.

Reynière Ver **Grimod de la Reynière, Alexandre Balthasar Laurent**.

Rheingau Histórica região vinícola alemã que produz vinhos brancos de alta qualidade, além de alguns tintos interessantes. A vinha mais encontrada no local é a Riesling. Seus vinhos são potentes, com boa acidez, saborosos e encorpados.

Rheinhessen Região vinícola alemã que faz fronteira com Rheingau. Seus vinhedos ficam em colinas, em uma zona vasta e repleta de diversidades. Produz vinhos de qualidade, alguns mais intensos e diferentes do que é comum na produção alemã. A Riesling está entre as uvas mais plantadas, mas a área abriga também a Müller-Thurgau, a Dornfelder, a Silvaner, entre outras.

Rhône (Ródano) Rio europeu que nasce na Suíça e deságua no mar Mediterrâneo, na costa da França. Seu vale, em território francês, tem uma importante região vinícola – ou, mais precisamente, um conjunto de várias sub-regiões separadas entre si e com características distintas, unidas pelo rio. A área começa ao sul de Lyon e estende-se até as proximidades de Avignon, perto do mar. Produtora sobretudo de tintos, divide-se em duas zonas maiores: a setentrional e a meridional. Ao norte, encontram-se os melhores vinhedos da região. Entre as principais uvas cultivadas no vale, estão a Syrah, a Viognier e a Grenache. Algumas das denominações de origem são: Côtes du Rhône (a mais ampla), Côtes du Rhône Villages, Hermitage, Condrieu, Saint-Joseph, Côte-Rôtie, Châteauneuf-du-pape, Muscat de Beaumes de Venise. Ver **Châteauneuf-du-pape**.

Rib Costela, em inglês. Ver **Costela**.

Ribollita Sopa italiana da Toscana feita originalmente apenas com as sobras requentadas, como diz o nome, do minestrone (sopa de legumes) da refeição anterior e pedaços de pão. Hoje, é um minestrone preparado com pão de alho, queijo parmesão e legumes picados, bem quente, servido com um fio de azeite sobre a superfície. Ver **Minestrone**.

Rice Arroz, em inglês. Ver **Arroz**.

Richelieu 1. Guarnição da culinária francesa criada por um chef do século XVII em homenagem ao duque de Richelieu. Consiste em tomates e cogumelos picados, alface cozida e batatas parisienne, servidos em geral com uma peça grande de carne. Ver **Batatas parisienne** e **Cogumelo**. 2. Preparo, também da cozinha francesa, feito com linguado empanado com ovo e farelo de pão, cozido em manteiga e servido com fatias de trufas e beurre maître d'hôtel. Ver **Beurre maître d'hôtel** e **Trufa**.

Ricota Queijo macio, sem sal ou quase sem sal, fresco ou defumado, muito usado em pastas, tortas, doces e recheios. O nome, derivado de *ricotta*, e o processo de produção são provenientes da Itália. É elaborada com soro em vez do coalho do leite e podem ser usados leite de cabra, de vaca, de búfala ou de ovelha. De sabor extremamente suave, tem textura granulada. A ricota permanece firme durante o cozimento e constitui-se em excelente recheio para massas que ainda sofrerão a ação do calor. Na Itália, há diversas variedades: *ricotta salata moliterna*, feita na Sicília com soro de leite de ovelha, conhecida também por *ricotta seca*; *ricotta piemontese*, elaborada no Piemonte com soro de leite de vaca e 10% de leite; *ricotta romana*, preparada com o soro que sobra da produção do *pecorino romano*; *ricotta di bufala*, que usa leite de búfala integral e é feita na Lombardia; entre outras. Ver **Pecorino romano**.

Riesling Itálica (*Vitis vinifera*) Inferior à Riesling alemã, com a qual não tem parentesco, a Riesling Itálica tem aroma mais suave e é de cultivo mais fácil. Bastante difundida no Brasil, é usada na

produção de vinhos finos, delicados e refrescantes.

Riesling Renana (*Vitis vinifera*) Uva bastante perfumada que dá origem aos melhores vinhos brancos alemães. Assim como a Chardonnay, é considerada uma das grandes uvas brancas conhecidas. É muito usada também na Alsácia (França), onde é empregada na produção de excelentes brancos secos.

Rigatoni Massa alimentícia italiana com o formato de tubos curtos, largos e canelados.

Rigotte Queijo francês pequeno e redondo produzido no vale do Ródano com leite de cabra cru. O mais popular é o da cidade de Condrieu, próxima a Lyon. Depois do período de cura, está pronto para o consumo entre maio e outubro. Sua casca, muito fina, torna-se seca e quebradiça quando mais maturado. Com 3,5 cm de altura e de diâmetro, o rigotte leva somente três semanas para curar, em ambiente seco. Tem textura firme e aroma delicado. Também tradicional, o de Pélussin é feito com a mistura de leite de vaca e de cabra ou apenas com o leite de cabra e tem formato de cone cortado, com 2,5 cm de altura. Amadurece também por três semanas, período em que desenvolve casca muito delicada e tinta de azul. Seu sabor é similar ao de frutas secas.

Rijsttafel Do holandês "mesa de arroz", é um conjunto variado de pequenos pratos de legumes, verduras, carnes, frutos do mar, frutas, molhos, todos muito condimentados, usados como acompanhamento do arroz. Os pratos são de origem indonésia, arquipélago ocupado pelos holandeses do século XVII até a primeira metade do século XX, mas esse tipo de refeição, farta e heterogênea, foi resultado da assimilação e adaptação da culinária local pelos colonizadores ao longo do século XIX. Hoje, o *rijsttafel* pode ser encontrado em inúmeros restaurantes em Amsterdã.

Rillettes Tradicional prato francês elaborado com carne de porco com ou sem osso, gorda ou magra. A carne é cozida lentamente em gordura de porco com ervas e temperos até as fibras começarem a desmanchar e, depois, amassada e misturada até transformar-se em pasta. O prato é servido frio, como patê, acompanhado de pão grelhado. A *rillette de porc* também pode ser feita com os miúdos do porco. Embora as de porco sejam as mais conhecidas, pode-se fazer *rillettes* de ganso, frango ou coelho e inclusive de alguns peixes, como o atum, o salmão e a enguia, estes últimos com o uso de manteiga como gordura.

Rindersteak Ver **Bife**.

Riñones al jerez Prato típico da culinária espanhola, feito com rins de boi cozidos no xerez. Pode ser utilizado em *tapas*, como entrada ou como prato principal, com acompanhamento.

Rioja Região vinícola no vale do Ebro, Norte da Espanha, com *Denominación de Origen Calificada* (DOCa). É a zona vinícola espanhola mais conhecida no exterior. Os tintos produzidos no local, de modo geral, são excelentes e há também bons brancos. Os vinhos da área contêm maior proporção de uva Tempranillo, ao lado da Garnacha, da Graciano e da Mazuelo. A Viura é a principal uva branca, seguida da Malvasía Riojana; a Garnacha Blanca também é utilizada. Os vinhos tintos têm bom aroma, são frutados e é perceptível a presença do carvalho dos

barris onde são envelhecidos. Os brancos podem ser frutados e leves, sem envelhecimento ou envelhecidos na madeira.

Ripieno Recheio ou recheado, em italiano.

Ris-de-veau Timo do vitelo, em francês. Ver **Timo**.

Risi e bisi Especialidade veneziana, é um risoto com mais líquido, à base de arroz, ervilha, cebola e pancetta cozidos em caldo de legumes e temperados com manteiga e parmigiano ralado. As vagens das ervilhas são utilizadas na confecção do caldo. Era preparado tradicionalmente na primavera, no dia 25 de abril, na Festa de San Marco, e oferecido ao doge de Veneza e aos membros do governo. Ver **Ervilha**, **Pancetta**, **Parmigiano** e **Risoto**.

Riso Arroz, em italiano. Ver **Arroz**.

Risoto Originário da Itália, hoje é um prato conhecido internacionalmente. Em italiano, o termo *risotto* é um diminutivo e significa arrozinho. O prato é preparado com arroz e outros ingredientes cozidos em fundo de galinha, de legumes, de peixe ou de carne. Tem como principal característica o arroz, depois de cozido, manter-se bastante úmido e cremoso, qualidade aumentada pela adição de manteiga. Para que o prato mantenha as principais características, é necessário escolher o arroz adequado; o mais indicado é o de grão curto, que absorve bem os líquidos sem desmanchar. Os subtipos italianos mais importantes são o vialone, o arbório e o carnaroli. O nome do prato varia de acordo com os ingredientes adicionados ao arroz: o risoto *alla certosina* é composto de ervilha, tomate, queijo parmesão e camarões cozidos na manteiga; o risoto *alla veronese*, de presunto cozido e molho de cogumelos servido à parte; o risoto *ai funghi*, de cogumelos; o risoto *di frutti di mare*, de fundo de peixe e frutos do mar; o risoto *di scampi*, típico da cozinha veneziana, é preparado com camarões cozidos na manteiga e temperados com alho; o risoto *alla milanese*, um dos mais conhecidos, contém cebola, tutano de boi, vinho tinto e fundo de galinha para o cozimento, temperado com açafrão e queijo parmigiano. Ver **Arroz arbório**, **Arroz carnaroli** e **Fundo**.

Rissole Preparo da culinária francesa que consiste em uma massa recheada com carne bovina ou de ave em pequenos pedaços, cozida e temperada com ervas. Depois de bem fechada como um pequeno pastel, a massa é frita em óleo e servida com salsinha, também frita; ou polvilhada com farinha de rosca e assada no forno. Já existente no século XIII, seu nome deriva da palavra *roissole*, que significava "tipo de pastelaria frita", que, por sua vez, provém do latim *russeola*, "preparação avermelhada". Após a fritura, a massa do rissole apresenta coloração avermelhada. O rissole tornou-se um preparo bastante comum no Brasil, onde também pode ser frito ou assado no forno, com recheios variados, como carnes, legumes e verduras, peixes ou queijos.

Rissoler Verbo francês cujo significado é dourar, corar. Técnica de caramelizar a superfície do legume ou da carne com o uso de gordura fervente. Por exemplo, as batatas noisettes, que são douradas em manteiga clarificada depois de serem cortadas em forma de noz e branqueadas. Ver **Batatas noisette**.

Riz à l'impératrice Sobremesa francesa muito delicada, é um pudim elaborado com arroz, creme à base de leite, gemas, açúcar, gelatina e baunilha, creme de leite batido e frutas cristalizadas banhadas em kirsch. Ver **Kirsch**.

Rizogalo Prato grego consumido como sobremesa ou lanche no meio da tarde. É elaborado com arroz de grãos curtos, como o arbório, cozido no leite, com ou sem gemas e temperado com açúcar, canela e zesto de limão. Depois de pronto, é servido individualmente, enfeitado com pau de canela, zesto de limão ou pistaches picados. É similar ao arroz-doce brasileiro. Ver **Arroz arbório**, **Arroz-doce**, **Pistache** e **Zesto**.

Roast Assado, em inglês. Ver **Assado**.

Roastbeef Ver **Rosbife**.

Roasted turkey Prato tipicamente americano, indispensável na comemoração do Dia de Ação de Graças, instituído oficialmente por Abraham Lincoln em 1863. Essa refeição festiva existe desde 1621, criada pelos desbravadores em agradecimento ao Senhor por sua adaptação ao Novo Mundo. O peru é temperado com sal e pimenta-do-reino, recheado com uma pasta feita de pão amolecido em leite, cebola e salsão bem picados e fritos em manteiga, linguiça desfeita dourada em manteiga, azeitonas pretas picadas, salsinha, tomilho, sálvia, pimenta e sal. É assado em forno por várias horas até ficar dourado. Serve-se com purê de batatas, brócolis, milho-verde, couve-de-bruxelas e geleias de amoras e framboesas.

Robalo 1. (*Centropomus* spp.) Nome de diversas espécies de peixe de água salgada do gênero *Centropomus*, no Brasil. São encontradas no Oeste do Oceano Atlântico e no Leste do Oceano Pacífico. De coloração acinzentada, com barriga e lados brancos, têm carne clara, delicada e suculenta, além de serem muito apreciadas assadas ou cozidas. **2.** Em Portugal, o termo designa a espécie de peixe *Dicentrarcaus labrax*. Ver **Bar**.

Robert Antigo molho francês à base de suco de carne, vinho branco seco, vinagre, cebolas, manteiga, mostarda e outros temperos. De sabor picante, é próprio para carnes grelhadas. Preparo semelhante já era mencionado no livro *Le viandier*, do século XIV, sob o nome *taillemaslée*.

Rob Roy Coquetel em homenagem ao herói escocês Robert Roy, feito com uísque e vermute. Pode ser pedido em três versões: doce, preparado com vermute doce; seco, elaborado com vermute seco; e perfect, em que são utilizados vermute doce e seco em quantidades iguais. A versão considerada padrão é feita com o vermute doce. Ver **Vermute**.

Rocamadour Queijo francês da região de Périgord e Quécy, feito com leite não pasteurizado de cabra e com status AOC. Amadurece por cerca de quinze dias, etapa que pode ser prolongada por alguns meses para despertar sabor e aroma mais fortes. Tem massa branca, tendendo ao marfim, casca aveludada e sabor similar ao de nozes. Ver **Appellation d'Origine Contrôlée (AOC)**.

Rocambole Bolo esponjoso e fofo feito com quantidades quase iguais de farinha de trigo, ovos e açúcar, assado em tabuleiro forrado com papel vegetal. Depois de assado e desenformado ainda quente, é recoberto com creme ou doce em pasta

para então ser enrolado. Pode ter cobertura de glacê, creme ou simplesmente ser polvilhado com açúcar. Em inglês, é denominado *swiss roll*; em francês, *roulade*.

Rocambole de carne Prato salgado muito comum na cozinha brasileira caseira, elaborado com carne moída temperada aberta como uma base de massa, recheada, enrolada e levada para assar. O recheio é variável e pode incluir queijo, presunto, bacon e azeitonas, entre outros ingredientes. Em geral, é servido com molho.

Rocket Ver **Rúcula**.

Rocky mountain oysters Ou *prairie oysters* – ostras da pradaria – são assim denominados os testículos de novilho, carneiro ou porco nos Estados Unidos. Quanto mais novos os animais, melhores os testículos. São preparados salteados, fritos, cozidos ou grelhados. Não são um alimento muito difundido. Ver **Testículos**.

Rocoto (*Capsicum pubescens*) Variedade de pimenta de alta picância, também conhecida por pimenta cavalo. Os frutos são arredondados, com gomos, e medem cerca de 4 cm. Quando madura, sua cor varia entre o amarelo, o laranja e o vermelho. É usada fresca.

Ródano Ver **Rhône (Ródano)**.

Rødgrød med fløde Doce tradicional da Dinamarca, é um mingau feito com groselhas ou framboesas e sagu (versão mais tradicional) ou fécula de batata. Aromatizado com baunilha e amêndoas, é servido com creme e açúcar. Ver **Fécula** e **Sagu**.

Rodrigues, Domingos Autor do primeiro livro de culinária publicado em português, *Arte de cozinha*. Nascido em Vila Cova à Coelheira, no Norte de Portugal, em 1637, depois de servir na cozinha de vários fidalgos, tornou-se Mestre de Cozinha da Casa Real, no reinado de D. Pedro II. Lançou seu livro em 1680, que, pela grande repercussão, teve treze edições no país de origem, com a última em 1849. Livro para a elite da época, não trazia a preocupação de detalhar técnicas ou quantidade de ingredientes, pressupondo que seria utilizado nas grandes casas, onde cozinheiros experientes prescindiam de maiores explicações. Nele, predominam as receitas de carne, com ênfase na de carneiro; peixes e legumes são pouco mencionados, mais como alternativas para os "dias magros". Os doces, entretanto, são citados em dezenas de páginas. É característico de sua cozinha utilizar temperos em excesso e misturar de modo exagerado ingredientes em um mesmo prato. Diferenciava-se bastante, nesses aspectos, da alta cozinha francesa da mesma época, apresentada em livros como *Le cuisinier françois*, que já mostrava uma evolução em direção ao menos temperado e ao mais cremoso. Situa-se, entretanto, "na fronteira", já atento a novas formas de serviço à mesa. Em 2008, na comemoração dos duzentos anos da chegada da família real portuguesa ao Brasil, atestando sua importância, o livro foi mais uma vez editado em português, dessa vez aqui. Ver **La Varenne, François Pierre de**.

Roe Ovas, em inglês. Ver **Ovas**.

Rohwurst Categoria de linguiça alemã feita com carne crua picada, especiarias, agentes conservantes e bacon, defumada e curtida. Dispensa qualquer preparo antes de ser consumida. A *mettwurst* é um dos tipos de *rohwurst*. Ver **Mettwurst**.

Rojões à moda do Minho Prato português à base de carne de porco picada, marinada em vinho verde branco e temperos por várias horas e, depois de frita, cozida no mesmo molho. A ela são adicionados tripas enfarinhadas, fígado e sangue de porco, além de castanhas assadas. Serve-se com batatas, arroz, fatias de limão e outras guarnições.

Rolinho primavera Pequena e saborosa pastelaria chinesa feita com massa fina recheada, com vegetais apenas ou também com carnes, fritas ou não. De modo geral, é servido com molho. Preparado em várias regiões da China, e agora em quase todo o mundo, há grande variação de recheio, massa, acompanhamento e da própria técnica de finalização. O nome deve-se ao fato de ser tradicionalmente servido nas festas do Ano-Novo chinês, na primavera. A denominação chinesa também varia entre regiões, em função dos dialetos.

Rollmops Preparo de arenque enrolado sobre pepinos, azeitonas ou pedaços de cebolas, em conserva no vinagre com rodelas de cebola e temperos (sal, açúcar, louro, sementes de mostarda e pimenta-do-reino). Bem estabelecido em toda a região Norte da Alemanha como um modo de conservar o peixe, o prato foi difundido no país com o desenvolvimento das linhas férreas no século XIX, quando se estenderam de norte a sul e passaram a trazer os arenques do Mar do Norte para a região central. É encontrado também nas áreas de colonização germânica do Sul do Brasil, com a substituição do arenque pela sardinha.

Roly-poly Ver **Jam roly-poly**.

Romã (*Punica granatum*) Fruto de um arbusto ornamental de flores vermelhas, da família das punicáceas, que pode alcançar até três metros de altura. Tem casca dura e pequenos caroços envolvidos em polpa meio doce, meio ácida, muito saborosa. Por tradição, a romã é símbolo de prosperidade e riqueza, e muitos povos costumam comê-la na ceia de Ano-Novo. É básica no preparo da grenadine, xarope muito usado em refrescos, ponches e coquetéis, além de ser utilizada para dar sabor à cerveja. Ver **Grenadine**.

Romanée-Conti Um dos vinhedos mais famosos do mundo, situado na Côte de Nuits, na Borgonha (França). Por suas excepcionais características, é qualificado como Grand Cru. De acordo com os especialistas, o vinho produzido no local tem equilíbrio perfeito e fineza extraordinária, além de ser a bebida mais encorpada de sua comuna. Seu sabor permanece na boca por longo tempo. Aveludado e de perfume expansivo, está entre os maiores vinhos da Borgonha.

Romesco 1. Variedade de pimenta espanhola doce, conhecida na região por *cuerno de cabra* ("chifre de cabra") em razão de seu formato. 2. Tradicional molho espanhol da Catalunha, elaborado com tomates, pimentas vermelhas doces secas (originalmente da variedade *romesco*, mas hoje outras costumam ser utilizadas), alho, amêndoas, vinagre de vinho e azeite de oliva, tudo transformado em pasta. É usada, de modo geral, como acompanhamento de frutos do mar e peixes grelhados.

Romeu e Julieta Uma das mais clássicas sobremesas brasileiras. A combinação de goiabada, de qualquer tipo, com o queijo de minas fresco é perfeita, além de simples. De origem mineira, ganhou as mesas de todo o país. Diferente do costume europeu, o queijo não precede o doce, mas

serve de acompanhamento para ele. Ver **Goiabada** e **Queijo de minas**.

Rondelle Plural de *rondella*, é o nome pelo qual é conhecido no Brasil o *rotolo*, massa caseira enrolada sobre um recheio, como um rocambole fino, e depois cortada em fatias largas. Com o uso de recheios salgados variados, é cozida no forno com molho.

Root beer Bebida naturalmente efervescente elaborada com a fermentação espontânea da mistura de açúcar, fermento, raízes, ervas e cascas, como salsaparrilha, gengibre, sassafrás, cereja selvagem, gaultéria e outras. De baixo teor alcoólico, foi comercializada pela primeira vez na Filadélfia (Estados Unidos), na segunda metade do século XIX, pelo farmacêutico Charles Elmer Hires, com uma receita à base de sassafrás já bastante utilizada pelos indígenas. A bebida vendida hoje nos Estados Unidos é completamente sem álcool, contém açúcar, uma combinação de aromatizantes e flavorizantes naturais e artificiais, além de água carbonatada.

Roquefort Um dos queijos franceses mais antigos e famosos, favorito do imperador Carlos Magno e fabricado já na época dos gauleses, tem Appellation d'Origine Contrôlée (AOC) desde 1925. Feito com leite de ovelhas Lacaune, é liso, firme e tem textura amanteigada, com veios azulados e sabor picante. Os veios são obtidos pela adição do fungo *Penicillium roqueforti* à massa. Depois de salgado e prensado no lugar de fabricação, amadurece de três a cinco meses nas cavernas de rocha calcária de Roquefort-sur-Soulzon (na Occitânia), onde os esporos naturais circulam livremente e ajudam seu desenvolvimento. De acordo com especialistas, além da qualidade do leite, da não pasteurização e da adição dos fungos, essas cavernas são as responsáveis pelas melhores características e consequente popularidade do queijo. Ver **Appellation d'Origine Contrôlée (AOC)**.

Roquille Nome francês de uma geleia de casca de laranja, cujo primeiro registro ocorreu em 1692, no livro *Nouvelle instruction pour les confitures, les liqueurs et les fruits*, escrito por François Massialot.

Rosas, água de Ingrediente culinário, é uma essência obtida das pétalas das rosas. Muito utilizada na culinária dos países balcânicos e do Oriente, é indispensável no doce turco chamado *rahat lokum*. Emprega-se bastante em bolos e doces, aos quais empresta sabor e aroma muito agradáveis. Obtida por destilação, a flor mais usada é conhecida por rosa de damasco (*Rosa x Damascena*). Ver **Rahat lokum**.

Rosbife Peça grande de carne assada, cuja parte externa deve ficar bem escura e tostada e a interna, tenra e malpassada. Em geral, o rosbife é preparado com contrafilé ou maminha de alcatra, embora outros cortes possam ser utilizados. É servido quente ou frio, em fatias bem finas. O nome vem do inglês, *roastbeef* (*roast* = assado e *beef* = carne bovina).

Rosca 1. Pão em forma de anel grosso e trançado. **2.** No Rio Grande do Sul, é um grande anel de biscoito de polvilho, consumido usualmente com nata. Ver **Biscoito de polvilho** e **Nata**.

Rosemary Alecrim, em inglês. Ver **Alecrim**.

Rosetta Bolinho típico de Milão (Itália), feito inicialmente no formato de uma rosa de cinco pétalas. Hoje em dia, é mais

encontrado redondo ou quadrado. Conhecido também por *michetta*, é elaborado com massa de carolinas. Em Roma, denomina-se *bignè*. Ver **Beignet** e **Massa de carolina ou pâte a choux**.

Rosette 1. Embutido feito apenas com carne e gordura de porco, tradicional no Beaujolais e no Lyonnais (França). A rosette é seca e tem cerca de 30 cm. Cortada em fatias bem finas, é servida como *hors d'oeuvres*. 2. Pequena massa crocante e quebradiça, em formato de flor, servida com açúcar e canela. Encontrada na confeitaria europeia, é semelhante ao coscorão, no Brasil. Ver **Coscorão**.

Rosmaninho Ver **Alecrim**.

Rosmarinho Ver **Alecrim**.

Rosquinha 1. Preparo doce de origem portuguesa, tem forma de anel grosso, às vezes trançado, às vezes liso, e é feito com massa fermentada de pão. Diferente da rosca, de modo geral a rosquinha é frita, e não assada, o que muda completamente o resultado final. É polvilhada com açúcar e canela quando pronta, assemelhando-se à filhó portuguesa. 2. Por analogia, biscoitos com o mesmo formato e assados em forno também denominam-se rosquinha. Ver **Filhó** e **Rosca**.

Rossini, Gioachino Compositor italiano do século XIX que, além de expoente da ópera, era grande apreciador da refinada cozinha francesa de seu tempo. Por suas ideias e sugestões, seu nome está relacionado a inúmeros preparos, a maioria com foie gras e trufas, acompanhados de molho demi-glace. Ver **Tournedos Rossini**.

Rösti Ver **Batatas rösti**.

Rotelle Pequena massa italiana no formato de uma roda raiada.

Roti Pão indiano não fermentado. Ver **Chapati**.

Rôti Assado, em francês. Ver **Assado**.

Rotini Massa alimentícia italiana seca em formato de espiral, com hélice mais apertada que a do fusilli.

Rotmos Prato da culinária sueca à base de batatas, nabos e outros legumes, cozidos e amassados. Adiciona-se tradicionalmente apenas a água do cozimento dos legumes, mas pode-se acrescentar também manteiga e creme de leite. Acompanha todo tipo de carne.

Rouennaise 1. A expressão *à la rouennaise* caracteriza preparos feitos à maneira da cidade de Rouen (França), em geral com o uso de carne de pato ou seus miúdos. 2. O molho rouennaise é elaborado com fígado de pato passado na peneira, echalotas cozidas em vinho tinto e adicionadas de demi-glace e manteiga. É muito empregado como acompanhamento do pato recheado, prato tradicional da cidade, e de ovos pochés. 3. O pato prensado *rouennaise*, outra especialidade local, é levemente assado. Depois de separar o peito e as coxas, o sumo da carcaça é extraído por pressão e acrescentado ao molho rouennaise, que é servido com a ave fatiada. Ver **Demi-glace** e **Pato**.

Rouille Palavra francesa cujo significado é ferrugem, usada para denominar um molho da região da Provença da mesma cor. Tem por base pimentas e pimentões vermelhos, alho, miolo de pão ou batatas cozidas, e azeite, transformados em pasta e misturados a fundo de peixe. Às vezes acrescenta-se açafrão. É um acompanha-

mento para ensopados de peixe, como a *bouillabaisse*, peixes cozidos e polvo. Ver **Bouillabaisse**.

Roulade Nome francês de qualquer preparação, doce ou salgada, cuja base é aberta, recheada e enrolada. Essa base pode ser, por exemplo, uma fatia fina de carne ou uma massa esponjosa de confeitaria, com recheios variáveis. Ver **Bife rolê** e **Rocambole**.

Rouladen Bife rolê, em alemão. Ver **Bife rolê**.

Roupa-velha 1. Prato principal de almoço de Natal na região do Douro e do Minho (Portugal). É um refogado de azeite de oliva feito com sobras de batatas, bacalhau e couve da Consoada (ceia da véspera de Natal), condimentos e ovos. Ver **Bacalhau** e **Consoada**. **2.** Prato brasileiro preparado com sobras de carne assada ou cozida desfiadas e misturadas com farinha de mandioca, cebola e ovos fritos ou cozidos. **3.** No Rio Grande do Sul, o roupa-velha é prato tradicional, conhecido também por chatasca ou desfiado de charque. Consiste em charque desfiado e refogado com temperos, depois misturado com farinha de mandioca. Ver **Charque** e **Farinha de mandioca**.

Roux Preparação básica da culinária francesa clássica, é uma mistura em partes iguais de farinha de trigo e manteiga usada para engrossar molhos. O nome deriva da palavra latina *russus*, cujo significado é avermelhado. Atribui-se sua criação a François Pierre de La Varenne, chef francês do século XVII. O roux pode ser claro, dourado ou escuro – em francês, *blanc*, *blond* ou *brun* –, de acordo com o tempo de cozimento da mistura, que proporciona maior ou menor escurecimento.

É fundamental, entretanto, que o preparo seja cozido de modo adequado para que o molho não fique com o gosto da farinha. Ver **La Varenne, François Pierre de**.

Royale Guarnição francesa de sopa. É um pudim frio e firme à base de creme, preparado com consomê, ovos e purê de legume ou ave, cozido em banho-maria, que pode ser amarelo (se feito com as gemas) ou branco (se preparado apenas com as claras). Depois de esfriar e ser desenformado, é cortado em pequenos pedaços e colocado na sopa antes de esta ser servida. Pode ainda receber uma coloração com a agregação de outros ingredientes, caso em que seu nome é modificado: com cenoura, torna-se laranja e chama-se *royale crécy*; com lagosta, fica avermelhado e denomina-se *royale à l'écarlate*; acrescido de espinafre, torna-se verde e recebe o nome de *royale vert-pré*.

Rubacão Similar ao baião de dois, outro preparo do Nordeste do Brasil, trata-se de um prato em que feijão e arroz também são cozidos juntos. Tradicional na Paraíba, a receita é feita com arroz vermelho e feijão-macáçar. Depois de cozinhar o feijão com folhas de louro, acrescenta-se o arroz ainda cru, leite e sal, mexe-se a mistura em fogo baixo até ficar macia, mas ainda molhada. Nesse ponto, adiciona-se refogado de carne de sol com cebolas e colorau e, em seguida, queijo de coalho em quadrados. Mexe-se mais um pouco para o queijo derreter e, para finalizar, acrescenta-se cheiro-verde picado. Hoje em dia, inclui-se nata ou manteiga de garrafa a fim de completar o tempero. O refogado de carne de sol também pode ser servido à parte. Ver **Baião de dois** e **Feijão**.

Rúcula (*Eruca sativa*) Verdura de folhas longas, verdes e sabor picante. Nativa da

região mediterrânea e cultivada desde a Idade Antiga, tem diversas variedades. Perece com facilidade, por isso deve ser consumida tão logo seja comprada. É muito utilizada crua, em saladas, ou salteada, como acompanhamento.

Ruibarbo (*Rheum* spp.) Planta da família das poligonáceas, originária da China e muito utilizada no preparo de doces, compotas e recheios de torta. Emprega-se apenas o caule, que tem sabor levemente ácido. Por serem venenosas em razão da presença de ácido oxálico, as folhas não são utilizadas. O melhor ruibarbo é o mais fino e delicado. Quando amadurecido artificialmente, longe da luz, não se desenvolve muito e apresenta tonalidade rosada. Fresco, refrigerado, dura de dois a três dias.

Rum Bebida alcoólica fabricada por meio da destilação do melaço ou do suco da cana-de-açúcar fermentados, cuja origem remonta à colonização espanhola nas Antilhas, no século XVI. Pode ser feita também com o resíduo de destilação anterior, para produzir um rum mais forte. A origem da palavra não é clara. A qualidade e o sabor diferem muito, dependendo do local de fabricação, assim como o teor alcoólico. O rum pode ser escuro, dourado ou transparente. Em geral, é seco. É comercializado também com especiarias, como cravo, canela, pimenta ou anis, e com aromas de frutas, como banana, abacaxi ou coco. Produzido sobretudo no Caribe e na América Latina, os mais fortes e encorpados são tradicionais na Jamaica, em Barbados, em Trinidad e na Guiana. Um personagem famoso ligado à difusão dessa bebida é o almirante Vernon (1684-1757), criador do Grog. Na Jamaica, há uma essência de rum usada para aromatizar cremes e doces. Ver **Grog**.

Rusty Nail Coquetel preparado com duas partes de uísque escocês para uma de Drambuie. É servido com pedras de gelo, em copo *old fashioned*. Ver **Drambuie**.

Rye Centeio, em inglês. Ver **Centeio**.

S

Saanenkaese Queijo suíço redondo, de massa dura, quebradiça e amarela. Feito com leite de vaca pasteurizado, tem casca lavada dura e oleosa, sabor frutado e perfume marcante. Seu período de maturação é de sete anos. Assemelha-se ao parmigiano e ao sbrinz, inclusive em termos de conservação, que é bem longa. Por ser muito duro, em geral é utilizado ralado. Ver **Parmigiano** e **Sbrinz**.

Sabayon Ver **Zabaione**.

Sablé Pequeno biscoito originário de Caen, cidade da Normandia (França), preparado com farinha de trigo, gemas, açúcar e manteiga derretida. O nome francês significa arenoso, em razão de sua textura. Ver **Massa arenosa ou sablé**.

Sabongo Doce popular do Nordeste do Brasil, conhecido também por curubá. É feito com coco seco ou mamão verde, ralado e fervido em mel de rapadura.

Sabra liqueur® Marca de licor feito em Israel, com sabor de chocolate e laranja. Foi criado em 1963 e tem teor alcoólico de 30%. O desenho de sua garrafa tem como base uma garrafa fenícia exposta no Museu de Tel Aviv. Trata-se de uma bebida *kosher*, cujo nome refere-se aos "judeus nascidos em Israel" – *sabras*.

Sacarina Edulcorante artificial com poder adoçante trezentas vezes maior que o do açúcar. Por não ser metabolizada, é não calórica. Apresenta gosto residual amargo, sobretudo quando o alimento adoçado é exposto a temperatura alta. Foi descoberta acidentalmente, no final do século XIX, por cientistas da Universidade Johns Hopkins, nos Estados Unidos. É comercializada líquida ou em pó.

Sacarímetro Instrumento que mede a densidade do açúcar na calda pela sua gravidade específica.

Sachertorte Torta de origem austríaca, muito popular em todos os países de língua alemã. Tem como base *génoise* de chocolate feita com farinha de trigo, ovos, chocolate, manteiga e açúcar de confeiteiro. Depois de pronta, é recheada com geleia de abricó e coberta com glaçagem de chocolate, escura e amarga. É servida com creme de leite batido. Existem dúvidas se sua primeira aparição foi no Congresso de Viena de 1814 ou em 1832, em um jantar de gala oferecido pelo príncipe Wenzel von Metternich. De qualquer maneira, seu criador chamava-se Franz Sacher. De 1954 a 1963, travou-se uma batalha judicial entre a família Sacher e a confeitaria Demel, em Viena, pelo direito de divulgar sua torta como a original. A confeitaria afirmava ter adquirido a receita do neto de Sacher. A família venceu a disputa, mas as tortas comercializadas tanto no Hotel Sacher quanto na confeitaria Demel permanecem como as mais famosas do mundo. Ver **Génoise**.

Sack Imortalizado por Shakespeare por meio do personagem Falstaff, Sack foi um dos tipos de vinho mais populares da Inglaterra elisabetana, hoje fora de uso. Eram bebidas fortificadas produzidas em Jerez de la Frontera, Málaga, Palma de Mallorca e nas Ilhas Canárias, e importadas pelos ingleses. Seu nome derivou do francês *sec* ("seco") ou do espanhol *sacar* ("tirar").

Saganáki 1. Pequena frigideira da cozinha grega. **2.** Por extensão, os pratos preparados nessa frigideira costumam receber o mesmo nome. O mais popular deles é um aperitivo feito com fatias grossas de queijo (vários podem ser utilizados, entre eles o *kasseri*) fritas em azeite de oliva, salpicadas de suco de limão e saboreadas com pão pita. Em alguns restaurantes gregos, é preparado na presença do cliente. Nos Estados Unidos, é elaborado da mesma maneira, mas com uma complementação: depois de derretido, o queijo é banhado em brandy e flambado, antes de receber o suco de limão. Serve-se também como primeiro prato. Ver **Kasseri**.

Sagu 1. (*Metroxylon sagu*) Amido extraído da medula do caule do sagueiro, um tipo de palmeira. A árvore demora cerca de quinze anos para fornecer a medula na maturação correta. Utilizado para engrossar caldos, sucos e cremes, o sagu pode ser cozido com fruta ou suco de fruta e servido frio, ou então com leite, servido frio ou quente. É ingrediente básico do rødgrød dinamarquês. Até o início do século XX, era considerado uma comida nutritiva para doentes, teoria que foi descartada. Ver **Rødgrød med fløde**. **2.** Bolinhas feitas de polvilho ou goma de mandioca-brava, encontradas em todo o Brasil. Serve-se muito como sobremesa, cozidas com açúcar e leite ou sucos de frutas. No Rio Grande do Sul, o sagu é cozido no vinho ou no suco de uva e servido acompanhado de creme de baunilha. Ver **Polvilho**.

Saignant Termo francês cujo significado é sangrento. A palavra é usada para identificar o ponto de cozimento de carnes em que o interior é cozido, mas permanece avermelhado e suculento. Na classificação francesa, é um ponto de cozimento acima do *bleu*.

Sailland, Maurice-Edmond Ver **Curnonsky**.

Saingorlon Queijo francês de leite de vaca pasteurizado, produzido no departamento de Ain. É uma imitação exata do gorgonzola, criado na Segunda Guerra Mundial, quando o acesso ao queijo italiano foi interrompido. Mais tarde, originou o *bleu de Bresse*. Ver **Bleu de Bresse** e **Gorgonzola**.

Saint-Christophe Queijo artesanal feito com leite de cabra não pasteurizado, originário da antiga província de Touraine, onde dizem ter sido introduzido pelos sarracenos, na Idade Média. Com formato de tronco, assim como o Sainte Maure de Touraine, e produção também semelhante à daquele, tem outro nome por estar fora da zona de Apelação de Origem Controlada (AOC). Cremoso, macio, suculento e de sabor muito equilibrado e complexo, apresenta um fio de palha no centro, que proporciona firmeza no manuseio durante a maturação. Ver **Saint-Maure**.

Saint-Florentin Queijo artesanal da Borgonha (França), fabricado com leite de vaca. Pode ser comercializado fresco ou amadurecido por dois meses, período em que é lavado em salmoura. Maturado, tem casca lisa, alaranjada, textura macia, aroma penetrante e sabor condimentado. Sua melhor produção estende-se do final da primavera até o fim do outono. É produzido em pequena quantidade, por isso é um queijo difícil de ser encontrado.

Saint-Germain Nome francês de pratos guarnecidos ou preparados com ervilhas verdes. Por exemplo, a *potage saint-germain*, rica sopa de ervilhas com manteiga.

Saint-Honoré Sobremesa clássica parisiense feita com base de massa folhada ou de massa quebradiça (*pâte brisée*), encimada por uma coroa de carolinas caramelizadas com calda de açúcar em ponto de fio quebradiço. O interior da coroa é recheado com chantili ou *crème chiboust*. A torta foi criada em 1846 pelo doceiro parisiense Marcel Chiboust, em honra a Santo Honório, bispo gaulês de Amiens, santificado no século VI e padroeiro dos panificadores e confeiteiros. Ver **Carolinas**, **Creme chantili**, **Crème chiboust**, **Massa crocante ou brisée** e **Massa de carolina ou pâte à choux**.

Saint-Marcellin Pequeno queijo francês com 6,5 cm a 8 cm de diâmetro e peso mínimo de 80 g, hoje feito com leite de vaca, mas preparado originalmente com leite de vaca e de cabra. Amadurece por apenas duas ou três semanas, é macio, maleável, tem casca enrugada de cor bege recoberta de mofo branco, além de delicioso aroma e sabor lácteo fresco. É originário do departamento de Isère, na região de Auvergne-Rhône-Alpes, e sua atual zona de produção – que inclui ainda os departamentos de Drôme e Savoie – tem Indicação Geográfica Protegida (IGP). De acordo com uma lenda, no século XV, o rei Luís XI envolveu-se em uma luta com um urso na floresta de Lenta e, para recuperar as forças, teria se alimentado com o queijo. De fato, os primeiros registros da existência do Saint-Marcellin foram encontrados nos livros de contas da intendência de Luís XI. Pode ser conservado por algum tempo em aguardente.

Saint-Nectaire Queijo francês de aroma forte e típico, feito com leite de vacas Salers, que se alimentam nas pastagens das montanhas vulcânicas da região de Auvergne-Rhône-Alpes. Com formato de disco, pode ser fabricado tanto com leite cru (artesanal) quanto pasteurizado (industrial). De sabor suave e agradável, é cremoso, com casca castanho-alaranjada

recoberta de mofo branco ou cinzento. Amadurece por, no mínimo, 28 dias, período em que é lavado com salmoura. Tem Apelação de Origem Protegida (AOP).

Saint-Paulin Queijo francês feito com leite de vaca integral cru (artesanal) ou pasteurizado (industrial), gorduroso e muito nutritivo. Produzido originalmente por mosteiro trapista na Bretanha, hoje é preparado em estabelecimentos comerciais de diversas regiões da França. É não cozido, prensado e lavado em salmoura. Similar ao port salut, é muito encontrado no mercado. Tem formato de disco, com 20 cm de diâmetro, casca lisa, fina e homogênea de cor alaranjada, além de interior macio, de cor creme pálido. Seu sabor leve e delicado torna-se mais forte à medida que amadurece, etapa que dura, no mínimo, um mês. Ver **Port salut**.

Sainte-Marie Antigo queijo francês de formato cilíndrico, fabricado na Borgonha até a Segunda Guerra Mundial. Era um queijo gordo, feito com leite de vaca não pasteurizado. Diz-se que recebeu esse nome por sua melhor época de produção coincidir com os festejos religiosos. Mais cremoso e macio que firme, era muito branco, suave e levemente ácido, preparado com ou sem sal.

Sainte Maure de Touraine Queijo originário da antiga província de Touraine, na região Centro-Vale do Loire, especialidade local e um dos clássicos franceses. Feito com leite de cabra não pasteurizado, é gorduroso, de massa mole e casca natural. Com o formato cilíndrico de um tronco, tem cerca de 16 cm de comprimento e pesa 300 g. Traz no interior um fio de palha de centeio, responsável pela firmeza no manuseio, com a gravação de Apelação de Origem Protegida (AOP) e do número de identificação do fabricante. Tem casca cinza-azulada e textura interna firme, com certa granulosidade. Amadurece por, no mínimo, oito dias.

Sais de fusão Muito usados na elaboração de queijos, são aditivos que recombinam as proteínas do queijo fundido, impedindo a separação entre gordura e soro. Ver **Aditivos**.

Sake Ver **Saquê**.

Sal Trata-se do cloreto de sódio, fundamental para temperar e conservar os alimentos, além de ser um dos ingredientes mais comuns da cozinha hoje em dia. É obtido sobretudo em minas terrestres, encontradas em diversos cantos do mundo, e mares e lagos de água salgada, de onde o sal é extraído por evaporação natural ou artificial. Vendido em diversas texturas – pedra, cristal, líquido ou pó fino –, pode ser encontrado também com cores variadas, influência direta da argila, da lava ou das algas existentes nos locais de onde provém, entre outros fatores. Pode conter teores variados de cloreto de sódio e minerais diversos. Alguns tipos disponíveis no mercado são aromatizados e outros, defumados. Hoje, a variedade disponível é ampla. O mais comum e bastante utilizado no Brasil é o extraído da água do mar, refinado (processo que remove as impurezas) e acrescido de iodo. Outro bastante empregado é o sal grosso, produto bruto, sem refino, também extraído da água do mar. O sal é um dos temperos mais antigos – se não o mais antigo – com registros de que, já na Pré-história, era procurado para ser usado na alimentação. Foi difundido por toda parte pelos romanos na Antiguidade, que utilizavam o *triti sales*, ou sal pisado, não só na alimentação mas também como pagamento aos soldados, primeiro em espécie, depois em dinheiro para sua aquisição, o chamado *salarium*. Para os romanos, o sal representava o símbolo da vida normal. Fundamental também na conservação dos alimentos, carnes salgadas eram encontradas entre os semitas, povos africanos e asiáticos. Sua importância ficou bem evidenciada na Europa na Idade Média – naquela época, o pote em que ficava guardado era não só uma peça artística mas também valia como um parâmetro da importância das pessoas à mesa: quanto mais longe do saleiro, menos prestigiado era o convidado. No Brasil, seu uso foi propagado pelos portugueses. Ver também a descrição mais detalhada de alguns tipos de sal pelo seu nome de mercado.

Sal aromatizado Tempero em pó elaborado com um ou mais elementos aromatizantes misturados ao sal. São usadas sementes de aipo moídas, raiz-forte em pó, fragmentos de casca de limão, gergelim moído, folhas secas de manjericão, orégano, louro, alecrim, salsa, manjerona e uma infinidade de outras alternativas.

Sal defumado Sal em cristais de cor cinza escura, defumado com fumaça de madeiras aromáticas. O processo de defumação lhe empresta sabor e perfume de tostado, que combina muito bem não só com carnes mas também com legumes e saladas. Hoje é encontrado em diversos países: um dos mais conceituados é o francês, elaborado com fumaça fria da queima de ripas de barris de carvalho, usados no envelhecimento de vinhos. O sal defumado dinamarquês também é muito aromático, preparado com métodos tradicionais, que vão desde a evaporação natural da água do mar até a secagem em recipientes sobre fogueiras feitas com galhos de cerejeira, zimbro, faia, olmo ou carvalho.

Sal de Guérande Considerado um dos melhores do mundo pelos principais chefs, este sal é extraído das salinas de Guérande, em Pays de la Loire (França). Sua produção é toda artesanal, feita por um número reduzido de famílias da região. Para manuseá-lo, utilizam-se apenas instrumentos de madeira a fim de não o contaminar com a ferrugem de metal, o que poderia comprometer seu delicado sabor. No local, encontram-se tanto o sal grosso, acinzentado, quanto a *fleur du sel* – ou flor de sal –, cristais obtidos da superfície da água dos tanques, brancos, delicados, especiais. Tem sabor intenso, textura crocante e deve ser incorporado ao alimento apenas na hora de servir.

Sal havaiano Sal marinho que contém uma argila vulcânica denominada *alaea*, com grande quantidade de óxido de ferro, além de mais de setenta minerais. O óxido de ferro é responsável pela sua cor avermelhada e seu gosto terroso. Não é refinado e tem sabor suave. Mesmo com uma quantidade razoável de sódio, é mais saudável que o sal comum, em razão dos outros minerais que o compõem. É tempero fundamental da cozinha havaiana tradicional e elemento de limpeza e purificação em diversos rituais das ilhas.

Sal marinho Sal extraído por evaporação da água salgada do mar, sem processo de refinamento. Cloreto de sódio puro, não recebe aditivos e tem grãos irregulares. É considerado mais saudável que o sal refinado.

Sal negro da Índia Extraído de reservas na região central da Índia, é conhecido também por *kala namak*. Composto de mais de oitenta minerais, retira-se apenas a camada superficial das salinas. O sal negro da Índia não é refinado, tem cor cin-

za-escura e solubilidade alta. Em razão da alta concentração de enxofre e ferro, tem forte sabor sulfuroso, similar ao do ovo.

Sal rosa do Himalaia Um dos mais puros do mundo, o sal rosa do Himalaia é protegido por camadas de lava, neve e gelo em uma mina no Norte do Paquistão, a 300 km do Himalaia. Tem a forma de pequenos cristais, cor rosada e sabor suave. Extraído por meio de processos artesanais, não passa por refino nem branqueamento, além de não ter aditivos. Contém cerca de 84 minerais, entre eles cloreto de sódio, sulfato de cálcio, manganês, ferro, potássio e magnésio. Tem baixo teor de sódio por porção.

Sal rosa do Peru Colhido manualmente em poças salobras do sopé dos Andes peruanos, por meio de processos artesanais antigos. Com baixo teor de sódio por porção, seus cristais têm sabor muito marcante, coloração rosa e elevado índice de umidade.

Salada Antes, o termo referia-se à mistura de vegetais crus temperados com sal, vinagre e azeite. Mais tarde, passou a referir-se também a vegetais cozidos frios, peixe, carne, cereais, ovos e outros ingredientes. A França é o país das saladas, com as mais diversas misturas e ingredientes dos mais variados. O preparo já existia no século XVI e passava a imagem de confusão, ideia que se popularizou na língua portuguesa, na qual o termo também designa um grupo de coisas misturadas, desconexas. Pode constituir um prato por si só ou ser guarnição de outro. Em geral, é servida com molho frio, como a maionese, ou vinagrete, combinação de azeite de oliva e vinagre. O molho pode ser composto de creme azedo, iogurte, outros óleos ou azeites, vinagres aromatizados etc. Além de umedecer e complementar o sabor da salada, ele ajuda a combinar os ingredientes entre si. Existem ingredientes que, por sua vez, proporcionam textura (crocância), tais como: bacon frito picado, croûtons, nozes e outros frutos secos, sementes de girassol ou de gergelim torradas etc. Os temperos podem incluir salsa, cebolinha, hortelã e demais ervas frescas, mel, casca ralada de limão ou de laranja, entre outros. Apenas no século XIX e, mais uma vez, na França, as saladas passaram a ser arrumadas de modo artístico, formando um conjunto equilibrado e bonito. Sem prestígio no Brasil colonial, época em que era considerada até mesmo um alimento vulgar de lavradores, passou a figurar nos cardápios urbanos da corte e da burguesia, que a imitava, apenas com a vinda da família real portuguesa, em 1808. Ver **Croûton**, **Maionese** e **Vinagrete**.

Salada niçoise Salada à moda de Nice, cidade francesa da região da Provence-Alpes-Côte d'Azur, na borda do Mediterrâneo, ou seja, com características da culinária provençal. É preparada com alfaces variadas, favas verdes, ovos cozidos, tomates firmes em pequenos pedaços, alcaparras, azeitonas pretas e anchovas. Temperada com azeite, sal, pimenta-do-reino e vinagre, às vezes pode conter fundos de alcachofra, pimentões vermelhos e echalotas.

Salada russa Preparo com grande variedade de pequenos pedaços de legumes cozidos, ligados por maionese. Podem ser usados legumes variados, além de peixe, frango ou carne desfiada. O prato não contém batatas. Na Rússia, é conhecida por salada Olivier, em razão de seu criador, Lucien Olivier, chef e fundador do restaurante Hermitage, um dos mais famosos de Moscou na segunda metade do século XIX.

Salada Waldorf Muito conhecida em todo o mundo, a salada Waldorf é feita com cubinhos de maçã verde, aipo, nozes e maionese. Foi criada por Oscar Tschirky, maître do nova-iorquino Waldorf Hotel, que a registrou em seu livro *The cook book*, em 1896. A receita continha, então, apenas maçãs, aipo e maionese. Ao que parece, as nozes foram adicionadas ao prato bem mais tarde, na década de 1920. Em 1934, elas já figuravam na receita incluída na obra *Ma cuisine*, do influente chef francês Auguste Escoffier, que manteve o nome. Ver **Escoffier, Auguste**.

Salamandra Equipamento para gratinar. Antigamente, era muito utilizada a manual, composta de um disco de ferro com cabo, aquecido sobre uma chama e colocado próximo à superfície a ser gratinada. Hoje, a mais comum é a salamandra constituída de uma serpentina elétrica ou a gás, embutida em forno ou equipamento específico.

Salame Embutido de origem italiana feito com carne de porco ou carnes misturadas, salgadas, temperadas e defumadas. Pode conter condimentos mais fortes ou mais suaves, além de mais ou menos gordura, de acordo com a receita e o modo de preparo, o que resulta nos diversos tipos e nas especialidades regionais. Produzido também em outros países, como o Brasil, é servido em fatias bem finas, como tira-gosto e recheio de sanduíches, ou utilizado em massas e pratos diversos.

Salammbô Pequeno doce feito com massa de carolina, no formato de um ovo grande, recheado com creme de confeiteiro aromatizado com kirsch. Para finalizar, é glaçado com fondant verde e uma de suas extremidades é salpicada de chocolate granulado. De origem francesa, foi criado em 1890 para comemorar o sucesso da ópera *Salammbô*, de Ernest Reyer, inspirada no livro de Gustave Flaubert. Ver **Carolinas, Creme de confeiteiro, Fondant** e **Kirsch**.

Salga Ver **Cura**.

Salicórnia Ver **Funcho-do-mar**.

Salitre Nitrato de potássio usado no processo de conservação de carnes com o sal comum.

Sally Lunn Pão inglês pequeno e leve para o chá da tarde, servido aberto com manteiga enquanto está quente. É preparado com farinha de trigo, fermento, leite ou creme de leite, ovos e um pouco de açúcar. Deve ser comido assim que ficar pronto. Bastante controversa, sua origem remonta, pelo menos, ao final do século XVIII, na cidade de Bath, Sul da Inglaterra. Já no século XIX, foi mencionado por Charles Dickens em um de seus livros, *The chimes: a goblin story of some bells that rang an old year out and a new year in*, publicado em 1844. Mais tarde, foi levado para os Estados Unidos e tornou-se um alimento popular nas cidades do Sul do país.

Salmão (Família *Salmonidae*) Nome hoje atribuído a diversas espécies de peixe da família *Salmonidae*. Migrador, o salmão nasce nos rios, vive no mar e volta ao rio para reproduzir. Na Noruega, no Chile e em outros países, é criado em fazendas industriais, mas perde qualidade quando comparado ao salmão selvagem. Com três anos, pesa entre 5 kg e 10 kg. Tem carne de cor rosada e muito saborosa. Pode ser encontrado fresco ou defumado, inteiro, em postas ou filés. Suas brilhantes ovas vermelhas são também muito procuradas. Há inúmeras maneiras de prepará-lo: pode ser servido cru, cozido, assado ou grelhado, com diversos molhos e acompanhamentos. Apreciado no mundo inteiro, pratos como o gravlax e o coulibiac são à base de salmão fresco. Ver **Coulibiac** e **Gravlax**.

Salmigondis 1. Na culinária francesa do século XVII, era um ensopado à base de carnes diversas já cozidas, reaquecidas. **2.** Hoje, é um tipo de refeição festiva em que cada convidado traz um prato diferente.

Salmis Ragu da cozinha francesa tradicional, feito com aves silvestres, galinha-d'angola, pombo ou pato. Depois de levemente assada, a ave é desmembrada e seu cozimento é finalizado em um rico molho marrom, preparado com vinho tinto, cogumelos e, às vezes, trufas. É servido com triângulos de pão fritos em manteiga. O nome é uma abreviação de *salmigondis*. Ver **Salmigondis**.

Salmonela Bactéria muito encontrada em ovos e aves cruas, destruída em temperaturas acima de 60 °C. Deve-se ter certeza de que as aves estão inteiramente cozidas antes de servi-las.

Salmoura Solução de água e sal usada para salgar por igual e lentamente os alimentos que nela ficam de molho.

Salpicão 1. Prato à base de carne cozida desfiada – em geral, de frango ou peru –, misturada com legumes crus ou cozidos, cortados em tiras finas e longas, e ligados com molho de maionese. É servido como *hors d'oeuvre* ou primeiro prato. Ver **Hors d'oeuvre**. **2.** Enchido português da região de Trás-os-Montes, de espessura grossa, feito com a carne do lombo ou do pernil do porco marinada em vinha-d'alhos por 48 horas. Depois de preenchida, a tripa deve ser seca em fumeiro por, pelo menos, 12 horas.

Salpicar Sinônimo de polvilhar, cujo significado é fazer cair aos poucos, de modo a espalhar sobre um alimento ou prato ingredientes em pó ou bem picados, como farinha, açúcar, canela, salsa picada etc.

Salpicon Mistura francesa de diversos ingredientes cortados em pequenos cubos e umedecidos com molho. É usado como recheio de tartelettes, canapés, pequenas massas e peças de carne, entre outras preparações. O nome varia de acordo com os ingredientes empregados: *salpicon à la royale*, trufas e cogumelos com purê de galinha; *salpicon d'anchois*, filés de anchova cortados em cubinhos quentes ou frios, dependendo da receita; *salpicon de pommes de terre*, batatas cozidas cortadas em cubo, misturadas com molho de maionese. Também é preparado com frutas – cruas, cozidas ou cristalizadas –, que podem ser maceradas em licor e regadas com calda de açúcar ou creme. Nesse caso, é utilizado para rechear ou acompanhar pastelarias e doces diversos. Ver **Royale** e **Tartelette**.

Salsa 1. (*Petroselinum crispum*) Uma das ervas mais utilizadas na cozinha, pode guarnecer tudo: saladas, peixes, assados de carne, legumes etc. Usada desde a Antiguidade, todas as suas partes – folhas, raízes e grãos – são aproveitadas como condimento. Considerada estimulante cerebral, era alimento importante para os guerreiros antes das batalhas e vista pelos poetas, como o grego Anacreonte, como símbolo da alegria. Pode ser encontrada fresca ou seca. Existem dezenas de variedades, algumas delas bastante decorativas. Resiste bem à fervura e à fritura. É condimento obrigatório na persillade. Ver **Persillade**.

2. Palavra italiana que designa molhos, de modo geral. 3. Na culinária mexicana, salsas são molhos, tanto de misturas frescas como cozidas, e podem apresentar diferentes texturas e consistências.

Salsão Ver **Aipo**.

Salsicha No Brasil, é um embutido de consistência macia e textura mais homogênea que a da linguiça, por ser resultante de um processo de emulsificação da carne. É comercializada cozida. Em outros países, entretanto, as *sausages* (em inglês), *saucisses* (em francês) e *würste* (em alemão) correspondem a um conjunto mais variado de embutidos. O termo "salsicha" provém do latim *salsicia*, derivado de *salsus*, que significa salgado. O preparo de salsichas iniciou-se como um processo de conservação de carnes animais. Já eram preparadas na Grécia, onde denominavam-se *oryae*, e muito valorizadas em Roma, como alimento das classes mais abastadas. Nesse período, o modo de preparo era simples e sem temperos. As experiências com diversas carnes e com o uso de especiarias começaram apenas na Idade Média. Hoje, as salsichas são elaboradas com a mistura de carnes, gordura, temperos e conservantes. Diferem entre si em razão da maneira como são elaboradas, das carnes e temperos usados, dos aditivos e do processo de cura etc. Em grande parte, mistura-se carne de porco com outra carne, mas existem também as que são feitas com apenas um tipo, como frango, vitela, carneiro, carne bovina etc. Algumas são extremamente temperadas e outras, muito suaves. Podem ser frescas, cozidas, frescas e defumadas, cozidas e defumadas ou secas. As secas são as mais duráveis. O modo de preparo e o consumo variam conforme cada tipo: crua, fervida, grelhada ou frita. As culinárias alemã, austríaca e polonesa são imbatíveis na elaboração desses embutidos e apresentam rica variedade. Ver o nome da salsicha.

Salt Sal, em inglês. Ver **Sal**.

Saltear Técnica culinária que consiste em cozer carnes, aves, frutos do mar ou vegetais em fogo forte e com pouca gordura, movimentando a frigideira para o alimento não grudar no fundo. O processo é rápido, por isso os alimentos que serão salteados devem ser naturalmente macios ou estar já parcialmente cozidos.

Saltfish Ingrediente popular da cozinha caribenha, é um peixe seco salgado, em geral o bacalhau, embora possa ser preparado com outro peixe. Devem ser escolhidos os segmentos de carne branca e ainda recoberta de pele. Encontrado em pedaços, quando armazenado em ambiente escuro e frio dura indefinidamente. Antes de ser utilizado, é necessário deixá-lo de molho para dessalgá-lo e reidratá-lo. Ver **Bacalhau**.

Saltimbocca Excelente prato da cozinha italiana feito com escalopes finos de vitela, abertos ou enrolados, com fatias de presunto, acrescidos de folhas de sálvia fresca, salteados na manteiga e, depois, cozidos em vinho branco até ficarem macios. É servido com purê de batatas e conhecido também por *braciolette* e *uccelletti scappati*. Embora o preparo de cada um possa variar, a base é sempre a mesma.

Sálvia (*Salvia officinalis*) Planta de inúmeras virtudes medicinais, motivo pelo qual recebeu o nome derivado do latim *salvare*, que significa salvar, curar. Considerada a erva de Zeus e de Júpiter, foi usada por gregos e romanos como condimento precioso. Por ser sagrada, o ato de colhê-la exigia uma série de ritos. Em uma das instruções, os romanos desaconselhavam o uso de ferramentas de ferro, o que é perfeitamente lógico, visto que os sais de ferro são incompatíveis com a sálvia. Tanto gregos como romanos mascavam as folhas conservadas em vinagre ou usavam-nas frescas nas saladas. O chá de sálvia foi muito apreciado até o século XVII como protetor da saúde. Antes da chegada das especiarias do Oriente à Europa, ela era o mais importante condimento aí utilizado. É uma planta resistente, que alcança cerca de 45 cm de altura, tem folhas rugosas de cor verde-acinzentada e flores azuladas, púrpuras ou brancas. É encontrada fresca ou seca e pode aromatizar quase tudo: carnes, aves, peixes, vegetais, saladas, ovos, queijos, marinadas. Proporciona sabor especial à sopa de alho, quando colocada fresca e picada em sua superfície, ao servir. Em pastas de queijo, também fica excelente. Não deve ser misturada a outras ervas, pois perde em aroma.

Samak mah taratur Prato de peixe mais famoso da cozinha sírio-libanesa, em que o animal (pescada ou namorado), depois de temperado com azeite, suco de limão, sal e pimenta síria, é assado lentamente no forno, em fogo baixo. É levado à mesa regado com o molho taratur, à base de pasta de gergelim e temperos. Ver **Taratur**.

Sambal Pasta condimentada bastante utilizada na Indonésia, Malásia e no Sul da Índia. Com diversas variações, é geralmente servida como acompanhamento picante ou como tempero de arroz, ensopados e outros pratos. Os ingredientes são triturados juntos, em pilão, até se transformarem em pasta espessa. Podem ser usados crus ou ser cozidos antes, o que abranda a picância. A *sambal ulek*, mais simples, é composta da mistura de pimentas *Capsicum* e sal e usada muitas vezes como pasta-base para outro sambal. Já a *sambal bajak* contém pimenta *Capsicum* frita, alho, folhas de limão kaffir, cebolas, pasta de camarão, galangal e concentrado de tamarindo, e pode ainda ser acrescida de outros ingredientes, como noz-da-índia (*Aleurites moluccanus*) e leite de coco. Ver **Galangal**, **Pimenta Capsicum** e **Tamarindo**.

Sambuca Licor italiano à base de anis-estrelado e, às vezes, sabugueiro (*Sambucus nigra*), alcaçuz ou outros aromatizantes. Com teor alcoólico em torno de 42%, há três variedades: incolor, denominado branco; azul-marinho, conhecido por negro; e vermelho. Como toda bebida alcoólica à base de anis, torna-se branco se acrescido de água. Seu consumo é particularmente indicado após o café ou como acompanhamento deste. Uma maneira tradicional de servi-lo é *con la mosca*, ou seja, com três grãos de café no copo. Ver **Alcaçuz** e **Aniz-estrelado**.

Samovar Em russo, significa "que ferve por si". Era inicialmente uma pequena caldeira para aquecer líquidos, com um tubo central onde colocavam-se as brasas. Portátil, era usada na cozinha e nas salas. Útil sobretudo para ferver a água do chá, sua forma evoluiu para a de um bule de metal, montado sobre um suporte também metálico que o sustenta sobre um fogareiro. Presente nas salas mais nobres, tornou-se peça decorada e produzida com diversos metais. Os primeiros registrados, do século XVIII, são da região de Tula, ao Sul de Moscou. Ainda usados hoje, continuam com a mesma função de aquecer a água para o chá.

Samsø Queijo dinamarquês de massa amarelo-pálida, com grandes olhaduras,

O nome é o mesmo da ilha onde foi criado, próxima à península da Jutlândia. Fabricado com leite de vaca integral, quando novo tem sabor suave e doce; mais maduro, torna-se forte e acre. Com formato de disco ou de bloco, assemelha-se ao emmenthal. É usado como sobremesa e em culinária, no preparo de fondues e gratinados. Ver **Emmenthal** e **Fondue**.

Sanduíche Alimento frio ou quente, preparado com diversos tipos de recheio entre duas ou mais fatias de pão. Utilizam-se pão branco, integral, preto, de fôrma, francês, bisnaga, entre outros. A ideia de colocar um alimento entre duas fatias de pão não é recente como muitos pensam. Os escravizados que remavam nas galeras romanas já recebiam uma ração de *picea*, disco de massa cozida de farinha e água, dobrado sobre vegetais ou peixe. O termo "sanduíche", entretanto, apareceu apenas no século XVIII. John Montagu, 4° Conde de Sandwich, inglês e comandante de forças navais, era também um jogador. Em 1762, jogou por mais de 24 horas sem parar, alimentando-se somente de pedaços de rosbife embrulhados em fatias de pão. Um parceiro de jogo apelidou o alimento de *sandwich* e o nome foi mantido. Ver **Picea**.

Sangiovese (*Vitis vinifera*) Cepa de uva da Itália Central, uma das mais cultivadas em todo o país. É básica na elaboração do Chianti.

Sangria Tradicional ponche espanhol feito de vinho tinto, água mineral, açúcar, frutas e gelo. A fórmula extremamente familiar e popular nasceu em casas humildes antes de chegar aos grandes salões. A referência a *sangre* (sangue), implícita em seu nome, não é gratuita – deve-se à sua cor original, proporcionada pelo vinho tinto. Ver **Ponche**.

Sangrita Confundido, às vezes, com a sangria, este drinque mexicano tem inúmeras variações. Sua base, entretanto, é suco de tomate, suco de laranja, suco de limão ou de lima, temperados com pimenta *Capsicum* em pó ou molho tabasco. É servido frio com uma dose de tequila, para realçar o sabor da bebida alcoólica. Ver **Pimenta Capsicum** e **Tequila**.

Sangue O sangue dos animais é usado não só como alimento mas também como fonte de diversos atributos simbólicos, em diferentes culturas, há bastante tempo. Guerreiros mongóis tinham o hábito de beber sangue fresco e, ainda hoje, os Maasai, na Tanzânia, seguem a prática, sobretudo nos deslocamentos com o gado. Bastante utilizado na culinária, é usado como substância engrossante em diversos pratos, como a galinha ao molho pardo, e como base ou complemento em muitos embutidos, por exemplo a morcela, o chouriço doce ou o *black pudding*. Para não talhar, não deve ser fervido e, ao ser recolhido, deve-se acrescentar um pouco de vinagre. Ver **Black pudding**, **Chouriço doce** e **Morcela**.

Saint Raphaël® Marca de aperitivo de origem francesa, à base de mosto de uva acrescido de aguardente de vinho, aromatizado com quinquina, laranjas-amargas, baunilha e amêndoas de cacau. É produzido em duas versões: a *rouge*, cuja base é o vinho tinto, e a *ambré*, feita com vinho branco. Criado no século XIX, naquela época era vendido em farmácias como fortificante. Tornou-se mais conhecido fora da França depois da Exposição Universal de 1900, em Paris. Tem graduação alcoólica de 16%.

Sansho Tempero japonês feito com a parte externa da semente madura do ar-

busto pimenta-do-japão (*Zanthoxylum piperitum*), seca e reduzida a pó. Extremamente saboroso e perfumado, sem muita picância, provoca leve dormência à boca. É usado em sopas e peixes grelhados.

Santola (*Maja brachydactyla*) Espécie de caranguejo comestível encontrada no norte do Mediterrâneo e do Oceano Atlântico, bem como em toda a costa atlântica africana. Tem carapaça em forma de coração, com muitas protuberâncias. Quando adulto, mede cerca de 18 cm de comprimento. Não deve ser confundido com a *centolla*, de outra espécie. Ver **Centolla**.

Santorini Ilha grega de solo vulcânico, uma das regiões de produção de vinho da Grécia desde a Antiguidade. Por sua doçura, alto teor alcoólico e resistência às viagens marítimas, o vinho de Santorini tornou-se um atrativo para os mercadores venezianos do Renascimento, o que o fez bastante conhecido em toda a Europa. Suas vinhas são imunes à filoxera. Hoje, o vinho de mesmo nome produzido na região é preparado principalmente com uvas Assyrtiko, cepa branca autóctone. É intenso e seco, com notas aromáticas de limão e minerais. O local também fabrica o Vinsanto, vinho de sobremesa elaborado com uvas secas ao sol, para concentrar seu teor de açúcar. Ver **Vinsanto**.

Sapindor Licor francês feito em Pontarlier, região das montanhas do Jura, desde 1825, com ervas verdes que lhe dão sabor forte e picante. Sua garrafa assemelha-se a um tronco de pinheiro (*sapin*, em francês).

Sapoti (*Manilkara zapota*) Fruto da sapota, árvore da família das sapotáceas. Originária da América Central e do México, foi trazida para o Brasil no século XVIII, primeiro para o Amazonas, depois para o Sul. Seu nome é derivado do nahuatl *tzapotl*. Rica em látex, é base para a goma de mascar. O sapoti tem casca marrom, seca, e polpa parda, carnuda e doce. Suas sementes são pretas e luzidias.

Sapsago Ver **Schabziger**.

Saquê Vinho de arroz conhecido também por *nihon-shu* (vinho japonês), é a bebida nacional do Japão, tão importante e difundida quanto o chá. Costumava-se dizer antigamente que o saquê era o melhor dos medicamentos. No período Muromachi (1338-1573), foram enumeradas as "dez virtudes do saquê". Em um livro do período Edo (1603-1867), há uma elegia da bebida com a relação dos seguintes efeitos positivos: estimula o apetite, liberta do estresse, restabelece a autoconfiança, faz companhia na solidão, abre o espírito, refresca no verão e aquece no inverno, neutraliza toxinas e reforça a ação dos medicamentos. Por tudo isso, os antigos consideravam o saquê um néctar do céu, assim como faziam referência à maneira adequada de bebê-lo – parcimoniosamente e acompanhado de alimentos próprios (ricos em proteína e vitamina B2) para conservar a boa atividade do fígado. Tem teor alcoólico de 15% a 17% e é feito com arroz lavado, cozido no vapor e fermentado. Depois de filtrado, amadurece em tonéis. É servido tradicionalmente quente em pequenos copos de porcelana, aquecido em banho-maria até que alcance temperatura entre 30 ºC e 60 ºC. Hoje, entretanto, é usual servi-lo também frio (entre 5 ºC e 15 ºC). É muito utilizado para temperar a comida. Depois de abrir a garrafa, ela deve ser guardada em refrigerador e consumida em até três semanas.

Sarah Bernhardt Consomê da cozinha francesa, feito com caldo de galinha engrossado com polvilho de mandioca e acompanhado de *quenelles* de carne de frango, trufas, pontas de aspargos e tutano cozido. Seu nome é uma homenagem à famosa atriz francesa. Ver **Quenelle, Polvilho, Trufa** e **Tutano**.

Sarapatel 1. Guisado feito com sangue coalhado, tripas, fígado e toucinho de porco, picados e temperados com limão e temperos verdes e secos. É originário do Alentejo (Portugal), onde é servido com fatias de pão ou batatas cozidas. No Brasil, serve-se com farinha de mandioca e molho de pimenta-malagueta. Tradicional no Nordeste, é muito popular no Ceará, em Pernambuco e na Bahia. Ver **Farinha de mandioca** e **Malagueta**. **2.** Levado pelos portugueses também para Goa, na época da colonização, lá é preparado com açafrão, água de tamarindo, cravo e cominho, além dos outros ingredientes. É consumido com appam (pão com aspecto de panqueca) e arroz cozido. Ver **Açafrão, Appam** e **Tamarindo**.

Sarapatel de tartaruga Prato muito apreciado na Amazônia, preparado com os miúdos e o sangue da tartaruga. Não muito diferente do sarapatel tradicional na maneira de preparar, é característico, entretanto, pelos ingredientes utilizados. O sangue da tartaruga deve ser aparado com vinagre, para não talhar. Os miúdos (fígado, tripa), as patinhas, a gordura e os pedaços de carne são lavados, picados e refogados com alho, sal, cebola e pimenta, aos quais acrescenta-se água até cozinhar. Por último, adiciona-se o sangue, que deve ser bem misturado até engrossar e apresentar consistência de papa grossa. De preferência, o preparo é servido dentro do casco, queimado previamente no forno, com arroz branco. Ver **Sarapatel**.

Sardella Pasta picante originária da Calábria (Itália), à base de filhote de sardinha, *peperoncino* (pimenta *Capsicum*) e erva-doce. Em italiano, *sardella* significa sardinha. No preparo tradicional da comuna de Crucoli, depois de lavar o peixe fresco em água, este é colocado para secar em cestos com um pouco de sal. Em seguida, em um recipiente de barro, são feitas camadas com o peixe, sal e a erva-doce selvagem. A mistura matura por seis ou sete meses, antes de ser amassada à mão, com a adição de sementes de erva-doce e de uma boa quantidade da pimenta cultivada no local em pó. A sardella foi trazida para São Paulo pelos imigrantes italianos oriundos da Calábria. A receita foi adaptada e passou a ser preparada com alici (anchovas em conserva), pimentão vermelho, tomate, louro, alho, pimenta dedo-de-moça e erva-doce. É servida como antepasto, com fatias de pão e azeite de oliva. Ver **Alice, Dedo-de-moça, Erva-doce** e **Sardinha**.

Sardinha (Família *Clupeidae*) Peixe de mar bastante consumido em todo o mundo, de porte pequeno (15 cm a 30 cm) e carne vermelho-escura. Pertence à família dos clupeídeos, como o arenque, e tem diversas espécies. De carne bastante perecível, deve ser consumido de imediato quando fresco ou ser tratado para conserva. Seu nome vem do latim *sardina*. É comercializado fresco ou em conserva, enlatado.

Sarma Prato da cozinha turca feito de verduras recheadas, enroladas e cozidas. O tipo de verdura utilizada varia conforme a região; podem ser usadas folhas de videira, de aveleira, de cerejeira, de repolho, de couve, de alface e de espinafre, entre outras. O recheio também é variável, pode ou não incluir carne, mas o arroz

ou o triguilho são elemento fundamental. Trata-se de uma categoria de preparo diferente da dolma, em que são utilizados como ingrediente externo legumes, cortes de carne ou peixes. Ver **Dolma** e **Legumes e verduras recheados**.

Sarnambi Ver **Lambreta**.

Sarrabulho Preparo português de porco, em que o sangue cozido é item fundamental. Presente em várias regiões do país, os outros ingredientes empregados variam bastante.

Sarraginée Prato de enguia característico da culinária francesa do fim da Idade Média. Era preparado com enguias previamente fritas, depois fervidas com pão, vinho, agraço (tempero à base do suco da uva verde) e açúcar. No final do cozimento, acrescentavam-se especiarias, como canela, alfazema e cravo-da-índia. Ver **Agraço** e **Enguia**.

Sarteno Queijo produzido na cidade de Sartène, no sudoeste da Córsega. Diz-se que já era fabricado no tempo dos romanos. Feito com leite de cabras ou com a mistura de leite de ovelhas e de cabras, tem a forma de bola achatada, com 13 cm de diâmetro por 10 cm de altura, e pesa cerca de 2 kg. Amadurece por três meses em porões secos e deve ser saboreado jovem, quando tem textura firme, mas não quebradiça, além de sabor e perfume fortes. Com mais idade, torna-se duro e deve ser utilizado ralado.

Sashimi Prato japonês que consiste em fatias finas de lombo de peixe ou frutos do mar crus. Não há dúvidas de que a maneira de preparar conserva o sabor dos ingredientes em toda a sua essência. Diversos peixes e frutos do mar podem dar origem a um bom sashimi, mas é fundamental que estejam bem frescos. Um dos mais valorizados é o atum, *maguro*, cuja carne tem três cortes principais, com diferentes características: *otoro maguro*, *chutoro maguro* e *akami maguro*. De acordo com quatro técnicas básicas, o filé de peixe pode ser cortado em fatias retangulares (*hira-zukuri*), em tiras (*ito-zukuri*), em cubos (*kaku-zukuri*) ou em lâminas finíssimas (*usu-zukuri*). O sashimi é servido com nabo cru cortado em tiras bem finas. É temperado com molho de soja (shoyu), gengibre em conserva (beni shoga), molho *ponzu* e *wasabi*. Ver **Atum**, **Beni shoga**, **Molho de soja** e **Wasabi**.

Sassafrás (*Sassafras albidum*) Árvore típica do sudeste dos Estados Unidos, entre muitos outros lugares no país, cuja casca é usada para produzir um tempero muito utilizado na cozinha de Nova Orleans. Da família das laureáceas, tem diversas espécies. Todas as suas partes podem ser utilizadas na culinária e suas raízes, por exemplo, são bastante usadas em infusões.

Sassate Espetinhos de carne de cabrito do Timor Leste, de origem árabe. A carne é cortada em cubos e colocada em espetos de bambu, sem tempero. Prepara-se um molho refogado com alho, cebola, azeite, molho de soja, amendoim torrado e moído, açúcar refinado, tamarindo, vinagre e pimenta-malagueta. O molho, depois de pronto, deve descansar por cerca de uma hora para apurar o gosto. Fica espesso e escuro. A carne é grelhada sobre brasas, pincelada sempre com o molho, e servida com arroz branco. Ver **Amendoim**, **Malagueta** e **Tamarindo**.

Satay Espetinho de carne vermelha, de peixe ou de ave encontrado nas cozinhas

indonésia, tailandesa e malaia, conhecido também por *saté*. É derivado do kebab árabe. A carne geralmente é marinada com molho de soja, suco de lima, alho, açúcar e outros temperos, antes de ser grelhada sobre carvão. O satay costuma ser acompanhado de molho de amendoim. Ver **Kebab**.

Sauce Palavra francesa e inglesa que significa molho. Ver **Molho** ou o nome do molho.

Saucier Palavra de origem francesa que nomeia o cozinheiro encarregado do preparo dos molhos.

Saucisse Salsicha ou linguiça, em francês. Ver **Salsicha**.

Saucisse de Toulouse Linguiça originária de Toulouse (França), feita com carne e gordura de porco picadas grosseiramente e temperadas com sal e pimenta-do-reino. O nome não é definido legalmente, portanto podem ser encontrados também produtos com outros temperos e aditivos variados. É comercializada fresca e deve ser cozida antes do consumo. É ingrediente fundamental do *cassoulet*. Ver **Cassoulet**.

Saucisson d'Arles® Embutido francês feito com carne de porco e de boi, gordura de porco, vinho tinto e temperos. Depois de ensacado, é seco por três meses. Pode ser utilizado como aperitivo ou em sopas e cozidos. Teria sido levado de Bolonha (Itália) para Arles no século XVII e a tradição é mantida pela Maison Genin desde 1877.

Sauerbraten Expressão alemã para "assado azedo", *sauerbraten* é uma especialidade do país, feita com carne bovina marinada em vinho, vinagre e temperos, dois ou três dias antes do preparo. Após esse tempo, a carne é escorrida, selada e, então, braseada com a marinada. O tratamento a deixa extremamente macia e com delicioso molho. Em geral, é servida com knödel, purê de maçã ou repolho roxo. Ver **Knödel**.

Sauerkraut Ver **Chucrute**.

Sausage Salsicha e linguiça, em inglês. Ver **Salsicha**.

Sauter Saltear, em francês. Ver **Saltear**.

Sauternes Sub-região vinícola de Bordeaux (França), conhecida produtora de vinhos brancos licorosos. As comunas de Barsac, Preignac, Sauternes, Bommes e Fargues são as únicas na França que podem usar o nome. São bebidas elaboradas com uvas cuidadosamente selecionadas e atacadas pela "podridão nobre". Depois de desidratarem e aumentarem a concentração de açúcar, elas são a base para vinhos ricos, doces e aveludados, sem adição artificial de qualquer outro elemento. Os melhores representantes do estilo podem ser obtidos apenas nas grandes safras. As uvas de Sauternes são a Sémillon, a Sauvignon Blanc e a Muscadelle. Alguns dos principais produtores são: Château D'Yquem (classificado como *Premier Cru Supérieur*), Château Guiraud, Château La Tour Blanche, Château Lafaurie-Peyraguey. Ver **Botrytis cinerea**.

Sauvignon Blanc (*Vitis vinifera*) Uma das uvas brancas do Vale do Loire (França), usada sobretudo nas sub-regiões de Sancerre, Pouilly-sur-Loire e Pouilly-Fumé. Com ela são elaborados vinhos brancos secos, leves, com boa acidez e extremamente aromáticos. É também utilizada em outras regiões francesas, como

Bordeaux, na Nova Zelândia e no Chile, onde produz alguns dos melhores brancos.

Savarin 1. Bolo em forma de grande anel, criado na França por Michel e Auguste Julien. Foi batizado em homenagem ao gastrônomo Brillat-Savarin, amigo e mestre dos dois. A massa – a mesma do baba ao rum, porém sem as passas – é semilíquida e levedada, com consistência muito fofa depois de assada. Ainda quente, o bolo é banhado em rum misturado com calda de açúcar. Seu centro é recheado com creme de confeiteiro ou chantili e frutas. Ver **Baba ao rum** e **Brillat-Savarin, Jean Anthelme**. 2. Consomê francês feito de caldo de frango com aipo, cenouras e cogumelos, engrossado levemente e servido com *quenelles*. Ver **Quenelle**.

Saveloy Embutido de origem inglesa, defumado e similar a uma salsicha. Bastante temperado e colorido de vermelho, é vendido já cozido. É preparado com carne e gordura de porco, amido de batata, temperos variados, emulsificantes e conservantes. Saveloy seria uma derivação da palavra francesa *cervelas*. É também muito popular na Austrália e na Nova Zelândia. Ver **Cervelas**.

Savoie Região montanhosa do Leste da França, rica em produtos frescos e naturais, como peixes de água doce e caças, e com pastelaria variada. É importante centro gastronômico. À la savoyarde é uma expressão que caracteriza pratos feitos com ovos, creme de leite, queijo gruyère e batatas. Um de seus biscoitos mais típicos é o *biscuit de Savoie*, de massa levemente esponjosa.

Savoury 1. Termo inglês que antes designava o serviço final de uma refeição formal britânica, em que se oferecia algo pequeno apenas para limpar o paladar para o vinho de sobremesa. Hoje, é utilizado para denominar pequenos petiscos servidos como aperitivo ou um prato mais substancial, consumido no chá ou na ceia. 2. *Savoury*, em inglês, também significa (prato) condimentado ou que não é doce.

Sazerac Coquetel criado no Sazerac Coffee House, em Nova Orleans, hoje preparado com uísque de centeio (*rye whiskey*), calda ou torrão de açúcar, bebida alcoólica à base de absinto e *bitters*. Antes era elaborado também com o conhaque Sazerac de Forge et Fils. Ver **Absinto, Bitter** e **Uísque americano**.

Sbrinz Queijo suíço dos cantões de Lucerna, Schwyz, Unterwald e Zoug, elaborado com leite cru de vaca. Amadurece por, no mínimo, 18 meses, tem forma cilíndrica, além de casca e massa dura. Gorduroso e bem grande, sua massa é densa, amarela e frágil. É um queijo de mesa que, por ficar bastante ressecado e endurecido, é mais utilizado ralado ou quebrado em pedaços, como aperitivo. Daí ser conhecido também por *fromage à raper* ("queijo de ralar"). Muito semelhante ao parmigiano, foi criado na Suíça como alternativa à importação deste. Tem Appellation d'Origine Protégée (AOP). Ver **Parmigiano**.

Scallop 1. Vieira, em inglês. Ver **Vieiras**. 2. Escalope, em inglês. Ver **Escalope**.

Scaloppine alla milanese Ver **Bife à milanesa**.

Scamorza Queijo italiano do tipo *pasta filata*, feito com leite de vaca integral e proveniente da Campânia. De textura firme e sabor levemente salgado, é um híbrido da muçarela e do *caciocavallo*, em

razão de seu gosto e de sua forma (corpo, pescoço e cabeça) similar a uma *testa mozzata* (cabeça decepada), a qual também explica seu nome. Amadurece por cerca de duas semanas, quando adquire bela tonalidade de amarelo dourado. Com 44% de gordura, tem textura firme e macia, além de sabor suave. É também encontrado defumado. Ver **Caciocavallo** e **Muçarela**.

Scampo Lagostim, em italiano. No plural, *scampi*. Ver **Lagostim**.

Schaumtorten Torta clássica austríaca elaborada com uma camada de merengue. É assada no forno, recoberta com frutas e enfeitada com creme de leite batido firme.

Schiacciata Massa de pão do mesmo estilo da focaccia, aberta em círculo como uma pizza grossa. De cobertura variada e assada no forno, na Toscana é produzida em duas cidades – Grosseto e Montiano –, com o selo de Produto Agroalimentar Tradicional (PAT).

Schinkenwurst Salsicha alemã preparada com presunto, bacon, pedaços de carne de porco e bovina, alho e especiarias. Depois de ensacada, é defumada ou cozida. Pode ser grelhada ou frita antes de ser servida.

Schlag Creme batido ou chantili, em alemão. Ver **Creme chantili**.

Schnapps Palavra em alemão, também adotada em inglês, que nomeia qualquer bebida alcoólica. É um termo similar à aguardente ou *eau-de-vie*. Grafa-se também *schnaps*. Em geral, refere-se à aguardente de cereais, branca e forte, ou ao destilado de frutas ou ervas. Tem teor alcoólico sempre alto. No Sul da Alemanha, na Áustria, na Suíça e na Alsácia (França), as frutas mais utilizadas para esse tipo de bebida são maçã, pera, ameixa, abricó e cereja. No Norte da Alemanha, usa-se mais os grãos. Ver **Aguardente** e **Eau-de-vie**.

Scone Pequeno pão originário da Escócia. Diz-se que o nome foi uma homenagem a *Stone of Destiny* (Pedra do Destino) ou *Scone*, local onde eram coroados os reis escoceses. Era feito antigamente com farinha de aveia, leitelho ou leite azedo, no formato de um disco, assado em grelha e depois cortado em triângulos para ser servido. Hoje em dia, é preparado com diversos tipos de farinha, inclusive a de trigo, em diferentes formatos e assado em forno. Há scones doces e salgados. É servido no desjejum, em lanches ou no chá. Ver **Aveia** e **Leitelho**.

Scotch broth Sopa escocesa tradicional, geralmente feita com carneiro, cevada e outros grãos e vegetais. Por não ter uma receita específica, são usados os legumes e as hortaliças da época. Trata-se de um caldo forte e encorpado, de cozimento lento, conhecido também por *barley broth*. Já fazia parte da cozinha caseira da Escócia no século XVII. Hoje é industrializada e vendida enlatada.

Scotch whisky Ver **Uísque escocês**.

Seasoning Tempero, em inglês. Ver **Tempero**.

Seaweed Alga, em inglês. Ver **Algas**.

Sebo Gordura animal saturada, seca e firme, presente nos rins de bovinos e ovinos. Muito usado na Inglaterra – onde denomina-se *suet* – para pastelaria e pudins, é vendido empacotado em tiras, pronto para uso. Se comprado fresco, entretan-

to, deve-se retirar todas as membranas e picá-lo bem fino com um pouco de farinha para evitar que grude. Antigos livros ingleses de culinária sugerem que a melhor maneira de manter o sebo fresco é enterrá-lo no depósito de farinha. É um ingrediente fundamental do *Christmas pudding* inglês. Ver **Christmas pudding** e **Suet crust**.

Sechuang Ver **Szechuang**.

Segurelha (*Satureja hortensis*; *Satureja montana*) Erva aromática muito resistente, que cresce na forma de lindas touceiras, com cerca de 40 cm de altura. Tem galhos finos, cobertos de folhas densas e com flores que vão do rosa pálido ao púrpura. A palavra *satureia*, nome latino da segurelha, vem de *sátiro*, ser mitológico, meio homem, meio bode, que tocava flauta, perseguia e seduzia as ninfas dos bosques. A segurelha era famosa entre os gregos por suas supostas qualidades afrodisíacas, mas trata-se somente de um ótimo digestivo e um saboroso tempero. Comercializada fresca ou seca, condimenta muito bem carnes, aves, peixes, salsicharia, feijões, lentilhas, favas, sopas etc., além de ser excelente para preparar vinagre aromático, patês e vinha-d'alhos. É também uma das ervas que compõem a Chartreuse. Ver **Chartreuse**.

Seksou Denominação do cuscuz no Norte da África, sobretudo na Argélia e no Marrocos. Ver **Cuscuz**.

Sekt Palavra alemã que designa o vinho espumante. Ver **Vinho espumante**.

Sel Sal, em francês. Ver **Sal**.

Seltzer Ver Água seltzer.

Semi di melone Pequena massa alimentícia italiana na forma de sementes de melão, como diz o nome. Em geral, é empregada em sopas e caldos.

Semillon (*Vitis vinifera*) Cepa de uva mais importante da sub-região de Sauternes, em Bordeaux (França). É usada na produção de vinhos equilibrados, de aroma intenso e característico, e com grande concentração de açúcar. Divide com a Sauvignon Blanc a elaboração dos brancos secos da região. Usada tradicionalmente nos vinhos brancos argentinos, também é cultivada na Austrália e na África do Sul.

Sêmola e semolina Resultantes da trituração incompleta do cereal, ambas são o coração do grão, sua parte nobre. Podem ser empregados em sua produção o trigo (o mais comum), o arroz e o milho. Endosperma do cereal, a sêmola e a semolina são o que sobra depois da retirada das impurezas, da umidificação dos grãos, de sua moagem parcial e separação por peneira. A diferença entre elas é apenas a espessura: a semolina passa em peneiras mais finas e a sêmola, não. São utilizadas na elaboração de massas, cereais do desjejum, pudins, cuscuz, polenta (de milho), entre inúmeros outros alimentos. Devem ser conservadas em ambiente seco e fresco. Seu valor nutritivo é similar ao da farinha de trigo ou de milho.

Sencha Tipo de chá-verde japonês mais popular e consumido no Japão, de folhas inteiras verdes, enroladas como finas agulhas. Há diversas variedades, de acordo com o cultivar, o local onde foi plantado, o momento de colheita e o processo de produção. As características da bebida podem, portanto, variar bastante, mas geralmente apresentam frescor e equilíbrio

entre doçura e adstringência. As variedades mais apreciadas são *jo sencha*, superior, e *shincha*, da primeira colheita do ano. Ver **Chá**.

Sequestrantes Aditivos alimentares utilizados para criar estruturas químicas capazes de incorporar as substâncias metálicas potencialmente nocivas e neutralizar seus efeitos. Sua função é ajudar a manter a integridade dos alimentos. Ver **Aditivos**.

Sequilho Biscoito caseiro feito de manteiga, açúcar, farinha de trigo e ovos, cujo sabor pode variar se à massa básica forem acrescentados ingredientes como coco ralado, queijo ou nata. Seu formato e tamanho também são variáveis. Tem massa delicada, leve e quebradiça. De origem portuguesa, os sequilhos eram feitos nos conventos e na corte.

Sernambi Ver **Lambreta**.

Serpa Ver **Queijo Serpa**.

Serra Ver **Queijo Serra**.

Sertã Frigideira larga e rasa, em geral feita de ferro.

Serviço Nome do conjunto de preparos servidos em cada etapa de uma refeição formal, bem como o modo com que são apresentados aos comensais. A maneira de servir os pratos está diretamente relacionada ao tipo de preparo e vice-versa. Isso significa que, para alcançar excelência, os preparos elaborados para um bufê com grande número de convivas devem ser diferentes dos servidos a um grupo pequeno de pessoas sentadas. De acordo com Jean-François Revel (1996), "ao longo da história, as maneiras à mesa modelaram indiretamente os manjares". Serviço, do latim *servitium*, significava originalmente "condição de escravo". Apenas no século XII, o termo passou a ter o sentido atual. Algumas maneiras de servir mantêm no nome a indicação de sua origem ou de onde foram mais usadas. Ver o nome de cada serviço.

Serviço à americana Bastante prático, é muito usado sobretudo em refeições informais, com diversos convidados. Todos os pratos salgados – entradas, saladas, pratos principais e acompanhamentos – são dispostos em bufê com o uso, inclusive, de réchauds para manter a comida aquecida. Os próprios convidados se servem dos alimentos que preferirem e na ordem que quiserem. Depois, os pratos salgados são substituídos pelos doces, dispostos e servidos da mesma maneira. Ver **Bufê** e **Réchaud**.

Serviço à francesa (antigo) Como o próprio nome indica, trata-se de um estilo de serviço de mesa desenvolvido na França, na segunda metade do século XVII. Desde a Idade Média, os banquetes aristocráticos demandavam a oferta de grande variedade de pratos. A cada serviço (etapa), vários deles eram dispostos sobre a mesa ao mesmo tempo, para que anfitrião e convidados se servissem, com o auxílio de serviçais. O serviço à francesa deu continuidade a esse modelo, acrescentando, contudo, maior preocupação com a organização dos elementos. A simetria tornou-se a palavra de ordem: com base em um duplo eixo imaginário, cada recipiente e preparo ofertados em um ponto da mesa deveriam ser replicados do lado oposto. Isso fazia com que mais comensais tivessem acesso aos mesmos pratos. A refeição se desenrolava em dois, três ou quatro serviços. Em uma

refeição de três serviços, o primeiro comportava tipicamente *hors d'oeuvres*, sopas, entradas (conjunto variado de pratos) e *relevés* (pratos adicionais que ocupavam o espaço vazio deixado na mesa pela retirada dos pratos já consumidos); o segundo, assados, guarnições salgadas e doces (*entremets*); e o terceiro, a sobremesa propriamente dita: tortas, *petit fours*, docinhos, frutas. Muito dispendioso, o serviço à francesa permaneceu em voga até o final do século XIX e foi substituído aos poucos pelo serviço à russa. Ver **Serviço à russa**.

Serviço à francesa (atual) Muito diferente do serviço à francesa original (serviço à francesa antigo), os preparos são atualmente trazidos da cozinha em travessa e apresentados ao conviva, sempre pelo seu lado esquerdo. Com um prato vazio à sua frente, é o próprio convidado que se serve. Ver **Serviço à francesa (antigo)**.

Serviço à inglesa direto Serviço em que os alimentos são trazidos da cozinha em travessas e servidos pelo garçom ao cliente ou comensal, pelo lado esquerdo, no prato posicionado à frente deste. Ao que parece, é a continuação do serviço à russa tradicional, que ficou conhecido por outro nome. Ver **Serviço à russa**.

Serviço à inglesa indireto Diferencia-se do serviço à inglesa direto pelo fato de o garçom não servir imediatamente o conteúdo da travessa ao cliente ou conviva. Após ser apresentada a ele, a travessa é levada ao *guéridon*, onde é feito o empratamento. Em seguida, o prato é colocado na frente do comensal, pelo lado direito. Ver **Guéridon** e **Serviço à inglesa direto**.

Serviço à la carte Serviço de restaurante cujos pratos são apresentados em uma lista completa com seus respectivos preços, o menu ou *carte*, na qual o cliente escolhe o que quer comer. Os preparos – do primeiro prato à sobremesa – são feitos somente depois dessa escolha. Ver **Menu**.

Serviço à russa Modelo de serviço de jantares e grandes banquetes que se tornou conhecido no século XIX. Diferente do antigo serviço à francesa, os preparos não eram trazidos à mesa simultaneamente, e sim de maneira sucessiva. A comida também não permanecia sobre a mesa, em vez disso os convidados eram servidos por um *maître d'hôtel*, à medida que as travessas chegavam da cozinha. Por requerer a utilização de menos recipientes para apresentação dos preparos, o novo estilo era bem menos ostensivo e dispendioso. Em lugar das inúmeras peças de prataria que ocupavam o centro da mesa no modelo anterior, no serviço à russa os convidados encontravam uma decoração com candelabros, arranjos de flores ou de frutas. O novo serviço também era mais rápido, o que possibilitava a degustação da comida ainda quente. Não eram mais levadas à mesa grandes peças de carne: estas eram trinchadas e fatiadas na cozinha ou em um aparador no salão. As travessas eram apresentadas à esquerda de cada comensal. Os pratos individuais eram colocados e retirados pela direita. Todo o conjunto de talheres necessário à sequência completa da refeição passou a ser disposto à mesa desde o início, assim como as taças para os diversos vinhos. Esse serviço chegou a Paris no início do século XIX por intermédio de um embaixador do governo russo, príncipe Alexandre Borisovitch Kourakine, mas começou a ser mais usado apenas por volta de 1880 por influência do chef francês Urban Dubois, que havia trabalhado por anos na casa do príncipe Alexei Orloff. O serviço à russa não substituiu o à francesa (antigo) de imediato; ambos coexistiram ao longo do século XIX e o segundo permaneceu por algum tempo como o preferido para eventos grandiosos. Hoje, o serviço à russa ainda é utilizado, mas é conhecido no Brasil como serviço à inglesa direto. O serviço à inglesa indireto, variação do anterior, que utiliza o *guéridon*, denomina-se também, entretanto, serviço à russa. Ver **Maître d'hôtel**, **Serviço à inglesa direto** e **Serviço à inglesa indireto**.

Serviço empratado Em francês, *service à l'assiette*. Neste serviço, os alimentos são arrumados artisticamente, ainda na cozinha, no prato em que serão consumidos. Em seguida, este é levado ao salão e disposto à frente do comensal, pelo garçom. O preparo pode ou não chegar ao cliente recoberto de uma *cloche*, cobertura convexa de metal usada para manter a comida quente. Disseminado pela *nouvelle cuisine*, é o serviço mais comum nos restaurantes, hoje. Ver **Nouvelle Cuisine**.

Sésamo Ver **Gergelim**.

Seviche Ver **Ceviche**.

Sevruga Ver **Caviar**.

Shabu-shabu Prato da culinária japonesa variante do nabemono, cozido de carnes e vegetais feito em apenas um recipiente, na frente dos convivas. É uma terrina de caldo quente – dashi temperado somente com algas kombu –, fatias finíssimas de carne crua, vegetais crus em pequenos pedaços, além de inúmeros e variados molhos. Cada participante da refeição cozinha sua porção de carne ou vegetal no caldo quente, com o auxílio de hashis ou espeto de cabo longo, para em seguida saboreá-la com o molho de sua preferência, como o *ponzu*. Depois que todos os pedaços de carne e legumes estiverem cozidos, pode-se acrescentar algum tipo de macarrão ou arroz ao caldo, que então é servido aos participantes. Foi introduzido no Japão nos anos 1950, na cidade de Osaka, espalhou-se rapidamente por todo o país e passou a ser consumido o ano todo. É um prato de sabores menos doces que o sukiyaki. Ver **Dashi**, **Kombu**, **Nabemono** e **Sukiyaki**.

Schabziger Queijo conhecido também por sapsago ou queijo verde, feito com soro reaquecido de leite desnatado de vaca, motivo da ausência de gordura. Criado por um mosteiro de Glarus (Suíça), é produzido desde o século VIII. Em 1463, uma legislação específica foi criada para proteger a receita e a produção, com a elaboração de um carimbo identificador de autenticidade. Tem formato cônico, textura extremamente dura e sabor forte e condimentado. Por isso, é bastante empregado ralado, puro, como condimento, ou misturado com manteiga, caso em que é denominado *zigerbutter*. Sua cor verde-pálida é obtida pela adição de feno-grego azul (*Trigonella caerulea*) em pó à massa.

Shaker Coqueteleira, em inglês. Ver **Coqueteleira**.

Shallot Echalota, em inglês. Ver **Echalota**.

Shamoji Tradicional colher japonesa para mexer e servir arroz. Sua concha é rasa e redonda e, geralmente, é feita de bambu ou madeira.

Sharbat Bebida não alcoólica muito popular em todo o Sul e Sudoeste da Ásia, doce e gelada, à base de frutas ou flores e aromatizada com ervas e especiarias.

Pode-se empregar água de rosas, pétalas de rosas, violetas, sândalo, hibisco, limão, laranja, manga, tamarindo, abacaxi, gengibre, canela, menta e sementes de manjericão, entre muitos outros ingredientes. Sua consistência pode ser mais rala ou mais grossa, por isso em alguns casos deve ser ingerida com colher. Denomina-se também *shorbot* e *sherbet*. O preparo originou o sorbet. Ver **Sorbet**.

Shashlik Espeto de carnes variadas, em que o cordeiro é a carne principal. Em alguns locais, por restrições religiosas, usa-se apenas o cordeiro. Similar ao *shish kebab* da Turquia e do Oriente Médio, é muito popular no Centro-Leste Europeu (Rússia, Ucrânia, Polônia, Bielorrússia, Lituânia e Hungria) e no Cáucaso (Armênia, Azerbaijão e Geórgia). Em geral, é grelhado do lado de fora da casa, em reuniões sociais, e comporta também verduras intercaladas com a carne. Ver **Kebab** e **Shish kebab**.

She-crab soup Tradicional sopa da cidade de Charleston, na Carolina do Sul (Estados Unidos), preparada com carne e ovas de caranguejo, caldo de peixe ou de caranguejo, leite e creme de leite fresco. Trata-se de uma bisque, perfumada com xerez, macis e molho Worcestershire. Hoje, a sopa é preparada com ovas de fêmeas não fecundadas ou sem elas, por ser proibido o uso de ovas maduras. Ver **Bisque**, **Xerez** e **Worcestershire sauce**.

Shepherd's pie Tradicional torta europeia preparada com carne de carneiro ou de cordeiro, moída ou picada, pré-cozida, misturada com molho feito ou não de vegetais, colocada em uma sopeira e recoberta com batatas cozidas e amassadas. A sopeira é levada ao forno até a mistura ficar bem quente e a cobertura de batatas dourar. A torta foi criada para aproveitar as sobras do "assado de domingo". Denomina-se também *cottage pie*, sobretudo quando é elaborada com carne bovina.

Sherbet 1. Bebida gelada não alcoólica, do Sul e Sudoeste da Ásia. Ver **Sharbat**. 2. Nos Estados Unidos, pode indicar tanto um sorvete de fruta com menos açúcar, leite ou creme de leite que o sorvete cremoso (*ice cream*) quanto um sorvete feito apenas com suco de fruta, água e açúcar (*sorbet*). Ver **Sorbet** e **Sorvete**.

Sherry Ver **Xerez**.

Shichimi togarashi Condimento japonês apimentado feito com sete diferentes temperos. Seus ingredientes típicos são pimenta vermelha em flocos (*togarashi*), a parte externa das sementes do arbusto pimenta-do-japão moídas (*sansho*), sementes de gergelim, alga nori em flocos, casca de tangerina seca picada, sementes de papoula e sementes de cânhamo. Mas podem variar de acordo com o fabricante ou o cozinheiro. Esse tempero é comercializado em três versões diferentes, da mais suave à mais picante. Ver **Gergelim**, **Nori**, **Sansho** e **Togarashi**.

Shiitake (*Lentinula edodes*) Cogumelo japonês marrom-escuro com formato de chapéu, cujo diâmetro varia de 4 cm a 10 cm. É comercializado fresco ou seco. Quando está fresco, deve ser limpo com apenas um lenço de papel; seco, deve ser deixado de molho em água quente por alguns minutos antes de ser empregado, para ficar macio e suculento. O talo é utilizado para dar sabor a caldos; já a cúpula, depois de reidratada, pode ser fatiada. A água em que ficou de molho serve para aromatizar molhos e outros alimentos cozidos. O cogumelo fresco, encontrado

na primavera e no outono, é usado em sopas, risotos, pratos cozidos no vapor, grelhados e pratos preparados à mesa. O shiitake seco é utilizado no arroz e como acompanhamento.

Shimeji (*Lyophyllum shimeji*) Cogumelo pequeno, silvestre ou cultivado, cujo capuz varia do cinza pálido ao marrom-acinzentado. De haste branco-acinzentada, ele brota em tufos. Muito utilizado na culinária japonesa, é cultivado em estufas. Tem sabor suave e pode ser cozido ou grelhado.

Shioyaki Expressão japonesa que significa "grelhado ao sal" e refere-se a uma técnica de preparo de carne, ave ou peixe. Em vez de envolver a peça com molho temperado, ela é recoberta com um pouco de sal grosso e depois descansa por, pelo menos, três horas ou, idealmente, doze horas, sob refrigeração. Em seguida, é grelhada, de preferência sobre brasas. A técnica garante uma crosta crocante, cheia de sabor umami. Ver **Umami**.

Shirataki Macarrão japonês fino, translúcido e gelatinoso, feito de filamentos de *konnyaku-imo* (*Amorphophallus konjac*), bulbo tuberoso comestível. É usado, geralmente, no *sukiyaki* ou para decorar pratos. Não tem sabor, mas absorve o que predomina nas sopas ou caldos em que está mergulhado. A expressão *shirataki* significa "cachoeira branca", em alusão à aparência do macarrão. Ver **Sukiyaki**.

Shiraz Ver **Syrah**.

Shirred eggs Ver **Ovos em cocotte**.

Shish kebab Pequenos pedaços de carne grelhados no espeto sobre brasas, tradicionais na culinária da Turquia e dos países do Oriente Médio, principalmente Líbano e Irã. Shish kebab é a forma anglicizada, mais conhecida internacionalmente, do nome turco do preparo: şiş kebap. Pode ser feito com grande variedade de cortes e tipos de carne, embora a de carneiro seja ainda a mais tradicional. Em espetinhos separados são também grelhados vegetais, como pimentões, cebolas e outros. É servido com pão pita, salsa picada, molho ou salada de vegetais crus picados, e iogurte, temperado ou não. Pode também ser acompanhado de arroz ou de trigo-sarraceno. No Irã, é comum ter como acompanhamento o arroz com gemas cozidas. Preparo muito similar a este chama-se shashlik nos países do Cáucaso e Leste da Europa. Ver **Kebab**, **Pita** e **Shashlik**.

Shiso (*Perilla frutescens*) Folha aromática de textura enrugada, proveniente de um arbusto da mesma família do manjericão, muito utilizada na culinária japonesa. É empregada em saladas, sushi, sashimi e outros pratos, para ornamentação, ou empanada, nos tempura. Conhecida também por *perilla* e manjericão japonês, pode ser encontrada fresca em lojas especializadas. Ver **Sashimi**, **Sushi** e **Tempura**.

Shochu Destilado japonês com teor alcoólico máximo de 25%. Pode ser destilado do arroz, da cevada, da batata-doce ou do trigo-sarraceno, entre outros ingredientes. De sabor e aroma variáveis conforme o ingrediente-base, é consumido puro, *on the rocks*, misturado com água gelada, com água aquecida ou, ainda, em coquetéis. Encontrado com facilidade em todo o Japão, em algumas áreas é mais consumido que o saquê. Ver **Saquê**.

Shoga Gengibre, em japonês. Ver **Beni shoga** e **Gengibre**.

Shortbread Tradicional biscoito feito na Escócia para as festas de passagem de ano (*Hogmanay*) e outras ocasiões especiais. É elaborado com três partes de farinha, duas de manteiga e uma de açúcar. A forma tradicional redonda e chata vem do antigo bolo escocês *bannock*, cujas bordas eram cortadas para dar a aparência de um sol com seus raios. Hoje, entretanto, há outros formatos e pode ser enfeitado com confeitos e lascas de frutas cristalizadas antes de ser levado ao forno. Em geral, utiliza-se uma fôrma com desenhos para prepará-lo. Ver **Bannock**.

Shortcake O *shortcake* clássico americano é uma massa doce feita com farinha de trigo, açúcar, fermento, ovos, leite, manteiga e sal. Depois de assada no forno, ela é dividida ao meio na horizontal, recheada e recoberta com frutas fatiadas ou picadas, misturadas a um creme batido leve. Assemelha-se mais a uma sobremesa que a um bolo. Sua versão mais tradicional é feita com morangos.

Shortcrust pastry Massa quebradiça de confeitaria. Ver **Massa crocante ou brisé**.

Short drink Bebida servida em copo baixo, feita com um destilado temperado com licor, vermute ou frutas. Por exemplo, o Dry Martini, elaborado com gim, vermute seco e rodela de limão ou azeitona.

Shot Pequena porção de bebida alcoólica servida em recipiente de vidro pequeno (*shot glass* ou copo de shot), consumida tradicionalmente em um único gole. Denomina-se também *shooter*.

Shoyu Ver **Molho de soja**.

Shrimp Camarão, em inglês. Ver **Camarão**.

Shrub 1. Aperitivo muito comum na Inglaterra dos séculos XVII a XIX, quando entrou em desuso. Era feito com brandy ou rum, açúcar e cascas ou suco de frutas. Diz-se que foi inspirado nos cordiais medicinais. **2.** Nos Estados Unidos do período colonial, era um xarope à base de vinagre, açúcar e frutas ou suco de frutas, consumido com água. Hoje, os *shrubs* voltaram à moda entre os mixologistas e podem ser preparados com uma infinidade de frutas, ervas e outros temperos, e servidos com bebidas alcoólicas ou água carbonatada.

Sidecar Coquetel clássico à base de suco de limão, Cointreau® ou outro licor de laranja e conhaque. Deve ser preparado na coqueteleira e servido em copo baixo (*short drink*). Foi criado em Londres ou Paris, logo depois da Primeira Guerra Mundial, por volta de 1920. Ver **Coqueteleira**.

Sidra Bebida fermentada produzida com o suco da maçã, muito comum nos locais de grande cultivo da fruta, como Inglaterra, Alemanha, Espanha e França. Na Normandia (França) e em Somerset (Inglaterra), a sidra envelhece por mais de um ano, o que a torna mais forte. Pode ser consumida pura ou no ponche. No Brasil, a produção ainda é pequena. Ver **Ponche**.

Sifão Equipamento de uso culinário composto de uma garrafa de metal com entrada para ampola de gás. Esta libera o gás sob pressão, dispersando-o como bolhas muito pequenas em meio ao líquido, creme ou purê contido na garrafa. Existem ampolas com dois tipos de gás: óxido nitroso (N_2O) ou dióxido de carbono (CO_2). O sifão com óxido nitroso é utilizado no preparo de chantili e outras espumas. Já o sifão com carga de dióxido

de carbono é empregado no preparo de água carbonatada. Ver **Creme chantili**, **Espuma** e **Soda**.

Silvaner (*Vitis vinifera*) Cepa de uva branca nobre, cultivada especialmente em algumas zonas da Alemanha, França, Itália e Suíça. Na Francônia (Alemanha), é usada na produção de vinhos secos de alta qualidade.

Simnel Tradicional bolo feito em Lancashire (Inglaterra) usualmente no Dia das Mães, também associado ao domingo de Páscoa. Tem massa rica, é recheado com frutas cristalizadas e passas e recoberto com uma camada de marzipã. Às vezes, onze ou doze bolinhas de marzipã são acrescentadas como enfeite no topo do bolo para representar os apóstolos, com ou sem Judas. A origem do nome é incerta, por isso há inúmeras explicações para ele. Ver **Marzipã**.

Simpósio Reunião estritamente masculina realizada depois da alimentação da noite, na Grécia Antiga. Elemento central, o vinho era servido misturado com água e acompanhado de frutas secas, uvas e amêndoas. Os convivas bebiam e conversavam sobre todos os assuntos que despertassem interesse. O evento podia incluir músicas, danças, declamações de poesia e discussões filosóficas. O simposiarca, chefe do simpósio, determinava o número de copos a serem servidos, a quantidade de vinho a ser consumida e a quantidade de água a ser misturada nele. Ver **Vinho**.

Singer Palavra francesa que significa salpicar farinha de trigo sobre gordura aquecida, antes de acrescentar um líquido à mistura. A técnica tem por finalidade engrossar caldos ou molhos.

Single cream Tipo de creme de leite encontrado na Europa e nos Estados Unidos, com teor mínimo de gordura de 18%. É utilizado no café, sobre doces ou como substituto do leite em cremes e molhos. Ver **Creme de leite**.

Siri (Ordem *Decapoda*) Nome de inúmeros crustáceos muito apreciados pelo excelente e característico sabor. Podem ser preparados em moquecas, cozidos em água fervente, em risotos ou nas famosas casquinhas de siri, em que a carne é refogada com temperos, recoberta com farinha de rosca e servida na própria casca. Ver **Casquinha de siri**.

Siricaia 1. Sobremesa encontrada no Sul e no Sudeste do Brasil, de textura similar à de um pudim. Feita com leite, ovos, manteiga, açúcar, temperada e polvilhada com canela, é assada em forno, em travessa de cerâmica, até firmar e criar uma casquinha em cima. É servida depois de fria, na própria travessa em que assou. 2. A receita anterior parece ter sido derivada da sericá de Elvas, sobremesa alentejana muito semelhante e com longa história. Diz-se que foi levada para Portugal por D. Constantino de Bragança, governador das Índias Portuguesas no século XVI. Assimilada no Convento das Chagas de Vila Viçosa, é hoje doce tradicional em Elvas, onde a elaboração tem mais etapas e detalhes que a receita brasileira. Por isso, a textura é um pouco diferente, mais parecida com um suflê. Também assada em travessa de faiança ou de cerâmica, hoje em dia é servida com ameixas em calda. Em suas pesquisas, Câmara Cascudo (1977, 122-124) encontrou referências à siricaia de Goa em relatos portugueses do início do século XVII, com características como as de hoje. 3. A siricaia descrita por Hildegardes Vianna no livro *A cozi-*

nha baiana (citado por CC, 1977, p. 122), encontrada na Bahia, é adaptada ao paladar da região e feita com rapadura em vez do açúcar, leite de coco no lugar do leite de vaca e temperada com baunilha, e não com canela. **4.** Outra receita, de mesmo nome mas com características que a tornam bem diferente, é encontrada em Minas Gerais e em alguns pontos de São Paulo. É preparada em camadas intercaladas, feitas com fatias de queijo de minas e de pão regadas com uma mistura à base de leite, açúcar e ovos, polvilhada com canela. Assa no forno até corar.

Skhou Antiga bebida destilada da região do Cáucaso, elaborada com leite de égua fermentado. Está entre os destilados primitivos, produzidos pelo homem desde 800 a.C.

Skordalia Molho grego feito com alho, azeite, vinagre e uma base de purê de batatas, que pode ser substituída por pão amanhecido umedecido ou nozes picadas. Acompanha bem peixes empanados ou grelhados, além de legumes. Pode ser consumido também com pão pita ou usado para mergulhar aperitivos crus. Ver **Pita**.

Slivovitz Aguardente de ameixas de alta qualidade, produzida em vários países do Centro-Leste da Europa. É a bebida nacional dos bósnios e dos sérvios, preparada apenas com as ameixas de uma subespécie específica (*Prunus domestica* subsp. *insititia*). Torna-se ainda melhor quando envelhecida em tonéis de madeira. Considerada uma das melhores aguardentes de ameixa do mundo, é produzida com as mesmas características desde a Idade Média. Denomina-se também *rakjia*, na Sérvia.

Slow Food Organização sem fins lucrativos fundada em 1989, hoje uma vasta rede internacional articulada pela preservação da biodiversidade e pelo fomento a práticas ecologicamente sustentáveis e socialmente justas na cadeia de produção e consumo alimentar. O movimento teve início na Itália, nos anos 1980, por iniciativa de Carlo Petrini e de um grupo de ativistas, então interessados em defender as tradições gastronômicas regionais e combater o avanço do fast-food. Em 1989, foi assinado em Paris o Manifesto Slow Food, que consolidava as bases do movimento e da organização. Hoje, o Slow Food está presente em mais de 160 países e tem estruturas organizacionais nacionais, com grupos locais denominados *convivia*. Ao longo do tempo, os objetivos do movimento alargaram-se, assim como o escopo de suas ações. Uma de suas ideias mais caras é a de que o alimento de qualidade é, ao mesmo tempo, bom (em termos de aroma e sabor), limpo (produzido e consumido de maneira a não agredir o meio ambiente ou colocar em risco a saúde tanto do produtor quanto do consumidor) e justo (produzido dentro de condições justas para os produtores e economicamente acessível aos consumidores). Para ajudar na salvaguarda de produtos alimentícios em vias de desaparição, a organização estabeleceu a Arca do Gosto, catálogo mundial de alimentos com qualidades gastronômicas especiais, no qual o Brasil tem vários produtos listados, como o cambuci, o pinhão e o palmito-juçara. Há, ainda, o Terra Madre, ampla rede de comunidades locais que reúne agricultores, criadores, pescadores, chefs e pesquisadores de todo o mundo, alinhados com a filosofia do Slow Food. Ver **Cambuci**, **Palmito** e **Pinhão**.

Smithfield ham Presunto originário de Smithfield, na Virgínia (Estados Unidos). Considerado por muitos o melhor presunto rústico curado, recebe esse nome apenas se for processado e curado nessa área. Diz-se que, no século XIX, toda semana seis peças eram enviadas para a residência da rainha Vitória, que gostava mais dele que dos presuntos europeus. Era preparado inicialmente com o pernil de suínos alimentados com rica dieta de bolotas, nozes de nogueira e amendoins. Hoje, os porcos são alimentados com ração de grãos. Seu processamento passa por uma cura com sal, depois pelo tempero da carne, pela defumação lenta com fumaça de nogueira e pela maturação, que varia de 6 a 18 meses. O resultado é um presunto de carne escura e magra, com sabor rico e apurado. Se comprado cozido (*cooked*), pode ser servido de imediato ou ligeiramente aquecido; não cozido (*uncooked*), deve ser dessalgado, lavado e escovado, e então assado ou fervido. Ver **Presunto**.

Smörgåsbord Bufê frio de sanduíches abertos, prontos ou a serem preparados, típico dos países nórdicos. É composto de pratos variados de frutos do mar, embutidos, defumados, marinados, molhos e legumes, diversos tipos de pães, pastas, queijos e sobremesas. A palavra *smörgasbord* é sueca e significa mesa de sanduíches. A mesa similar, servida pelos russos, denomina-se *zakuski*. Ver **Zakuski**.

Smørrebrød Palavra dinamarquesa que nomeia os sanduíches abertos, cuja tradução literal é "manteiga e pão". Há inúmeras variedades de coberturas e, em consequência, de sanduíches. Podem ser usados tanto como aperitivo, lanche, quanto como refeição completa. A maioria é feita com pão escuro de farinha integral de centeio. Em uma refeição, é costume começar por um sanduíche de peixe, depois um de carne e salada, e finalizar com outro de pão branco com manteiga e queijo.

Snack bar De origem norte-americana, é um bar que serve bebidas e refeições rápidas.

Snail Caracol, em inglês. Ver **Escargot**.

Snubar Ver **Pinolo**.

Soba Nome japonês de um macarrão de origem chinesa, utilizado no preparo de diversos pratos. É feito com farinha de trigo-sarraceno acrescida de uma proporção variável de farinha de trigo, e água. No comércio, é usualmente vendido seco. Pode ser servido quente ou frio, imerso em caldo ou com molho e outros preparos.

Soda 1. Agente fermentador, sinônimo de bicarbonato de sódio. Ver **Bicarbonato de sódio**. **2.** Água que recebeu uma carga de dióxido de carbono, responsável pela sua efervescência. Denomina-se também club soda, água seltzer ou água carbonatada. Contém pequena porção de bicarbonato de sódio, que, por ser alcalino, ajuda a neutralizar os ácidos estomacais. Misturada a substâncias adoçantes ou flavorizantes, naturais ou artificiais, produz uma infinidade de bebidas leves, refrescantes e agradáveis. É usada como refrigerante, como ingrediente do *ice cream soda* ou como acompanhamento do uísque. Ver **Água seltzer** e **Ice cream soda**.

Sofrito Preparação básica das cozinhas espanhola e italiana (nesta última, *soffritto*), é um conjunto variável de vegetais picados e ervas aromáticas ou condimentos, refogado em azeite de oliva e usado como base de textura e sabor em inúmeros pratos. Entre os ingredientes mais usados, estão cebola, alho, tomate, pimentas *Capsicum* e salsa, mas pode-se adotar outros elementos, a depender da receita. É encontrado também em inúmeras cozinhas hispano-americanas. Ver **Ervas aromáticas** e **Pimenta Capsicum**.

Soja (*Glycine max*) Grão altamente nutritivo da família das fabáceas, riquíssimo em proteínas vegetais e pobre em carboidratos. O primeiro registro da soja data de 2838 a.C., em documentos chineses, nos quais era considerada um dos cinco grãos sagrados, assim como o arroz, o trigo, a cevada e o painço. Existem hoje mais de mil variedades, distintas pelo tamanho e pela cor dos grãos. Seus grãos cozidos fornecem uma excelente sopa e podem ser utilizados também no preparo de cozidos de carne e de outros pratos de legumes. Tem sabor suave, não marcante entre outros alimentos. É a base para o molho de soja, muito usado na culinária oriental, e ainda para o molho Worcestershire. O farelo de soja, bastante rico em proteínas, foi usado durante a Segunda Guerra Mundial nas salsichas, para fortificar a alimentação dos soldados, e no preparo de pães. O leite de soja é altamente nutritivo. A soja também dá origem a outros derivados, como a farinha de soja, o tofu, o óleo de soja, a proteína de soja texturizada, o misso. O broto é muito utilizado fresco, em saladas. Pode ser empregada na fabricação de margarinas e como emulsificante em diversos alimentos industrializados. Ver **Broto vegetal**, **Misso**, **Tofu** e **Worcestershire sauce**.

Solado Adjetivo que qualifica o bolo ou pão que, levado ao forno para cozer, não cresceu em razão de fermentação insuficiente da massa, ficando duro e pesado. Em algumas regiões do Brasil, usa-se o sinônimo abatumado; em Portugal, abetumado.

Sole Palavra com a mesma grafia e significado em inglês e francês, quer dizer linguado. Ver **Linguado**.

Sole à la normande Prato clássico francês criado por Langlais, chef do restaurante Rocher de Cancale, em Paris, em julho de 1837. O linguado (*sole*) é escalfado e guarnecido com ostras, camarões, cogumelos e mexilhões cozidos em vinho branco. É recoberto com molho normande e enfeitado com trufas e croûtons. Ver **Croûton**, **Escalfar**, **Linguado** e **Normande**.

Sole Dugléré Prato da culinária francesa criado pelo chef Adolphe Dugléré, em meados do século XIX. Trata-se de linguado em filés barrados em manteiga, cozido em fumet com vinho branco. É servido sobre uma cama de tomates *concassés* (despelados, sem sementes, cortados em pequenos cubos) e echalotas finamente picadas e cozidas. Depois de recoberto com velouté feito com o líquido do cozimento, é salpicado com salsinha. Ver **Dugléré, Adolphe**; **Echalota**; **Fumet** e **Linguado**.

Solera Denominação dada pelos vinhateiros aos tonéis mais velhos, usados para o amadurecimento do xerez e do montilla-moriles. Diz-se que o vinho muito velho e muito bom tem o poder de "educar" e melhorar o vinho mais jovem. Por isso, no processo de aprimoramento, um percentual de vinho mais jovem é trocado de tonel e misturado a um vinho mais antigo. Como os tonéis estão organizados em três alturas, parte do vinho de cada tonel é regularmente passada para o tonel que está abaixo dele. *Solera* é o que fica diretamente no solo e, portanto, contém o vinho em seu último estágio de maturação. Depois da *solera*, a bebida é engarrafada. Trata-se de um processo contínuo, que mantém a qualidade do vinho. Por extensão, o sistema também ficou conhecido por *solera*. Ver **Montilla-moriles** e **Xerez**.

Somen Tipo de macarrão japonês feito de farinha de trigo, cuja receita é similar à do udon e a única distinção entre eles é a menor espessura do somen. Estica-se a massa com as mãos untadas com óleo vegetal, até chegar ao diâmetro de 1,3 milímetros. Existe também uma variedade mais amarelada, preparada com gemas de ovos (*tamago somem*). Em geral, é servido frio, com molho *tsuyu*, à base de dashi, mirin e molho de soja. No inverno, é servido quente, em caldos e sopas. Ver **Dashi**, **Mirin** e **Udon**.

Sommelier Termo francês que nomeia o profissional treinado, especializado no serviço de vinho. Presente em uma certa categoria de restaurantes, é o responsável pela estruturação da adega e pela disponibilidade de rótulos para a carta de vinhos. Deve ter conhecimento de harmonização, para sugerir ao cliente a bebida que melhor combine com o prato escolhido, coordenar e acompanhar o serviço do vinho na sala de refeições. A palavra é derivada de *sommierlier*, que na França feudal denominava o responsável pelo conjunto de víveres (*somme*) do nobre em viagem. Em português, o termo para essa posição é escanção, mas no Brasil prevaleceu o uso da palavra francesa.

Sonho 1. Doce muito encontrado no Brasil, à base de farinha de trigo, leite, açúcar, manteiga, ovos e fermento, frito em óleo e, então, recheado com geleia, creme ou goiabada. **2.** Doce português preparado com farinha de trigo, água, ovos e manteiga, e frito em gordura quente. Serve-se polvilhado com canela e açúcar e regado com calda de açúcar ou mel. É um doce típico do Natal português.

Sonoma Importante região vinícola da Califórnia (Estados Unidos), onde começou a produção de vinhos californianos finos no início do século XIX. Entre as uvas cultivadas, destacam-se a Chardonnay (a mais plantada), a Pinot Noir, a Merlot, a Sauvignon Blanc, a Cabernet Sauvignon e a Zinfandel. Sonoma Valley, Sonoma Mountain, Los Carneros e Sonoma Coast são algumas zonas delimitadas (AVA) encontradas lá. Ver **American Viticultural Area (AVA)**.

Sonoma jack Queijo da cidade de Sonoma, na Califórnia, com as mesmas características das duas variedades do Monterey jack – fresco e maturado ou seco. Ver **Monterey jack**.

Sopa Líquido aromatizado feito com alimentos fervidos, de consistência fina ou cremosa. No Ocidente, é servida tradicionalmente nas refeições, antes das comidas sólidas, para estimular o suco gástrico. Há inúmeras variedades: caldos concentrados simples, caldos com ingredientes sólidos, caldos engrossados com farinhas e/ou enriquecidos com leite ou creme de leite, cremes à base de purês de vegetais etc. Pode ser salgada ou adoçada, quente ou fria. Algumas são consideradas uma refeição, por serem tão completas. A sopa conhecida hoje é um preparo europeu. Da Grécia, passou à história apenas o caldo negro, feito com o sangue de alguns animais, vinagre, sal e ervas aromáticas. Em Roma, no início pastoril, valorizou-se e chegou ao imperador – Nero não dispensava um caldo morno de alhos-porós para proteger suas cordas vocais. Alcançou o auge na Idade Média, encontrada em todas as casas e em todas as refeições. Bastante condimentadas, eram sempre de um colorido forte conseguido com especiarias (açafrão = amarelo), com ervas (verdes), com legumes (beterrabas = vermelho), com amêndoas (branco) ou outros elementos. A partir do século XVI, graças em parte ao incentivo e à divulgação de duas Médicis, Catarina e Maria, e mais tarde, dos Luíses da França, surgiram as grandes sopas da cozinha do Ocidente. A palavra "sopa" derivou do termo germânico *suppa*, que designava uma fatia de pão embebida em caldo.

Sopaipilla Massa levedada frita, crocante e oca, semelhante a um pequeno travesseiro cheio de ar, servida com mel, xarope ou canela. Disseminada nos países da América Latina pelos colonizadores espanhóis, seria uma pastelaria de origem árabe, da região da Andaluzia. Em algumas regiões da Argentina, do Chile e do Novo México (Estados Unidos), o nome foi mantido; em outras, como o Peru, a receita é a mesma, mas o nome mudou – *cachanga*.

Sopa Leão Veloso Sopa tradicional no Rio de Janeiro, feita com peixes e frutos do mar, no mesmo estilo da *bouillabaisse*. Começou a ser preparada no restaurante Rio Minho (aberto em 1884) na rua do Ouvidor, centro da cidade, por sugestão do diplomata brasileiro Pedro Leão Veloso Neto, recém-chegado da França, no início do século XX. É composta de caldo substancioso repleto de peixe desfiado, mexilhões, polvo, camarões e siris, além de inúmeros temperos. Frequentador assíduo do restaurante e por sua participação fundamental na elaboração do prato, Pedro Leão Veloso Neto foi homenageado dando nome ao preparo que, ainda hoje, é servido lá, em pequenas cumbucas de cerâmica. Ver **Bouillabaisse**.

Sopa paraguaia Apesar do nome, não é uma sopa. Trata-se de um bolo salgado das cozinhas paraguaia e mato-grossense, em geral servido no café da manhã ou nos lanches. É feito com refogado de cebolas, leite fervente, fubá de milho ou milho-verde, queijo de minas ralado, fermento e ovos. Pode conter também tomates picados. Depois de misturar os ingredientes, coloca-se a massa em forno quente para assar, em travessa refratária. Tem aspecto e textura de um bolo de milho.

Sopa seca Prato encontrado no México e no Peru, que na verdade não é uma sopa. Consiste em macarrão, geralmente espaguete ou *fideos*, seco salteado em óleo, em seguida fervido em caldo de frango temperado com pasta de tomate, alho, cebola, pimentas *Capsicum* frescas ou secas e ervas aromáticas. A massa é cozida até que todo o caldo tenha sido absorvido.

Soquetero Fervido das fazendas do Rio Grande do Sul feito com todos os ingredientes que possam ser aproveitados. Denomina-se também sopão campeiro. De acordo com o escritor Carlos Castilho (1984, p. 49), "Nas fazendas é comum o aproveitamento dos 'soquetes', carnes cozidas, dos 'chupões', que são os ossos do espinhaço, do alcatre e dos quartos (com caracu) para a feitura de um sopão. Não existe regra fixa para a utilização de legumes e verduras, pois são usadas as que estão à mão. Pode ser colocado o que tiver em casa. Deixar ferver até os ingredientes ficarem se desmanchando. Alguns municípios chegam a adotar estilos próprios e consagram como prato típico da cidade, tal como o 'Caldo Lourenciano', na cidade de São Lourenço do Sul e o 'Fervidão', em Pinheiro Machado." A palavra "soquetero" refere-se ao soquete, nome da carne cozida ou fervida, ou mesmo da comida de baixa qualidade, e deriva de *zoquete* e *zoquetero*, do espanhol platino, que designam o indivíduo vadio que presta serviço nas fazendas em troca de comida, um gaudério. Ver **Fervido**.

Sorbet Sorvete feito com suco ou polpa de fruta, água e açúcar. Pode, eventualmente, conter claras, que deixam a textura mais leve, e uma bebida alcoólica, ou ter por base uma infusão. Difere do sorvete cremoso por não ter gorduras ou gemas. Derivou do preparo oriental *sharbat*, bebida não alcoólica doce e gelada, elaborada com frutas ou flores. Os árabes o levaram para a Sicília, onde, no século XII, apareceu no banquete do rei Rogério, de Palermo. No século XVI, era encontrado também em Paris. É possível que se tratasse ainda de uma bebida, não de um preparo gelado para comer, como hoje. Utilizado sobretudo para limpar o paladar entre pratos salgados ou como sobremesa, nos jantares do século XIX era servido logo após o primeiro serviço, antes do assado. Em italiano, *sorbetto*. Ver **Sharbat**.

Sorvete Mistura doce gelada e de textura cremosa, em geral servida como sobremesa. Feito com leite, creme de leite, açúcar e, dependendo do tipo de preparo adotado, gemas, o sorvete foi desenvolvido na Sicília com base no sorbet e disseminado na Europa por influência da corte francesa. Pode ser aromatizado com baunilha, café, chocolate, pasta de amêndoas, purês de frutas, entre diversas possibilidades. Às vezes, são acrescentados pequenos sólidos, como pedaços de chocolate, nozes, avelãs, frutas cristalizadas etc. Os produtos comerciais geralmente contêm um agente estabilizante, não só para proporcionar textura e corpo mas também para torná-los resistentes ao derretimento; eventualmente, incluem ainda corantes e aromatizantes artificiais. Os sorvetes podem ser incrementados com caldas e outras coberturas, ou utilizados como ingrediente de várias sobremesas. Ver **Sorbet**.

Soubise 1. Denominação francesa do purê de cebolas com arroz, creme de leite e manteiga, usado para acompanhar carnes. O preparo foi criado pelo chef Constant e nomeado em homenagem ao marechal Charles de Rohan, príncipe de Soubise e gourmet célebre da corte francesa do século XVIII. 2. Molho à base de cebolas refogadas, bechamel, manteiga e creme de leite.

Soufflé Suflê, em francês. Ver **Suflê**.

Soupe Categoria de sopa francesa cuja característica é ser engrossada com pão, arroz ou massa. Em geral, contém pedaços de carnes ou vegetais. Ver **Consomê**, **Potage** e **Sopa**.

Sour Azedo, em inglês. O termo pode qualificar uma bebida preparada com destilado, açúcar e limão, por exemplo o *whisky sour*, ou um líquido ácido, como o *sour cream*.

Sour cream Tipo de creme de leite encontrado na Europa e nos Estados Unidos, trata-se de creme azedo com teor mínimo de gordura em torno de 18%. É um *single cream* tratado com uma cultura de bactérias que lhe confere sabor ácido e o torna levemente espesso. Pode ser usado em pratos salgados e doces. Ver **Creme de leite**.

Sousplat Palavra de origem francesa cujo significado é "prato de baixo". É um prato raso, de tamanho maior, colocado embaixo do prato de comida com finalidade essencialmente decorativa. Ver **Prato**.

Soutirage Denominação francesa da operação que consiste em trocar o vinho ou a cerveja de recipiente, para separar o líquido dos sedimentos durante a produção. No processo de envelhecimento do vinho, a prática pode ser repetida algumas vezes, de acordo com o tipo de vinho, a safra, o produtor e a região. Em inglês, *racking*.

Souvlaki Especialidade grega, é um prato de carne de carneiro, porco ou boi cortada em nacos, marinada em uma mistura de suco de limão, orégano, azeite e temperos e, depois, grelhada em espeto. Algumas vezes, são intercalados no mesmo espeto alguns pedaços de legumes para grelhar com a carne. No plural, *souvlakia*. É considerado um fast-food local.

Sovar Trabalhar vigorosamente a massa com as mãos, técnica muito aplicada em pães. Ela deve ser sovada, não em excesso, para desenvolver o glúten da farinha, o que a tornará mais elástica. O manuseio é firme, mas não violento, e ritmado.

Spaghetti Ver **Espaguete**.

Spaghetti squash Ver **Abóbora espaguete**.

Spanakopita Folhado da culinária grega feito com massa filo, em formato triangular, recheado com a mistura de queijo feta, cebolas, ovos cozidos e espinafre. Ver **Feta** e **Massa filo**.

Spatchcocking Técnica culinária para preparar um frango antes de assá-lo. Consiste em cortar e retirar o osso das costas para achatar a ave e, assim, acelerar o processo de cozimento. Essa palavra antiga, já encontrada na Irlanda do século XVIII, teria derivado de *despatch cock*, expressão que denominava a ave morta assim que chegasse uma visita, para ser assada na grelha.

Spätlese Denominação usada na Alemanha para vinhos feitos de uvas colhidas tardiamente (*spät* = tardia), bem maduras, com alta concentração de açúcar. É o segundo grau dos *Prädikatswein*: um *Spätlese* é feito com uvas mais maduras e mais doces que as do *Kabinett*. Podem ser secos e encorpados ou doces e leves. Devem ser consumidos jovens, mas alguns podem envelhecer, em condições ideais. Ver **Prädikatswein**.

Spätzle De origem alemã, e também muito consumidos na Áustria e na Suíça, os *spätzles* são pequenas porções de massa preparada com farinha de trigo ou semolina, ovos e um pouco de água ou creme de leite, de tamanho irregular, cozidas em caldo. O termo significa, em dialeto alemão, "pequeno pardal". A textura da massa crua pode variar: a mais encorpada é própria para ser trabalhada com as mãos e cortada em pequenos pedaços antes de cozinhar; já a mais macia e mole precisa de um tipo de espremedor com buracos grandes, com o qual são feitas pequenas tripas de massa, diretamente na panela de caldo fervente. Depois de cozidos, os *spätzle* podem ser salteados em manteiga. São tradicionalmente servidos com pratos de caça ou carne assada, acompanhados de molho espesso, gratinados, envoltos em manteiga noisette ou, ainda, dentro da sopa. Na culinária húngara, preparo semelhante é denominado *galuska* ou *nokedli*. Ver **Galuska** e **Manteiga noisette**.

Spenwood Queijo inglês de leite de ovelhas não pasteurizado, de alta qualidade, produzido artesanalmente na região de Berkshire. Redondo, pesa cerca de 2,5 kg, tem casca natural fina e acinzentada e massa amarelo-pálida. Amadurece por, no mínimo, seis meses, período em que adquire sabor leve similar ao da cevada,

textura macia e ligeiramente granulada. Se o processo de maturação durar até 12 meses, seu sabor torna-se concentrado e sua textura, bastante dura.

Spirit Denominação inglesa das bebidas destiladas com forte teor alcoólico, como o gim e o uísque. Ver **Gim** e **Uísque**.

Spooning cream Tipo de creme de leite "para espalhar com colher", encontrado na Europa e nos Estados Unidos, com teor mínimo de gordura de 35%. Homogeneizado para tornar-se mais espesso, é consumido com frutas ou usado em sobremesas. Ver **Creme de leite**.

Springerle Pequeno biscoito doce tradicional no Natal europeu, de cor clara e aromatizado com anis. Originou-se na Alemanha, séculos atrás, na região da Swabia, e tornou-se especialidade também na Áustria, na Suíça e na região francesa da Alsácia. Sua superfície é desenhada com rolos ou moldes de madeira detalhadamente entalhada, antes de ir ao forno.

Spritz Pequenos biscoitos amanteigados escandinavos feitos em diferentes formatos. De receita simples, misturam-se manteiga, açúcar, farinha de trigo e gemas. Tem textura crocante e, em geral, é flavorizado com baunilha.

Spritzer Bebida alemã e anglo-saxônica composta de ⅔ de água gasosa e ⅓ de vinho do Reno. O poeta inglês lorde Byron chamava-a *Hock and Seltzer* (*hock* = vinho do Reno e *seltzer* = soda).

Spumone Sobremesa italiana muito leve feita com camadas de sorvete de cores diferentes, intercaladas com outras de claras batidas e creme de leite, e flavorizadas com sabores diversos. Às vezes, o sorvete é misturado às claras em neve para ficar bem leve. De modo geral, é servido em fatias, acrescido de molho doce. É semelhante à *bombe* francesa. Ver **Bombe**.

Squacquerone Queijo fresco cremoso, sem casca e de massa branca, da Emilia-Romagna (Itália). Feito com leite de vaca integral, não é maturado e, de tão macio, pode ser espalhado. O nome, do dialeto local, significa "moldável como a água". Quando identificado como *squacquerone di Romagna*, significa que foi produzido em zona delimitada e sob as regras que regem a Denominação de Origem Protegida (DOP). Ver **Denominação de Origem Protegida (DOP)**.

Steak Bife, em inglês. Ver **Bife**.

Steak and kidney pie Prato tradicional das Ilhas Britânicas preparado com alcatra bovina em pequenos cubos, cebolas, rins e cogumelos fatiados, primeiro frigidos separadamente e depois cozidos lentamente com caldo grosso de carne em uma caçarola de cerâmica, no forno. Depois de descansar de um dia para o outro, o preparo é recoberto com massa de sebo (*suet crust*) ou massa crocante ou brisée (*short crust*) e é recolocada no forno para cozer e a cobertura dourar. No século XIX, era moda usar ostras frescas em vez dos cogumelos fatiados; nesse caso, as ostras eram adicionadas pouco antes da colocação da cobertura. Essa alternativa ainda é usada eventualmente hoje. O prato tem como acompanhamento purê de batatas e ervilhas ou cenouras na manteiga. Ver **Massa crocante ou brisée**, **Steak and kidney pudding** e **Suet crust**.

Steak and kidney pudding Prato tradicional das Ilhas Britânicas, muito semelhante ao steak and kidney pie, com o qual compartilha os mesmos ingredientes, mas do qual se diferencia pela técnica de preparo. É feito em fôrma alta de pudim, cujo interior é revestido de massa de sebo (*suet crust*). Pedaços de rim e cebolas são enrolados em pequenos bifes de alcatra bovina, envoltos em caldo de carne temperado e arrumados em camadas, dentro da fôrma. Cobre-se com a mesma massa e a mistura é levada a cozer por, no mínimo, três horas, em banho-maria. Pouco antes de servir, envolve-se artisticamente a fôrma em um guardanapo e é feita uma abertura no topo da massa, pela qual é vertido um pouco do caldo, reservado e aquecido. O prato tem como acompanhamento purê de batatas e ervilhas ou cenouras na manteiga. Ver **Steak and kidney pie** e **Suet crust**.

Steak au poivre Prato clássico da culinária francesa, consolidado apenas no século XIX por Auguste Joliveau, chef do Café de Paris. É elaborado com um filé de 300 g envolto em grãos grosseiramente picados de pimenta-do-reino preta e dourado na manteiga. O molho é preparado com os resíduos da fritura deglaçados em vinho branco e conhaque, acrescidos de caldo de carne e manteiga. É comum também o uso de creme de leite e de grãos de pimenta-do-reino verde. Em algumas versões, o filé é flambado com conhaque. Ver **Deglaçar** e **Pimenta-do-reino**.

Steak tartare Prato de carne moída de primeira qualidade, sem vestígios de gordura ou nervos, picada na ponta da faca, moldada como meia esfera e servida crua. No momento de servir, a carne é temperada com molho de tabasco, molho Worcestershire e pimenta-de-caiena. Formatada no centro do prato, coloca-se em seu topo uma gema crua. O entorno recebe fatias finíssimas de cebolas e echalotas, alcaparras e salsinha picada. À parte, são servidos molho de tomates e azeite. O prato é francês, mas o nome remete ao hábito dos tártaros, originários das províncias bálticas da Rússia, os quais, na Idade Média, alimentavam-se com fatias de carne crua. Ver **Alcaparra**, **Pimenta-de-caiena**, **Tabasco** e **Worcestershire sauce**.

Steinhäger Tipo de gim alemão da Westfália muito conhecido no mundo todo, destilado de cereais e aromatizado com zimbro. O nome provém da cidade de onde é originário, Steinhagen, e seu uso é protegido sob normativa de Indicação Geográfica da União Europeia. Tem teor alcoólico mínimo de 37,5% e é tradicionalmente comercializado em garrafas cilíndricas de cerâmica. Ver **Gim** e **Zimbro**.

Stelle Pequena massa alimentícia italiana em forma de estrela.

Stew Cozido, em inglês. Ver **Cozido**.

Stifado Cozido grego cujos ingredientes principais são a carne – de gado, carneiro, galinha ou coelho – e cebolas inteiras, de preferência as pequenas. Tomates ou outros legumes, vinho ou vinagre e especiarias variadas completam a base do prato. É geralmente acompanhado de orzo (massa alimentícia bem pequena), arroz ou batatas. Grafa-se também *stifatho*. Ver **Orzo**.

Stilton Queijo típico inglês, originário da cidade de mesmo nome e considerado um dos melhores do mundo. Feito com leite de vaca integral pasteurizado, pertence à categoria dos que desenvolvem veios de mofo na massa. Esta tem cor creme, veios azuis, textura quebradiça, além de sabor forte e levemente ácido. Sua casca é natural. Deve amadurecer por, no mínimo, seis meses e, depois de maturado, torna-se amarelado e semiduro. É excelente para acompanhar biscoitos crackers ou semidoces e combina muito bem com vinho do Porto. O início de sua história ainda é parcialmente desconhecido, mas sabe-se que um queijo com esse nome, com características diferentes das atuais, já era produzido em Stilton e arredores no início do século XVIII e possivelmente desde o final do século anterior. Em 1724, o escritor Daniel Defoe referiu-se a ele em seu *Tour through the villages of England & Wales* como um *english parmesan* (queijo parmesão inglês), deixando claro tratar-se de um produto local bem conhecido. A cidade de Stilton era, então, um importante ponto de parada de carruagens, às margens da Great North Road (Grande Estrada do Norte). Um pouco mais tarde, com o aumento do tráfego para o Norte, o queijo começou a ser vendido na Bell Inn por Cooper Thornhill, dono da estalagem e grande empreendedor. Fez tanto sucesso que Thornhill passou a vendê-lo também em Londres. Em razão de a produção da cidade de Stilton não ser suficiente, Thornhill fez um acordo com uma produtora de outra cidade, Frances Pawlett, da região de Leicestershire, para suprir o que faltava. Teria sido naquela época, por volta de 1743, que o Stilton passou a ser produzido como um queijo de veios azuis. Não há, no entanto, registros da evolução da receita para a atual. No final do século XVIII, deixou de ser fabricado em Stilton e a produção continuou em Leicestershire, depois em Nottinghamshire e Derbyshire. Tão importante para os ingleses quanto o roquefort para os franceses, hoje apenas Leicestershire, Nottinghamshire e Derbyshire têm permissão para produzi-lo. O queijo tem Certification Trade Mark e Denominação de Origem Protegida (DOP), da União Europeia. Ver **Denominação de Origem Protegida (DOP)**. Ver **Roquefort**.

Stinger Aperitivo feito com conhaque, creme de menta e gotas de limão. É servido em copo baixo, depois de misturado em coqueteleira com gelo picado. Diz-se que surgiu no final do século XIX, nos Estados Unidos, como um *after-dinner cocktail* (coquetel para ser consumido após o jantar). Ver **Conhaque**.

Stock Ver **Fundo**.

Stollen Preparo alemão tradicional da época do Natal, é um grande pão de frutas secas feito com farinha de trigo, água e fermento. Agrega-se à massa zesto de limão, frutas ou casca de laranja e limão cristalizadas, passas, amêndoas, cardamomo e canela. Outros itens, como marzipã, manteiga, leite, ovos ou rum, passaram também a ser usados, mas são opcionais. A massa é levemente doce e recoberta com uma camada de açúcar de confeiteiro depois de pronta. Os pães mais conceituados e apreciados são os de Dresden, com selo de qualidade e preparados no mesmo estilo desde 1474 (primeiro registro escrito). Apenas cerca de 120 estabelecimentos da cidade têm licença para fabricá-lo. Ver **Açúcar de confeiteiro**, **Fruta cristalizada**, **Marzipã** e **Zesto**.

Stone crab (*Menippe mercenaria*) Caranguejo comum ao longo da costa norte-americana, mais encontrado na Flórida, de carne firme e saborosa. O nome deriva da aparência de sua casca, semelhante a uma rocha. Apenas a carne das garras é aproveitada, por isso os pescadores limitam-se a retirar as puãs e, em seguida, devolvem os animais à água. As garras regeneram-se em dois anos e, como são usadas apenas para defesa, a retirada não diminui a capacidade de alimentação do caranguejo.

Stout Cerveja inglesa escura e forte feita de grãos de cevada tostados, que fornecem a cor e o sabor doce e levemente amargo. Semelhante à Porter, outra cerveja inglesa, contém mais extrato e maior teor alcoólico. Ver **Cerveja**.

Stracciatella Sopa italiana muito conhecida, à base de caldo concentrado de carne ou de galinha. Ao caldo quente são acrescentados ovos batidos e queijo ralado, mistura-se tudo para obter filamentos pelo cozimento dos ovos. O preparo é completado com salsinha picada. Deve ser servido bem quente.

Stracchino Designação de uma família de queijos italianos que tem sua origem histórica na Lombardia. De modo geral, são queijos gordos feitos com leite de vaca integral, cru ou pasteurizado. O nome é um diminutivo de *stracch*, palavra do dialeto local que significa cansado, aplicada ao produto em razão da antiga prática de utilizar o leite das vacas levadas para as planícies ao sul dos Alpes, no outono. O *stracchino tipico* PAT (Produto Agroalimentar Tradicional) é um queijo de massa mole, casca fina, macia e cor de palha, recoberta com mofo cinza. É maturado por, pelo menos, trinta dias. Já o *stracchino* fresco, também conhecido por *crescenza*, não tem casca, é macio e de sabor fresco e frutado. Com características diferentes, gorgonzola e taleggio pertencem à mesma família. Ver **Gorgonzola**.

Stracotto Termo italiano que designa um pedaço grande de carne cozido em líquido por muito tempo com a panela bem fechada. Usa-se vinho, caldo de carne, alguns legumes e ervas aromáticas. O cozimento dura várias horas, em fogo baixo. Ao ficar pronta, a carne está tão macia que pode ser cortada com uma colher. *Stracotto* é o nome usado na Toscana; no Piemonte, o mesmo preparo denomina-se *brasato*.

Strega® Licor italiano de cor amarela e sabor levemente adocicado. Sua produção foi iniciada em Benevento, Campânia, em 1860. É preparado com cerca de setenta ervas e especiarias, entre as quais destacam-se a hortelã, o zimbro e o açafrão, responsável pela sua cor. Considerado um digestivo, tem teor alcoólico de 40%.

Stroganov Ensopado de carne de origem russa. Ver **Estrogonofe**.

Strudel Sobremesa de origem germânica preparada com massa finíssima e trabalhosa à base de farinha de trigo, ovo, água e um pouco de manteiga. Tem a forma de um rocambole. O recheio mais conhecido internacionalmente é feito com maçãs, passas, nozes, manteiga, canela e açúcar (*apfelstrudel*). Mas inúmeros ingredientes podem ser utilizados, em preparos doces ou salgados, como cerejas, queijo quark, batatas, sementes de papoula, espinafre etc. Receita antiga, é possível que seja derivada da *baklava* do Oriente Médio. Ver **Baklava** e **Quark**.

Stufato Ensopado, em italiano. Ver **Ensopado**.

Su Vinagre de arroz de sabor suave e leve, bastante usado na culinária japonesa como tempero de pratos ou em marinadas. Obtido pela fermentação do arroz, sua cor varia do branco ao amarelo-claro. É empregado sobretudo no sunomono, ou "comida avinagrada", o vinagrete japonês. Pode ser encontrado também temperado, com variações nos componentes. O

sushi-su, com sal e açúcar, é próprio para temperar o arroz do sushi; o ama-su, com os mesmos ingredientes, tem maior teor de açúcar; e o tosa-su é temperado com flocos de bonito seco. Ver **Sunomono**.

Suã Coluna vertebral do porco à qual está agregada pequena parte do lombo. É cortada em fatias transversais, porém tem pedaço mínimo de carne. Corte muito conhecido no Sudeste e Centro-Oeste do Brasil, é servido cozido ou frito. Dá seu nome ao prato arroz de suã, da culinária caipira dessas regiões brasileiras. Ver **Arroz de suã**.

Suar Processo culinário que consiste em fazer suar carnes ou vegetais, para cozinhá-los no próprio suco. Quadradinhos de carne ou legumes são colocados em uma panela grossa com um pouco de gordura, cuja tampa às vezes é vedada com papel-manteiga e bem fechada. Deve ficar em fogo brando por alguns minutos, antes da inclusão de outros ingredientes.

Submarino Bebida à base de chocolate, muito comum na Argentina. Consumida em lanches e desjejuns, trata-se de um copo ou uma xícara com leite fervente, em que se dissolve uma barra de chocolate escuro. Ver **Chocolate**.

Suco Sinônimo de sumo, é a essência líquida de alimentos animais e vegetais.

Succotash Prato originalmente feito pelos indígenas norte-americanos, elaborado com grãos de milho-verde e feijão-verde, temperado com pimentas-doces e servido com ave ou carne. É um dos pratos tradicionais da celebração do Dia de Ação de Graças (*Thanksgiving*). O nome deriva do termo *sohquttahhash*, da língua indígena narragansett, que significa "grãos de milho cozidos".

Sucrage Operação que consiste em misturar o açúcar ao mosto antes da fermentação, para compensar o amadurecimento insuficiente da uva no fabrico do vinho. Na França, a *sucrage* autorizada é denominada chaptalização, termo usado também no Brasil. Ver **Chaptalização**.

Sucralose Adoçante artificial com teor adoçante seiscentas vezes superior ao do açúcar. Cristalino e solúvel em água, é apropriado para vários usos.

Sucre vanillé Ver **Açúcar de baunilha**.

Suet crust Massa de pastelaria tradicional na cozinha inglesa, preparada com o sebo retirado da cobertura dos rins de bovinos ou ovinos. Feita com farinha de trigo com fermento, tem textura leve e esponjosa. A quantidade de sebo deve ser a metade da quantidade de farinha. O sebo é agregado à farinha depois de ser cortado em pequenos pedaços. Na Inglaterra, essa massa é utilizada em *suet dumplings* (*dumplings* com massa de sebo), no *jam roly-poly* (rocambole assado no forno) ou no *steak and kidney pudding*, torta tradicional feita em fôrma alta de pudim, recheada com carne bovina e rim, e cozida em banho-maria. Ver **Dumplings**, **Jam roly-poly** e **Steak and kidney pudding**.

Suflê Palavra derivada do termo francês *souffler*, cujo significado é soprar. Tradicional preparo da culinária francesa hoje elaborada no mundo todo, é um prato leve e fofo à base de molho bechamel ou purê, gemas, claras em neve, além do ingrediente específico de cada receita. Levado ao forno em fôrma refratária alta para assar, deve ser servido imediatamente, pois murcha com rapidez. Pode ser salgado ou doce – neste último caso, o molho bechamel é substituído por creme de confeiteiro

ou purê de frutas. Salgados, há os de queijo e os de vegetais; doces, podem ser feitos com chocolate, doce de leite e frutas. Ver **Bechamel** e **Creme de confeiteiro**.

Sugo Molho, em italiano. Ver **Molho**.

Sukiyaki Prato japonês, é um *nabemono*, um cozido feito em uma única vasilha sobre um fogareiro. Em geral, é preparado com carne bovina, legumes variados, cogumelos, ovos e queijo de soja, elaborado à mesa. Os alimentos são cozidos em panela própria, em um composto de dashi, molho de soja, açúcar e mirin. Antes de levá-lo à boca, os participantes molham cada pedaço de comida já cozida em ovos crus batidos disponíveis em pequenas cumbucas individuais. Se preparado com pedaços de carne de frango, denomina-se *torisuki*. O sukiyaki é mais degustado nos meses de inverno. Ver **Dashi**, **Mirin** e **Nabemono**.

Sultana (*Vitis vinifera*) Variedade de uva branca, pequena, sem caroço, suculenta, levemente ácida e doce, muito utilizada em doces e como uva-passa. É originária de Smirna (Turquia).

Sultane Termo francês que designa o prato, doce ou salgado, cujo acompanhamento inclui pistache. Ver **Pistache**.

Summer pudding Preparo da culinária inglesa elaborado com uma camada de frutas vermelhas repletas de suco, como framboesas, groselhas, amoras, morangos ou cerejas, cozidas e açucaradas, colocadas sobre fatias de pão branco, sem as cascas. Sobre as frutas, adiciona-se nova camada de fatias de pão, que são, então, regadas com o suco das frutas. Leva-se à geladeira, tudo levemente pressionado por um prato, até o dia seguinte. Deve ser servido frio com chantili, queijo cremoso ou iogurte firme. De fácil digestão e muito popular na Inglaterra vitoriana, denominava-se *hydropathic pudding*.

Sundae Sorvete, no estilo americano, servido em taça com coberturas diversas, como caldas, nozes, creme chantili, crocante de açúcar, cacau em pó, cerejas ao Maraschino, entre outras. Diz-se que foi criado no final do século XIX, em Massachusetts (Estados Unidos), como alternativa à proibição, pelos moralistas, do consumo de soda (água carbonatada) aos domingos, mesmo como era servida nos fins de semana, o *ice cream soda*. As coberturas seriam uma maneira de compensar a ausência da água carbonatada. Ver **Creme chantili**, **Ice cream soda** e **Maraschino**.

Sunomono Palavra japonesa usada para "comida avinagrada". São diversos vinagretes preparados com legumes, peixes, carnes, aves ou verduras, em pequenos pedaços. Temperados com su – vinagre de arroz muito suave – e açúcar, podem ser também aromatizados com outros condimentos. São saborosos e delicados. Ver **Su**.

Supergelado Alimento congelado por processo industrial, em que a temperatura de –40 ºC é alcançada em menos de duas horas. A técnica evita a perda de vitaminas e sais minerais e a alteração de sabor e textura, diferentemente do congelamento. Ver **Congelado**.

Supper Palavra inglesa que designa a ceia ou o jantar tardio.

Supplì Croquetes italianos de arroz, normalmente feitos com sobras de risoto. São típicos da culinária romana. Podem ser servidos com molho de tomates ou molho branco, assim como receber recheios variados, como queijo ou frango. Quando recheados com queijo muçarela, denominam-se *supplì al telefono*. Ver **Muçarela** e **Risoto**.

Suprême 1. Denominação francesa de pratos preparados com o melhor corte de cada animal, por exemplo o peito de frango ou de outra ave, o lombo da caça ou o filé de peixe. Por extensão, podem receber esse nome todos os preparos alimentícios "refinados", como pontua o *Larousse Gastronomique* (2017, p. 828): o *Suprême à la favorite* é o peito de ave servido com foie gras e pontas de aspargos; o *Suprême de saumon à l'Atlantique* consiste em um filé de salmão cozido *en papillote* envolto em folhas de alface, recoberto com musse de camarão, vieira e creme fresco, e servido com aspargos, tomates *concassés* e pequenas batatas cozidas; o *Suprême de vollaille Pojarski* (adaptação feita pelo chef Auguste Escoffier de uma receita russa) emprega o peito de frango triturado e misturado com pão umedecido em leite, manteiga e creme de leite fresco, tudo temperado com pimenta e noz-moscada. A massa é moldada no formato de peito de frango, empanada com farinha de rosca e dourada na manteiga. Ver **Pojarski**. **2.** Molho clássico de origem francesa, cuja base é o molho velouté acrescido de fundo de ave, creme de leite fresco, essência de cogumelos e suco de limão. Ver **Fundo** e **Velouté**.

Surimi Alimento japonês que consiste em um processado de peixe, em diversos formatos. O nome significa "peixe enformado". O surimi e seu similar, *kamaboko*, são preparados no Japão há pelo menos novecentos anos. O processo começa pela limpeza do peixe, com a remoção das escamas e espinhas. Depois de lavado várias vezes para retirar qualquer cheiro, ele é moído. Transformado em pasta branca inodora, é aromatizado com um concentrado de conchas fervidas. Em seguida, é enformado, cozido e cortado em diversas formas, quando então recebe o corante. Pode ser conservado no freezer por até seis meses, mas deve ser consumido em três dias, depois de descongelado e aberto. Ver **Kamaboko**.

Surubim (*Pseudoplatystoma* spp.) Nome de diversas espécies de peixes encontradas nos rios brasileiros. Têm o corpo avantajado, cor amarela com pintas e faixas escuras, cabeça achatada e são desprovidas de escamas. De carne delicada e saborosa, o surubim pode ser assado, cozido, defumado ou utilizado em lâminas. Denomina-se também surumbi.

Sururu (*Mytella charruana*) Molusco bivalve da família dos mitilídeos, comestível, conhecido também por siriri. Vive na lama das lagoas. Referência nas cozinhas do Nordeste do Brasil, é servido ao vinagrete ou como ingrediente de cozidos, caldinhos e tortas.

Sururu de capote Prato nordestino típico do litoral de Alagoas feito com sururus ainda na casca, cozidos com leite de coco e servidos com arroz branco ou pirão, preparado com o caldo. Ver **Pirão**.

Sururuca Mingau de farinha de milho cozida com água e açúcar, ao qual se acrescenta, depois de retirá-lo do fogo, queijo fresco picado e café bem quente. É conhecido em Goiás por peitudo. Ver **Farinha de milho** e **Mingau**.

Sushi Prato japonês feito de arroz temperado com uma mistura de vinagre, acrescido de peixe cru, moluscos e crustáceos, vegetais ou outros ingredientes. As bases para a elaboração da receita teriam sido criadas pelos mercadores de Osaka, inspiradas em sua antiga maneira de preservar as fatias de peixe fresco. Para que pudessem ser comercializadas no interior do país, elas eram prensadas em blocos de arroz, que na época não era consumido. No século XVII, introduziu-se o vinagre no arroz. Aos poucos, o sushi transformou-se em um prato e perdeu a função de conservação. O preparo varia de acordo com a região do Japão, com alterações no modo de temperar a mistura de vinagre, na seleção de ingredientes etc. O termo sushi é usado, na maioria das vezes, para referir-se ao niguiri, sushi modelado à mão, cuja origem é bem recente: os primeiros foram preparados na segunda metade do século XIX, com peixes e mariscos da Baía de Tóquio. Até hoje, ele é chamado de edomae sushi (Edo é o antigo nome de Tóquio). Existem vários tipos de sushi: o bo sushi é o arroz enformado em barra e recoberto com peixe temperado; o chirashi sushi é o arroz acrescido de legumes temperados e, às vezes, também de marisco; o mushi sushi é um chirashi sushi aquecido no vapor e servido quente; o inari sushi é feito com fatias finas de tofu frito (queijo de soja), depois cozido em molho adocicado e recheado de arroz; o oshi sushi é preparado com arroz prensado em um recipiente próprio de madeira, com peixe, lula, camarão escaldado, omelete japonesa, cogumelos etc.; o maki sushi é o arroz temperado com peixe, camarão ou legumes e enrolado em alga *nori*.

Sushiman Denominação em inglês do especialista no preparo de sushi.

Suspiro Docinho muito apreciado no Brasil, feito com claras de ovos batidas com açúcar (merengue), moldadas com o auxílio de saco de confeitar e assadas em forno com temperatura muito baixa. Devem ficar firmes e crocantes por fora e com textura puxa-puxa por dentro. Não devem dourar. Ver **Merengue**.

Suspiros de freira Pequeno doce brasileiro de massa quebradiça, feito com a mistura de claras em neve firme e açúcar, pingada sobre hóstias já assentadas em tabuleiro e levadas ao forno suave para secar.

Swiss roll Rocambole, em inglês. Ver **Rocambole**.

Syllabub Creme doce e antigo da culinária inglesa, que pode ser servido como sobremesa em taças individuais. É elaborado com creme de leite batido acrescentado a uma mistura de vinho branco seco, brandy, mel ou açúcar de confeiteiro, suco e raspa de limão. Depois de batido vigorosamente até formar picos, adicionam-se claras em neve. Para finalizar, é vertido em taças e levado para gelar. A receita já existia no século XVII.

Syrah (*Vitis vinifera*) Uva tinta de mais classe entre as cepas da zona vinícola do norte do vale do Rhône (França), onde é usada para produzir ótimos vinhos, como os da sub-região Hermitage. É muito cultivada também internacionalmente. É a tinta predominante na Austrália, conhecida no local como Shiraz. Tem aroma característico de pimenta-do-reino.

Syrniki Preparo da cozinha russa à base de queijo tvorog (semelhante ao quark), batido com farinha e ovos. Em seguida, é formatado como bolinho chato ou pequenas panquecas, frito em manteiga, dos dois lados, até ficar moreno. Acompanhado de creme azedo, geleia ou mel, pode ser servido como sobremesa ou no desjejum.

Syrup Calda, xarope, em inglês. Ver **Calda**.

Szamorodni Ver **Tokaji**.

Szechuang Chá-preto chinês da província de mesmo nome, cujas folhas são fermentadas. É marrom e tem qualidade média, mas é saboroso e leve. Ver **Chá**.

t

Tabafeia Alheira produzida em Bragança (Portugal). Grafa-se também tabafeira. Ver **Alheira**.

Tabasco 1. (*Capsicum frutescens*) Pimenta originária do estado mexicano de mesmo nome. Tem elevado grau de pungência, formato alongado, com cerca de 7 cm de comprimento, e cor vermelha quando madura. 2. Molho picante à base de pimenta tabasco, vinagre, sal, açúcar e aromas. As pimentas são curadas com sal em barris por três anos, antes de serem utilizadas no preparo do molho. Foi criado na Louisiana (Estados Unidos) e registrado por Edmund McIlhenny em 1870. É usado como tempero em sopas, peixes, carnes, ovos, ensopados e pratos à base de queijo, e em drinques, como o bloody mary. Ver **Bloody mary**.

Taboca Ver **Biju**.

Tabule Salada mais famosa da culinária sírio-libanesa, feita com triguilho, salsa, cebolinha, hortelã e tomate, muito bem picados e temperados com azeite, sal, pimenta-do-reino e limão. É servido com folhas de alface, nas quais são colocadas porções individuais que, depois de embrulhadas em formato de rolinho, são levadas à boca com a mão. Pode ser servido com pão pita. Grafa-se também *tabouleh*, *tabbouleh*, *taboule*, *tabbouli* ou *tabouli*. Ver **Pita** e **Trigo para quibe**.

Tacacá Prato emblemático do Norte do Brasil, feito com papa de goma de mandioca, tucupi amarelo, pimenta cumari-do-pará, alho, sal, camarão seco salgado e folhas de jambu. Todos os ingredientes são mantidos quentes em vasilhas separadas, misturados apenas na hora de servir. Muito difundido em Belém do Pará, é servido bem quente em cuias típicas.

Originou-se do manipoi, sopa ou papa indígena feita com suco cozido de mandioca, farinha de mandioca ou farinha de milho e alguns frutos, como o bacuri. São famosas as tacacazeiras de Belém, que armam as barraquinhas para vender o tacacá ao anoitecer. O antropólogo Raul Lody (2000, p. 30) escreveu sobre elas: "A tacacazeira, sempre na sua banca armada em rua de movimento, esquina já conhecida, exibe uma panela brilhando de limpa, panos alvos, outro sinal de asseio e de confiabilidade no zelo em preparar e servir, além das muitas cuias, para o cliente comer de mão, lambuzar a boca, pingar na roupa, transpirar bastante com a comida / bebida quente em ambientes de calor e umidade que vem da floresta." Ver **Cumari-do-pará**, **Goma**, **Jambu** e **Tucupi**.

Tacho Panela de cobre ou barro, larga e rasa, com asas, usada no Brasil principalmente para fazer doces.

Taco Preparo elaborado com tortilhas, panquecas mexicanas feitas com farinha de milho ou de trigo, recheadas com uma enorme variedade de itens: carnes, linguiça, tomate picado, queijo, cebola, guacamole, feijão, entre outros. Típico da culinária mexicana, além de receber molho é bastante temperado com pimenta. Ver **Guacamole**.

Tagine Cozido de carne e vegetais característico da cozinha marroquina, grafado também *tajine*. O tipo de carne utilizada varia (a de carneiro é uma das mais apreciadas), assim como os vegetais, e pode conter inclusive frutas. Em geral servido com cuscuz, é temperado com cominho, açafrão, gengibre e pimenta-do-reino, entre outros condimentos. O utensílio de barro de tampa cônica no qual o prato é preparado denomina-se *tagine slaoui*; seu formato possibilita o reaproveitamento do vapor interno, que volta para a base e favorece um cozimento longo e lento. Ver **Cuscuz**.

Tagliarini Ver **Talharim**.

Tagliatelle Ver **Fettuccine**.

Tagliolini Ver **Talharim**.

Tahini Pasta espessa obtida pela moagem das sementes de gergelim, cruas ou tostadas, depois de separar o miolo do farelo, que é descartado. Bastante utilizada na culinária do Oriente Médio, é empregada como tempero, em molhos, pastas e saladas.

Taiá Ver **Inhame**.

Taillevent Nascido em 1312 em Pont-Audemer (Normandia), é o mais antigo mestre cozinheiro francês reconhecido. Seu nome, na verdade, era Guillaume Tirel. O apelido Taillevent originou-se provavelmente de seu nariz muito grande, "o cortador de vento". "Ele prefigura a longa série dos chefs que, até Carême, Bocuse, Guérard, Robuchon, saberão associar a teoria à prática, imprimir sua marca na cozinha de seu tempo e transformar-se em personagens semilegendárias e em mestres de pensar", afirma Jean-François Revel (1996, p. 134). Começou a trabalhar em torno dos 14 anos de idade, como ajudante geral de cozinha na corte da rainha Joana d'Évreux. Vinte anos mais tarde, tornou-se cozinheiro do rei Filipe VI de Valois. Sua competência lhe trouxe sucesso e ele ascendeu aos mais altos cargos de cozinha da época: atuou como primeiro cozinheiro do rei na corte de Carlos V e, depois, como mestre de provisões da cozinha real no reinado de Carlos VI. Boa parte de sua duradoura fama deve-se ao livro *Le viandier*, compilação de receitas atribuída a ele. Hoje sabe-se que muitas delas já apareciam em um manuscrito anterior ao nascimento de Taillevent (provavelmente do final do século XIII ou do início do XIV), mas a obra permanece como uma das mais importantes coletâneas culinárias do final do período medieval. Os preparos incluíam cisnes, pavões, pouquíssimos vegetais, muitas especiarias, inúmeros queijos e variados vinhos. Constam também vários molhos, como o *cameline* (à base de canela, gengibre, cravo-da-índia, cardamomo, macis, pimenta-do-reino, vinho azedo, agraço e pão) e os três *dodines* (preparados embaixo do assado que girava no espeto): o branco, o de agraço e o vermelho. Ver **Cameline** e **Dodine**.

Tainha (*Mugil* spp.) Designação vulgar de peixes de mar do gênero *Mugil*, muito encontrados em toda a costa brasileira. A tainha tem corpo com listras longitudinais escuras, carne de tipo sanguíneo, muito apreciada e vendida fresca ou moqueada. Suas ovas, secas ao sol (transformadas em butargas), também agradam bastante. Consideradas quitute na região amazônica, onde são abundantes, elas são preparadas assadas ou fritas. A palavra "tainha" deriva do grego *tagenías*, que significa "bom para frigir". Ver **Butarga**.

Tainha na telha Prato típico de Santa Catarina, feito com uma tainha cozida sobre uma telha invertida, em cima de brasas. Depois de aberto e limpo, o peixe é recheado com uma mistura de camarões, cebolas, cheiro-verde, azeitonas e farinha de mandioca. Em geral, é servido com batatas cozidas e arroz branco. O mesmo preparo pode ser encontrado nas ilhas do delta do rio Jacuí, no lago Guaíba, próximas a Porto Alegre.

Taioba (*Xanthosoma sagittifolium*) Vegetal da família das aráceas, de folhas verde-escuras comestíveis, muito saborosas quando refogadas. Seus rizomas também são comestíveis e, depois de cozidos e amassados, servem como ingrediente para doces. O suco feito com as folhas tem sabor delicado e muitos nutrientes.

Talhar Processo químico que ocorre no leite quando deixado em temperatura ambiente por alguns dias ou, às vezes, quando é levado ao fogo. Ele se divide em duas partes distintas: uma branca e cremosa, o coalho ou coalhada, e outra, líquida e amarelada, o soro.

Talharim Tipo de macarrão cortado em tiras finas.

Tamago no suimono Caldo claro de peixe com ovos. Preparo da culinária japonesa, os ovos batidos são adicionados ao caldo quente e mexidos até cozinhar, formando filamentos. Ao ser servido, recebe salsinha fresca picada.

Tamagoyaki Preparo à base de ovos cozidos em camadas muito finas, sobrepostas e enroladas, conhecido também por omelete japonesa. Em geral, adiciona-se açúcar e molho de soja, antes de os ovos serem cozidos. Pode-se acrescentar também dashi – caso em que o prato é denominado *dashimaki tamago* – e saquê. Para que a técnica de preparo seja corretamente aplicada, usa-se uma frigideira específica, de formato quadrado ou retangular, a *makiyakinabe*.

Tamale Palavra originária da língua nahuatl dos astecas, o tamale (ou *tamal*) é um prato popular mexicano constituído de diversos recheios de carne e vegetais picados, sempre bem condimentados, envoltos em massa à base de milho, embrulhados em palha fresca de milho ou folha de bananeira e cozidos no vapor. Existem também os tamales doces, feitos com recheios de frutas. Assemelha-se à pamonha brasileira, com a diferença de que esta é elaborada com milho fresco e o tamale, com a massa de milho denominada masa. Ver **Masa**.

Tâmara (*Phoenix dactylifera*) Fruto da tamareira, a tâmara é originária do Norte da África e do Oriente Médio. Encontrada nos oásis, a árvore é reverenciada pelas populações árabes. Maomé recomendava a seus seguidores que a venerassem como se fosse pessoa da própria família e afirmava que fora criada com o resto do barro usado para criar Adão. É fundamental na alimentação árabe. Doce, de sabor suave e de grande valor nutritivo, a tâmara é comercializada fresca ou seca. Verde quando nova, passa a amarela, marrom, preta ou avermelhada quando madura, dependendo da variedade. Fresca, é úmida, roliça, firme, sem manchas, tem casca ondulada que sai com facilidade e caroço longo e fino. As de menor qualidade são prensadas depois de secas e vendidas a peso, para uso em bolos e pudins. As secas de melhor qualidade são comercializadas inteiras, em caixas, utilizadas no Ocidente sobretudo na época do Natal. Pode ser consumida pura ou usada em saladas, em farofas para acompanhar carne, em bolos ou pudins, em chutneys e em docinhos caramelados ou cristalizados. Rica em açúcar, cujo percentual é de 55% quando fresca, esse índice aumenta bastante depois de seca. Ver **Chutney**.

Tamari Mais grosso que o molho de soja comum (shoyu), o tamari também é um molho escuro, feito com grãos de soja fermentados. É um subproduto da pasta de missô e um molho essencialmente japonês, embora esteja presente em diversas cozinhas asiáticas. De perfume adocicado e usado como condimento de mesa, é menos salgado que o molho de soja e, diferente deste, não inclui trigo em sua composição. Ver **Missô** e **Molho de soja**.

Tamarindo (*Tamarindus indica*) Fruto da árvore de mesmo nome, é uma leguminosa com casca dura e marrom. O nome deriva do latim medieval *tamarindus*, que, por sua vez, provém do árabe *tamr hindı*, "tâmara da Índia". Foi levado para a Península Ibérica pelos árabes e trazido para o Brasil pelos portugueses. Sua polpa doce e ácida é usada em doces, refrescos e sorvetes. Na Índia, as folhas e flores, quando novas, são empregadas no preparo de saladas. É utilizado também em cozidos e molhos da cozinha asiática, em conservas e chutneys. É comercializado fresco ou seco. Ver **Chutney**.

Tambaqui (*Colossoma macropomum*) Peixe da família dos caracídeos, muito encontrado nas águas doces da Amazônia. De carne branca e gorda, é um dos mais apreciados da região. Seus filés são base para pratos saborosos e são famosas a costelinha de tambaqui, servida com arroz de jambu e batatas, e a tambaquizada. É conhecido também por pacu vermelho.

Tamboril (*Lophius piscatorius*) Peixe de mar que vive próximo ao fundo do oceano (a uma profundidade de cerca de seiscentos metros), de cabeça desproporcionalmente grande, com boca larga de dentes agudos. É bastante comum no Mediterrâneo e no Atlântico. Tem carne

branca, magra, muito delicada, suculenta, nutritiva e saborosa, comparada à da lagosta pela consistência firme. Muito valorizado nas cozinhas francesa e portuguesa, é utilizado no Brasil sobretudo em caldeiradas. Denomina-se também peixe-sapo.

Tamis Palavra francesa que designa uma peneira de malha apertada, feita de tecido, fibra sintética ou metal, utilizada para peneirar farinhas ou reduzir ingredientes sólidos (legumes, verduras e frutas) a um purê bem fino.

Tamoatá (*Hoplosternum littorale*) Peixe pequeno de águas doces, com placas ósseas, longas barbas e aspecto pré-histórico, conhecido também por tamuatá, camboatá, caborja ou tamboatá. Seu habitat é a bacia amazônica e os sistemas dos rios Paraná e Paraguai. É muito encontrado nos arredores da ilha de Marajó, onde costuma ser preparado em caldo de tucupi, temperado com jambu previamente cozido, sal, limão, chicória e alfavaca. É servido com arroz branco, farinha de mandioca e pimenta-de-cheiro. Ver **Alfavaca**, **Cumari-do-pará**, **Jambu** e **Tucupi**.

Tandoor Tradicional forno indiano de formato similar ao de ânfora ou tubo largo de argila, com apenas uma abertura superior, ainda encontrado em toda a Índia. Ele pode ser fixado em buraco escavado no solo ou apenas apoiado sobre este. Há evidências de seu uso há três mil anos, pelos babilônios. Desde então, tem sido utilizado em todo o Oriente Médio e subcontinente indiano. Difundiu-se no resto do mundo em meados do século XX como modismo, por ser usado em um restaurante de Kashmir (Índia) frequentado por famosos. É empregado para assar alimentos com calor direto e fumaça. De calor intenso (cerca de 450 ºC), pode assar metade de uma galinha em cinco minutos. No preparo do tradicional pão naan, a massa modelada em disco fino é colada diretamente nas paredes do tandoor, até estufar e ficar morena. Pratos de carne ou aves preparados nesse forno recebem seu nome, como o frango tandoori. Ver **Naan**.

Tandoori Pó ou pasta indiana de cor vermelha, à base de diversos condimentos, usada não só para dar sabor a carnes e aves mas também para fornecer-lhes a cor que apresentariam se tivessem sido assadas no forno tandoor. Para recobrir diretamente a peça a ser assada, utiliza-se geralmente a pasta; para marinadas, o pó. O tandoori é constituído de sal, cominho, mostarda, gengibre, canela, cebola, feno-grego, alho, pimenta *Capsicum* e louro. Ver o nome do condimento.

Tangerina (*Citrus reticulata*) Fruta cítrica da família das rutáceas, conhecida também por bergamota, mandarina, poncã, mimosa, fuxiqueira ou mexerica. É originária da região montanhosa do Sul da China. Muito saborosa, pode ser consumida ao natural ou como doce, geleia, sorvete ou suco. A tangerina é usada ainda na produção de xaropes e licores, como o belga Mandarine Napoléon e o Mandarinetto italiano. Ver **Mandarine Napoléon**.

Tanino Substância orgânica (composto fenólico) presente em diversos alimentos – como café, vinho tinto, frutos secos e algumas frutas quando estão verdes, por exemplo o caqui e a banana –, responsável pela sensação de adstringência. Nos vinhos tintos, fornece caráter, corpo e longevidade. Combinada com aldeídos, provoca o aparecimento de sedimentos. Ver **Adstringência**.

Tannat (*Vitis vinifera*) Uva tintureira do sudoeste da França, de mosto escuro que dá cor ao vinho. Levada ao Uruguai pelos imigrantes bascos, tornou-se uma de suas variedades mais importantes por apresentar mais qualidade que a uva plantada na França.

Tanoeiro Artesão que fabrica barris, de carvalho e de outras madeiras, para bebidas.

Tapas No passado, esta palavra espanhola designava as fatias de pão ou de presunto que cobriam o copo de vinho para protegê-lo das moscas. Por associação, passou a designar os tira-gostos que acompanhavam o vinho, sobretudo à noite, nos bares e restaurantes da Andaluzia e, mais tarde, em toda a Espanha. No Norte do país, os tira-gostos são chamados pinchos (*pintxos* em basco) e oferecidos em pequenos bocados presos em palitos. Há inesgotáveis variedades de tapas e seus ingredientes principais podem ou não vir sobre uma fatia de pão; nesse caso são denominados montaditos. São preparos comuns: pasta de berinjelas, rodelas de tomates com anchovas, feijão-branco ao vinagrete, presunto com pimentão, frutos do mar com molho, camarões fritos, pastéis, azeitonas etc.

Tapenade Pasta da culinária do Sudeste da França, usada como condimento. O nome deriva de *tapeno*, que significa alcaparra em provençal, seu elemento básico. No preparo, há também azeitonas pretas, anchovas dessalgadas, azeite, suco de limão, ervas aromáticas e, eventualmente, marc, aguardente de bagaço de uva. É servida com torradas, batatas cozidas, vegetais crus ou peixe. Ver **Alcaparra**, **Anchova**, **Azeitona**, **Ervas aromáticas** e **Marc**.

Taperebá Ver **Cajá**.

Tapiara Ver **Tainha**.

Tapioca Alimento tradicional no Norte e Nordeste que vem ganhando adeptos e se espalhando por todo o Brasil, conhecido ainda por tapioquinha. A tapioca é uma pequena panqueca branca, com um palmo de diâmetro, preparada com a fécula de mandioca hidratada, também denominada polvilho ou goma. Quando a goma é espalhada e aquecida em chapa quente, sofre a ação do calor e coagula, passando a apresentar consistência firme, ligada, mas macia. Não deve ser exposta por muito tempo ao calor para não endurecer. Recebe inúmeros recheios, doces ou salgados. Os mais tradicionais no Nordeste são o coco ralado, molhado ou não no leite de coco, e o queijo de coalho, mas já existe uma infinidade de novos recheios, como queijo cremoso, carne de sol, pastas doces, doce de leite, entre muitos outros, para atender ao gosto do local onde é preparada. É "prima" dos beijus, cuja massa também é composta de massa de mandioca, além de goma. Ver **Beiju**, **Polvilho** e **Queijo de coalho**.

Tarallo Pequeno biscoito crocante e seco do Sul da Itália, cuja massa é tradicionalmente feita com farinha de trigo, fermento fresco, lardo e água. Hoje em dia, entretanto, a gordura é substituída por azeite ou óleo. Pode ser doce ou salgado, por meio do acréscimo de mais alguns ingredientes, que variam conforme o local em que é preparado. Em Nápoles, por exemplo, é comum o uso de pimenta-do-reino preta e amêndoas tostadas. Muito popular, até alguns anos atrás era vendido em carrinhos nas ruas da cidade. Em geral, tem o formato de argola e, depois de assado, deve descansar para a massa tornar-se mais macia. A versão doce pode ser recoberta com glacê depois de pronta.

Taramasalata Preparo de origem grega feito com ovas salgadas e curadas – *taramás*, usualmente de tainha, de carpa ou de bacalhau –, migalhas de pão, batatas amassadas ou amêndoas moídas, temperados com azeite e limão. Os ingredientes são pilados até transformarem-se em pasta. Podem ser acrescentados, ainda, alho, cebola ou echalota. É servido como entrada, frio com torradas, ou com pão sem fermento e legumes crus em tiras.

Tarator Sopa fria búlgara preparada com iogurte, pepino, azeite, alho, nozes e endro. É encontrada também em países vizinhos, com variações.

Taratur Molho da culinária turca à base de pasta de gergelim (tahini), alho amassado, sal, suco de limão e água gelada, utilizado tanto para temperar saladas quanto como ingrediente de base no preparo de diversas pastas e peixes. É empregado no prato de peixe *samak mah taratur*. Ver **Samak mah taratur** e **Tahini**.

Tareco Biscoitinho redondo muito popular em Pernambuco e Alagoas, feito de farinha de trigo, ovos e açúcar. Sua massa, de consistência mole, é "pingada" no tabuleiro para ser levada ao forno. De acordo com Câmara Cascudo (2001), já eram preparados no início do século XX, para serem servidos na merenda ou como acompanhamento do café.

Tartare de boeuf Ver **Steak tartare**.

Tártaro Molho francês frio indicado para carnes e peixes, à base de maionese, azeite de oliva, mostarda, picles picados, alcaparras e temperos verdes frescos. Foi mencionado pela primeira vez como *sauce à la tartare*, no livro de Alexandre Viard, *Le cuisinier impérial*, de 1806. Seu nome tem por referência os alimentos dos cavaleiros tártaros e mongóis, sempre muito condimentados e picantes.

Tartaruga (Ordem *Testudines*) Réptil de carne branca, delicada e saborosa, cuja principal característica é o corpo coberto por uma carapaça de osso e cartilagem. Há cerca de trezentas espécies em todo o mundo, várias delas comestíveis, mas muitas em risco e sob proteção. Na Amazônia, onde a população ribeirinha denomina-a bicho de casco, ao longo dos rios são encontradas espécies conhecidas no local por tracajá, iaçá, cabeçudo, matamatá, aperema, muçuã e tartaruga-da-amazônia. A sopa de tartaruga é um consomê claro, muito refinado; o sarapatel é bastante consumido no Norte do Brasil; o paxicá é outro prato saboroso, feito com o fígado e outros miúdos e cozido no próprio casco do animal; a carne pode ser preparada guisada ou em bifes; o picadinho com farofa é muito apreciado, elaborado com a carne do peito; os ovos são consumidos crus, puros ou misturados a farinha-d'água. No Brasil, a criação de tartarugas e a comercialização de seus subprodutos foram normatizadas pelo Ibama nos anos 1990, mas a caça e a venda ilegal ainda preocupam. Ver **Paxicá** e **Sarapatel de tartaruga**.

Tart(e) Ver **Torta**.

Tarte aux pralines Torta doce redonda e baixa, com base de massa amanteigada e recheio de praline rose e creme de leite. Criada pelo chef Alain Chapel sob inspiração, conta-se, da torta preparada pela cozinheira de um amigo, a receita foi publicada em seu livro *La cuisine, c'est beaucoup plus que des recettes*, em 1980. Ganhou fama e hoje é considerada uma das especialidades da cidade francesa de Lyon. Ver **Praline**.

Tartelette Pequena torta aberta, de origem francesa, com recheio doce ou salgado.

Tarte Tatin Torta de maçã caramelizada, polvilhada com açúcar e entremeada com manteiga. Sobre o recheio, coloca-se a massa de farinha de trigo, manteiga, açúcar, ovo e sal e a torta é levada para assar. Depois de pronta, ela é virada e servida com chantili. Apesar de existir desde o final do século XVII em Sologne (França), foram as irmãs Tatin, do Hôtel Tatin (em Lamotte-Beuvron), e o restaurante Maxim's de Paris que a tornaram tão conhecida. Não se sabe como isso ocorreu, mas há inúmeras versões, a maioria inconsistente quanto a locais e datas.

Tartufo 1. Nome italiano da trufa. **2.** Sobremesa feita com uma bola de sorvete de chocolate recheada com uma pequena porção de sorvete de nata, inteiramente revestida de chocolate amargo em pó. Em geral, é servida com calda de chocolate quente. Seu formato, cor e textura externa assemelham-se aos da trufa. Ver **Trufa**.

Tartufo di mare (*Venus verrucosa*) Denominação italiana de um molusco bivalve encontrado no mar Mediterrâneo e no leste do Oceano Atlântico, considerado uma iguaria. Pode ser consumido cru, gratinado, salteado ou ensopado. Os franceses o chamam de *praire*.

Tastevin Pequeno recipiente raso de metal usado tradicionalmente pelos vinhateiros franceses na prova do vinho. Precursor das taças de degustação, sua origem remonta aos séculos XV e XVI. Em geral, é de prata ou de metal revestido de prata e apresenta relevos no fundo para favorecer a análise visual da bebida. Na atualidade, quase não é mais utilizado com esse fim, mas mantém sobretudo valor histórico. O *tastevin* é também o símbolo de uma importante confraria enogastronômica da Borgonha, *La confrérie des chevaliers du tastevin*, fundada em 1934. Embora a palavra *tastevin* seja a mais conhecida em todo o mundo, a grafia original era *tâtevin*.

Tataki Modo de preparo japonês usado para carne ou peixe em peça, no qual o ingrediente é selado rapidamente em uma chapa muito quente, isto é, seu exterior é tostado, mas o interior mantém-se cru. Depois disso, a peça de carne ou peixe é fatiada bem fino e pode ser servida com gengibre e cebolinhas picados e molho de soja cítrico.

T-bone steak Filé-mignon e contrafilé cortados juntos, sem destacar o osso. O nome deve-se ao osso em forma de "T". É ótimo para grelhar sobre brasas ou chapa.

Tea Chá, em inglês. Ver **Chá**.

Tea cake Tradicional preparo inglês servido com o chá da tarde. Trata-se de um pão doce redondo, baixo, de massa fermentada, com passas ou frutas cristalizadas, dependendo da região em que é feito. Antes de ser servido, é fatiado, tostado e recebe uma camada de manteiga.

Teglia Nome italiano da fôrma baixa, sem alças, utilizada no forno. Equivale ao tabuleiro brasileiro.

Temaki-sushi Preparo da culinária japonesa, é um tipo de sushi em que os ingredientes – arroz, peixe ou moluscos, vegetais e temperos – são enrolados em uma folha de alga *nori*, em geral em formato cônico. Comida informal, deve ser segurada com os dedos, não com hashi. Ver **Nori** e **Sushi**.

Tempeh Bolo fermentado de grãos inteiros de soja, com sabor e textura característicos. Originário da Indonésia, em particular da ilha de Java, é um dos poucos produtos à base de soja não proveniente da China. Um aspecto importante de sua produção é a inoculação do fungo *Rhizopus*, para possibilitar o processo de fermentação. É enformado tradicionalmente em folhas de hibisco. Muito popular na culinária asiática, é rico em proteínas, por isso é bastante usado como reforço alimentar.

Temperagem Processo ao qual o chocolate é submetido na fase final de produção (antes da moldagem), que deve ser repetido pelo confeiteiro para utilizá-lo em preparações como bombons, coberturas e decorações. Trata-se de uma sequência de aquecimento, resfriamento e novo aquecimento do chocolate, cujo objetivo é obter cristais estáveis de manteiga de cacau, capazes de se fundir somente quando expostos a temperaturas mais altas. A temperagem bem feita proporciona brilho ao chocolate, consistência correta – dura em temperatura ambiente, mas capaz de derreter com facilidade na boca – e maior durabilidade. Para isso, devem ser obedecidas as temperaturas adequadas de fusão, resfriamento e reaquecimento (temperatura de trabalho) de cada tipo de chocolate: para o chocolate escuro, 45 ºC a 50 ºC/28 ºC a 29 ºC/31 ºC a 32 ºC; para o chocolate ao leite, 40 ºC a 45 ºC/27 ºC a 28 ºC/30 ºC a 31 ºC; para o chocolate branco, 40 ºC/24 ºC a 25 ºC/27 ºC a 28 ºC. De acordo com a marca de chocolate, pode haver ligeira variação nessas médias. Existem dois métodos principais. Na temperagem em mesa de mármore, o chocolate é derretido e ⅔ dele são derramados sobre uma superfície de mármore, ou outra pedra não porosa e fria; em seguida, a massa de chocolate é movimentada com o auxílio de uma espátula, até baixar à temperatura adequada e começar a engrossar (cristalizar); a massa é incorporada ao chocolate derretido restante e misturada, alcançando a temperatura de trabalho. No segundo método, derrete-se o chocolate não temperado; em seguida, adiciona-se a ele pedacinhos de outro chocolate previamente temperado (em torno de 25% do peso do chocolate não temperado), misturando bem os dois; por fim, procede-se ao resfriamento até alcançar a temperatura de trabalho. Para verificar se a temperagem foi realizada corretamente, coloca-se uma camada fina do chocolate temperado sobre uma superfície em temperatura ambiente; ele deve se solidificar em poucos minutos e ter aspecto homogêneo e brilhante.

Tempero Ingrediente adicionado à comida para complementar ou intensificar seu sabor ou aroma. Os mais comuns são: ervas frescas ou secas (orégano, salsinha, cebolinha, manjericão, hortelã, louro etc.); especiarias (cravo, canela, noz-moscada, pimenta-do-reino etc.); condimentos preparados (mostarda, molho de soja, molho inglês etc.); vinagres (de uva, de maçã, balsâmico etc.); e o mais usual de todos, o sal. Ver o nome de cada um.

Tempranillo (*Vitis vinifera*) Uva vinífera espanhola mais famosa, importante sobretudo em Ribera del Duero. Em Rioja, é utilizada com a Garnacha. É usada também no corte do vinho do Porto. Em Portugal, é conhecida por Tinta Roriz, no Norte, e Aragonês, no Sul. De acordo com especialistas, produz vinhos de grande classe e elegância. Apresenta aromas típicos de especiarias, folha de tabaco e couro.

Tempura Preparo japonês de vegetais, cogumelos, peixes ou frutos do mar recobertos com fina massa à base de farinha de trigo, água gelada e ovos, fritos em gordura quente. É servido com nabo ralado e conserva de gengibre, além de molho tentsuyu feito com caldo de peixe, shoyu e mirin. A origem do preparo e do nome do prato está ligada à religião dos europeus. Em 1540, os primeiros europeus chegaram ao Japão, onde ficaram até 1638, quando, com exceção de poucos holandeses, foram expulsos das ilhas. Muitos deles eram missionários católicos portugueses, que, no período das Têmporas – dias de preces especiais e jejuns recomendados pela igreja católica aos fiéis em quatro semanas diferentes do ano –, comiam apenas peixes e crustáceos empanados e fritos. Os japoneses absorveram o modo de preparo e o incorporaram à sua culinária sob o nome de tempura. É uma técnica semelhante à do *karaage*. Ver **Karaage**.

Tencha Nome dado a folhas de chá-verde, antes de serem moídas, que passam por um processo de produção específico e cuidadoso. São cultivadas à sombra, colhidas e cozidas em vapor. Após cuidadosa secagem para não serem amassadas, estão prontas para uso. Considerado um dos mais finos chás-verdes do Japão, de cor verde clara e sabor suave e elegante, depois de finamente moído é usado na tradicional cerimônia do chá. Ver **Chá**.

Tender Presunto à base de pernil de porco, produzido industrialmente e de formato em geral redondo, muito consumido nas festividades natalinas no Brasil. Pré-cozido e defumado, costuma ser glaceado e assado rapidamente antes de ser consumido. No modo de preparo mais comum, sua superfície é recortada em losangos e recoberta de pasta à base de açúcar mascavo ou mel, mostarda, suco de laranja ou abacaxi e manteiga. Cada interseção de losango recebe um cravo, como enfeite e para perfumar. Em seguida, é levado ao forno para absorver o sabor da pasta e caramelizar a superfície. É servido fatiado com frutas em calda. Este nome é usado somente no Brasil e, de acordo com a pesquisadora Roberta Malta Saldanha (2011), foi fruto da adoção da expressão em inglês que constava da embalagem do produto importado – *tender made* –, distribuído no Brasil pelo Frigorífico Wilson, em meados do século passado. A receita – *glazed ham* (presunto glaçado) – é tradicional da região da Virgínia (Estados Unidos), importante local de produção de presuntos.

Tendon Contração de *tempura donbury*, consiste em *tempura* – em geral de camarões e de vegetais – com molho tentsuyu adocicado, servido sobre arroz cozido. É um prato japonês de consumo diário e uma das inúmeras variações de *donbury*. Ver **Donburi** e **Tempura**.

Tentsuyu Molho da culinária japonesa usado como acompanhamento do tempura, feito com dashi, mirin e molho de soja. Às vezes, pode-se acrescentar açúcar. Ver **Dashi, Mirin, Molho de soja** e **Tempura**.

Tequila Bebida mexicana destilada da seiva do agave, a tequila (*el tequila*, em castelhano) surgiu somente no final do século XIX com a modernização do processo de destilação do mezcal. O nome provém da cidade do estado de Jalisco, em cuja área cresce naturalmente o agave azul (*Agave tequilana* var. azul), o único utilizado em sua fabricação. A bebida é bidestilada em alambiques e filtrada antes de ser engarrafada. Uma garrafa de tequila rotulada como "100% de agave" apresenta açúcares provenientes exclusivamente do agave azul; quando rotulada apenas como "tequila", seu mosto foi enriquecido com até 49% de açúcares de outras plantas. A bebida também é classificada de acordo com o tempo de envelhecimento. A tequila *blanco* é transparente e engarrafada logo após a destilação. A *jovem* ou *oro* também não passa por processo de envelhecimento, mas recebe elementos corantes que lhe conferem cor dourada. O terceiro tipo é a *reposado*, que repousa de dois a doze meses em barril de carvalho. Há ainda a *añejo*, envelhecida em tonéis de carvalho de, no máximo, seiscentos litros por, no mínimo, um ano; e a *extra añejo*, envelhecida por, pelo menos, três anos, também em barris de carvalho de até seiscentos litros. Tequila é hoje uma Denominação de Origem Protegida. Famosa em todo o mundo, a bebida é apreciada pura, com sal e limão ou em coquetéis, como o Margarita. O teor alcoólico varia entre 35% e 55%. Ver **Agave**, **Margarita** e **Mezcal**.

Terasi Condimento da culinária indonésia feito com camarão salgado, fermentado e seco. É vendido em pó ou em blocos e utilizado em diversos pratos. Pertence à família de temperos à base de camarão fermentado encontrados em todo o Sudeste asiático. Grafa-se também *trassi* e *trassie*. Ver **Belacan**.

Tereré Chimarrão gelado consumido no Pantanal como bebida refrescante. Servido em cuia, conhecida no local por guampa, e com bomba, como o chimarrão, é preparado com erva-mate fresca, porém mais grossa que a do chimarrão. Em Mato Grosso e Mato Grosso do Sul, é degustado sempre em dias quentes. De manhã, é hábito beber o mate quente, mas no calor do dia, à tarde e à noite, é a vez do tereré, frio ou gelado. Sempre sem adoçar, é temperado com folhas de hortelã e suco de limão. Ver **Chimarrão**.

Teriyaki Técnica japonesa de preparo de carne bovina, suína, aves ou peixes, que consiste em pincelá-los com a combinação de molho de soja, saquê, mirin e, opcionalmente, açúcar, no final do cozimento sobre a grelha ou em frigideira. A glaçagem proporciona aparência brilhosa e é parte fundamental do prato: *teri* significa brilho e *yaki*, grelhado. Fora do Japão, contudo, *teriyaki* passou a nomear um molho – em geral mais denso pela ação de amido de milho, mais doce e temperado com outros ingredientes, como gengibre, alho, vinagre ou cebolinha –, e não um método de preparo. Ver **Mirin**, **Molho de soja** e **Saquê**.

Termocirculador Equipamento para cozimento em banho-maria, com controle preciso de temperatura e circulação da água. É usado na técnica de cozimento a vácuo. Dotado de uma peça para aquecimento da água e de termostato, é capaz de aquecer e manter a água em temperatura constante. É constituído também de uma bomba, responsável pela circulação da água, o que garante temperatura homogênea em todo o recipiente. Há dois modelos principais: o portátil, que pode ser acoplado em diferentes recipientes; e o integrado, em que os sistemas de aquecimento, controle de temperatura, circulação da água e o recipiente formam uma mesma peça. Ver **Cozimento a vácuo**.

Termômetro Instrumento próprio para medir a temperatura. Existem diversos modelos para uso em cozinha, de diferentes tamanhos, formatos e materiais. Esses aspectos, somados aos níveis de temperatura suportados por eles, tornam

cada modelo adequado a um tipo de uso. Podem ser analógicos (bimetálicos), digitais, de infravermelho. Entre os mais encontrados no mercado, estão os termômetros para carnes, para calda de açúcar e compotas (também usados para aferir a temperatura de óleos), para temperagem de chocolate, para grelhas, para fornos e os de freezer.

Terra Madre Ver **Slow Food**.

Terrine 1. Termo francês que denomina a vasilha funda, com tampa, de formato oval ou retangular, em geral de cerâmica e própria para ir ao forno. É usada no cozimento de patês ou outra carne com um mínimo de umidade. Em português, terrina. O termo deriva de um adjetivo do francês antigo, *terrin*, que significava "de terra". **2.** Por analogia, o termo nomeia os pratos cozidos em terrinas, em especial de carne, em pasta ou em pequenos pedaços, com temperos, acrescida ou não de pequenos legumes, com um mínimo de umidade, como a *terrine de foie gras*. Para preservar o vapor durante o cozimento, a tampa precisa ser bem vedada. Ver **Foie gras** e **Patê**.

Terroir Denominação francesa do conjunto de características de determinada parcela de terra que transmite ao produto alimentício originalidade e qualidade. Inclui o tipo de solo, a altitude e a orientação do terreno, a umidade do clima, os níveis de precipitação pluviométrica, entre outros. Além disso, *terroir* também expressa a interação entre o meio natural e os fatores humanos envolvidos no cultivo, na criação ou produção, por exemplo a escolha das variedades plantadas, da raça de animal criada, as diversas técnicas adotadas etc. O conceito de denominação de origem está diretamente relacionado à noção de *terroir*. Ver **Denominação de Origem**.

Tesoura de ovo Instrumento prático, mais encontrado nos Estados Unidos e na Europa. É uma espécie de tesoura circular denteada que, posicionada na parte superior do ovo e acionada, corta e remove seu topo. Em geral, é usada para dar boa apresentação aos ovos quentes.

Testículos Órgãos ovalados do aparelho reprodutor masculino, responsáveis pela produção de espermatozoides. Na Antiguidade, eram um alimento muito valorizado pelos romanos, que preferiam os testículos do porco e do touro, embora utilizassem também os de vários animais, e os consideravam uma substância revigorante, bem superior ao tutano. Já na França do século XVIII, o mais apreciado era o testículo de galo, alimento predileto de Luís XV. No Brasil, popularizou-se apenas o testículo de boi, um dos ingredientes da *parrillada*, mas somente no Rio Grande do Sul, nas áreas mais próximas da fronteira com o Uruguai e a Argentina. Nos Estados Unidos, os testículos de novilho, carneiro ou porco são chamados *rocky mountain oysters*. Ver **Rocky mountain oysters**.

Testina di vitello bollita Especialidade da culinária italiana, é um prato feito com cabeça de vitela cozida, servida com cenouras, aipo e cebolas, também cozidos, e molho de ervas.

Tex-mex Nome da culinária que tem por base a mistura de culturas do Texas (Estados Unidos) e do México. Engloba grande variedade de pratos, como burritos, nachos, tacos e outros. Ver o nome de cada prato.

Thermidor, à Modo de preparo de lagosta. Ver **Lagosta à Thermidor**.

Thousand island Molho para saladas e sanduíches à base de maionese e ketchup, temperado com molho de pimenta, vinagre e açúcar e acrescido de ingredientes picados, como relish de pepino, cebolas e ovos cozidos. Ver **Ketchup, Maionese** e **Relish**.

Thüringer Rostbratwurst Tipo de salsicha originária de Turíngia (Alemanha), com Indicação Geográfica Protegida (IGP). O primeiro registro escrito de sua receita data do século XVII, mas ela já era produzida na região antes. É composta sobretudo de carne de porco, no entanto é possível utilizar carnes de boi e de vitela. Parte de sua identidade é determinada pelo conjunto de temperos empregados, ervas e condimentos produzidos majoritariamente no local, dos quais destacam-se a alcaravia e a manjerona. Outras duas características importantes são a utilização de tripa natural como embalagem e o baixíssimo teor de gordura. É fina e comprida, com 15 cm a 20 cm de comprimento. Vendida crua e fresca, a melhor e mais tradicional maneira de prepará-la é na grelha sobre carvão, em fogo não muito forte para a pele não se romper. Deve ser servida com mostarda, pão ou salada de batatas. Ver **Alcaravia** e **Manjerona**.

Tia Maria® Marca de licor originalmente produzido na Jamaica, feito com rum jamaicano, café e baunilha de Madagascar. Começou a ser fabricado comercialmente na década de 1940, por Kenneth Leigh Evans, com base em uma antiga receita local. Tornou-se internacionalmente conhecido nos anos 1980 e hoje parte de sua produção é proveniente de Saronno (Itália). Ver **Baunilha, Café** e **Rum**.

Tian 1. Assadeira de barro, quadrada ou retangular, tradicional da Provença (França). **2.** Prato da mesma região e preparado naquele tipo de assadeira, constituído de camadas de legumes fatiados. Em geral, é feito com batatas, berinjelas, cebolas, abobrinhas e tomates, mas também podem ser usados outros vegetais. Como tempero, são usados o azeite, o alho, a pimenta-do-reino, o orégano ou as chamadas *herbes de provence* (tomilho, alecrim, manjericão, louro e segurelha), secas ou frescas. Os vegetais são recobertos de queijo e gratinados no forno.

Tiborna 1. Prato típico da Beira (Portugal), à base de batatas e bacalhau assados na brasa e regados com azeite novo, depois de as postas do peixe serem abertas em lascas. Ver **Bacalhau**. **2.** No Ribatejo (Portugal), é o nome de um pão recém-assado, regado com azeite e polvilhado com sal grosso. **3.** Preparo doce do Alentejo (Portugal) feito com pasta de açúcar, amêndoas, miolo de pão e gemas, acrescida de uma camada de doce de chila, outra da pasta de pão e amêndoas e, para finalizar, uma camada de fios de ovos. Como enfeite, são usados cerejas em calda e confeitos prateados. Ver **Fios-de-ovos**.

Tigelada Preparo doce da culinária portuguesa, típico da Beira e de Abrantes. É feito com leite, ovos, açúcar, farinha de trigo, canela, raspas de limão e uma pitada de sal. Em seguida, é cozido no forno em tigelas de barro vermelho vidrado, motivo de seu nome.

Tijolinho Docinho do Nordeste do Brasil, é o mesmo que mariola. Ver **Mariola**.

Tilápia (*Oreochromis* spp.; *Sarotherodon* spp.; *Tilapia* spp.) Nome de várias espécies de peixes ciclídeos de água doce. De origem africana, hoje em dia são encontradas em várias partes do mundo em razão da facilidade de criação. No Brasil, a espécie mais produzida é a tilápia do Nilo

(*Oreochromis niloticus*). Apresenta carne pouco gordurosa, branca, levemente rosada, sabor suave e textura fina. Pode ser assada, grelhada ou cozida em molho ou vapor.

Tilsit Queijo originário da antiga cidade prussiana de Tilsit, foi introduzido na Suíça no século XIX, no cantão da Turgóvia. Hoje ainda é produzido lá, bem como nos cantões de Saint-Gall e Zurich, em pequenas propriedades familiares. Conhecido também por *tilsiter*, tem massa semidura, firme, de cor amarelo-clara. É fabricado em quatro versões: com leite pasteurizado e maturação de 30 a 40 dias; com leite cru e maturação de 70 a 110 dias; com leite cru e maturação de 120 a 180 dias; com leite pasteurizado acrescido de creme de leite e maturação de 30 a 75 dias. De acordo com cada tipo, o sabor varia entre o doce e acidulado e o picante. É produzido também em outros locais do mundo, como Alemanha e Austrália, com características diferentes.

Timbale 1. Fôrma pequena semelhante a um tambor, levemente afilada na base, própria para enformar iguarias até que fiquem consistentes. Seu tamanho é adequado para porções individuais. 2. Prato preparado na fôrma de mesmo nome, com a combinação de risoto, creme, carnes, vegetais, queijo etc. e assado no forno. Utilizado como entrada, deve-se desenformá-lo antes de servir. 3. Pequena concha de massa frita feita com o timbale, nos mesmos moldes do coscorão. É servida como entrada, com recheio frio e molho. Ver **Coscorão**. 4. Pequena massa de brioche cozida em timbale, sem miolo, cujo interior é pincelado com uma camada de pasta de fruta, uma *marmelade*. Depois de recheá-la com camadas alternadas de creme de confeiteiro e fruta cozida em calda, ela é servida morna, com um molho da pasta de fruta empregada internamente. Ver **Brioche** e **Marmelade**.

Timo Glândula encontrada em frente à traqueia da vitela, do cordeiro e do cabrito, que desaparece no animal adulto. O timo da vitela é o mais apreciado e constitui-se de duas partes: uma, fina e alongada, não comestível; a outra, mais redonda e larga, denomina-se noz e tem sabor delicado, além de textura suave e cremosa. Quando está fresca, é branca e firme; torna-se mais avermelhada com a idade do animal. Bastante perecível, deve ser usada no mesmo dia da compra. Antes de prepará-la, deve-se lavá-la diversas vezes em água acidulada, aferventá-la e remover sua membrana externa. Tem vários modos de preparo.

Timpano 1. Em Nápoles (Itália), é o nome das tortas fechadas recheadas com algum tipo de macarrão ou arroz, legumes, ovos, queijo, manteiga e carnes com molho. É encontrado também em outras regiões do país, com outros nomes: *timballo, timbale, tortino, sartu*. 2. Nome da fôrma onde o prato é tradicionalmente preparado. Após sair do forno e descansar por alguns minutos, é desenformado emborcado, para manter o formato de cúpula da assadeira, que o caracteriza.

Tinta de lula Ver **Nero di seppia**.

Tipiti Utensílio de fibra vegetal, é uma prensa ou espremedor para extrair o líquido de raízes, muito comum na Amazônia e originário da Guiana. É feito com a tala da jacitara ou da guarumã, palmeiras amazônicas cujas fibras, de fácil extração, são muito utilizadas pelos indígenas e ribeirinhos. De forma cilíndrica, com as duas extremidades afuniladas que terminam em alça, é tecido de modo que, depois de preenchido com a raiz ralada e esticado, seu comprimento inicial mais que duplica. O nome tipiti, do tupi-guarani, significa "espremer sumo" e o utensílio possibilita tanto o aproveitamento deste quanto da massa. Pendura-se uma das alças no alto e puxa-se a outra para baixo, para que a trama comprima o conteúdo e retenha a massa, deixando vazar o líquido. Nas tribos que usavam o tipiti para processar a mandioca, as técnicas variavam; umas eram mais simples, outras mais complexas. As mais simples eram manuais; outras usavam contrapesos para facilitar a extensão do utensílio. Ainda hoje é bastante usado.

Tipsy cake Tradicional bolo em camadas, de origem inglesa, com massa esponjosa impregnada de vinho branco puro ou misturado com *sherry* (xerez). As camadas são intercaladas com lascas de amêndoas, creme batido e frutas frescas ou secas. Em inglês, *tipsy* significa embriagado. Ver **Xerez**.

Tiquara Ver **Chibé**.

Tiquira Cachaça bastante forte feita com beiju de mandioca fermentado e destilado. O nome vem do tupi *ti kïra*, que significa "líquido que goteja". Ainda é bastante usada no Maranhão, onde é conhecida por pinga de mandioca. Seu teor alcoólico pode chegar a 54%. Sua cor arroxeada é resultado da adição de uma infusão feita com cascas de tangerina.

Tira-gosto Petiscos ou pequenos preparos salgados usados como acompanhamento de bebidas ou coquetéis, fora das refeições. Por exemplo, bolinho de bacalhau, coxinha, bolinho de aipim, croquete de carne, sardinha frita.

Tiramisu Sobremesa recente, dos anos 1970, é uma versão italiana do pavê francês. Originária de Veneza ou de Treviso, tem diversas variantes. Alterna camadas de creme feito com mascarpone e ovos (a base pode ser um zabaione, por exemplo) com camadas de biscoitos de massa leve (como o ladyfingers) ou pão de ló, embebidos em café forte (acrescido ou não de bebida alcoólica). A finalização da sobremesa é feita com cacau polvilhado. Deve ser servida gelada. Ver **Ladyfingers**, **Mascarpone** e **Zabaione**.

Tirel, Guillaume Ver **Taillevent**.

Tisana Bebida feita com a infusão de flores ou de ervas, como a camomila, a erva-doce e outras, frescas ou secas. Pode ter uso medicinal.

Toffee Bala de caramelo de textura firme, mas macia, feita com açúcar, água ou creme e manteiga. Algumas versões contêm ainda chocolate ou nozes.

Tofu Denominação japonesa do queijo feito com a coalhada do leite de soja escorrida e prensada. De aspecto bastante similar ao do queijo de minas fresco, é branco, liso, de textura fina e cremosa, em formato de tijolo. É muito nutritivo. Entre os pratos mais simples e apreciados feitos com tofu, há o *hiyayakko* (tofu frio) e o *yudofu* (tofu cozido em caldo), ambos servidos com temperos. É também muito usado em sopas e outros preparos, como acompanhamento ou decoração. Quase não tem sabor, por isso absorve o dos temperos e dos outros alimentos servidos junto. Muito perecível, deve ser consumido rapidamente e mantido sempre sob refrigeração. Depois de consumido por dois mil anos na China, por volta de 1200 foi

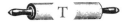

levado para o Japão, onde tornou-se muito popular entre os budistas, que o adotaram como alternativa ao consumo de carnes. Ver **Soja**.

Togarashi 1. Nome genérico japonês de diversas pimentas do gênero *Capsicum*. 2. Série de produtos à base de pimenta *Capsicum* seca em pó ou em flocos, acrescida ou não de outros condimentos. O *ichimi togarashi* é a pimenta vermelha seca em pó; já o *shichimi togarashi* é um conjunto de sete elementos secos, inclusive a casca de tangerina e a alga nori. Ver **Shichimi togarashi**.

Toicinho Ver **Toucinho**.

Tokaji Nome dos vinhos produzidos na Hungria, na região de Tokaj-Hegyalja (ou, simplesmente, Tokaj), na confluência entre os rios Bodrog e Tisza. O tokaji licoroso é considerado um dos melhores vinhos do mundo em sua categoria, primeiro a ser produzido com uvas botritizadas. O pensador francês Voltaire já dizia no poema *La pucelle d'Orléans* que "*du Tokai la liqueur jaunissante en chatouillant les fibres des cerveaux, y porte un feu qui s' exhale en bons mots*" (em tradução livre: "Tokaji, o licor dourado, ao acariciar as fibras do cérebro lhes empresta um fogo que estimula a espirituosidade"). São cultivadas três variedades principais de uva na região, Hárslevelu, Moscatel Blanc à Petits Grains – conhecida no local por Sárgamuskotály – e Furmint, que ocupa a maior parte dos vinhedos. Esta última é muito suscetível ao ataque da *Botrytis cinerea*, que causa o encolhimento e a concentração do açúcar, da acidez e do sabor. As uvas que sofrem dessa "podridão nobre" denominam-se *aszú*. Existem vários estilos de Tokaji. Vinhos secos e semissecos são produzidos com uvas não infectadas, com as quais também é feito o vinho-base do mais lendário dos vinhos húngaros, o Tokaji Aszú. A este vinho-base, adiciona-se uma proporção de uvas *aszú*, colhidas e armazenadas em separado. O Tokaji Aszú amadurece por, no mínimo, três anos. O resultado é um vinho notável, doce, ácido e frutado. A proporção entre as uvas normais e as *aszú* é indicada na etiqueta da garrafa (*puttonyos*). O Tokaji Szamorodni é produzido com uvas botritizadas e não botritizadas, amadurece por dois anos e pode ser seco (*száraz*) ou muito doce (*édes*). O Tokaji Eszencia, o mais doce e aveludado e menos alcoólico de todos, é elaborado apenas com uvas botritizadas. Mais raro atualmente, o Máslás é obtido da maceração de um vinho jovem da região com borra de *aszú*. Em 2002, Tokaj foi declarada Patrimônio Mundial pela Unesco. Ver **Botrytis cinerea**.

Tomar Pequeno queijo português da região de Ribatejo, cidade de Tomar. De leite de ovelha, é semelhante ao Rabaçal. É pequeno, com cerca de 5 cm de diâmetro, e pode ser consumido fresco ou mais amadurecido. Ver **Rabaçal**.

Tomatá Folhas tenras de tomateiro refogadas.

Tomate (*Solanum lycopersicum*) Fruto do tomateiro, originário da América tropical e hoje produzido em diversas partes do mundo. Levado pelos colonizadores espanhóis para a Espanha no início do século XVI, demorou mais de duzentos anos para ser difundido e assimilado na Europa. A primeira receita impressa conhecida com o uso de tomates – um molho de tomate "à moda espanhola" – consta do livro napolitano *Lo scalco alla moderna*, de Antonio Latini, de 1692. A casca do tomate é, quase sempre, vermelha (embora as amarelas também sejam comuns), brilhante e muito lisa; sua carne é firme, fresca e saborosa. No Brasil, são cultivadas diversas variedades: o tomate comum, vermelho, de diversos tamanhos, é usado tanto para molhos como para saladas; o tomate-caqui é grande, vermelho e firme, mais apropriado para saladas; o tomate italiano, vermelho e alongado, é mais adequado para molhos; o tomate-cereja, pequenino, redondo, vermelho ou amarelo, é usado em saladas e coquetéis; o tomate-uva, pequeno e ovalado, sem acidez, também é adequado para saladas. Trata-se de um ingrediente importante na culinária de muitos países. Consumido cru ou cozido, é servido em saladas, sanduíches, acompanhamentos, sopas e molhos.

Tomate seco Como o nome indica, é um tomate desidratado, que perdeu sua água ao sol ou por outro meio artificial. O resultado é um tomate de sabor intenso, vermelho-escuro, adocicado e de textura mais firme. É usado para dar sabor a molhos, sopas, sanduíches, saladas e a quaisquer outros tipos de prato. É vendido ao natural ou mergulhado em azeite temperado.

Tomatillo (*Physalis philadelphica*) Da família do tomate, mas de gênero diferente, é uma pequena fruta verde originária do México e da Guatemala. Com tamanho de uma noz, tem casca similar a um pergaminho que precisa ser retirada antes de a fruta ser utilizada. De polpa densa e cheia de pequenas sementes, é muito empregada em geleias, chutneys e na guacamole. Ver **Guacamole**.

Tom Collins Coquetel clássico feito com gim, suco de limão, açúcar e club soda. Deve ser servido em copo com gelo e enfeitado com uma fatia de limão e uma cereja ao *maraschino*. Ver **Club soda**, **Gim** e **Maraschino**.

Tomilho (*Thymus vulgaris*) Arbusto pequeno e resistente com folhas ovais e aromáticas, de sabor picante quando frescas. Suas flores são brancas, lilás ou levemente púrpura. De acordo com uma lenda antiga, o tomilho teria nascido das lágrimas da bela Helena de Troia. *Thymus* deriva da palavra grega *thymom*, que significa coragem. Os soldados romanos banhavam-se em água de tomilho e as damas da Idade Média bordavam ramos da planta em peças que ofereciam aos cavaleiros. Os gregos usavam-no como condimento e dele extraíam também álcool ou licor aromático muito apreciado. Por ter importantes qualidades antissépticas, era empregado pelos egípcios no embalsamamento de múmias e hoje é muito utilizado em vinha-d'alhos e molhos de marinar. É comercializado fresco, seco ou em pó. É tradicionalmente usado para condimentar carnes, sopas de peixes, tomates, cenoura, beterraba, saladas de tomate e cebola, ovos, queijos e azeitonas.

Tomme 1. Nome de um grupo de queijos produzidos nos Alpes franceses e suíços, em geral com leite de vaca desnatado, cujo creme já foi retirado para a produção de manteiga. São queijos macios, de textura firme e massa clara, de sabor similar ao de creme e manteiga, que adotam o nome da localidade onde foram elaborados ou de um ingrediente especial que incorporem. Um dos mais conceituados é o *Tomme de Savoie*. Ver **Tomme de Savoie**. **2.** O mesmo nome genérico também é dado a outro conjunto de queijos, à base de leite de cabra ou de ovelha, produzidos no Sudeste da França e com características bastante distintas entre si.

Tomme d'Annot Queijo feito com leite de cabra ou de ovelhas, conforme o estoque disponível. Preparado em fazendas no departamento de Alpes-de-Haute-Provence (França), tem a forma de disco achatado. De sabor suave, textura maleável, lisa e amarelada, é um queijo prensado, não cozido. Alcança sua melhor qualidade no verão, depois de maturar por dois meses.

Tomme d'Ardèche Um dos mais antigos queijos de cabra da França, além do mais tradicional e um dos melhores. Com formato de disco e peso aproximado de 410 g, tem crosta rugosa, marcada pela esteira de palha onde é amadurecido. Salpicado levemente de fungos azuis, os especialistas consideram que o principal de seu sabor está na casca. De textura macia e sabor complexo, amadurece por três meses.

Tomme de Brach Queijo da região central da França, originário de Corrèzes, no Limousin. Feito com leite de ovelha e fabricado em fazendas, é conhecido também por *Caillada de Vouillois*. Oleoso, de casca macia natural, tem sabor forte e aroma característico. Com formato de um tambor de 10 cm de diâmetro, pesa cerca de 750 g. Amadurece de dois a quatro meses, para desenvolver suas melhores características.

Tomme de Camargue Queijo da cidade de Arles, região da Provence-Alpes-Côte d'Azur, conhecido também por *tomme arlesienne*. Feito com leite de ovelhas, no lugar da casca tem uma pele cor de creme. Seu sabor é leve, doce e perfumado, com um fundo de ervas, pois é aromatizado com louro e tomilho. Deve drenar por uma semana em pequenas fôrmas quadradas. É encontrado praticamente apenas na França.

Tomme de Savoie Queijo francês de leite de vaca com baixo teor de gordura. Tem massa amarela e lisa, textura elástica e crosta natural cinza salpicada de vermelho. Redondo e baixo, pesa de 2 kg a 3 kg. É curado primeiro em porões frios e úmidos e, depois, em ambiente mais quente, para estimular os fungos da superfície. De sabor amanteigado similar ao de frutas secas, sua maturação leva de dois a quatro meses. Alcança melhor qualidade nos meses de inverno.

Tomme de Valdeblore Queijo das montanhas da região histórica do Condado de Nice, no Sudeste da França, feito com leite de vacas, prensado e não cozido. Amadurece em porões secos de três a seis meses. Novo, tem consistência mais tenra, casca cinza-rosada, sabor suave e lácteo e quase não tem aroma. Mais maduro, sua casca é amarronzada e apresenta textura endurecida, sabor mais ácido e aroma pronunciado. Tem a forma de cilindro chato com cerca de 9 kg.

Tonnato Termo italiano que caracteriza um modo de preparo de vitela, com molho de atum. Ver **Vitello tonnato**.

Topette Pequeno tubo de vidro com lastro, deixado a pender dos tonéis de conhaque preso a uma corrente, a fim de retirar um pouco da bebida para degustação. No Brasil, denomina-se prova.

Toranja Ver **Grapefruit**.

Tordo (*Turdus philomelos*) O tordo-comum é um pequeno pássaro tradicionalmente caçado no outono e no inverno na França, em Portugal e em outros países da Europa. O sabor de sua carne delicada depende de sua alimentação, que pode ser de uvas, zimbro e outros grãos.

Torradas francesas Ver **Poor knights of Windsor**.

Torrar Secar muito, assar um alimento ao calor do fogo, do forno, da torradeira etc. Pode-se torrar pães, castanhas, farinha de mandioca, café, entre outros. Durante o processo, ocorrem reações que tornam a superfície do alimento crocante e corada e modificam seu sabor.

Torresmo Muito utilizado na cozinha mineira, é o toucinho do porco cortado em pequenos pedaços, com ou sem a pele, e frito duas vezes até ficar crocante. É acompanhamento fundamental do tutu à mineira, da couve à mineira, do feijão-tropeiro e da feijoada, e pode ser utilizado também como aperitivo. Ver **Toucinho** e o nome do prato.

Torrone Mais do que um único tipo de doce, é uma família de preparos muito antigos, à base de mel, açúcar, claras de ovos e frutos secos (como amêndoas, pistaches, avelãs e gergelim) ou frutas cristalizadas. São encontrados na Itália, na Espanha, na França, na Bélgica, no Irã, no Iraque e no Uzbequistão. Como toda família de preparos difundidos em um espaço geográfico amplo e culturalmente diversificado, há variações técnicas, de ingredientes e de nomenclatura. A textura final pode ser macia ou dura, dependendo da temperatura e do tempo de cozimento. Podem ser brancos ou escuros, nesse segundo caso recebem açúcar e mel caramelizados e prescindem das claras. Alguns contêm também água de rosas ou especiarias. Em geral, os torrones europeus têm como base e cobertura lâminas de pão ázimo e costumam ser vendidos em fatias retangulares ou em pequenos cubos. Torrone é o nome italiano e a mesma palavra foi adotada no Brasil. Em algumas regiões italianas, como na Toscana, há a *copeta*; no Vêneto, o *mandorlato*. Na Espanha, denomina-se *turrón*. Na França, *touron* no Roussillon e *nougat* no restante do país. No Irã, *gaz* e *nogha*. Acredita-se que a origem comum esteja no Oriente Médio, em uma região entre o Iraque, a Síria e o sul da Turquia, mas ainda há muitas dúvidas quanto aos caminhos e modos de difusão. Sabe-se que já eram produzidos e ofertados a visitantes ilustres na região de Valência (Espanha) no final do século XV; na cidade de Cremona (Itália) em meados do século XVI; e na cidade de Montélimar (França) no início do século XVIII. Cremona, Montélimar e a província de Alicante, na Comunidade Valenciana, estão, hoje, entre os locais de fabricação de torrones mais famosos e prestigiados. O *Turrón de Alicante*, o *Turrón de Jijona* e o *Turrón de Agramunt* beneficiam-se de Indicação Geográfica Protegida (IGP).

Torta 1. Preparo de pastelaria feita de massa de farinha de trigo, gordura, ovos e água, recheada com misturas salgadas ou doces, como carnes, aves, caça, vegetais, queijos ou frutas. A base pode ser feita também com pão de ló, biscoitos esmigalhados misturados com manteiga, massa folhada, entre outras. A torta pode ser coberta ou descoberta. As tortas doces francesas, *tartes*, em geral são preparadas com massa amanteigada e quebradiça e sem cobertura. As inglesas têm crosta dupla, fundo e cobertura, e são assadas em fôrma rasa. Às vezes, a cobertura tem forma de treliça. É comum o uso de fôrma redonda, rasa, canelada ou não. A massa pode ser assada com ou sem recheio. Ver **Blind baking**. **2.** No Brasil, o termo "torta" é aplicado a um conjunto mais amplo de preparos, doces ou salgados. Inclui, por exemplo, sobremesas com camadas

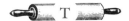

de massa de bolo intercaladas de creme.
3. No Nordeste do Brasil, torta é o mesmo que frigideira, fritada. Ver **Fritada**.

Torta capixaba Um dos pratos mais famosos da culinária do Espírito Santo. É elaborada com bacalhau e peixe fresco aferventados e desfiados, camarões frescos, sururus, mariscos e siris refogados em azeite, e temperados com tomates, azeitonas, coentro, cebolinha, pimentões, cebolas, limão, óleo de urucum e sal. Misturados a ovos batidos, são levados ao forno para a massa firmar e a cobertura dourar. Nasceu como prato para os dias magros (aqueles em que não se podia comer carne) da Semana Santa e tornou-se prato tradicional, para todas as ocasiões.

Torta de Santiago Sobremesa típica da Galícia (Espanha), é uma torta preparada com amêndoas finamente picadas, ovos e açúcar, e aromatizada com canela e casca de limão. Depois de assada, coloca-se sobre ela um molde com o formato da cruz de Santiago e polvilha-se com açúcar. O primeiro registro de sua receita data do século XIX, embora já existisse há bastante tempo na região uma torta feita de amêndoas.

Torta Floresta Negra Famosa torta alemã, a *Schwarzwälder Kirschtorte* é elaborada com bolo de chocolate aromatizado com *kirsch* (*Schwarzwälder kirschwasser*, aguardente de cerejas da região da Floresta Negra), cerejas e creme de leite batido, em camadas alternadas. Uma dose farta de creme bem batido recobre a torta e sobre ele são salpicadas lascas de chocolate. Cerejas completam a decoração. A origem da receita carece de evidências e é possível que o nome seja decorrente da bebida que o aromatiza.

Essa torta também é bastante conhecida e apreciada no Rio Grande do Sul, região de colonização alemã. Ver **Kirsch**.

Tortéi Tradicional massa alimentícia da culinária gaúcha serrana, onde predomina a influência italiana. Assemelha-se a um pequeno ravióli, com formato de travesseirinho ou de triângulo, recheado com pasta de abóbora cozida, levemente adocicada, temperada com sal, pimenta-do-reino e noz-moscada. É servida, quase sempre, com molho de manteiga e queijo ralado. O nome é um aportuguesamento da palavra *tortelli* e a receita é derivada do *tortelli di zucca*, massa típica da Lombardia, recheada com pasta de abóbora cozida, biscoito amaretti picado, mostarda, ovo, farinha de rosca, noz-moscada e queijo Grana Padano. Ver **Ravióli**.

Tortelli Ver **Ravióli**.

Tortellini Massa italiana pequena, recheada e dobrada, com o formato de anel ou de pequeno chapéu. Pode conter diversos tipos de recheio, com carnes, vegetais, queijos etc. Tradicional da Emilia-Romagna, é servida sempre em caldo na região. Em outros locais da Itália e em outros países, a massa com o mesmo formato denomina-se *cappelletti*. Ver **Cappelletti**.

Tortilha 1. Tradicional panqueca mexicana redonda, chata e seca. É feita de *masa* – massa de milho nixtamalizado moído – e assada na chapa (comal). Sua espessura pode variar conforme a região, bem como a variedade de milho utilizada. Preparo pré-colombiano, com a colonização espanhola passou a ser feita também com farinha de trigo. Pode ser utilizada aberta ou enrolada, com diversos recheios. É a base

para os tacos e os burritos. **Ver Burrito, Comal, Masa** e **Taco. 2.** Prato da culinária espanhola semelhante a uma omelete grossa e chata, preparada no azeite e recheada com batatas, vegetais ou bacalhau, além de temperos. Pode ou não receber cebolas e ser servida com molho.

Tortilla Ver **Tortilha**.

Tortoni 1. Sobremesa gelada à base da mistura de chantili e claras em neve, aromatizada com licor amaretto, xerez ou rum, acrescida ou recoberta de cerejas cristalizadas, amêndoas, macarons ou biscoitos amaretti picados. Depois de pronta, é levada ao refrigerador para firmar. É preparada e servida em forminhas de papel individuais, no tamanho usado para muffins. É conhecida também por *biscuit tortoni*. **2.** Nome de um café e restaurante parisiense situado na esquina do Boulevard des Italiens com a rua Taitbout, que perdurou entre 1798 e 1893. Prestigiado pela elite cultural da época, uma de suas atrações eram as sobremesas feitas com sorvete. Serviu de inspiração para o café homônimo inaugurado em Buenos Aires em 1858 e ainda em funcionamento.

Toscana Região da Itália cuja capital é Florença. Produtora de vinhos desde o tempo dos etruscos, é cheia de estilos. Os tintos dominam a região e destacam-se três excelentes, classificados na categoria *Denominazione di Origine Controllata e Garantita* (DOCG): Brunello di Montalcino, Vino Nobile di Montepulciano e Chianti Clássico. Sua principal uva, a mais plantada da Itália, é a Sangiovese.

Toscanello Ver **Pecorino toscano**.

Tostar Crestar, dourar, queimar superficialmente um alimento sob a ação do calor.

Toucinho Gordura subcutânea entremeada com carne e recoberta pelo couro, retirada do abdômen do porco e própria para torresmo ou bacon. É comercializado fresco ou salgado. A gordura sem carne pode ser derretida e dá origem à banha, que, pura ou misturada com manteiga ou gordura vegetal, já foi muito utilizada na cozinha e na pastelaria. Ver **Bacon, Banha, Lardo** e **Torresmo**.

Toucinho do céu Tradicional doce português feito em todo o país, com variações de acordo com a região. Os mais populares são os de Trás-os-Montes e de Guimarães. É feito com ovos (em geral, mais gemas que claras), açúcar em calda, amêndoas raladas e, às vezes, doce de chila, pão ralado ou farinha de trigo. Depois de alcançar o ponto no fogo, a mistura é levada ao forno brando para cozer.

Touriga nacional (*Vitis vinifera*) Cepa de uva das mais importantes da região do Douro (Portugal), utilizada na elaboração do Porto e em vinhos varietais pelo país. Concede à bebida muito tanino, cor e álcool.

Tournedos Fatia espessa de carne cortada do centro do filé-mignon bovino, arredondada, com peso de cerca de 150 g e 2,5 cm de altura. Equivale à metade de um chateaubriand. Em geral, é envolto em bacon e amarrado para conservar a forma. É servido grelhado com acompanhamentos variados. No Brasil, o corte é mais conhecido por medalhão e há menos rigor quanto ao peso e à altura. Ver **Chateaubriand**.

Tournedos Rossini Prato composto de dois medalhões de filé, temperados com sal e pimenta-do-reino e dourados em

manteiga, servidos sobre fatia redonda de pão tostado, acrescidos de escalope de foie gras passado na manteiga, lâminas de trufas e molho demi-glace. Há várias versões sobre sua origem. Uma delas afirma que Gioacchino Rossini, compositor do *Barbeiro de Sevilha*, teria ido ao Café Anglais, no Boulevard des Italiens, em Paris, após uma encenação, e ali exigiu, como grande conhecedor de comida, mas intempestivamente, um chateaubriand com molho demi-glace, trufas e foie gras, criação sua. O proprietário Paul Chevreuil encarregou seu maître Marcel Magny de atendê-lo. Descontente, Magny executou a tarefa em um réchaud, de costas para a mesa, e cortou ao meio o chateaubriand, transformando-o em dois medalhões. O nome do prato teria surgido daí: em francês, a expressão *en tournant les dos* significa "virando de costas". O corte foi adotado pela culinária e, desde então, a divisão de um chateaubriand ao meio o transforma em dois *tournedos*. Ver **Chateaubriand** e **Demi-glace**.

Touron Ver **Torrone**.

Traçado No Rio de Janeiro, é o aperitivo composto de cachaça e vermute tinto. Em São Paulo, denomina-se rabo de galo.

Tracajá (*Podocnemis unifilis*) Tartaruga da Amazônia que vive em rios de corrente fraca e florestas inundadas. Tem o casco levemente convexo e manchas amarelas na cabeça e na borda da placa. Pesa em torno de 8 kg e mede 68 cm na carapaça. Coloca cerca de trinta ovos no período de junho a outubro, quando fica mais vulnerável por ir às praias. Sua carne e seus ovos são de excelente sabor e muito apreciados pela população ribeirinha. Na Amazônia, normalmente é assada e servida com arroz, farofa e ovos. Por ser um animal silvestre considerado vulnerável pelo Ibama, sua captura está proibida, mas permite-se sua criação para fins comerciais.

Trago 1. Pequena porção de aguardente bebida de uma única vez. **2.** Em espanhol, é o mesmo que bebida alcoólica.

Tranchoir Nome francês da fatia de pão usada como prato, na Idade Média. Ver **Prato**.

Trappiste de Belval Queijo francês, conhecido também por Belval ou Abbaye de Belval, produzido em uma abadia de irmãs trapistas da Picardia (França) desde o século XIX. Tem forma de disco, pesa cerca de 2,5 kg e mede 25 cm de diâmetro. De casca alaranjada, traz losangos na superfície, resultantes do tecido em que é embrulhado antes de ser prensado. É lavado em salmoura e amadurece por sessenta dias nos porões da igreja. É úmido, macio e de sabor adocicado muito suave. Além desse queijo tradicional, hoje a abadia produz outras variedades, algumas recobertas de ervas ou de especiarias.

Trappistine Licor francês feito na Abadia Cisterciense de Grâce-Dieu, em Bourgogne-Franche-Comté, à base de armanhaque e ervas. Tem cor verde-amarelada. Ver **Armanhaque**.

Trattoria Restaurante popular italiano, administrado por uma família. De decoração alegre, colorida e serviço menos formal, pode ou não ter um cardápio impresso. A comida é simples, farta e saborosa.

Trebbiano (*Vitis vinifera*) Uva vinífera branca muito cultivada na Itália, na França e em outras localidades do mundo, utilizada especialmente para cortes e destilação. É ingrediente, por exemplo, do corte do Vino Santo, com a Malvasia

Bianca e a Grechetto Bianco, e da produção do conhaque. Denomina-se também Saint-Emilion e Ugni Blanc.

Treize desserts de Nöel Tradicional nas festividades natalinas da Provença (França), os treze preparos ou *calenos*, como também são chamados, são servidos após a ceia do dia 24 de dezembro. O conjunto de itens oferecidos pode variar em função do local e do costume familiar. Os mais tradicionais são: *quatres mendiants* (figos secos, amêndoas, avelãs e passas), biscoitinhos, nougat (torrone) branco e preto, fouace (pão provençal em formato de folha), *pompe à l'huille* (pão arredondado à base de farinha de trigo, azeite de oliva e água de flor de laranjeira), frutas cristalizadas ou em pasta, tâmaras, *oreillettes* (massa fina frita e polvilhada com açúcar), *calissons* (docinho feito com pasta de melão e amêndoas), *gibassier* (espécie de pão perfumado com anis e flor de laranjeira), melão, peras e maçãs. A tradição de apresentar alguns preparos específicos nesse dia tem registros que datam do século XVII, que mencionavam apenas o *pompe à huille*, frutas secas e frutas frescas. Desde o início, eram o indicativo de uma comemoração opulenta. Com o passar do tempo, outros itens foram acrescentados, mas somente no início do século XX, em 1925, um artigo de jornal da região menciona os treze preparos. Em Provençal, *lei tretze dessèrts de Nöel*. Ver **Fouace, Quatre mendiants** e **Torrone**.

Trempe Denominadas pelos portugueses de pedras do fogo ou fogão, são as três pedras universais sobre as quais se sustentavam a panela ou a grelha na Antiguidade. Com o tempo, passou a denominar-se assim o suporte metálico de três pernas usado também como apoio de panela sobre o fogo. Os indígenas brasileiros as chamavam de *itacurua*, "pedra do sapo", em analogia aos batráquios acocorados.

Trenette Variedade de massa alimentícia italiana, é um fettuccine mais estreito e grosso. Ver **Fettuccine**.

Trifle Tradicional sobremesa inglesa em camadas, elaborada com fatias ou quadrados de bolo esponjoso embebido em vinho branco ou sherry, com um rico creme à base de ovos, leite e baunilha (*custard*) e geleia ou frutas cozidas com açúcar (em geral, uma seleção de frutas vermelhas). As camadas podem se repetir. É finalizada com creme de leite batido e enfeitada com cerejas glaçadas, amêndoas e angélicas. Deve ser mantida no refrigerador por algumas horas antes de servir. Já eram encontradas receitas de *trifle* nas edições de 1751 dos livros *The lady's companion* e *The art of cookery made plain and easy*. Ver **Custard**.

Trigo (*Triticum aestivum*; *Triticum turgidum* var. *durum*; *Triticum compactum*) Um dos cereais mais importantes, base da dieta das principais civilizações no oeste da Ásia, na Europa e no norte da África ao longo de oito mil anos e hoje consumido em quase todo o mundo. Entre as espécies conhecidas, há três mais cultivadas: o trigo comum ou trigo para pão (*Triticum aestivum*); o trigo *durum*, próprio para massas alimentícias (*Triticum turgidum* var. *durum*); e o trigo club (*Triticum compactum*), utilizado em bolos, biscoitos e produtos de confeitaria. A farinha de trigo é produzida pela moagem do grão até virar pó. O farelo de trigo é a casca externa do grão. Separado por trituração, não está presente na farinha branca, mas trata-se de uma fibra valiosa para a alimentação, mantida na farinha de trigo integral. O glúten, substância proteica abundante no trigo, é essencial à fermentação e proporciona leveza ao pão. A quantidade de glúten encontrada na farinha depende da espécie e variedade de trigo utilizadas e do processo de moagem empregado. Ver **Farelo**, **Farinha de trigo** e **Glúten**.

Trigo para quibe Grão de trigo moído e pré-cozido, conhecido também por triguilho. Não deve ser confundido com o trigo-sarraceno ou com o farelo de trigo.

Trigo-sarraceno (*Fagopyrum esculentum*) Grão semelhante ao trigo, originário da Ásia Central. Tem textura macia e pode ser moído em diversos graus. Quebrado e cozido, dá origem ao *kasha* russo, um mingau. É utilizado nas receitas de *blinis*, na polenta nera e em panquecas e saladas. De sabor levemente tostado, também pode ser preparado da mesma maneira que o arroz. Ver **Blini**, **Panqueca** e **Polenta**.

Triguilho Ver **Trigo para quibe**.

Trinchar Cortar em pedaços carnes, aves ou peixes, com garfo e faca apropriados, denominados trinchantes. Era antigamente privilégio do rei ou de um aristocrata de alto nível trinchar a carne à mesa. Depois da introdução e disseminação do serviço à russa no século XIX, as peças passaram a ser apresentadas à mesa já trinchadas. Nas refeições burguesas menos formais, a tarefa de trinchar passou a ser do dono da casa. De modo geral, a carne deve ser trinchada perpendicularmente às fibras e nas juntas. O termo "trinchar" deriva de *trincho*, nome português do prato em que eram cortadas. Mais tarde, os apetrechos de corte passaram a ser chamados trinchantes; em seguida, o nome passou a ser usado também para designar o executor do serviço, como o trinchante-mor das cortes europeias. Ver **Serviço à russa**.

Tripa A "tripa" encontrada no mercado é o revestimento do estômago do boi, da vaca, da vitela, do carneiro ou do porco. Existem duas câmaras no estômago e três tipos de tripa. O melhor deles é o da segunda câmara, cuja tripa assemelha-se a uma colmeia, é mais macia e mais saborosa. Na ponta dessa mesma câmara, está o segundo tipo, em forma de bolso e com interior também similar a uma colmeia. O terceiro tipo está situado na primeira câmara do estômago e tem textura mais macia. Ao ser comprada, a tripa deve ter cor branco-pálida e pode ser estocada apenas por poucos dias sob refrigeração. Um dos pratos mais conhecidos feitos com a iguaria é o francês *tripes à la mode de Caen* ("tripas à moda de Caen"). Nos países de língua espanhola, é muito popular a sopa *menudo*. No Nordeste do Brasil, o preparo de bucho de carneiro é típico; já no Sul e no Sudeste, o de bucho de boi, de vaca ou de vitela é conhecido por dobradinha. Ver **Dobradinha**, **Menudo** e **Tripas à moda de Caen**.

Tripas à moda de Caen Prato emblemático da cidade normanda de Caen (França), é um ensopado preparado com camadas de cenouras, cebolas e alho-poró, pé de vitela em pedaços, tripas bovinas fatiadas e alguns dentes de alho. Para aromatizar, são adicionados cravos e bouquet garni. O conjunto é recoberto com fatias de gordura bovina e regado com sidra e calvados. É cozido sobre o fogo e, em seguida, levado ao forno em baixa temperatura, em recipiente hermeticamente fechado por, pelo menos, dez horas. Era utilizada tradicionalmente a *tripière*, panela de barro específica para o preparo de tripas. Criada em 1952, a Confrérie de

la Tripière d'Or ("Confraria da *tripière* de ouro") é a responsável por divulgar o prato e garantir sua permanência entre as tradições locais, premiando todos os anos quem melhor o prepara. Ver **Bouquet garni**, **Calvados**, **Sidra** e **Tripa**.

Tripas à moda do Porto Prato português muito famoso, é um guisado típico da cidade do Porto, feito com os três tipos de revestimento do estômago do boi. Inclui também mão de vitela (mocotó), chouriço, carnes da cabeça do porco, presunto ou toucinho, galinha, além de feijão-branco, cenouras e cebolas. É servido com arroz branco. Diz-se que a receita é feita desde o século XIV, quando a cidade do Porto enviou todo o estoque de carne para Lisboa, na ocasião em confronto com Castela, e ficou apenas com as sobras. Em outras regiões de Portugal, a tripa, com receita mais simples, chama-se dobrada. Ver **Tripa**.

Tripettes corses Especialidade da Córsega, é um ensopado elaborado com tripas de boi ou de vitela, pé de vitela, *petit salé* (cortes de carne de porco conservados em sal), alho, cebola, tomates, vinho branco e ervas aromáticas. Pode conter ainda cenouras e pimenta *Capsicum* fresca ou seca. Preparo essencialmente caseiro, varia um pouco de família para família e de cidade para cidade. O cozimento, no entanto, é sempre lento, em fogo baixo. Ver **Tripa**.

Triple sec Ver **Cointreau**®.

Tripolini Pequena massa alimentícia italiana, côncava e de bordas arredondadas.

Triturar Moer o alimento até transformá-lo em pequenos fragmentos.

Trockenbeerenauslese (TBA) Classificação máxima de vinhos alemães produzidos com uvas muito maduras atacadas pela "podridão nobre" (*Botrytis cinerea*). Esse fungo aumenta a concentração de açúcar e praticamente seca a fruta, que é selecionada com bastante cuidado, uma a uma. *Troken* significa uva seca. O *Trockenbeerenauslese* é o tipo mais doce de todos os *Prädikatswein*. Esses vinhos são raros e muito caros, além de serem produzidos apenas em anos excepcionais. São fracos em álcool e muito ricos em açúcar. Ver **Botrytis cinerea** e **Prädikatswein**.

Trou normand Expressão em língua francesa que designa o hábito de, no meio da refeição, tomar uma dose de alguma bebida destilada, para estimular o apetite. Na Normandia, bebe-se o Calvados, destilado típico da região. A expressão também é utilizada em relação ao sorbet, quando banhado em destilado e servido entre os pratos da refeição. Ver **Calvados** e **Sorbet**.

Trouxa de amêndoa Docinho feito com fios-de-ovos ou com placas de ovos cozidas em calda, enrolados como uma trouxa horizontal e recheados com pasta de amêndoas e açúcar. Às vezes, pode-se usar também ovos moles no recheio. A trouxa de amêndoa é um dos doces de Pelotas. Ver **Amêndoa**, **Doces de Pelotas**, **Fios-de-ovos** e **Ovos moles**.

Trufa (*Tuber* spp.) Tipo de cogumelo subterrâneo comestível, de excelente sabor e aroma. Cresce até 30 cm abaixo da superfície, em simbiose com as raízes de árvores como a castanheira, a aveleira, a faia e, sobretudo, o carvalho. É encontrada na França, no Périgord; na Itália, no Piemonte, na Úmbria e na Toscana; e, ainda, na Espanha, na Croácia, na Eslovênia, na Grécia e no Norte da África, entre outros lugares. Há diversas espécies e variedades, no entanto as mais conceituadas por suas características são as de Alba (*Tuber magnatum*) e Périgord (*Tuber melanosporum*). A temporada do Périgord vai de novembro a fevereiro; a do Piemonte, de outubro a dezembro. Embora desenvolva-se desde o início do ano e dependa das situações climáticas em todo o período, as trufas são localizadas no outono com a ajuda do faro de cães e porcos treinados especialmente para isso. Depois de retiradas do solo, são limpas pelo trufícultor. Se a trufa ainda não estiver madura, é enterrada novamente para ser coletada depois. Esse método lento e trabalhoso é o que, em parte, as torna tão caras. Considerada um alimento raro e refinado, a trufa tem aparência peculiar, arredondada e irregular, com pele grossa e áspera de cor que varia do negro ao branco. São conhecidas quase setenta variedades. As trufas negras de Périgord são chamadas também diamantes negros, têm carne pungente de um marrom muito escuro, estriada de branco, e podem ser cultivadas. As brancas, do Piemonte, da Úmbria e da Toscana, silvestres, têm sabor terroso e aroma também pungente. Devem ser usadas de imediato e não podem ser guardadas, mesmo que sob refrigeração, por mais de três dias. As negras devem ter a pele retirada, mas as brancas podem ser utilizadas com ela. Em geral, as trufas são utilizadas para aromatizar omeletes, molhos, risotos, massas alimentícias e pratos de queijo. Pratos aromatizados ou guarnecidos com trufas do Périgord são, tradicionalmente, denominados à *la périgourdine*. As trufas já eram conhecidas pelos gregos e romanos na Antiguidade e consideradas iguaria, mas foram esquecidas até, pelo menos, o século XIV, quando um registro sobre elas foi encontrado nas contas da casa de Carlos VI, rei da França. De novo bem cotadas na Renascença, ganharam importância também na alta cozinha francesa da segunda metade do século XVII e, em especial, no século XIX, época do apogeu de sua produção. No século XX, em razão das duas grandes guerras e do avanço das cidades, houve grande diminuição da oferta. Nos últimos trinta anos, esforços têm sido despendidos no cultivo em alguns países da Europa, no Chile, na Nova Zelândia e na Austrália, para aumentar a capacidade de produção.

Trufa de chocolate Confecção rica, é uma mistura de chocolate, creme de leite, manteiga e um aromatizante, como licor, baunilha, café ou cascas de frutas cítricas, entre outros. Depois de esfriar, a massa é enrolada como uma pequena bola e recoberta com diversas coberturas, como cacau em pó (cobertura clássica), raspas de chocolate ou açúcar. Algumas trufas são mergulhadas em chocolate derretido, branco ou negro, que cria uma capa dura depois de frio. Recebeu esse nome em razão de seu formato e sua cor lembrarem o fungo famoso.

Truta (*Oncorhynchus* spp.; *Salvelinus* spp.) Um dos melhores peixes de água fria, da mesma família e com os mesmos hábitos do salmão. Existem trutas de rio, mar e lago, além das criadas em fazendas marinhas. De pele marrom com reflexos prateados e tamanho variável, seu peso vai de poucos gramas a alguns quilos. Tem carne muito delicada e saborosa. Comercializada fresca, inteira ou em filés, congelada, defumada ou cozida e enlatada. Pode ser frita, assada, cozida no vapor ou grelhada.

Tsukemono Nome japonês genérico de conservas vegetais. Feitas com legumes ou verduras diversas, com uso de ingredien-

tes variados (salmoura, vinagre, açúcar, saquê, missô, entre outros), são muito populares e estão presentes em todas as refeições japonesas, como acompanhamento.

Tubetti Massa alimentícia italiana com formato de pequenos tubos ocos.

Tucumã (*Astrocaryum aculeatum*) Fruto comestível da palmeira amazônica de mesmo nome, de cor amarelo-avermelhada. É usado para fazer vinho. Da árvore também aproveita-se o palmito e das sementes extrai-se o óleo para cozinhar.

Tucunaré (*Cichla* spp.) Peixe amazônico semelhante ao tambaqui, com 60 cm de comprimento, coloração prateada e faixas transversais. Tem carne saborosa, pouco gordurosa e rica em elementos nutritivos. É usado no preparo de inúmeros pratos: caldeirada de tucunaré, com o peixe em postas e cozido com camarão, batatas e temperos; escabeche de tucunaré, feito com leite de coco; e tucunaré assado, recheado com farofa.

Tucupi Líquido amarelo resultante da fermentação e do longo cozimento da manipueira – suco leitoso extraído da mandioca-brava depois de descascada, lavada, ralada e espremida. Após a decantação da fécula, o líquido é separado, colocado para fermentar e, então, fervido. Esse suco contém ácido cianídrico, por isso deve ser fermentado e cozido antes do consumo. Depois dessa etapa, recebe vários temperos, como chicória, alfavaca e sal. Alguns são temperados também com alho, prática não muito aceita. Em razão de a produção ser artesanal, o tucupi não tem um padrão de sabor, pode ser mais ou menos temperado e mais ou menos ácido. Quando engrossado com farinha de mandioca, denomina-se também caiçuma; já quando cozinha em fogo lento até o volume reduzir à metade e concentrar, adquire a cor e a consistência do mel de cana escuro e chama-se tucupi pixuna ou tucupi preto. Pesquisador da cultura indígena da Amazônia, o conde italiano Ermanno Stradelli denominou-o "o rei dos molhos" (citado em Cascudo, 2004, p. 135). O tucupi é a base tradicional de diversos molhos da Amazônia, além de ingrediente de pratos de referência da culinária paraense, como o pato no tucupi e o tacacá. Ver **Caiçuma**, **Pato no tucupi** e **Tacacá**.

Tumbança Suco fresco de caju misturado com água, farinha da própria castanha, farinha de mandioca e rapadura, conhecido também por timbu. Ver **Caju**.

Tumbler Nome inglês de um tipo de copo sem pé, geralmente de vidro.

Tumeric Ver **Cúrcuma**.

Tuocha Chá chinês originário da província de Yunnan, de folhas fermentadas e prensadas em formato de meia-esfera. A ele atribuem-se inúmeras propriedades curativas e de manutenção da saúde. Seu processamento lhe confere grande durabilidade. De qualidade elevada, é suavemente seco. Ver **Chá**.

Tupinambo Ver **Alcachofra-de-jerusalém**.

Turban Palavra francesa que designa receitas à base de carne, aves ou peixes, assados ou cozidos em fôrma com um buraco no centro, o que lhe dá o formato de coroa.

Turrón Ver **Torrone**.

Turu (*Teredo* spp.) Molusco bivalve da família dos teredinídeos. Semelhante a uma minhoca branca e leitosa, vive em colônias, dentro de madeiras submersas em manguezais. Com alguns centímetros de diâmetro, pode chegar a um metro de comprimento. É conhecido também por gusano, busano ou cupim do mar. De carne comestível, na culinária amazônica é possível encontrar diversos pratos preparados com o molusco. É muito apreciado na ilha de Marajó, onde é comido cru pelos ribeirinhos. Pode ser preparado ainda em caldo, como um cozido, ou ser frigido. Ver **Caldo de turu**.

Tutano Tecido macio e gorduroso encontrado no interior dos ossos das pernas e da espinha dos animais. Os ossos da canela da rês ou do novilho castrado são particularmente cheios de tutano. Servido quente, temperado com pimenta, sobre uma torrada, torna-se um delicioso antepasto. Muito rico em colágeno, com ele prepara-se a deliciosa gelatina doce conhecida por geleia de mocotó ou um doce em pasta firme, da região Centro-Oeste, similar ao doce de leite. O tutano é um alimento extremamente leve e de fácil digestão. Ver **Geleia de mocotó**.

Tutu Especialidade da cozinha mineira e de origem bem popular, o tutu é considerado "um típico prato do dia seguinte" pelo historiador Ivan Alves Filho e pelo mestre em cozinha Roberto Di Giovanni, no livro *Cozinha brasileira*. É feito com feijão cozido refogado em cebola e alho, acrescido, depois de amassado, de farinha de mandioca até apresentar a consistência de um pirão mole. Combina o seco com o molhado em um equilíbrio único. É servido com linguiça frita e couve picada e refogada. Em geral, são empregados o feijão roxinho ou o feijão preto. Seu nome é derivado do vocábulo quimbundo *kitutu*, que significa papão. A receita já constava da obra *Cozinheiro nacional*, um dos primeiros livros de culinária editados no Brasil, na segunda metade do século XIX. O preparo é tido como "o mais mineiro dos pratos" pelo escritor Eduardo Frieiro (1982, p. 131).

Tymsboro Queijo de leite de cabra não pasteurizado, fabricado no coração da Inglaterra, próximo à cidade de Timsbury, em Somerset. É produzido artesanalmente por Mary Holbrook, na Sleight Farm, desde os anos 1970. Tem o formato de pirâmide com o topo cortado e, ainda fresco, é recoberto de cinzas. Amadurece por até seis semanas, período em que desenvolve casca branca e macia. Tem textura delicada e sabor que varia do cítrico ao apimentado ao longo do processo de afinamento.

Tzatziki Uma das grandes referências da culinária grega, o *tzatziki* traduz bem a essência dessa cozinha saudável. Sua base é o iogurte, ao qual são acrescentados pepinos frescos, descascados e ralados grosso, alho picado miúdo, suco de limão e sal. Leve, fresco, saboroso, é um acompanhamento de entradas, carnes, peixes e legumes.

U

Uçá (*Ucides cordatus*) Espécie de caranguejo grande da família dos ocipodídeos, muito encontrado em várzeas e mangues, em toda a costa brasileira. É, em geral, bastante gordo, com carne abundante e muito saborosa. Denomina-se também caranguejo-uçá, catanhão, caranguejo-verdadeiro e uçaúna.

Udon Macarrão japonês feito com trigo e de espessura grossa, normalmente servido em caldo abundante, saboroso e bem quente. A textura do udon fresco é mais agradável; a do seco, mais firme e densa. Ao prato, adiciona-se carne, vegetais empanados (tempura), tofu frito (*aburaague*) e fatias de peixe e frutos do mar processados (kamaboko). Ver **Aburaague**, **Kamaboko** e **Tempura**.

UHT Do inglês *ultra-heat treatment*, que significa "tratamento por ultra-aquecimento", é o processo de conservação de alimentos em que estes são submetidos a alta temperatura, cerca de 140 ºC, por um período de tempo, e então são colocados em embalagem esterilizada. A técnica elimina os microrganismos e possibilita maior tempo de estocagem.

Uísque Bebida produzida pela destilação de vários cereais fermentados, como a cevada, o milho, o trigo ou o centeio. A diferença entre os uísques originários dos principais países produtores (Escócia, Irlanda, Estados Unidos e Canadá) depende do cereal usado, de como este foi processado, das medidas adotadas para seu amadurecimento e, evidentemente, da mistura ou blend. A palavra inglesa *whisky* deriva dos termos gaélicos *uisge beatha* ou *usquebaugh* (anglicizado), que significam "água da vida", expressão muito usada em diversas línguas para designar destilados fortes. Os *whiskys* escoceses e canadenses tradicionalmente são grafados sem o "e"; já o irlandês e o americano, *whiskey*. Os irlandeses acreditam que a bebida nasceu na Irlanda e que eles foram os responsáveis por transmitir aos escoceses a arte de sua fabricação. Entretanto, o puro malte, preparado com cevada, água da primavera, leveduras e fogo de turfa, é produzido na Escócia. Os uísques escoceses (*scotch whiskys*) são considerados os mais perfeitos. Muito apreciados também são os uísques canadenses (*canadian whiskys*), obtidos de malte de centeio. Bastante difundidos, mas com características diferentes, são os uísques americanos (*american whiskeys*). O uísque irlandês (*irish whiskey*) é produzido com cevada e envelhecido em barris de carvalho por cerca de doze anos. Cada um deles tem suas peculiaridades. Embora a maioria seja produzida com a mistura de vários uísques, existem também os *single malt* ou *malt whisky*, preparados exclusivamente com cevada maltada e sem mistura. De história bem mais recente, há também uísques elaborados na Austrália, na Alemanha e no Japão, estes últimos com excelente cotação. O teor alcoólico da bebida varia de 40% a 45%. Ver **Uísque americano**, **Uísque canadense** e **Uísque escocês**.

Uísque americano Mais pesado que o escocês e o canadense, é obtido do milho ou do centeio. Ao contrário do escocês, seu nome é sempre grafado com "e" em inglês (*whiskey*). Os uísques americanos dividem-se em três tipos: o *rye whiskey*, feito com centeio e outros cereais; o *corn whiskey*, feito de milho; e o *bourbon whiskey*, também feito basicamente de milho, na região demarcada de Kentucky Bourbon. Seu volume de vendagem é muito grande, perdendo apenas para o escocês. Ver **Uísque**.

Uísque canadense Mais leve que o americano e muito apreciado, é feito com malte de centeio misturado com cevada. Envelhece em barris por sete anos e tem teor alcoólico entre 35% e 43%. Como os uísques escoceses, em sua língua original não se escreve com "e" (*whisky*). Ver **Uísque**.

Uísque escocês Destilado feito apenas na Escócia, bastante conceituado e produzido com cevada. Denominado *scotch whisky* em inglês, há cinco categorias: o *single malt* é elaborado somente com água e cevada maltada, em uma única destilaria e em destiladores do tipo alambique; o *single grain* é preparado com água, cevada maltada e grãos integrais de outros cereais, maltados ou não, também em uma única destilaria; no *blended malt*, são usados dois ou mais *single malt*, de destilarias diferentes; o *blended grain* é feito com dois ou mais *single grain*, também de diferentes destilarias; já o *blended* é resultado da combinação de um ou mais *single malt*, com um ou mais *single grain*. De acordo com o local onde são destilados, os uísques escoceses podem exibir em seus rótulos o nome de uma das seguintes zonas de produção tradicionais: *Highland*, feitos em destilarias situadas acima de uma linha imaginária que vai de Dundee a Greenock; *Lowland*, produzidos em região abaixo dessa linha; *Speyside*, da sub-região das Highlands, em torno do rio Spey; *Campbeltown*, fabricados na Península de Kintyre; e *Islay*, da Ilha de Islay. São considerados os melhores uísques do mundo. Ver **Uísque**.

Umami É um dos gostos básicos presentes nos alimentos, assim como o salgado, o doce, o ácido e o amargo. É propiciado por aminoácidos (como o ácido glutâmico) e nucleotídeos (como o monofosfato de inosina e o monofosfato de guanosina), moléculas sápidas que estão presentes em alimentos como algas, cogumelos, tomates, batatas, queijos e carnes curadas, entre outros. Além de conceder o gosto umami e potencializar os gostos básicos, elas são capazes de atuar em sinergia quando combinadas. O umami foi definido e nomeado pelo químico japonês Kikunae Ikeda, em 1908, que constatou sua forte presença na alga kombu, usada tradicionalmente na culinária japonesa. No entanto, o gosto passou a ser considerado o "quinto sabor" pelos parâmetros científicos ocidentais apenas em 2001, com as pesquisas do biólogo Charles Zuker. O umami é elemento essencial do dashi, caldo básico japonês, bem como dos molhos de peixe fermentado utilizados no Sudeste Asiático. Ver **Dashi**.

Umbu (*Spondias tuberosa*) Fruto redondo e vermelho do umbuzeiro, da família das anacardiáceas, cujo nome vem do tupi *ymbu*. De polpa doce e sabor muito característico, é encontrado com facilidade no Nordeste do Brasil, onde é muito popular e conhecido também por imbu ou ambu. Com sua polpa, prepara-se a umbuzada. O umbuzeiro foi chamado por Euclides da Cunha, grande escritor brasileiro, de "árvore sagrada do sertão". De tronco curto e copa espraiada, ele é capaz de armazenar grande quantidade de água em suas raízes.

Umbuzada Preparo muito conhecido e apreciado no Nordeste do Brasil, a umbuzada ou imbuzada, como também é nomeada, é preparada com a polpa do umbu, verde ou em processo de amadurecimento. A polpa é cozida e peneirada, para separar caroços e fibras mais duras. A pasta que sobra é, então, misturada com açúcar ou rapadura raspada e leite fervente. É servida fria, como sobremesa.

Há uma variação em que a receita padrão é acrescida de coalhada e paçoca, prato muito estimado pela população do médio São Francisco. Ver **Coalhada** e **Paçoca**.

Umê (*Prunus mume*) Fruto originário da China, da região de Konan. Acredita-se que tenha sido levado para o Japão no período Yayoi (até o século III) e destinava-se, inicialmente, mais à decoração que à alimentação. Foi introduzido no Brasil no final dos anos 1960 pela colônia japonesa, por isso é conhecido também por ameixa-japonesa e damasco japonês. Por conter um composto tóxico na polpa e nas sementes, não deve ser consumido ao natural.

Umeboshi Conserva tipicamente japonesa feita com o umê, fruta cujas polpa e sementes apresentam um composto tóxico quando cruas. Por volta do século IX (no período Heian), o umê começou a ser conservado em sal, eliminando-se, assim, sua toxicidade. Mais tarde, passou-se a deixá-lo secar para aumentar seu sabor e a tingi-lo de vermelho com a utilização da folha de perila. A descoberta dos benefícios do *umeboshi* para a saúde (contém muito ácido cítrico, bastante útil no processo de prevenção do envelhecimento, além de estimular o apetite e auxiliar na digestão, por exemplo) difundiu-se rapidamente e hoje a conserva está presente na casa de todas as famílias japonesas, para ser consumida com chá ou como um dos itens da refeição.

Umectante Substância adicionada aos alimentos para evitar a perda de umidade.

Umido incassato Prato italiano típico da Emilia-Romagna, elaborado com carne de vitela, miúdos de galinha, pão, trufas e cogumelos, e regado com molho bechamel verde, obtido com a

adição de folhas trituradas de espinafre. Há uma receita bem detalhada no livro *La scienza in cucina e l'arte di mangiar bene*, de Pellegrino Artusi (1964, p. 245), publicado pela primeira vez em 1891.

Unagui Enguia de água doce (*Anguilla japonica*), muito encontrada no Japão. É usada no preparo de um conhecido prato, o *kabayaki*, em que os filés são cortados em retângulo, depois de retiradas as espinhas, e assados sobre brasas com molho de soja adocicado. Esse modo de preparar a enguia é o mais utilizado em todo o Japão; ela é geralmente servida sobre arroz branco.

Underberg® Bitter de origem alemã, usado como componente de coquetéis. É também digestivo. Ver **Bitter**.

Uni Palavra japonesa que designa as ovas do ouriço-do-mar. Recebe o sufixo *yaki* quando indica um prato de peixe cozido, temperado com pasta de ovas de ouriço-do-mar. Ver **Ouriço-do-mar**.

Univalve Molusco cuja concha é uma peça única, como o caracol.

Untar Técnica culinária que consiste em passar algum tipo de gordura – manteiga, banha, azeite ou outro óleo vegetal – em assadeira, fôrma ou panela, antes de nela colocar o alimento a ser levado ao forno ou ao fogo. De acordo com a receita, pode-se untar também o próprio alimento antes de submetê-lo ao calor.

Unto Nome da gordura de porco ou banha. Ver **Banha**.

Uru-corvocado (*Odontophorus gujanensis*) Galináceo da família dos odontoforídeos, encontrado no Norte e no Noroeste da América do Sul, no Norte do Brasil, em parte do Maranhão e no Norte de Mato Grosso. Assemelha-se ao mutum, corpulento e de carne branca. Considerado uma das melhores caças brasileiras entre as aves, seus ovos também são muito apreciados pelos habitantes da região amazônica. Hoje, no entanto, é uma das espécies com risco de extinção. Denomina-se também corcovado e uru-í.

Uruanã (*Chelonia mydas*) Espécie de tartaruga do mar encontrada no litoral do Brasil, de carne muito apreciada. É, no entanto, espécie ameaçada. Tem corpo achatado, carapaça em forma de lágrima e um par de nadadeiras. Denomina-se também aruanã e tartaruga-verde.

Urucum (*Bixa orellana*) Semente nativa da América tropical e de alguns países da Ásia. No México e no Caribe, denomina-se *achiote*; no Brasil, é conhecida também por urucu. Misturado a diversas espécies de óleos silvestres, o urucum é usado pelos indígenas para pintar o corpo. Condimento muito empregado na cozinha tropical das Américas, dá às iguarias cor que varia do alaranjado ao vermelho. Suas sementes são vendidas secas, mergulhadas em óleo, em pasta ou em pó; este último chama-se colorífico ou colorau no Brasil. Utilizado em sopas, arroz, molhos, aves, verduras, legumes, pães e doces, além de queijos e manteigas, é ingrediente muito importante da moqueca de peixe típica do Espírito Santo.

Uszka Pequena massa polonesa – "orelhinha", em polonês –, é uma versão pequena do *pierogi*, recheada geralmente com cogumelos ou carne. Pode ser cozida em água ou frita. É servida em caldo ou sozinha, acompanhada de molho de manteiga e salpicada de ervas frescas picadas. Ver **Pierogi**.

Utka s kapustoi Prato tradicional da culinária russa e ucraniana, é um pato refogado com pedaços de maçãs, cebolas, repolho-branco, cenouras e tomates.

Uva (*Vitis vinifera*; *Vitis labrusca*) Fruto da videira, a uva é utilizada na elaboração de sucos, vinhos, destilados e doces. As vinhas são cultivadas em diversas partes do mundo e existem inúmeras variedades, utilizadas com propósitos diferentes: algumas são próprias para vinhos, outras para serem consumidas ao natural ou como suco, e outras ainda para serem secas e transformadas em passas. A cor das uvas-brancas varia do verde translúcido ao ouro claro; já a das uvas tintas, do rosado ao preto, passando pelo vermelho e violeta. Entre os cultivares para mesa encontrados no Brasil, estão Itália, Rubi, Niágara rosada, Crimson e Thompson. Ao serem compradas, as uvas devem estar firmes no cacho, com textura consistente e sem manchas. As próprias para elaboração de vinhos finos, da espécie *Vitis vinifera*, exigem cultivo e manipulação especiais. Cabernet Sauvignon, Cabernet Franc, Pinot Noir, Semillon, Chardonnay são algumas delas. As utilizadas para produzir vinhos de mesa no Brasil – como a Isabel e a Bordô – são, em sua maioria, da espécie *Vitis labrusca*, de origem americana. É incorreto afirmar que o vinho branco é feito com uvas-brancas e o vinho tinto, com uvas tintas. Na verdade, o suco de todas elas é incolor, com exceção de poucas variedades chamadas tintureiro (Tannat e Gamay Teinturier, por exemplo), que fornecem suco colorido. Os pigmentos da cor encontram-se nas películas. Assim, do suco de uva fermentado sem película obtém-se o vinho branco; do suco fermentado com película, obtém-se o vinho tinto. Ver **Vinho** e o nome de cada variedade de uva.

Uva-do-monte Ver **Mirtilo**.

Uva-passa Obtida por meio da secagem de pequenas uvas. Podem ser usadas a Thompson, a Zante ou a Moscatel, entre outras. Os caroços são removidos mecanicamente, mas há variedades de uvas, como as sultanas, que são naturalmente sem caroços. O processo de secagem pode ser feito ao sol ou por desidratação mecânica. Tanto a uva-passa branca como a escura são feitas com o mesmo tipo de uva, a diferença é que a escura sofre um processo de desidratação ao sol por várias semanas, a fim de alcançar sua tonalidade característica. As brancas são tratadas com dióxido sulfúrico para não escurecer e secam com calor artificial. Podem ser utilizadas puras ou compor pratos salgados e sobremesas.

V

Vaca atolada Ensopado da cozinha mineira feito com costela de boi e mandioca em pedaços. Primeiro a carne é aferventada com água e cachaça, depois acrescenta-se um refogado de cebola, alho, tomate, limão, urucum, sal, pimenta-do-reino e cheiro-verde. É servida bem quente, com arroz branco. No Rio Grande do Sul, existe uma receita semelhante denominada boi atascado, em que o cálice de vinho substitui a cachaça. Ver **Cachaça**, **Costela** e **Mandioca**.

Vacherin 1. Nome de diversos tipos de queijo fabricados com leite de vaca nas regiões alpinas da França e da Suíça, como *vacherin mont-d'or* (AOP), *vacherin du Haut-Doubs* (AOC), *vacherin d'Abondance* e *vacherin fribourgeois* (AOP). Os dois primeiros são quase iguais e tinham originalmente a mesma denominação. Hoje, o nome *vacherin mont-d'or* pode ser utilizado apenas na Suíça, onde é produzido com leite submetido a termização. Fabricado na França, o *vacherin du Haut-Doubs* é preparado com leite não pasteurizado. Ambos têm casca castanha clara e macia, além de massa cremosa, que se torna quase líquida no ponto ideal de maturação. Também suíço, o *vacherin fribourgeois* é um queijo semiduro, de casca grossa marrom e massa amarela pálida, com pequenas olhaduras. O francês *vacherin d'Abondance* tem casca lavada, que se torna amarela com o tempo, e massa também amarela, untuosa e flexível. É embalado caracteristicamente depois de envolto em tira de abeto. **2.** Sobremesa antiga do repertório francês, composta de discos de merengue superpostos e recheados com chantili e sorvete.

Vagem (*Phaseolus vulgaris*) Fava que contém o fruto imaturo de diversos cultivares de feijão. Tem formato roliço e cor

verde. Utilizada em uma infinidade de preparos, pode ser cozida em água ou no vapor, frita, refogada ou ensopada, e agregada a caldos e sopas, saladas, recheios e guarnições diversas.

Valdiviano Sopa à base de ovos, batatas, carne de charque, cebolas, alho, pimentões, coentro, manteiga e caldo de carne, encontrada em várias cozinhas sul-americanas. As receitas chilenas usam como tempero o *merkén* (condimento tradicional feito com pimenta cacho de cabra desidratada, defumada e moída), além de pimenta-negra moída. Foi criada por espanhóis em solo chileno, no século XVI. Era o rancho usado para alimentar os soldados de Dom Pedro de Valdívia, governador do Chile, na época colônia da coroa espanhola. Composta inicialmente apenas de charque com batatas, cebolas e gordura, foi aprimorada com o tempo, sem perder as características iniciais.

Valençay Queijo de leite de cabra originário da comuna de mesmo nome, produzido hoje nos departamentos de Cher, Indre, Indre-et-Loire e Loir-et-Cher, no centro da França. Depois de drenada e desenformada, a coalhada é salgada e recoberta com cinzas de carvão vegetal. O período de maturação mínimo é de onze dias. Tem formato característico de pirâmide sem o topo, casca de mofo natural, além de massa de textura untuosa e mole quando jovem e mais firme à medida que amadurece. Na boca, apresenta notas de nozes, frutas secas e cogumelos. Valençay é *Appellation d'Origine Contrôlée* (AOC). Ver **Appellation d'Origine Contrôlée (AOC)**.

Valencienne, à la Acompanhamento francês para carnes e aves, de inspiração espanhola, à base de arroz cozido em caldo de carne com tomates e temperos, acrescido de presunto cru picado e tirinhas de pimentões.

Valpolicella Zona vinícola delimitada na região do Vêneto, nordeste da Itália, com *Denominazione di Origine Controllata* (DOC). Produz vinhos tintos de qualidade variada. De acordo com os especialistas, a maior parte dos rótulos de qualidade superior é cultivada na subzona Valpolicella Clássico (DOC). As uvas mais importantes da região são Corvina, Rondinella e Molinara. Ver **Denominazione di Origine Controllata (DOC)**.

Vandyking Técnica de corte para finalizar a apresentação do alimento. Em geral, é usada em frutas, legumes e ovos cozidos, cujos topos são cortados em zigue-zague. O nome é uma referência ao pintor flamengo do século XVII Antoon van Dyck, que usava a barba em forma de V.

Vanilina Substância aromática encontrada na essência de baunilha. Hoje, fabrica-se uma imitação sintética, que recebe o mesmo nome e tem perfume e sabor mais acentuados que a essência natural. Ver **Baunilha**.

Vanilla Baunilha, em inglês. Ver **Baunilha**.

Vánocka Pão doce típico do Natal da República Tcheca e da Eslováquia. De massa doce similar à do chalá judaico, é feito com farinha de trigo, ovos, leite, fermento, manteiga, sal e açúcar, além de passas e zesto de limão. É tradicionalmente montado com três camadas de massa em formato de trança de tamanhos decrescentes, pincelado com gema e salpicado com lascas de amêndoas antes de assar em forno quente. Ver **Chalá** e **Zesto**.

Vapor, cozimento a Técnica culinária que consiste em submeter o alimento ao vapor, colocando-o em peneira recoberta sobre recipiente cheio de água fervente até que esteja cozido. Nesse caso, o alimento não perde as propriedades nutritivas. O segundo método de cozimento a vapor é o que utiliza a panela de pressão. É possível, ainda, colocar uma peça de carne sobre uma camada farta de vegetais em assadeira com um pouco de líquido, de modo que somente o vapor alcance a peça. Proporciona cozimento lento em calor úmido. Ver **Panela de pressão**.

Vaqueira Carne magra situada entre as costelas e o couro do boi, conhecida também por matambre. Ver **Matambre**.

Vareniki Prato de origem ucraniana, preparado também na cozinha judaica. É uma massa recheada à base de farinha de trigo e ovos, cozida em água fervente e servida com creme de leite fresco ou azedo (*sour cream*) ou, então, manteiga derretida e cebolas fritas. O recheio mais tradicional é purê de batatas e cebolas, mas pode ser recheada com outros legumes e carne. Tem forma semelhante à do ravióli. Grafa-se também *varaniki*. Ver **Creme de leite** e **Sour cream**.

Varietais Denominação dos "vinhos de cepa", bebidas cujo rótulo expressa o nome da única variedade de uva usada em sua vinificação ou da variedade predominante, obedecendo, nesse último caso, à proporção mínima regulamentada.

Vasilopita Bolo ou pão tradicional na Grécia, preparado para as festas de Ano-Novo, cujo nome significa torta de São Basílio (em grego, *Vasíleios*), santo de 1º de janeiro. A receita varia de família para família. Muitas têm massa similar à de pão; outras, à de bolo; algumas são feitas com amêndoas, brandy, casca de laranja e, às vezes, *mahlep* (tempero elaborado com caroços de cerejas negras moídos), mas todas contêm uma moeda dentro da massa. De acordo com a tradição, quem encontra a moeda tem sorte o ano todo. Ver **Mahlab**.

Vatapá Prato típico baiano, glória da culinária local, cuja base é um refogado de garoupa desfiada, caldo de peixe, cheiro-verde, pimenta, tomate, azeite doce e coentro, mexido em fogo baixo até ficar desmanchado. A esse refogado são adicionados creme de farinha de arroz ou pão amanhecido molhado em leite de coco ralo e desfeito, camarão seco e defumado moído, cebolas e pimenta-malagueta esmagadas no pilão, amendoim torrado e picado, castanha-de-caju moída. Acrescenta-se água se necessário, para não secar, até transformar-se em uma pasta grossa. Depois de ferver e estar no ponto, deita-se um pouco de azeite de dendê para colorir e perfumar e o leite de coco grosso. Essa é a forma mais tradicional, mas são permitidas variações, com uso de bacalhau, galinha ou peixe assado, em vez da garoupa. Há dúvidas sobre sua origem, embora suas características indiquem que o prato seja uma adaptação das açordas portuguesas aos ingredientes da terra. O vatapá do Pará é um pouco diferente do prato baiano: é preparado com camarões secos e camarões frescos descascados e refogados com cebola, tomate, temperos verdes e azeite de dendê, e cozidos no leite de coco. Não contém amendoim nem castanha-de-caju. O refogado também é engrossado com farinha de arroz ou com miolo de pão amolecido e, além do arroz branco para acompanhamento, é guarnecido com folhas de jambu cozidas. Ver **Açorda**, **Azeite de dendê**, **Camarão**, **Camarão seco** e **Jambu**.

Vazador Utensílio utilizado para cortar massas, denominado também cortador. Existem vazadores de vários tamanhos e formatos: redondos, quadrados, triangulares ou com formas especiais para biscoitos, petit-fours e decorações, como flores, estrelas ou animais. Podem ser fabricados em plástico, alumínio ou aço inoxidável.

Veado (Família *Cervidae*) Mamífero ruminante e caça bastante apreciada, cuja época permitida para o abate varia em cada país, de acordo com a espécie, a idade e o sexo do animal. É criado também em fazendas. Podem ser usados diversos cortes de carne, como lombo com costela, lombo sem costela, paleta, os mais comuns. Por ser uma carne magra, é aconselhável que seja lardeada antes do preparo. Os modos de cozinhá-la também variam bastante – é possível servi-la assada, grelhada, ensopada ou guisada, em geral ao ponto ou malpassada. A carne também é usada no preparo de uma linguiça escura, seca, substanciosa e com textura firme. No Brasil, a espécie mais encontrada é o veado-campeiro (*Ozotoceros bezoarticus*), que habita os campos de cerrado e pampas, desde o Centro até o Sul, e o Pantanal. Encontra-se, entretanto, ameaçada.

Veal Vitela, em inglês. Ver **Vitela**.

Veau Vitela, em francês. Ver **Vitela**.

Vega Sicilia Único Considerado o vinho mais ilustre da Espanha, produzido pela vinícola Vega Sicilia desde 1915, às margens do rio Douro, em Ribera del Duero, ainda hoje bebida rara e cara. É um tinto elegante, de boa cor, com muito corpo e grande capacidade de envelhecimento, elaborado apenas em boas safras. Pode ser comparado aos grandes Bordeaux.

Vegano Ver **Vegetariano**.

Vegetariano Denominação da pessoa que deixou de consumir carne ou outros alimentos derivados de animais, como leite e ovos. Embora a prática exista desde a Antiguidade, o termo começou a ser utilizado apenas no século XIX, quando passou a nomear uma entidade inglesa, a *Vegetarian Society*, da cidade de Ramsgate. Esse tipo de alimentação pode estar ligado a princípios religiosos, étnicos, éticos, nutricionais ou econômicos. Existem diversas gradações de vegetarianismo. Há desde os praticantes mais radicais, que não consomem qualquer alimento de origem animal e denominam-se veganos, até os que apenas restringem o consumo de carne bovina, de porco, cabrito, carneiro e frango, permitindo-se, eventualmente, o consumo de peixe. Entre esses dois extremos existem os que não aceitam qualquer tipo de carne, mas comem ovos e bebem leite, e os que bebem leite, mas não consomem ovos. Há outros, similares aos veganos, que se alimentam somente de sementes e grãos, ou exclusivamente de frutas. De maneira geral, os vegetarianos dão preferência a alimentos orgânicos e sem defensivos. Eles obtêm as proteínas necessárias à sua dieta em legumes ricos desse nutriente, dedicam muita atenção à combinação de alimentos para otimizar o aproveitamento das vitaminas e substâncias nutritivas pelo organismo e, em casos extremos, podem usar elementos sintetizados, sem procedência animal.

Velouté Molho básico clássico da culinária francesa, usado também para compor outros molhos e cremes. É elaborado com farinha de trigo alourada no fogo com manteiga (roux), acrescida de fundo de vitela ou galinha ou de fumet de peixe,

que determina o tipo de velouté, de acordo com o prato em que será empregado. A textura deve ficar aveludada, como o nome indica. O termo *velouté* foi utilizado pela primeira vez por Antonin Carême, em seu livro *L'art de la cuisine française au XIXᵉ siècle*. Ver **Fumet** e **Fundo**.

Venaco Queijo de leite de ovelhas ou de cabras, originário da cidade de mesmo nome, nas montanhas da Córsega (França). É produzido com o leite de uma única ordenha. Tem casca alaranjada, natural, lavada; sua massa, de cor marfim, tem textura macia e oleosa; e seu sabor e aroma são ativos. Após a elaboração, descansa uma ou duas semanas no ambiente, depois é imerso em salmoura e, então, é levado para maturar em porões úmidos por três ou seis meses. Após a maturação, seu aroma e sabor tornam-se complexos. Pode ser utilizado ao natural ou amassado com vinho tinto, como fazem os habitantes da região.

Vêneto Região vinícola italiana caracterizada pela diversidade de vinhos. Há tintos ligeiros, brancos secos, brancos de sobremesa, entre outros. A área tem uma enorme quantidade de subzonas com *Denominazione di Origine Controllata* (DOC) ou *Denominazione di Origine Controllata e Garantita* (DOCG). São produzidas ali denominações como Valpolicella, Amarone della Valpolicella, Soave, Bardolino, Breganze, Colli Berici e Colli Euganei Fior d'Arancio. Ver **Denominazione di Origine Controllata (DOC)**.

Ventrecha Corte de peixe localizado próximo as espinhas mais largas, conhecidas também por costelas. Após a separação das bandas do animal, as costelas são cortadas duas a duas, mantendo a carne que se encontra abaixo delas, no ventre. Muito apreciada no Centro-Oeste e no Norte do Brasil, a ventrecha é retirada de peixes como o pacu e o pirarucu e, em geral, é preparada frita ou assada sobre brasas. Denomina-se ainda ventrisca. Ver **Pacu** e **Pirarucu**.

Ventresca 1. Na Itália e na Espanha, é a carne da parte inferior do peixe, mais próxima à cabeça. No atum albacore, é o corte mais nobre por ter mais gordura, maciez e sabor. É uma carne sem espinhas que, quando fresca, é muito utilizada em aperitivos. Na ilha da Sardenha e em muitas cidades ao longo do Mediterrâneo, é grelhada e servida em fatias finas, untadas com azeite. É também preparada em conserva. Ver **Atum. 2.** Na Toscana (Itália), o termo também denomina um toucinho retangular, chamado ainda rigatino, retirado da barriga do suíno.

Verdicchio (*Vitis vinifera*) Casta vinífera branca tradicional italiana, importante sobretudo em Marche e no Vêneto. Na zona vinícola de Soave, é conhecida por *Trebbiano di Soave*.

Verjus Ver **Agraço**.

Vermicelli Ver **Aletria**.

Vermont Herdsman Queijo produzido artesanalmente pelo conhecido especialista Peter Dixon, na Parish Hill Creamery, em Westminster (Estados Unidos). É feito com leite de vaca não pasteurizado, tem sabor picante, casca natural cor de palha e massa clara. Amadurece por cerca de nove meses, o que lhe confere traços de avelãs no sabor. Nesse período, sua casca é lavada com salmoura. Caso a maturação ultrapasse doze meses, seu interior torna-se granuloso e quebradiço.

Vermute Um dos aperitivos mais conhecidos, feito com vinho, álcool, ervas aromáticas, condimentos e cascas, por meio de processos de infusão, maceração e destilação seguidos de um período de maturação. O nome deriva da palavra alemã *wermut*, que significa absinto. Encontrado na Alemanha já no século XVII, o vermute começou a ser produzido comercialmente no século XVIII, em Turim (Itália). Hoje há diversas variações e as mais comuns são branco extrasseco, branco seco, tinto adocicado e rosé. Tem graduação alcoólica em torno de 18%.

Verônica Ver **Alfenim**.

Véronique Denominação concedida, na culinária francesa, a pratos cujo preparo inclui uvas verdes. Um dos mais conhecidos é o *filets de sole véronique*, em que a fruta acompanha filés de linguado.

Vert-pré 1. Prato da culinária francesa preparado com carne grelhada, batata palha e agrião, servido com *beurre maître d'hôtel*. Ver **Beurre maître d'hôtel**. 2. Denominação dada, também na culinária francesa, a pratos de peixe ou ave guarnecidos de molho verde.

Vetebröd Pão doce sueco servido no café da manhã. É feito com farinha de trigo, fermento, leite, manteiga e açúcar, e temperado com sementes de cardamomo. Antes de ser colocado no forno, é pincelado com ovos e salpicado com açúcar e lascas de amêndoas.

Vézelay Queijo francês da cidade de mesmo nome, na Borgonha. É preparado com leite cru de cabra e amadurece apenas de sete a dez dias. Tem casca natural cor de marfim e massa branca, lisa, untuosa e densa, com sabor de creme e ligeira acidez. Seu melhor período de produção vai da primavera ao outono. É conhecido também por *Dôme de Vézelay*, por seu formato semiesférico.

Viande Palavra francesa que significa carne, tanto a de mamíferos quanto a de aves, de criação ou de caça.

Vichyssoise Sopa cremosa à base de batatas e alho-poró. Depois de cozidos, os ingredientes são amassados e acrescidos de creme de leite fresco e cebolinha verde. É servida fria. Ao contrário do que em princípio pode-se pensar, esse preparo tão conhecido não tem origem francesa, mas, sim, americana. Surgiu em Nova York, no verão quentíssimo de 1917. Não há certeza do nome do inventor, mas cogita-se que teria sido criada por um chef francês emigrado, funcionário do restaurante Bourbonnais, ou por Louis Diat, chef do Hotel Ritz-Carlton.

Vieiras (*Pecten* spp.) Moluscos bivalves de carne branca, de diversas espécies. As mais comuns são a mediterrânea (*Pecten jacobeus*) e a atlântica (*Pecten maximus*). Muito semelhantes no formato, variam apenas na coloração. Diferentes das ostras e dos mexilhões, que são comidos por inteiro, das vieiras aproveita-se apenas o miolo branco e arredondado, além do coral. Elas vivem nas areias e locomovem-se ao abrir e fechar a concha. Por isso, são chamadas "conchas peregrinas" e serviram de símbolo para os cruzados na Idade Média e para os grupos de romeiros que percorrem o Caminho de Santiago, na Espanha. O molusco, denominado *coquille saint-jacques* na França, é ingrediente de um dos mais conhecidos pratos da culinária francesa, o *coquilles saint-jacques au gratin*. Nele, as vieiras são refogadas em manteiga, acrescidas de molho duxelles, na base, e de molho mornay misturado com queijo gruyère ralado, na cobertura. Em seguida, o preparo é gratinado no forno e, geralmente, servido como entrada. Na culinária inglesa, há um prato semelhante, em que as vieiras são servidas com molho mornay. Ver **Duxelle**, **Gruyère** e **Mornay**.

Vienna flour Farinha de trigo branca, de alta qualidade e muito fina. Até o término da Primeira Guerra Mundial, a "farinha de Viena" tinha por origem a Hungria, então parte do Império Austro-Húngaro. Louvada por sua pureza, brancura e capacidade de conservação, era resultante da utilização do trigo húngaro, com alto teor de glúten, e da recente implementação de uma nova tecnologia de moagem em cilindros de aço. Mais tarde, tornou-se a denominação genérica de uma categoria de farinha de trigo. É usada em massas especiais, como pastelarias finas, rocambole e o tradicional pão vienense.

Viennoise, à la Prato salgado francês que consiste em filés (de vitela, ave ou peixe) empanados e fritos, servidos opcionalmente com lâminas de limão, alcaparras, salsa, filés de anchovas e ovos cozidos esfarelados, com manteiga noisette à parte. De acordo com o *Larousse Gastronomique* (2017, p. 892), é uma "interpretação francesa do autêntico *Wiener schnitzel*", em geral preparado com vitela. Ver **Wiener schnitzel**.

Vinagre Termo derivado do francês *vin aigre* – vinho ácido –, o vinagre é o resultado da atividade bacteriana que converte líquidos alcoólicos, como vinho, cerveja e sidra, em uma fraca solução de ácido acético. É usado há séculos de diversas maneiras, como bebida, como ingrediente culinário para temperar pratos ou para amenizar odores fortes como o da cebola e o do repolho. Existe uma variedade enorme de tipos de vinagre: no Brasil, os mais usados são os de vinho branco ou tinto; nos Estados Unidos, o de sidra de maçã; na Inglaterra, o de malte de cevada. Na Itália, é produzido o requintado balsâmico; na França, são muito apreciados os vinagres aromatizados com ervas ou frutas. No Japão e na China, usa-se o vinagre de arroz, bastante delicado e levemente doce. É um ingrediente-chave de muitos pratos japoneses, como o arroz do sushi. Essencial em conservas, picles, mostardas e vinagretes, acrescenta sabor especial a molhos e é básico para marinadas, pratos agridoces, chucrute, entre outros. Deve ser estocado em local frio e escuro. Na embalagem fechada, dura por tempo indefinido; depois de aberto, cerca de seis meses. Ver **Chucrute**, **Mostarda**, **Picles**, **Sushi**, **Vinagre balsâmico** e **Vinagrete**.

Vinagre balsâmico Vinagre escuro feito de mosto de uvas prensado, cozido e envelhecido em barris de madeira. O autêntico (*tradizionale*) é fabricado somente na Itália, na província de Modena, com Denominação de Origem Protegida (DOP). Em geral, são utilizadas as variedades de uva Trebbiano e Lambrusco, cultivadas na região também para a produção de vinho. Seu período de envelhecimento dura, no mínimo, doze anos. De sabor característico, forte e muito gostoso, é excelente tempero para saladas e outros pratos. Ver **Denominação de Origem Protegida (DOP)**.

Vinagreira (*Hibiscus sabdariffa*) Planta da família das malváceas, conhecida também por quiabo-róseo, quiabo-de-angola, caruru-da-guiné, caruru-azedo, azedinha, quiabo-roxo, rosela e rosélia, estes dois últimos nomes são muito utilizados

na Bahia. Tem folhas suculentas, verdes, de sabor ácido e levemente adstringente, ingrediente indispensável do famoso prato maranhense arroz de cuxá. Ver **Arroz de cuxá** e **Cuxá**.

Vinagrete 1. Molho de origem francesa composto de azeite, vinagre, sal, salsinha, cebola, cebolinha e pimenta-do-reino. Pode ser acrescido de alcaparras, estragão, anchovas, echalotas, mostarda, gemas de ovos cozidas, cerefólio ou pepinos picadinhos. É usado para acompanhar legumes cozidos, saladas, algumas carnes grelhadas e frutos do mar. Em francês, *vinaigrette*. **2.** No Brasil, o vinagrete é um tradicional molho de acompanhamento de churrasco, feito com vinagre, azeite, tomates, cebolas e pimentões picados. **3.** Também no Brasil, o mesmo termo designa os pratos temperados com molho à base de vinagre, usualmente servidos frios.

Vindaloo Especialidade indiana, sobretudo de Goa e Konkan. É um cozido de carne, geralmente de porco, com molho espesso e temperado feito com uma complexa mistura de especiarias torradas, como sementes de cominho, sementes de mostarda, gengibre, grãos de pimenta, sementes de feno-grego, cravo, coentro, pimenta vermelha e concentrado de tamarindo, além de vinagre de palma. A carne repousa em marinada e, no dia seguinte, é cozida com os temperos e batatas. É comum servir o *vindaloo* com arroz branco. O conjunto de especiarias é encontrado pronto, em pasta e em pó, como um tipo de masala. O preparo tem origem portuguesa, fruto da dominação da região por quatrocentos anos. Derivou das marinadas para preservar e temperar as carnes, muito usadas na cozinha lusitana da época. O termo *vindaloo* provém da expressão portuguesa "vinha-d'alhos"; grafa-se também *vindallo*, *vindalho* ou *vindaalo*. Ver **Masala** e **Vinha-d'alhos**.

Vin de coule Suco que escorre após a primeira prensagem leve da uva (no caso dos vinhos brancos) ou após a fermentação (no caso dos tintos).

Vine leaf Folha de parreira, em inglês. Ver **Folha de parreira**.

Vinha-d'alhos Espécie de marinada portuguesa própria para temperar carnes e caças, que nela maceram por horas. Além de dar mais sabor ao alimento, a vinha-d'alhos também torna a carne mais úmida e tenra. É feita basicamente com vinho ou vinagre, alho, louro, sal e pimenta-do-reino. Outros ingredientes e temperos podem ser acrescentados, sempre de acordo com a carne que será preparada. Até o início do século XX, em Portugal, fazia-se distinção entre vinha-d'alhos e marinada, a segunda levava obrigatoriamente vinho.

Vinho De acordo com a definição oficial adotada pela União Europeia, o vinho é "o produto obtido exclusivamente pela fermentação alcoólica, total ou parcial, de uvas frescas, esmagadas ou não, ou de mostos de uvas" (Regulamento 479/2008 do Conselho – Regulamento OCM, Anexo IV). Os vestígios mais antigos da bebida, ou de algo rudimentar semelhante a ela, datam de cerca de oito mil anos atrás, localizados na Geórgia, no Sul do Cáucaso. Mas seu fabrico foi consolidado e disseminado na época da colonização das terras em torno do mar Mediterrâneo por fenícios e gregos, na Antiguidade. De tamanha importância para os gregos antigos, tornou-se o centro das atenções nas reuniões conhecidas por Simpósio. Com o Império Romano, a viticultura

espalhou-se por boa parte do continente europeu. Na Idade Média, a Igreja Católica exerceu papel fundamental no financiamento e desenvolvimento da produção vinícola. Com um enorme leque de regras e normas sobre como obtê-lo, seu tratamento, sua composição e manipulação, o vinho é, na atualidade, o resultado de um processo complexo. Embora os europeus sejam ainda considerados os melhores do mundo, excelentes vinhos são fabricados em diversos países de outros continentes, como Austrália, Nova Zelândia, Estados Unidos, Chile e África do Sul. No Brasil, a produção sistemática teve início apenas no final do século XIX com a colonização italiana; ganhou impulso, profissionalizou-se e modernizou-se ao longo do século XX. A produção do vinho na cantina começa com o esmagamento das uvas para liberação do mosto. Conforme o tipo de vinho fabricado, as uvas podem ou não ser desengaçadas antes. Em seguida, passa-se à fermentação, quando as leveduras, já naturalmente presentes ou adicionadas, transformam os açúcares da uva em álcool e dióxido de carbono. A observação e o estudo dessa transformação foram a base do primeiro princípio químico, criado por Lavoisier: "Nada se perde, tudo se transforma." O processo de transformação química foi objeto de estudo também de Gay-Lussac e Pasteur, que descobriram os princípios secundários, o ácido láctico e os álcoois superiores, e o papel das leveduras na fermentação. Após a fermentação, ocorre a clarificação, a filtragem e o engarrafamento do vinho. O engarrafamento pode ser antecedido por maturação em barril e/ou seguido por envelhecimento em garrafa, a depender do estilo de vinho e do resultado final desejado pelo enólogo. Algumas regiões vinícolas mais importantes em todo o mundo são Barolo, Bordeaux, Borgonha, Champagne, Jerez, Madeira, Napa Valley, Porto, Rioja, entre outras. Ver **Clarificar, Simpósio** e o nome de cada região vinícola.

Vinho de mesa De acordo com a legislação brasileira, são assim classificados os vinhos com teor alcoólico de 8,6% a 14% em volume, com atmosfera de pressão de até 20 ºC. Podem ser elaborados com variedades de uvas da espécie *Vitis vinifera*, uvas americanas ou híbridas. Ver **Uva**.

Vinho espumante De acordo com a legislação brasileira, é o vinho que contém dióxido de carbono resultante exclusivamente de uma segunda fermentação alcoólica feita em garrafas (método tradicional) ou em grandes recipientes (método Charmat). Apresenta teor alcoólico entre 10% e 13% em volume e pressão mínima de 4 atmosferas a 20 ºC. O gás carbônico é o responsável pela presença das inúmeras pequenas bolhas que tornam a bebida tão interessante. Diferente do que ocorre na produção dos vinhos tranquilos – em que é feita uma única fermentação e a maior parte do dióxido de carbono gerado escapa para o ar –, na fabricação de espumantes há duas fermentações; na segunda, o gás é retido. Os vinhos espumantes mais famosos em todo o mundo são os fabricados na zona delimitada de Champagne (França) e, por estarem protegidos por uma *Appellation d'Origine Contrôlée* (AOC), são os únicos que podem ser denominados champanhe. Espumantes produzidos em outras regiões da França são chamados *vin mousseux* ou *crémant*; na Itália, *spumante*; na Alemanha, *sekt*. De acordo com a quantidade de açúcar residual que contenham por litro, são classificados em ordem crescente como: nature; extra-brut; brut; sec ou seco; demi-

-sec, meio doce ou meio seco; e doce. Ver **Appellation d'Origine Contrôlée (AOC)**, **Champanhe**, **Vinho** e **Vinho tranquilo**.

Vinho fino De acordo com a legislação brasileira, são assim classificados os vinhos com teor alcoólico entre 8,6% e 14% em volume, elaborados exclusivamente com variedades de uvas da espécie *Vitis vinifera*, por meio de processos tecnológicos adequados que assegurem suas melhores características sensoriais. Ver **Uva**.

Vinho fortificado Nome genérico do vinho que recebeu a adição de aguardente. Quando adicionada na etapa de fermentação, a aguardente interrompe o processo e intensifica o teor alcoólico, deixando açúcar residual. O resultado é um vinho naturalmente doce. Se acrescentada com a fermentação já completa, produz vinhos secos (a menos que sejam adoçados posteriormente). Porto, Jerez, Madeira e Málaga são exemplos de vinhos fortificados. Ver **Aguardente** e o nome do vinho.

Vinho medicinal Há registros de receitas de vinhos medicinais desde a Antiguidade, recomendados sobretudo como fortificantes. Muitos deles, feitos com raízes de comprovado valor terapêutico, como a ipeca, são realmente um medicamento. Outros, entretanto, acrescidos de ervas e especiarias diversas, não passam de uma bebida agradável, sem real valor terapêutico.

Vinho natural Categoria de vinhos não definida em legislação, cujas práticas de produção ainda são motivo de debate. Em suas linhas mais gerais, defendidas por associações de produtores, são vinhos produzidos com uvas oriundas de agricultura orgânica ou biodinâmica, com o mínimo de intervenção no processo de fermentação e sem o recurso a aditivos ou auxiliares de processamento. Eventualmente é aceita a utilização de dosagem mínima de sulfitos.

Vinho quente Ver **Quentão**.

Vinho tranquilo Vinho com baixa concentração de dióxido de carbono – menos de 4 g por litro a 20 °C –, de acordo com a Organização Internacional da Vinha e do Vinho (*International Organisation of Vine and Wine* – OIV). Diferencia-se, portanto, dos vinhos frisantes e espumantes. A categoria também exclui os chamados vinhos fortificados, por serem acrescidos de aguardente. Ver **Vinho espumante** e **Vinho fortificado**.

Vinho verde Denominação de Origem Controlada (DOC) da região do Minho, noroeste de Portugal. Abrange vinhos brancos, tintos, rosados e espumantes, além de aguardentes vínicas, bagaceiras e vinagres. Os vinhos verdes caracterizavam-se tradicionalmente pela acidez, resultado da utilização de uvas não totalmente maduras (daí o adjetivo "verde"), pelo baixo teor alcoólico e pela presença da "agulha", picada na boca proporcionada pela efervescência. Mas a produção local passou por transformações. Hoje, a região oferece também vinhos equilibrados, com maior teor alcoólico e complexidade. As variedades de uva cultivadas são a Alvarinho, a Azal, a Loureiro, a Trajadura, a Avesso e a Arinto, chamada no local de Pedernã (castas brancas); a Vinhão, a Espadeiro e a Padeiro (castas tintas). São nove as sub-regiões: Amarante, Ave, Baião, Basto, Cávaco, Monção e Melgaço, Paiva, Sousa e Lima.

Vino generoso Ver **Xerez**.

Vino generoso de licor Ver **Xerez**.

Vino santo Vinho de sobremesa fabricado em algumas regiões italianas, sobretudo a Toscana. Entre as variedades de uva utilizadas em sua produção, há a Malvasia Bianca, a Grechetto Bianco e a Trebbiano Toscano. As uvas recém-colhidas são secas em ambiente ventilado, antes de serem fermentadas. A cor, o nível de doçura e o tempo de maturação variam de um *vino santo* para outro. O Vino Santo di Montepulciano Occio de Pernice (olho de perdiz), por exemplo, pode ser envelhecido em barrica por oito anos.

Vinsanto Vinho de sobremesa produzido na ilha grega de Santorini, com uvas autóctones Assyrtiko (mínimo de 51%), Athiri e Aidani secas ao sol. Não sofre chaptalização, ou seja, a bebida contém apenas os açúcares naturais das uvas. É envelhecido em barricas de carvalho por, no mínimo, 24 meses.

Vintage Em português, significa "vindima", "safra" da uva. O ano em que as uvas foram colhidas é informação imprescindível no rótulo da maior parte dos vinhos de qualidade, mas há exceções. Estilos de vinho que costumam ser produzidos com a mistura de diferentes safras não apresentam o ano de vindima. Nesses casos, quando presente, a palavra *vintage* designa um exemplar de categoria especial, excepcionalmente produzido com safra única, como o Porto.

Viognier (*Vitis vinifera*) Variedade de uva vinífera originária de Condrieu, na zona delimitada de Côtes du Rhone (França), hoje plantada em diversas regiões do mundo.

Viola Ver **Cação-viola**.

Vipuba Ver **Farinha-d'água**.

Virado Herança dos tropeiros, que percorriam as regiões Sul e Sudeste do Brasil, desde o século XVIII, com mantimentos e animais. O farnel, transportado em embornal, continha feijão sem caldo, carne-seca, toucinho e farinha de milho (depois, também farinha de mandioca), que virava e revirava nas andanças. Passou a denominar-se virado. Hoje, é um prato feito com qualquer alimento, refogado em gordura e temperado com alho e cebola, ao qual se acrescenta farinha de mandioca ou de milho. Pode ser de ovos, de feijão, de banana, de abobrinha etc. Ver **Carne-seca**, **Farinha de mandioca**, **Farinha de Milho** e **Feijão**.

Virado lapiano Prato tradicional da cidade de Lapa, a 60 km de Curitiba, no Paraná, antes ponto de trânsito de tropeiros. O preparo é uma das receitas deixadas por eles em suas andanças e adaptada ao paladar da região: o toucinho é frito e reservado; a cebola é frita na gordura e reservada; o feijão cozido é aquecido na gordura; junta-se o toucinho, a cebola frita e a farinha de mandioca, até dar o ponto. O prato é simples, fácil de preparar mesmo em deslocamentos. Utilizava-se a carne-seca, ingrediente de fácil conservação, para complementar. Ver **Carne-seca**, **Farinha de mandioca** e **Feijão**.

Virado mineiro Prato mineiro similar ao virado de feijão lapiano. Primeiro, frita-se toucinho e cebola. Depois, o feijão é refogado em gordura e bem temperado. Em seguida, ele é engrossado com farinha de milho e servido com carne de porco (em geral, costelinha) e torresmo. Ver **Costelinha**, **Farinha de milho**, **Feijão** e **Torresmo**.

Virado paulista Na cozinha paulista, o virado é tradicionalmente feito com fei-

jão-preto ou feijão-mulatinho, com pouco caldo, amassado, refogado em gordura de toucinho com cebola frita e farinha de mandioca ou de milho, e servido com torresmo. Hoje em dia, é sempre complementado com couve, cortada bem fina e refogada, ovo frito e carne de porco (lombo, costelinha ou bisteca). Ver **Bisteca, Costelinha, Feijão, Farinha de mandioca, Farinha de milho** e **Torresmo**.

Vitela Ver **Carne de vitela**.

Vitela Orloff Prato francês do século XIX, trata-se de vitela braseada e fatiada, entremeada de creme à base de cogumelos, cebolas, molho bechamel e, às vezes, lâminas de trufas. A carne é remontada como uma peça inteira, recoberta com o mesmo creme e queijo ralado, e gratinada no forno. O preparo foi aperfeiçoado pelo chef francês Urbain Dubois, no período em que esteve a serviço do príncipe Orloff da Rússia. É preparado na culinária russa até hoje.

Vitello tonnato Prato da cozinha italiana, da região do Piemonte, que consiste em lombo de vitela cozido, cortado em fatias e regado com molho. O molho é feito com o próprio caldo do cozimento, ao qual são acrescentados atum (*tonno*) e filés de anchova em conserva, gemas e alcaparras. O preparo é servido frio. Ver **Alcaparra, Anchova** e **Atum**.

Vitis labrusca Espécie de videira de origem americana, cujas uvas são mais adequadas ao consumo *in natura* e à produção de suco. No Brasil, algumas variedades são utilizadas na fabricação de vinho de mesa.

Vitis vinifera Espécie de videira de origem europeia, cujas uvas são particularmente adequadas – como o próprio nome indica – para a vinificação. Cabernet Sauvignon, Cabernet Franc, Gamay, Syrah, Barbera e Tempranillo são algumas cepas dessa espécie. Ver o nome da uva.

Viura (*Vitis vinifera*) Denominada também *macabeo*, é uma das principais variedades de uva da região de Rioja (Espanha).

Vodca Bebida desenvolvida pelos povos eslavos no século XV, cuja autoria é disputada até hoje pelos russos e poloneses. É produzida, atualmente, em diversos países e com vários tipos de vegetais. De altíssimo teor alcoólico, surgiu da necessidade de uma bebida que não congelasse no rigoroso inverno do norte europeu, em que a temperatura permanece por meses seguidos abaixo de 0 ºC. Sua pureza deve-se ao fato de ser destilada e retificada de duas a três vezes; em alguns casos, até mais que isso. A melhor vodca é a destilada de cereais, embora outras matérias-primas também sejam usadas. Na Rússia e na Polônia, utiliza-se o trigo ou a batata; na Turquia, a beterraba. A palavra *vodca* (*vodka*, em russo) é um bem-humorado diminutivo russo de água; nos países eslavos, o termo é usado para designar todo tipo de destilado. É grande o folclore em torno da bebida. Conta-se que o príncipe Vladimir, de Kiev, vivia indeciso entre aderir ao cristianismo ou ao islamismo. Depois de ter bebido vodca, não mais hesitou e aderiu ao cristianismo, por saber que o Islã restringia a ingestão de álcool. É o destilado perfeito para muitos drinques em razão de seu caráter neutro, sem cor ou odor. Tem teor alcoólico de 40% a 60%.

Vol-au-vent Entrada da culinária francesa feita de massa folhada em formato de cilindro, vazado no centro e recheado. Para apresentar essa forma, sobrepõem-se

duas camadas de massa folhada, ambas cortadas em círculo: a de cima é cortada como anel, com o círculo central demarcado, mas não retirado. Depois de assar, o círculo do centro é removido e a massa, já crescida, é recheada. O recheio tradicional do *vol-au-vent* é frango, cogumelos ou crustáceos em pequenos pedaços, misturados a molho velouté ou bechamel, mas há inúmeras possibilidades. Recheado com cremes doces, é servido como sobremesa. *Bouchée* é um *vol-au-vent* pequeno, para ser levado inteiro à boca. Conhecido desde o século XVII, primeiro com o nome *vole au vent*, depois com a grafia atual, era uma preparação mais simples, que foi aperfeiçoada pelo chef Antonin Carême no início do século XIX. Ver **Bechamel** e **Velouté**.

Vôngole Ver **Amêijoa**.

Wafer Biscoito doce de espessura muito fina e com desenho em baixo-relevo. Há a versão simples e a de camadas recheadas, com formas e tamanhos variados. Pode ser enrolado como canudo ou em formato de cone, caso em que a massa deve ser trabalhada ainda morna, quando está maleável; depois que esfria, torna-se firme e crocante. É usado como acompanhamento de sobremesas geladas, pudins e sorvetes. Trata-se de uma variação do waffle. Em francês, denomina-se *gaufrette*. Ver **Waffle**.

Waffle Preparo feito com massa leve, à base de farinha de trigo, ovos, manteiga, açúcar e leite ou água, assada entre placas aquecidas próprias, em diversos formatos. É servido em lanches, quente, com acompanhamentos doces ou salgados, como mel, geleia, manteiga, sorvete, queijo ou presunto, entre outros. Sua origem é bastante antiga. No século III a.C., os gregos preparavam um tipo achatado e bem fino de massa de farinha de trigo entre duas chapas de metal quente, o qual denominavam *obelio*. Era servido bem quente, coberto de mel e pedacinhos de frutas. No século XIII, na França, eram muito populares os *oublies*, biscoitos de massa preparados como os *obelios*. Para torná-los mais atraentes, um artesão resolveu dotar de baixos-relevos as placas em que eram preparados e deu-lhes a forma de colmeia. Depois disso tornaram-se ainda mais procurados e, três séculos mais tarde, sua comercialização havia crescido tanto que o rei francês Carlos IX teve de criar uma lei para discipliná-la. Em francês, *gaufre*.

Wakame (*Undaria pinnatifida*) Alga marinha muito utilizada no Japão. Desde a Antiguidade, foram adaptados vários ideogramas para a palavra *wakame*, cujos significados variavam de "mulher jovem",

"broto jovem" a "olho jovem", em razão de acreditar-se que a alga era rica em componentes rejuvenescedores. É utilizada geralmente em sopas ou como guarnição em diversos pratos.

Walnut Noz, em inglês. Ver **Noz**.

Wasabi (*Eutrema japonicum*) Embora pertença à mesma família da raiz-forte (*Armoracia rusticana*), com a qual é confundido com frequência, trata-se de uma planta diferente. Natural do Japão e da ilha de Sacalina, tem pungência um pouco inferior à da raiz-forte, mas seu aroma é mais complexo. Recomenda-se utilizar o caule fresco, ralado na hora da refeição. O ralador de barbatana de tubarão é o utensílio mais indicado para isso, por evitar a oxidação. Em razão da dificuldade de cultivo e do alto custo do produto, muito do que é encontrado em pó ou em pasta no mercado com esse nome é, na realidade, tempero à base de raiz-forte. Na culinária japonesa, é consumido tradicionalmente com sushis, sashimis e sobas. Ver **Raiz-forte**.

Watercress Agrião, em inglês. Ver **Agrião**.

Weinegelee Sobremesa alemã, é uma gelatina preparada com vinho branco, suco de uvas-brancas, açúcar gelificante e pedaços de frutas.

Weinekraut Denominação alemã do chucrute cozido com vinho. Ver **Chucrute**.

Weissbier Cerveja clara alemã conhecida também por *weizenbier*, à base de malte de trigo e de baixo teor alcoólico.

Weisswurst Salsicha alemã típica da região de Munique. Clara e de sabor delicado, é preparada com carne de porco, vitela, pão branco umedecido, tudo temperado com sal, salsinha, gengibre, cebola, pimenta-do-reino branca e limão. A mistura é colocada em tripas pequenas, de 12 cm a 15 cm. É servida depois de cozida, quente ou fria, com salada, chucrute, mostarda e batatas.

Welsh rarebit Preparação salgada originária do País de Gales, trata-se de uma pasta homogênea feita com queijos ingleses (gloucester, cheshire, caerphilly e cheddar, por exemplo), ralados e levemente aquecidos, misturados a manteiga, sal, pimenta-do-reino e cerveja clara. Pode-se adicionar também, para temperar, mostarda ou molho worcestershire. O creme é passado fartamente sobre uma fatia de pão sem as cascas, já tostado no forno. A fatia volta, então, ao forno para gratinar. É mais servido em brunchs ou lanches mais reforçados de fim de tarde, mas sempre acompanhado somente de cerveja. O prato, já encontrado em livros de receitas no século XVIII, é inclusive citado por Brillat-Savarin, que a ele se referiu como *welsh rabbit*. *Welsh rarebit* parece ser uma derivação de *welsh rabbit*, nome mais antigo do preparo. Há inúmeras explicações para as duas denominações, mas nenhuma delas conclusiva. Ver **Brillat-Savarin, Jean Anthelme**; **Caerphilly**; **Cheddar**; **Cheshire** e **Gloucester**.

Wensleydale Queijo produzido em Wensleydale, na região de Yorkshire, cuja origem remonta à invasão normanda no século XII, quando monges cistercienses franceses, de Roquefort, foram levados para a Inglaterra em razão de serem hábeis fabricantes de queijo. Eles fabricaram o queijo até o século XVI, época em que o mosteiro foi dissolvido. O modo de preparo foi, então, passado para as esposas dos fazendeiros da região. Os wensleydale eram feitos originalmente de leite de ovelha, mas agora são preparados com leite de vaca pasteurizado, às vezes enriquecido com leite de ovelha. Há o de massa branca e o de veios azuis. O primeiro, firme e quebradiço, pode ser encontrado com mais de um grau de maturação ou também defumado em lascas de carvalho; o segundo é o mais premiado. Embora hoje sejam produzidos também em outras regiões da Inglaterra, apenas os de Yorkshire Dale, elaborados por dois produtores locais, têm o selo Protected Geographical Indication (PGI).

Westfälischer schinken Presunto alemão de alta qualidade, produzido com porcos criados especialmente para isso, na região de floresta da Westfalia (no noroeste da Alemanha). Os animais têm alimentação balanceada, ingerem inclusive bolotas de carvalho. Usa-se o pernil traseiro e o processo de cura e maturação dura, pelo menos, seis meses. É seco ao ar, repousando com sal por cerca de cinco semanas e depois defumado a frio, lentamente, com fumaça de madeira de faia e zimbro, por outras cinco semanas. Seu osso central é mantido, o que lhe acrescenta sabor. Nos casos em que ele é retirado antes da comercialização, isso ocorre apenas após três meses de processamento. Com a maturação, a carne adquire tonalidade vermelho escura e textura firme. Não precisa ser cozido e deve ser servido cortado em fatias finíssimas. Ver **Bolota**, **Cura** e **Presunto**.

Westminster Blue Ver **Lymeswold**.

Whipped cream Ver **Creme batido**.

Whipping cream Ou "creme para ser batido", é um tipo de creme de leite encontrado nos Estados Unidos, com teor mínimo de gordura de 35%. É ideal para fazer chantili e ser usado em musses, sopas e molhos. Ver **Creme chantili**.

Whisky Ver **Uísque**.

White Lady Coquetel muito apreciado feito com limão, Cointreau® e gim. Ver **Cointreau**.

White pudding Salsicha característica da Inglaterra, igual ao *black pudding*, exceto pela ausência de sangue de porco. Seus principais ingredientes são aveia, sebo ou gordura de porco em pedaços, carne de porco, fígado de porco, além de temperos. O processo de cozimento (fervura em água) assim como a maneira de consumi-la (frita, inteira ou em fatias, ou cozida com batatas) são idênticos aos do *black pudding*. Ver **Black pudding**.

Wiejska Linguiça rústica polonesa, defumada, com formato de um grande anel, feita de carne de porco sem gordura, temperada com alho, pimenta-do-reino, manjerona e noz-moscada. É vendida aos pedaços, já que inteira chega a pesar mais de 1 kg. Antes de ser utilizada, deve-se cozinhá-la por longo tempo para torná-la macia.

Wiener schnitzel Prato da culinária austríaca composto de um escalope fino e largo, recoberto com ovos batidos, farinha de pão e, então, frito. Assemelha-se ao bife à milanesa brasileiro. É tradicionalmente preparado com carne de vitela e servido com uma fatia de limão. Até recentemente, acreditava-se que o prato teria sido levado da Itália (onde é denominado *scaloppine alla milanese*) para a corte austríaca, em meados do século XIX, em razão de descrição feita pelo marechal de campo Radetzky ao imperador

Francisco José I. A receita teria sido tão apreciada e logo tão divulgada nos restaurantes de Viena que foi rebatizada com esse nome, como se tivesse sido criada na cidade (wiener = de Viena). No início do século atual, entretanto, o linguista austríaco Heinz-Dieter Pohl descartou a história, depois de pesquisá-la.

Wok Utensílio muito utilizado na culinária asiática, cuja função assemelha-se tanto a da frigideira quanto a da panela. Tem fundo côncavo e bordas altas, formato que proporciona cozimento rápido ou gradual dos alimentos, dependendo da posição ocupada por eles em sua superfície. Favorece também menos uso de gordura no preparo dos alimentos.

Won ton Especialidade chinesa que consiste em pequenos sacos fechados ou travesseirinhos de massa finíssima recheados com carne, vegetais ou peixe. Podem ser fritos ou cozidos em caldo ou no vapor. São consumidos como aperitivos, acompanhados de diversos molhos ou dentro de sopas.

Worcestershire sauce Molho de origem inglesa, hoje bastante conhecido e apreciado. Sua receita lembra o *garum* romano e os molhos fermentados ingleses à base de anchova. Por um tempo, acreditou-se que a receita havia sido trazida das Índias Orientais por um inglês, da região de Worcestershire, o qual encarregou a empresa inglesa Lea & Perrins de executá-la. Essa história era contada, inclusive, na própria embalagem do molho. Entretanto, em um levantamento recente da história da companhia, não foi encontrada qualquer prova dessa versão. Lançado comercialmente nos anos 1840, ainda hoje considera-se o "legítimo molho de Worcestershire" apenas o da marca Lea & Perrins. Existem, contudo, outros fabricantes em diversos países, inclusive no Brasil, onde é popularmente conhecido por molho inglês. De cor escura e sabor característico, é feito de vinagre de malte, melaço, açúcar, cebola, alho, tamarindo, cravo, sal, pimentas, picles, limão, essência de anchova e extrato de carne, entre outros ingredientes. É usado para temperar carnes, aves, sopas, molhos, caldos, caças, ensopados, recheios e sanduíches. Ver **Garum**.

Wurst Palavra alemã que designa salsichas ou linguiças, especialidades do país. Feitas com carne de porco, de boi ou de vitela, além de diversos temperos, há inúmeras maneiras de preparo. Servidas quentes ou frias, fervidas, defumadas, fritas ou cozidas, são tradicionalmente acompanhadas de chucrute, saladas e batatas. Ver **Embutidos**.

Xarel-lo (*Vitis vinifera*) Variedade de uva-branca muito utilizada na Catalunha (Espanha), sobretudo na elaboração de vinhos espumantes.

Xarope Em confeitaria, é o mesmo que calda, solução de açúcar em água. Há vários níveis de concentração, de acordo com o fim a que se destina, e pode ser acrescido de sucos de frutas ou de aromatizantes, como cravo, canela, cardamomo, zesto de frutas cítricas, entre muitos outros. Em inglês, *syrup*; em francês, *sirop*. Ver **Calda**.

Xarope de glicose Ver **Glicose**.

Xavier Sopa clássica francesa, consiste em um consomê engrossado com araruta ou farinha de arroz, temperado com vinho Madeira. Na hora de servir, é guarnecida com royale de frango, um pudim de acompanhamento. Pode também ser completada com tiras finas de panqueca ou de clara de ovo cozida. Ver **Consomê**, **Panqueca** e **Royale**.

X-caboquinho Especialidade de Manaus hoje já encontrada em outras cidades do Amazonas, é um sanduíche de pão branco (tipo pão francês, no Sudeste) tostado na chapa com manteiga, recheado de queijo de coalho derretido, lascas de tucumã bem doce e banana pacova frita. O preparo é muito consumido no café da manhã ou no lanche da tarde e comum em todas as lanchonetes da cidade. Ver **Pacova**, **Queijo de coalho** e **Tucumã**.

Xerém Milho pilado grosso, que não passa pela peneira. Ver **Milho**.

Xerez Vinho espanhol (*jerez*) fortificado pela adição de aguardente de vinho, produzido no Sul da Andaluzia, entre Cádiz e

Sevilha, região que inclui Jerez de la Frontera, cidade que lhe deu o nome. Muito consumido na Inglaterra, lá denomina-se *sherry*. Em português, grafa-se xerez; em francês, *xérès*. Há diferentes graus de fortificação e várias maneiras de maturá-lo para dar origem a categorias distintas. O xerez jovem, antes de ser fortificado, é classificado como fino ou oloroso. No primeiro caso, a bebida recebe menos álcool e amadurece sob uma camada de levedo chamada pelos espanhóis de flor. Muito delicado, seco e de cor amarela pálida, o fino tem graduação alcoólica entre 15% e 17%. No segundo caso, o xerez amadurece em contato com o ar, ganha coloração âmbar intensa e apresenta graduação alcoólica entre 17% e 22%. O oloroso tradicional é seco e ácido. Há ainda o amontillado, xerez seco produzido com a maturação de um fino, com coloração entre a do fino e a do oloroso e graduação alcoólica de 16% a 22%; e o palo cortado, que apresenta características tanto do oloroso quanto do amontillado: trata-se de um vinho seco, de cor castanha, com aroma complexo e graduação entre 17% e 22%. Além deles, denominados *vinos generosos*, há os *vinos dulces naturales* e os *vinos generosos de licor*. Estes últimos são obtidos pela mistura de vinos generosos com vinos dulces naturales ou mosto concentrado e classificam-se como dry, medium, pale cream ou cream. A uva mais importante na produção de xerez é a Palomino fino, seguida da Pedro Ximénez e da Moscatel. Consumido como aperitivo ou digestivo após as refeições, pode também figurar como ingrediente culinário. Embora existam vinhos com as mesmas características do xerez fabricados em outros países, podem ser denominados *jerez*, xerez, *xérès* ou *sherry* apenas os produzidos na região espanhola demarcada.

Xinxim de galinha Prato típico da culinária baiana, elaborado com uma galinha em pedaços cozida com diversos temperos, como alho, sal, suco de limão, azeite de dendê, cebola, camarões secos, sementes de abóbora, amendoim torrado, castanha-de-caju e pimenta, até ficar bem macia. A ave é servida com arroz branco e farofa amarela, feita com dendê. Ver **Azeite de dendê**.

Xiphías (*Xiphias gladius*) Nome do peixe-espada na Grécia, onde é muito apreciado. Em geral, é consumido grelhado, cortado em pedaços e pincelado com azeite.

y

Yagwa Biscoito coreano feito de farinha de trigo, *pinolo* moído, óleo de gergelim, canela e mel, temperado com vinho de arroz. Depois de pronta, a massa é cortada e frita em óleo de gergelim em duas etapas: primeiro em temperatura mais baixa, até subir à superfície, e depois em temperatura mais alta, até dourar. É, então, embebido em uma calda feita com xarope de arroz, mel, água e gengibre ralado. Trata-se de um preparo tradicional no país, existente desde o século XVI.

Yaki oniguiri Preparo da culinária japonesa, é um bolinho de arroz grelhado, que pode ou não ser recheado.

Yakisoba Prato da culinária japonesa feito com macarrão soba cozido, legumes e lascas de carne ou frango, salteados em panela com gordura. É temperado com molho específico, à base de molho de soja, molho de ostras, açúcar e sal. É prato único na refeição. Ver **Soba**.

Yakitori Pequenos pedaços de frango grelhados no espeto, prato muito apreciado da cozinha japonesa.

Yakizakana Prato japonês de peixe grelhado inteiro, cuja pele fica crocante, em geral servido com arroz, sunomono de nabo e picles de gengibre. Ver **Sunomono**.

Yakon (*Smallanthus sonchifolius*) Planta da família das asteráceas, que cresce na região andina, da Colômbia até o Norte da Argentina. Suas hastes e folhas, nascidas dos rizomas, podem chegar a quase dois metros de altura e produzem flores amarelas, como pequenos girassóis. Suas raízes tuberáceas assemelham-se a uma fruta em razão da doçura e da textura semelhante à da maçã. Seu sabor lembra o da violeta. Bastante parecida com a jicama

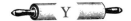

mexicana – às vezes recebe esse nome no Equador –, é, entretanto, de outra família. Hoje, já é produzida comercialmente e nos últimos anos tornou-se conhecida fora de seus limites naturais. A raiz é usada crua, em saladas e como sobremesa, ou cozida, acompanhando carnes ou em xaropes. Ver **Jicama**.

Yalanchi sarma Prato da culinária armênia feito de folhas de parreira recheadas com uma mistura de arroz, cebola, tomate, suco de limão e salsa. Pode conter também pinoli, endro e condimentos secos. É servido frio. Ver **Pinolo** e **Sarma**.

Yam Inhame, em inglês. Ver **Inhame**.

Yemista Prato grego de legumes (em geral, tomates, pimentões, abobrinhas ou berinjelas) recheados com uma mistura de arroz e temperos, como cebola, alho e salsa. O recheio pode incluir carnes e queijo. Ver **Legumes e verduras recheados**.

Yokan Doce japonês à base de feijão-azuqui, com textura de marmelada. É encontrado nas cores marrom, verde e vermelha, em formato retangular.

York ham Presunto inglês da região de York, bastante conhecido e apreciado. É curado sobre uma cama de sal tradicionalmente a partir de 11 de novembro (dia de São Martinho), quando as temperaturas já estão mais baixas. Maturado por cerca de dez semanas – primeiro revirado e massageado com sal por alguns dias e, em seguida, pendurado –, desenvolve sabor suave e delicado, além de carne tenra e rosada. Ver **Presunto**.

Yorkshire pudding Característico pudim salgado inglês, feito com farinha de trigo e ovos. É o acompanhamento tradicional do rosbife. Diz-se que deve ser servido antes deste, com molho substancioso. No passado, sua finalidade era satisfazer o apetite antes de a carne ser servida, para que esta pudesse vir em porções mais parcimoniosas, por ser nobre e cara. Cozido originalmente ao mesmo tempo em que a carne girava no espeto, era colocado sobre as brasas embaixo dela para receber o caldo que se desprendia. Hoje em dia, é preparado em separado, em forminhas próprias, individuais, com um pouco de gordura ou suco da carne e servido com molho, como acompanhamento. Ver **Rosbife**.

Yosenabe Prato da cozinha japonesa, é um cozido de frutos do mar, vegetais, cogumelos e queijo de soja em caldo de peixe (dashi) temperado com algas. O preparo é servido nas estações frias e, em especial, feito na própria mesa, sobre um fogareiro. Depois de pronto, os comensais se servem diretamente da sopeira – em geral, de cerâmica ou de ferro –, levando porções para suas tigelas individuais, de cerâmica ou porcelana. Nesse momento, podem acrescentar um pouco de molho *ponzu*, como tempero. Ver **Dashi**, **Nabemono** e **Ponzu**.

Zaatar Condimento para pratos salgados presente nas culinárias do Oriente Médio, é uma mistura de ervas (como o hissopo e o orégano, entre outras) e especiarias (por exemplo, o gergelim e o sumagre). Ver **Gergelim** e **Orégano**.

Zabaione Sobremesa muito antiga, de origem italiana, é um creme espumoso, de consistência espessa e homogênea, à base de gemas de ovos, açúcar e Marsala, o qual pode ser substituído por outro vinho fortificado ou por um destilado. Os ingredientes são batidos sobre o fogo, até apresentarem consistência de creme encorpado. É usado, em geral, como acompanhamento de sobremesas ou como base para musses e pudins. Pode ser servido também sozinho, levemente aquecido. Em francês, chama-se s*abayon*. Na década de 1970, a *nouvelle cuisine* introduziu os s*abayons* salgados, gemada mesclada com ervas e vinho seco. Ver **Nouvelle cuisine**.

Zabelê (*Crypturellus noctivagus zabele*) Ave silvestre brasileira, da família dos tinamídeos, conhecida também por zambelê ou zebelê. É encontrada na região de caatinga do Nordeste e nas matas de Minas Gerais. Não é muito conhecida, mas seus apreciadores elogiam a maciez e delicadeza de sua carne. Era servida tradicionalmente ensopada ou assada. A espécie encontra-se hoje ameaçada.

Zabuton Nome japonês das almofadas que substituem as cadeiras, nas mesas de refeição.

Zafferano Açafrão em italiano. Ver **Açafrão**.

Zakuski Palavra de origem russa que denomina algo semelhante aos antepastos ou *hors d'oeuvres*. É um conjunto de pratos frios e

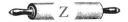

quentes elaborados como o *smörgasbord* na Escandinávia, de modo geral acompanhado de vodca. Ver **Smörgasbord**.

Zampone Embutido italiano de porco, especialidade da cidade de Modena, com Indicação Geográfica Protegida (IGP). O termo deriva de *zampa* e significa pata ou pé de animal (o pé grande é o *zampone*; o pequeno, *zampino*). Trata-se do próprio pé de porco desossado e recheado com as carnes do ombro e da coxa, além da bochecha e pele do animal, temperado com sal, pimenta-do-reino, coentro, canela e cominho, entre outras especiarias. O melhor *zampone* é comercializado fresco, no inverno. A área de produção abrange toda a região da Emilia-Romagna, Milão, Cremona, Pávia, Lodi, Varese, Como, Lecco, Brescia, Bérgamo, Mântua, Verona e Rovigo. Prato tradicional na ceia de Ano-Novo, é servido fatiado após cozimento, geralmente com lentilhas.

Zarrapa Vinho estragado.

Zarzuela de mariscos Especialidade da Catalunha (Espanha), a zarzuela é um ensopado feito com frutos do mar e peixes refogados em azeite, cebola, alho, pimentão, tomate, tudo muito bem condimentado com açafrão, pimenta, louro, salsa e suco de limão. O ensopado é servido com uma espécie de molho consistente chamado *picada* ou *nogado*, preparado com amêndoas ou nozes salteadas em alho e azeite, e depois trituradas em pilão, com salsa picada.

Zesto Camada fina da parte externa da casca de frutas cítricas. O utensílio utilizado para retirá-la denomina-se zester.

Zimbro (*Juniperus communis*) Árvore graciosa da família das cupressáceas, de, no máximo, 5 m de altura, considerada sagrada no hemisfério norte. Seus frutos são bagas de cor púrpura, quase negra, levemente macios, e seu sabor é bem marcante e complexo. É um ótimo condimento. Na Antiguidade, era usado com a mesma finalidade da pimenta-do-reino. É vendido em bagas, que servem para aromatizar carnes, caldos, cozidos, vinha-d'alhos, repolhos etc. Quando moídas, o sabor torna-se ainda mais exótico e tempera muito bem coelho, aves e caças. Na Itália, seu uso é obrigatório no preparo da carne de porco-do-mato. Há também diversas bebidas alcoólicas à base de zimbro, a mais conhecida é o gim. Ver **Gim**.

Zíngara Molho próprio para carnes, à base de demi-glace, purê de tomates, páprica, presunto, língua e cogumelos fatiados.

Ziti Macarrão italiano tubular de tamanho médio, muito utilizado em pratos assados no forno.

Zorô Ensopado típico da culinária do Norte do Brasil, feito com camarão e bagre seco, maxixe, jiló ou quiabo em rodelas, temperados com salsa, cebolinha, cebola, tomate e pimenta. É servido com angu de milho.

Zubrowka® Vodca polonesa feita com a erva selvagem (*Hierochloe odorata*) preferida do zubra, espécie de bisão europeu do qual provém o nome. Cada garrafa autêntica de zubrowka contém um talo da erva.

Zucchini Abobrinha, em italiano. Ver **Abobrinha**.

Zucchini agrodolce Prato tradicional italiano feito com abobrinhas temperadas

com molho agridoce, manjericão e azeite. É servido frio, como antepasto.

Zuccotto Sobremesa italiana com formato de meia esfera, criada na Toscana. É preparada tradicionalmente com massa fina de pão de ló aromatizada com licor Alchermes, recheada com camadas sucessivas de creme de leite batido misturado com ricota, chocolate picado e frutas cristalizadas, além de creme de chocolate. Deve ser servida gelada. Trata-se de uma variação do *semifreddo*, sorvete mais macio e menos gelado. Ver **Alchermes** e **Pão de ló**.

Zunguenwurst Embutido alemão feito com sangue, língua e gordura de porco, cortados em cubos grandes. Temperado com pimenta-do-reino preta, o preparo não contém nenhum tipo de cereal. É curado e seco.

Zuppa inglese Sobremesa da cozinha italiana constituída de camadas de pão de ló molhadas com licor Alchermes, recheadas com creme de confeiteiro e frutas cristalizadas. Depois de coberta com claras em neve e polvilhada com açúcar, a zuppa é levada ao forno para dourar. Assemelha-se ao trifle, popular sobremesa inglesa. Ver **Alchermes**, **Pão de ló** e **Trifle**.

Referências

ABBAYE DE BELVAL. *Fromage de Belval*. Disponível em: <https://www.abbayedebelval.html>. Acesso em: 7 jan. 2018.

ABDALA, Mônica Chaves. *Receita de mineiridade*. Uberlândia: Edufu, 2007.

ABRIL COLEÇÕES. *Cozinha regional brasileira*. São Paulo: Abril, 2009.

ACADEMIA BRASILEIRA DE LETRAS. *Nossa língua – Busca no vocabulário – Volp 2009*. Disponível em: http://www.academia.org.br/nossa-lingua/busca-no-vocabulario. Acesso em: dez. 2017 a dez. 2019.

ACADEMIA BRASILEIRA DE LETRAS. *Nossa língua – Busca no vocabulário – Volp 2021-2022*. Disponível em: http://www.academia.org.br/nossa-lingua/busca-no-vocabulario. Acesso em: jan. 2023.

ACADÉMIE CULINAIRE DE FRANCE. *Antoine Beauvilliers*. Disponível em: http://www.academieculinairedefrance.com/index.php?option=com_content&view=article&id=79:antoine-beauvilliers&Itemid=120&lang=fr. Acesso em: 11 set. 2015.

ACCADEMIA ITALIANA DELLA CUCINA. *Trippa alla fiorentina*. Disponível em: <https://www.accademiaitalianadellacucina.it/it/ricette/ricetta/trippa-alla-fiorentinat>. Acesso em: 16 fev. 2018.

ACCADEMIA ITALIANA DELLA CUCINA. *Tortelli di zucca*. Disponível em: <https://www.accademiaitalianadellacucina.it/it/ricette/ricetta/tortelli-di-zucca>. Acesso em: 10 jan. 2019.

ACCADEMIA ITALIANA DELLA CUCINA. *Vitello tonnato*. Disponível em: <https://www.accademiaitalianadellacucina.it/it/ricette/ricetta/vitello-tonnato>. Acesso em: 27 jan. 2018.

ACHA, Sergio Zapata. *Diccionario de gastronomía peruana tradicional*. Universidad de San Martín de Porres, Escuela Profesional de Turismo y Hotelería, 2006.

AGUIAR, Pinto de. *Mandioca: pão do Brasil*. Rio de Janeiro: Civilização Brasileira, 1982.

A IDADE DOS SABORES – ASSOCIAÇÃO PARA O ESTUDO E PROMOÇÃO DAS ARTES CULINÁRIAS. *Os gestos dos sabores: das memórias ao futuro – Cuscos*. 17 jan. 2011. Disponível em: <https://www.youtube.com/watch?v=HKZByg3MiOY>. Acesso em: 25 jun. 2015.

ALBUQUERQUE, Adna Almeida de; BARTHEM, Ronaldo Borges. "A pesca do tamoatá Hoplosternum littorale (Hancock, 1828) (Siluriformes: Callichthyidae) na ilha de Marajó". *Bol. Mus. Pará. Emílio Goeldi*. Ciências Humanas, Belém, v. 3 n. 3, p. 359-372, set-dez 2008. Disponível em: <http://www.scielo.br/pdf/bgoeldi/v3n3/v3n3a06>. Acesso em: 9 mai. 2017.

ALBUQUERQUE, Cauby Silveira e Lima. *Comendo à gaúcha: tudo sobre o churrasco*. Porto Alegre: LP & M, 1983.

ALCIDE FILHO. *Cajuína do Piauí – Marca Dona Julia, de Valença*. 2009. Disponível em: https://www.youtube.com/watch?v=Wx1iDm5VM5Y. Acesso em: jul. 2015.

ALCOHOL AND TOBACCO TAX AND TRADE BUREAU. *Wine Appellations of Origin*. Disponível em: <http://www.ttb.gov/appellation/index.shtml>. Acesso em: 2 set. 2015.

ALENCAR, Newton de. *Como defumar e fabricar alimentos*. Rio de Janeiro: Ediouro, 1993.

ALFREDO DI ROMA. *La storia*. Disponível em: <http://www.alfredo-roma.it/storia.htm >. Acesso em: 24 jun. 2015.

ALGAEBASE. Base de dados. Disponível em: <algaebase.org>. Acesso em: dez. 2017 a dez. 2018.

ALGRANTI, Márcia. *Cozinha judaica: 5.000 anos de histórias e gastronomia*. Rio de Janeiro: Record, 2002.

_____. *Pequeno dicionário da gula*. Rio de Janeiro: Record, 2000.

ALICIA & EL BULLI TALLER. *Léxico científico-gastronômico: as chaves para entender a cozinha de hoje*. São Paulo: Senac, 2008.

ALMEIDA, Renato. *Brasil açucareiro*. Rio de Janeiro, ano 36, vol. 72, 8.1968.

ALVES FILHO, Ivan; DI GIOVANNI, Roberto. *Cozinha brasileira (com recheio de história)*. Rio de Janeiro: Revan, 2000.

ANDERSON, Eugene. N. *The food of China*. New Heaven: Yale University Press, 1996.

ANDERSON, Kenneth N. e ANDERSON, Lois E. *The international dictionary of food and nutrition*. New York: John Wiley & Sons, 1993.

ANDRADA E SILVA, Mário. *Parabéns para o hambúrguer*. In: Jornal do Brasil, 24/08/97, 1° caderno, pág. 34.

ANDROUET – CHEESES OF THE WORLD. Base de dados. Disponível em: <http://androuet.com/ >. Acesso em: jul-ago. 2015.

AGÊNCIA NACIONAL DE VIGILÂNCIA SANITÁRIA (ANVISA). *Alimentos*. Base de dados. Disponível em: <http://portal.anvisa.gov.br/wps/content/Anvisa+Portal/Anvisa/Inicio/Alimentos>. Acesso em: jun. 2015.

AGÊNCIA NACIONAL DE VIGILÂNCIA SANITÁRIA (ANVISA). *Regulamentação – Azeite de oliva*. Disponível em: <http://portal.anvisa.gov.br/wps/wcm/connect/82d8d2804a9b68849647d64600696f00/RDC_n_270.pdf?MOD=AJPERES>. Acesso em: 16 jun. 2015.

ALVES, Francisco José. "Notícias da maniçoba (1605-1966)", 24/7/2017. *Destaque Notícias* (Universidade Federal de Sergipe – Depto. de História). Disponível em: <https://www.destaquenoticias.com.br/noticias-da-manicoba-1605-1966/>. Acesso em: 11 jul. 2018.

AOP SAINT-NECTAIRE. Disponível em: <https://www.aop-saintnectaire.com>. Acesso em: 5 out. 2018.

ARAS, Nilhan. *Sarma and Dolma: The rolled and the stuffed in the Anatolian kitchen*. In: McWilliams, Mark. Wrapped & stuffed foods: Proceedings of the Oxford Symposium on Food and Cookery 2012. Devon: Prospect Books, 2013.

ARENÓS, Pau. Periodos, movimientos, vanguardias y estilos del siglo XX y XXI de la alta cocina en Occidente. *Cuaderno Apicius* nº 9. Barcelona: Montagud Editores, 2007.

ARON, Jean-Paul. The art of eating in France: manners and menus in the nineteenth century. New York: Harper & Row, 1975.

ARROYO, Leonardo; BELLUZZO, Rosa. *A arte da cozinha brasileira*. São Paulo: Unesp, 2013.

ARTUSI, Pellegrino. *La scienza in cucina e l'arte di mangiar bene*. Firenze: Bemporad Marzocco, 1964.

ASHKENAZI, Michael; JACOB, Jeanne. *Food culture in Japan*. Westport: Greenwood Press, 2003.

ASSOCIAÇÃO DOS PRODUTORES DE DOCES DE PELOTAS. Base de dados. Disponível em: <http://www.docesdepelotas.org.br/>. Acesso em: jul. 2015.

ASSOCIAÇÃO NACIONAL DAS DENOMINAÇÕES DE ORIGEM VITIVINÍCOLAS. Base de dados. Disponível em: <http://www.andovi.pt>. Acesso em: 19 ago. 2015.

ASSOCIATION DES VINS NATURELS. *Cahier des charges d'un vin AVN*. Disponível em: <http://avn.vin/post/2018/02/01/Cahier-des-charges-d'un-vin-AVN>. Acesso em: 29 fev. 2020.

ASSOCIATION FROMAGES DE TERROIRS. *Le Valençay*. Disponível em: <http://www.fromages-de-terroirs.com/fromage-detail.php3?id_article=763&lang=fr>. Acesso em: 20 jan. 2019.

AUDOT, M. L.-E. *La cuisinière de la campagne et de la ville ou nouvelle cuisine économique*. Paris: Librairie Audot, 1894.

AVES DE PORTUGAL. *Perdiz cinzenta perdix perdix*. Disponível em: <http://www.avesdeportugal.info/perper.html>. Acesso em: 27 mar. 2017.

@LIMENTUS – ALIMENTOS E NOVAS TECNOLOGIAS NA UFRGS. *Processamento de chocolate*. Disponível em: <http://www.ufrgs.br/alimentus/disciplinas/tecnologia-de-alimentos-especiais/chocolates/processamento-de-chocolate-1>. Acesso em: jul. 2015.

BACHMAN, Ramona. *Simply kosher: exotic food from around the world*. New York: Gefen Books, 1997.

BAÍA, Renata. "Pesquisa estabelece protocolo de segurança para a fabricação de tucupi". 1 de agosto de 2017. *Embrapa*. Disponível em: <https://www.embrapa.br/busca-de-noticias/-/noticia/25540013/pesquisa-estabelece-protocolo-de-seguranca-para-a-fabricacao-de-tucupi>. Acesso em: 8 jan. 2019.

BARBARA, Danusia. "Estatuetas de alcaçuz". *Jornal do Brasil*, 4/4/1987.

BARLÉU, Gaspar. Histórias e feitos recentes praticados durante oito anos no Brasil (1647). São Paulo: EdUSP, 1974.

BARNETTE, Martha. *Ladyfingers and Nun's Tummies: from spare ribs to humble pie, a lighthearted look at how foods got their names*. New York: Vintage Books, 1998.

BARREIRO, José Carlos. *Imaginário e viajantes no Brasil do século XIX: cultura e cotidiano, tradição e resistência*. São Paulo: Unesp, 2002.

BARRY, Michael. *Old english recipes*. Norwich: Jarrold Publishing, 1992.

BÁSICO – ENCICLOPÉDIA DE RECEITAS DO BRASIL. [Idealização, criação e pesquisa de Ana Luiza Trajano e curadoria do Instituto Brasil a Gosto]. São Paulo: Melhoramentos, 2017.

BATEMAN, Michael. "Food – The cheese directory: Michael Bateman selects the best British and Irish hand-crafted cheeses in part two of our definitive guide". *Independent*, 12/7/1992. Disponível em: <http://www.independent.co.uk/arts-entertainment/food--the-cheese-directory-michael-bateman-selects-the-best-british-and-irish-handcrafted-cheeses-in-part-two-of-our-definitive-guide-1532685.html >. Acesso em: 11 ago. 2015.

BEETON, Isabella. *Mrs. Beeton's book of household management*. Oxford: University of Oxford Press, 2000.

_____. *The book of household management*. New York: Farrar, Straus and Giroux, 1861.

BELLEME, John e BELLEME, Jan. *Culinary treasures of Japan – The art of making and using traditional Japanese food*. Avery Publishing, 1994.

BELLO, António Maria de Oliveira. *Culinária portuguesa*. Lisboa: Assírio & Alvim, 1994.

BELLUZZO, Rosa. *São Paulo: memória e sabor*. São Paulo: Unesp, 2008.

BENAVENTO, Teófila. *La perfecta cocinera argentina*. Buenos Aires: Taller AS Casa J. Pauser, 1931.

BENGHIAT, Suzy. *Middle eastern cooking*. New Jersey: Chartwell Books, 1993.

BERRIEDALE-JOHNSON, Michelle. *The british museum cookbook*. London: British Museum Publications, 1987.

_____. *The victorian cookbook*. New York: Interlink books, 1989.

BERTOLINO, Cíntia; MOURA, Paula. "Isto é wasabi". *O Estado de S. Paulo*. 24/4/2013. Caderno Paladar.

BEZERRA, José Augusto. "Javali – Sangue azul no campo". *Revista Globo Rural*. Porto Alegre: Editora Globo, 2001.

BIANCHI, Anne. *From the tables of tuscan women: recipes and traditions*. Hopewell: Ecco Press, 1995.

BIGARD, Hélène. *Cuisine sans frontières – Japon*. Paris: Librairie Gründ, 1988.

BLACK, Maggie. *The medieval cookbook*. London: British Museum Press, 1992.

BLUTEAU, Raphael, Pe. Vocabulario Portuguez e Latino, áulico, anatômico, architectonico, etc. (Volume 5: Letras K-N) Lisboa: Officina Pascoal da Sylva, 1716. Disponível em: <https://digital.bbm.usp.br/handle/bbm/5449>. Acesso em: 29 dez. 2017.

BOCUSE, Paul. *A cozinha de Paul Bocuse*. Rio de Janeiro: Record, 2002.

BODE, W. K. H. *European gastronomy – The story of man's food and eating customs*. London: Hodder & Stoughton, 1994.

BRANDÃO, Darwin. *A cozinha baiana*. Salvador: Edição da Livraria Universitária, 1948.

BRANDÃO, Fernanda Colares; SILVA, Luis Mauricio Abdon da. *Conhecimento ecológico tradicional dos pescadores da floresta nacional do Amapá*. Uakari, v. 4, n. 2, p. 55-66, dez. 2008. Disponível em: <http://uakari.mamiraua.org.br/UAKARI/article/view/43/60>. Acesso em: 28 mar. 2017.

BRÉCOURT-Villars, Claudine. *Mots de table, mots de bouche*. Paris: Stock, 1996.

BRENNAN, Georgeanne; FISHER, Jeffrey; WELLS, Patricia. *The food and flavors of Haute Provence*. New York: Chronicle Books, 1997.

BRILLAT-SAVARIN, Jean-Anthelme. *A fisiologia do gosto*. São Paulo: Companhia das Letras, 1995.

BRITISH CHEESE. Base de dados. Disponível em: <http://britishcheese.com/home>. Acesso em: jul-ago. 2015.

BROWN, Robert Carlton. *The complete book of cheese*. New York: Gramercy Publishing Company, 1955. Disponível em: <http://www.gutenberg.org/files/14293/14293-h/14293-h.htm#AtoZ_M>. Acesso em: 11 ago. 2015.

CAJUNOR. *Ameixa de caju*. Disponível em: <http://www.cajunor.com.br/noticia_detalhe.php?id=5>. Acesso em: 12 jul. 2015.

CÂMARA, Marcelo. *Cachaça: o prazer brasileiro*. Rio de Janeiro: Mauad, 2004.

CAMARGO-MORO, Fernanda de. *A ponte das turquesas – Bizâncio, Constantinopla e Istambul*. Rio de Janeiro: Record, 2005.

_____. *Arqueologias culinárias da Índia*. Rio de Janeiro: Record, 2000.

CAMPOS, Maria José Talavera. *Doces memórias: receitas de tradicionais doceiras pelotenses*. Pelotas: Editora Texto, 2012.

CAPATTI, Alberto. "O gosto pelas conservas". In: Flandrin, Jean-Louis; Montanari, Massimo. *História da alimentação*. São Paulo: Estação Liberdade, 1998. p. 779-791.

CARÊME, Antonin. *L'art de la cuisine française au XIXe siècle*. Paris: Éditions Payot & Rivages, 1994.

CARTA, Mino. "A história da cantina". *In*: *Carta Capital*. 19/4/2012. Disponível em: <http://www.cartacapital.com.br/sociedade/a-historia-da-cantina >. Acesso em: jun. 2015.

CARVALHEIRA, Octávio Pinto. *A nossa cachaça*. São Paulo: Chesf, 2006.

CARVALHO, Ana Judith de. *Cozinha típica brasileira – Sertaneja e regional*. Rio de Janeiro: Ediouro Publicações, 1998.

CARVALHO, Ana Judith; CARVALHO, Hilda Velasco; e COSTA, Marte Bebiano. *1001 receitas*. Rio de Janeiro: Nova Fronteira, 1980.

CASCUDO, Luís da Câmara. *Antologia da alimentação no Brasil*. Rio de Janeiro: Livros Técnicos e Científicos, 1977.

_____. *Dicionário do folclore brasileiro*. São Paulo: Global Editora, 2001.

_____. *História da alimentação no Brasil*. São Paulo: Global Editora, 2011.

_____. *Prelúdio da cachaça*. São Paulo: Global Editora, 2006.

CASELLA, Cesare; DASPIN, Eileen. *Diary of a tuscan chef: recipes and memories of good times and great food*. New York: Doubleday, 1998.

CASTILLO, Carlos. *Fogão campeiro – Receitas gaúchas*. Porto Alegre: Martins Livreiro Editor, 1984.

_____. *O peixe na cozinha gaúcha*. Porto Alegre: Martins Livreiro, 2004.

_____. *O Rio Grande em receitas – Origens históricas e sabores que formam a culinária gaúcha*. Porto Alegre: RBS Publicações, 2005.

CAVALCANTE, Messias S. *Comidas dos nativos do Novo Mundo*. Barueri: Sá Editora, 2014.

CAVALCANTI, Maria Letícia Monteiro. *História dos sabores pernambucanos*. Recife: Fundação Gilberto Freyre, 2009.

CENTRE NATIONAL DE RESSOURCES TEXTUELLES ET LEXICALES. *Etymologie*. Base de dados. Disponível em: <http://www.cnrtl.fr/etymologie/>. Acesso em: dez. 2017 a jan. 2019.

CHARTREUSE. *Histoire des liqueurs*. Disponível em: <https://www.chartreuse.fr/histoire/histoire-des-liqueurs/>. Acesso em: 29 dez. 2019.

CHAVES, Guta. "O bauru do Ponto Chic". In: *Revista Gula* nº 27. Jan/95, p. 107-109. São Paulo: Editora Trad.

CHAVES, Guta; FREIXA, Dolores. *Larousse da cozinha brasileira*. São Paulo: Larousse do Brasil, 2007.

CHAVES, Rui Alves et al. Sobre a pesca da piramutaba, Brachyplatystoma vaillantii *(Valenciennes, 1940) em pescarias da frota industrial no Estado do Pará*. Bol. Téc. Cient. CEPNOR, Belém, v. 3, n. 1, p. 163-177, 2003. Disponível em: <http://www4.icmbio.gov.br/cepnor/images/stories/publicacoes/btc/vol03/art10-v03.pdf>. Acesso em: 12 dez. 2017.

CHEESE. Base de dados. Disponível em: <http://www.cheese.com/>. Acesso em: jul. 2015 a dez. de 2018.

CHEESES FROM SWITZERLAND. *Vacherin fribourgeois AOP*. Disponível em: <https://www.cheesesfromswitzerland.com/cheese-assortment/vacherin-fribourgeois-aop.html>. Acesso em: 20 jan. 2018.

CHEESES FROM SWITZERLAND. *Vacherin mont-d'or AOP*. Disponível em: <https://www.cheesesfromswitzerland.com/cheese-assortment/vacherin-mont-dor-aop.html>. Acesso em: 20 jan. 2018.

CHRISTO, Maria Stella Libânio. *Fogão de lenha – 300 anos de cozinha mineira*. Petrópolis: Vozes, 1998.

CLARKE, Delia. *The complete book of chinese cooking*. New York: CLB Publishing, 1993.

CLAIBORN, Craig. "Whence the Reuben? Omaha, it seems". *The New York Times*. Disponível em: <https://www.nytimes.com/1976/05/17/archives/de-gustibus-whence-the-reuben-omaha-it-seems.html>. Acesso em: 31 ago. 2018.

COMTE, Monica Hoss de le. *Argentine cookery*. Buenos Aires: Maizal, 2000.

CONSEJO REGULADOR DEL TEQUILA. *Categorias*. Disponível em: <https://www.crt.org.mx/index.php/es/el-tequila-3/clasificacion>. Acesso em: 22 dez. 2018.

CONSIGLIERI, Carlos e ABEL, Marília. *A tradição conventual portuguesa*. Sintra: Colares, 1999.

CONSORZIO PRODUTTORI ANTICHE ACETAIE. Base de dados. Disponível em: <http://www.balsamico.it/>. Acesso em: 28 set. 2015.

CONSORZIO TUTELA QUARTIROLO LOMBARDO. *Certificazione e origine*. Disponível em: <http://www.quartirolo.com/index.php/il-quartirolo-lobardo/certificazione-e-origine>. Acesso em: 24 ago. 2018.

CONSORZIO ZAMPONE E COTECHINO MODENA IGP. *The history of zampone Modena IGP*. Disponível em: <https://www.modenaigp.it/the-history-of-zampone-modena-igp/?lang=en>. Acesso em: 6 jan. 2019.

COOK'S INFO. *Jean Pierre Clause*. Disponível em: <http://www.cooksinfo.com/jean-pierre-clause>. Acesso em: 10 set. 2015.

CORONEL, Luiz. *Rio Grande do Sul: sabores de uma grande história*. Porto Alegre: Mecenas, 2003.

COSTA, Maria Thereza A. *Noções de arte culinária*. São Paulo: Instituto D. Anna Rosa, 1933.

COUTO, Cristiana. *A arte de cozinha – Alimentação e dietética em Portugal e no Brasil (séculos XVII-XIX)*. São Paulo: Editora Senac, 2007.

A COZINHA BRASILEIRA. São Paulo: Editora Abril, 1995.

COZINHA CHINESA E ORIENTAL. São Paulo: Ediciones Altaya, 1997.

COZINHA DA FAZENDA. Edição especial da *Revista Globo Rural*, nº 3, abr/1988. Rio de Janeiro: Editora Globo, 1988.

COZINHA INDONÉSIA. Lisboa: Livros & Livros, 2004.

COZINHA TAILANDESA. Lisboa: Livros & Livros, 2004.

COZINHEIRO NACIONAL ou a coleção das melhores receitas das cozinhas brasileiras e europeias para a preparação de sopas, molhos, carnes, caça, peixes, crustáceos, ovos, leite, legumes, pudins, pastéis, doces de massa e conservas para sobremesa. São Paulo: Ateliê Editorial, Editora Senac São Paulo, 2008.

CROCKER, Betty. *Old-fashioned desserts*. New York: Prentice Hall, 1992.

CUNHA, Nininha Carneiro da. *Comida e tradição: receitas de família*. Recife: Editora da Família, 2002.

CUNQUEIRO, Álvaro. *A cozinha cristã do Ocidente*. Santa Maria da Feira: Relógio D'Água Editores, 1993.

_____. *Cocina gallega*. Vigo: Ed. Galaxia, 1980.

CURIOUS COOK. *Erice workshops*. Disponível em: <http://www.curiouscook.com/site/erice-workshops.html>. Acesso em: 4 ago. 2015.

CYBERCOOK. *Quinhos*. Disponível em: <http://www.cybercook.com.br/receita-de-quinhos-doce-portugues--r-99-32636.html>. Acesso em: jun. 2015.

D'ALMEIDA, Deborah *et al*. *Delícias das sinhás: histórias e receitas culinárias da segunda metade do século XIX e início do século XX*. Campinas: CMU, Arte Escrita, 2007.

DAVID, Elizabeth. *Cozinha italiana*. São Paulo: Companhia das Letras, 1998.

_____. *Cozinha regional francesa*. São Paulo: Companhia das Letras, 2001.

DAVIDSON, Alan. *The Oxford Companion to food*. Oxford: Oxford University Press, 2006.

DELGADO, Carlos. *Diccionario de gastronomía*. Madrid: Alianza Editorial, 1996.

DEMELS KAFFEEHAUS. Disponível em: <https://www.demel.com/de/der-demel/>. Acesso em: 19 set. 2018.

ASSOCIAÇÃO NACIONAL DAS DENOMINAÇÕES DE ORIGEM VITIVINÍCOLAS (ANDOVI). *Denominações de origem*. Disponível em: <http://www.andovi.pt>. Acesso em: 19 ago. 2015.

DIAS, C. M. de Mello. *O cardápio nacional*. São Paulo: Edições Melhoramentos, 1964.

DICCIONARIO SALAMANCA DE LA LENGUA ESPAÑOLA. Madrid: Grupo Santillana de Ediciones, 1996.

DICIONÁRIO DE COZINHA. São Paulo: Abril Cultural, 1979.

DICIONÁRIO ELETRÔNICO HOUAISS DA LÍNGUA PORTUGUESA [CD-ROM], versão 1.0. Instituto Antônio Houaiss, 2009.

DICKENS, Charles. *The Chimes: a Goblin Story of Some Bells that Rang an Old Year Out and a New Year In*. Disponível em: <http://www.gutenberg.org/files/653/653-h/653-h.htm>. Acesso em: 6 out. 2018.

DICTIONNAIRE MULTILINGUE DE LA CUISINE FRANÇAISE ET DE LA RESTAURATION. Nice: Sud Editions, 1995.

DION, Roger. *Histoire de la vigne et du vin en France*. Paris: Flammarion, 1977.

DOANE, C. F.; Lawson, H. W. *Varieties of cheese – Descriptions and analyses*. (1908). London: Forgotten Books, 2014. Disponível em: <https://pt.scribd.com/document/354185392/Varieties-of-Agriculture-Bureau-of-Animal-1000550429>. Acesso em: 11 ago. 2015.

DOÇARIA REGIONAL PORTUGUESA. Sintra: Impala Editores, 2001.

DOCES REGIONAIS. *Alfenim*. Disponível em :<http://www.docesregionais.com/alfenim/>. Acesso em: 7 jan. 2018.

DONA BENTA – COMER BEM – 1001 RECEITAS DE BONS PRATOS. São Paulo: Companhia Editora Nacional, 1953.

DÓRIA, Carlos Alberto. "O nascimento da gastronomia molecular". *Revista Scientific American Brasil*. A ciência na cozinha 1. p. 6-9. São Paulo: Duetto Editorial, 2007.

DOWNER, Lesley e MINORU, Yoneda. *Japanese cooking*. London: Apple Press, 1989.

DUARTE, Marcelo. *O guia dos curiosos – Brasil*. São Paulo: Companhia das Letras, 2004.

DUMAS, Alexandre. *Petit dictionnaire de la cuisine*. Paris: Payot Rivage, 1994.

DZIEKANIAK, Leon Hernandes. *Clássicos da culinária gaúcha – Receitas típicas atualizadas*. Porto Alegre: Martins Livreiro, 2008.

_____. *Clássicos da doçaria gaúcha*. Porto Alegre: Martins Livreiro, 2008.

EMBRAPA. *Base de dados*. Disponível em: <https://www.embrapa.br>. Acesso em: 25/3/2018 a 12/1/2019.

EMPADÃO GOIANO. *Folha de São Paulo*, 14/4/2003 – Caderno Turismo.

ENCYCLOPÆDIA BRITANNICA, Inc. (2016). Encyclopædia Britannica (Versão 2.0) [Software de aplicativo móvel].

EQUIPAMENTOS, USOS E COSTUMES DA CASA BRASILEIRA – Fichário Ernani Silva Bueno, vol. 1: alimentação. Carlos Alberto Zeron (org.). São Paulo: Museu da Casa Brasileira, 2000.

EQUIPAMENTOS, USOS E COSTUMES DA CASA BRASILEIRA – Fichário Ernani Silva Bueno, vol. 4: objetos. Marlene Milan Acayaba (coord.). São Paulo: Museu da Casa Brasileira, 2001.

ESCOFFIER, Auguste. *Le guide culinaire*. Paris: Flammarion, 1921 (2009).

_____. *Ma cuisine*. Paris: Flammarion, 1934 (1997).

EUR-LEX. Regulamento (CE) nº 110/2008 do Parlamento Europeu e do Conselho, de 15 de janeiro de 2008, relativo à definição, designação, apresentação, rotulagem e protecção das indicações geográficas das bebidas espirituosas e que revoga o Regulamento (CEE) nº 1576/89 do Conselho. Disponível em: <https://eur-lex.europa.eu/legal-content/PT/TXT/?qid=1467295519921&uri=CELEX%3A32008R0110>. Acesso em: 1 ago. 2018.

EUR-LEX. Regulamento (CE) nº 479/2008 do Conselho, de 29 de abril de 2008, que estabelece a organização comum do mercado vitivinícola, que altera os Regulamentos (CE) nº 1493/1999, (CE) nº 1782/2003, (CE) nº 1290/2005 e (CE) nº 3/2008 e que revoga os Regulamentos (CEE) nº 2392/86 e (CE) nº 1493/1999. Disponível em: <https://eur-lex.europa.eu/eli/reg/2008/479/oj>. Acesso em: 27 jan. 2019.

EUROPEAN CUISINES. Base de dados. Disponível em: <http://www.europeancuisines.com/>. Acesso em: jun. 2015.

FAAS, PATRICK. *Around the roman table: food and feasting in Ancient Rome*. Pan MacMillan, 2013.

FARMER, Fannie Merritt. *The 1896 Boston Cooking-School Cook Book*. Facsimile of the first edition. New York: Gramercy Books, 1997.

FARMHOUSE COOKERY. London: Reader's Digest Association, 1981.

FENDRIK, Pia. *Cocina argentina*. Buenos Aires: V&R Editora, 2010.

FERGUSON, Judith; BELLEFONTAINE, Jaqueline. *Japanese cooking*. London: Tiger Books, 1987.

FERNANDES, Caloca. *Viagem gastronômica através do Brasil*. São Paulo: Senac, 2000.

_____. *A culinária paulista tradicional nos hotéis Senac São Paulo*. São Paulo: Ed. Senac São Paulo, 1998.

FERREIRA, Aurélio Buarque de Holanda. *Novo Dicionário Aurélio da Língua Portuguesa*. Rio de Janeiro: Nova Fronteira, 1997.

FERREIRA, Marelise; FRANTZ, Sâmia. "Muito além do chimarrão". *Jornal Zero Hora*. 5/8/2007. Economia. p. 28.

FÉVRIER, Patrice. "Réflexions d'un bécassine cuisinier". *In*: *Cuisiner les bécassines: la chasse aux flaveurs*. Paris: Éditions du Gerfaut, 2008.

FIELD, Carol. *The italian baker*. New York: Harper Collins, 1985.

FISBERG, Mauro; WEHBA, Jamal; COZZOLINO, Silvia Maria Franciscato. *Um, dois, feijão com arroz – A alimentação no Brasil de Norte a Sul*. São Paulo: Atheneu, 2002.

FISCHER, Luís Augusto. *Dicionário de Porto-Alegrês*. Porto Alegre: L & PM Editores, 2009.

FISHBASE. Base de dados. Disponível em: <http://www.fishbase.org>. Acesso em: dez. 2017 a dez. 2018.

FITZGIBBON, Theodora. *The food of the western world: an encyclopaedia of food from North America and Europe*. New York: Quadrangle/The New York Times Book Co., 1976.

FLANDRIN, Jean-Louis; MONTANARI, Massimo. *História da alimentação*. São Paulo: Estação Liberdade, 1998.

FLANDRIN, Jean-Louis. "A distinção pelo gosto". *In*: Chartier, Roger (Org.). *História da vida privada, 3: da Renascença ao Século das Luzes*. São Paulo: Companhia das Letras, 2009, p. 263-304.

FONSECA, Fernando V. Peixoto. *Dictionnaire français-portugais*. Paris: Librairie Larousse, 1957.

FOOD TERMS. *Hopenkase*. Disponível em: <http://www.foodterms.com/encyclopedia/hopfenkase/index.html>. Acesso em: 10 ago. 2015.

FOOD TRADERS. *Blue brie*. Disponível em: <https://www.foodtraders.com.au/ha-ve-harvey-cheese/ha-ve-harvey-cheese-blue-brie>. Acesso em: jul.2015.

FOODS OF ENGLAND. Base de dados. Disponível em: <http://www.foodsofengland.co.uk/> Acesso em: ago. 2015.

FORMAGGIO.IT. *Scamorza P. A. T. (Campania)*. Disponível em: <http://www.formaggio.it/formaggio/scamorza-p-a-t-campania/>. Acesso em: 16 out. 2018.

FRANCE. Base de dados. Disponível em: <http://www.france.fr/>. Acesso em: ago. 2015.

FREIXA, Dolores; CHAVES, Guta. *Gastronomia no Brasil e no mundo*. Rio de Janeiro: Senac Nacional, 2008.

FREYRE, Gilberto. *Açúcar: uma sociologia do doce com receitas de bolos e doces do Nordeste do Brasil*. São Paulo: Cia. das Letras, 1997.

_____. *Casa-grande & senzala: formação da família brasileira sob o regime da economia patriarcal*. Rio de Janeiro: Record, 1999.

FRIEIRO, Eduardo. *Feijão, angu e couve: ensaio sobre a comida dos mineiros*. Belo Horizonte: Ed. Itatiaia; São Paulo: Ed. da Universidade de São Paulo, 1982.

FROMAGES AOP D'AUVERGNE. *AOP Cantal*. Disponível em: <https://www.fromages-aop-auvergne.com/nos-appellations/aop-cantal/>. Acesso em: 9 nov. 2019.

FROMAGES SUISSES. *Tilsiter*. Disponível em: <https://www.fromagesuisse.ch/assortiment-de-fromage/tilsiter.html>. Acesso em: 23 dez. 2018.

FULLER, D. Q. "Further evidence on the prehistory of sesame". Asian Agri History, vol. 7, n. 2, p. 127-137, 2003. Disponível em: <http://www.homepages.ucl.ac.uk/~tcrndfu/articles/Sesame2.pdf>. Acesso em: 17 fev. 2018

FUNDAÇÃO JOAQUIM NABUCO. Base de dados. Disponível em: <http://www.fundaj.gov.br/>. Acesso em: abr. 2014.

FUNDAÇÃO OSWALDO CRUZ (FIOCRUZ) – INVIVO. Disponível em: <http://www.invivo.fiocruz.br>. Acesso em: ago. 2015.

GASTRONOMIAC. *Lièvre*. Disponível em: <https://www.gastronomiac.com/lexique_culinaire/lievre/>. Acesso em: 6 jul. 2018.

GAUDRY, François-Régis. *On va déguster la France*. Paris: Marabout, 2017.

GAVA, Altanir Jaime; SILVA, Carlos Alberto Bento da; FRIAS, Jenifer Ribeiro Gava. *Tecnologia de alimentos: princípios e aplicações*. São Paulo: Nobel, 2008.

GELT, Jessica. "What's shaking in the cocktail scene? Shrubs." Los Angeles Times. 26 de maio de 2012. Disponível em: <http://articles.latimes.com/2012/may/26/food/la-fo-shrub-cocktails-20120526>. Acesso em: 22 out. 2018.

GERMANY TRAVEL. Base de dados. Disponível em: <http://www.germany.travel/>. Acesso em: ago. 2015.

GILLET, Philippe. *Par mets et par vins: voyages et gastronomie en Europe (16ᵉ-18ᵉ siècles)*. Paris: Payot, 1985.

GLANTS, Musya. *Food in Russia: history and culture*. Bloomington: Indiana University Press, 1997.

GLOBAL BIODIVERSITY INFORMATION FACILITY (GBIF). Base de dados. Disponível em: <https://www.gbif.org>. Acesso em: dez. 2017 a dez. 2018.

GLOBO RURAL. *O x-caboquinho*. Disponível em: <https://www.youtube.com/watch?v=g62UBYLjIik>. Acesso em: jul. 2015.

GLOBO RURAL. TV Globo. *Mandioca*, 18/5/2003.

GLOBO RURAL. TV Globo. *Leitoa a pururuca*, 2/11/2003.

GLOBO RURAL. TV Globo. *Pupunha*, 6/7/2003.

GLOBO RURAL. TV Globo. *Porco no rolete*, 31/5/2003.

GLOBO.COM. *Farinha de tapioca*. Disponível em: <http://redeglobo.globo.com/pa/tvliberal/edopara/noticia/2013/06/conheca-o-processo-de-fabricacao-da-farinha-de-tapioca.html_>. Acesso em: jun.2015.

GOMENSORO, Maria Lucia. *Pequeno dicionário de gastronomia*. Rio de Janeiro: Objetiva, 1999.

GOMENSORO, Patrícia de. "A experiência sensorial na degustação de vinhos: treinamento dos sentidos, discurso e construção de gosto". In: *Dimensões socioculturais da alimentação: diálogos latino-americanos*. Menasche, Renata; Alvarez, Marcelo; Collaço, Janine (Orgs.). Porto Alegre: UFRGS, 2012, p. 195-210.

GOMENSORO MALHEIROS, Patrícia de. *Saber beber, saber viver: estudo antropológico sobre as representações e práticas em torno do consumo de vinho entre degustadores, na cidade de Porto Alegre*. Dissertação de mestrado. Universidade Federal do Rio Grande do Sul, 2006.

GOMES, Virgílio Nogueiro. *Dicionário prático da cozinha portuguesa*. Barcarena: Marcador Editora, 2015.

_____. *Doces da nossa vida*. Barcarena: Marcador Editora, 2014.

_____. "Dormidos de Bragança". *Virgílio Nogueiro Gomes Gastrónomo*. Disponível em: <http://www.virgiliogomes.com/index.php/cronicas/380-dormidos-de-braganca>. Acesso em: 2 ago. 2015.

GONÇALVES, Paulo Eiró. *Livro dos alimentos*. São Paulo: Martins Fontes, 1992.

GOSTO BRASILEIRO, O. *As mais famosas receitas de nossas avós – Cozinha mineira*. Rio de Janeiro: Editora Globo, 1993.

GRAND MARNIER. Disponível em: <https://www.grandmarnier.com>. Acesso em: 17 fev. 2018.

GRINGOIRE, Théodore; SAULNIER, Louis. *Le répertoire de la cuisine*. Paris: Dupont & Malgat-Guérigny, 1975.

GUERREIRO, Fernão, S. J. 1550-1617, *Relação anual das coisas que fizeram os Padres da Companhia de Jesus nas suas Missões do Japão, China, Cataio... Nos anos de 1600 a 1609 e do processo da conversão e cristandade daquelas partes; tiradas das cartas que os missionários de lá escreveram. / Pelo padre Fernão Guerreiro da Companhia de Jesus*. Nova edição dirigida e prefaciada por Arthur Viegas. Coimbra: Imprensa da Universidade, 1930-1942. 3 v. : il. ; 30 cm. - (Scriptores rerum lusitanorum, Série A). Disponível em: <http://purl.pt/26224>. (Biblioteca Nacional de Lisboa – Biblioteca Nacional Digital). Acesso em: 12 jul. 2018.

GUIMARÃES, Manuel. *Histórias de ler e comer*. Lisboa: Veja, 1991.

GUY, Christian. *Almanach historique de la gastronomie française*. Paris: Hachette, 1981.

HAMILTON, Cherie Yvonne. *Os sabores da lusofonia: encontro de culturas*. São Paulo: Editora Senac São Paulo, 2005.

HAZAN, Marcella. *Fundamentos da cozinha italiana clássica*. São Paulo: WMF Martins Fontes, 2013.

HEBERLE, Marianna Olszewski. *German cooking*. New York: H.P. Books, 1996.

HERBST, Sharon Tyler. *Food lover's companion*. New York: Barron's, 1995.

HORTA, Luís. "Os seminários de Erice". *Revista Scientific American Brasil*. A Ciência na Cozinha 1. São Paulo: Duetto Editorial, 2007. p. 18-21.

HOTEL SACHER. Disponível em: <https://www.sacher.com>. Acesso em: 19 set. 2018.

HOUAISS, Antônio; DRAEGER, Alain. *Magia da cozinha brasileira*. Rio de Janeiro: Editora Primor, 1979.

HUE, Sheila Moura. *Delícias do descobrimento: a gastronomia brasileira no século XVI*. Rio de Janeiro: Jorge Zahar Editora, 2008.

INSTITUTO BRASILEIRO DO MEIO AMBIENTE E DOS RECURSOS NATURAIS RENOVÁVEIS (IBAMA). Base de dados. Disponível em: <http://www.ibama.gov.br>. Acesso em: dez. 2017 a dez. 2018.

INSTITUTO BRASILEIRO DO MEIO AMBIENTE E DOS RECURSOS NATURAIS RENOVÁVEIS (IBAMA). *Instrução normativa IBAMA nº 7, de 30 de abril de 2015*. Disponível em: <http://www.ibama.gov.br/phoca-download/fauna/faunasilvestre/2015_ibama_in_07_2015_autorizacao_uso_fauna_empreendimentos.pdf >. Acesso em: 1 mai. 2018.

INSTITUTO DO PATRIMÔNIO HISTÓRICO E ARTÍSTICO NACIONAL (IPHAN). *Modo artesanal de fazer queijo de minas*. Disponível em: <http://portal.iphan.gov.br/mg/pagina/detalhes/65>. Acesso em: 27 ago. 2018.

INTERNATIONAL FEDERATION OF ORGANIC AGRICULTURE MOVEMENTS (IFOAM). *Definition of organic agriculture*. Disponível em: <https://www.ifoam.bio/en/organic-landmarks/definition-organic-agriculture>. Acesso em: 2 ago. 2018.

INTERNATIONAL COOKING CONCEPTS (ICC). *Las Espumas: técnica, tipos y usos*. Barcelona: ICC, 2004.

INSTITUT NATIONAL DE L'ORIGINE ET DE LA QUALITÉ (INAO). *Directives INAO*. Disponível em: <http://www.inao.gouv.fr/Textes-officiels/Directives-INAO>. Acesso em: ago. 2015.

INSTITUTO BRASILEIRO DE GEOGRAFIA E ESTATÍSTICA (IBGE). *Base de dados*. Disponível em: <http://www.ibge.gov.br>. Acesso em: dez. 2017 a dez. 2018.

INSTITUTO BRASILEIRO DO VINHO (IBRAVIN). *Leis*. Disponível em: <http://www.ibravin.org.br/legislacaobrasileira.php>. Acesso em: 12 set. 2015.

INSTITUTO DA VINHA E DO VINHO. *Caderno de especificações D.O. Madeira*. Disponível em: <https://www.ivv.gov.pt/np4/%7B$clientServletPath%7D/?newsId=8617&fileName=PDO_Madeira.pdf>. Acesso em: 27 ago. 2015.

INSTITUTO DOS VINHOS DO DOURO E PORTO. *Base de dados*. Disponível em: <https://ivdp.pt>. Acesso em: 27 ago. 2015.

INSTITUTO NACIONAL DE PESQUISAS DA AMAZÔNIA (INPA). *Hortaliças alternativas para a Amazônia*. Disponível em: <https://www.inpa.gov.br/cpca/areas/hortalicas.html>. Acesso em: 11 set. 2015.

INSTITUTO NACIONAL DE PROPRIEDADE INDUSTRIAL (INPI). *Indicação geográfica no Brasil*. Disponível em: <http://www.inpi.gov.br/menu-servicos/indicacao-geografica/indicacao-geografica-no-brasil/>. Acesso em: 26 ago. 2018.

INSTITUTO NACIONAL DE PROPRIEDADE INDUSTRIAL (INPI). *Indicação Geográfica. Regulamento de uso de Indicações Geográficas*. Cadernos das Especificações Técnicas reconhecidas pelo INPI. Disponível em: <http://www.inpi.gov.br/menu-servicos/indicacao-geografica/regulamento-de-uso-das-indicacoes-geograficas>. Acesso em: 13-15 dez. 2019.

INTERNATIONAL BARTENDERS ASSOCIATION. *Contemporary classics*. Disponível em: <http://iba-world.com/contemporary-classics/>. Acesso em: 11 jul. 2018.

INTERNATIONAL BARTENDERS ASSOCIATION. *The unforgettables*. Disponível em: <http://iba-world.com/iba-cocktails/>. Acesso em: 17 jul. 2018.

INTERNATIONAL OLIVE COUNCIL. *Designations and definitions of olive oils*. Disponível em: <http://www.internationaloliveoil.org/estaticos/view/83-designations-and-definitions-of-olive-oils>. Acesso em: 16 jun. 2015.

INTERNATIONAL ORGANISATION OF VINE AND WINE. *Base de dados*. Disponível em: <http://www.oiv.int/>. Acesso em: 3 set. 2015.

INU A KENA. *Okolehao then and now*. Disponível em: <http://inuakena.com/misc/okolehao-then-and-now/>. Acesso em: ago. 2015.

ITALIAN WINE CENTRAL. *Vesuvio DOC*. Disponível em: <https://italianwinecentral.com/denomination/vesuvio-doc/>. Acesso em: 4 jul. 2018.

ITS HUNGARIAN. *Palinka*. Disponível em: <http://www.itshungarian.com/made-in-hungary/palinka-fruity--spirits-made-from-apricots-and-cherries/>. Acesso em: 18 dez. 2017.

JAGOZ. *Canejas da infundice*. Disponível em: <http://www.jagoz.com/culinaria/canejas-da-infundice.html>. Acesso em: jul. 2015.

JAMES, Kenneth. *Escoffier: o rei dos chefs*. São Paulo: Senac São Paulo, 2008.

JANCIS ROBINSON. Base de dados. Disponível em: <http://www.jancisrobinson.com/>. Acesso em: 3-5 set. 2015.

JOHNSON, Hugh, ROBINSON, Jancis. *Atlas mundial do vinho*. São Paulo: Globo Estilo, 2014.

JORNAL O Nordeste. *Alfenim, alfinim, alfinin*. Disponível em: <http://www.onordeste.com/onordeste/enciclopediaNordeste/index.php?titulo=Alfenim/Alfinim+/Alfinin&ltr=a&id_perso=4166>. Acesso em: jul. 2015.

JUNQUEIRA, Lígia. *Ervas e especiarias na cozinha*. Rio de Janeiro: Ediouro, 1980.

_____. *Receitas tradicionais da cozinha brasileira*. Rio de Janeiro: Edições de Ouro, 1976.

KAZUKO, Masui; YAMADA, Tomoko; MARUYAMA, Yohei. *French cheeses (Eyewitness handbooks)*. DK Publishing, 1996.

KELLY, Ian. *Carême: cozinheiro dos reis*. Rio de Janeiro: Jorge Zahar, 2005.

KHODOROWSKY, Katherine; ROBERT, Hervé. *The little book of chocolate*. Paris: Flammarion, 2001.

KIBON. Banco de dados. Disponível em: <http://www.kibon.com.br/>. Acesso em: jun. 2015.

KISS, Janice. "Banquete de índio". In: *Revista Globo Rural*. Disponível em: <http://revistagloborural.globo.com/Revista/Common/0,,ERT160131-18292,00.html>. Acesso em: jul. 2015.

KÖVESI, Betty; SIFFERT, Carlos; CREMA, Carole; MARTINOLI, Gabriela. *400 g: técnicas de cozinha*. São Paulo: Cia. Editora Nacional, 2007.

KUCZYNSKI, Leila Mohamed Yousef. *Líbano: impressões e culinária*. Empresa das Artes, 1994.

KURLANSKY, Mark. *Bacalhau: a história do peixe que mudou o mundo*. Rio de Janeiro: Nova Fronteira, 2000.

KURTI, Nicholas; THIS, Hervé. "Química e física na cozinha". *Revista Scientific American Brasil*. A Ciência na Cozinha 1. São Paulo: Duetto Editorial, 2007. p. 10-17.

LABENSKY, Steven; IMGRAM; Gaye G.; LABENSKY, Sarah R. *Webster's New World Dictionary of Culinary Arts*. New Jersey: Prentice Hall, 1997.

LA CONFRÉRIE DES CHEVALIERS DU TASTEVIN. Banco de dados. Disponível em: <http://www.tastevin-bourgogne.com>. Acesso em: 1 set. 2015.

LA CUCINA ITALIANA. *Burrata*. Disponível em: <http://www.lacucinaitaliana.it/lcipro/index.php/2013/01/burrata-butirri-e-burrini-2>. Acesso em: 9 ago. 2015.

LA DÉPÊCHE. *Du labo à l'assiette: des chercheurs se lancent dans le foie gras d'oie sans gavage*. Saint Romain, 12 nov. 2017. Disponível em: <https://www.ladepeche.fr/article/2017/11/12/2683030-labo-assiette-chercheurs-lancent-foie-gras-oie-gavage.html>. Acesso em: 18 fev. 2018.

LANIER, Clint. "Okolehao, the sweet hawaiian moonshine with an unsavory past". 10 nov. 2016. *Eater*. Disponível em: <https://www.eater.com/drinks/2016/11/10/13503738/okolehao-hawaii>. Acesso em: 28 jul. 2018.

LA REYNIÈRE, Grimod de. *Manual dos anfitriões*. São Paulo: Editora DeGustar, 2005.

LANCELLOTTI, Sílvio. *Cozinha clássica*. São Paulo: Art Editora, 1991.

LANZA, Anna Tasca. *The heart of Sicily – Recipes and reminiscences of Regaleali, a country estate*. New York: Clarkson Potter Publishers, 1993.

LAROUSSE DES CUISINES RÉGIONALES. Paris: Larousse, 2005.

LAROUSSE GASTRONOMIQUE. Paris: Larousse, 2017.

LAROUSSE GASTRONOMIQUE. New York: Clarkson Potter, 2009.

LAROUSSE GASTRONOMIQUE. Paris: Larousse, 2000.

LAYTANO, Dante de. *A cozinha gaúcha na história do Rio Grande do Sul*. Porto Alegre: Escola Superior de Teologia São Lourenço de Brindes, 1981.

PRESIDÊNCIA DA REPÚBLICA – CASA CIVIL. *Lei nº 10.831, de 23 de dezembro de 2003. Dispõe sobre a agricultura orgânica e dá outras providências.* Disponível em: <http://www.planalto.gov.br/ccivil_03/LEIS/2003/L10.831.htm>. Acesso em: 2 ago. 2018.

LEITE, Luiz Alberto. *Comida gaúcha: cozinhando com Mestre Leite.* Porto Alegre: Martins Livreiro, 2004.

LEMPS, Alain Huetz de. "As bebidas coloniais e a rápida expansão do açúcar". In: Flandrin, Jean-Louis; Montanari, Massimo. *História da alimentação.* São Paulo: Estação Liberdade, 1998. p. 611-624.

LÉRY, Jean de. *Viagem à terra do Brasil.* São Paulo: Ed. da Universidade de São Paulo, 1980.

LE CURÉ NANTAIS. Base de dados. Disponível em: <http://www.curenantais.com/fr>. Acesso em: 17 jul. 2018.

LE SAINT-MARCELLIN. Base de dados. Disponível em: <http://www.fromage-saint-marcellin.fr>. Acesso em: 5 out. 2018.

LES PRODUITS LAITIERS. *Saint-Paulin.* Disponível em: <https://www.produits-laitiers.com/produit-laitier/saint-paulin>. Acesso em: 5 out. 2018.

LES VINS DU MÉDOC. Base de dados. Disponível em: <http://www.medoc-wines.com/accueil.aspx>. Acesso em: jan. 2023.

LETELIER, Cecilia; AMENÁBAR, Isabel Cruz de; AGUIRRE, Sonia Montecino; MERINO, Augusto. *Mesón criolla: preparaciones patrimoniales.* Santiago de Chile: AAV, 2010.

LINGUANOTTO Neto, Nelusko. *Dicionário gastronômico: pimentas com suas receitas.* São Paulo: Boccato Editores, 2004.

LIVING LANGUAGE. *Spain's healthy alternative to ice cream: "La horchata de chufa".* Disponível em: <http://www.livinglanguage.com/blog/2012/07/27/spains-healthy-alternative-to-ice-cream-la-horchata-de-chufa>. Acesso em: jul. 2015.

LO, Kenneth e TAN, Terry. *Cuisine orientale.* Paris: Librairie Gründ, 1990.

LO, Kenneth. *Chinese food: an introduction to one of the world's great cuisines.* London: Faber & Faber, 1996.

LODY, Raul. *Bahia bem temperada: cultura gastronômica e receitas tradicionais.* São Paulo: Editora Senac São Paulo, 2013.

LODY, Raul (org.). *Farinha de mandioca: o sabor brasileiro e as receitas da Bahia.* São Paulo: Editora Senac, 2013.

_____. "Valorizar a cultura gastronômica da Bahia e preservar receitas tradicionais – Amoda". *Senac Bahia.* 27 abr. 2010. Disponível em: <https://www.ba.senac.br/Servicos/coluna_raul_lody/8226?title=valorizar-a-cultura-gastronomica-da-bahia-e-preservar-receitas-tradicionais>. Acesso em: 31 out. 2019.

_____. *Vocabulário do açúcar: histórias, cultura e gastronomia.* São Paulo: Editora Senac São Paulo, 2011.

LONDON CORDON BLEU COOKERY SCHOOL. *Dictionary of cookery terms.* London: C.B.C/B.P.C. Publishing, 1972.

LONGMAN DICTIONARY OF CONTEMPORARY ENGLISH. Bungay, Suffolk: Longman Dictionaries, 1995.

LONG-SOLIS, Janet; VARGAS, Luis Alberto. *Food culture in Mexico.* Westport/London: Greenwood Press, 2005.

LOPES, J. A. Dias. "Sardella e 'alichella', pão italiano nela!". *O Estado de São Paulo.* Caderno Paladar. 27 de fevereiro de 2013. Disponível em: <https://paladar.estadao.com.br/noticias/comida,sardella-ou-alichella--pao-italiano-nela,10000010144>. Acesso em: 14 out. 2018.

_____. *A canja do imperador.* São Paulo: Companhia Editora Nacional, 2004.

LORENÇATO, Arnaldo. "Receita do fettuccine all'alfredo como se faz em Roma". *Veja São Paulo.* 29 de julho de 2012. Disponível em: <http://vejasp.abril.com.br/blogs/arnaldo-lorencato/2012/07/29/receita-do-fettuccine-allalfredo-como-se-faz-em-roma/>. Acesso em: 24 jun. 2015.

LORENZI, Harri; BACHER, Luis; LACERDA, Marco; SARTORI, Sergio. *Frutas no Brasil: nativas e exóticas (de consumo* in natura*).* São Paulo: Instituto Plantarum de Estudos da Flora, 2015.

LOUREIRO, Chloé Souto. *Doces lembranças*. São Paulo: Marco Zero, 1988.

LOVERA, José Rafael. *Food culture in South America*. Westport/London: Greenwood Press, 2005.

MAGALHÃES, Mário Osório. "A doce história de Pelotas". In: Senac. *A doçaria tradicional de Pelotas*. Arthur Bosisio (coord.). Rio de Janeiro: Editora Senac Nacional, 2003. p. 19-31.

MAINE SEA GRANT – UNIVERSITY OF MAINE. Base de dados. Disponível em: <http://www.seagrant.umaine.edu/>. Acesso em: dez. 2017.

MAISON GENIN. Disponível em: <http://www.maisongenin.com>. Acesso em: 14 out. 2018.

MALLMANN, Francis. *Siete fuegos: mi cocina argentina*. Buenos Aires: V & R, 2010.

MANESSE, Rosalyn F. *Easy Kosher cooking*. New York: Jason Aronson, 1996.

MANNELL, Stephen. *All manners of food: eating and taste in England and France from the Middle Ages to the present*. Chicago: University of Illinois Press, 1996.

MARTIUS, Carl Friedrich Philipp von. *Systema materiae medicae vegetabilis Brasiliensis*. Lipsiae: Frid. Fleischer, 1843.

MASUI, Kazuko; YAMADA, Tomoko. *Encyclopédie des fromages*. Paris: Librairie Gründ, 1997.

MATA, João da. *Arte de cozinha*. Lisboa: Veja, 1993.

MATTOS, Neusa de. *A cozinha gaúcha*. São Paulo: Melhoramentos, 1997.

MAY, Danny; SHARPE, Andy. *The only wine book you'll ever need*. Avon: Adams Media, 2004.

MCGEE, Harold. *Comida & Cozinha: ciência e cultura da culinária*. São Paulo: WMF Martins Fontes, 2011.

MCGOVERN, Patrick et al. "Early neolithic wine of Georgia in the South Caucasus". *PNAS* 114, n° 48 (13 nov. 2017): E10309–E10318. Disponível em: <https://www.pnas.org/content/pnas/114/48/E10309.full.pdf>. Acesso em: 9 fev. 2020.

MENASCHE, Renata (org). *A agricultura familiar à mesa: saberes e práticas da alimentação no Vale do Taquari*. Porto Alegre: Editora UFRGS, 2007.

MENASCHE, Renata; KRONE, Evander Eloí. "O queijo serrano dos Campos de Cima da Serra: história, cultura e identidade como ingredientes de um produto da terra". In: *Dimensões socioculturais da alimentação: diálogos latino-americanos*. Menasche, Renata; Alvarez, Marcelo; Collaço, Janine (Orgs.). Porto Alegre: UFRGS, 2012. p. 135-148.

MENDONÇA, Ana Cecília Nigro Mazzilli Xavier de; SCIARRETTA, Fátima Helena Leime. *O Brasil bem temperado – Nordeste*. São Paulo: Gaia/Ed. Boccato, 2007.

MEYER, Jackson. *The book of wine: an introduction in choosing, serving and drinking the best wines*. Avon: s/d.

MEZCAL. Banco de dados. Disponível em: <http://mezcal.com/es/inicio.php>. Acesso em: 22 dez. 2018.

MICOLOGIA FLORESTAL & APLICADA. *Cultivo de trufa negra – Tuber melanosporum*. Disponível em: <https://micofora.com/cultivo-de-tuber-melanosporum/>. Acesso em: set. 2015.

MINISTÉRIO DA AGRICULTURA, PECUÁRIA E ABASTECIMENTO. *Anexo IV – Regulamento técnico de identidade e qualidade de salsicha*. Disponível em: <http://extranet.agricultura.gov.br/sislegis-consulta/servlet/VisualizarAnexo?id=1641>. Acesso em: 8 out. 2018.

MINISTÉRIO DA AGRICULTURA – SECRETARIA DE DEFESA AGROPECUÁRIA DE MATO GROSSO DO SUL. *Instrução normativa n. 11, de 20 de outubro de 2000*. Disponível em: <http://www.dourados.ms.gov.br/wp-content/uploads/2016/05/RTIQ-Mel-completo-IN-11_2000.pdf>. Acesso em: 14 jul. 2018.

MINISTERO DELLE POLITICHE AGRICOLE ALIMENTARI, FORESTALI E DEL TURISMO. *Disciplinare di Produzione – Panforte di Siena*. Disponível em: <https://www.politicheagricole.it/flex/cm/pages/ServeBLOB.php/L/IT/IDPagina/1976>. Acesso em: 1 ago. 2018.

MINTZ, Sidney W. *Sweetness and power: the place of sugar in modern history*. New York: Penguin Books, 1986.

MIQUEL, Maryvonne. *À table – Les bonnes recettes de l'histoire*. Paris: Éditions Tallandier, 1996.

MONCORGÉ, Marie Josèphe. *Le nougat dans tous ses états: une histoire méditerranéenne de confiserie*. Também, 2013. E-book.

MODESTO, Maria de Lourdes. *Cozinha tradicional portuguesa*. Lisboa: Verbo, 1982.

_____. *Grande enciclopédia da cozinha*. Lisboa: Verbo, sd.

MOLINARI. *Drinking Molinari*. Disponível em: <http://www.molinari.it/en/drinking-molinari/rites/>. Acesso em: 11 out. 2018.

MODOLO, Valeria A. "Palmitos da flora brasileira". *AB horticultura*. Disponível em: <http://www.abhorticultura.com.br/eventosx/trabalhos/ev_1/pal18.pdf >. Acesso em: jul. 2015.

MONTANARI, Massimo. *O mundo na cozinha: história, identidade, trocas*. Massimo Montanari (org.). São Paulo: Estação Liberdade: Senac, 2009.

MONTECINO, Sonia. *La olla deleitosa – Cocinas mestizas de Chile*. Santiago: Catalonia, 2005.

MONTILLA-MORILLES. Banco de dados. Disponível em: <http://www.montillamoriles.es>. Acesso em: 25 ago. 2015.

MOREIRA, Raquel. *Queijadas de Sintra: história de um doce regional*. Sintra: Colares Editora, 1999.

MOSS, Robert F. "Roe is me: One man's she-crab odyssey through the streets of Charleston". *Charleston City Paper*. 30 de julho de 2008. Disponível em: <https://www.charlestoncitypaper.com/charleston/roe-is-me/Content?oid=1115367>. Acesso em: 22 out. 2018.

MOURA, Roberto de Almeida. *Dicionário de culinária e termos afins* (Inglês-português/português-inglês). São Paulo: Atheneu, 2000.

MUSEU NACIONAL. *Phacoides pectinatus*. Disponível em: <http://www.museunacional.ufrj.br/dir/exposicoes/zoologia/zoo_invertebrados/zoo_moluscos/zoomol060.html>. Acesso em: 10 fev. 2017.

MYCELIA. Base de dados. Disponível em: <http://www.mycelia.be>. Acesso em: de dez. 2017 a dez. 2018.

MYHRVOLD, Nathan. *Modernist cuisine: the art and science of cooking*. Brasil: Taschen do Brasil, 2011.

NANTET, Bernard (ed). *Cheeses of the world*. New York: Rizzoli Publ., 1994.

NATURAL MEDICINES. Base de dados. Disponível em: <http://naturaldatabase.therapeuticresearch.com>. Acesso em: 10 dez. 2018.

NEAL'S YARD DAIRY. *Tymsboro*. Disponível em: <https://www.nealsyarddairy.co.uk/collections/cheese/products/tymsboro>. Acesso em: 8 jan. 2019.

NESTLÉ. *The magic of Maggi: a history of cubes, consommés and creativity*. Disponível em: <https://www.nestle.com/aboutus/history/nestle-company-history/julius-maggi-cubes-consommes-creativity>. Acesso em: 10 jul. 2018.

NEWMAN, Jacqueline M. *Food culture in China*. Westport: Greenwood Press, 2004.

NÓBREGA, Rômulo Romeu Alves da; NISHIDA, Alberto Kioharu. "Aspectos socioeconômicos e percepção ambiental dos catadores de caranguejo-uçá *ucides cordatus cordatus* (L. 1763) (decapoda, brachyura) do estuário do rio mamanguape, nordeste do Brasil". Interciencia, vol. 28, núm. 1, p. 36-43, janeiro, 2003, Asociación Interciencia, Venezuela. Disponível em: <http://www.redalyc.org/articulo.oa?id=33907606>. Acesso em: 21 jun. 2017.

OLDE COLONY BAKERY. *History of the Benne Wafer*. Disponível em: <http://www.oldecolonybakery.com/history-of-the-benne-wafer/>. Acesso em: 19 dez. 2017.

OLIVEIRA, Elenise Gonçalves de et al. "Produção de tilápia: mercado, espécie, biologia e recria". *Circular técnica*, Embrapa Meio-Norte, Teresina, n. 45, dez. 2007. Disponível em: <http://www.infoteca.cnptia.embrapa.br/infoteca/handle/doc/69806>. Acesso: 14 jun. 2017.

OLIVEIRA, Pedro. *Depois do churrasco: receitas da doçaria rio-grandense*. Porto Alegre: Martins Livreiro, 1997.

OLNEY, Richard. *Richard Olney's French Wine & Food.* Interlink Pub. Group, 1997.

ORDEN JURÍDICO. *Norma oficial mexicana nom-006-scfi-2005, bebidas alcohólicas-tequila-especificaciones.* Disponível em: <http://www.ordenjuridico.gob.mx/Federal/PE/APF/APC/SE/Normas/Oficiales/NOM-006-S-CFI-2005.pdf>. Acesso em: 22 dez. 2018.

ORICO, Osvaldo. *Cozinha amazônica: uma autobiografia do paladar.* Belém: Universidade Federal do Pará, 1972.

ORIGINARIO: FOOD WITH AN ACCENT. *Gregorio Rotolo's cheeses: a taste of Abruzzo.* Disponível em: <https://originar.io/producer/a-taste-of-abruzzo/ >. Acesso em: 16 ago. 2015.

ORTENCIO, Bariani. *A cozinha goiana: estudo e receituário.* Rio de Janeiro: Brasilart, 1967.

OSHIMA, Flavia Yuri. "Ferrán Adriá: voltamos e ficaremos para a eternidade". *In:* Revista *Época:* 19/6/2013. Disponível em: <http://revistaepoca.globo.com/vida/noticia/2013/06/ferran-adria-voltamos-e-ficaremos-para-eternidade.html>. Acesso em: 7 set. 2015.

OTTOMEYER, Hans. "Service à la française and service à la russe: or the evolution of table between the eighteen and nineteen centuries". *In: Food and Material Culture,* eds. Martin R. Scharer and Alexander Fenton. East Lothian: Tuckwell Press, 1998. p. 108-115.

OXFORD ADVANCED LEARNER'S DICTIONARY. Oxford: Oxford University Press, 1995.

PASTON-WILLIAMS, Sara**.** *The art of dining: a history of cooking and eating.* London: The National Trust, 1995.

PATRIMOINE CULINAIRE SUISSE. *Eau-de-vie de poire du Valais.* Disponível em: <https://www.patrimoineculinaire.ch/Produit/Eau-de-vie-de-poire-du-Valais-AOP/93>. Acesso em: 11 ago. 2018.

PECORINO TOSCANO DOP. *Disciplinare di produzione pecorino toscano.* Disponível em: <http://www.pecorinotoscanodop.it/wp-content/uploads/2017/08/DisciplinarePecorinoToscano.pdf>. Acesso em: 6 jan. 2019.

PEDROCCO, Giorgio. "A indústria alimentar e as novas técnicas de conservação". *In:* Flandrin, Jean-Louis; Montanari, Massimo. *História da alimentação.* São Paulo: Estação Liberdade, 1998. pp. 763-778.

PEIXOTO, Aristeu M. *Enciclopédia agrícola brasileira (I-M).* São Paulo: EdUSP, 2002.

PELT, Jean-Marie. *Especiarias e ervas aromáticas: história, botânica e culinária.* Rio de Janeiro: Jorge Zahar Editor, 2003.

PENGUIN BOOK OF FOOD AND DRINK. Londres: Penguin Books, 1997.

PENSAMENTO VERDE. *Palmeira Juçara: extração ilegal do palmito na Mata Atlântica.* Disponível em: <http://www.pensamentoverde.com.br/meio-ambiente/palmeira-jucara-extracao-ilegal-do-palmito-na-mata-atlantica/>. Acesso em: ago. 2015.

PEQUENO DICIONÁRIO HOUAISS DA LÍNGUA PORTUGUESA. São Paulo: Moderna, 2015.

PEREIRA, Leonel. *Edible seaweeds of the world.* Boca Raton: CRC Press, 2016.

_____. "Extração, caracterização e utilização das carragenanas". *Ciência Viva.* Disponível em: <http://www.cienciaviva.pt/rede/oceanos/1desafio/Artigosintesesobrecarragenanas.pdf>. Acesso em: 10 nov. 2019.

PESSANHA, D. Sebastião. *Doçaria popular portuguesa: estudos etnográficos.* Sintra: Colares, 1997.

PETERSON, T. Sarah. *Acquired taste: the french origins of modern cooking.* Ithaca: Cornell University Press, 1994.

PHILLIPS, Edite Vieira. *Natal à portuguesa.* Sintra: Colares, 2001.

PHILLIPS, Rod. *Uma breve história do vinho.* Rio de Janeiro: Record, 2003.

PIACENTINI, Vítor de Q. *et al.* "Lista comentada das aves do Brasil pelo Comitê Brasileiro de Registros Ornitológicos". *Revista Brasileira de Ornitologia,* 23(2), 91-298. Junho de 2015. Disponível em: <http://www.cbro.org.br/Piacentini%20et%20al%202015%20RBO.pdf>. Acesso em: 21 jun. 2017.

PICHON, Jérôme; VICAIRE, Georges. *Le viandier de Guillaume Tirel dit Taillevent.* Paris: Maxtor France, 2015.

PIRES, Luciano. *Enciclopédia de vinhos.* Rio de Janeiro: Record, 1993.

PITTE, Jean Robert. *A gastronomia francesa: história e geografia de uma paixão*. Porto Alegre: L & PM, 1993.

PLOTCH, Batia. *The international Kosher cookbook*. New York: Fawcett Books, 1992.

_____; COBE, Patricia. *The Kosher gourmet*. New York: Fawcett Books, 1994.

PRESIDÊNCIA DA REPÚBLICA – CASA CIVIL. *Lei nº 9.279, de 14 de maio de 1996. Regula direitos e obrigações relativos à propriedade industrial*. Disponível em: <http://www.planalto.gov.br/ccivil_03/leis/L9279.htm>. Acesso em: 18 ago. 2015.

PROMUSA. *Diversity of banana cultivars*. Disponível em: <http://www.promusa.org/Diversity+of+banana+-cultivars+portal.>. Acesso em: 17 jun. 2015.

PROVINCIA DI CROTONE. *La sardella di crucoli*. Disponível em: <http://www.provincia.crotone.it/infoturismo/sardella.php>. Acesso em: 19 dez. 2018.

QUEIJOS NO BRASIL. Base de dados. Disponível em: <http://www.queijosnobrasil.com.br>. Acesso em: 21 jul. 2015.

QUERINO, Manoel. *A arte culinária na Bahia*. São Paulo: WMF Martins Fontes, 2011.

QUEST-RITSON, Charles. *Azeite*. Rio de Janeiro: Jorge Zahar Ed., 2011.

QUITÉRIO, José. *O livro do bem comer: crônicas de gastronomia portuguesa*. Lisboa: Assírio e Alvim, 1987.

_____. *Histórias e curiosidades gastronômicas*. Lisboa: Assírio & Alvim, 1992.

R. C. M. *O cozinheiro Imperial*. Adaptação de Vera Sandroni. São Paulo: Best Seller, 1996.

RADEL, Guilherme. *Cozinha africana da Bahia*. Salvador, 2006.

_____. *Cozinha praiana da Bahia*. Salvador, 2005.

_____. *Cozinha sertaneja da Bahia*. Salvador, 2002.

RAMBOURG, Patrick. *Histoire de la cuisine et de la gastronomie françaises*. Paris: Editions Perrin, 2013.

RAW WINE. *What is natural wine?* Disponível em: <https://www.rawwine.com/the-wine/what-is-natural-wine/>. Acesso em: 29 fev. 2020.

REGO, António José de Souza. *Dicionário do doceiro brasileiro*. São Paulo: Senac São Paulo, 2010.

RESGATE DE RECEITAS – PRODUTOS TRADICIONAIS DA REGIÃO DO VALE DO CAÍ. Vale do Caí, Fórum Regional da Agricultura Familiar do Vale do Caí, 2006.

REVEL, Jean-François. *Um banquete de palavras: uma história da sensibilidade gastronômica*. São Paulo: Companhia das Letras, 1996.

REVISTA ESCALA RURAL. Especial, ano III, nº 18.

REVISTA NOSSO PARÁ. Ver Editora. Set. 2000.

REVISTA VEJA EDIÇÃO ESPECIAL. "O melhor do Brasil: 500 delícias do turismo e da gastronomia nacional". Ano 41, *Veja* 2090, dez. 2008.

RIBEIRO, Emanuel. *O doce nunca amargou... Doçaria Portuguesa. História. Decoração. Receituário* (tem como base a edição de 1928, com a inclusão de prefácio, novas imagens e novos índices). Sintra: Editora Colares, 1997.

RIBEIRO, Yaya. *400 receitas de doces*. Porto Alegre: Editora Globo, 1934.

RICHIE, Donald. *A taste of Japan*. Tokyo: Kodansha International, 1992.

RIDDOCK, Briana. "14 of America's Most Essential Sandwich Recipes: because sandwiches are the quintessential american food". *Country living – Food and drink*. 6, Apr. 2016. Disponível em: <https://www.countryliving.com/food-drinks/g3172/american-sandwiches-recipes/>. Acesso em: 30 dez. 2017.

RIGAUD, Lucas. *Cozinheiro moderno ou nova arte de cozinha*. 4. ed. correcta e emendada. Lisboa: Typ. Lacerdina, 1807. Disponível em: <http://purl.pt/14538>. Acesso em: 10 jan. 2018.

RIGHTER, Evie. *O melhor da França: receitas escolhidas*. São Paulo: Ed. Maltese, 1995.

_____. *The best of Italy: a cookbook.* San Francisco: Collins Publishers, 1992.

RIGO, Neide. "Farinha de mandioca de Jacupiranga". *Come-se.* 18 set. 2007. Disponível em: <http://come-se.blogspot.com.br/2007/09/farinha-de-mandioca-de-jacupiranga.html>. Acesso em: jul. 2015.

_____. "Farinha de uarini ou ovinha – Nosso cuscuz marroquino amazonense". *Come-se.* 4 jun. 2008. Disponível em: <http://come-se.blogspot.com.br/2008/06/farinha-ovinha-nosso-cuscuz-marroquino.html>. Acesso em: jul. 2017.

_____. "Inhames e carás". *Come-se.* 15 jun. 2007. Disponível em: <https://come-se.blogspot.com/2007/06/inhames-e-cars.html>. Acesso em: 16 set. 2015.

_____. "Palma ou nopal – Um jeito sertanejo de preparar". *Come-se.* 1 mar. 2010. Disponível em: <https://come-se.blogspot.com.br/2010/03/palma-ou-nopal-um-jeito-sertanejo-de.html>. Acesso em: 27 mar. 2017.

_____. "Que limão é esse? Um vídeo sobre o limão". *Come-se.* 4 ago 2009. Disponível em: <https://come-se.blogspot.com/2009/08/que-limao-e-esse-um-video-sobre-o-limao.html> Acesso em: 7 jul. 2018.

_____. "Turu". *Come-se.* 7 fev. 2008. Disponível em: <http://come-se.blogspot.com.br/2008/02/turu.html>. Acesso em: 7 ago. 2015.

RIOJA – DENOMINACIÓN DE ORIGEN CALIFICADA. Base de dados. Disponível em: <http://es.riojawine.com/>. Acesso em: 19 ago. 2015.

ROCHA, Tião. "Culinária mineira: mineirice e mineiridade". In: *Sabores e cores das Minas Gerais: a culinária mineira no Hotel Senac Grogotó* / Arthur Bosisio (coord.); Maria Stella Libânio Christo; Tião Rocha. Rio de Janeiro: Ed. Senac Nacional, 1998. p. 12-33.

RODEN, Claudia. *The food of Spain.* Harper USA, 2011.

_____. *The new book of middle eastern food.* New York: Alfred A. Knopf, 2014.

RODRIGUES, Domingos. *Arte de cozinha.* Rio de Janeiro: Senac, 2008.

ROMER, Elizabeth. *The Tuscan Year: life and food in an italian valley.* North Point Press, 1996.

ROSE, Evelyn. *The complete international jewish cookbook.* Londres: Pan Books, 1976.

ROSEMBLUM, Mort. *Azeitonas: a vida e a saga de um nobre fruto.* Rio de Janeiro: Rocco, 1999.

_____. *Um ganso em Toulouse.* Rio de Janeiro: Rocco, 2003.

_____. *Chocolate: uma saga agridoce, preta e branca.* Rio de Janeiro: Rocco, 2006.

ROWLEY, Anthony. *À table! La fête gastronomique.* Paris: Gallimard, 1994.

SABERI, Helen. *Tea: a global history.* London: Reaktion Books, 2010.

SAINTE-MAURE DE TOURAINE. Base de dados. Disponível em: <http://www.stemauredetouraine.fr>. Acesso em: 5 out. 2018.

SAINT-HILAIRE, Auguste de. *Viagem pelas províncias do Rio de Janeiro e Minas Gerais.* Belo Horizonte: Ed. Itatiaia, São Paulo: Ed. da Universidade de São Paulo, 1975.

_____. *Viagem à Província de Goiás.* São Paulo: Itatiaia, EdUSP, 1975.

_____. *Viagem no interior do Brasil (1820).* Curitiba: s. ed., 1931.

SALLES, Mara. *Ambiências: histórias e receitas do Brasil.* São Paulo: DBA, 2011.

SALDANHA, Roberta Malta Saldanha. *Dicionário de termos gastronômicos em seis idiomas.* Rio de Janeiro: Editora Senac Rio, 2015.

_____. *Dicionário tradutor de gastronomia em seis línguas.* São Paulo: Antonio Bellini Editora e Cultura, 2007.

_____. *Histórias, lendas e curiosidades da gastronomia.* Rio de Janeiro: Ed. Senac Rio, 2011.

SAMBROOK, Pamela A.; BREARS, Peter. *The country house kitchen 1650-1900: skills and equipment for food provisioning.* New York: Alan Sutton, 1997.

SANTOS, Sérgio de Paula. "A origem do carpaccio". *O Estado de São Paulo.* 30 jan.1987.

SCHRAEMLI, Harry. *Dictionnaire gastronomique*. Hergiswil: GastroPress, 1991.

SCINAME FINDER. Base de dados. Disponível em: <http://www.sciname.info>. Acesso em: dez. 2017 a dez. 2018.

SCOTCH WHISKY ASSOCIATION. *The scotch whisky regulations 2009*. Disponível em: <https://www.scotch-whisky.org.uk/media/12744/scotchwhiskyregguidance2009.pdf>. Acesso em: 21 out. 2018.

SEBESS, Mariana. *Técnicas de cozinha profissional*. Rio de Janeiro: Senac Nacional, 2007.

SEBRAE – PECUÁRIA. *Saiba como manejar uma criação de galinha caipira*. 29 nov. 2016. Disponível em: <http://www.sebrae.com.br/sites/PortalSebrae/artigos/saiba-como-manejar-uma-criacao-de-galinha-caipira,e6c89e665b182410VgnVCM100000b272010aRCRD?origem=segmento&codSegmento=13>. Acesso em: 16 fev. 2018.

SECRETARIA DE ESTADO DE AGRICULTURA E ABASTECIMENTO (SEAB). *Feijão*. Disponível em: <http://www.agricultura.pr.gov.br/arquivos/File/deral/Prognosticos/feijao_2013_14.pdf>. Acesso em: 24 jun. 2015.

SECRETARIA DO MEIO AMBIENTE DO GOVERNO DO ESTADO DE SÃO PAULO/FUNDAÇÃO FLORESTAL. *Projeto Palmito Juçara: alternativas para o manejo sustentável da palmeira juçara*. Disponível em: <http://www.ihhf.org.br/imagens/Cartilha%20de_Palmito_Jucara%20rev%20D.pdf>. Acesso em: ago. 2015.

SEN, Colleen Taylor. *Food culture in India*. Westport: Connecticut: Greenwood Press, 2004.

SENAC. *Cachaça artesanal: do alambique à mesa*. Ateneia Feijó e Engels Maciel. Rio de Janeiro: Senac, 2004.

_____. *Cozinha gaúcha*. Porto Alegre: Mercado Aberto, 1994.

_____. *Culinária amazônica: o sabor da natureza*. Bosisio, Arthur (org.). São Paulo: Editora Senac, 2000.

_____. *Culinária caprina: do alto sertão à alta gastronomia*. Bosisio, Arthur (coord.). Rio de Janeiro: Editora Senac Nacional, 2005.

_____. *A doçaria tradicional de Pelotas*. Bosisio, Arthur (coord.). Rio de Janeiro: Editora Senac Nacional, 2003.

_____. *Dos comes e bebes do Espírito Santo: a culinária capixaba da Ilha do Boi*. Bosisio, Arthur (coord.). Rio de Janeiro: Editora Senac Nacional, 2002.

_____. *Sabores e cores das Minas Gerais*. Rio de Janeiro: Editora Senac Nacional, 1998.

_____. *Culinária nordestina: encontro do mar e do sertão*. Rio de Janeiro: Editora Senac Nacional, 2001.

SEWALL, Jeremy; MURRAY, Erin Byers. *The New England kitchen*. New York: Rizzoli, 2014.

SILVA, Maria Irene B. *Pequeno tesouro de doçaria*. Porto: Porto Editora, 1996.

SILVA, Paula Pinto e. "A arte do cozinheiro". In: RODRIGUES, Domingos. *Arte de cozinha*. Rio de Janeiro: Editora Senac Nacional, 2008. p. 13-47.

SILVA, Silvestre P. *Frutas no Brasil*. São Paulo: Nobel, 2001.

SIMON, André. *A dictionary of wines, spirits and liqueurs*. New York: The Citadel Press, 1963.

_____. *Guide to Good Food and Wines. A Concise Encyclopaedia of Gastronomy. Complete and Unabridged*. London and Glasgow: Collins, 1956.

SIMON, André; HOWE, Robin. *Dictionary of gastronomy*. New York: McGraw-Hill, 1970.

SINCLAIR, Charles G. *International dictionary of food and cooking*. Teddington: Peter Collins Publishing, 1998.

SITWELL, William. *A história da culinária em 100 receitas: uma incrível viagem pelos hábitos alimentares ao longo do tempo*. São Paulo: Publifolha, 2009.

SLOW FOOD BRASIL. Banco de dados. Disponível em: <http://www.slowfoodbrasil.com>. Acesso em: 28 jul. 2015.

SLOW FOOD INTERNATIONAL. Banco de dados. Disponível em: <http://www.slowfood.com>. Acesso em: 28 jul. 2015.

SMITH, Andrew F. "From garum do ketchup: a spicy tale of two fish sauces". In: *Fish: food from the waters*. Proceedings on the Oxford Symposium of Food and Eating 1997. Totnes: Prospect Books, 1998.

SO, Yan-Kit. *Classic chinese cookbook*. Londres: Dorling Kindersley Book, 1998.

SOBRAL, José Manuel; RODRIGUES, Patrícia. "O fiel amigo: o bacalhau e a identidade portuguesa". In: *Etnográfica: revista do centro em rede de investigação antropológica*. Vol. 17 (3) 2013. pp. 619-649. Disponível em: <https://journals.openedition.org/etnografica/3252>. Acesso em: 19 fev. 2017.

SOCA, Hugo. *Nuestras recetas de siempre: cocina casera y tradicional uruguaya*. Montevideo: Aguaclara Editorial, 2013.

SOTERIOU, Helen. "Vienna's chocolate cake war". *BBC News – Business*. 14 mai. 2014. Disponível em: <https://www.bbc.com/news/business-27326358>. Acesso em: 19 set. 2018.

SOUSA, Maria Fernanda Noronha da Costa e. *Cozinha indo-portuguesa: receitas da bisavó*. Lisboa: Assírio & Alvim, 1998.

SPANISH FOOD. *Fabada asturiana*. Disponível em: <http://www.spanish-food.org/meat-stews-fabada-asturiana.html>. Acesso em: 8 fev. 2018.

SPECIALTY COFFEE ASSOCIATION. *Coffee plants of the world*. Disponível em: <https://sca.coffee/research/coffee-plants-of-the-world/>. Acesso em: 16 jul. 2018.

SPIX, Johann Baptiste von; MARTIUS, Carl Friedrich Philippe von. *Viagem pelo Brasil 1817-1820*. São Paulo: Melhoramentos, 1968.

ST RAPHAËL. Disponível em: <https://www.straphael.fr>. Acesso em: 12 out. 2018.

STADEN, Hans. *A verdadeira história dos selvagens, nus e ferozes devoradores de homens (1548-1555)*. Rio de Janeiro: Dantes, 1999.

STANDAGE, Tom. *Uma história comestível da humanidade*. Rio de Janeiro: Zahar, 2010.

STETSON, Barbara Sherman. *The Island cookbook*. North Scituate, 2003.

STICKLEY, Thomas S. *Man, food and agriculture in the Middle-East*. Syracuse: Syracuse University Press, 1995.

STOBART, Tom. *Ervas, temperos e condimentos de A a Z*. Rio de Janeiro: Zahar, 2009.

STRADELLI, Ermano de. *Vocabulários Nheengatu-Português e Português-Nheengatu*. Revista do IBGE, tomo 104, vol. 158. Rio de Janeiro, 1929.

STRONG, Roy. *Banquete: uma história ilustrada da culinária, dos costumes e da fartura à mesa*. Rio de Janeiro: Zahar, 2004.

SUASSUNA, Ana Rita Dantas. *Gastronomia sertaneja: receitas que contam histórias*. São Paulo: Melhoramentos, 2010.

TALLET, Pierre. *História da cozinha faraônica*. São Paulo: Senac São Paulo, 2005.

TANNAHILL, Reay. *Food in history*. New York: Crown Trade Paperbacks, 1989.

TETTONI, Luca Invernizzi (ed.). *The food of China: authentic recipes from the Middle Kingdom*. North Clarendon: Charles E. Tuttle Co., 1996.

THE CULINARY INSTITUTE OF AMERICA. *Baking and Pastry: mastering the art and craft*. Hoboken: John Willey and Sons, 2015.

THE JOY OF EATING FRENCH FOOD. London: Royal House Publisher, 1997.

THE PROJECT GUTENBERG EBOOK OF DE RE COQUINARIA. Disponível em: <https://www.gutenberg.org/files/16439/16439-h/16439-h.htm>. Acesso em: 27 jan. 2018.

THE MASTER DICTIONARY OF FOOD AND WINE. Joyce Rubash (org.). New York: Thomson Publishing, 1996.

THE SCHOOL FOR GOOD LIVING; OR A LITERARY AND HISTORICAL ESSAY ON THE EUROPEAN KITCHEN. Anônimo. Londres: J. Gillet, 1814.

THIS, Hervé. *Um cientista na cozinha*. São Paulo: Ática, 1996.

TIA EVELINA. *Receitas para você*. Rio de Janeiro: Livraria José Olympio Editora, 1938.

TILSITER. *Assortiment*. Disponível em: <https://www.tilsiter.ch/fr/assortiment/>. Acesso em: 23 dez. 2013.

TOKAJ RENAISSANCE ASSOCIATION. Disponível em: <http://www.tokaji.hu>. Acesso em: 31 ago. 2015.

TONIETTO, J. "Afinal, o que é Terroir?". *Embrapa uva e vinho*. Disponível em: <http://www.cnpuv.embrapa.br/publica/artigos/afinal_o_que_terroir.pdf>. Acesso em: 22 jul. 2014.

TRAGER, James. *The food chronology: a food lover's compendium of events and anecdotes, from prehistory to the present*. New York: Henry Holt Co., 1995.

TRAJANO, Ana Luiza. *Misture a gosto: glossário de ingredientes do Brasil*. São Paulo: Melhoramentos, 2015.

TRATADO DE COZINHA PORTUGUESA DO SÉCULO XV. Anônimo. Leitura diplomática e modernização por Antônio Gomes Filho. Rio de Janeiro: Fundação Biblioteca Nacional, 1994.

TREFZER, Rudolf. *Clássicos da literatura culinária*. São Paulo: Editora Senac São Paulo, 2009.

TRÉSOR DE LA LANGUE FRANÇAISE INFORMATISÉ. Banco de dados. Disponível em: <http://stella.atilf.fr/>. Acesso em: jul. 2018.

TRINDADE, Alessandra Garcia. *Cachaça: um amor brasileiro*. São Paulo: Melhoramentos, 2006.

TRUFASMANIA. Base de dados. Disponível em: < http://www.trufamania.com/las-trufas.htm>. Acesso em: set. 2015.

TSUDA, Noburu. *Sushi made easy*. New York: Weatherhill, 1993.

TUCKER, Susan (Ed.). *New Orleans Cuisine: Fourteen Signature Dishes and Their Histories*. Jackson: University Press of Mississippi, 2009.

TWININGS. *Earl Grey tea*. Disponível em: <https://www.twinings.co.uk/about-twinings/twinings-teas/earl-grey>. Acesso em: 11 dez. 2019.

UNIVERSAL PROTEIN RESOURCE. *Taxonomy*. Base de dados. Disponível em: <http://www.uniprot.org/taxonomy/>. Acesso em: ago. 2018.

UNIVERSITY OF HAWAII – BOTANY DEPARTMENT. *Edible Limu... Gifts from the sea*. 2002. Disponível em: <http://www.hawaii.edu/reefalgae/publications/ediblelimu/>. Acesso em: 10 fev. 2017.

UNIVERSITY OF CALIFORNIA – SONOMA COUNTY MASTER GARDENERS. *Daikon radish*. Disponível em: <http://ucanr.edu/sites/scmg/The_Kitchen_Garden/Feature_Vegetables/Daikon/>. Acesso em: 14 set. 2015.

U.S. DEPARTMENT OF AGRICULTURE – USDA. Base de dados. Disponível em: https://www.usda.gov. Acesso em: ago. 2018.

VAGALUME. *Carmen Miranda – Disseram que eu voltei americanizada*. Disponível em: <http://www.vagalume.com.br/carmen-miranda/disseram-que-eu-voltei-americanizada.html>. Acesso em: 5 abr. 2015.

VAINFAS, Ronaldo. *Dicionário do Brasil colonial*. Rio de Janeiro: Objetiva, 2000.

VALENTE, Maria Odete Cortes. *Cozinha regional portuguesa*. Lisboa: Editorial Organizações, s/d.

VASQUEZ-PREGO, Alberto. *Así cocinan los argentinos*. Buenos Aires: El Ateneo, 1999.

VEHLING, Joseph Dommers. *Apicius: cookery and dining in the Imperial Rome*. New York: Dover Publications, 1977.

VEJA EDIÇÃO ESPECIAL – *O melhor do Brasil: 500 delícias do turismo e da gastronomia nacional*. Ano 41, *Veja* 2090, dez. 2008.

VERNON MAPLE SUGAR MAKERS ASSOCIATION. *The oficial Vernon maple cookbook*. South Royalton: Vernon Maple Sugar Makers Association, 2011.

VIEIRA, Domingos, Frei. *Grande Diccionario Portuguez ou Thesouro da Lingua Portugueza*. Porto: Rio de Janeiro, Casa dos Editores Ernesto Chardron e Bartholomeu Moraes, AA da Cruz Coutinho, 1871. Disponível em: < https://bibdig.biblioteca.unesp.br/items/b969bec8-75ba-40d7-b1be-6bf8ae2de65c>. Acesso em: 7 set. 2015.

VINAGRE BALSAMICO – CONSORZIO PRODUTTORI ANTICHE ACETAIE. Base de dados. Disponível em: <http://www.balsamico.it/>. Acesso em: 28 set. 2015.

VINE TO WINE CIRCLE. *Ramisco*. Disponível em: <http://www.vinetowinecircle.com/castas_post/ramisco-2/>. Acesso em: 29 ago. 2018.

VINHO MADEIRA. Base de dados. Disponível em: <http://www.vinhomadeira.pt/>. Acesso em: 5 set. 2015.

VINHO VERDE. Base de dados. Disponível em: <http://www.vinhoverde.pt>. Acesso em: 10 ago. 2015.

VINOS DE JEREZ. *El Consejo Regulador de las Denominaciones de Origen*. Disponível em: <https://www.sherry.wine/sherry-region/consejo-regulador>. Acesso em: 24 ago. 2015.

VINOS DE MÁLAGA. *Denominación de Origen Málaga*. Disponível em: <http://vinomalaga.com/consejo-regulador/d-o-malaga/>. Acesso em: 24 ago. 2015.

VIRIATO, Rodrigo Araújo; BEZERRA, José de Arimatea Barros; GONDIM NETO, Leopoldo; FROTA, Jorge Washington da Silva. "O chouriço da Fazenda Pedras Pretas, em Canindé, Ceará". In: *Alimentos tradicionais do Nordeste: Ceará e Piauí*. Fortaleza: Edições UFC, 2014. p. 33-42.

VISSER, Margaret. *The rituals of dinner: the origins, evolution, eccentricities and meaning of table manners*. New York: Penguin Books, 1991.

VITAUX, Jean. *Les petits plats de l'Histoire*. Paris: Presses Universitaires de France, 2012.

_____. "Peut-on écrire l'histoire de la gastronomie?". *Académie des Sciences Morales et Politiques – Séances Publiques*. Disponível em: <https://www.canalacademie.com/ida162-Peut-on-ecrire-l-histoire-de-la-gastronomie.html>. Acesso em: 7 set. 2018.

WARD, Susi; CLIFTON, Clair; STACEY, Jenny. *The gourmet atlas – the history, origin and migration of foods of the world*. New York: Macmillan, 1997.

WEISS, Maria Thereza. *Delícias da cozinha deliciosa*. Rio de Janeiro: Rio Gráfica e Editora, s/d.

WHEATON, Barbara Ketcham. *Savouring the past: the french kitchen and table from 1300 to 1789*. New York: Touchstone Books, 1996.

WILLAN, Anne. *Great cooks and their recipes: from Taillevent to Escoffier*. London: Pavillion Books, 2000.

WILSON, C. Anne. *The Book of marmalade*. Philadelphia: University of Pennsylvania Press, 1999.

WORLD REGISTER OF MARINE SPECIES. Base de dados. Disponível em: <http://www.marinespecies.org>. Acesso em: fev. 2017.

WRIGHT, Clifford A. "What is couscous and how does one prepare it?" *Clifford A. Wright*. Disponível em: <http://www.cliffordawright.com/caw/food/entries/display.php/id/58/>. Acesso em: 27 dez. 2017.

WRIGHT, Jeni; TREUILLE, Eric. *Le Cordon Bleu – Todas as técnicas culinárias*. São Paulo: Marco Zero, 1997.

ZIBART, Eve. *The ethnic food lover's companion*. Birmingham: Menasha Ridge Press, 2001.

ZUBAIDA, Sami; TAPPER, Richard (ed.). *Culinary cultures of the Middle-East*. New York: Harvil Print, 1996.

A Editora Senac Rio publica livros nas áreas de Beleza
e Estética, Ciências Humanas, Comunicação e Artes,
Desenvolvimento Social, Design e Arquitetura, Educação,
Gastronomia e Enologia, Gestão e Negócios, Informática,
Meio Ambiente, Moda, Saúde, Turismo e Hotelaria.

Visite o site www.rj.senac.br/editora,
escolha os títulos de sua preferência e boa leitura.

Fique atento aos nossos próximos lançamentos!
À venda nas melhores livrarias do país.

Editora Senac Rio
Tel.: (21) 2018-9020 Ramal: 8516 (Comercial)
comercial.editora@rj.senac.br
Fale conosco: faleconosco@rj.senac.br

Este livro foi composto nas tipografias Minion e Mina,
e impresso pela Imos Gráfica e Editora Ltda., em papel offset 90 g/m^2,
para a Editora Senac Rio, em março de 2023.